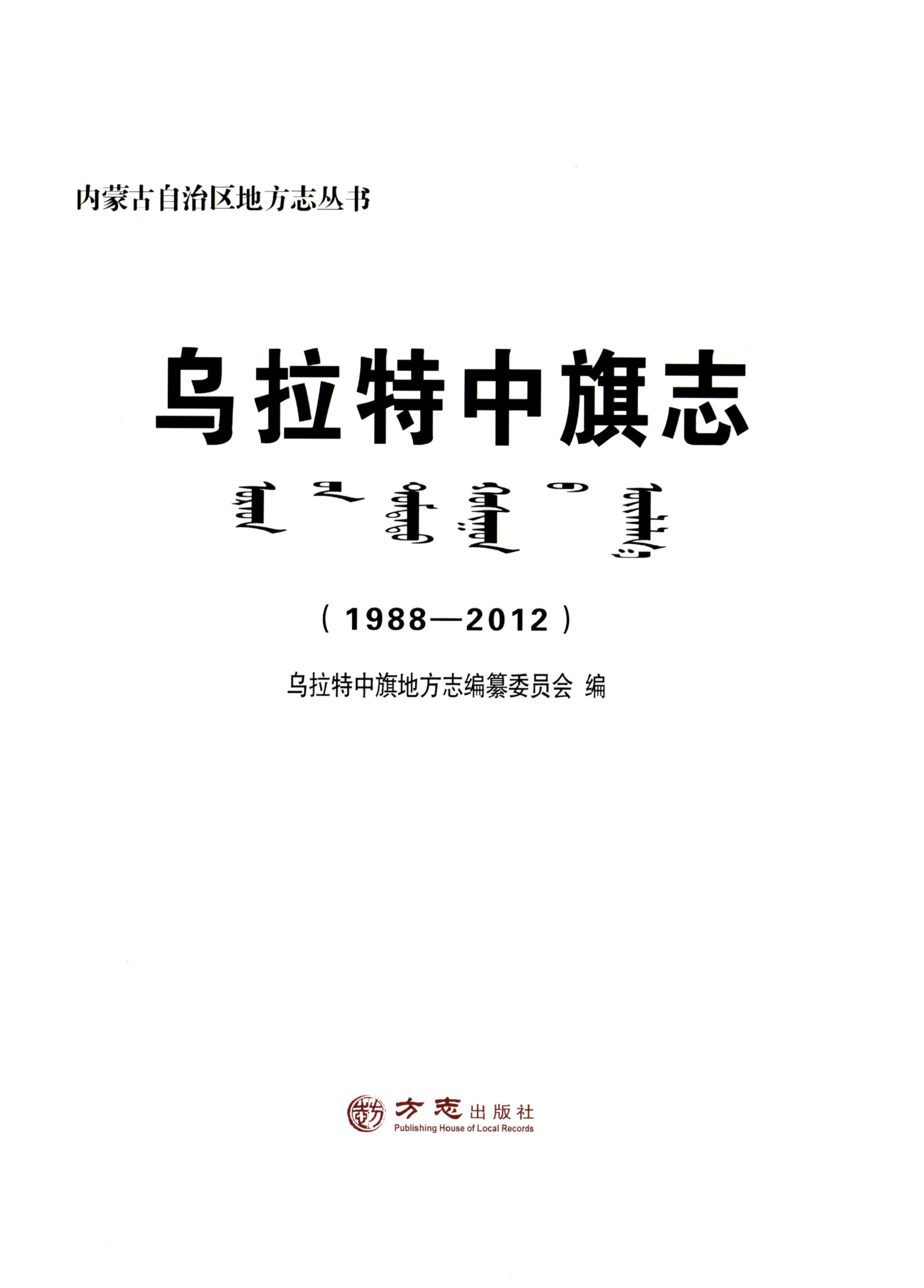

内蒙古自治区地方志丛书

乌拉特中旗志

（1988—2012）

乌拉特中旗地方志编纂委员会 编

方志出版社
Publishing House of Local Records

图书在版编目（CIP）数据

乌拉特中旗志. 1988—2012 / 乌拉特中旗地方志编纂委员会编. —北京 : 方志出版社, 2022.12
ISBN 978-7-5144-4707-1

Ⅰ. ①乌… Ⅱ. ①乌… Ⅲ. ①乌拉特中旗－地方志－1988-2012 Ⅳ. ①K292.6

中国版本图书馆 CIP 数据核字(2022)第 257470 号

责任编辑：范静
责任校对：张玉霞
责任印制：梅中英
出 版 者：方志出版社
地　　址：北京市朝阳区潘家园东里 9 号（国家方志馆 4 层）
邮　　编：100021
网　　址：http://www.zgfzcb.cn
发　　行：方志出版社图书营销中心（010-67110500）
印　　刷：呼和浩特市毓秀印务有限公司
开　　本：889 毫米×1194 毫米　1/16
印　　张：72
字　　数：1971 千字
版　　次：2022 年 12 月第 1 版
印　　次：2022 年 12 月第 1 次印刷
定　　价：598.00 元

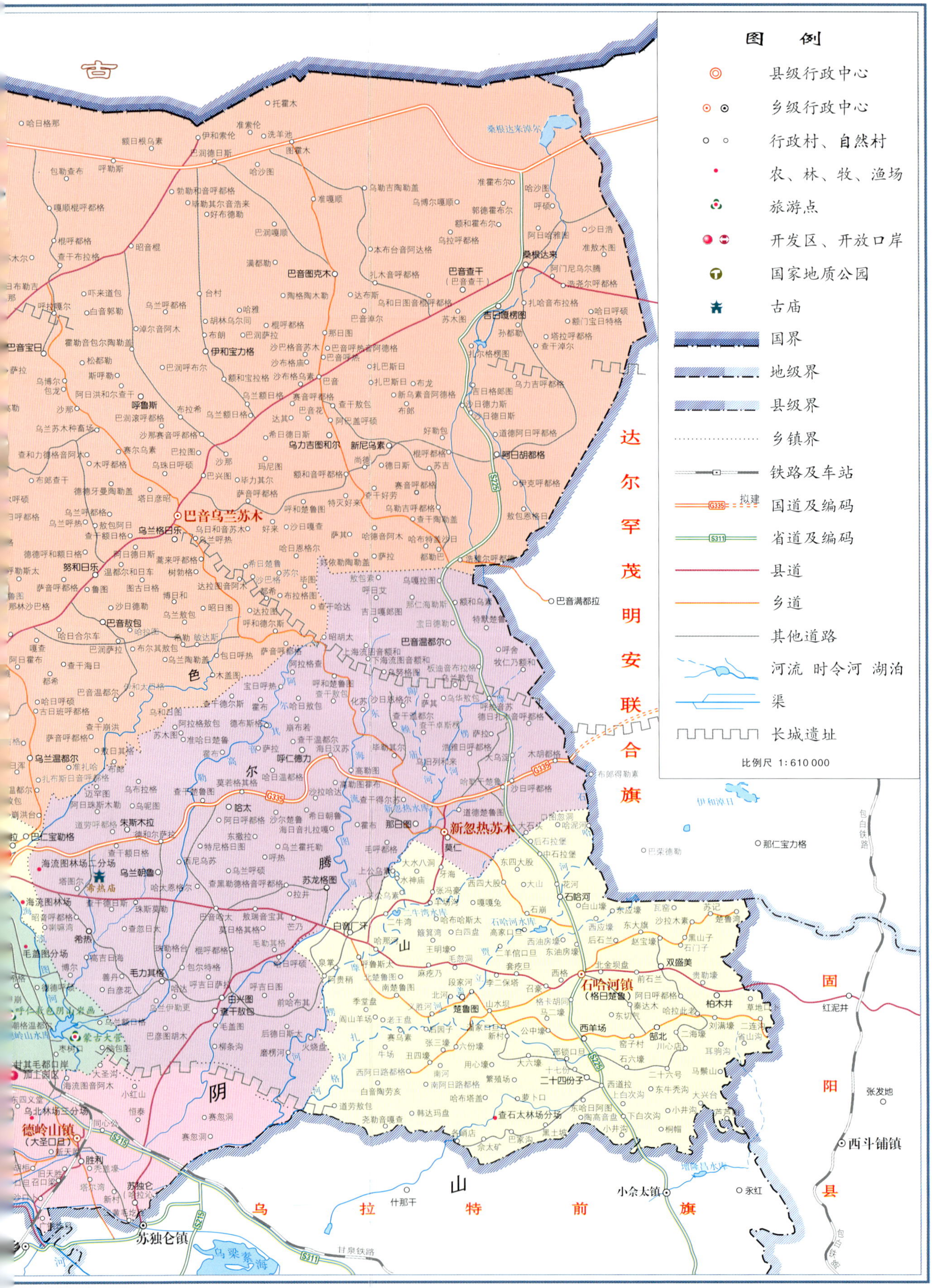

审图号：蒙S（2020）040 号　二〇二〇年七月

乌拉特中旗地图

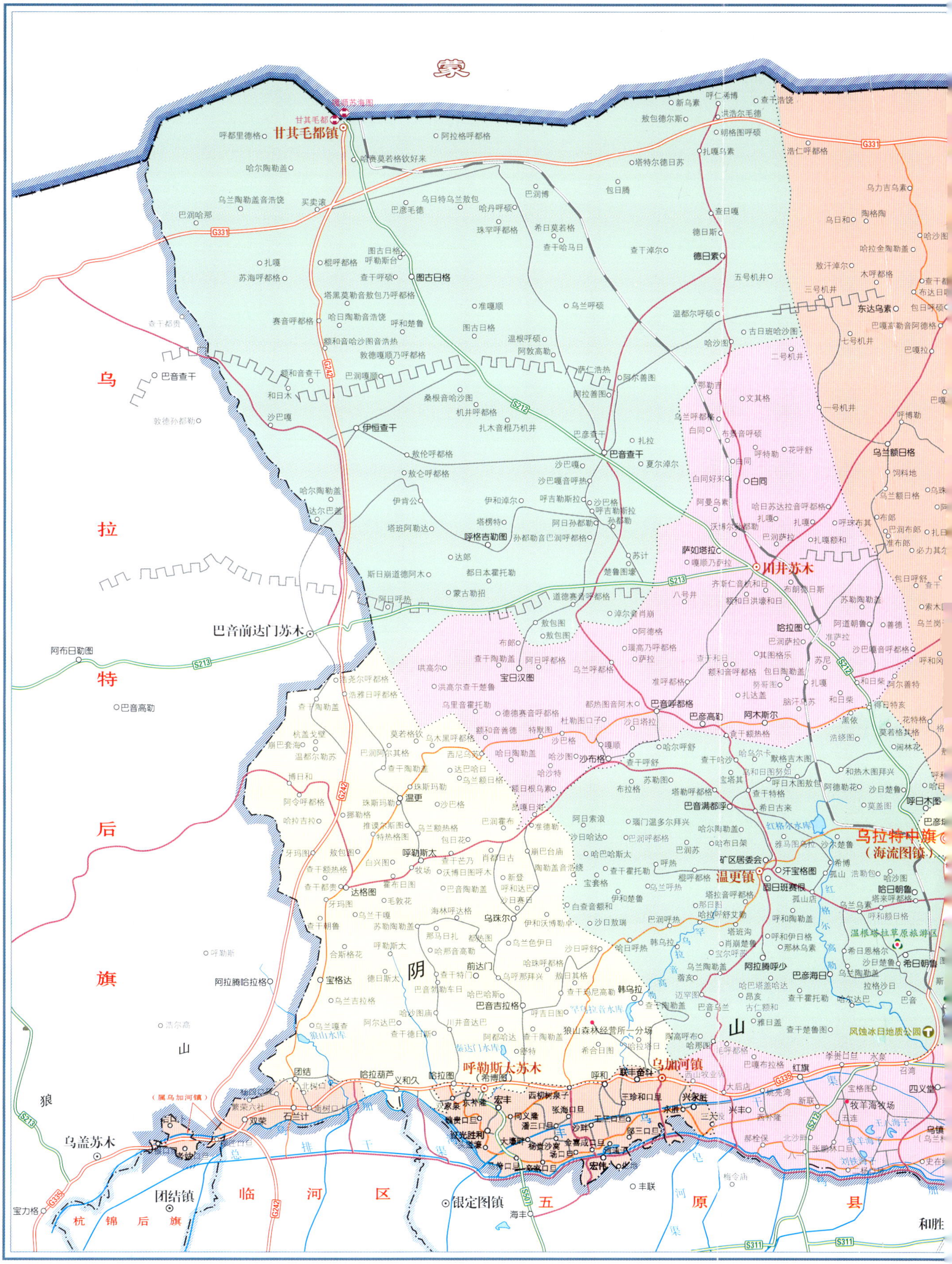

蒙
甘其毛都镇
甘其毛都
呼都里德格
哈尔陶勒盖
乌兰陶勒盖音浩饶
巴润哈那
买卖浪
扎嘎
苏海呼都格
阿拉格呼都格
塔特尔德日苏
包日腾
新乌素
呼仁浠博
洪浩尔毛德
敖包德尔斯
查干浩饶
朝格图呼硕
扎嘎乌素
浩仁呼都格
乌力吉乌素
乌日和
陶格陶
哈沙图
哈拉金陶勒盖
敖汗淖尔
木呼都格
东达乌素
巴嘎拉
七号机井
二号机井
一号机井
乌兰额日格
伊恒查干
图古日格
巴音查干
白同
川井苏木
哈拉图
温更镇
乌拉特中旗
（海流图镇）
巴音满都呼
呼勒斯太
乌珠尔
前达门
巴音吉拉格
达格图
宝格达
宝日汉图
巴音呼都格
阿木斯尔
萨如塔拉
沙布格
巴音前达门苏木
阿布日勒图
巴音高勒
阿拉腾哈拉格
呼勒斯太苏木
乌加河镇
乌盖苏木
团结镇
银定图镇
宝力格
牧羊海牧场
狼山森林经营所一分场
风蚀冰臼地质公园
温根塔拉草原旅游区
红格尔水库
狼山水库
乌
拉
特
后
旗
阴
山
狼
临
河
区
五
原
县
杭
锦
后
旗
和胜
G331
G242
S212
S213
S335
S311
S507

1950年7月19日乌拉特中后联合旗成立时曾驻地本巴台庙遗址

建成于1951年10月原乌拉特中后联合旗人民委员会办公室

1998年投入使用的旗党政综合大楼

2010年投入使用的旗党政综合办公大楼

俯瞰海流图镇新区

哈萨尔广场

20世纪90年代灌区套种农田

20世纪80年代山罕区旱作农田

巴音乌兰苏木东达乌素嘎查出土的树化木化石

恐龙脚印

赛很毛都岩刻群

新忽热古城遗迹

呼勒斯太苏木达格图嘎查马鬃山草原地带的石棺墓石人像

秦长城遗迹横亘在旗境内阴山北麓

希热庙

2003年中国·乌拉特中旗首届国际那达慕大会开幕式

北京第29届奥运会火炬手——乌拉特中旗蒙古族学校体育教师孟克吉日嘎拉

雄鹰展翅

“苏力德”仪仗队

“那达慕”大会蒙古包群

乌拉特民歌大型演唱会

2009年9月23日，举行乌拉特中旗文学艺术届各文艺家协会成立大会

旗乌兰牧骑在草原为牧民演出

著名蒙古族歌手呼斯楞探访乌拉特民歌传承人脑高乃老人的场景

2006年庆“八一”军民联欢会，旗乌兰牧骑在为驻旗边防某部进行慰问演出

2000年旗那达慕大会上“乌拉特婚礼”的展示

搏克手携老进入那达慕会场

海流图敖包祭祀活动

蒙文长篇小说之乡纪念碑

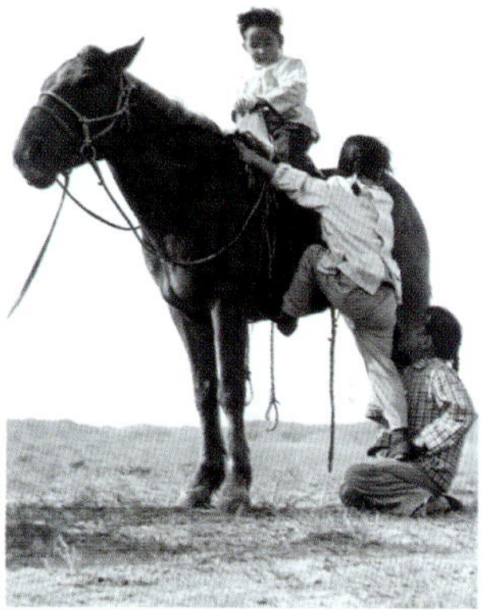

再接再厉

玩沙嘎游戏

套马人

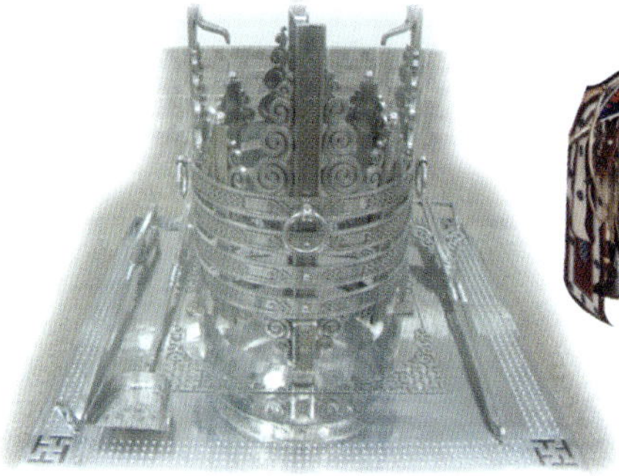

祭火笼子

马鞍鞴

民间制作的口径1.5米的大银碗

马球比赛

同和太石林

守望阴山

韩乌拉水库

石哈河查斯太大峡谷

蓬勃兴起的青少年足球活动

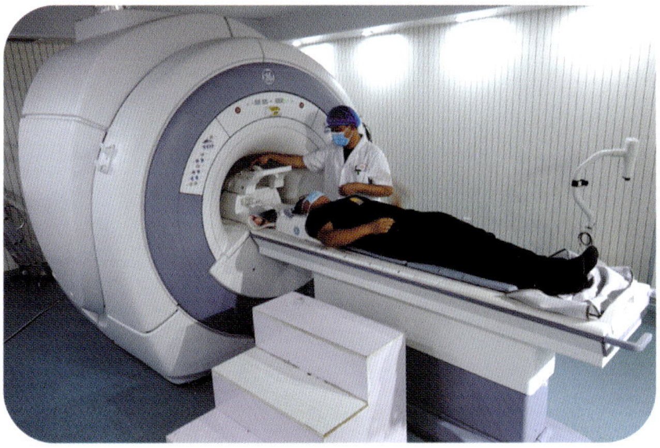

旗人民医院医生在为患者进行核磁检查

科普宣传活动

蒙古族学校教学楼

1988年文化楼外景

哈萨尔塑像

海流图镇新区

巴云英塑像

市民活动中心

鸿雁大街夜色

无线通信在草原

省道S212乌拉特中旗段海流图立交桥

风电与石油同场作业

风电同场作业

2011年5月22日，甘泉铁路完成铺架，横跨海五公路铁路大桥

金泉工业园区

1992年6月24日，位于乌拉特中旗与位于蒙古国南戈壁省汗博格多县的嘎顺苏海图口岸开通为国家季节性易货贸易口岸

20世纪90年代甘其毛都口岸

2009年8月28日，甘其毛都口岸常年通关剪彩仪式

2009年中华人民共和国乌拉特海关成立

甘其毛都口岸鸟瞰

甘其毛都口岸公路、铁路运煤专线

立于1963年的“288”界碑

立于2002年的“703”界碑

2000年5月23日，旗启动并实施国家京津风沙源治理工程一期项目

阿尔其山叉枝圆柏自然保护区

阿尔其山柏树

2001年，石哈河地区开始实施国家“退耕还林”项目

国家二级野生保护动物——天鹅

国家一级野生保护动物——黑鹳

国家一级野生保护动物——蒙古野驴

河套灌区套作农田

飞播牧草

二狼山水库

乌加河番茄厂生产情景

山旱区坝头地种植的小麦

河套灌区肉羊养殖园区

驼业生产活动

1990年，旗产驼绒获美国安美桥呢料公司“最优质驼绒奖”

获国家级奖奖牌

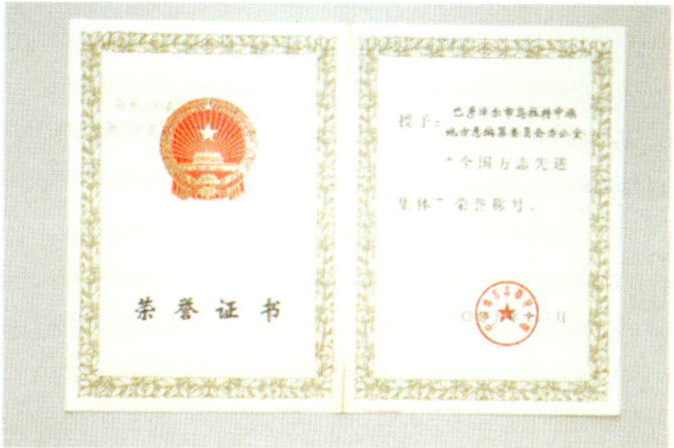

获国家级奖证书

获自治区级奖奖状

获国家级奖证书封面

获自治区级奖荣誉证书

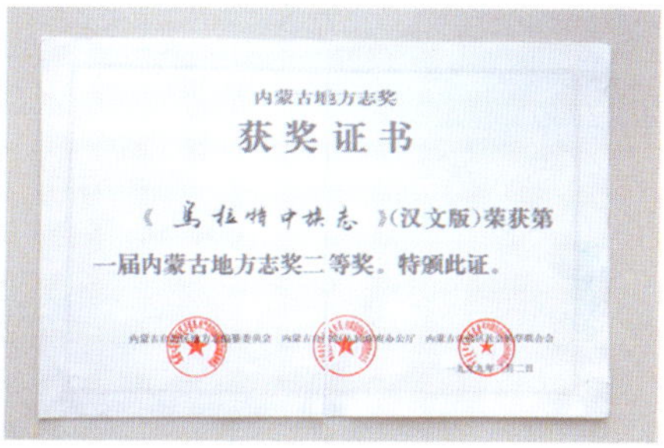

获自治区级奖证书

已编辑出版的《乌拉特中旗志（蒙古文）》版、《乌拉特中旗志（汉文）》版

已编辑出版的乌拉特中旗组织史资料

已编辑出版的乌拉特中旗部门志

已编辑出版的乌拉特中旗年鉴

《乌拉特中旗志（1988—2012）》（送审稿）评审会全体评审人员合影
前排左起：陈智瑞、刘景平、查干浪涛、孙志春、韩泽、郝文强
后排左起：董丽娜、赵在旺、王志东、徐媛英、秦倩倩

《乌拉特中旗志（1988—2012）》编委会办公室全体人员合影
从左起：敖登高娃、宝音木仁、王俊红、乌仁高娃

《乌拉特中旗志(1988—2012)》
总监修、副总监修

总 监 修: 徐茂龙(巴彦淖尔市人大常委会副主任、中共乌拉特中旗委员会书记)
闫永春(中共乌拉特中旗委员会副书记、旗人民政府旗长)
副总监修: 海乌兰图雅(中共乌拉特中旗委员会副书记、旗委统战部部长)
裴文武(中共乌拉特中旗委员会常委、旗委组织部部长)
孙志春(中共乌拉特中旗委员会常委、旗人民政府副旗长)

《乌拉特中旗志(1988—2012)》编纂委员会

(2015 年 4 月)

名誉主任: 徐茂龙（巴彦淖尔市人大常委会副主任、中共乌拉特中旗委员会书记）

主　　任: 闫永春（中共乌拉特中旗委员会副书记、旗人民政府旗长）

副 主 任: 阿拉腾朝鲁（中共乌拉特中旗委员会常委、旗人民政府副旗长）

张利平（中共乌拉特中旗委员会常委、旗人民政府副旗长）

张文彪（中共乌拉特中旗委员会常委、旗人民政府副旗长、旗委宣传部部长）

委　　员: 唐胜利（中共乌拉特中旗委员会办公室主任）

陈和平（乌拉特中旗人大常委会办公室主任）

敖日格乐（乌拉特中旗人民政府办公室主任）

杜俊龙（政协乌拉特中旗委员会秘书长）

王国亮（中共乌拉特中旗委员会办公室副主任）

宝音木仁（乌拉特中旗地方志办公室主任）

敖登其其格（乌拉特中旗人社局局长）

贾志文（乌拉特中旗编制办公室主任）

安　源（乌拉特中旗发改局局长）

李　贤（乌拉特中旗财政局局长）

刘世英（乌拉特中旗经信局局长）

周树东（乌拉特中旗统计局局长）

伊德尔巴图（乌拉特中旗档案局局长）

主　　编: 宝音木仁(兼)

副 主 编: 王俊红　敖登高娃

编　　务: 王俊红(兼)　敖登高娃(兼)　乌仁高娃

《乌拉特中旗志（1988—2012）》编纂委员会

（2018 年 5 月）

名誉主任：徐茂龙（巴彦淖尔市人大常委会副主任、中共乌拉特中旗委员会书记）
主　　任：闫永春（中共乌拉特中旗委员会副书记、旗人民政府旗长）
副 主 任：谢卫仁（中共乌拉特中旗委员会副书记）
　　　　　王　宾（中共乌拉特中旗委员会常委、旗人民政府副旗长）
　　　　　张文彪（中共乌拉特中旗委员会常委、旗委宣传部部长）
委　　员：敖日格乐（中共乌拉特中旗委员会常委、旗委办公室主任）
　　　　　梁进军（乌拉特中旗人大常委会办公室主任）
　　　　　石　磊（乌拉特中旗人民政府办公室主任）
　　　　　杨东伟（政协乌拉特中旗委员会秘书长）
　　　　　刘　慧（中共乌拉特中旗委员会办公室副主任）
　　　　　宝音木仁（乌拉特中旗地方志办公室主任）
　　　　　庞龙湖（乌拉特中旗人社局局长）
　　　　　王国亮（乌拉特中旗编制办公室主任）
　　　　　李　钧（乌拉特中旗发改局局长）
　　　　　高俊生（乌拉特中旗财政局局长）
　　　　　何治坤（乌拉特中旗经信局局长）
　　　　　贾志文（乌拉特中旗审计局局长）
　　　　　王振孝（乌拉特中旗统计局局长）
　　　　　阿拉腾巴根（乌拉特中旗档案局局长）

主　　编：宝音木仁（兼）
副 主 编：敖登高娃　王俊红
编　　务：敖登高娃（兼）　乌仁高娃　贾　政

《乌拉特中旗志(1988—2012)》编纂委员会

(2019年9月)

名誉主任: 徐茂龙(巴彦淖尔市人大常委会副主任、中共乌拉特中旗委员会书记)

主　　任: 闫永春(中共乌拉特中旗委员会副书记、旗人民政府旗长)

副 主 任: 海乌兰图雅(中共乌拉特中旗委员会副书记、统战部部长)

孙志春(中共乌拉特中旗委员会常委、旗人民政府副旗长)

裴文武(中共乌拉特中旗委员会常委、旗委组织部部长)

敖日格乐(中共乌拉特中旗委员会常委、旗委办公室主任)

委　　员: 梁进军(乌拉特中旗人大常委会办公室主任)

石　磊(乌拉特中旗人民政府办公室主任)

杨东伟(政协乌拉特中旗委员会秘书长)

刘　慧(中共乌拉特中旗委员会办公室副主任)

郝建刚(乌拉特中旗人民政府办公室副主任)

宝音木仁(乌拉特中旗地方志办公室主任)

庞龙湖(乌拉特中旗人社局局长)

杨继东(乌拉特中旗编制办公室主任)

李　均(乌拉特中旗发改局局长)

高俊生(乌拉特中旗财政局局长)

贾志文(乌拉特中旗审计局局长)

王振孝(乌拉特中旗统计局局长)

阿拉腾巴根(乌拉特中旗档案局局长)

主　　编: 宝音木仁(兼)

副 主 编: 敖登高娃　王俊红

编　　务: 敖登高娃(兼)　乌仁高娃

《乌拉特中旗志(1988—2012)》编辑人员

主　　　编: 宝音木仁

常务副主编: 敖登高娃

副 主 编: 王俊红　徐　会

封 面 设 计: 宝音木仁　敖登高娃

图 片 设 计: 樊明成　宝音木仁　敖登高娃

审　　　校: 宝音木仁

责 任 校 对: 陈　敬　郝建刚　阿拉腾巴根　兰建忠　敖登高娃　刘　胜
刘晓平　王俊红　白哈日巴拉

编 务 人 员: 乌仁高娃　贾　政(聘)　景　伟(聘)
刘佳奇(聘)　王蔼禄

《乌拉特中旗志（1988—2012）》提供资料人员

（排名不分先后）

包永胜	乌日查呼	樊英	特日格乐	乌林花	冯彦平	张瑞丽	那仁龙
高莉	潘竟刚	刘超	杜帅	付宝清	孙长青	苏恒	沈淑楠
何华	李妍	杨燕	素布达	皇甫娇	杨厚	贺引	郭莲芝
杜正刚	张雷	张彬宇	毕力格	常潇峰	王斯琴	韩汉青	巩霞
刘奇	萨日	王勇	杨燕	蔺媛	杨丽珍	刘巧灵	吉木色
其木格	胡晓红	苏伦嘎	高玉龙	陈贵星	赵磊	张瑞	任建勇
田野	马晓芳	梁月	宫世旭	樊学光	张慧琼	薛予婷	高龙
王文兰	张瑞军	郭强	张智俊	丁向前	周杰	段培杰	王春江
梁勇	王建新	刘芳	马永强	美德格玛	李凯	吉如干斤	斯庆高娃
哈斯查干	董海	金国庆	刘杰	张斌	张小慧	刘治国	张海强
刘兴	吕守亮	张挺	陈同凯	刘燕	王文军	温利军	卢维军
娜庆	任永强	贾晓燕	王军	赵敏	刘荣	张志君	赵鑫毅
温彬	关志平	徐秀瑞	刘璐	张梦伟	关图雅	卢俊志	云静凡
马林	吕彦军	张树兵	宋晓涛	青柏	周海龙	范元力	萨日娜
白玥	韩宪青	任国慧	袁博文	李红梅	冯强	刘永霞	包斯琴
张铭	吉日嘎拉	包萨如拉					

《乌拉特中旗志(1988—2012)》口述资料提供人员

（排名不分先后）

张文彪(旗委宣传部)　翟瑞霞(教育局)　菊花(教育局)　刘广莉(市场监督局)
刘顺斌(审计局)　额尔登巴根那(审计局)　刘晓平(贸促会)
王芸生(关心下一代工作委员会)　布仁巴雅尔(民宗局)　其木德(蒙古族学校)
包领春(蒙古族学校)　郭　飞(运管所)　张有隆(法律援助中心)

《乌拉特中旗志(1988—2012)》提供图照人员

（排名不分先后）

摄　　影:樊明成　乌日更　李青文　李　鹏
提供照片:樊明成　兰建忠　李　鹏　乌日更　李忠峰　梁震英

《乌拉特中旗志(1988—2012)》评审委员会成员

(2020 年 5 月 29 日)

主　　任:贺　彪(内蒙古自治区地方志办公室主任)

副 主 任:查干浪涛(内蒙古自治区地方志办公室副主任、副译审)

刘景平(巴彦淖尔市人民政府地方志办公室主任)

孙志春(中共乌拉特中旗委员会常委、乌拉特中旗常务副旗长)

委　　员:赵在旺(内蒙古自治区地方志办公室综合处处长)

韩　泽(内蒙古自治区地方志办公室"三全目标"第五攻坚组组长、副编审)

郝文强(内蒙古自治区地方志办公室盟市志业务处副编审)

陈智瑞(政协巴彦淖尔市委员会环境资源委员会主任)

王志东(巴彦淖尔市网络中心主任)

徐媛英(内蒙古自治区地方志办公室盟市志业务处一级主任科员)

秦倩倩(内蒙古自治区地方志办公室综合处三级主任科员)

董丽娜(内蒙古自治区地方志办公室综合处四级主任科员)

序言一

“郡邑之有志，犹国之有史”。地方志是传承中华文明、发掘历史智慧的重要载体，具有“存史、资治、教化”的重要作用。

《乌拉特中旗志(1988—2012)》编修工作在中共乌拉特中旗委员会、旗人民政府的领导下，在全旗各单位、各部门的广泛参与中，经过修志人员的辛勤笔耕，付梓问世，为乌拉特中旗又呈现一部有益当代、惠及后世的厚重文献，可喜！可庆！可贺！

进入21世纪，我国走向改革开放的新时代和国家加速发展的新时期，中华大地发生翻天覆地的变化，乌拉特中旗同样也焕发出勃勃生机。在新的发展历程中，全旗各条战线始终坚持以马克思列宁主义、毛泽东思想、邓小平理论、“三个代表”重要思想、科学发展观、习近平新时代中国特色社会主义思想为指导，不断解放思想、开拓创新，坚持改革开放、艰苦奋斗，全旗经济社会发展取得令人瞩目的成就。党的建设全面加强，综合实力显著增强，农牧业结构不断优化，工业经济增势强劲，第三产业蓬勃发展，生态环境持续改善，城乡面貌日新月异，民生保障能力全面提高，社会各项事业健康发展，各族人民群众安居乐业、各项事业欣欣向荣。

盛世修志，适逢其时。

本志全面记载1988—2012年中乌拉特中旗自然、人文、经济、政治、军事、文化、社会、生态和党建等各方面内容，展示乌拉特中旗发展的时代特征、地方特色、民族特点，是一部全面了解乌拉特中旗、研究乌拉特中旗、建设乌拉特中旗的权威性旗情资料文献。

修志问道，以启未来。

乌拉特中旗历届旗委、旗人民政府领导高度重视地方志工作。乌拉特中旗新编地方志工作始于1982年，于1994年出版乌拉特中旗历史上首部志书《乌拉特中旗志》(下限1987年)，圆满完成乌拉特中旗首轮地方志编修任务，荣获“内蒙古自治区地方志奖”二等奖，在推动发展、促进经济、服务社会等各项事业中发挥着不可替代的作用。2012年秋，根据内蒙古自治区人民政府办公厅、巴彦淖尔盟行政公署关于开展第二轮地方志编修工作的精神，旗委、旗人民政府决定于2015年成立编纂委员会，编修《乌拉特中旗志(1988—2012)》，历时六载，几易其稿，编竣问世。

《乌拉特中旗志(1988—2012)》是乌拉特中旗第二部志书，是全旗人民用智慧和辛劳工作结出的精神文化硕果，具有承前启后、沟通内外文化的桥梁作用，对推动当前及今后乌拉特中旗经济和社会建设各项事业的发展具有重要的借鉴作用，是培养和弘扬热爱祖国、热爱乌拉特的好教材，应为全旗各级领导和广大干部群众必捧之卷、必读之书。我们希望当代人通过这本志书鉴往知来，希望后人能够继往开来。

《乌拉特中旗志(1988—2012)》编修得到上级业务部门的悉心指导,也得到社会各界热心人士及专家、学者的大力支持,全体编辑人员为之付出辛勤的劳动。志书出版之际,谨向关心、支持旗志编修的各级领导、社会各界人士及全体编辑人员表示崇高的敬意和衷心的感谢!

旗志成书,但事业方兴未艾。

全旗深入贯彻落实党的十八大、十九大精神,解放思想,凝心聚力,统筹推进“五位一体”总体布局和协调推进“四个全面”战略布局,为共创乌拉特中旗更加美好的未来而努力奋斗!

中共乌拉特中旗委员会书记

乌拉特中旗人民政府旗长

2020 年 8 月 18 日

序言二

《乌拉特中旗志(1988—2012)》广征博采,纵书历史,横陈百业,桩桩编纲立目,层层章节分明;褒英烈之威武豪壮,志历代之荣辱盛衰,将乌拉特中旗历史浓缩汇集成一书,融天地人事物于一体,确是一部纷纭浩繁的社会系统工程,委实可钦可贺!

志书的编修者,生活清苦,工作勤奋,以很高的事业热情和责任感,茹苦含辛,任劳任怨,遗情斑管,运秀毫端,淬砺笔耕于墨海文山之中,历六余载之寒暑,终于修成志书,功不可没。

古人云:"治天下者以史为鉴,治郡国者以志为鉴。"观今鉴古,历史是一面镜子,承前启后,以史育人,治国安邦,兴家创业,借鉴资治,皆有功效。昨为今之史,今为明之史。愿《乌拉特中旗志》成为乌拉特中旗经世致用之书,有益于全旗各民族千秋万代之伟业。

旗志虽已成书,但事业方兴未艾。全旗各族人民全面贯彻习近平新时代中国特色社会主义思想,继续弘扬伟大建党精神,牢记初心使命,奋力把乌拉特中旗现代化建设事业推向前进。

适逢志书出版之际,特作序以为恭贺。

中共乌拉特中旗委员会书记 程景翔

乌拉特中旗人民政府旗长 包琳

2021年10月8日

凡　例

一、《乌拉特中旗志（1988—2012）》（以下简称“志书”）是乌拉特中旗第一部社会主义新方志《乌拉特中旗志》（1994年版）的续志。也是全面系统记载1988—2012年乌拉特中旗自然、经济、政治、军事、文化、社会等各方面发展状况的资料性文献。

二、志书以马克思列宁主义、毛泽东思想、邓小平理论、“三个代表”重要思想、科学发展观、习近平新时代中国特色社会主义思想为指导，坚持辩证唯物主义和历史唯物主义的立场、观点和方法，坚持实事求是的原则，以改革开放为主线，力求突出地方特色、时代特色和民族特色，以达到思想性、科学性、资料性、可读性的统一，为乌拉特中旗的经济发展和社会进步服务。

三、志书记述地域范围以2012年乌拉特中旗行政区划为准。

四、志书上限为1988年1月，下限至2012年12月。

五、志书记述中除引用原文外，均以第三人称进行记述。

六、志书主要采用述、记、志、传、图、表、录7种体裁进行表述，以志为主体，秉笔直书，述而不论。各篇以现有行政体制和现时社会分工为依据，按照“事以类从、类为一志”“横排门类、纵述史实”的原则设置篇目，原则上按照篇、章、节、目4个层次进行编写；地图、照片载于卷首，图、表分别穿插于各章节记述之中，概述、大事记、专记、人物、附录、编后不列入篇章序列。

七、“大事记”采用编年体，辅以纪事本末体进行记述。所记事件凡有年、月、日者，按年、月、日顺序进行记述；有年、月无日者，以“是月”表示，在该月最后记述；有年份无月、日者，以“是年”表示，在该年最后记述；同日有多个条目时，第一次记述注明年、月、日，其他各条均以“△”表示。

八、“人物”部分分为人物传略、人物简介、人物名录、人物名单四部分进行记述，人物传略坚持“生不立传”原则，记述1988—2012年在乌拉特中旗长期工作并获国家级奖励、奖章、荣誉的已故人物，以卒年为序进行排列；人物简介坚持“以人为本”的原则，记述1988—2012年乌拉特中旗各行各界获国家级奖励、奖章、荣誉人物，以生年为序进行排列；人物名录中主要收录1988—2012年当选为中共内蒙古自治区代表大会代表、内蒙古自治区人民代表大会代表、政协内蒙古自治区委员会委员的乌拉特中旗籍人物、先进模范人物和高级知识分子，以当选时间与评选时间先后为序进行排列；人物名单主要收录2004—2012年当选为巴彦淖尔市人民代表大会代表的乌拉特中旗代表、政协巴彦淖尔市委员会的乌拉特中旗委员，以当选时间先后为序进行排列。

九、志书按规定使用规范的现代语体文。数字用法、标点符号用法分别采用国际标准《出版物上数字用法》（GB/T15835—2011）、《标点符号用法》（GB/T15834—2011）。计量单位采用国家技术监督局1993年12月发布的《量和单位》系列国家标准。志书数据一般采用统计部门公布的法定数据,法定数据缺失的,使用经有关部门核实确认的数据。志书一般采用公元纪年进行记述;如遇有历史朝代纪年时,则先记述历史朝代纪年,后括注公元纪年。

十、志书记述中涉及的地名、机关名、官职名均按当时称谓,使用全称;多次使用同一全称时,在每篇第一次使用全称并括注简称后使用简称;专用名词采用括注形式进行注释。行文中对国名、地名、人名、党派名、机关名、报刊名等译名以新华社译名为准。

十一、志书中的数据主要使用乌拉特中旗统计局提供的法定数据,乌拉特中旗统计局没有的数据采用各部门的权威数据。

十二、志书资料主要来源于乌拉特中旗所属各部门、各单位及驻旗单位,部分资料来自档案、史籍、报刊及口碑资料。所用资料不随文注明出处。重要引文及难以记入正文的重要内容,采用节后附或章后附的方式处理。

十三、志书中所采用的地图、示意图不作为行政划界依据。

十四、由于诸多原因,志书中个别节、目应载数据缺失,难以查找弥补,造成文中部分节、目数据断线,无法全面完整显示。特作说明,不在节、目中标注。

目　录

第三篇　人口　民族　宗教

第四篇　中国共产党地方组织

第五篇　地方人民代表大会

第六篇 地方人民政府

第七篇 政协地方委员会

第八篇 军事

第九篇　群众团体

第十篇　检察　审判

第十一篇 公安 司法行政

第十二篇　民政　扶贫

第十三篇　人力资源与社会保障

第十四篇 经济综述

第十七篇 交通运输

第十八篇 邮政 电信

第十九篇　农牧林水

第二十篇 工 业

第二十一篇　商贸粮油

第二十二篇　旅游　社会服务

第二十三篇　非公有制经济

第二十四篇　金融

第二十五篇　财政　税务

第二十六篇 经济综合服务

第二十七篇　教　育

第二十八篇　科技　气象

第二十九篇 文化 艺术

第三十篇 广电 报刊 档案

第三十一篇　体　育

第三十二篇　医疗卫生

第三十三篇　精神文明建设

人 物

附 录

编 后

概　　述

概 述

一

乌拉特中旗位于内蒙古自治区西部,地处北纬41°07′~41°28′,东经107°16′~109°42′。北与蒙古国交界,有国界线185.422千米,东与包头市达尔罕茂明安联合旗、固阳县为邻,南与巴彦淖尔市乌拉特前旗、五原县、临河区、杭锦后旗相依,西连巴彦淖尔市乌拉特后旗。全旗东西长203.8千米,南北宽148.9千米,呈不规则四边形,总面积23096平方千米。旗党政机关驻地海流图镇,距巴彦淖尔市党政机关驻地临河区161千米(公路里程,下同),距包头市219千米,距内蒙古自治区首府呼和浩特市391千米,距中国甘其毛都口岸130千米。

清顺治五年(1648年),始设乌拉特中旗。翌年,乌拉特部迁至乌拉特草原,亦称乌拉特中公旗。旗府设在乌拉山前哈达门沟口南。清至民国初年,乌拉特中公旗辖阿鲁科尔沁、高勒、玛拉图尔、米日、乌布尔科尔沁、准6个苏木。中华民国时期,旗境北与土谢图汗部、三音诺彦部交界,东南与乌拉特东公旗(乌拉特前旗)、西公旗(乌拉特后旗)衔接,西与阿拉善厄鲁特旗为邻。至民国末年,旗府先后设昆都仑花、达巴干高勒北口、伊和乌力吉图、温都尔朱斯木拉、毕其格图、巴日哈山、阿古吉玛塔拉白、宝日罕图、乌力吉图、宝日胡硕、乌兰陶勒盖、川井、东升庙、德日素诺尔、本巴台等地。辖3个苏木(查干胡硕、德力素诺尔、道劳其)、1个区(台梁),苏木下辖嘎查,区下辖乡。1950年7月18日,乌拉特中旗人民政府在本巴台(今呼勒斯太苏木乌珠尔嘎查北)成立,下设3个努图克、1个区。努图克和区下设30个嘎查、5个行政村。巴音温都尔努图克辖哈那图、阿布拉图、朱斯木拉、潮格温都尔、乌兰陶勒盖、善岱、本巴图、布古台、西尼乌素、保日毕、巴音乌力吉、部北12个嘎查。德力素诺尔努图克辖伊很查干、巴音高勒、巴音满都呼、乌兰敖包、乌力吉图、川井、呼勒斯太7个嘎查。沙布格努图克辖温根特格、道劳其、沙门特、东达乌素、巴音保日、那林哈日、巴音诺尔、哈太8个嘎查。台梁区辖昆都仑庙、南关井、聂耳图3个嘎查和南排、老爷庙圪卜、台梁、点力素太、张三壕5个行政村。1951年9月,旗人民政府迁驻海流图。1952年10月15日,乌拉特中旗与乌拉特后旗合并,组成乌拉特中后联合旗,旗人民政府驻地海流图。1981年9月,乌拉特中后联合旗更名为乌拉特中旗,旗人民政府驻海流图,辖桑根达来、巴音、乌兰、川井、巴音杭盖、杭盖戈壁、呼勒斯太、温更、巴音哈太、新忽热、石哈河、鹚鸪图、部北、永胜、德岭山、乌加河、宏丰、石兰计、红旗19个公社和海流图镇及巴音、巴音杭盖(呼格吉日图牧场)、杭盖戈壁(种畜改良场)、温更、巴音哈太(种畜改良场)5个合营牧场,东风良种场(鹚鸪图农场)、同和太国营牧场。1982年,取消5个合营牧场建制,由公社级改为生产大队级。1984年,公社改乡、苏木,大队改行政村、嘎查。红旗公社更名为乌梁素太乡、永胜公社更名为双盛美乡、鹚鸪图公社更名为楚鲁图乡。1986年1月,乌加河乡、温更苏木改设为镇。2001年4月,撤销部北乡、双盛美乡、楚鲁图乡、石哈河乡,改建石哈河镇;撤销杭盖戈壁苏木,划归呼勒斯太苏木。2005年12月,全旗16个苏木、乡、镇调整为8个,其中中心镇3个(海流图镇、乌加河镇、德岭山镇),其他为一般苏木、镇。撤销桑根达来苏木、巴音苏木、乌兰苏木,组建巴音乌兰苏木;撤销巴音杭盖苏木,并入川井苏木;撤销巴音哈太苏木,并入新忽热苏木;撤销温更镇，并入海流图镇；撤销石兰计乡、宏丰乡，并入乌加河镇；撤销乌梁素太乡，并入德岭山镇；保留呼勒斯太苏木；保留石哈河镇。2012 年 1 月，从川井镇划出部分区域设置甘其毛都镇，撤销川井镇，设置川井苏木；从海流图镇划出部分区域设置温更镇；截至 2012 年底，全旗辖苏木、镇 10 个，种畜场 1 个，辖有村委会（嘎查）85 个。

截至 2012 年底，全旗总人口 146830 人，比 2011 年增长 0.88%，其中，男性人口 74497 人，女性人口 72333 人，分别占总人口的 51% 和 49%。性别比（以女性为 100）为 103。人口密度为每平方千米 6.4 人。总人口中，城镇人口 32560 人，比 2011 年减少 14%，占总人口的 22.18%；乡村人口 114270 人，比 2011 年减少 0.85%，占总人口的 77.82%。乡村人口中，农村人口 86173 人，比 2011 年减少 0.5%；牧区人口 28097 人，比 2011 年减少 2.03%。全年出生人口 1378 人，出生率 9.39‰；全年死亡人口 444 人，死亡率 3.02‰；人口自然增长率 6.37‰。

乌拉特中旗是以汉族居多数的民族地区。汉族人口 117459 人，比 2011 年增长 0.79%，占全旗总人口的 80%；蒙古族人口 28180 人，比 2011 年增长 1.16%，占全旗总人口的 19.19%；回族人口 815 人，比 2011 年增长 1.75%，占全旗总人口的 0.56%；满族、达斡尔族、藏族、朝鲜族、土家族等民族 376 人，比 2011 较年增长 4.4%，占全旗总人口的 0.26%。蒙古族分布旗内各地，主要分布在牧区和海流图镇。其中牧区蒙古族人数 16830 人，占全旗蒙古族人口的 59.72%；海流图镇蒙古族人口 8978 人，占全旗蒙古族人口的 31.86%；汉族遍布全旗各地，主要分布在农区和海流图镇。其中，农区汉族人口 83179 人，占全旗汉族人口的 70.82%；海流图镇汉族人口 23277 人，占全旗汉族人口的 19.82%。回族分布于全旗各地，主要分布在德岭山镇和海流图镇。农区回族人口 442 人（其中德岭山镇 281 人），牧区回族人口 231 人，海流图镇回族人口 142 人。

二

乌拉特中旗地质构造分区属内蒙古西部单元区，是东西纬向构造的一部分。已出露的地层由老到新有：上太古界，下元古界的五台群、马尼图群。中元古界的渣尔泰群、白云鄂博群、温都尔庙群。下古生界，上古生界中上石炭统、下二叠统。中生界下中上侏罗统、下上白垩统。

总体地质构造出现有作近东西向的 6 个次级的纬向地质构造单元，由北而南依次为：（1）蒙古向斜南翼超基性岩——处于北部边陲与蒙古国接壤处，即索伦山一带，属蒙古向斜南翼的一部分。由于长期的地质作用，远在二叠纪之后浸入距地表较浅部的含铬矿液的岩浆岩——超基性岩裸露地表，并继续接受风化、破碎、残积、流失，形成铬铁矿和次生淋滤的菱镁矿（已经地质勘探证实）。（2）川井—桑根达来拗陷带——处于蒙古向斜南翼与哈达特山褶皱带之间，属中生代形成，现在继续接受沉积的下降地区，是一个沉积物厚达 1.5～2.5 千米的近东西向的拗陷区，东西长达 150 千米之多，南北宽 20～30 千米，向西北延伸到巴音杭盖境内。（3）哈达特山褶皱带——位于川井—桑根达来拗陷带南侧，为岩浆岩出露较好的地段，主要是花岗岩、伟晶岩、玄武安山岩、花岗片麻岩等。其中有各期的伟晶岩作脉状浸入在各种地层之中。（4）呼勒斯太—温更洼隆区——是山间洼隆区，属继续下降并接受沉积的地区。主要地层为侏罗、白垩纪的砂岩、砾岩、砂砾岩及泥灰岩，上覆第三、第四纪砂砾层，粉砂岩泥土层。在侏罗纪地层中见有烟煤、焦煤和石煤。（5）狼山—查斯太山褶皱带——西起狼山、中经德岭山、东到查斯太山，展布于固查（固阳—查索沟）公路乌拉特中旗段北侧，其东段和乌拉山西段隔乌梁素海相望。地质构造、地层变化、沉积建造均较复杂，地形切割较强烈,相对高差大,是以中山—低山为主的东西向褶皱带(其西段因受旋扭构造的影响,使东西向的狼山变成弧形,作北东、南西向延伸到市辖域境外),主要由渣尔泰群、乌拉山群的狼山、增隆昌、刘洪湾、阿古鲁沟等组成的炭质板岩、灰岩、云英片岩、石英岩、绢云母片岩、千枚岩及各期浸入的花岗岩、伟晶岩、石英脉、火山沉积岩等。(6)山前断裂带——位于狼山—查斯太山褶皱带南侧的山前平原区,是内蒙古西部区山前深大断裂带的一部分,是继续接受沉积的下降地区(北部属上升区)。据测知,此深大断裂的基底以上沉积建造总厚度在4500米以上,由砂岩、砂砾岩、泥灰岩、细砂质的粉砂岩、砂土腐殖质土层等组成。仅第四纪的砂土腐殖质土层厚度也在1000米以上。此带蕴藏着丰富的地下水和锂矿、沼气、草煤、黏土矿等。北部褶皱带南缘和本断裂带北缘接触带上有数以百计的下降泉出露,局部泉群出露集流成溪而致成河,形成宝贵的灌溉资源。此带因是深大断裂区,所以也是地震易发区。

三

乌拉特中旗深居大陆,远离海洋,地处高原,地域辽阔。该地区气候差异很大,具有高原寒暑剧变的特点,属大陆性干旱气候区。其气候特点表现为四季分明,夏季短促;春季干燥多风;秋季温和凉爽,降雨量少蒸发量大;冬季漫长,持续5个月(11月至翌年3月),冬春少雨雪,夏季雨量集中,昼夜温差大。

全旗历年平均大风(风速≥17.0米/秒,8级)日数为28~74天,最多年份60~120天,最少年份4~34天。据中国气象科学研究院资料,受强大的蒙古冷高压长时间控制,乌拉特草原已成为冷空气南下的主要通道,特别是巴音杭盖、川井、乌兰一带,为中国冷空气五条入侵路径首先进入中国的交汇点,是国内风能资源各项指标理想的地区。该地区地势由西向东海拔逐渐增高,南下气流通过时具有增速效应,加之地域开阔平坦,草原植被、建筑物稀少,气流的摩擦阻力小等原因,使该地区常年有风,冬春最盛。巴音杭盖地区10米高度年平均风速6.7米/秒,乌兰地区10米高度年平均风速6.9米/秒,巴音杭盖、乌兰地区30米高度年平均风速8.4米/秒以上,空气密度1.29千克/立方米,有效时风(4.5米/秒至20米/秒区间)6500小时以上,年有效风功率密度300瓦/平方米以上,占全国有效风能资源总量十二分之一,占内蒙古自治区有效风能资源总量四分之一。

全年各月日照变化以1月最少,为214.1小时;以5月最多,为321.2小时。作物生长季节(4—9月)光照时数占全年的55%。

农作物生长季节(4—9月),太阳辐射量为98千卡/平方厘米,占全年的65%。海流图年辐射量合计151.08千卡/平方厘米。太阳总辐射与全国各地比较,小于青藏高原和西北地区,大于其他地区,光能资源较为丰富。

四

乌拉特中旗地表水以狼山山地丘陵与乌兰察布高原交接处为分水岭,划为两个水系。

地表水　山脉南侧为黄河水系,北侧为内陆河水系。属黄河水系的乌拉特中旗流域面积为10875.612平方千米,全旗有大小山沟45条,主要河流6条,由于地面坡度大,沟谷河系较为发育,河床迂回曲折,所以旗内大部分中小型水库修建在各大河谷下游处,是山前农业的主要水源。旗内河谷径流主要是降雨形成,各地径流受降雨左右,趋势与降雨的地带性分布一致。黄河流域地表径流深为4～10毫米，多年平均地表径流量5973.4万立方米；多年平均地表径流模数5492立方米/年·平方千米。属内陆河水系的乌拉特中旗流域面积是12121.78平方千米，主要河流8条，降水为河流唯一水来源，径流年际及年内变化主要受降雨影响。内陆河地区地表径流深在3毫米左右，多年平均地表径流量为1631.36万立方米，多年平均地表径流模数为1345.8立方米/年·平方千米。

由于地质构造复杂，全旗地下水因地而异，特点是由东向西、由南向北递减。山前黄灌区以内陆河流域第四系松散岩类孔隙水为主，含水层连续分布，蕴藏量丰富。水层岩性以中粗砂、砂砾石为主，厚度一般在30～70米，水位埋深10米。大部分地区矿化度小于2克/升。原宏丰乡以南，乌梁素太乡南局部地区矿化度大于2克/升。补给方式主要靠引黄灌溉和山洪水入渗。阴山地区，新忽热、石哈河一带地下水以基岩裂隙水为主，含水层主要为花岗风化壳及裂隙破碎带及流纹岩、安山岩、玄武岩层状裂隙水、风化壳深度一般在30米以内，构成裂隙可达40～147米，水位埋深一般小于10米。大部分水质较好。此外也有第四系松散岩类孔隙水分布，分布呈杈状沟，水位埋深1～5米，矿化度小于2克/升。乌拉特高平原，主要是川井、桑根达来和海流图等地分布第三白垩系碎屑岩类孔隙裂隙水，含水层岩性以砾岩、砂砾岩、泥质砂岩、砂质泥岩为主，厚度一般30～40米，顶板埋深40～80米，静止水位10～30米。另外也有第四系孔隙水。矿化度多在1～2克/升。巴音杭盖、乌兰北部和桑根达来东北部矿化度大于2克/升。补给方式主要为大气降水。

五

全旗土壤类型有灌淤土、风沙土、盐土、草甸土、栗钙土、棕钙土6个土类。

灌淤土类——灌淤土类是乌拉特中旗引黄灌区的主要土类，面积40402.01公顷，按其盐渍化程度的不同，分为草甸灌淤土和盐化灌淤土2个亚类。其中草甸灌淤土占该土类的79.57%，为6个土属39个土种，面积32146.67公顷。

风沙土类——属幼年土类，按其受风蚀强度的不同而分为流动风沙土，半固定风沙土和固定风沙土3个亚类，3个土属，3个土种。面积为10398.37公顷，主要分布在灌区沿山洪积扇外沿地带。

盐土——分为草甸盐土和沼泽盐土2个亚类、6个土属、82个土种，面积为48931.15公顷，主要分布在地形低洼、排水不畅的山前平原和排干沟两侧，其中以草甸盐土亚类为主，分5个土属81个土种，面积为48864.15公顷，占盐土土类面积99.36%，呈大片的盐渍荒地，沼泽盐土仅在乌加河零星分布，面积67公顷。

草甸土类——零散分布在沿河阶地和部分盐渍化荒地，面积为4590.56公顷，根据含盐量的不同，又分为草甸土和盐化草甸土，面积分别为3.46万公顷和13万公顷。

栗钙土类——属地带性土壤，主要分布在东南部低山丘陵区，是山旱区土壤的主要类型，面积为515473.33公顷，分3个亚类。

棕钙土类——是全旗第一大土类，属地带性土壤，是牧区土壤的主要类型。主要分布在呼勒斯太苏木、温更镇的北部和西部，巴音杭盖、川井、乌兰苏木的大部，巴音、桑根达来苏木北部，面积1689797.35公顷，占全旗土地总面积的73.16%。棕钙土类分4个亚类。乌拉特中旗地处半荒漠地带，以荒漠草原为主体。天然草场植被稀疏、低矮，以多年生小灌木及多年生丛生草为主。境内西、北部多为柠条、猪毛藜，东部多为针茅、无芒隐子草、冷蒿。20世纪70年代后，经引种、驯化、选育，培育出宜种植的优良牧草和饲料作物，有沙打旺、草木樨、紫花苜蓿、苏丹草、玉米等品种。

六

2012年，乌拉特中旗所辖总土地面积230.96万公顷，其中农用地224.39万公顷，占总土地面积97.2%；建设用地0.97万公顷，占总土地面积0.4%；未利用地5.6万公顷，占总土地面积的2.4%。农用地中，耕地7.01万公顷，占农用地面积3.1%；园地0.008万公顷，占农用地面积0.0036%；林地1.2万公顷，占农用地面积0.53%；牧草地215.2万公顷，占农用地面积的95.9%；其他农用地0.99万公顷，占农用地面积0.44%。

建设用地中，居民点及工矿用地0.58万公顷，占建设用地面积的60%；交通用地0.26万公顷，占建设地面积的27%；水利设施用地0.12万公顷，占建设用地面积的13%。

牧草地是全旗主要的土地利用方式，为乌拉特中旗主体用地类型。利用地布局是耕地集中连片，主要集中在山前河套灌区和后山旱作农业区两大片，占全旗耕地面积的98%，牧区只有零星的饲草料地。区域间的差异大，全旗各类用地具有明显的差异性，阴山山区和北部高平原为广袤的草场，是乌拉特中旗的主体经济区域；前山河套灌区是主要农业区，东南部山旱区则是农牧结合的半农半牧区。

全旗土地面积大，土地类型多样，适宜农、牧、林业的综合发展。全旗后备土地资源潜力大，耕地面积呈上升趋势，全旗有宜农荒地资源1.6万公顷，有宜林荒地2万公顷，98%分布在山前灌区，在国家投资、集体投资、个人投工投劳和引资转包开发下，全旗耕地面积新增6464.7公顷。全旗人均土地面积15.87公顷（折238亩），人均耕地面积0.54公顷（折8.15亩），牧区畜均占有草场面积1.28公顷（折19.2亩），随着人口增加和各种非农牧用地的增加，人均耕地、畜均草场数量逐年下降，保护土地资源应引起全旗各族人民的高度重视。

乌拉特中旗草地面积总计2149033.33公顷。主要草原类型有6类：温性典型草原类、温性荒漠草原类、温性草原化荒漠类、温性荒漠类、低地草甸类、沼泽类。温性典型草原类面积总计11906.67公顷，温性荒漠草原类面积总计1339113.33公顷，温性草原化荒漠类面积总计601846.67公顷，温性荒漠类面积总计138920公顷，低地草甸类面积总计54813.33公顷，沼泽类2433.33公顷。

七

乌拉特中旗森林植被为荒漠化草原类型，以旱生植被为主。实有林面积151124.3公顷，分天然林和人工林两部分。天然林主要分布在狼山、查石太山、哈太山地区和北部牧区，面积为90296公顷，林种为防风固沙和水土保持林，树种有杜松、山榆、山柳、叉枝圆柏、梭梭等。人工林主要分布在山前平原区和山旱区，牧区次之，总面积60828.3公顷，其中林分面积9218.8公顷，林种为用材林、防护林、特种用途林，树种为杨树、榆树、柳树、沙枣树等；经济林面积147.6公顷，树种为果树、枸杞等；人工疏林面积4318公顷，树种为杨树、榆树、柳树及其他；人工灌木林面积14937公顷，树种为梭梭、柠条等；未成林地面积31325公顷，林种为农田防护林，防风固沙林和水土保持林。此外，还有“四旁”（村旁、路旁、水旁、宅旁）树折合881.9公顷，苗圃地239公顷。森林覆被率5.08%。

人工林活立木总蓄积839228立方米，其中林分蓄积759749立方米，平均每公顷82.4立方米；疏林蓄积50619.3立方米，平均每公顷11.7立方米；“四旁”树蓄积28859.7立方米，平均每公顷32.7立方米。

2009—2012年，全旗完成林地外业勘界面积1038万亩，确权面积1038万亩，确权率100%。截至2012年，全旗森林面积353.7万亩。按林种划分：防护林351.51万亩；用材林2.08万亩；经济林0.05万亩；特用林0.06万亩。按森林功能划分为两大类：生态公益林351.56万亩，占全旗森林面积的99%；商品林2.14万亩，占全旗森林面积的1%。

2012年，全旗野生种子植物有67科255属426种。其中有饲用价值的植物有42科150属289种，其中禾本科牧草居饲用植物的首位，有29属58种，其次是菊科，有20属49种，具有引种价值的12种5科7属。有药用价值的植物186种，主要有麻黄、山大黄、马齿苋、银柴胡、王不留行、角茴香、蒙古扁桃、甘草、地丁、远志、锁阳、菟丝子、知母、天仙子、地黄、车前子、沙参、茵陈、蒲公英、苍耳、蒲草、秦艽、苁蓉、紫草等。全旗范围内生存的野生动物有：野驴、石羊、黄羊、团羊、青羊、狼、土豹子、狐狸、野兔、兔狲、獾子、猞猁、刺猬、黄鼠、松鼠、蛇、野鸡、石鸡、鹌鹑、野鸭、地脯、捞鱼鹳、喜鹊、乌鸦、老鹰、猫头鹰、老雕、灰鹤、天鹅等。

八

教育事业蓬勃发展。截至2012年，乌拉特中旗共有中学5所，在校学生2731人。小学3所，在校学生4566人。完全中学1所、九年一贯制学校2所、初级中学1所、十二年一贯制蒙古族学校1所。全旗初中入学率为98.13%，毕业率为96.7%，普及率为94.8%。小学入学率100%，毕业率100%，巩固率100%，普及率100%。高中教育中学1所，在校高中生共有1356人（其中蒙古族学生70人），有高中专任教师139人。

按照《乌拉特中旗中小学课堂教学改革“153”实施计划》，全旗各校课堂教学改革工作进入总结推广阶段，教研室通过组织高效课堂教学研讨会、经验交流会、论文评选、课题研究成果展示等活动，总结课堂教学改革的阶段成果。同时融会旗第一中学创立的“三导六步法”课堂模式，旗第二中学创立的“136大课堂”模式，旗第一小学创立的“海量阅读”语文教学法的高效课堂教学模式构建的成果与经验，初步形成具有全旗特色的高效课堂教学模式。

旗人民政府实施振兴教育三项工程：教育系统奖励激励工程、全民兴教工程、名师工程。制定《乌拉特中旗关于建立健全教师激励机制推进教育振兴实施方案》，包括教育教学成果奖、中高考奖、环节干部职务津贴和班主任津贴、年度业务目标考核奖、生源奖、教师课时津贴等奖项，涉及奖金约1000万元。2012年，累计接受旗直各行政部门、事业单位捐资捐物86.5万元，面向全国为旗第一中学招聘名师9人。

九

文化事业欣欣向荣。2012年，旗乌兰牧骑主要演出内容有《歌舞吟颂新世纪》《永远的祝福》《草原梦》，歌曲《歌颂伟大的党》《腾飞的海流图》《美丽中国》，民乐合奏《敖包盛会》，好来宝《草原颂》，相声表演《追着幸福》。旗乌兰牧骑编创大型民族歌舞剧《鸿雁的故乡》、舞蹈《草原的春天》、声乐《我们的乌拉特》、器乐《京调》等作品共计 59 部(首);同年,旗人民政府投资 280 万元,支持旗乌兰牧骑排练大型民族舞台剧《鸿雁的故乡》并首演成功;全年完成各类演出 203 场,其中政府性接待演出 58 场、专场演出 43 场、下乡慰问演出 102 场,观众总计达 24 万余人次;全年完成各类培训 18 期,培训人员 800 余人次。

春节期间,举办农历腊月二十三"乌拉特祭灶仪式",并且以打造春节文化氛围理念,在海流图主要街道悬挂灯笼和标语类彩条、鲜花墙等烘托类的载体物;元宵节期间,举办元宵文化节。同期,每年举办乌拉特民歌坐唱专场演出、农牧民秧歌展演、农牧民送戏进城、猜谜游艺活动、迎春书市展、元宵焰火晚会等活动。

乌拉特中旗地域辽阔,历史悠久,文化灿烂,文物古迹颇多,是巴彦淖尔市主要文物分布旗,截至第三次全国文物普查结束,全旗共普查有不可移动文物 127 处,其中有早期古长城遗址 3 条,古城遗址 17 处,较为集中的岩画遗址 15 处,古代祭祀遗址 1 处,古墓葬群 30 余处,此外还有寺庙 15 处,抗日英雄烈士陵园及抗日军事设施 3 处,古生物化石保护区 2 处等。

旗文化馆共计整理上报非物质文化遗产项目 40 余项,其中有 4 项进入内蒙古自治区非物质文化遗产名录、8 项进入巴彦淖尔市非物质文化遗产名录、22 项进入乌拉特中旗非物质文化遗产名录,乌拉特民歌进入国家级非物质文化遗产名录。

十

广播电视业日新月异。1995—2012 年,旗广电服务中心肩负着全旗政治、经济、思想、文化的宣传重任,始终把宣传党的方针政策、宣传全旗各项事业所取得的辉煌成就作为工作重点,以树立乌拉特中旗良好形象、提高全旗对外知名度为突破口。乌拉特中旗电视新闻在中央、内蒙古、巴彦淖尔台播出量居巴彦淖尔市各旗县(区)前列,为全旗招商引资、人才引进提供良好环境,有力地促进了全旗的经济繁荣、社会稳定。

2000 年,旗广电服务中心开始实施中央广播电视"西新"工程(在发射台安装调试完成 1 千瓦电视单通道彩色发射机 1 部、天馈系统 1 套;在乌兰电视转播台、桑根达来电视转播台、红旗电视转播台、宏丰电视转播台、石哈河电视转播台安装调试完成 100 瓦彩色电视发射机各 1 部,天馈系统各 1 套)、无线覆盖工程、"村村通"工程。成立解决全旗农村牧区看电视难的农网技术维护部。并完成模拟信号向数字化信号转变的战略工程。2012 年 12 月,开始实施国家广播电视直播卫星"户户通"工程,共安装完成"户户通"设备 34500 套,建成卫星地面数字电视发射站 6 座,在全旗行政村完成"村村响"工程 90 个点,完成村组补点任务 300 个音柱,提高全旗广播电视覆盖率。全旗广播电视综合覆盖率 97%。

"十二五"规划前两年(2011—2012 年),全旗完成"村村通"工程第四阶段建设任务,增加广播电视覆盖人口 5300 余人。

2005—2012 年,内蒙古广电网络公司乌拉特中旗分公司有线电视播出的汉语节目主要有中央、省市及地方台共 126 套节目,播出的蒙古语节目主要有 3 套。2012 年,蒙古语广播电台播出主要内容《乌拉特中旗新闻》《牧民之友》转播蒙语电台节目;汉语广播电台播出主要内容《乌拉特中旗新闻》《农牧民之声》健康之友文艺节目。

十一

医疗卫生健康发展。截至2012年，乌拉特中旗拥有各类卫生机构16所，其中，医院2所，拥有床位数330张、卫生技术人员218人；共有卫生院13所，拥有床位数120张、卫生技术人员97人；有妇幼保健院1所，拥有床位数60张、卫生技术人员48人；有疾病预防中心1所，有社区卫生服务中心(站)6所。乌拉特中旗按照巴彦淖尔市卫生局统一要求，新农合执行市级统筹。全市执行统一的门诊统筹(慢性病门诊)+住院统筹(含重大疾病)+其他(风险金)的补偿模式，新农合最高封顶线10万元。全旗农牧民参合87037人，参合率97.26%。筹资总额2611.11万元，人均筹资300元，其中各级财政补助240元/人，个人缴费60元。五保、低保、优抚对象及牧区牧民29922人的个人参合费用共计179.53万元由旗财政承担。新农合报销执行全市统一方案，全年共为2564.65人(次)发放新农合补偿款216888万元。其中，门诊补偿209194人次，补偿金额421.98万元；住院补偿7471人次，补偿金额2072.1万元；政策范围内住院补偿比为71.3%；慢性病补偿529人，补偿金额30.76万元；大病补助223人次，补助金额122.51万元。

2012年，旗卫生局药政管理部门将国家基本药物制度延伸到48所嘎查村卫生室和6个社区卫生服务中心(站)。旗卫生局被巴彦淖尔市卫生局评为2012年度基本药物和综合改革工作先进旗县(区)、2012年度卫生信息工作先进单位。

十二

科技工作成效显著。2012年，旗科学技术局在全旗开通“信服通”业务，全旗主导特色产品通过“信服通”得到宣传，实现网络营销，为农牧民依靠科技增收致富开辟一条新途径。全旗培养100名创新型科技人才、500名农村牧区实用人才、200名产业带头人、50名科技合作组织引领人、1000名农村牧区科技示范骨干、50名创新型中青年科技人才骨干，选拔20名优秀中青年科技人才到区内外大专院校进行学习，通过有效的人才培养，加快推进全旗人才资源的科技进步与创新。

“十二五”规划时期前两年(2011—2012年)，内蒙古自治区、巴彦淖尔市两级在乌拉特中旗安排科研项目9项，取得科研成果4项。在项目安排上，集中解决全旗巴美肉羊标准化饲养、科技服务体系建设、草原山羊羔羊育肥等方面存在的难点、重点、热点和关键性、普遍性技术问题。

全旗科研经费投入123万元。其中，内蒙古自治区科研部门拨款70万元、巴彦淖尔市科研部门拨款33万元，地方财政拨款20万元。用于“荒漠半荒漠草原山羊羔羊育肥技术集成与示范”“乌拉特中旗科技信息服务平台建设”“养殖业综合管理监控信息平台与食品安全追溯应用系统”“乌拉特中旗星火科技‘12396’基层服务平台示范建设”“乌拉特中旗科技创新应用平台建设”“养殖业综合管理监控信息平台与食品安全追溯应用系统”“苜蓿草产业化建设”“优质巴美肉羊标准化养殖技术集成示范”“巴美肉羊育种园区建设”项目的研究。

大事记

大事记

1988年

1月11日　乌拉特中旗体制改革领导小组成立，设主任1人、副主任1人；下设办公室。

1月26日　乌拉特中旗第十届人大常委会第三次会议审议通过《乌拉特中旗苏木、乡镇人民代表大会主席团工作办法(暂行)》和《乌拉特中旗人大常委会关于监督“一府两院”工作制度》《乌拉特中旗人大常委会关于加强与旗人民政府工作联系的意见》。

2月　乌拉特中旗监察局成立，正科级建制，为旗人民政府负责行政监察的专门机构，列入旗人民政府组成机构序列。

3月13—15日　乌拉特中旗第十届人民代表大会第二次会议召开。会议审议《政府工作报告》及有关报告，并通过相应的决议。

4月5日　中共乌拉特中旗委员会(以下简称“旗委”)、旗人民政府决定对全旗林业建设中做出成绩的先进集体和先进个人予以表彰奖励，受表彰奖励的先进集体5个、先进个人13人。

4月14日　乌拉特中旗精神文明建设委员会成立。设主任1人，副主任6人；旗“五讲四美三热爱”委员会办公室更名为乌拉特中旗精神文明建设委员会办公室(以下简称“文明办”)，与旗委宣传部合署办公，挂文明办牌子。

4月20日　旗委研究决定，成立“侦查破案，打击流窜，深挖犯罪”专项斗争领导小组。设组长1人、副组长1人，下设办公室。

4月22日　乌拉特中旗—巴彦淖尔盟(临河)电传单工电报电路，由原单路插报机改用BZP821B八方向插报机。

5月17—22日　巴彦淖尔盟行政公署、巴彦淖尔军分区及有关部门与乌拉特中旗、乌拉特后旗、人民解放军边防一团领导在副盟长、军分区政委带领下，对中蒙边界进行全线巡逻。

6月12日　旗委发出通知，要求各级党委组织全体共产党员、广大各族人民群众和各界爱国人士，认真学习《中共中央、国务院告全体共产党员和全国人民书》，坚定不移地在政治上、行动上同党中央保持一致。

7月1日　旗委对全旗各条战线上涌现出来的先进党支部、优秀党员、优秀党务工作者进行表彰。受表彰的先进党支部27个、优秀共产党员40人、优秀党务工作者10人。

8月3日　旗委决定成立纪念中共十一届三中全会召开十周年理论讨论会筹备领导小组。设组长1人、副组长1人。

9月13日　为切实加强对全旗干部、职工培训工作的领导，旗委研究决定成立乌拉特中旗干部、职工培训领导小组。旗委副书记任组长，另设副组长2人；领导小组下设办公室。

10月4日　根据中共巴彦淖尔盟委员会《关于选举出席自治区五次党代表大会工作的实施方案》，旗委组织召开第一次党员代表会议。选举云曙芬、波日来、魏明仁为出席内蒙古自治区第五次党代表大会代表。

10 月 20 日　为贯彻落实中共十三届三中全会精神，旗委、旗人民政府研究决定成立乌拉特中旗治理经济环境整顿经济秩序领导小组。旗长任组长，副旗长、纪委书记、旗委宣传部部长任副组长。

11 月 18 日　旗委第二十一次常委会召开，会议通过《乌拉特中旗人民代表大会代表持证视察办法（试行）》。

11 月 21 日　政协乌拉特中旗第七届委员第三次会议召开，会议听取并审议政协乌拉特中旗第七届委员会常务委员会第一次会议工作报告及有关报告，通过相关决议。

11 月 24—26 日　巴彦淖尔盟草牧场有偿承包使用现场会在乌拉特中旗召开，山旱区旗县长、乡、镇苏木负责人参加会议。在已实现"作价归户，户有户养"家庭经营和草牧场"划片承包使用"双承包责任制基础上，全旗实行草场有偿承包使用，再一次打破草场使用上的"大锅饭"。

11 月　月初，根据中共巴彦淖尔盟委员会宣传部讲师团的要求和安排，旗委宣传部组织全旗干部开展《社会主义初级阶段理论稿》学习。从 11 月开始到 1989 年 5 月结束，凡参加过干部正规化理论教育《哲学》《政治经济学》《民族理论》学习并取得单科合格证的人员都参加学习，学习结束后由盟委讲师团统一进行考试。

1989 年

3 月 1— 4 日　乌拉特中旗第十届人民代表大会第三次会议在海流图召开。大会审议《政府工作报告》及有关报告，并通过相应的决议，选举乌拉特中旗人民政府科技副旗长 1 名。

5 月　全旗有偿承包草牧场工作结束。

8 月　解放军总后勤部军事交通运输部部长检查中蒙边防公路建设情况，听取乌拉特中旗人民政府汇报，实地检查海流图边防公路机械化养护队修筑养护作业情况。

10 月 6 日　全旗非农业建设用地清查工作全面结束，并通过巴彦淖尔盟有关部门验收。

11 月 12 日　乌拉特中旗人大常委会原副主任梅金山在海流图不幸病逝，享年 62 岁。中共乌拉特中旗委员会号召全旗共产党员向他学习。

12 月 20 日　内蒙古自治区人民政府正式批复，同意乌拉特中旗甘其毛都口岸作为对蒙古国开展边境贸易的临时过货点。

是年　乌拉特中旗被中共巴彦淖尔盟委员会、盟行政公署评为全盟经济效益先进地区。

△　乌拉特中旗人民政府下发《关于进一步加强农牧建设用地管理的通知》。

1990 年

1 月 11 日　内蒙古自治区政府主席布赫率供销、银行、畜牧等部门负责人到巴彦淖尔盟视察工作，深入乌拉特中旗、乌拉特后旗察看灾情，并广泛接触群众和基层干部，听取意见。

2 月 23 日　乌拉特中旗甘其毛都口岸实现首次过货，进口货物主要以皮张、绒毛、肉食品等畜产品为主，出口货物主要以日用品为主。

3 月 10 日至 5 月 10 日　旗公安局组织专门力量，开展户口整顿工作，为搞好第四次全国人口普查进行准备。

4月3—5日　乌拉特中旗第十届人民代表大会第四次会议在海流图召开。大会审议《政府工作报告》及有关报告，并通过相应的决议，会议选举乌拉特中旗人民政府旗长1人。

5月25日　旗委、旗人民政府印发《乌拉特中旗民兵、预备役工作目标管理责任制》。

5月29日　乌拉特中旗人民武装委员会组成人员进行调整，主任由乌拉特中旗旗长担任，副主任由副旗长、旗人民武装部(以下简称“人武部”)部长、人武部政委担任。同时成立乌拉特中旗国防教育领导小组，旗委书记任组长，旗人武部政委任副组长，领导小组有成员11人。领导小组下设办公室。

6月7日　全旗完成土地利用现状调查工作，全旗土地得到全面查清。此项工作获得内蒙古自治区优秀成果奖。

6月27日　巴彦淖尔盟行政公署外事办公室、盟公安处、盟国家安全处、巴彦淖尔军分区司令部联合发出《关于甘其毛都临时过货点的管理及其过货的暂行规定》。

7月1日　在全旗“创先争优”活动中，旗委对各条战线中涌现出的27个先进党组、40名优秀党员、10名优秀党务工作者和43个各基层党委支部、281名党员进行表彰，同时评选出受内蒙古自治区党委表彰的优秀党员2人，受中共巴彦淖尔盟委员会表彰的先进党组织2个、优秀党员3人、优秀党务工作者4人。

7月24日　中共中央政治局常委宋平到乌拉特中旗考察工作。宋平到巴音哈太苏木考察牧民的畜群草库伦、青贮窖、接羔棚等生产建设情况，同时看望色登、朝格勒布、乌云其其格3户牧民，与他们进行亲切的交谈。考察旗绒毛厂时，同该厂负责人交谈机械设备及生产等情况。

是月　中共巴彦淖尔盟委员会宣传部，盟邮电局联合表彰1989年度报刊发行先进单位，乌拉特中旗旗委宣传部，旗邮电局被评为组织领导先进单位，受到表彰奖励。

11月26日　旗委在全旗广大党员干部和群众中开展深入学习中共十三届四中、五中、六中全会和内蒙古自治区第五次党代会精神，结合全旗实际情况开展社会主义思想教育工作。

12月8日　中国人民银行巴彦淖尔盟分行同意乌拉特中旗邮电局营业厅和6个支局、所共7各部门成立邮政储蓄柜台，并准发经营许可证。

12月22—23日　中共乌拉特中旗第九次代表大会在海流图召开，大会一致通过旗委书记代表中共乌拉特中旗第八届委员会所作的工作报告。选举产生中共乌拉特中旗委员会第九届委员会书记1人、副书记3人、常委9人、委员27人；选举产生中共乌拉特中旗纪委书记1人、副书记2人、常委7人、委员13人。

1991年

1月14—19日　政协乌拉特中旗第八届委员第一次会议在海流图召开，会议听取并审议政协乌拉特中旗第七届委员会常务委员会工作报告及有关报告，通过相关决议。会议选举产生政协乌拉特中旗第八届委员会主席1人、副主席5人。

1月15—18日　乌拉特中旗第十一届人民代表大会第一次会议在海流图召开，大会审议《政府工作报告》及有关报告，并通过相应的决议，选举产生旗人大主任1人、副主任1人、委员10人；选举产生旗人民政府旗长1人、副旗长6人；选举产生旗人民法院院长、旗人民检察院检察长。

2月27日　乌拉特中旗“双拥”(拥军优属、拥政爱民)工作领导小组成立。设组长1人、副组长3人。

3月12日　旗委、旗人民政府决定成立乌拉特中旗基层政权建设领导小组。组长由旗委副书记担任，副组长由副旗长、旗人大常委会副主任、旗民政局局长担任。

3月18日　旗委研究决定对旗廉政建设工作领导小组成员进行调整。组长由旗委副书记担任，副组长由旗纪委书记、副旗长担任。

4月12—13日　旗委、旗人民政府在海流图镇召开全旗社会治安综合治理工作会议。会议听取旗委书记讲话，传达贯彻全国、内蒙古自治区社会治安综合治理工作精神，研究部署全旗社会治安综合治理工作任务。

5月13日　旗委、旗人民政府决定成立鼠疫防治工作指挥部。总指挥由旗长担任，副总指挥由旗委副书记、副旗长及巴彦淖尔盟卫生处副处长、旗卫生局局长担任。

5月27日　旗委、旗人民政府召开全旗城镇经济工作会议。决定对1990年度经济效益先进企业和工作突出的先进班组长予以表彰。表彰先进企业7个、先进班组9个，授予5人为1990年度"优秀企业家称号"、6人为"先进班组长"称号，并颁发奖品和荣誉证书。

6月1日　旗委根据乌拉特中旗第五次工人代表会选举结果，批复乌拉特中旗第五届总工会主席1人，副主席1人。

7月1日　旗委决定对全旗各条战线上涌现出的27个先进党支部、16名优秀党务工作者、42名优秀党员予以通报表彰。

9月6日　根据内蒙古自治区人民政府有关文件精神，旗人民政府研究决定，成立乌拉特中旗地方志编纂委员会。主任由旗委书记担任，副主任由旗委副书记、人大常委会主任、政协主席、副旗长担任。

9月27日　旗委决定成立全旗城乡社会主义思想教育领导小组。组长由旗委副书记担任，设副组长5名。

10月24—27日　内蒙古自治区主席布赫到乌拉特中旗乌兰苏木考察。详细询问牧区改革10年给每个家庭生产和生活带来的变化，并提出加速畜牧业现代化建设的4个转变（由靠天养畜向建设养畜转变，由片面追求牲畜数量向效益牧业转变，由粗放经营向科学经营、管理转变，由手工业生产向机械化作业转变）。强调牧区经济建设和精神文明建设要一起抓，改革和发展一起抓，依靠科技进步和提高劳动者素质一起抓，发展生产同提高农牧民生活水平一起抓，调整畜牧业内部结构和调整牧区产业结构一起抓。

是月　根据巴彦淖尔社教工作部署，乌拉特中旗人民政府加强领导、精心组织、统一步伐，从旗、乡两级共抽调社教干部990余人，组成23个工作组，深入全旗各苏木、乡、镇的嘎查、村、组开展社会主义教育活动。

11月1日　旗委、旗人民政府从旗直各单位抽调干部74人，会同巴彦淖尔盟分配到乌拉特中旗的干部组成社教工作组，开始在全旗城乡开展社教工作。

1992年

2月24日　巴彦淖尔盟盟长办公会议议定口岸建设施工及建成以后的设施管理和口岸行政管理由盟外事办负责。边境口岸贸易的经营管理由盟经贸处边贸公司负责。

3月2—5日　乌拉特中旗第十一届人民代表大会第二次会议在海流图召开。大会听取和审议《政府工作报告》及有关报告，并通过相应的决议。

3月6日　旗人民政府研究决定，成立乌拉特中旗查禁毒品犯罪活动领导小组。设组长1人、副组长2人。

3月11日　经国务院批准，呼伦贝尔盟新巴尔虎右旗阿日哈沙特、锡林郭勒盟东乌珠穆沁旗珠恩嘎达布其、巴彦淖尔盟乌拉特中旗甘其毛都3个边境口岸为季节性口岸，于同年6月24日正式开放。

3月20日　旗委、旗人民政府研究决定，成立乌拉特中旗综合改革领导小组。设组长1人、副组长5人。

4月1日　旗委组织部发出通知，决定在旗党校举办中共党史学习培训班。培训对象为各党委书记、组织委员、宣传委员，学期为7天。培训人员负责对所辖单位干部、职工进行辅导，迎接6月份内蒙古自治区组织部组织的统一考试。

4月10日　旗委、旗人民政府研究决定，对乌拉特中旗边防工作领导小组成员进行调整充实。设组长1人，副组长4人。

5月3日　乌拉特中旗行政执法执纪监督检查领导小组成立。设组长1人、副组长2人。

5月20日　旗人民政府调整乌拉特中旗防汛指挥部。设总指挥1人、副总指挥4人。

5月30日　旗委、旗人民政府决定成立乌拉特中旗边境贸易口岸管理领导小组。设组长1人、副组长2人。

6月13日　旗委、旗人民政府决定，为激励广大科技工作者为“科技兴旗”建功立业，对12个先进集体和38人先进个人予以表彰奖励。

6月24日　乌拉特中旗甘其毛都口岸与蒙古国南戈壁省汗博格多县嘎顺苏海图口岸正式开通，为季节性陆路口岸。

7月1日　旗委决定，为鼓励先进、更加深入地开展“创先争优”活动，对全旗各条战线上涌现出的26个先进党支部、16名优秀党务工作者、44名优秀党员予以通报表彰。

7月11日　旗委研究决定，撤销乌拉特中旗边防领导小组，成立乌拉特中旗边防委员会。

7月20日　乌拉特中旗草原畜牧业示范区项目实施领导小组成立。

8月13日　旗委、旗人民政府决定成立乌拉特中旗温更煤矿四号井改扩建工程指挥部。

10月26日　旗委、旗人民政府根据中共中央、内蒙古自治区党委关于进行综合改革的要求和中共巴彦淖尔盟委员会、盟行政公署《关于推进全盟行政事业单位综合改革的实施意见》，结合实际，在全旗行政事业单位综合配套改革方面做出决定意见。

11月25日　旗委、旗人民政府研究决定，成立乌拉特中旗引进国内外投资、技术、人才领导小组。设组长1人、副组长4人。

1993年

1月1日　中华人民共和国甘其毛都口岸边防检查站在乌拉特中旗海流图镇正式成立，为正营级建制。

3月1—4日　乌拉特中旗第十一届人民代表大会第三次会议在海流图召开。大会听取和审议

《政府工作报告》及有关报告，并通过相应的决议。大会选举出席内蒙古自治区第八届人民代表大会代表，选举旗长1人。

是月　旗纪委与旗监察局合署办公，实行一套工作机构，两个机构名称的体制，履行党的纪律检查和政府行政监察两种职能。

△　乌拉特中旗人民政府进行机构改革，撤销乌拉特中旗土地管理局，并入计划委员会。

6月18日　乌拉特中旗林业公安机构列入旗公安序列，为旗公安局下属股级建制，受旗林业局、公安局双重领导。

6月26日　乌拉特中旗公安局治安大队侦破重大制贩毒案件1起，缴获毒品咖啡因1700千克、安钠咖片10万片、制片机3台。

是月　巴彦淖尔盟行政公署颁发《关于加强口岸建设与管理的暂行规定》和《口岸市场管理暂行办法》，乌拉特中旗甘其道口岸遵照执行。

11月　国家土地管理局监察司司长到乌拉特中旗考察工作。

12月18日　经旗人民政府第五次会议研究决定，成立乌拉特中旗外事办公室，乌拉特中旗口岸办公室，正科建制，事业性质，为一套人马两块牌子，归口政府办公室管理。

1994年

1月12—17日　政协第九届委员会第一次全体委员会议在海流图镇召开。会议听取并审议政协乌拉特中旗第八届委员会常务委员会工作报告及有关报告。会议通过相关决议，选举政协乌拉特中旗第九届委员会常务委员13人、主席1人、副主席5人。

△　乌拉特中旗第十二届人民代表大会第一次会议在海流图镇召开。大会听取和审议《政府工作报告》及有关报告，并通过相应的决议。大会选举人大常委会主任1人、副主任6人、委员8人，选举旗长1人、副旗长7人，选举旗人民法院院长、旗人民政府检察院检察长。

3月19日　乌拉特中旗旗长主持召开口岸管理委员会第一次会议，会议议定旗口岸办公室是旗口岸管理委员会的具体工作机构，是口岸开关期间的牵头单位；会议决定成立甘其毛都口岸治安管理办公室，负责口岸的社会治安秩序管理。

8月18日　乌拉特中旗第十二届人大常委会第四次会议审议通过《乌拉特中旗苏木、乡镇人大主席团工作和旗乡两级人大代表视察评议工作办法》。

是年　乌拉特中旗被内蒙古自治区党委、自治区人民政府、内蒙古军区授予“双拥模范旗”荣誉称号。

1995年

2月　乌拉特中旗开展海流图镇地价评估工作，为国有土地的出让、转让提供依据；获得内蒙古自治区优秀成果奖。

3月27—29日　乌拉特中旗第十二届人民代表大会第二次会议在海流图召开。大会听取和审议《政府工作报告》及有关报告，并通过相应的决议。

4月27日　乌拉特中旗土地管理分局受旗人民政府委托，主持拍卖旗第三完全小学菜地南段迎街地片620平方米，平均售价192.5元/平方米，在巴彦淖尔盟敲响国有土地公开出让的第一锤，巴彦淖尔盟土地管理局负责人、各旗县(市)土地管理分局局长参加拍卖会。

△ 乌拉特中旗第十二届人大常委会第八次会议审议通过《海流图镇城建管理监察规定》。

6月 乌拉特中旗城镇地籍调查、土地市场管理被确定为巴彦淖尔盟模式,在全盟进行推广。

7月7日 十二集电视连续剧《五原烽火》,在巴彦淖尔盟抗日战争战场之一的乌拉特中旗乌不浪口开拍,以此纪念世界人民反法西斯战争和中国人民抗日战争胜利50周年。

7月25日 内蒙古自治区“双拥”工作检查团到乌拉特中旗检查工作。

是月 乌拉特中旗甘其毛都口岸开放时间由每季度开关15天改为20天,贸易形式以中蒙边境小额贸易。

8月23日 巴彦淖尔盟春季“严打攻势”中涌现的乌拉特中旗公安局等12个先进单位受到盟行政公署表彰奖励。

是月 中央军委副主席张震在北京军区司令员、内蒙古军区司令员等陪同下,到乌拉特中旗驻军边防一团考察工作。

10月25日 乌拉特中旗纪委监察局下发《关于禁止用公费外出旅游的通知》。

是月 旗委对纪委监察系统人员进行调整,在旗直各大科局配备专职纪检组组长,共调整、提拔纪检监察干部23人,向系统外交流12人。

11月28—29日 中共乌拉特中旗第十次代表大会召开。大会一致通过旗委书记代表中共乌拉特中旗第九届委员会所作工作报告。以无记名投票差额选举的办法选举产生中共乌拉特中旗第九届委员会委员27人、候补委员4人。11月30日,中国共产党乌拉特中旗第十届委员会第一次全体会议召开,选举产生新一届委员会常委9人、书记1人、副书记3人。

是年 乌拉特中旗纪委监察局围绕反腐败斗争,对公款大吃大喝、集体上访上升等问题进行深入调查,究其深层次原因,寻求解决办法,写成调查报告。

△ 乌拉特中旗纪委监察局狠刹党政干部违纪购买小汽车、安装私宅电话、经商办企业、中小学乱收费、加重农牧民负担等不正之风。

△ 乌拉特中旗甘其毛都口岸累计完成进出口贸易总量7740吨,实现进出口贸易总额2345.8万元;累计进出境客运量25031人次,进出境交通工具5421辆次。进口货物以废旧金属占大多数,另有部分苁蓉、戈壁石;出口货物增加家用电器、水泥、钢材等物品。

1996年

1月1日 旗委、旗人民政府作出规定,对县处级领导干部收受礼品进行登记并制定收入申报制度。

1月14日 乌拉特中旗边防乌兰派出所抓获重大假币诈骗犯罪嫌疑人2人,收缴假币7000元,经审查,2名嫌疑人先后持假币90150元作案4起,在第五次作案时被公安人员抓获。

1月28—31日 乌拉特中旗第十二届人民代表大会第三次会议在海流图镇召开。会议选举旗长1人、旗人大常委会副主任1人、人大常委会委员2人、旗人民检察院检察长。

1月30日 政协乌拉特中旗第九届委员会第三次全体委员会议在海流图召开。会议补选政协乌拉特中旗第九届委员会常务委员1人、主席1人、副主席1人。

4月2日 巴彦淖尔盟土地管理垂直领导体制延伸到乡、镇苏木,乌拉特中旗土地管理分局扩编10人，成立乡镇土地管理所10个。

是月　乌拉特中旗人武部由地方管理改归军队建制。

△　旗委成立反腐败斗争领导小组，实施反腐败斗争领导责任制。

5月　旗委、旗人民政府出台关于禁止共产党员参与赌博、禁止领导干部利用婚丧嫁娶大操大办、禁止党政机关公务活动大吃大喝等规定。

7月16日　内蒙古自治区主席乌力吉考察乌拉特中旗。

11月12日　内蒙古自治区党委书记刘明祖考察乌拉特中旗。

是年　旗纪委监察局与有关部门配合，对预算外资金管理、药品市场、农牧民负担、中小学生收费、公务活动大吃大喝、婚丧嫁娶大操大办等方面问题进行专项检查。

△　乌拉特中旗被内蒙古自治区党委、自治区人民政府、内蒙古军区命名表彰为“双拥模范旗”。

△　乌拉特中旗土地管理分局被评为“全区先进集体”，受到内蒙古自治区人事厅和自治区土地管理局的表彰。

1997年

7月　旗委、旗人民政府组织人员对副科级以上领导干部的住房、电话、婚丧嫁娶等廉洁自律情况进行登记造册，建立个人廉政档案。

10月21日　巴彦淖尔盟杭锦后旗团结乡德义村、乌拉特中旗石兰计乡联荣四社、乌拉特后旗乌盖苏木发生5.2级地震。

11月25日　内蒙古自治区土地管理局副局长率验收小组到乌拉特中旗，对海流图镇地籍调查成果进行验收。该成果被评为内蒙古自治区优秀成果。

11月27—29日　乌拉特中旗第十二届人民代表大会第五次会议在海流图召开。会议补选旗人大常委会主任1人、委员4人；补选旗人民政府旗长1人；补选产生出席内蒙古自治区第九届人民代表大会代表2人。

11月27日至12月2日　政协第九届委员会第四次全体委员会议在海流图召开，听取并审议政协乌拉特中旗第九届委员会第三次会议后常务委员会工作报告，并通过相应的决议。

12月　乌拉特中旗建设用地模式化管理通过内蒙古自治区有关部门验收。

是年　乌拉特中旗人民政府印发《乌拉特中旗拥军优属保障基金筹集使用暂行办法》，并成立乌拉特中旗拥军优属保障基金管理委员会，管理委员会顾问由副旗长担任，主任由民政局局长担任。

1998年

3月9日　乌拉特中旗人民政府办公室下发《关于对农村、牧区义务兵家属的群众优待金实行全民统筹的通知》。

是月　旗委、旗人民政府出台《关于贯彻落实中共中央、国务院关于党政机关厉行节约、禁止奢侈浪费行为若干规定的实施意见》，从领导干部通信工具的配备、乘车、接待、会议、住房、外出考察等方面提出具体要求，并开展清理和督查工作。

4月15日　巴彦淖尔盟外贸边贸公司一负责人在乌拉特中旗甘其毛都口岸运管招待所内被盗人民币20万元,乌拉特中旗公安机关全力以赴,仅用12小时,侦破这起巴彦淖尔盟最大现金盗窃案。

8月3日　乌拉特中旗人民政府批准成立乌拉特中旗军粮供应中心。

8月25日　巴彦淖尔盟行政公署办公室在乌拉特中旗组织召开全盟土地利用总体规划现场会,学习、考察乌拉特中旗乡级土地利用总体规划的做法、措施。

10月　乌拉特中旗纠正行业不正之风办公室牵头,抽调有关部门人员,对全旗60多个单位的预算资金等收费情况进行检查核实。

12月　乌拉特中旗审计部门配合全旗换届工作,对5个苏木、乡镇和12个旗直单位的10名科级干部和5名副处以上干部进行离任廉政审计。

是年　乌拉特中旗人民政府8个所属部门、105个窗口单位进行社会服务承诺制。

△　全旗53个行政执法单位(包括二级单位)全面推行政务公开制度。

1999年

1月1日　乌拉特中旗粮食局、乌拉特中旗粮油公司正式归属旗委、旗人民政府统一管理,成立乌拉特中旗粮食管理局。

1月5日　乌拉特中旗房管局全面开展全国统一换发新房屋产权证工作。

1月7—9日　政协第十届委员会第一次全体委员会议在海流图镇召开。会议听取并审议政协乌拉特中旗第九届委员会常务委员会工作报告及有关报告,并通过相关决议。会议选举政协乌拉特中旗第十届委员会常务委员16人、主席1人、副主席3人。

1月7—10日　乌拉特中旗第十三届人民代表大会第一次会议在海流图镇召开。大会听取和审议《政府工作报告》及有关报告,并通过相应的决议。会议选举人大常委会主任1人、副主任5人、委员10人,选举旗长1人、副旗长5人、科技副旗长1人、挂职副旗长1人,选举旗人民法院院长1人、人民检察院检察长1人。

1月21日　内蒙古自治区党委、自治区人民政府印发《关于表彰1998年度发展乡镇企业先进单位、先进个人和支持乡镇企业发展先进单位的决定》。乌拉特中旗获先进旗县(市区)奖;乌拉特中旗乡镇企业局获先进乡镇企业管理部门奖。

2月20日　乌拉特中旗温更煤矿(运行近40年的国有矿山企业)转制拍卖,被内部职工以2210万元整体购买,成为民营企业,这是巴彦淖尔盟首次拍卖的最大国有企业。

3月12日　旗委、旗人民政府召开"九九新世纪工程"建设暨春季植树动员大会。"九九新世纪工程"含义是:1999年投资900万元,建设9项硬件工程,创建四星级文明城镇海流图镇,向国庆50周年献礼。

3月17日　由巴彦淖尔盟副盟长、盟行政公署副秘书长带队,到乌拉特中旗视察乌加河镇小城镇建设,并召开现场调研办公会。

3月21日　内蒙古自治区人民政府"两基"(基本普及九年义务教育、基本扫除青壮年文盲)达标前期督查组到乌拉特中旗指导工作。

3月23日　旗委决定继续在全旗范围内深入开展社会主义市场经济理论大学习、大讨论,促进全旗各族干部群众思想的进一步解放，全面推动乌拉特中旗的大改革、大开放和大发展。

3 月 26 日　巴彦淖尔盟司法局通知，经司法部名称检索，核定乌拉特中旗律师事务所更名为内蒙古塞外律师事务所。

4 月 2 日　乌拉特中旗昌原皮革皮毛有限责任公司选举产生工会委员，为全旗第一家民有民营企业组建的工会组织。

4 月 21—22 日　中共巴彦淖尔盟委员会书记一行深入乌拉特中旗山旱区四乡，重点调查解山旱区小流域治理和节水灌溉工程。

4 月 22—23 日　巴彦淖尔盟落实草原“双权一制”工作现场会在乌拉特中旗召开。与会代表参观学习乌拉特中旗桑根达来苏木落实草牧场“双权一制”工作的成功经验。

5 月 14 日　《乌拉特中旗志》被内蒙古自治区地方志编委会、内蒙古自治区人民政府办公厅、内蒙古自治区社会科学联合会评为第一届“内蒙古地方志奖”二等奖。

5 月 31 日　《乌拉特中旗周刊》创刊。

6 月 14 日　内蒙古自治区副主席到乌拉特中旗视察工作，到甘其毛都口岸进行调查研究，并主持召开现场办公会议，决定甘其毛都口岸基础设施建设的项目和资金，由内蒙古自治区、巴彦淖尔盟和乌拉特中旗三方负责共同建设。

6 月 15 日　全旗有 12 个苏木、乡镇开通传真通信业务。至年底，全旗 17 个苏木、乡镇全面开通传真通信网络。

6 月 16 日　13 时 55 分至 14 时 05 分，乌拉特中旗石兰计乡联荣等 20 个村民小组遭受程度不同的冰雹灾，受灾面积 3.5 万亩，受灾户 1050 户，造成经济损失 1162 万元。

△　全国著名岩画专家、内蒙古自治区政协副主席盖山林到乌拉特中旗考察阴山岩画，对乌拉特中旗境内的阴山岩画给予高度评价。

7 月 20 日　中国电信实行重新组合，中国移动公司临河分公司乌拉特中旗营业部（包括人、财、物）从乌拉特中旗电信局剥离出去。

7 月 22—23 日　巴彦淖尔盟建立企业离休干部经费保障机制现场会在乌拉特中旗海流图镇召开，专题研究落实“两费”（离休费、医疗费）保障机制。

7 月 23 日　乌拉特中旗第四次草地资源普查工作全面启动。

7 月 26 日　香港特别行政区中华基督教会香港区会主席冯寿松一行 4 人，第二次到乌拉特中旗（首次为 1998 年），考察双盛美乡沙拉木素小学建设情况，承诺的 3 年投资 30 万元人民币已投资 20 万元。

8 月 1 日　乌拉特中旗文体广电局在海流图广场隆重举行中华人民共和国成立 50 周年、迎澳门回归纪念活动；晚上，旗乌兰牧骑演出文艺活动。

8 月 5 日　巴彦淖尔盟意外保险业务现场观摩会在乌拉特中旗人寿保险公司召开，巴彦淖尔盟分公司总经理参加会议。

8 月 6—7 日　内蒙古自治区扶贫办主任一行到乌拉特中旗牧区、山旱区部分贫困牧户和农户家中，对贫困户状况进行调研。

8 月 9 日　国家林业局种苗司司长一行到乌拉特中旗德岭山乡视察林业生态建设、“151”育苗基地建设、绿色通道建设和农防林建设。

8月21日　旗委决定在全盟范围内公开选拔旗蒙古族中学校长。

△　乌拉特中旗被内蒙古自治区人民政府评为全区科技工作先进旗县。

9月16日　内蒙古自治区移动通信有限公司临河分公司乌拉特中旗营业部正式挂牌营业。

9月29日　内蒙古自治区人民政府“两基”达标验收组在海流图镇召开乌拉特中旗“两基”达标验收总结会,全旗“两基”达标工作顺利通过评估验收。

10月12日　乌拉特中旗公安局林业公安分局更名为森林公安分局。

10月18日　乌拉特中旗人民政府投资,甘其毛都口岸中华人民共和国国门建成。

10月20日　乌拉特中旗绿色食品发展中心挂牌成立。

10月24日　乌拉特中旗乌梁素太乡幸福村丰产组发生“五号”病疫情。到11月7日疫情得到控制,先后共捕杀羊2294只(其中发病羊453只)、猪5口,疫情导致直接经济损失391480元。

11月10日　乌拉特中旗海流图镇晋升为“内蒙古自治区丙级组四星级文明城镇”。

11月18日　全旗277个自然村中达到规划条件的220个自然村庄全部规划完毕,19个苏木、乡镇的集镇调整工作圆满结束。

11月19日　固海线(固阳—海流图)正式破土动工,全长104千米,横贯乌拉特中旗东部2个苏木和山旱区4个乡。

11月28—30日　乌拉特中旗境内乡级电管站全部取消,实现5个供电营业区的所站合一,即完成农电一体化管理工作。

12月1日　全旗已有18个苏木、乡镇开通有线电视。

12月14日　旗委、旗人民政府推行养老金社会保险代发放办法。

12月15日　旗委决定,从即日起,历时70天,在全旗县处级领导班子和副处级以上干部中集中开展以“讲学习、讲政治、讲正气”为主要内容的党性党风教育活动,其后将“三讲”教育向苏木、乡镇和旗直单位延伸。

2000年

3月8—10日　政协第十届委员会第二次全体委员会议在海流图镇召开。会议听取并审议政协乌拉特中旗第十届委员会第一次会议后常务委员会工作报告及有关报告。与会委员列席乌拉特中旗第十二届人民代表大会第二次会议,并通过相关决议。会议增选政协乌拉特中旗第十届委员会常务委员1人、副主席1人。

△　乌拉特中旗第十三届人民代表大会第二次会议在海流图召开。大会听取和审议《政府工作报告》及有关报告,并通过相应的决议。会议增选人大常委会委员1人。

3月25日　国家林业局、计委、财政部在长江上游和黄河上中游地区确定174个退耕还林(草)试点示范旗县,乌拉特中旗名列其中。

6月3日　根据国务院副总理温家宝的指示,受国务院、水利部委托,水利部农水司副司长王厚军一行到乌拉特中旗考察严重旱情并进行慰问。1998年后,乌拉特中旗经历720天的持续干旱;2000年3月中旬后,又发生21次强特大沙尘暴,风力达6~9级,最高风速每秒30米,致使全旗20个苏木、镇全部受灾,受灾人口9.2万人,80万头(只)牲畜挣扎在死亡线上。

7月　旗委决定在全旗党员干部中开展以胡长清、成克杰等重大典型案件为反面教材的警示教育活动。

8 月 18 日　乌拉特中旗人民政府成立 50 周年暨那达慕大会庆典在海流图广场举行。

9 月 3 日　内蒙古军区安全管理检查组对乌拉特中旗民兵装备仓库进行全面检查。

11 月　《乌拉特中旗年鉴》(2000 卷)由内蒙古人民出版社出版发行。

12 月 28—29 日　中共乌拉特中旗第十一次代表大会召开。大会一致通过旗委书记代表中共乌拉特中旗第十届委员会所作的工作报告。以无记名投票差额选举的办法选举产生中共乌拉特中旗第九届委员会委员 35 人、候补委员 6 人。29 日,中国共产党乌拉特中旗第十一届委员会第一次全体会议召开,选举产生新一届委员会常委 10 人、书记 1 人、副书记 3 人。

是年　中蒙两国边境一带干旱少雨,造成野驴生存危机。国家一级保护动物野驴 3 万头由蒙古国迁徙到乌拉特中旗和乌拉特后旗,两旗人民政府成立专门机构,采取措施,予以保护。

△　根据上级公安机关统一部署,旗公安局开展打击人贩子、解救被拐卖妇女儿童专项行动。通过深入农牧区村社调查摸底,共掌握 1995 年后被拐卖到乌拉特中旗的妇女儿童 16 人,通过征询个人意见,就地安置 14 人,解救 2 人,打击处理非法买主 16 人。

2001 年

3 月 7—9 日　乌拉特中旗第十三届人民代表大会第三次会议在海流图召开。大会听取和审议《政府工作报告》及有关报告,并通过相应的决议。会议增选人大常委会副主任 1 人。

3 月 7—12 日　政协第十届委员会第三次全体委员会议在海流图召开。会议听取并审议政协乌拉特中旗第十届委员会第二次会议后常务委员会工作报告及有关报告。与会委员列席乌拉特中旗第十二届人民代表大会第三次会议,并通过相关决议。

是月　经国家林业局初审,国家环保总局终审评定,批准位于乌拉特后旗、乌拉特中旗境内的乌拉特梭梭林—蒙古野驴自然保护区晋升为国家级自然保护区。

8 月 7—10 日　中共巴彦淖尔盟委员会在乌拉特中旗乌兰苏木、磴口县隆盛合镇分别组织召开嘎查村“三个代表”重要思想学习教育活动试点动员大会。

8 月 19 日　辽宁省阜新市特大杀人案犯罪嫌疑人在乌拉特中旗落网。

10 月 17 日　蒙古国南戈壁省警察局局长宾巴一行到访乌拉特中旗公安局,双方就口岸治安问题交换意见,达成共识。

是年　乌拉特中旗人武部被内蒙古军分区评为军事设施保护先进单位。

△　旗委、旗人民政府集中清理领导干部收受和赠送现金、有价证券、支付凭证问题,对在职副处以上领导干部及其家属和子女经商办企业情况及退休副处级领导干部从业情况进行调查登记。

△　旗委组织部、旗人事部门实行干部任前公示制。

△　全旗 16 个苏木、乡镇、62 个旗直单位及其基层站所、120 个嘎查村全部实行政务、村务公开,有 11 个苏木、乡镇实行村账乡管;国有企业普遍推行厂务公开,旗直各学校开展校务公开。

2002 年

1 月 1 日　乌拉特中旗会计核算中心成立,首批进入核算中心的单位有 42 个。

2 月 5 日　巴彦淖尔盟盟长、巴彦淖尔军分区政委会同旗委、旗人民政府领导深入到边防一线慰问边防部队、武警部队官兵和贫困牧民。

2月28日　乌拉特中旗53个贫困嘎查村被内蒙古自治区第二批“千村扶贫开发”工程列为重点扶贫对象。该项目总投资5300万元,可使乌拉特中旗2.49万名贫困人口稳定脱贫。

3月27—29日　政协第十届委员会第四次全体委员会议在海流图镇召开,会议补选政协乌拉特中旗第十届委员会主席1人、副主席2人,常务委员2人。

△　乌拉特中旗第十三届人民代表大会第四次会议在海流图镇召开。大会听取和审议《政府工作报告》及有关报告,并通过相应的决议。会议选举人大常委会主任1人、副主任2人、常委会委员2人,选举旗长1人、副旗长2人。

4月6日　乌拉特中旗阿其山叉枝圆柏生长地被列为内蒙古自治区生态保护区。保护区面积为30万亩,核心区面积18万亩。

是月　旗纪委、旗委组织部、旗监察局、审计局等单位组织人员,对离任的55名科级领导干部进行任期经济责任审计。

△　乌拉特中旗口岸办按照旗机构改革的方案,更名为乌拉特中旗口岸服务中心,隶属旗对外开放经济局。

8月1日　乌拉特中旗人民法院决定成立维护军人军属合法权益合议庭。

8月13日　乌拉特中旗退耕还林工程质量高,居全内蒙古自治区榜首。

11月4日　巴彦淖尔报发表《树立经营草原理念,推进畜牧业的历史性变革——关于“舍登模式”调查与思考》的专题报道。舍登是乌拉特中旗巴音哈太苏木的一位牧民,他对承包经营的天然草场进行保护和建设,走出一条集草原保护、短期育肥、民族风情观光为一体的路子,简称“舍登模式”。

11月13日　武警内蒙古总队副政委带领内蒙古自治区“双拥”模范检查验收组到乌拉特中旗检查指导“双拥”工作。

12月4—5日　乌拉特中旗第十三届人民代表大会第五次会议在海流图镇召开。会议选举出席内蒙古自治区第十届人民代表大会代表3人。

是年　乌拉特中旗被内蒙古自治区党委、自治区人民政府、内蒙古军区命名表彰为“双拥模范旗”。

△　全旗认真落实公务活动接待制度。旗委、旗人大常委会、旗人民政府、旗政协、旗纪委业务接待实行定点限额制,各苏木、镇接待费实行限额单独立项,嘎查村一律取消接待费。

△　旗委、旗人民政府整理充实全旗850名副科级以上干部廉政档案。

2003年

1月7日　乌拉特中旗人武部成立维护军人军属合法权益工作站。

1月9日　乌拉特中旗及时将内蒙古自治区红十字会紧急下拨的3万千克救灾粮发放到海流图镇、巴音杭盖苏木、温更镇、呼勒斯太苏木、石哈河镇等6个受灾地区。

1月15日　中国妇女发展基金会中国妇女发展基金会项目专家到乌拉特中旗,对“大地之爱,母亲水窖”工程进行验收,工程顺利通过验收。

1月18日　内蒙古自治区综治验收组在乌拉特中旗检查验收综治工作。

1月19日　在内蒙古自治区第六次“双拥”模范城(旗县)命名表彰大会上,乌拉特中旗荣获“自治区级双拥模范城(旗县)”称号。

是月　乌拉特中旗莱富公司生物菌肥项目被国家列为高技术项目。该项目总投资1054万元，建设规模为年生产菌肥10万吨。

2月20日　全旗第五届嘎查村民委员会换届选举动员会在海流图镇召开。

2月24日　内蒙古自治区千村扶贫开发工程领导小组对乌拉特中旗“千村扶贫开发工程”项目建设情况进行检查。

3月23日　乌拉特中旗温更镇开工建设温更—大后店穿山公路。公路总长850米，宽6.5米，开炸岩石10231立方米，为砂石公路。工程总投资8万元。

3月24—25日　内蒙古自治区“严打”整治行动检查组、自治区司法厅对乌拉特中旗“严打”整治工作进行验收。

3月26日　乌拉特中旗在海流图镇召开全旗劳动模范和先进工作者表彰大会。会议表彰全旗劳动模范65人，先进工作者15人，优秀企业家5人，优秀局长10人，优秀苏木、乡镇党委书记5人。

3月28日　乌拉特中旗乌加河镇首次举办肉羊交易集活动。

4月8日　国际教育科学研究所外语教育研究中心特聘教研员刘振海应邀到乌拉特中旗讲学。旗直中学、苏木、乡镇中学的英语教师全部参加培训学习。

4月19日　全旗预防非典型性肺炎（以下简称“非典”）防治动员大会在海流图镇召开，通报分析全国、内蒙古自治区、巴彦淖尔盟“非典”疫情，安排部署全旗预防“非典”工作。

4月20日　乌拉特中旗预防“非典”指挥部成立。

4月24日　为有效预防“非典”蔓延到乌拉特中旗，切断“非典”疫情传入渠道，旗委、旗人民政府决定从4月24日起，全旗封锁戒严1个月。

4月25日　乌拉特中旗召开防治“非典”紧急会议，安排部署防治“非典”工作，并全面启动防“非典”三级预案。

5月12日　旗委、旗人民政府研究决定，成立乌拉特中旗与蒙古国南戈壁省互惠互利、共同合作促进经济发展领导小组，旗委书记任组长、副书记任副组长。小组下设办公室，办公室设在口岸服务中心。

5月27日　全盟政法系统抗击“非典”乌拉特中旗表彰大会在海流图镇召开。乌拉特中旗代表巴彦淖尔盟对全旗抗击“非典”、维护社会稳定战斗中表现突出的6人进行记功表彰。

6月20日　乌拉特中旗召开全旗灭蝗工作会议。

6月29日　乌拉特中旗驻蒙古国联络处成立。

6月30日　全旗庆祝中国共产党建党82周年暨“七一”表彰大会在海流图镇召开。表彰奖励先进基层组织24个、优秀共产党员52人、优秀党务工作者24人。

7月2日　乌拉特中旗石哈河镇部分村组遭受罕见的冰雹袭击，冰雹直径1.5厘米左右，持续时间约20分钟。受灾面积16005亩，造成直接经济损失178万元。

7月5日　乌拉特中旗生物（牧鸡）灭蝗试验示范工作展开。首批6000只草原绿鸟鸡投放到温更镇、巴音哈太苏木蝗虫重度发生区，由部分牧户放养，参与山地、半山地草场灭蝗行动。这在乌拉特草原尚属首次。

7月16日　乌拉特中旗档案资料服务中心在旗档案局挂牌成立。

7月19日　内蒙古自治区星级文明城镇验收团在乌拉特中旗海流图镇检查验收自治区丙级组

“五星级文明城镇”争创工作。

7月22日　英国无国界卫生组织(简称HU)与乌拉特中旗妇幼保健院合作项目正式启动。

8月8日　全旗学习贯彻“三个代表”重要思想新高潮暨“优化环境”教育动员会在海流图镇召开。

8月13日　乌拉特中旗乌不浪口抗日英雄纪念碑暨爱国主义教育基地落成揭牌仪式在乌不浪口抗日烈士陵园举行。

8月18日　中国·乌拉特中旗首届国际那达慕大会隆重开幕。蒙古国、加拿大、美国、日本、韩国等国家和中国香港、中国台湾地区派人出席开幕式。

是月　旗人民政府行政服务中心成立。

9月18日　全盟禁牧工作现场会在乌拉特中旗石哈河镇召开。

是月　首批蒙古国南戈壁省14名学生在乌拉特中旗蒙中就读。主要学习汉语文和蒙古语文。

10月10日　乌拉特中旗召开全旗抗击“非典”暨首届中国际那达幕总结表彰大会。

10月12日　巴彦淖尔盟人口与计划生育综合改革观摩现场会在乌拉特中旗海流图镇召开。

10月20—21日　蒙古国前总理、时任大呼拉尔委员彭·扎斯到乌拉特中旗进行参观考察。

10月28日　乌拉特中旗乌兰牧骑为期40天演出的“西安城墙草原风情月”活动圆满结束。此项活动是乌拉特中旗旅游局与西安热点文化传播有限公司和西安市城墙管理处达成协议,在西安市南城墙上举办的以蒙古民族文化和草原风情为主题的宣传活动。

是月　乌拉特中旗农牧机服务中心引进1台北京生产的4YD－3型玉米收获机械,填补乌拉特中旗机械收获玉米的空白。

△　《乌拉特中旗年鉴(2003)》出版发行。

11月7日　全旗首家旗级“青少年科普教育基地”在旗气象局成立。

12月9日　内蒙古自治区水利厅农田草牧场水利基本建设以奖代补考评小组检查验收乌拉特中旗水利建设工作。

是月　乌拉特中旗地方志办公室被内蒙古自治区地方志编纂委员会、人民政府办公厅、人事厅授予修志先进集体标兵荣誉,有1人被荣记二等功,1人被荣记三等功,1人受嘉奖。

2004年

1月3—7日　政协乌拉特中旗第十一届委员会第一次会议在海流图召开。会议选举政协乌拉特中旗第十一届委员会常务委员23人、主席1人、副主席4人。

1月4—7日　乌拉特中旗第十四届人民代表大会第一次会议在海流图召开。大会选出乌拉特中旗第十四届人大常委会主任1人、副主任4人。选举出乌拉特中旗第十四届人民政府旗长1人、副旗长6人;选举出旗人民法院院长、旗人民检察院检察长。

1月8日　“光辉的乌拉特中旗中储粮杯”与全国第六届“乡村青年文化节”内蒙古分会场启动仪式在乌拉特中旗德岭山镇召开。

1月9日　全国“双拥”领导小组、民政部、解放军总政治部联合召开拥军优属、拥政爱民工作会议,乌拉特中旗荣获“全国‘双拥’模范城(县)”称号。同时,海流图镇被命名为“‘双拥’模范单位”。

1月13日　乌拉特中旗边境地区“鬼谷”岩壁上发现古岩画近20处,100多幅,有狩猎、舞蹈及鹿、牛、马等内容。经有关人士初步考察和鉴定，这些岩画为新石器时代晚期至青铜器时代的作品。

1月15日　乌拉特中旗林业公安分局将巴音苏木牧民救助的一只国家保护野生动物石羊，放归大自然。

是月　乌拉特中旗人民政府采购中心正式投入运行。

2月6日　全旗加强高致病性禽流感暨春防工作会议在海流图镇紧急召开，安排部署预防高致病性禽流感和春季动物防疫工作。

2月18日　巴彦淖尔盟国土资源局、乌拉特中旗人民政府首次举行采矿权拍卖会。此次拍卖会共拍卖砂石矿11个，拍卖金额464.4万元。

2月25日　内蒙古自治区文化厅验收组对乌拉特中旗乌兰牧骑晋升为自治区一类乌兰牧骑进行验收。

是月　旗人民医院开通CT、远程会诊系统。

3月9日　巴彦淖尔盟国土资源局和乌拉特中旗人民政府联合组织第二次采矿权拍卖会。拍卖山前砂石矿采矿权15个，成交额1072.4万元。

3月29日　巴彦淖尔肉羊育种观摩及种羊定购现场会在乌拉特中旗召开。

4月12—15日　乌拉特中旗组织参加内蒙古自治区在巴彦淖尔市举办的第二届农牧业科技成果博览会。会上签订科技成果引进协议8项。

4月23日　乌拉特宾馆贵宾楼落成及荣膺国家二星级饭店挂牌庆典仪式在乌拉特宾馆举行。

是月　乌拉特中旗澳援消除新生儿破伤风预防接种安全注射项目，经世界卫生组织实地考察评估后顺利通过验收。

5月17日　世界卫生组织官员罗塞尔·李爱兰到乌拉特中旗，对澳援合作项目进行评估验收，澳援合作项目通过世界卫生组织验收。

5月27日　巴彦淖尔盟草原防蝗灭蝗技术培训班在乌拉特中旗举行。

5月28日　蒙古国原煤在乌拉特中旗甘其毛都口岸正式通关。

是月　乌拉特中旗退耕还林项目区、沙源治理项目区18万亩林地发生斑蝥虫害。

6月9日　内蒙古自治区蒙古族小学第四届中青年教师教学基本功竞赛在乌拉特中旗蒙古族完全小学举行，为期3天。

6月10日　世行贷款英国赠款乌拉特中旗结核病控制项目启动。

6月11日　巴彦淖尔盟中小学生田径运动会在乌拉特中旗体育场举行。

6月30日至7月1日　乌拉特中旗第十四届人民代表大会第二次会议在海流图召开，会议选举产生出席巴彦淖尔市第一届人民代表大会代表24人。

是月　乌拉特中旗被国家民委、内蒙古自治区民委确定为“兴边富民行动”重点旗。

7月2日　美籍华人姚诗斌和金联珠捐资10万元，为乌拉特中旗石兰计学校新建校舍200平方米。

7月5日　内蒙古自治区有5个口岸提升开放程度，其中巴彦淖尔市乌拉特中旗甘其毛都口岸由双边季节性开放提升为双边常年开放口岸。

8月2日　蒙古国记者协会、国家电视台、国家电台、今日报社、每日新闻报社、蒙古国乌兰巴托电台组成的记者团一行8人在乌拉特中旗进行采访。

8 月 20 日　巴彦淖尔市 2004 年林业建设现场会在乌拉特中旗召开。

8 月 22 日　乌拉特中旗乌加河镇举办建镇 20 周年庆典暨首届肉羊交易节。

9 月 14 日　乌拉特中旗人民政府人民防空办公室正式挂牌成立。

9 月 22 日　巴彦淖尔市食品、药品监督管理局乌拉特中旗分局正式挂牌成立。

10 月 26 日　内蒙古自治区国债资金项目检查组对乌拉特中旗卫生系统争取的医疗设施投资项目建设和运行情况进行检查。

11 月 6 日　全旗教育系统实行人事制度改革,在岗的 1068 名教职工和 2000—2003 年毕业的 329 名师范类大中专生在乌拉特中旗第一中学参加竞聘上岗考试。

11 月 21 日　乌拉特中旗第一次经济普查准备工作全面展开,将在 12 月 31 日开展第一次经济普查。

12 月 1 日　乌拉特中旗首家基层商会——乌拉特中旗商会乌加河分会在乌加河镇成立。

12 月 8 日　乌拉特中旗举行热力供应站资产及经营权拍卖会。巴彦淖尔市汇丰公司总经理乔文胜以 621 万元的价格取得乌拉特中旗热力供应站资产及经营权。

12 月 21 日　乌拉特中旗召开教师招聘听证会,30 名应聘教师考生代表参加听证会。

12 月 27 日　乌拉特中旗投资 100 万元的疾病控制中心大楼落成庆典仪式在海流图镇举行。

2005 年

1 月　乌拉特中旗人民医院、旗妇幼保健院实行药品集中招投标采购制度,治理药品采购中的"吃回扣"等行为。

△　《中共乌拉特中旗组织史资料》(第三卷)内部出版发行。

2 月 19 日　旗委组织召开保持共产党员先进性教育活动动员大会,安排部署全旗第一批保持共产党员先进性教育活动工作。

3 月 18 日　乌拉特中旗人武部印发《乌拉特中旗驻军单位拥政爱民规定》。

3 月 21—23 日　乌拉特中旗第十四届人民代表大会第三次会议在海流图召开。会议选举乌拉特中旗人民政府副旗长 1 人、旗人民法院院长 1 人、旗人民检察院检察长 1 人。

4 月 7 日　乌拉特中旗饭店餐饮行业协会在海流图镇正式挂牌成立。

4 月 15 日　乌拉特中旗妇联和旗就业局创办的"巾帼家政服务中心"在海流图镇挂牌成立。

4 月 21 日　乌拉特中旗 8 名市级(巴彦淖尔市)劳动模范参加巴彦淖尔市劳模表彰大会。

4 月 22 日　巴彦淖尔军分区副司令员率巴彦淖尔市各旗县区人武部部长、政委到乌拉特中旗海流图镇观摩学习,并对海流图镇的民兵预备役工作进行检查指导。

5 月 17 日　乌拉特中旗人民政府批准甘其毛都口岸矿产品物流园区首期工程立项,并列入旗重点工程进行建设。

5 月 28—29 日　内蒙古自治区农牧业厅 2002 年退牧还草项目检查验收组深入乌拉特中旗桑根达来、巴音、乌兰、巴音杭盖等苏木检查验收退牧还草项目实施情况。

是月　乌拉特中旗巴音哈太、呼勒斯太苏木、温更镇等地 177 万亩天然草场发生蝗虫灾害。

△　乌拉特中旗乌不浪口—甘其毛都铁路专线由内蒙古北能公司委托兰州铁路勘测设计院完成设计,并被内蒙古自治区发改委批准立项。

6 月 2 日　巴彦淖尔市文明办组织有关部门组成验收组到乌拉特中旗，验收创建文明城镇、村工作。

6 月 23 日　内蒙古自治区保持共产党员先进性教育督导组到乌拉特中旗检查指导保持共产党员先进性教育工作。

是月　农业部立项的内蒙古白绒山羊二狼山型品种资源场建设项目通过内蒙古自治区有关部门验收。该项目由乌拉特中旗同和太种畜场承担，总投资 343 万元。

7 月 1 日　全旗庆祝中国共产党建党 84 周年暨表彰大会在海流图镇召开。会上表彰全旗先进党组织 30 个、优秀共产党员 68 人、优秀党务工作者 30 人。

7 月 10 日　乌拉特中旗德岭山镇肉羊养殖协会成立。

7 月 11 日　乌拉特中旗海流图镇新区道路建设工程开工仪式在海流图镇新区举行，工程总投资 2298 万元。

7 月 22 日　包头市聚龙矿业有限责任公司向乌拉特中旗人民教育基金会捐款 30 万元。

是月　全旗牧区 9 个苏木、镇 150 户 500 位特困牧民每月都能享受低保金，平均每人每月 100 元。乌拉特中旗牧民入低保开创巴彦淖尔市乃至全内蒙古自治区首例。

8 月 15 日　乌拉特中旗纪念抗日战争胜利 60 周年暨第三届“情洒乌拉特消夏广场文化艺术节”在海流图广场开幕。

8 月 17 日　乌拉特中旗人民政府行政服务中心启动。

10 月 24 日　巴彦淖尔市农业综合开发项目工程建设现场会在乌拉特中旗海流图镇召开。

10 月 28 日　巴彦淖尔市小城镇建设现场会在乌拉特中旗乌加河镇召开。

是月　乌拉特中旗石兰计乡国家农业综合开发防沙治沙项目通过内蒙古自治区有关部门验收。

11 月 22 日　乌拉特中旗人民医院通过内外科医生合作治疗，成功救治一例世界罕见病——脑动脉畸形即烟雾病。

是月　乌拉特中旗监察局、医药主管部门组成联合检查组，对医药经营单位进行集中检查，查获假劣药品 69 种。

12 月 5 日　旗委、旗人民政府出台《乌拉特中旗苏木、乡镇机构改革实施意见》，将全旗 16 个苏木、乡镇调整为 8 个，其中中心镇 3 个（海流图镇、乌加河镇、德岭山镇），其他为一般苏木、镇。要求合并农区人口少于 1500 人的自然村和牧区人口少的嘎查。

12 月 11 日　旗委组织第二批保持共产党员先进性教育工作总结大会暨第三批保持共产党员先进性教育工作动员大会召开。

是年　乌拉特中旗农牧业税全部减免。

2006 年

2 月 22—24 日　政协乌拉特中旗第十一届委员会第三次会议在海流图召开，会议听取并审议政协乌拉特中旗第十一届委员会第二次会议后常务委员会工作报告及有关报告，与会委员列席乌拉特中旗第十四届人民代表大会第四次会议，并作出相关决议。会议补选政协乌拉特中旗第十一届委员会常务委员 4 人。

△ 乌拉特中旗第十四届人民代表大会第四次会议在海流图召开。大会听取和审议《政府工作报告》及有关报告，并通过相应的决议。会议补选人大常委会委员3人。

7月12—13日 中共乌拉特中旗第十二次代表大会召开。大会一致通过旗委书记代表中共乌拉特中旗第十一届委员会所作的工作报告。选举产生第十二届纪律检查委员会委员15人，常委7人，书记1人，副书记2人。大会一致通过旗委书记所作的工作报告。以无记名投票差额选举的办法选举产生中共乌拉特中旗第九届委员会委员35人、候补委员6人。13日，中国共产党乌拉特中旗第十二届委员会第一次全体会议召开，选举产生新一届委员会常委11人、书记1人、副书记3人。

9月20日 内蒙古自治区副主席在巴彦淖尔市市长的陪同下参加乌拉特中旗"爱我中华修我长城"大型公益活动启动仪式，并参观秦长城遗址。

9月28日 乌拉特中旗机构编制委员会研究决定：将旗民政局承担的侨务工作职能、旗外事口岸办公室承担的外事职能统一划归旗人民政府办公室，成立外事侨务办公室，对外挂"乌拉特中旗外事侨务办公室"牌子。

是月 乌拉特中旗纪检、监察、组织部门组织开展优化发展环境"千人签名宣誓""记者百日行"和"千家企业评政府"活动。

10月1日 乌拉特中旗第二代身份证换发工作已完成，其中超额完成近3万人的照片采集任务。至9月底，全旗65000余人采集二代证照片，采集信息全部上传制证。

10月19日 内蒙古自治区、巴彦淖尔市、乌拉特中旗三级人大代表视察乌拉特中旗教育、卫生、城建工作。

10月20日 德岭山镇乌广线(乌不浪口—乌兰脑包段)黑色路面建设工程全面竣工，全长8千米。工程于9月10日开工，总投资300余万元。

10月26日 乌拉特中旗文化局退休干部陶德斯庆编纂的《乌拉特民俗研究》正式出版发行。

11月1日 旗人民医院内科医生刘建东与内蒙古自治区医院心内科主任白原在局麻下为一患者成功安置永久性心脏起搏器。这是旗人民医院首例为患者安置起搏器的病例。

11月25日 旗妇幼保健院举办综合大楼落成暨建院五十周年庆典仪式，旗直各有关单位部门领导参加庆典仪式。

12月8日 全市科技特派员创业行动推进会在乌拉特中旗召开。

2007年

1月1日 乌拉特中旗第二次农牧业普查工作全面展开。

1月7日 内蒙古自治区农业综合开发评审中心专家组对乌拉特中旗2007年农业综合开发肉羊养殖基地建设项目进行实地评估。

是月 旗委、旗人民政府主办，旗党史办编辑的《乌拉特中旗年鉴(2005—2006)》出版发行。

2月26—27日 农业部专家一行5人受国家畜禽遗传资源管理委员会办公室委托，在乌拉特中旗对巴彦淖尔肉羊育种工作进行考察。

是月 宁夏回族自治区太平矿业有限责任公司为乌拉特中旗教育基金捐款10万元。

3月 乌拉特中旗建设新农村新牧区"百名干部下基层"活动正式启动。全旗选派605名干部、科技人员深入到全旗84个嘎查村指导服务新农村新牧区建设。

4月18—20日　乌拉特中旗第十四届人民代表大会第五次会议在海流图召开。大会听取和审议《政府工作报告》及有关报告，并通过相应的决议。会议补选人大常委会副主任1名、旗人民政府旗长1名。

4月26日　乌拉特中旗民族职业技术学校（巴彦淖尔市职业技术学校乌拉特中旗分校）正式挂牌成立，它是内蒙古自治区西部唯一的一所民族职业技术学校。

5月18日　乌拉特中旗在海流图广场举行“乌拉特祝福”千人演唱会。庆祝内蒙古自治区成立60周年。

5月27日　国际性协作研究项目——前瞻性城乡病学研究在乌拉特中旗全面展开。

5月28日　乌拉特中旗残疾人康复医院在旗红十字医院挂牌成立。

6月5—8日　内蒙古自治区体育局主办的2007年青少年自由式摔跤锦标赛上，乌拉特搏克协会会长斯庆吉雅带领摔跤队4名队员参加比赛。1人荣获男子100公斤级第二名。

6月7日　乌拉特中旗财政国库集中支付制度正式启动运行。旗委办公室、旗人民政府办公室等12个预算单位纳入国库集中支付制度改革试点范围。

6月19日　中国电信集团公司在乌拉特中旗设立的第一家营业网点——乌拉特中旗电信分公司正式成立。

6月20日　乌拉特中旗被内蒙古自治区党委、自治区人民政府、内蒙古军区评为全区“双拥模范旗县”，乌拉特中旗民政局被评为“爱国拥军”模范单位。

7月2日　旗委组织召开庆祝中国共产党建党86周年暨“七一”表彰大会。会上表彰奖励先进基层党组织31个、优秀党务工作者30人、优秀共产党员61人、优秀党员产业带头人16人。

7月11日　乌拉特中旗公安局“110”指挥中心全面启动。

7月12日　乌拉特中旗以“为内蒙古喝彩、为乌拉特祝福”为主题的庆祝内蒙古自治区成立60周年暨第五届“情洒乌拉特消夏广场文化艺术节”开幕。

7月14日　内蒙古远鑫镍业有限公司为乌拉特中旗40名贫困大学生捐资助学20万元。

是月　为庆祝内蒙古自治区成立60周年，中央代表团赠送内蒙古“万村书库”人员到乌拉特中旗为德岭山镇乌镇村、乌加河镇奋斗村赠送图书。

8月4日　乌拉特中旗人民政府在内蒙古自治区成立60周年大庆之际，向内蒙古博物院赠送一块大型硅化木化石。该化石是晚侏罗纪至白垩纪松柏类大型硅化木化石，距今一亿七千万年左右。

8月21日　落户于乌拉特中旗乌加河镇的内蒙古天美肉业有限责任公司举行开业庆典。

8月28日　内蒙古赏石协会、乌拉特中旗文体广电局、工商联主办，乌拉特中旗奇石协会、文化馆承办的第二届“金光大道”公路杯乌拉特奇石展在海流图体育场开幕。

是月　呼和浩特海关甘其毛都口岸监管组在乌拉特中旗成立。

△　总投资3000万元的甘其毛都口岸35千伏箱式变电站投入运行，告别口岸靠柴油机发电的历史。

△　政协乌拉特中旗委员会提案文史委员会编辑的《乌拉特中旗文史》（蒙文）第二辑及《乌拉特中旗文史》（汉文）第二辑出版。

9月10日　乌拉特中旗庆祝第23个教师节暨表彰大会在海流图广场举行。会上表彰奖励优秀教师40人、优秀班主任16人、先进教育工作者5人、名教师11人，表彰奖励尊师重教先进集体18个、尊师重教先进个人13人。

是月　乌拉特中旗人民政府驻地海流图镇被内蒙古自治区文明委命名为自治区七星级文明城市。

10月16日　南京爱德基金会官员在内蒙古自治区科协领导陪同下，在乌拉特中旗检查指导工作。

10月18日　巴彦淖尔市人民政府将乌拉特中旗巴音乌兰苏木吉日格楞图嘎查命名为"爱民固边模范村"，并在该嘎查举行命名揭牌仪式。

11月29—30日　内蒙古自治区科技特派员工作研讨会在乌拉特中旗召开。

11月30日至12月3日　政协乌拉特中旗第十二届委员会第一次会议在海流图召开。会议听取并审议政协乌拉特中旗第十二届委员会常务委员会工作报告及有关报告，与会委员列席乌拉特中旗第十五届人民代表大会第一次会议，并作出相关决议。会议选举政协乌拉特中旗第十二届委员会主席1名、副主席4名、常委15名。

12月1—3日　乌拉特中旗第十五届人民代表大会第一次会议在海流图召开。大会听取和审议《政府工作报告》及有关报告，并通过相应的决议。会议补选人大常委会主任1人、副主任4人、委员17人；选举产生旗人民政府旗长1人、副旗长6人；选举产生旗人民法院院长、旗人民检察院检察长。

12月16日　内蒙古自治区旗县教师培训机构专项督导组对乌拉特中旗教师进修学校进行评估验收。

是年　乌拉特中旗被列入财政部、内蒙古自治区财政厅财政支农资金整合试点及自治区11个边境退牧转移示范旗。

2008年

3月10日　乌拉特中旗人大常委会决定，各苏木、镇成立人大办公室。

8月2日　旗委中心组在海流图镇党委会议室举行学习会。旗委中心组成员及各部门、各苏木、镇主要领导150余人参加学习会。旗党校副校长应邀讲课，作《贯彻落实科学发展观，促进旗域经济又好又快发展》专题讲座。

8月9—10日　乌拉特中旗第十五届人民代表大会第二次会议在海流图镇召开。大会听取和审议《政府工作报告》及有关报告，并通过相应的决议。会议补选乌拉特中旗第十五届人大常委会委员1人；旗人民政府旗长1人、副旗长1人。

8月22日　国家质检总局《关于同意设立乌拉特出入境检验检疫局的批复》（质检人〔2008〕417号）同意成立乌拉特出入境检验检疫局。

9月2日　乌拉特中旗事业单位岗位设置管理工作会议召开。会议传达巴彦淖尔市事业单位岗位设置工作会议精神，部署全旗事业单位岗位设置管理工作。

9月16日　乌拉特中旗就业局开展以"百姓创家业、能人创企业"为主要内容的全民创业行动，举办创业培训班4期，培训有创业能力和创业意识人员110人。全旗培养创业小老板87人，新创建就业岗位290个，带动220人实现稳定就业。

10月4—23日　甘其毛都口岸第四次季节性开关中，完成易货贸易总额4.72亿元，首创甘其毛都口岸开通后季度开关贸易额突破亿元。

10月13—18日　旗中蒙医院派出以康复科、蒙医科、蒙医皮肤科、功能科、检验科业务骨干组成的医疗队赴蒙古国汗宝格都苏木开展为期6天的义诊活动。

11月10日　内蒙古自治区公安厅副厅长一行到甘其毛都边检站检查指导工作，看望官兵，并和边检站党委成员及部分干部进行座谈，巴彦淖尔市公安局领导参加座谈。

11月28日　乌拉特中旗农民首次大规模集中连片流转土地160户农民集中有偿流转土地3600多亩。

12月4日　内蒙古自治区扶贫办副主任、巴彦淖尔市扶贫办主任一行10人到乌拉特中旗，检查验收第五期移民扩镇工程，并深入移民户家进行座谈。

12月24日　中共乌拉特中旗十二届七次全委广大会议召开。会议回顾总结2008年的工作，安排部署2009年的各项工作任务。

是年　旗委、旗人民政府对个体工商户税收实行减半征收政策、全旗受益个体工商户1596户。

△　旗委通过“一推双考”（推荐、考试、考核）办法，公开选拔副科级领导干部28人。

2009年

1月4—5日　政协乌拉特中旗第十二届委员会第三次会议在海流图召开。会议听取并审议政协乌拉特中旗第十二届委员会常务委员会第二次会议后的工作报告及有关报告，与会委员列席乌拉特中旗第十五届人民代表大会第三次会议，并作出相关决议。会议增选政协乌拉特中旗第十二届委员会常务委员3人。

△　乌拉特中旗第十五届人民代表大会第三次会议在海流图召开。大会听取和审议《政府工作报告》及有关报告，并通过相应的决议。会议补选为旗人大常委会委员3名。

是月　乌拉特中旗纪委监察局建立乌拉特中旗纪检监察网。

3月　乌拉特中旗纪委监察局会同房管部门对全旗6家房地产开发公司的商品房房价进行评估，对申请廉租房的666户城镇低保户、低收入家庭情况进行入户调查。

4月17日　乌拉特中旗人大常委会召开机关全体干部会议，启动《乌拉特中旗人大志》编纂工作。

6月3日　乌拉特中旗甘其毛都口岸顺利通过国家组织的常年开放正式验收。

7月28日　乌拉特中旗川井苏木举办撤苏木设镇庆典挂牌揭幕仪式暨第三届草原民族风情节。

10月，乌拉特中旗文体广电局被国家体育总局评为“2005—2008年度全国群众体育先进单位”。

11月，乌拉特中旗文体广电局被人力资源和社会保障部、文化部评为“全国文化系统先进集体”。

2010年

2月5日　内蒙古自治区人事厅、文化厅在首府呼和浩特市组织召开的全区文化工作会议，乌拉特中旗文体广电局被授予全区文化系统先进集体。

3月2日　乌拉特中旗第十五届人民代表大会常委会第二十次会议召开。会上进行人事任免事项。

4月9日　乌拉特中旗被内蒙古自治区人民政府评为新型农村牧区合作医疗工作先进旗县。

5月22日　挪威红十字会中国项目经理托本亨里克森到乌拉特中旗，对援建新忽热苏木朱斯木拉嘎查抗旱减灾项目区进行实地考察。

6月18日　6米长大型十字绣版《清明上河图》亮相乌拉特中旗。海流图镇下岗职工鲁艳霞历时9个月以十字绣的形式将这一名画绣出。该图共用78种色线2196.7米，缝针眼689120万个。作品长6米，宽0.67米，图中共绣出1123个人物、295头(只)牲畜、279座房屋、3座桥。

6月月底　乌拉特中旗开展庆祝活动，共庆中国共产党建党89周年，热情讴歌中国共产党的光辉业绩。

7月26—28日　乌拉特中旗人民政府组织恒利丰投资公司和蒙古国阿吉纳公司在呼和浩特市举行甘塔公路建设项目框架协议洽谈会。双方企业就合资建设甘其毛都口岸—塔本陶勒盖煤矿高级重载公路，提升嘎顺苏海图—甘其毛都口岸过货能力达成共识。

8月9日　《大河套》剧组在乌拉特中旗小石林进行外景拍摄。

△　巴彦淖尔市蒙古文书法协会在乌拉特中旗成立。

8月12日　乌拉特中旗纪委举办为期1天的首届全旗安全文明办案技能培训班。

8月13日　乌拉特中旗人民政府在乌不浪口烈士陵园举行“乌拉特中旗廉政教育基地”揭牌活动。

8月中旬　乌拉特中旗人民政府为农村牧区学生做好事、办实事，由旗财政安排专项资金，让全旗13所中小学校的4000余名农村牧区中小学生安全免费乘坐经营性客车。

8月23日　内蒙古自治区第十二届运动会在乌海市体育中心落下帷幕。乌拉特中旗派出14名运动员代表巴彦淖尔市参加田径赛和摔跤比赛。取得一金二银二铜的优异成绩，实现乌拉特中旗在全运动会历史上奖牌零的突破。

是月　内蒙古自治区司法厅、内蒙古电视台(蒙古语卫视)合办的《法制先行》栏目组织策划、内蒙古自治区律师协会制定2名法学专家随行的2010年送法下乡特别活动《“五五”普法——神州行暨〈法在身边〉特别报道》节目组一行15人抵达乌拉特中旗，与旗司法局联合开展为期2天的送法下乡活动。

9月28日　乌拉特中旗开展新一轮全旗中小学校长、副校长，幼儿园园长、副园长竞聘工作。此次竞聘共设置岗位36个，其中正职7个，副职29个。

是月　乌拉特中旗人民政府研究决定，成立甘其毛都口岸办事处。

11月　乌拉特中旗纪检监察局完成《乌拉特中旗纪检监察志》编纂工作。

12月25—27日　乌拉特中旗第十五届人民代表大会第五次会议在海流图召开。大会听取和审议《政府工作报告》及有关报告，并通过相应的决议。大会补选旗人大常委会委员2人。

12月26—28日　政协乌拉特中旗第十二届委员会第五次会议在海流图镇召开，会议听取并审议政协乌拉特中旗第十二届委员会常务委员会第四次会议后的工作报告及有关报告，与会委员列席乌拉特中旗第十五届人民代表大会第五次会议，并作出相关决议。会议撤销政协乌拉特中旗第十二届委员会常务委员资格 1 名。

2011 年

2 月 19 日　乌拉特中旗 27 名巴彦淖尔市人大代表组成的人大代表团参加巴彦淖尔市第二届人民代表大会第四次会议。

3 月 7 日　乌拉特中旗纪念“三八”国际劳动妇女节 101 周年表彰大会暨全旗妇女工作会议召开。

4 月 26 日　乌拉特中旗甘其毛都口岸—蒙古国塔本陶勒盖煤矿全长 190 千米的公路维修工作全面启动。

5 月 25—27 日　中共乌拉特中旗第十三次代表大会召开。大会一致通过旗委书记代表中共乌拉特中旗第十二届委员会所作的工作报告。以无记名投票差额选举的办法选举产生中共乌拉特中旗第九届委员会委员 35 名、候补委员 6 名。5 月 27 日，中国共产党乌拉特中旗第十三届委员会第一次全体会议召开，选举产生新一届委员会常委 11 人、书记 1 人、副书记 2 人。

7 月 1 日　乌拉特中旗 82 户离休干部住房补贴全部发放到位，共发放补贴 150 万元。

7 月 7 日　乌拉特中旗成立非公有制企业党建工作联席会。由旗委组织部牵头，旗委宣传部、旗委统战部、旗总工会、团委、妇联、工商联等 15 个成员单位分工协作，研究解决非公有制企业党建工作中出现的新情况、新问题。

7 月 14 日　中央人民广播电台民族广播中心、《中国之声》《经济之声》等栏目记者先后深入到乌拉特中旗甘其毛都口岸和风电场进行现场采访。

8 月　在第二次全国地名普查工作中，乌拉特中旗民政局工作人员先后深入 8 个苏木、镇的 85 个嘎查村，访问 300 余人，收集整理地名资料 500 余条。

△　乌拉特中旗蒙银村镇银行在海流图镇成立，这是乌拉特中旗第一家设立的村镇银行。

9 月 15 日　国家考古人员在阴山山脉内蒙古自治区乌拉特中旗段发现一处距今 5000 多年前的人面岩画遗迹。

10 月　乌拉特中旗叉枝圆柏林木良种基地建设项目通过国家审定，该项目总投资 202 万元，其中中央预算投资 162 万元，地方投资 40 万元。

12 月 6 日　内蒙古自治区体育局、自治区教育厅主办，内蒙古自治区田径柔道武术运动管理中心协办，巴彦淖尔市文体局、乌拉特中旗人民政府、乌拉特中旗文体广电局承办的内蒙古自治区“国赫杯”青少年越野跑锦标赛在乌拉特中旗海流图镇哈萨尔体育馆拉开帷幕。

12 月 8 日　神华集团党组书记、董事长一行到乌拉特中旗考察，先后到甘其毛都口岸加工园区和口岸物流园区，实地考察神华巴彦淖尔能源公司一期 300 万吨洗煤和 120 万吨煤焦化项目。

△　旗委组织部组织 500 余名后备干部主动参与村庄整治、征地拆迁、纠纷调解等中心工作，提升实践能力。

△　乌拉特中旗争取天然林保护工程二期管护面积 785.3 万亩，争取国家投资 4323.94 万元。

2012 年

2 月 11—13 日　政协乌拉特中旗第十二届委员会第六次会议在海流图召开。会议听取并审议政协乌拉特中旗第十二届委员会常务委员会第五次会议后的工作报告及有关报告，与会委员列席乌拉特中旗第十五届人民代表大会第六次会议，并作出相关决议。会议补选政协乌拉特中旗第十二届委员会主席1人、副主席1人。

2月12—14日　乌拉特中旗第十五届人民代表大会第六次会议在海流图召开。大会听取和审议《政府工作报告》及有关报告，并通过相应的决议。大会补选旗人大常委会主任1人、旗人民政府旗长1人、旗人民检察院检察长1人。

4月28日　乌拉特中旗甘其毛都口岸单日进口原煤创破10万吨记录，达10.17万吨。

10月19日　乌拉特中旗人民法院甘其毛都口岸分院在甘其毛都口岸挂牌成立。

11月15日　巴彦淖尔河套农村商业银行乌拉特中旗甘其毛都口岸支行在甘其毛都口岸挂牌成立。

12月1日　海关总署批准，同意中国免税品集团有限公司在乌拉特中旗甘其毛都口岸设立并经营口岸免税店，向从甘其毛都口岸出境的旅客销售免税品。

12月9—11日　政协乌拉特中旗第十三届委员会第一次会议在海流图召开，会议听取并审议政协乌拉特中旗第十二届委员会常务委员会工作报告及有关报告，并作出相关决议，与会委员列席乌拉特中旗第十六届人民代表大会。会议选举政协乌拉特中旗第十三届委员会主席1人、副主席4人、常务委员21人。

12月11—12日　乌拉特中旗第十六届人民代表大会第一次会议在海流图召开。大会听取和审议《政府工作报告》及有关报告，并通过相应的决议。大会选举旗人大常委会主任1人、副主任4人、委员18人，选举旗人民政府旗长1人、副旗长6人，选举旗人民法院院长1人、旗人民检察院检察长1人。

专　　记

防控传染性非典型性肺炎工作纪实

2003年4月，传染性非典型性肺炎（亦称“非典”，又称严重急性呼吸综合征，简称SARS，是一种因感染SARS相关冠状病毒而导致的以发热、干咳、胸闷为主要症状，严重者出现快速进展的呼吸系统衰竭，是一种新型呼吸道传染病，极强的传染性与病情的快速进展是此病的主要特点。“非典”潜伏期1～16天，常见为3～5天。患者为重要传染源，主要通过近距离飞沫传播、接触患者分泌物及密切接触传播等方式传播）在内蒙古自治区巴彦淖尔盟（2003年12月撤盟建市）蔓延，巴彦淖尔盟所属临河市（2003年12月撤市设区）、磴口县开始发现“非典”病例和疑似病例，乌拉特中旗“非典”疫情防控形势非常严峻。

一、领导重视　措施得力

2003年4月初，中共乌拉特中旗委员会（以下简称“旗委”）、旗人民政府认真落实中共巴彦淖尔盟委员会（以下简称“盟委”）、盟行政公署关于预防“非典”的各项任务，立即召开全旗“非典”疫情防控专题会议，决定成立由旗委、旗人民政府主要领导任组长，旗卫生、宣传、财政、公安、交通、药监等多部门主要负责人为成员的乌拉特中旗“非典”防治领导小组，领导小组下设办公室和预防治疗专家组办公室（办公室设在旗卫生局，预防治疗专家组办公室设在旗防疫站）。决定坚持“沉着应对，措施果断，依靠科学，有效防治，加强合作，完善机制”防治原则和早发现、早报告、早隔离、早治疗的“四早”措施。

2003年4月25日，乌拉特中旗召开防治“非典”紧急会议，安排部署防治“非典”工作，并全面启动防“非典”三级预案。为确保全旗人民群众生命安全，有效预防“非典”病例输入乌拉特中旗境内，旗委、旗人民政府决定成立防控“非典”指挥部，旗委、旗人民政府主要领导任总指挥，旗委常委任副总指挥。防控“非典”指挥部下设四组一办：流动人口管理组、宣传报道组、预防“非典”流动人口调查治疗组、执法督查组、综合办公室，从政府相关部门抽调工作人员7人，以加强防控“非典”力量。同时，全旗各镇、苏木、乡和旗直属部门也按照旗委、旗人民政府要求成立相应领导机构，制定防控“非典”方案。在旗委、旗人民政府的直接领导下，全旗采取“非典”零病例报告制度和24小时值班制度。

2003年4—7月，全旗各镇、苏木、乡党政机关认真执行防控“非典”方案，卫生、公安、交通等各有关部门以及居民委员会和村民委员会密切配合，在旗境内进出路口全天24小时严防阻截外来人员和返乡人员，设立疑似人群留观场所，关闭全旗除指定的医院、饭店、旅店外的所有小诊所、小饭店、小旅店等公共场所；同时有针对性地做好“非典”防治宣传工作，消除群众恐惧心理，并积极开展爱国卫生月活动。

二、卫生系统防控"非典"工作

防控"非典"期间,旗卫生局认真按照旗委、旗人民政府安排部署,2003 年 4 月,组织召开全系统"非典"疫情防控专门会议,传达全旗防治"非典"工作会议精神,成立卫生系统防控"非典" 防控领导小组、技术指导小组、应急流调工作领导小组、感染控制领导小组、出院随访工作领导小组、卫生执纪执法督查组和医疗预备队。印发《乌拉特中旗防治"非典"工作预案》《乌拉特中旗防治"非典"培训工作方案》《乌拉特中旗防治"非典"指挥部流行病学调查与重点人群监控组工作实施方案》《乌拉特中旗严防"非典"向农村牧区传播实施方案》《乌拉特中旗防治"非典"工作人员防护标准及要求》《乌拉特中旗防治"非典"指挥部海流图镇"非典"防治组工作实施方案》等 20 余个指导性文件,转发《中共巴彦淖尔盟委员会、盟行政公署关于防治"非典"20 个暂行办法的通知》和《关于巴彦淖尔盟"非典"发热门诊工作规程的通知》。随后,抽调业务骨干到各镇、苏木、乡和旗直医疗单位开展防治"非典"业务指导和培训,及时培训各类人员 488 人次。防控"非典"期间,旗卫生系统实行"非典" 零病例报告制度和 24 小时值班制度,确定各单位主要负责人为第一责任人,向全旗公布卫生系统值班和咨询电话,对全旗疫情实行专报;从全旗各级医疗卫生单位抽调 70 余名干部职工参加全旗流动人口排查、流动人口调查、堵卡、消毒和对返乡人员进行严格体检、隔离等工作;按照旗委、旗人民政府的"非典"防控指挥部要求,海流图镇辖区内 68 家个体诊所和 76 家村卫生室人群密级的 240 个餐馆(食堂)、118 家旅店、18 家网吧、20 个游戏厅暂停营业。其间,基层党组织充分发挥战斗堡垒作用,共产党员充分发挥先锋模范作用,全系统共有 24 名医务人员火线入党,有 117 名医护人员志愿申请到抗击非典一线工作。

防控"非典"期间,旗人民医院严格按照旗卫生局的统一部署,于 2003 年 4 月紧急召开党支部会议、院务会、科主任会和全院职工大会,成立"非典"防控指挥小组、治疗小组、应急小分队,宣传动员和部署安排防控"非典"工作。4 月中旬,旗人民医院被确定为全旗"非典"救治医院后,立即设立发热门诊、隔离病房,制定《乌拉特中旗人民医院预防"非典"工作措施》《乌拉特旗人民医院防治"非典"应急救治程序》《乌拉特旗人民医院发热门诊工作防治制度》及《乌拉特中旗人民医院"SARS"病人和疑似病人的转送预案》。同时多方筹措资金 20 余万元,购进呼吸机、除颤机、心电监护仪、紫外线灯管等设施;筹措资金 4.3 万元为医务人员购置隔离衣、眼罩、口罩等防护用具;筹措资金购进 14 万元预防治疗"非典"的储备药品。组织全院医护人员参加旗卫生局举办的防控"非典"知识培训 5 次,计 156 人;组织参加巴彦淖尔盟卫生局举办的防控"非典"培训 2 次,计 11 人,参加电话讲座 2 次,计 130 人。为各地回旗的学生、外出务工返城人员及从疫区回来人员进行体检,计 5440 余人。4 月 30 日,巴彦淖尔盟磴口县"非典"疫情严重,巴彦淖尔盟防控"非典"指挥部决定从有关旗县抽调医务人员支援磴口县,旗人民医院医生韩军娜一马当先请缨出战,驰援磴口县,并递交入党申请书,要求火线入党;全院 95 名医务人员纷纷请战,要求到抗击"非典"第一线工作。经旗人民医院"非典"防控指挥小组研究决定,先后派出韩军娜、崔忠义、闫宏、赵金春、包福荣 5 人到巴彦淖尔市传染病医院 SARS 防控中心工作,圆满完成工作任务。

防控"非典"期间,旗防疫站严格按照旗卫生局统一部署,2003 年 4 月,成立预防"非典"流调小组、技术指导小组、消毒组、排查组、信息疫情报告组、零病例主动监测组、后勤保障组;积极组织全体干部职工认真学习"非典"防治知识,密切注视疫情动态,负责具体指导各部门对"非典"可疑病人排查、重点人群监控、交通枢纽布控、人群密集公共场所消毒、各居民区重点人群的排查等工作;

防控“非典”期间，旗防疫部门有 11 名工作人员火线入党。

防控“非典”期间，旗防疫站与旗人民医院积极筹措资金，累计购进红外线测温仪 29 台、体温计 300 支、喷雾器 180 个、防护衣 350 套、消毒液 5197 千克、口罩 4520 只、橡胶手套 4560 双、隔离服 70 套。

三、“非典”防治工作取得全面胜利

2003 年 6 月 24 日，世界卫生组织宣布：北京非典型肺炎疫情明显缓和，已符合世界卫生组织有关标准，解除对北京的旅行警告，同时将北京从“非典”疫区名单中排除，该决定从宣布当天开始生效。随着世界卫生组织对北京“非典”疫情警告的解除，全国各地的“非典”疫情有所缓解。乌拉特中旗于 2003 年 6 月底开始陆续恢复海流图镇辖区内个体诊所、村卫生室、食堂餐馆、旅店、网吧和游戏厅的正常营业。

2003 年 7 月 14 日，内蒙古自治区防治“非典”工作电视电话会议召开。乌拉特中旗防控“非典”指挥部主要领导参加会议。会后，旗防控“非典”指挥部对全旗进一步防控“非典”工作进行具体研究与分工，争取乌中旗抗“非典”工作取得最后胜利。

2003 年 6 月 29 日，内蒙古自治区党委、自治区人民政府召开全区防控“非典”表彰大会，乌拉特中旗旗人民医院被评为“全区抗击非典先进集体”，有 9 人被评为“全区抗击非典先进个人”。

至 2003 年 7 月底，在上级领导部门和旗委、旗人民政府的正确领导下，经过全旗各族人民近 4 个月的艰苦工作和无私奉献，旗境内未发现一起“非典”病例和疑似病例，实现零感染、零输入、零死亡的“三零”目标。乌拉特中旗“非典”防治工作取得全面胜利。

2003 年 8 月 15 日，巴彦淖尔召开全盟防控“非典”表彰大会，乌拉特中旗石兰计乡、德岭山镇、旗人民医院、石哈河镇、桑根达来苏木被评为“全盟抗击非典先进集体”。

2003 年 10 月 10 日，乌拉特中旗召开全旗防控“非典”表彰大会，旗党政领导出席大会并讲话。卫生局、防疫站、人民医院、教育局、经贸局、交警大队、公安局等 11 个单位和部门被评为“全旗抗击非典先进集体”，有 61 名个人被评为“全旗抗击非典先进工作者”。

第一篇　政　区

◎ 建　置

◎ 镇　苏木　场

第一章 建 置

第一节 地理位置

乌拉特中旗位于内蒙古自治区巴彦淖尔市东北部,为巴彦淖尔市所辖旗县之一。地理坐标为北纬41°07′~41°28′,东经107°16′~109°42′;东西长为203.8千米,南北宽为148.9千米,呈不规则四边形。旗境东邻包头市达尔罕茂明安联合旗、固阳县,南接巴彦淖尔市乌拉特前旗、五原县、临河区、杭锦后旗,西与巴彦淖尔市乌拉特后旗毗邻,北与蒙古国为界,有国境线185.422千米。2012年底,乌拉特中旗总面积为23096平方千米。

乌拉特中旗党政机关所在地为海流图镇,南距巴彦淖尔市党政机关驻地临河区161千米,北距甘其毛都口岸130千米,东南距包头市219千米,距呼和浩特市391千米,距北京市871千米。

第二节 建置沿革

一、旗级建置

1995—2012年,乌拉特中旗建置未发生变化。

1995年1月至2003年11月30日,乌拉特中旗隶属巴彦淖尔盟管辖。2003年12月1日,巴彦淖尔盟建置被撤销,成立巴彦淖尔市(地级),乌拉特中旗隶属巴彦淖尔市管辖。

二、乡、镇、苏木、场建置

1988年1月,乌拉特中旗辖有3个镇、9个苏木、8个乡,即:海流图镇、温更镇、乌加河镇、桑根达来苏木、巴音苏木、乌兰苏木、川井苏木、巴音杭盖苏木、杭盖戈壁苏木、新忽热苏木、巴音哈太苏木、呼勒斯太苏木、石哈河乡、双盛美乡、部北乡、楚鲁图乡、德岭山乡、乌梁素太乡、宏丰乡、石兰计乡。全旗设有嘎查54个、行政村65个,有自然村278个、居民委员会9个。

1999年10月,德岭山乡改设德岭山镇,温更镇改称温更苏木,所属区划不变。

2001年4月,部北乡、双盛美乡、楚鲁图乡、石哈河乡建置被撤销,合并设立石哈河镇;杭盖戈壁苏木建置被撤销,整建置并入呼勒斯太苏木。至此,乌拉特中旗辖有4个镇、9个苏木、3个乡,即:海流图镇、乌加河镇、德岭山镇、石哈河镇、桑根达来苏木、温更苏木、巴音苏木、乌兰苏木、川井苏木、巴音杭盖苏木、新忽热苏木、巴音哈太苏木、呼勒斯太苏木、宏丰乡、石兰计乡、乌梁素太乡。

2002年1月8日,巴彦淖尔盟农牧场管理局管辖的同和太种畜场移交乌拉特中旗属地管理。

2005年12月,温更镇建置被撤销,整建置并入海流图镇;宏丰乡、石兰计乡建置被撤销,整建置并入乌加河镇;巴音杭盖苏木建置被撤销,整建置并入川井苏木;乌梁素太乡建置被撤销,整建置并入德岭山镇;巴音哈太苏木建置被撤销,整建置并入新忽热苏木;巴音苏木、乌兰苏木、桑根达来苏木建置被撤销,合并成立巴音乌兰苏木。至此,乌拉特中旗辖有4个镇、4个苏木、1个种畜场,即:海流图镇、乌加河镇、德岭山镇、石哈河镇、巴音乌兰苏木、川井苏木、新忽热苏木、呼勒斯太苏木、同和太种畜场。

2009 年 5 月，川井苏木建置被撤销，改设川井镇。

2011 年 12 月，经内蒙古自治区人民政府批准，正式设立甘其毛都镇，撤销川井镇建置，恢复川井苏木原建置与名称。

2012 年 1 月，温更苏木恢复温更镇名称。至年底，乌拉特中旗辖有 6 个镇、4 个苏木、1 个种畜场，即：海流图镇、乌加河镇、德岭山镇、石哈河镇、甘其毛都镇、温更镇、呼勒斯太苏木、川井苏木、新忽热苏木、巴音乌兰苏木、同和太种畜场。全旗设有嘎查、村（分场）93 个，自然村 278 个，街道社区 6 个、矿区管委会 1 个。

第三节　行政区划

1988 年 1 月，乌拉特中旗辖有 20 个镇、苏木、乡。2001 年，乌拉特中旗辖有 16 个镇、苏木、乡。2006 年，乌拉特中旗辖有 9 个镇、苏木、乡、场。2012 年底，乌拉特中旗辖有 11 个镇、苏木、场。

1988 年乌拉特中旗各乡、镇、苏木行政区划一览表

表 1－1

序号	镇、苏木、乡名称	面积（平方千米）	所辖村（嘎查、居委会）名称
1	海流图镇	48	居委会 9 个：第一、二、三、四、五、六、七、八、九居委会；行政村 2 个：巴仁宝力格、查干淖尔
2	温更镇	1833	行政村 8 个：呼日木图、宝格达、固日班赛、巴音海日、希日楚鲁、哈日楚鲁、巴音满达和、阿拉坦胡舒
3	乌加河镇	292	行政村 7 个：联丰、五星、永胜、兴胜、宏伟、胜河、奋斗
4	桑根达来苏木	1200	嘎查 4 个：温根特格、桑根达来、阿日呼都格、吉日格勒图河
5	巴音苏木	2088	嘎查 5 个：新乌素、巴音图呼木、乌勒吉图和日、伊和布拉格、胡勒斯
6	乌兰苏木	3209	嘎查 7 个：乌兰额日格、巴音敖包、努呼日勒、乌兰温都尔、敦达乌素、乌兰格日勒、巴音宝日
7	川井苏木	1913	嘎查 8 个：哈拉图、布尔罕图、萨巴嘎、白同、巴音呼都格、阿木斯尔、巴音高勒、萨如拉塔拉
8	巴音杭盖苏木	4269	嘎查 5 个：德日斯、额和音查干、呼格吉勒图、图吉日格、巴音查干
9	杭盖戈壁苏木	1185	嘎查 4 个：温更、达嘎图、呼勒斯太、浩雅日宝格达；行政村 1 个：团结
10	新忽热苏木	1301	嘎查 5 个：巴音温都尔、索伦格图、那日图、牧仁、新忽热
11	巴音哈太苏木	1404	嘎查 7 个：希热、朱斯穆勒、都嘎尔音高勒、毛盖图、乌兰楚鲁、哈太、毛勒朝格

续表 1－1

序号	乡、镇、苏木名称	面 积（平方千米）	所辖村（嘎查、居委会）名称
12	呼勒斯太苏木	878	嘎查 9 个：前达门、巴音吉拉嘎、乌珠日、哈乌拉、呼和淖尔、哈日葫芦、呼博、希博图、义和久
13	石哈河乡	442	行政村 5 个：格日楚鲁、棍乌素、肖崩、希哈河、先锋
14	双盛美乡	305	行政村 5 个：萨日么萨格、柏木井、双盛美、哈日楚鲁、希日哈达
15	部北乡	552	行政村 6 个：东部北、西部北、伊和敖包、盐海子、二十四份子、十三壕
16	楚鲁图乡	507	行政村 5 个：东风、楚鲁图、新跃、泉掌子、包日呼热
17	德岭山乡	538	行政村 10 个：天圣、苗元、联合、大圣、水泉、前进、牧业、乌兰、灯塔、塔尔湾
18	乌梁素太乡	343	行政村 5 个：红旗、金星、高丰、兴丰、幸福
19	宏丰乡	267	行政村 5 个：利民、红光、胜利、长胜、宏丰
20	石兰计乡	170	行政村 6 个：丰裕、联荣、树圪卜、繁荣、荣丰、油房

2001 年乌拉特中旗各乡、镇、苏木行政区划一览表

表 1－2

序号	乡、苏木、镇名称	面 积（平方千米）	所辖村（嘎查、居委会）名称
1	海流图镇	62	嘎查 2 个：巴仁宝勒格、查干淖尔
2	乌加河镇	189	行政村 7 个：联丰、奋斗、胜河、宏伟、五星、兴胜、永胜
3	德岭山镇	536	行政村 10 个：灯塔、乌兰、前进、苗元、大圣、天圣、永胜、联合、水泉、牧业
4	石哈河镇	1844	行政村 21 个：石哈河、石崩、公乌素、格日楚鲁、先锋、东风、泉掌、楚鲁图、包日忽热、伊和、盐海、石兰、沙拉木素、双盛美、哈拉楚鲁、柏木井、张三壕、东部北、西部北、二十四份子、十三壕
5	温更苏本	2018	嘎查 8 个：巴音满都胡、固日班赛很、希热朝鲁、哈日朝鲁、阿拉腾胡少、宝格达、巴音海日、呼日木图
6	桑根达来苏木	1371	嘎查 4 个：桑根达来、巴音查干、阿日胡都格、吉日格楞图

续表 1－2

序号	乡、镇、苏木名称	面积（平方千米）	所辖村（嘎查、居委会）名称
7	巴音苏木	2073	嘎查 5 个:新尼乌素、图克木、乌力吉图、伊和宝拉格、呼鲁斯
8	乌兰苏木	3269	嘎查 7 个:乌兰额日格、巴音敖包、努和日乐、乌兰温都尔、东达乌素、乌兰格日乐、巴音宝日
9	川井苏木	1872	嘎查 8 个:哈拉图、宝日汉图、沙布格、白同、巴音胡都格、阿木斯尔、巴音河、沙如塔拉
10	巴音杭盖苏木	4456	嘎查 5 个:德日素、伊很查干、呼格吉勒图、图古日、巴音查干
11	新忽热苏木	1275	嘎查 5 个:巴音温都尔、苏龙格图、那日图、牧仁、新忽热
12	巴音哈太苏木	1423	嘎查 7 个:希热、朱斯木乐、查干敖包、白兴图、乌兰朝鲁、哈太、毛乐其格
13	呼勒斯太苏木	2049	嘎查 14 个:前达门、巴音吉拉格、乌珠尔、韩乌拉、呼和、哈日葫芦、希博图、义和久、哈拉图、温更、达格图、呼勒斯太、宝格达、团结
14	乌梁素太乡	387	行政村 6 个:红旗、金星、高丰、兴丰、幸福、大后
15	宏丰乡	140	行政村 5 个:利民、红光、胜利、长胜、宏丰
16	石兰计乡	127	行政村 6 个:丰裕、联荣、树圪卜、繁荣、荣丰、油房

2006 年乌拉特中旗各乡、镇、苏木、场行政区划一览表

表 1－3

序号	乡、镇、苏木、场名称	面积（平方千米）	所辖村（嘎查、居委会）名称
1	海流图镇	2080	嘎查 8 个:巴仁宝勒格、巴音塔拉、巴音满都胡、希热朝鲁、哈日朝鲁、阿拉腾胡少、汗宝格达、呼日木图
2	乌加河镇	456	行政村 7 个:双荣、石兰计、宏丰、红光胜利、宏伟、联丰奋斗、兴永胜
3	德岭山镇	923	行政村 6 个:大圣村、乌镇、胜利、红旗、兴丰、苏独龙
4	石哈河镇	1844	行政村 9 个:石哈河、格日楚鲁、楚鲁图、柏木井、双盛美、部北、二十四份子、西羊场、白音厂汗

续表 1－3

序号	乡、镇、苏木、场名称	面积（平方千米）	所辖村（嘎查、居委会）名称
5	巴音乌兰苏木	6718	嘎查 16 个：桑根达来、巴音查干、阿日胡都格、吉日格楞图、新尼乌素、图克木、乌力吉图、伊和宝力格、呼鲁斯、乌兰额日格、巴音敖包、努和日乐、乌兰温都尔、东达乌素、乌兰格日乐、巴音宝日
6	川井苏木	6328	嘎查 13 个：哈拉图、宝日汉图、沙布格、白同、巴音胡都格、阿木斯尔、巴音河、沙如塔拉、德日素、伊很查干、呼格吉勒图、图古日格、巴音查干
7	新忽热苏木	2698	嘎查 11 个：巴音温都尔、苏龙格图、那日图、牧仁、希热、朱斯木拉、查干敖包、白兴图、乌兰朝鲁、哈太、毛其格
8	呼勒斯太苏木	2049	嘎查 14 个：前达门、巴音吉拉格、乌珠尔、韩乌拉、呼和、哈拉葫芦、希博图、义和久、哈拉图、温更、达格图、呼勒斯太、宝格达、团结
9	同和太种畜场	—	分场 3 个：毛盖图分场、乌兰毅力更分场、牧业分场

2012 年乌拉特中旗各乡、镇、苏木、场行政区划一览表

表 1－4

序号	乡、镇、苏木、场名称	面积（平方千米）	所辖村（嘎查、居委会）名称
1	海流图镇	63.85	社区 6 个：哈萨尔社区、巴音路社区、乌兰大街社区、西郊社区、教育路社区、花园东路社区；嘎查 2 个：巴彦塔拉村、巴仁宝勒格村
2	乌加河镇	427.30	行政村 7 个：联丰奋斗村、兴永胜村、宏伟村、宏丰村、石兰计村、红光胜利村、双荣村；居委会 3 个：乌加河居委会、宏丰居委会、石兰计居委会
3	德岭山镇	859.74	行政村 5 个：大圣、乌镇、胜利、红旗、兴丰；嘎查 1 个：苏独龙；居委会 1 个：德岭山镇居委会
4	石哈河镇	1831.37	行政村 9 个：石哈河、格日楚鲁、楚鲁图、柏木井、双盛美、部北、二十四份、西羊场、白音厂汗
5	温更镇	1819.21	嘎查 6 个：汗宝格图嘎查、哈日朝鲁嘎查、巴音满都呼嘎查、阿拉腾呼少嘎查、希日朝鲁嘎查、呼日木图嘎查；矿区 1 个：温更矿区
6	甘其毛都镇	4355.65	嘎查 5 个：伊很查干、德日素、呼格吉勒图、图古日格、巴音查干
7	呼勒斯太苏木	1956.49	嘎查 14 个：温更嘎查、达格图嘎查、呼勒斯太嘎查、团结嘎查、哈拉葫芦嘎查、宝格达嘎查、义和久嘎查、哈拉图嘎查、前达门嘎查、乌珠尔嘎查、呼和嘎查、巴音吉拉格嘎查、希博图嘎查、韩乌拉嘎查

续表 1 - 4

序号	乡、镇、苏木名称	面 积（平方千米）	所辖村（嘎查、居委会）名称
8	川井苏木	1879. 94	嘎查 8 个：哈拉图、宝日汉图、沙布格、白同、巴音胡都格、阿木斯尔、巴音河、沙如塔拉
9	新忽热苏木	2680. 98	嘎查 11 个：巴音温都尔、苏龙格图、那日图、牧仁、希热、哈太、朱斯木拉、查干敖包、白兴图、乌兰朝鲁、毛其格
10	巴音乌兰苏木	6727. 89	嘎查 16 个：桑根达来、巴音查干、阿日胡都格、吉日格楞图、新尼乌素、图克木、乌力吉图、伊和宝力格、呼鲁斯、乌兰额日格、巴音敖包、努和日乐、乌兰温都尔、东达乌素、乌兰格日乐、巴音宝日
11	同和太种畜场	194. 46	分场 3 个：毛盖图分场、乌兰毅力更分场、牧业分场

第二章 镇苏木场

第一节 海流图镇

一、基本情况

1988年，乌拉特中旗设有海流图镇，是乌拉特中旗党政机关驻地，也是全旗政治、经济、文化、交通中心。海流图镇位于乌拉特中旗中部偏南，地理坐标为北纬41°34′，东经108°31′，平均海拔1288米，属大陆性干旱气候区，年平均降水量115～250毫米，年平均气温3℃～6.8℃，夏季极端最高气温为38.7℃，冬季极端最低气温为－39.4℃。年平均日照时数为3098～3250小时。海流图镇辖区东至海流图河，南至物流园区南界，西至海甘（海流图镇—甘其毛都口岸）公路，北至北山。2012年，全镇总面积为62平方千米。

2012年底，全镇辖社区6个、行政村2个，全镇总户数15834户、总人口47278人，其中农村总户数275户、总人口1022人，牧区总户数1270户，总人口3366人。居住有汉族、蒙古族、回族、满族、藏族、朝鲜族、土家族、达斡尔族、维吾尔族9个民族，镇内有巴彦淖尔市、乌拉特中旗驻镇单位182个。

二、党群组织

1988—2012年，海流图镇设有中共海流图镇委员会（以下简称“镇党委”）、中共海流图镇纪律检查委员会及海流图镇工会、团委、妇联等党群组织。至2012年底，海流图镇党群组织有编制134人，其中行政干部40人。

至2012年底，镇党委下设党总支6个、党支部23个，其中社区居委会支部13个，村支部2个，农村合作组织支部1个，机关支部1个，非公有制企业支部6个，全镇有共产党员705人。

三、政权建设

（一）人大主席团

1988—1999年，海流图镇设有人大主席团，先后设常务主席2人，主席2人，2000—2012年，海流图镇人大主席团设主席1人。2012年底，镇人大主席团有成员7人，设主席1人。

（二）人民政府

1988—2012年，随着机构改革和形势发展变化，海流图镇人民政府内设机构多次发生变化。

至2012年底，镇人民政府内设机构5个：党政综合办公室、社会事务办公室、综合治理维护稳定办公室、城管办公室、社区办公室；另设有服务站2个（统计站、兽医站）、服务中心4个（农牧业服务中心、人口和计划生育服务中心、文化卫生服务中心、社保和再就业中心）。有编制106名，其中行政干部40人、事业单位干部66人。

（三）政府职能转变

2001年后，镇人民政府加强基层民主建设。各村均公平、公正、公开地进行“两委”（党员支部委员会和村民自治委员会）换届选举，“两委”交叉任职，带领村民发展致富。辖区2个村全面推行

“532”（五道程序、三次审核、两个公开）工作法、“四议两公开”（“四议”是指村党支部会提议、村“两委”会商议、党员大会审议、村民代表会议或村民会议决议；“两公开”指决议公开、实施结果公开）、“村民代表会议常设制”等基层民主议事机制，成立村务监督委员会。

2010 年，镇人民政府按照转变政府职能“三有一化”（有人管事、有钱办事、有场所议事和构建城市区域化党建格局）工作思路，将东街办事处、西街办事处、新区办事处及所辖 13 个居委会整合成 6 个社区居委会，并筹资建成社区服务中心 5 处。

2011 年，镇人民政府采取公开竞聘的方式，选拔 6 名素质高、能力强的干部担任社区书记，选配社区班子成员。

至 2012 年底，各社区服务中心开始设立一站式便民服务大厅，并开设党建、民政、计生等服务窗口 13 个，涵盖 17 大项、32 个小项工作内容；有条件的社区还设立红十字服务站、残疾人康复中心等，使居民足不出户享受到更多便利服务。

四、经济建设

（一）农牧业

1988 年，海流图镇总播种面积为 0.1245 万亩，其中粮食播种面积为 0.0511 万亩，产量为 27.95 万千克；经济作物播种面积为 0.0734 万亩，产量为 211.72 万千克。全镇家畜总头数为 0.4793 万头（只），其中羊 4177 只、猪 523 头、牛 93 头。

2001 年，全镇总播种面积为 0.2038 万亩，其中粮食播种面积为 0.1035 万亩，产量为 64.095 万千克；经济作物播种面积为 0.1003 万亩，产量为 213.99 万千克。牧业年度，全镇牲畜总头数为 0.6929万头（只），其中羊 5662 只、猪 1061 头、牛 206 头。

2012 年，全镇总播种面积为 1.35056 万亩，其中粮食播种面积为 0.96682 万亩，产量为 459.35 万千克；经济作物播种面积为 0.38374 万亩，产量为 219.75 万千克。全镇牲畜总头数为 12.2258 万头（只），其中羊 121584 只、牛 455 头、猪 219 头。

（二）林业

1988 年，海流图镇有林面积 427 亩，全年栽植各类苗木 0.6 万株。2001 年，全镇栽植各类苗木 1 万株。2012 年，全镇有林面积 2083.43 亩，全年栽植各类苗木 2.9 万株。

（三）工商业

1999 年，海流图镇有镇属企业 1883 个，从业人员 9637 人；现价总产值 6.2 亿元，利润 9648 万元，税金 834 万元。2008 年，全年实现工业总产值 74541.8 万元，比上年增长 23.56%。2012 年，全镇有工业企业 13 个，从业人员 1607 人；有乡镇个体私营工业户 308 户，从业人员 906 人。工业总产值 120605 万元，上交税金 43.9 万元。全镇有商业、服务业网点 4094 个，有金融网点 23 个。

（四）交通

1988 年，海流图镇有主要道路 6 条，无通公共交通的行政村。2001 年，全镇有主要道路 14 条，无通公共交通的行政村。2012 年，全镇有主要道路 20 条，有通公共交通的嘎查 2 个。

五、综合治理

2005 年后，海流图镇党委、镇人民政府以“维护社会大局稳定、促进社会公平正义、提高人民安全感和满意度”为目标，以深入推进平安海流图建设为抓手，不断研究新问题，建立新机制。主要措施包括：加强组织领导，注重工作方法，开展社区综合治理活动，开展“平安社区”“平安家庭”创建活动。

六、社会保障

2007 年，海流图镇认真做好城乡最低生活保障工作，纳入城镇最低生活保障的城市困难户 1804 户、3842 人。全镇农牧民低保对象 331 户、585 人。积极帮助贫困农牧民解决生活困难，发放煤炭 500 吨、面粉 9 吨、棉被 60 条、棉大衣 60 件和衣服 1100 件，发放救济款 1.2 万元。

2009 年，海流图镇开始开展农牧民养老保险工作，参保人数 1510 人，参保率达到 80%。

2011 年，海流图镇开始开展城镇居民养老保险工作，参保人数为 728 人，参保率达到 70%。

2012 年底，全镇城镇居民最低生活保障人数 3916 人，农牧民最低生活保障人数 1167 人；城镇居民养老保险参保人数为 2804 人，新型农村社会养老保险参保人数为 1964 人；农牧民新型合作医疗参合人数 1066 人，参合率 99.5%。

七、社区建设

2010 年 6 月，海流图镇社区居委会成立后，社区建设按照“三有一化”要求，实现从无到有、从有到强、从强到好的跨越发展。社区办公经费和党组织活动经费全部列入财政预算，并建立经费管理和使用监督办法，确保专款专用。

2010—2012 年，全镇每个社区每年工作经费 18.5 万元（内蒙古自治区财政拨付 10 万元专项经费、旗财政拨付 8.5 万元），经费保障居巴彦淖尔市前列。同期，海流图镇累计投资 5000 多万元，新建成高标准服务中心 2 处（花园东路社区和哈萨尔社区），改扩建巴音路社区、教育路社区，社区场所建设达标率 100%。同期，全镇 6 个社区与 107 个旗直机关、企事业单位党组织成立社区非建制联合党委，构建“1 + N”（“1”即社区党总支，“N”即辖区内机关、企事业单位党组织）区域化党建模式和共驻共建新平台，联合党委书记由社区党总支书记兼任，另设轮值书记岗，由联合党委委员单位党组织负责人定期轮换任职。非建制联合党委成立后，引导 1233 名在职党员到社区报到，认领法律咨询、维权服务、扶贫济困等岗位 1247 个，累计进行志愿服务 900 多次；先后组织开展专场文艺演出和多种亲民便民活动，惠及居民群众 7000 余人。

八、环卫建设

1988—1994 年，海流图镇逐步加大环境卫生建设力度，全镇环境卫生状况逐年好转。1995 年，经旗人民政府批准，海流图镇环境卫生监察大队成立，负责对镇区内的垃圾收集、运输和处理，时定编制 8 人。至 2012 年底，海流图镇已有环卫管理人员 15 人、环卫工人 300 人，负责全镇城区 6 个社区、2 个城郊村、3500 个沿街商铺、43 条道路、11 个广场和北山水库周边及景观河 274 万平方米的垃圾收集清运处理工作，并建成占地 120 亩、日处理垃圾 80 吨的垃圾无害化处理场 1 处，建有环卫驿站 4 处。镇城管大队共有大小清扫清运车辆 196 辆，垃圾转运站 9 座（其中压缩转运站 2 座）、居民区收水口 36 个、公厕 108 座（其中旱厕 90 座、水冲式厕所 18 座），在居民区设置大垃圾箱 130 个、小型垃圾箱 60 个，在沿街设置果皮箱 650 个。道路清扫主要采取人工与机械相结合的方式，其中环卫工人人均清扫面积 8000 平方米，机械化清扫道路面积 84 万平方米，机械化清扫率达到 60%。

2005—2012 年，镇环卫部门每年为环卫工人购买意外伤害保险，免费发放防暑御寒药品衣物，免费提供爱心早点，并组织全体环卫工人进行免费体检；2008—2012 年，每年举办环卫工人节，表彰先进、发放奖励，肯定环卫工人劳动成果。

九、文化建设

1988 年，海流图镇有幼儿园 7 所，教职工 86 人，在园幼儿 596 人；小学 3 所，教职工 192 人，在校学生 2314 人；有中学 3 所，教职工 217 人，在校学生 2322 人。

2001 年，全镇有幼儿园 2 所，教职工 57 人，在园幼儿 385 人；小学 4 所，教职工 246 人，在校学生 2733 人；有中学 3 所，教职工 307 人，在校学生 2170 人。

2012 年，全镇有幼儿园、托儿所 9 所，教职工 151 人，在园幼儿 2496 人；小学 3 所，教职工 345 人，在校学生 3652 人；有中学 3 所，教职工 332 人，在校学生 2734 人。建有图书馆（室）、文化站 1 个，社区文化活动中心 5 个，村文化活动中心 2 个，组建各类社区文艺活动队 11 个。建有体育活动中心 1 个，公园和健身广场 4 个。通有线电视的行政村 2 个。

十、精神文明建设

1988—2012 年，海流图镇党委、镇人民政府狠抓社会主义精神文明建设不放松。

2001—2005 年，镇党委、镇人民政府以“六进社区”活动为切入点，开展丰富多彩的文化活动，连续举办“社区文化艺术节”“草原文化节”“乌拉特民俗文化节暨敖包祭祀”活动。

2006—2012 年，镇党委、镇人民政府先后成功地举办海流图镇“社区文化艺术节”、“草原文化节”和“乌拉特民俗文化节暨敖包祭祀”活动，共开展文艺演出 30 场次，共演出节目 612 个，同时，利用两个办事处的活动中心在每周六晚上开展二人台等文艺表演，演出 160 场次，开展大型科普展览 25 次，举办体育比赛 10 场次，举办书画展览 15 场次，举办健康卫生知识讲座 5 期。组织社区老年秧歌队进行秧歌表演，演出 319 场次。

第二节　乌加河镇

一、基本情况

1988 年 1 月，乌拉特中旗设有乌加河镇。2005 年，乌拉特中旗宏丰乡、石兰计乡被撤销，并入乌加河镇。

乌加河镇位于乌拉特中旗南部，地理坐标为北纬 41°09′～41°18′，东经 107°54′～108°08′之间，海拔高度 1040 米，平均气温 6.2℃，年平均降水量 173 毫米，无霜期 125～130 天。乌加河镇辖区东接德岭山镇，南连五原县、临河区，西与乌拉特后旗为界，北与呼勒斯太苏木毗邻。2012 年，全镇总面积 456 平方千米，可耕地面积 36 万亩。

2012 年底，乌加河镇辖居民委员会 3 个、行政村 7 个，全镇总户数 7828 户、总人口为 30070 人，其中城镇户数 999 户、人口 5829 人，农村户数 6829 户、总人口 24241 人，居住有汉族、蒙古族、回族、满族 4 个民族。乌加河镇人民政府驻地距旗党政机关所在地海流图镇 69 千米。镇内有巴彦淖尔市、乌拉特中旗驻镇单位 8 个。

二、党群组织

1988—2012 年，乌加河镇设有中共乌加河镇委员会（以下简称“镇党委”）、中共乌加河镇纪律检查委员会及乌加河镇工会、团委、妇联等党群组织。至 2012 年底，乌加河镇党群组织有编制 69 名，其中行政干部 28 人、职工 41 人，临时聘用人员 17 人。

1988 年，镇党委下辖行政村党支部 7 个、驻镇单位党支部 3 个（乌加河镇学区、供销社、地震台）。

2005 年，宏丰乡、石兰计乡建置被撤销，并入乌加河镇。镇党委下辖行政村党支部 18 个、驻镇单位党支部 3 个（乌加河镇学区、供销社、地震台），全镇有共产党员 927 人。

2006 年，全镇 18 个行政村合并为 7 个行政村（联丰奋斗村、兴永胜村、宏伟村、宏丰村、红光胜利村、石兰计村、双荣村），镇党委下辖行政村党支部7个、驻镇单位党支部3个（乌加河镇学区、供销社、地震台），全镇有共产党员896人。

至2012年底，乌加河镇党群组织未发生变化，全镇有共产党员948人。

三、政权建设

（一）人大主席团

1988年，乌加河镇设有人大主席团，在人民代表大会闭会期间主持全镇的人大工作。

2012年底，镇人大主席团有成员9人，下设人大办公室，设主任1人、副主任1人，有专职干部2人。

（二）人民政府

1988—2012年，随着机构改革和形势发展需求，乌加河镇人民政府内设机构多次发生变化。

至2012年底，镇人民政府设有办公室7个：综合办公室、民政办公室、城建办公室、环卫办公室、信访办公室、计划生育办公室、综改办公室（乌加河镇农村公益事业建设一事一议财政奖补工作及综合改革办公室），另设有统计站、农经站、财政所、治安联防队和2个中心（畜牧服务中心、水电服务中心）；有编制69名，其中行政干部28人、事业单位干部41人，另有临时聘用人员17人、大学生村干部等服务人员2人。

四、经济建设

（一）农牧业

1988年，乌加河镇总播种面积为4.2万亩，其中粮食播种面积为3.2万亩，产量为815万千克；经济作物播种面积为1万亩，产量为834万千克。全镇家畜总头数为3.28万头（只），其中牛0.15万头、羊2.75万只、猪0.38万口。

2001年，全镇总播种面积为6.38万亩，其中粮食播种面积为5.59万亩，产量为2333.4万千克；经济作物播种面积为0.79万亩，产量为293万千克。全镇家畜总头数为5.65万头（只），其中牛1300头、羊47000只、猪8218口。

2012年，全镇总播种面积为34.6万亩，坚持中低产田改造项目14万亩和韩乌拉沟等中小河流治理项目。全镇粮食播种面积为25.1万亩，产量为13.5万吨；经济作物播种面积为9.5万亩，产量为0.16万千克。至年底，建有农业科技示范园区和小麦、玉米高产创建园区各1处、蔬菜大棚10座、冷藏库7200立方米、日加工3万穗真空熟制玉米生产线1条。全镇家畜总头数为15.4万头（只），其中牛1048头、羊145698只、猪7250口。建设专业育种园区2处、肉羊育肥小区4处，配套标准化养殖棚圈310套，饲养杂交繁殖母羊1.6万只，年育肥出栏肉杂羔羊3.5万只。

（二）林业

1988年，乌加河镇有林面积1.35万亩，人均绿地面积1.11亩。2001年，全镇有林面积2.17万亩，人均绿地面积1.63亩。2012年，全镇栽植各类苗木8万株。至年底，全镇完成沟、渠、路等宜林地新造林8.5万株，完成联丰一组至小康村1.6千米通道绿化工程。

（三）工商业

1988年，乌加河镇工业总产值156.7万元。2002年，全镇工业总产值786.3万元。2012年，全镇有工业企业144个，有乡镇个体私营工业户142户。工业总产值4410万元。全镇有商业、服务业网点319个，中型超市11个，有金融网点4个。

（四）交通

1988 年，乌加河镇有主要道路 1 条。2001 年，全镇有主要道路 2 条。2012 年，全镇有主要道路 3 条，有公共交通的行政村 7 个，通宽带网行政村 3 个。

五、综合治理

1988—2012 年，乌加河镇的社会管理综合治理工作紧紧围绕全镇改革发展稳定的大局，认真贯彻落实巴彦淖尔盟（市）、乌拉特中旗社会管理综合治理工作会议精神，全面落实社会管理综合治理各项措施，以创建“平安乡镇、平安单位、平安家庭、构建平安乌加河”为目标，坚持“打防结合、预防为主”的方针，大力开展严打整治斗争，创造稳定和谐的社会环境。2005 年后，乌加河镇党委、镇人民政府以“维护社会大局稳定、促进社会公平正义、提高人民安全感和满意度”为目标，以深入推进平安乌加河建设为抓手，不断研究新问题，建立新机制。主要措施包括：加强组织领导，注重工作方法，开展农村综合治理活动，深入开展“平安农村”“平安家庭”创建活动。至 2012 年底，全镇设立综治维稳工作中心 1 个、维稳工作站 7 个，配备专职调解人员 21 人、信息员 90 人。

六、社会保障

2011 年，乌加河镇开始开展城镇居民养老保险工作，当年，参保人数为 2151 人，参保率达到 13.4%。2012 年底，全镇城镇居民最低生活保障人数 90 人，农牧民最低生活保障人数 1031 人；城镇居民养老保险参保人数为 7059 人，参保率达到 44.1%；农牧民新型合作医疗参合人数 22766 人，参合率达到 75.8%。

七、文化建设

1988 年，乌加河镇有幼儿园 1 所，教职工 5 人，在园幼儿 44 人；有小学 9 所，在校学生 1726 人；有中学 1 所，教职工 35 人，在校学生 724 人。

2001 年，全镇有幼儿园 5 所、小学 7 所、中学 1 所。

2004 年，乌加河镇组建“后大套·乌加河民间文化协会”和“后大套·乌加河镇民间文化艺术团”，组织群众开展各种文化活动，开通镇区无线调频广播，丰富群众精神文化生活。

2009—2010 年，在乌拉特中旗政府办公室、财政局牵头的 35 个旗直单位帮扶乌加河镇小康文化建设工程中，累计投入帮扶资金 151.3 万元，建成村级文化大院 6 处、组级文化大院 2 处。

2012 年，全镇有幼儿园 5 所、小学 3 所、中学 1 所。建有镇级综合文化站 1 个、村级文化室 7 个、组级文化大院 6 个、基层文艺队 13 个、秧歌队 10 支。全年集中培训农民 30 多场次、3000 人次以上，印制发放各种文化、科普资料 3000 余份。

八、精神文明建设

1988—2012 年，乌加河镇党委、镇人民政府高度重视农村精神文明建设工作，把它作为推动经济发展的力量之一，使之在提高人民生活水平的目标中发挥更大作用。

2002 年，全镇开展群众性精神文明创建活动。建成小康文明村 3 个、五星级以上小康文明户 1450 户；镇直属及驻镇单位中，旗级文明单位 9 个，盟级文明单位 4 个；奋斗村被评为全区十星级奔小康文明户评比活动“十佳嘎查村”、全区创建十星级文明嘎查村竞赛活动“十佳文明村”。

2009—2012 年，乌加河镇先后被中共中央精神文明建设指导委员会授予“全国创建文明村镇工作先进村镇”；被内蒙古自治区党委、自治区人民政府授予“十星级文明建制镇”；被评为巴彦淖尔市城镇建设“人居杯”竞赛村容整洁奖；在巴彦淖尔市第六届星级文明建设镇村竞赛评比活动中，乌加河镇荣获星级文明建制镇评比第一名。

第三节　德岭山镇

一、基本情况

1988年1月,乌拉特中旗设有德岭山乡。1999年10月,德岭山乡建置被撤销,改设德岭山镇,所属区划不变。2005年12月,乌梁素太乡建置被撤销,整建置并入德岭山镇。

德岭山镇位于乌拉特中旗南部,因东、西德岭山而名。地理坐标北纬41°07′~41°20′,东经108°26′~108°56′,海拔高度1018.5~1021.5米,属温带大陆性干旱、半干旱地区,年平均气温6.8℃,年日照时数3180.6小时,年平均无霜期140天。年平均降水量180毫米,年平均蒸发量2400毫米。德岭山镇辖区东与乌拉特前旗接壤,南与五原县为邻,西与牧羊海牧场、乌加河镇相连,北与温更镇、同和太种畜场、石哈河镇、新忽热苏木毗邻。2012年,全镇总面积923平方千米,耕地面积45.5万亩,草原40万亩,矿产资源有铁矿(富含赤铁)、次生石灰岩、石墨、砂金矿、白黏土、花岗岩、大理石、砂石、骨料、优质矿泉水等。

2012年底,全镇辖居委会1个、行政村6个、嘎查1个;全镇总户数7243户、总人口27708人,其中城镇户数219户、人口1216人,农村户数7024户、人口26492人,居住有汉族、蒙古族、回族、满族、彝族、布依族、藏族、朝鲜族、拉祜族、苗族、土家族、锡伯族12个民族。德岭山镇人民政府驻地距旗党政机关所在地海流图镇45千米。镇内有巴彦淖尔市、乌拉特中旗驻镇单位6个。

二、党群组织

1999—2012年,德岭山镇设有中共德岭山镇委员会(以下简称“镇党委”)、中共德岭山镇纪律检查委员会及德岭山镇工会、团委、妇联等党群组织。至2012年底,德岭山镇党群组织有编制51人,其中行政干部23人,事业编制人员28人。

1999年,镇党委下辖居委会党支部1个、行政村党支部6个、嘎查党支部1个、镇党政直属党支部1个,驻镇单位党支部5个(供销社、中心小学、工商所、镇中学、卫生院),全镇有共产党员245人。

2012年底,镇党委下辖居委会党支部1个、行政村党支部6个、嘎查党支部1个、镇党政直属党支部1个,驻镇单位党支部6个(学校、卫生院、工商所、德岭山粮站、乌梁素太卫生院、乌梁素太粮站),全镇有共产党员662人。

三、政权建设

(一)人大主席团

1999年,德岭山镇设有人大主席团,设人大主席1名,副主席1名。2012年底,镇人大主席团设主任1名。

(二)人民政府

1999年,德岭山镇人民政府实有编制29人,其中行政干部24人、事业单位干部5人,退休干部17人。

至2012年底,镇人民政府设有办公室5个,综合办公室、民政办公室、改革发展项目办公室、合作医疗管理办公室、信访办公室,另设有计综合执法队、土地管理所、经济管理站、消防站和3个中心(农牧业服务中心、水利指导服务中心、计生服务中心);有编制54名,其中行政干部25人、事业单位干部29人。

（三）政府职能转变

1988 年，政府职能发生改变，改革重心转向乡村，由微观管理转向宏观管理、由直接管理转向间接管理、由部门管理转向全行业管理。

1998 年，政府职能发生转变，一是要转到宏观调控方面，二是要转变到社会管理方面，三是要转变到公共服务领域。

2006 年，取消政府征收农业税的职能，政府职能逐步向法治化转变，从管理型政府向服务型政府转变，职能重心从政治职能转向经济职能、文化职能和社会职能。

四、经济建设

（一）农牧业

1999 年，德岭山镇总播种面积为 8.39 万亩，其中粮食播种面积为 6.27 万亩，产量为 2915.55 万千克；经济作物播种面积为 2.12 万亩，产量为 632.1 万千克。全镇家畜总头数为 6.67 万头（只），其中牛 375 头、羊 56618 只、猪 9666 口。

2001 年，全镇总播种面积为 8.158 万亩，其中粮食播种面积为 5.374 万亩，产量为 2363.65 万千克；经济作物播种面积为 2.784 万亩，产量为 853 万千克。全镇家畜总头数为6.26万头（只），其中牛 306 头、羊 52656 只、猪 9666 口。

2003—2012 年，德岭山镇抓住国家对农田水利建设投资力度加大的机遇，累计投资 3000 万元，对辖区内防洪坝和扬水站进行除险加固，新建防洪坝 6 处、扬水站 5 处，铺设地下管道 1.5 万米，建蓄水池 23 个，修筑渠道 1500 米；争引资金 3 亿元，累计整地改土 18 万亩。

2012 年，全镇农作物全部实现良种化种植，小麦、玉米、葵花、番茄等主导产业优势日益凸显，成为全市商品粮主要种植基地之一。经营方式采取“农户 + 协会 + 企业”的模式，大力发展农作物订单种植。当年，全镇总播种面积为 44.89 万亩，其中粮食播种面积为 21.6 万亩，产量为 11999 万千克；经济作物播种面积为 23.29 万亩，产量为 3943.275 万千克；全镇共流转土地 10.96 万亩，开工建设家庭农场 3 处。至年底，全镇初具规模的牛羊养殖基地达 14 家，肉羊年度存栏达 18.5 万只，通过采取“基地 + 农户”的养殖模式，带动全镇养殖业的健康快速发展，全镇肉羊饲养总量达到 45 万只，年出栏达到 22 万只。

（二）林业

1999 年，德岭山镇有林面积 8.2 万亩，人均绿地面积 5.56 亩，1997—1999 年共完成植树造林 102 万株。2001 年，全镇有林面积 8.8 万亩，人均绿地面积 6.33 亩，造林 38910 亩。2012 年，全镇有林面积 10 万亩，人均绿地面积 3.887 亩，全年完成农田防护林建设任务 5 万亩、通道绿化 60 千米、村屯绿化 20 个，累计栽植各类苗木 100 万余株。

（三）工商业

1999 年，德岭山镇有工业企业 9 个，从业人员 278 人；有乡镇个体私营工业户 22 户，从业人员 125 人。工业总产值 865356.818 万元，全镇有商业、服务业网点 80 个，中型超市 2 个，有金融网点 2 个。2001 年，全镇有工业企业 14 个，从业人员 564 人；有乡镇个体私营工业户 30 户；从业人员 167 人。工业总产值 953892.5 万元。全镇有商业、服务业网点 95 个，中型超市 3 个，有金融网点 2 个。2012 年，全镇有工业企业 33 个，从业人员 2822 人；有乡镇个体私营工业户 61 户；从业人员 394 人。工业总产值 1142271 万元。全镇有商业服务业网点 121 个、中型超市 5 个，有金融网点 2 个。2012

年，全镇拥有50万伏超高压输变电所1座，有220千伏输变电所1座、110千伏输变电所2座、3.5万伏变电站2个，有进出口电力线路23条，同时也是全旗风电、火电、太阳能发电能源输入输出的承接地。

（四）交通

1999年，德岭山镇有主要道路8条，有公共交通的行政村3个。2001年，全镇有主要道路8条，有公共交通的行政村5个，通宽带网行政村1个。2006—2012年，德岭山镇在农村实施道路硬化210千米，街道两侧硬化3万延长米。2012年，镇境内拥有自治区级工业区，神华甘泉和国铁西金两条铁路全线贯穿；镇区有主要道路9条，有公共交通的行政村7个。至年底，先后完成柏油路建设180余千米、水泥路建设90余千米。

（五）重点项目建设

2006—2012年，德岭山镇铺设自来水管道36000延长米，农村改厕、改厨、改圈1200户。

2010—2012年，德岭山镇人民政府全力配合巴彦淖尔市、乌拉特中旗两级政府完成“西甘”“甘泉”两条铁路沿线配套工程和口岸加工园区相关矛盾化解工作。完成口岸加工园区神华铁路专用线征地110亩、迁坟33座的征拆工作；完成口岸加工园区污水处理厂征地100亩的征拆工作；完成牧羊海至口岸加工园区9.38千米低压供水管道工程沿途征拆和矛盾化解工作，完成临时征地280亩的征拆工作；认真做好“海五线”一级公路扩建征拆和矛盾化解工作，已征用耕地240多亩，拆迁房屋8户。完成金泉村、水泉村2个3.5万伏变电站和西羊场变电站—五原县电力输入输出11.2千米征占地工作。累计为口岸加工园区、两条铁路、“海五线”公路和电力设施征地16452.4亩，迁坟850座。

（六）移民安置

德岭山镇是乌拉特中旗“退耕还草”项目和“北繁南育”项目移民的主要承接地。

2010—2012年，德岭山镇先后承接安置山旱区3批、478户、1670人，牧区收缩转移移民2批、200户、675人。2012年，德岭山镇根据移民实际需求，切实做好移民承接安置工作。大力推广钙果种植，引导牧民发展“为养而种、自给自足、集群发展”的家庭养殖模式，至年底，已示范推广50户。强化转移牧民技能培训工作，全年共培训200余人，转移富余劳动力80余人次。2008—2012年，5年中累计为各移民村开发分配耕地1万余亩；完成移民新村的房、水、电、路整修及配套入户工作；完成村庄、广场绿化和耕地分配到户等工作，共培训转移牧民600余人次，转移富余劳动力200余人次。

五、综合治理

1999—2012年，德岭山镇党委、镇人民政府高度重视综合治理工作，按照“第一要务抓发展，第一责任保稳定”的总体要求，确保全镇大局持续稳定，人民群众安居乐业。

2008—2012年，德岭山镇先后成立以党委书记为组长，镇长、综治书记为副组长的综治维稳领导小组，层层签订综治责任状，将综合治理工作纳入全镇目标管理进行考核；同期，狠抓基层综治网络建设，德岭山镇成立综治维稳工作中心，村级成立综治维稳工作站，村民组成立综治信息员、调解小组等组织，司法所下设村级法律援助站和人民调解委员会，确保每个村综治维稳工作站都做到“四有”（有制度、有人员、有场所、有经费），确保村级综治工作正常开展。

1999年，德岭山镇调解组织调解纠纷31件，聘请治安联防员15人，对企业进行安全检查5次，检查烟花爆竹销售点2次，书写墙体标语21条，向群众发放宣传资料5000份，消除隐患37个。

2000—2005 年，全镇经相关调解组织调解各类纠纷 120 件，组建警务室 1 个，聘请治安联防员 25 人，对企业进行安全检查 15 次，检查烟花爆竹销售点 12 次，书写墙体标语 65 条，向群众发放宣传资 2 万份，消除隐患 85 个。

2006—2012 年，全镇经社区调解的各类纠纷 300 件，组建警务室 2 个，聘请治安联防员 15 人，对企业进行安全检查 30 次，检查烟花爆竹销售点 13 次，书写墙体标语 180 余条，向群众发放宣传资料 1. 2 万份，消除隐患 300 余处。

六、社会保障

2010 年，德岭山镇开始开展城镇居民养老保险工作，当年，参保人数为 2422 人。2012 年底，城乡居民社会养老保险参保人数为 9126 人。2012 年，共发放粮食直补金额 165. 07 万元；发放柴油、化肥补贴金额 1080. 5 万元；发放粮种补贴 216 万元；发放农村低保、城镇低保、优抚、社会救助、落政等定补资金 83 万元。2012 年扎实推进危房改造工程，新申报危房改造 188 户。

七、文化建设

1999 年，德岭山镇有幼儿园 1 所、教职工 2 人，在园幼儿 54 人；小学 10 所、教职工 155 人，在校学生 1780 余人；有中学 1 所、教职工 78 人，在校学生 800 余人。建有文化站 1 个，建有社区文化活动中心 1 个、村文化活动中心 1 个，组建各类社区文艺活动队 3 个。建有体育活动中心 1 个、公园和健身广场 1 个。通有线电视的行政村 6 个。

2000—2012 年，德岭山镇投资近 2000 万元建设农村小学校 1 所、幼儿园 1 所，新建教师周转房 1 处，占地面积 1800 平方米。

2005 年，全镇有幼儿园 3 所、教职工 36 人，在园幼儿 150 余人；小学 4 所、教职工 144 人，在校学生 790 余人；有中学 1 所、教职工 40 余人，在校学生 400 余人。建有图书馆（室）7 个，建有文化站 2 个、社区文化活动中心 1 个、村文化活动中心 4 个，组建社区文艺活动队 6 个。建有体育活动中心 2 个、公园和健身广场 2 个。通有线电视的行政村 13 个。

2012 年，全镇有幼儿园 1 所、教职工 21 人，在园幼儿 210 人；全镇所有中小学校合并于德岭山学校，教职工 66 人、学生 690 人。建有图书馆（室）9 个，建有镇级综合文化站 1 个、村级文化室 5 个、文化大院 1 个、文化户 3 户，各村组共组建文艺演出队 11 个、广场舞表演队 30 支、中老年文化艺术团 5 个。建有体育活动中心 2 个、公园和健身广场 2 个。通有线电视的行政村 17 个。

八、精神文明建设

1999—2012 年，德岭山镇以治理农村脏、乱、差为重点，以提升农民的道德素质和美化生活环境为目的，推进群众性精神文明创建活动，努力为全镇经济社会发展营造良好的社会环境。

1999—2005 年，德岭山镇建成党员、富裕户、贫困户三结合致富链 149 条，镇、村、组三级干部服务链 66 条，各类专业合作经济组织 9 个，参与活动户数 2471 户，覆盖率 76%，其中党员 317 人，占党员总数的 79%。通过活动，有 48 户贫困户实现脱贫致富，30 名党员成为产业带头人。坚持不懈地开展“文明村”“十星级文明户”的评选活动。获得盟级文明集镇、盟级文明单位、旗级文明单位等荣誉，民主法制建设重点抓住社会治安综合治理和“三五”普法工作。

2006—2012 年，以开展公民道德宣传月、宣传日、“创先争优”、爱国主义教育、反腐倡廉和城乡环境综合治理等活动为抓手，充分利用标语、横幅、宣传栏等大力开展社会主义核心价值观体系基本内容和公民道德规范宣传活动，广泛宣传道德模范先进事迹，积极培育农村文明道德新风尚。以开展“三下乡”(科技、文化、卫生)、法制宣传月、科普宣传月等活动为抓手,深入推进农村“六五”普法宣传,提高群众法律素质和科学文化水平。广泛开展计划生育、优生优育、残疾预防知识的培训与宣传,引导农民树立科学、文明、进步的生育观念。

第四节　石哈河镇

一、基本情况

1988 年 1 月,乌拉特中旗设有石哈河乡。2001 年 4 月,石哈河乡建置被撤销,与同时被撤销的部北乡、双盛美乡、楚鲁图乡合并设立石哈河镇。

石哈河镇位于乌拉特中旗南部。地理坐标为北纬 43°23′~41°36′,东经 109°06′~109°28′,海拔高度 1500~1600 米,多为丘陵,土层厚 50 厘米,属温带大陆性干旱、半干旱地区,年平均气温 3~6.8℃,年日照时数为 3250 小时,年平均无霜期 105 天以上。年平均降水量不足 150 毫米,年平均蒸发量 2400 毫米。石哈河镇辖区东与包头市固阳县、达尔罕茂明安联合旗接壤,南与乌拉特前旗毗邻,西与海流图镇相连,北与新忽热苏木相接。2012 年,全镇总面积 1806 平方千米,耕地面积 37.9 万亩,有可利用草场 195 万亩。

2012 年底,全镇辖行政村 9 个,全镇总户数 12316 户、总人口 24784 人,其中城镇户数 600 户、人口 676 人,农业户数 11716 户、人口 24108 人,居住有汉族、蒙古族、回族、满族、朝鲜族 5 个民族。石哈河镇人民政府驻地距旗党政机关所在地海流图镇 80 千米。镇内有巴彦淖尔市、乌拉特中旗驻镇单位 6 个。

二、党群组织

2001—2012 年,石哈河镇设有中共石哈河镇委员会(以下简称“镇党委”)、中共石哈河镇纪律检查委员会及石哈河镇工会、团委、妇联等党群组织。至 2012 年底,石哈河镇党群组织有编制 54 名,其中行政干部 18 人、职工 36 人,临时聘用人员 2 人。

2001 年,镇党委下辖行政村党支部 21 个、机关及驻镇单位党支部 3 个,非公企业党支部 1 个。全镇有共产党员 432 人。

2012 年底,镇党委下辖党支部 14 个,其中村党支部 9 个,机关及驻镇单位党支部 4 个,非公企业党支部 1 个,驻镇单位党支部 1 个。全镇有共产党员 714 人。

三、政权建设

(一)人大主席团

2001 年,石哈河镇人大主席团设人大主席 1 人,副主席 1 人,主席团成员 11 人,并将 57 名人大代表划分为 22 个代表小组,设有镇人大办公室和村级人大工作阵地。

2012 年底,石哈河镇人大主席团设立办公室,配备办公室主任(由人大副主席兼任)和 4 名工作人员,负责镇人大日常工作,办理人大具体事务。镇人大进一步完善组织机构,设人大主席 1 人,副主席 1 人,主席团成员 9 人,并将 65 名人大代表按市、旗、镇级和选区划分为 10 个代表活动小组,分别由主席团成员担任组长,协调指导闭会期间代表活动等工作。镇人大办公室开通“人大代表之家”热线电话。同时,以“双盛美村人大代表工作站”为示范点,加强 9 个行政村人大工作站的软硬件建设,实现代表活动有阵地。

(二)人民政府

2001—2012 年,随着机构改革和形势发展需求,石哈河镇人民政府内设机构多次发生变化。

2001 年,石哈河镇人民政府内设机构 14 个:党政综合办公室、计划生育办、统计站、禁牧办、团委、妇联、工会、经管站、信访办、农村办、资源保护办、财政所、民政办、村镇办。有编制 106 人,其中行政干部 71 人、事业单位干部 35 人。

2012 年底,镇人民政府内设机构 19 个:党政综合办、财政所、经管站、经济发展办、就业办、矿山管理办、统计站、信访办、民政办、城镇建设办、文化站、养殖办、兽医站、生态建设保护办、人口与计划生育办、土地收储办、新农办、交管站、驻旗办事处,服务中心 1 个。有编制 54 名,其中行政干部 18 人、事业人员 36 人,临时聘用人员 2 人、大学生村干部服务人员 5 人。

四、经济建设

(一)农牧业

2002—2012 年,石哈河镇党委、镇人民政府围绕"农业增效、农民增收、农村稳定"这一总体目标,立足全镇实际,积极培育和发展重点特色产业,以产业发展带动和促进农民增收致富。设施农业规模稳步扩大。至 2012 年,全镇日光温室总规模达到 1911 座,形成集中连片 100 座以上日光温室示范园区 5 处,建成柏木井育苗基地 1 处,胡油房温室葡萄种植初步成功;依托高塔梁原生有机食品公司,旱地小麦、莜麦、荞麦等有机食品种植基地稳定在 20 万亩左右,建成年产 500 吨天然石磨面粉加工厂一处;积极扶持土豆产业发展,高标准打造土豆起垄种植及喷灌示范基地 260 亩,建成双盛美淀粉加工厂 1 处,延伸产业链条,稳定优质土豆种植面积,保护"石哈河土豆"特色品牌;肉羊发展基础不断夯实,全镇建成标准化肉羊养殖园区 5 个、活畜交易市场 1 处,培育养殖加工企业 2 个,发展舍饲精养户 350 余户。

2002 年,石哈河镇总播种面积为 16 万亩,其中粮食播种面积为 13.9189 万亩,产量为 3971.9 万千克;经济作物播种面积为 2.4834 万亩,产量为 288.12 万千克。全镇家畜总头数为 16.5087 万头(只),其中牛 61 头、羊 14.9725 万只、猪 1.5301 万口。

2012 年,全镇总播种面积为 28.7772 万亩,其中粮食播种面积为 23.4068 万亩,产量为 7698.62 万千克;经济作物播种面积为 5.3704 万亩,产量为 14.2628 万千克。全镇牲畜存栏 21.28 万头(只),其中牛 135 头、羊 21.0544 万只、猪 2126 口;年出栏 20 万头(只)。

(二)林业

2002 年,石哈河镇有林面积 27.3 万亩,人均绿地面积 6.7 亩,辖区绿化面积 17.42 公顷。2012 年,全镇有林面积 54.8 万亩,人均绿地面积 22.8 亩,辖区绿化面积 26.7 公顷。

(三)工商业

2002 年,石哈河镇有工业企业 4 个,从业人员 1800 人;有乡镇个体私营工业户 240 户,从业人员 1864 人。工业总产值 0.87 万元;另外,甲胜盘铅锌硫铁矿投产后,对饮食业、服务业、运输业等私营经济起到拉动作用。当年,有金融网点 1 个。2012 年,全镇有工业企业 17 个,从业人员 4583 人;有乡镇个体私营工业户 67 户,从业人员 1876 人。工业总产值 165.4886 万元。全镇有商业、服务业网点 3 个,金融网点 2 个。

(四)交通

2002 年,镇区有主要道路 1 条,有公共交通的行政村 3 个。2012 年,镇区有主要道路 4 条,有公共交通的行政村 9 个。

五、综合治理

2001—2012 年,石哈河镇不断加大社会矛盾排查化解力度,形成主要领导负总责,分管领导具体负责,站办及村组相关负责人抓落实的责任网络,畅通和规范群众诉求表达渠道,着力维护社会和谐稳定;加强矿山巡查和管护,严厉打击偷采盗采行为,维护群众合法利益;加快推进“平安石哈河”建设,抓好治安环境、交通秩序、消防隐患综合整治;重视安全生产工作,有效预防和遏制重大事故发生;加强协作配合,做好食品药品安全监管工作。

2002 年,石哈河镇经相关调解组织调解的各类纠纷 21 件,组建警务室 1 个,聘请治安联防员 11 人,对矿山巡查安全检查 32 次,食品药品安全监管 12 次,发放宣传资料 13000 份。

2003—2011 年,全镇经相关调解组织调解的各类纠纷 16 件,组建警务室 1 个,聘请治安联防员 11 人,对矿山巡查安全检查 240 次,食品药品安全监管 84 次,发放宣传资料 1200 份。

2012 年,全镇设立综治维稳工作中心 1 个、工作站 9 个,配备专职调解人员 45 人、信息员 124 人。经相关调解组织调解的各类纠纷 21 件,组建警务室 1 个,对矿山巡查安全检查 23 次,食品药品安全监管 12 次,发放宣传资料 4650 份。

六、社会事业

(一)环境综合整治

2002—2012 年,石哈河镇水、电、路等基础建设逐年加强,全镇累计实施完成危房改造 2214 户、街巷硬化 25.441 千米;完成砂石路建设 76 千米、水泥路建设 151.25 千米、柏油路建设 20 千米;配套改造便民连锁超市 7 处。完成安全饮水 81 处,发放“户户通”(户户通广播电视)3700 余套、风光互补设备 220 套。

(二)农田水利设施建设

2002—2012 年,石哈河镇以建设社会主义新农村为目标,先后建成新农村示范点 7 个,全面实施小流域综合治理工程 3 处,完成石哈河水库上游 6 千米河道清障工程,完成基本口粮田项目 9178 亩,铺设节水管道 14.6 万米,新增膜下滴灌 12560 亩,新打机电井 9 眼。全镇 15.84 万亩退耕还林项目全部通过国家验收,完成项目区补植补造 73882 亩,病虫害防治 15.8 万亩,草场飞机灭蝗 20 万亩,新增国家公益林补偿面积 11.9 万亩;完成集镇、村庄等重点区域绿化 366.8 亩,栽植各类苗木 1.8 万余株;实施林业植被恢复项目 312 亩。

(三)扶贫工程

2002—2012 年,石哈河镇结合“三到村三到户”规划(到村到户,项目到村到户,干部到村到户),发放金融扶贫富民贷款 755 万元,补贴资金新建棚圈 106 座。

(四)社会保障

1998 年,石哈河镇正式启动城镇居民最低生活保障工作,最低生活保障标准 55 元/月。

2006 年,石哈河镇开始开展农牧区低保工作,最低生活保障标准 30 元/月。

2010 年,石哈河镇开始开展农牧民新养老保险工作,同年,参保人数 7845 人;农牧民新型合作医疗参合人数 13264 人。

2012 年底,全镇城镇居民最低生活保障人数 96 人,农牧民最低生活保障人数 3598 人;城镇居民养老保险参保人数为 1003 人,农牧民养老保险参保人数为 10850 人,农牧民新型合作医疗参合人数 15373 人。

七、文化建设

2002 年，石哈河镇有幼儿园 1 所，教职工 4 人，在园幼儿 54 人；小学 1 所，教职工 54 人，在校学生 612 人；有中学 1 所，教职工 102 人，在校学生 835 人。建有图书馆（室）1 个；建有文化站 1 个，建有村文化活动中心 9 个，组建各类社区文艺活动队 3 个。通有线电视的行政村 1 个。

2012 年，全镇有幼儿园 1 所，教职工 5 人，在园幼儿 15 人；小学 1 所，有教职工 24 人，在校学生 10 人。建有图书馆（室）1 个，建有镇级综合文化站 1 个（220 平方米）、镇流动党员活动中心 1 个，村级流动党员活动中心 3 个，村级文化活动室 3 处，文化大院 2 个、集镇老年活动室 1 处，文化户 2 户，各村组共组建文艺演出队 1 个、广场舞表演队 2 支、中老年文化艺术团 2 个。建有体育活动中心 10 个、文化活动广场 2 个（每个 4000 平方米以上）。通有线电视的行政村 9 个。

八、精神文明建设

2002—2012 年，石哈河镇利用宣传栏、文化活动室、阅览室、农家书屋等平台，大力开展道德教育、文明教育，引导群众增强崇尚科学、倡树文明、克服愚昧意识。

2002—2005 年，广泛深入开展以文明村、文明户、岗位能手为载体的精神文明创建活动，评选卫生之家 2000 户、先进党支部 52 个、先进村委 20 个、先进支农单位 20 个、优秀党务工作者 36 个、先进个人 64 个、劳动模范 56 个、致富能手 56 个，并在土豆节进行表彰。

2006—2012 年，升级完善阵地建设，新建或改造占地 220 平方米的集镇文化活动中心 1 处、占地 6000 平方米的集镇文化活动广场 1 处、占地 4000 平方米的村级文体广场 3 处、使用面积在 200 平方米左右的村级文化活动室 9 处，并分别配套相关的文体活动器材；深化发展“高塔梁”文化，镇党委、政府大力传承和弘扬“高塔梁”文化，先后组建文化大院 2 处、民间文体团队 6 支，累计举办“高塔梁”民间文化艺术节 11 届。同时，组织优秀民间艺人连续四年参加全旗乡土乡音“二人台”会演，先后荣获优秀表演奖、优秀创作奖等 18 个奖项，积极举办丰富多彩的文体活动；积极推动老年体协发展，组织中老年人参加全旗老年人运动会两届；镇文化站组织留守妇女成立 1 支广场舞舞蹈队，统一配备音响设备，并聘请市、旗舞蹈老师开展舞蹈培训 10 次，培养本土舞蹈老师 10 名；镇中心学校每年举办 2～3 次组织经典诵读比赛和校园文体活动，不断丰富小学生课余生活。

第五节　甘其毛都镇

一、基本情况

2011 年 12 月，经内蒙古自治区人民政府批准，正式设立甘其毛都镇。同时，川井镇建置被撤销，部分行政区划隶属甘其毛都镇。

甘其毛都镇位于乌拉特中旗西北部，是边境镇。地理坐标为北纬 41°47′～42°27′，东经 107°16′～108°18′，属于荒漠半荒漠草原，年无霜期为 105～110 天，年降雨量为 100～150 毫米。甘其毛都镇东与巴音乌兰苏木接壤，南与川井苏木毗邻，西与乌拉特后旗相连，北与蒙古国交界（边境线长 92 千米）。2012 年，镇辖境东西长 85 千米，南北宽 73.8 千米，总面积 4317 平方千米。矿产资源有宝石矿、云母矿、纹象花岗岩、砂金矿、硅石矿、菱镁矿和白彦花煤田等。

2012 年底，全镇辖镇区 1 个、嘎查 5 个，总人口为 21503 人，其中镇区人口为 19104 人，嘎查户数 967 户、人口 2399 人（牧业人口 837 户，2089 人）。镇人民政府驻图古日格嘎查，南距旗党政机关所在地海流图镇 132 千米，距巴彦淖尔市府党政机关所在地临河区 280 千米；甘其毛都口岸与蒙古国南戈壁汉博格德县噶顺苏海图口岸相对应，北距蒙古国南戈壁省达兰德盖图市330千米，距蒙古国首都乌兰巴托市650千米。镇内有巴彦淖尔市、乌拉特中旗驻镇单位26个。

二、党群组织

2012年，甘其毛都镇设有中共甘其毛都镇委员会（以下简称“镇党委”）、中共甘其毛都镇纪律检查委员会及甘其毛都镇工会、团委、妇联等党群组织。镇党委下辖全镇辖独立党支部11个，其中机关党支部1个，嘎查党支部5个，学校、工商联合党支部1个，城管党支部1个，非公企业党支部3个（三和能源党支部，泰安、宏友、中川联合党支部，内蒙古庆华集团甘其毛都镇分公司党支部）。

三、政权建设

（一）人民政府

2012年，甘其毛都镇人民政府内设机构10个，有综合办公室、扶贫办公室、信访办公室、计划生育办公室、财政所、民政所、牧经站、统计站、就业平台、海流图镇便民服务中心，实有干部职工34名。

（二）政府职能转变

2011年12月至2012年12月，镇人民政府把依法行政放到突出位置，贯彻落实《中华人民共和国公务员法》，进一步规范干部工作行为；贯彻落实《信访条例》，突出问题导向，坚持“就地化解矛盾不复访”的原则；全面推行行政执法责任制，行政复议工作不断强化；统筹镇人民政府和司法所、派出所、巡回法庭、嘎查调解委员会多方联动，较好地解决多头执法、相互扯皮、执法扰民的问题；投入资金352万元，解决关系群众切身利益的民生问题7个。

四、经济建设

2012年，甘其毛都镇人民政府紧紧围绕产业做强、项目做好、生产基础做实、服务做优的主题实践，打造四大产业板块：按照不育肥不出栏的路径，发展育肥产业，全面推广羔羊、老龄羊和羯羊舍饲半舍饲肉羊育肥新技术，不断拓展北繁南育渠道；依托牧区丰富的牲畜资源和灌区丰富的草料资源，实行跨区域北繁南育，全镇养殖户户均育肥肉羊35只，总量达到6.6万只，形成群体育肥规模。按照在保护中发展，发展中提质的路径，发展传统大畜产业。新增草原红牛3户、户均90头，戈壁赤驼2户、户均200峰；蒙古马3户、户均200匹。按照多种经营集约化的路径，发展新型特色产业，鼓励和支持青山羊、乳制品和风干肉等特色产业发展。同时在海流图镇设立6个专卖点，呼和浩特市设有直销点2个，打响特色品牌。按照更新换代，以改为赢的路径，发展良种产业，培育二狼山白绒山羊核心群体提纯复壮，提供优质种源，改良率达到90%以上，大力改革绵羊产仔周期，采取人工授精新技术，由一年一茬变为两年三茬，纯增率达到40%以上，进一步优化产业结构。

2012年，全镇牲畜存栏73320头（只），其中骆驼614峰、绵羊29462只、山羊42374只、蒙古马600匹，草原红牛270头。

五、综合治理

2012年，甘其毛都镇开展创建“平安甘其毛都”宣传活动，实施组织、制度、责任制、落实、督查、典型示范“六个保障机制”，并签订社会治安综合治理责任书、防火责任书，受理群众来信来访咨询90余件，接待来信来访人员4500余人次，化解牧民草牧场苗头性矛盾8起。检查处理火灾隐患3处；发生火灾1次，无人员伤亡。为加强矿山企业的生产安全问题，对矿山企业进行安全隐患排查1次，并提前制定工矿企业突发性安全事故应急预案。2012年度甘其毛都镇民兵整组检验考核于6

月 1 日完成。组织各嘎查党员、群众代表学习 8 次，接受教育人员 7000 余人（次）；开展“六五”普法、科普宣传；举办各类实用技术培训班 5 期，组织理论宣讲 2 场次，发放科技资料 3000 多份，直接受益群众达 8600 多人次，并严查黑网吧、违法违规录像厅、游戏厅，严打“黄赌毒”等文化服务经营活动。

六、社会事业

（一）牧业基本建设

2012 年，甘其毛都镇培养、树立一批减畜增效型、科技养殖型、生态保护型、快速出栏型、抱团流通型、转移创业型科技示范户。通过推广各个层面的先进典型，引领牧民共同致富，不断提高全镇畜牧业产业化和牧民整体收入水平。

（二）生活保障

2012 年，全镇纳入城镇低保范围 5 户、7 人，纳入牧民低保范围 133 户、177 人，“五保”[保吃、保穿、保医、保住、保葬（孤儿为保教）]户 3 人。

七、生态建设

2012 年，甘其毛都镇加强草原生态保护建设，大力建设和实施“生态保护工程”。在继续做好国家生态保护奖补政策宣传工作的同时，继续推进退牧还草、禁牧休牧、围封转移等生态工程建设，开展以草定畜，实现草畜平衡。坚持为草原减负。一是拓展转移转产线，自发转移、集中安置转移、插花转移、定岗转移、离草不离乡转移、游牧民定居转移，有效减少牧区人口，减轻草场压力。二是建立和完善草畜平衡长效机制。组织专门力量依法清理超载牲畜 0.2 万头（只），优化草资源配置，继续深入动员。经营草场 3000 亩以下，牲畜相对较少的牧户提早流转草场，集中养殖能手经营。同年，甘其毛都镇口岸污水处理及再生水工程（办公室、车库、厂区道路、锅炉房）全部完工。制定镇区环境综合治理方案，新增大型垃圾箱 10 个，改装垃圾箱 20 个。铁艺景观墙粉刷工作全部完成。对省道 212 线甘其毛都镇境内沿线两侧破旧房屋、板房进行拆除。在省道 212 线过往车辆较多处建休息站 3 处，配套卫生间、垃圾箱、路灯及休息区等。按照适地适树的原则，完成集镇一期、二期绿化种植。

八、文化建设

2012 年，甘其毛都镇有集幼儿教育与小学教育为一体的学校 1 所、教职工 31 人，在校学生 220 人。当年，建成镇干部职工文体活动室 1 个，并配备书籍、学习桌椅并定期开展民族文化活动；建成口岸中心广场、公共文体休闲活动中心各 1 个，建成嘎查各自的文化广场 5 个；组建甘其毛都镇云雀跃中老年秧歌文艺队、广场舞舞蹈队、巴音杭盖民间艺术团；举办“斡博杭盖”马文化艺术节、甘其毛都镇德日素嘎查“五四”青年联欢会、“港务杯”排球赛，“戈壁之宝”驼事业协会举办大型驼赛。

九、精神文明建设

2012 年，镇党委、镇人民政府高度重视精神文明建设工作，把它作为推动经济发展的力量之一，用宣传栏、文化活动室、阅览室、农家书屋等，大力开展道德教育、文明教育。

第六节　温更镇

一、基本情况

1988 年 1 月，乌拉特中旗设有温更镇。1999 年 10 月，温更镇改称温更苏木，所属区划不变。

2012年，温更苏木恢复温更镇名称，所属区划不变。

温更镇位于乌拉特中旗中南部，地理坐标为北纬41°47′～42°27′，东经107°16′～108°18′，海拔高度1370～1372米，境内以山地丘陵为主，属大陆性干旱气候，四季分明、日照充足、昼夜温差大，光照资源丰富。年平均气温3℃～6℃，年平均日照3250小时，年均无霜期120天，年均降水量115毫米，年均蒸发量高达2450毫米。温更镇东与海流图镇、同和太种畜场接壤，南与德岭山镇、乌加河镇毗邻，西与呼勒斯太苏木相连，北与川井苏木、巴音乌兰苏木为界。2012年，全镇总面积2018平方千米，有可利用草场253.4万亩，饲草料地12731亩。矿产资源有煤、砂金、花岗岩、石墨、冰洲石等。

2012年底，全镇辖6个嘎查、1个矿区，全镇总户数2504户、总人口5171人，其中牧业户数1585户、人口3439人，矿区户数919户、人口1732人；居住有汉族、蒙古族、回族、满族4个民族。温更镇人民政府驻地距旗党政机关所在地海流图镇33千米，镇内有乌拉特中旗驻镇单位3个。

二、党群组织

2012年底，温更镇设有中共温更镇委员会（以下简称"镇党委"）、中共温更镇纪律检查委员会及温更镇工会、团委、妇联等党群组织。镇党委下设党支部9个，其中嘎查党支部6个、机关党支部1个、非公有制企业党支部1个、矿区联合党支部1个，全镇有共产党员203人。

三、政权建设

（一）人大主席团

2012年，温更镇设有人大主席团，设人大主席1名、副主席1名。

（二）人民政府

2012年底，温更镇人民政府内设办公室5个，党政综合办公室、社会事务办公室、综治维稳办公室、棚改办公室、征收办公室；服务站3个，统计站、兽医站、水利服务站；服务中心4个，农牧业服务中心、人口和计划生育服务中心、文化卫生服务中心、社保和再就业中心。有编制60名，其中行政干部10人、事业单位干部18人，另有临时聘用人员5人。

（三）政府职能转变

2012年，温更镇恢复设立后，镇人民政府积极加强基层民主建设，为充分发挥基层党组织领导核心作用，提高嘎查事务管理规范化水平，各嘎查均公平、公正、公开进行"两委"换届选举，带领牧民发展致富。同时，积极落实乌拉特中旗、温更镇两级党委和政府关于加强基层民主制度各项要求，在各嘎查全面推行"四议两公开"（"四议"是指村党支部会提议、村"两委"会商议、党员大会审议、村民代表会议或村民会议决议；"两公开"是指决议公开、实施结果公开）、"村民代表会议常设制"等基层民主议事机制，并成立嘎查事务监督委员会，放手让牧民进行自我管理，凡嘎查"一事一议"项目、低保核销认定、嘎查活动场所建设等重大事项全部由牧民自己决定，实现各嘎查事务由原来被动接受到主动参与的转变。

四、经济建设

（一）农牧业

2012年，全镇畜牧业和经济社会全面发展，重点项目建设步伐加快。畜牧业生产形势良好，牲畜总头数达15.6万头（只），牲畜成活11.7万只，出栏7.02万只（头）；奶类产量55.6吨；羊毛产量141.57吨，山羊绒产量62.71吨；各类皮产量7.02万张。农作物总播种面积达1.27万亩，总产量达827.1万千克。发放各类惠农惠牧资金497.96万元，为840户牧民发放2012年禁牧补贴1109.96万元。发展高标准家庭生态牧场示范户2户，申报草原畜牧业经营方式转变项目示范户12户。当年，全镇总播种面积为1.27万亩，其中粮食播种面积为1.08万亩，产量为810万千克；经济作物播种面积为0.19万亩，产量为17万千克。

（二）林业

2012年，全镇有林面积91万亩，人均绿地面积175亩，辖区绿化面积10公顷，全年栽植各类苗木4.2万株。

（三）工商业

2012年，全镇有工业企业4个，从业人员689人；有乡镇个体私营工业户11户，从业人员33人。全镇有商业、服务业网点4个。有金融网点1个。

（四）交通

2012年，镇区有主要道路1条。

五、综合治理

2012年，温更镇恢复设立后，以推进平安温更建设为抓手，不断研究新问题，建立新机制。加强组织领导。党委书记担当稳定第一责任，各包片领导是直接责任人。与各嘎查、矿区签订综治责任状，将各项工作任务层层分解，逐级落实责任。不断建立完善矛盾排查化解工作制度，做好教育管理和稳控工作，切实将隐患解决在矛盾初期。注重工作方法。按照巴彦淖尔市、乌拉特中旗两级政法委安排部署要求，全镇及时召开综合治理“维稳”（维护稳定）工作学习会议，组织干部职工、嘎查“两委”等认真学习“三化四全五确保”（完善巴彦淖尔市平安建设平台，促进社会治理网格化、党政机关与职能部门责任落实主体化、考核目标任务标准化，从而推动社会公共服务管理“全覆盖”、社会依法治理工作“全公开”、严格执法公正司法水平“全提升”、平安创建活动“全考核”，确保在国家安全、社会稳定等五个方面不发生重特大恶性案件）工作法内容，并将工作流程示意图在6个嘎查党员活动阵地及时上墙，同时利用温更镇LED电子屏、网络、党政信息平台、微信、公开栏等开展集中宣传活动。加大“平安乡镇”创建力度。镇党委、镇人民政府高度重视“平安乡镇”创建工作，加强调研、安排部署、注重宣传动员，出动宣传车90台次、在公路沿线横挂宣传标语20条、开展大小型宣传150余次；利用乌不浪口属交通要塞的优势，投入约6000元在山体摆20米大字1处，投入约12000元制作宣传标语牌6个。为调动每个“草原联络户”的积极性，为其每人每年发放交通补助500～1000元，方便各项工作开展。加强安全生产检查。重大节假日前，会同旗安监局对辖区内的温明、海明、张家矿业等多家企业的安全生产进行检查；平时不定期对辖区内的生产企业进行安全生产检查督促，及时消除安全隐患，未发生任何安全事件。同时，加强对有毒有害、易燃易爆物品的储存、运输、销售、使用的企业、单位和人员进行跟踪检查，对不符合安全条件的，坚决取缔。大力开展法制宣传。结合法制宣传治理宣传月活动，深入嘎查、矿区进行法律法规宣传，全年共向群众发放宣传资料1000余份；充分利用“综治宣传月”、“6·26”禁毒日、“12·4”法制宣传日开展法治宣传活动20余场次。设立法律援助联络点，共接待法律援助咨询30余人次。

六、生活保障

2012年，温更镇恢复设立后，共发放城乡低保229.63万元，其他救助资金共38.29万元；开发公益性岗位3个，办理2012年城镇“4050”人员（女40周岁、男50周岁下岗再就业人员）和就业困难人员享受社会保险补贴手续 22 人,发放就业失业证 22 个,转移农牧民劳动力 211 人;资助贫困大学生 5 人,资助金额 1.5 万元,办理助学贷款 14 人。全镇纳入城镇低保范围 137 户、234 人,纳入牧民低保范围 597 户、1046 人,“五保”户 11 人;城镇居民和职工养老保险参保人数为 789 人,参保率达到 45.3%;农牧民养老保险参保人数 2343 人,参保率达到 63.4%;农牧民新型合作医疗参合人数 4396 人,参合率达到 85%。

七、文化建设

2012 年,温更镇没有幼儿园、小学、中学。当年,温更镇不断强化全面发展意识,加大镇、嘎查文化建设和发展的投入力度,切实提升文化软实力,公民文明素质和社会文明程度明显提高。举办“敖包文化节”“马文化节”和“温根塔拉旅游文化”活动,惠及居民群众近 1.2 万人。嘎查文化节期间,积极联系文艺团队,利用 2 ~ 3 天时间,表演各类自编自创的节目,为居民提供丰富的文化大餐;学生放假期间,在矿区播放电影;敖包祭祀活动期间,开展赛马、搏克、射箭等民族体育活动,尽展民俗风采。节假日期间,各嘎查相继开展以居民为主体的摔跤、台球、象棋、拔河等比赛,全镇形成有特色、有生态文化品牌、有品位的文化氛围。

八、精神文明建设

2012 年,温更镇恢复设立后,镇党委、镇人民政府十分重视思想文化阵地建设。至 2012 年底,全镇实施公民道德建设工程。为践行社会主义核心价值观,通过评选“平安家庭”“五好家庭”“精巴媳妇”等,挖掘身边的好人好事,扩大身边“好人好事”的影响力,有效推动道德模范宣传学习活动,全面树立典型,深化文明创建活动。至 2012 年底,全镇评选“平安家庭”6 户、“五好家庭”6 户等。

第七节　呼勒斯太苏木

一、基本情况

1988 年 1 月,乌拉特中旗设有呼勒斯太苏木。2001 年 4 月,杭盖戈壁苏木建置被撤销,整建置并入呼勒斯太苏木。

呼勒斯太苏木位于乌拉特中旗西南部,地理坐标为北纬 41°15′,东经 107°22′ ~ 108°05′,属大陆性干旱气候区。北部是以丘陵为主的滩地草场,海拔高度 1020 ~ 1048 米;南部是二狼山山脉冲击扇区,海拔高度 1609 ~ 1700 米,最高峰温根山 1893 米。年平均气温 3.0 ~ 6.8℃,年平均降水量 60 ~ 185毫米,无霜期 114 ~ 125 天。呼勒斯太苏木辖区东与乌加河镇、海流图镇接壤,南与五原县银定图镇、巴彦淖尔市临河区毗邻,西与乌拉特后旗相连,北与川井苏木交界。2012 年,全苏木总面积 2049 平方千米,可耕地面积 224013 亩,可利用草场面积 284 万亩;矿产资源以有色金属、铁、金、石墨、长石、硅石为主,境内有二狼山水库、前达门水库、韩乌拉水库、白齐水库等多座水库。

2012 年底,呼勒斯太苏木辖嘎查 14 个(纯牧业嘎查 7 个,纯农业嘎查 5 个,半农半牧嘎查 2 个),全苏木总户数 2215 户、总人口 5273 人,其中,城镇户数 197 户、人口 324 人,农牧业户数 2018 户、人口 4949 人,居住汉族、蒙古族、回族 3 个民族。呼勒斯太苏木人民政府驻地距旗党政机关所在地海流图镇 100 千米。苏木内有巴彦淖尔市、乌拉特中旗驻苏木单位 6 个。

二、党群组织

1988—2012 年,呼勒斯太苏木设有中共呼勒斯太苏木委员会(以下简称“苏木党委”)、中共呼勒斯太苏木纪律检查委员会及呼勒斯太苏木工会、团委、妇联等党群组织。

1988 年,苏木党委下辖嘎查党支部 9 个、机关支部 1 个,全苏木有共产党员 151 人。

2001 年,杭盖戈壁苏木建置被撤销,并入呼勒斯太苏木。苏木党委下辖嘎查党支部 14 个、机关支部 1 个,全苏木有共产党员 229 人。

2012 年,苏木党委下辖嘎查党支部 14 个、机关支部 1 个,全苏木有共产党员 316 人(其中农牧民党员 284 人,占党员总数的 90%)。

三、政权建设

(一)人大主席团

1988 年,呼勒斯太苏木设有人大主席团,有主席团成员 7 人,设人大主席 1 人、副主席 1 人。

2012 年底,苏木人大主席团有成员 9 人,内设人大办公室,有工作人员 3 人,设人大主席 1 人、副主席 1 人。

(二)人民政府

1988—2012 年,随着机构改革和形势发展需求,呼勒斯太苏木人民政府内设机构多次发生变化。

1988 年,呼勒斯太苏木人民政府内设机构 4 个:党政综合办公室、综合治理办公室、计划生育办公室、财经办公室。有编制 32 名,其中行政干部 22 人、事业单位干部 10 人。

2001 年,杭盖戈壁苏木建置被撤销,并入呼勒斯太苏木后。苏木人民政府内设机构 1 个:党委政府综合办公室;有编制 48 名,其中行政干部 22 人、事业单位干部 26 人。

2012 年底,苏木人民政府内设机构 11 个:党政综合办公室、经管站、财政所、计生办、城建办、民政办、农牧业办、林工站、统计站、社会保障办、文化站;有编制 55 名,其中行政干部 30 人、事业单位干部 25 人,另有临时聘用人员 3 人、大学生村干部等服务人员 3 人。

四、经济建设

(一)农牧业

1988—2012 年,苏木党委坚持立足实际,分类实施,通过项目带动,使传统畜牧业生产方式逐步扭转。在山前牧业嘎查推行“北繁南育”模式,在山后牧业嘎查推行“围封改良”和“划区轮牧”模式。先后投入资金共计 1338 万元,建成规模的养殖园区 60 户。至 2012 年底,全苏木累计对内流转草场 185 户、50 万亩,围封草场 343 户、126.5 万亩,划区轮牧 89 户、41.3 万亩。同期,苏木党委以“节水增效”为工作出发点,进一步加大山前农业嘎查现有耕地的综合整治力度。通过中低产田改造项目、土地整理项目等一大批项目的落地,使土地改造率和产出率得到有效提高。

1988 年,呼勒斯太苏木家畜总头数为 3.2 万头(只),其中牛 223 头、羊 31560 只、猪 551 口。同年,全苏木总播种面积为 0.48 万亩,其中粮食播种面积为 3478 亩,产量为 34.85 万千克;经济作物播种面积为 1321 亩,产量为 34.15 万千克。

2002 年,全苏木家畜总头数为 9.69 万头(只),其中牛 40 头、羊 96288 只、猪 529 口。同年,全苏木总播种面积为 0.46 万亩,其中粮食播种面积为 0.36 万亩,产量为 271 万千克;经济作物播种面积为 0.1 万亩,产量为 15 万千克。

2012 年,全苏木家畜总头数为 15.88 万头(只),其中牛 133 头、羊 158441 只、猪 212 口。同年,全苏木总播种面积为 1.1 万亩,其中粮食播种面积为 0.1 万亩,产量为 619 万千克;经济作物播种面积为 1.1 万亩,产量为 145 万千克。

(二)林业

1998 年,呼勒斯太苏木有林面积 1121 亩,全年栽植各类苗木 0.55 万株。2002 年,全苏木栽植各类苗木 37.5 万株。2012 年,全苏木有林面积 72 万亩(其中公益林面积 52 万亩)。

(三)工商业

1988 年,呼勒斯太苏木有工业企业 1 个,从业人员 11 人;有乡镇个体私营工业户 6 户,从业人员 10 人。全镇有商业、服务业网点 7 个。有金融网点 2 个。

2002 年,全苏木有工业企业 61 个,从业人员 765 人;有乡镇个体私营工业户 126 户,从业人员 532 人。工业总产值 538.7 万元,上交税金 82 万元。全苏木有商业、服务业网点 8 个、中型超市 2 个。有金融网点 3 个。

2012 年,全苏木有工业企业 3 个(500 万元以上规模企业 2 个),从业人员 17 人;有乡镇个体私营工业户 8 户,从业人员 69 人。工业总产值 1099 万元。全镇有商业、服务业网点 13 个、中型超市 2 个。有金融网点 3 个。

(四)交通

1988 年,呼勒斯太苏木有主要道路 1 条,有公共交通的嘎查 6 个。

2002 年,全苏木有主要道路 1 条,有公共交通的嘎查 6 个。

1988—2012 年,结合苏木总体规划设计和详细规划设计,累计投资 1755 万元,新修水泥路 39 千米、砂石路 180 千米、四级公路 90.56 千米,完成街巷道硬化 53200 平方米,实现山前嘎查村村通水泥路,牧区嘎查村村通砂石路的目标。至 2012 年底,全苏木有主要道路 2 条,有公共交通的嘎查 11 个。

五、综合治理

1988—1995 年,全苏木经相关调解组织调解各类纠纷 26 件,组建警务室 1 个,对企业进行安全检查 16 次,食品药品安全检查 7 次,书写墙体标语 31 条,向群众发放宣传资料 1 万余份,消除隐患 13 个。

1996—2005 年,全苏木经相关调解组织调解各类纠纷 37 件,组建警务室 2 个,聘请治安联防员 76 人,对企业进行安全检查 24 次,食品药品安全检查 4 次,书写墙体标语 70 余条,向群众发放宣传资料 24000 余份,消除隐患 10 余个。

2006—2012 年,全苏木经相关调解组织调解各类纠纷 91 件,组建警务室 1 个,聘请治安联防员 14 人,对企业进行安全检查 31 次,食品药品安全检查 6 次,书写墙体标语 92 条,向群众发放宣传资料 4 万余份,消除隐患 8 个。

2012 年,苏木境内共发生刑事案件 3 起,治安案件 7 起,结案 9 起,外流人员登记 76 人,签订劳务合同书 48 份。

六、社会事业

(一)农牧水利设施建设

2011—2012 年,呼勒斯太苏木累计投入资金 446.5 万元,新打机井 15 眼,铺设管道 1.6 万米,完成嘎查人畜饮水工程 4 个,修筑铅丝笼坝 2800 米,清淤河道 4 万米,完成排洪护田工程。架设高低压线路 69 千米,解决 25 户牧户 1400 亩饲草料地的灌溉用电,完成农户电网星级改造 800 户。整合民宗和扶贫部门项目资金 250 万元,实施新建和改进棚圈 125 套,夯实产业发展基础。

（二）社会保障

1. 资金保障

2007年，呼勒斯太苏木认真做好救灾救济工作，投入3000元帮助农牧民修建危房8处，确保农牧民汛期住宅安全；为贫困户发放煤炭150吨，大米、面粉11吨，解决96户贫困户冬季生活困难；同时，办理农牧民低保8户，救助贫困学生8人。

2011年，为679户牧民发放雪灾补助资金37万元，为281户532人发放农牧区低保、城镇低保、落实优抚、社会救助等政策资金160余万元。

2012年，老龄人口长寿保健金累计发放78900元，城乡低保累计发放资金147.46万元。

2. 生活保障

2009年，呼勒斯太苏木开始开展城镇居民养老保险工作，同年，参保人数为21人，参保率达到40.38%。

2009年，呼勒斯太苏木开始开展牧民养老保险工作，同年，参保人数2401人，参保率达到62.28%；农牧民新型合作医疗参合人数4800人，参合率达到90.23%。

2012年底，城镇居民养老保险参保人数为27人，参保率达到51.92%；农牧民养老保险参保人数为2610人，参保率达到83.43%；城乡居民基本医疗保险参保人数4900人，参合率达到99.28%。

七、文化建设

1988年，呼勒斯太苏木没有幼儿园，有小学1所、教职工38人，在校学生278人；有中学1所、教职工8人，在校学生52人。建有图书馆（室）1个。

2012年，全苏木没有幼儿园、小学、中学。建有图书馆（室）11个、文化站1个，建有村文化活动中心5个，组建各类社区文艺活动队4个。

八、精神文明建设

1988—2012年，呼勒斯太苏木利用宣传栏、文化活动室、阅览室、农家书屋等平台，开展道德教育、文明教育，引导群众增强崇尚科学、倡树文明、克服愚昧意识。

1988—2001年，领导干部深入基层、深入农牧户，帮助农牧民解决生产生活中的实际困难和问题，开展精神文明创建工作，有力地促进全苏木社会稳定和经济发展。

2002—2012年，全苏木14个嘎查全部建立"草原书屋"，全面开展"爱国卫生运动"活动，进一步优化农牧区人居环境。制定《呼勒斯太苏木发展旅游业策划方案》，印发呼勒斯太苏木发展旅游产业宣传册，扩大对外影响面，大力发展"生态文化型"观光旅游业。

第八节　川井苏木

一、基本情况

1988年1月，乌拉特中旗设有川井苏木。2005年12月，巴音杭盖苏木建置被撤销，整建置并入川井苏木。2009年5月，川井苏木建置被撤销，改设川井镇。2011年12月，川井镇建置被撤销，恢复川井苏木原建置与名称。

川井苏木位于乌拉特中旗西北部，是一个以畜牧业为主的苏木。地理坐标为北纬41°35′～42°09′，东经107°37′～108°29′，属大陆性干旱气候区，是典型的丘陵荒漠草原地带，海拔高度1000～1500米，年平均气温3℃～6.8℃，年平均降水量115～250毫米，无霜期125天左右。川井苏木东与巴音乌兰苏木接壤，南与温更苏木、海流图镇毗邻，西与乌拉特后旗为界，北与甘其毛都镇相连。2012 年，全苏木总面积 1913 平方千米，总播种面积为 2930 万亩，已探明的矿产资源有褐煤、黄金等，尤其风能资源特别丰富，是全国风能资源最理想地区之一。

2012 年底，川井苏木辖行政嘎查 8 个，全苏木总户数 887 户、总人口 2279 人，其中非牧业户数 127 户、人口 249 人；牧业户数 760 户、人口 2030 人，居住汉族、蒙古族、藏族、回族、鄂温克族等多个民族。川井苏木人民政府驻地距旗党政机关所在地海流图镇 45 千米。镇内有巴彦淖尔市、乌拉特中旗驻镇单位 6 个。驻有人民解放军所属单位 3 个、武警边防派出所 3 个。

二、党群组织

1988—2012 年，川井苏木（镇）设有中共川井苏木（镇）委员会〔以下简称“苏木（镇）党委”〕、中共川井苏木（镇）纪律检查委员会及川井苏木（镇）工会、团委、妇联等党群组织。

1988 年，川井苏木党委下辖嘎查党支部 8 个、机关支部 5 个，全苏木有共产党员 101 人。其中汉族 20 人、少数民族 81 人。

2005 年 12 月，巴音杭盖苏木建置被撤销，整建置并入川井苏木。川井苏木党委下辖嘎查党支部 13 个、机关支部 1 个，驻苏木单位党支部 3 个。

2009 年 5 月，川井苏木建置被撤销，改设川井镇。川井镇党委下辖嘎查党支部 13 个、机关支部 1 个，驻镇单位党支部 3 个（文卫党支部、工商党支部、莱富煤矿党支部），全镇有共产党员 256 人。

2011 年 12 月，川井镇建置被撤销，恢复川井苏木原建置与名称。至 2012 年底，川井苏木党委下辖嘎查党支部 7 个、机关企事业单位支部 2 个，全苏木有共产党员 267 人。

三、政权建设

（一）人大主席团

2009 年，川井苏木设有人大主席团，设主席 1 人、副主席 2 人。

2012 年底，苏木设有人大主席团，设主席 1 人。

（二）人民政府

1988—2012 年，随着机构改革和形势发展需求，川井苏木（镇）人民政府内设机构多次发生变化。

2005 年 12 月，巴音杭盖苏木建置被撤销，整建置并入川井苏木。

2009 年 5 月，川井苏木建置被撤销，改设川井镇。

2011 年底，川井苏木恢复原建置与名称后，人民政府内设机构 10 个：党政综合办公室、农牧水林办公室、扶贫办公室、信访办公室、计划生育办公室、财政所、民政所、经管站、统计站、就业平台；另设有服务站 1 个：驻旗便民服务中心。

（三）政府职能转变

2011 年 12 月，川井镇被撤销恢复苏木后，经济格局已由过去的工牧并进型苏木变成纯牧业苏木，针对牧户居住分散的新特点，苏木党委、人民政府提出“1153”（“实现一个目标”，打造富裕、和谐、秀美川井；“把握一个抓手”，转变政府职能，打造务实型、创新型、服务型政府；“提升五个能力”，即提升促进牧民致富增收的能力，提升改善牧民生活质量的能力，提升向牧民提供公共服务的能力，提升社会管理的能力，提升经济、社会、文化、政治、生态协调发展的能力；“打造三大区域”，即草原观光、风电和休闲旅游为核心的乌拉特民俗文化体验区，以划区轮牧和家庭生态牧场为核心的原生态草原畜牧业发展区和以乌拉特民俗文化体验为核心的民族特色小城镇建设区）。工作发展思路:一是以强化管理为突破口,使日常管理由"为民作主"向"让民作主"转变,群众的事情让群众民主决策自主办理;二是由领导管理向指导服务转变,寓管理于服务之中;三是加强社会管理为更好地服务牧民,更好地服务发展。

2012 年,川井苏木(镇)人民政府十分重视机关作风建设,以突出抓作风、抓形象、抓纪律为着力点,狠抓机关干部工作作风,实行"政府形象"工程,实行每天签到制,促进干部工作作风的进一步转变。嘎查"两委"干部把村务规范有序作为构建和谐新牧区的重要基础,按照村民自治法制化、民主监督程序化的要求,坚持落实"四议两公开"工作法,健全"两委"联席会、村务公开和民主听证制度。

四、经济建设

(一)农牧业

1988 年,牧业年度,川井苏木牲畜总头数为 80219 头(只),其中牛 958 头、羊 77559 只。全苏木总播种面积为 389 亩,其中粮食播种面积为 0.0041 万亩,产量为 2.18 万千克;经济作物播种面积为 0.0348 万亩。

2009 年,川井苏木牲畜总头数为 254132 头(只),其中牛 624 头、羊 252395 只、猪 30 口。全苏木总播种面积为 2930 万亩,其中牧草播种面积为 0.17 万亩,产量为 416.74 万千克。

2011 年,川井苏木改设川井镇后,牲畜总头数为 169202 头(只),其中牛 642 头、羊 167450 只。全苏木总播种面积为 2930 万亩,其中牧草播种面积为 0.21 万亩,产量为 387.68 万千克。

2012 年,川井镇恢复川井苏木原建置后,牲畜总头数为 125341 头(只),其中大牲畜 1647 头(只)。全苏木总播种面积为 2930 万亩,其中牧草播种面积为 0.29 万亩,产量为 694.51 万千克。

(二)林业

1988 年,川井苏木有林面积 5397 亩,辖区绿化面积 20 亩,全年栽植各类苗木 0.8 万株。

2005 年,川井苏木有林面积 248616 亩,人均绿地面积 109 亩,辖区绿化面积 10 亩,全年栽植各类苗木 0.14 万株。

2010 年,川井镇有林面积 248622 亩,人均绿地面积 109 亩,辖区绿化面积 6 亩,全年栽植各类苗木 0.05 万株。

2012 年,川井苏木有林面积 1014315 亩,人均绿地面积 445 亩,辖区绿化面积 21 亩,全年栽植各类苗木 3 万株。

(三)工商业

1988 年,川井苏木有工业企业 14 个,从业人员 882 人;有乡镇个体私营工业户 2 户,从业人员 4 人。工农牧业总产值 125 万元。

2006 年,川井苏木有工业企业 19 个,从业人员 612 人;有乡镇个体私营工业户 5 户;工业总产值 47.38 万元。全镇有中型超市 1 个,有金融网点 1 个。

2009 年,川井镇有工业企业 16 个,从业人员 832 人;有乡镇个体私营工业户 2 户,从业人员 4 人。工业总产值 15.03 万元。全镇有商业、服务业网点 1 个,中型超市 2 个,有金融网点 1 个。

2012 年,川井苏木有工业企业 22 个,从业人员 681 人;有乡镇个体私营工业户 2 户,从业人员 6 人。工业总产值 18.64 万元。全镇有中型超市 2 个,有金融网点 1 个。

(四)交通

1988 年,川井苏木有主要道路 1 条,有公共交通的行政村 8 个。

2006年,川井苏木有主要道路1条,有公共交通的行政村13个。

2009年,川井镇有主要道路8条,有公共交通的行政村13个,全苏木通宽带网行政村2个。

2012年,川井苏木境内道路交通便利。海甘(省道212线)公路南北纵贯,3条县道呈"工"字分布,通往各个嘎查;相邻苏木、镇有不同等级的柏油路和砂石路相通。境内有移动、联通铁塔4座,移动、联通通信网络健全;全苏木通宽带网行政村2个。

五、综合治理

1988—2012年,川井苏木(镇)党委、人民政府高度重视综合治理工作,确保全苏木大局持续稳定,人民群众安居乐业。同时加强信访工作,以"四个三"(不推诿、不扯皮、不畏难、有办法、有时限、有效果的"三不三有"具体要求;早排查、早介入、早化解的"三早"工作制度;调动党员、团员、社会调解员的"三员"积极性)信访工作法为基础,做好信访和社会治安综合治理工作。

2010—2011年,川井镇经相关调解组织调解各类纠纷18起,组建警务室1个,聘请治安联防员24人,对企业进行安全检查20次,书写墙体标语10余条,向群众发放宣传资料1500份,消除隐患10余个。

2012年,川井苏木经相关调解组织调解各类纠纷28起,组建警务室1个,聘请治安联防员24人,对企业进行安全检查24次,书写墙体标语10余条,向群众发放宣传资料1600份,消除隐患10余个。

六、社会事业

(一)基础设施建设

2012年,川井苏木(镇)完成通村公路硬化及配套工程7条,完成甘泉铁路建设,完成汽车站、火车站建设工作,客运货运条件不断改善。完成镇区自来水管网更新和水源井增加工程,解决镇区138户居民、商业网点和驻镇单位吃水难问题;先后完成巴音高勒、巴音胡都格、哈拉图、阿木斯尔嘎查10处、1800亩饲料地的节水灌溉;针对苏木境内严重缺水的状况,完成一批人畜定居点的打井工程,解决部分牧户的人畜饮水难题。至年底,川井苏木(镇)公共服务日益完善。针对苏木(镇)辖区内多数区域没有高压电的实际情况,争取项目为200户牧民安装大功率风光互补发电装置,使群众生产生活用电得到有效保障。协调电业局完成苏木(镇)辖区的线路整改。为326户牧民安装电视"户户通"接收器,为辖区居民增加25套电视节目,解决牧区牧民收看电视节目难的问题;同期,宽带互联网用户不断增加,基层信息化迈上新台阶。完成牧民危房改造119户。

(二)社会保障

1. 资金保障

2006—2009年,川井苏木财政支出各类保障资金1547724元,其中优抚、退役安置累计发放资金133353元,城镇"三无"人员、孤儿累计发放资金89096元;救灾救济发放资金169289元;城乡低保累计发放资金380712元。

2010—2011年,川井镇财政支出各类保障资金2534066元,其中优抚、退役安置累计发放资金26950元,城镇"三无"人员、孤儿累计发放资金151690元;老龄人口长寿保健金累计发放23850元,救灾救济发放资金642230元;城乡低保累计发放资金410743元。

2012年,川井镇财政支出各类保障资金2343305元,其中优抚、退役安置累计发放资金97128元,城镇"三无"人员、孤儿累计发放资金101715元;老龄人口长寿保健金累计发放资金20450元,救灾救济发放资金603704元;城乡低保累计发放资金211852元。

2. **生活保障**

2005 年底，川井镇最低生活保障人数为 96 人，农牧民最低生活保障人数 68 人，城镇居民最低生活保障人数为 28 人。

2008 年底，川井镇最低生活保障人数 346 人，农牧民最低生活保障人数 185 人，城镇居民最低生活保障人数为 61 人。

2011 年底，川井镇最低生活保障人数为 559 人，农牧民最低生活保障人数为 512 人，城镇居民最低生活保障人数为 47 人。

2012 年底，川井镇居民最低生活保障人数为 579 人，农牧民最低生活保障人数为 522 人，城镇最低生活保障人数为 57 人；"五保"户 1 人；城镇居民养老保险参保人数为 687 人，参保率达到 75%；农牧民养老保险参保人数为 1390 人，参保率达到 61% 以上；农牧民新型合作医疗参合人数 2233 人，参合率达到 98% 以上。

七、生态建设

2005—2012 年，川井苏木（镇）大力推行草畜平衡制度，有效保护草原生态环境，促进畜牧业结构调整和生产经营方式的转变。不折不扣地贯彻落实上级惠牧政策，增加牧民转移性收入。认真贯彻中央各项政策，落实好生态奖补、良种补贴、生产资料补贴、家电下乡补贴、公益林补助等惠牧政策的同时严格要求牧户按照生态奖补合同要求完成减畜任务。2012 年，全苏木签订生态奖补合同的牧户有 605 户、1904 人，涉及奖补补助草场面积 2629373 亩。严格草场管理，增加牧民财产性收入。严格执行征占用草场规定，坚持不补偿不征占原则，确保征占用草场补偿及时到位的同时进一步加强草场租赁备案管理。地方配套政策实施生产资料补贴方面，全苏木共 8 个嘎查，发放生产资料补贴 605 户，每户补贴 500 元。牧草良种补贴方面，全苏木共涉及到 8 个嘎查、98 户、2492 亩，每亩补贴 10 元。建立管护队伍建设。按照上级要求，苏木每个嘎查都配备管护员 2 人，管护员均为在当地放牧的牧民。此外，旗草监局、苏木也成立相应的管护队，对草场进行管护。

八、文化建设

2012 年底，川井苏木（镇）以牧区文明创建为总抓手，立足苏木文化站建设，大力加强文化基础设施建设，不断扩大文化阵地，广泛开展各种文化活动，丰富群众生活。川井苏木"民族风情节""乌拉特婚礼""沙嘎文化""马文化"和"驼文化"源远流长。充分利用各种重大纪念活动日，组织广大党、团员和干部群众，积极开展民歌坐唱、手工艺表演，精巴媳妇评选、庆"五一""五四"活动、"七一"中国共产党建党纪念日庆祝活动、沙嘎表演、牧民歌手大奖赛等文化活动。

1988 年，川井苏木有幼儿园 1 所，有小学 1 所，教职工 47 人，在校学生 254 人。建有文化站 1 个，组建各类社区文艺活动队 1 个。

2005 年，全苏木有幼儿园 2 所，全苏木没有小学、中学。建有文化站 1 个，组建各类社区文艺活动队 1 个，公园和健身广场 1 个。

2009 年，川井镇全苏木无小学、中学。建有文化站 1 个，组建各类社区文艺活动队 1 个。

2012 年，川井苏木全苏木无小学、中学。建有文化站 1 个，完成党群服务联系户建设及配套项目 10 个、建有社区文化活动中心 1 个、村文化活动中心 5 个，全苏木 8 个嘎查新建牧户书屋 10 个。组建社区文艺活动队 1 个，建有公园和健身广场 1 个。

九、民间组织

(一)乌拉特快马协会

2011年9月3日,川井镇乌拉特快马协会成立(牧民自愿组织、自我管理、自我服务的民间组织),以保护、研究、提高、宣传纯种蒙古马为宗旨。基地建在阿木斯尔嘎查,马文化广场占地1.78万平方米,开展的主要项目:赛马跑道2000米(外有赛道围栏),观礼台1处,蒙古包6顶,马产品加工区1处(100平方米),马文化展示区1处(60平方米)。协会成立后,会员发展到40人(户),马匹增加到700余匹,生产的“祺格”牌马酸奶产品已投入市场。至2012年,协会每年举办一届马文化节,并为各旅游景点提供服务,增加牧民收入。

(二)扶贫互助合作社

2012年,萨如塔拉嘎查扶贫互助合作社成立(由贫困嘎查牧民自愿参加,为非营利性互助资金组织)。扶贫互助合作社的“互助资金”由国家财政投入的扶贫资金、贫困嘎查牧民入社交纳的互助资金、社会各界扶贫的捐赠资金组成。“互助资金”在贫困嘎查内实行五户联保制,即由5~7名会员以自愿原则组成互助小组,为本小组内其他成员提供借款担保。萨如塔拉嘎查扶贫互助合作社共有会员50户、78人。

十、精神文明建设

1988—2012年,川井苏木(镇)党委、人民政府十分重视精神文明建设工作。利用每年“三八”国际妇女节、“五一”国际劳动节、“五四”青年节、“七一”中国共产党建党纪念日、“八一”建军节、“九九”重阳节等重大节日开展丰富多彩的精神文明建设活动,创建“平安家庭”“和谐家庭”“婚育新风进万家”等活动。各嘎查(村)牧民、村民自发成立民主议事会、定期进行“扫黄打非”,以文明新风、促和谐活动等不断加强精神文明建设,不断改善提高广大牧民的精神风貌和言行。同期,各嘎查广泛开展普法活动。

1988年,川井苏木文明单位5个、文明户13户、“五好家庭”41户、“卫生人家”119户、文明小组2组。

2001年,川井苏木档案室晋升为内蒙古自治区特级档案室。

2003年,川井苏木被巴彦淖尔盟行政公署授予农田草木水利建设“金鱼杯”。

第九节 新忽热苏木

一、基本情况

1988年1月,乌拉特中旗设有新忽热苏木。2005年12月,巴音哈太苏木建置被撤销,整建置并入新忽热苏木。

新忽热苏木位于乌拉特中旗东部,地理坐标为北纬41°30′~41°54′,东经108°55′~109°25′,属大陆性干旱气候区,以丘陵山地为主;海拔高度1200~1900米,年平均气温3℃~6.8℃,年平均降水量为224.3毫米,无霜期为120天。新忽热苏木东与包头市达尔罕茂明安联合旗交界,南与石哈河镇、德岭山镇毗邻,西、北与巴音乌兰苏木毗邻。2012年,全苏木总面积2716平方千米,可耕地面积390.4万亩,围封草场面积290万亩,饲草料地3.2万亩;矿产资源有黄金、铜、镍、石墨、萤石、硅石、磁铁、赤铁、花岗岩、石墨磷片、石灰石等;旅游资源有内蒙古乌拉特中旗阿尔其山叉枝圆柏自然保护区、希热庙、哈太庙遗址、古城墙遗址、巨石岩画等。

2012 年底，新忽热苏木辖行政嘎查 11 个、乌素组 58 个。全苏木总户数 2514 户、总人口 5611 人，其中城镇户数 134 户、人口 231 人，农牧业户数 2139 户、人口 5379 人，居住汉族、蒙古族、回族、壮族 4 个民族。新忽热苏木人民政府驻地距旗党政机关所在地海流图镇 70 千米。辖区内有乌拉特中旗驻苏木单位 8 个。

二、党群组织

1988—2012 年，新忽热苏木设有中共新忽热苏木委员会（以下简称“苏木党委”）、中共新忽热苏木纪律检查委员会及新忽热苏木工会、团委、妇联等党群组织。至 2012 年底，新忽热苏木党群组织有编制 31 名。

1988 年，苏木党委下辖嘎查党支部 5 个、机关党支部 1 个。

2012 年底，苏木党委下辖嘎查党支部 11 个、机关党支部 1 个，全苏木有共产党员 350 人（其中预备党员 4 人）。

三、政权建设

（一）人大主席团

1988—2012 年，新忽热苏木设有人大主席团，在人民代表大会闭会期间主持苏木的人大工作。设有常务主席 1 人。

（二）人民政府

1988—2012 年，随着机构改革和形势发展需求，新忽热苏木人民政府内设机构多次发生变化。

1988 年，新忽热苏木人民政府内设机构 4 个：党政综合办公室、综合治理办公室、计划生育办公室、财经办公室。

至 2012 年底，苏木人民政府设有办公室 8 个：党政综合办公室、民政办公室、扶贫项目办公室、畜牧办公室、集镇办公室、信访办公室、计划生育办公室、社保办公室，另设有水管站、林工站、经管站、统计站、就业平台和 1 个中心（驻旗便民服务中心）；有编制 43 名，其中行政干部 12 人、事业单位干部 31 人，另有临时聘用人员 2 人、大学生村干部等服务人员 2 人。

四、经济建设

（一）农牧业

1988—2012 年，新忽热苏木党委、人民政府始终坚持以保护草原生态优先，扎实推进草原生态环境保护，认真落实草原生态奖补机制，大力实施绿化工程，全面加强草原防火队伍建设，加大宣传引导，不断增强牧民群众保护草原生态的环境意识，把草原建设成天蓝、地绿、水净的美好家园，让牧民群众在良好生态环境中生产生活。

1988 年，新忽热苏木家畜总头数为 4.869 万头（只），其中牛 680 头、羊 48000 只、猪 10 口。当年，全苏木总播种面积为 0.4 万亩，其中粮食播种面积为 0.1 万亩，产量为 25 万千克；经济作物播种面积为 0.3 万亩，产量为 76 万千克。

2000 年，全苏木家畜总头数为 7.3238 万头（只），其中牛 230 头、羊 7.3 万只、猪 8 口。当年，全苏木总播种面积为 0.4 万亩，其中粮食播种面积为 0.1 万亩，产量为 30 万千克；经济作物播种面积为 0.3 万亩，产量为 90 万千克。

2000—2012 年，新忽热苏木以发展“肉、绒、草、特色”四大产业为主，大力调整畜牧业产业结构，提高综合效益，同时大力培育扶持专业协会、合作社和现代家庭牧场、联户家庭生态牧场建设。

至2012年底,已发展家庭生态牧场13户,种公羊基地6个,哈太嘎查二狼山白绒山羊保种项目进展顺利,发展专业合作社7个。

2012年,全苏木家畜总头数为13.9475万头(只),其中牛346头、羊13.9万只、猪129口。当年,全苏木总播种面积为4.1万亩,其中粮食播种面积为1.3万亩,产量为560万千克;经济作物播种面积为2.8万亩,产量为1120万千克。

(二)林业

1988年,新忽热苏木有林面积2000亩,辖区绿化面积2公顷,全年栽植各类苗木0.3万株。

2000年,全苏木有林面积2000亩,辖区绿化面积4公顷,全年栽植各类苗木0.3万株。

2012年,全苏木有林面积14.8万亩,辖区绿化面积13533公顷,全年栽植各类苗木10万株。

(三)工商业

1988年,新忽热苏木有工业企业1个,从业人员80人;有乡镇个体私营工业户8户,从业人员20人。全苏木有金融网点2个。

2000年,全苏木有工业企业2个,从业人员165人。工业总产值320万元。全镇有商业、服务业网点2个、中型超市3个。有金融网点2个。

2012年,全苏木有工业企业8个,从业人员3800人;有乡镇个体私营工业户3户;从业人员7人。工业总产值648万元。当年,重点打造便民超市3家。至年底,全镇有商业、服务业网点3个、有金融网点1个。

(四)交通

1988年,新忽热苏木有主要道路3条,有公共交通的嘎查2个。2000年,全苏木有主要道路5条,有公共交通的嘎查2个。2012年,新忽热苏木街巷硬化面积2.2万平方米,新建水泥路190.6千米;至年底,全苏木有主要道路12条,有公共交通的嘎查7个。

五、综合治理

1988—2012年,新忽热苏木党委、人民政府认真落实综合治理、安全生产、信访工作责任,最大限度地消除隐患,维护社会和谐稳定。始终坚持民主法制建设,深入推动普法活动,积极开展专项打击非法采矿、社会治安、安全生产大检查等“平安创建”活动。同期,全苏木无重特大案件和安全事故。

1988—2000年,新忽热苏木经相关调解组织调解各类纠纷112件,对企业进行安全检查22次、食品药品安全检查15次,书写墙体标语120余条,向群众发放宣传资料1600份,消除隐患20余个。

2001—2012年,全苏木经相关调解组织调解各类纠纷5件,对企业进行安全检查2次、食品药品安全检查2次,书写墙体标语10余条,向群众发放宣传资料200份。

六、社会事业

(一)农牧水利设施建设

2007—2012年,新忽热苏木加大基础设施投入力度。积极争取社会帮扶资金,率先实施棚圈补贴项目,结合整村推进、兴边富民、“三到村三到户”(规划到村到户、项目到村到户、干部到村到户)等项目,建成标准化棚圈499套,标准化棚圈比达到58%;实施配套节水灌溉设备3.7万亩,占全部饲草料地的93%。完成11个嘎查、58个乌素组各项建设任务,新建房屋671户,修缮153户;新打井145眼;新架设高压电130户、115千米,发放风光互补605套;发放户户通829个。新忽热苏木坚持时刻关注民生，致力改善民生，努力让全苏木广大人民群众在发展中得到更多实惠。通过实施“整村推进”“产业扶贫”“三到村三到户”等扶贫项目，累计投入资金546万余元，使145户贫困户从中受益。旗直9个社会帮扶单位累计筹资152.55万元，落实帮扶项目16个（包括棚圈、节水、道路等项目），大大改善农牧民生产生活条件。加大对贫困人口救助力度，累计发放救助救济资金223万元，发放米面240吨；为4606户牧民发放煤补276.36万元。

（二）社会保障

1. 资金保障

2011年，为705户911人发放农牧区低保、城乡低保，落实优抚、社会救助资金171万余元，2012年，高龄人口长寿补助金累计发放38500元，城乡低保累计发放金额265万余元。

2. 生活保障

2009年，新忽热苏木开始开展城镇居民养老保险工作，同年，参保人数为9人，参保率达到18.23%。

2009年，新忽热苏木开始开展牧民养老保险工作，同年，参保人数1624人，参保率达到41.52%；农牧民新型合作医疗参合人数4652人，参合率达到93.23%。

2012年底，城镇居民养老保险参保人数为17人，参保率达到29%；农牧民养老保险参保人数为1856人，参保率达到47.45%；城乡居民基本医疗保险参保人数4861人，参合率达到97.28%。

七、生态建设

2012年，新忽热苏木贯彻落实上级惠牧政策，增加牧民转移性收入。认真贯彻中央各项政策，落实好生态奖补、良种补贴、生产资料补贴、家电下乡补贴、公益林补助等惠牧政策的同时，严格要求牧户按照生态奖补合同要求完成减畜任务。全苏木签订生态奖补合同的牧户有1111户，涉及奖补补助草场面积3616668亩。严格草场管理，增加牧民财产性收入。严格执行征占用草场规定，坚持不补偿不征占原则，确保征占用草场补偿及时到位的同时进一步加强草场租赁备案管理。建立管护队伍，按照上级要求，苏木每个嘎查都配备2个管护员，管护员均为在当地放牧的牧民。

八、文化建设

1988—2012年，新忽热苏木不断加大对文化体育基础设施的投入力度，通过投资新建、企地共建和改、扩建等措施，进一步夯实基层文化体育设施建设。2005—2012年，苏木公共文化服务体系不断完善，全民健身工程持续推进，每年举办“5·13”祭敖包、小型那达慕会、“十一”国庆节、贺新春等重大文体活动，组织开展歌咏比赛、扭秧歌、赛马、搏克、原生态蒙古歌曲演艺等文艺演出活动，满足牧民群众精神文化生活。努力挖掘历史资源，力争打造底蕴深厚的人文文化旅游、民俗文化旅游和草原生态旅游，编制完成《新忽热地区文化旅游项目策划意见书》。

1988年，新忽热苏木有小学1所、教职工40人，在校学生260人。有通有线电视的行政村2个。

2000年，全苏木有小学1所、教职工24人，在校学生68人。建有文化站2个，有通有线电视的行政村3个。

2012年，全苏木无幼儿园、小学。建有图书馆（室）1个；建有文化站、文化活动室11个；建有文化活动广场1个；建有草原书屋15处，共藏书3.2万多册；组建各类社区文艺活动队2个。通有线电视的行政村3个。

九、精神文明建设

1988—2012年，新忽热苏木党委、人民政府十分重视精神文明建设工作。利用每年“元旦”、“三八”国际妇女节、“五一”国际劳动节、“五四”青年节、“七一”中国共产党建党纪念日、“八一”建军节、“十一”国庆节等重大节日开展精神文明建设活动。认真组织开展道德实践活动，宣传和倡导诚信守法、勤劳致富、抵制迷信、革除陋习、树立健康文明的生活方式。认真组织开展“乡风文明大行动”，大力整治村容村貌。同期，苏木开展社会主义核心价值观宣传教育活动，积极培育和践行社会主义价值观，引导干部群众认知、认同和践行“三个倡导”（倡导富强、民主、文明、和谐，倡导自由、平等、公正、法治，倡导爱国、敬业、诚信、友善）核心价值观；推进“中国梦、尽责圆梦”主题实践活动，在党员干部和牧民群众中分别开展“责任担当、服务圆梦”“勤俭持家、致富圆梦”系列实践活动。

第十节　巴音乌兰苏木

一、基本情况

2005年12月4日，巴音苏木、乌兰苏木、桑根达来苏木建置被撤销，合并成立巴音乌兰苏木。

巴音乌兰苏木位于乌拉特中旗东北部，是一个典型的少数民族边境地区和纯牧业区。地理坐标为北纬41°36′～42°27′，东经108°16′～109°32′，属大陆性干旱气候区，为荒漠半荒漠草原地区。海拔高度1000～1200米，年平均气温4.8℃～10℃，年平均降水量100～200毫米，无霜期100～120天。巴音乌兰苏木东与包头市达尔罕茂明安联合旗接壤，南与新忽热苏木、海流图镇毗邻，西与川井苏木、甘其毛都镇相连，北与蒙古国交界（边境线长106.32千米）。2012年，全苏木总面积6718平方千米，自然草原面积945.9万亩，饲料地20422亩。矿产资源有宝石矿、云母矿、纹象花岗岩、砂金矿、硅石矿、菱镁矿和白彦花煤田等。

2012年底，巴音乌兰苏木辖嘎查16个、乌素组70个，全苏木总户数2676户、总人口7619人（少数民族4434人），其中非牧业户数42户、人口132人；牧业户数2634户、人口7437人，居住汉族、蒙古族、回族3个民族。巴音乌兰苏木人民政府驻地距旗党政机关所在地海流图镇72千米。苏木境内有巴彦淖尔市、乌拉特中旗驻苏木单位14个、草原集镇3个。

二、党群组织

2005年12月4日至2012年底，巴音乌兰苏木设有中共巴音乌兰苏木委员会（以下简称“苏木党委”）、中共巴音乌兰苏木纪律检查委员会及巴音乌兰苏木工会、团委、妇联等党群组织。至2012年底，巴音乌兰苏木党群组织有编制65名，其中行政干部35人、职工30人，临时聘用人员5人。

2005年，苏木党委下辖嘎查党支部15个、机关党支部2个，驻苏木单位党支部2个（巴音乌兰苏木机关支部、巴音乌兰社会化综合服务中心党支部），全苏木有共产党员249人。

2012年底，苏木党委下辖嘎查党支部15个、机关党支部2个，驻苏木单位党支部2个（巴音乌兰苏木机关支部、巴音乌兰社会化综合服务中心党支部），全苏木有共产党员388人。

三、政权建设

（一）人大主席团

2005年，巴音乌兰苏木成立后，于2006年8月5日至9月15日召开巴音乌兰苏木第一届人民代表大会换届选举工作。巴音乌兰苏木设有人大主席团，设人大主席1人。

2012年底，巴音乌兰苏木人大主席团设人大主席1人。

（二）人民政府

2005年，巴音乌兰苏木人民政府内设机构9个：党政综合办公室、扶贫办公室、信访办公室、计划生育办公室、财政所、民政所、牧经站、统计站、就业平台；另设有服务站1个：巴音乌兰苏木驻海流图镇便民服务中心。

2012年底，苏木人民政府内设机构9个：党政综合办公室、扶贫办公室、信访办公室、计划生育办公室、财政所、民政所、牧经站、统计站、就业平台；另设有服务站1个：巴音乌兰苏木驻海流图镇便民服务中心。有编制65名，其中行政干部35人、事业单位干部30人，另有临时聘用人员5人、大学生村干部等服务人员16人。

（三）政府职能转变

2005—2012年，巴音乌兰苏木人民政府积极转变政府职能，由管理型向服务型转变，创新“12345”服务模式（围绕一个主题：依托资源优势转化为经济优势和牧民持续增收优势；强化两个保障：为牧区科学发展提供有力组织保障，为人民的知情权、参与权和监督权提供保障；突出三个重点：项目建设为重点，兴边富民工程建设为重点，深入推进两移双赢、两增一稳生态文明建设为重点；达到“四有”目标：有坚强有力的领导班子，有本领过硬的骨干队伍，有功能实用的服务场所，有群众满意的服务业绩；实现五项优质服务：加强多渠道融资服务，加强技术服务，加强流通服务，加强信息服务，加强政策服务）。同期，苏木人民政府推进依法行政，加快法治政府建设，把依法行政放到突出位置。贯彻落实《中华人民共和国公务员法》，进一步规范干部工作行为，开展工作纪律专项治理，认真纠正上班迟到早退、请假等问题。贯彻落实《中华人民共和国合作社法》，创办新型经济合作组织，“腾克隆”“希美特”“德喆富”“阿都沁”等牧民专业合作社，吸收社员287人，辐射带动牧户1185人；同时培树一批减畜增效型、科技养殖型、生态保护型、快速出栏型、抱团流通型、转移创业型科技示范户。

四、经济建设

2005年12月至2012年底，巴音乌兰苏木紧紧围绕产业做强、项目做好、生产基础做实、服务做优的主题实践，打造“四大产业”（科学规划，合理布局，立足四大产业基地建设，打造畜牧业经济升级板：一是按照“在保护中发展，在发展中提质”的定位，大力发展传统大畜产业。二是按照“不育肥不出栏”的定位，大力发展育肥产业，全面推行老龄羊、羯羊和断乳羔羊系列育肥新技术，形成育肥规模。三是按照“换代更新，以改为赢”的定位，大力发展良种产业，购进苏尼特种公羊，建设繁育和供给生产基地。积极推广人工授精，改革绵羊产子周期，由一年一茬变为两年三茬，提高纯增率。四是按照“以滚雪球集群经营”的定位，大力发展特色产业，扶持肉驴、青山羊、风干肉和乳食品专业户，努力建成周边城市肉乳食品输出基地）板块。按照不育肥不出栏的路径，发展育肥产业，全面推广羔羊、老龄羊和羯羊舍饲半舍饲肉羊育肥新技术，不断拓展北繁南育渠道。

（一）农牧业

2005年末，巴音乌兰苏木牲畜存栏数为272779万头（只），其中大畜2068头（匹）（牛967头、马871匹、驼222峰、驴8头）、小畜270711只，其中绵羊97949只，山羊172762只。当年，全苏木总播种面积为13093万亩，其中粮食播种面积为5279万亩，产量为485.09万千克；经济作物播种面积为7814万亩，产量为4063.46万千克。

至2012年底，苏木依托牧区丰富的牲畜资源和灌区丰富的草料资源，实行跨区域北繁南育。

全苏木养殖户户均育肥肉羊35只,总量达到6.6万只,形成群体育肥规模。按照在保护中发展,发展中提质的路径,发展传统大畜产业,新增草原红牛3户、户均90头,戈壁赤驼2户、户均200峰,蒙古马3户、户均200匹。按照多种经营集约化的路径,发展新型特色产业,鼓励和支持青山羊、乳制品和风干肉等特色产业发展。同时在海流图镇设立专卖点6个,在呼和浩特市设有直销点2个,打响特色品牌。按照以改为赢的路径,发展良种产业,培育二狼山白绒山羊核心群体提纯复壮,提供优质种源,改良率达到90%以上,大力改革绵羊产仔周期,采取人工授精新技术,由一年一茬变为两年三茬,纯增率达到40%以上,进一步优化产业结构。

2012年末,全苏木牲畜存栏总头数为186471头(只),其中大畜8235头(匹)、小畜178236只,其中绵羊74268只,山羊103968只。当年,全苏木总播种面积为20076万亩,其中粮食播种面积为9204万亩,产量为773.84万千克;经济作物播种面积为10872万亩,产量为1274.69万千克。

(二)林业

2005年,巴音乌兰苏木有林面积48781.4公顷,全年栽植各类苗木0.5万株。2010年,全苏木有林面积60357.1公顷。2012年,全年栽植各类苗木1万株。

(三)工商业

2005年,巴音乌兰苏木有工业企业11个,从业人员147人;有乡镇个体私营工业户22户,从业人员44人。工业总产值4043万元(当年价,下同),上交税金6.2万元。全镇有个体餐饮业5个、个体批零业12个、个体服务业5个,有中型超市3个,有金融网点2个。当年,巴音乌兰苏木农林牧渔服务业产值133.2万元。

2012年,全苏木有工业企业5个,从业人员89人;有乡镇个体私营工业户15户,从业人员27人。工业总产值24600万元,上交税金91万元。当年,重点打造便民超市3家。至年底,全镇有个体餐饮业1个、个体批零业10个、个体服务业4个,有中型超市3个,有金融网点1个。当年,巴音乌兰苏木农林牧渔服务业产值150万元。

(四)交通

2009年,完成乌珠尔—恩更特格集镇乡村公路硬化124千米;至年底,巴音乌兰苏木有主要道路2条,有公共交通的嘎查5个。

2012年,完成二水库—川乌公路13千米处(乌兰温都尔嘎查)31.5千米乡村公路硬化;至年底,全苏木有主要道路2条,有公共交通的嘎查5个。

五、综合治理

2005年12月至2012年底,巴音乌兰苏木贯彻落实国务院信访条例,突出问题导向,坚持“就地化解矛盾不复访”的原则,以户分类、以人施策、多措并举。进一步做好思想疏导工作,加强法规和政策宣传教育,理顺情绪,引导信访人按照正常渠道反映诉求,严格控制越级上访,确保信访安全。统筹苏木人民政府和司法所、派出所、巡回法庭、嘎查调解委员会多方联动,相对集中处罚和综合执法旅游、矿山安全、消防、草原、林业、水利等领域,较好地解决多头执法、相互扯皮、执法扰民的问题。全面推行行政执法责任制。行政复议工作不断强化,依法化解行政纠纷的功能进一步发挥。维护法制统一和政令畅通。着力推进基层政府依法行政,广大基层干部依法行政能力不断提高。创新信访安全“三三四”工作法(“三访”:下访、接访、回访。“三防”:防止矛盾激化升级,预防群体越级上访,防止小事托大,大事拖炸。“四到位”:宣传到位、责任落实到位、思想工作到位,落实工作到位），有效就地化解矛盾。不断完善网络化管理模式，实施两纵两横“井”字型维稳线，连接33个综治维稳中心点，形成点、线、面联动，协调配合，无缝对接，管边控边制度化、规范化、常态化，被自治区树为典型广泛推广先进经验。完善东达乌素和达拉呼都格边防警务工作站、边境一线5个嘎查综治维稳工作室。

同期，全苏木经相关调解组织调解各类纠纷220件，组建警务室3个，聘请治安联防员16人，对企业进行安全检查每季度1次，食品药品安全检查每半年1次，书写墙体标语上千条，向群众发放宣传资料上万份，消除隐患百余个。

六、社会事业

（一）基础设施建设

2009—2012年，巴音乌兰苏木人民政府所在地呼和陶勒盖集镇开展硬化、美化、绿化、亮化工程，完成主巷道硬化5000平方米；美化环境粉刷主街墙壁8000平方米；安装路灯20盏；植树3000多棵。架设高压线38千米（努和日乐嘎查2处分别是4.5千米和7千米，乌力吉图嘎查1千米，阿日呼都格嘎查18千米，吉日格楞图嘎查7.5千米）。发放风光互补设备294套，设备升级847户。

2012年，更新自来水管道3000米，并解决人民解放军驻苏木部队饮水难问题。安装“户户通”设备259户。完成6个嘎查标准化通风取暖棚圈改造178户。完成吉日格楞图水库除险加固工程，边境5个嘎查新打人畜安全饮水井60眼，棚圈改造120户，风光互补10套。发放冬季贫困牧民取暖煤200吨，为1892户牧民发放煤炭补贴。

（二）社会保障

1. 资金保障

2009—2012年，巴音乌兰苏木财政通过一卡通支出各类保障资金798.19万元，其中优抚、退役安置累计发放资金36.32万元；五保户、城镇“三无”人员、孤儿累计发放资金22.36万元；老龄人口长寿保健金累计发放资金7.63万元；救灾救济发放资金36.9万元；城乡低保累计发放资金686.44万元；三民补贴8.54万元。

2. 生活保障

2005年，全苏木贫困户为600户1942人。其中特困户为144户441人，贫困党员42人。优抚对象有7人，老复军人5人，残疾军人1人，带病回乡退伍军人1人。“三民”落政人员有44人，城镇贫困户12户37人。现役军人有17人，牧区低保户71户181人。农牧民新型合作医疗参合人数5850人，参合率达到99.8%。

2012年，全苏木贫困户为858户2102人。其中特困户为308户561人。优抚对象有6人，老复军人3人，残疾军人1人，带病回乡退伍军人1人。“三民”落政人员有26人，城镇居民最低生活保障人数16户31人，农牧民最低生活保障人数668户1045人；城镇三无人员5人；残疾373人，孤儿6人，“五保”户10户10人，长寿老人61人。农牧民新型合作医疗实现全覆盖，参合人数6739人，参合率达到98.5%。

七、生态建设

2005年12月至2012年底，巴音乌兰苏木坚持为草原减负。拓展转移转产线，自发转移、集中安置转移、插花转移、定岗转移、离草不离乡转移、游牧民定居转移，有效减少牧区人口，减轻草场压力。建立和完善草畜平衡长效机制。组织专门力量依法清理超载牲畜0.2万头（只），优化草资源配置，继续深入动员。经营草场3000亩以下，牲畜相对较少的牧户提早流转草场，集中养殖能手经营。累计有序流转232户，690000亩，草场使用率控制在50%以内，保持草畜动态平衡。落实生态奖补政策。落实生态奖补政策1849户、面积845.1万亩，集体公益林320万亩，完成休牧30万亩，季节性轮牧44.9万亩。生态脆弱地区移民项目。安置伊和宝力格嘎查12户，巴音查干嘎查28户，共计40户；建成桑根达来保护生态减畜增收示范园区。苏木嘎查干部80人实行“1+2”帮扶生态畜牧业养殖户160户，积极推广“生态为本、为养而种，种养结合，互补共存”的新技术，草原植被明显恢复，草原生产力持续提高，基本形成边境一线草原生态绿色屏障。

八、文化建设

2005年12月至2012年底，巴音乌兰苏木新建巴音敖包、乌力吉图、巴音宝日3个嘎查文化活动阵地，修缮新尼乌素嘎查文化活动阵地。优化软实力环境，推进文化惠民工程，利用区位优势，依托深厚、丰富的民族传统文化，开展别具特色的马文化、敖包文化活动，成为了解一方地域文化最直接，最生动的窗口，不仅繁荣发展少数民族文化事业，而且营造健康的良好环境。完善公共文化服务体系。整合资金完成东达乌素、乌兰额日格嘎查标准化文化室，建立嘎查草原书屋16个，有各种书籍2.4万多册，免费为牧民提供服务。开展群众性文化活动，嘎查举办较大规模敖包文化节，设计搏克、赛马、射箭等项目。邀请旗乌兰牧骑现场表演。全苏木16个嘎查举办年度马文化节，开展套马、赛马、剪马鬃、打马印和驯马、马球、马术等一系列表演项目，促进群众体育和竞技体育的全面发展。

2012年底，全苏木建有图书馆（室）1个；建有文化站1个，嘎查文化活动室16个，组建各类民间文艺演出队（风骏坐唱队）1个。

九、新型牧民经济合作组织

（一）“希美特”马业专业合作社

2011年11月，乌拉特中旗“希美特”马业专业合作社成立，是由42户牧民联合巴彦淖尔市布拉格有限公司共同成立，以保种、改良蒙古马，培育竞技、娱乐用马为主营业务，注册资本500万元，有可利用草场50.2万亩、马匹200多匹、马驹60多匹、羊2200只、骆驼15头、牛25头。基地有牧点5处，在海流图镇设立产品专营店1家。合作社依托龙头企业的带动，科学运营，规范管理，带动社员参与马匹放养制零风险养殖致富，让社员享受到先进技术、先进理念、先进模式、先进管理所带来的好处，共同受益。希美特马业合作社吸纳牧民42户147人，其中贫困户18户63人，通过发酵加工生产酸奶酒获取收入，并带动贫困人口稳定增收。合作社还定期举办马文化节，开展马术表演、套马、赛马和马球等具有民族特色的旅游项目，充分体现马文化的魅力。

（二）“腾克隆”牧民专业合作社

2012年，乌兰温都尔嘎查“腾克隆”牧民专业养殖合作社成立，位于海流图镇东北部5千米处，由5户牧民率先创建合作型经济实体，注册基金400万元，占地面积60亩，草牧场面积18200亩，有苏尼特和白绒山羊3450只。合作社以自主经营，自负盈亏，风险共担，利益共享为原则，以服务“三牧”（牧区、牧业、牧民）带动一方共同致富为目标，以科技进步创造价值为支撑。全面推广舍饲、半舍饲肉羊养殖新技术，实现“当年建场，当年投产，当年效益”成为全苏木合作型的领先经济，打响具有地理标志性绿色肉羊品牌。合作社成立后，筹集资金520万元，打新井1眼，架设高低压线3千米，厂区道路硬化1千米，开通程控和移动通信。完成养殖场建筑面积2156平方米。养殖场内设分割、排酸、包装和冷藏、速冻、冷库环节，并配套先进机械设备，形成现代化一条龙生产线。

（三）“德□富”牧民专业合作社

2012 年，巴音宝日嘎查“德喆富”牧民专业合作社成立，由巴音宝日嘎查牧民自发创办，注册资金 380 万元，有社员 5 户 15 人，吸纳本嘎查禁牧转移人员 6 人，在牧区新建砖木结构标准化羊圈 800 平方米。合作社以销售牛羊肉为主业，利用节日期间主打纯牧区非育肥牛羊肉。在海流图镇万维宾馆下开设“德喆富”肉业实体店，占地 130 平方米；在呼和浩特市设有肉羊专卖店，肉羊、肉牛销售到北京、上海等区内外大城市，年销售额达到 160 多万元，净收入 70 万元。

十、精神文明建设

2005 年 12 月至 2012 年底，巴音乌兰苏木深入开展群众性的精神文明，促进新牧民、新生活文明创建工程，丰富人民精神文化生活，积极开展职业道德、家庭美德、个人品质教育，利用各种纪念日和重大节日开展精神文明活动，评出内蒙古自治区“十佳”文明户、“五好”家庭、科技带头户、维稳先进个人、干净人家、精巴媳妇、商务诚信户、蒙古语先进个人、内蒙古自治区民族团结先进个人。形成学先进、赶先进、超先进的社会氛围，全苏木形成文明村风，淳朴民风，喝酒、赌博、吵架、打架现象逐年减少，陋习基本消除，形成乡村文明全竞争的社会氛围。其间，在 2008 年 7 月，巴音乌兰苏木党委被中共巴彦淖尔市委员会评为全市基层党建“五个创建”活动“六个好”党组织，乌兰额日格嘎查、乌兰温都尔嘎查和努和日乐嘎查 3 个党支部被市委评为全市基层党建“五个创建”活动“五个好”嘎查村（农牧分场）党组织。

第十一节　同和太种畜场

一、基本情况

2002 年 1 月，巴彦淖尔盟畜牧局管辖的同和太种畜场移交乌拉特中旗属地管理。

同和太种畜场位于乌拉特中旗中部偏南，地理坐标为北纬 41°31′，东经 108°31′，属大陆性干旱气候区、荒漠半荒漠草原地区。平均海拔高度 1288 米，年平均气温 5.9℃，年均降水量 159 毫米，无霜期 149 天。种畜场东与新忽热苏木接壤，南与德岭山镇毗邻，西与温更镇相连，北与海流图镇交界。2012 年，种畜场总面积为 220 平方千米（毛盖图分场面积 6.4 平方千米、乌兰伊日更分场面积 7.8 平方千米、牧业分场面积 198.8 平方千米，其他 7 平方千米），其中耕地面积为 18000 亩（毛盖图分场有耕地 4980 亩、乌兰伊日更分场有耕地 7600 亩、牧业分场有耕地 5420 亩）、天然草场面积为 300360.23亩、饲草料基地面积为 8200 亩、场部及居民点用地面积为 459.6 亩、林地面积为 1098.5 亩、交通用地面积为 917.7 亩、水域面积为 29179.6 亩。矿产资源主要有石墨、宝玉石、墨玉、辉长岩等。同和太种畜场还是以选育内蒙古二狼山型白绒山羊和纯繁肉毛兼用羊为主的自治区级重点种畜场。

2012 年底，同和太种畜场下辖 3 个分场：毛盖图分场、乌兰伊日更分场、牧业分场，全场总户数 418 户、总人口 991 人（毛盖图分场户数 125 户、人口 254 人，乌兰伊日更分场户数 106 户、人口 241 人，牧业分场户数 187 户、人口 496 人），居住汉族、蒙古族、回族等多个民族。同和太种畜场总场驻地距旗党政机关所在地海流图镇 12 千米。

二、党政机构

（一）党群组织

2002—2012 年，同和太种畜场设有中共同和太种畜场委员会（以下简称“场党委”）、中共同和太种畜场纪律检查委员会(以下简称“场纪委”)及场工会、团委、妇联等党群组织。至2012年底,同和太种畜场党群组织有编制10名,其中行政干部4人、职工6人。

2002年底,种畜场党委下辖党支部3个、机关党支部1个,驻场单位党支部2个,全场有共产党员87人。

2012年底,种畜场党委下辖党支部4个、机关党支部1个,驻场单位党支部3个,全场有共产党员76人。

(二)行政机构

1999年,同和太种畜场内设办公室、妇联、共青团、计划生育办、兽医站、种畜基地,4个支部,有编制22名,其中行政编制10人、工人12人,全场有干部职工22人。

2012年底,同和太种畜场内设机构有办公室、计生办、兽医站、种羊基地及4个支部,有编制10名,其中行政编制4人。

三、经济建设

2002—2012年,同和太种畜场草场面积为30余万亩,实际使用面积2万余亩,大部分草场安置禁牧和放牧人员使用。

2002年,全场牲畜总头数为3.844万头(只),其中牛20头(毛盖图分场2头、乌兰伊日更分场5头、牧业分场13头)、羊38120只(毛盖图分场5000只、乌兰伊日更分场8000只、牧业分场23900只,其中核心种羊1200只)、猪300口(毛盖图分场120口、乌兰伊日更分场150口、牧业分场30口)。全场总播种面积为1.8万亩,其中粮食播种面积为1.8万亩(毛盖图分场7000亩、乌兰伊日更分场9000亩、牧业分场2000亩),产量为2198万千克,(毛盖图分场800万千克、乌兰伊日更分场1200万千克、牧业分场198万千克);经济作物播种面积为1.8万亩(毛盖图分场7000亩、乌兰伊日更分场9000亩、牧业分场2000亩),产量为2198万千克(毛盖图分场800万千克、乌兰伊日更分场1200万千克、牧业分场198万千克)。

2012年,全场牲畜总头数为4.2614万头(只),其中牛494头(毛盖图分场24头、乌兰伊日更分场90头、牧业分场380头)、羊42000只(毛盖图分场4000只、乌兰伊日更分场5000只、牧业分场33000只,其中核心种羊1700只)、猪120口(毛盖图分场40口、乌兰伊日更分场60口、牧业分场20口)。全场总播种面积为1.8万亩,其中粮食播种面积为1万亩(毛盖图分场3000亩、乌兰伊日更分场7000亩、牧业分场0亩),产量为80万千克(毛盖图分场24万千克、乌兰伊日更分场56万千克、牧业分场0万千克);经济作物播种面积为1.8万亩(毛盖图分场7000亩、乌兰伊日更分场9000亩、牧业分场2000亩),产量为2198万千克(毛盖图分场800万千克、乌兰伊日更分场1200万千克、牧业分场198万千克)。

四、综合治理

2002—2012年,同和太种畜场一直把加强社会治理制度建设、加强预防和化解社会矛盾机制建设、加强安全生产责任制作为维护社会治理工作的一项治本措施来抓。积极探索创新工作方法,开展一系列工作举措和有效实施,为全场营造良好的社会环境。一是中心建设,强化综治工作组织基础。场党委把政法、综治、维稳工作纳入年度工作计划,成立由分管领导为组长,分场班子成员为综治委成员,设立综治中心,将综治、维稳、信访等各类资源进行优化整合,强化实战功能,破解维稳工作单打独斗、群众表达诉求渠道不畅、法律维权门路不通、矛盾调解东奔西走等难题,有力提升社会治理能力和水平。二是责任明确，把综治工作纳入考核机制。为将全场综治工作落实到实处，场党委召开专题会议，制定下发全场社会治安综合治理和维护社会稳定工作方案，明确把综治工作与全场中心工作结合起来，做到同部署、同检查、同考核、同奖励。与各分场签订社会治安综合治理维护社会稳定目标管理责任状，层层压实责任，调动全场广大基层干部的工作积极性、主动性和创造性，使全场综治工作形成齐抓共管的良好局面。三是平安创建，促进全场形成良好治安环境。深入开展“平安家庭”“平安分场”创建活动，通过抓示范户的培育、抓整体氛围营造，创建工作呈现出良好局面。创建活动开展以来，越来越多的家庭在懂法守法、安全防范、家庭邻里和睦等方面争当表率，起到很好的示范和带动作用，同时通过召开群众会议，宣传平安创建的重要意义，宣传各项法律法规，制定宣传村规民约、卫生公约，使平安创建深入人心，确保形成良好的治安环境。

五、社会保障

2002—2005 年，同和太种畜场在征得原职工同意后，对 404 名职工进行身份置换并纳入社会基本养老保险。

2012 年，全场城乡居民最低生活保障人数 65 人，农牧民最低生活保障人数 25 人；城镇居民养老保险参保人数为 80 人，参保率达到 96%；农牧民养老保险参保人数为 76 人，参保率达到 90%；农牧民新型合作医疗参合人数 128 人，参合率达到 70%。

六、文化建设

2002—2012 年，同和太种畜场在文化建设中，一是加强农村牧区公共文化建设深入挖掘优秀传统农耕文化、草原文化蕴含的思想观念，培养挖掘乡土文化人才和非物质文化传承人，通过坚持对农牧民进行社会主义价值观教育、优秀传统文化教育，促进农村牧区良好新风尚的形成。二是建立多元化投入机制，吸引社会力量投入农村牧区文化建设；鼓励支持农牧民自筹资金，兴办农牧民演出团队、农牧家书屋等，使农牧民成为农牧区文化建设的投资主体。三是加强农村牧区文化建设，因地制宜，进一步丰富文化传播形式，采取诸如文化墙、宣传栏、印发文化手册和海报等群众喜闻乐见的传播形式，开展文化、科技、卫生“三下乡”活动，开展文明户、文化能人评比等活动，让农村牧区文化建设接地气、聚人气，真正取得良好成绩。

七、精神文明建设

2002—2012 年，同和太种畜场在精神文明建设中，一是开展农村牧区形势与政策教育，指导农牧民自觉贯彻党的路线方针政策，在思想和行动上统一到中央的精神，实施农牧民思想道德建设，提高他们的综合素质。二是以农牧民群众易于理解、接受、参与的方式宣传与农牧民群众生产、生活紧密相关的科学知识，帮助农牧民摆脱迷信和愚昧，自觉抵制邪教组织等歪理邪说。三是开展有针对性的、务实有效的、通俗易懂的农牧业科技知识培训，帮助农牧民切实获得发展致富的本领。

附：1999—2012 年被撤销的乡、镇、苏木简况

一、德岭山乡

1988 年，乌拉特中旗设有德岭山乡，位于乌拉特中旗南部，地理坐标为北纬 41°07′～41°20′，东经 108°26′～108°56′。辖境东西长 42.5 千米，南北宽 23.5 千米，总面积为 538 平方千米。下辖 10 个行政村、29 个村民小组，总户数 2823 户，总人口 12032 人。乡人民政府驻地距乌拉特中旗党政机关驻地海流图镇 46 千米。

1999 年 10 月，德岭山乡改设德岭山镇，所属区划不变。

二、部北乡

1988 年，乌拉特中旗设有部北乡，位于乌拉特中旗东南部，地理坐标北纬 41°11′～41°24′，东经 109°11′～109°39′，辖境东西长 38.3 千米，南北宽 25.3 千米，总面积为 552 平方千米。下辖 6 个行政村、32 个村民小组，总户数 1779 户，总人口 8161 人。乡人民政府驻地距乌拉特中旗党政机关驻地海流图镇 91 千米。

2001 年 4 月，部北乡被撤销，与同时被撤销的双盛美乡、楚鲁图乡、石哈河乡合并，新设立石哈河镇。

三、双盛美乡

1988 年，乌拉特中旗设有双盛美乡，位于乌拉特中旗东南部，地理坐标为北纬 41°18′～41°30′，东经 109°25′～109°41′。辖境东西长 23.8 千米，南北宽 22.5 千米，总面积为 305 平方千米。下辖 5 个行政村、28 个村民小组，总户数 1407 户，总人口 6319 人。乡人民政府驻地距乌拉特中旗党政机关驻地海流图镇 92 千米。

2001 年 4 月，双盛美乡被撤销，与同时被撤销的部北乡、楚鲁图乡、石哈河乡合并，新设立石哈河镇。

四、楚鲁图乡

1988 年，乌拉特中旗设有楚鲁图乡，位于乌拉特中旗东南部，地理坐标为北纬 41°13′～41°30′，东经 108°58′～109°15′，辖境东西长 23.5 千米，南北宽 31.3 千米，总面积为 507 平方千米。下辖 5 个行政村、32 个村民小组，总户数 1100 户，总人口 4555 人。乡人民政府驻地距乌拉特中旗党政机关驻地海流图镇 48 千米。

2001 年 4 月，楚鲁图乡被撤销，与同时被撤销的部北乡、双盛美乡、石哈河乡合并，新设立石哈河镇。

五、石哈河乡

1988 年，乌拉特中旗设有石哈河乡，位于乌拉特中旗东部偏南，地理坐标为北纬 41°23′～41°36′，东经 109°06′～109°28′，辖境东西长 31.8 千米，南北宽 25 千米，总面积为 442 平方千米。下辖 5 个行政村、31 个村民小组，总户数 1444 户，总人口 6596 人。乡人民政府驻地距乌拉特中旗党政机关驻地海流图镇 81 千米。

2001 年 4 月，石哈河乡被撤销，与同时被撤销的部北乡、双盛美乡、楚鲁图乡合并，新设立石哈河镇。

六、杭盖戈壁苏木

1988 年，乌拉特中旗设有杭盖戈壁苏木，位于乌拉特中旗西部，地理坐标为北纬 41°16′～41°50′，东经 107°22′～107°51′，辖境东西长 40.5 千米，南北宽 62.7 千米，总面积为 1185 平方千米。下辖 5 个嘎查，总户数 432 户，总人口 1592 人。苏木人民政府驻地距乌拉特中旗党政机关驻地海流图镇 123 千米。

2001 年 4 月，杭盖戈壁苏木被撤销，整建置划归呼勒斯太苏木。

七、宏丰乡

1988 年，乌拉特中旗设有宏丰乡，位于乌拉特中旗南部，地理坐标为北纬 41°11′～41°17′，东经

107°43′～107°55′。辖境东西长16.3千米，南北宽17.1千米，总面积为267平方千米。下辖5个行政村、24个村民小组，总户数2017户，总人口8159人。乡人民政府驻地距乌拉特中旗党政机关驻地海流图镇92千米。

2005年12月，宏丰乡被撤销，整建制并入乌加河镇。

八、石兰计乡

1988年，乌拉特中旗设有石兰计乡，位于乌拉特中旗西南部，地理坐标为北纬41°12′～41°18′，东经107°15′～107°37′。辖境东西长31千米，南北宽10.5千米，总面积为170平方千米。下辖6个行政村、24个村民小组，总户数1357户，总人口6194人。乡人民政府驻地距乌拉特中旗党政机关驻地海流图镇126千米。

2005年12月，石兰计乡被撤销，整建制并入乌加河镇。

九、巴音杭盖苏木

1988年，乌拉特中旗设有巴音杭盖苏木，位于乌拉特中旗西北部，北与蒙古国交界，地理坐标为北纬41°47′～42°27′，东经107°16′～108°18′。辖境东西长85千米，南北宽73.8千米，总面积为4269平方千米。下辖5个嘎查，总户数458户，总人口1733人。苏木人民政府驻地距乌拉特中旗党政机关驻地海流图镇75千米。

2005年12月，巴音杭盖苏木被撤销，整建制并入川井苏木。

十、巴音苏木

1988年，乌拉特中旗设有巴音苏木，位于乌拉特中旗北部偏东，北与蒙古国交界，东邻桑根达来苏木，东南为新忽热苏木，西、西南接乌兰苏木。地理坐标为北纬41°53′～42°27′，东经108°38′～109°14′。境内多丘陵属荒漠草原，地势南高北低，最高点海拔1608米，平均海拔1000米以上，夏季山洪向北流入蒙古境内。辖境东西长47.3千米，南北宽64.5千米，总面积为2088平方千米。下辖5个嘎查，总户数409户，总人口1544人。苏木人民政府驻地巴音呼热距乌拉特中旗党政机关驻地海流图镇101千米。

2005年12月，巴音苏木被撤销，与同时被撤销的乌兰苏木、桑根达来苏木全建制合并成立巴音乌兰苏木。

十一、乌兰苏木

1988年，乌拉特中旗设有乌兰苏木，位于乌拉特中旗北部，北与蒙古国交界，东邻巴音苏木，南接巴音哈太苏木，西南、西连温更、川井、巴音杭盖苏木。地理坐标为北纬41°36′～42°26′，东经108°16′～109°01′。境内山地、丘陵较多，季节性河流纵横交错，其中查干伊力更河、乌兰伊力更河、查干宝日嘎斯太河自南向北注入蒙古国的腾格力淖尔，巴伦扎哈河、宝日嘎查太河、巴音敖包河、乌兰陶勒盖河自北向内汇入海流图河与阿日其河。辖境东西长63.8千米，南北宽95.5千米，是全旗最大的纯牧业苏木。总面积为3209平方千米。下辖7个嘎查，总户数712户，总人口3053人。苏木人民政府驻地呼和陶勒盖距乌拉特中旗党政机关驻地海流图镇72千米。

2005年12月，乌兰苏木被撤销、与同时被撤销的巴音苏木、桑根达来苏木全建制合并成立巴音乌兰苏木。

十二、桑根达来苏木

1988年，乌拉特中旗设有桑根达来苏木，位于乌拉特中旗东北部，北与蒙古国交界，东为乌盟达茂旗,南邻新忽热苏木,西接巴音苏木。地理坐标为北纬41°52′~42°26′,东经109°08′~109°32′。辖境东西长32千米,南北宽64千米,总面积为1200平方千米。下辖3个嘎查、1个行政村,总户数324户,总人口1249人。苏木人民政府驻地驻温根特格距乌拉特中旗党政机关驻地海流图镇133千米。

2005年12月,桑根达来苏木被撤销,与同时被撤销的巴音苏木、乌兰苏木全建制合并成立巴音乌兰苏木。

十三、乌梁素太乡

1988年,乌拉特中旗设有乌梁素太乡,位于乌拉特中旗南部,地理坐标为北纬41°10′~41°19′,东经108°06′~108°27′。辖境东西长28.5千米,南北宽18.5千米,总面积为343平方千米。下辖6个行政村、33个村民小组,总户数1918户,总人口9099人。乡人民政府驻地距乌拉特中旗党政机关驻地海流图镇54千米。

2005年12月,乌梁素太乡被撤销,并入德岭山镇。

十四、巴音哈太苏木

1988年,乌拉特中旗设有巴音哈太苏木,位于乌拉特中旗东部,地理坐标为北纬41°15′~41°48′,东经108°33′~109°02′。辖境东西长39.5千米,南北宽61.3千米,总面积为1404平方千米。下辖7个嘎查,总户数826户,总人口3334人。苏木人民政府驻地距乌拉特中旗党政机关驻地海流图镇30千米。

2005年12月,巴音哈太苏木建置被撤销,整建置并入新忽热苏木。

第二篇　自然地理

◎ 地　　质
◎ 地　　貌
◎ 气　　候
◎ 物　　候
◎ 水　　文
◎ 土　　壤
◎ 植　　被
◎ 自然资源
◎ 自然灾害

第一章　地　质

第一节　地　层

乌拉特中旗在地质分区中属内蒙古西部单元区,工作区地层出露较全,区域地层由老至新分别为元古界、古生界、中生界、新生界。

一、元古界

(一)中元古界

主要分布于工作区北部低山丘陵区西部,岩性主要由石英岩、变粒岩、石榴片岩、大理岩及云母石英片岩等组成。

(二)上元古界渣尔泰群

分布于工作区的低中山区,主要由灰色、灰黑色、褐灰色石英岩、变质砂岩、千枚岩、炭质泥质板岩等组成。

(三)上元古界温都尔庙群

主要分布在工作区西北部低山丘陵区,岩性主要为绿片岩夹含铁石英岩及基性火山岩,地表以断续出现的含铁石英岩为标志。

二、古生界

(一)寒武系—下志留统白云鄂博群

主要分布于海流图盆地以东的低中山、低山丘陵区,主要由混合岩化黑云斜长片麻岩、混合岩化黑云片岩、变质石英砂岩、石英岩、板岩等组成。

(二)下石炭统本巴图组

零散分布于北部边界低山丘陵东段,巴润索至乌珠尔舒布特一带。岩性以长石石英砂岩、泥岩、板岩为主。

(三)上石炭统阿木山组

零星分布于北部边界低山丘陵西段哈布塔盖一带。主要岩性为灰、灰紫色结晶灰岩、含砾硬砂岩、石英砂岩。

(四)下二叠统大红山组

主要分布于德岭山水库至海流图镇希日朝鲁嘎查一带。主要由变质砾岩、砂岩、炭质板岩类灰岩及煤层组成。

(五)下二叠统包特格组

零星分布于川井苏木北部低山丘陵东段。主要由安山岩、安山质凝灰岩、砂岩、砾岩、粉砂岩组成。

三、中生界

(一)侏罗系中、下统石拐群

主要分布于工作区温更盆地及其西南部乂和久、拜钦高勒、狼山口等地。主要由砂岩、砾岩、砂砾岩、页岩夹煤层组成。

（二）中、上侏罗统白羊盘火山岩组

分布于石哈河镇双盛美村白女羊盘一带。主要由玄武岩、砂砾岩、凝灰岩、安山岩、流纹斑岩、泥灰岩等组成。

（三）上侏罗统大青山群德尔沈脑勒组

主要分布于川井苏木巴音呼都格嘎查、阿木萨尔嘎查与海流图镇巴音满达呼嘎查。岩性为砂岩、页岩互层，夹砂砾岩及煤层。

（四）下白垩统李三沟组

分布于呼勒斯太苏木浩雅日宝格达嘎查一带。主要由砾岩、巨砾岩，砂岩等组成。

（五）下白垩统固阳组

分布于呼勒斯太苏木温更嘎查与达格图嘎查一带及川井苏木沙巴格嘎查南。主要由砾岩、砂岩、泥岩及含煤页岩，中部夹流纹岩、玄武岩等组成。

（六）下白垩统巴彦花组

分布于川井苏木德日斯嘎查。岩性为灰色、灰黑色泥岩夹煤层及含砾粗砂岩。

（七）上白垩统

广泛分布于高平原。岩性为棕红色、姜黄色粉砂质泥岩、含砾砂岩、砂砾岩。

四、新生界

（一）第三系下新统

分布于川井苏木巴音查干嘎查西和巴音乌兰苏木乌勒吉图和日嘎查。岩性为泥岩、砂岩及砂砾岩。

（二）第三系上新统

主要分布于温更—海流图盆地。上部为玄武岩段，夹砖红色泥质砂岩；下部以砂岩为主，夹泥岩、砂质页岩。

（三）第四系中、下更新统

主要分布于工作区南部，岩性为黄绿色砂、粉砂夹砾石。

（四）第四系全新统地层

分布于山前平原和沟谷中，主要由冲洪积含砾石砂土构成。

第二节　构　造

乌拉特中旗在地质分区中属内蒙古西部单元区，就大地构造而言，是东西纬向构造带的一部分，它几经海水进退，海陆变迁，剥蚀沉积，同时各期造山运动在这一地区有程度不同的影响作用，造成不同的地质构造单元展布于全旗境内。

一、蒙古向斜南翼超基性岩带

此带在乌拉特中旗与蒙古国接壤处，即索伦山一带，属蒙古向斜南翼的一部分。因其接受长期风化剥蚀等地质作用，导致远在二叠纪之后侵入到距地表较浅部的岩浆裸露地表继续接受风化剥蚀。至今，这一带出露的岩相是纯橄榄岩、斜辉橄榄岩组成的超基性岩为主的超基性岩带，此带中蕴藏着居全国第二位的铬铁矿和次生淋滤型菱镁矿。

二、川井—桑根达来拗陷带

此带处于蒙古向斜南翼与哈达特山皱褶带之间，属中生代形成，至今继续接受沉积的下降地区，是一沉积物厚达千米以上的近东西的拗陷区。东西长达150余千米，南北宽20～30千米；向西北延伸到巴音乌兰苏木境内，其中含有大量的褐煤和少量的烟煤、油页岩，其下部为石油、天然气。

三、哈达特山皱褶带

川井—桑根达来拗陷带南侧为岩浆岩相出露较好的地段，主要由元古界马尼图群、白云鄂博群的石榴片岩、石英岩、大理岩、黑云母片岩、玄武安山岩、花岗岩、花岗片麻岩等组成近东西（北东东—南西西）的褶皱隆起带，其中有各期的伟晶岩作脉状侵入在各种地层岩相之中。其间含有云母、水晶、铍、碧玺、海蓝宝石等矿产，在玄武岩中蕴藏着质地良好的冰洲石等。

这一地区内的低地、沟谷阶地或者三级水系上含有品味高、质量好的砂金矿和重砂矿物。

四、呼勒斯太—温更洼陷区

哈达特山皱褶带的西南为一北东东—南西西向的山间洼陷区，是继续下降并继续接受沉积的地区。主要地层为侏罗纪、白垩纪的砂岩、砾岩、砂砾岩及泥灰岩，上覆第三、第四纪砂砾层、粉砂土层。在侏罗纪地层中见有烟煤、焦煤和石煤，由于中生代构造破坏作用，局部地层和煤层被破坏的支离破碎。

此洼陷区东端向东基底抬头，经石哈河镇一带为白云鄂博群、五台群地层，呈山间准平原和山间丘陵左东西向展布。在漫长的各种地质作用下，这一带有星罗棋布的磁铁矿、褐铁矿、砂金等矿产。其间第三纪喷发的玄武岩区内见有各色玛瑙。

五、狼山—查斯太山皱褶带

此带西起狼山，中经德岭山东到查斯太山、展布于包头市固阳—查斯太公路北侧，其东端和乌拉山西段隔乌梁素海相望。

此带地质构造、地层变化、沉积建造均较复杂，地形切割较强烈，相对高差大，是一中山一低山为主的东西向褶皱带（其西段因受旋扭构造的影响，使东西向的狼山变成弧形左北东南西向延伸到旗境外）。主要由渣尔泰群、乌拉山群的狼山、增隆昌、刘洪弯、阿古鲁沟等组成的碳质板岩、灰岩、云英片岩、石英岩、绢云母片岩、千枚岩及各期侵入的花岗岩、伟晶岩、石英脉、珍珠岩等组成。

六、山前断裂带

狼山—查斯太山皱褶带南侧，山前平原区正是内蒙古西部区山前深大断裂带的一部分，是继续接受沉积的下降地区，主要由黄河河道南移淤澄物和洪积扇的砾石层组成，河套平原土体构造复杂，有“三步一变”之说，远澄红泥近澄沙是其具体的体现，洪积扇是古老岩体与河套平原的过渡地带，因此，其群体不太发育，由于二叠纪时期构造在这一地区运动强烈，特别是白垩纪时期使动植物更茂盛，造就这一地带里蕴藏丰富的地下水、沼气、草煤等，并使断裂前缘有数以百计的下降泉水出露局部，局部泉群出露集流成溪，形成宝贵的灌溉资源。

第三节　岩石种类

乌拉特中旗境内已知露出的岩石就大类而言，有岩浆岩类（即火成岩）的花岗岩、玄武岩、伟晶岩、闪长岩、辉长岩、脉岩等；沉积岩类（水成岩）的泥岩、砂岩、页岩、灰岩、砾岩等；变质岩类（包括火成岩与水成岩变质者）的片麻岩、石英岩、片岩等。相应有大规模花岗岩和闪长岩侵入及小规模角闪辉长岩侵入。

第二章　地　貌

乌拉特中旗地处内蒙古高原西部，总体地势为南高北低。全旗地势由阴山山脉东西走向的狼山、乌梁素太山、渣尔泰山分为南北不同的两大地貌形态。具有明显的地域差异和过渡变化。具体以固查（包头市固阳—乌拉特中旗查斯太）公路为界，可分南部山前准平原区和北部高原区。

乌拉特中旗按地形及地貌形态特征，将其划分为：低中山、低山丘陵、波状高平原、山间盆地及山前平原。

一、低中山区

分布于工作区中东部色尔腾山、南部的狼山东段及渣尔泰山一带。基岩裸露，地形切割强烈，沟壑纵横，沟谷发育，断面呈"V"形或"U"形。海拔高度为1500～1800米，相对高差约300米。出露地层较齐全，主要有吕梁期、加里东期和华力西期花岗岩、闪长岩侵入体及古生界寒武系—下志留统、中生界侏罗系石英砂岩、片麻岩、板岩、砂岩、砾岩等。

二、低山丘陵区

位于东南部及北部国界南侧，海拔高度为1200～1400米，相对高差约200米。地形切割深度20～50米，沟谷较发育，多呈"V "字形。岩性包括石英岩、板岩、片岩、石英砂岩、片麻岩、砾岩、玄武岩和花岗岩、闪长岩等。

三、波状高平原区

位于工作区中北部地区，海拔高度为1200～1500米，相对高差约300米。地形多呈波状起伏，丘顶呈浑圆状。沟谷较发育，切割深度10～30米，沟谷呈"U"字形。主要地层岩性为白垩系上统和第三系下新统泥岩、砂岩、砂砾岩。

四、山间盆地

位于工作区南部温更—海流图一带，海拔高度为1140～1350米，相对高差约200米。地层岩性为第三系上新统紫红色、杂色泥岩、砂质泥岩及玄武岩。

五、山前平原区

位于狼山东段及渣尔泰山南麓，东西呈长条状展布，由山前冲洪积平原和冲积平原组成，海拔高度为1020～1048米。整体地势由北向南倾斜，主要为第四系冲洪积物和湖积物，其岩性为粉砂、砂质黏土、砂砾石、卵砾石等。

第三章　气　候

第一节　四季特征

乌拉特中旗地域广袤，所处纬度较高，高原面积大，距离海洋较远，边沿有山脉阻隔，气候以温带大陆性季风气候为主，具有降水量少而不匀，风大，寒暑变化剧烈的特点。四季大致可划分为：3—5月为春季，6—8月为夏季，9—10月为秋季，11月至翌年2月为冬季。

主要特征为：春季干燥多风，寒潮活动频繁，降水少而蒸发盛，昼夜温差较大；夏季温和少酷暑，多雷雨天气，雨量集中，局部有洪涝，有时冰雹和山洪成灾；秋季温和凉爽，气温剧降，雨量骤减；冬季严寒漫长，多晴少云，降雪稀少。年平均气温5.9℃，极端最高气温为38.7℃，极端最低气温为-29.1℃；年平均无霜期为132天；年平均降水量209.6毫米，降水主要集中在6—8月，由东向西逐渐减少，占年降水量的67%；年蒸发量为2090.7毫米；年日照时数为3098.4小时。主要气象灾害有干旱、霜冻、冰雹、大风、洪涝、沙尘暴、寒潮等。

第二节　气象区划

1988—2012年，乌拉特中旗年平均气温为4℃~8℃，受地形影响，全旗气温基本呈由西南向东北递减的趋势。狼山—查斯太山山前地区（以下简称“山前地区”）海拔低、纬度低，相对温暖；狼山—查斯太山后山地区（以下简称“后山地区”）海拔高、纬度高，相对寒凉；温度由南向北降低2℃~4℃。年平均纬度的分布为：山前地区的乌加河镇、呼勒斯太苏木南部地区、德岭山镇年平均气温为7℃~8℃，后山地区的巴音乌兰苏木、川井苏木、甘其毛都镇、温更镇、呼勒斯太苏木北部地区、东部山旱区平均气温相对较低，为4.4℃~5.2℃。全旗最冷月份（1月份）的平均温度，前山地区为-11.6℃~-9.7℃；后山地区为-13.7℃~-13℃。全旗最热月份（7月份）的平均温度，前山地区为23.3℃~24.3℃，后山地区为20.9℃~22.3℃。全旗气温日较差比较大，平均为12℃~14℃，年较差平均为33.9℃~36.3℃。全旗无霜期为：前山地区为146~151天，东部山旱区为133天，后山地区为120~133天，南北相差20余天。

全旗年降水量的分布为由东南向西北递减。由东南部的250毫米递减到西北部不到100毫米，相差近150毫米。东部的石哈河镇、巴音乌兰苏木降水量相对较多，降水量为180~250毫米；西北部的川井苏木、甘其毛都镇、呼勒斯太苏木北部地区年降水量相对较少，降水量不到100毫米。

全旗大部分地区蒸发量均高于2000毫米。前山地区蒸发量为1992~2351毫米，北部地区蒸发量为2430~3300毫米。

全旗日照充足，光能资源非常丰富，年日照时数都大于3200小时，北部牧区最高可达到3250小时以上，全年太阳辐射量从东北向西南递增，太阳辐射总量在222千卡/立方厘米，与全国比较，小于青藏高原和西北地区，大于其他地区。

全旗年大风全旗为3~44天，其中前山大风日数3~15天，后山大风日数31~44天。

第三节　气象灾害风险区划

一、干旱风险区划

根据1988—2012年乌拉特中旗风险参数，对全旗干旱进行风险区划，乌拉特中旗分为三级，即强风险区、中风险区和弱风险区。强风险区主要影响呼勒斯太苏木、乌加河镇、德岭山镇、川井苏木北部、巴音乌兰苏木北部；中风险区主要影响海流图镇、川井苏木中部、巴音乌兰苏木中部；弱风险区集中在牧区两侧川井苏木南部、新忽热苏木和石哈河镇。

二、暴雨洪涝风险区划

根据1988—2012年乌拉特中旗暴雨洪涝灾害发生的位置分布，结合当地农牧业、工业、人口分布特点，将乌拉特中旗暴雨洪涝风险区划分为三级，即强风险区、中风险区、弱风险区。强风险区位于南部黄河灌溉区和沿山地区，主要影响呼勒斯太苏木南部、乌加河镇、德令山镇、新忽热苏木、石哈河镇大部地区，易出现山洪灾害，海流图镇易形成暴雨灾害。中风险区位于乌拉特中旗中部，呈狭长的条形分布，主要影响呼勒斯太苏木北部、乌加河镇和德岭山镇北部地区，较易形成暴雨灾害。中风险区以西地区为弱风险区，主要影响川井苏木。

三、冰雹风险区划

根据1988—2012年乌拉特中旗冰雹发生的频率，结合当地农牧生产结构、人口分布，将乌拉特中旗的冰雹灾害风险区划分为三级，即强风险区、中风险区、弱风险区。强风险区影响海流图镇大部、德岭山镇南部、乌加河镇大部地区，年平均降雹在2日左右；中风险区影响德岭山镇大部、呼勒斯太苏木、石哈河镇地区，年平均降雹在1.5日左右；其余地区均为冰雹发生的弱风险区，年平均降雹不足1天。

四、大风、沙尘暴风险区划

（一）大风风险区划

根据1988—2012年乌拉特中旗大风、沙尘暴发生的频率，结合当地农牧生产结构、人口分布，将乌拉特中旗的大风风险区划分为三级，即强风险区、中风险区、弱风险区。巴音乌兰苏木南部、石哈河镇东部、新忽热苏木北部、川井苏木西南部为强风险区；海流图镇、石哈河镇西部、川井苏木北部为中风险区，面积较大；德岭山镇、乌加河镇为弱风险区，面积较小。

（二）沙尘暴风险区划

根据1988—2012年乌拉特中旗大风、沙尘暴发生的频率，结合当地农牧生产结构、人口分布，将乌拉特中旗的沙尘暴风险区划分为三级，即强风险区、中风险区、弱风险区。川井苏木西部为强风险区，面积较小；海流图镇、川井苏木、巴音乌兰苏木为中风险区，面积较大；旗境东北部、海流图镇南部、新忽热苏木南部、石哈河镇、德岭山镇、乌加河镇为弱风险区。

五、雪灾风险区划

根据1988—2012年乌拉特中旗雪灾发生的频率，结合当地农牧生产结构、人口分布，将乌拉特中旗的雪灾风险区划分为三级，即强风险区、中风险区、弱风险区。旗境西北边缘、乌加河镇北部、德岭山镇西部、巴音乌兰苏木南部、石哈河镇、新忽热苏木北部为强风险区；川井苏木东部、巴音乌兰苏木为中风险区；旗境东北部、海流图镇、德岭山镇北部、川井苏木、旗境西部为弱风险区。

第四节　气象要素

一、气温

（一）年平均气温

1988—2012年，乌拉特中旗年平均气温为4.3℃～8.3℃，南北相差4℃左右。前山地区年平均气温为7℃～8.3℃，北部地区年平均气温为4.3℃～5.3℃，全旗以乌加河镇为最高，以新忽热苏木、石哈河镇为最低。

受地形及纬度、海拔等因素的影响，乌拉特中旗年平均温度总体由南向北降低，自西向东降低，到新忽热苏木、石哈河镇降至最低，小于4.0℃。

（二）季平均气温

1. 春季（3—5月）

1988—2012年，全旗春季平均温度为5.3℃～9.7℃，受海拔高度、地理纬度影响明显，前山地区春季平均温度为8.4℃～9.7℃，北部地区春季平均温度为5.3℃～6.8℃。季内温度最低的3月全旗温度为－3.3℃～1.4℃，前山地区温度为0.2℃～1.4℃，北部地区温度为－3.5℃～－1.8℃，南北温度相差2.0℃～4.7℃。春季是旗境内升温最快的时期，每月平均温度升高8.0℃以上。

2. 夏季（6—8月）

1988—2012年，全旗夏季平均温度为19.2℃～22.9℃，前山地区夏季平均温度为22℃～22.9℃，北部地区夏季平均温度为19.2～20.9℃，南北夏季平均温度温差不足3.0℃。7月最热，月平均气温在21.3℃～26.3℃。全旗极端最高气温为37.7℃，于2010年7月29日出现在海流图镇。

3. 秋季（9—10月）

1988—2012年，全旗秋季平均温度为8.5℃～12.4℃，前山地区秋季平均温度为11.3℃～12.4℃，北部地区秋季平均温度为8.5℃～9.7℃，南北秋季平均温差2.8℃。秋季是旗境内降温最快的时期，每月平均温度降低7.0℃左右。

4. 冬季（11月至翌年2月）

1988—2012年，全旗冬季平均气温为－10℃～－5.8℃，前山地区冬季平均气温为－8.3℃～－5.8℃，北部地区冬季平均气温为－10℃～－9.5℃之间，南北冬季温差最大为4.2℃，平均为3.1℃。1月份最冷，月平均气温在－17.1℃～－8.4℃。极端最低气温为－28.7℃，于1988年1月28日出现在海流图镇。

二、气压

1988—2012年，乌拉特中旗年平均气压为871.2百帕。最高气压为982.6百帕，于1990年11月21日出现在海流图镇；最低气压为851.2百帕，于2009年3月23日出现在海流图镇。

三、日照、辐射

（一）日照

乌拉特中旗光能资源丰富，太阳辐射与全国各地比较，小于青藏高原和西北地区，大于其他地区。旗境内日照时数的地域分布是从南向北，从东向西逐步递增，在全国范围内，处在长日照区，为农作物、牧草的光合作用提供宝贵能源。

1988—2012年，旗境内年平均日照时数为3096.6～3250小时，日照百分率为70%～73%。阴山以南年平均日照时数为3090小时，日照百分率为72%；北部牧区年平均日照时数为3200小时，日照百分率为73%。全年每月日照变化以12月为最小，为196.2小时，以5月为最大，为312.2小时。农作物、牧草生长季（4—9月）的日照平均时数可达到1757.2小时，占全年的56%。

（二）辐射

旗境内年均太阳辐射为144.4～222千卡/立方厘米。南部农区平均太阳辐射由东向西为150～153千卡/立方厘米，石哈河地区平均太阳辐射为144～151千卡/立方厘米；北部牧区平均太阳辐射为151～222千卡/立方厘米。太阳辐射年内变化以5月为最大，为24.7千卡/立方厘米，以12月为最小，为8.7千卡/立方厘米。农作物及牧草生长期（4—9月）的年均太阳辐射量为134.2千卡/立方厘米，占全年的65%。

四、降水

（一）年降水量

乌拉特中旗地处大陆深处的干旱地区，年降水量为100～250毫米，其中近70%的降水集中在6—8月。全年降水日数为40～55天（日降雨雪≥0.1毫米的日数）。雨季来得迟结束得早，开始于每年6月下旬，结束于9月上旬。

降水年际变化大。以海流图为例，1988—2012年，最多降水量为443.7毫米，最少降水量为142.1毫米，相差达到3倍。

全旗降水量空间分布基本为自西北向东南递增，西北边境地区年降水量为100毫米，石哈河一线以东地区年降水量在250毫米以上。

（二）季降水量

一年之中，乌拉特旗各地降水量的季节变化非常明显，首先是夏季，平均降水量为120毫米，占全年降水量的68.1%；其次为秋季，平均降水量为28.8毫米；占全年降水量的17.6%；再次为春季，平均降水量只有18.3毫米，占全年降水量的11.1%；冬季降水量最小，平均只有5.3毫米，仅为全年降水量的3.2%。各地降水量地域差别一般为东部多，西部少。

1. **春季**（3—5月）

全旗降水量为15.1～24.4毫米，降水量在地域上由西北向东南递减，其中西部地区为15.1毫米左右，东部地区为24.4毫米左右。

2. **夏季**（6—8月）

全旗降水量为86.8～149.4毫米，其中西部地区为86.8～96.4毫米，东部地区为111.8～149.4毫米。降水多为阵性降水，降水强度大，最大日降水量可达92.6毫米，占全年降水量的1/3以上，2012年6月27日，海流图地区24小时降水量达到92.6毫米，为近20年中最高纪录。

3. **秋季**（9—10月）

全旗降水量为18.0～43.2毫米，其中西部地区为18～27.5毫米，东部地区为32.8～43.3毫米。

4. **冬季**（11月至翌年2月）

全旗降水量为3.7～7.8毫米，其中西部地区为3.7～5.3毫米，东部地区为5.4～7.8毫米。

（三）月降水量

旗境内6—9月为降水峰值区，降水频率较高，雨量相对集中，其余月份降水概率明显降低，降水量在全年总量中比例也较小，冬季个别月份降水量甚至微不足道。一年中，全旗降水量最小的月份是12月，前山地区只有0.3～0.7毫米，后山地区仅为0.6～1.2毫米。降水量最多的月份为7—8月，两个月降雨量占全年的56.2%，多为分布不均的阵雨，甚至会出现暴雨等强对流天气，降水过程多、强度大。

五、蒸发

1988—2012年，乌拉特中旗年蒸发量为1991.5～2953毫米，平均蒸发量为2413.9毫米，由西北向东南随云量的增多、降水量增加而逐渐减小。蒸发量最大地区在旗的西北部最高可达2953毫米，是降水量的15倍。前山地区全年蒸发量为1991.5～2392.5毫米，平均蒸发量为2204.9毫米；北部地区蒸发量为2435.3毫米左右。

全旗蒸发旺盛时期为4—9月，各月蒸发量均超过200毫米，总量可达1926.6毫米，占全年的79.8%。冬季（11月至翌年2月）是一年中蒸发量最少的时候，全旗只有149.8～261.3毫米，平均仅为218.7毫米。蒸发量最小的月份为1月，平均为35.5毫米。春季（3—5月）的蒸发量处于全年第二，在715.7～1003.9毫米之间，平均为826.3毫米，占全年总蒸发量的32.8%。夏季（6—8月）是全年蒸发量最强季节，蒸发量在893.0～1495.5毫米之间，平均为1251.5毫米，占全年总蒸发量的44.2%。秋季（9—10月）蒸发量在310.0～561.3毫米之间，平均为464.0毫米，占全年总蒸发量的16.4%。

六、相对湿度

（一）全年分布

乌拉特中旗相对湿度分布基本为东南部大、西北部小，前山地区高于北部地区，由东南向西北递减。全旗全年相对湿度在41%～52%之间，平均湿度为47%，其中前山地区为47%～52%，北部地区为41%～48%。

（二）季节分布

旗境内前山地区，夏秋季由于受东南暖湿季风的影响，水汽丰富，降水集中，因而相对湿度较其他季节大，其中秋季最大，平均湿度为54.8%，夏季、冬季次之，平均湿度分别为52.9%和52.7%，春季最小，平均湿度只有36.7%。与前山地区不同，后山地区最大相对湿度出现在冬季，为51.2%，由于受阴山山脉的阻挡和抬升作用，极地来的冷空气使后山的温度降低，温度与露点差较小，近地层水汽凝结落霜，因而相对湿度较大；夏秋季较冬季低，平均湿度分别为44.3%和44.2%，春季最小，平均湿度仅有31.2%。

（三）月际变化

一年中，最湿润的月份为8月，平均相对湿度为55%，各地湿度在46%～63%之间，其中前山地区为57%～63%，北部地区46%～55%，相对湿度最小月份在4月，全旗只有26%～38%，平均相对湿度为33%，是最干燥的一个月，其中前山地区为32%～38%，北部地区为26%～32%。

七、风

（一）风向

乌拉特中旗处在大陆性季风气候区内，受地形、季节影响，一年之内风向随季节的转换而变化，全旗各地全年的主导风向按季节分别为：冬季、春季风向以北风、西北风为主，夏季风向以南风为主，秋季盛行南风和东北风。

（二）风速

旗境内各地年平均风速在 2.1 ~ 3.8 米/秒之间，前山地区为 3 米/秒左右，后山地区在 4.0 米/秒左右。总体分布为后山大于前山，西部大于东部。一年当中，风速的季节特征为：春季最大，冬夏次之，秋季最小。

全旗年平均大风日数为38.2 天，最大风速可达到24.6 米/秒（于2011 年4 月30 日出现在海流图镇）。一年中，春季风速最大，日数最多。夏、秋、冬季风速较小，大风出现日数较少。

第四章　物　候

第一节　生物候

一、植物候

（一）农作物

1988－2012 年乌拉特中旗主要农作物物候情况表

表 2－1

名　称	播种期	抽穗期	开花期	收采期
小　麦	3 月 15 日左右	5 月 20 日左右	6 月 10 日左右	7 月 20 日左右
玉　米	4 月 10 日左右	7 月 10 日左右	7 月 20 日左右	9 月 25 日左右
马铃薯	4 月 15 日左右	—	7 月 10 日左右	9 月 5 日左右
葵　花	6 月 20 日左右	—	8 月 10 日左右	9 月 20 日左右
胡　麻	4 月 25 日左右	—	7 月 10 日左右	9 月 1 日左右
油菜籽	5 月 5 日左右	—	7 月 10 日左右	8 月 20 日左右
甜　菜	4 月 20 日左右	—	—	9 月 10 日左右

（二）其他植物

2 月下旬至 3 月下旬，野草萌芽；8 月上旬至 9 月下旬，野草开花；10 月中、下旬，野草枯萎。

4 月上旬，榆树发芽；4 月中、下旬，榆树开花；11 月中旬，榆树叶子落尽。

4 月初，柳树发芽；5 月下旬，柳树飘絮；10 月中、下旬，柳树落叶。

4 月下旬，杏树开花；9 月中旬，杏树见秋色；10 月，杏树叶子落尽。

3 月上旬，杨树开花；5 月下旬，杨树飘絮；9 月下旬，杨树见秋色；10 月下旬，杨树叶落尽。

5 月中、下旬，苹果树开花；9 月下旬，苹果树叶见秋色；11 月中旬，苹果树叶落尽。

二、动物候

3 月下旬，初见大雁；9 月中旬，雁南飞。

5 月中旬，初见家燕；6 月中下旬，家燕孵雏；9 月中旬，家燕南飞。

5 月底，蛙初鸣；9 月底，蛙入蛰。

6 月中下旬，喜鹊、麻雀、雉鸡卵孵雏。

第二节　非生物候

乌拉特中旗土壤解冻平均在 5 月上旬。

乌拉特中旗终雪最早 3 月下旬，最晚 5 月上旬。

第五章　水　文

根据《内蒙古自治区水文手册汇编》记载,乌拉特中旗多年平均径流深等值线图:旗境内分水岭以北的高平原区多年平均径流深 Y＝3 毫米;以海流图镇为中心东西一线多年平均径流深 Y＝6 毫米;高台梁地区,巴音哈太苏木东南部靠乌拉特前旗一带较大。多年平均径流深 Y＝11 毫米,变差系数 Cv≥1.2,离势系数 Cs＝2.5Cv。

第一节　地表水

乌拉特中旗境内有两大水系,即黄河水系和内陆河水系。以分水岭为界,分水岭以南为黄河水系,分水岭以北为内陆河水系。旗境内已建水库 15 座。

一、黄河水系

1988—2012 年,分水岭以南的山前平原区每年引黄河水 1.2 亿～1.5 亿立方米,水量稳定可靠。2012 年,分水岭以南黄河水系有河流 8 条,另有湖泊(海子)5 个,水域面积为 990.96 公顷,多数为黄河变迁和乌加河故道形成。

(一)主要河流

乌兰补隆河　发源于川井苏木乌林霍杠勒,全长 59 千米,流域面积 832.3 平方千米,清水流量 0.1～0.5 立方米/秒。

呼勒斯太沟河　发源于呼勒斯太苏木达呼勒花,全长 59.1 千米,流域面积 332.6 平方千米。

秦达门沟河　发源于呼勒斯太苏木哈尔陶勒盖,全长 65.1 千米,流域面积 365.1 平方千米。

韩乌拉沟河　发源于温更镇温多尔乌拉,全长 45 千米,流域面积 516.8 平方千米,清水流量 0.02～0.07 立方米/秒。

乌不浪沟河　发源于温更镇敖瑞音乌素,全长 96 千米,流域面积 1702.1 平方千米,清水流量 0.03～0.05 立方米/秒。

海流图河　发源于巴音乌兰苏木希日花,全长 91 千米,流域面积 1985.5 平方千米。

石哈河　发源于新忽热苏木加日格合图敖包南山,其上游称东海流图河,出山口部分称石哈河,全长 90 千米,流域面积 613.4 平方千米。

摩楞河　发源于新忽热苏木摩楞艾里东山,东支流称石哈河,两河汇合后流出山前称摩楞河,全长 108 千米,流域面积 2509 平方千米。

(二)主要湖泊(海子)

哈日葫芦海子(亦称春潮海子)　位于呼勒斯太苏木和乌加河镇的东西哈日葫芦之间,积山水形成,也可引入永济渠水。水面面积为 3000 亩,平均水深 2～3 米,最深处达 4～5 米。

同义隆海子　位于乌加河镇与五原县新中公镇分界线上,是乌加河留下的旧河道,为长条形。水面面积为 3000 亩,平均水深 2～3 米,乌拉特中旗与五原县各领属一半。

肖壕　位于乌加河镇红光胜利村境内,是连接乌加河和乌拉壕之间的大退水,面积 1500 亩,水深3米。

神克补洞　位于乌加河镇河筒子，是乌加河故道，面积1500亩，水深3～5米。

黑水卜尔洞　位于乌加河镇达子圪尖，也是乌加河故道，是神克补洞的姊妹湖，面积1500亩，水深3米左右。

二、内陆河水系

1988—2012年，分水岭以北的内陆河水系有河流8条，另有湖泊(海子)2个。

(一)主要河流

色尔呼顺高勒河　位于乌拉特中旗与乌拉特后旗交界处，发源于川井苏木莫格钦辉斯陶勒盖，止于川井苏木西北部的中蒙边界，全长95.7千米，流域面积1048.2平方千米。

古尔班乌兰好来河　发源于川井苏木乌林霍枉勒，全长89.8千米，流域面积1525.7平方千米。古尔班乌兰好来河包括一条大支流阿尔沙图高勒河。

昌吉高勒　发源于川井苏木巴特敖包东，全长89.4千米，流域面积1193.6平方千米。其下游和古尔班乌兰好来河、阿尔沙图高勒河汇集一处。

扎明淖尔泽迪　发源于巴音乌兰苏木温其东，全长60.6千米，流域面积549.5平方千米。

乌兰伊力更河(乌兰日格图河)　发源于巴音乌兰苏木西南，全长107.3千米，流域面积2035.5平方千米。

乌珠尔呼舒河　发源于巴音乌兰苏木南部，全长65.6千米，流域面积875.7平方千米。

乌力吉图河　发源于新忽热苏木北部，全长71.9千米，流域面积583.1平方千米。

扎尔格楞河　发源于新忽热苏木东北部，全长34.8千米，流域面积1570.7平方千米。

(二)主要湖泊(海子)

桑根达来淖尔　位于巴音乌兰苏木境内，地理坐标为北纬42°23′，东经109°24′，面积2.05平方千米，水深7～12米。

查干陶勒盖淖尔　位于巴音乌兰苏木境内，地理坐标为北纬42°21′，东经109°13′，面积0.31平方千米，水深7～8米。

三、水库

乌拉特中旗境内有水库15座，水域面积1224.35公顷。主要水库有狼山水库、秦达门水库、韩乌拉水库、红格尔水库、德岭山水库、石哈河水库、二牛湾水库、新忽热水库等。

乌拉特中旗境内地表水地表径流特点是峰高、量小、历时短，洪水过程陡涨陡落，来势迅猛。旗境范围内，多年平均地表径流量为7600万立方米；$P=75\%$时，地表径流量1767万立方米；$P=50\%$时，地表径流量3352万立方米。

全旗大部分地区产生水蚀，水蚀模数为50～200吨/年·平方千米。水土流失十分严重。

第二节　地下水

一、分布

(一)含水系统结构

乌拉特中旗范围内地下水分布极不均匀。

内陆河流域第四系松散岩类孔隙水分布于全流域范围内，含水层岩性均由含砾砂、砂砾石和砂卵石层组成。民井单井涌水量小于 1 吨/小时，局部大于 1 吨/小时，水位埋深 5 ~ 10 米不等。

黄河流域第四系孔隙潜水在阴山以北部呈枝状沟谷分布，含水层岩性为砂砾石，含砂卵砾石等组成沟谷宽窄不一，厚度分布不均，水位埋深 1 ~ 5 米不等，民井单井涌水量 10 ~ 30 吨/小时，。

阴山南部山前冲洪积扇倾斜平原，含水层连续分布，厚度较大且富水性好，含水层岩性以中粗砂、砂砾石为主，厚度一般 30 ~ 70 米，水位埋深小于 10 米，为第四系孔隙水，单井 8 英寸孔径设计降深涌水量一般大于 100 吨/小时，水量丰富。该地区地下水除天然降水入渗外，主要补给靠引黄灌水入渗及山前洪水入渗。

第三白垩系碎屑岩类孔隙水主要分布在川井盆地及东部巴音乌兰苏木一带。含水层岩性主要为砂岩、砂砾岩、泥质砂岩、砂质泥岩为主，厚度分布不均，一般 30 ~ 40 米，顶板埋深 40 ~ 80 米，静止水位 10 ~ 30 米，8 英寸口径设计降深单井涌水量一般大于 3 吨/小时，局部大于 10 吨/小时。

（二）分布规律

乌拉特中旗地下水分布不均匀，地下水的形成及赋存条件与分布规律受多种因素控制和影响的，诸如气候、地形地貌、地层岩性、地质构造等。总的情况看，西部降量偏小，蒸发量偏大，东南部降雨相对偏大，蒸发量偏小。受地形地貌影响，北部内陆河流域和南部黄灌流域可分为不同特点的两大流域区。受地层岩性、地质构造影响，又可分为第四系松散岩类孔隙水，第三白垩系碎屑类岩类孔隙裂隙水及基岩裂隙水。

二、水质

根据水文地质资料，内陆河流域区巴音乌兰苏木境内第四系松散岩类孔隙水矿化度较高，小于 2 克/升，东西部较低，大于 2 克/升。黄河流域第四系孔隙潜水矿化度小于 2 克/升。阴山南部山前冲积扇平原为第四系孔隙潜水，大部分地区大于 2 克/升。

在巴音杭盖以北，巴音乌兰苏木东北部地区矿化度大于 2 克/升；在海流图盆地和东部基岩山区，地下水矿化度小于 2 克/升。

第六章　土　壤

第一节　类型与分布

1984年，乌拉特中旗土壤普查资料显示，全旗土壤划分为灌淤土、风砂土、盐土、草甸土、栗钙土、棕钙土6个土类、17个亚类、51个土属、235个土种。至2012年底，乌拉特中旗的土类、亚类、土属、土种数量均未发生变化。

一、灌淤土

乌拉特中旗主要耕地是灌淤土，全旗总面积为60.6万亩，占全旗总土地面积的1.77%，分布在山前河套平原，海拔高度为1020～1048米。根据盐渍化程度不同，灌淤土分为草甸灌淤土和盐化灌淤土两类。

草甸灌淤土分布于乌拉特中旗山前平原，地形相对较高的部位及排水良好地段，面积为48.22万亩，占全旗灌淤土面积的79.57%。

盐化灌淤土分布于乌拉特中旗山前平原区，与草甸灌淤土相比，盐碱化程度略有不同。乌加河镇面积为12.38万亩，占全旗灌淤土面积的20.43%。

二、风砂土

风砂土属幼年土壤，全旗总面积为15.6万亩，占全旗总土地面积的0.46%，主要分布于山前平原地区。根据土壤受风蚀的强度和发育状况，分为流动风砂土、半固定风砂土、固定风砂土。

乌拉特中旗流动风砂土面积为0.15万亩。半固定风砂土面积为9.55万亩。固定风砂土面积为5.89万亩。

三、盐土

乌拉特中旗盐土总面积为73.4万亩，占全旗总土地面积的2.14%，主要分布在山前平原地形低洼、排水不良和排干沟两侧地区，山旱区也有零星分布。

四、草甸土

乌拉特中旗草甸土总面积为6.89万亩，占全旗总土地面积的0.2%，主要分布在沿河阶地和部分轻盐渍化的荒地。

五、栗钙土

乌拉特中旗栗钙土总面积为773.2万亩，占全旗总土地面积的22.55%，主要分布在旗辖境东南部低山丘陵区。

六、棕钙土

乌拉特中旗棕钙土总面积为2477.85万亩，占全旗总土地面积的72.28%，主要分布在呼勒斯太苏木、温更镇的北部和西部、川井苏木和巴音乌兰苏木的北部、呼勒斯太苏木等地区。

第二节　土壤养分

乌拉特中旗由于地貌类型复杂，土壤类型较多，气候条件差异大，土地利用有所不同，土壤养分含量各有不同。

乌拉特中旗不同土壤类型养分含量表

表 2 – 2

养分 土壤	有机量（%）	全氮（%）	速磷（ppm）	速钾（ppm）	全磷（%）	碱解氮（ppm）
灌淤土	1. 28	0. 08	11. 00	255. 00	0. 16	33. 00
风砂土	0. 47	0. 02	9. 90	158. 90	0. 14	63. 40
盐　土	1. 24	0. 07	2. 60	357. 00	0. 15	83. 00
草甸土	1. 87	0. 12	9. 59	321. 00	0. 15	130. 54
栗钙土	1. 52	0. 09	5. 20	177. 90	0. 11	77. 70
棕钙土	0. 89	0. 05	5. 60	157. 20	0. 06	60. 99

乌拉特中旗不同地区各种土壤养分含量表

表 2 – 3

地区地貌类型	土地及利用方式	有机量（%）	全氮（%）	速磷（ppm）	速钾（ppm）	碱解氮（ppm）
山前平原区	灌淤土	1. 78	0. 08	11. 00	255. 00	83. 00
	盐土荒地	1. 24	0. 07	26. 00	357. 00	83. 00
	耕　地	1. 43	0. 09	13. 55	293. 50	90. 20
高台梁丘陵区	栗钙土	1. 52	0. 09	5. 20	177. 90	77. 70
	耕　地	1. 72	0. 10	5. 26	129. 90	85. 90
高平原区	棕钙土	0. 89	0. 05	5. 60	157. 20	60. 99

第七章　植　被

第一节　森林植被

2012 年,乌拉特中旗林业用地面积 1087.4 万亩,其中有林地 11.3 万亩、疏林地 7.3 万亩、灌木林地 380.4 万亩、未成林地 52.1 万亩;宜林地 635.8 万亩、苗圃地 0.35 万亩;国家级重点公益林面积 500.25 万亩。森林覆被率 11%。

第二节　草原植被

一、类型

乌拉特中旗草地总面积为 3223.55 万亩,可利用草原面积为 2929.53 万亩。主要草原类型有:温性典型草原类、温性荒漠草原类、温性荒漠类、低地草甸类、沼泽类。

(一)温性典型草原类

全旗总面积为 17.86 万亩,其中平原丘陵草原亚类为 2.64 万亩,山地草原亚为类 15.22 万亩。

(二)温性荒漠草原类

全旗总面积为 2008.67 万亩,其中平原丘陵荒漠草原亚类 1443.11 万亩,山地荒漠草原亚类 564.23 万亩,沙地荒漠草原亚类 1.33 万亩。

(三)温性荒漠类

全旗总面积为 208.38 万亩,其中土砾质荒漠亚类 195.95 万亩,沙质荒漠亚类 12.43 万亩。盐土质荒漠亚类。

(四)低地草甸类

全旗总面积为 82.22 万亩,其中低湿地草甸亚类 12.69 万亩,盐化低地草甸亚类 66.95 万亩,沼泽化低地草甸亚类 2.58 万亩。

(五)沼泽类

全旗总面积为 3.65 万亩。

二、分布

乌拉特中旗草原以温性荒漠草原类为主,温性荒漠草原类在全旗各苏木、镇均有分布。类型草原主要分布有石哈河镇、新忽热苏木、温更镇、呼勒斯太苏木,分布呈现地带性。

全旗温性荒漠类主要分布有巴音乌兰苏木、川井苏木、甘其毛都镇。巴音乌兰苏木、川井苏木、甘其毛都镇也是温性荒漠和温性草原化荒漠交叉分布的地带。

全旗温性典型草原主要分布在石哈河镇,主要集中在旗辖境最东南。温性荒漠主要分布有甘其毛都镇,主要集中在旗辖境最西北。

低地草甸类和沼泽类在全旗是隐域性草原,全旗均有分布,呈线状或点状分布。

第八章　自然资源

第一节　土地资源

一、面积与分类

2012年，乌拉特中旗所辖土地总面积228.68万公顷，其中农用地219.22万公顷，占总土地面积95.86%；建设用地3.23万公顷，占总土地面积1.42%；未利用地6.23万公顷，占总土地面积的2.72%。农用地中，耕地9.05万公顷，园地0.0086万公顷，林地1.87万公顷，草地209.93公顷，其他农用地0.99万公顷。建设用地中，城镇村及工矿用地12706.34公顷，占建设用地面积60%；交通用地8853.23公顷，占建设地面积27%；水利设施用地46312.4公顷，占建设用地面积的13%。其他土地10349.18公顷。牧草地是全旗主要的土地利用方式，为乌拉特中旗主体用地类型。利用地布局是耕地集中连片，主要集中在山前河套灌区和后山旱作农业区两大片，占全旗耕地面积的98%，牧区只有零星的饲草料地。

二、分布

全旗各类用地具有明显的差异性，阴山山区和北部高平原为广袤的草场，是乌拉特中旗的主体经济区域；前山河套灌区是主要农业区，东南部山旱区则是农牧结合的半农牧业区。全旗土地面积大，土地类型多样，适宜农、牧、林业的综合发展。全旗后备土地资源潜力大，耕地面积呈上升的趋势，全旗有宜农荒地资源1.6万公顷，有宜林荒地2万公顷，98%分布在山前灌区，在国家投资、集体投资、个人投工投劳和引资转包开发下全旗耕地面积新增6464.7公顷。全旗人均土地面积15.87公顷（折238亩），人均耕地面积0.54公顷（折8.15亩），牧区畜均占有草场面积1.28公顷（折19.2亩）。

第二节　气候资源

一、光能资源

乌拉特中旗蕴藏着十分丰富的太阳能资源。根据实地测光数据显示，乌拉特中旗太阳能年总辐射值达6323.98兆焦/平方米，年均日照3250小时，日照百分率71%～73%。另外，内蒙古绿能新能源有限责任公司根据美国NASA数据库提供的卫星太阳能资源数据显示，乌拉特中旗年总辐射值在5943.12兆焦/平方米。这两项数据均大幅高于国家要求光伏电站年辐射总量不低于5000兆焦/平方米的最低标准。年等效利用小时数达1600小时。

（一）辐射

1. 太阳总辐射

太阳总辐射可分为两部分，到达地面的为直接辐射，被大气及其中物质散射的为散射辐射，总辐射为二者之和。

1988 –2012 年乌拉特中旗月平均及年平均总辐射量统计表

表 2 –4

月　份	1	2	3	4	5	6	7	8	9	10	11	12	年平均
辐射量（瓦/平方米）	115. 8	150. 0	198. 2	251. 0	298. 4	279. 1	260. 7	232. 8	214. 7	167. 4	120. 8	101. 1	199. 1

乌拉特中旗各月总辐射的高值在 5 月、6 月、7 月，其次为 4 月、8 月、9 月，5 月达到最高值。5 月、6 月、7 月太阳高度角为一年中最高时候，而 5 月是降水量最少的月份，云量少、晴天多、日照足，因而辐射强烈；6、7 月随着云量和降水天气的逐渐增多，总辐射量有所下降，8 月为降水最多的时期，且日照时数也减少，辐射进一步减弱。其他月份由于太阳高度角低，日照时间段，比 5 月平均少 30 小时以上，总辐射量相应维持在较低水平上。

2. **光合有效辐射**

乌拉特中旗四季总辐射与光合有效辐射（生理辐射）为夏季最高，春季比夏季略低，秋季次之，冬季最低。

乌拉特中旗四季总辐射与光合有效辐射（生理辐射）统计表

表 2 –5

项　目	春季（3—5 月）		夏季（6—8 月）		秋季（9—10 月）		冬季（11—2 月）		年平均
	总辐射	生理辐射	总辐射	生理辐射	总辐射	生理辐射	总辐射	生理辐射	生理辐射
辐射量（瓦/平方米）	249. 2	122. 1	257. 3	126. 1	190. 7	93. 4	121. 3	59. 4	97. 7

（二）日照

乌拉特中旗四季日照时数详见表 2 –6，乌拉特中旗各月日照时数详见表 2 –7，乌拉特中旗四季日照百分率详见表 2 –8。

乌拉特中旗四季日照时数一览表

表 2 –6

项　目	春季（3—5 月）	夏季（6—8 月）	秋季（9—10 月）	冬季（11 月至翌年 2 月）	全年
日照时数（小时）	868. 3	896. 4	535. 3	864. 1	3164. 1

乌拉特中旗各月日照时数一览表

表 2 –7

月份	1	2	3	4	5	6	7	8	9	10	11	12	全年
日照时数（小时）	221	218	265	282	322	312	299	286	277	259	218	208	3167

乌拉特中旗四季日照百分率一览表

表 2 - 8

季　节	春季（3—5 月）	夏季（6—8 月）	秋季（9—10 月）	冬季（11—2 月）	全年
日照百分率	72%	67%	75%	74%	71%

注：日照百分率为实际日照时数和可照时数之比

二、风能

乌拉特中旗地处蒙古高原，地形平坦，地域辽阔。由于受强大的蒙古冷高压长时间控制，乌拉特草原成为冷空气南下的主要通道，特别是巴音杭盖、川井、乌兰一带，是冷空气入侵路径进入中国的交汇点，是国内风能资源各项指标最理想的地区之一，风能资源十分丰富。

1988—2012 年，乌拉特中旗平均大风（风速≥17.0 米/秒，8 级）日数为 28 ~ 74 天，最多年份大风日数为 60 ~ 120 天，最少年份大风日数为 4 ~ 34 天。春季大风日数为 15 ~ 26 天，占全年总日数的 35% ~50%。

（一）风向

一年中，乌拉特中旗约 42% 的风向为西北、偏北、东北风。

乌拉特中旗处在季风气候区内，受季风的影响，一年之内，风向随季节的转换而变化。全年主导风向明显地分为两个阶段：冬季风阶段和夏季风阶段。冬季风以偏西风或偏北风为主，盛行风向维持时间较长，达 8 个月以上；夏季风向以偏南风为主，盛行时间较短，仅有 3 ~4 个月。

乌拉特中旗逐月最多风向情况表

表 2 - 9

月　份	1	2	3	4	5	6	7	8	9	10	11	12
风　向	西北	西北	西北	北北东	西西北	南南西	南	南	南	西北	西北	西北

（二）风速

一年当中，乌拉特中旗风速的季节特征为：春季最大，夏冬次之，秋季最小。

有关统计资料表明：巴音杭盖地区 10 米高度年平均风速为 6.7 米/秒，乌兰地区 10 米高度年平均风速为 6.9 米/秒，30 米高度年平均风速可达 8.4 米/秒以上，空气密度为 1.29 千克/立方米，有效风时（4.5 ~20米/秒区间）可达6500 小时以上，每年有效风功率密度 300 瓦/平方米以上，占全国有效风能资源总量十二分之一，占内蒙古自治区有效风能资源总量四分之一，理论开发规模可达 3000 万千瓦，开发前景非常广阔。

实地测风资料分析，乌拉特中旗 70 米高度年平均风速为 8.9 米/秒，年有效风时为 8370 小时（3 ~25 米/秒），年均风功率密度为 685.4 瓦/平方米；40 米高度年平均风速为 8.6 米/秒，年有效风时为 8244 小时（3 ~ 25 米/秒），年均风功率密度为 571.5 瓦/平方米；10 米高度年平均风速为 7.9 米/秒，年有效风时为 7991 小时（3 ~25 米/秒），年均风功率密度为 392 瓦/平方米。年平均等效利用小时数达 2650 小时。

乌拉特中期逐月平均风速统计表

表2－10

月　份	1	2	3	4	5	6	7	8	9	10	11	12	全年
风　速（米/秒）	2.4	2.8	3.4	4.2	4.3	3.8	3.4	2.9	2.8	2.8	2.8	2.4	3.2

乌拉特中旗逐月风速≥3 米/秒的日数统计表

表2－11

月　份	1	2	3	4	5	6	7	8	9	10	11	12	全年
日数（天）	29	27	31	30	31	30	31	31	30	31	29	28	358

乌拉特中旗逐月风速≥5 米/秒的日数统计表

表2－12

月　份	1	2	3	4	5	6	7	8	9	10	11	12	全年
日数（天）	20	22	29	29	30	29	29	28	26	27	23	20	312

乌拉特中旗逐月风速≥10 米/秒的日数统计表

表2－13

月　份	1	2	3	4	5	6	7	8	9	10	11	12	全年
日数（天）	4	4	6	9	9	7	5	4	3	4	5	4	64

乌拉特中旗逐月日平均风速≥3 米/秒日数统计表

表2－14

月　份	1	2	3	4	5	6	7	8	9	10	11	12	全年
日数（天）	0	11	28	30	31	30	28	16	12	13	8	3	210

乌拉特中旗逐月日平均风速≥4 米/秒日数统计表

表2－15

月　份	1	2	3	4	5	6	7	8	9	10	11	12	全年
日数（天）	0	1	1	19	29	12	2	0	0	0	0	0	64

第三节 水资源

2012 年，乌拉特中旗水资源总量 486299 万立方米（水资源总量等于地表水资源量加地下水资源量减两者之间的重复计算水量），其中地表水资源量 19956 万立方米，地下水资源量 28673 万立方米。2012 年，全旗可供水总量 29830 万立方米，其中地表水供水量 13340 万立方米，地下水供水量 16490 万立方米，地下水可开采量 13368 万立方米。全旗总供水量中，农业用水为 28075 万立方米，工业用水 380 万立方米，生活用水 360 万立方米；城镇用水 160 万立方米，农村用水 200 万立方米。城镇年人均生活用水量 23.7 吨/人，农村年人均生活用水量 53.8 吨/人。

第四节 草场资源

根据《巴彦淖尔市天然草地类型面积、生产力统计表》草原普查资料统计：乌拉特中旗草地类型共 6 类、11 亚类、32 型。草地总面积 3206.88 万亩，可利用草地面积 2913.97 万亩。其中温性典型草原类草地面积 19.58 万亩，占可利用草场面积的 0.67%；温性荒漠草原类草地面积 1844.26 万亩，占可利用草场面积的 63.29%；温性草原化荒漠类草地面积 818.13 万亩，占可利用草场面积的 28.07%；温性荒漠类草场面积 155.78 万亩，占可利用草场面积的 5.34%；低地草甸类草场面积 73.16 万亩，占可利用草场面积的 2.51%；沼泽类草场面积 3.07 万亩，占可利用草场面积的 0.12%。2011 年，乌拉特中旗落实草原新政，按内蒙古自治区统一标准，40 亩天然草场饲养 1 个羊单位为 1 个标准亩，乌拉特中旗天然草场适宜载畜量确定的标准亩折算系数为 0.79，核算牧区冷季适宜载畜量 57.55 万个绵羊单位。

第五节 林木资源

一、林种与树种

2012 年，乌拉特中旗林种主要有天然林、人工林、飞播造林。天然林体现荒漠、半荒漠，干旱、半干旱及沙化土地特征，林种包括防风固沙林、水土保持林、农田牧场防护林、国防林、果树林、特种经济林，主要树种有藏锦鸡儿、柠条、梭梭、蒙古扁桃、白刺、叉枝圆柏、霸王、山榆、杜松、山杨等；人工林林种单一，结构简单，主要树种有杨树、柳树、榆树、金叶榆、山桃、山杏、杜梨、枸杞、苹果梨、杏树、苹果、沙枣、柠条、梭梭等。飞播造林为防风固沙林，主要树种为杨柴、花棒、柠条，伴生植物有紫蒿、沙打旺等。

二、分布与面积

乌拉特中旗天然林主要分布在牧区及边境一线、中低山区，包括狼山、查石太山、哈太山及阿尔其山，以天然灌木林所占比重最大。天然次生林和天然灌木林集中分布在查石太山、狼山、哈太山和北部牧区。人工林集中分布在山旱区、山前平原区和退耕还林项目区、灌区。飞播造林主要分布在灌区及牧区沙漠化土地区域。

2012 年底，按林种划分：全旗防护林面积为 351.51 万亩，用材林面积为 2.08 万亩，经济林面积为 0.05 万亩，特用林面积为 0.06 万亩；按功能划分：全旗生态公益林面积为 351.56 万亩，商品林面积为 2.14 万亩。

第六节　野生植物资源

2012年，乌拉特中旗野生种子植物有68科，233属，428种。在428种植物中，有饲用价值的植物289种，分属150属、42科。其中禾本科牧草居饲用植物首位，有29属，58种；其次是菊科，有20属，49种；禾本科、菊科成为全旗野生饲用植物中的主要草群。旗境内生长的野生植物中，有药用植物186种，分55科，136属。主要有麻黄、山大黄、马齿苋、银柴胡、王不留行、角茴香、蒙古扁桃、甘草、地丁、远志、锁阳、菟丝子、知母、地黄、车前子、沙参、茵陈、蒲公英、苍耳、蒲草、秦艽、苁蓉、紫草等。旗境内生长的野生木本植物有39科，144种。其中森林植物有26科，102种；草原植物有10科，25种；沙生植物有3科，17种。

一、木本植物

（一）蕨类植物亚门

卷柏科：中华卷柏。

蕨　科：银粉背蕨。

（二）裸子植物亚门

柏　科：杜松、沙地柏、油松、樟子松。

麻黄科：木贼麻黄、草麻黄。

（三）被子植物亚门（双子叶植物纲）

杨柳科：山杨、胡杨（分布在呼勒斯太苏木哈拉图五组旧乌拉壕北岸上）、山柳、高山柳。

榆　科：黄榆、灰榆、白榆、垂榆、大叶垂榆、金叶榆、金叶垂榆。

桦木科：白桦。

桑　科：蒙桑。

毛茛科：灌木铁线莲、灰叶铁线莲、黄花铁线莲。

小檗科：鄂尔多斯小檗、匙叶小檗。

虎耳草科：小叶茶藨。

蔷薇科：三裂绣线菊、楼斗菜叶绣线菊、灰枸子木、黑果枸杞木、单瓣黄刺玫、小叶金露梅、华西银露梅、阿尔泰地蔷薇、蒙古扁桃、长柄扁桃。

大戟科：一叶萩。

无患子科：文冠果。

鼠李科：酸枣、柳叶鼠李、乌苏里鼠李、小叶鼠李。

葡萄科：乌头叶蛇葡萄。

柽柳科：柽柳。

胡颓子科：沙枣。

茄　科：截萼枸杞。

忍冬科：小叶忍冬、蒙古荚蒾。

茱萸科：红瑞木。

卫矛科：丝棉木。

木犀科：白蜡、水蜡、女贞、丁香、连翘。

槭树科：复叶槭、鸡爪槭。

椴树科:蒙古椴。

蝶形花科:国槐、龙爪槐、紫穗槐、红花槐。

二、草原植被(被子植物亚门,双子叶植物纲)

蓼　科:沙拐枣、沙木蓼、圆叶蓼。

藜　科:盐爪爪、细枝盐爪爪、驼绒藜、华北驼绒藜、木地肤、梭梭、短叶假木贼、珍珠猪毛菜、松叶猪毛菜。

蔷薇科:绵刺。

蝶形花科:红花雀豆、猫头刺、木岩黄耆、胡枝子。

芸香科:针枝芸香、亚洲百里香。

大戟科:一叶萩。

柽柳科:红砂。

旋花科:刺旋花。

马鞭草科:蒙古莸。

菊　科:中亚紫菀木。

三、沙生植物(被子植物门,双子叶植物纲)

蝶形花科:短脚锦鸡儿、窄叶矮锦鸡儿、狭叶锦鸡儿、藏锦鸡儿、小叶锦鸡儿、柠条锦鸡儿、中间锦鸡儿。

蒺藜科:西伯利亚白刺、霸王、翼果霸王。

菊　科:女蒿、蓍状亚菊、旱蒿、万年蒿、万年蓬、油蒿、冷蒿。

第七节　野生动物资源

一、兽类

蒙古野驴、石羊、盘羊、黄羊、团羊、青羊、狼、土豹子、獾、狐狸、黄鼠狼、野兔、松鼠、跳鼠、沙狐、石貂、兔狲、猞猁、荒漠猫、鹅喉羚。

二、禽类

燕子、灰鹤、天鹅、蓑羽鹤、猫头鹰、野鸽、野鸭、麻雀、啄木鸟、野雉、喜鹊、石鸡、鹌鹑、捞鱼鹳、乌鸦、秃鹫、灰鹤、黑鹤、黑颈鸬鹚、草原雕、金雕。

三、其他

小菜蛇、蜥蜴、刺猬、黄鼠、青蛙、蛤蟆、蝎子。

第八节　矿产资源

2012年,乌拉特中旗已发现的矿产种类有76种,其中具有一定工业价值的矿种56种,开发利用和准备开发利用的矿种49种。初步探明矿产地403处,其中,较大型矿床13处,中型矿床15处,小型矿床78处,矿点及矿化点297处;具有矿产储量的矿床、矿点87处。

一、金属矿

(一)铁矿

乌拉特中旗境内铁矿资源丰富,总储量8347万吨,保有储量8105万吨,分磁铁、赤铁、褐铁、镜铁4种,以磁铁、赤铁为主,褐铁次之,镜铁极少。磁铁、褐铁矿分布在石哈河、新忽热、巴音哈太、巴音杭盖等地，以石哈河为多。矿床和矿点星罗棋布，较大的矿床是后石拉哈达、乌兰鹡鸰、麻格乃、东大旗、西河磁铁矿，扎板沟、阿贵少、德羊胜褐铁矿。赤铁矿分布在德岭山、巴音杭盖等地，较大的矿床有西德岭山、扎格乌素、东加干、其热根尚德等。镜铁矿产分布于巴音杭盖苏木查干乌素。

（二）铬铁矿

旗境内铬铁矿位居全国第二位，产在中蒙国境线以南，西起川井苏木东加干，东到桑根达来苏木阿布格的超基性岩带上。因其成因（溶离型）所限，矿点零星分布。主要集中在西起西索伦山，东到阿布格一带。

（三）黄金矿

旗境内黄金矿可分原生金矿和次生金矿两大类，分别为石英脉型、蚀变岩型、火山岩型和砂金型、砾岩金型、冰水堆积型各 3 种。除山前准平原耕、荒地未发现金矿外，北部丘陵、沟谷、阶地金矿、矿点遍布。原生金的石英脉型金矿产在川井苏木图古日格，伊肯查干，巴音乌兰苏木铜口山、索木图，石哈河镇油房壕、白四盘，新忽热苏木长山壕，呼勒斯太苏木角格泥沟等处。原生金的火山岩型金矿产在石哈河镇牛永泰沟。次生金的砂金、砾岩金矿产在巴音乌兰苏木东查汗哈达、金山圪旦，石哈河镇哈尼河、东西印壕、老龙湾、白山壕、西大旗，新忽热苏木浩尧尔胡同、高勒图等处。次生金的冰水堆积矿产于川井苏木巴音呼都格南部。

（四）铅锌硫铁矿

旗境内铅锌硫铁矿储量位于内蒙古自治区第三位，是一个多金属矿床。具有工业价值的产地有两处，即石哈河镇甲胜盘和呼勒斯太苏木对门山。已开发利用的为甲胜盘铅锌硫铁矿，年处理产矿石量 45 万吨以上。

二、非金属矿

乌拉特中旗已开发利用的非金属矿产种类有：石英岩、黏土矿、饰面用花岗岩、石墨、石灰岩、白云岩、建筑用砂、电气石、菱镁矿、珍珠岩。非金属矿山规模小、数量多、分布广，开采方式多为露天开采。

（一）石墨

乌拉特中旗境内有晶质石墨矿、隐晶质石墨矿 2 种。晶质石墨矿产于新忽热苏木铁面此老、德布斯格、巴音温都尔和呼勒斯太苏木呼勒斯太沟、前达门沟、烂不残沟、敖云乌拉等地。

（二）菱镁矿

旗境北部有菱镁矿，在超基性岩风化带，与浅部铬铁矿伴生，呈窝状、不规则团块状零星分布。赋存范围与铬铁矿一致，主要矿山有索伦山、土克木、阿布格等。

（三）火山沉积岩矿

旗境内有火山沉积岩矿床，包括珍珠岩、沸石、膨润土矿床，具有储量大、质量中等、露天开采、易加工等特点。石哈河镇和新忽热苏木都有火山沉积岩的分布。珍珠岩主要产于石哈河镇白庙子。主要用于隔音耐火、保温、饲料添加剂、石油勘探、化工等附加用料。

（四）高档石材矿

旗境内有质量较好的石材原料矿。红色花岗岩产于乌梁素太乡、乌加河镇北山、巴音哈太等地；辉长岩、闪长岩、角岩等产于红旗店东西山；硅化石英角砾岩和石英板岩产于川井苏木图呼勒、伊肯查干。

（五）冶金用石英岩

旗境内有冶金用石英岩（硅石矿）矿，具有结构致密、结晶细、块度大等特点。冶金用石英岩（硅石矿）用途广泛，冶金用石英岩冶炼成半成品如硅铁、多晶硅。石英岩制成高纯石英粉可生产光学玻璃和艺术玻璃、太阳能电池和半导体材料、电子技术器件，以及宇航、卫星、光缆通信等重要原料。

（六）宝玉石矿

旗境内宝玉石矿主要产在巴音乌兰苏木，西起沙布代庙、中经角力格太、东到狮子头，伟晶岩田中。巴音哈太北部、新忽热苏木北部也是宝玉石的赋存区。这些地区的宝玉石有碧玺、海蓝、锂辉石、黄玉、玛瑙、水晶等。

（七）铬英玉矿

旗境内有铬英玉矿，为新型矿种，适于制作美工工艺品。产地集中在甲胜盘铅锌硫铁矿区东南山上。

三、能源矿

（一）煤

旗境内有烟煤、褐煤两种。烟煤产在温更镇所在地及周边一带。褐煤主要产在西起川井苏木中北部，中经巴音乌兰苏木，东到桑根达来、白彦花一带。

（二）石油

旗境内有石油，产地在川井苏木中北部凹陷区。1993 年，由中原油田西北勘探开发处开始勘探、开发。

第九章　自然灾害

第一节　气象灾害

一、旱灾

2007 年夏季，乌拉特中旗境内发生干旱灾害，受灾人口 39966 人，饮水困难人数 9774 人；全旗农作物受灾面积 1883.6 公顷，死亡大牲畜 2.98 万头（只）；直接经济损失 6222 万元。

2008 年 3—6 月，旗境内发生干旱灾害，受灾人口 3.4 万人，饮水困难人口 1.54 万人；全旗农作物成灾面积 1478072 公顷，死亡大牲畜 24600 头（只）；农业经济损失 2976 万元，直接经济损失 3546 万元。

2009 年夏季，旗境内发生干旱灾害。截至 7 月 7 日，受灾人口 4.2 万人，饮水困难人口 5127 人；全旗农作物受灾面积 1.4 万公顷，死亡大牲畜 2.8 万头（只）；农业经济损失 4379 万元，直接经济损失 8127 万元。

2010 年 8 月 3—31 日，旗境内发生干旱灾害，受灾人口 27464 人，饮水困难人口 10912 人，饮水困难牲畜 2.7 万头（只）；全旗农作物受灾面积 18133 公顷，草场受灾面积 24.3 万公顷，枯死草场面积 3.1 万公顷，干涸水井 27 眼；旱灾造成直接经济损失 6400 万元，其中农业经济损失 4950 万元。

2011 年 6 月，旗境内发生干旱灾害，受灾人口 17910 人，饮水困难人口 1.2 万人；全旗农作物受灾面积 1.36 万公顷，绝收面积 7600 公顷，死亡大牲畜 3820 头（只）；农业经济损失 520 万元，直接经济损失 985 万元。

二、暴雨 洪涝

1990 年 7 月 17 日，桑根达来水库和巴音苏木的西尼乌素水库爆满垮坝成灾，冲毁民房 16 间，死亡牲畜 1286 头（只），冲埋各种井 329 眼，致使 313 户牧民受灾，其中特重灾 66 户，重灾 10 户，造成直接经济损失 280 万元。

1994 年 8 月 3 日，暴雨导致沿山一带 51 条沟口山洪暴发，农作物受灾达 11146.7 公顷，7.55 万人受灾，直接经济损失 9867 万元。

2004 年 8 月 2 日，暴雨洪涝致使全旗 1.12 万人，3490.7 公顷农作物受灾。

2007 年 6 月 17 日，旗境内发生洪涝灾害，受灾人口 2763 人；全旗农作物受灾面积 1277.4 公顷，绝收面积 404 公顷，房屋损坏 3 间、倒塌 3 间；直接经济损失 989 万元。

2008 年 7 月 3 日，乌加河镇发生洪涝灾害，受灾面积 257 公顷，直接经济损失 259 万元。8 月 16 日，海流图镇、乌加河镇、德岭山镇发生洪涝灾害，受灾人口 16876 人；全旗农作物受灾面积 10637 公顷，房屋倒塌 7 间；农业经济损失 6212.1 万元，直接经济损失 6253.3 万元。

2011 年 6 月 21 日，旗境内发生暴雨灾害，受灾人口 24733 人；农作物绝收面积 3511.1 公顷，房屋损坏 55 间、倒塌 30 间，死亡大牲畜 68 头（只）；直接经济损失 1905.95 万元。

2012 年 6 月 25—27 日，旗境内发生暴雨灾害，受灾人口 19888 人，农作物受灾面积 32526.5 公顷，成灾面积 10052.3 公顷，绝收面积 911.1 公顷，房屋损坏 183 间，死亡大牲畜 644 头（只）；直接经济损失 19146.7 万元，其中农业经济损失 12906.1 万元。

三、冰雹

2007 年 7 月 17 日，德岭山镇胜利村塔尔湾组遭受冰雹灾害，农作物受灾面积 22 公顷，绝收面积 15.3 公顷；直接经济损失 15.8 万元。同月 30 日，乌加河镇遭受冰雹灾害，受灾人口 1399 人，农作物绝收面积 401 公顷；直接经济损失 1261.5 万元。8 月 6 日，德岭山镇大圣水库和开发区遭受冰雹灾害，受灾人口 520 人，农作物受灾面积 173.3 公顷；直接经济损失 76.8 万元。

2008 年 7 月 20 日，乌加河镇遭受冰雹灾害，受灾人口 1860 人，农作物受灾面积 1161 公顷；直接经济损失 1269 万元。

2010 年 7 月 9 日，石哈河镇柏木井村、部北村、楚鲁图村遭受冰雹袭击，受灾人口 1302 人；农作物受灾面积 2429.55 公顷；直接经济损失 705.58 万元。

2011 年 6 月 7 日，旗境内发生冰雹灾害，受灾人口 448 人，农作物受灾面积 386.9 公顷，绝收面积 186.8 公顷；直接经济损失 22.4 万元。8 月 22 日，德岭山镇、海流图镇遭受冰雹袭击，受灾人口 961 人，农作物受灾面积 11005.6 公顷，成灾面积 8504.3 公顷，绝收面积 2334.5 公顷，房屋倒塌 17 间，死亡大牲畜 50 头（只）；直接经济损失达 15520.6 万元，其中农业经济损失达 14883.6 万元。

四、霜冻

2006 年 9 月 10 日，旗境内发生霜冻灾害，农作物受灾面积 6603.3 公顷；直接经济损失 1607 万元。

2009 年 9 月 20 日凌晨，旗境内发生不同程度的霜冻和轻霜冻灾害，主要受灾地区为德岭山镇，受灾面积约为 6666.7 公顷，受灾作物为玉米和葵花。

2011 年 9 月 10 日，石哈河镇遭受霜冻灾害，农作物受灾面积 5065.9 公顷，农业经济损失 820 万元。

五、雪灾

20 世纪 90 年代，乌拉特中旗大雪日数最多，出现白灾的概率最大，2000 年后有所减少。

2010 年 1 月 3—7 日，旗境内发生雪灾，灾情涉及巴音乌兰苏木、川井苏木、新忽热苏木、呼勒斯太苏木、海流图镇、石哈河镇，受灾人口 16598 人，草场受灾面积 167 公顷；牧业经济损失 110 万元，直接经济损失 2170 万元。

六、低温冷害

2008 年 5 月 11—12 日、29—30 日，石哈河镇、乌加河镇发生低温冻害，农作物受灾面积 1899.5 公顷，直接经济损失 59 万元。6 月 30 日，温更镇遭受暴雨洪涝灾害，受灾人口 15 人，死亡大牲畜 70（头），直接经济损失 6.4 万元。

2010 年 12 月 28—29 日，旗境内发生低温冻害，受灾人口 4893 人，直接经济损失 393.7 万元。

七、雷击

2010 年 7 月 18 日，巴音乌兰苏木呼噜素嘎查遭受雷电灾害，羊群遭到雷击，死亡 66 只，直接经济损失 6.6 万元。

八、沙尘暴

乌拉特中旗大风在各月均有出现，受阴山山脉、海拔高度等不同下垫面影响，是大风日数较多的地区，明显高于套区，但较乌拉特后旗偏少。年平均大风日数47.3天，以4、5月的冷空气大风和蒙古气旋造成的大风为主，分别为8.0天和8.6天；6月次之，为5.8天；1月最少，为1.7天。乌拉特中旗年平均沙尘暴日数为4.3天，以4、5月最多，分别为1.6天、1.0天；8—10月最少，基本没有。

1988—2010年，旗境内最大风速和极大风速均出现在2007年1月5日，最大风速为19.8米/秒，极大风速为28米/秒。最强沙尘暴出现在2010年4月30日，当天的最小能见度仅有30米。

2011年4月29日20时至30日11时30分，旗境内发生沙尘暴灾害，死亡1人，直接经济损失20万元。

第二节　生物灾害

一、虫灾

1989年5月，楚鲁图乡楚鲁图村查石太山天然林蒙古扁桃灌木林地发生黄褐天幕毛虫危害，有虫株率达60%以上，发生面积近4000亩；直接经济损失4万元。

1990年7月，石兰计乡繁荣、联荣村柳树防护林发生杨二尾舟蛾食叶害虫危害，有虫株率达70%以上，失叶率60%以上，发生面积近3000亩；直接经济损失3万元。

1998年9月，德岭山乡天圣村广铁圪旦、沙圪卜和总排干四所、义和渠三闸至四闸区域内，首次发现光肩星天牛危害（杨树、柳树），平均虫口密度0.34个卵痕/株，有虫株数1953株，发生面积305亩；直接经济损失3万元。

1999年3—4月，德岭山镇光肩星天牛发生区域砍伐天牛虫害木4000株，进行集中熏蒸等除害处理，杜绝光肩星天牛的扩散蔓延。同年，旗境内发生虫灾，受灾面积50万亩；直接经济损失540万元。此后，虫害发生逐年严重。

2003—2005年，旗草原虫害发生非常严重，其中2003年最严重，发生面积达到730万亩，严重危害620万亩，全旗因虫害减产干草1亿千克，造成直接经济损失4000万元。

2006—2012年，虫害主要发生在不便于防治的山地草原。

2012年5月上旬，旗境内在巴音乌兰苏木巴音宝日嘎查柠条公益林区监测到春尺蠖幼虫危害发生，有虫株率达到70%以上，平均虫口密度达6.2条/50厘米标准枝，失叶率50%以上，发生面积2万亩。直接经济损失40万元。

二、蝗灾

2010年7月12—31日，海流图镇、石哈河镇、德岭山镇、新忽热苏木、同和太种畜场发生蝗虫灾害，农作物受灾面积174087公顷，直接经济损失652.5万元。

2011年7月7—24日，石哈河镇突发蝗灾，受灾人口662人，草场受灾面积65366公顷，受灾羊数量达10.14万只，直接经济损失360万元。同月，石哈河镇退耕还林项目区和草场发生蝗虫危害，平均虫口密度45头/平方米，退耕还林项目区蝗虫危害重度发生面积2万亩；直接经济损失30万元。

三、鼠害

1988—2012年，旗境内森林和草原鼠害发生面积为数十万亩到数百万亩。旗境内鼠害主要发生在新忽热苏木、温更镇、川井苏木、巴音乌兰苏木。主要害鼠种类有长爪沙鼠、五趾跳鼠、大沙鼠、子午沙鼠等。

1988 年，森林鼠害发生面积 10 万亩左右，旗境内森林鼠害发生程度轻度。

1989—2008 年，每年森林鼠害发生面积 10 万亩左右，旗境内森林鼠害发生程度轻度。

2009 年 4 月 1 日至 5 月 12 日，旗境内发生草原鼠害，草场受灾面积 12 万公顷，鼠害有效洞口为每公顷 284 个，最高每公顷 1500 个洞口，草原生态环境受到严重破坏。

2010 年 6 月 15—30 日，巴音乌兰苏木、海流图镇、新忽热苏木等地发生草原鼠害，草场受灾面积 66666.7 公顷，草原生态环境受到严重破坏。

2011—2012 年，甘其毛都镇图古日格嘎查、伊很查干嘎查梭梭林公益林区、巴音乌兰苏木巴音宝日嘎查、呼勒斯嘎查白刺、红砂公益林区森林发生草原鼠害，鼠害平均有效洞口数达到 45 个/亩，发生面积近 8 万亩。给公益林草场造成严重危害。

第三节　地质灾害

1996 年 5 月 3 日，乌拉特中旗发生 5.5 级地震，造成经济损失 553 万元。

1997 年 10 月 21 日，乌拉特中旗石兰计乡发生 5.2 级地震。

1999 年 8 月 11 日早 5 时 56 分 27 秒，乌拉特中旗乌兰陶格陶发生 3.5 级地震。

2001 年 1 月 12 日，乌拉特中旗杭盖戈壁苏木发生 3.7 级地震。

2005 年 2 月 27 日 21 时 27 分 28 秒，乌拉特中旗（北纬 41°3′，东经 107°6′）发生 4.4 级地震。

第三篇　人口　民族　宗教

第一章　人　口

第一节　机　构

一、行政管理机构

1988 年,乌拉特中旗设有计划生育局,作为旗人民政府职能部门负责全旗计划生育工作。内设股室 4 个:办公室、业务股、宣传股、计划生育服务站;局机关编制 17 名,领导职数一正二副,其中行政编制 11 人、事业编制 4 人、工勤编制 2 人。至年底,旗、镇(乡、苏木)两级机构有计划生育专职干部 65 人(包括旗服务站技术人员 6 人),村、嘎查、居委会配备专兼职计生干部 127 人。

2006 年,乌拉特中旗计划生育局更名为乌拉特中旗人口和计划生育局。内设股室 7 个:办公室、宣教股、科技股、规划统计股、政策法规股、流动人口监控站、计划生育协会;局机关编制 15 名,领导职数一正二副,其中行政编制 9 人、事业编制 4 人、工勤编制 2 人。

2012 年,旗人口和计划生育局内设股室 7 个:办公室、规划统计股、科技股、政策法规股、宣传教育股、流动人口监控站、计划生育协会;局机关编制 15 名,领导职数一正二副,其中行政编制 9 人、事业编制 4 人、工勤编制 2 人。

二、事业单位

1990 年,乌拉特中旗计划生育服务站从旗计划生育局正式分设出来,准科级建制,财政单独核算,成为旗计划生育局的二级全额拨款事业单位;编制 21 名,领导职数一正一副,其中行政编制 2 人、事业编制 18 人、工勤编制 1 人;全旗各苏木、镇均设立计划生育服务中心。至年底,旗、镇(乡、苏木)两级机构有计划生育专职干部 74 人,村、嘎查、居委会配备专兼职计生干部 127 人。

2012 年,旗计划生育服务站有编制 19 名,领导职数一正二副,其中行政编制 2 人、事业编制 16 人、工勤编制 1 人;全旗各苏木、镇均设立计划生育服务中心。至年底,旗、镇(乡、苏木)两级机构有计划生育专职干部 89 人,村、嘎查、居委会配备专兼职计生干部 54 人。

第二节　人口规模

一、人口数量

1988 年,乌拉特中旗总户数为 29303 户,总人口为 117866 人。

2012 年,乌拉特中旗总户数为 60775 户,总人口为 146830 人。

1988—2012 年乌拉特中旗户籍人口数量统计表

表 3－1

年　份	总户数（户）	总人口（人）	年　份	总户数（户）	总人口（人）
1988	29303	117866	2001	38815	139519
1989	30250	119789	2002	41067	138949
1990	30533	128282	2003	41850	138312
1991	32315	130555	2004	43405	139867
1992	33195	131663	2005	44015	137481
1993	33002	133609	2006	45785	139475
1994	34166	134188	2007	47646	139823
1995	34867	136900	2008	49309	141844
1996	37874	138981	2009	51354	143667
1997	38734	141212	2010	56187	144308
1998	39444	143483	2011	58899	145551
1999	39886	145511	2012	60775	146830
2000	40107	138850	—	—	—

二、人口分布

（一）第四次人口普查

1990 年 7 月 1 日，全国第四次人口普查时，乌拉特中旗户籍人口中有家庭户 29428 户，户籍总人口为 128556 人，其中男性人口为 68500 人，女性人口为 60056 人，分布于全旗 3 个镇、9 个苏木、8 个乡。

1990 年乌拉特中旗人口分布统计表

表 3－2

镇、苏木、乡名称	总户数（户）	总人口（人）	男性人口（人）	女性人口（人）
海流图镇	5747	23644	12443	11201
乌加河镇	3020	13290	7061	6229
温更镇	1634	6742	3736	3006
桑根达来苏木	396	1456	774	682
巴音苏木	384	1674	890	784
乌兰苏木	801	3407	1804	1603
川井苏木	581	2230	1110	1120
巴音杭盖苏木	441	1763	932	831
杭盖戈壁苏木	402	1620	854	766
新忽热苏木	521	2155	1152	1003
巴音哈太苏木	805	3409	1797	1612

续表 3-2

镇、苏木、乡名称	总户数(户)	总人口(人)	男性人口(人)	女性人口(人)
呼勒斯太苏木	670	2820	1499	1321
石哈河乡	1587	7395	3974	3421
双盛美乡	1396	6514	3448	3066
郜北乡	1792	8313	4468	3845
楚鲁图乡	968	4917	2655	2262
德岭山乡	3062	13456	7287	6169
乌梁素太乡	1990	9354	4974	4380
宏丰乡	1987	8644	4625	4019
石兰计乡	1244	5753	3017	2736
全旗统计	29428	128556	68500	60056

(二)第五次人口普查

2000年11月1日,全国第五次人口普查时,乌拉特中旗户籍人口中有家庭户40104户,户籍总人口为133309人,其中男性人口为70328人,女性人口为62981人,分布于全旗3个镇、10个苏木、7个乡。

2000年乌拉特中旗人口分布统计表

表 3-3

镇、苏木、乡名称	总户数(户)	总人口(人)	男性人口(人)	女性人口(人)
海流图镇	10932	33584	17006	16578
乌加河镇	3916	13447	6985	6462
德岭山镇	4087	14677	7803	6874
桑根达来苏木	407	1304	694	610
巴音苏木	555	1678	924	754
乌兰苏木	927	2892	1625	1267
川井苏木	694	1996	1071	925
巴音杭盖苏木	788	2474	1592	882
杭盖戈壁苏木	465	1487	799	688
新忽热苏木	556	1802	1014	788
巴音哈太苏木	875	2860	1571	1289
呼勒斯太苏木	782	2751	1471	1280
温更苏木	1613	4945	2708	2237
石哈河乡	1831	6402	3349	3053
双盛美乡	1422	4814	2567	2247
郜北乡	1728	5717	3102	2615
楚鲁图乡	1217	4145	2231	1914
乌梁素太乡	2529	9276	4908	4368
宏丰乡	2578	9262	4802	4460
石兰计乡	2202	7796	4106	3690
全旗统计	40104	133309	70328	62981

（三）第六次人口普查

2010 年 11 月 1 日，全国第六次人口普查时，乌拉特中旗户籍人口中有家庭户 43992 户，户籍总人口为 134204 人，其中男性人口为 80360 人，女性人口为 53844 人，分布于全旗 5 个镇、3 个苏木、1 个种畜场、1 个牧场。

2010 年乌拉特中旗人口分布统计表

表 3－4

镇、苏木、场名称	总户数（户）	总人口（人）	男性人口（人）	女性人口（人）
海流图镇	17046	53830	32472	21358
乌加河镇	7796	20594	10600	9994
德岭山镇	7121	20489	11060	9429
石哈河镇	4271	10217	5684	4533
川井镇	3298	18206	14377	3829
新忽热苏木	1422	3689	2244	1445
巴音乌兰苏木	1219	2539	1445	1094
呼勒斯太苏木	1176	2943	1538	1405
同和太种畜场	217	527	291	236
牧羊海牧场	426	1170	649	521
全旗统计	43992	134204	80360	53844

三、人口密度

1988 年，乌拉特中旗总面积为 22744 平方千米，户籍总人口为 117866 人，人口密度平均每平方千米 5. 18 人。

2000 年，乌拉特中旗总面积为 22606 平方千米，户籍总人口为 138850 人，人口密度平均每平方千米 6. 14 人。

2012 年，乌拉特中旗总面积为 22868. 11 平方千米，户籍总人口为 146830 人，人口密度平均每平方千米 6. 42 人。至年底，乌拉特中旗辖有 6 个镇、4 个苏木、1 个种畜场、1 个牧场，所辖地区人口密度不尽相同。

2012 年乌拉特中旗各镇、苏木、场人口密度统计表

表 3 – 5

镇、苏木、场名称	所辖区面积 (平方千米)	所辖区人口 (人)	人口密度 (人/平方千米)
海流图镇	63.85	32560	509.95
乌加河镇	427.30	31090	72.76
德岭山镇	859.74	27807	32.34
石哈河镇	1831.37	25532	13.94
甘其毛都镇	4355.65	2103	0.48
温更镇	1819.21	4892	2.69
呼勒斯太苏木	1956.49	5265	2.69
川井苏木	1879.94	2271	1.21
新忽热苏木	2680.98	5708	2.13
巴音乌兰苏木	6727.89	6856	1.02
同和太种畜场	194.46	1002	5.15
牧羊海牧场	71.23	1744	24.48

第三节 人口结构

一、民族构成

1988 年,乌拉特中旗总人口为 117866 人,由 14 个民族构成。

2000 年,乌拉特中旗总人口为 138850 人,由 14 个民族构成。

2012 年,乌拉特中旗总人口为 146830 人,由 14 个民族构成。

1988—2012 年乌拉特中旗民族构成统计表

表 3 – 6 单位:人

年份	汉族	蒙古族	回族	满族	藏族	达斡尔族	朝鲜族	壮族	土家族	其他民族
1988	95415	21727	611	92	1	6	0	11	1	2
1989	96311	22718	634	104	1	7	2	11	1	0
1990	103521	24007	620	109	0	7	0	13	1	4
1991	106460	23282	628	147	0	8	0	13	1	16
1992	107336	23505	650	128	9	9	0	7	1	18
1993	108160	24616	662	124	9	8	2	7	1	20
1994	109046	24266	693	133	12	10	2	6	1	19
1995	110175	25814	721	134	12	11	2	7	1	23
1996	111193	26867	717	148	12	11	2	7	1	23

续表 3－6

年份	汉族	蒙古族	回族	满族	藏族	达斡尔族	朝鲜族	壮族	土家族	其他民族
1997	113270	26993	726	176	1	12	2	2	1	29
1998	115432	27095	732	174	1	12	2	3	1	31
1999	117170	27357	750	184	1	12	2	2	1	32
2000	112426	25426	753	203	7	10	2	2	1	20
2001	113515	25002	755	207	7	9	2	2	1	19
2002	112575	25374	760	197	6	7	2	2	1	25
2003	111935	25388	747	202	8	7	2	0	1	22
2004	112775	26105	722	212	8	5	3	0	9	28
2005	110730	25762	710	218	8	8	3	0	8	34
2006	112306	26141	742	209	10	9	4	0	0	54
2007	112596	26174	759	209	12	9	4	1	9	50
2008	114013	26757	773	214	13	9	5	1	0	59
2009	115249	27326	784	220	16	8	6	1	10	47
2010	115612	27577	793	231	16	8	7	1	11	52
2011	116533	27857	801	241	17	10	7	1	14	70
2012	117459	28180	815	247	17	10	10	1	15	76

二、性别构成

1988 年，乌拉特中旗户籍总人口为 117866 人，其中男性人口为 61679 人，占总人口的52.33%。女性人口为 56187 人，占总人口的 47.67%。男女性别比为 109.77（女性为 100）。

2012 年，乌拉特中旗户籍总人口为 146830 人，其中男性人口为 74497 人，占总人口的50.74%。女性人口为 72333 人，占总人口的 49.26%。男女性别比为 102.99（女性为 100）。人口性别比呈男性与女性逐渐平衡趋势。

1988—2012 年乌拉特中旗户籍人口性别构成统计表

表 3－7　　单位：人

年　份	年末总人口数	男性人数	女性人数	性别比（女性为 100）
1988	117866	61679	56187	109.77
1989	119789	63861	55928	114.18
1990	128282	67441	60841	110.84
1991	130555	67971	62584	108.60
1992	131663	68618	63045	108.83
1993	133609	69521	64088	108.47
1994	134188	69477	64711	107.36
1995	136900	70912	65988	107.46
1996	138981	72463	66518	108.93

续表 3－7

年　份	年末总人口数	男性人数	女性人数	性别比（女性为 100）
1997	141212	73342	67870	108.06
1998	143483	74303	69180	107.4
1999	145511	75127	70384	106.73
2000	138850	71654	67196	106.63
2001	139519	71829	67690	106.11
2002	138949	71501	67448	106.11
2003	138312	71373	66939	106.62
2004	139867	71819	68048	105.54
2005	137481	70710	66771	105.89
2006	139475	71229	68246	104.37
2007	139823	71264	68559	103.94
2008	141844	72212	69632	103.70
2009	143667	73091	70576	102.99
2010	144308	73344	70964	103.35
2011	145551	73898	71653	103.13
2012	146830	74497	72333	102.99

三、年龄构成

2000 年 11 月 1 日，全国第五次人口普查时，乌拉特中旗人口为 133309 人，其中 0～14 周岁的人口为 29445 人，占总人口数的 22.09%；15～64 周岁的人口为 96998 人，占总人口数的 72.76%；65 周岁以上人口为 6866 人，占总人口数的 5.15%。

2010 年 11 月 1 日，全国第六次人口普查时，乌拉特中旗人口为 134204 人，其中 0～14 周岁的人口为 14578 人，占总人口数的 10.86%；15～64 周岁的人口为 110680 人，占总人口数的 82.47%；65 周岁以上人口为 8946 人，占总人口数的 6.67%。

2000 年乌拉特中旗人口年龄构成统计表

表 3－8　　单位：人

年龄	合计人口	男性人口	女性人口
0	1596	832	764
1～4	6334	3310	3024
5～9	9311	4933	4378
10～14	12204	6310	5894
15～19	9662	5297	4365
20～24	11106	5834	5272
25～29	14894	7592	7302
30～34	14530	7607	6923
35～39	12466	6655	5811

续表 3－8

年龄	合计人口	男性人口	女性人口
40～44	10456	5535	4921
45～49	9424	4948	4476
50～54	6055	3170	2885
55～59	4298	2290	2008
60～64	4107	2297	1810
65～69	3276	1774	1502
70～74	1730	939	791
75～79	1165	631	534
80～84	527	292	235
85～89	142	70	72
90～94	19	9	10
95～99	7	3	4
100 岁以上	0	0	0
总　计	133309	70328	62981

2010 年乌拉特中旗户籍人口年龄构成统计表

表 3－9　　单位：人

年龄	合计人口	男性人口	女性人口
0	967	517	450
1～4	3298	1662	1636
5～9	4445	2319	2126
10～14	5868	3054	2814
15～19	4413	2615	1798
20～24	7324	4386	2938
25～29	11297	7206	4091
30～34	15001	9931	5070
35～39	18745	12399	6346
40～44	17009	10765	6244
45～49	13763	8406	5357
50～54	9779	5360	4419
55～59	8232	4399	3833
60～64	5117	2637	2480
65～69	3245	1734	1511
70～74	2756	1451	1305
75～79	1877	957	920

续表 3－9

年龄	合计人口	男性人口	女性人口
80～84	697	358	339
85～89	265	138	127
90～94	76	43	33
95～99	30	23	7
100 周岁以上	0	0	0
总　计	134204	80360	53844

四、文化构成

1990 年，全国第四次人口普查时，乌拉特中旗户籍人口中，具有大学文化程度的人口为 155 人（含研究生 0 人）；具有大学专科文化程度的人数为 659 人；具有中专文化程度的人数为 2407 人；具有高中文化程度的人数为 8236 人，具有初中文化程度的人数为 31252 人，具有小学文化程度的人数为 41753 人；文盲半文盲人数为 28549 人。

2000 年，全国第五次人口普查时，乌拉特中旗户籍人口中，具有大学本科以上文化程度的人数为 307 人（含研究生 3 人）；具有大学专科文化程度的人数为 2729 人；具有中专文化程度的人数为 4949 人；具有高中文化程度的人数为 12391 人，具有初中文化程度的人数为 44000 人，具有小学文化程度的人数为 39959 人；文盲半文盲人数为 19289 人。

2010 年，全国第六次人口普查时，乌拉特中旗户籍人口中，具有大学本科以上文化程度的人数为 3173 人（含研究生 71 人）；具有大学专科文化程度的人数为 7054 人；具有高中文化程度的人数为 23008 人，具有初中文化程度的人数为 52603 人，具有小学文化程度的人数为 32707 人；文盲半文盲人数为 10615 人。

五、职业构成

1989 年底，乌拉特中旗从业人员 50900 人。其中国有单位 10800 人，集体单位 3000 人，其他行业 37100 人。

2012 年底，乌拉特中旗从业人员 78849 人。其中国有单位 7155 人，集体单位 543 人，其他行业 71151 人。

2000—2012 年部分年份乌拉特中旗从业人员情况统计表

表 3－10　　单位：人

项　目	2000 年	2010 年	2012 年
行政机关	2238	2506	2704
事业单位	4071	3316	3409
国企单位	2394	1554	1042
集体单位	233	584	543
个体私营	53498	64964	69044
其　他	60	1522	2107
年末从业人员总数	62494	74446	78849

六、城乡人口构成

1988 年，乌拉特中旗总人口为 117866 人，其中城镇户籍人口为 24759 人，农牧民（非城镇户籍）人口为 93107 人。

2012 年，乌拉特中旗总人口为 146830 人，其中城镇户籍人口为 39889 人，农牧民（非城镇户籍）人口为 106941 人。

1988—2012 年乌拉特中旗城乡人口构成统计表

表 3－11

年　份	总人口	城镇户籍人口	农村户籍人口	年　份	总人口	城镇户籍人口	农村户籍人口
1988	117866	24759	93107	2001	139519	36421	103098
1989	119789	26574	93215	2002	138949	35715	103234
1990	128282	27519	100763	2003	138312	37636	100676
1991	130555	29206	101349	2004	139867	37612	102255
1992	131663	29685	101978	2005	137481	35179	102302
1993	133609	29993	103616	2006	139475	37806	101669
1994	134188	32769	101419	2007	139823	38901	100922
1995	136900	33278	103622	2008	141844	39551	102293
1996	138981	33865	105116	2009	143667	39174	104493
1997	141212	35074	106138	2010	144308	39221	105087
1998	143483	35980	107503	2011	145551	39546	106005
1999	145511	36641	108870	2012	146830	39889	106941
2000	138850	36904	101946				

第四节　人口变动

一、自然变动

1988—2012 年，乌拉特中旗采取一系列计划生育措施，人口自然增长率控制在正常范围之内。

1988 年，乌拉特中旗户籍人口出生 1640 人，出生率为 13.9‰；户籍人口死亡 455 人，死亡率为 3.9‰，户籍人口自然增长 1185 人，增长率为 10‰。

2012 年，乌拉特中旗户籍人口出生 1378 人，出生率为 9.39‰；户籍人口死亡 444 人，死亡率为 3.02‰，户籍人口自然增长 934 人，增长率为 6.367‰。

1988—2012 年乌拉特中旗户籍人口自然变动统计表

表 3－12

年　份	出生人数（人）	出生率（‰）	死亡人数（人）	死亡率（‰）	增长人数（人）	增长率（‰）
1988	1640	13.9	455	3.9	1185	10.0
1989	2029	16.9	365	3.0	1664	13.9
1990	5393	42.0	672	5.2	4721	36.8
1991	2723	20.8	537	4.1	2186	16.7

续表 3－12

年 份	出生人数(人)	出生率(‰)	死亡人数(人)	死亡率(‰)	增长人数(人)	增长率(‰)
1992	1996	15. 2	564	4. 3	1432	10. 9
1993	2106	15. 8	559	4. 2	1547	11. 8
1994	1584	11. 8	539	4. 0	1045	7. 8
1995	2035	14. 9	557	4. 1	1478	10. 8
1996	1860	13. 3	504	3. 6	1356	9. 7
1997	1974	13. 9	547	3. 8	1427	10. 1
1998	2317	16. 10	575	4. 0	1742	12. 10
1999	2006	13. 79	524	3. 6	1482	10. 18
2000	2252	16. 22	820	5. 91	1432	10. 31
2001	1708	12. 3	404	2. 91	1304	9. 39
2002	1001	7. 17	443	3. 18	558	3. 99
2003	1007	7. 25	684	4. 92	323	2. 33
2004	1145	8. 19	1521	10. 89	－376	－2. 68
2005	1151	8. 23	581	4. 15	570	4. 08
2006	733	5. 29	358	2. 59	375	2. 70
2007	1866	13. 36	1652	11. 83	214	1. 53
2008	1390	9. 87	237	1. 68	1153	8. 19
2009	1452	10. 17	449	3. 15	1003	7. 02
2010	1423	9. 86	809	5. 61	614	4. 25
2011	1275	8. 76	495	3. 4	780	5. 36
2012	1378	9. 39	444	3. 02	934	6. 36

二、机械变动

1988—2012 年，乌拉特中旗户籍人口机械变动原因主要是婚出婚入、学生升学、毕业分配、青年应征入伍、军人退役、职工调动分流、社会就业等。

1988—2012 年乌拉特中旗户籍人口机械变动统计表

表 3－13

年份	流入人数(人)	流出人数(人)	增长人数(人)	增长率(‰)
1988	1922	1401	521	4. 04
1989	2054	1421	633	5. 26
1990	2315	1648	667	5. 47
1991	2111	1545	566	4. 33
1992	2406	2045	361	2. 74
1993	2011	2167	－156	－1. 16
1994	6505	5146	1359	10. 12

续表 3 - 13

年份	流入人数(人)	流出人数(人)	增长人数(人)	增长率(‰)
1995	1691	1483	208	1.51
1996	2195	2042	153	1.1
1997	3290	1782	1508	10.67
1998	2797	2072	725	5.05
1999	1779	1345	434	2.98
2000	802	1139	-337	-2.42
2001	258	1721	-1463	-10.48
2002	736	1071	-335	-2.41
2003	908	1573	-665	-4.8
2004	4117	3026	1091	8.59
2005	865	1419	-554	4.02
2006	831	887	-56	-0.4
2007	776	725	51	0.35
2008	1074	1011	63	0.44
2009	1376	1381	-5	-0.03
2010	1263	1250	13	0.09
2011	1395	1100	295	2.02
2012	1113	871	242	16.31

第五节　婚姻　家庭

一、婚姻

（一）婚龄

1988—2012 年，乌拉特中旗民政部门按照《中华人民共和国婚姻法》“结婚年龄，男不得早于 22 周岁，女不得早于 20 周岁，晚婚晚育应予以鼓励”的规定，在结婚登记时对不符合年龄规定者不予开具结婚证，对于晚婚晚育者，旗人民政府根据《内蒙古自治区计划生育条例》规定，给予一定的优待、表彰和奖励，晚婚者增加婚假 15 天，晚育者增加产假 30 天。

（二）婚姻状况

1988—2012 年部分年份乌拉特中旗结婚对数与离婚对数情况一览表

表 3 - 14

年　份	结婚对数	离婚对数	年　份	结婚对数	离婚对数
1988	849	25	2005	750	85
1995	779	49	2010	1012	193
2000	752	75	2012	1197	234

二、家庭

(一)家庭构成

1988—2012 年,乌拉特中旗的家庭结构主要以父母和未婚子女组成的家庭为基本类型,户均人口有逐年下降的趋势,其主要原因是一些未婚子女外出求学、就业、打工而另立户头。

1988—2012 年部分年份乌拉特中旗总户数与户均人口情况统计表

表 3－15

年份	总户数(户)	总人口(人)	户均人口(人/户)
1988	29303	117866	4.02
1995	34867	136900	3.93
2000	40107	138850	3.46
2005	44015	137481	3.12
2010	56187	144308	2.57
2012	60775	146830	2.42

(二)家庭关系

1988—2012 年,在乌拉特中旗各种家庭关系中,夫妻关系是基础。夫妻关系在法律上是平等的,广大妇女的权益、地位均得到法律的切实保护;大多数妇女已从家庭中走出来,积极参加社会活动,妻子的经济收入已成为家庭收入的重要组成部分;夫妻双方共同养育子女、赡养老人,兄弟姐妹间、婆媳之间和睦相处已成为社会主流。

第六节　计划生育

一、队伍建设

1988 年,旗人民政府为基层苏木、镇共配备优秀计生专干 34 名。

1991 年,旗计划生育协会成立,逐步发展到有 81 人、乡村两基层协会 158 个、会员 3610 人,全苏木、乡、镇、场和嘎查村居委会共有计生专兼职干部 201 人。

1996 年,中共乌拉特中旗委员会(以下简称"旗委")、旗人民政府针对基层计划生育干部匮乏问题,优先选拔 18 名大中专毕业生分配到基层计划生育技术服务队伍。

2005 年,全旗由 16 个镇、苏木、乡合并为 8 个镇、苏木后,旗人民政府选拔优秀乡级计划生育干部 58 人充实到基层开展工作。

2006 年,借助全旗卫生系统人事制度改革,旗计划生育管理部门共从卫生系统择优录用 2 名优秀的医学类大专毕业生、1 名主治医师充实到基层计划生育技术服务队伍。

2007 年,旗人民政府从旗人才储备库中选拔 3 名大专以上学历人员充实到旗人口与计划生育工作。

2008 年 8 月,全旗各嘎查村在"两委"(中共支部委员会、村民委员会)换届工作中,共选拔优秀计划生育主任 22 人。年底,《内蒙古自治区人口与计划生育条例》修订实施后,旗委、旗人民政府重点解决村级专职计划生育主任的工资待遇问题,决定从 2009 年 1 月开始村级专职计划生育主任的工资标准参照村党支部书记和村委会主任的基础工资标准执行。

2009 年 9 月，在巴彦淖尔市人口计生技术服务人员岗位练兵和业务技能大比武活动中，乌拉特中旗荣获团体第二名和 B 超组、镇级医师组两项单项业务比赛第一名，旗计生服务站主治医师赵玉英、乌加河镇技术人员刘爱春获得个人第一名。

2012 年底，全旗人口与计划生育系统有计划生育干部 143 人，其中旗级计划生育干部 52 人，苏木、镇级计划生育干部 37 人，嘎查村（社区）级计划生育干部 54 人；有大专及以上文化程度的 65 人，有中专及高中文化程度的 65 人，有初中及以下文化程度的 13 人。全旗有计划生育技术服务专业人员 27 人，其中，副主任医师 1 人、主治医师 13 人、初级职称 9 人。

二、政策措施

（一）政策法规

1990 年 5 月，旗人民政府为深入贯彻《内蒙古自治区计划生育暂行规定》，制定《乌拉特中旗计划生育实施细则》。

1991 年 9 月，旗人民政府颁布《关于对全旗计划生育政策执行情况检查中若干问题的处理意见》。

1992 年 9 月，乌拉特中旗第十一届人大常委会第九次会议通过《乌拉特中旗贯彻内蒙古自治区计划生育条例实施细则》。

1996 年 7 月，旗委、旗人民政府颁布《关于加强计划生育基层基础工作的决定》。同年 8 月，乌拉特中旗第十二届人大常委会第十七次会议修订《乌拉特中旗实施内蒙古自治区计划生育条例细则》。

2001—2004 年，旗委、旗人民政府先后制定《乌拉特中旗人口和计划生育综合改革实施方案》《乌拉特中旗关于加强流动人口计划生育管理服务工作的意见》《关于综合治理出生人口性别比升高问题的意见》《关于进一步加强人口计生工作推进人口计生新机制建设的实施意见》等一系列政策和措施。

2005 年，乌拉特中旗开始实施《农村牧区部分计划生育家庭奖励扶助制度》，对全旗农牧区只有一个子女或两个女孩的计划生育家庭，夫妇年满 60 周岁以后，由财政安排专项资金给予奖励扶助，奖励标准从 2005 年的人年均 720 元提高到人年均 960 元。

2007 年，开始实施“少生快富”工程，针对按生育政策可以生育 3 个孩子而自愿生育两个孩子且采取长效节育措施的夫妇（夫妻双方有一方为蒙古族），一次性奖励 3000 元。

2008 年，在“生态保护收缩转移”战略中，旗人民政府决定实施退牧转移牧民养老保险制度，在实施养老保险中优先优惠计划生育家庭，即计划生育家庭个人缴纳保险费占总费额的 50%，财政补贴 50%（普通家庭个人缴纳总保险费的 60%，财政补贴 40%），全旗共 53 户计划生育家庭 77 人受益。同年，开始实施“计划生育家庭特别扶助制度”，扶助对象是独生子女发生伤残（伤残达三级以上）或死亡、未再生育或收养子女的家庭，扶助标准为，独生子女伤残家庭，妻子年龄分别为 49 ~ 59 周岁、60 周岁以上的夫妻，特别扶助金分别为每人每月 310 元、440 元，独生子女死亡家庭，妻子年龄分别为 49 ~ 59 周岁、60 周岁以上的夫妻，特别扶助金分别为每人每月 375 元、545 元。同步开始实施内蒙古自治区“两项奖励”制度，其中，独生子女父母奖励制度，对已领取独生子女父母光荣证的农牧区和城镇无业居民家庭发放独生子女父母奖励费，奖励费标准为独生子女夫妻从领证之月起到子女年满 14 周岁，享受独男户每月 10 元、独女户每月 20 元以上的独生子女父母奖励费）。以上统称为国家“三项制度”、内蒙古自治区“两项奖励”制度。截至 2012 年，全旗累计投入专项资金

180 万元,受益人群达 1.3 万人次。

2009 年,开始实施"一杯奶"生育关怀行动。农牧民和城镇无业居民符合政策怀孕的妇女,在孕期每人每天补贴 250 克牛奶,连续提供 280 天,费用全部由政府支付。截至 2012 年底,内蒙古自治区、巴彦淖尔市、乌拉特中旗三级财政累计投入专项资金 109 万元,有 2110 人受益。

至 2012 年底,全旗各镇、苏木和旗直属有关部门结合本地本部门的实际,制定和落实 30 多项有利于计划生育工作和计划生育户的优惠政策和措施,共帮扶计划生育"三结合"(计划生育与发展农村经济相结合,与帮助群众勤劳致富奔小康相结合,与建设文明幸福家庭相结合)户 3000 多户,投入帮扶资金 700 余万元,使全旗所有嘎查村的 50% 计划生育家庭实现"少生快富"目标。

(二)节育措施

进入 21 世纪,乌拉特中旗坚持以人为本,深入开展避孕节育方法知情选择,充分利用大众传媒、印发资料和知识竞赛等丰富多彩的形式,宣传知情选择的重要意义。计生村主任和技术服务人员了解群众的个性需求,积极推广新技术、新方法,引进推广新型避孕药具,满足群众对避孕节育措施多种选择的需要。

(三)依法行政

20 世纪 90 年代后,随着《中华人民共和国人口与计划生育法》以及相关法规的颁布实施,乌拉特中旗计划生育工作依法管理步伐不断加快。

2002 年起,旗计划生育部门简化生育审批手续,取消不符合规定的行政处罚、行政收费及各种保证金,维护群众合法权益。

2005 年,旗计划生育部门在全系统开始推行政务公开、村务公开,旗、镇、村三级计划生育部门分别在信息网、宣传栏、公开栏上公开办事程序、投诉电话等内容,公开人口和计划生育群众工作纪律和检查考评工作纪律,建立和完善行政执法责任制、公示制度、评议制度和执法过错责任追究制度。

2009 年,开通"12356"阳光计生服务热线,服务热线的内容包括:法规政策咨询、行政侵权投诉;举报出生统计瞒报;流动人口管理服务;举报违规收费、失职渎职;提出意见、建议和要求其他服务,服务热线实行专线管理、政务公开,便于接受群众的监督和参与。

2012 年,坚持抓源治本、前移关口,采取依法管理与村(居)民自治相结合、宣传教育与利益导向相结合等综合措施,坚持按照法定程序开展工作,做到正确执法、文明执法。

三、宣传教育

20 世纪 90 年代,按照"以人为本、按需施教、优质服务、方便群众"的理念,坚持面向群众,面向家庭,开始实施"婚育新风进万家"活动,大宣传、大联合的工作格局在全旗逐步形成。

1997 年,旗计划生育局在临固察公路旁的乌不浪口附近山头上,采用大石块摆砌而成 3 条计划生育宣传标语,内容分别为"少生优生快富""计划生育是国策""计划生育好",平均每个字占地 270 平方米。

1998 年,旗委宣传部、旗计划生育局等四部门联合印发《乌拉特中旗"婚育新风进万家"活动实施方案》。同年 8 月,国家计划生育委员会副主任张玉芹到部北乡考察指导计划生育工作。

进入 21 世纪后,全旗范围内开展全方位、多形式、立体化的宣传教育工作。通过在旗电视台定期制作播出人口与计划生育节目、在《中旗周刊》上开辟"人口与计生"宣传专栏、建成乌拉特中旗人口和计划生育局门户网站；通过制作宣传标语、举办科普知识讲座、发放宣传单、计生宣传围裙、购物袋、环保纸杯等生活用品，教育引导群众树立新型婚育观念，自觉少生优生；充分利用“7·11”世界人口日、“5·29”计划生育协会活动日开展现场宣传、义诊活动。

2002 年，乌加河镇联丰村获得国家计生委“全国婚育新风进万家活动先进集体”荣誉称号。

2003 年，旗计划生育局印发《乌拉特中旗“关爱女孩行动”实施方案》，同年 8 月，国家计划生育委员会副主任王国强到乌拉特中旗参加指导“关爱女孩西部行动”活动。同年，乌拉特中旗、镇（苏木、乡）、嘎查村分别依托党校、计划生育办公室、党员群众活动中心开设人口学校。

截至 2012 年，旗计划生育部门累计制作固定标语、彩喷宣传牌 150 余幅，建成人口文化长廊 5 条，文化大院 6 个。乌拉特中旗、各镇（苏木）两级计划生育协会通过集资和自筹资金购置道具、服装、音响、宣传器材，帮助各村组建计划生育文艺宣传队 15 支。

四、技术服务

20 世纪 90 年代，开始在计划生育技术服务中坚持“五项原则”。包括计划生育技术指导咨询、孕前孕期保健、药具咨询发放等服务。

进入 21 世纪后，全旗计划生育技术服务工作在原有基础上，全面提供优质服务，大力推行人性化管理和个性化服务，为群众提供高质量的生殖健康与计划生育综合服务。

“十一五”规划期间（2006—2010 年），全旗用于基层基础设施建设和设备配置的投入累计达 160 多万元。其中重点新建乌加河镇和石哈河镇计划生育服务站、改建德岭山镇计划生育服务站，旗服务站和乌加河、德岭山、石哈河 3 个中心服务站配置信息化计生服务管理系统，完成相关仪器、器械等设备配置工作。

2008 年，开始在全旗范围内开展“健康母亲”行动活动，截至 2012 年底，共免费为全旗 1.7 万余名育龄妇女开展生殖健康检查，免费发放常用药品价值 8 万多元，为群众节省各项检查费 40 多万元。2008 年，乌拉特中旗荣获内蒙古自治区“计划生育优质服务先进旗”称号。

2009 年，旗计划生育服务站投资 77 万元，购置高清晰度彩超并建成高标准的出生缺陷筛查实验室，为全旗所有怀孕的妇女进行孕期全程跟踪检测，开展各种遗传病筛查和孕期优生监护、诊治。

2012 年，全旗开始实施“国家免费孕前优生健康检查项目”工程，对拟怀孕的夫妇，免费提供 19 项优生健康检查。累计投入 220 万元，先后配置全自动生化分析仪、化学发光免疫分析仪、美国“GE Healthcare”超声诊断仪、数字化管理系统、全自动五分类血液细胞分析仪等先进优生检查设备，重新配置酶标仪数字化工作站，共有 560 对夫妇接受免费健康检查，为参检夫妇建立标准、统一、规范、完整的个人纸质档案，并全部录入国家科技信息化服务网站。至年底，全旗 10 个镇、苏木均配备计划生育流动服务车。全旗形成以旗计划生育服务站为龙头，镇、苏木计划生育服务站为基础，村服务室为依托，流动服务车为纽带的优质服务体系。

五、综合管理

（一）目标责任管理

1995 年，旗计划生育局局长王九莲被评选为“内蒙古自治区劳动模范”。

1995—2000 年，在巴彦淖尔盟计划生育目标管理考核中，乌拉特中旗连续 6 年获得一等奖。

1996 年，旗委、旗人民政府决定，在全旗计划生育目标管理考核中，连续三年保持前三名的镇、苏木、乡主要领导，奖励固定一级工资，先后有 20 余名镇、苏木、乡主要领导获此殊荣。

2000 年，全旗开始改革计划生育目标管理责任制考核，对党政机关、计生部门、相关部门实行“三线考核”（党政线、计生线、相关部门线），分别签订责任书，强化各级党政、各部门对计划生育工作的责任。年末，根据考核评估结果，旗人民政府拨专款对年度人口和计划生育工作成绩突出的相关单位进行奖励兑现。

至 2012 年，旗计划生育局先后获得“一杯奶”生育关怀先进单位、“人口计生宣传教育暨人口文化大院建设奖”、“国家免费孕前优生健康检查项目”优秀单位、计划生育优质服务先进单位等单项奖。累计荣获市级以上荣誉 54 项。

（二）基层基础管理

1988 年，旗、镇（苏木、乡）、嘎查村三级成立计划生育工作领导小组后，制定工作职责，落实各项工作任务。苏木乡镇设立计生办，负责本辖区计划生育日常工作。在人口稠密的行政村（居），配备计生专干，落实本村（居）计划生育工作任务。

1995 年，全旗各级计划生育部门贯彻落实《巴彦淖尔盟计划生育孕前型管理实施意见》，计划生育基层基础工作进一步规范。

1996 年，旗人民政府出台《关于加强计划生育基层基础工作的决定》，推行“33321”工作思路，即坚持“三不变”（坚持计划生育基本国策不变，党政一把手亲自抓负总责的制度不变，计划生育的一票否决制不变）、落实“三为主”（计划生育工作要以宣传教育为主、避孕为主和经常性工作为主）、推行“三结合”（计划生育与发展农村经济相结合，与帮助群众勤劳致富奔小康相结合，与建设文明幸福家庭相结合），实现“两个转变”（由仅就计划生育抓计划生育向与经济社会发展紧密结合，采取综合措施解决人口问题转变；由以社会制约为主向逐步建立利益导向和社会制约相结合，宣传教育、综合服务、科学管理相统一的机制转变），达到“一个目标”（达到控制人口数量，提高人口素质，改善人口结构，促进人口与经济、社会、资源、环境的协调发展和可持续发展，为改革开放和现代化建设创造良好的人口环境）。

1997 年，开始全面推行村（居）民自治，建立自治网络，以村为单位制定计划生育村规民约，让群众对计划生育“事前参与、事中介入、事后评议”。

2002 年，按照领导重视好、政策落实好、宣传教育好、技术服务好、制度落实好、干群关系好的“六好”标准，全旗开展创建计划生育“合格村”活动。

2003 年，德岭山镇灯塔村计生协会被中国计划生育协会授予“全国计划生育协会工作先进单位”荣誉称号。

2004 年，全旗计划生育数据统计工作实现电子信息化，16 个镇、苏木、乡全部使用“计划生育管理信息系统”，结束手工报表历史。

2008 年，乌加河镇联丰奋斗村被评为全国计划生育协会工作先进集体。

2009 年，开始建设全员人口信息资源库，经过 5 年的运行、完善，至 2012 年，建成以全员人口信息为核心的人口计生系统信息平台，实现全员人口数据信息的互联互通。

2010 年，德岭山镇乌镇村被评为“全国计划生育协会工作先进集体”；乌加河镇联丰奋斗村获得国家人口计生委计划生育基层群众自治“示范村居”授牌表彰。

2012 年，乌加河镇联丰奋斗村获中国计生协会“全国计划生育协会先进单位”授牌表彰。

(三)流动人口计生管理

20世纪90年代末,乌拉特中旗计划生育部门贯彻执行《流动人口计划生育工作管理办法》,流动人口计划生育管理坚持由"户籍所在地和现居住地人民政府共同负责,以现居住地人民政府为主,户籍所在地人民政府予以配合"的原则。

进入21世纪后,乌拉特中旗计划生育部门针对流入人口数量大、流动频繁、法制意识淡薄且处于旺盛育龄期等特点,依据国务院《流动人口计划生育工作条例》,制定以"政府领导、各方参与、责任明确、齐抓共管、综合治理"为主的工作方针,进一步推进全旗流动人口综合治理工作向法治化、社会化、规范化迈进。建立由各相关部门主要负责人为成员的流动人口计划生育领导小组,并制定出台工作方案,明确各部门在流动人口计划生育管理工作中应承担的责任。定期召开相关部门协调会议,及时解决综合治理中的困难和问题,逐步形成流动人口管理"一盘棋"新机制。同时进一步完善流动人口计划生育服务功能,加大计划生育优质服务力度,各苏木、镇计生办、计划生育服务站,免费为流动人口育龄群众提供避孕节育、生殖保健和优生优育、就业登记、政策法律咨询等方面的服务与指导。

2012年,全旗流动人口总量为28892人,其中流入人口14773人、流出14119人,流动人口免费技术服务率为96.8%,避孕药具免费发放率达97%。

(四)工作成效

1988—2012年,乌拉特中旗计划生育工作实现长足发展,取得显著成就。全旗妇女总生育率降到更替水平以下,人口增势放缓,对资源、环境的压力减小;累计少出生人口3.2万人,节约抚养费4.8亿元。进入21世纪后,全旗人口出生率连续12年稳定在8‰以下,群众对计划生育工作满意度达95%以上。截至2012年底,全旗共有4300多户家庭主动推迟二孩生育或放弃二孩生育指标,旗域发展步入人口规律增长、经济快速发展、社会持续进步、生态不断改善、科学发展能力不断增强的新轨道。

1988—2012年乌拉特中旗计划生育主要指标统计表

表3-16　　单位:人

年度	总人口		年末已婚育龄妇女人数	独生子女领证人数	出生人数				出生人口性别比(女性为100)
	年初	年末			一孩	二孩及以上	合计	出生率(‰)	
1988	115886	117895	20544	622	924	606	1530	13.09	114.00
1989	117895	119789	21865	697	971	731	1902	14.31	120.00
1990	119789	121835	23117	782	1225	968	2193	18.15	103.00
1991	121835	130555	24247	860	1208	661	1869	14.81	124.00
1992	130555	131663	25820	979	1486	510	1996	15.22	113.00
1993	131663	133609	29418	1013	1277	372	1649	12.43	106.00
1994	133609	134122	31134	1088	1234	389	1623	12.12	114.00
1995	134122	129186	28914	939	1236	366	1602	12.17	115.00
1996	129186	129536	27671	1022	1532	513	2045	15.81	108.00

续表 3-16

年度	总人口		年末已婚育龄妇女人数	独生子女领证人数	出生人数				出生人口性别比(女性为100)
	年初	年末			一孩	二孩及以上	合计	出生率(‰)	
1997	129536	130331	29888	964	1470	440	1910	14.70	96.30
1998	130331	129439	28800	1019	1373	430	1803	13.88	106.00
1999	129439	130797	29737	6241	1301	348	1649	12.67	112.00
2000	132420	131821	30641	6350	1414	334	1748	13.23	103.94
2001	131821	135050	31184	6509	1211	296	1507	11.29	112.66
2002	135050	138132	31728	6184	964	194	1158	8.48	108.59
2003	138132	130012	28575	3778	850	158	1008	7.52	101.99
2004	130012	126923	29100	3558	933	160	1093	8.51	108.73
2005	126923	126546	28479	2297	791	201	992	7.83	104.92
2006	126546	129221	29053	2140	861	213	1074	8.40	109.46
2007	129221	131314	28697	2213	834	187	1021	7.84	108.74
2008	131314	132525	28260	2243	708	156	864	6.55	105.16
2009	132525	134907	28493	2250	665	187	852	6.37	100.00
2010	134907	129128	28364	2195	626	203	829	6.28	108.88
2011	129128	127641	26611	1327	591	216	807	6.29	119.35
2012	127641	131445	26765	1138	650	340	990	7.64	102.42

第七节 人口普查

一、第四次人口普查

(一)普查机构

1990年9月,乌拉特中旗第四次全国人口普查领导小组成立,由旗委副书记、乌拉特中旗旗长任组长;普查领导小组在乌拉特中旗统计局下设办公室。

(二)普查内容

根据国务院《全国人口普查条例》的规定,国务院决定于1990年7月1日零时为标准时点进行第四次全国人口普查。普查的主要内容是调查人口和住户基本情况,包括姓名、性别、年龄、民族、国籍、受教育程度、行业、职业、迁移流动、婚姻、生育、死亡等。

(三)普查工作实施

乌拉特中旗人口普查工作分为6个阶段:(1)组织工作;(2)普查员、普查指导员选调和培训;(3)普查登记;(4)编码;(5)资料汇总、整理;(6)分析研究。

(四)普查结果

乌拉特中旗第四次全国人口普查数据显示:1990年7月1日,乌拉特中旗总人口为128556人,同第三次全国人口普查的1982年7月1日零时的总人口110434人相比,8年中增加18122人,增长率为16.41%。乌拉特中旗总户数中有家庭户29794户，家庭户人口为126357人，平均每个家庭户的人口为4.24人，比1982年第三次人口普查的4.51人减少0.27人。

二、第五次人口普查

（一）普查机构

2000年9月，乌拉特中旗第五次全国人口普查领导小组成立，由旗委副书记、乌拉特中旗旗长任组长；普查领导小组在乌拉特中旗统计局下设办公室。

（二）普查内容

根据国务院《全国人口普查条例》的规定，国务院决定于2000年11月1日零时为标准时点进行第五次全国人口普查。普查的主要内容是调查人口和住户基本情况，包括姓名、性别、年龄、民族、国籍、受教育程度、行业、职业、迁移流动、社会保障、婚姻、生育、死亡、住房情况等。

（三）普查工作实施

乌拉特中旗人口普查工作分为6个阶段：（1）组织工作；（2）普查员、普查指导员选调和培训；（3）普查登记；（4）编码；（5）资料汇总、整理；（6）分析研究。

（四）普查结果

乌拉特中旗第五次全国人口普查数据显示：2000年11月1日，乌拉特中旗常住人口为133309人，同第四次全国人口普查的1990年7月1日零时的户籍人口128556人相比，10年中增加4753人，增长率为3.7%。乌拉特中旗常住人口中有家庭户39379户，家庭户人口为130208人，平均每个家庭户的人口为3.31人，比1990年第四次人口普查的4.24人减少0.93人。

三、第六次人口普查

（一）普查机构

2010年9月，乌拉特中旗第六次全国人口普查领导小组成立，由旗委副书记、乌拉特中旗旗长任组长；普查领导小组在乌拉特中旗统计局下设办公室。

（二）普查内容

根据国务院《全国人口普查条例》的规定，国务院决定于2010年11月1日零时为标准时点进行第六次全国人口普查。普查的主要内容是调查人口和住户基本情况，包括姓名、性别、年龄、民族、国籍、受教育程度、行业、职业、迁移流动、老年人口、婚姻、生育、死亡、住房情况等。

（三）普查工作实施

乌拉特中旗人口普查工作分为6个阶段：（1）组织工作；（2）普查员、普查指导员选调和培训；（3）普查登记；（4）编码；（5）资料汇总、整理；（6）分析研究。

（四）普查结果

乌拉特中旗第六次全国人口普查数据显示：2010年11月1日，乌拉特中旗常住人口为134204人，同第五次全国人口普查的2000年11月1日零时的常住人口133309人相比，10年中增加895人，增长率为0.67%，年平均增长率为0.07%。乌拉特中旗常住人口中有家庭户43992户，家庭户人口为104508人，平均每个家庭户的人口为2.52人，比2000年第五次人口普查的3.31人减少0.79人。

第八节　人口与社会发展

一、人口与耕地

1988—2012年，乌拉特中旗总人口数量逐年有所变化，面对耕地面积逐年变化的情况，旗人民政府采取土地整理措施，保持人口与耕地面积相对稳定的水平。

1988—2012年部分年份乌拉特中旗人口与耕地面积统计表

表3-17

年　份	总人口(人)	耕地总面积(亩)	人均耕地面积(亩)
1988	117866	541500	4.6
1990	128282	541500	4.2
1995	136900	585000	4.3
2000	138850	1148400	8.3
2005	137481	1025500	7.5
2010	144308	1337900	9.3
2012	146830	1335400	9.1

二、人口与粮食

1988—2012年，乌拉特中旗加强农牧业产业化建设，转变农业生产方式和经营方式，促进粮食增产稳产，人均粮食产量稳中有升。由于受自然灾害影响，个别年份粮食产量大幅减少。

1988—2012年部分年份乌拉特中旗人口与粮食统计表

表3-18

年　份	总人口(人)	粮食总产量(千克)	人均粮食产量(千克)
1988	117866	49299800	418.3
1990	128282	58737000	457.9
1995	136900	95050000	694.3
2000	138850	108420000	781.0
2005	137481	145355000	1057.3
2010	144308	238135000	1650.5
2012	146830	333540000	2272.0

三、人口与教育

1988—2012年，乌拉特中旗教育事业在改革中稳步发展，乡(镇、苏木)、村中小学实行撤点并校，城镇中小学规模进一步扩大，教育资源得到整合优化；九年义务教育目标基本实现；幼儿教育发展坚持公办、民办两种方式互补，基本满足城乡儿童入园需求；同时，教师队伍建设进一步加强，师资力量得到调整优化。

1988—2012 年部分年份乌拉特中旗各级各类学校基本情况统计表

表 3－19

学校类别	年 度	学校数量（所）	在校学生数量（人）		教职工数量（人）	
			合 计	其中少数民族	合 计	其中少数民族
普通高中	1988	4	593	91	129	35
	1995	4	672	97	131	34
	2000	4	669	103	129	35
	2005	2	892	112	140	41
	2012	2	1089	228	151	43
初 中	1988	9	7534	1031	644	97
	1995	9	6027	973	651	101
	2000	9	5752	846	577	98
	2005	4	3416	571	332	71
	2012	3	2731	441	289	56
职业中学	1988	1	135	3	12	1
	1995	1	128	2	12	1
	2000	1	155	4	12	1
	2005	1	159	5	12	1
	2012	1	49	7	12	1
小 学	1988	68	15308	1130	1049	189
	1995	64	13693	1088	1096	197
	2000	71	12348	1012	1264	179
	2005	17	7521	1008	755	134
	2012	3	4566	1096	615	121
幼儿园	1988	23	2451	509	102	31
	1995	14	2307	567	109	33
	2000	17	2044	498	107	30
	2005	12	2364	592	126	47
	2012	10	2496	571	151	60

第二章　民　族

第一节　机　构

1988 年,乌拉特中旗设有民族宗教事务局,不设内设机构,按岗位设置。

1996 年,旗编办核定民族宗教事务局行政编 5 名,其中局长 1 人、副局长 1 人(兼蒙语办主任),工勤人员 1 人。

2002 年,民族宗教事务局更名为民族事务局(挂宗教局牌子),机关行政编制核定为 4 名,其中局长 1 人、副局长 1 人,另核定机关工勤事业编制 1 人。

2010 年,旗民族宗教事务局按岗位设置,不设内设机构,机关行政编制为 4 名,其中科级领导职数 2 人、局长 1 人、副局长 1 人;另核定工勤人员事业编制 1 人。

2012 年,旗民族宗教事务局仍不设内设机构,按岗位设置;局机关编制 4 名,领导职数一正一副,其中行政编制 4 人,另核定工勤人员(事业编制)1 人。

第二节　民族构成与分布

1988 年,乌拉特中旗辖有 3 个镇、9 个苏木、8 个乡,总人口 128788 人,居住有汉族、蒙古族、回族、满族、藏族、朝鲜族、达斡尔族、壮族、锡伯族、鄂温克族、苗族、土家族、彝族等 14 个民族,少数民族人口 21831 人,占全旗总人口的 16.95%。

2001 年,乌拉特中旗进行撤乡并镇改革后,辖有 4 个镇、9 个苏木、3 个乡,总人口 139519 人,居住有汉族、蒙古族、回族、满族、藏族、朝鲜族、达斡尔族、壮族、锡伯族、鄂温克族、苗族、土家族、彝族等 14 个民族,其中少数民族人口 26004 人,占全旗总人口的 18.63%。

2005 年,乌拉特中旗再次进行撤乡并镇改革后,辖有 4 个镇、8 个苏木、1 个乡、1 个种畜场,居住有汉族、蒙古族、回族、满族、藏族、朝鲜族、达斡尔族、壮族、锡伯族、鄂温克族、苗族、土家族、彝族等 14 个民族,其中少数民族人口 26751 人,占全旗总人口的 19.45%。

2012 年,乌拉特中旗辖有 6 个镇、4 个苏木、1 个种畜场、1 个牧场,总人口 146830 人,居住有汉族、蒙古族、回族、满族、藏族、朝鲜族、达斡尔族、壮族、锡伯族、鄂温克族、苗族、土家族、彝族等 14 个民族。其中少数民族人口 30297 人,占全旗总人口的 20%。

一、汉族

1988 年,乌拉特中旗汉族人口为 106957 人,分布在全旗 3 个镇、9 个苏木、8 个乡中,其中海流图镇 36061 人、乌加河镇 26124 人、温更镇 1845 人、桑根达来苏木 852 人、巴音苏木 1089 人、乌兰苏木 1374 人、川井苏木 1211 人、巴音杭盖苏木 998 人、杭盖戈壁苏木 1011 人、新忽热苏木 1645 人、巴音哈太苏木 885 人、呼勒斯太苏木 987 人、石哈河乡 7487 人、双盛美乡 6845 人、郜北乡 3221 人、楚鲁图乡 3687 人、德岭山乡 4458 人、乌梁素太乡 2744 人、宏丰乡 2788 人、石兰计乡 1645 人。

2012 年,乌拉特中旗汉族人口为 117459 人,分布在全旗 6 个镇、4 个苏木、1 个种畜场、1 个牧场中，其中海流图镇27277人、乌加河镇30114人、德岭山镇18601人、石哈河镇25197人、甘其毛都镇2454人、温更镇2035人、呼勒斯太苏木2550人、川井苏木403人、新忽热苏木1984人、巴音乌兰苏木577人、同和太种畜场1000人、牧羊海牧场7476人。

二、蒙古族

1988年，乌拉特中旗蒙古族人口为21154人，分布在全旗3个镇、9个苏木、8个乡中，其中海流图镇5857人、乌加河镇354人、温更镇1811人、桑根达来苏木1254人、巴音苏木1541人、乌兰苏木2011人、川井苏木1365人、巴音杭盖苏木1115人、杭盖戈壁苏木1184人、新忽热苏木1321人、巴音哈太苏木1174人、呼勒斯太苏木845人、石哈河乡92人、双盛美乡102人、部北乡145人、楚鲁图乡87人、德岭山乡199人、乌梁素太乡158人、宏丰乡466人、石兰计乡73人。

2012年，乌拉特中旗蒙古族人口为28180人，分布在全旗6个镇、4个苏木、1个种畜场、1个牧场中，其中海流图镇8978人、乌加河镇805人、德岭山镇770人、石哈河镇227人、甘其毛都镇2455人、温更镇1866人、呼勒斯太苏木2712人、川井苏木1843人、新忽热苏木3675人、巴音乌兰苏木3343人、同和太种畜场936人、牧羊海牧场570人。

三、回族

1988年，乌拉特中旗回族人口为514人。分布在全旗3个镇、6个苏木、8个乡中，其中海流图镇113人、乌加河镇35人、温更镇45人、桑根达来苏木11人、巴音苏木9人、川井苏木6人、新忽热苏木17人、巴音哈太苏木5人、呼勒斯太苏木11人、石哈河乡67人、双盛美乡38人、部北乡33人、楚鲁图乡29人、德岭山乡53人、乌梁素太乡14人、宏丰乡21人、石兰计乡7人。

2012年，乌拉特中旗回族人口为815人。分布在全旗6个镇、4个苏木、1个牧场中，其中海流图镇142人、乌加河镇95人、德岭山镇194人、石哈河镇66人、甘其毛都镇56人、温更镇54人、呼勒斯太苏木3人、川井苏木16人、新忽热苏木29人、巴音乌兰苏木73人、牧羊海牧场87人。

四、满族

1988年，乌拉特中旗满族人口为122人。分布在全旗2个镇、1个苏木、8个乡中，其中海流图镇50人、乌加河镇11人、新忽热苏木3人、石哈河乡4人、双盛美乡7人、部北乡6人、楚鲁图乡9人、德岭山乡11人、乌梁素太乡9人、宏丰乡5人、石兰计乡7人。

2012年，乌拉特中旗满族人口为247人。分布在全旗5个镇、1个苏木、1个种畜场、1个牧场中，其中海流图镇118人、乌加河镇44人、德岭山镇10人、石哈河镇36人、温更镇2人、新忽热苏木9人、同和太种畜场12人、牧羊海牧场16人。

五、其他民族

1988年，乌拉特中旗其他民族人口为35人。分布在全旗2个镇、1个苏木、6个乡中，其中海流图镇11人、乌加河镇6人、川井苏木1人、石哈河乡1人、双盛美乡2人、楚鲁图乡1人、德岭山乡7人、乌梁素太乡2人、宏丰乡4人。

2012年，乌拉特中旗其他民族人口为129人。分布在全旗5个镇、2个苏木、1个种畜场、1个牧场中，其中海流图镇45人、乌加河镇30人、德岭山镇17人、石哈河镇6人、温更镇1人、川井苏木9人、新忽热苏木1人、同和太种畜场1人、牧羊海牧场19人。

第三节　民族习俗

一、汉族

(一)饮食

旗境内汉族集中居住在西南部、南部地区,传统饮食习俗主要食品是五谷杂粮制品和各种新鲜蔬菜。现如今以细粮为主,如大米、白面,兼食粗粮细做制品。副食花样多种,一年四季食用各种蔬菜和豆制品。随着生活水平的不断提高和饮食结构的改善,肉类、水产品、禽蛋类已成为节日、待客餐桌必备食品。仍延续节日子女亲朋好友聚会、年节杀猪宰羊等习俗。

(二)居住

旗境内汉族居民住房全部由砖瓦结构平房、瓦房或楼房所取代。讲究房屋外观设计美观大方,屋内整洁布局合理,设有老人、少年间、客厅、厨房,安装暖气。独门独院,院落规整。

(三)服饰

随着社会经济发展与人们生活水平的不断提高,着装变化与各地相同。由粗布、粗料传统式样转变为符合社会发展进步特点的新式新样,时尚化男装多为西装、夹克运动装,面料颜色多样。女装在式样和面料上更为讲究,以自然、朴实大方为主。男女装应生产、生活、参加社会活动需要均有多套服装备换。

(四)婚嫁

传统习俗多数已改变,实行文明婚嫁,自由恋爱增多。婚礼形式因家庭经济收入不同,标准、档次场地也有所不同。由过去骑自行车坐马车结婚转变为用小轿车面包车结婚,送亲人数多,还能形成车队。条件好的在饭店举行,新人着装与城里相同。仍实行受聘礼,摆宴席、新媳妇3天回娘家等传统习俗。

(五)丧葬

旗境内农区仍保留传统的土葬习俗,在政府指定的墓地与祖坟同葬。城区实行火葬,骨灰盒安葬在火化场,有的将骨灰盒送至祖坟地安葬。

(六)节日

旗境内各民族在长期的密切交往中,节日习俗基本融为一体,汉族与其他民族的节日,如农历各节、公历各节均演化为共同度过的节日。

二、蒙古族

(一)服饰

旗境内牧区牧民仍延续传统的服饰,但主要体现在喜庆之日、娱乐活动时。在日常生活中,穿的民族服饰式样简单,易于起居或生产生活。节假日或参加喜庆活动,穿鲜艳服饰,民族特色浓厚。男女均穿用布料、绸料、皮张缝制的精美长袍,颜色多样。忌讳在喜庆场合全身穿黑色衣服。为陪衬衣服色调,外套黑马褂或坎肩,头戴礼帽。随着社会文明的进步与各民族间的长期生活来往、交流,着装由传统向现代演化,服饰花样日趋大众化,民族传统服饰逐渐演化为迎喜庆之用,只有在逢庆、参加文化演出和那达慕时着民族服饰。

(二)饮食

旗境牧区牧民群众在基本保持饮食传统习俗的同时,也丰富了食谱的花样。传统的奶制品制作工艺简单适用。大致可分为粮食、茶食、乳食和肉食等几类。

粮食：以从农区或外地购来的面粉、大米、糜米和炒米为主，其中炒米是蒙古族生活中必不可少的粮食。它可以用奶油加糖拌着吃；可以用鲜奶或酸奶加糖拌着吃；可以泡着喝奶茶；亦可熬温达（奶茶粥）。

茶食：分清茶、奶茶和温达3种。

清茶：是用砖茶经过不同的熬制方法制成的一种饮料。

温达：是一种茶粥，一般是先熬好清茶，去除渣子，再置入捣碎的牛羊肉干和少许生米，用猛火熬制片刻，即成味道醇厚的温达，是一种既解渴又充饥的饮食。

乳食（奶食）：蒙古语称"查干伊得"，它洁白无污，营养丰富，且有诱人的味道，又是纯洁、美好、和善、吉祥的象征，乌拉特蒙古族将其视为诸多饮食品之冠。奶食可分为饮料部分和食品部分。饮料部分有初乳、鲜乳、酸凝乳、酸奶、稀释奶酪、酸马奶、奶酒等。食品部分有酪旦子、奶豆腐、奶酪、奶油、奶皮子、黄油、黄油渣等。

肉食：蒙古语称"宝日伊得"。肉食，主要是羊（绵羊、山羊）肉和牛肉。居住戈壁和沙漠地区的还食用骆驼肉。吃的方式主要有手扒肉、灌肠、羊背子、肉干。

（三）居住

20世纪80年代后，随着社会的发展和建设养畜场的实施，户户有定居点。建起土木结构或砖木结构的房舍。购置新式家具，安装风力或太阳能发电机，有些户家安上土暖气，过上美满幸福的日子。少数牧区牧民因生产需要仍延续住蒙古包，主要用于走敖特尔（游牧）居住。多数牧民实行定居轮牧，在自家承包草场一角，修建永久性砖瓦结构标准房，有的称"北京平"。吃住、放牧、接羔均在一处，由传统的逐水草而游牧的方式彻底转变为科学适用的定居、定牧。

（四）礼仪风俗

祭祀：乌拉特蒙古族很早就有祭敖包、祭山、祭神、祭火（祭灶）、祭水和祭祖坟、祭英雄人物的习惯。

礼节：乌拉特蒙古族素以热情淳朴，性格豪爽，尊老爱幼而著称。随着社会的进步与发展，蒙古族集中居住地区其他民族迁入，形成多民族杂居局面，礼仪习俗也随之有融通变化。旗境北部、西北部蒙古族集中居住区，仍延续传统的礼仪习俗。

敬酒：递出酒杯后，双膝微屈，双手仍抬起，向前躬身。接酒者亦用右手接杯，左手托着，身体略前躬。

婚嫁：婚配程序大致可分为求婚、订亲、娶亲、探望闺女、回门等环节。求婚时由男方请媒人去女方家提亲，如女方同意，就约订亲日期。随着社会的进步，男女双方自由恋爱订亲的越来越多。一般男女双方年貌相当、互相认同，就可以婚配。随着社会的进步，经济文化的繁荣发展，青年男女自由恋爱结婚的日渐增多，父母包办的日渐减少，形成良好和谐氛围。新郎新娘给老人敬酒、点烟、唱歌娱乐等婚礼上的传统代代相传。（1）求婚：若相中哪位姑娘，并了解其父母也有此意时，就邀请一位热心肠的人作为"招戚"（媒人），带上礼品去女方家，讲明来意，敬酒献哈达，请女方长辈开口纳亲。如果女方长辈接收哈达，就意味着求婚的目的基本达到。随后，根据双方的具体情况、初步商定好订亲的大概日期。（2）订亲：到订亲的那一天，媒人领着女婿和男方长辈以及亲戚若干人，带着礼品到女方家，商谈订婚的有关事宜。订婚有两层内容：一是洽谈彩礼；二是商定娶亲的日期。

(3)娶亲:娶亲的大概日期在订婚时已经选定,但是为避免出现差错,在娶亲前,还要互相通报情况,确定娶亲、送亲的人数和来去的具体时间,有的要提前送彩礼。(4)探望闺女:是送亲的人到新房探望闺女的一种仪式。有当日探望和几日后探望两种。因为女方不探望姑娘,那么姑娘就不便回门。(5)回门:婚礼中的回门,是婆婆领着儿子、儿媳,带上整羊背子或一套茶礼,去儿媳父母家的一种礼仪。回门一般没有固定的时间。

丧葬:乌拉特蒙古族的丧葬,根据家境贫富准备各种祭品,子女戴孝,忌期一般 49 天。在忌期内,见面不请安、不问好、不梳头、不理发。妇女不修面要卸妆披发。男子不挎抢,不佩戴鼻烟壶、火镰和刀,不穿礼服,不唱歌跳舞。百日内不得嫁娶,不得打猎宰牲畜。一般要请喇嘛看出殡方位,操持丧事。人死后,要立即用哈达或方白布罩面,随即整容穿寿衣,置于半开顶的蒙古包,供上祭品守灵。逝世当日和入殓出葬之日,要在附近高地燃火,以示哀悼。乌拉特蒙古族入葬形式有火葬、露天葬和土葬 3 种。

(五)节日风俗

蒙古族主要节日有春节(俗称“过年”)、清明节(蒙古语称杭是涅吾都热)、端午节(俗称“五月节”)、中秋节(俗称“八月节”)。节日活动有那达慕(蒙古语,意为娱乐盛会)活动等。

蒙古族特别重视过小年和大年。以最崇尚的白颜色称一年之首月为“查干萨日”(即白色月份)。到腊月,家家户户都忙碌起来,准备衣物、年货、食品、坐骑、鞍鞯,老年人还要请喇嘛预卜每个人在来年的座位和出行方向。到腊月二十日左右,要炸制很多馓子、圆饼和送小孩儿的花色糖油旦子。

过小年:亦称祭灶或祭火。祭灶时间一般在腊月 23 日晚。祭灶必须颂祭灶词,有些人家还得请喇嘛念经祭灶。祭灶前要打扫蒙古包内外,修理炉灶、锅撑子。祭灶日早晨,屋里屋外燃香,大锅里煮羊胸叉和四肢等满满一锅肉。肉熟捞出,汤内放酸奶或捣碎的酪旦子、奶豆腐、红枣、葡萄干,再放适量大米或糜米,煮稠粥,蒙古语称嘎林阿姆斯(即祭火粥)。

过大年:(蒙古语称锡尼嘞呼,亦称查嘎拉呼),称除夕为“毕图”。“毕图”这一天,无论大人还是小孩都很忙。妇女打扫房屋,准备穿戴和年饭;男子准备坐骑,鞍鞯及其他工作。中午的茶食要特别丰盛,但不耗费很多时间。茶后,男主人打扫庭院内外,张贴春联,悬挂彩灯。准备笼旺火的柴堆和插香火的小土堆。随后,在一只大盘内用各种食品精心摆摞看盘(用作观赏和装点),垒得又高又好看,顶部以乳品、冰糖(喜用黄色冰糖)、红枣装饰。晚间,家家户户张灯结彩,爆竹声此起彼伏,举家团圆喜吃年饭。除夕之夜,男女老少守岁熬夜,通宵不眠。黎明时,男主人带领家小,在室外铺毡、摆桌,端出早已准备好的饼子、乳品、烧酒、糖果和茶、香等物,点燃旺火和火炬,再把香点燃料着插在旺火周围的土堆上,叩头拜火、拜神,鸣放爆竹。接着,回到家里开始拜年,小辈给长辈行跪拜礼,8 至 18 岁的青少年给长辈拜年只用哈达,不用鼻烟壶。大年初一的客人,拜完年,坐下品一品茶和酒,尝一尝食品,就要起身告辞。一般不到井口上,也不背柴拾粪。过年头一次到水井边,必须携带糖果、红枣、香火和爆竹等,予以祭献。大年初一,牲畜出圈前,还要到圈盘内燃香,敬献烧酒和乳食品,祈求老天保佑,五畜兴旺。

那达慕:是蒙古族重要的传统节日活动。旗、苏木、乡、镇、嘎查或个人均可举办。一般为一年一次或数年一次。选在夏季 6—8 月间,为期 2 ~ 3 天不等。举办赛马、射箭、搏克、唱歌演出和经济文化交流等活动。

第四节　民族语言文字工作

一、加强汉蒙文并用工作

1995—2012 年，调整全旗蒙古语文工作领导小组，分管旗长主持召开会议，做具体安排部署。

2000 年、2005 年、2010 年，旗人民政府为全面贯彻落实党和国家民族语文政策，研究通过《关于开展全旗社会市面汉、蒙古两种文字并用治理整顿工作实施方案》《关于开展全旗社会市面汉蒙两种文字并用治理整顿工作的通知》，向全旗印发，要求全旗各单位各部门各苏木、镇（场）必须按照文件精神，全面做好社会市面汉、蒙古两种文字并用治理整顿工作。

二、蒙古语言宣传工作

1988—2012 年，全旗各单位通过广播、电视、报刊、信息等各种新闻媒体以及在街上发传单、挂横幅等多种形式，广泛宣传《中华人民共和国民族区域自治法》等相关民族语言文字政策。

2005—2012 年，旗民族宗教事务局在《乌拉特中旗半月刊》（蒙古文版）、《乌拉特中旗周刊》（汉文版）全篇转载《中华人民共和国民族区域自治法》400 多期；乌拉特中旗电视每周一、周三播放蒙古语节目 45 分钟；旗委宣传部开办《乌拉特中旗周刊》蒙古文报，并举办 1 期学习、使用推广蒙古文的座谈会。利用全旗牧区苏木、嘎查举行祭敖包、马文化节以及小型那达慕等民族文化娱乐活动，全面宣传《中华人民共和国民族区域自治法》。

2000—2012 年，旗民族宗教事务局发放宣传单共 2 万余份，在街上挂标语条幅 420 余幅，推动蒙古语文工作的整体提高。

三、规范蒙古语言文字用法

1996 年，全旗加强对蒙古语文工作的检查指导，及时纠正和解决一些问题。在 1995 年底检查的基础上，进一步检查督促，发现一些问题。根据上级文件精神和全旗实际，有针对性地办理 4 件事：（1）上半年检查社会市面用语共 4 次，并根据检查情况和存在问题向旗人民政府领导做全面的汇报。下半年，汇报巴彦淖尔盟蒙古语文工作会议精神和今后工作的安排。（2）经过认真讨论研究，形成两份法规性文件，进一步规范蒙古语文工作。一是《乌拉特中旗人民政府关于社会市面用语实行汉蒙并用管理暂行办法》，二是《乌拉特中旗汉蒙两种文字行文和社会市面用语管理的实施办法》，使这项工作有据可查，更趋规范化。（3）把关堵源，使这项工作责任明确。旗委、旗人民政府各部门凡发往牧区的文件材料、广告宣传品均由旗政府办翻译科负责翻译，其他各单位的文件、材料，配备翻译的由翻译人员翻译，没有翻译人员的送政府办翻译科负责翻译。同时，召开海流图镇地区 7 个承揽装潢写字业务的装潢公司、装潢部负责人会议，对他们提出 6 点要求，装潢部要不仅对顾客负责，也要对蒙古语文工作负责，从而堵住容易出现错误的源头。（4）到乌拉特前旗参观学习先进经验和做法，总结经验，找差距，补短板。

1997 年，全旗加强对蒙古语文工作的检查指导，及时纠正和解决一些问题。根据上级文件精神和全旗实际情况，有针对性地进行蒙古语文的检查督促。（上半年检查社会市面用文 3 次，并根据检查情况和存在问题，向旗人民政府领导做全面汇报。4 月，召集各协调单位，协商商定《乌拉特中旗社会市面汉蒙两种文字并行的有关要求》，使此项工作趋向规范化。

1998 年，旗民族宗教事务局与旗执法局、旗工商局联合下发《关于清理整顿广告、门牌字号汉蒙文并用工作的通知》《乌拉特中旗汉蒙两种文字并行工作实施细则》，文件下发到有关个体工商户和广告装潢部负责人手中。

1999 年，旗民族宗教事务局在巩固好两条“标准化一条街”基础上，又下大力，新建一条巴音路标准化街道。同年，协调工商、城建、公安等部门组织人力进行大型检查指导 8 次，规范街道两旁的牌匾、广告、标语等市面用语；同年，举办蒙古语文工作培训班 5 期，主要培训对象是刻字、装潢等部门，使用蒙古文正确率 90%、标准率 92%、规范率 89.2%。

2007 年，旗民族宗教事务局为全旗 14 家装潢广告部免费安装网上审核汉文、蒙古文并用牌匾系统。

2007—2012 年，旗民族宗教事务局，每年与全旗广告和牌匾制作商户签订责任状，对全旗公路沿线路标、指示牌、各苏木、镇和海镇地区驻旗单位、酒店、住宅小区、沿街门店、商铺以及户外广告牌匾蒙古文汉文并用并行情况进行排查与整治，将不规范牌匾全部拍照留档、登记造册后，交予相关责任单位，责令其限期整改。与旗执法局每年上街检查牌匾 3 ~ 5 次，6 年中，检查牌匾 2000 多个，免费翻译牌匾 300 多个，修改蒙古文错别字 200 多个。

四、蒙古语言文字使用

1990 年，内蒙古自治区蒙古文长篇小说创作会在乌拉特中旗举行，乌拉特中旗作家布仁特古斯、斯楞，作家查干德尔苏荣等人创作的 8 部长篇小说受到好评。从此，乌拉特中旗被誉为蒙古文“长篇小说摇篮”。

1996 年，旗人民政府支持蒙古族中小学举办民族教育研讨会、教学论文评比会，提高蒙古语言文字和科研水平。6 月，旗民族宗教事务局与民族职业中学合作，举办民族教育研讨会 1 次，其中有研究民族教育和教学论文 41 份，评出一等奖 3 名，二等奖 5 名，三等奖 10 名。同年，在旗民族宗教事务局的支持下，内蒙古自治区党委组织部下派到乌拉特中旗挂职锻炼干部额尔敦苏和举办个人书画展 1 次，有书画作品 41 幅。1997 年开始，有个别学校试行“三语”教学。全旗在牧区举办科技培训班时，克服业务人员少，尽量用汉、蒙古两种语言培训，共培训骨干 310 人次、牧民 7400 人次，获得技术员证的有 140 人，获得助理证书的 40 人。坚持用两种语言进行广播电视宣传和演出文艺节目，每周二、五坚持蒙古语广播，其中自办节目 45 分钟，每周二、五日转播内蒙古电视台蒙古语电视节目，其中自办节目 30 分钟。

2000 年，教育局纳·苏力德出版蒙古文诗集《我的蓝天》，由内蒙古文化出版社出版发行。

2001—2002 年，旗民族宗教事务局进一步加强用两种语言进行广播电视宣传教育工作，电视台、广播电台每周都有蒙古语节目，旗委宣传部继续办《乌拉特中旗周刊》(蒙古文版)。全旗蒙古语名词术语统一使用率达 100%，正字统一使用率达 95%。

2004 年，旗民族宗教事务局搜集整理三部作品即：《乌拉特民间传奇》(作者艾力布)、《石哈河地区蒙古、汉地名对照》(作者照日格巴特尔)、《韩乌拉和韩乌拉的人们》(作者孟克毕力格)。

2005 年 12 月 9 日，旗民族宗教事务局牵头，会同旗教育局、文体广电局，组织旗蒙古族中小学和民族幼儿园师生举办全旗首届“启明星”杯蒙古语诗歌朗诵比赛，筹资 2800 多元，表彰奖励师生 32 人。

2006 年，旗民族宗教事务局组织旗蒙古族中学、蒙古族完全小学、电视台、民族宗教事务局干部职工参加内蒙古自治区民委组织的全区蒙古语言文字知识考试活动，参加人数达 500 余人。同年，旗民族宗教事务局对全旗 8 家装潢广告责任人进行培训 1 次。旗蒙古语办负责人与海流图镇地区8家装潢广告部负责人签订责任书。推荐巴音乌兰苏木党委、人民政府和呼勒斯太苏木杨敖特根为全区学习使用蒙古语工作先进集体和先进个人。重新调整全旗蒙古语文工作委员会成员和全旗民族古籍搜集、整理工作领导小组。

2007，乌拉特中旗民族宗教事务局组织60多幅书法作品参加巴彦淖尔市第三届“西部情”蒙文书画作品展览。

2010年，旗民族宗教事务局与旗蒙古族学校联合举办两届《蔚蓝的旋律》蒙古语诗歌朗诵比赛。

2011年，旗民族宗教事务局邀请内蒙古农业大学教授芒来、内蒙古教育出版社编审巴音巴特尔，联合旗蒙古族学校举办教育教学知识讲座。

2012年，旗民族宗教事务局组织乌拉特中旗多幅书法作品参加内蒙古自治区“母语杯”蒙文书法大赛，蒙古族学校6名学生先后获得优秀奖和3枚银牌。同年，乌拉特中旗在由中共巴彦淖尔市委员会、市人民政府组织的学习使用蒙古语言文字先进评选活动中，8个集体、8名个人分别荣获“学习使用蒙古语言文字先进集体”“学习使用蒙古语言文字先进个人”荣誉称号并受到表彰。

第五节　民族工作

一、少数民族人才培养使用

1998—2012年，旗人民政府采取多种措施，加大对少数民族干部培养选拔使用和人才培养的力度，少数民族干部队伍和各类专业人才队伍不断壮大。紧紧围绕“解放思想，更新观念，强化学习，提高素质”的工作思路，把培养和造就一支素质高、结构合理的民族干部队伍作为一项重要工作来抓，切实保障少数民族干部培养使用。截至2012年底，全旗各级干部共有5461名，其中少数民族干部1883名，占全旗干部总数的34.5%。有科级干部846名，其中少数民族干部305名，占全旗科级干部总数的36.1%。

1998—2002年，旗人民政府先后组织中心组学习21次；举办副科以上少数民族领导干部法制讲座22次，参加讲座人员4600多人次；举办司法、行政执法人员法制讲座5次，受教育者达900余人次；对学生宣讲法律27场次，受教育者22000余人次；旗普法办公室的民族干部外出讲法制课320场次，受教育者达59000多人次；利用广播、电视进行法制宣传累计达920多小时，受教育面达90%以上。5年中，举办普法专栏、板报、墙报286期，上街或深入基层进行大型法制宣传活动32次，出动宣传车76辆次，发放宣传单7800余份，解答法律咨询4500余人次，接受教育人数达92000人次。同期，举办大型法制讲座6场，参加人员达1400人次；举办大型演讲会一次，举办大型法律知识竞赛三次，举办小型法律知识竞赛146场次。举办全旗干部、职工以及农牧民大型法律知识考试5次，参加人员达42000多人次；举办小型测试430多次，参加人员达48000多人次。同期，全旗共办理执法证书1113个。

2003—2012年，旗人民政府坚持按规定配备少数民族干部，在发展壮大少数民族干部队伍方面有新的进展。全旗在干部选拔任用上，大胆使用少数民族干部，坚持在各级党政领导班子中均备少数民族干部，在苏木、镇领导班子中配备通汉语、蒙古语兼通的干部，副职中均配备一定数量的少数民族干部，旗直各部门的领导班子中相应配备少数民族干部。特别是纯牧区苏木、镇，领导班子中少数民族占比平均达到80%以上。2012年，通过公开选拔三类干部考试，选拔副科级干部20人，其中选拔少数民族干部10人,占比50%。加强对少数民族后备干部的培养力度,每年将一定数量的少数民族年轻优秀干部纳入旗科级后备干部进行培养。

二、民族文化工作

1989—1996年,内蒙古自治区知名学者、乌拉特中旗民俗专家旺吉拉编写出版《牲畜骨骼解释》一书;旺吉拉与纳布斯合著《元朝名人录》一书;乌拉特中旗民俗专家、作家陶德斯庆编写出版《乌拉特风俗习惯》一书;内蒙古自治区民俗专家、作家吉仁泰编写出版《古代庙宇及变迁》一书。

1997—2003年,在旗人民政府及有关部门的大力支持下,乌拉特中旗先后成立枣骝马协会、快马协会、搏克协会和民族服饰、民歌民俗等民族文体协会。积极组织各苏木、镇和文体局等相关单位举办形式多样、内容丰富的民族传统文化活动。民族宗教事务局先后与文体局、蒙古族中学联合举办全旗首届搏克邀请赛,参赛选手160余人,46名选手受到表彰奖励;与民族职业中学共同举办民族教育研讨会;举办赛马比赛。

2001年,全旗着重开展温更学校及乌梁素太乡西山牧业学校民族教育联系点日常工作,为全旗民族教育事业发展的长远规划提供必要依据。并对全旗文教、卫生、广电体育系统进行有关民族政策的贯彻落实情况调查;召开建旗50周年庆典和那达慕大会,举办歌舞、摔跤、赛马等传统的民族文体活动,编排《乌拉特婚礼》专题电视节目片,丰富各族人民文化生活。

2004—2012年,旗民族宗教事务局先后与旗文体局共举办草原马文化艺术节10次、戈壁红驼文化艺术节8次、草原消夏文化艺术节3次,举办祭敖包、祭灶等重大祭祀活动各8次。

2007年,旗民族宗教事务局先后与旗文体局组织旗蒙古族学校的60多名学生参加国家、内蒙古自治区、巴彦淖尔市有关部门举办的各种体育比赛,取得较好的成绩。

2008年,旗民族宗教事务局组建"乌拉特哈日靶"队伍;至2012年,前往锡林郭勒盟、鄂尔多斯市、呼和浩特市等地区参加传统射箭比赛,取得较好成绩。

2012年,全旗唯一一支摇滚乐队——"哈日嘎纳"乐队成立,乐队由8人组成,创作发行很多优美动听的歌曲。

三、民族科技工作

1988—2012年,旗民族宗教事务局充分利用苏木、乡、镇业余党校、文化站等阵地,会同农牧林水和科委等部门,组织专业技术人员在全旗范围内展开规模较大的少数民族科技培训,促进全旗农牧业产业化发展。

1991—2002年,全旗共举办各类培训班134期,完成农牧民科普培训33014人次,举办现场培训42期,参加培训人员2684人次,培训农牧民专业技术骨干949人,其中畜牧技术骨干251人,培训乡、村、社三级干部599人、农牧民助理技师118人,职业技术培训600人,发放培训图书,教材14300多份(册)。同时对旗民族宗教事务局的科技培训联系点工作加以指导,确定科技示范户,收到质量好、示范性强的效益。

2011年,确定海流图镇为民族工作试点集镇,对城市民族工作每年进行详细调研。建立完善民族科技培训和劳动力转移档案以及少数民族文化档案,对全旗少数民族转移劳动力共进行科技培训5000多人(次)。做好少数民族进城务工人员培养和推荐工作。2011—2012年,共推荐3名优秀少数民族进城务工人员。

四、民族项目争取

1988—2012年，旗民族宗教事务局牢牢把握各民族“共同团结奋斗，共同繁荣发展”的民族工作主题，加大项目争取力度，不断改善少数民族群众的生产生活条件，巩固和发展平等、团结、互助、和谐的社会主义民族关系。

1992—2001年，加强项目资金的管理、审查和上报筛选工作，结合全旗实际情况，围绕社会主义市场经济规律，提出有关保护生态、基础设施建设、矿产资源开发、农牧种养、名优产品改进等方面可行性调查研究立项报告23个，立项工程总设计规模高达5000余万元，并建立项目库。1999—2002年，旗民族宗教事务局争取项目投入资金52万元。

2004年，乌拉特中旗被评为全国“兴边富民行动”旗县之一。2008年，乌拉特中旗再次被评为全国“兴边富民行动”旗县之一。为此，旗委、旗人民政府始终把加快少数民族聚居地区经济发展、改善各族群众的生产生活条件，作为民族工作的首要任务来抓，大力实施“兴边富民行动”，圆满完成项目建设任务，取得明显的经济、生态、社会效益。

2004—2012年，全旗共实施兴边富民行动项目19个，全部落实到畜牧业基础设施、生态保护、牧区草料地节水灌溉、教育和卫生等各个方面，项目共投资6481.2万元，其中少数民族发展资金3800万元，整合各类资金和牧民自筹2681.2万元，受益农牧民达2万多人。

五、民族扶贫

1998—2012年，旗民族宗教事务局配合旗扶贫办公室对全旗少数民族人口和少数民族扶贫户的生产、生活状况做全面调查摸底，建立卡片、档案；巴彦淖尔盟（市）、乌拉特中旗两级包扶单位在“四不变”（搬迁农牧民原承包耕地、草地、林地经营权、受益权不变）原则指导下，以贫困村为基点，以包扶贫困户为突破口，包扶率达100%。

20世纪90年代至2002年，巴彦淖尔盟、乌拉特中旗两级财政共投入无偿资金28.83万元（其中盟级20.72万元，旗级8.11万元），旗级单位协助贷款5.5万元，盟、旗两级共承诺扶贫资金57万元（其中盟级38.2万元，旗级18.8万元），使全旗扶贫工作取得实实在在的效果。尤其1998—2000年，全旗遭受罕见旱灾，为确保贫困牧民的基础母畜安全过冬度春，旗民族宗教事务局与旗扶贫办公室把从上级争取到的20万元扶贫救灾款及时购成饲草、饲料，发放到贫困牧民手中，共计发放饲料玉米19.4万千克、葵粉5.16万千克，保证贫困户牲畜安全度春。1996—2012年，旗民族宗教事务局帮助石哈河、巴音哈太、新忽热等地80多户贫困农牧民脱贫，扶贫资助资金达3万多元，为文化扶贫点巴音乌兰苏木资助价值2万多元的蒙文书籍。

第六节　民族事务管理

一、民族政策宣传

1988—2012年，乌拉特中旗各级党委、人民政府把马克思主义民族观、民族理论、党和国家民族宗教政策、《中华人民共和国民族区域自治法》及《国务院实施中华人民共和国民族区域自治法若干规定》等有关民族的法律法规和基本知识的学习列入党委中心组、各级党组织、党员干部（科级干部培训）重要学习内容。开展民族团结进步宣传教育进社区活动。结合党的群众路线教育实践活动，由政府办牵头、组织12个单位的干部职工会同巴音路社区联合党委，深入辖区内慰问孤寡老人、“五保”〔保吃、保穿、保医、保住、保葬（孤儿为保教）〕户，还对辖区河道两旁垃圾进行大清理，加强与不同民族居民之间的交流，增进各民族之间的感情。海流图镇巴音路社区积极组织社区居民，成立蒙古族老年民歌队、蒙古族老年舞蹈队，提供80平方米活动场地供其排练，参加内蒙古自治区第二届乌拉特民歌大赛、少数民族文艺晚会等大型文艺活动，获得民歌大赛二等奖的荣誉。旗民族宗教事务局会同巴音路社区联合党委共同举办"社区一家亲，共铸中国梦"联欢活动。社区开展一系列丰富多彩文体活动，充分展现特色鲜明的民族文化和民族风情，营造民族大团结良好氛围。为号召全旗以先进为榜样，进一步加强民族团结进步宣传教育活动，以报纸、信息、媒体等形式大力宣传巴音路社区创建民族团结进步示范单位的先进事迹，有力推动全旗民族工作新局面。充分利用少数民族传统节日、重大节庆活动开展民族团结进步宣传教育和创建活动，使民族宗教政策和法律法规深入人心，家喻户晓。

二、民族政策落实

1995年，旗民族宗教事务局认真贯彻落实各级民委工作会议精神，并结合中共巴彦淖尔盟委员会统战部《关于继续对各族干部群众进行马克思主义民族观和党的民族政策的宣传教育的通知》（巴党统〔1995〕10号）文件的要求，主要抓以下几方面宣传学习：（1）全面系统的学习研究邓小平有关民族问题的重要论述，力求融会贯通，掌握精神实质，认真学习领会以中共中央总书记江泽民为核心的党中央关于新形势下，做好民族工作的一系列重要指示精神，正确理解和掌握党关于民族问题的基本观点和基本政策。（2）联系实际，继续广泛地开展党的民族政策的宣传教育。协调旗委统战部利用其党校和业余党校阵地，进一步在全体干部群众中开展马克思主义民族观和党的民族政策及《民族区域自治法》的宣传教育。（3）抓好贯彻实施中共巴彦淖尔盟委员会盟行政公署1993年出台的《关于进一步落实党的民族政策，加快巴彦淖尔盟少数民族地区经济文化发展的决定》，不断推动全旗经济和社会发展。

1995—2012年，旗民族宗教事务局于每年9月开展"民族团结进步表彰月"活动，认真贯彻执行党的民族政策，广泛开展民族团结进步宣传教育活动，对增进各民族团结促进社会和谐有着重要的现实意义。

1996年，旗民族宗教事务局认真贯彻执行《中华人民共和国宪法》《中华人民共和国民族区域自治法》，民族工作有新的进展。按照旗委、旗人民政府和上级业务部门的安排部署，在全旗范围内深入宣传和贯彻落实党的民族政策和有关法规，通过开展民族团结进步表彰活动，使党的民族政策深入人心，维护边疆地区的民族团结进步事业和安定团结的政治局面，促进全旗改革开放社会事业的发展。

1999年，加强马克思主义民族观和党的民族政策的宣传教育，学习宣传邓小平理论中关于民族问题和民族工作的重要论述；学习宣传中共中央总书记江泽民在中共十五大报告中关于民族工作的重要论述；把学习宣传与当前正在进行的"三讲"（讲政治、讲学习、讲正气）教育结合起来，使马克思主义民族观和党的民族政策不断深入人心。

2001年，调整蒙古语文工作委员会成员。

2002—2012年，每年9月开展"民族团结进步表彰月"活动，认真贯彻执行党的民族政策，广泛开展民族团结进步宣传教育活动，促进各民族共同努力奋斗、共同繁荣发展。

三、民族团结工作及荣誉

1988—2012年，每年9月，旗民族宗教事务局在全旗各族干部群众中开展民族团结进步宣传教育活动，发放宣传单2000余份；在《乌拉特中旗周刊》宣传报道15个专版，摘编中共中央和国家领导人重要讲话35篇；在电视台《乌拉特中旗新闻》栏目中专门制作片头，设置屏幕挂角，制作栏目和专题；各苏木、镇因地制宜，举办“民族团结图片展”，大力宣传党的民族政策和民族地区发展成就，观看人数达到8000余人；电影管理站组织人员深入各村镇开展爱国主义民族团结影片巡回免费放映活动，放映6场；旗直117个单位、514名干部围绕“畅谈辉煌成就，携手团结奋进”主题，与苏木、镇、嘎查和少数民族聚居村、组结成帮扶对子，开展“一帮一”扶助活动，共投入2000多万元，为群众办实事800多件。其间，全旗3个集体获国务院授予的“民族团结进步模范集体 ”荣誉称号，10个集体受到内蒙古自治区党委、自治区人民政府表彰，52个集体受到中共巴彦淖尔盟（市）委员会、人民政府的表彰，61个集体受到旗委、旗人民政府的表彰；有11人获内蒙古自治区党委、自治区人民政府授予的“民族团结进步模范个人”荣誉称号，73人受到中共巴彦淖尔盟（市）委员会、人民政府的表彰，66人受到旗委、旗人民政府的表彰。通过表彰先进，典型带动，进一步提高各级干部群众对《中华人民共和国民族区域自治法》重要地位和作用的认识，保障并促进少数民族聚居地区经济和社会各项事业的全面进步，使各民族“同呼吸、共命运、心连心”的光荣传统和“三个离不开”（汉族离不开少数民族，少数民族离不开汉族，各少数民族之间也互相离不开）思想深入人心。

2005年，旗委、旗人民政府被国务院评为“民族团结进步模范集体”。

2007年，乌拉特中旗民族团结进步表彰大会召开，表彰在全旗各条战线上涌现出来的民族团结进步先进集体61个、民族团结进步先进个人66人。在全旗民族团结进步表彰大会召开之际，充分利用报刊、电视等新闻媒体宣传报道乌拉特中旗民族和蒙古语工作取得的成就，《巴彦淖尔日报》刊登专版2次，制作电视专题片1部共6节。同时，宣传民族团结进步先进集体和先进个人的事迹。同年，旗委、旗人民政府被中共巴彦淖尔市委员会、市人民政府评为“民族团结进步模范集体”。

2012年，旗民族宗教事务局结合“下基层办实事转作风”活动，结对教育路社区，投入资金8000元，进行巷道硬化7560平方米；改建收水口4个；维修下水道100户（主管道1000米、次管道300米）；并购置扩音器、音响等设备；为呼勒斯太苏木希博图嘎查，投入资金50万元，帮扶30户牧民搞北繁南育肉羊养殖，使他们脱贫致富；帮扶呼勒斯太苏木哈拉葫芦嘎查贫困户2户，每户资助1万元，共计2万元，进行危房改造。同年，旗委、旗人民政府荣获内蒙古自治区“民族团结进步模范集体”荣誉称号。在当年的民族团结进步表彰月活动中，全旗有3个集体和2名个人被内蒙古自治区党委、自治区人民政府评为“民族团结进步模范集体”和“民族团结进步模范个人”，5个集体和8名个人被中共巴彦淖尔市委员会、市人民政府评为“民族团结进步先进集体”和“民族团结进步先进个人”。

第三章 宗 教

第一节 机 构

1988 年,乌拉特中旗设有民族宗教事务局,不设内设机构,按岗位设置;1 名副局长和 1 名工作人员负责全旗的宗教事务工作。

1994 年,乌拉特中旗民族宗教事务局不设股,只设岗位 3 个,秘书业务岗、会计后勤岗、业务员岗;全局核定行政编制 5 名、工勤人员 1 人,其中局长 1 人、副局长 1 人(兼蒙语办主任)。旗蒙语办划归旗民族宗教事务局,为准科建制的事业机构,全额拨款,编制 3 名,其人员及编制从政府办公室一并划入,主任由民族宗教事务局副主任兼任。

2002 年,民族宗教事务局更名为民族事务局(挂宗教局牌子),旗民宗局不设内设机构,按岗位设置。局机关核定行政编制 4 名、工勤事业编制 1 人,其中局长 1 人、副局长 1 人。

2010 年,旗民族宗教事务局按岗位设置,不设内设机构,机关行政编制为 4 名、工勤人员事业编制 1 人,其中科级领导职数 2 人。一正一副。

2012 年,旗民族宗教事务局仍不设内设机构,按岗位设置;局机关编制 4 名,领导职数一正一副,其中行政编制 4 名,另核定工勤人员(事业编制)1 人。1 名副局长和 1 名工作人员,负责全旗的宗教事务工作。

第二节 宗教与活动场所

1988—2012 年,乌拉特中旗有藏传佛教、伊斯兰教、天主教、基督教 4 个宗教派别。共有教职人员 18 人,有信教群众 2269 人。

一、藏传佛教

藏传佛教是乌拉特中旗的传统宗教,信教群众在全旗各地都有分布,居住比较多的地方主要是海流图镇、温更镇、川井苏木、巴音乌兰苏木、新忽热苏木等地。

1988 年,乌拉特中旗藏传佛教主要活动场所有 2 处(希热庙、千里庙)。

2012 年,全旗藏传佛教活动场所有 2 处(希热庙、千里庙),在册登记的喇嘛有 13 人;信教群众主要在场所活动,至年底,全旗有进寺庙活动的信教群众 920 人。

二、伊斯兰教

伊斯兰教信教群众在全旗各地都有分布,居住比较多的地方主要是乌加河镇、德岭山镇、海流图镇等地。

1988 年,乌拉特中旗伊斯兰教主要活动场所有 2 处(乌加河镇奋斗村清真寺、德岭山镇广铁清真寺),在册登记的阿訇有 3 人;至年底,全旗进清真寺活动的信教群众有 600 余人。

2012 年,全旗伊斯兰教主要活动场所有 2 处(德岭山镇广铁村清真寺、乌加河镇奋斗村清真寺),无在册登记的阿訇;至年底,全旗伊斯兰教进清真寺活动的信教群众有 155 人。

三、天主教

20 世纪 70 年代，天主教传入乌拉特中旗，信教群众主要分布在海流图镇。

1988 年，乌拉特中旗天主教主要活动场所有 1 处（海流图天主堂）。

2012 年，全旗天主教主要活动场所有 1 处（海流图天主堂），主要是在海流图镇教堂通过巴彦淖尔市天主教教务委员会、天主教爱国会聘请牧师主持活动；至年底，全旗有天主教信教群众 195 人。

四、基督教

20 世纪 70 年代后期，基督教传入乌拉特中旗，信教群众主要分布在德岭山镇、乌加河镇、海流图镇、石哈河镇等地。

2012 年，全旗基督教主要活动场所有 3 处（海流图基督教堂、海流图基督西教堂、大圣基督教堂），在册登记的牧师有 4 人；至年底，全旗基督教信教群众有 999 人。

第三节　宗教活动

一、藏传佛教

（一）祝颂会

农历正月初八起念“尤如勒”（祝福经），到农历正月十五晚举行“木偶戏”，由喇嘛制作“木偶”并表演，这一天，旗内官吏及寺庙全体喇嘛，远近的牧民都要观看，并叩头拜神，祷告神灵保佑。这一天，布施俸禄者最多，也是寺庙收入最多的一天。也有从正月十三日至十六日止，为全年首次朝拜会，寺庙附近朝拜者、施主云集两天，到十五日接受祝颂词，晚上拜月。十六日一早，祭祀美岱佛，当日结束朝拜、祝颂活动。

（二）诵经拜佛会

农历二月初一至初十，由拉僧喇嘛负责召开，以诵经拜佛为主。

（三）定期纪念会

农历四月初八至十五日，共 8 天经会。十五日，全寺所有喇嘛忌吃素，只吃黄油、酥油饼或黄油粥。每日下午空腹诵经，以纪念释迦牟尼圆寂之日。

（四）祭敖包祈雨活动

农历五月十三日，煮整羊祭祀曼汗敖包一天，同时举行赛马、摔跤活动。

（五）玛尼会

农历六月十二日起至六月二十日止，这 7 天内，全召喇嘛在大雄宝殿念《玛尼经》《甘珠尔经》，其中昆都仑召要念 3 天乾隆皇帝所奉的蒙文《甘珠尔经》。

（六）祈佛朝拜会

农历七月十三日下午至十七日上午，会期 5 天。整日念《甘珠尔经》，有 30 多尊佛祖的颂经和 7 罗汗经，最后 1 天请神。此时有很多朝拜者络绎不绝。

（七）佛祖纪念会

农历九月二十二日，为佛祖诞辰，纪念奥特素佛爷。

（八）香火会

农历十月二十五日宗喀巴诞辰，念一天颂经，傍晚见到夜空有星时，即在每一尊主要佛像前点燃100盏佛灯。甚至空室住屋、厨房都要点上佛灯。

(九)祈祷年会

年终农历腊月(十二月)二十四日晚,祭灶送神,同时放假娱乐。年三十晚饭后,开始念《金比巴经》,整夜间请拉赫曼佛。次日天亮时,向四面八方敲鼓驱邪驱鬼,结束一年最后一次的祈祷会。

二、伊斯兰教

(一)开斋节

伊斯兰历闪瓦鲁月的第一天(十月一日)为开斋节。这天,伊斯兰教信教群众很早起床,早祈祷后就可以吃些东西,象征斋月结束。然后出去团拜,互相拥抱问候,恢复朋友和亲友之间的联系。

1988—2012年,每年开斋节时,乌拉特中旗伊斯兰教信教群众都穿节日衣服,喜气洋洋,所有穆斯林群众都会到清真寺庆祝节日。

(二)古尔邦节

古尔邦节又称宰牲节、尔德节等,是全世界信仰伊斯兰教的穆斯林的共同节日,在开斋节往后70天。古尔邦节在阿拉伯语中称作"尔一德·古尔邦",也称"尔一德·艾多哈"。"尔一德"的意思是节日,"古尔邦"和"艾多哈"都含有"宰牲、献牲"之意。因此,通常把这一节日的名称汉译为"宰牲节",即宰牲献祭的节日。

1988—2012年,每年古尔邦节的时间定在伊斯兰教教历的十二月初十。过节前,乌拉特中旗伊斯兰教信教群众家家户户都把房舍打扫得干干净净,制作精致的节日糕点。节日清晨,信教群众要沐浴熏香,严整衣冠,所有信教群众都会到清真寺参加宗教活动和会礼。

三、天主教

1988—2012年,乌拉特中旗天主教信教群众每天举行弥撒仪式(又称感恩祭、平日弥撒),礼拜天和"四大节日"(耶稣复活节、圣神降临节、圣母升天节、圣诞节)举行隆重的弥撒仪式,天主教称之为主日弥撒;天主教活动(亦称圣事)主要有圣洗、坚振、告解、圣体、终敷、神品、婚配等7种。

四、基督教

1988—2012年,乌拉特中旗基督教信教群众每周聚会3次,开展有关活动。

第四节　宗教事务管理

一、政策宣传

1988—2012年,乌拉特中旗各级党委、人民政府把党和国家宗教政策、国务院颁发的《宗教事务条例》等有关宗教的法律法规和基本知识的学习列入党委中心组、各级党组织、党员干部(科级干部培训)的重要学习内容。具体工作内容为:(1)立足于落实责任,建立"四个纳入"(把宗教工作纳入党委、政府的重要议事日程,认真研究、及时处理宗教工作的重大问题;把宗教工作纳入党委、政府目标责任考核体系,宗教工作任务重的地方,把会不会做宗教工作做为干部选拔任用的重要条件,做为考核干部政绩的重要依据;把宗教工作纳入党委、政府中心组的学习内容,各级领导干部都要认真学习、全面掌握宗教方面的基本知识和党的宗教工作基本方针政策,提高驾驭宗教工作的能力和水平;把宗教工作纳入各级党校、行政学院、社会主义学院的教学内容,坚持不懈地对党员干部进行马克思主义宗教观和党的宗教政策的宣传教育,增强他们做好宗教工作的责任感和使命感)工作机制。为使各级干部特别是领导干部做好宗教工作,旗党校增加5个教学课时,讲解宗教工作形势和马克思主义宗教观以及党的宗教工作方针、政策。将宗教工作纳入党政领导班子考核体系。(2)认真贯彻《宗教事务条例》精神，依法管理宗教事务。依法妥善处理宗教领域存在的问题，并要求宗教场所负责人要对信教群众负责、对场所安全负责、对传教内容负责，要求场所负责人在人员变化时要报告、组织活动时要报告、外事活动时要报告，要求宗教教职人员在规定地点和范围内主持宗教活动。对旗内出现少部分信教群众未经批准，在家里私设聚会点聚会(主要是老年人)现象，采取说服教育的方式，让他们到正式开放的宗教活动场所进行宗教活动。(3)不断强化《宗教事务条例》宣传教育工作，抓宣传、抓巩固、抓基层、抓落实。同时，运用媒体、宣传栏、板报等方式加大宣传力度，通过走访、举办学习班、召开座谈会等形式进行教育学习，使宗教界人士和广大信教群众解、懂得、遵守《宗教事务条例》，也使各级党政干部对宗教工作重要性进一步有所认识。

二、场所管理

1988—2012 年，全旗信教人数呈上升趋势。按照上级部门的安排部署和统一要求，由旗委统战部牵头，旗民族宗教事务局、公安局国保大队、安全局等宗教工作联席会议成员单位，每年对宗教场所进行 2 ~ 3 次全面自查，对已经登记的宗教活动家场所进行年检，重点排查建筑、消防、卫生、财产和大型宗教活动等方面存在的问题，及时了解宗教种类、信教群众的人数、结构及分布情况、宗教事务管理情况，妥善解决问题。对各宗教活动场所进行调查摸底，该登记的进行登记，该整顿的进行整顿，该取缔的给予取缔。由于加强对宗教活动的规范化、法制化管理，在全旗宗教问题上没有出现大问题，没有发现乱建寺庙和露天宗教造像的情况，没有外地僧人来乌拉特中旗非法传教活动的情况。每年召开宗教工作联席会议 2 ~ 4 次。至 2012 年底，全旗有宗教活动场点 25 处(已批准登记 7 处、“以堂带点”5 处，未批准活动点 13 处)。这些场所的各项制度全部完善并上墙；其经济来源主要是信教群众的捐献和布施。藏传佛教活动场所(希热庙、千里庙等)经费除用于宗教活动外，还用于祭敖包、取暖、电费、驻庙喇嘛生活等各项开支。天主教、伊斯兰教、基督教活动场所经费主要用于宗教活动。

三、人员管理

1988—2012 年，民族宗教事务局在宗教人员管理上，始终坚持狠抓落实时刻不放松。及时召开全旗宗教工作领导小组和宗教工作联席会议，及时传达上级文件精神，对学习贯彻落实《宗教事务条例》进行部署。分别对从事民族宗教工作的人员、苏木、镇统战委员和宗教界人士进行培训学习，编印宗教法律法规手册，向镇(苏木、乡)、嘎查(村)干部和宗教场所、信教群众进行发放。每年对全旗宗教工作干部和宗教教职人员进行不同类型的培训 2 次、50 多人次，认真宣传贯彻党的宗教政策和法律法规，培训宗教工作干部达 60%，培训宗教教职人员和宗教活动场所负责人达 35%，培训率达 100%。

四、活动管理

(一)落实宗教政策

1988—2012 年，旗民族宗教事务局牢固树立“四个维护”(维护法律尊严，维护人民利益，维护民族团结，维护祖国统一)观念，认真配合司法部门，以《宗教事务条例》为标准，严格落实党的宗教政策。2012 年，开始开展创建宗教活动场所“安全年”活动和“宗教政策法规学习月”活动，不断提高宗教界人士和信教群众的国家意识、公民意识、法律意识。同时认真做好宗教教职人员认定备案工作。全旗 18 个教职人员已全部纳入医保，参加社保 3 人，纳入低保 12 人。

(二)开展爱国主义教育

1988—2012 年,旗民族宗教事务局每年积极引导宗教界人士开展"文明寺观教堂创建及评比表彰"活动,使宗教活动逐步规范有序,宗教教职人员的综合素质不断提高。

1988—2000 年,每年开展"宗教界爱国主义教育活动月",引导宗教界人士的爱国热情,牢固树立爱国爱教思想,发挥宗教正能量,为社会和谐做出贡献。

2001 年,在"文明宗教场所和文明教职人员"的评选活动中,德岭山乡四义堂基督教堂和巴音哈太希热庙荣获"文明寺观教堂"荣誉,四义堂长老李志安和希热庙喇嘛丹金荣获"文明教职人员"称号。

2012 年,全旗遭遇罕见的强降雨和山洪袭击,经济损失惨重。为支援抢险救灾和灾后重建,旗民族宗教事务局积极动员全旗宗教界人士向灾区群众共捐款 22335 元。培养一批爱国爱教的宗教界代表人士,支持和帮助宗教界人士探索和谐理论,树立和谐理念,推广和谐价值,发挥他们在推动经济社会发展中的作用。

(三)实施希热庙修复工程

希热庙始建于清康熙四十九年(1710),占地面积 807 亩,最兴盛时期有僧人 300 多人,庙属牲畜数千只,是乌拉特中旗及周边最大藏传佛教圣地。为挖掘和发扬民族宗教文化内涵,乌拉特中旗人民政府于 1993—2007 年共投资 100 多万元,抢修部分庙宇、架设高压线路。2009 年,投资 222 万元,修建通往希热庙的 4 千米水泥路。为再现希热庙往日风采,旗人民政府按照"修旧如旧"原则,清理废墟,找出原建筑的基础和柱石,并按照文物保护要求进行图样复原和建设,于 2010 年 5 月开始对希热庙原有 8 个大殿进行全面修复。截至 2012 年底,希热庙 8 个大殿之一的大雄宝殿主体工程全部完成,该工程共占地面积 400 多平方米,建筑面积 1000 多平方米,其结构为整体两层,局部三层,同时硬化殿前广场,安装防护栏,工程总投资 300 多万元。

第四篇
中国共产党地方组织

◎ 党代会代表与历次党代会
◎ 组织机构
◎ 学习教育活动
◎ 旗委重要会议与决策
◎ 主要工作
◎ 纪律检查

第一章　党代会代表与历次党代会

第一节　党代会代表

一、代表选举程序

中共乌拉特中旗各基层党委（独立党总支）根据中共乌拉特中旗委员会（以下简称“旗委”）分配的代表名额、代表结构比例，制定代表名额分配方案，并按多于代表名额30%的比例提出代表候选人。

全旗各基层党委（独立党总支）组织所属党组织召开党员大会，推荐或讨论代表候选人酝酿人选，经过自下而上、自上而下、上下结合、反复酝酿协商后，提出代表候选人初步人选。

全旗各基层党委（独立党总支）派出考察组对代表候选人初步人选进行全面考察，广泛听取党内外各方面意见，并向基层党委（独立党总支）汇报。

全旗各基层党委（独立党总支）召开党委（总支部委员会）会议，在充分讨论的基础上，研究确定代表候选人预备人选名单，填写“代表候选人预备人选名册”和“代表候选人登记表”，写出酝酿代表候选人情况报告，报送旗委组织部审查批复。

全旗基层党委（独立党总支）召开党代表大会（党员大会），在旗委组织部审查批复的基础上，对候选人预备人选进行充分酝酿，根据多数选举人的意见确定候选人，进行选举。选出的代表，上报旗委审批。

二、党代表构成

（一）中共乌拉特中旗第九次代表大会代表

1990年，根据《中国共产党地方组织选举工作条例》规定，结合乌拉特中旗党员和党组织实际情况，经中共乌拉特中旗第八届委员会常委会议研究决定，出席中国共产党乌拉特中旗第九次代表大会的正式代表名额拟定为149名。其中工人和农牧民党员代表55名，占代表总数的37.16%；干部党员代表89名，占代表总数的60.14%；解放军代表、武警代表共3名，占代表总数的2.03%；老干部代表2名，占代表总数的1.35%。在全体代表中，少数民族代表有66名，占代表总数的44.60%；各类专业技术人员（知识分子）代表50名，占代表总数的33.78%；妇女代表26名，占代表总数的17.57%，45周岁以下代表92名，占代表总数的62.16%。

（二）中共乌拉特中旗第十次代表大会代表

1995年，根据《中国共产党地方组织选举工作条例》规定，结合乌拉特中旗党员和党组织实际情况，经中共乌拉特中旗第九届委员会常委会议研究决定，出席中国共产党乌拉特中旗第十次代表大会的代表名额拟定为169名。其中工人和农牧民党员代表63名，占代表总数的37.29%；干部党员代表103名（包括老干部代表3名），占代表总数的60.95%；解放军、武警代表3名，占代表总数的1.76%。代表中有少数民族代表72名，占代表总数的42.60%；知识分子代表83名，占代表总数的49.11%；妇女代表33名，占代表总数的19.53%；45周岁以下代表117名，占总数的69.23%。

（三）中共乌拉特中旗第十一次代表大会代表

2000 年，根据《中国共产党地方组织选举工作条例》规定，结合乌拉特中旗党员和党组织实际情况，经中共乌拉特中旗第十届委员会常委会议研究决定，出席中国共产党乌拉特中旗第十一次代表大会的代表名额拟定为 170 名。其中工人和农牧民党员代表 54 名，占代表总数的 31.76%；干部党员代表 105 名（包括老干部代表 5 名），占代表总数的 61.76%；解放军、武警代表 3 名，占代表总数的 1.76%。代表中有各条战线的先进劳动模范 61 名，占代表总数的 35.88%，其中来自国有企业的 4 名，个体户 2 名，私营企业 2 名，占代表总数的 4.71%；少数民族代表 75 名，占代表总数的 44.12%；妇女代表 35 名，占代表总数的 20.59%；知识分子及专业技术人员 89 名，占代表总数的 52.35%；45 周岁以下的代表 115 名，占代表总数的 67.65%。

（四）中共乌拉特中旗第十二次代表大会代表

2006 年，根据《中国共产党地方组织选举工作条例》规定，结合乌拉特中旗党员和党组织实际情况，经中共乌拉特中旗第十一届委员会常委会议研究决定，出席中国共产党乌拉特中旗第十二次代表大会的代表名额拟定为 169 名。其中工人和农牧民党员代表 56 名，占代表总数的 33.14%；干部党员代表 101 名（包括老干部代表 5 名），占代表总数的 59.76%；解放军、武警代表 4 名，占代表总数的 2.37%；先进劳动模范 42 名，占代表总数的 25.85%，其中，非公有制企业经济组织人员中的模范党员代表 8 名，占代表总数的 4.73%。代表中有少数民族代表 60 名，占代表总数的 35.50%；妇女代表 34 名，占代表总数的 20.19%；知识分子及专业技术人员 42 名，占代表总数的 24.85%；45 周岁以下的代表 85 名，占代表总数的 50.30%。

（五）中共乌拉特中旗第十三次代表大会代表

2011 年，根据《中国共产党地方组织选举工作条例》规定，结合乌拉特中旗党员和党组织实际情况，经中共乌拉特中旗第十二届委员会常委会议研究决定，出席中国共产党乌拉特中旗第十三次代表大会的代表名额拟定为 189 名。其中工人和农牧民党员代表 66 名，占代表总数的 34.92%；干部党员代表 107 名（包括老干部代表 5 名），占代表总数的 56.61%；解放军、武警代表 4 名，占代表总数的 2.12%。代表中有各条战线的先进劳动模范 38 名，占代表总数的 20.11%；少数民族代表 87 名，占代表总数的 46.03%；妇女代表 46 名，占代表总数的 24.34%；知识分子及专业技术人员 40 名，占代表总数的 21.16%；45 周岁以下的代表 96 名，占代表总数的 50.79%。

三、代表资格审查

（一）中共乌拉特中旗第九次代表大会代表资格审查

中共乌拉特中旗第九次代表大会代表资格审查委员会听取旗委组织部关于代表选举情况的汇报，广泛听取各方面的意见，着重从代表的政治、历史等方面进行严格审查。

代表资格审查委员会认为，全旗 24 个选举单位、人民解放军、武警部队选出的 149 名代表，基本符合《中国共产党章程》《中国共产党基层组织选举工作暂行条例》及旗委关于选举工作的有关规定，除 1 名代表外，其余 148 名代表资格全部有效。

（二）中共乌拉特中旗第十次代表大会代表资格审查

中共乌拉特中旗第十次代表大会代表资格审查委员会听取旗委组织部关于代表选举情况的汇报，广泛听取各方面的意见，对出席第十次党代会代表进行资格审查。

代表资格审查委员会认为，全旗 28 个选举单位、中国人民解放军、武警部队选出的 169 名代表，符合《中国共产党章程》《中国共产党基层组织选举工作暂行条例》及旗委关于选举工作的有关规定，代表资格全部有效。

（三）中共乌拉特中旗第十一次代表大会代表资格审查

中共乌拉特中旗第十一次代表大会代表资格审查委员会听取旗委组织部关于代表选举情况的汇报，广泛听取各方面的意见，对出席第十一次党代会代表进行资格审查。

代表资格审查委员会认为，全旗32个选举单位、中国人民解放军、武警部队选出的169名代表，符合《中国共产党章程》《中国共产党基层组织选举工作暂行条例》及旗委关于选举工作的有关规定，代表资格全部有效。

（四）中共乌拉特中旗第十二次代表大会代表资格审查

中共乌拉特中旗第十二次代表大会代表资格审查委员会听取旗委组织部关于代表选举情况的汇报，广泛听取各方面的意见，对出席第十二次党代会代表进行资格审查。

代表资格审查委员会认为，全旗各选举单位、中国人民解放军、武警部队选出的169名代表，符合《中国共产党章程》《中国共产党基层组织选举工作暂行条例》及旗委关于选举工作的有关规定，代表资格全部有效。

（五）中共乌拉特中旗第十三次代表大会代表资格审查

中共乌拉特中旗第十三次代表大会代表资格审查委员会听取旗委组织部关于代表选举情况的汇报，广泛听取各方面的意见，对出席第十三次党代会代表进行资格审查。

代表资格审查委员会认为，全旗各选举单位、中国人民解放军、武警部队选出的189名代表，符合《中国共产党章程》《中国共产党基层组织选举工作暂行条例》及旗委关于选举工作的有关规定，代表资格全部有效。

第二节　历次党代会

一、中共乌拉特中旗第九次代表大会

1990年12月22—23日，中共乌拉特中旗第九次代表大会召开。大会应到代表260人，实到代表226人、列席代表80人、来宾8人、特邀代表24人。大会一致通过旗委书记代表中共乌拉特中旗第八届委员会所作工作报告。以无记名投票差额选举的办法选举产生中共乌拉特中旗第九届委员会委员27人、候补委员4人。

12月23日，中国共产党乌拉特中旗第九届委员会第一次全体会议召开，选举产生新一届委员会常委9人、书记1人、副书记3人。

二、中共乌拉特中旗第十次代表大会

1995年11月28—29日，中共乌拉特中旗第十次代表大会召开。大会一致通过旗委书记代表中共乌拉特中旗第九届委员会所作工作报告。以无记名投票差额选举的办法选举产生中共乌拉特中旗第九届委员会委员27人、候补委员4人。

11月30日，中国共产党乌拉特中旗第十届委员会第一次全体会议召开，选举产生新一届委员会常委9人、书记1人、副书记3人。

三、中共乌拉特中旗第十一次代表大会

2000年12月28—29日，中共乌拉特中旗第十一次代表大会召开。大会列席代表113人、来宾

10 人。大会一致通过旗委书记代表中共乌拉特中旗第十届委员会所作的工作报告。以无记名投票差额选举的办法选举产生中共乌拉特中旗第九届委员会委员 35 人、候补委员 6 人。

12 月 29 日，中国共产党乌拉特中旗第十一届委员会第一次全体会议召开，选举产生新一届委员会常委 10 人、书记 1 人、副书记 3 人。

四、中共乌拉特中旗第十二次代表大会

2006 年 7 月 12—13 日，中共乌拉特中旗第十二次代表大会召开。大会应到代表 170 人，实到代表 166 人，列席代表 105 人、来宾 13 人。大会一致通过旗委书记代表中共乌拉特中旗第十一届委员会所作的工作报告。以无记名投票差额选举的办法选举产生中共乌拉特中旗第九届委员会委员 35 人、候补委员 6 人。

7 月 13 日，中国共产党乌拉特中旗第十二届委员会第一次全体会议召开，选举产生新一届委员会常委 11 人、书记 1 人、副书记 3 人。

五、中共乌拉特中旗第十三次代表大会

2011 年 5 月 25—27 日，中共乌拉特中旗第十三次代表大会召开。大会一致通过旗委书记代表中共乌拉特中旗第十二届委员会所作的工作报告。以无记名投票差额选举的办法选举产生中共乌拉特中旗第九届委员会委员 35 人、候补委员 6 人。

5 月 27 日，中国共产党乌拉特中旗第十三届委员会第一次全体会议召开，选举产生新一届委员会常委 11 人、书记 1 人、副书记 2 人。

第二章 组织机构

第一节 中共乌拉特中旗委员会

一、中共乌拉特中旗第八届委员会

1988 年 1 月，中共乌拉特中旗第八届委员会设书记 1 人、副书记 4 人、旗委常委 9 人。

1988 年 1 月至 1990 年 12 月中共乌拉特中旗第八届委员会书记、副书记、常委名录

表 4－1

职 务	姓 名	性 别	民 族	任 期
书 记	朝 鲁	男	蒙古族	1988 年 1 月至 1989 年 6 月
	波日来	男	蒙古族	1989 年 6 月至 1990 年 12 月
副书记	波日来	男	蒙古族	1988 年 1 月至 1989 年 6 月
	韩 刚	男	汉 族	1988 年 1 月至 1988 年 10 月
	程树祥	男	汉 族	1988 年 1 月至 1990 年 12 月
	苏木雅	女	蒙古族	1988 年 1 月至 1990 年 12 月
常 委	朝 鲁	男	蒙古族	1988 年 1 月至 1989 年 6 月
	波日来	男	蒙古族	1988 年 1 月至 1990 年 12 月
	韩 刚	男	汉 族	1988 年 1 月至 1988 年 10 月
	程树祥	男	汉 族	1988 年 1 月至 1990 年 12 月
	苏木雅	女	蒙古族	1988 年 1 月至 1990 年 12 月
	艾力布	男	蒙古族	1988 年 1 月至 1990 年 11 月
	华 夫	男	蒙古族	1988 年 1 月至 1990 年 11 月
	孟和吉德	男	蒙古族	1988 年 1 月至 1990 年 12 月
	王 宣	男	汉 族	1988 年 1 月至 1990 年 12 月
	刘 俊	男	汉 族	1990 年 10 月至 1990 年 12 月
	章文润	男	汉 族	1990 年 11 月至 1990 年 12 月
	赛音满达	男	蒙古族	1990 年 11 月至 1990 年 12 月

二、中共乌拉特中旗第九届委员会

1990 年 12 月，中共乌拉特中旗第九届委员会设书记 3 人、副书记 6 人、旗委常委 19 人。

1990 年 12 月至 1995 年 11 月中共乌拉特中旗第九届委员会书记、副书记、常委名录

表 4－2

职 务	姓 名	性 别	民 族	任 期
书 记	波日来	男	蒙古族	1990 年 12 月至 1992 年 9 月
	赵文元	男	蒙古族	1992 年 9 月至 1994 年 7 月
	卜建国	男	蒙古族	1994 年 7 月至 1995 年 11 月

续表4－2

职　务	姓　名	性　别	民　族	任　期
副书记	赵文元	男	蒙古族	1990年12月至1992年9月
	程树祥	男	汉　族	1990年12月至1995年10月
	苏木雅	女	蒙古族	1990年12至1995年11月
	孟和吉德	男	蒙古族	1992年9月至1995年5月
	黄志江	男	蒙古族	1995年5月至1995年11月
	蔺富民	男	汉　族	1995年9月至1995年11月
常　委	波日来	男	蒙古族	1990年12月至1992年9月
	赵文元	男	蒙古族	1992年9月至1994年7月
	程树祥	男	汉　族	1990年12月至1995年9月
	苏木雅	女	蒙古族	1990年12月至1995年11月
	华　夫	男	蒙古族	1990年12月至1991年9月
	王　宣	男	汉　族	1990年12月至1993年2月
	章文润	男	汉　族	1990年12月至1995年3月
	赛音满达	男	蒙古族	1990年12月至1995年9月
	顾　林	男	汉　族	1990年12月至1995年9月
	刘　俊	男	汉　族	1990年12月至1994年2月
	孙学武	男	汉　族	1991年9月至1993年11月
	孟和吉德	男	蒙古族	1992年9月至1995年5月
	阿拉腾宝力格	男	蒙古族	1993年10月至1995年11月
	王振东	男	汉　族	1994年6月至1995年11月
	卜建国	男	蒙古族	1994年7月至1995年11月
	冯荣元	男	汉　族	1995年3月至1995年11月
	黄志江	男	蒙古族	1995年5月至1995年11月
	蔺富民	男	汉　族	1995年9月至1995年11月
	恩和吉日嘎拉	男	蒙古族	1995年10月至1995年11月

三、中共乌拉特中旗第十届委员会

1995年11月30日，中共乌拉特中旗第十届委员会召开第一次会议，选出书记1人、副书记3人、旗委常委9人。

1995年11月至2000年12月中共乌拉特中旗第十届委员会书记、副书记、常委名录

表4－3

职　务	姓　名	性　别	民　族	任　期
书　记	卜建国	男	蒙古族	1995年11月至1997年6月
	黄志江	男	蒙古族	1997年6月至2000年12月
副书记	黄志江	男	蒙古族	1995年11月至1997年6月

续表 4－3

职　务	姓　名	性　别	民　族	任　期
副书记	苏木雅	女	蒙古族	1995 年 11 月至 1997 年 6 月
	蔺富民	男	汉　族	1995 年 11 月至 2000 年 5 月
	王喜才	男	汉　族	1996 年 5 月至 1998 年 1 月
	杨介中	男	蒙古族	1997 年 6 月至 1998 年 11 月
	李　克	男	蒙古族	1997 年 6 月至 2000 年 12 月
	陈和平	男	蒙古族	1998 年 11 月至 2000 年 12 月
	贺福宝	男	汉　族	2000 年 5 月至 2000 年 12 月
常　委	卜建国	男	蒙古族	1995 年 11 月至 1997 年 6 月
	黄志江	男	蒙古族	1995 年 11 月至 2000 年 12 月
	苏木雅	女	蒙古族	1995 年 11 月至 1997 年 6 月
	蔺富民	男	汉　族	1995 年 11 月至 2000 年 5 月
	冯荣元	男	汉　族	1995 年 11 月至 2000 年 11 月
	阿拉腾宝力格	男	蒙古族	1995 年 11 月至 1998 年 11 月
	王振东	男	汉　族	1995 年 11 月至 1998 年 2 月
	庞贵林	男	汉　族	1995 年 11 月至 2000 年 12 月
	恩和吉日嘎拉	男	蒙古族	1995 年 11 月至 1998 年 11 月
	王喜才	男	汉　族	1996 年 5 月至 1998 年 1 月
	郭九银	男	汉　族	1996 年 7 月至 2000 年 12 月
	杨介中	男	蒙古族	1997 年 6 月至 1998 年 11 月
	李　克	男	蒙古族	1997 年 6 月至 2000 年 12 月
	毛中元	男	汉　族	1998 年 2 月至 2000 年 12 月
	陈和平	男	蒙古族	1998 年 11 月至 2000 年 12 月
	康旭明	男	蒙古族	1998 年 11 月至 2000 年 12 月
	照那斯图	男	蒙古族	1998 年 11 月至 2000 年 12 月
	刘还俊	男	汉　族	1998 年 11 月至 2000 年 12 月
	贺福宝	男	汉　族	2000 年 5 月至 2000 年 12 月
	珠　岚	女	蒙古族	2000 年 11 月至 2000 年 12 月

四、中共乌拉特中旗第十一届委员会

2000 年 12 月 29 日，中共乌拉特中旗第十一届委员会召开第一次会议，选出书记 1 人、副书记 3 人、旗委常委 10 人。

2000 年 12 月至 2006 年 7 月中共乌拉特中旗第十一届委员会书记、副书记、常委名录

表4－4

职　务	姓　名	性　别	民　族	任　期
书　记	黄志江	男	蒙古族	2000 年 12 月至 2002 年 1 月
	陈和平	男	蒙古族	2002 年 1 月至 2003 年 11 月
	杜隽世	男	蒙古族	2003 年 11 月至 2004 年 7 月
	陶格陶	男	蒙古族	2004 年 7 月至 2006 年 7 月
副书记	陈和平	男	蒙古族	2000 年 12 月至 2002 年 1 月
	李　克	男	蒙古族	2000 年 12 月至 2003 年 11 月
	贺福宝	男	汉　族	2000 年 12 月至 2003 年 11 月
	庞贵林	男	汉　族	2002 年 3 月至 2005 年 3 月
	刘还俊	男	汉　族	2002 年 3 月至 2004 年 7 月
	斯　庆	男	蒙古族	2003 年 11 月至 2006 年 7 月
	苏　和	男	蒙古族	2003 年 11 月至 2004 年 7 月
	武志杰	男	汉　族	2004 年 7 月至 2006 年 7 月
	额尔敦仓	男	蒙古族	2004 年 7 月至 2006 年 7 月
	王世佑	男	汉　族	2005 年 3 月至 2006 年 7 月
	边保权	男	蒙古族	2005 年 3 月至 2006 年 6 月
常　委	黄志江	男	蒙古族	2000 年 12 月至 2002 年 1 月
	陈和平	男	蒙古族	2002 年 1 月至 2003 年 11 月
	李　克	男	蒙古族	2000 年 12 月至 2003 年 11 月
	贺福宝	男	汉　族	2000 年 12 月至 2003 年 11 月
	毛中元	男	汉　族	2000 年 12 月至 2004 年 2 月
	庞贵林	男	汉　族	2000 年 12 月至 2005 年 3 月
	刘还俊	男	汉　族	2000 年 12 月至 2004 年 7 月
	康旭明	男	蒙古族	2000 年 12 月至 2005 年 3 月
	照那斯图	男	蒙古族	2000 年 12 月至 2003 年 11 月
	珠　岚	女	蒙古族	2000 年 12 月至 2003 年 11 月
	郭九银	男	汉　族	2000 年 12 月至 2002 年 6 月
	佟格日乐	女	蒙古族	2002 年 3 月至 2006 年 7 月
	魏育林	男	汉　族	2002 年 6 月至 2004 年 7 月
	杜隽世	男	蒙古族	2003 年 11 月至 2004 年 7 月
	斯　庆	男	蒙古族	2003 年 11 月至 2006 年 7 月
	苏　和	男	蒙古族	2003 年 11 月至 2004 年 7 月
	张　亮	男	汉　族	2003 年 11 月至 2006 年 7 月
	巴　图	男	蒙古族	2003 年 11 月至 2006 年 7 月
	图　门	男	蒙古族	2003 年 11 月至 2006 年 7 月
	陶格陶	男	蒙古族	2004 年 7 月至 2006 年 7 月

续表 4－4

职　务	姓　名	性　别	民　族	任　期
常　委	武志杰	男	汉　族	2004 年 7 月至 2006 年 7 月
	额尔敦仓	男	蒙古族	2004 年 7 月至 2006 年 7 月
	樊根在	男	汉　族	2004 年 7 月至 2006 年 7 月
	樊兵林	男	汉　族	2004 年 7 月至 2005 年 8 月
	王世佑	男	汉　族	2005 年 3 月至 2006 年 7 月
	闫　峻	男	汉　族	2005 年 3 月至 2006 年 7 月
	徐　峰	男	汉　族	2005 年 3 月至 2006 年 7 月
	刘润生	男	汉　族	2005 年 8 月至 2006 年 7 月
	边保权	男	蒙古族	2005 年 3 月至 2006 年 6 月
	陈贵元	男	汉　族	2006 年 2 月至 2006 年 7 月(挂职)
	刘　杰	男	汉　族	2006 年 6 月至 2006 年 7 月
	彭玉堂	男	汉　族	2006 年 6 月至 2006 年 7 月
	斯日古楞	男	蒙古族	2006 年 6 月至 2006 年 7 月

五、中共乌拉特中旗第十二届委员会

2006 年 7 月 13 日，中共乌拉特中旗第十二届委员会召开第一次会议，选出书记 1 人、副书记 3 人、旗委常委 11 人。

2006 年 7 月至 2011 年 5 月中共乌拉特中旗第十二届委员会书记、副书记、常委名录

表 4－5

职　务	姓　名	性　别	民　族	任　期
书　记	陶格陶	男	蒙古族	2006 年 7 月至 2008 年 4 月
	邱进宝	男	汉　族	2008 年 4 月至 2011 年 5 月
副书记	斯　庆	男	蒙古族	2006 年 7 月至 2007 年 4 月
	额尔敦仓	男	蒙古族	2006 年 7 月至 2007 年 4 月
	武志杰	男	汉　族	2006 年 7 月至 2008 年 4 月
	边保权	男	蒙古族	2007 年 4 月至 2011 年 5 月
	郭介中	男	汉　族	2007 年 4 月至 2008 年 4 月
	佟格日乐	女	蒙古族	2008 年 8 月至 2011 年 5 月
常　委	陶格陶	男	蒙古族	2006 年 7 月至 2008 年 4 月
	斯　庆	男	蒙古族	2006 年 7 月至 2007 年 4 月
	额尔敦仓	男	蒙古族	2006 年 7 月至 2007 年 4 月
	武志杰	男	汉　族	2006 年 7 月至 2008 年 4 月
	边保权	男	蒙古族	2006 年 7 月至 2011 年 5 月
	佟格日乐	女	蒙古族	2006 年 8 月至 2011 年 5 月
	刘润生	男	汉　族	2006 年 7 月至 2007 年 7 月
	刘　杰	男	汉　族	2006 年 6 月至 2007 年 11 月
	闫　峻	男	汉　族	2006 年 7 月至 2011 年 5 月

续表 4 – 5

职　务	姓　名	性　别	民　族	任　期
常　委	彭玉堂	男	汉　族	2006 年 6 月至 2010 年 2 月
	斯日古楞	男	蒙古族	2006 年 7 月至 2011 年 5 月
	陈贵元	男	汉　族	2006 年 7 月至 2007 年 4 月(挂职)
	樊兵林	男	汉　族	2006 年 7 月至 2009 年 5 月
	郭介中	男	汉　族	2007 年 4 月至 2008 年 4 月
	张喜闻	男	汉　族	2007 年 7 月至 2009 年 5 月
	巴　图	男	蒙古族	2007 年 11 月至 2008 年 8 月
	王肇晟	男	汉　族	2007 年 11 月至 2010 年 12 月
	邱进宝	男	汉　族	2008 年 4 月至 2011 年 5 月
	云奇峰	男	蒙古族	2008 年 8 月至 2011 年 5 月
	刘志刚	男	汉　族	2009 年 5 月至 2011 年 5 月
	张　浩	男	汉　族	2009 年 5 月至 2011 年 5 月
	贾明星	男	汉　族	2009 年 7 月至 2010 年 4 月(挂职)
	张文彪	男	汉　族	2010 年 2 月至 2011 年 5 月
	王　宾	男	汉　族	2010 年 12 月至 2011 年 5 月

六、中共乌拉特中旗第十三届委员会

2011 年 5 月 27 日，中共乌拉特中旗第十三届委员会召开第一次会议，选出书记 1 人、副书记 2 人、旗委常委 11 人。

2011 年 5 月至 2012 年 12 月中共乌拉特中旗第十三届委员会书记、副书记、常委名录

表 4 – 6

职　务	姓　名	性　别	民　族	任　期
书　记	邱进宝	男	汉　族	2011 年 5 月至 2011 年 8 月
	边保权	男	蒙古族	2011 年 12 月至 2012 年 12 月(任期未满)
副书记	边保权	男	蒙古族	2011 年 5 月至 2011 年 12 月
	满都拉	男	蒙古族	2011 年 5 月至 2012 年 12 月(任期未满)
常　委	邱进宝	男	汉　族	2011 年 5 月至 2011 年 8 月
	边保权	男	蒙古族	2011 年 5 月至 2012 年 12 月(任期未满)
	满都拉	男	蒙古族	2011 年 5 月至 2011 年 12 月(任期未满)
	王 宾	男	汉　族	2011 年 5 月至 2011 年 12 月(任期未满)
	云奇峰	男	蒙古族	2011 年 5 月至 2011 年 12 月(任期未满)
	辛耀雄	男	汉　族	2011 年 5 月至 2011 年 12 月(任期未满)
	张文彪	男	汉　族	2011 年 5 月至 2011 年 12 月(任期未满)
	阿拉腾朝鲁	男	蒙古族	2011 年 5 月至 2011 年 12 月(任期未满)
	闻夕刚	男	汉　族	2011 年 5 月至 2011 年 12 月(任期未满)
	郭侍鑫	男	汉　族	2011 年 5 月至 2011 年 12 月(任期未满)
	海乌兰图雅	女	蒙古族	2011 年 5 月至 2011 年 12 月(任期未满)
	张　浩	男	汉　族	2011 年 5 月至 2012 年 10 月
	杨　宇	男	汉　族	2012 年 10 月至 2012 年 12 月(任期未满)

第二节　旗委工作机构

1988 年，旗委设有工作部门 13 个，办公室、组织部、宣传部、统战部、政法委员会、政研室、严打办、老干部局、机关党委、精神文明办、机要室、咨询办、党校。

1993 年至 2001 年，旗委设有工作部门 5 个，办公室、组织部、宣传部、统战部、政法委员会。

2002 年至 2012 年底，旗委设有工作部门 8 个，办公室、组织部、宣传部、统战部、政法委员会、编制办、老干部局、史志办公室。

一、组织部

1988 年初，旗委设有组织部。

2002 年，领导班子和领导干部目标责任考核领导小组办公室并入组织部，机关工委与组织部合署办公，至年底，旗委组织部内设科室 6 个，即办公室、组织组、干部组、干部实绩考核办、干部监督督查室、机关工委办公室，核定行政编制 14 名，另核定旗委组织员编制 8 名，机关工勤事业编 1 人。

2006 年，旗委组织部增加工勤事业编制 1 个。

2007 年，旗委组织部内设机构调整为 8 个：组织一室、组织二室、干部一室、干部二室、考核室（挂领导干部实绩考核办公室牌子）、研究室、教育室、办公室，机构规格不变，不增加编制。

2012 年，旗委组织部内设机构 8 个：组织一室、组织二室、干部一室、干部二室、考核室（挂领导干部实绩考核办公室牌子）、研究室、教育室、办公室；核定行政编制 14 名、后勤事业编制 8 人，工勤事业编制 2 人，其中领导职数 5 人，一正四副。

二、宣传部

1988 年初，旗委设有宣传部，内设股室 3 个：政治经济宣传组、社会文化宣传组、办公室；核定行政编制 5 名：其中部长 1 人，副部长 2 人，支部教员 2 人。

1989 年 10 月 6 日，旗委讲师团成立。

1990 年 3 月，旗委新闻报道中心成立。

1993 年 3 月，旗精神文明建设委员会办公室（以下简称“文明办”）、讲师团、新闻报道中心与宣传部合并。宣传部内设股室 6 个：办公室、政治经济宣传组、社会文化宣传组、文明办、讲师团、新闻通讯报道站；核定干部职工 12 名，其中部长 1 人、副部长 2 人、支部教员 2 人。

1996 年 4 月，旗委宣传部内设股室 6 个：办公室、政治经济宣传组、社会文化宣传组、文明办、讲师团、新闻通讯报道站。核定干部 12 名，其中部长 1 人、副部长 3 人、支部教员 1 人。

1997 年 8 月，旗文明办与旗委宣传部分设，机构单列。

1999 年 5 月，《乌拉特中旗周刊》编辑部创建，隶属旗委宣传部。至年底，旗委宣传部内设股室 5 个：办公室、政治经济宣传组、社会文化宣传组、财会室、《乌拉特中旗周刊》编辑部。核定编制 17 名，其中部长 1 人、副部长 2 人、主任科员 1 人、副主任科员 4 人。

2002 年 5 月，旗文明办与旗委宣传部合并。至年底，旗委宣传部内设股室 4 个：办公室、理论教育、新闻宣传室、文明办。核定编制 21 名，其中部长 1 人、副部长 3 人，支部教员 1 人。

2005 年，旗委宣传部内设股室 5 个：办公室、理论宣传室、新闻宣传室、文明办、《乌拉特中旗周刊》编辑部。核定编制 17 名，其中部长 1 人、副部长 3 人。

2012 年，旗委宣传部内设股室 5 个：办公室、理论宣传室、新闻宣传室、精神文明办公室、《乌拉特中旗周刊》编辑部。核定编制 20 名，其中部长 1 人、副部长 3 人。

三、统战部

1988 年，旗委设有统战部，内设机构 1 个：办公室。

2002 年，旗委统战部核定行政编制 4 名，其中部长 1 人、副部长 1 人；另核定工勤人员事业编制 1 人。

2011 年，旗委统战部内设股室 3 个：党外干部和党外知识分子科、民族宗教科、经济统战科。

2012 年，旗委统战部内设机构 4 个：党外干部和党外知识分子科、民族宗教科、经济统战科、办公室。核定行政编制 4 名、事业编制 5 人、工勤编制 1 人，其中领导职数 4 人，一正三副。

四、政法委员会

1988 年，旗委设有政法委员会，内设机构 1 个，核定行政编制 4 名。

1993 年 3 月，旗委设立政法委员会办公室。

1994 年 12 月，旗委政法委员会与司法局合署办公，一套人马，两块牌子，政法委员会副书记兼任司法局局长，司法局业务属政府序列。

2012 年，旗委政法委内设机构 5 个：办公室、政治部、执法督察室、综合治理办公室、维护社会稳定办公室，核定行政编制 12 名，实有在职人员 22 人，其中书记 1 人（副处级）、副书记 4 人。

五、办公室

1988 年初，旗委设有办公室，为旗委办事机构。

1993 年 3 月 20 日，旗委政策研究室、督查办公室、信息办公室与旗委办公室合并，成立新的旗委办公室。

1996 年 4 月，旗委办公室内设机构 2 个：督促检查室、机要局（保密局），核定行政编制 16 名，机关后勤事业编制 11 人，其中领导职数 4 人，一正三副。归口单位有档案局。

2002 年 5 月，旗委办公室核定机关行政编制 16 名、后勤事业编制 11 人。其中领导职数 4 人，一正三副。

2005 年 5 月，旗委办公室增设防范办公室。2008 年 10 月，督促检查室与政府督促检查室合并为旗委政府督查室。

2010 年 12 月，核定行政编制 16 名、后勤事业编制 11 人，其中领导职数 5 人，一正四副；实有干部职工 34 人。

2012 年底，旗委办公室内设机构 4 个：旗委政府督查室、信息调研室、机要保密局、防范办公室；核定行政编制 16 名、后勤事业编制 11 人，其中领导职数 5 人，一正四副。

六、编制办公室

1988 年，乌拉特中旗设有编制委员会，旗编制委员会下设办公室，与旗劳动人事局一套人马、两块牌子。

1995 年 10 月，乌拉特中旗编制委员会办公室更名为乌拉特中旗机构编制委员会办公室（以下简称“编办”），升格为准科级建制，挂靠旗劳动人事局；核定行政编制 4 名，其中副科级领导职数 1 人。

1997 年 10 月，旗编办由政府序列划入旗委序列，核定行政编制 4 名，其中领导职数 3 人，一正二副。

2012 年，旗编办内设机构 2 个：办公室、综合业务股；核定行政编制 4 名，其中领导职数 3 人，一正两副（其中 1 名副主任兼任事业单位登记管理局局长），另设事业单位登记管理局副局长 1 人。

七、老干部局

1988 年初，旗委设有老干部局，内设机构 3 个：办公室、老干部活动中心、老干部服务所；有干部职工 5 人，其中领导职数 1 人（局长）。

1994 年，政府下文启用“中共乌拉特中旗委员会组织部老干部服务所”和“中共乌拉特中旗委员会组织部老干部服务所财务专用章”。

2002 年，旗委老干部局不设内设机构。旗关心下一代工作委员会办公室挂靠在老干部局。核定行政编制 4 名，工勤人员事业编制 2 人，其中领导职数 3 人，一正二副。

2012 年，旗委老干部局内设机构 2 个，办公室、财务室；核定行政编制 4 名，后勤事业编制 5 人，其中领导职数 3 人，一正二副。

八、史志办公室

1988 年，旗委设有史志办公室，一套人员，两个牌子（旗委党史办公室、旗地方志编纂办公室），副科级建制，为旗委、旗人民政府直属的具有行政职能的一级事业单位，核定事业编制 6 名，实有在职干部 4 人，其中副科级领导职数 1 人。

至 2012 年底，旗委史志办公室机构与人员编制未发生变化。

第三节　乡、镇、苏木党委

1988 年初，旗委辖镇、苏木、乡党委 20 个。其中镇党委 3 个（海流图镇党委、温更镇党委、乌加河镇党委）、苏木党委 9 个（桑根达来苏木党委、巴音苏木党委、乌兰苏木党委、川井苏木党委、巴音杭盖苏木党委、杭盖戈壁苏木党委、呼勒斯太苏木党委、巴音哈太苏木党委、新忽热苏木党委）、乡党委 8 个（德岭山乡党委、乌梁素太乡党委、宏丰乡党委、石兰计乡党委、石哈河乡党委、楚鲁图乡党委、部北乡党委、双盛美乡党委）。

1999 年 10 月，德岭山乡改设德岭山镇，德岭山乡党委改称德岭山镇党委；温更镇改称温更苏木，温更镇党委改称温更苏木党委。

2001 年 4 月，石哈河、楚鲁图、部北、双盛美四乡建置被撤销，合并设立石哈河镇，四乡党委随之被撤销，新成立石哈河镇党委；杭盖戈壁苏木建置被撤销，整建置并入呼勒斯太苏木，杭盖戈壁苏木党委随之被撤销，其职能划入呼勒斯太苏木党委。至此，旗委辖有镇、苏木、乡党委 16 个。其中镇党委 4 个（海流图镇党委、乌加河镇党委、德岭山镇党委、石哈河镇党委）、苏木党委 9 个（桑根达来苏木党委、温更苏木党委、巴音苏木党委、乌兰苏木党委、川井苏木党委、巴音杭盖苏木党委、新忽热苏木党委、巴音哈太苏木党委、呼勒斯太苏木党委）、乡党委 3 个（宏丰乡党委、石兰计乡党委、乌梁素太乡党委）。

2005 年 12 月，宏丰乡、石兰计乡建置被撤销，整建置并入乌加河镇，宏丰乡党委、石兰计乡党委随之被撤销，其职能划入乌加河镇党委；巴音杭盖苏木建置被撤销，整建置并入川井苏木，巴音杭盖苏木党委随之被撤销，其职能划入川井苏木党委；乌梁素太乡建置被撤销，整建置并入德岭山镇，乌梁素太乡党委随之被撤销，其职能划入德岭山镇党委；巴音哈太苏木建置被撤销，整建置并入新忽热苏木，巴音哈太苏木党委随之被撤销，其职能划入新忽热苏木党委；巴音苏木、乌兰苏木、桑根达来苏木三苏木建置被撤销，合并成立巴音乌兰苏木，三苏木党委随之被撤销，新成立巴音乌兰苏木党委。至此，旗委辖有镇、苏木党委9个。其中镇党委4个（海流图镇党委、乌加河镇党委、德岭山镇党委、石哈河镇党委）、苏木党委4个（川井苏木党委、新忽热苏木党委、巴音乌兰苏木党委、呼勒斯太苏木党委）。

2009年5月，川井苏木建置被撤销，改设川井镇，川井苏木党委改称川井镇党委；至此，旗委辖有镇、苏木党委8个。其中镇党委5个（海流图镇党委、乌加河镇党委、德岭山镇党委、石哈河镇党委、川井镇党委）、苏木党委4个（温更苏木党委、新忽热苏木党委、巴音乌兰苏木党委、呼勒斯太苏木党委）。

2011年12月，经内蒙古自治区人民政府批准，川井镇建置被撤销，从川井镇中划出原巴音杭盖苏木，正式设立甘其毛都镇，新设立甘其毛都镇党委；恢复川井苏木原建置与名称，川井镇党委改称川井苏木党委。

2012年12月，温更苏木恢复温更镇名称，温更苏木党委改称温更镇党委。至此，旗委辖有镇、苏木党委10个。其中镇党委6个（海流图镇党委、乌加河镇党委、德岭山镇党委、石哈河镇党委、温更镇党委、甘其毛都镇党委）、苏木党委4个（新忽热苏木党委、巴音乌兰苏木党委、呼勒斯太苏木党委、川井苏木党委）。

第三章　学习教育活动

第一节　大学习大讨论活动

1995 年 1 月,根据内蒙古自治区党委办公厅《关于在全区开展社会主义市场经济理论大学习、大讨论的通知》,旗委决定成立乌拉特中旗社会主义市场经济理论大学习大讨论领导小组,由旗委书记任组长,旗长、旗委副书记、副旗长、旗委宣传部部长任副组长,并下发《关于开展社会主义市场经济理论大学习大讨论的通知》,制定《关于开展社会主义市场理论大学习大讨论的实施方案》,对全旗开展大学习大讨论的目的、内容、任务、步骤、方法以及组织领导进行全面安排部署。社会主义市场经济理论大学习大讨论活动在全旗全面展开。

1996—1999 年,全旗继续开展社会主义市场经济大学习、大讨论活动。旗委以解放思想为重点,组织学习《邓小平建设有中国特色社会主义理论学习纲要》、中共十四大文件、中共十五大文件、中共中央总书记江泽民视察内蒙古自治区时重要讲话、内蒙古自治区第六次党代会报告以及内蒙古自治区、巴彦淖尔盟、乌拉特中旗三级党委(扩大)会议精神,通过集中学习、个人自学、专题讲座,结合"三讲"(讲学习、讲政治、讲正气)教育,联系本地区、本部门、本单位的实际,进一步解放思想、更新观念,着力解决影响和制约改革、发展、稳定的突出矛盾和深层次问题,为全旗的"两个文明"(精神文明、物质文明)建设提供强大的精神动力、智力支持和思想保障。

第二节　"三讲"教育活动

1998 年 11 月 21 日,中共中央发出《关于在县级以上党政领导班子、领导干部中深入开展以"讲学习、讲政治、讲正气"为主要内容的党性党风教育的意见》(中发〔1998〕17 号)。

1999 年 12 月 15 日,在旗委、旗人大常委会、旗人民政府、旗政协四大班子和旗纪律检查委员会、旗人民法院、旗人民检察院、旗公安局班子及其领导干部中,开展以"讲学习、讲政治、讲正气"(以下简称"三讲")为主要内容的党性党风教育。

乌拉特中旗"三讲"教育分为四个阶段。第一阶段,思想发动、学习提高。召开动员大会,发出《征求意见表》,进行集中学习。第二阶段,自我剖析、听取意见。通过多种方式征求干部群众意见,并将征求意见的情况向各班子及其成员进行反馈。领导班子和班子成员认真查摆存在的突出问题,撰写剖析材料,并在较大范围进行民主评议。第三阶段,交流思想、开展批评。根据反馈的民主评议的情况,每个成员深入查摆自己在党性党风方面存在的差距,领导班子成员之间相互谈心。在此基础上,召开民主生活会,开展严肃认真的批评与自我批评。第四阶段,认真整改、巩固成果。针对领导班子和班子成员存在的突出问题,研究制定整改措施。

乌拉特中旗"三讲"教育活动自始至终与推进当前工作相结合,旗四大班子领导成员到嘎查村,同农牧民群众同吃、同住、同劳动,现场解决群众关心的热点、难点问题,并形成整改意见,进行深入整改。

全旗参加"三讲"教育的人员有:副处级以上干部 32 人,其中旗委 9 人,旗人大常委会 6 人(党外 1 人），旗人民政府 8 人，旗政协 4 人（党外 2 人），旗纪律检查委员会、旗人民法院、旗人民检察院、旗公安局主要负责人 5 人；另有政府党组成员及各部门科级以上干部 38 人，“三讲”教育参加率 100%。

2000 年 3 月 6 日，乌拉特中旗四大班子及各有关部门圆满完成各阶段任务，取得“三讲”集中教育的预期成效。

第三节　“三个代表”重要思想学习教育活动

2000 年底，乌拉特中旗按照中共中央、内蒙古自治区党委、中共巴彦淖尔盟委员会统一部署，在全旗 20 个苏木、乡、镇、150 个旗直部门领导班子和领导干部中，开展“三个代表”重要思想（中国共产党必须要始终代表中国先进生产力的发展要求、代表中国先进文化的前进方向、代表中国最广大人民的根本利益）学习教育活动。总体要求是：要统一思想，深刻认识在农村牧区开展学习教育活动的重要性和必要性；要正确把握学习教育活动的指导思想、基本原则和目标要求。

整个学习教育活动分为动员部署、学习培训、对照检查、整改提高四个阶段。活动中，主要以“察民情、办实事、富万家”活动为载体，以为农民办实事，为农业找出路，解决农村存在问题，调整农业和农村经济结构，提高农民生活水平和质量的形式开展活动，为学习教育活动注入生机与活力，体现中共中央提出的通过学教活动“让干部受教育、让农民得实惠”的宗旨，收到明显实效。

2001 年，旗委召开全旗“三个代表”重要思想回头看活动动员大会。会议主要内容是：贯彻落实中共十五届六中全会、内蒙古自治区党委、中共巴彦淖尔盟委员会有关文件精神，安排部署全旗嘎查村、居委会、国有企业“三个代表”重要思想学教回头看活动。

第四节　保持共产党员先进性教育活动

2005 年，根据中共中央、内蒙古自治区党委、中共巴彦淖尔市委员会统一部署，乌拉特中旗 20 个党委、16 个党总支、370 个党支部、7471 名党员干部全部按要求、分批次参加保持共产党员先进性教育活动，每个党员学习时间都在 40 个小时以上。活动分三批进行：第一批时间为 2005 年 1—6 月，涉及旗委、旗人大常委会、旗人民政府、旗政协四大班子和旗纪律检查委员会、旗委组织部、旗委宣传部、旗委统战部、旗人民法院、旗人民检察院 10 个单位及所属事业单位党组织 388 名在职党员、离退休党员和所属流动党员。第二批时间为 2005 年 7—11 月，涉及旗直各单位、苏木、镇、各人民团体和企事业单位、驻镇上三级单位等 253 个基层党组织、4696 名党员（包括离退休党员及流动党员）。第三批时间为 2006 年 1—6 月，参加范围主要是农村牧区基层党组织和其他没有参加学习教育的党组织及所属党员。

一、领导带头、强化责任

旗委成立先进性教育活动领导小组和办公室，认真研究制定实施方案，加强组织领导。从方案制定到组织实施、检查督办等方面，旗委主要领导亲自过问，并多次深入基层检查指导。分管领导和组织部领导在深入调研的基础上，多次组织召开协调会议、调度会议，及时处理和指导具体工作。各参学单位也把先进性教育活动作为“一把手工程”来抓，强化领导，健全机构，并能做到领导带头学习、带头自查、带头整改，保证先进性教育的有序开展。

二、坚持标准、严格程序

旗先进性教育活动领导小组办公室按照实施目标要求和方法步骤，坚持突出实效性，把握原则性，增强针对性，认真扎实地抓好各个环节的工作。做到学习培训突出特色，分析评议严谨规范，整改提高注重实效。

三、认真督查、确保质量

旗委组建13个督导组，4个巡回检查组，对先进性教育活动的每个环节、步骤都及时进行指导和巡回检查，保证教育活动的质量。

四、边学边改、边议边改

在先进性教育活动中，始终将边学边查边改贯穿整个教育活动的始终。在广泛征求意见的基础上，坚持以群众满意为目标，组织开展"保持先进性、岗位做奉献"和"访民情、解民难、送温暖、献爱心"主题实践活动，千方百计为群众办实事，教育活动开展期间，共为群众办实事400多件，为生活困难党员捐款19.14万元，帮扶农牧区贫困户910户，走访慰问困难群众2095户，发放慰问钱物折款130.4万元，为帮扶点落实帮扶资金670万元。

保持共产党员先进性教育活动集中学习结束后，全旗各级党委、党总支、党支部重点抓问题整改工作，1200多个涉及全旗经济社会发展、草原生态建设和群众切身利益的热点难点问题得到解决。及时出台《关于加强党员经常性教育的意见》《关于做好党员联系和服务群众的工作意见》《关于加强和改进流动党员管理工作的安排意见》和《关于建立加强抓基层党建工作责任制的意见》等文件，初步形成保持共产党员先进性长效机制的制度体系。全旗保持共产党员先进性教育活动取得显著成效，群众满意度达到99.68%。

第五节　学习实践科学发展观教育活动

2009年3月31日，根据中共中央、自治区党委和巴彦淖尔市委的统一部署，乌拉特中旗学习实践科学发展观活动正式启动。在市委指导检查组的有力指导下，紧紧围绕"党员干部受教育、科学发展上水平、人民群众得实惠"的总要求，以"科学发展、构建和谐、富民强旗"为主题，以"保增长、抓项目、调结构、强基础、重生态、促民生"为实践载体，切实加强组织领导和工作指导，高标准高质量地完成三个阶段共8个环节的工作，学习实践活动取得显著成效。

组织开展大研讨、大查找、大交流、大促进专题调研和会议交流讨论等活动，着力转变不适应、不符合科学发展观要求的思想观念和思维定势。旗委广泛征求意见，集中民愿民智，通过开展问卷调查、召开座谈会等形式，征求到各种意见建议1637条，归纳整理为4个方面52条。全旗党员领导干部开展调研382次，形成调研报告297篇，征求到意见2920条。坚持分类指导，努力扩大学习教育覆盖面，做到时间、内容、人员、效果"四落实"。全旗先后举办中心组（扩大）学习会议8次，举办各类培训班564期，召开各类研讨会320多次，不同层次的座谈会、交流会410多次。

旗四大班子都能把学习调研、民主生活会成果转化为高质量的分析检查报告，并在加强班子建设上，提出带头参加学习实践活动、带头加强党性修养、带头攻坚克难、带头过紧日子、带头遵纪守法"五个带头"的要求。坚持把解决当前实际问题与建立长效机制结合起来，在学习实践活动中，全旗共废止制度55项，修订制度222项，新建制度190项。扎实开展一系列主题实践活动，各级领导干部在活动中走访慰问困难群众766户，为群众解决问题220件。

第六节　创先争优活动

2010—2012年，乌拉特中旗开展创先争优专项活动，成立由旗委书记任组长的旗创先争优活动领导小组，研究制定《乌拉特中旗关于在党的基层组织和党员中深入开展创先争优活动的实施意见》。制定下发《乌拉特中旗创先争优活动2010年工作方案》，确定全旗党的基层组织和党员要以“筑就坚强堡垒、争做时代先锋、推动科学发展、促进边疆和谐”为主题，以“四争四创”“六比六看”“两彰显”为载体，开展创先争优活动。2010年5月25日，召开“全旗深入开展创先争优活动专项推进会议”，对开展创先争优活动进行专项安排部署，标志创先争优活动正式启动。涉及基层党组织346个，其中基层党委13个、党总支21个、党支部312个。当年，全旗共有党员8090人参加活动，其中，在岗职工党员3109人，离退休党员1555人，农牧民党员2657人，其他党员769人。

活动中，共评选表彰各级各类先进基层党组织100余个，表彰优秀共产党员、优秀党务工作者、优秀党员产业带头人350多人，走访慰问中华人民共和国成立前老党员、生活困难党员400余人，发放慰问金、慰问品约20余万元。活动中，积极开展领导点评和“一会双讲三评”活动，全旗共召开专题会议430余场次，参加点评人数达11000余人次，全旗各级党组织向群众作出公开承诺2076项，兑现承诺1123项，为群众解决实际问题361个，办实事好事417件。依托便民服务网络，累计为群众办理各类证件手续4100余件（次），回复政策咨询信息5400余条，服务代办举措约为群众节省费用15万多元。共梳理归纳出群众反映问题920余个，及时调处各类矛盾纠纷690余件（次）。群众对开展创先争优活动的满意度达95%以上，创先争优活动成效明显，取得预期效果。

第四章　旗委重要会议与决策

第一节　重要会议

一、第八届委员会期间

1988年1月至1990年12月，旗委共召开常委会会议59次（1988年召开24次、1989年召开19次、1990年召开16次），召开书记办公会5次（1988年召开1次、1989年召开1次、1990年召开3次），召开党政联席会20次（1989年召开7次、1990年召开13次），召开六大班子（旗委、旗人大常委会、旗人民政府、旗政协、旗人民武装部、旗纪律检查委员会）会议2次（1990年召开）。

二、第九届委员会期间

1990年12月至1995年11月，旗委共召开常委会会议66次（1991年召开14次、1992年召开11次、1993年召开16次、1994年召开11次、1995年召开14次），召开书记办公会24次（1992年召开3次、1993年召开17次、1994年召开4次），召开党政联席会83次（1991年召开13次、1992年召开16次、1993年召开20次、1994年召开17次、1995年召开17次），召开六大班子会议47次[1991年召开9次（包括旗委工作会议1次）、1992年召开8次、1993年召开8次、1994年召开11次、1995年召开11次]。

三、第十届委员会期间

1995年11月至2000年12月（不包括1999年），旗委共召开常委会会议46次（1996年召开16次、1997年召开10次、1998年召开11次、2000年召开9次），召开书记办公会3次（不包括1996—1999年，2000年召开3次），召开党政联席会51次（1996年召开16次、1997年召开18次、1998年召开14次、2000年召开3次），召开六大班子会议34次（1996年召开13次、1997年召开9次、1998年召开1次、2000年召开11次）。

四、第十一届委员会期间

2000年12月至2006年7月，旗委共召开常委会会议48次（2001年召开8次、2002年召开13次、2003年召开13次、2004年召开9次、2005年召开5次），召开书记办公会10次（不包括2002—2004年，2001年召开1次、2005年召开9次），召开党政联席会21次〔2001年召开1次、2002年召开6次、2003年召开6次（包括议军会议1次）、2004年召开7次、2005年召开1次（议军会议）〕，召开六大班子会议5次（不包括2004—2005年，2001年召开1次、2002年召开2次、2003年召开2次）。

五、第十二届委员会期间

2006年7月至2011年5月，旗委共召开常委会会议41次（不包括2006—2008年，2009—2010年召开41次），召开书记办公会37次（2006年召开17次、2007年召开11次、2008年召开4次、2009年召开1次，2010年召开4次），召开党政联席会23次〔2006年召开4次（包括议军会议1次）、2007年召开5次（包括议军会议1次）、2008年召开5次（包括议军会议1次）、2009年召开4

次（包括议军会议1次）、2010年召开5次（包括议军会议1次）〕。

六、第十三届委员会期间

2011年5月至2012年12月，旗委共召开常委会会议18次，召开书记办公会5次（2011年召开2次、2012年召开3次），召开党政联席会9次〔2011年召开7次（包括议军会议1次）、2012年召开2次（包括议军会议1次）〕。

第二节　重大决策

一、第八届委员会期间

1988年3月2日，旗委八届五次常委会会议召开，主要内容包括：各常委互相通报工作情况；研究在乌加河镇召开春耕现场会；研究工业、文教卫生、工交财贸相关工作；研究全旗农牧业方面存在的问题。

1988年5月5日，旗委八届八次常委会会议召开，主要内容包括：听取巴彦淖尔盟委宣传工作会议；讨论内蒙古党校招收民族学生相关情况。同年9月1日，旗委八届十五次常委会会议召开，主要内容包括：讨论成立教师奖励基金会，为教师办实事相关事宜；研究关于旗税务局试行《税务干部管理制度改革方案》的问题。

1988年11月9日，旗委八届二十次常委会会议召开，主要内容包括：讨论学习中央两会、内蒙古自治区盟市委书记会及巴彦淖尔盟旗县市委书记会议和农村、牧区经济会议精神；研究贯彻落实"治理经济环境、整顿经济秩序、全面深化改革"的意见；研究1998年经济工作意见。

1989年3月25日，旗委八届二十八次常委会会议召开，主要内容包括：研究全旗经济工作会议相关事宜；讨论后石兰磁铁矿、红矾钠生产线相关问题；研究林业工作会议，调整绿化委员会。

1990年5月5日，旗委八届四十七次常委会会议召开，主要内容包括：研究全旗经济工作会议相关事宜；讨论后石兰磁铁矿、红矾钠生产线相关问题。

1990年7月5日，旗委八届五十一次常委会会议召开，主要内容包括：分析全旗经济形势，提出存在问题；布置全旗经济工作会议相关事宜；讨论关于加快保护地方民族工业的意见。

1990年8月11日，旗委八届五十三次常委会会议召开，主要内容包括：研究桑根达来苏木吉日格拉图嘎查水库受灾问题及救灾办法；讨论保护地方产品实施办法；讨论第二轮土地承包方案。

二、第九届委员会期间

1991年3月9日，乌拉特中旗1991年度第二次党政联席会议召开，主要内容包括：研究1991年财政指标方案。

1991年8月23日，乌拉特中旗1991年度第七次党政联席会议召开，主要内容包括：讨论《关于深化改革，进一步搞活企业的决定》和《关于大力发展乌拉特中旗供销合作事业的有关规定》；讨论关于1991年抗灾保畜工作。

1992年2月13日，旗委九届三次全委会议召开，主要内容包括：通报全旗1991年工作情况，部署1992年工作。

1992年5月13日，乌拉特中旗1992年度第八次党政联席会议召开，主要内容包括：通过在商业供销企业实行经营、价格、分配、用工"四放开"的意见；通过《乌拉特中旗经济和社会发展十年规划和"八五"计划》（草案）；通过在全旗城乡进行综合配套改革的意见。

1993年2月8日,旗委九届四次全委会议召开,主要内容包括:讨论灌区率先达小康实施意见。讨论牧区率先达小康实施意见;讨论山旱区率先达小康的实施意见;加快城镇经济发展实施意见。

1993年3月31日,乌拉特中旗1993年度第八次党政联席会议召开,主要内容包括:讨论在呼和浩特市建立办事处相关事宜;讨论《关于财政体制管理办法》(草案);讨论成立海口办事处相关事宜。

1994年10月6日,旗委九届六次全委会议召开,主要内容包括:宣布旗委常委会关于推荐出席内蒙古自治区第六次党代会代表候选人预备人选名单;通过出席内蒙古自治区第六次党代会代表候选人预备人选名单;宣读《关于召开中共乌拉特中旗代表会议的决议》(草案);通过《关于召开中共乌拉特中旗代表会议的决议》(草案)。

1995年2月15日,乌拉特中旗1995年度第五次党政联席会议召开,主要内容包括:研究通过综合治理改变山旱区面貌的方案。

1995年6月6日,乌拉特中旗1995年度第九次党政联席会议召开,主要内容包括:研究撤销口岸服务公司和对外贸易公司的问题;讨论山旱区脱贫致富综合治理的几点建议。

三、第十届委员会期间

1996年1月22日,乌拉特中旗1996年度第一次党政联席会议召开,主要内容包括:研究1995年科技承包情况及1996年科技承包事项。

1996年6月12日,乌拉特中旗1996年度第七次党政联席会议召开,主要内容包括:研究讨论完善地方税制,强化税收征管,提高财政收入水平的方案。

1996年10月18日,乌拉特中旗1996年度第十六次党政联席会议召开,主要内容包括:研究讨论加快发展乡镇企业的若干决定。

1998年1月20日,乌拉特中旗1998年度第一次党政联席会议召开,主要内容包括:研究讨论1998年计划生育目标责任状内容;研究讨论"184"书记工程实施方案。研究讨论《山旱区产业化扶贫的实施意见》。

1998年4月13日,乌拉特中旗1998年度第二次党政联席会议召开,主要内容包括:讨论1998年全旗建设工作重点。

2000年5月15日,旗委常委会会议召开,主要内容包括:通报巴彦淖尔盟委书记、盟长到乌拉特中旗调研情况;讨论乌加河镇小康村周边环境治理问题;讨论德岭山镇水泉村开发相关事项;讨论退耕还林还草相关工作。

2000年11月30日,旗委常委会会议召开,主要内容包括:研究讨论《中共乌拉特中旗委员会第十一次代表大会代表选举方案》;研究2000年度全旗苏木、镇行政事业单位实绩目标考核相关事宜;研究成立苏木、镇村镇建设土地管理机构的有关问题。

四、第十一届委员会期间

2001年9月6日,旗委十一届二次全体会议召开,主要内容包括:讨论酝酿出席内蒙古自治区第七次党代表大会代表候选人建议;决定中共乌拉特中旗党代表会议代表名单;审议通过中共乌拉特中旗代表会议《选举办法》。

2002年2月27日,旗委十一届三次全委会议召开,主要内容包括:发展战略"生态立旗、开放活旗、工业强旗、养殖富民、推进产业化"发展战略提交大会讨论酝酿。

2002 年 2 月 28 日，旗委十一届四次全委会议召开，主要内容包括：“二十一字”发展战略“生态立旗、开放活旗、工业强旗、养殖富民、推进产业化”形成决议（草案），并讨论通过。

2003 年 3 月 20 日，旗委十一届二十三次常委会会议召开，主要内容包括：布置全旗科级干部年龄、学历和工龄清查工作；海流图镇建立党员活动室事宜；《文联之友》与《乌拉特中旗周刊》合并事宜。

2003 年 5 月 26 日，旗委十一届二十六次常委会会议召开，主要内容包括：讨论与维信集团合作开发同和太牧场的具体工作；布置加强非典疫情流调和监控相关工作；在灌区组织打井的相关工作。重点项目开工建设和投产增效工作；甘其毛都口岸基础建设事宜。

2004 年 4 月 26 日，旗委十一届三十七次常委会会议召开，主要内容包括：研究参加巴彦淖尔市第一次党代会代表候选人预备人员及巴彦淖尔市第一届政协委员会推荐人选；研究全旗党务工作会议有关事宜；研究 2003 年度实绩考核结果及表彰工作。

2005 年 5 月 16 日，旗委十一届四十七次常委会会议召开，主要内容包括：讨论深化干部制度改革相关事宜。

五、第十二届委员会期间

2006 年 11 月 14 日，旗委十二届二次常委会会议召开，主要内容包括：乌拉特中旗第二中学教学楼建设事宜；研究城镇低保工作和全旗卫生事业改革工作。

2006 年 9 月 1 日，乌拉特中旗 2006 年度第三次党政联席会议召开，主要内容包括：调整全旗生态保护收缩转移指挥部成员事宜；清理非牧人员占用草场事宜；进一步加强矿业整顿相关工作；举办政协成立 50 周年庆典相关事宜；甘其毛都口岸部分项目建设工作。

2007 年 1 月 20 日，乌拉特中旗 2007 年度第一次党政联席会议召开，主要内容：研究《乌拉特中旗建设社会主义新农村新牧区总体规划》；研究乌拉特中旗 2007—2010 年新农村新牧区建设实施意见；研究全旗规范社会投资重点建设项目审批制度实施方案；研究 2007 年新农村新牧区交通道路建设。

2007 年 8 月 8 日，乌拉特中旗 2007 年度第五次党政联席会议召开，主要内容：研究制定出台乌拉特中旗进一步优化发展环境实施办法的相关事宜；对 2006 年加强效能建设，优化发展环境先进单位和个人进行表彰；讨论关于建立旗级领导联系重点企业制度的有关事宜；讨论全旗教育大会的相关事宜。

2007 年 11 月 14 日，旗委十二届十次常委会会议召开，主要内容：讨论关于旗十五届一次人大代表会有关事宜；讨论关于实施困难党员救助工程事宜和新农村新牧区嘎查村建设相关事宜。

2008 年 6 月 23 日，旗委十二届十八次常委会会议召开，主要内容包括：研究全旗经济秩序整顿相关工作；研究退牧还草、收缩转移工作。

2008 年 12 月 4 日，旗委十二届二十一次常委会会议召开，主要内容包括：讨论组织部提交的《关于加强以嘎查村党组织为核心的嘎查村级组织建设的意见》《关于进一步加强基层党建工作责任制的意见》。

2009 年 2 月 18 日，乌拉特中旗 2009 年第一次党政联席会议召开，主要内容包括：讨论 2009 年全旗重点工作任务分解情况、召开全旗经济工作会议的相关情况；讨论激活房地产市场，促进住房消费的相关事宜。

2009年5月5日，乌拉特中旗2009年第二次党政联席会议召开，主要内容包括：听取有关经济主管部门1—4月经济运行情况、存在问题及下一步工作建议的汇报；部署全旗廉租房建设和当前经济社会运行工作。

2010年12月18日，旗委十二届十次全委（扩大）会议召开，主要内容包括：讨论通过《中共乌拉特中旗委员会关于制定国民经济和社会发展第十二个五年规划的建议》《中共乌拉特中旗第十二届委员会第十次全委（扩大）会议的公报（草案）》。

2011年3月21日，旗委十二届十一次全体会议召开，主要内容是研究中国共产党乌拉特中旗第十三次代表大会相关事宜；宣读《关于召开中共乌拉特中旗第十三次代表大会决议（草案）》并进行说明。

六、第十三届委员会期间

2011年5月17日，旗委十二届四十一次常委会会议召开，主要内容包括：关于庆祝中国共产党建党90周年纪念活动事宜。

2012年2月7日，旗委十三届二次全委（扩大）会议召开，主要内容：通过《中共乌拉特中旗第十三届委员会第二次全委（扩大）会议公报（草案）》。

第五章　主要工作

第一节　组织工作

一、组织建设

（一）基层领导班子建设

1988年，乌拉特中旗各镇、苏木、乡领导班子由党委书记、人大主席团主席、镇长（苏木达、乡长）、2名副镇长（副苏木达、副乡长）、人民武装部部长、党委组织委员、党委宣传委员兼统战委员8人组成。

1989年1月，全旗各镇、苏木、乡开始配备科技副镇长（科技副苏木达、科技副乡长）。

1991年，旗委根据中共中央、国务院《关于加强社会治安综合治理的决定》（中发〔1991〕7号）文件精神，在各镇、苏木、乡逐步配备政法副书记（综合治理书记）1人。

1993年，旗委第九次常委会会议决议通知：同意恢复于1988年4月被取消的镇、苏木、乡纪律检查委员会，设纪律检查委员会书记1人。

2012年，全旗各镇、苏木、乡领导班子由党委书记、人大主席团主席、镇长（苏木达）、2名副镇长（副苏木达）、人民武装部部长（兼综合治理书记）、纪律检查委员会书记（兼组织委员、宣传委员、统战委员）7人组成。

（二）基层党组织建设

1. 直属机关与事业单位党组织建设

1988年，旗委直属机关工委下辖总支（支部）254个。

1988—2015年，旗委直属机关工委在全旗机关基层党支部积极推行“一岗双责”（一岗是领导干部的职务所对应的岗位；双责是领导干部既要对所在岗位应当承担的具体业务工作负责，又对所在岗位应当承担的党风廉政建设责任制负责）制，各机关党组织先后通过总结保持共产党员先进性教育活动经验和学习实践科学发展观活动和创先争优等活动经验，不断巩固和发展机关党建工作创新成果；通过开展“结对互助、统筹共建”等活动，进一步丰富党建活动内容，提升机关党建服务科学发展的水平。同一时期，旗委直属机关工委不断健全完善机关党建工作的责任制体系，明确部门一把手和党组织书记是机关党建工作的第一责任人，建立年初分解任务、年中督促检查、年底考核述职的责任制落实体系。旗委直机关工委每月都要按照行业、职能等特点召集部分单位召开党建工作例会，听取党建重点工作执行情况，进行综合打分，年底进行全面考核，考核结果作为部门奖惩和领导选拔任用的重要依据，有效激发机关党组织和党员干部抓党建的积极性和主动性。

1996年，旗委直属机关工委下辖总支（支部）283个。

2003年，旗委直属机关工委下辖总支（支部）165个。

2012年底，旗委直属机关党（工）委下设党委5个、总支17个，支部215个。旗直属机关、事业单位共有党员3561人（其中预备党员52人），占全旗党员总数的1.46%；有女党员1038人，占全旗党员总数的29.15%；有少数民族党员1194人，占全旗党员总数的33.53%；有35周岁及以下的党员617人,占全旗党员总数的17.33%;有大专以上学历的党员1565人,占全旗党员总数的43.95%;另有外出流动党员2人。

2. 镇、苏木、场党组织建设

1988年,全旗20个镇、苏木、乡党委设有支部127个。

2003年,全旗16个镇、苏木、乡党委设有支部211个。

2012年,全旗10个镇、苏木、乡党委设有支部147个。

3. 非公有企业党组织建设

2003年,旗委开始对旗经贸局党总支进行集中整顿,有17个企业支部因企业转制或政府机构改革进行撤并,运行的7个党支部全部归属旗经贸局党总支管理。在未建立党组织的私营企业中,对具备组建党支部条件的企业,都单独组建党支部;对党员人数少,暂不具备建立党组织条件的企业,按照“行业相近,地域相邻”的原则,由两个或两个以上企业建立联合党支部。

2005年,旗委共整顿企业党支部10个,将5个非公有制企业党支部从旗经贸局党总支转入海流图镇党委,并在汇丰公司新建党支部。年底,全旗共有私营企业党支部5个,占私营企业总数的7.9%;个体私营企业党员总数为139人,其中,私营企业主党员6人,企业工人、营业员、服务员党员98人,个体工商户党员35人。

2007年10月,中共十七大召开后,旗委坚持按照“成熟一个、建立一个、巩固一个、发展一个”的原则,及时做好在非公有制企业中组建党组织工作。全旗12家规模以上非公有制企业全部建立党组织;旗委选派22名党建工作指导员,指导联系非公企业53个;在非公企业中建立工会组织24个、团组织10个、妇女组织7个。同时,进一步加强领导、健全机构,不断夯实非公经济组织党建工作基础。成立由旗委组织部牵头,旗委统战部、旗委宣传部、旗工会、团委、妇联、工商局、工商联等15个部门共同参与的非公有制企业党建工作联席会。并建立领导小组,制定下发《乌拉特中旗非公经济组织和新社会组织党组织规范化建设的实施意见》和《乌拉特中旗非公有制企业党建工作联席会议制度》。

2012年底,全旗共有非公有制企业和“两新组织”(新经济组织、新社会组织)332家,从业人员5672人。已建立非公有制企业党组织14个,其中党工委1个,党支部13个。组建方式上,独立组建的党支部12个,联合组建的党支部1个。在隶属关系上,归口管理的党支部1个,属地管理的党支部12个。全旗非公有制企业中有党员124人。

4. 社区与居委会党组织建设

2003年,海流图镇成立东西两个街道办事处,在办事处设立两个党总支,下设13个居委会党支部。2003—2006年,全旗大力开展“综合示范区工程”建设,全旗13个居委会全部建立工作例会制度,通过抓制度保证各项工作的落实。同期,公开选拔26名党性强、作风正、政治素质高的优秀教师充实到居委会工作。

2009年,旗委结合实际情况,按照社区“三有一化”(有人管事、有钱办事、有场所议事,推进城市基层党建区域化)建设工作要求,以2000年为基准,将2个办事处党总支、13个居民委员会党总支整合成哈萨尔社区、花园东路社区、教育路社区、西郊社区、巴音路社区、乌兰大街社区6个社区党总支,13个居民党支部,若干个居民党小组,隶属于海流图镇党委统一管理,并通过“公推直选”方式选配各社区党组织书记。每个居委会选配支部书记1人、委员3人。至2000年底,全旗共有专职社区工作者 68 人，聘用人员 2 人。

2010 年，旗委开始将社区办公经费全部列入财政预算，按每人每年不低于 300 元的标准划拨到社区，并建立逐年增长机制。同年，旗委制定下发《关于开展全旗机关党组织与社区党组织“结对互助、统筹共建”活动的实施意见》，全旗 102 个机关、企事业单位的党组织与海流图镇 6 个社区党组织结成“互助共建”对，通过在机关、事业单位与社区之间开展“十个一”（市、旗县区直机关，企事业单位党组织每年与社区党组织签订一份“结对互助、统筹共建协议书”；机关、企事业单位党组织为社区建设贡献一策；为社区群众办一件实事；为社区党组织解决一个实际困难；帮扶一户特困家庭；资助一名贫困学生；为零就业家庭提供一条就业信息；社区为机关、企事业单位提供一项服务；为机关、企事业单位提出一条合理化建议；社区党组织与机关、企事业单位党组织开展一次专题活动）、“六联六共”（思想工作联做、共育文明市民，社会治安联防、共建安民环境，公益事业联办、共兴社区服务，环境卫生联搞、共建优美社区，文体活动联谊、共倡文明新风，党建工作共创、共促社区和谐）等活动，充分发挥旗直机关在政策、信息、人才和资金等方面的优势，帮助社区解决热点、难点问题，协调化解社会矛盾。

至 2012 年底，全旗已建成符合条件的社区服务场所 4 个。其中，办公用房和活动场所在 420 平方米以上的有 3 个，占社区总数 50%。

（三）制度建设

1988—2012 年，旗委大力推行“三一四全”（构建一个网络、完善一套机制、抓好一项工程，努力实现社会管理、农民办事、群众信访和乡村文明建设工程系列竞赛活动全覆盖、全接待、全公开、全竞赛），进一步完善群众诉求表达、矛盾排查化解机制。推行“四议两公开一备案”（对嘎查村级重大事务实行党支部提议、嘎查村两委会合议、党员大会审议，最后经村民大会或村民代表大会决议，把会议的内容公开、把实施的结果公开，决议结果报苏木、镇政府备案）工作法，各嘎查、村事关群众切身利益的事项，严格按照“四议两公开一备案”的程序进行决策，党员群众的民主权利真正得到保障。

二、党员管理

（一）党员构成

1988 年，全旗有中共党员 4138 人，其中农牧渔民党员 1539 人、在岗职工党员 2178 人、离退休人员党员 331 人、学生党员 7 人、其他党员 83 人。

2012 年，全旗有中共党员 8451 人，其中农牧渔民党员 2730 人、在岗职工党员 3221 人、离退休人员党员 1528 人、学生党员 4 人、其他党员 968 人。

1988—2000 年乌拉特中旗党员构成统计表

表 4－7　　单位：人

项目＼年份		1988	1989	1990	1991	1992	1993	1994	1995	1996	1997	1998	1999	2000
总　计		4138	4254	4373	4625	4871	5024	5304	5551	5846	6079	6204	6444	6651
正式党员		3984	4127	4163	4340	4590	4760	4962	5227	5503	5766	5904	6124	6352
预备党员		154	127	210	285	281	264	342	324	343	313	300	320	299
性别	男	3579	3674	3760	3956	4172	4284	4526	4686	4896	5041	5099	5249	5365
	女	559	580	613	669	699	740	778	865	950	1038	1105	1195	1286

续表 4－7

项目		1988	1989	1990	1991	1992	1993	1994	1995	1996	1997	1998	1999	2000
民族	汉	2929	3002	3059	3233	3426	3521	3729	3892	4112	4246	4306	4479	4639
	蒙　古	1196	1239	1303	1376	1428	1482	1553	1641	1734	1807	1871	1965	2012
	其　他	13	13	11	16	17	21	22	18	—	26	27	—	—
年龄	35 周岁以下	1198	1190	1191	1241	1268	1336	1462	1517	1686	1871	1690	1690	1742
	36～45 周岁	1051	1140	1219	1336	1476	1504	1591	1622	1687	1742	1881	2030	2070
	46～55 周岁	1119	1089	1042	1040	1029	1063	1060	1112	1098	1083	1128	1236	1313
	56～60 周岁	396	438	490	514	542	505	512	542	583	544	590	438	422
	61 周岁以上	374	397	431	494	556	616	679	758	792	839	915	1050	1104
学历	大专以上	228	242	275	313	353	389	432	566	637	701	769	888	942
	中　专	409	458	491	549	622	676	775	885	1001	1090	1149	1194	1294
	高　中	496	540	590	693	826	877	977	1026	1107	1157	1166	1262	1341
	初　中	1204	1267	1298	1349	1348	1381	1480	1499	1603	1664	1715	1745	1765
	小　学	1400	1344	1328	1352	1360	1352	1299	1263	1240	1226	1195	1171	1133
	文　盲	401	403	391	369	362	349	341	312	258	241	210	184	176
在岗职工		2178	2265	2364	2482	2588	2593	2583	2787	2985	3146	2975	2641	2829
农牧渔民		—	1548	1561	1596	1645	1672	1768	1811	1891	1945	2066	2110	2143
学　生		7	3	—	—	—	—	—	—	—	—	—	1	—
离退休人员		331	348	348	442	518	646	771	805	807	853	957	1125	1118
其　他		83	90	100	105	120	113	182	148	163	135	206	567	561

2001—2012 年乌拉特中旗党员构成统计表

表 4－8　　单位：人

项目		2001	2002	2003	2004	2005	2006	2007	2008	2009	2010	2011	2012
总计		6905	7026	7261	7371	7471	7533	7624	7786	7904	8090	8292	8451
正式党员		6638	6808	6900	7165	7250	7357	7447	7605	7733	7890	8092	8261
预备党员		267	218	361	206	221	176	177	181	171	200	200	190
性别	男	5612	5746	5822	5881	5904	5938	6033	6086	6149	6256	6313	—
	女	1414	1515	1549	1590	1629	1686	1753	1818	1941	2036	2138	—
民族	汉	4802	4891	5050	5117	5156	5180	5255	5361	5453	5557	5707	5815
	蒙	2078	2109	2184	2226	2287	2322	2337	2391	2417	2498	2585	2636
	其他	25	26	27	28	28	31	32	34	34	35	—	—
年龄	35 周岁以下	1779	1750	1861	1764	1723	1614	1553	1526	1520	1543	1586	1633
	36～45 周岁	2103	2079	2091	2152	2222	2253	2323	2289	2192	2180	2174	2146
	46～55 周岁	1353	1434	1535	1595	1646	1701	1712	1841	1930	1953	1945	1941
	56～60 周岁	449	493	507	553	569	617	604	639	701	792	889	950
	61 周岁以上	1221	1270	1267	1307	1311	1348	1432	1491	1561	1622	1698	1781

续表 4－8

项目		2001	2002	2003	2004	2005	2006	2007	2008	2009	2010	2011	2012
学历	大专以上	993	1047	1133	1337	1409	1642	1763	1889	1981	2097	2350	2514
	中专	1390	1431	1532	1444	1447	1329	1310	1287	1304	1310	1274	1261
	高中	1420	1457	1549	1573	1650	1592	1604	1630	1676	1717	1729	1753
	初中	1812	1828	3047	3017	2965	2970	2947	2980	2943	2966	2939	2923
	小学	1121	1101										
	文盲	169	162										
在岗职工		3011	3060	3246	3185	3000	3003	3013	3029	3062	3109	3201	3221
农牧渔民		2194	2223	2222	2252	2357	2371	2487	2572	2604	2657	2682	2730
学生		—	—	—	2	2	—	1	—	4	2	2	4
离退休人员		1127	1185	1159	1299	1463	1474	1455	1584	1597	1555	1547	1528
其他		573	558	634	633	649	685	668	601	637	767	860	968

（二）党员发展

1988—2012年，乌拉特中旗党组织不断吸纳各行各业中涌现出来的优秀积极分子，发展壮大党员队伍。旗委按照《中国共产党章程》《中国共产党发展党员工作细则（试行）》的要求，以“坚持标准，保证质量，改善结构，慎重发展”为指针，以发展工作生产一线特别是优秀青年入党为重点，发展党员做到健全“四项制度”（预审制度、公示制度、投票表决制度、责任追究制度），做好“四个结合”（发展党员工作与改善党员队伍结构和分布相结合；与培养机关、企业和嘎查村级后备干部相结合；与培养致富能手、岗位能手和先进模范人物相结合；与“推优”工作相结合）。坚持“五不发展”（本人不向党组织提出书面入党申请及入党申请书内容不深刻或抄袭的不发展；未经一年以上培养教育的不发展；未经集中培训或考核不合格的不发展；没有经过政治审查、预审和公示以及投票表决的不发展；未经组织进行谈话考察和谈话考察不合格的不发展）。

1988—2012年乌拉特中旗党员发展统计表

表 4－9　　单位：人

年份	合计	基本情况							
		性别		民族		文化程度			
		男	女	汉族	少数民族	初中及以下	高中（中专）	大学专科	大学本科及以上
1988	4138	3579	559	2929	1209	3005	496	409	228
1989	4254	3674	580	3002	1252	3014	540	458	242
1990	4373	3760	613	3059	1314	3017	590	491	275
1991	4625	3956	669	3233	1392	3070	693	549	313
1992	4871	4172	699	3426	1445	3070	826	622	353
1993	5024	4284	740	3521	1503	3082	877	676	389
1994	5304	4526	778	3729	1575	3120	977	775	432
1995	5551	4686	865	3892	1659	3074	1026	885	566
1996	5846	4896	950	4112	1734	3101	1107	1001	637
1997	6079	5041	1038	4246	1833	3131	1157	1090	701

续表 4－9

年　份	合　计	基本情况							
		性别		民族		文化程度			
		男	女	汉族	少数民族	初中及以下	高中（中专）	大学专科	大学本科及以上
1998	6204	5099	1105	4306	1898	3120	1166	1149	769
1999	6444	5249	1195	4479	1965	3100	1262	1194	888
2000	6651	5365	1286	4639	2012	3074	1341	1294	942
2001	6905	5530	1375	4802	2103	3102	1420	1390	993
2002	7026	5612	1414	4891	2135	3091	1457	1431	1047
2003	7261	5746	1515	5050	2211	3047	1549	1532	1133
2004	7371	5822	1549	5117	2254	3017	1573	1444	1337
2005	7471	5881	1590	5156	2315	2965	1650	1447	1409
2006	7533	5904	1629	5180	2353	2970	1592	1329	1642
2007	7624	5938	1686	5255	2369	2947	1604	1310	1763
2008	7786	6033	1753	5361	2425	2980	1630	1287	1889
2009	7904	6086	1818	5453	2451	2943	1676	1304	1981
2010	8090	6149	1941	5557	2533	2966	1717	1310	2097
2011	8292	6256	2036	5707	2585	2939	1729	1274	2350
2012	8451	6313	2138	5815	2636	2923	1753	1261	2514

（三）党员教育

1988 年，全旗形成以旗委党校为中心，各镇、苏木、乡业余党校为主要阵地，嘎查、村党员活动室为补充的旗、镇（苏木、乡）、嘎查（村）三级党员教育网络。

1988—2012 年，全旗各级党组织先后开展“双学”（学党章、学理论）、“三讲”教育、“创先争优”等活动，加强党员教育，增强党组织凝聚力、战斗力，提高党的威信。提高党员的素质教育工作，坚持分级、分层、分类施教的原则，突出加强党的宗旨教育，弘扬党的奉献精神，围绕增强党员投身社会主义现代化建设的真本领，结合“党员联系户”“帮教制度”“三结合致富链”（党员与致富能手、龙头企业、专业合作经济组织结合，党组织、党员、各级干部、致富能手及群众连接起来，整合农村牧区的各种资源和生产要素）、“双培双推”（“党员三结合致富链”“三级干部服务链”，推进农牧民组织化进程、推进基层组织建设）活动，为农牧民无职党员设岗定责，结合党员工作实际因事设岗，针对党员的特点因人选岗，根据新时期党员先进性要求因岗定责。

2012 年底，全旗各镇、苏木基层党委均配备电教设备，85 个嘎查村完善电教设施。旗、镇（苏木）、嘎查（村）三级电教网络初步形成，全年开展电教 165 场次，农牧民党员受教育人数达 6400 人次。

三、干部管理

（一）教育培训

1988 年，旗委组织部印发《关于认真落实巴盟教育五年规划，加强我旗干部教育工作的意见》（党组发〔1988〕44 号），在认真总结乌兰苏木党委业余党校党员教育的基础上，8 个有条件的镇、苏木、乡成立业余党校，开展社会主义初级阶段基本路线、马克思主义基本理论、党的基本知识、民族政策理论等教育和中共十三大文件精神学习。积极发挥党员电气化教育作用，通过录制新闻片、专题讲座、专题报道，丰富学习内容。

20 世纪 90 年代，全旗各镇、苏木、乡业余党校走上正轨，除常规教育培训外，先后组织开展“双学”“三讲”“三个代表”重要思想和保持共产党员先进性教育活动，党员干部平均参训率达 80% 左右。

进入 21 世纪后，全旗以《干部教育培训工作条例（试行）》为指导，不断改革和完善干部教育培训制度和内容，增强培训的统筹性、针对性、实效性，坚持分类分级，把干部教育培训的普遍性要求与不同类别、不同层次、不同岗位干部的特殊需要结合起来，增强针对性，实现全覆盖。

（二）干部队伍建设

1988 年，全面执行干部“四化”（革命化、年轻化、知识化、专业化）方针和德才标准，加强领导班子和干部队伍的建设。按照党管干部的原则，打破干部传统使用模式，疏通用人渠道，采取选任、聘任等相结合的办法，选拔任用干部，使干部队伍逐步走向年轻化、知识化。

1996 年后，按照各级党委文件精神，不断加强和完善干部任用选拔制度，先后制定《中共乌拉特中旗委员会关于深化干部制度改革的实施意见》《关于进一步规范科级干部任免工作的意见》《关于进一步做好培养选拔少数民族干部、年轻干部、妇女干部和非中共党员干部工作的意见》《关于进一步加强副科级后备干部队伍建设的意见》《乌拉特中旗后备干部挂职锻炼制度》等一系列文件。

2000 年后，全旗各级党委严格执行《党政领导干部选拔任用工作条例》，贯彻民主、公开、竞争、择优方针，完善公开选拔、竞争上岗等竞争性选拔方式，为选准用好干部把好关。

2008—2012 年，旗委完善相关配套制度，形成系统完备、科学规范、有效管用、简便易行的选人用人制度，通过“一推双考”（公开推荐与考试、考核）和“公选”等方式先后选拔科级干部 47 人。通过外挂（赴区外党政机关或大型企业挂职）、上挂（上级党政机关挂职）和下挂（苏木、镇挂职）等方式挂职锻炼科级及科级后备干部 800 余人次。

（三）干部监督

1988—2012 年，旗委按照中共十三大提出“从严治党”方针和中共中央陆续下发的《关于党的建设的通知》等重要文件要求，全旗各级党组织建立健全党内监督制度，把干部监督中心逐步转移到领导干部现实表现上来，并配套制定《关于进一步加强领导干部管理的意见》《加强党政一把手监督管理的有关规定》《组织部谈心谈话》等干部监督管理文件。

2002 年，成立专门干部监督机构，印发《中共乌拉特中旗委员会关于加强组织部门干部监督的意见》，指导各镇、苏木领导班子开展民主生活会，加强对领导干部的审计监督，将原离任审计改为任期审计；当年，结合机构改革，对 47 个单位领导干部进行任期审计。至 2012 年底，全旗审批办理科级干部出入境手续 1200 多次，委托旗审计局进行经济责任审计 574 次，组织离任移交接 323 次。

（四）实绩考核

1. 考核原则

1996 年开始，旗委按照科学合理、客观公正、扩大民主、便于操作的原则，先后制定《科级党政领导班子和领导干部考核评价暂行办法》《关于进一步加强科级领导班子年度考核工作的意见》

《科级领导班子和领导干部年度考核实施办法》等制度办法，着力构建实绩考核工作新机制。

2. 考核程序和方法

1996—2010 年，旗委按照年度实绩考核办法，由考核办公室每年下发考核通知，主要采取召开干部考核大会，班子主要负责人代表班子进行述职，民主测评，谈话，评价分析等方法。考核时间一般集中在年末分组进行。

2010—2012 年，除常规考核外，不断完善年度实绩考核办法，差异化设置考核指标，充分发挥评价职能部门的平时监控职责和考核部门的监督职责。

3. 考核结果运用

将考核结果在全旗通报，把实绩考核结果作为干部提拔使用的重要依据，对评为一般或较差的领导班子进行诫勉谈话，必要时进行组织调整；对评为基本称职或不称职的科级干部进行批评教育或组织处理。

（五）后备干部队伍培养

1988 年，中共中央明确提出建立健全后备干部制度。旗委组织部积极探索，通过民意测评、民主推荐、民主评议等形式了解每个后备干部的工作能力、思想表现、群众反映。在后备干部的培养上，重视理论素质的提高，要求后备干部每年必须进党校学习，采取挂职锻炼、交叉任职、驻村蹲点等培养措施，强化后备干部处理复杂事务的能力。

1990 年后，旗委组织部不断拓宽用人视野，加强后备干部队伍的建设。坚持德才兼备的原则，把素质好、会管理、作风正派、政绩突出的中青年干部补充到后备干部中；扩大视野，注重吸收优秀的知识分子、少数民族和妇女干部，逐步改善队伍结构；动态管理，对有前途的后备干部，鼓励其参加各类学习，对不适宜培养的进行淘汰。

2012 年底，全旗共有科级后备干部 295 人，其中旗直单位 249 人，镇、苏木 46 人。

（六）干部档案管理

1988 年，干部档案管理工作按要求做到专人、专柜、专室管理，干部档案管理安全保密、清洁整齐，接转手续齐全，转递无误，材料归档及时，档案管理工作不断走向制度化和规范化。

1991 年，旗委组织部根据第三次全国干部档案会议精神和盟委组织部的安排意见，成立整理档案领导小组，制定整理档案规章制度与计划。对干部任免登记表、调整工资表，以及奖惩、入党、入团、学历、晋升专业技术职称等材料进行重点收集。抽调旗委组织部 8 人，历时 29 天完成所管 942 卷人事档案立卷整档工作。

2006 年，旗委组织部严格按照干部人事档案管理规定，坚持做好人事档案的规范化管理工作。通过信息输入，干部档案分类编号实现计算机管理。

2010 年底，旗委组织部成立由组织部部长任组长、分管副部长任副组长，相关科室负责人为成员的人事档案“三龄一历”（年龄、工龄、党龄、学历）审定工作领导小组，为新一轮档案审核、整理奠定基础。

2011 年，旗委组织部对所管理的 1178 卷人事档案开展“三龄一历”审核认定工作。全面收集干部人事档案履历、年度考核、职称评定、学历、入党团、工资、任免等缺失材料，开展人事档案规范化整理工作，建立在职干部档案电子目录。

2012 年，旗委组织部按照内蒙古自治区党委组织部要求，将原有 B5 档案盒全部更换为 A4 档案盒。抽调政工人员 12 人，开展干部人事档案集中审核，即审核干部人事档案“三龄两历一身份”（年龄、工龄、党龄、学历、经历、身份）工作。同时，按照新目标管理要求，做好干部人事档案缺失材料的查漏补遗工作。

四、老干部管理

（一）“两个待遇”落实

1988 年，旗委老干部局为 33 名新离休干部颁发离休干部荣誉证，给 43 名离休老干部发放纪念品。当年那达慕大会上，邀请 30 多位离休、退休老干部就坐在主席团现场。为全旗每个离休老干部征订《老同志之友》《老年世界》刊物。老干部活动室增设麻将、象棋、扑克等娱乐品。

1988 年后，共有 77 名离退休老干部（含遗孀）提出要求解决各种困难问题，其中较突出的是住房问题，还有医疗保健、子女调动、城镇落户、生活困难等方面的问题。解决 20 人的住房问题，其中盖新房的 7 人，调整住房的 5 人，维修住房的 1 人，给建房补助费的 4 人，给房租费的 2 人，解决住房遗留问题的 1 人，总计用款 94500 元，其中，由财政拨款 4 万元，单位自筹 5.45 万元。为 10 名老干部解决医疗保险的问题，其中，享受护理费的 5 人，到外地治疗的 4 人，到外地疗养的 1 人。为 1 名身边无子女照顾的老干部解决子女调动问题，为 1 名老干部解决安装暖气问题，为 1 名老干部解决买名牌自行车问题。为 24 名生活确有困难的离休老干部（含遗孀）发放生活困难补助费，金额达 2730 元。解决 5 位离退休老干部去世丧葬费处理问题。

1990 年，旗委老干部局开展元旦、春节慰问活动。旗人民政府拨出专款，对全旗离休老干部、副科级以上退休干部及遗孀进行慰问。保证离休干部住房。旗财政拨款 41500 元为 3 户离休干部解决住房问题。其中巴音苏木等自筹 34000 元为 2 名住危房的离休干部盖新房，旗人民政府拨款 7500 元为文化局 1 名住危房的离休干部维修住房。至此，全旗没有住危房的离休干部。同时，旗人民政府尽最大努力，多方筹集资金，拨 118000 元为 12 名县团级离休老干部解决住房问题，其中为 10 名老干部维修正房和新建砖木结构凉房，用款 105000 元，为 2 名在呼和浩特市居住的离休干部支付房租费 13000 元。全旗行政事业单位和企业离休干部的医药费全能实报实销。全旗还为 11 名生活不能自理的离退休干部发放护理费，每人每月 50 元。为 31 名确有特殊困难的离休干部及其遗孀给予生活补贴 3160 元。全旗行政事业单位都能按时给离休干部发工资和各项生活补贴，对 1985 年工资改革前离休人员补发 17 元生活补贴的，各企业都由 12 元改为 17 元发放。

1997 年，旗委老干部局为全旗离休干部征订《老年世界》。为使老干部及时了解党和国家的方针、政策、政治经济形势，旗委上三级党委重要文件，供县处级以上待遇的老干部阅读。每年召开两次老干部座谈会，既能让老干部了解全旗政治、经济形势，又能了解老干部的思想动态、生活情况等。保证离休费全额发放，坚持医药费实报实销。在旗财政十分困难的情况下，旗财政于 1997 年 1 月份拨款 21 万元，6 月份拨款 2.8 万元，企业拿出 7400 元，总计 24.54 万元，用于补发拖欠的离休费。至此，全旗老干部离休费全部兑清。

2004 年，旗委老干部局开始组织老干部健康体检。特别是 2007 年之后，旗财政每年预算 10 万元，高薪聘请内蒙古医院 2 名教授坐诊，并根据老年人的特点开展 17 项检查。每年冬季来临之际，为老干部注射季节性流感疫苗，起到无病早防、有病早治效果。

2007 年 9 月 13—17 日，旗委老干部局组织部分老干部到呼和浩特、包头、鄂尔多斯等地参观考察。

2008 年，建立老干部特困帮扶基金每年 10 万元，外出考察费 10 万元，健康体检 10 万元，书报费 8 万元（每人 500 元），离休干部每年增拨 1 个月离休费全部列入财政预算。老干部局于 2001 年开始管理离休干部医药费，旗财政每年核定离休干部医药费 40 万元，门诊费每人每月 100 元；之后，老干部医药费增加到每年 60 万元，门诊费每月增加到 250 元，用于离休干部医药费报销，由老干部局以现金方式统一发放，不足部分需向政府提出申请另给予拨付，全旗离休干部医药费基本无拖欠现象。对老干部政策性增资能与有关部门协调按时兑现，当年开始，每年兑现 66 名副处以上退休干部（包括提格为副处级的 38 名干部）医药费补贴每人 3000 元，共计 20 万元。

2010 年 9 月 16—23 日，旗委老干部局组织 40 余名老干部参观考察杭州及上海世博会。

2011 年 6 月 4 日，旗委组织召开庆祝中国共产党建党 90 周年老干部代表座谈会，慰问老干部 117 人，每人 500 元，支出慰问金 6.8 万元。同年，旗委老干部局按照《巴彦淖尔市人民政府办公厅关于印发市直单位离休干部住房补贴实施方案的通知》，全旗有符合住房补贴标准的离休干部 82 户，发放补贴资金 150 万元，全部发放到位。同年，认真贯彻旗委《关于进一步落实好离退休干部政治生活待遇的意见》精神，坚持走访慰问制度，春节慰问标准从 500 元提高到 800 元。

2012 年 9 月 11—20 日，旗委老干部局组织老干部参观考察庐山、井冈山、韶山、张家界等地区，使他们开阔眼界，陶冶情操，丰富生活，愉悦身心，增进友谊。

（二）发挥余热

2008 年，“5·12”汶川地震发生后，旗委老干部局在职干部职工迅速行动，以各种方式表达对灾区人民的关切。部分离退休老干部积极参加捐款，有的老干部在外地打来电话委托他人帮助先交上捐款，许多身体活动不方便的老干部托子女代为捐款，有的老干部发烧需要输液，先捐款，再去医院输液。离退休老干部共捐款 2000 余元。

第二节　宣传工作

一、理论学习

（一）中心组学习

1988—1989 年，旗委及各级党委中心组主要围绕建设中国特色社会主义理论和邓小平理论展开学习。

2000—2001 年，旗委及各级党委中心组学习主要以宣传、贯彻、落实“三个代表”重要思想为核心，主动邀请上级党的理论工作者莅临开班授课。

2002—2004 年，旗委及各级党委中心组学习主要围绕“完善社会主义市场经济体制和可持续发展”这个主题，按照上级部署，结合区域经济发展实际，分阶段分步骤地开展“旗域经济发展存在问题、矛盾和解决办法”等讨论研究。

2005—2006 年，旗委及各级党委中心组学习理论学习，大力开展“保持共产党员先进性教育”学习研讨活动。

2007 年，旗委及各级党委中心组学习主要围绕中共十七大精神，旗委制定下发《关于在全旗开展深入学习贯彻中共十七大精神的通知》和《关于在全旗开展深入学习宣传中共十七大精神的意见》。

2008—2009 年，旗委及各级党委中心组学习主要是科学发展观的内容，邀请大学教授、宣传部门专家学者就“地区经济可持续平稳较快发展”“中共十七届四中全会精神”等进行讲解。

2010—2011年，旗委及各级党委中心组学习主要围绕“中共十七届五中全会精神”“中共十七届六中全会精神”，集中讨论审议“十二五”规划建议。

2012年，旗委及各级党委中心组学习围绕宣传贯彻中共十八大精神，讨论研究中国共产党将举什么旗、走什么路、以什么样的精神状态、朝着什么样的目标继续前进这四个关系党和国家工作全局的重大问题。

（二）理论下基层

1988—2000年，旗委宣传部不定期组织全旗理论工作者下基层辅导。

2001—2004年，旗委宣传部以“三个代表”重要思想为主线，组建中共十六大精神宣讲团，深入基层开展宣讲。同时采取文艺表演等形式开展宣教，举办以“三个代表”重要思想为主要内容的歌咏比赛等。

2005年，旗委宣传部编辑《先进性教育简报》，组织理论教员和旗委党校理论骨干组成宣讲团，深入城乡开展“理论下基层”宣讲活动，重点宣讲保持共产党员先进性、“三个代表”重要思想、乌拉特中旗经济发展战略等内容。

2006—2007年，组织理论宣讲骨干围绕中共十七大精神开展理论政策“进机关、进农村、进企业、进学校、进社区”活动。

2008—2010年，每年选派理论干部到农牧区，以“践行科学发展观、加快结构转型、构建和谐中旗”为题开展宣讲教育活动。

2011—2012年，由旗委宣传部牵头，每季度组织宣讲团深入基层宣讲党的创新理论，平均每年到基层讲课200余场次，普及受众2万余人次。

（三）培训班轮训

1988—2012年，由旗委宣传部牵头，每年举办副科级以上干部培训班、后备干部培训班、嘎查（村）党支部书记培训班各1期。

二、社会宣传

1988年，在全旗范围内开展学习宣传中共十三大文件、党的基本路线教育活动。全旗普法教育工作重点放到农村牧区，全年共播放普法教育录像12场，电视台播放普法教育40集，出普法专栏24期、板报28期。

1989年，在全旗范围内开展庆祝中华人民共和国成立40周年系列活动。组织开展纪念“五四”运动70周年活动。同年8月27日开始，组织全旗各旗直单位观看国产彩色故事片《百色起义》和革命战争历史巨片《巍巍昆仑》。

1990—1994年，认真宣传贯彻中共十四届三中全会精神。重点抓“七个系列”的集中宣传。一是开展乡镇企业典型调查宣传；二是农牧区建立社会化服务体系典型调查宣传；三是建立现代企业制度典型系列宣传；四是优秀村嘎查党支部书记系列宣传；五是个体和私营经济发展典型系列宣传；六是人民园丁系列宣传；七是民族团结进步典型系列宣传。

1995—1996年，在邓小平建设有中国特色的社会主义理论和党的基本路线指导下，按照内蒙古自治区党委宣传部和中共白彦淖尔盟委员会宣传部的安排部署，紧紧围绕旗委中心工作，认真宣传贯彻中共十四届四中全会精神和内蒙古自治区第六次党代精神，全面准确宣传党的各项方针政策，加大改革的宣传力度。其间，全旗广播电台、电视台共播出有关爱国主义报道150余条，旗电影公司组织放映百部爱国主义影片8部、21场次。

1997—1999年，旗委宣传部精心组织各地深入开展社会宣传。一是大力开展社会主义法制和人民代表大会制度的宣传。二是深入开展社会治安综合治理、计划生育和双拥工作的宣传。三是深入开展“三下乡”（文化、科技、卫生下乡）活动。

2000—2002年，全旗“三下乡”活动持续深入。旗委宣传部与旗民政部门配合进行“双拥”（拥军优属、拥政爱民）共建的宣传。喜迎“中共十六大”期间，由旗委宣传部牵头，旗直13个单位协办乌拉特中旗第一届、第二届广场文化节，旗教育局、机关党委、乌兰牧骑、海流图镇人民政府、旗团委等单位成功组织文艺晚会9场，社会各界群众观演人数2万余人次。同期，成立税费改革宣传组，发放税费改革宣传单3万份，发放税费改革通告3万份，发放《致农牧民朋友的一封信》3万份。印制发放宣传手册2000份，制作税改条幅60条，粉刷宣传标语120条。

2003年，各媒体利用重大节日活动，如人代会、政协会、消费者权益日、“6·26”禁毒宣传日等各项宣传热潮，配合工商所、质监、药监、计生、防疫等部门开展专项执法宣传活动。

召开防治非典动员大会。制定并印发《乌中旗关于预防非典型性肺炎的宣传安排意见》。三大媒体在黄金时段重要版面开办专题专栏，强化对非典的防范措施的宣传。广播电台播“防非”蒙汉新闻414条，播放非专栏专题86期。印发《告全旗人民的一封信》3000份，印发《乌拉特中旗预防非典宣传手册》3万份，发放《防非知识手册》1万份，复制发放CD光盘30张，印发《防非五字歌》宣传单3000份，编发防非快讯54期。

全力做好中国乌拉特中旗首届国际那达慕大会社会宣传工作。精心制作旗歌MTV。增设刷新旗境内五原至口岸公路沿线的石碑广告牌19个，刷新大型拱形旗门2个，新建旗门1个，制作彩旗800面，在旗党政综合大楼院内和各主要街道进行安插。制作悬挂过节横幅40条、道旗300面。

2004—2005年，深入宣传中共十一届八次全委扩大会议精神。精心设计宣传内容，坚持“三贴近”原则，全方位、多角度深入工业园区、重大建设项目工地、厂矿企业和农牧区生产一线进行宣传报道。开展“纪念抗日战争胜利60周年暨第三届情洒乌拉特消夏广场文化艺术节”活动。

2006—2010年，围绕迎接十七大、庆祝自治区成立60周年、香港回归10周年等重要纪念日，广泛开展群众性文化活动。以文化服务下基层系列群众文化活动为重点，抓好“科技、文化、卫生”三下乡活动。迎接内蒙古自治区成立60周年大庆，在海流图镇各主要街道张贴迎大庆标语，悬挂横幅。高举中国特色社会主义伟大旗帜，深入贯彻落实科学发展观，以学习宣传贯彻中共十七大精神为主线，以社会主义核心价值体系为根本，积极开展纪念改革开放30周年的宣传；开展迎接北京奥运会宣传活动；做好科学发展观的宣传。刷新各种宣传栏30幅，悬挂过街横幅40条。发放迎奥运、讲文明手册1万份。

2010年8—9月，组织全旗各乡镇党委，旗直各部、委、办、局、校，旗直各党委、总支、支部、各群众团体观看影片《袁隆平》、历史题材影片《铁血北疆曲》。

2011年，社会宣传工作以社会主义核心价值体系为根本，开展各种覆盖社会的，有影响、有号召力的宣传工作。开展中国共产党成立90周年庆祝活动。结合“科普富民兴边”试点工程，开展宣传活动，编印蒙汉双语农牧业实用技术手册6000册，编印地方病预防知识宣传挂图1万份，制作卫生保健、自然灾害及突发公共安全事件应急处理知识光盘1000张。开展科普雏鹰行动，以中旗蒙古族学校学生和边境地区青少年为试点人群，开展“大手拉小手、科技赛事和夏令营活动。开展“科普日”“科普周”“科技三下乡”等大型科普宣传活动。

2012 年，紧紧围绕经济发展、社会稳定的大局，立足实际、突出重点、开拓创新，有计划、有步骤地开展一系列扎实有效工作。在海流图镇及苏木、镇主要街道、公路两侧设置固定宣传栏及标语 102 条（处），进一步加强新闻媒体硬件建设，不断扩大宣传覆盖面，重点集镇及苏木、镇所在地 80% 开通无线广播，并实现全旗同步播放；旗电视台自办节目信号覆盖率达 80% 以上，新闻实现当日播放；乌拉特中旗新闻网进行改版升级，搜索点击更加便捷。

三、对外宣传

1988—1993 年，旗委宣传部新闻中心成立，以加强全旗新闻报道工作。广播电视台加强编辑记者队伍建设，整顿通讯员队伍，举办通讯员培训班，积极开展“好新闻”评选活动表彰优秀新闻工作者。

1994 年，围绕旗委中心工作，认真宣传中共十四届三中全会及内蒙古自治区五届八次全委（扩大）会议和全旗两级干部会议精神。开展乡镇企业典型调查系列宣传、农牧区建立社会化服务系列典型调查系列宣传等“七个系列”的宣传。共接待上级报刊记者 15 人次，在上级报刊发表稿件 800 余篇。

1995 年，以举办那达慕大会为契机，宣传乌拉特中旗建旗 40 多年来取得的成就和乌拉特中旗的资源优势和投资环境。制作《农业篇》《牧业篇》《乡镇企业篇》等 6 个电视宣传片播放。

1996 年，旗委宣传部下发《改变新闻报道工作的意见》《乌拉特中旗通讯报道工作实施意见》，对新闻报道、通讯员管理与培训、表彰与奖励做明确规定。

1997 年，内蒙古电视台《经济 600 秒》栏目连续播出《发展中的乌拉特中旗》电视专题片。

1998 年，以经济建设为中心，加大经济宣传力度，紧紧抓住“农牧业为本、产业化推进、工业强旗富民”“六路兴财、两翼推进”（一是“兴农牧业稳财”即优化结构，打好农牧业基础，夯实基础财源；二是“兴工业富财”即扩大开放，发展地方工业，膨胀主体财源；三是“兴企业壮财”即深化改革，提高企业效益，壮大支柱财源；四是“兴商业活财”，即活化三产，加快第三产业发展步伐，培育群体财源；五是“兴边贸引财”，即强化边贸，积极创造条件，开发新兴财源；六是“强机制理财”，即加大财税改革，建立效益财政，强化管理财源）经济发展战略思想开展宣传。

1999—2001 年，加大对全旗实施的重大方针政策的宣传，加大“99 新世纪”工程的宣传力度，加强小康建设宣传力度。

2002 年，旗委宣传部加大对外宣传力度。全年共接待上级新闻记者 130 余人次，对全旗生态建设、农区养殖业、招商引资、口岸工作等方面进行翔实的报道，特别是对舍登家庭生态牧场，《内蒙古日报》、内蒙古电视台均作集中报道，盟内各媒体也作大量宣传。表彰“首届乌拉特中旗新闻奖”获奖者。

2003—2005 年，乌拉特中旗加大对外宣传力度，在全旗上下树立“大外宣”的观念，借助上级媒体，充分发挥蒙古文、汉文优势加大国内外宣传声势。2003 年，举办中国乌拉特中旗首届国际那达慕大会，邀请蒙古国和国家级、内蒙古自治区级、巴彦淖尔盟级媒体 25 家、160 余名记者到乌拉特中旗宣传报道全旗经济建设等各项成就，以提高乌拉特中旗知名度。利用互联网制作专页进行对外宣传。全盟范围内公开招聘新闻工作者 3 人。

2006—2010年,乌拉特中旗于2006年在《巴彦淖尔日报》上开辟《中旗新闻》专版,新闻作品上稿率大幅增加,加上广播电视,全旗每年在各级媒体上刊发蒙汉语新闻2400余篇(条),其中2009年刊发2562篇(条)。同期,乌拉特中旗加大与蒙古国媒体互访活动,一方面把乌拉特中旗制作的对蒙古国宣传资料提供给蒙方媒体播放,另一方面邀请蒙古国媒体到乌拉特中旗拍摄制作节目,建立"采访线"工程,主动为各地各级媒体提供服务和引导。

2011年,加强口岸外宣工作,提高乌拉特中旗对外宣传报道能力。设立旗委对外宣传办公室,负责全旗对外宣传工作的规划指导协调和综合管理。成立乌拉特中旗对外宣传工作领导小组,建立新闻发言人制度。设立网络舆情室,负责乌拉特中旗范围内网络舆情指导和全旗重大事件的统一发布,加强新闻宣传和网络宣传。

2012年,对蒙古国宣传再上新台阶。通过反复与蒙方沟通协商,达成一致意见:"同意双方互派记者采访,互设新闻工作站。"乌拉特中旗与蒙古国南戈壁省《蒙古戈壁》报刊、《金色戈壁》广播电视台签订协议,双方记者互相采访,开展宣传报道。乌拉特中旗方面的新闻稿件及宣传品定期在蒙古国南戈壁省广播电视台、报刊发布。乌拉特中旗驻蒙古国南戈壁省新闻工作站签订设立协议。全年接待国家级、内蒙古自治区级、巴彦淖尔盟级媒体记者218人次,在国家级媒体刊发稿件34篇(条),在内蒙古自治区级媒体刊发稿件91篇(条),在巴彦淖尔市级媒体刊发稿件1200余篇(条)。并且策划、制作《开疆热土》《魅力中旗》《草原明珠耀北疆》系列宣传片和《鸿雁的故乡》大型宣传画册,积极为全旗经济社会发展鼓劲,努力扩大乌拉特中旗对外影响力。

四、讲师团工作

1988—2009年,旗委宣传部根据中共中央、内蒙古自治区党委、中共巴彦淖尔盟(市)委、旗委重要路线、方针、政策和当年宣传工作重点内容,有针对性地成立宣讲团开展宣讲工作。重要的宣讲团包括"十六大精神宣讲团""'三个代表'重要思想宣讲团"等。

2010年,旗委宣传部专门抽调旗内宣讲骨干成立理论宣教室,负责全旗理论宣讲工作。并在全旗10个苏木、镇率先建立"开放与发展"讲堂。

2011年,由旗委宣传部理论宣教室配合旗人民武装部牵头组成"军地理论宣传团",深入全旗农村牧区进行宣讲。巴音乌兰苏木"开放与发展"讲堂被评为内蒙古自治区"示范讲堂",旗委宣传部理论宣讲员王树英、旗委党校教师董超被评为内蒙古自治区优秀宣讲员。

2012年,全旗各类讲堂向有条件的嘎查村、社区延伸,并在各地挑选聘用退休老教师、致富能人加入宣讲队伍,给全旗理论宣教增添活力。

五、"五个一工程"奖评选

1992年,中共中央宣传部组织的精神文明建设"五个一工程"[一部好的戏剧作品、一部好的电视剧(或电影)作品、一部好的图书(限文艺类)、一部好的理论文章(限社会科学方面)、一部好电影]评选活动开始进行,每年进行一次,评选上一年度各省、自治区、直辖市和中央部分部委、解放军总政治部等单位组织生产、推荐申报的精神产品中的精品佳作。同年,内蒙古自治区精神文明建设"五个一工程"评选活动也开始进行,内容包括歌曲、舞蹈、戏剧、电影、电视剧、动画片、广播剧、文艺类图书8项。

2005年,乌拉特中旗作者宝迪选送的作品《我那富饶的戈壁滩》(蒙古语、广播剧)荣获第九届内蒙古自治区"五个一工程"奖。

六、党报党刊发行

20 世纪 80 年代，党报党刊由当地邮政局发行。至 2012 年，党报党刊发行业务量激增。至 2012 年，乌拉特中旗发行党报种类达 20 余种，主要有《人民日报》《光明日报》《经济日报》《内蒙古日报》《巴彦淖尔日报》等，发行数约 15000 份。

第三节　统一战线工作

一、政策宣传工作

1988—2012 年，旗委统战部深入学习和贯彻中共十三大、十四大、十五大、十六大、十七大、十八大精神。认真学习宣传党的统战理论和民族政策，学习各级统战部部长会议精神。1997 年为香港回归祖国、内蒙古自治区成立 50 周年庆典、中共十五大召开年，在全旗各族干部中开展“热爱内蒙古、建设乌中旗”民族团结知识教育活动。宣传新修订的《中华人民共和国民族区域自治法》，编印《统一战线工作知识手册》，组织全体统战干部、统战对象学习贯彻《中国共产党统一战线工作条例》（试行）及各级统战工作会议精神。

二、非党干部及党外知识分子工作

1988 年，旗委统战部把非党干部使用和党外知识分子工作作为统一战线的基础性工作。从战略的高度加强对新的代表人物的培养选拔，分层次、有重点地建立人物档案。

1990 年，经过选拔、考核，推荐 1 名非党人士担任政协副主席、政协委员，20 名非党人士担任副职。

1993 年，分别为旗政协推荐 1 名党外副主席、旗人大常委会推荐 1 名党外副主任。

1994 年，为政协巴彦淖尔盟委员会推荐非党委员 9 名，为旗九届政协推荐非党委员 38 名、为旗人大常委会、人民政协推荐 3 名非党常委。

1997 年，向中共巴彦淖尔盟委员会统战部推荐 5 名处级后备干部，全旗安排党外副处级领导干部 1 名、科级党外干部 19 人。

1999 年，推荐新任政协乌拉特中旗委员会副主席 1 名、乌拉特中旗旗长助理 1 名、全旗共安排副科级干部 22 名，重点后备干部 59 名。向中共巴彦淖尔盟委员会统战部推荐盟政协委员 12 名。

2010 年，成立党外知识分子联谊会，设会长 1 名、副会长 4 名、常务理事 9 人、理事 43 人，不定期开展联谊活动、培训座谈会，发挥知联会职能凝聚人心。

2011 年，建立健全党政领导班子与党外人士联系交友制度、评价监督制度。

2012 年，全旗有党外处级干部 4 名、党外正科级干部 42 人、党外政协委员 69 人（其中政协巴彦淖尔市委员会委员 8 人、旗政协委员 61 人）。

三、对台、侨联与侨眷工作

1988—2012 年，旗委统战部积极开展对台和海外统战工作，对“三胞”（港澳同胞、台湾同胞、海外侨胞）工作和侨属本着“少说多做、热情适当、随机而行、顺乎自然”的原则，抓好指导协调，改进服务、提供方便、宣传教育、争取人心、树立正气。

1990 年，接待台胞 2 人、蒙古族侨胞 5 人。

1991 年，有 2 名台胞回乌拉特中旗定居，积极地为他们办理定居手续，解决生活中的困难。

1992 年，开展对台统战工作。开展对台方针政策的宣传教育工作，通过家访、春节慰问等形式对台胞、台属进行以热爱党、热爱社会主义制度为内容的思想教育工作，教育台属在亲人面前要自尊、自爱、自强，不说、不做不利于祖国统一的话和事。在旗委统战部的协助下，给3名定居乌拉特中旗台胞办理城镇户口，解决子女入学问题，使台胞、台属感到祖国大家庭的温暖。

1993年，接待台胞1人，与其进行坦诚友好交谈，向台胞介绍改革开放以来乌拉特中旗投资的优惠政策，协助有关部门给其办理父子公证手续。

1994年，旗委统战部坚持对台统战工作，以统一祖国、振兴中华为目标，坚持和平统一祖国、"一国两制"的方针，坚持寄希望于台湾当局和更寄希望于台湾人民的原则，积极开展对台方面的工作。接待要求定居的台胞1人，对其提出的要求，依据党的政策耐心解释，积极帮其办理，使其感到温暖。

1997年，在联络感情、广交朋友中宣传和介绍乌拉特中旗过程中，组织台胞台属学习中共中央总书记江泽民《为促进祖国统一大业而继续奋斗》重要讲话。春节期间，走访慰问台胞台属4人，送去党对他们的关怀。

1998年，旗委统战部坚定不移贯彻"和平统一、一国两制"方针，宣传落实对台方针政策。

1999年，召开各族各界和台胞台属代表42人参加的纪念中共中央总书记江泽民对台八项主张发表4周年暨迎庆澳门回归座谈会。

2001年，旗委统战部对台属统一颁发台胞台属证书，办理台属出国留学人员14人，回乌拉特中旗工作1人。

2008年，旗委统战部贯彻落实《中华人民共和国反分裂国家法》，制定处理涉台突发事件应急预案。

2009—2013年，中华外联谊会、澳门狮子会先后向内蒙古海外联谊会捐资510万元。乌拉特中旗共争取3座新农村、新牧区海联卫生室资金，已投入使用。

2012年，全旗共有归侨侨眷16人，其中归国华侨4人、侨眷12人，出国留学人员70人，归国留学人员7人。

四、民族宗教工作

（一）民族工作

1988—1992年，旗委统战部进一步贯彻落实中国共产党的各项民族政策，重视少数民族风俗习惯，巩固和发展民族团结进步。认真贯彻党的民族宗教政策，在全旗普法教育活动中，重点对《中华人民共和国民族区域自治法》进行学习。

1993—1997年，大力开展宣传民族教育活动，落实中国共产党的民族政策，搞好民族团结、把民族政策、民族理论、《中华人民共和国民族区域自治法》的学习列入旗党校和业余党校的学习内容。通过学习提高广大干部群众贯彻民族政策的自觉性，促进各民族的大团结，牢固树立"谁也离不开谁"的思想。组织召开有教育、文化、卫生、科技、经贸、口岸等单位领导参加的民族工作座谈会，对全旗如何做好民族工作，加快发展乌拉特中旗的各项事业提出意见建议。

1993年，全旗在民族团结进步事业中涌现出众多先进集体和先进个人，受到内蒙古自治区党委、自治区人民政府表彰的先进集体1个、先进个人1人，受到中共巴彦淖尔盟委员会、盟行政公署表彰的先进集体5个、先进个人6人。

1997年，内蒙古自治区成立50周年之际，受到内蒙古自治区党委、自治区人民政府表彰的民族先进集体2个、先进个人2人，受到中共巴彦淖尔盟委员会、盟行政公署表彰的先进集体6个、先进个人7人。

1998年，以“热爱内蒙古、建设乌中旗”为主题，开展民族团结宣传活动。加强少数民族党外干部的培养教育。开展民族统战理论专题培训班4期，其中，科级干部培训班3期，培训人数588人。

2000—2009年，按照《关于贯彻中共巴彦淖尔盟委员会、盟行政公署〈关于进一步加强民族工作的决定〉继续在全旗开展党的民族理论、政策的宣传教育的通知》要求，围绕全旗的中心工作，结合实际，以民族团结进步为主题，利用板报、广告、电视、报纸等新闻媒体，开展形式多样、丰富多彩的宣传教育活动。加大对民族地区扶贫帮困的支持力度，积极引导和扶持少数民族聚居地区发展经济，不断提高少数民族群众的生活水平，尊重少数民族群众的风俗习惯。协调解决民族中出现的新情况、新问题，防止违反民族政策、伤害民族感情的事件发生。先后组织有关部门实地调研、走村入户、深入边境牧区调研，形成《乌拉特中旗民族工作调研报告》。组织有关方面的科技人员送科技下乡，为少数民族群众进行信息、科技服务，传授种植和养殖方面的知识和理论。乌拉特中旗作为内蒙古自治区19个边境旗县之一，认真贯彻落实中国共产党的民族政策，开展民族团结进步创建活动。累计争取到“兴边富民”行动专项资金6000万元，实施节水灌溉、棚圈建设等项目，使民族地区农牧民4万人受益。

2002年，弘扬民族文化，迎接第一届国际那达慕大会，尊重蒙古族干部群众的风俗习惯，在旗委、旗人民政府的重视下修建生态园敖包，每年举行隆重的祭祀活动。

2012年，全旗有少数民族干部1894人，其中，科级以上232人，占少数民族干部的12%。

（二）宗教工作

1989年，旗委统战部通过走访调查、核实整改，撰写《乌拉特中公旗、西公旗、东公旗寺庙分布情况》《乌拉特中旗境内寺庙分布情况》《乌拉特中旗部分喇嘛情况》3份宗教方面的历史资料。

1990—2004，宗教工作继续贯彻中国共产党的宗教信仰自由政策。依法加强对宗教事务的管理。对千里庙修复后未经旗人民政府及管理部门批准私自活动给予及时阻止，并给予严厉批准教育。深入灌区5个苏木（乡）核查指导宗教工作。

2004—2012年，贯彻全国、内蒙古自治区、巴彦淖尔市宗教工作会议和宗教工作座谈会议精神，建立并完善《乌拉特中旗宗教工作责任制》《乌拉特中旗宗教动态信息快速反馈制度》，制定《乌拉特中旗处置涉及民族宗教因素突发事件预案》，成立乌拉特中旗宗教工作领导小组、建立宗教工作联席会议制度，建立健全宗教工作责任制和责任追究制，形成并完善宗教工作三级网络、两级责任制，每年对全旗宗教界人士和信教群众进行全面的调查和摸排。

五、经济统战工作

1992年，乌拉特中旗工商业联合会（商会）成立。与旗委统战部合署办公，统战部部长兼任工商联主席（商会会长），副部长任工商联副主席（商会副会长）。并于同年11月召开乌拉特中旗工商业联合会第一次代表大会。

1997年，旗工商联（商会）与旗委统战部分设办公。产生第一届乌拉特中旗工商联执行委员会、执委、副主席、主席。召开乌拉特中旗工商业联合会（商会）第二届会员代表大会，选举产生会长1人、副会长8人、执委17人。

2006年，旗工商业联合会（商会）第三届会员代表大会召开。选举产生会长1人、副会长25

人、执委 33 人。

2011 年，旗工商业联合会（商会）第四届会员代表大会召开，选举产生主席 1 人、副主席 2 人，任命党组书记 1 人。大会决定成立乌拉特中旗总商会，选举产生会长 1 人、副会长 22 人、执委 51 人。

2004—2012 年，全旗先后成立行业协会 5 个、基层商会 2 个，共有会员 400 余人。其间，旗委统战部积极为企业搭建平台、解决困难，帮助企业解决融资问题，贷款资金涉及 5600 多万元。同时，积极引导非公企业人士致富思源、感恩帮扶、回馈社会活动，多年来累计捐资助困助学资金达 191 万元。多次组织有关人员深入企业调研，了解情况，先后形成《关于制约我旗民营经济发展瓶颈》《乌拉特中旗非公有制经济发展及对策》《关于金融危机对民营企业影响的报告》等多篇调研报告，为旗委、旗人民政府决策提供有力的参考依据。按照全旗“兴商利民、惠农助企、搞活流通”的实践载体，为全旗服务业从业人员开展岗位技能培训 1200 多人，并与旗工商联联合举办国内外各种培训、参观、观摩等活动。贯彻宣传《国务院关于鼓励和引导民间投资健康发展的若干意见》（新 36 条）工作会议，学习贯彻《内蒙古自治区人民政府关于促进小型微型企业持续健康发展的意见》。

第四节 政法工作

一、政法队伍建设

1999—2011 年，旗委政法委加强领导，营造和谐社会环境，扎实开展好综合治理集中宣传月活动，制定《综治维稳宣传月活动实施方案》。贯彻落实中共巴彦淖尔盟（市）委员会及旗委的决策部署，围绕全旗经济社会发展大局。推进“平安中旗、法治中旗”，各苏木、镇场认真落实“属地管理”责任，党政军警民各方联动、齐抓共管的工作格局。

2012 年，在中共巴彦淖尔市委员会政法委有力指导和支持帮助下，全旗不断健全完善基层基础建设。旗、苏木、镇、嘎查村共建成综治中心 111 个，有综治工作人员 253 人，划分网格 516 个，有网格员 360 人，基层机构及网络覆盖率均达 100%；建成比较健全的旗—苏木、镇场—嘎查村—乌素组四级社会治安综合治理管理体系；狠抓立体化社会防控体系建设。

1994—2012 年，旗委政法委连续 10 余年被评为巴彦淖尔盟（市）综合治理、维稳工作先进旗县。2001—2004 年，乌拉特中旗政法委被评为全内蒙古自治区综治工作先进集体，连续 3 次获得内蒙古自治区“长安杯”。2006 年、2007 年，全旗综合治理、维稳工作、信访工作列居巴彦淖尔市第一，被授予全旗服务地方经济突出贡献奖。

二、社会治安综合治理

（一）宣传月活动

1988—2000 年，乌拉特中旗政法委在每年的综合治理宣传月宣传活动中，发放宣传单，做固定标语，举办培训班等。13 年中，在综合治理宣传月活动中，共发放宣传单 26600 余份，受教育人员达 3 万人（次）。举办培训班 56 期，全旗干部、职工 3000 人参加法制学习考试，合格率 98%。

2001 年，乌拉特中旗政法委开始将每年 3 月的综合治理宣传月与“3·15”消费者宣传日结合起来，组织综合治理成员单位开展保护消费者权益法制宣传；每年“12·4”全国法制宣传日期间，旗政法委与司法局配合，组织公、检、法、司、交警、消防等部门开展普法普传活动。至 2012 年，深入农牧区 35 次，为农牧民送法律读本 15.85 万册，发放宣传资料 3680 余份，受教育群众 10.33 万人次。

（二）“平安中旗”建设

2006 年，乌拉特中旗全力推进社会稳定风险评估专项机制建设行动，坚持把社会稳定风险评估作为定政策、作决策、上项目的前置程序，建立社会稳定风险评估办法。推广“三联六调”社会矛盾化解工作机制，即镇、村、组“三级联动”，法庭、派出所、司法所、维稳办、综治办、信访办“六方联调”。在此基础上结合实际，积极探索，畅通和规范群众诉求表达、利益协调、权益保障链条，在全旗推行“2761”工作法，2 即做好法制宣传教育和化解矛盾 2 项工作有效衔接，7 即建立调解工作机制、调解工作组、案件台账、矛盾化解工作程序、矛盾化解工作方法、调解时限、处理意见 7 项矛盾化解措施，6 即完善稳控责任表、案件调查询问笔录、被调查人基本信息、调解影像资料、涉案相关证据材料、案件处理意见书 6 项矛盾化解备案资料，1 即申请上级部门对案件进行复查 1 项案件处理结果上报程序，努力化解基层矛盾纠纷，推动基层平安稳定。通过实行“两项衔接”（法制宣传教育工作和化解矛盾工作有效衔接）、“七项矛盾化解工作措施”（调解工作机制、案件台账、调解工作组、矛盾化解工作程序、矛盾化解工作方法、调解时限、案件处理意见）、“六项矛盾化解备案材料”（稳控责任表，案件调查询问笔录，由被调查人员提供的户口、身份证复印件，调解影像资料，涉及案件相关证据材料，案件处理意见书）和“一项案件处理结果上报程序”（申请上级有关部门对苏木作出的案件进行复查），确保能为确实有困难的群众解决实际困难和问题。

2007—2012 年，乌拉特中旗以“一区一品”为目标，投入 2293 万元，在海流图镇 6 个社区打造社会治理创新工作亮点。投入 270 万元，打造以 3 个边境苏木、镇为服务半径的 4 个“爱民固边警务工作站”平安建设工作亮点，配备爱民固边直通车 3 台，并将每年的运行经费列入财政年度预算。投入 600 多万元，以德岭山镇可视化指挥平台、全覆盖高清视频监控系统为重点，推进山前两镇一苏木一牧场的治安防控体系建设工作。在全旗 10 个苏木、镇全部建立综治维稳工作中心，6 个社区、85 个村嘎查设立综治维稳工作站，有专兼职工作人员 625 人。在城镇建立 3 个社区综合服务大厅，规范服务标准和工作流程，优化整合社会管理力量，落实矛盾调处、信访、便民服务、社会管理各项任务和责任。在山前，以“科技手段护平安”，先后投入 560 余万元，在德岭山镇部分村庄出入口安装探头 680 余个。在牧区，以“网格化管理保平安”。在温更镇探索推行“草原综治维稳联络户”。在边境一线以草原“110”报警点为抓手，深入推进平安建设工作。

2010 年，乌拉特中旗开始进行“平安中旗”建设工程。全旗共建成平安地区 8 个、平安嘎查村（居委会）74 个、平安社区 2 个、平安系统行业 14 个、平安单位 150 个、平安企业 105 个、平安学校 19 个、平安家庭 38000 户，平安创建率达到 94.6%，覆盖率达到 100%。

2011 年，乌拉特中旗积极开辟海五（海流图—五原）公路线平安创建宣传活动基地和宣传长廊建设，建立宣传阵地 38 个，开辟广播专题节目 23 组，出宣传栏和墙报 175 期，各类横幅 200 多条，更新固定标语、标牌 90 余块；组织开展平安建设进企业、进学校，法律进社区系列活动；成功举办平安社区文化艺术节、平安校园文化艺术节、平安建设万人签名等活动，进一步将乌拉特中旗平安建设工作推向高潮，通过测评，平安创建知晓率和参与率分别达到 90% 和 84% 以上。

2012 年，乌拉特中旗开始全力推进“平安中旗”社会矛盾纠纷化解工作。进一步完善旗、苏木、镇、嘎查村、乌素组四级矛盾纠纷排查网络，有针对性地进行“拉网式”专项摸底排查，做到早发现、早控制、早化解。健全完善乌拉特中旗党委政府联合接访中心功能。同年，全旗设立工作组 6 个，负责接待、处理群众信访问题。从政法部门和各镇、苏木抽调人员，及时启动乌不浪口、边防检查站、海五公路收费站、石哈河镇、德岭山镇等9个检查站，对过往车辆和人员进行24小时安保检查。通过安保检查，及时排除治安隐患，有效震慑犯罪，进一步提升治安管控能力，确保社会治安的持续稳定。

2012年底，全旗共建成平安地区10个、平安嘎查村（居委会）84个、平安社区6个、平安系统行业14个、平安单位150个、平安企业105个、平安学校17个、平安家庭38000户，平安创建率达到95.1%。全旗共安装监控探头1500余个，建成监控小平台18个，初步建成“以镇为中心、以村为基础、以交通要道为支撑和骨干”的重点区域、重点部位治安动态监控网络。全旗已建成爱民固边警务工作站5个、警务工作室18个、草原“110”报警点30个，每个报警点服务半径12千米。爱民固边警务工作站、警务工作室、草原“110”报警点已连点成线，辐射成片，形成集打击、防范、管理和服务于一体的实践平台，进而巩固一线边防阵地。

（三）公共安全及打防管控

1988年，旗委政法委以创建全区平安建设先进县为契机，严厉打击各类严重暴力犯罪，始终保持严打高压态势，依法严厉打击暴力犯罪和人民群众反映强烈的故意杀人、抢劫、强奸等暴力性犯罪活动，做到对严重暴力犯罪零容忍、零放任、零懈怠。

2010—2017年，乌拉特中旗健全机制，强化措施，认真落实各项应急措施，制定严密的处置突发事件应急预案，保证专门力量和装备，实行领导带班值守，随时处于应急状态。健全完善以公安“110”指挥中心为纽带的维护社会稳定联动指挥中心。及时妥善处置各类群体性事件，没有影响局部稳定和造成严重社会危害的后果。不断加强社会面防控，筑牢防控网络，完善基础网络建设，实行旗、镇、村三级联手抓防控；积极动员和组织社会力量，加大对重点时段、重点区域、重点人员的防控力度；严格执行重要节假日和重大活动期间的值班制度，实现“三个零”（零失职、零隐患、零伤亡）指标的控制要求。

2012年，深入开展专项打击整治。按照“什么犯罪突出就重点打击什么犯罪，哪里治安混乱就重点整治哪里”的原则，紧紧抓住非法集资、金融诈骗等涉众型经济犯罪和电信诈骗、食品药品安全、制贩毒品等突出犯罪，因地制宜地组织开展打击整治行动，先后组织各类专项行动4次，打掉犯罪团伙4个，共破获各类刑事案件255起，共抓获犯罪嫌疑人154人，刑事拘留75人，执行逮捕45人，移送起诉118人，抓获各类逃犯24人。

（四）重点人群服务管理

2010年，乌拉特中旗开始强化对辖区流动人口的管理。要求各辖区派出所对全旗的流动人口进行梳理摸排，通过月月走访、时时监督的措施，不断规范全旗流动人口管理；至2012年，乌拉特中旗已对辖区内13000余名流动人员进行登记注册，纳入管理范围。

2010年，乌拉特中旗开始加强对全旗留守妇女、儿童老人的服务管理。至2012年，全旗有留守儿童900余名、留守妇女400余名、留守老人21000余人，各管区民警已将辖区内的留守儿童、妇女、老人登记造册，并将其作为重点服务对象，防止农村拐骗儿童、妇女案件及老年人迷信诈骗案件的发生。

2010年，乌拉特中旗开始加强社区矫正人员管理。认真贯彻《中华人民共和国社区矫正实施办法》，进一步完善社区矫正制度建设，加强对社区矫正人员的监督力度。至2012年，全旗有矫正人员249人，全部纳入管理范围。

三、严打整治行动

1988—2012年，乌拉特中旗政法部门坚持“严打不动摇”方针，严厉打击各种危害人民生命财产安全刑事犯罪活动。

1988年，全旗共立各类刑事案件47起，侦破43起，破案率91.5%。

1995年，全旗共立各类刑事案件71起，侦破67起，破案率94.3%。

2000年，全旗共立各类刑事案件80起，侦破78起，破案率97.5%。

2005年，全旗共立各类刑事案件175起，侦破199起，破案率113.7%。

2010年，全旗共立各类刑事案件465起，侦破337起，破案率72.5%。

2012年，全旗共立各类刑事案件711起，侦破654起，破案率92%。

四、稳定社会秩序

1988—2012年，乌拉特中旗政法部门加强社会治安管控力度，加强巡逻，做好检查，圆满完成节日安全保卫工作和边境安全保卫工作。

1988年，全旗调解矛盾纠纷1923起。其中调解成功1793起，调解率93%。

1995年，全旗调解矛盾纠纷1984起。其中调解成功1793起，调解率90%。

2000年，全旗调解矛盾纠纷2013起。其中调解成功2011起，调解率99%。

2005年，全旗调解矛盾纠纷2125起。其中调解成功2102起，调解率98.9%。

2010年，全旗调解矛盾纠纷2458起。其中调解成功2423起，调解率98.6%。

2012年，全旗调解矛盾纠纷2517起。其中调解成功2493起，调解率99%。

五、安置帮教工作

1988—2012年，乌拉特中旗对“两劳”（劳动改造、劳动教养）释放人员和违法青少年进行安置帮教、扶助就业工作。

1988年，乌拉特中旗有“两劳”释放人员和帮教对象8人。

1995年，乌拉特中旗有“两劳”释放人员和帮教对象10人。

2000年，开始建立安全安置帮教工作网络，全旗建立帮教组织1个。当年，全旗有“两劳”释放人员和帮教对象1人。

2005年，全旗有“两劳”释放人员和帮教对象18人，有效控制率94.3%。

2010年，全旗清理排查刑满释放解教人员22人，社区矫正对象249人，帮教率达95%。

2012年，全旗认真贯彻《社区矫正实施办法》，开始加强社区矫正人员管理，进一步完善社区矫正制度建设，加强对刑满释放解教人员和社区矫正人员的监督力度。同年，全旗清理排查刑满释放解教人员34人，社区矫正对象249人，帮教率达95%。

第五节　办公室工作

一、综合工作

1988年，旗委办公室紧紧围绕中心工作，紧贴旗委、旗人民政府重大决策和工作部署，坚持“高水平谋事、高效率办事”，积极主动开展服务，充分发挥参谋助手、综合协调和后勤保障作用，起草大量的领导讲话、文件、汇报，办公室各项工作取得新的进步。

1993年，旗委政策研究室、督查办公室、信息查办办公室与旗委办公室合并，成立新的旗委办公室。创造性开展“服务中心、服务领导、服务群众”工作,圆满完成领导交办的各项任务。

1998年,巴彦淖尔盟党委系统办公室工作会议结束后,旗委办公室全面贯彻落实,认真学习讨论。狠抓思想政治建设,助力提高干部职工的理论素养,全年共组织学习60多次;狠抓以党支部建设为核心的组织建设,认真开展批评与自我批评,凝聚力和战斗力显著增强;精神文明建设工作,结合“公仆杯”竞赛活动;抓办文办会工作,严把公文质量关,严格办会程序,力争公文运转高效准确,每次会议都顺利完成。

2001年,旗委办公室围绕学习贯彻落实中共中央总书记江泽民“三个代表”重要思想,全年共组织学习33次,记录民情日记57篇,撰写心得体会23篇,科级干部封闭学习2次、6天,撰写论文8篇。全面加强党支部建设,把党建工作列入本单位总体目标,支部工作有安排、有检查、有总结,并定期向旗委汇报。旗委领导都能参加支部各类活动,过好双重组织生活。扎实开展党风廉政教育,每季度组织党员进行党风廉政教育1次,特别是加强典型案例教育,以案说法,做到警钟长鸣。密切联系群众,先后8次到联系点乌梁素太乡新丰村和大后店村、扶贫联系点石哈河镇石崩村和抗灾减灾结对帮扶点巴音杭盖苏木白音查干嘎查,开展调研。为新丰村和大后店村协调解决2万元贷款,并给广大农户发放种植分析资料,引导农民调整种植结构。

2002年,深入贯彻落实中共中央总书记江泽民“三个代表”重要思想和“5·31”重要讲话精神,开展迎接中共十六大多种形式的宣传学习活动,组织旗委办公室内全体党员干部学习中共十六大报告,每人撰写学习心得。年初,对办公室党支部进行改选,按照组织程序发展党员1人,党组织凝聚力和战斗力进一步增强。“七一”期间,旗委办公室党支部被评为优秀党支部,有2名党员分别被评为优秀党务工作者和优秀共产党员。

2005年,旗委办公室紧紧围绕旗委中心工作,充分发挥参谋助手、综合协调、后勤保障三项职能作用,为旗委各项工作高效运转做出积极贡献。一是严把起草、审核、收发“三关”,精心办好公文,全年旗委及旗委办公室共发文149件,撰写汇报材料、领导讲话90余篇,没有出现歧义和差错;共传阅上级文件240份,回收240份,下发文件298份,杜绝文件丢失和失泄密事件的发生。

2007年,旗委办公室全年制发文件148件,其中以党委发文73件,以党委办发文75件;撰写重要会议报告、领导讲话、汇报材料80余篇。传阅上级文件1100余份,转发72份。筹办旗委全委(扩大)会议、新农村新牧区建设现场会等大型会议10余次。

2010年,旗委办公室修订完善《规范化管理制度》《党建工作责任制》《党风廉政建设责任制》《学员学习培训制度》《党员联系群众制度》《党员纪律规范》等一整套机关党建制度。圆满完成人大、政协会议、全旗经济工作会、旗委十二届九次、十次全委(扩大)会议等大型会议的文稿起草、会议保障等工作。全年发文287件,传阅上级文件2000份,回收2000份。

2011年,乌拉特中旗被确定为内蒙古自治区“县委权力公开透明运行”4个试点之一,旗委办公室副主任兼任领导小组办公室主任。办公室党支部集中学习20次,参加学习党员干部300余人次。开展扶贫济困活动四次,投入帮扶资金近10万元。办公室有3人光荣加入党组织,1人递交入党申请书,全年收缴党费13180元。撰写各类讲话60余篇、汇报材料50余篇,形成理论调研8篇。全年共发文176件,全部符合规定要求;传阅上级文件270份,回收270份。

2012年,旗委办公室全面贯彻落实全国、内蒙古自治区党委秘书长会议精神和中共中央办公厅、国务院办公厅《党政机关公文处理工作条例》《关于进一步精简文件和简报的意见》《关于加强和改进单党委信息工作的意见》《关于加强和改进党委督促检查工作的意见》等文件精神，深入开展“争优创先”活动和党员干部“下基层、办实事、转作风”活动，干部思想觉悟不断提高。全面落实旗委契约共建结对帮扶相关工作，筹集资金2万元帮助共建对象解决一批实际困难。成功筹办巴彦淖尔市第四次“两个文明”建设现场经验交流会、旗委十三届二次全委（扩大）会、全旗人大、政协工作会等一系列重要会议。全年发文176件，收到的上级党委文件全部办结存档，办文办会水平明显提高。

二、政策研究

1998年，乌拉特中旗政策调研工作始终坚持“三贴近”（贴近中心、贴近领导、贴近实际）、围绕“三服务”（为领导工作服务、为同级和上下级机关服务、为群众服务），认真学习贯彻中共十五大、十五届三中全会精神，不断加大调研工作力度和深度，全年完成6个重点调研课题，编写《领导参阅》10期，为领导提供分析深入、建议科学合理的第一手资料。

2001年，围绕影响全局、对领导宏观决策有重大参考价值及群众关注的热点问题选题，全年共完成调研报告9篇，编写《领导参阅》6期。

2002年，紧紧围绕旗委全委（扩大）会议精神的落实和全旗“十五”计划的实施，突出重点课题调研，先后6次深入基层就农牧业产业化、工业经济运行情况进行专题调研，形成调研报告10余篇。

2005年，围绕全旗经济社会发展中的重大问题，按照旗委领导要求，组织文秘人员选准课题，深入基层群众进行调研，广泛掌握第一手材料，形成有情况、有问题、有分析、有建议的调查报告，为旗委科学决策提供较好的参谋服务。全年共开展调研活动20余次，撰写调研报告20余篇。

2010年，围绕旗委中心工作，组织人员选准课题，深入基层进行调研，先后编发《决策参考》28期。其中《甘其毛都口岸和口岸加工园区一体化建设进展情况和需要解决的几个问题》专题报告，得到内蒙古自治区领导的批示，为将甘其毛都口岸加工园区列为自治区重点规划园区和海五公路列入内蒙古自治区重点建设项目提供重点决策依据。《乌拉特中旗率先在巴彦淖尔市完成35件五级台账化解任务》得到中共巴彦淖尔市委员会书记批示，并在全市作为典型经验推广。

2012年，聚焦全旗经济社会发展亮点工作、短板不足以及群众关心的难点、热点问题，组织文秘人员先后5次深入工矿企业、基层苏木、镇开展调查研究工作，先后编发《决策参考》30期，为旗委科学决策提供较好的参谋服务。

三、信息工作

1998年，乌拉特中旗信息工作紧扣“改革、发展、稳定”和领导需求这一主题，加大工作力度，改进信息上报方法，信息工作有新的突破。在完善基层网络建设的基础上，与内蒙古自治区党委办公厅和盟委办公室信息科信息联网，实现信息上报无纸传输高速化。建立健全信息工作机制，完善信息定量上报、定期通报和信息考核评比制度，形成旗委办公室上下重视信息工作、全员动手撰写信息的良好氛围。围绕特色、重点、难点挖掘深层次、高质量的信息，全年共编发信息刊物576期，被中共巴彦淖尔盟委员会办公厅、内蒙古自治区党委办公厅和中共中央办公厅采用270期，信息数量和质量与往年同期相比，均有大幅提高。

2001年，注重重大紧急信息上报工作，召开相关部门协调会，制定下发《重大紧急信息报告制度》，有效避免迟报、漏报、瞒报现象的发生。全年共编发信息刊物396期，其中《乌拉特中旗信息》

370 期、《全旗动态》8 期，被上级党委信息部门采用 133 条，采用率达 36%。

2002 年，坚持信息工作制度，坚持做到半年一次信息工作座谈会，一季度总结一次用稿情况，一月分析一次信息重点，一周讨论一次采编重点。全年共编发信息刊物 363 期，其中《乌拉特中旗信息》332 期、《全旗动态》10 期，被上级党委信息部门采用 115 条，采用率达 35%。

2005 年，制定出台《关于进一步加强紧急信息报送工作的意见》，对《信息工作惩奖办法》进行修订完善，加大奖励力度，激发信息工作者报送信息的热情。全年共上报信息 600 余条，被内蒙古自治区党委、中共巴彦淖尔市委员会和报刊采用 110 条，刊发《领导参阅》35 期，在市级以上刊物发表稿件 54 篇。

2007 年，围绕全旗工作大局和热点、难点问题，全年开展调研活动 30 次，撰写调研报告 30 篇。全年编写《乌拉特中旗信息》400 期（条），被《巴彦淖尔信息》采用的条数排名全市前列，在自治区 101 个旗中位居第 35 名。全年刊发《领导参阅》30 期，在巴彦淖尔市级报刊发表稿件 90 篇。

2011 年，继续实行各苏木、镇和旗直部门信息报送制度，完善覆盖全旗的信息网络系统，加大硬件投入力度，投入 20 万元购置信息采编设备，信息编报和印制质量均得到大幅提升。全年共编发《工作交流》24 期、《要情快报》50 期、《要情专报》12 期、《决策参考》14 期，计 100 期 199 条。共向上级党委信息部门报送信息 1083 条，被内蒙古自治区党委办公厅采用 94 条、中共巴彦淖尔市委员会办公厅采用 343 条，被市领导批示 8 次。信息报送工作成绩连续两年保持全市第一，全区排名前列。

2012 年，全面落实“第一手情况、第一道研判、第一时间报送”工作要求，全年共编发本级信息 90 期，其中《工作交流》18 期、《要情快报》29 期、《要情专报》11 期、《决策参考》30 期、《领导批示》2 期，向上级党委报送信息 1200 条，被内蒙古自治区党委办公厅采用 30 条、中共巴彦淖尔市委员会办公厅采用 398 条。信息报送工作连续三年保持全市第一。

四、接待工作

（一）制度措施

1998 年，乌拉特中旗全面改进接待工作。一是建立健全接待工作制度，明确接待标准，在公务活动中轻车简从，不迎来送往。二是加强接待队伍建设，聘请专人对接待管理人员和服务人员进行为期一个月的培训，参训人数 150 余人，服务工作更加规范，服务质量进一步提高。

2005 年，本着热情、周到、满意、节俭的原则，进一步划分接待范围，严格接待标准，规范接待程序，坚持提前准备、分工负责、层层把关，做到会场布置整洁庄严，伙食安排从简不奢，会场服务细致不马虎，会议材料齐备无差错。

2012 年，公务接待以突出地方特色、降低接待标准为重点，做到热情而不铺张、周到而不浪费、节俭而不失礼。

（二）接待任务

1988 年，旗委办公室圆满完成经济运行工作会等重要会议及重大活动、重要时间节点、上级调研考察等接待任务 40 余次。

1992 年，旗委九届三次全委会议期间，接待参会领导同志 300 余人次。全年接待重要来宾 60 余人次，保障重大活动 2 次。

2005 年，全年共承担旗委全委（扩大）会议，经济运行及分析会议等重要会议 20 余场，成功举办“乌拉特祝福”迎春茶话会，组织党政考察团赴呼包鄂考察等大型活动，先后接待内蒙古自治区、巴彦淖尔市领导30余次。

2011年，在巴彦淖尔市第三次党代会期间，配合时党代会各工作组为旗28名市代表做好会务和后勤保障工作。

2012年，高质量完成巴彦淖尔市第四次“两个文明”建设现场经验交流座谈会、全市第二届运动会暨首届残疾人运动会等大型会议和重大活动接待任务。全年共接待来宾3.5万余人次，其中省部级领导22人、厅局级领导360人。

五、督查工作

1993年前，旗委办公室不承担督促检查工作。

1993年3月20日，旗委政策研究室、督查办公室、信息查办办公室与旗委办公室合并，成立新的旗委办公室。新组建的旗委办公室，进一步明确分工，细化任务，制定出台相关配套文件，督查机制日趋完善。

1998年，旗委督查部门大力开展督促检查工作，有效促进全旗重大决策和重要工作部署落地落实。一是在建立健全督查机构、配备专职督查干部、完善督查网络的基础上，制定印发《关于进一步规范督查专报、专项查办和决策督查反馈情况的通知》，使督查工作逐步走上规范化、制度化轨道。二是有计划、有重点、有组织地开展督查工作，6次深入基层重点对农区延长土地承包期、牧区“双权一制”、畜牧业“双增双提”、农牧业产业化和“林业年”、“184书记工程”等工作进行专项督查。三是结合督查工作特点，搞好调查研究，及时发现抓落实的正反典型。全年，共承办中共巴彦淖尔盟委员会督查室督查件20件，形成专题报告23篇；承办中共巴彦淖尔盟委员会领导批示件4件，旗委领导批示件36件，办理盟、旗两级政协委员提案6件；专项查办6件；撰写督查专报45篇。

2001年，旗委督查部门围绕撤乡并镇、个体私营经济、税费改革、农牧业结构调整等重点工作进行8次督查，形成督查报告6篇。共完成旗领导交办件21件，办理上级部门督查事项和各类批示件15件，形成专题报告15篇。在规定时限内圆满完成各项督查任务，办结率达100%。

2002年，旗委督查部门建立领导抓落实的责任制和督查事项档案，层层分解任务，明确责任人，先后8次深入基层，围绕农牧业结构调整、税费改革、基础设施建设、生态建设等重点工作进行督查，形成督查报告18篇，上报督查专报32篇。认真落实中共中央、内蒙古自治区党委、中共巴彦淖尔盟委员会和旗委领导批示精神，全年共完成旗领导交办件19件，办理上级部门督查件和各类批示件10件，形成专题报告12篇。

2005年，旗委督查部门认真抓好上级党委和旗委重大决策部署的督查工作。就中共中央1号文件精神，内蒙古自治区、巴彦淖尔市经济工作会议精神，旗委十一届八次全委（扩大）会议精神的贯彻落实情况，围绕实施农牧业支撑战略、工业强旗战略、城镇带动战略、投资拉动战略、开发引进战略、改革创新战略、解决关系人民群众切身利益问题、构建社会主义和谐社会、加强党的执政能力建设等方面，先后20余次深入基层进行督察。围绕决策落实中带有普遍性、倾向性、政策性的问题和发现的新矛盾、新问题，进行深入的督查调研。全年共上报督查专报15篇；完成上级督查部门专项查办及交办事项和旗领导批示件18件，整理撰写情况反馈报告7篇；办理政协委员提案9件；办理人大代表建议2件，办结率均为100%。

2007年，围绕中共中央、内蒙古自治区党委、中共巴彦淖尔市委和旗委召开的重要会议精神和重大战略的贯彻落实情况，深入基层20余次进行督查，制发《督查通知》21件，督查通报20件。围绕“强工业经济、促口岸贸易、扩城镇规模、提养殖效益、建生态草原”发展战略，开展专项督查调研工作，上报督查专报50余篇。全力做好领导批示和交办事项督查工作，完成旗领导批示件督查30件；办理旗政协委员提案4件、上级政协委员提案3件，上级人大代表建议5件，办结率均为100%；完成上级督查部门的专项查办、交办事项30件。

2010年，针对全旗经济工作会议等重大会议的贯彻落实情况，开展专项督查15次，共编发《督查通报》30期、《督查专报》41期、上报督查材料20余篇。先后围绕农牧民增收、行业不正之风、收缩转移、农牧民再就业等社会问题进行主动查办，维护社会稳定。

2011年，针对重点项目建设、民生工程、口岸贸易等事关全局的事项开展专项督查20多件次，收到旗委、旗人民政府肯定性批示5件次，上报各类督查材料70余篇，编发本级文件材料20余篇。对人大全部议案（建议）、政协提案办结情况进行督查检查，答复率100%，满意率100%。

2012年，旗委督查室继续加强上级党委和旗委重大决策部署的督查。围绕中共中央、内蒙古自治区党委、中共巴彦淖尔市委员会和旗委召开的重要会议精神和重大战略的贯彻落实情况，全年开展专项督查20余次，特别是着重对抗洪救灾专项资金发放情况的督查，促使1270.38万元救灾资金及时足额发放到受灾群众手中。上报各类督查材料40余篇，编发本级文件材料10余篇。

第六节　编制管理

一、管理体制改革

1988年，旗编办与旗劳动人事局一套人马两块牌子，负责全旗党政群机关、人大常委会、政协、人民法院、人民检察院和事业单位的机构设置管理、人员编制管理、统计管理及党政部门及企事业单位公务车辆统计、新购车辆的审批等工作。

1995年10月，乌拉特中旗编制委员会办公室更名为乌拉特中旗机构编制委员会办公室，升为准科级建制，挂靠旗劳动人事局；旗编办的编制、经费、基建、文件等单列。

1997年10月，旗编办机构单独设置（2000年，加挂中旗事业单位登记管理局牌子），机构规格升格为正科级，列党委机构序列，为旗委工作部门。

2002—2012年，旗编办作为旗机构编制委员会的常设办事机构，既是旗委工作机构，也是旗人民政府工作机构，列党委序列，负责全旗行政机关、事业单位机构设置、职能设置、人员编制、领导职数调整以及事业单位法人登记和车辆编制管理等日常工作。

二、政策法规

1988—2012年，旗编办在日常机构编制管理中，坚决贯彻落实《关于进一步加强和完善机构编制管理，严格控制机构编制的通知》《地方各级人民政府机构设置和编制管理条例》《内蒙古自治区各级党政群机关机构设置和编制管理实施办法》《事业单位登记管理暂行条例》《机构编制监督检查工作暂行规定》《内蒙古自治区事业单位机构编制管理暂行办法》等各项机构编制法律法规和政策制度，做到有法必依。实行机构编委会工作制度；实行机构编制的集中统一管理，严格执行机构编制“三个一”（凡涉及机构编制事宜，由机构编制部门一家承办，由编委主任“一支笔”审批，由机构编制委员会一家行文批复）审批制度；实行行政单位“三定”（主要职责、内设机构和人员编制）规定和事业单位“五定”（机构规格、内设机构、人员编制、经费形式、单位类别）方案法规制度；实行

《机构编制管理证》制度；实行分级管理和下管一级的审批制度；实行空编增人报批制度；实行机构编制管理与财政预算相配套协调的约束机制；实行机构编制与劳动保障协调配合的工作制度；对各级各类工勤人员实行“工资定额”的管理制度；实行干部选拔任用职数预审制度；实行机构编制管理年度考核评价制度；实行机构编制实名制管理制度；实行事业单位法人登记管理制度；实行公务用车统一管理制度；是实行网站开办审核、资格复核和网站标识管理制度。

三、机构改革

（一）行政机构改革

1996 年，旗委办公室印发《关于印发〈进一步完善乌拉特中旗党政群机关机构改革方案意见〉的通知》（乌中党办发〔1996〕35 号），根据文件精神，党政机构统一设置 24 个，其中党委部门 5 个，即办公室、组织部、宣传部、统战部、政法委员会（司法局与政法委员会合署办公，一套人马，两块牌子）；政府部门 19 个，即办公室、计划经贸局、农牧林局（挂畜牧局牌子）、教育科学技术局、公安局、民政局、人事劳动局（含准科建制的机构编制委员会办公室）、卫生局、计划生育局、工商行政管理局（对外挂物价局牌子）、审计局、统计局、财政局、城乡建设环境保护局、水利局、交通局、乡镇企业管理局、民族宗教事务局、文体广播电视局。

1999 年，按照中共十五大精神和发展社会主义市场经济的要求，对旗工商行政管理局、技术监督局进行管理体制改革，由地方管理改为内蒙古自治区垂直管理。

2002 年 5 月 13 日，旗委印发《关于印发〈乌拉特中旗党政群机构改革方案〉的通知》（乌中党发〔2002〕3 号），根据文件精神在全旗党政群机关进行改革。改革后，旗委设置工作部门 7 个：纪律检查委员会机关（旗监察局与其合署办公）、办公室、组织部、宣传部、统一战线工作部、政法委员会、机构编制委员会办公室，部门管理机构 1 个：老干部局；旗政府设置工作部门 23 个：办公室（挂对外开放经济局牌子）、发展计划局、经济贸易局（挂粮食局牌子）、建设局、环境保护局、农业局（内设乡镇企业局）、畜牧业局、林业局、教育局、科学技术局、人事劳动和社会保障局、民族事务局（挂宗教局牌子）、水务局、财政局、公安局、监察局（不占限额，与纪委合署办公）、民政局、司法局、统计局、交通局、文化体育广播电视局、卫生局（爱卫办为其内设机构）、计划生育局、审计局；议事协调常设办事机构 2 个：信访办公室、扶贫开发领导小组办公室；人大常委会设置科级办事机构 1 个和专门委员会 3 个：办公室、法制工作委员会、财政经济环境资源工作委员会、教育科技文化卫生工作委员会；政协设置综合性办事机构 1 个和专门委员会 2 个：办公室、经济资源环境委员会、法制教育科技文化卫生体育委员会；此外，按照上级规定设置群众团体 8 个：工会、团委、妇联、工商联、残联、红十字会、文联、科协。

2005 年 10 月 12 日，旗委印发《关于印发〈乌拉特中旗政府机构改革方案〉的通知》（乌中党发〔2005〕11 号），根据文件精神，将旗发展计划局改组为发展和改革局；将旗经济贸易局改组为旗经济局；组建旗商务局；将旗农业局、旗畜牧业局合并，组建旗农牧业局，并成立农业服务中心和畜牧业服务中心；不设国有资产监督管理委员会。经过上述调整，旗政府工作部门仍为 23 个。

2007 年，根据巴彦淖尔市编委《关于乌拉特中旗人大常委会增加内设机构的批复》（巴机编发〔2006〕62 号）精神，乌拉特中旗人大常委会增设农牧业工作委员会。同年，根据巴彦淖尔市编委《关于旗县区信访办更名的批复》（巴机编发〔2006〕60 号）精神，乌拉特中旗信访办公室更名为乌拉特中旗信访局。

2009 年，根据巴彦淖尔市编委《关于乌拉特中旗森林公安分局核准备案的通知》（巴机编发〔2009〕26 号）精神，完成旗森林公安分局及所属派出机构人员编制配备、职能职责界定、内设股室核定等工作，进一步明确管理体制，规范编制和机构设置。

2010 年，根据《巴彦淖尔市委办公厅、政府办公厅关于印发〈乌拉特中旗人民政府机构改革方案〉的通知》（巴党办厅发〔2010〕16 号），物价、药监由自治区垂直管理改为地方管理；国土资源由巴彦淖尔市垂直管理改为半垂直管理，即机构、人员、业务改为地方管理，领导班子由巴彦淖尔市国土局党组任命。

2011 年，按照上级精神和部署，乌拉特中旗政府机构改革工作全面完成。组建经济商务和信息化局（挂粮食局牌子），不再保留经济局、商务局、信息化工作办公室；人事劳动和社会保障局更名为人力资源和社会保障局；组建住房和城乡建设局，不再保留建设局和房产管理局；组建民族宗教事务局，不再保留民族事务局（挂宗教局牌子）；组建国土资源局，列为政府工作部门；交通局更名为交通运输局；组建食品药品监督管理局，列为政府工作部门；政府办公室挂信访局、人民防空办公室牌子；农牧业局挂扶贫开发办公室牌子；文化体育广播电影电视挂旅游局牌子。保留政府办公室、发展和改革局、教育局、科技局、公安局、监察局、民政局、司法局、财政局、环境保护局、农牧业局、水务局、林业局、卫生局、人口和计划生育局、审计局、统计局。改革后，乌拉特中旗人民政府工作部门为 25 个（其中监察局与纪律检查委员会合署办公，列入政府工作部门序列，不计入政府机构个数）。

（二）事业单位机构改革

1998 年，撤销乌拉特中旗第三中学、乌加河镇中学、煤矿中学及部分嘎查级、厂矿小学和教学延伸点，将乌拉特中旗第二中学和乌加河镇中学合并为乌加河中学，并将乌拉特中旗第二中学高中部转制为职业中学，原旗职业中学改为乌拉特中旗第二中学。

2004 年 10 月，全旗教育系统进行试点改革，撤销学校 6 所，合并学校 3 所；改革后全旗设置全日制初中 4 所：乌拉特中旗第二中学、石哈河中学、乌加河中学、德岭山中学；全日制高中 1 所：乌拉特中旗第一中学；民族中学 1 所：乌拉特中旗蒙古族中学；设置全日制小学 10 所。

2006 年，全旗 19 所基层卫生院调整为 5 所中心卫生院、7 所一般卫生院，其余 7 所卫生院中的 3 所实行国有民营制，由责任人承包，国有资产保值留用，另外 4 所成为中心卫生院的站点，并设立牧区流动巡回医院。

2007 年，全旗开展文体广电系统综合执法改革。整合文体广电系统文化、广播、电视、新闻出版、网络等行政执法职能，统一设置股级事业单位文化市场综合执法稽查大队（2011 年，撤销文化市场综合执法稽查大队，组建文化市场综合执法大队，相当副科级建制）；深化乌兰牧骑人事制度改革，按照“老人老办法、新人新办法”的原则，即原有人员人事关系、工资待遇、经费形式等均不变，新进人员推行聘用制，实行合同化管理。

2010 年，全旗积极推进教育管理体制改革，对全旗中小学布局进行调整，全旗 17 所中小学整合为 8 所，其中九年一贯制学校 3 所、完全小学 2 所、蒙古族十二年一贯制学校 1 所、完全初中 1 所、高中 1 所；重新布局调整后的学校全部为股级建制，纳入教育局管理，所有学校正副校长（共 35 人）一律免去科级职务，新的领导班子实行竞聘上岗，不再由旗委组织部管理。

2011 年，按照上级关于将镇、苏木卫生院差额事业编制置换为全额事业编制的精神，将上级置换来的专项事业编制足额核定到各镇、苏木卫生院。

2012年，根据《中共巴彦淖尔市委、市人民政府关于分类推进事业单位改革的实施意见》（巴党发〔2012〕8号）精神，启动事业单位分类改革工作。同年6月，旗编办印发《关于成立海流图镇社区卫生服务中心等3所社区卫生服务机构的批复》（乌机编发〔2012〕5号），在海流图镇设立公立社区卫生服务机构3个：巴音路社区卫生服务站、乌兰大街社区卫生服务站、海流图镇社区卫生服务中心（负责花园路社区）。

（三）镇、苏木、乡、场机构改革

1999年10月，德岭山乡改设德岭山镇，温更镇改称温更苏木，所属区划不变。

2001年4月，部北乡、双盛美乡、楚鲁图乡、石哈河乡建置被撤销，合并设立石哈河镇；杭盖戈壁苏木建置被撤销，整建置并入呼勒斯太苏木。至此，乌拉特中旗所辖镇、苏木、乡由20个调整为16个，即镇4个、苏木9个、乡3个。同年11月，巴彦淖尔盟行政公署第六次常务会议同意将同和太种畜场成建制整体移交由旗人民政府管理，2002年1月，同和太种畜场正式划归乌拉特中旗人民政府管理。

2005年12月，温更苏木建置被撤销，整建置并入海流图镇；宏丰乡、石兰计乡建置被撤销，整建置并入乌加河镇；乌梁素太乡建置被撤销，整建置并入德岭山镇；巴音杭盖苏木建置被撤销，整建置并入川井苏木；巴音哈太苏木建置被撤销，整建置并入新忽热苏木；巴音苏木、乌兰苏木、桑根达来苏木建置被撤销，合并成立巴音乌兰苏木。至此，乌拉特中旗所辖镇、苏木、乡由16个调整为8个，即镇4个、苏木4个。

2009年5月，川井苏木建置被撤销，改设川井镇。

2011年12月，经内蒙古自治区人民政府批准，川井镇建置被撤销，从川井镇中划出原巴音杭盖苏木区划，设立甘其毛都镇，同时恢复川井苏木原建置与名称；从海流图镇划出原温更苏木区划，设立温更镇。至此，乌拉特中旗所辖镇、苏木由8个调整为10个，即镇6个、苏木4个。

2012年12月，乌拉特中旗所辖镇、苏木有10个，即镇6个、苏木4个。

四、编制管理

1998年，根据巴彦淖尔盟编办《关于下达1998年各旗县市事业单位编制总额的通知》，明确乌拉特中旗事业单位编制总额为3905名，其中全额拨款事业编制3375名，差额拨款事业编制530名。

2002年，根据《乌拉特中旗党政群机构改革方案》，核定全旗党政群机关行政编制326名，调剂使用苏木、镇行政编制26名，调剂使用工勤事业编72名；重新核定全旗政法专项编制232名，其中公安系统107名，司法系统13名，法院系统69名，检察院系统43名。

2006年，全旗行政编制共820名，其中党政群机关326名，政法机关214名，并全面推行苏木、镇人员编制实名制管理，严格按上级核定的苏木、镇行政编制280个、事业编制295个，将占行政、事业编制的人员彻底分开，定编到人并张榜公示，做到编制、岗位、人员三落实，彻底改变过去混编混岗的现象，明确岗位和职责，提高工作效率。

2007年，“指纹肖像识别系统”和人员定编证管理制度启动实施。同年，为公安局增核57名政法专项编制，为司法局增核10名政法专项编制，为党政群机关增核18名行政编制。

2008年，全面完成财政供养人员指纹和肖像集中采集工作，共采集206个单位，采集人数达9027人（包括离退休人员、离岗人员、抚恤人员），集中采集率达97%。同年，为法院增核2名政法专项编制，为检察院增核3名政法专项编制，为司法局增核3名政法专项编制，为公安局增核6名政法专项编制。

2009年，旗编委下发《关于进一步严格执行“先编制、后进人”空编增人报批制度的通知》，严格执行编制龙头原则和“凡进必考”、公开招聘原则，严禁人员逆向流动，并启动使用《机构编制实名制管理信息系统》（简称《实名制软件》），推动编制管理工作走上更加规范化、现代化、科学化的轨道，编制管理整体水平大大提升。同年，为森林公安核定40名政法专项编制，为法院增核2名政法专项编制，为司法局增核2名政法专项编制，为检察院增核1名政法专项编制，为公安局增核5名政法专项编制。

2010年，为纪检监察机关增核5名行政编制，接收物价、食药监局和国土局下划行政编制共24名。接收物价和食药监局下划工勤编制2名，接收国土局下划事业编制27名。

2011年，为法院增加1名政法专项编制。为苏木、镇卫生院增核全额拨款事业编制163名，同时核减差额事业编制143名。

2012年，为甘其毛都镇和温更镇各核定行政编制30名，共60名；为甘其毛都镇和温更镇的驻旗机构各核定全额事业编制3名，共18名；为甘其毛都镇和温更镇各核定全额事业编制30名，共60名；为法院增核1名政法专项编制；接收农机监理站下划全额事业编制9名。全旗行政编制共1066名，其中党政群机关373名，苏木、镇机关340名，政法机关353名。全旗事业编制共4005名，其中全额事业编制3618，差额事业编制387名。

五、事业单位登记管理

2000年，乌拉特中旗事业单位登记管理局成立（挂牌）。根据国务院《事业单位登记管理暂行条例》和《事业单位登记管理暂行条例实施细则》的规定，开始对全旗事业单位法人进行登记管理，并发放事业单位法人证书。

2008年，全旗事业单位登记管理工作全部实行网上法人年检、登记管理，并实现全国联网。当年，进行网上登记的事业单位法人共145家，其中新登记事业单位6家，变更登记25家，注销登记5家。

2009年，全旗共登记事业单位149家，其中新登记事业单位4家，变更登记10家。

2010年，全旗共登记事业单位157家，其中新登记8家，变更登记5家。

2011年，全旗共登记事业单位147家，其中新登记6家，变更登记5家，注销登记16家。

2012年，全旗共登记事业单位152家，其中新设立登记5家，变更登记4家。

六、车辆编制管理

2005年，乌拉特中旗编办制定《乌拉特中旗车辆编制管理办法》，规定：全旗党政群机关、事业单位、国有或国有控股企业和驻旗单位的公务用车配备标准为处级单位的公务用车一般使用发动机气缸排量2.0升及以下、价格20万元以内的国产轿车或发动机气缸排量2.5升及以下、价格30万元以内的国产吉普车；科级（含准科级）单位公务用车配备标准为15万元以内的国产轿车或吉普车。同年，全旗核定车辆编制319辆，其中小汽车287辆、专用车32辆。全旗实有车辆共计263辆（小汽车234辆，专业用车29辆），其中行政单位120辆（小汽车112辆，专业用车8辆）、事业单位48辆（小汽车47辆，专业用车1辆）、驻旗单位及企业95辆（小汽车75辆，专业用车20辆）。

2007年，根据巴彦淖尔市编办《关于调整市直和旗县区公务车辆编制方案的通知》（巴机编发〔2007〕74号）精神，乌拉特中旗核定车辆编制346辆，其中小汽车251辆、专用车95辆。当年7月，全旗实有车辆共计 229 辆（小汽车 200 辆，专业用车 29 辆），其中行政单位 109 辆（小汽车 96 辆，专业用车 13 辆）、事业单位 58 辆（小汽车 53 辆，专业用车 5 辆）、驻旗单位及企业 62 辆（小汽车 51 辆，专业用车 11 辆）。

2012 年，全旗实有车辆共计 396 辆（小汽车 270 辆，专业用车 126 辆），其中行政单位 175 辆、事业单位 104 辆、驻旗单位及国有企业 117 辆。

第七节　史志工作

一、党史编研

（一）组织史资料

1989 年 6 月，党史办和组织部编辑的《中国共产党内蒙古自治区乌拉特中旗组织史资料（1950. 4—1987. 12）》（第一卷）出版发行。1997 年 4 月，党史办和组织部编辑的《中国共产党内蒙古自治区乌拉特中旗组织史资料（1988. 1—1996. 3）》（第二卷）出版发行。2005 年 1 月，党史办和组织部编辑的《中国共产党内蒙古自治区乌拉特中旗组织史资料（1996. 4—2004. 12）》（第三卷）出版发行。2012 年 5 月，党史办和组织部编辑的《中国共产党内蒙古自治区乌拉特中旗组织史资料（2005. 1—2010. 12）》（第四卷）出版发行。

（二）其他史料

1988 年 1 月，旗党史办编辑的《乌拉特中旗史料》（第二辑）出版发行；同年 8 月，旗党史办编辑的《乌拉特中旗史料》（第三辑）出版发行。1990 年 9 月，旗党史办编辑的《乌拉特中旗史料》（第四辑）出版发行。1997 年 7 月，旗党史办编辑的《乌拉特中旗新时期农村牧区的变革》出版发行。2000 年 12 月，旗党史办编辑的《“三讲”教育纪实》出版发行。2002 年 1 月，旗党史办编辑的《乌拉特中旗史志》（第五辑）出版发行。

二、地方志编纂

（一）志书编纂

1994 年 12 月，旗地方志编纂委员会组织编纂的《乌拉特中旗志》（汉文版）出版发行。1999 年 3 月，《乌拉特中旗志》（汉文版）被内蒙古自治区地方志编纂委员会、内蒙古自治区人民政府办公厅、内蒙古自治区社会科学联合会评为第一届“内蒙古地方志奖”二等奖。

1998 年 9 月，旗邮电局组织编纂的《乌拉特中旗邮电志》出版发行。2002 年 10 月，旗公安局组织编纂的《乌拉特中旗公安志》出版发行。2004 年 1 月，旗土地局组织编纂的《乌拉特中旗土地志》出版发行。2009 年 9 月，旗人大常委会组织编纂的《乌拉特中旗人大志》出版发行。2010 年 12 月，旗纪委组织编纂的《乌拉特中旗纪律检查志》出版发行。2012 年 8 月，旗人民武装部组织编纂的《乌拉特中旗军事志》出版发行；同年，《乌拉特中旗巴音宝日（嘎查）志》（内部资料）编纂完成。

（二）年鉴编纂

2000 年 11 月，旗地方志编纂委员会组织编纂的《乌拉特中旗年鉴》（2000 卷）出版发行。2003 年 9 月，旗地方志编纂委员会组织编纂的《乌拉特中旗年鉴》（2003 卷）出版发行。2007 年 1 月，旗地方志编纂委员会组织编纂的《乌拉特中旗年鉴》（2005—2006 卷）出版发行。2009 年 8 月，旗地方志编纂委员会组织编纂的《乌拉特中旗年鉴》（2008 卷）出版发行。

(三)其他史料

2002 年 8 月,旗地方志办公室编纂的《草原史话》出版发行。

2012 年 6 月,德岭山镇人民政府组织编纂的《乌镇村史》出版发行。

第八节　党校教育

一、师资队伍

1988 年,旗委党校有讲师 4 人、助理讲师 4 人,其中本科学历 3 人、专科学历 3 人。2000 年,旗委党校有讲师 5 人、助理讲师 5 人,其中本科学历 6 人、专科学历 1 人。2012 年,旗委党校有高级讲师 13 人、中级讲师 5 人、助理讲师 1 人,其中本科学历 15 人、专科学历 4 人。

二、党员培训

1988—2000 年,旗委党校根据旗委组织部制定下发相关文件精神,举办全旗党务工作者培训班、党员及入党积极分子培训班、中青年干部脱产培训班。培训内容以"三个代表"重要思想、中共十三大精神、社会主义市场经济、法律知识、党建理论知识、领导科学知识、民族宗教、国际国内形势等为主,采取集中授课、专题讲座、考察调研、召开座谈会、现场示范、实际操作等形式进行,共计培训党员、干部、入党积极分子等 19180 余人次。

2001—2010 年,旗委党校根据旗委下发的《关于印发乌拉特中旗党员干部教育培训实施方案的通知》,继续加大对党员干部教育培训力度,举办科级干部培训班,对全旗科级干部进行集中培训。重点围绕保持共产党员先进性教育实践活动、学习实践科学发展观教育活动、当前经济社会形势、中共中央全会精神等内容进行专题讲座、系统辅导。在旗属机关事业、企业单位开展党员培训工作,共计培训党员、干部、入党积极分子等 25860 余人次。

2011—2012 年,旗委党校围绕旗委中心工作,发挥培训轮训党员干部的主渠道作用,全力办好各级各类主题培训班。两年中,累计举办党员培训班 10 期,培训学员 2738 人次。

三、公务员轮训

1988—2012 年,旗委党校坚持为党和国家工作大局服务,坚持以能力建设为主题,坚持理论联系实际,遵循公务员培训规律,坚持依法培训。对全旗范围内的科级干部、普通科员进行相关培训,对新录用的公务员进行上岗培训,对一些专业技术人员继续教育,进行专业技术培训,内容涉及党风建设专题教育、人口理论、国防教育、民族宗教、法律知识及专业技术技能等。截至 2012 年底,科级干部培训达 7175 人次。

四、后备干部与公务员继续教育培训

1988—2012 年,旗委党校对中青年后备干部培训班 2640 人次;2000—2012 年,对公务员继续教育培训 4418 人次。

五、函授教育

2002 年开始,旗委党校按照"严格治校、严格治考、严格要求、严格管理"的原则,着手加强函授教育工作。经积极争取,开设函授大学本科和专科班各 1 个,招收法律本科学员 38 人、经济管理专科学员 62 人。同年,旗委党校按照中央"干部进党校学习,取得党校学历,是干部学绩的一种标志,是年轻干部提升到新岗位任职的必备条件"的要求,经内蒙古自治区党校批准,建立内蒙古自治区党校函授学院巴彦淖尔市学区,乌拉特中旗党校开办中央党校函授教育大专班和本科班,设经济管

理、法律 2 个专业。2002—2012 年，共计函授毕业生 969 人，其中本科 615 人、专科 354 人。

六、教学管理

（一）教学改革

1988—2012 年，旗委党校教学改革的重点是教学改革。旗委党校以邓小平理论、“三讲”教育、中共十四大、中共十五大、中共十六大、科学发展观、社会主义和谐社会理论、中共十七大精神为重点，立足旗委、旗人民政府工作大局和中心工作，从经济社会发展对干部素质要求出发，全面推进干部教育培训工作。旗委党校作为基层党校的龙头，在业务指导中，通过教学改革管理等方面对基层党校的目标化管理进行宏观指导，承担直接授课，结合基层党校的实际，收到较好效果。

2002 年后，旗委党校紧紧围绕旗委、旗人民政府的中心工作，按照“一个中心，四句话”（以邓小平理论为中心，培养党员领导干部的理论基础、世界眼光、战略思维、党性修养）教学新布局的要求，立足于旗情和校情，坚持“以管理规范教学、以科研带动教学，以制度保证教学，以考核促进教学”的办学思路，在党员干部培训（轮训）、教学改革。进一步强化主题班会次教学改革，按照“要精、要管用和注重培训质量”的原则，对科级干部培训的时间和形式作必要的调整，由过去每人每年一周轮训变为两月的重点培训，以增加学时，提高培训质量。

（二）教学研究

1988—2012 年，科研工作是教学工作的基础，切实加强和改进党校的科研工作也是重中之重。着重研究邓小平建设有中国特色社会主义理论，同时坚持对马克思主义基本原理进行研究，加强对社会普遍关心的重大理论问题和实际问题的研究，为提高教学质量服务，为社会实践服务，为党委和政府的决策服务。坚持教科研一体化，围绕教学专题开展调研工作，与有关部门联合开展“三农”问题、《中华人民共和国劳动法》落实情况、城市转型问题等调研，充实教学专题内容。

（三）教研成果

1988—2012 年，全校教师围绕旗委、旗人民政府工作大局，深入基层调查研究，撰写反映全旗经济社会发展的调研报告和有关论文在各级报刊上共发表 73 篇，其中在《教学与科研》（巴盟党校主办）、《河套论坛》等市级刊物发表论文 55 余篇，在《教学研究》（内蒙古自治区党校主办）、《内蒙古理论研究》等省级以上公开刊物发表论 18 篇。2004 年，旗委党校组织教师们辑录优秀学员论文 50 多篇，编写印发《学员优秀论文集》；有 6 名教师的论文在巴彦淖尔市理论研讨会上荣获三等奖。

第六章　纪律检查

第一节　代表大会

一、中共乌拉特中旗纪律检查委员会第九次代表大会

1990年12月22—23日，中共乌拉特中旗纪律检查委员会第九次代表大会召开。会议听取、审议并通过第八届纪律检查委员会工作报告，审议并通过相关决议。会议提出今后5年总的指导思想和工作重点，要求紧紧围绕中共乌拉特中旗第九次党代会确立的奋斗目标，努力开创反腐倡廉工作新局面。会议选举产生中共乌拉特中旗第九届纪律检查委员会委员13人，选举产生书记1人、副书记2人、常委7人。

二、中共乌拉特中旗纪律检查委员会第十次代表大会

1995年11月28—29日，中共乌拉特中旗纪律检查委员会第十次代表大会召开。会议听取、审议并通过第九届纪律检查委员会工作报告，审议并通过相关决议。会议提出今后5年总的指导思想和工作重点。会议选举产生中共乌拉特中旗第十届纪律检查委员会委员11人，书记1人、副书记2人、常委7人。

三、中共乌拉特中旗纪律检查委员会第十一次代表大会

2000年12月28—29日，中共乌拉特中旗纪律检查委员会第十一次代表大会召开。会议听取、审议并通过第十届纪律检查委员会工作报告，审议并通过相关决议。会议提出今后5年总的指导思想和工作重点。会议选举产生中共乌拉特中旗第十一届纪律检查委员会委员11人，书记1人、副书记3人、常委9人。

四、中共乌拉特中旗纪律检查委员会第十二次代表大会

2006年7月11—12日，中共乌拉特中旗纪律检查委员会第十二次代表大会召开。会议听取、审议并通过第十一届纪律检查委员会工作报告，审议并通过相关决议。会议提出今后5年总的指导思想和工作重点。会议选举产生中共乌拉特中旗第十二届纪律检查委员会委员15人，书记1人、副书记2人、常委7人。

五、中共乌拉特中旗纪律检查委员会第十三次代表大会

2011年5月25—27日，中共乌拉特中旗纪律检查委员会第十三次代表大会召开。会议听取、审议并通过第十二届纪律检查委员会工作报告，审议并通过相关决议。会议提出今后5年总的指导思想和工作重点。会议选举产生中共乌拉特中旗第十三届纪律检查委员会委员15人，书记1人、副书记2人、常委4人。

第二节　组织机构

一、中共乌拉特中旗纪律检查委员会

1988年，乌拉特中旗设有中共乌拉特中旗纪律检查委员会（以下简称“纪委”）。内设机构4

个：办公室、案件审理室、执法监察室、案件检查室；核定行政编制13名、工勤编制3人，实有干部职工22人。

1993年3月，旗纪委与旗监察局合署办公。内设机构8个：办公室、信访室、纪检监察一室、纪检监察二室、案件审理室、执法检查室、党风廉政室、宣教调研室。

1994年8月，中共乌拉特中旗纪律检查委员会（监察局）内设机构纪检监察一室、纪检监察二室被撤销。

1996年1月，旗纪委增设案件检查室；同年4月，案件检查室改称纪检检查室。至年底，旗纪委（监察局）内设机构7个：办公室、宣教调研室、纪检检查室、案件审理室、信访室、执法监察室、党风廉政室。

2005年5月，旗纪委（监察局）增设效能监察室与优化经济发展环境办公室（优化办），为一套人员，两个牌子；同月，旗纪委（监察局）增设旗人民政府纠正行业不正之风领导小组办公室（以下简称“纠风办”）。年底，旗纪委（监察局）内设机构为9个：办公室、宣教室、案件检查室、案件审理室、信访室、执法监察室、效能监察室、纠风室、党风廉政室；核定行政编制16名、工勤编制3人，其中处级领导职数1人、科级领导职数11人。

2012年底，旗纪委监察局内设机构7个：办公室、案件检查室、案件审理室、党风廉政室、信访室、宣传教育室、执法监察室；核定行政编制21名、事业编制4人、工勤编制3人；其中领导职数13人，2正11副。

1988—2012年中共乌拉特中旗纪律检查委员会书记名录

表4－10

姓　名	性别	民族	任职时间	备　注
孟和吉德	男	蒙古族	1988年1月至1990年12月	旗委常委
章文润	男	汉族	1990年12月至1995年3月	旗委常委
冯荣元	男	汉族	1995年3月至2000年11月	旗委常委
刘还俊	男	汉族	2000年11月至2002年3月	旗委常委
庞贵林	男	汉族	2002年3月至2004年7月	旗委副书记
额尔登仓	男	蒙古族	2004月年7至2007年4月	旗委副书记
徐　峰	男	汉族	2008年8月年至2011年5月	旗委常委
郭侍鑫	男	汉族	2011年5月至2012年12月（任期未满）	旗委常委

二、派出机构

（一）苏木乡镇纪检机构

1988—2001年，全旗有20个镇、苏木、乡（海流图镇、温更镇、杭盖戈壁苏木、呼勒斯太苏木、桑格达来苏木、乌兰苏木、巴音苏木、新忽热苏木、巴音哈太苏木、川井苏木、巴音杭盖苏木、乌加河乡、宏丰乡、石兰计乡、乌梁素太乡、德岭山乡、石哈河乡、楚鲁图乡、双盛美乡、部北乡），均设有中共纪律检查委员会。

2001年4月，部北乡、双盛美乡、楚鲁图乡、石哈河乡合并成立石哈河镇，杭盖戈壁苏木并入呼勒斯太苏木，相应的石哈河镇党委成立纪律检查委员会，呼勒斯太苏木成立纪律检查委员会。至年底，全旗16个镇、苏木、乡（海流图镇、温更镇、石哈河镇、乌加河镇、德岭山镇、呼勒斯太苏木、巴音杭盖苏木、川井苏木、巴音苏木、乌兰苏木、桑根达来苏木、新忽热苏木、巴音哈太苏木、宏丰乡、石兰计乡、乌梁素太乡）均设有中共纪律检查委员会。

2005年12月，全旗16个镇、苏木、乡调整为8个镇、苏木（海流图镇、乌加河镇、德岭山镇、石哈河镇、巴音乌兰苏木、呼勒斯太苏木、川井苏木、新忽热苏木）。16个镇、苏木、乡中共纪律检查委员会相应减少为8个镇、苏木中共纪律检查委员会。

2007年6月5日，旗纪委、组织部下发《关于在嘎查村党支部选派纪检委员的通知》（乌中党纪发〔2007〕3号），要求嘎查村纪检委员由镇（苏木）包村（嘎查）干部兼任；同时明确嘎查村纪检委员的选派条件、选派程序和工作职责。

2009年5月，川井苏木建置被撤销，改设川井镇；中共川井苏木纪律检查委员会改称中共川井镇纪律检查委员会。

2010年，全旗8个苏木、镇均配备纪委书记1人，纪委副书记1人，纪检干部2人。各镇（苏木）包村（嘎查）干部兼任纪检委员工作完成，全旗84个嘎查村全部配备纪检委员。

2011年12月，川井镇建置被撤销，川井苏木原建置与名称；设立甘其毛都镇，同时新设立甘其毛都镇、川井苏木中共纪律检查委员会。

2012年1月，温更苏木恢复温更镇名称。至年底，全旗6个镇、4个苏木均设有中共纪律检查委员会。

（二）旗直单位纪检监察机构

1988年初，乌拉特中旗直属机关和部分企事业单位共设立纪检组17个，旗纪委派出纪检组组长17人。设立纪检组的单位包括畜牧局、农业局、林业局、乡企局、经委、农电局、城建局、交通局、税务局、人民银行乌拉特中旗支行、教科局、卫生局、农牧机局、物资局、商业局、二轻局、粮油公司。

1995年10月，旗纪委派出科局专职纪检组组长10人。随着党组织的调整，全旗有科局纪检组15个。

1999年，全旗18个旗直机关、企事业单位设有纪委、纪检组。

2007年，全旗18个旗直机关、企事业单位纪委、纪检组减少为17个。

2009年，旗纪委完成18个旗直部门的纪检组组长派驻工作，其中将委局机关的5名纪检监察干部派驻到人事、审计、财政、民政、卫生部门担任纪检组组长。

2012年，乌拉特中旗旗直机关有纪委5个、旗纪委派驻旗直机关、企事业单位纪检组18个。

第三节　党风廉政建设

一、党风廉政建设制度建立

自开展党风廉政建设以来，历届纪委积极主动，发挥组织协调作用，担负起协助旗委、政府抓党风廉政建设的任务。纪委内设党风廉政建设室，负责全旗党风廉政建设的日常工作。通过建立和完善党风廉政建设制度，强化对领导干部的管理和监督，预防违纪违法现象发生，促进党风廉政建设和反腐败工作依法有序进行。采取强化责任意识、构建责任体系、分解责任指标、狠抓责任考核、严格责任追究、搞好领导示范等一系列措施，使党风廉政建设责任制落到实处。同时，开展领导干部廉洁自律及专项清理工作，以党内监督为突破口，实行教育、管理、监督相结合，标本兼治，全面推进领导干部廉洁自律工作的贯彻落实，促进全旗廉政风气的形成。

1989年，旗委下发《关于加强廉政建设的决定》《关于行政机关及其工作人员保持廉洁的若干规定》。到1990年，全旗20个苏木乡、镇、92个旗直行政事业单位相应制定廉政建设规章制度。

1992年2月，旗纪委制定《关于旗纪检机关保持廉洁的规定》，主要内容：组织机关干部政治理论学习，机关干部牢固树立为人民服务思想、同腐败行为做斗争；执行纪检监察条例规定，机关干部严格遵守党的纪律和国家的法律，树立在工作中不怕吃苦的精神，严格执行机关管理制度，坚持民主集中制原则，严于律己、宽以待人等10个方面。同年，旗纪委印发《关于加强党政机关各级党组织和干部、职工、党员纪律的规定》，规定包括政治、组织、工作和经济纪律四部分。

1993年，旗纪委监察局合并后，加强内部管理，建立健全领导班子分工负责、干部岗位责任和实绩考核及学习培训等制度，推进纪检监察工作的顺利进行。

1994年，旗委作出《关于加快经济发展的决定》《关于加强各级领导班子思想作风建设的决定》，作为党风廉政建设与经济工作双目标管理的主体制度。旗委还制定《旗委常委勤政廉政若干问题的决定》《旗委常委个人问题重大事项申报制度》《旗委常委议事规则》《旗委常委督办检查规定》《旗委常委会工作制度》《旗委常委民主生活会制度》《旗级领导干部信访接待日制度》等一系列加强自身建设的规章制度。根据旗委以上规定，旗纪委要求各级党组织作出相应的规章制度。

1995年2月，旗纪委监察局进一步建立完善机关行政事务管理制度，先后对机关干部学习制度、保密工作制度、公物管理制度、小汽车管理制度、财务管理制度进行补充规定；将原有的请销假制度改为考勤制度。新增设文件印章管理制度、复印机管理制度、公文制发制度。同年3月，为调动办案人员的工作积极性，提高办案效率，旗纪委监察局制定《纪检监察机关奖励办案人员试行办法》，并认真贯彻执行。

1996年，旗纪委下发《关于禁止在公务活动中用公款大吃大喝规定》，转发盟委办，行署办《关于禁止领导干部利用婚丧嫁娶大操大办、搞封建迷信的规定》和《关于禁止共产党员、国家工作人员赌博的规定》，要求各级领导干部带头严格执行，违者严肃惩处。同年12月，旗委办出台《关于在科局级领导干部中实行谈话、诫勉制度的意见》。谈话制度指上级领导和组织部门领导干部通过面对面交谈的方式，以求及时沟通思想、交换意见、指出问题，提出要求而进行的经常性、有针对性的思想政治工作制度。谈话对象及时间：旗委管理的副科级、科级领导干部在提拔、调整，交流、离退休时，受到表彰奖励或遭到挫折、受到处分时，群众对领导干部反映问题较多较大时，领导班子内部或个别领导干部之间出现不协调，不团结时，干部本人主动要求同领导谈话时，上级组织部门认为有谈话必要时，上级领导和组织部门应同其谈话。诫勉制度指组织对有缺点、有问题、有错误而又不够纪律处分，以及不思进取、工作平庸的领导干部及时地、郑重地指出他们存在的问题，促其在一定时限内改正缺点，纠正错误，把问题解决在萌芽状态，避免造成更大的损失和影响的一种思想政治工作制度。诫勉对象是旗委管理的党政副科级、科级领导干部。诫勉期限一般为半年或一年。

1997年5月20日，旗委办公室、旗政府办公室下发《关于实行领导干部离任廉政审计的规定》（乌中党办发〔1997〕24号），明确各苏木乡、镇、旗直行政事业单位（包括准科单位）的正职，在任职期内因离退休、调离、辞（免）职等原因离开领导岗位前都要接受廉政审计，所在单位还要接受同步进行的财务审计。同日，旗委办公室、旗政府办公室下发《关于领导干部报告个人重大事项的规定》（乌中党办发(〔1997〕25号）。规定旗直党政群机关、企事业单位、苏木乡镇担任领导职务的副科级以上（含副科级）干部都要报告个人重大事项。同年8月5日，旗委、旗人民政府下发《贯彻中共中央、国务院关于党政机关厉行节约、制止奢侈浪费行为若干规定的实施意见》(党发〔1997〕31号)。同年,旗委转发中共巴彦淖尔盟委员会《关于党员干部违反廉政准则党纪政纪处分的若干规定(试行),并对全旗各苏木乡、镇、旗直单位领导班子廉洁从政情况进行检查。同年,旗委办下发《关于进一步健全反腐败斗争领导负责制的通知》《关于健全全旗副科级以上党员干部廉政档案的暂行规定》《关于严格控制用公款购置使用移动电话的管理办法》《关于禁止旗党政机关、企事业单位处理违纪车辆的通知》等10个文件。

1998年,旗纪委监察局制定奖励办案有功人员、奖励举报有功人员和信息报送制度,印发各基层党委、纪委。

1999年6月17日,旗委、旗人民政府下发《贯彻落实中共中央、国务院关于实行党风廉政建设责任制规定的实施办法》明确旗委、人大、政府、政协、纪委、法院、检察院、各党委、政府职能部门、人民团体等组织的领导班子及其成员党风廉政建设的职责。同年6月,旗委办、旗政府办下发《关于进一步健全反腐败斗争领导责任制和纠风专项治理责任制的意见》,明确旗委常委、旗政府副旗长履行监督责任,旗纪委、组织部、机关党委、旗委办公室、政府办公室、审计局、城建局、财政局、物价局等部门为牵头、参加单位。同月,旗纪委下发《关于实行领导班子、领导干部重大事项申报备案制度的通知》,规定各地各单位新建、购买或装修办公楼、购买小汽车、更新配备使用移动电话和报销话费、出国(境)考察旅游,以及其他涉及奢侈浪费和廉洁从政的重大事项,都要严格实行事先申报和事后备案制度。有关领导干部个人重大事项申报问题,要继续执行中央《关于领导干部报告个人重大事项的规定》《关于党政机关县(处)级以上领导干部收入申报的规定》《关于党和国家机关工作人员在国内交往中收受礼品实行登记制度的规定》和《国务院关于在对外活动中赠送和接受礼品的规定》等。

2000年,旗纪委监察局结合"三讲"教育,制定出台《乌拉特中旗关于进一步加强领导班子廉洁从政和领导干部廉洁自律的意见》,《乌中旗党风廉政建设责任制工作制度》,并将近年来出台的一系列廉政建设方面的制度和规定编印成册,发放到全旗副科级以上领导干部手中。同年,旗纪委监察局制定下发《苏木乡镇纪委书记年度述职考核制度》,规定苏木乡镇纪委书记在年终要写出年度述职报告。制定下发《乌拉特中旗纪检监察干部办案工作"十不准"》。"十不准"即不准接受下属或外单位的礼品礼金,不准泄露纪检监察机关案情和工作秘密,不准违反纪检监察办案程序和越权办案,不准办人情案、关系案和为亲友说情,不准接受影响案件公正处理的涉案单位和个人宴请、纪念品、礼金和各种有价证券,不准向涉案单位和个人借钱、借物和报销任何费用,不准参加任何单位组织的用公款支付的营业性娱乐活动,不准接受外单位和动用公车公款钓鱼、操办婚丧事宜和借机敛财,不准参与赌博或为赌博活动提供方便条件,不准在执行公务中借机为自己或亲属谋取私利。

2001年,旗纪委转发中纪委《关于各级领导干部接受赠送现金、有价证券和支付凭证的处分规定》。规定各级领导干部一律不得接受下列单位或者个人的现金、有价证券和支付凭证:一是管理和服务的对象;二是主管范围内的下属单位和个人;三是外商、私营企业主;四是其他与行使职权有关系的单位和个人。对违反规定者,根据情节轻重给予相应的纪律处分,涉嫌犯罪的,移送司法机关处理,并如数上交所接受财务。同年,旗纪委监察局基层纪委和机关科室进一步完善目标管理责任制,充实目标管理内容,强化目标责任考核,使之更趋合理、易于操作。修订机关工作制度,由原来的 9 项制度增加为 13 项。

2003 年，旗委印发《关于科级党政领导班子和领导干部落实党风廉政建设责任制工作的考核实施办法》和《关于加强对乡科级干部廉政监督的几项制度》。《考核办法》明确考核内容，考核通过专项检查、明察暗访、定期不定期抽查、参加民主生活会和干部实绩考核等方式进行。考核结果予以公布，并存入廉政档案。对落实责任制好的领导班子和领导干部予以表彰，差的领导班子和领导干部予以通报批评或诫勉，责令限期整改；问题严重的进行责任追究。

2004 年 3 月，旗纪委印发《乌拉特中旗廉政承诺制度》，明确各苏木、乡、镇、旗直各党政群机关、事业单位党政“一把手”是廉政承诺制度的具体执行者和第一责任人，对职责范围内的党风廉政建设承担领导责任，要求各单位党政“一把手”向旗委和社会公开承诺本地、本部门、本单位党风廉政建设和个人廉洁自律方面所做的主要工作、具体措施和保证做到的程度。

2005 年，旗纪委重申中央提出的“四大纪律，八项要求”和“五不准”规定，并要求领导干部进行自查自纠，增强领导干部廉洁自律意识。进一步完善领导班子集体领导和分工负责诫勉谈话、廉政谈话、重要情况报告、廉政承诺等党内监督制度，并组织进行督查。制定下发《关于开展乡科级领导干部述职述廉工作意见》，进一步明确述职述廉的对象、内容、方法步骤和要求。

2006 年，旗纪委监察局进一步完善机关、苏木、镇、旗直单位纪检监察干部岗位责任制和实绩考核制度，平时加强督促检查，年终对照责任目标进行考核，并兑现奖惩措施。

2007 年，旗委、旗政府转发市委、市政府《关于加强农村牧区基层党风廉政建设的实施意见》，下发《乌中旗关于农村牧区基层党风廉政建设工作任务的分工意见》，建立农村牧区基层党风廉政建设工作联系会议制度，要求各苏木、镇健全领导班子议事规则，重大事项集体决策制度、村民民主议事制度、村民代表会议制度、村务公开制度、“村财镇理旗代管”制度等。同年，旗委出台《关于进一步加强纪检监察工作的决定》，从人员编制、干部交流、经费保障等方面全力支持纪检监察工作，确保纪检工作优先保障，纪检干部有为有位。

2008 年，旗纪委制定下发《关于重申禁止领导干部利用婚丧嫁娶等事宜大操大办、收敛钱财的通知》，全力遏制领导干部利用婚丧嫁娶等事宜大操大办、收敛钱财的行为，切实保障领导干部廉洁自律。同年，旗纪委监察局建立完善领导班子议事决策、中心组学习、查办案件联席会议、工作绩效考评等制度，明确硬性的管理考核指标，形成用制度约束人、激励人的机制。

2009 年，旗委出台《关于领导干部进一步改进工作作风、严肃工作纪律的若干规定》。同年，认真贯彻十七届中央纪委三次全会提出的廉洁自律五项要求：严禁领导干部违反规定收受现金、有价证券、支付凭证和收受干股等行为；落实领导干部配偶和子女从业、投资入股、到国外定居等规定和有关事项报告登记制度，严禁发生与公共利益冲突的行为；治理违规组织集资合作建房、超标准建房、在风景名胜或公园区建房等问题，纠正领导干部违反规定发放住房补贴、多占住房、以明显低于市场价格购置住房或以劣换优、以借为名占用住房等问题；严禁领导干部利用和操纵招商引资项目、资产重组项目，为本人或特定关系人谋取私利；严禁领导干部相互请托，违反规定为对方特定关系人在就业、投资入股、经商办企业等方面提供便利，谋取不正当利益。

2010—2012 年，旗委认真贯彻中央《关于加强地方县级纪检监察机关建设的若干意见》，成立由旗委书记任组长的落实《若干意见》工作领导小组，制定落实《若干意见》工作方案，对纪委监察局领导班子和成员系统管理及双重管理体制作出明确规定并得到落实；严格按照上级要求执行纪检监察队伍的领导职务配置比例。旗纪委书记由旗委常委担任。在旗委班子中排在资历相同的常委前面;副书记由正科级领导职务的干部担任,常委由副科级以上领导职务的干部担任;旗纪委书记参与旗委常委会讨论干部任免等有关重要事项之前的酝酿协商;旗纪委领导班子成员参加同级党委全会等重要会议,参加旗委组织的干部民主推荐会议;旗纪委副书记、监察局局长参加旗长办公会议;纪委监察局领导班子成员的提名、任免、奖惩、兼职和调动,事先书面征得上级纪检监察机关同意,然后按照干部管理权限和规定的程序办理;认真落实纪检监察机关正、副科级纪律检查员、监察员配备比例,旗纪委监察局配备正科级和副科级纪律检查员、监察员的比例达到机关干部科级领导干部职数的50%。为提高纪检监察机关人员素质,旗纪委监察局建立纪检监察干部资格准入制度,对新选调和录用的干部,除具备《中华人民共和国公务员法》第11条规定的条件外,还应具备良好的政治素质和大学本科以上学历,年龄在35周岁以下,工作经历或专业背景应与拟任职位相适应,特别注重选调和录用一批熟悉经济、法律、审计等专业人才,真正把业务精、能力强、作风好的优秀年轻干部吸收到纪检监察机关中。全旗各苏木、镇纪委书记的提名、任免由旗纪委与组织部门协商后,报旗委常委会研究决定。建立健全纪检监察机关经费和装备设施保障制度,明确经费和装备保障等具体要求和标准。经旗人民政府办公会议研究决定,纪检监察机关人均公用经费参照当地政法机关预算标准核定,纪检监察机关经费预算标准按年人均2万元拨付,对纪检监察机关的办公和办案经费给予全额保障。

二、党风廉政建设责任制落实

1988年,旗纪委抽调干部组成4个组,对全旗18个苏木、乡、镇党委,旗直农牧林水机5个单位党组织的副科级以上党员领导干部进行党风党纪检查,应检查副科级以上党员干部168人,实际检查131人,占应检查人数80%。通过检查,解党组织的工作情况和党员的思想状况。存在的主要问题是:运用典型案例开展反腐蚀教育工作力度不够,群众议论多的请客送礼、大吃大喝之风已大有收敛,但以权谋私、"官倒"、"私倒"等不正之风在一些部门、单位不同程度地存在。

1989年,旗委成立廉政建设领导小组,全面开展廉政建设工作。从旗委、旗人民政府到各苏木乡、镇、旗直各单位制定完善廉政建设规章制度,并实行"两公开监督",从制度上约束和制约产生不正之风和不廉洁行为的问题。旗委办下发《关于开展廉政规定执行情况检查的通知》,旗纪委抽调人员组成5个组,对全旗20个苏木乡镇、63个旗直单位进行检查。检查结果:廉政规章制度完善、党风党纪工作做得好的单位30个,占36.1%;有廉政制度、党风党纪工作做得比较好的单位44个,占53.4%;廉政制度不完善、党风党纪工作做得较差的单位9个,占10.8%。

1990年,旗纪委通过狠抓党风廉政建设,加强党同人民群众的联系。学习贯彻《中共中央关于加强党同人民群众联系的决定》,开展调查研究,找准存在的突出问题。根据调查发现的问题,旗委拟定《中共乌中旗党委关于加强党同人民群众联系的具体规定》(征求意见稿),下发各苏木、乡镇和旗直各单位征求意见。结合民主评议党员和妥善处置不合格党员工作,教育党员做联系群众、为群众办实事的模范。从1989年下半年到1990年10月,对全旗党员普遍进行一次民主评议和妥善处置不合格党员工作。

1992年3月,旗纪委被中共巴彦淖尔盟委员会授予"党风建设先进单位"称号。

1994年,旗委、旗人大常委会、旗人民政府、旗政协及各基层党组织层层建立相应的党风廉政建设与经济建设双目标责任制。上半年分别以召开民主生活会等形式层层检查党风廉政建设与经济建设双目标责任制落实情况。旗委、政府在评选1993年度先进单位、文明单位中，把廉政建设和经济建设为目标责任制的落实情况作为一个重要条件，审核出不符合评选条件的单位2个。

1999年，旗纪委监察局认真贯彻落实党风廉政建设责任制。全旗成立党风廉政建设责任制领导小组127个，有工作人员328人。下发《关于落实1999年党风廉政建设责任制工作意见》，层层签订责任状。旗委书记与旗人大常委会、旗人民政府、旗政协党组及各苏木、乡镇、旗直各部门党组织签订责任状35份。各苏木乡镇、旗直各部门党组织与所属单位分别签订责任状。全旗形成一个自上而下的"一岗双责"责任网络体系，做到责任主体、责任范围明确。旗纪委、旗委组织部联合下发《关于对全旗副科级以上实职领导干部进行廉政考察的通知》，贯彻落实责任制与干部任用挂钩、与经济奖惩挂钩、与评先创优挂钩原则，进行责任考核和实施责任追究，全年查处责任追究案件7件16人。全旗落实党风廉政建设责任制工作在全盟考核中名列第一。

2000年，旗纪委监察局坚持从严治党的方针，推进党风廉政建设，深入开展反腐败斗争。旗委、政府按照"一岗双责""一职双责"要求，明确规定各级领导班子成员的经济、业务工作分管范围为各自的党风廉政建设责任区，使各级领导班子和成员都有明确的责任区，在全旗形成一个横向到边、纵向到底的"一岗双责"责任网络体系。旗纪委监察局制作旗委、政府"一岗双责"责任体系网络图，对外予以公示，接受群众监督。2月26日，在全旗反腐倡廉大会上，旗委书记与旗人大、政府、政协党组和各苏木乡镇、旗直各部门签订党风廉政建设责任状，随后，各苏木乡镇、旗直各部门与所属单位也分别签订责任书，层层分解责任指标，明确责任内容。6月，旗纪委监察局组织5个检查组，对全旗实行责任制的单位领导班子及其成员执行党风廉政建设责任制情况进行半年检查。12月，组织6个检查组，对实行责任制单位的领导班子进行年终考评，总结经验，找出差距。旗委、旗政府主要领导和各苏木乡镇、旗直各部门党政主要领导都做到"三定期""四参加""五落实""三定期"，即定期听取落实责任制工作的情况汇报，研究解决落实责任制工作中遇到的问题，落实责任制工作的进展情况。"四参加"（参加落实责任制工作的重要会议，组织落实责任制的重要活动，协调解决落实责任制的重大问题，制定党风廉政建设的主要规章制度）。"五落实"（落实党风廉政建设的工作部署、工作检查、工作汇报、考核评比、总结表彰工作）。全旗党风廉政建设形成一级抓一级、一级对一级负责的良好局面。全年实施责任追究26件次，其中给予党纪政纪处分2件2人，给予领导班子通报批评14次，给予领导班子成员通报批评6人次，诫勉谈话4人次。7月，参加全盟党风廉政建设责任制工作现场会，旗纪委监察局将编印的党风廉政建设资料赠送给有关领导和各旗县与会人员，互相学习交流；举办党风廉政建设成果展览，展出照片146幅，扩大党风廉政建设宣传。

2001年，乌拉特中旗落实党风廉政建设责任制工作在全盟目标考核居前列。年初，旗委召开常委会议，专题研究落实党风廉政建设责任制工作；及时召开全旗反腐倡廉工作会议，总结2000年党风廉政建设工作，下发《2001年落实党风廉政建设责任制工作要点》，对全旗党风廉政建设工作进行具体安排部署。按照"一岗双责""一职双责"要求，确各级领导班子及成员分管的经济业务范围即为党风廉政建设责任区。修改旗级领导班子成员"一岗双责"责任体系图，予以公示，接受群众监督。抓好责任分解工作，与各苏木、镇、旗直机关单位签订2001年度党风廉政建设责任书。随后，督促各苏木乡镇、旗直各部门相继召开会议，与所属单位签订责任状。充实并规范副科级以上实职领导干部廉政档案，对副科级以上干部发放廉政监督卡。认真开展半年检查和年底考评，找出差距，总结经验，提出要求。全旗实施责任追究16人，其中，给予党政纪处分2人，给予领导班子成员批评教育6人，通报批评5人，诫勉谈话3人。

2002年，认真落实党风廉政建设责任制，推动反腐倡廉各项任务的落实。年初，旗委下发《关于2002年全旗党风廉政建设和反腐败各项任务分解意见》，明确旗委、政府领导班子成员在党风廉政建设和反腐败工作中承担的责任；下发《关于落实2002年党风廉政建设责任制工作的意见》，明确实行党风廉政责任制情况考评制度与责任追究制度。各级党政领导班子及其成员认真落实中央、自治区、盟关于实行党风廉政建设责任制的一系列规定，各级各部门主要领导带头履行职责，检查考核责任制落实情况，推动反腐倡廉各项工作的落实。全旗上下形成主要领导负总责，分管领导负专责，班子成员负其责的领导机制，责任分解、考核、追究、制度"四位一体"的工作机制和奖惩机制，做到领导、责任、考核、追究、奖惩"五到位"。6月，开展"基层指导月"活动，旗纪委常委分别带队深入所联系的苏木乡镇和旗直单位，对照《党风廉政建设责任状》和《纪检监察工作目标管理责任状》及考评细则，进行指导、检查、督办，总结成绩，找出差距，制定措施，提出要求。旗委、政府严格责任追究，严肃查处责任追究典型案件。全年有5名党员干部因违反党风廉政责任制规定受到责任追究。

2003年，加强党风廉政建设责任分解工作，层层签订责任状，层层建立廉政档案，明确"一把手"负总责、班子成员各负其责的领导机制，完善责任分解、考核、追究、制度"四位一体"的工作机制，增强各级各部门抓党风廉政建设的责任意识，促进党风廉政建设工作的落实。严格责任追究，按照盟委办、行署办《实行责任追究暂行办法的补充规定》所规定的责任追究内容、方法、程序，追究1名正科级干部、2名副科级干部的责任。

2004年初，旗委召开全旗党风廉政建设工作会议，下发《关于2004年全旗落实党风廉政建设责任制工作的意见》，安排部署全旗党风廉政建设责任制工作。按照"一岗双责"要求，各级领导班子及成员做到两手抓、两手硬，在全旗上下形成横向到边、纵向到底的责任网络体系。年初，旗委书记与旗直各机关党委、各苏木、镇、种畜场主要负责人签订2004年党风廉政建设责任状，旗直机关、各苏木、镇主要领导与所属单位领导又层层签订责任状。印发《关于2005年度党风廉政建设责任制考评细则的通知》，分解责任指标，明确各级领导班子和领导干部落实责任制的具体内容。3月，旗委召开新任职及交流任职的正科级领导干部廉政谈话会议，旗委副书记、纪委书记分别与调整和提拔重用的16名科级领导干部进行廉政谈话。强化责任追究，全年实施责任追究4人，给予通报批评3人，诫勉谈话5人。

2005年，按照旗委、旗人民政府领导班子成员分工情况，明确各自党风廉政建设责任，层层签订责任书。对各苏木、镇、旗直各部门落实党风廉政建设责任制和惩防体系建设情况进行专项检查。全旗42名苏木乡镇和旗直单位领导干部撰写述职述廉报告，25名提拔重用的科级领导干部及公开招考的副科级领导干部接受廉政谈话。按照"一岗双责"要求，有10名党员干部受到党风廉政建设责任追究，有7名领导干部受到诫勉谈话。

2007年，旗委把落实党风廉政建设责任制作为加强党风廉政建设的重要工作来抓。旗委召开全旗纪检工作会议，对党风廉政建设和反腐败工作进行部署，旗委书记陶格陶作重要讲话，提出领导干部党风廉政建设责任要求。完善党风廉政建设责任制，健全地区、部门党风廉政建设责任考核和责任追究制度。旗党政领导武志杰、刘杰和旗纪委副书记胡青山分别带队，对苏木、镇和旗直属党委落实党风廉政建设责任制情况进行检查考核，推动党风廉政建设责任制落实。全年未发生领导干部违反责任制规定受到责任追究的行为。

2008年初，旗委与各苏木、镇、旗直单位负责人签订党风廉政责任状，并印发《2008年全旗党风廉政建设和反腐败工作任务分解意见》，将党风廉政建设和反腐败各项任务进行层层分解。年中，旗纪委专门组织召开基层纪委书记（纪检组组长）会议，印发《关于进一步落实纪检监察工作的通知》，并对各苏木、镇、旗直各单位的工作开展情况进行督促检查。年末，旗纪委按照年初签订的责任状对各苏木、镇和旗直单位进行考核，考核结果作为领导干部实绩考核的重要内容。年内，旗纪委书记同33名领导干部进行任前廉政谈话，同37名苏木、镇、旗直单位负责人进行廉政谈话，同群众反映问题的6名领导干部进行诫勉谈话。考核中，对违反规定的5名领导干部实施责任追究。

2009年，继续落实党风廉政和反腐败斗争工作责任制，将全年党风廉政建设和反腐败工作任务层层分解、逐项考核，形成全旗上下齐抓共管的反腐倡廉工作格局。突出抓好农村牧区嘎查村干部的监督，主要监督内容有11项。

2010年，强化基层组织反腐倡廉目标责任"四落实"：一是明确责任抓落实。各基层纪委书记（纪检组组长）履行反腐倡廉工作目标第一责任人职责，围绕年度目标任务，按照时序进度，抓好每个环节，做到事事有安排、件件有着落。委局机关对基层纪检组织加强业务指导，并督促抓好落实。二是加强协调抓落实。基层组织及时汇报主要工作、重点工作落实情况，主动与委局机关就单项工作进行沟通，加强协作配合，形成抓反腐倡廉目标责任落实的合力。三是强化督查抓落实。对照年度反腐倡廉目标任务，切实履行督促检查职责，每季度对工作目标落实情况进行监督检查，并建立工作进展情况月（季）度报告与通报制度。四是转变作风抓落实。结合创先争优活动，以基层纪检监察组织开展的"争创先进纪检监察组织、争当优秀纪检监察工作者"活动为载体戒懒、戒松、戒粗、戒躁，以良好的风貌、扎实的作风抓好反腐倡廉目标责任的落实。同年，旗纪委党风廉政建设检查考评组，对苏木、镇党委2010年党风廉政建设工作的情况进行日常检查指导。考评组一行听取各单位党风廉政建设工作汇报，观看廉政建设专栏和墙上张贴的廉政格言警示语；查看党风廉政建设档案资料，认为各单位抓党风廉政建设工作认识有深度，措施有力度，成效显著，促进各项工作长足发展。

2011年，扎实开展旗委权力公开透明运行试点工作，取得阶段性成果。认真落实党风廉政建设责任制，切实把党风廉政建设纳入领导班子、领导干部目标管理内容，做到与经济工作同部署、同落实、同检查、同考核。注重从源头上防治腐败，不断完善教育、制度、监督并重的惩治和预防腐败体系，严格执行《党内监督条例》，毫不手软地惩治腐败，严肃查处违法违纪案件，共立案16件，处分21人。严格落实"五个严禁、十七个不准、五个一律"要求，确保换届环境风清气正。

2012年，组织召开全旗纪检监察暨党风廉政建设工作会议，回顾总结2011年全旗纪检监察工作，对2012年全旗党风廉政建设工作进行安排部署，健全完善组织领导机构，切实加强组织领导。继续推进旗委权力公开透明运行试点工作，制作完成《旗委权力公开透明运行试点工作资料汇编》和宣传光碟。认真落实党内监督制度。制定派驻机构直接向派出纪检监察机关报告重要情况工作制度，加强对派驻机关的管理。加强农村牧区党风廉政建设工作。全旗8个苏木、镇所辖的84个行政嘎查村在原有民主监督组织的基础上，进一步整合资源，均先后规范成立村务监督委员会，全旗共产生村务监督委员会委员459人，其中主任委员84人，委员375人，村级覆盖率实现100%。

第四节　党风党纪教育

1988年，旗纪委组织党员、干部学习贯彻中共十三大精神，重点学习贯彻中共十三大通过的新党章。全旗各级党校举办中共十三大精神培训班28期，培训党员、干部3500人，占全旗党员总数的85%。

1993年，旗纪委（监察局）在全旗开展“做廉洁奉公、严守纪律、献身改革和现代化建设先进分子”主题教育活动，对党员干部进行坚持党的基本路线、遵守党纪政纪教育，继承和发扬党的优良传统和作风教育，端正党风、加强廉政建设教育。全年旗党校、苏木乡镇业余党校举办党员培训班65期，参加培训人数6200人次。

1998年，旗委把党风廉政教育作为党员教育的必修课，在旗党校举办党训班2期，培训党员干部4200人次。开展电化教育，巡回播放党风廉政教育片18部、78场，观看人数4000多人。组织征订党风廉政教育书刊，征订《党纪政纪文件汇编》（二）700本，《廉政手册》35本，《邓小平论党风廉政建设和反腐败》500本，《党风与党纪》54份，《时代风纪》汉文版274份、蒙文版54份，《中国监察》50份，《中国纪检监察报》78份。

2005年，旗纪委建立党风廉政宣传教育联席会议制度，将党风廉政宣传教育工作纳入全旗宣传教育大格局之中，与全旗宣传教育整体工作同部署、同检查。在保持共产党员先进性教育活动中，利用多种形式进行党风廉政宣传教育，在海流图广场举办宣传活动，散发宣传单1000余份；在《乌拉特中旗周刊》开辟廉政之窗栏目，刊登廉政建设内容20期；在旗电视台播放廉政电教片4部，在基层党校播放廉政电教片68场次。旗纪委派员在旗委党校和基层党校培训班讲课6次。积极组织征订各类廉政教材，发放《实施纲要》学习教材1000本，《邓小平论党风廉政建设和反腐败》500本；征订《中国监察》《中国纪检监察报》《国风》等廉政刊物130份。

2012年，旗纪委在年初召开的全旗纪检监察工作会议上表彰2011年全旗纪检监察工作先进集体和先进个人。与旗文体广电局、电视台、文联联合举办“第四届廉政之春”元宵文化活动，对全旗干部群众进行廉政宣传教育。上廉政党课12次。指导旗地税局、国土资源局、财政局开展廉政文化建设活动。在清明节前夕，联合旗委宣传部、团委、教育局等6个单位在乌不浪口抗日烈士陵园廉政教育基地开展爱国主义教育活动。组织青年后备干部和入党积极分子到廉政教育基地接受教育，现场说教，起到入耳、入脑、入心的良好教育效果。在海五公路旁设立大型廉政文化宣传栏，在海流图广场、党政综合大楼电子显示屏每周播出2次廉政公益广告。以旗第二完全小学党员教师违纪案件为典型，以案说教，在旗直中小学开展警示教育，用身边的人和身边的事，加强对现任职教师的教育。申报市级“廉政文化示范点”2个（乌加河镇和石哈河镇）。申报巴彦淖尔市级“廉政教育基地”1个（乌拉特中旗乌不浪口廉政教育基地）。充分利用各级各类新闻媒体进行廉政宣传报道。

第五节　领导干部廉洁自律

一、制定廉洁规定

1989年，旗委下发《关于加强廉政建设的决定》，《关于行政机关及其工作人员保持廉洁的若干规定》。

1992 年，旗纪委印发《关于加强党政机关各级党组织和干部、职工、党员纪律的规定》。

1996 年，旗纪委下发《关于禁止在公务活动中用公款大吃大喝规定》，转发中共巴彦淖尔盟委员会办公厅、行政公署办公厅印发的《关于禁止领导干部利用婚丧嫁娶大操大办、搞封建迷信的规定》，要求各级领导干部带头严格执行，违者严肃惩处。

2001 年，旗纪委转发中共中央纪委《关于各级领导干部接受赠送现金、有价证券和支付凭证的处分规定》。

2007 年，旗委、旗人民政府转发中共巴彦淖尔市委员会、市人民政府印发的《关于加强农村牧区基层党风廉政建设的实施意见》、下发《乌拉特中旗关于农村牧区基层党风廉政建设工作任务的分工意见》。

2010 年，旗委印发《乌拉特中旗关于加强党政一把手监督管理的有关规定》。

二、具体落实情况

1988 年，党风廉政建设工作收到一定成效。旗公安局进行为政清廉综合治理，加强干警队伍建设，干警的工作作风、生活作风明显转变。旗直各单位狠抓党风廉政建设，公款大吃大喝、请客送礼、滥发资金等现象大为减少，党政机关及干部经商办企业问题得到纠正，干部职工欠公款和领导干部建房、住房问题彻底清查，大部分单位对违纪违法案件进行查处。

1989 年，旗委、旗人民政府下发《关于党政机关及工作人员保持廉洁的有关规定》，各地各单位结合实际，制定单位及领导干部保持廉洁的规章制度，各级党组织认真组织召开领导班子民主生活会，并由纪检机关派人参加。

1993 年，按照中共巴彦淖尔盟纪委《关于认真做好党政机关县（处）级以上领导干部廉洁自律“五项规定”自查自纠工作的通知》，旗纪委组织旗委、旗人大常委会、旗人民政府、旗政协、旗纪委等单位副处级以上领导干部进行廉洁自律自查自纠工作。全旗副处级以上干部 28 人参加。通过自查自纠，领导干部提高加强党风廉政建设的认识，找出自身的不足和差距，提出今后改进的措施。

1995 年，按照中纪委、中共内蒙古自治区纪委要求，旗纪委印发《关于召开 1995 年上半年党政机关、企事业单位廉洁自律民主生活会的通知》，要求每个班子按照中共中央“两个五条规定”26 个不准，及中纪委五次全会补充的“四个方面，六个不准”，认真组织开好领导干部廉洁自律专题民主生活会。旗纪委会同组织部、旗直属机关党委，组成专门工作组，具体负责领导干部廉洁自律专题民主生活会。据统计，全旗应参加廉洁自律专题民主生活会的副处级以上领导干部 28 人，实际参加 28 人；应参加科局级领导干部 438 人，实际参加 436 人；应参加企事业单位领导干部 76 人，实际参加 68 人。

1996 年，旗纪委重视提高领导干部专题民主生活会的质量，从自查自纠，群众评议，监督检查，严格执纪四个环节严把质量关。会前，旗纪委下发《关于认真组织召开 1996 年上半年领导干部专题民主生活会的通知》。会中，旗纪委、组织部专门派员监督检查。各党委从 7 月 15 日到 25 日相继召开副科级以上领导干部专题民主生活会。会上，首先认真学习中共中央总书记江泽民《领导干部一定要讲政治》和中纪委二次全会后有关领导干部廉洁自律的规定要求。从讲政治的高度，提高对领导干部专题民主生活会的认识。在此基础上，每位领导干部按照中纪委六次全会提出的“三个重点”、“思想政治纪律”及自治区二次全会提出的“五项要求”进行对照检查。全旗应参加的副处级以上领导干部共 34 人，实际参加 30 人；应参加的 26 个党委副科以上领导干部 223 人，实际参加

189 人;因病因事缺席的领导干部都按要求补报“材料”。会后,纪委专门召开会议,对这次民主生活会的召开情况进行认真分析和总结。对按要求召开并认真自查自纠的领导班子进行表扬,对不按要求召开工作敷衍塞责的领导班子提出批评,并限期纠正。同年,旗纪委研究制定《关于各级领导班子及其成员廉洁自律群众满意度以及廉洁自律专题民主生活会质量的考评细则》,从制度建设、党内外群众反映方面进行考评,推进领导班子廉洁自律及专题民主生活会的扎实有效开展。

1997 年,旗纪委采取措施,提高基层党委的专题民主生活会质量。一是在会前旗委常委、纪检委书记深入到 26 个基层党委就半年专题民主生活会的具体要求、做法和注意的事项进行布置;二是由旗委书记、常委率领纪检组织等部门的人员,组成四个专题民主生活会指导小组,深入到全旗 26 个党委参加半年的专题民主生活会。基层党委民主生活会的质量明显提高,参加民主生活会的副科级以上领导占总人数的 88.7%。通过统一平衡、统一打分,全旗 26 个党委全部达到满意的标准。

1998 年,旗纪委组织开展贯彻落实中央关于党政机关厉行节约、制止奢侈浪费规定清理和督查工作,推进党政机关及领导干部厉行节约、制止奢侈浪费风气的形成。做好各级领导班子专题民主生活会工作。会前,由纪委副书记带队,深入各苏木乡镇对各党委召开民主生活会进行专门部署,并广泛征求党员干部、各界人士、群众代表的意见和建议,将征求到的意见和建议归纳为 14 条,进行初步核实,及时反馈给旗委、政府及有关党委,要求落实相应的整改措施。会中,由旗委 4 个常委带队分 4 个小组,参加各基层党委民主生活会,旗委、旗人民政府主要领导分别参加 4 个基层党委的民主生活会。全旗应召开民主生活会的科级单位有 69 个,实际召开 69 个;应参加民主生活会的副处级以上干部 34 人,实际参加 34 人;应参加民主生活会的副科级以上干部 488 人,实际参加 472 人。参加民主生活会的领导干部 506 人在会上都进行自查自纠,并递交书面自查材料。根据民主生活会召开情况,建立完善副科级以上领导干部廉政档案 450 个。落实党政机关县(处)级以上领导干部收入申报制度。全旗应参加申报的单位 8 个,已执行申报的单位 8 个;应参加申报的副处级以上干部 34 人,实际申报登记 34 人;旗党政领导能够带头如实申报。全年组织部进行检查核实 2 次。落实领导干部报告个人重大事项制度。共有 3 名科级干部进行建房申报,7 名副科以上干部和 2 名副处以上干部申报婚嫁事宜。

1999 年,结合“三讲”教育,认真开好专题民主生活会,并在提高民主生活会质量上下功夫。会前,广泛征求党员干部、群众代表的意见和建议,将征求到的意见和建议归纳为 14 条,及时反馈给上级领导及有关单位,督查相应整改措施的落实情况。会中,由四个旗委常委带队组成四个小组,分别对苏木乡镇和旗直机关党委的民主生活会进行监督指导,使民主生活会实现“三个转变”,即由谈成绩向找问题转变,由自我表扬向自我批评转变,由汇报工作向剖析根源转变。会后,及时通报民主生活会的召开情况。全旗应参加民主生活会的单位 74 个,实际参加 74 个;应参加民主生活会的副科级以上干部 276 名,实际参加 250 名;应参加民主生活会的副处级以上干部 33 人,实际参加 33 人。因故未参加民主生活会的领导干部都递交书面自查材料。根据民主生活会的情况,建立完善副科级以上领导干部廉政档案 524 个。认真落实厉行节约、制止奢侈浪费八条规定,严格执行各项申报审批制度,全年申报婚嫁事宜领导 4 人,申报建房的领导干部 5 人。

2000 年,全旗继续开好领导干部廉洁自律专题民主生活会,要求各级领导班子结合“三讲”教育回头看,认真开好民主生活会。会前,广泛征求党员干部、群众代表对旗委、旗人大常委会、旗人民政府、旗政协、旗纪委、旗公检法部门开展“三讲”教育整改落实情况的意见和建议12条。会中，由旗领导带队，抽调纪委、组织部12名工作人员，组成4个小组，对全旗各党委的专题民主生活会进行监督指导，各党委及其班子成员都认真开展批评与自我批评。会后，及时通报民主生活会召开情况。全旗各党委应参加民主生活会的副科级以上干部313人，实际参加281人。缺席者均递交书面自查材料。根据民主生活会召开情况，充实完善领导干部廉政档案643个，认真执行廉洁自律各项申报制度，申报婚嫁事宜领导干部4人，申报登记收入和礼品领导干部780人。

2001年，全旗结合“三个代表”重要思想学习教育活动，加强领导班子廉洁自律专题民主生活会监督指导。各级领导班子通过自己查、群众提，找准在党风廉政建设方面存在的突出问题，并制定措施加以整改。旗纪委充实完善领导干部廉政档案643个。贯彻执行中纪委五次全会提出的领导干部六项新的廉政纪律规定，集中清理领导干部接受和赠送现金、有价证券、支付凭证的问题，设立“581”廉政账号，对在职的35名副处级以上领导干部及其家属和子女经商办企业情况，以及1998年下半年后退休的5名副处以上领导干部的从业情况，进行登记。对领导干部外出考察学习、买房卖房、装修住房等问题都进行监督检查，未发现存在以权谋私、违反规定的行为。重申禁止领导干部为小孩过满月、圆锁、婚丧嫁娶大操大办规定，申报婚嫁事宜的领导干部11人。

2002年，对中纪委七次全会提出的领导干部六项新的廉洁自律规定执行情况，进行监督检查。有911名领导干部填报《廉洁自律六条要求执行情况调查表》，240名苏木乡镇领导干部填报《走读情况调查表》，全旗有苏木乡镇“走读”干部69人。为加强对“走读”干部的管理，制定《关于转变工作作风，切实纠正苏木乡镇领导干部“走读”问题的暂行规定》。实行“四项申报”制度受理申报更换小汽车24辆，公费出国3批7人次，住房申报1件，婚嫁事宜6件。加强廉政档案建设工作，整理充实副科级以上干部廉政档案850人。

2003年，全旗继续实行“四项”申报制度，审批公款购置小汽车8辆，受理建房申报3件，外出考察学习1批14人。

2004年，认真开展领导干部廉洁自律工作。一是严格执行“四大纪律，八项要求”，党员领导干部就执行“四大纪律，八项要求”情况进行自查自纠。二是实行述职述廉制度，全旗152名乡镇领导干部和158名旗直单位科局领导干部在专门大会上进行述职述廉，388乡科级领导干部进行书面述廉。同时，组织安排副处级以上领导干部的述职述廉工作，全旗35名副处级以上领导干部进行述职述廉。三是严格执行领导班子、领导干部重大事项申报制度。旗纪委受理公款购置小汽车申报19件，建房申报9件，外出考察学习申报2批8人。四是督促指导20个基层党委的民主生活会，根据民主生活会召开情况，充实完善850名副科级以上干部的廉政档案，实现廉政档案电子化管理。

2005年，认真贯彻领导干部“五个不许”，对党政领导干部和国有企业负责人投资煤矿进行清理，对领导干部赌博进行专项治理。全年接受领导干部重大事项申报66件，各苏木、镇和旗直单位42名领导干部进行述职述廉。

2007年，旗四大班子领导公开作出廉政承诺，各苏木、镇，旗直单位领导均写下廉政保证书。严格执行领导干部廉洁自律各项规定。纠正超标车和超编车现象，整顿党员干部违规参加赌博、婚丧嫁娶大操大办，使各类现象得到好转。清查领导干部违规收受财物，发现问题严肃处理。清理领导干部以各种方式入股参与开矿办企业，并坚决予以纠正。领导干部廉洁从政意识明显增强，违规现象得到遏制，勤政为民风尚逐步形成。

2008 年,严格执行党内监督制度,旗四大班子领导进行公开廉政承诺,各苏木、镇、旗直单位主要领导撰写廉政保证书。旗纪委累计受理各类重大事项申报 48 件。

2009 年,进一步加强领导干部的监督。完善重要情况报告、廉政谈话、诫勉谈话、述职述廉、民主生活会、廉政承诺等各项监督制度,并加大对制度执行情况的监督检查。年内,旗四大班子领导进行公开廉政承诺,各苏木、镇、旗直单位主要领导撰写廉政保证书;旗纪委负责人同苏木、镇、旗直单位 8 名领导干部进行廉政谈话。

2010 年,强化党员干部廉洁自律。一是抓学习不放松。认真学习党章、工作规划、廉政准则等与纪检监察工作相关的法律法规。二是抓教育不放松。充分利用干部提拔、民主生活会、主题教育、廉政文化建设、党校干部培训等时机,常敲廉政钟。三是抓制度建设不放松。出台《中共乌拉特中旗委员会关于领导干部进一步改进工作作风严肃工作纪律的若干规定》《中共乌拉特中旗委员会关于加强党政一把手监督管理的有关规定》等制度,力求从制度上保证行政权、执行权、监督权既相互制约又相互协调。四是抓监督不放松。依托覆盖全旗党风政风行风监测站点,公开举报电话、现场设立举报箱、办事留言簿等,方便群众举报和投诉。同时聘请 30 名党风行风政风监督员,对机关效能进行经常性监督检查。开好民主生活会:一是做好思想认识上的准备。深入系统地学习党的十七大和十七届四中全会精神,学习胡锦涛同志在全党深入开展学习实践科学发展观活动总结大会上的讲话和中纪委第四次、五次全会上的讲话及全会工作报告,学习《廉政准则》、《关于党员领导干部报告个人有关事项的规定》、党政领导干部选拔任用工作四项监督制度以及旗委扩大会议精神,进一步解放思想,更新观念,切实增强科学发展意识,增强忧患意识和全局意识,增强党性修养、廉洁意识和守法观念。二是做好查找突出问题的准备。从遵守《廉政准则》各项规定出发,深刻查找单位、自己和班子其他成员存在的差距,进一步剖析思想根源,寻求对策,真正形成共识,明确努力方向。三是做好自我剖析材料的准备。领导班子每个成员都根据民主生活会的主题和群众所提意见,认真准备发言提纲。

2011 年,不断完善党风廉政“宣教大格局”,切实加强对党员领导干部的廉洁从政教育。一是与旗文体广电局、电视台、文联联合举办“第三届廉政之春”元宵文化活动,对全旗干部群众进行廉政宣传教育。二是开展警示教育活动。在全旗各单位集中播放《徐国元案件警示教育片》28 场次,对全旗党员干部进行警示教育。三是制作“严肃换届纪律,确保换届工作风清气正”专题访谈节目,加大对换届工作的宣传,保证全旗换届工作顺利进行。四是与旗电视台联合拍摄制作《乌拉特中旗廉政文化建设》专题宣传节目,加大对廉政文化的宣传力度。五是在区、市、旗三级媒体上大力宣传我旗党风廉政建设工作,共宣传报道 100 余篇。六是切实加强对党员干部的廉政教育。公安局、法院、检察院等 6 个单位参观乌不浪口烈士陵园廉政教育基地,对 500 多名干部进行反腐倡廉教育。七是举办廉政培训班 10 期,参训人员达 1200 余人。八是完善党风廉政大宣教奖励办法。九是向市纪委、旗直各单位、苏木、镇赠送《乌拉特中旗纪检监察志》382 册。

2012 年初,一是召开全旗纪检监察工作会议,表彰 2011 年全旗纪检监察工作先进集体和先进个人。二是与旗文体广电局、电视台、文联联合举办“第四届廉政之春”元宵文化活动,对全旗干部群众进行廉政宣传教育。三是上廉政党课 12 次。四是指导地税局、国土资源局、财政局开展廉政文化建设活动。五是在清明节前夕,联合宣传部、团委、教育局等 6 个单位在乌不浪口抗日烈士陵园廉政教育基地开展爱国主义教育活动。组织青年后备干部和入党积极分子到廉政教育基地接受教育，现场说教，起到入脑、入心、入耳的良好教育效果。六是在海五公路旁设立大型廉政文化宣传栏，在海流图广场、党政综合大楼每周播出2次廉政公益广告。七是以旗第二完全小学党员教师违纪案件为典型，在旗直小学开展警示教育，用身边的人和身边的事，加强对现任职教师的教育。八是充分利用各级各类新闻媒体进行廉政宣传报道。

第六节　违纪案件查处与申诉

1989—1999年，全旗有76人受到党纪处分，其中开除党籍14人、劝退3人、取消预备党员资格和党员资格8人、退党除名4人、警告20人、严重警告10人、撤销党内职务3人、留党察看14人。平均每年处分党员6.91人。

2001—2005年，旗纪委（监察局）共受理群众来信来访及上级转交办案件222件，转立案24人。有6人受到党纪处分，其中撤销党内职务1人、留党察看3人、开除党籍2人。查出违纪违规资金850余万元，为国家和集体挽回直接经济损失近3000万元。同时，通过查办案件，为一些受到失实举报的党员干部澄清问题，保护一批敢于创新，锐意改革的干部，调动他们的工作积极性。

2006—2010年，旗纪委（监察局）共受理各类信访举报案件119件。通过案件查办共立案18件，受到党纪处分的23人，其中，开除党籍7人，留党察看1人，党内严重警告5人，党内警告8人，免予纪律处分2人。通过案件查办利用组织手段调整1人，诫勉谈话17人，通报批评1人，免职3人。通过查办案件，追缴没收违纪款160万元，为国家挽回经济损失3200万元。同时，为切实加强案件查办工作，推进依纪依法安全文明办案工作，率先在全巴彦淖尔市建立案件查办约谈室，并举办安全文明办案技能培训班和案件分析点评会议，切实保障旗纪委依纪依法安全文明办案。

2011年，旗纪委（监察局）共受理各类信访举报案件39件（次），通过案件查办共立案16件，受到党纪处分18人，其中，开除党籍15人，留党察看一年1人，党内警告2人。通过查办案件，追缴没收违纪款51万元，挽回经济损失120万元。

2012年，旗纪委（监察局）共受理各类信访举报案件49件（次）。通过案件查办共立案9件，受到党纪处分16人，其中，开除党籍9人，留党察看二年4人，党内警告3人。通过查办案件，追缴没收违纪款40余万元，挽回经济损失207万元。同年，旗纪委（监察局）严格实行“镇案旗助审”“旗案市备案审核”及审理助辩制度，对2011年处分决定执行情况进行监督检查，针对查出的问题进行纠正处理。

第五篇
地方人民代表大会

◎ 人民代表大会代表
◎ 人民代表大会会议
◎ 机构设置
◎ 重要会议与决定
◎ 常委会主要工作

第一章　人大代表

第一节　代表选举

一、历届乌拉特中旗人大代表

（一）第十一届人民代表大会代表

1990 年 12 月，乌拉特中旗 91 个选区共登记选民 72786 人，实际参选人数 69656 人，参选率为 95.7%。按照法律规定，选举产生乌拉特中旗第十一届人民代表大会代表 155 人。其中，工农牧代表 90 人，占代表总数的 58.06%；干部代表 30 人，占代表总数的 19.36%；知识分子代表（包括科技、教育、文艺、卫生各界）33 人，占代表总数的 21.29%；解放军、武警代表 2 人，占代表总数的 1.29%。代表中，有中共党员代表 141 名，占代表总数的 92.9%；有妇女代表 22 人，占代表总数的 14.19%；有少数民族代表 47 人，占代表总数的 30.32%（其中蒙古族代表 46 人，占代表总数的 29.68%）。从代表的文化结构看：大专学历以上代表 24 人，占代表总数的 15.48%；中专学历代表 9 人，占代表总数的 5.81%；高中学历代表 22 人，占代表总数的 14.19%；初中以下学历代表 101 人，占代表总数的 65.16%。从代表的年龄结构看：30 周岁以下代表 4 人，31 ~ 40 周岁代表 60 人，41 ~ 50周岁代表 68 人，51 周岁以上代表 24 人，全体代表平均年龄 42.6 岁。

（二）第十二届人民代表大会代表

1993 年 12 月，乌拉特中旗 92 个选区共登记选民 79184 人，实际参选人数 76095 人，参选率为 96.1%。按照法律规定，选举产生乌拉特中旗第十二届人民代表大会代表 157 人。其中，工农牧其他劳动者代表 86 人，占代表总数的 54.78%；干部代表 35 人，占代表总数的 22.3%；知识分子代表 33 人，占代表总数的 21.02%；解放军、武警代表 3 人，占代表总数的 1.91%。代表中，有中共党员代表 107 人，占代表总数的 68.15%；有非中共党员代表 50 人，占 31.85%；有妇女代表 45 人，占代表总数的 28.66%；有少数民族代表 48 人，占代表总数的 30.57%（其中蒙古族代表 46 人，占代表总数的 29.3%）。从代表的文化结构看：大中专学历代表 52 人，占代表总数的 33.12%；初高中学历代表 81 人，占代表总数的 51.59%；小学学历代表 24 人，占代表总数的 15.29%。从代表的年龄结构看：35 周岁以下代表 30 人，36 ~ 50 周岁代表 122 人，56 ~ 65 周岁代表 5 人，全体代表平均年龄 42.3 岁。

（三）第十三届人民代表大会代表

1998 年 12 月，乌拉特中旗 99 个选区共登记选民 84113 人，实际参选人数 83613 人，参选率为 99.4%。按照法律规定，选举产生乌拉特中旗第十三届人民代表大会代表 155 人。其中，工农牧其他劳动者代表 82 人，占代表总数的 52.90%；干部代表 37 人，占代表总数的 23.8%；知识分子代表 33 人，占代表总数的 21.34%；解放军、武警代表 3 人，占代表总数的 1.94%。代表中，有中共党员代表 114 人，占代表总数的 73.5%；有非中共党员代表 41 人，占代表总数的 26.5%；有妇女代表 50 人，占代表总数的 32.3%；有少数民族代表 55 人，占代表总数的 35.5%。从代表的文化结构看：大专以上文化程度的代表31人，占代表总数的20%；高中（中专）文化程度的代表69人，占代表总数的44.52%；初中以下文化程度的代表55人，占代表总数的35.48%。从代表的年龄结构看：35周岁以下代表33人，占代表总数的21.29%；36～55周岁的代表116人，占代表总数的74.84%；56周岁以上代表6人，占代表总数的3.87%；全体代表平均年龄41。

（四）第十四届人民代表大会代表

2003年12月，乌拉特中旗99个选区共登记选民98236人，实际参选人数95681人，参选率为97.4%。按照法律规定，选举产生乌拉特中旗第十四届人民代表大会代表155人。其中，工农牧其他劳动者代表79人，占代表总数的50.97%；干部代表40人，占代表总数的25.81%；知识分子代表33人，占代表总数的21.29%；解放军、武警代表3人，占代表总数的1.94%。代表中，有非中共党员代表54人，占代表总数的34.84%；有妇女代表47人，占代表总数的30.32%；有蒙古族和其他少数民族代表47人，占代表总数的30.32%。从代表的文化结构看：高中（中专）以上文化程度的代表120人，占代表总数的77.42%；初中以下文化程度的代表35人，占代表总数的22.58%。从代表的年龄结构看：35周岁以下代表40人，占代表总数的25.81%；36～55周岁的代表114人，占代表总数的73.54%；56～65周岁代表1人，占代表总数的0.65%；全体代表平均年龄39岁。

（五）第十五届人民代表大会代表

2007年12月，乌拉特中旗101个选区共登记选民104453人，实际参选人数97639人，参选率为94.5%。按照法律规定，选举产生乌拉特中旗第十五届人民代表大会代表157人。其中，工农牧其他劳动者代表79人，占代表总数的50.32%；干部代表43人，占代表总数的27.39%；知识分子代表32人，占代表总数的20.38%；解放军、武警代表3人，占代表总数的1.91%。代表中，政党和人民团体推荐当选代表55人，占代表总数的35.03%；选民10人以上联名推荐当选代表102名，占代表总数的64.97%；非中共党员代表55人，占代表总数的35.03%；妇女代表48人，占代表总数的30.57%；蒙古族代表46名，占代表总数的29.30%，其他少数民族代表2名，占代表总数的1.27%；从代表的文化结构看：具有大专、中专以上文化程度的代表有97人，占代表总数的61.78%；从代表的年龄结构看：35周岁以下代表占代表总数的42%。

（六）第十六届人民代表大会代表

2012年12月，乌拉特中旗107个选区共登记选民113572人，实际参选人数97639人，参选率为85.9%。按照《中华人民共和国全国人民代表大会和地方各级人民代表大会选举法》和《中华人民共和国地方各级人民代表大会和地方各级人民政府组织法》，选举产生乌拉特中旗第十六届人民代表大会代表155人。其中，工农牧和专业技术人员代表91人，占代表总数的58.71%；干部代表31人，占代表总数的20%；知识分子代表30人，占代表总数的19.35%；解放军、武警代表3人，占代表总数的1.94%。代表中，妇女代表54人，占代表总数的34.84%；蒙古族代表59人，占代表总数的38.06%，其他少数民族代表1人，占代表总数的0.65%；非中共党员代表60人，占代表总数的38.71%；从代表的文化结构看：具有大专以上学历的代表77人，占代表总数的49.68%；具有高中（中专）学历的代表44人，占代表总数的28.39%；具有初中学历的代表28人，占代表总数的18.06%。从代表的年龄结构看：35周岁以下代表20人，占代表总数的12.90%；35～45周岁代表85人，占代表总数的54.84%；45周岁以上代表50人，占代表总数的32.26%。

二、出席上级人民代表大会代表

（一）巴彦淖尔盟（市）人民代表大会代表

2004年6月，乌拉特中旗有24人当选为巴彦淖尔市第一届人大代表（其中巴彦淖尔市直属机关下派代表7人，乌拉特中旗产生代表17人），参加巴彦淖尔市第一届人民代表大会。

2007年12月，乌拉特中旗有26人当选为巴彦淖尔市第二届人大代表（其中巴彦淖尔市直属机关下派代表11人，乌拉特中旗产生代表15人），参加巴彦淖尔市第二届人民代表大会。

2012年12月，乌拉特中旗有27人当选为巴彦淖尔市第三届人大代表（其中巴彦淖尔市直属机关下派代表5人，乌拉特中旗产生代表22人），参加巴彦淖尔市第三届人民代表大会。

（二）内蒙古自治区人民代表大会代表

1988年5月，乌拉特中旗有3人当选为内蒙古自治区第七届人大代表，参加内蒙古自治区第七届人民代表大会。

1993年4月，乌拉特中旗有4人当选为内蒙古自治区第八届人大代表，参加内蒙古自治区第八届人民代表大会。

1997年11月，乌拉特中旗有2人当选为内蒙古自治区第九届人大代表，参加内蒙古自治区第九届人民代表大会。

2002年12月，乌拉特中旗有2人当选为内蒙古自治区第十届人大代表，参加内蒙古自治区第十届人民代表大会。

2007年12月，乌拉特中旗有2人当选为内蒙古自治区第十一届人大代表，参加内蒙古自治区第十一届人民代表大会。

2012年12月，乌拉特中旗有2人当选为内蒙古自治区第十二届人大代表，参加内蒙古自治区第十二届人民代表大会。

第二节　代表资格审查

乌拉特中旗各届人大常委会代表资格审查委员会，在人大代表选举委员会会议之后，召开代表资格审查委员会会议，对新当选人大代表资格进行认真审查。通过审查，确认全部人大代表符合条件后，旗人大常委会会议通过后向社会予以公告。

代表资格审查，主要审查新当选人大代表是否符合宪法、法律规定的人大代表基本条件，选举程序、选举结果是否符合《中华人民共和国全国人民代表大会和地方各级人民代表大会选举法》《中国人民解放军选举全国人民代表大会和县级以上地方各级人民代表大会代表的办法》的规定。

1988—2012年，经代表资格审查委员会审查，确定乌拉特中旗第十一届人民代表大会代表155人、第十二届人民代表大会代表157人、第十三届人民代表大会代表155人、第十四届人民代表大会代表155人、第十五届人民代表大会代表157人、第十六届人民代表大会代表155人的代表资格有效。

第二章 人民代表大会会议

第一节 乌拉特中旗第十届人民代表大会会议

1988年1月至1991年1月，乌拉特中旗第十届人民代表大会共召开3次会议。

一、十届二次会议

1988年3月13—15日，乌拉特中旗第十届人民代表大会第二次会议在海流图召开。应到代表135人，实到代表93人，旗党政机关、人民团体负责人57人列席会议。

大会听取和审议旗人民政府旗长作的《政府工作报告》、旗计划委员会主任作的《关于1988年国民经济和社会发展计划(草案)的报告》、旗财政局局长作的《关于1987年财政决算和1988年财政预算的报告》、旗人大常委会主任作的《人大常委会工作报告》、旗人民法院院长作的《法院工作报告》、旗人民检察院检察长作的《检察院工作报告》，并通过相应的决议。

二、十届三次会议

1989年3月1—4日，乌拉特中旗第十届人民代表大会第三次会议在海流图召开。应到代表135人，实到代表111人，旗党政机关、人民团体负责人57人列席会议。

大会听取和审议旗人民政府旗长作的《政府工作报告》、旗计划委员会主任作的《关于1989年国民经济和社会发展计划(草案)的报告》、旗财政局局长作的《关于1988年财政决算和1989年财政预算的报告》、旗人大常委会主任作的《人大常委会工作报告》、旗人民法院院长作的《法院工作报告》、旗人民检察院检察长作的《检察院工作报告》，并通过相应的决议。

会议选举产生旗人民政府科技副旗长1人。

三、十届四次会议

1990年4月3—5日，乌拉特中旗第十届人民代表大会第四次会议在海流图召开。应到代表130人，实到代表115人，旗党政机关、人民团体负责人83人列席会议。

大会听取和审议旗人民政府代理旗长作的《政府工作报告》、旗计划委员会主任作的《关于1990年国民经济和社会发展计划(草案)的报告》、旗财政局局长作的《关于1989年财政决算和1990年财政预算的报告》、旗人大常委会主任作的《人大常委会工作报告》、旗人民法院院长作的《法院工作报告》、旗人民检察院检察长作的《检察院工作报告》，并通过相应的决议。会议补选旗人民政府旗长1人。

第二节 乌拉特中旗第十一届人民代表大会会议

1991年1月至1994年1月，乌拉特中旗第十一届人民代表大会共召开3次会议。

一、十一届一次会议

1991年1月15—18日，乌拉特中旗第十一届人民代表大会第一次会议在海流图召开。应到代表155人，实到代表149人，旗党政机关、人民团体负责人53人列席会议。

大会听取和审议旗人民政府旗长作的《政府工作报告》、旗计划委员会主任作的《关于在十届人代会期间国民经济和社会发展计划执行情况及1991年计划(草案)的报告》、旗财政局局长作的《关于1990年财政预算执行情况和1991年财政预算的报告》、旗人大常委会主任作的《人大常委会工作报告》、旗人民法院院长作的《人民法院工作报告》、旗人民检察院检察长作的《人民检察院工作报告》,并通过相应的决议。

会议选举产生乌拉特中旗第十一届人大常委会组成人员,其中主任1人、副主任3人、委员10人;选举产生旗人民政府旗长1人、副旗长6人;选举产生旗人民法院院长1人,旗人民检察院检察长1人。

二、十一届二次会议

1992年3月2—5日,乌拉特中旗第十一届人民代表大会第二次会议在海流图镇召开。应到代表160人,实到代表145人,旗党政机关、人民团体负责人54人列席会议。

大会听取和审议旗人民政府旗长作的《政府工作报告》、旗计划委员会主任作的《关于1991年国民经济和社会发展计划执行情况及1992年计划(草案)的报告》、旗财政局局长作的《关于1991年财政决算执行情况和1992年财政预算的报告》、旗人大常委会主任作的《人大常委会工作报告》、旗人民法院院长作的《法院工作报告》、旗人民检察院检察长作的《检察院工作报告》,并通过相应的决议。

三、十一届三次会议

1993年3月1—4日,乌拉特中旗第十一届人民代表大会第三次会议在海流图召开。应到代表157人,实到代表126人,旗党政机关、人民团体负责人50人列席会议。

大会听取和审议旗人民政府代理旗长作的《政府工作报告》、旗计划委员会主任作的《关于1992年国民经济和社会发展计划执行情况与1993年国民经济和社会发展计划(草案)的报告》、旗财政局局长作的《关于1992年财政决算执行情况和1993年财政预算的报告》、旗人大常委会主任作的《人大常委会工作报告》、旗人民法院院长作的《法院工作报告》、旗人民检察院检察长作的《检察院工作报告》,并通过相应的决议。

会议补选旗人民政府旗长1人;选举产生内蒙古自治区第八届人民代表大会代表4人。

第三节　乌拉特中旗第十二届人民代表大会会议

1994年1月至1999年1月,乌拉特中旗第十二届人民代表大会共召开6次会议。

一、十二届一次会议

1994年1月12—17日,乌拉特中旗第十二届人民代表大会第一次会议在海流图召开。应到代表157人,实到代表153人,旗党政机关、人民团体的负责人共73人列席会议。

大会听取和审议旗人民政府旗长作的《政府工作报告》、旗计划委员会主任作的《关于1993年国民经济和社会发展计划执行情况与1994年国民经济和社会发展计划(草案)的报告》、旗财政局局长作的《关于1993年财政预算执行情况和1994年财政预算(草案)的报告》、旗人大常委会主任作的《人大常委会工作报告》、旗人民法院院长作的《人民法院工作报告》、旗人民检察院检察长作的《人民检察院工作报告》,并通过相应的决议。

会议选举产生乌拉特中旗第十二届人大常委会组成人员,其中主任1人、副主任6人、委员8

人；选举产生旗人民政府旗长1人、副旗长7人；选举产生旗人民法院院长1人，旗人民检察院检察长1人。

二、十二届二次会议

1995年3月27—29日，乌拉特中旗第十二届人民代表大会第二次会议在海流图召开。应到代表156人，实到代表146人，旗党政机关、人民团体负责人62人列席会议。

大会听取和审议旗人民政府旗长作的《政府工作报告》、旗计划经贸局局长作的《关于1994年国民经济和社会发展计划执行情况与1995年国民经济和社会发展计划（草案）的报告》、旗财政局局长作的《关于1994年财政决算执行情况和1995年财政预算（草案）的报告》、旗人大常委会主任作的《人大常委会工作报告》、旗人民法院院长作的《法院工作报告》、旗人民检察院检察长作的《检察院工作报告》，并通过相应的决议。

三、十二届三次会议

1996年1月28—31日，乌拉特中旗第十二届人民代表大会第三次会议在海流图召开。应到代表160人，实到代表139人，旗党政机关、人民团体负责人96人列席会议。

大会听取和审议旗人民政府代理旗长作的《政府工作报告》、旗计划经贸局局长作的《关于1995年国民经济和社会发展计划执行情况与1996年国民经济和社会发展计划（草案）的报告》、旗财政局局长作的《关于1995年财政决算执行情况和1996年财政预算（草案）的报告》、旗人大常委会主任作的《人大常委会工作报告》、旗人民法院院长作的《法院工作报告》、旗人民检察院代理检察长作的《检察院工作报告》，并通过相应的决议。

会议审查批准乌拉特中旗“九五”国民经济和社会发展规划。会议选举产生乌拉特中旗人大常委会副主任1人、委员2人；选举产生旗人民政府旗长1人；选举产生旗人民检察院检察长1人。

四、十二届四次会议

1997年3月4—6日，乌拉特中旗第十二届人民代表大会第四次会议在海流图召开。应到代表156人，实到代表148人，旗党政机关、人民团体负责人98人列席会议。

大会听取和审议旗人民政府旗长作的《政府工作报告》、旗计划经贸局局长作的《关于1996年国民经济和社会发展计划执行情况与1997年国民经济和社会发展计划（草案）的报告》、旗财政局局长作的《关于1996年财政决算执行情况和1997年财政预算（草案）的报告》、旗人大常委会主任作的《人大常委会工作报告》、旗人民法院院长作的《法院工作报告》、旗人民检察院检察长作的《检察院工作报告》，并通过相应的决议。

五、十二届五次会议

1997年11月27—29日，乌拉特中旗第十二届人民代表大会第五次会议在海流图召开。应到代表159人，实到代表159人，旗党政机关、人民团体负责人54人列席会议。

会议补选人大常委会主任1人、委员4人；补选旗人民政府旗长1人；补选产生内蒙古自治区第九届人民代表大会代表2人。

六、十二届六次会议

1998年3月2—4日，乌拉特中旗第十二届人民代表大会第六次会议在海流图召开。应到代表158人，实到代表142人，旗党政机关、人民团体负责人54人列席会议。

大会听取和审议旗人民政府旗长作的《政府工作报告》、旗计划经贸局局长作的《关于1997年国民经济和社会发展计划执行情况与1998年国民经济和社会发展计划(草案)的报告》、旗财政局局长作的《关于1997年财政决算执行情况和1998年财政预算(草案)的报告》、旗人大常委会主任作的《人大常委会工作报告》、旗人民法院院长作的《法院工作报告》、旗人民检察院检察长作的《检察院工作报告》,并通过相应的决议。

第四节　乌拉特中旗第十三届人民代表大会会议

1999年1月至2004年1月,乌拉特中旗第十三届人民代表大会共召开6次会议。

一、十三届一次会议

1999年1月7—10日,乌拉特中旗第十三届人民代表大会第一次会议在海流图召开。应到代表155人,实到代表153人,旗党政机关、人民团体的负责人共84人列席会议。

大会听取和审议旗人民政府代理旗长作的《政府工作报告》、旗计划经贸局局长作的《关于1998年国民经济和社会发展计划执行情况与1999年国民经济和社会发展计划(草案)的报告》、旗财政局局长作的《关于1998年财政预算执行情况和1999年财政预算(草案)的报告》、旗人大常委会主任作的《人大常委会工作报告》、旗人民法院代理院长作的《法院工作报告》、旗人民检察院代理检察长作的《检察院工作报告》,并通过相应的决议。审议通过《乌拉特中旗经济、社会发展总体战略规划(草案)》。

会议选举产生乌拉特中旗第十三届人大常委会组成人员,其中主任1人、副主任5人、委员10人;选举产生旗人民政府旗长1人、副旗长5人、科技副旗长1人、挂职副旗长1人;选举产生旗人民法院院长1人,旗人民检察院检察长1人。

二、十三届二次会议

2000年3月8—10日,乌拉特中旗第十三届人民代表大会第二次会议在海流图召开。应到代表156人,实到代表145人,旗党政机关、人民团体负责人94人列席会议。

大会听取和审议旗人民政府旗长作的《政府工作报告》、旗计划经贸局局长作的《关于1999年国民经济和社会发展计划执行情况与2000年国民经济和社会发展计划(草案)的报告》、旗财政局局长作的《关于1999年财政预算执行情况和2000年财政预算(草案)的报告》、旗人大常委会主任作的《人大常委会工作报告》、旗人民法院院长作的《法院工作报告》、旗人民检察院检察长作的《检察院工作报告》,并通过相应的决议。审议通过《乌拉特中旗经济、社会发展总体战略规划(草案)》。

会议增选乌拉特中旗第十三届人大常委会委员1人。

三、十三届三次会议

2001年3月7—9日,乌拉特中旗第十三届人民代表大会第三次会议在海流图召开。应到代表154人,实到代表149人,旗党政机关、人民团体负责人99人列席会议。

大会听取和审议旗人民政府旗长作的《政府工作报告》、旗计划经贸局局长作的《关于2000年国民经济和社会发展计划执行情况与2001年国民经济和社会发展计划(草案)的报告》、旗财政局局长作的《关于2000年财政预算执行情况和2001年财政预算(草案)的报告》、旗人大常委会主任作的《人大常委会工作报告》、旗人民法院副院长受院长委托作的《法院工作报告》、旗人民检察院检察长作的《检察院工作报告》,并通过相应的决议。审查批准《乌拉特中旗国民经济和社会发展第十个五年计划(草案)》。

会议增选乌拉特中旗第十三届人大常委会副主任 1 人。

四、十三届四次会议

2002 年 3 月 27—29 日，乌拉特中旗第十三届人民代表大会第四次会议在海流图召开。应到代表 155 人，实到代表 143 人，旗党政机关、人民团体负责人 87 人列席会议。

大会听取和审议旗人民政府代理旗长作的《政府工作报告》、旗计划经贸局局长作的《关于 2001 年国民经济和社会发展计划执行情况与 2002 年国民经济和社会发展计划（草案）的报告》、旗财政局局长作的《关于 2001 年财政预算执行情况和 2002 年财政预算（草案）的报告》、旗人大常委会副主任受主任委托作的《人大常委会工作报告》、旗人民法院院长作的《法院工作报告》、旗人民检察院检察长作的《检察院工作报告》，并通过相应的决议。

会议补选乌拉特中旗第十三届人大常委会组成人员，其中主任 1 人、副主任 2 人、委员 2 人；补选旗人民政府旗长 1 人、副旗长 2 人。

五、十三届五次会议

2002 年 12 月 4—5 日，乌拉特中旗第十三届人民代表大会第五次会议在海流图召开。应到代表 153 人，实到代表 149 人，旗党政机关、人民团体负责人 89 人列席会议。

会议选举产生出席内蒙古自治区第十届人民代表大会代表 3 人。

六、十三届六次会议

2003 年 3 月 10—12 日，乌拉特中旗第十三届人民代表大会第六次会议在海流图召开。应到代表 153 人，实到代表 146 人，旗党政机关、人民团体负责人 108 人列席会议。

大会听取和审议旗人民政府旗长作的《政府工作报告》、旗发展计划局局长作的《关于 2002 年国民经济和社会发展计划执行情况与 2003 年国民经济和社会发展计划（草案）的报告》、旗财政局局长作的《关于 2002 年财政预算执行情况和 2003 年财政预算（草案）的报告》、旗人大常委会主任作的《人大常委会工作报告》、旗人民法院院长作的《法院工作报告》、旗人民检察院检察长作的《检察院工作报告》，并通过相应的决议。

第五节　乌拉特中旗第十四届人民代表大会会议

2004 年 1 月至 2007 年 12 月，乌拉特中旗第十四届人民代表大会共召开 5 次会议。

一、十四届一次会议

2004 年 1 月 4—7 日，乌拉特中旗第十四届人民代表大会第一次会议在海流图召开。应到代表 155 人，实到代表 151 人，旗党政机关、人民团体的负责人共 100 人列席会议。

大会听取和审议旗人民政府代理旗长作的《政府工作报告》、旗发展计划局局长作的《关于 2003 年国民经济和社会发展计划执行情况与 2004 年国民经济和社会发展计划（草案）的报告》、旗财政局局长作的《关于 2003 年财政预算执行情况和 2004 年财政预算（草案）的报告》、旗人大常委会主任作的《人大常委会工作报告》、旗人民法院院长作的《法院工作报告》、旗人民检察院检察长作的《检察院工作报告》，并通过相应的决议。

会议选举产生乌拉特中旗第十四届人大常委会组成人员，其中主任 1 人、副主任 4 人、委员 14 人；选举产生旗人民政府旗长 1 人、副旗长 5 人，科技副旗长 1 人；选举产生旗人民法院院长 1 人，旗人民检察院检察长 1 人。

二、十四届二次会议

2004年6月30日至7月1日，乌拉特中旗第十四届人民代表大会第二次会议在海流图召开。应到代表154人，实到代表138人。

会议选举产生乌拉特中旗出席巴彦淖尔市第一届人民代表大会代表24人。

三、十四届三次会议

2005年3月21—23日，乌拉特中旗第十四届人民代表大会第三次会议在海流图召开。应到代表152人，实到代表145人，旗党政机关、人民团体负责人100人列席会议。

大会听取和审议旗人民政府旗长作的《政府工作报告》、旗发展计划局局长作的《关于2004年国民经济和社会发展计划执行情况与2005年国民经济和社会发展计划（草案）的报告》、旗财政局局长作的《关于2004年财政预算执行情况和2005年财政预算（草案）的报告》、旗人大常委会主任作的《人大常委会工作报告》、旗人民法院代理院长作的《法院工作报告》、旗人民检察院代理检察长作的《检察院工作报告》，并通过相应的决议。

会议补选旗人民政府副旗长1人，旗人民法院院长1人，旗人民检察院检察长1人。

四、十四届四次会议

2006年2月22—24日，乌拉特中旗第十四届人民代表大会第四次会议在海流图镇召开。应到代表152人，实到代表147人，旗党政机关、人民团体负责人181人列席会议。

大会听取和审议旗人民政府旗长作的《政府工作报告》、旗发展和改革局局长作的《关于2005年国民经济和社会发展计划执行情况与2006年国民经济和社会发展计划（草案）的报告》、旗财政局局长作的《关于2005年财政预算执行情况和2006年财政预算（草案）的报告》、旗人大常委会副主任受主任委托作的《人大常委会工作报告》、旗人民法院院长作的《法院工作报告》、旗人民检察院检察长作的《检察院工作报告》，并通过相应的决议。审查批准《乌拉特中旗国民经济和社会发展“十一五”规划纲要》。

会议补选乌拉特中旗第十四届人大常委会委员3人。

五、十四届五次会议

2007年4月18—20日，乌拉特中旗第十四届人民代表大会第五次会议在海流图镇召开。应到代表153人，实到代表136人，旗党政机关、人民团体负责人199人列席会议。

大会听取和审议旗人民政府代理旗长作的《政府工作报告》、旗人大常委会主任作的《人大常委会工作报告》、旗人民法院院长作的《法院工作报告》、旗人民检察院检察长作的《检察院工作报告》；审议旗发展和改革局局长作的《关于2006年国民经济和社会发展计划执行情况与2007年国民经济和社会发展计划（草案）的报告》、旗财政局局长作的《关于2006年财政预算执行情况和2007年财政预算（草案）的报告》2个书面报告，并通过相应的决议。

会议补选乌拉特中旗第十四届人大常委会副主任1人；补选旗人民政府旗长1人。

第六节　乌拉特中旗第十五届人民代表大会会议

2007年12月至2012年12月，乌拉特中旗第十五届人民代表大会共召开6次会议。

一、十五届一次会议

2007年12月1—3日，乌拉特中旗第十五届人民代表大会第一次会议在海流图召开。应到代

表157人，实到代表157人，旗政协委员，党政机关、人民团体负责人共191人列席会议。

大会听取和审议旗人民政府旗长郭介中作的《政府工作报告》、旗发展和改革局局长贾建忠作的《关于2007年国民经济和社会发展计划执行情况与2008年国民经济和社会发展计划（草案）的报告》、旗财政局局长万福作的《关于2007年财政预算执行情况和2008年财政预算（草案）的报告》、旗人大常委会主任乌兰作的《人大常委会工作报告》、旗人民法院代理院长张桂林作的《法院工作报告》、旗人民检察院检察长乌日图作的《检察院工作报告》，并通过相应的决议。

会议选举产生乌拉特中旗第十五届人大常委会组成人员，其中主任1人、副主任4人、委员17人；选举产生旗人民政府旗长1人、副旗长6人；选举产生旗人民法院院长1人、旗人民检察院检察长1人。

二、十五届二次会议

2008年8月9—10日，乌拉特中旗第十五届人民代表大会第二次会议在海流图召开。应到代表155人，实到代表149人，旗党政机关、人民团体负责人205人列席会议。

大会听取和审议旗人民政府代理旗长作的《政府工作报告》、旗人大常委会主任作的《人大常委会工作报告》；审议旗发展和改革局局长提交的《关于2007年国民经济和社会发展计划执行情况与2008年国民经济和社会发展计划（草案）的报告》、旗财政局局长提交的《关于2007年财政预算执行情况和2008年财政预算（草案）的报告》、旗人民法院院长提交的《法院工作报告》、旗人民检察院检察长提交的《检察院工作报告》4个书面报告，并通过相应的决议。

会议补选乌拉特中旗第十五届人大常委会委员1人；旗人民政府旗长1人、副旗长1人。

三、十五届三次会议

2009年1月4—5日，乌拉特中旗第十五届人民代表大会第三次会议在海流图召开。应到代表156人，实到代表148人，旗党政机关、人民团体负责人222人列席会议。

大会听取和审议旗人民政府旗长作的《政府工作报告》、旗发展和改革局局长作的《关于2008年国民经济和社会发展计划执行情况与2009年国民经济和社会发展计划（草案）的报告》、旗财政局局长作的《关于2008年财政预算执行情况和2009年财政预算（草案）的报告》；审议旗人大常委会主任提交的《人大常委会工作报告》、旗人民法院院长提交的《法院工作报告》、旗人民检察院检察长提交的《检察院工作报告》3个书面报告，并通过相应的决议。

会议补选乌拉特中旗第十五届人大常委会委员3人。

四、十五届四次会议

2010年1月5—7日，乌拉特中旗第十五届人民代表大会第四次会议在海流图镇召开。应到代表156人，实到代表153人，旗党政机关、人民团体负责人236人列席会议。

大会听取和审议旗人民政府旗长作的《政府工作报告》，发展和改革局局长作的《乌拉特中旗2009年国民经济和社会发展计划执行情况与2010年国民经济和社会发展计划草案的报告》，财政局局长作的《乌拉特中旗2009年财政预算执行情况和2010年财政预算草案的报告》，听取和审议旗人大常委会主任作的《人大常委会工作报告》、旗人民法院院长作的《人民法院工作报告》、旗人民检察院检察长作的《人民检察院工作报告》，并通过相应决议。

五、十五届五次会议

2010年12月26—28日，乌拉特中旗第十五届人民代表大会第五次会议在海流图召开。应到代表156人,实到代表154人,旗党政机关、人民团体负责人249人列席会议。

大会听取和审议旗人民政府旗长作的《政府工作报告》、政府副旗长作的《国民经济和社会发展"十二五"规划(草案)编制情况说明的报告》。发展和改革局局长作的《乌拉特中旗2010年国民经济和社会发展计划执行情况与2011年国民经济和社会发展计划(草案)的报告》,财政局局长作的《乌拉特中旗2010年财政预算执行情况和2011年财政预算(草案)的报告》、旗人大常委会主任作的《人大常委会工作报告》、旗人民法院院长作的《人民法院工作报告》。旗人民检察院检察长作的《人民检察院工作报告》,商务局局长作的《乌拉特中旗原煤外销管理办法》的报告,并通过相应的决议。

大会补选乌拉特中旗人大常委会委员2名。

六、十五届六次会议

2012年2月12—14日,乌拉特中旗第十五届人民代表大会第六次会议在海流图召开。应到代表156人,实到代表151人,旗党政机关、人民团体负责人247人列席会议。

大会听取和审议旗人民政府代理旗长作的《政府工作报告》、发展和改革局局长作的《乌拉特中旗2011年国民经济和社会发展计划执行情况与2012年国民经济和社会发展计划(草案)的报告》、财政局局长作的《乌拉特中旗2011年财政预算执行情况和2012年财政预算(草案)的报告》、人大常委会主任作的《人大常委会工作报告》、旗人民法院院长作的《人民法院工作报告》、旗人民检察院代理检察长作的《人民检察院工作报告》、商务局局长作的《乌拉特中旗煤炭管理办法执行情况的报告》,并通过相应决议。

大会补选旗人民政府旗长1人、旗人大常委会主任1人、旗人民检察院检察长1人。

第七节　乌拉特中旗第十六届人民代表大会会议

2012年12月11—12日,乌拉特中旗第十六届人民代表大会第一次会议在海流图召开。应到代表155人,实到代表153人,旗政协委员,党政机关,人民团体负责人共145人列席会议。

大会听取和审议旗人民政府旗长作的《政府工作报告》;审查和批准旗人民政府《关于乌拉特中旗2008—2012年国民经济和社会发展计划执行情况与2013年国民经济和社会发展计划草案的报告》;审查和批准旗人民政府《关于乌拉特中旗2008—2012年财政预算执行情况和2013年财政预算草案的报告》;听取和审议旗人大常委会主任作的《旗人大常委会工作报告》;听取和审议旗人民法院代院长作的《旗人民法院工作报告》;听取和审议旗人民检察院检察长作的《旗人民检察院工作报告》;听取旗人民政府关于《乌拉特中旗十五届人大五次会议代表建议办理情况的报告》,并通过相应决议。

大会选举产生乌拉特中旗十六届人大常委会组成人员,其中主任1人、副主任4人、委员18人;选举产生旗人民政府旗长1人、副旗长6人、旗人民法院院长1人、旗人民检察院检察长1人。

第三章 机构设置

第一节 乌拉特中旗人民代表大会常务委员会

一、第十届人大常委会(1988 年 1 月至 1994 年 1 月)

1988 年 1 月，乌拉特中旗第十届人民代表大会常务委员会(以下简称“常委会”)有委员 8 人，设主任 1 人、副主任 5 人。

1988 年 1 月至 1991 年 1 月乌拉特中旗第十届人大常委会领导人名录

表 5 - 1

职务	姓名	性别	民族	任职时间
主任	艾力布	男	蒙古族	1988 年 1 月至 1991 年 1 月
副主任	齐振举	男	汉族	1988 年 1 月至 1991 年 1 月
	吉林太	男	蒙古族	1988 年 1 月至 1991 年 1 月
	李启胜	男	汉族	1988 年 1 月至 1991 年 1 月
	赵子元	男	蒙古族	1988 年 1 月至 1991 年 1 月
	富珠来	男	蒙古族	1988 年 1 月至 1991 年 1 月

二、第十一届人大常委会(1991 年 1 月至 1994 年 1 月)

1991 年 1 月，乌拉特中旗第十一届人民代表大会第一次会议选举产生乌拉特中旗第十一届人大常委会，第十一届人大常委会有委员 10 人，设有主任 1 人、副主任 3 人。

1991 年 1 月至 1994 年 1 月乌拉特中旗第十一届人大常委会领导人名录

表 5 - 2

职务	姓名	性别	民族	任职时间
主任	赵志恒	男	汉族	1991 年 1 月至 1994 年 1 月
副主任	齐振举	男	汉族	1991 年 1 月至 1994 年 1 月
	富珠来	男	蒙古族	1991 年 1 月至 1994 年 1 月
	吉林太	男	蒙古族	1991 年 1 月至 1991 年 4 月
	巴图巴雅尔	男	蒙古族	1991 年 1 月至 1994 年 1 月

三、第十二届人大常委会(1994 年 1 月至 1999 年 1 月)

1994 年 1 月，乌拉特中旗第十二届人民代表大会第一次会议选举产生乌拉特中旗第十二届人大常委会，第十二届人大常委会有委员 8 人，设有主任 1 人、副主任 6 人。

1994 年 1 月至 1999 年 1 月乌拉特中旗第十二届人大常委会领导人名录

表 5-3

职　务	姓　名	性 别	民　族	任职时间
主　任	苏木雅	女	蒙古族	1994 年 1 月至 1997 年 6 月
	黄志江	男	蒙古族	1997 年 11 月至 1999 年 1 月
副主任	巴图巴雅尔	男	蒙古族	1994 年 1 月至 1999 年 1 月
	杨海清	男	蒙古族	1994 年 1 月至 1995 年 4 月
	韩俊义	男	汉　族	1994 年 1 月至 1999 年 1 月
	李连生	男	汉　族	1994 年 1 月至 1999 年 1 月
	贾润罗	男	汉　族	1994 年 1 月至 1999 年 1 月
	宝力朝鲁	男	蒙古族	1994 年 1 月至 1999 年 1 月
	顾　林	男	汉　族	1996 年 1 月至 1999 年 1 月

四、第十三届人大常委会（1999 年 1 月至 2004 年 1 月）

1999 年 1 月，乌拉特中旗第十三届人民代表大会第一次会议选举产生乌拉特中旗第十三届人大常委会，第十三届人大常委会有委员 10 人，设有主任 1 人、副主任 5 人。

1999 年 1 月至 2004 年 1 月乌拉特中旗第十三届人大常委会领导人名录

表 5-4

职　务	姓　名	性 别	民　族	任职时间
主　任	阿拉腾宝力格	男	蒙古族	1999 年 1 月至 2002 年 3 月
	乌　兰	女	蒙古族	2002 年 3 月至 2004 年 1 月
副主任	额日贺巴特尔	男	蒙古族	1999 年 1 月至 2002 年 3 月
	宝力朝鲁	男	蒙古族	1999 年 1 月至 2004 年 1 月
	黄小伍	男	蒙古族	1999 年 1 月至 2004 年 1 月
	常　伟	男	汉　族	1999 年 1 月至 2002 年 3 月
	胡忠勇	男	汉　族	1999 年 1 月至 2002 年 3 月
	冯荣元	男	汉　族	2001 年 3 月至 2002 年 3 月
副主任	王九莲	女	汉　族	2002 年 3 月至 2004 年 1 月
	阿拉腾朝鲁	男	蒙古族	2002 年 3 月至 2004 年 1 月

五、第十四届人大常委会（2004 年 1 月至 2007 年 12 月）

2004 年 1 月，乌拉特中旗第十四届人民代表大会第一次会议选举产生乌拉特中旗第十四届人大常委会，第十四届人大常委会有委员 14 人，设有主任 1 人、副主任 4 人。

2004 年 1 月至 2007 年 12 月乌拉特中旗第十四届人大常委会领导人名录

表 5－5

职　务	姓　名	性 别	民　族	任职时间
主　任	乌　兰	女	蒙古族	2004 年 1 月至 2007 年 12 月
副主任	阿拉腾朝鲁	男	蒙古族	2004 年 1 月至 2007 年 12 月
	马　四	男	蒙古族	2004 年 1 月至 2007 年 12 月
	苗凯明	男	汉　族	2004 年 1 月至 2007 年 12 月
	史有君	男	汉　族	2004 年 1 月至 2007 年 12 月
	保　安	男	蒙古族	2007 年 4 月至 2007 年 11 月

六、第十五届人大常委会(2007 年 12 月至 2012 年 12 月)

2007 年 12 月,乌拉特中旗第十五届人民代表大会第一次会议选举产生乌拉特中旗第十五届人大常委会,第十五届人大常委会有委员 17 人,设有主任 1 人,副主任 4 人。

2007 年 12 月至 2012 年 12 月乌拉特中旗第十五届人大常委会领导人名录

表 5－6

职　务	姓　名	性 别	民　族	任职时间
主　任	刘　杰	男	汉　族	2007 年 12 月至 2012 年 2 月
	佟格日乐	女	蒙古族	2012 年 2 月至 2012 年 12 月
副主任	张国华	男	汉　族	2007 年 12 月至 2012 年 12 月
	史有君	男	汉　族	2007 年 12 月至 2012 年 12 月
	敖特根花	女	蒙古族	2007 年 12 月至 2012 年 12 月
	特古斯巴特尔	男	蒙古族	2007 年 12 月至 2012 年 12 月

七、第十六届人大常委会(2012 年 12 月)

2012 年 12 月,乌拉特中旗第十六届人民代表大会第一次会议选举产生乌拉特中旗第十六届人大常委会,第十六届人大常委会有委员 18 人,设有主任 1 人、副主任 4 人。

2012 年 12 月产生的乌拉特中旗第十六届人大常委会领导人名录

表 5－7

职　务	姓　名	性 别	民　族	任职时间
主　任	佟格日乐	女	蒙古族	2012 年 12 月
副主任	史有君	男	汉　族	2012 年 12 月
	敖特根花	女	蒙古族	2012 年 12 月
	赵达布希拉图	男	蒙古族	2012 年 12 月
	侯瑞明	男	汉　族	2012 年 12 月

第二节　常委会内设机构

1988年1月，旗人大常委会设有工作机构4个：办公室、财政经济委员会、政法委员会、科学技术委员会；核定行政编制15名、事业编制8人，科级领导职数8个，其中办公室设有主任1人、副主任1人；各工作委员会设有主任1人、副主任1人；同年8月，增设干部科，准科级建制，编制3人。

1991年1月，旗人大常委会政法委员会改称法制委员会。

2002年5月13日，旗人大常委会按照《关于印发乌拉特中旗党政群机构改革方案的通知》（乌中党发〔2002〕3号）的安排，增设机关后勤服务中心，正科级建制。

2005年4月，旗人大常委会增设农牧业工作委员会，内设机构为“四委一办”，同时将财政经济委员会改称财政经济环境资源城乡建设工作委员会，法制委员会改称法制工作委员会，科学技术委员会改称教科文卫民族侨务外事工作委员会。

2008年12月，旗人大常委会增设人事代表选举工作委员会，内设机构变为“五委一办”。

2012年12月，旗人大常委会取消人事代表选举工作委员会。至年底，旗人大常委会设工作机构5个：办公室、财政经济环境资源城乡建设工作委员会、农牧业工作委员会、教科文卫民族侨务外事工作委员会、法制信访工作委员会。核定行政编制13名、事业编制8人，科级领导职数10个。其中，办公室设有主任1人、副主任1人；各工作委员会设有主任1人、副主任1人。实有干部职工35人。

第四章　重要会议与决定

第一节　常委会会议

一、第十届人大常委会会议

1988 年 1 月至 1991 年 1 月，乌拉特中旗第十届人大常委会召开常务委员会议 21 次。

（一）十届人大常委会第三次会议

1988 年 1 月 26 日，乌拉特中旗第十届人民代表大会常务委员会第三次会议召开。听取和审议旗财政局关于 1987 年财政决算报告、旗工商局关于市场管理情况报告；审议通过《乌拉特中旗人大常委会关于监督“一府两院”工作制度》《乌拉特中旗人大常委会关于加强与旗人民政府工作联系的意见》《乌拉特中旗苏木乡镇人民代表大会主席团工作办法》；决定人事任免事项。

（二）十届人大常委会第四次会议

1988 年 2 月 5 日，乌拉特中旗第十届人民代表大会常务委员会第四次会议召开。审议通过召开十届二次人代会的有关事宜，听取和审议旗人大常委会和“一府两院”6 个工作报告。

（三）十届人大常委会第五次会议

1988 年 2 月 25 日，乌拉特中旗第十届人民代表大会常务委员会第五次会议召开。审议通过旗人大常委会工作报告，决定十届二次人代会增加项目要由人大常委会授权主任办公会议审议通过；决定人事任免事项。

（四）十届人大常委会第六次会议

1988 年 5 月 11 日，乌拉特中旗第十届人民代表大会常务委员会第六次会议召开。审议通过《旗人大常委会工作暂行办法》《旗人大常委会考察任免干部工作方案》；决定人事任免事项。

（五）十届人大常委会第七次会议

1988 年 9 月 15 日，乌拉特中旗第十届人民代表大会常务委员会第七次会议召开。会议听取和审议《旗人民政府关于贯彻实施义务教育法的情况汇报》，审议通过《旗人大常委会考核任命干部总结》《旗人大代表持证视察工作办法（试行）》；决定人事任免事项。

（六）十届人大常委会第八次会议

1988 年 10 月 23 日，乌拉特中旗第十届人民代表大会常务委员会第八次会议召开。会议听取和审议《旗人大常委会关于贯彻旗委八届三次全委会议的决定》《旗人大代表持证视察工作办法》。

（七）十届人大常委会第九次会议

1989 年 1 月 12 日，乌拉特中旗第十届人民代表大会常务委员会第九次会议召开。会议听取和审议《旗税务局关于税务工作情况的汇报》，审议通过召开十届三次人代会会议组织机构、会议程序等事宜。

（八）十届人大常委会第十次会议

1989 年 2 月 1 日，乌拉特中旗第十届人民代表大会常务委员会第十次会议召开。会议听取和审议《旗人大常委会工作报告(稿)》。

(九)十届人大常委会第十一次会议

1989年5月8日,乌拉特中旗第十届人民代表大会常务委员会第十一次会议召开。会议听取和审议《旗人民政府关于1989年财政预算部分变更情况的报告》。决定人事任免事项。

(十)十届人大常委会第十二次会议

1989年6月10日,乌拉特中旗第十届人民代表大会常务委员会第十二次会议召开。会议审议通过《旗人大常委会进行执法检查的请示》。决定人事任免事项。

(十一)十届人大常委会第十三次会议

1989年7月8日,乌拉特中旗第十届人民代表大会常务委员会第十三次会议召开。会议主要是决定人事任免事项。

(十二)十届人大常委会第十四次会议

会议审议通过对"一府两院"拟提请任命的干部进行考核。

(十三)十届人大常委会第十五次会议

1989年11月15日,乌拉特中旗第十届人民代表大会常务委员会第十五次会议召开。会议主要是决定人事任免事项。

(十四)十届人大常委会第十六次会议

1990年1月3日,乌拉特中旗第十届人民代表大会常务委员会第十六次会议召开。会议审议通过《关于旗人民政府安排当年超收支出的报告》。

(十五)十届人大常委会第十七次会议

1990年2月5日,乌拉特中旗第十届人民代表大会常务委员会第十七次会议召开。会议审议通过《旗人大常委会1989年工作总结》《旗人大常委会1990年工作要点》。

(十六)十届人大常委会第十八次会议

1990年3月13日,乌拉特中旗第十届人民代表大会常务委员会第十八次会议召开。会议讨论《旗人大常委会工作报告(稿)》和召开十届四次人代会有关事宜。

(十七)十届人大常委会第十九次会议

1990年6月14日,乌拉特中旗第十届人民代表大会常务委员会第十九次会议召开。会议主要是决定人事任免事项。

(十八)十届人大常委会第二十次会议

1990年10月12日,乌拉特中旗第十届人民代表大会常务委员会第二十次会议召开。会议学习传达《全盟旗(县市)苏木乡镇换届选举工作安排意见》,审议通过《旗、苏木乡镇两级人民代表大会换届选举工作方案》。

(十九)十届人大常委会第二十一次会议

1990年10月31日,乌拉特中旗第十届人民代表大会常务委员会第二十一次会议召开。审议通过换届选举委员会《关于代表名额分配的方案》,审议通过20个苏木乡镇选举委员会名单。

(二十)十届人大常委会第二十二次会议

1990年12月3日,乌拉特中旗第十届人民代表大会常务委员会第二十二次会议召开。会议主要是决定人事任免事项,听取和审议旗人民检察院(乌检法字〔1990〕1号)文件。

（二十一）十届人大常委会第二十三次会议

1990 年 12 月 25 日，乌拉特中旗第十届人民代表大会常务委员会第二十三次会议召开。会议审议通过《旗人大常委会工作报告》、召开十一届一次人代会的有关事宜、审议通过《旗、苏木乡镇两级人大代表换届选举工作总结》。

二、第十一届人大常委会会议

1991 年 1 月至 1994 年 1 月，乌拉特中旗第十一届人大常委会召开常务委员会议 17 次。

（一）十一届人大常委会第一次会议

1991 年 3 月 22 日，乌拉特中旗第十一届人民代表大会常务委员会第一次会议召开。会议听取和审议《乌拉特中旗关于 1991 年财政预算的报告》、审议通过旗十一届人大常委会代表资格审查委员会名单、《旗人大常委会 1991 年工作要点》、《旗人大常委会任免国家工作人员办法》。

（二）十一届人大常委会第二次会议

1991 年 5 月 15 日，乌拉特中旗第十一届人民代表大会常务委员会第二次会议召开。会议主要是决定人事任免事项。

（三）十一届人大常委会第三次会议

1991 年 7 月 27 日，乌拉特中旗第十一届人民代表大会常务委员会第三次会议召开。会议听取和审议《乌拉特中旗国民经济和社会发展十年规划和“八五”计划（草案）》《乌拉特中旗第二个五年普及法律常识规划》，审议通过以上两个规划的决议。决定人事任免事项。

（四）十一届人大常委会第四次会议

1991 年 10 月 11 日，乌拉特中旗第十一届人民代表大会常务委员会第四次会议召开。会议审议通过《乌拉特中旗普及义务教育规划》《乌拉特中旗关于保护森林的布告》，酝酿旗人民检察院检察委员会委员组成人员名单。

（五）十一届人大常委会第七次会议

1992 年 4 月 25 日，乌拉特中旗第十一届人民代表大会常务委员会第七次会议召开。会议审议通过《旗人民代表大会常务委员会 1992 年工作安排》，决定人事任免事项。

（六）十一届人大常委会第九次会议

1992 年 9 月 25 日，乌拉特中旗第十一届人民代表大会常务委员会第九次会议召开。会议审议通过《乌拉特中旗贯彻〈内蒙古自治区计划生育条例〉实施细则》。

（七）十一届人大常委会第十次会议

1992 年 10 月 8 日，乌拉特中旗第十一届人民代表大会常务委员会第十次会议召开。会议主要是决定人事任免事项。

（八）十一届人大常委会第十二次会议

1993 年 3 月 22 日，乌拉特中旗第十一届人民代表大会常务委员会第十二次会议召开。会议听取和审议《旗人民政府关于财政预算部分变更情况的报告》，决定人事任免事项。

（九）十一届人大常委会第十三次会议

1993 年 6 月 14 日，乌拉特中旗第十一届人民代表大会常务委员会第十三次会议召开。会议审议通过《关于石哈河、杭盖戈壁等八个苏木、乡宣布实施初等教育报告的决议》，决定人事任免事项。

（十）十一届人大常委会第十四次会议

1993年10月9日，乌拉特中旗第十一届人民代表大会常务委员会第十四次会议召开。会议审议通过《旗人民代表大会换届选举工作方案》，决定旗换届选举委员会组成人员。

（十一）十一届人大常委会第十五次会议

1993年10月23日，乌拉特中旗第十一届人民代表大会常务委员会第十五次会议召开。会议审议批准各苏木乡镇选举委员会组成人员名单。

（十二）十一届人大常委会第十六次会议

1993年11月19日，乌拉特中旗第十一届人民代表大会常务委员会第十六次会议召开。会议主要是决定人事任免事项；会议审议通过《旗人大常委会工作报告（稿）》。

（十三）十一届人大常委会第十七次会议

1993年12月27日，乌拉特中旗第十一届人民代表大会常务委员会第十七次会议召开。会议听取和审议《旗、苏木乡镇两级人大换届选举工作总结》，召开旗十二届一次人代会有关事宜、旗人民代表大会代表资格审查委员会名单；会议审议通过《旗依法治旗五年规划》。

三、第十二届人大常委会会议

1994年1月至1999年1月，乌拉特中旗第十二届人大常委会召开常务委员会议37次。

（一）十二届人大常委会第一次会议

1994年2月2日，乌拉特中旗第十二届人民代表大会常务委员会第一次会议召开。会议审议通过《旗人大常委会1994年工作要点》，审议通过旗十二届人大常委会主任、副主任工作分工。

（二）十二届人大常委会第二次会议

1994年4月1日，乌拉特中旗第十二届人民代表大会常务委员会第二次会议召开。会议主要是人事任免事项。

（三）十二届人大常委会第三次会议

1994年7月11日，乌拉特中旗第十二届人民代表大会常务委员会第三次会议召开。会议听取和审议《乌拉特中旗关于1994年财政预算安排的报告》《旗经贸委关于企业转制和生产经营情况报告》，审议通过《关于批准旗人民政府1994年财政预算的决议》。

（四）十二届人大常委会第四次会议

1994年8月18日，乌拉特中旗第十二届人民代表大会常务委员会第四次会议召开。会议听取和审议《旗教育局关于贯彻实施〈中华人民共和国教师法〉〈中华人民共和国义务教育法〉情况的报告》《旗卫生局关于贯彻实施〈中华人民共和国食品卫生法〉〈中华人民共和国传染病防治法〉〈中华人民共和国药品管理法〉〈中华人民共和国红十字会法〉情况的报告》和《全旗村嘎查卫生室建立健全和开展工作情况的报告》，审议通过《旗、苏木乡镇人大主席团工作和旗、苏木乡镇两级人大代表视察评议工作办法》，决定人事任免事项。

（五）十二届人大常委会第五次会议

1994年10月17日，乌拉特中旗第十二届人民代表大会常务委员会第五次会议召开。会议听取和审议《旗综治办关于全旗综合治理工作汇报》《旗公安局关于公安保卫工作汇报》《旗人民法院工作汇报》《旗人民检察院工作汇报》《旗司法局关于全旗“二五”普法情况的汇报》《乌拉特中旗贯彻实施〈城乡建设环境保护法〉情况的汇报》。

（六）十二届人大常委会第六次会议

1994 年 12 月 26 日，乌拉特中旗第十二届人民代表大会常务委员会第六次会议召开。会议学习传达巴彦淖尔盟人大工作会议精神，听取和审议《乌拉特中旗贯彻实施〈中华人民共和国农业法〉情况的汇报》和旗科委、计生局、文体广电局 1994 年工作情况汇报，决定人事任免事项。

（七）十二届人大常委会第七次会议

1995 年 2 月 24 日，乌拉特中旗第十二届人民代表大会常务委员会第七次会议召开。会议讨论决定召开旗十二届人大二次会议有关事宜，审议通过《旗人大常委会工作报告（稿）》《旗人大常委会 1995 年工作要点》《旗人民政府关于 1994 年财政决算的报告》。

（八）十二届人大常委会第八次会议

1995 年 4 月 27 日，乌拉特中旗第十二届人民代表大会常务委员会第八次会议召开。会议听取和审议《乌拉特中旗贯彻实施〈中华人民共和国草原法〉和〈内蒙古自治区草原管理条例〉情况的报告》《乌拉特中旗贯彻实施〈中华人民共和国水法〉情况的报告》《乌拉特中旗贯彻实施〈中华人民共和国消费者权益保护法〉〈中华人民共和国反不正当竞争法〉和全国人大〈关于惩治生产销售伪劣商品犯罪的决定〉实施情况的报告》《乌拉特中旗贯彻实施〈中华人民共和国产品质量法〉情况的报告》，审议通过《海流图镇城建管理监察规定》，决定人事任免事项。

（九）十二届人大常委会第九次会议

1995 年 5 月 10 日，乌拉特中旗第十二届人民代表大会常务委员会第九次会议召开。会议主要是决定人事任免事项。

（十）十二届人大常委会第十次会议

1995 年 7 月 5 日，乌拉特中旗第十二届人民代表大会常务委员会第十次会议召开。会议听取和审议《乌拉特中旗贯彻实施〈中华人民共和国义务教育法〉和〈内蒙古自治区实施义务教育法办法〉情况的报告》、听取和审议《乌拉特中旗医疗市场整顿工作情况的报告》《旗文体广电局上半年工作情况的报告》、旗人大常委会执法检查组《关于对〈中华人民共和国教师法〉、〈内蒙古自治区文化市场管理条例〉贯彻实施情况执法检查的汇报》，决定人事任免事项。

（十一）十二届人大常委会第十一次会议

1995 年 9 月 21 日，乌拉特中旗第十二届人民代表大会常务委员会第十一次会议召开。会议听取和审议《乌拉特中旗 1995 年国民经济和社会发展计划执行情况的报告》《乌拉特中旗 1995 年财政预算部分变更和预算执行情况的报告》《旗乡镇企业局关于发展乡镇企业情况的报告》《乌拉特中旗贯彻实施〈中华人民共和国农业法〉和〈内蒙古自治区农业环境保护条例〉情况的报告》，决定人事任免事项。

（十二）十二届人大常委会第十二次会议

1995 年 10 月 10 日，乌拉特中旗第十二届人民代表大会常务委员会第十二次会议召开。会议主要是决定人事任免事项。

（十三）十二届人大常委会第十三次会议

1995 年 12 月 1 日，乌拉特中旗第十二届人民代表大会常务委员会第十三次会议召开。会议听取和审议《旗公安局关于安全保卫工作情况的报告》《旗乡企局关于乡镇企业发展情况的报告》《旗监察局关于反腐败工作情况的报告》；决定人事任免事项。

（十四）十二届人大常委会第十四次会议

1995年12月18日，乌拉特中旗第十二届人民代表大会常务委员会第十四次会议召开。会议审议通过召开第十二届人民代表大会第三次会议的有关事宜。

（十五）十二届人大常委会第十五次会议

1996年2月27日，乌拉特中旗第十二届人民代表大会常务委员会第十五次会议召开。会议主要是决定人事任免事项。

（十六）十二届人大常委会第十六次会议

1996年5月29日，乌拉特中旗第十二届人民代表大会常务委员会第十六次会议召开。会议听取和审议《旗人大常委会关于对邢永强汞法炼金造成农业环境污染问题的处理决定》《乌拉特中旗贯彻实施〈乌拉特中旗全民健身计划纲要〉及其“121”工程启动方案的报告》，决定人事任免事项。

（十七）十二届人大常委会第十七次会议

1996年8月9日，乌拉特中旗第十二届人民代表大会常务委员会第十七次会议召开。会议听取和审议《在全旗各族公民中开展法制宣传教育的第三个五年规划的报告》，决定人事任免事项。

（十八）十二届人大常委会第十八次会议

1996年9月26日，乌拉特中旗第十二届人民代表大会常务委员会第十八次会议召开。会议对旗教科局局长、旗工商局局长进行述职评议；决定人事任免事项。

（十九）十二届人大常委会第二十二次会议

1997年2月21日，乌拉特中旗第十二届人民代表大会常务委员会第二十二次会议召开。会议主要是审议通过召开第十二届四次人民代表大会有关事宜。

（二十）十二届人大常委会第二十三次会议

1997年5月16日，乌拉特中旗第十二届人民代表大会常务委员会第二十三次会议召开。会议听取《旗人大常委会关于对德岭山旗乡两级人大代表评议所站工作情况的报告》，审议通过《乌拉特中旗实施〈内蒙古自治区草原管理条例〉办法》《乌拉特中旗有线电视管理规定》《乌拉特中旗依法治旗方案》。

（二十一）十二届人大常委会第二十四次会议

1997年6月6日，乌拉特中旗第十二届人民代表大会常务委员会第二十四次会议召开。会议主要是决定人事任免事项。

（二十二）十二届人大常委会第二十五次会议

1997年7月28日，乌拉特中旗第十二届人民代表大会常务委员会第二十五次会议召开。会议对旗监察局局长、旗民政局局长、旗审计局局长进行述职评议，听取和审议《乌拉特中旗贯彻实施〈中华人民共和国义务教育法〉〈中华人民共和国教师法〉情况的报告》，对所评议的3位局长进行民主测评。

（二十三）十二届人大常委会第二十六次会议

1997年9月5日，乌拉特中旗第十二届人民代表大会常务委员会第二十六次会议召开。会议主要是决定人事任免事项。

（二十四）十二届人大常委会第二十七次会议

1997年10月21日，乌拉特中旗第十二届人民代表大会常务委员会第二十七次会议召开。会议听取和审议《旗人民政府1997年前三季度工作情况的报告》《旗人民法院工作报告》《乌拉特中旗1997年国民经济和社会发展计划执行情况的报告》《乌拉特中旗1997年财政预算执行情况的报告》，决定人事任免事项。

（二十五）十二届人大常委会第二十八次会议

1997年11月21日，乌拉特中旗第十二届人民代表大会常务委员会第二十八次会议召开。会议审议通过召开旗十二届五次人代会有关事项，对旗计生局局长、旗财政局局长进行述职评议，听取和审议对巴音哈太苏木所站评议情况的汇报，决定人事任免事项。

（二十六）十二届人大常委会第二十九次会议

1997年12月24日，乌拉特中旗第十二届人民代表大会常务委员会第二十九次会议召开。会议对旗乡镇企业局局长进行述职评议，听取和审议《乌拉特中旗关于“三五”普法暨依法治理实施情况的报告》《旗计经局关于国有、集体企业转制运行情况的报告》《乌拉特中旗贯彻实施〈中华人民共和国城市房地产管理法〉情况的报告》。

（二十七）十二届人大常委会第三十次会议

1998年3月17日，乌拉特中旗第十二届人民代表大会常务委员会第三十次会议召开。会议研究决定召开旗第十二届人民代表大会第六次会议的有关事宜，审议通过《旗人大常委会1997年工作总结和1998年工作要点》，决定人事任免事项。

（二十八）十二届人大常委会第三十一次会议

1998年3月31日，乌拉特中旗第十二届人民代表大会常务委员会第三十一次会议召开。会议审议通过《乌拉特中旗贯彻国务院〈殡葬管理条例〉实施细则》，决定人事任免事项。

（二十九）十二届人大常委会第三十二次会议

1998年5月25日，乌拉特中旗第十二届人民代表大会常务委员会第三十二次会议召开。会议对旗农林局局长、旗水利局局长、旗建设局局长、旗人劳局局长进行述职评议。

（三十）十二届人大常委会第三十三次会议

1998年7月7日，乌拉特中旗第十二届人民代表大会常务委员会第三十三次会议召开。会议听取和审议《关于对旗农林局局长、水利局局长、城建局局长、人劳局局长进行述职评议的总结报告》。

（三十一）十二届人大常委会第三十四次会议

1998年8月14日，乌拉特中旗第十二届人民代表大会常务委员会第三十四次会议召开。会议听取和审议《旗人民政府上半年工作报告》《旗人民法院上半年工作报告》《旗人民检察院上半年工作报告》《乌拉特中旗1998年上半年计划执行情况的报告》，审查和批准《乌拉特中旗1998年财政预算变更情况的报告》，研究决定旗人大换届选举的有关事宜。

（三十二）十二届人大常委会第三十五次会议

1998年10月9日，乌拉特中旗第十二届人民代表大会常务委员会第三十五次会议召开。会议听取和审议《旗综治委关于全旗社会治安综合治理群防群治工作情况的报告》《旗司法局关于“三五”普法暨依法治理工作情况的报告》，决定旗换届选举委员会组成人员，审查批准《乌拉特中旗人民代表大会换届选举工作方案》，决定旗人民代表大会代表名额分配、选区划分等有关事宜，决定人事任免事项。

(三十三)十二届人大常委会第三十六次会议

1998年11月19日,乌拉特中旗第十二届人民代表大会常务委员会第三十六次会议召开。会议主要决定人事任免事项。

(三十四)十二届人大常委会第三十七次会议

1998年12月29日,乌拉特中旗第十二届人民代表大会常务委员会第三十七次会议召开。会议审议通过旗人大常委会代表资格审查委员会《关于乌拉特中旗第十三届人民代表大会代表资格审查的报告》,研究决定召开旗第十三届人民代表大会第一次会议有关事宜。

四、第十三届人大常委会会议

1999年1月至2004年1月,乌拉特中旗第十三届人大常委会召开常务委员会议37次。

(一)十三届人大常委会第一次会议

1999年1月27日,乌拉特中旗第十三届人民代表大会常务委员会第一次会议召开。会议主要是决定人事任免事项。

(二)十三届人大常委会第二次会议

1999年4月27日,乌拉特中旗第十三届人民代表大会常务委员会第二次会议召开。会议审议通过《1999年人大常委会工作要点》,决定旗人大常委会代表资格审查委员会组成人员,决定人事任免事项。

(三)十三届人大常委会第三次会议

1999年6月9日,乌拉特中旗第十三届人民代表大会常务委员会第三次会议召开。会议审议批准《旗人民政府1999年财政预算调整的报告》,听取和审议《旗十三届一次人代会议案办理情况的报告》。

(四)十三届人大常委会第四次会议

1999年8月31日,乌拉特中旗第十三届人民代表大会常务委员会第四次会议召开。会议听取和审议《旗人民政府1999年上半年工作报告》《旗人民法院1999年上半年工作报告》《旗人民检察院1999年上半年工作报告》《乌拉特中旗1999年上半年国民经济和社会发展计划执行情况的报告》《乌拉特中旗1999年上半年财政预算执行情况的报告》。

(五)十三届人大常委会第五次会议

1999年9月7日,乌拉特中旗第十三届人民代表大会常务委员会第五次会议召开。会议审议通过《乌拉特中旗苏木乡镇人民代表大会换届选举工作安排意见》。

(六)十三届人大常委会第六次会议

1999年10月8日,乌拉特中旗第十三届人民代表大会常务委员会第六次会议召开。会议主要是决定人事任免事项。

(七)十三届人大常委会第七次会议

1999年10月19日,乌拉特中旗第十三届人民代表大会常务委员会第七次会议召开。会议对旗计经局局长进行述职评议。

(八)十三届人大常委会第八次会议

1999年11月30日,乌拉特中旗第十三届人民代表大会常务委员会第八次会议召开。会议审议批准《旗人民政府关于财政预算调整变更情况的报告》,审议通过《旗人大常委会关于对旗计经局局长述职评议的总结报告》，决定人事任免事项。

（九）十三届人大常委会第九次会议

2000 年 2 月 28 日，乌拉特中旗第十三届人民代表大会常务委员会第九次会议召开。会议审议通过召开旗十三届二次人代会有关事宜、代表资格审查委员会《关于代表资格审查情况的报告》《旗人大常委会工作报告(稿)》。

（十）十三届人大常委会第十次会议

2000 年 3 月 31 日，乌拉特中旗第十三届人民代表大会常务委员会第十次会议召开。会议审议通过《旗人大常委会 2000 年工作要点》。

（十一）十三届人大常委会第十一次会议

2000 年 6 月 20 日，乌拉特中旗第十三届人民代表大会常务委员会第十一次会议召开。会议听取和审议《乌中旗关于“三五”普法工作报告》《旗人大常委会关于〈中华人民共和国档案法〉执法检查情况的报告》。

（十二）十三届人大常委会第十二次会议

2000 年 7 月 17 日，乌拉特中旗第十三届人民代表大会常务委员会第十二次会议召开。会议对旗人劳局工作进行评议，并进行民主测评。

（十三）十三届人大常委会第十三次会议

2000 年 8 月 7—8 日，乌拉特中旗第十三届人民代表大会常务委员会第十三次会议召开。会议审议通过《旗人劳局工作评议整改情况报告》《旗人大常委会关于对旗人劳局工作评议的总结》《旗人大常委会对旗土地局、卫生局、水利局进行工作评议的方案》。决定人事任免事项，对旗人民法院审判员、庭长、副庭长，旗人民检察院检察员(共 22 人)进行述职评议。

（十四）十三届人大常委会第十四次会议

2000 年 9 月 20 日，乌拉特中旗第十三届人民代表大会常务委员会第十四次会议召开。会议听取和审议《旗人民政府 2000 年上半年工作报告》《旗人民法院 2000 年上半年工作报告》《旗人民检察院 2000 年上半年工作报告》《乌拉特中旗 2000 年上半年国民经济和社会发展计划执行情况的报告》《乌拉特中旗 2000 年上半年财政预算执行情况的报告》。

（十五）十三届人大常委会第十五次会议

2000 年 11 月 28 日，乌拉特中旗第十三届人民代表大会常务委员会第十五次会议召开。审议通过《评议旗水利局的整改意见落实情况报告》《评议旗卫生局的整改意见落实情况报告》《评议旗土地局的整改意见落实情况报告》《旗人民政府 2000 年财政预算调整报告》。

（十六）十三届人大常委会第十六次会议

2001 年 1 月 4 日，乌拉特中旗第十三届人民代表大会常务委员会第十六次会议召开。会议听取和审议《旗司法局关于全旗依法治理工作情况报告》《旗人大常委会关于对公检法机关承办的有关案件的法律文书及重大事项报送人大常委会备案的决定》，决定人事任免事项。

（十七）十三届人大常委会第十七次会议

2001 年 2 月 22 日，乌拉特中旗第十三届人民代表大会常务委员会第十七次会议召开。会议研究决定召开旗十三届人大三次会议有关事宜，审议通过《旗人大常委会工作报告(稿)》。

(十八)十三届人大常委会第十八次会议

2001 年 4 月 9 日,乌拉特中旗第十三届人民代表大会常务委员会第十八次会议召开。会议审议通过《旗人大常委会 2001 年工作要点》《旗人大常委会对旗公安局、乡镇企业局工作评议实施方案》。

(十九)十三届人大常委会第十九次会议

2001 年 6 月 21 日,乌拉特中旗第十三届人民代表大会常务委员会第十九次会议召开。会议审议通过《关于石哈河镇、呼勒斯太苏木撤乡并镇选举工作方案》,对旗公安局、乡镇企业局进行工作评议。

(二十)十三届人大常委会第二十次会议

2001 年 7 月 3 日,乌拉特中旗第十三届人民代表大会常务委员会第二十次会议召开。会议听取和审议《旗人大常委会对旗公安局、乡镇企业局、个体私营经济管理局工作评议的总结》《旗人民政府 2001 年财政预算调整的报告》《旗人民政府 2000 年以来扶贫工作专项汇报》《旗人民政府 2000 年以来科技工作专项汇报》《旗人大常委会关于“个案监督主题年”活动安排意见》《乌拉特中旗人民代表大会常务委员会关于人民群众来信来访处理办法》《乌拉特中旗人民代表大会常务委员会监督事项实行责任制办法》。

(二十一)十三届人大常委会第二十一次会议

2001 年 8 月 15 日,乌拉特中旗第十三届人民代表大会常务委员会第二十一次会议召开。会议听取和审议《旗人民政府 2001 年上半年工作报告》《乌拉特中旗 2001 年上半年国民经济和社会发展计划执行情况的报告》《乌拉特中旗 2000 年财政决算情况和 2001 年上半年预算执行情况的报告》《旗人民法院 2001 年上半年工作报告》《旗人民检察院 2001 年上半年工作报告》《旗人民政府关于 2001 年财政预算调整报告》。

(二十二)十三届人大常委会第二十二次会议

2001 年 11 月 1 日,乌拉特中旗第十三届人民代表大会常务委员会第二十二次会议召开。会议听取和审议《乌拉特中旗社会保险事业公积金收缴和管理使用情况的报告》《乌拉特中旗住房公积金收缴和管理使用情况的报告》《旗人大常委会关于继续开展法制宣传教育深化依法治旗工作的决议》,审议通过旗人大常委会对文体广电局局长述职评议调查情况的报告,进行民主测评;审议决定依法逮捕涉嫌贪污罪的一名旗十三届人大代表。

(二十三)十三届人大常委会第二十三次会议

2002 年 2 月 21 日,乌拉特中旗第十三届人民代表大会常务委员会第二十三次会议召开。会议主要是决定人事任免事项。

(二十四)十三届人大常委会第二十四次会议

2002 年 3 月 18 日,乌拉特中旗第十三届人民代表大会常务委员会第二十四次会议召开。会议研究召开旗十三届人大四次会议有关事项。

(二十五)十三届人大常委会第二十五次会议

2002 年 4 月 11 日,乌拉特中旗第十三届人民代表大会常务委员会第二十五次会议召开。会议审议通过《旗人大常委会 2002 年工作要点》,决定人事任免事项。

(二十六)十三届人大常委会第二十六次会议

2002 年 5 月 8 日,乌拉特中旗第十三届人民代表大会常务委员会第二十六次会议召开。会议审议通过《旗人大常委会对旗建设局工作评议实施方案》《旗人大常委会对旗环保局局长述职评议实施方案》，决定人事任免事项。

（二十七）十三届人大常委会第二十七次会议

2002 年 6 月 10 日，乌拉特中旗第十三届人民代表大会常务委员会第二十七次会议召开。会议主要是人事任免事项。

（二十八）十三届人大常委会第二十八次会议

2002 年 7 月 5 日，乌拉特中旗第十三届人民代表大会常务委员会第二十八次会议召开。会议对旗建设局工作进行评议，听取和审议旗环保局局长的述职报告，听取和审议《旗教育局工作专项汇报》，决定人事任免事项。

（二十九）十三届人大常委会第二十九次会议

2002 年 8 月 7 日，乌拉特中旗第十三届人民代表大会常务委员会第二十九次会议召开。会议听取和审议《旗人民政府 2002 年上半年工作报告》《乌拉特中旗 2002 年国民经济和社会发展计划执行情况的报告》《乌拉特中旗 2001 年财政决算和 2002 年上半年财政预算执行情况的报告》《旗人民法院 2002 年上半年工作报告》《旗人民检察院 2002 年上半年工作报告》《旗建设局工作评议整改情况的报告》《旗环保局局长述职评议整改情况的报告》。

（三十）十三届人大常委会第三十次会议

2002 年 10 月 25 日，乌拉特中旗第十三届人民代表大会常务委员会第三十次会议召开。会议审议通过《旗财政局为国有资产有限责任公司提供担保贷款 200 万元的报告》。

（三十一）十三届人大常委会第三十一次会议

2002 年 11 月 28 日，乌拉特中旗第十三届人民代表大会常务委员会第三十一次会议召开。会议审议通过召开旗第十三届人民代表大会第五次会议有关事宜，听取和审议《乌拉特中旗关于贯彻执行〈中华人民共和国村民委员会组织法〉专项工作情况的报告》《旗就业局关于下岗职工再就业工作专项汇报》，决定人事任免事项。

（三十二）十三届人大常委会第三十二次会议

2003 年 3 月 4 日，乌拉特中旗第十三届人民代表大会常务委员会第三十二次会议召开。会议审议通过召开旗十三届人大六次会议有关事宜、《旗人大常委会工作报告（稿）》《旗人大常委会关于表彰提出优秀议案、批评建议和意见的旗人大代表的决定》《旗人大常委会关于对苏木乡镇人大工作安排指导意见》。

（三十三）十三届人大常委会第三十三次会议

2003 年 8 月 5 日，乌拉特中旗第十三届人民代表大会常务委员会第三十三次会议召开。会议听取和审议《旗人民政府 2003 年上半年工作报告》《乌拉特中旗 2003 年上半年国民经济和社会发展计划执行情况的报告》《乌拉特中旗 2003 年上半年财政预算执行情况的报告》《旗人民法院 2003 年上半年工作报告》《旗人民检察院 2003 年上半年工作报告》。

（三十四）十三届人大常委会第三十四次会议

2003 年 9 月 28 日，乌拉特中旗第十三届人民代表大会常务委员会第三十四次会议召开。会议审议通过旗换届选举委员会组成人员名单，听取和审议《乌拉特中旗扶贫、商业、稽查、运管工作的专项报告》。

（三十五）十三届人大常委会第三十五次会议

2003 年 11 月 19 日，乌拉特中旗第十三届人民代表大会常务委员会第三十五次会议召开。会议主要议程是决定人事任免事项。

（三十六）十三届人大常委会第三十六次会议

2003 年 12 月 4 日，乌拉特中旗第十三届人民代表大会常务委员会第三十六次会议召开。会议听取和审议《旗人民政府关于 2003 年财政预算调整的报告》，决定人事任免事项。

（三十七）十三届人大常委会第三十七次会议

2003 年 12 月 30 日，乌拉特中旗第十三届人民代表大会常务委员会第三十七次会议召开。会议审议通过《旗十四届一次人代会代表资格审查报告》《旗人大常委会工作报告（稿）》、召开旗十四届人大一次会议有关事宜。

五、第十四届人大常委会会议

2004 年 1 月至 2007 年 12 月，乌拉特中旗第十四届人大常委会召开常务委员会议 22 次。

（一）十四届人大常委会第一次会议

2004 年 3 月 9 日，乌拉特中旗第十四届人民代表大会常务委员会第一次会议召开。会议学习传达中共巴彦淖尔盟委员会《关于进一步加强人大工作的意见》以及内蒙古自治区十届人大二次会议主要精神，审议通过《旗人大常委会 2004 年工作要点（讨论稿）》、旗十四届人大常委会代表资格审查委员会组成人员名单、《旗人大常委会联系代表制度》和《旗人大常委会监督办理代表议案、建议办法》，审议通过旗人大常委会组成人员联系旗人大代表名单。

（二）十四届人大常委会第二次会议

2004 年 4 月 22 日，乌拉特中旗第十四届人民代表大会常务委员会第二次会议召开。会议听取和审议《旗人民政府关于 2004 年财政预算调整报告》《旗人大常委会财经委关于财政预算调整的审查报告》，审议通过《旗人大常委会关于对旗国土资源局工作评议、旗人民法院各庭庭长述职评议实施方案》，决定人事任免事项。

（三）十四届人大常委会第三次会议

2004 年 5 月 14 日，乌拉特中旗第十四届人民代表大会常务委员会第三次会议召开。会议审议通过召开十四届二次人代会有关事宜。

（四）十四届人大常委会第四次会议

2004 年 8 月 5 日，乌拉特中旗第十四届人民代表大会常务委员会第四次会议召开。会议听取和审议《旗国土资源局工作情况报告》《旗人大常委会对国土资源局工作评议调查情况的报告》，民主测评，决定人事任免事项。

（五）十四届人大常委会第五次会议

2004 年 9 月 1 日，乌拉特中旗第十四届人民代表大会常务委员会第五次会议召开。会议听取和审议《旗人民政府 2004 年上半年工作报告》《乌拉特中旗 2004 年上半年国民经济和社会发展计划执行情况的报告》《乌拉特中旗 2004 年上半年财政预算执行情况的报告》《旗人民法院 2004 年上半年工作报告》《旗人民检察院 2004 年上半年工作报告》。

（六）十四届人大常委会第六次会议

2004 年 12 月 28 日，乌拉特中旗第十四届人民代表大会常务委员会第六次会议召开。会议听取和审议《旗公安局专项工作报告》《对旗公安局专项工作调研情况的报告》《旗社保局专项工作报告》《旗人民法院各庭长述职评议整改情况的报告》《旗国土资源工作评议整改情况的报告》《旗人民政府2004年财政预算调整情况的报告》《旗人大常委会组成人员联系旗人大代表工作的意见（草案）》《人事任免工作办法（草案）》，学习中共十六届四中全会精神。

（七）十四届人大常委会第七次会议

2005年3月18日，乌拉特中旗第十四届人民代表大会常务委员会第七次会议召开。会议审议通过召开旗十四届人大三次会议有关事宜、《旗人大常委会工作报告（稿）》《旗人民政府关于十四届人大一次会议代表所提议案办理情况的报告》《旗人大常委会2005年工作要点》，决定人事任免事项。

（八）十四届人大常委会第八次会议

2005年4月20日，乌拉特中旗第十四届人民代表大会常务委员会第八次会议召开。会议主要是人事任免事项。

（九）十四届人大常委会第九次会议

2005年4月26日，乌拉特中旗第十四届人民代表大会常务委员会第九次会议召开。会议审议通过《关于对旗水务局局长、人劳局局长述职评议实施方案》，决定人事任免事项。

（十）十四届人大常委会第十次会议

2005年7月22日，乌拉特中旗第十四届人民代表大会常务委员会第十次会议召开。会议听取和审议《关于海流图镇和甘其毛都口岸总体规划报告》以及《海流图镇和甘其毛都口岸城镇总体规划修编工作的说明》《旗人事劳动和社会保障局局长的述职报告》《旗水务局局长的述职报告》、旗人大常委会“三牧”执法调研组《关于对乌拉特中旗牧民生产生活情况的调研报告》《旗人民政府关于农牧民减负工作专项报告》、旗人大常委会执法检查组《关于对〈中华人民共和国公路法〉执法检查情况的报告》，审议通过《海流图镇城镇总体规划（2005—2020）》。

（十一）十四届人大常委会第十一次会议

2005年8月25日，乌拉特中旗第十四届人民代表大会常务委员会第十一次会议召开。会议传达中共中央9号文件及全国人大常委会五个配套文件精神，听取和审议《旗人民政府2005年上半年工作报告》《乌拉特中旗2005年上半年国民经济和社会发展计划执行情况的报告》《乌拉特中旗2005年上半年财政预算执行情况的报告》《旗人民法院2005年上半年工作报告》《旗人民检察院2005年上半年工作报告》《旗水务局局长、人事劳动和社会保障局局长述职评议整改情况的报告》、旗人大常委会执法检查组《关于〈中华人民共和国环境保护法〉执法检查情况的报告》，审议通过《旗人大常委会关于对旗人民政府2名副旗长述职评议的实施方案》。

（十二）十四届人大常委会第十二次会议

2005年11月16日，乌拉特中旗第十四届人民代表大会常务委员会第十二次会议召开。会议对旗人民政府2名副旗长进行述职评议，听取和审议《旗人民政府关于财政预算调整报告》、旗人大常委会执法检查组《关于对〈中华人民共和国草原法〉和〈内蒙古自治区草原管理条例〉执法检查情况的报告》、旗人大常委会督查组《关于对旗人大常委会任命的“一府两院”工作人员跟踪督查情况的报告》，审议通过加强旗人大常委会机关工作、人大代表工作方面的5个制度，审议通过《关于对乌中旗食品药品监督管理分局进行工作评议的实施方案》，决定人事任免事项。

（十三）十四届人大常委会第十三次会议

2006年1月13日，乌拉特中旗第十四届人民代表大会常务委员会第十三次会议召开。会议听取被评议的旗人民政府2名副旗长做述职评议整改情况的报告，对旗食品药品监督管理分局进行工作评议，听取和审议旗人大常委会执法检查组《关于对〈中华人民共和国刑事诉讼法〉执法检查情况的报告》《旗人大常委会2005年工作总结及2006年工作安排》，决定人事任免事项。

（十四）十四届人大常委会第十四次会议

2006年2月17日，乌拉特中旗第十四届人民代表大会常务委员会第十四次会议召开。会议审议通过《旗十四届人民代表大会代表资格审查委员会的审查报告》，决定人事任免事项。审议通过召开旗十四届人大四次会议有关事宜、《旗人大常委会工作报告（稿）》。

（十五）十四届人大常委会第十五次会议

2006年5月26日，乌拉特中旗第十四届人民代表大会常务委员会第十五次会议召开。会议传达巴彦淖尔市人大工作会议和《中共巴彦淖尔市委员会关于贯彻落实〈内蒙古自治区党委关于进一步加强人大工作的决定〉的实施意见》文件精神，听取和审议旗人大常委会执法检查组《关于〈中华人民共和国农业法〉执法检查情况的报告》《旗人民政府关于全旗就业再就业工作的专项报告》、旗人大常委会执法检查组《关于〈中华人民共和国劳动法〉执法检查情况的报告》，审议通过《旗人大常委会关于对旗民政局、质量技术监督局、电业局、公安局基层派出所进行工作评议的实施方案》，决定人事任免事项。

（十六）十四届人大常委会第十六次会议

2006年9月7日，乌拉特中旗第十四届人民代表大会常务委员会第十六次会议召开。会议听取和审议《乌拉特中旗2006年上半年财政预算执行情况的报告》和《旗审计局关于对2005年财政预算执行及其他财政收支情况的审计报告》，听取和审议《乌拉特中旗贯彻实施〈中华人民共和国安全生产法〉执行情况的报告》和旗人大常委会执法检查组《关于〈中华人民共和国安全生产法〉执法检查情况的报告》，对旗电业局、质量技术监督局、民政局、公安局基层派出所进行工作评议，进行民主测评，决定人事任免事项。

（十七）十四届人大常委会第十七次会议

2006年12月6日，乌拉特中旗第十四届人民代表大会常务委员会第十七次会议召开。会议听取和审议《旗人民政府关于2006年财政预算调整情况的报告》《乌拉特中旗关于加强法制宣传教育的决议（草案）》，决定人事任免事项。

（十八）十四届人大常委会第十八次会议

2007年4月10日，乌拉特中旗第十四届人民代表大会常务委员会第十八次会议召开。会议听取和审议《旗人大常委会工作报告（稿）》，审议通过《旗人大常委会2007年工作要点》《旗人大常委会关于表彰提出优秀建议、批评意见的旗人大代表和先进办理单位的决定》、召开旗十四届五次人代会有关事宜，听取和审议《旗人民政府关于旗十四届人大四次会议代表建议、批评意见办理情况的报告》，决定人事任免事项。

（十九）十四届人大常委会第十九次会议

2007年4月17日，乌拉特中旗第十四届人民代表大会常务委员会第十九次会议召开。会议审议通过《旗十四届人民代表大会代表资格审查委员会的审查报告》《旗人大常委会关于旗十四届人大四次会议代表建议、批评、意见办理情况的报告》。

（二十）十四届人大常委会第二十次会议

2007 年 6 月 26 日，乌拉特中旗第十四届人民代表大会常务委员会第二十次会议召开。会议主要是决定人事任免事项。

（二十一）十四届人大常委会第二十一次会议

2007 年 8 月 21 日，乌拉特中旗第十四届人民代表大会常务委员会第二十一次会议召开。会议听取和审议《乌拉特中旗关于住房公积金收缴和使用情况的报告》《乌拉特中旗关于 2007 年财政预算执行情况的报告》《乌拉特中旗贯彻实施〈中华人民共和国人口与计划生育法〉执行情况的报告》《旗审计局关于对 2006 年度财政预算执行和其他审计工作情况的报告》，决定撤销《旗人民政府关于进一步统一企业生产经营涉及各类补偿标准的公告》（〔2006〕1 号）。

（二十二）十四届人大常委会第二十二次会议

2007 年 11 月 27 日，乌拉特中旗第十四届人民代表大会常务委员会第二十二次会议召开。会议审议通过《旗十五届人民代表大会代表资格的审查报告》《旗人大常委会工作报告（稿）》、审议通过旗十五届人大一次会议有关事宜，决定人事任免事项。

六、第十五届人大常委会会议

2007 年 12 月至 2012 年 12 月，乌拉特中旗第十五届人大常委会召开常务委员会议 41 次。

（一）十五届人大常委会第一次会议

2008 年 1 月 25 日，乌拉特中旗第十五届人民代表大会常务委员会第一次会议召开。会议听取和审议海甘公路建设资金纳入旗财政同期预算的有关事宜，审议通过旗十五届人大常委会代表资格审查委员会名单、《旗人大常委会 2008 年工作要点（讨论稿）》。

（二）十五届人大常委会第二次会议

2008 年 1 月 31 日，乌拉特中旗第十五届人民代表大会常务委员会第二次会议召开。会议主是决定人事任免事项。

（三）十五届人大常委会第三次会议

2008 年 3 月 31 日，乌拉特中旗第十五届人民代表大会常务委员会第三次会议召开。会议审议通过《旗十五届人民代表大会代表资格审查委员会的审查报告》，听取和审议《旗人民政府关于 2008 年财政预算安排情况的报告》《旗人大常委会 2008 年重点工作安排》《旗人大常委会工作报告（稿）》，听取和审议召开旗十五届二次人代会有关事宜，听取和审议《旗人民政府关于修建乌不浪口水库向发行贷款并将还款列入财政预算的报告》。

（四）十五届人大常委会第四次会议

2008 年 5 月 9 日，乌拉特中旗第十五届人民代表大会常务委员会第四次会议召开。会议通报牧区、山旱区旗人大代表赴鄂尔多斯市考察情况和旗人大常委会组成人员联系代表情况，决定人事任免事项。

（五）十五届人大常委会第五次会议

2008 年 6 月 1 日，乌拉特中旗第十五届人民代表大会常务委员会第五次会议召开。会议审议通过旗人民政府《关于向内蒙古自治区国土资源厅土地收储中心申请贷款的报告》，决定人事任免事项。

（六）十五届人大常委会第六次会议

2008年8月6日，乌拉特中旗第十五届人民代表大会常务委员会第六次会议召开。会议审议通过《旗十五届人民代表大会代表资格审查委员会的审查报告》《旗人大常委会工作报告（稿）》，审议通过召开旗十五届人大二次会议有关事宜，决定人事任免事项。

（七）十五届人大常委会第七次会议

2008年9月8日，乌拉特中旗第十五届人民代表大会常务委员会第七次会议召开。会议听取和审议乌拉特中旗“一府两院”上半年工作报告、《旗人大常委会关于对十五届一次人代会代表议案办理情况的督查报告》，通报旗十五届二次人代会的工作小结，听取和审议《旗公安局关于全旗社会治安管理情况的专项工作报告》《旗教育局关于教育专项资金使用情况的专项工作报告》《旗新农村新牧区建设办公室关于新农村新牧区建设情况的专项工作报告》《旗人大常委会关于对〈文物保护法〉贯彻实施情况的调研报告》。

（八）十五届人大常委会第八次会议

2008年10月24日，乌拉特中旗第十五届人民代表大会常务委员会第八次会议召开。会议安排苏木、镇人代会例会工作有关事宜，通报2008年人大常委会重点工作情况。

（九）十五届人大常委会第九次会议

2008年11月26日，乌拉特中旗第十五届人民代表大会常务委员会第九次会议召开。会议听取和审议《旗人民政府关于2008年财政预算调整情况的报告》、旗人大常委会法工委对旗人民法院、旗人民检察院有关案件的审查报告、《旗公安局关于社会治安管理工作整改情况的报告》，通报提交巴彦淖尔市二届二次人代会的代表议案、建议征集情况，通报旗人大代表向选民述职情况、苏木、镇人代会例会工作情况、苏木、镇人大信息宣传工作情况，对治安管理工作、教育专项工作、新农村新牧区建设和《中华人民共和国文物保护法》执法检查工作进行测评。

（十）十五届人大常委会第十次会议

2008年12月22日，乌拉特中旗第十五届人民代表大会常务委员会第十次会议召开。会议审议通过召开旗十五届人大三次会议有关事宜，听取和审议《乌拉特中旗2008年财政预算执行情况的报告》，决定人事任免事项。

（十一）十五届人大常委会第十一次会议

2008年12月23日，乌拉特中旗第十五届人民代表大会常务委员会第十一次会议召开。会议主要是决定人事任免事项。

（十二）十五届人大常委会第十二次会议

2009年3月10日，乌拉特中旗第十五届人民代表大会常务委员会第十二次会议召开。会议听取和审议《旗人民政府关于城镇道路建设与集中供热贷款的报告》，听取和审议《旗人大常委会2009年工作要点》，审议通过《旗人大常委会对财政贷款使用情况进行跟踪督查的实施方案》《旗人大常委会关于听取和审议旗人民检察院反贪污贿赂和反渎职侵权、农村牧区合作医疗、国土资源管理和城镇建设规划执行情况4个专项工作报告的实施方案》，通报旗人大常委会组成人员联系代表和分工，审议通过《旗人大常委会组成人员工作制度》，传达巴彦淖尔市二届二次人代会精神，通报旗人大常委会机关干部法律知识学习安排意见，决定人事任免事项。

（十三）十五届人大常委会第十三次会议

2009年5月14日，乌拉特中旗第十五届人民代表大会常务委员会第十三次会议召开。会议听取和审议《中国甘其毛都口岸建设用地规划调整的报告》《关于对旗人民政府向内蒙古自治区土地登记储备中心申请贷款的报告》《关于乌拉特中旗廉租住房申请贷款的报告》《关于乌拉特中旗污水处理厂项目建设申请贷款的报告》《关于乌拉特中旗人民政府对应急贷款偿债准备金列入2009年财政预算的报告》，通报《乌拉特中旗人大志》编纂进展情况，通报《旗人大代表赴乌海市等地考察情况的报告》。

（十四）十五届人大常委会第十四次会议

2009年5月26日，乌拉特中旗第十五届人民代表大会常务委员会第十四次会议召开。会议主要是决定人事任免事项。

（十五）十五届人大常委会第十五次会议

2009年7月2日，乌拉特中旗第十五届人民代表大会常务委员会第十五次会议召开。会议的主要议程是决定人事任免事项。

（十六）十五届人大常委会第十六次会议

2009年8月12日，乌拉特中旗第十五届人民代表大会常务委员会召开第十六次会议。会议主要内容是：听取和审议《“一府两院”半年工作报告》，听取和审议《旗人民检察院反贪污贿赂和反渎职侵权专项工作情况报告》《旗卫生局关于农村牧区合作医疗专项工作情况报告》《旗国土资源分局关于国土资源管理专项工作情况报告》《旗建设局关于城镇建设规划执行专项工作情况报告》《关于对人大常委会批复的各项财政性贷款使用情况进行跟踪督查情况的报告》。

（十七）十五届人大常委会第十七次会议

2009年10月27日，乌拉特中旗第十五届人民代表大会常务委员会召开第十七次会议。会议主要内容是：听取和审议《旗人民检察院反贪污贿赂和反渎职侵权专项工作整改情况报告》《旗人大常委会督查组的整改督查情况报告》《旗卫生局关于农村牧区合作医疗专项工作整改情况报告》《旗人大常委会督查组的整改督查情况报告》《旗国土资源分局国土资源管理专项工作整改情况报告》《旗人大常委会督查组的整改督查情况报告》《旗建设局关于城镇建设规划执行专项工作整改情况报告》《旗人大常委会督查组的整改查情况报告》《旗人民政府关于海流图镇城市总体规划部分用地性质进行调整的报告》《旗人大常委会财经委关于财政性贷款跟踪督查情况的报告》《旗人大常委会人事代表委关于十五届三次会议代表所提议案建议办理情况督查报告》《旗教育局关于全旗教育工作的报告》《旗人大常委会教科文卫委关于全旗教育工作专项调研报告》。

（十八）十五届人大常委会第十八次会议

2009年12月5日，乌拉特中旗第十五届人民代表大会常务委员会召开第十八次会议。会议内容有：听取和审议《旗人民政府关于2009年财政预算调整的报告》《关于2010年财政预算安排（草案）》，旗人大常委会《关于旗人大常委会听取和审议专项工作报告实施意见》《关于人民群众反映强烈的重大事项专项督查工作办法》《关于加强联系人大代表和人民群众意见》《关于开展代表议案，建议，批评和意见办理工作的意见》等。

（十九）十五届人大常委会第十九次会议

2010年2月5日，乌拉特中旗第十五届人民代表大会常务委员会召开第十九次会议。会议内容是决定人事任免事项。

(二十)十五届人大常委会第二十次会议

2010年3月2日，乌拉特中旗第十五届人民代表大会常务委员会召开第二十次会议。会议主要内容是：审议通过《旗人大常委会2010年工作要点和重点工作行事历》《关于听取和审议旗人民法院、行政执法局、教育局、农业服务中心、牧业服务中心、住房公积金管理中心6个专项工作报告的实施方案》《关于听取和审议“一府两院”和部门负责人履职情况报告的实施方案》《关于2010年旗人大常委会组成人员联系旗人大代表实施方案》《关于2010年旗人大代表联系选民实施方案》。

(二十一)十五届人大常委会第二十一次会议

2010年4月22日，乌拉特中旗第十五届人民代表大会常务委员会召开第二十一次会议。会议内容是决定人事任免事项。

(二十二)十五届人大常委会第二十二次会议

2010年6月4日，乌拉特中旗第十五届人民代表大会常务委员会召开第二十二次会议。会议内容：听取和审议《“一府两院”有关部门专项工作报告》、旗人民政府《关于调整2010年部分建设用地性质的报告》《关于安排中小学校安工程项目贷款专项资金并列入相应年度财政预算的报告》等。

(二十三)十五届人大常委会第二十三次会议

2010年8月16日，乌拉特中旗第十五届人民代表大会常务委员会召开第二十三次会议。会议主要内容有：听取和审议《“一府两院”半年工作运行情况报告》《关于对〈中华人民共和国防洪法〉执法检查和防洪工程专项督查工作的报告》《关于2009年各项财政贷款使用跟踪督查情况的报告》。

(二十四)十五届人大常委会第二十四次会议

2010年10月15日，乌拉特中旗第十五届人民代表大会常务委员会召开第二十四次会议。内容有：听取和审议6个部门专项工作报告和5名部门负责人履职工作报告整改落实情况的报告、《城乡规划执法检查情况报告》。

(二十五)十五届人大常委会第二十五次会议

2010年12月15日，乌拉特中旗第十五届人民代表大会常务委员会召开第二十五次会议。内容是：听取和审议《旗国民经济和社会发展第十二个五年规划纲要(草案)编制情况的报告》《关于2010年财政预算调整的报告》《2011年财政预算安排(草案)的报告》《关于乌拉特中旗原煤外销管理办法的报告》。

(二十六)十五届人大常委会第二十六次会议

2011年1月4日，乌拉特中旗人大常委会召开第二十六次会议。补选巴彦淖尔市人大代表1人。

(二十七)十五届人大常委会第二十七次会议

2011年3月11日，乌拉特中旗第十五届人民代表大会常务委员会召开第二十七次会议。内容有：听取和审议《旗人大常委会2011年工作要点和重点工作行事历(讨论稿)》《2011年旗人大常委会组成人员联系旗人大代表、承包“代表之家”和督办建议办理的工作方案》。

（二十八）十五届人大常委会第二十八次会议

2011年5月18日，乌拉特中旗第十五届人民代表大会常务委员会召开第二十八次会议。内容是听取和审议《旗人民政府关于将海流图镇棚户区改造情况的报告》。

（二十九）十五届人大常委会第二十九次会议

2011年7月20日，乌拉特中旗第十五届人民代表大会常务委员会召开第十九次会议。内容有：听取和审议《“一府两院”半年运行情况报告》《关于提高乌拉特中旗煤炭管理基金及征收进口蒙古精煤仓储费用的报告》《关于海流图镇国有土地上房屋征收与补偿安置办法》等。

（三十）十五届人大常委会第三十次会议

2011年10月20日，乌拉特中旗第十五届人民代表大会常务委员会召开第三十次会议。内容有听取和审议《旗人民政府关于全旗卫生工作整改情况的报告》《旗人大常委会专项工作组的督查报告》等。

（三十一）十五届人大常委会第三十一次会议

2011年12月19日，乌拉特中旗第十五届人民代表大会常务委员会召开第三十一次会议，补选巴彦淖尔市人大代表。

（三十二）十五届人大常委会三十二次会议

2012年1月6日，乌拉特中旗第十五届人民代表大会常务委员会召开第三十二次会议。内容有：听取和审议《旗人民政府关于2011年财政预算调整的报告》、人大代表提出的《关于进一步加强海流图生态园重点公益林管理与保护的建议》等。

（三十三）十五届人大常委会第三十三次会议

2012年2月8日，乌拉特中旗第十五届人民代表大会常务委员会召开第三十三次会议。内容有：审议《关于十五届人大代表变动情况的审查报告》《旗人大常委会工作报告（讨论稿）》《进一步加强法制宣传教育的决议（草案）》《关于修改乌拉特中旗煤炭管理办法中部分条款的报告》。

（三十四）十五届人大常委会第三十四次会议

2012年2月23日，乌拉特中旗第十五届人民代表大会常务委员会召开第三十四次会议。内容有：听取和审议《旗人大常委会2012年工作要点和重点作行事历（讨论稿）》《旗人民政府提请审议的海流图镇城市总体规划（2010—2030年）的报告》。

（三十五）十五届人大常委会第三十五次会议

2012年3月6日，乌拉特中旗第十五届人民代表大会常务委员会召开第三十五次会议。内容是决定人事任免事项。

（三十六）十五届人大常委会第三十六次会议

2012年4月19日，乌拉特中旗第十五届人民代表大会常务委员会召开第三十六次会议。内容是听取和审议旗人民政府提请审议的《关于甘其毛都岸加工园区总体规划（2012—2020年）的报告》等。

（三十七）十五届人大常委会第三十七次会议

2012年5月22日，乌拉特中旗第十五届人民代表大会常务委员会召开第三十七次会议。内容是：听取和审议《旗交管大队执法情况专项工作报告》《旗农业发展银行专项工作报告》等。

(三十八)十五届人大常委会第三十八次会议

2012年6月,乌拉特中旗第十五届人民代表大会常务委员会召开第三十八次会议。会议内容是审议通过《旗人大常委会代表资格审查委员会关于对1名旗人大代表采取强制措施并停止执行代表职务的报告》。

(三十九)十五届人大常委会第三十九次会议

2012年8月14日,乌拉特中旗第十五届人民代表大会常务委员会召开第三十九次会议。内容主要是听取和审议《"一府两院"上半年工作运行情况报告》。

(四十)十五届人大常委会第四十次会议

2012年10月10日,乌拉特中旗第十五届人民代表大会常务委员会召开第四十次会议。内容有:审议通过《关于旗人民代表大会换届选举工作方案(稿)》《关于成立乌拉特中旗人民代表大会换届选举委员会组成人员建议名单的报告》等。

(四十一)十五届人大常委会第四十一次会议

2012年11月12日,乌拉特中旗第十五届人民代表大会常务委员会召开第四十一次会议。内容有:听取和审议《旗人民政府关于海流图镇防洪工程建设整改情况的报告》《旗农业发展银行工作整改情况的报告》《旗交管大队执法工作整改情况报告》《旗人民政府关于全旗就业情况的专项工作报告》《全旗疾病预防控制情况的专项工作报告》《全旗自来水管理情况的专项工作报告》《贯彻落实〈中华人民共和国预算法〉实施情况的报告》《贯彻落实〈中华人民共和国环境保护法〉实施情况的报告》。

第二节　重大决定

一、第十届人民代表大会常务委员会期间

1988年1月26日,乌拉特中旗第十届人民代表大会常务委员会第三次会议召开,审议通过《乌拉特中旗人大常委会关于监督"一府两院"工作制度》《关于加强旗人大常委会与旗人民政府工作联系的意见》《乌拉特中旗苏木乡镇人民代表大会主席团工作办法》。

1988年5月11日,乌拉特中旗第十届人民代表大会常务委员会第六次会议召开,审议通过《乌拉特中旗人大常委会工作暂行办法》《乌拉特中旗人大常委会考察任免干部工作方案》。

1988年10月23日,乌拉特中旗第十届人民代表大会常务委员会第八次会议召开,审议通过《乌拉特中旗人民代表大会代表持证视察工作办法》。

1990年10月12日,乌拉特中旗第十届人民代表大会常务委员会第二十次会议召开,审议通过《乌拉特中旗、苏木乡镇两级人民代表大会换届选举工作方案》。

1990年12月25日,召开第十届人民代表大会常务委员会第二十三次会议,作出关于召开乌中旗第十一届人民代表大会第一次会议的决定,审议通过会议的有关事宜。

二、第十一届人民代表大会常务委员会期间

1991年3月22日,乌拉特中旗第十一届人民代表大会常务委员会第一次会议召开,审议通过《乌拉特中旗人大常委会任免国家工作人员办法》。

1991年7月27日,乌拉特中旗第十一届人民代表大会常务委员会第三次会议召开,审议通过《乌拉特中旗国民经济和社会发展十年规划和"八五"计划》。

1991 年 10 月 11 日，乌拉特中旗第十一届人民代表大会常务委员会第四次会议召开，审议通过《乌拉特中旗普及义务教育规划》《乌拉特中旗人民政府关于保护森林的布告》。

1992 年 9 月 25 日，乌拉特中旗第十一届人民代表大会常务委员会第九次会议召开，审议通过《乌拉特中旗贯彻〈内蒙古自治区计划生育条例〉实施细则》。

1993 年 3 月 22 日，召开第十一届人民代表大会常务委员会第十二次会议，审议通过旗人民政府《关于财政预算部分变更情况的报告》。

1993 年 10 月 9 日，乌拉特中旗第十一届人民代表大会常务委员会第十四次会议召开，审议通过《乌拉特中旗人民代表大会换届选举工作方案》。

1993 年 12 月 27 日，乌拉特中旗第十一届人民代表大会常务委员会第十七次会议召开，作出关于召开乌中旗第十二届人民代表大会第一次会议的决定，审议通过会议的有关事宜；审议通过《乌拉特中旗依法治旗五年规划》。

三、第十二届人民代表大会常务委员会期间

1994 年 8 月 18 日，乌拉特中旗第十二届人民代表大会常务委员会第四次会议召开，审议通过《乌拉特中旗苏木乡镇人大主席团工作办法》《乌拉特中旗旗、乡两级人大代表视察评议工作办法》。

1995 年 4 月 27 日，乌拉特中旗第十二届人民代表大会常务委员会第八次会议召开，审议通过《海流图镇城建管理监察规定》。

1996 年 5 月 29 日，乌拉特中旗第十二届人民代表大会常务委员会第十六次会议召开，审议通过《乌拉特中旗实施〈全民健身计划纲要〉及其“121” 工程启动方案》。

1996 年 8 月 9 日，乌拉特中旗第十二届人民代表大会常务委员会第十七次会议召开，审议通过《乌拉特中旗关于在全旗公民中开展法制宣传教育第三个五年规划的报告》。

1997 年 5 月 16 日，乌拉特中旗第十二届人民代表大会常务委员会第二十三次会议召开，审议通过《乌拉特中旗实施〈自治区草原管理条例〉办法》《乌拉特中旗有线电视管理规定》《乌拉特中旗依法治旗方案》。

1998 年 3 月 31 日，乌拉特中旗第十二届人民代表大会常务委员会第三十一次会议召开，审议通过《乌拉特中旗贯彻实施国务院〈殡葬管理条例〉实施细则》。

1998 年 10 月 9 日，乌拉特中旗第十二届人民代表大会常务委员会第三十五次会议召开，决定任命乌拉特中旗换届选举委员会组成人员；审议通过《乌拉特中旗人民代表大会换届选举工作方案》。

1998 年 12 月 29 日，乌拉特中旗第十二届人民代表大会常务委员会第三十七次会议召开，作出关于召开乌中旗第十三届人民代表大会第一次会议的决定，审议通过会议的有关事宜。

四、第十三届人民代表大会常务委员会期间

1999 年 9 月 7 日，乌拉特中旗第十三届人民代表大会常务委员会第五次会议召开，审议通过《乌拉特中旗苏木乡镇人民代表大会换届选举工作安排意见》。

2000 年 9 月 20 日，乌拉特中旗第十三届人民代表大会常务委员会第十四次会议召开，审议通过《乌拉特中旗人大常委会关于加强本级预决算审查监督的决定》。

2001 年 1 月 4 日，乌拉特中旗第十三届人民代表大会常务委员会第十六次会议召开，审议通过

《乌拉特中旗人大常委会关于对公检法机关承办的有关案件的法律文书及重大事项报送旗人大常委会备案的决定》。

2001年6月21日，乌拉特中旗第十三届人民代表大会常务委员会第十九次会议召开，审议通过《关于石哈河镇、呼勒斯太苏木撤乡并镇选举工作方案》。

2001年7月3日，乌拉特中旗第十三届人民代表大会常务委员会第二十次会议召开，审议通过《乌拉特中旗人民代表大会常务委员会关于人民群众来信来访处理办法》《乌拉特中旗人民代表大会常务委员会监督事项实行责任制办法》。

2001年11月1日，乌拉特中旗第十三届人民代表大会常务委员会第二十二次会议召开，审议通过旗人大常委会《关于继续开展法制宣传教育深化依法治旗工作的决议》。

2002年10月25日，乌拉特中旗第十三届人民代表大会常务委员会第三十次会议召开，审议通过《旗财政局为国有资产有限责任公司提供担保贷款200万元的报告》。

2003年3月4日，乌拉特中旗第十三届人民代表大会常务委员会第三十二次会议召开，作出《关于表彰提出优秀议案、批评建议和意见的人大代表的决定》；审议通过《关于对苏木乡镇人大工作安排的指导意见》。

2003年12月30日，乌拉特中旗第十三届人民代表大会常务委员会第三十七次会议召开，作出关于召开乌中旗第十四届人民代表大会第一次会议的决定，审议通过会议的有关事宜。

五、第十四届人民代表大会常务委员会期间

2004年3月9日，乌拉特中旗第十四届人民代表大会常务委员会第一次会议召开，审议通过《乌拉特中旗人大常委会联系代表制度》《乌拉特中旗人大常委会监督办理代表议案、建议办法》。

2004年12月28日，乌拉特中旗第十四届人民代表大会常务委员会第六次会议召开，审议通过《乌拉特中旗人大常委会关于代表联系工作的意见》《乌拉特中旗人大常委会关于人事任免工作办法》。

2005年7月22日，乌拉特中旗第十四届人民代表大会常务委员会第十次会议召开，审议通过《关于乌拉特中旗海镇和甘其毛都口岸总体规划报告》《海流图镇城镇总体规划（2005—2020）》。

2006年12月6日，乌拉特中旗第十四届人民代表大会常务委员会第十七次会议召开，审议通过《关于乌拉特中旗加强法制宣传教育的决议》。

2007年4月10日，乌拉特中旗第十四届人民代表大会常务委员会第十八次会议召开，作出《关于表彰提出优秀建议、批评意见的旗人大代表和先进办理单位的表彰决定》。

2007年8月21日，乌拉特中旗第十四届人民代表大会常务委员会第二十一次会议召开，作出撤销《乌拉特中旗人民政府关于进一步统一企业生产经营涉及各类补偿标准的公告》。

2007年11月27日，乌拉特中旗第十四届人民代表大会常务委员会第二十二次会议召开，作出关于召开乌中旗第十五届人民代表大会第一次会议的决定，审议通过会议的有关事宜。

六、第十五届人民代表大会常务委员会期间

2008年1月25日，乌拉特中旗第十五届人民代表大会常务委员会第一次会议召开，审议通过旗人民政府《关于海甘公路建设资金向国家开发银行贷款并纳入旗财政同期预算的报告》。

2008年3月21日，乌拉特中旗第十五届人民代表大会常务委员会第三次会议召开，审议通过旗人民政府《关于修建乌不浪口水库向发行贷款并列入财政预算的报告》。

2008 年 6 月 1 日，乌拉特中旗第十五届人民代表大会常务委员会第五次会议召开，审议通过旗人民政府《关于向内蒙古自治区国土资源厅土地收储中心申请贷款的报告》。

2009 年 3 月 10 日，乌拉特中旗第十五届人民代表大会常务委员会第十二次会议召开，审议通过旗人民政府《关于城镇道路建设与集中供热贷款的报告》和旗人大常委会《关于乌拉特中旗人大常委会组成人员工作制度》。

2009 年 5 月 14 日，乌拉特中旗第十五届人民代表大会常务委员会第十三次会议召开，审议通过旗人民政府《关于对中国甘其毛都口岸建设用地规划调整的报告》《关于向内蒙古自治区土地登记储备中心申请贷款的报告》《关于乌拉特中旗廉租住房项目建设申请贷款的报告》《关于乌拉特中旗污水处理厂项目建设申请贷款的报告》《关于建立应急贷款偿债准备金并列入 2009 年财政预算的报告》。

2010 年 6 月 4 日，乌拉特中旗第十五届人民代表大会常务委员会第二十二次会议召开，审议通过《关于调整 2010 年部分建设用地性质的报告》《关于安排中小学校安工程项目贷款专项资金并列入相应年度财政预算的报告》。

2010 年 12 月 15 日，乌拉特中旗第十五届人民代表大会常务委员会第二十五次会议召开，审议通过《旗国民经济和社会发展第十二个五年规划纲要（草案）编制情况的报告》《关于乌中旗原煤外销管理办法的报告》。

2011 年 7 月 20 日，乌拉特中旗第十五届人民代表大会常务委员会第二十九次会议召开，审议通过《关于提高乌拉特中旗煤炭管理基金及征收进口蒙古精煤仓储费用的报告》《关于海流图镇国有土地上房屋征收与补偿安置办法》。

2012 年 2 月 23 日，乌拉特中旗第十五届人民代表大会常务委员会第三十四次会议召开，审议通过《旗人民政府提请审议的海流图镇城市总体规划（2010—2030 年）的报告》。

2012 年 4 月 19 日，乌拉特中旗第十五届人民代表大会常务委员会第三十六次会议召开，审议通过旗人民政府《关于甘其毛都岸加工园区总体规划（2012—2020 年）的报告》。

第五章　常委会主要工作

第一节　法律监督与工作监督

按照《中华人民共和国宪法》和《中华人民共和国地方各级人民代表大会和地方各级人民政府组织法》赋予地方各级人民代表大会及其常务委员会的监督职权，对本级人民政府、人民法院和人民检察院进行法律监督和工作监督。

一、第十届人大常委会期间

（一）法律监督

1988 年 9 月 15 日，乌拉特中旗第十届人民代表大会常务委员会第七次会议召开，听取和审议旗人民政府《关于贯彻实施〈中华人民大会共和国义务教育法〉情况的汇报》。

（二）工作监督

1988 年 1 月 26 日，乌拉特中旗第十届人民代表大会常务委员会第三次会议召开，听取和审议旗人民政府《关于乌中旗市场管理情况的报告》。

1988 年 2 月 5 日，乌拉特中旗第十届人民代表大会常务委员会第四次会议召开，听取和审议旗人大常委会、人民法院、人民检察院、计划、财政工作报告。

1989 年 1 月 12 日，乌拉特中旗第十届人民代表大会常务委员会第九次会议召开，会议听取《关于最高人民检察院会议情况汇报》和《关于税务工作情况的汇报》。

1990 年 12 月 3 日，乌拉特中旗第十届人民代表大会常务委员会第二十二次会议召开，听取和审议乌拉特中旗人民检察院（〔1990〕乌检法字 1 号）文件的汇报。

二、第十一届人大常委会期间

（一）法律监督

1991 年 7 月 27 日，乌拉特中旗第十一届人民代表大会常务委员会第三次会议召开，听取和审议旗人民政府《关于乌拉特中旗第二个五年普及法律常识规划》。

（二）工作监督

1993 年 12 月 27 日，乌拉特中旗第十一届人民代表大会常务委员会第十七次会议召开，听取和审议旗人大常委会《关于旗和苏木、乡镇两级人大换届选举工作总结》。

三、第十二届人大常委会期间

（一）法律监督

1994 年 8 月 18 日，乌拉特中旗第十二届人民代表大会常务委员会第四次会议召开，听取和审议旗教育局《关于贯彻实施〈中华人民共和国教师法〉〈中华人民共和国义务教育法〉情况的报告》，听取和审议旗卫生局《关于贯彻实施〈中华人民共和国食品卫生法〉〈中华人民共和国传染病防治法〉〈中华人民共和国药品管理法〉〈中华人民共和国红十字会法〉情况的报告》。

1994 年 10 月 17 日，乌拉特中旗第十二届人民代表大会常务委员会第五次会议召开，听取和审议旗司法局《关于全旗“二五”普法情况的汇报》和旗城建局《关于贯彻执行〈中华人民共和国城乡建设环境保护法〉情况的汇报》。

1995年4月27日，乌拉特中旗第十二届人民代表大会常务委员会第八次会议召开，听取和审议旗人民政府关于对《中华人民共和国草原法》《内蒙古自治区草原管理条例》《中华人民共和国水法》《中华人民共和国消费者权益保护法》《中华人民共和国反不正当竞争法》《关于惩治生产销售伪劣商品犯罪的决定》《中华人民共和国产品质量法》贯彻执行情况的报告。

1995年7月5日，乌拉特中旗第十二届人民代表大会常务委员会第十次会议召开，听取和审议旗教科局《关于贯彻实施〈中华人民共和国义务教育法〉〈内蒙古自治区实施义务教育法办法〉情况的报告》和旗人大常委会执法检查组《关于对〈中华人民共和国教师法〉〈内蒙古自治区文化市场管理条例〉贯彻实施情况执法检查的汇报》。

1995年9月21日，乌拉特中旗第十二届人民代表大会常务委员会第十一次会议召开，听取和审议旗农林局《关于贯彻实施〈中华人民共和国农业法〉和〈内蒙古自治区农业环境保护条例〉情况的报告》。

1997年12月24日，乌拉特中旗第十二届人民代表大会常务委员会第二十九次会议召开，听取和审议旗人民政府《关于“三五”普法及依法治理实施情况的报告》和旗房管局《关于贯彻实施〈中华人民共和国城市房地产管理法〉情况的报告》。

1998年10月9日，乌拉特中旗第十二届人民代表大会常务委员会第三十五次会议召开，听取和审议旗综治委《关于全旗社会治安综合治理群防群治工作情况的报告》和旗司法局《关于“三五”普法暨依法治理工作情况的报告》。

（二）工作监督

1994年7月11日，乌拉特中旗第十二届人民代表大会常务委员会第三次会议召开，听取和审议旗经贸委《关于企业转制和生产经营情况的报告》。

1994年10月17日，乌拉特中旗第十二届人民代表大会常务委员会第五次会议召开，听取和审议旗综治委《关于全旗综合治理工作汇报》、旗公安局《关于公安保卫工作汇报》。

1994年12月26日，乌拉特中旗第十二届人民代表大会常务委员会第六次会议召开，听取和审议旗科委、计生局、文体广电局1994年工作情况汇报。

1995年7月5日，乌拉特中旗第十二届人民代表大会常务委员会第十次会议召开，听取和审议旗卫生局《关于医疗市场整顿工作情况的报告》和旗文体广电局《关于上半年工作情况的报告》。

1995年9月21日，乌拉特中旗第十二届人民代表大会常务委员会第十一次会议召开，听取和审议旗人民政府《关于1995年上半年国民经济和社会发展计划执行情况的报告》。

1995年12月1日，乌拉特中旗第十二届人民代表大会常务委员会第十三次会议召开，听取和审议旗公安局《关于安全保卫工作的报告》、旗乡镇企业局《关于乡镇企业发展情况的报告》、旗监察局《关于反腐败工作情况的报告》。

1997年10月21日，乌拉特中旗第十二届人民代表大会常务委员会第二十七次会议召开，听取和审议旗人民政府、人民法院、计划、财政工作报告。

1997年11月21日，乌拉特中旗第十二届人民代表大会常务委员会第二十八次会议召开，对旗计生局局长、财政局局长进行述职评议；对驻巴音哈太苏木所站进行工作评议。

1997年12月24日，乌拉特中旗第十二届人民代表大会常务委员会第二十九次会议召开，听取和审议旗计经局《关于国有、集体企业转制运行情况的报告》。

1998 年 8 月 14 日，乌拉特中旗第十二届人民代表大会常务委员会第三十四次会议召开，听取和审议旗人民政府、人民法院、人民检察院、计划、财政上半年工作报告。

四、第十三届人大常委会期间

（一）法律监督

2000 年 6 月 20 日，乌拉特中旗第十三届人民代表大会常务委员会第十一次会议召开，听取和审议旗人民政府《关于"三五"普法工作报告》、旗人大常委会《关于〈中华人民共和国档案法〉执法检查情况的报告》。

2002 年 11 月 28 日，乌拉特中旗第十三届人民代表大会常务委员会第三十一次会议召开，听取和审议旗人民政府《关于贯彻执行〈中华人民共和国村民委员会组织法〉专项工作情况的报告》。

（二）工作监督

1999 年 6 月 9 日，乌拉特中旗第十三届人民代表大会常务委员会第三次会议召开，听取和审议旗人民政府《关于十三届一次人代会人大代表议案办理情况的报告》。

1999 年 8 月 31 日，乌拉特中旗第十三届人民代表大会常务委员会第四次会议召开，听取和审议旗人民政府、人民法院、人民检察院、计划、财政工作报告。

1999 年 10 月 19 日，乌拉特中旗第十三届人民代表大会常务委员会第七次会议召开，对旗计经局局长进行述职评议。

2000 年 7 月 17 日，乌拉特中旗第十三届人民代表大会常务委员会第十二次会议召开，对旗人劳局工作进行评议，并进行测评。

2000 年 9 月 20 日，乌拉特中旗第十三届人民代表大会常务委员会第十四次会议召开，听取和审议旗人民政府、人民法院、人民检察院、计划、财政工作报告。

2001 年 8 月 15 日 乌拉特中旗第十三届人民代表大会常务委员会第二十一次会议召开，听取和审议旗人民政府、人民法院、人民检察院、计划、财政工作报告。

2001 年 11 月 1 日 乌拉特中旗第十三届人民代表大会常务委员会第二十二次会议召开，听取和审议《乌拉特中旗社会保险事业公积金收缴和管理使用情况的报告》《乌拉特中旗住房公积金收缴和管理使用情况的报告》，对旗文体广电局局长进行述职评议。

2002 年 7 月 5 日，乌拉特中旗第十三届人民代表大会常务委员会第二十八次会议召开，对旗建设局工作进行评议，对旗环保局局长进行述职评议，听取和审议《旗教育局专项工作报告》。

2002 年 8 月 7 日，乌拉特中旗第十三届人民代表大会常务委员会第二十九次会议召开，听取和审议旗人民政府、人民法院、人民检察院、计划、财政工作报告。

2002 年 11 月 28 日，乌拉特中旗第十三届人民代表大会常务委员会第三十一次会议召开，听取和审议旗就业局《关于下岗职工再就业专项工作报告》。

2003 年 9 月 28 日，乌拉特中旗第十三届人民代表大会常务委员会第三十四次会议召开，听取和审议旗扶贫、商业、稽查、运管工作的专项报告。

五、第十四届人大常委会期间

（一）法律监督

2005 年 7 月 22 日，乌拉特中旗第十四届人民代表大会常务委员会第十次会议召开，听取和审议旗人大常委会执法检查组《关于对〈中华人民共和国公路法〉执法检查情况的报告》。

2005 年 8 月 25 日，乌拉特中旗第十四届人民代表大会常务委员会第十一次会议召开，听取和审议旗人大常委会执法检查组《关于对〈中华人民共和国环境保护法〉执法检查情况的报告》。

2005 年 11 月 16 日，乌拉特中旗第十四届人民代表大会常务委员会第十二次会议召开，听取和审议旗人大常委会执法检查组《关于对〈中华人民共和国草原法〉和〈内蒙古自治区草原管理条例〉执法检查情况的报告》。

2006 年 1 月 13 日，乌拉特中旗第十四届人民代表大会常务委员会第十三次会议召开，听取和审议旗人大常委会执法检查组《关于对〈中华人民共和国刑事诉讼法〉执法检查情况的报告》。

2006 年 5 月 26 日，乌拉特中旗第十四届人民代表大会常务委员会第十五次会议召开，听取和审议旗人大常委会执法检查组《关于对〈中华人民共和国农业法〉〈中华人民共和国劳动法〉执法检查情况的报告》。

2006 年 9 月 7 日，乌拉特中旗第十四届人民代表大会常务委员会第十六次会议召开，听取和审议旗人民政府《关于贯彻执行〈中华人民共和国安全生产法〉情况的报告》和旗人大常委会执法检查组检查情况的报告。

2007 年 8 月 21 日，乌拉特中旗第十四届人民代表大会常务委员会第二十一次会议召开，听取和审议旗人民政府《关于贯彻执行〈中华人民共和国人口与计划生育法〉情况的报告》。

（二）工作监督

2004 年 8 月 5 日，乌拉特中旗第十四届人民代表大会常务委员会第四次会议召开，听取和审议旗国土资源分局工作情况的报告。

2004 年 9 月 1 日，乌拉特中旗第十四届人民代表大会常务委员会第五次会议召开，听取和审议旗人民政府、计划、财政和人民法院、人民检察院 2004 年上半年工作报告。

2004 年 12 月 28 日，乌拉特中旗第十四届人民代表大会常务委员会第六次会议召开，听取和审议《旗公安局专项工作报告》《对旗公安局专项工作调研情况的报告》《旗社保局专项工作报告》《旗人民法院各庭长述职评议整改情况的报告》《旗国土资源分局工作评议整改情况的报告》。

2005 年 7 月 22 日，乌拉特中旗第十四届人民代表大会常务委员会第十次会议召开，对旗人事劳动和社会保障局局长、水务局局长进行述职评议；听取和审议旗人大常委会“三牧”执法调研组《关于对乌拉特中旗牧民生产生活情况的调研报告》和旗人民政府《关于乌拉特中旗农牧民减负工作专项报告》。

2005 年 8 月 25 日，乌拉特中旗第十四届人民代表大会常务委员会第十一次会议召开，听取和审议旗人民政府、计划、财政和人民法院、人民检察院上半年工作报告。

2005 年 11 月 16 日，乌拉特中旗第十四届人民代表大会常务委员会第十二次会议召开，对旗人民政府 2 名副旗长进行述职评议；听取和审议旗人大常委会督查组《关于对旗人大常委会任命的“一府两院”工作人员跟踪督查情况的报告》。

2006 年 1 月 13 日，乌拉特中旗第十四届人民代表大会常务委员会第十三次会议召开，对旗食品药品监督管理分局进行工作评议。

2006 年 5 月 26 日，乌拉特中旗第十四届人民代表大会常务委员会第十五次会议召开，听取和审议旗人民政府《关于全旗就业再就业工作的专项报告》。

2006年9月7日，乌拉特中旗第十四届人民代表大会常务委员会第十六次会议召开，对旗电业局、质量技术监督局、民政局、公安局基层派出所进行工作评议。

2007年4月17日，乌拉特中旗第十四届人民代表大会常务委员会第十九次会议召开，听取和审议旗人民政府《关于旗十四届人大四次会议代表议案，建议、批评和意见办理情况的报告》。

2007年8月21日，乌拉特中旗第十四届人民代表大会常务委员会第二十一次会议召开，听取和审议旗人民政府《关于住房公积金收缴和使用情况的报告》。

六、第十五届人大常委会期间

（一）法律监督

2008年，旗人大常委会配合上级人大开展《中华人民共和国劳动法》《中华人民共和国动物防疫法》《住房公积金管理条例》《中华人民共和国民族区域自治法》《中华人民共和国残疾人权益保护法》《天然林保护条例》《中华人民共和国气象法》《中华人民共和国城乡规划法》《内蒙古自治区旅游条例》《中华人民共和国职业教育法》等16部法律和条例的执法检查和调研。同年6月，联动苏木、镇人大开展《中华人民共和国文物保护法》执法调研，同年9月8日召开的第十五届人民代表大会常务委员会第七次会议上，听取和审议旗人大常委会执法调研组《关于贯彻实施〈中华人民共和国文物保护法〉专项工作调研报告》。

2009年4月，旗人大常委会联动苏木、镇人大开展《中华人民共和国草原法》执法调研，并在上半年配合上级人大开展《中华人民共和国教师法》《中华人民共和国农村土地承包法》《内蒙古自治区蒙医中医条例》《中华人民共和国城乡规划法》《中华人民共和国劳动合同法》《中华人民共和国环境保护法》的执法检查。

2010年8月16日，乌拉特中旗第十五届人民代表大会常务委员会第二十三次会议召开，听取和审议《关于对〈中华人民共和国防洪法〉执法检查和防洪工程专项督查工作的报告》。

2012年11月12日，乌拉特中旗第十五届人民代表大会常务委员会第四十一次会议召开，听取和审议旗人民政府贯彻落实《中华人民共和国预算法》实施情况的报告、《中华人民共和国环境保护法》实施情况的报告。

（二）工作监督

2008年9月8日，召开乌中旗第十五届人民代表大会常务委员会第七次会议，听取和审议旗人大常委会《关于对旗十五届一次人代会代表议案、建议办理情况的督查报告》；听取和审议旗公安局《关于社会治安管理情况的专项工作报告》、旗教育局《关于教育专项资金使用情况的报告》、旗新农村新牧区建设办公室《关于新农村新牧区建设情况的专项工作报告》。

2008年11月26日，乌中旗第十五届人民代表大会常务委员会第九次会议召开，听取和审议旗人大法工委《关于对旗人民法院、检察院涉案情况的审查报告》和旗公安局《关于社会治安管理工作整改情况的报告》。

2009年3月10日，乌拉特中旗第十五届人民代表大会常务委员会第十二次会议召开，听取和审议旗人大常委会《关于听取和审议旗人民检察院反贪污贿赂和反渎职侵权、农村牧区合作医疗、国土资源管理和城镇建设规划执行情况4个专项工作报告的实施方案》《关于对旗人大常委会批复的各项财政性贷款使用情况进行跟踪督查专项工作的实施方案》。

2009年8月12日，乌拉特中旗第十五届人民代表大会常务委员会第十六次会议召开，听取和审议旗人民检察院反贪污贿赂和反渎职侵权专项工作情况报告、旗卫生局关于农村牧区合作医疗专项工作情况报告、旗国土资源分局关于国土资源管理专项工作情况报告、旗建设局关于城镇建设规划执行专项工作情况报告、关于对人大常委会批复的各项财政性贷款使用情况进行跟踪督查情况的报告。

2010 年 3 月 2 日，乌拉特中旗第十五届人民代表大会常务委员会第二十次会议召开，听取和审议旗人民法院、行政执法局、教育局、农业服务中心、牧业服务中心、住房公积金管理中心六个专项工作报告的实施方案。

2010 年 10 月 15 日，乌拉特中旗第十五届人民代表大会常务委员会第二十四次会议召开，听取和审议 6 个部门专项工作报告和 5 名部门负责人履职工作报告整改落实情况的报告、城乡规划执法检查情况报告。

2011 年 5 月 18 日，乌拉特中旗第十五届人民代表大会常务委员会召开第二十八次会议召开，听取和审议旗人民政府关于海流图镇棚户区改造情况的报告。

2011 年 7 月 20 日，乌拉特中旗第十五届人民代表大会常务委员会召开第十九次会议召开，听取和审议《关于提高乌拉特中旗煤炭管理基金及征收进口蒙古精煤仓储费用的报告》《关于海流图镇国有土地上房屋征收与补偿安置办法》。

2011 年 10 月 20 日，乌拉特中旗第十五届人民代表大会常务委员会召开第三十次会议召开，听取和审议旗人民政府关于全旗卫生工作整改情况的报告。

2012 年 5 月 22 日，乌拉特中旗第十五届人民代表大会常务委员会召开第三十七次会议召开，听取和审议旗交管大队执法情况专项工作报告、旗农业发展银行专项工作报告。

2012 年 11 月 12 日，乌拉特中旗第十五届人民代表大会常务委员会召开第四十一次会议召开，听取和审议旗人民政府关于海流图镇防洪工程建设整改情况的报告、旗农业发展银行工作整改情况的报告、交管大队执法工作整改情况报告、旗人民政府关于全旗就业情况的专项工作报告、全旗疾病预防控制情况的专项工作报告、自来水管理情况的专项工作报告。

第二节　议案与建议办理

1988 年 1 月至 1991 年 1 月，乌拉特中旗第十届人民代表大会第二次会议至第四次会议期间，共收到代表议案 30 件（十届二次会议 6 件、十届三次会议 7 件、十届四次会议 17 件），收到建议、批评、意见 70 件（十届二次会议 15 件、十届三次会议 22 件、十届四次会议 33 件），旗人大常委会按照有关规定及时交办相关部门办理，按法定时限基本办结，办结率 98%。

1991 年 1 月至 1994 年 1 月，乌拉特中旗第十一届人民代表大会第一次会议至第三次会议期间，共收到代表议案 59 件（十一届一次会议 27 件、十一届二次会议 16 件、十一届三次会议 16 件），收到建议、批评、意见 61 件（十一届一次会议 56 件、十一届二次会议 1 件、十届三次会议 4 件），旗人大常委会按照有关规定及时交办相关部门办理，相关部门按法律规定时限办理并答复代表，办结率 97%，保持较高的满意度，人大代表的主体地位得到充分尊重和保障。

1994 年 1 月至 1999 年 1 月，乌拉特中旗第十二届人民代表大会第一次会议至第六次会议期间，共收到代表议案 42 件（十二届一次会议 31 件、十二届二次会议 2 件、十二届三次会议 4 件、十二届四次会议 5 件、十二届五次会议 0 件、十二届六次会议 0 件），收到建议、批评、意见 100 件（十二届一次会议 50 件、十二届二次会议 29 件、十二届三次会议 11 件、十二届四次会议 10 件、十二届五次会议 0 件、十二届六次会议 0 件)，旗人大常委会按照有关规定及时交办相关部门办理，相关部门按法律规定时限办理并答复代表，办结率 98%。

1999 年 1 月至 2004 年 1 月，乌拉特中旗第十三届人民代表大会第一次会议至第六次会议期间，共收到代表议案 5 件(十三届一次会议 5 件、十三届二次会议 0 件、十三届三次会议 0 件、十三届四次会议 0 件、十三届五次会议 0 件、十三届六次会议 0 件)，收到建议、批评、意见 138 件(十三届一次会议 39 件、十三届二次会议 32 件、十三届三次会议 23 件、十三届四次会议 21 件、十三届五次会议 0 件、十三届六次会议 23 件)，旗人大常委会按照有关规定及时交办相关部门办理，相关部门按法律规定时限及时办理并答复代表，办结率 97%。

2004 年 1 月至 2007 年 12 月，乌拉特中旗第十四届人民代表大会第一次会议至第五次会议期间，共收到代表议案 19 件(十四届一次会议 19 件、十四届二次会议 0 件、十四届三次会议 0 件、十四届四次会议 0 件、十四届五次会议 0 件)，收到建议、批评、意见 135 件(十四届一次会议 38 件、十四届二次会议 0 件、十四届三次会议 24 件、十四届四次会议 30 件、十四届五次会议 43 件)，旗人大常委会按照有关规定及时交办相关部门办理，相关部门及时按法律规定时限办理并答复代表，办结率 96%。

2007 年 12 月至 2012 年 12 月，乌拉特中旗第十五届人民代表大会第一次会议至第六次会议期间，共收到代表议案 17 件(十五届一次会议 5 件、十五届二次会议 10 件、十五届三次会议 2 件、十五届四次会议 0 件、十五届五次会议 0 件、十五届六次会议 0 件)，收到建议、批评、意见 116 件(十五届一次会议 26 件、十五届二次会议 22 件、十五届三次会议 19 件、十五届四次会议 17 件、十五届五次会议 21 件、十五届六次会议 11 件)，旗人大常委会按照有关规定及时交办相关部门办理，相关部门按法律规定时限办理并答复代表，办结率 97.6%。

2012 年 12 月，乌拉特中旗第十六届人民代表大会第一次会议期间，共收到代表议案 0 件，收到建议、批评、意见 68 件，旗人大常委会按照有关规定及时交办相关部门办理。

第三节　干部任免

1988—2012 年，乌拉特中旗人大常委会依法任免乌拉特中旗“一府两院”及人大常委会组成人员 760 人。其中，任命旗人民政府组成人员 338 人，任免旗人民法院负责人 242 人，任免旗人民检察院负责人 89 人，任免旗人大常委会内设机构负责人 91 人。

1988—2012 年乌拉特中旗人大常委会干部任免情况表

表 5－8　单位：人

年份	总人数	政府组成人员		人民法院负责人		人民检察院负责人		人大常委会内设机构负责人	
		任命	免除	任命	免除	任命	免除	任命	免除
1988	15	7	6	0	0	0	0	2	0
1989	29	5	4	8	5	7	0	0	0
1990	8	2	5	1	0	0	0	0	0
1991	70	35	5	13	4	1	0	9	3

续表 5－8

年份	总人数	政府组成人员		人民法院负责人		人民检察院负责人		人大常委会内设机构负责人	
		任命	免除	任命	免除	任命	免除	任命	免除
1992	11	4	4	2	1	0	0	0	0
1993	43	14	13	5	4	1	2	2	2
1994	53	25	5	4	1	7	2	8	1
1995	40	8	6	8	7	3	2	3	3
1996	42	6	4	9	10	9	4	0	0
1997	37	9	5	9	0	2	0	7	5
1998	35	6	2	14	6	1	6	0	0
1999	105	22	7	29	5	28	6	6	2
2000	2	0	0	0	0	0	0	1	1
2001	45	0	0	29	16	0	0	0	0
2002	13	7	2	1	0	0	0	1	2
2003	4	1	3	0	0	0	0	0	0
2004	27	24	2	0	1	0	0	0	0
2005	45	14	14	4	3	3	2	2	3
2006	11	6	4	0	0	0	0	1	0
2007	43	2	0	25	16	0	0	0	0
2008	32	26	4	1	0	1	0	0	0
2009	6	2	1	0	0	0	0	3	0
2010	9	9	0	0	0	0	0	0	0
2011	3	1	0	0	0	1	0	1	0
2012	32	7	0	1	0	1	0	23	0

第四节　调研与视察

1988—1991 年，旗十届人大常委会把调查研究工作作为一项主要工作列入常委会重要议事日程，抓紧抓好。常委会先后 3 次派出调查组，对全旗实施《中华人民共和国义务教育法》情况和法、检两院执行法律情况以及实施《中华人民共和国土地法》情况，进行调查研究。人大常委会对于《内蒙古自治区民族区域自治条例》《内蒙古自治区实施土地法办法》和《内蒙古自治区实施义务教育法办法》征求意见稿进行讨论和提出修改意见。旗人大常委会根据制定的《乌拉特中旗人民代表大会代表持证视察办法》，组织人大代表、常委会委员持证对物资、商业、供销、财贸部门进行视察或者调查，在物价和卫生方面重点视察乌拉特商场、副食品加工工厂、北疆饭店和菜市场；组织自治区、旗、苏木乡、镇三级人大代表和人大常委会办公室、法制、财经、教科文卫各工作委员会深入实际，对全旗的政法、工交财贸（包括厂矿企业）、科学、教育、文化、卫生等方面进行调查和考察。对政法上存在经济犯罪案子多、部分干警政治素质业务素质低，工交财贸系统物价上涨指数控制不力、乱收费，个别企业管理混乱、亏损大、挤挖库存、违反合同或有关条例，绒毛收购上打白条子，教育上民族教育贯彻不力、师资素质低、学生流失现象严重、经费短缺和个别学校乱收费等情况，通过联席会议，进行研究并解决。

1991—1994 年，旗十一届人大常委会各主任、委员和内设委员会工作人员，经常深入基层，结合包片工作，走访全旗 70 个单位，通过召开座谈会、汇报会，广泛宣传党的政策和各项法律法规，认真解全旗农牧业生产的实际情况，并对一些问题写出专题调查报告。一是以服务于全旗的经济建设为重点，旗人大常委会主任、副主任随时听取群众意见，掌握有关政策和法律的执行情况，在围绕了解中心工作的基础上，帮助和支持旗人民政府推行工作。二是按照上级要求，同旗计划生育局组成调查组，深入农牧区，向农牧民了解执行《内蒙古自治区计划生育条例》的意见，特别是了解少数民族群众对贯彻执行条例有什么意见和反映。旗人大常委会根据农牧民群众的意见和要求，把所涉及的问题进行系统的整理，向内蒙古自治区人大常委会和自治区计划生育委员会做汇报。另外，就发展全旗农牧业经济，旗人大常委会主任、副主任、委员多次到农牧民家中了解农牧业生产和生活情况，针对农牧民卖绒毛难和农民卖粮难的问题，建议旗人民政府加快采取措施，组织资金，解决农牧民的"两难"问题，经过旗人民政府的努力，"两难"问题逐步得到解决。协同旗社会治安综合治理领导小组先后三次考核检查旗直 32 个机关单位和 18 个苏木、乡镇及 11 个嘎查、村委会，经过为期 21 天的检查验收，了解全旗社会治安综合治理工作的进展情况，找到成绩和不足，提出改进意见。旗人大常委会领导和委员深入农村牧区卫生院，检查了解农村牧区医疗卫生工作情况。从了解到的情况看，农牧区医疗卫生工作较差而且发展不平衡。农区的宏丰乡、牧区的乌兰、川井两苏木卫生院的工作搞得较好，群众拥护。也有个别苏木对医疗卫生工作不够重视，领导不得力，工作条件差，缺医少药，针对这种情况，旗人大常委会向旗人民政府及其所属部门提出解决"缺医少药发展中旗蒙医蒙药事业"的意见，旗卫生局对个别苏木卫生院的领导进行调整。

1994—1999 年，旗十二届人大常委会通过重点执法检查和听取、审议执法情况报告，保证国家法律、法规在本地区的贯彻执行，做到有法必依、执法必严、违法必究。结合实际，重点开展两次执法情况检查和调研。一是人大常委会和旗人民政府共同组织开展贯彻实施《中华人民共和国工业企业法》和《内蒙古自治区实施工业企业法办法》，以及《企业转换经营机制条例》，《集体企业经营管理条例》等执法情况的检查。在检查中，旗人大常委会委员针对当时突出存在的政企不分、企业自主权不落实的问题，提出贯彻实施工业企业法的关键在于政府主管部门放权，建议政府认真清理与《中华人民共和国工业企业法》有抵触的文件，整顿个别经营不善，管理混乱的亏损企业。经过这次执法检查，为加快全旗企业经营机制的转换，为推动政府职能的转变，提供有益的支持。二是旗人大常委会及各专门委员会自身或配合上级人大就《中华人民共和国义务教育法》《中华人民共和国食品卫生法》《中华人民共和国产品质量法》《中华人民共和国消费者权益保护法》《中华人民共和国反不正当竞争法》《中华人民共和国烟草专卖法》《中华人民共和国妇女权益保障法》以及全国人大常委会《关于惩治生产、销售伪劣商品的决定》等法律法规的贯彻实施情况进行检查和专题调查。

1999—2004年，旗十三届人大常委会按照内蒙古自治区人大常委会和巴彦淖尔盟人大工委的统一部署，结合自身实际开展《中华人民共和国森林法》《中华人民共和国草原法》《中华人民共和国种子法》《内蒙古自治区禁毒条例》《中华人民共和国村民委员会组织法》《中华人民共和国水土保持法》《中华人民共和国矿产资源法》《中华人民共和国代表法》《中华人民共和国药品管理法》《中华人民共和国义务教育法》《中华人民共和国建筑法》《中华人民共和国固体废物污染环境防治法》等18部法律法规的执法检查。旗人大常委会如实地向上级反映乌拉特中旗的执法现状，认真落实上级人大执法检查组的意见、建议，促进法律法规的贯彻执行。根据旗人大代表、人民群众和社会各个层面的反映和要求，旗人大常委会组织开展本级安排部署的执法检查10次。连续3年开展《内蒙古自治区司法工作人员违法办案责任追究条例》的执法检查，并通过多种方式，坚持不懈地推动条例的贯彻实施，预防和纠正一些违法办案行为，促进依法办案和公正司法。

2004—2007年，旗十四届人大常委会积极配合上级人大开展《中华人民共和国农业法》《中华人民共和国医疗卫生法》《中华人民共和国土地管理法》《中华人民共和国防震减灾条例》等法律法规的执法检查。组织开展人大代表集中视察全旗“千村扶贫工程”活动。视察中，代表们观摩川井苏木阿木斯尔嘎查肉牛繁殖基地、温更镇希日朝鲁嘎查千村饲草料基地、德岭山镇大圣村移民扩镇工程、巴音哈太苏木希热嘎查上电工程、石哈河镇公务素村低水高调旱地变水地工程、刘满壕村节水管灌工程、关牛犋村农业示范工程等7个千村扶贫工程建设项目。在石哈河镇召开视察总结座谈会，会上，代表们对近年来实施的千村扶贫工程取得的实效给予高度评价。积极配合上级人大开展《中华人民共和国种子法》《内蒙古自治区农作物种子条例》等法律法规的执法检查和贯彻实施民族教育法律法规、住房公积金管理条例等执法调研，并联动苏木、镇自行开展《中华人民共和国公路法》《中华人民共和国环境资源保护法》《中华人民共和国草原法》《内蒙古自治区草原管理条例》《中华人民共和国刑事诉讼法》等法律法规的执法检查。2005年，全旗牧区旱情严重，边境牧民生存面临严重威胁，旗人大常委会派出考察调研组深入基层，调查了解实情，在常委会会议上认真听取和审议考察组《关于牧区牧民生产生活调研情况的报告》，向旗人民政府提出整合捆绑各类项目资金实施整体移民搬迁，让新一代牧民走出牧区、离开牧业，实现人口的地区转移和劳动力的产业转移的建议，引起旗委、旗人民政府的高度重视，积极采取措施予以实施。配合上级人大开展法律法规的执法检查和调研，并联动苏木、镇自行开展《中华人民共和国农业法》《中华人民共和国安全生产法》《中华人民共和国建筑法》《中华人民共和国消费者权益保护法》等法律法规执法检查和边境牧区实施收缩转移、农牧民减负工作进行调研，针对调研中发现的突出问题，检查组提出解决的具体意见和建议，要求旗人民政府及有关部门整改落实。旗人大常委会组织内蒙古自治区、巴彦淖尔市、乌拉特中旗三级人大代表深入边境牧区对全旗实施收缩转移进行调研，走访牧户15户，调查138人次，形成调研报告，提出整合草场、转移牧民、以草定畜等建议。人大常委会还组织人大代表重点对城镇建设、社会治安、医疗卫生、教育、移民工程等经济社会发展中的重点工作进行视察，对文化体育娱乐场所管理情况进行跟踪监督，收到良好的社会效果。还对城镇集中供暖、退耕还林、农牧民科技培训和剩余劳动力就业职业技术培训等方面情况开展执法检查、专题调研。

2007—2012 年,旗十五届人大常委会积极配合内蒙古自治区人大常委会和巴彦淖尔市人大常委会,开展对《住房公积金管理条例》《中华人民共和国残疾人权益保护法》《物业管理条例》《天然林保护条例》《中华人民共和国气象法》《中华人民共和国科学技术普及法》《内蒙古自治区科学技术普及条例》《内蒙古自治区科学技术协会条例》《中华人民共和国城乡规划法》《内蒙古自治区旅游条例》《中华人民共和国职业教育法》等法律法规的执法检查;联动苏木、镇人大开展《中华人民共和国劳动法》《中华人民共和国草原法》《中华人民共和国文物保护法》等法律法规的执法检查和执法调研,并组织对社会普遍关注、事关全局的重大问题,集中力量进行跟踪监督和连续监督,依法监督政府及相关部门,纠正一些法律法规实施中存在的突出问题。组织常委会组成人员和代表开展对《中华人民共和国农业法》《中华人民共和国安全生产法》贯彻实施情况的执法检查。针对执法检查中发现的问题,向旗人民政府及有关执法部门提出加强农牧业基础设施建设,发展农业产业化经营,推进新农村新牧区建设,强化安全生产意识,健全安全生产责任制,坚决杜绝发生重大安全生产事故等建议,得到有效整改。常委会组织内蒙古自治区、巴彦淖尔市、乌拉特中旗三级人大代表 70 余人对海流图镇新区建设、川井苏木家庭生态牧场示范户、龙源风电场、中原油田、图古日格金矿(208 金矿)、甘其毛都口岸、宁夏太平矿业公司等进行考察,代表们有针对性地对工矿企业的环境保护、生产规模、缴纳税费等情况进行详细询问,并提出相关建议和意见。如在考察图古日格金矿中,人大代表针对矿山企业乱占草场、碾压草场、尾矿污染、破坏草场严重、企业给牧民的补偿较少且不能按时到位等情况,要求企业尽快给牧民兑现补偿,提高补偿标准。考察结束后,旗人大常委会及时将考察结果汇报旗委,并将考察中所反映的有关问题反馈给旗人民政府限期解决。通过组织人大代表考察活动,使各级人大代表对全旗经济社会发展情况有进一步的了解,为积极建言献策提供翔实的一手资料。安排草原法执法检查,走访部分牧户。在执法检查报告中,建议旗人民政府尊重牧民意愿,从牧民的根本利益出发,按照相对集中、适度收缩、因地制宜、多渠道转移的原则,将草场向该嘎查经济条件好、经营能力强的牧户流转、租赁,遏制草场退化,保护草原生态环境。开展口岸工作、牧民增收,优化发展环境等专项工作调研,组织开展《中华人民共和国防洪法》《中华人民共和国城镇建设规划法》等执法检查和调研工作。

第五节 信访接待

1988—1991 年,旗十届人大常委会共收到群众来访信件 83 件,接待人民群众来访 123 人(次),对所有这些都采取审慎的态度,该做解释工作的做解释工作,该转办的进行转办。

1991—1994 年,旗十一届人大常委会接待群众来信来访 117 件,其中来信 48 件,来访 69 人(次)。对群众来信来访反映的问题,都根据实事求是和依法办事的原则,给予处理和答复,基本做到件件有回音,事事有结果。

1994—1999 年,旗十二届人大常委会,共办理人民群众来信 67 件,接待来访 155 人(次)。对信访反映的问题都通过人大常委会、主任会议和有关领导提出的处理意见,责成有关部门落实解决,维护人民群众的合法权益。

1999—2004 年,旗十三届人大常委会共接待集体上访 40 多批次,受理人民群众来信来访 519 件(次),均及时督促有关部门办理。

2004—2007 年，旗十四届人大常委会认真接待群众来信来访，成立机关信访办公室，实行常委会领导信访接待日制度，按照“分别受理、综合分析、统一交办、定期反馈、严格督查”的原则，及时督促有关部门办理，共接待群众来信来访 235 件（次），督办和转办旗委及其他部门转办的信访案件 73 件（次），其中 2006 年全年接待人民群众来信来访 31 件（次），办结率达 95%。

2007—2012 年，旗十五届人大常委会共接待来信来访 130 件（次），其中 2008 年接待群众来信来访 76 件（次），督办和转办市人大常委会及其他部门的信访案件 2 件（次）。对于群众反映的问题，人大常委会及时转交有关部门，并做大量的协调、查办工作。

第六节　工作交流

1988—1991 年，旗十届人大常委会十分重视常委会组成人员和机关干部的学习，订阅相关学习资料和多种报纸杂志，提高干部的业务能力。

1991—1994 年，旗十一届人大常委会组织常委会组成人员赴盟内有关旗县和外地参观考察，学习先进经验，取长补短，推动人大常委会工作的开展。

1994—1999 年，旗十二届人大常委会组织旗人大常委会主任、副主任和机关部分工作人员分别在内蒙古自治区、巴彦淖尔盟、乌拉特中旗三级党校参加政治理论和法律法规学习培训。

1999—2004 年，旗十三届人大常委会主任、副主任参加巴彦淖尔盟人大工委组织的赴新疆考察学习团，开阔视野，更新工作理念。同时，还接待宁夏、新疆等省区及包头、乌海等地区的人大常委会和盟内部分旗县人大常委会考察团，共同探索做好人大工作的经验和方法。

2004—2007 年，旗十四届人大常委会组织常委会组成人员和机关工作人员先后赴阿拉善盟阿拉善左旗、宁夏回族自治区平罗县等地进行考察学习；赴包头市达尔罕茂明安联合旗等有关旗县进行考察学习。旗人大常委会 3 名主任和副主任、8 名委员先后赴部分国家和地区进行考察，学习先进经验。组织部分常委会组成人员、苏木、镇人大主席和机关干部赴香港、澳门考察学习商贸经济、旅游产业、港口贸易等情况。赴西藏考察学习生态保护、民族文化产业、旅游产业发展等情况。

2007—2012 年，旗十五届人大常委会组织牧区、山旱区的农牧民人大代表、部分人大主席和养殖户代表赴鄂尔多斯市达拉特旗、伊金霍洛旗、乌审旗、鄂托克前旗等地学习考察草原生态保护、草畜平衡、休牧轮牧情况，并在第十五届人大常委会第四次会议上审议和通过考察报告。组织旗常委会委员、三级人大代表 70 余人，赴锡林郭勒盟二连浩特市、苏尼特左旗、阿巴嘎旗、锡林浩特市、多伦县及乌兰察布市集宁区等地，学习考察工业经济、口岸贸易、生态建设、城镇建设、农牧业产业化建设情况。赴杭锦后旗、磴口县、五原县和乌海市学习考察工业经济、城镇建设、生态建设及新农村建设等情况。

第七节　指导基层人大工作

1988—1991 年，旗十届人大常委会任命各苏木、乡镇人大主席团常务主席，配备工作人员，帮助建立各项工作制度。人大常委会利用参加苏木、乡镇人代会、下发专门文件介绍经验、通报情况、派员实际检查指导、组织业务培训等形式，对苏木、乡镇人大主席团的工作进行经常性的指导，使苏木、镇乡人大主席团更加明确工作性质和职责范围，推动苏木、镇人大工作不断沿着健全完善的轨道发展。

1991—1994 年，旗十一届人大常委会采取举办业务培训、派员实际指导等形式，进一步加强同苏木、乡镇人大主席的工作联系，帮助个别苏木、乡镇人大主席团建立工作制度，明确工作性质和职责范围。全旗苏木、乡镇人大工作基本完善并向制度化、程序化、规范化发展。另外，认真组织和指导苏木、乡镇的人大换届选举工作，保证换届选举工作的顺利进行。

1994—1999 年，旗十二届人大常委会按照《中华人民共和国地方组织法》和《内蒙古自治区苏木、乡、民族乡、镇人民代表大会工作条例》规定的苏木、乡、民族乡、镇人大的职权和工作程序，结合全旗苏木、乡镇人大工作的实际，旗人大常委会把指导苏木、乡镇人大依法开展工作作为一项重要工作来抓。一是通过业务培训，提高苏木、乡镇人大专职主席、副主席业务素质。1995 年 3 月初，举办一期有苏木、乡镇党委书记、人大专职主席、副主席参加的人大工作业务培训班，使参加培训的同志对苏木、乡镇人大的性质、地位、作用及工作方式、方法有进一步的理解和认识，从而增强工作的主动性、积极性。二是通过指导苏木、乡镇人大代表评议七所八站工作试点，活跃苏木、乡镇人大工作。常委会把德岭山乡、石哈河乡、巴音哈太苏木作为 1997 年苏木、乡镇开展代表评议工作的试点，在旗党委的领导、重视下，常委会先后派出 3 个指导评议工作小组，在 3 个试点指导工作，取得苏木、乡镇代表评议工作的成功，收到良好效果。

1999—2004 年，旗十三届人大常委会指导苏木、乡镇人大工作始终坚持三个方面不放松。一是不放松对苏木、乡镇人大主席、副主席的业务知识培训，二是不放松对苏木、乡镇人大代表工作的指导，根据农村牧区的实际情况与苏木、乡镇人大共同探讨，指导苏木、乡镇人大开展代表在选区“五个一”（每年开展一次代表评议、视察、执法检查活动，通过对社情民意的了解为发展经济提一条建议，为治理整顿经济秩序反映一个问题，为农牧民解决一件难事，为一户贫困户做一件好事）活动，三是不放松对苏木、乡镇人大行使好决定权、监督和选举工作的指导。制定工作指导意见，并向苏木、乡镇党委建议，希望他们时刻重视人大工作、研究人大工作、安排部署人大工作，总结表彰人大工作的先进集体和先进个人。

2004—2007 年，旗十四届人大常委会认真组织开展对苏木、乡镇人大工作的指导，坚持做到工作上加强联系，能够经常深入各苏木、乡镇协调解决苏木、乡镇人大工作中存在的困难和问题，指导苏木、乡镇人大依法开展工作。2006 年 8 月 5 日至 9 月 15 日，旗人大常委会认真指导苏木、镇换届选举工作，完成苏木、镇人大换届选举各个阶段的工作任务，共选举产生苏木、镇新一届人民代表大会代表 412 名，人大主席 8 名、副主席 8 名，政府正职 8 名、副职 24 名。为充分体现对苏木乡镇人大工作的重视，1 名苏木乡镇人大主席还被依法选举为本届常委会的组成人员。旗人大常委会还采取以会代训的方法，在人大常委会会议上邀请各苏木、镇人大主席列席会议，进行党的政策及有关法律法规知识的专题辅导培训，不断学习和掌握政治理论和人大业务知识。

2007—2012 年，旗十五届人大常委会高度重视苏木、镇人大工作，把指导苏木、镇人大依法开展工作作为一项重要工作来抓，实行人大常委会各位主任包片联系指导苏木、镇人大工作制度。同时，在 8 个苏木、镇都设立苏木、镇人大常委会办公室，配备工作人员和专门的办公室、办公用品和设备，旗财政每年给予苏木、镇人大拨付活动经费 5 万元，并对苏木、镇人大办公室人员集中进行业务知识培训，还为苏木、镇人大征订《中国人大》《内蒙古人大》和其他一些法律法规学习资料，使他们不断学习和掌握政治理论和人大业务知识，增强做好基层人大工作的责任感。组织开展苏木、镇人大常委会办公室人员培训。内容包括有关法律法规及信访事项、监督法、人民代表大会制度、代表议案、建议、批评、意见、苏木、镇人大常委会办公室信息及公文处理、档案管理、人大常委会机关各工作委员会职责等方面的知识和有关工作。

第六篇
地方人民政府

◎ 机　　构

◎ 行政管理体制改革

◎ 重要会议

◎ 政务纪略

◎ 综合政务

◎ 信访工作

◎ 应急管理

◎ 行政监察

第一章 机 构

第一节 乌拉特中旗人民政府

一、第十届人民政府(1988 年 1 月至 1991 年 1 月)

1988 年 1 月,乌拉特中旗第十届人民政府设有旗长 1 人、副旗长 3 人;1989 年 3 月至 1990 年 11 月,先后任命、补选旗长 1 人、副旗长 6 人。

1988 年 1 月至 1991 年 1 月乌拉特中旗第十届人民政府旗长、副旗长名录

表 6 - 1

职 务	姓 名	性别	民 族	任 期
旗 长	波日来	男	蒙古族	1988 年 1 月至 1989 年 6 月
	赵文元	男	蒙古族	1989 年 6 月至 1991 年 1 月
副旗长	赵志恒	男	汉 族	1988 年 1 月至 1991 年 1 月
	赵文元	男	蒙古族	1988 年 1 月至 1989 年 6 月
	杨长贵	男	蒙古族	1988 年 1 月至 1991 年 1 月
	张桂英	女	汉 族	1989 年 3 月至 1991 年 1 月
	段洪胜	男	汉 族	1990 年 4 月至 1991 年 1 月
	孟和吉德	男	蒙古族	1990 年 11 月至 1991 年 1 月
	徐广森	男	汉 族	1990 年 11 月至 1991 年 1 月
	柴天佑	男	汉 族	1990 年 11 月至 1991 年 1 月
	包俊英	男	蒙古族	1990 年 11 月至 1991 年 1 月

二、第十一届人民政府(1991 年 1 月至 1994 年 1 月)

1991 年 1 月 15—18 日,乌拉特中旗第十一届人民代表大会第一次会议召开,选举产生乌拉特中旗第十一届人民政府,选举产生旗长 1 人、副旗长 6 人;1992 年 9 月至 1993 年 11 月,先后任命、补选旗长 1 人、副旗长 3 人。

1991 年 1 月至 1994 年 1 月乌拉特中旗第十一届人民政府旗长、副旗长名录

表 6 - 2

职 务	姓 名	性别	民 族	任 期
旗 长	赵文元	男	蒙古族	1991 年 1 月至 1992 年 9 月
代理旗长	孟和吉德	男	蒙古族	1992 年 9 月至 1993 年 3 月
旗 长	孟和吉德	男	蒙古族	1993 年 3 月至 1994 年 1 月
副旗长	杨长贵	男	蒙古族	1991 年 1 月至 1993 年 12 月
	段洪胜	男	汉 族	1991 年 1 月至 1991 年 4 月
	孟和吉德	男	蒙古族	1991 年 1 月至 1992 年 9 月

续表 6－2

职　务	姓　名	性别	民　族	任　　期
副旗长	张桂英	女	汉　族	1991 年 1 月至 1993 年 10 月
	徐广森	男	汉　族	1991 年 1 月至 1994 年 1 月
	柴天佑	男	汉　族	1991 年 1 月至 1994 年 1 月
	宝音德力格尔	男	蒙古族	1991 年 1 月至 1994 年 1 月
	黄志江	男	蒙古族	1993 年 1 月至 1994 年 1 月
	贾忠良	男	汉　族	1993 年 11 月至 1994 年 1 月

三、第十二届人民政府（1994 年 1 月至 1999 年 1 月）

1994 年 1 月 15—17 日，乌拉特中旗第十二届人民代表大会第一次会议召开，选举产生乌拉特中旗第十二届人民政府，选举产生旗长 1 人、副旗长 6 人、科技副旗长 1 人；1995 年 5 月至 1998 年 11 月，先后任命、补选旗长 3 人、副旗长 9 人。

1994 年 1 月至 1999 年 1 月乌拉特中旗第十二届人民政府旗长、副旗长名录

表 6－3

职　务	姓　名	性别	民　族	任　　期
旗　长	孟和吉德	男	蒙古族	1994 年 1 月至 1995 年 5 月
代理旗长	黄志江	男	蒙古族	1995 年 5 月至 1996 年 1 月
旗　长	黄志江	男	蒙古族	1996 年 1 月至 1997 年 5 月
	杨介中	男	蒙古族	1997 年 5 月至 1998 年 11 月
	陈和平	男	蒙古族	1998 年 11 月至 1999 年 1 月
副旗长	柴天佑	男	汉　族	1994 年 1 月至 1998 年 11 月
	黄志江	男	蒙古族	1994 年 1 月至 1995 年 5 月
	贾忠良	男	汉　族	1994 年 1 月至 1997 年 6 月
	刘宪文	男	汉　族	1994 年 1 月至 1998 年 11 月
	格日乐甲木	男	蒙古族	1994 年 1 月至 1997 年 6 月
	皇甫义	男	汉　族	1994 年 1 月至 1999 年 1 月
	额日贺巴特尔	男	蒙古族	1994 年 1 月至 1998 年 11 月
	陈保才	男	汉　族	1995 年 10 月至 1998 年 11 月
	张培荣	男	汉　族	1997 年 5 月至 1998 年 11 月
	乌　兰	女	蒙古族	1997 年 8 月至 1999 年 1 月
	吴黎明	男	汉　族	1997 年 8 月至 1999 年 1 月
	韩吉仁尼格	男	蒙古族	1998 年 11 月至 1999 年 1 月
	恩和吉日嘎拉	男	蒙古族	1998 年 11 月至 1999 年 1 月
	郭建华	男	汉　族	1998 年 11 月至 1999 年 1 月
	刘　杰	男	汉　族	1998 年 11 月至 1999 年 1 月

四、第十三届人民政府（1999 年 1 月至 2004 年 1 月）

1999 年 1 月，乌拉特中旗第十三届人民代表大会第一次会议召开，选举产生乌拉特中旗第十三届人民政府，选举产生旗长 1 人、副旗长 5 人、科技副旗长 1 人；2002 年 2 月至 2003 年 12 月，先后任命、补选旗长 1 人、副旗长 5 人。

1999 年 1 月至 2004 年 1 月乌拉特中旗第十三届人民政府旗长、副旗长名录

表 6－4

职　务	姓　名	性别	民　族	任　　期
旗　长	陈和平	男	蒙古族	1999 年 1 月至 2002 年 2 月
代理旗长	李　克	男	蒙古族	2002 年 2 月至 2002 年 3 月
旗　长	李　克	男	蒙古族	2002 年 3 月至 2003 年 11 月
代理旗长	斯　庆	男	蒙古族	2003 年 12 月至 2004 年 1 月
副旗长	皇甫义	男	汉　族	1999 年 2 月至 2002 年 3 月
	乌　兰	女	蒙古族	1999 年 1 月至 2002 年 3 月
	韩吉仁尼格	男	蒙古族	1999 年 1 月至 2003 年 11 月
	郭建华	男	汉　族	1999 年 1 月至 2003 年 11 月
	恩和吉日嘎拉	男	蒙古族	1999 年 1 月至 2004 年 1 月
	刘　杰	男	汉　族	1999 年 1 月至 2004 年 1 月
	吴黎明	男	汉　族	1999 年 1 月至 1999 年 4 月
	王肇晟	男	汉　族	2002 年 3 月至 2004 年 1 月
	裴子亮	男	汉　族	2002 年 3 月至 2004 年 1 月
	崔士彪	男	汉　族	2002 年 5 月至 2003 年 4 月
	武志杰	男	汉　族	2003 年 11 月至 2004 年 1 月
	岱庆格日乐	女	蒙古族	2003 年 11 月至 2004 年 1 月

五、第十四届人民政府（2004 年 1 月至 2007 年 12 月）

2004 年 1 月，乌拉特中旗第十四届人民代表大会第一次会议召开，选举产生乌拉特中旗第十四届人民政府，选举产生旗长 1 人、副旗长 5 人、科技副旗长 1 人；2004 年 7 月至 2007 年 4 月，先后任命、补选旗长 1 人、副旗长 7 人。

2004 年 1 月至 2007 年 12 月乌拉特中旗第十四届人民政府旗长、副旗长名录

表 6－5

职　务	姓　名	性别	民　族	任　　期
旗　长	斯　庆	男	蒙古族	2004 年 1 月至 2007 年 4 月
代理旗长	郭介中	男	汉　族	2007 年 4 月至 2007 年 12 月
副旗长	恩和吉日嘎拉	男	蒙古族	2004 年 1 月至 2005 年 3 月
	刘　杰	男	汉　族	2004 年 1 月至 2007 年 12 月
	王肇晟	男	汉　族	2004 年 1 月至 2010 年 12 月
	裴子亮	男	汉　族	2004 年 1 月至 2004 年 7 月
	武志杰	男	汉　族	2004 年 1 月至 2004 年 7 月
	岱庆格日乐	女	蒙古族	2004 年 1 月至 2007 年 12 月
	刘彦民	男	汉　族	2004 年 7 月至 2006 年 6 月
	任逸群	男	汉　族	2004 年 7 月至 2007 年 12 月
	保　安	男	蒙古族	2005 年 3 月至 2006 年 6 月
	陈贵元	男	汉　族	2006 年 2 月至 2007 年 4 月
	巴　图	男	蒙古族	2006 年 6 月至 2007 年 12 月
	张国华	男	汉　族	2006 年 6 月至 2007 年 12 月
	辛耀雄	男	汉　族	2006 年 6 月至 2007 年 12 月

六、第十五届人民政府（2007年12月至2012年12月）

2007年12月，乌拉特中旗第十五届人民代表大会第一次会议召开，选举产生乌拉特中旗第十五届人民政府，选举产生旗长1人、副旗长6人；2007年12月至2010年12月，先后任命、补选旗长1人、副旗长10人。

2007年12月至2012年12月乌拉特中旗第十五届人民政府旗长、副旗长名录

表6－6

职　务	姓　名	性别	民　族	任　　期
旗　长	郭介中	男	汉　族	2007年12月至2008年4月
代理旗长	边保权	男	蒙古族	2008年4月至2008年10月
旗　长	边保权	男	蒙古族	2008年10月至2012年1月
	徐茂龙	男	汉　族	2012年1月至2012年12月
副旗长	王肇晟	男	汉　族	2007年12月至2010年12月
	岱庆格日乐	女	蒙古族	2007年12月至2009年6月
	巴　图	男	蒙古族	2007年12月至2008年8月
	张国华	男	汉　族	2007年12月至2010年12月
	辛耀雄	男	汉　族	2007年12月至2012年12月
	苏雅拉图	男	蒙古族	2007年12月至2010年2月
	万　福	男	蒙古族	2007年12月至2010年12月
	何　懿	男	汉　族	2008年8月至2008年12月
	贾明星	男	汉　族	2009年7月至2010年4月
	贾利平	女	汉　族	2010年2月至2012年12月
	彭玉堂	男	汉　族	2010年2月至2010年12月
	朝格达来	男	蒙古族	2010年2月至2010年12月
	阿拉腾朝鲁	男	蒙古族	2011年5月至2012年12月
	裴文武	男	汉　族	2011年5月至2012年12月
	张利平	男	汉　族	2011年5月至2012年12月
	格日乐图	男	蒙古族	2012年12月至2012年12月

七、第十六届人民政府（2007年12月至2012年12月）

2012年12月，乌拉特中旗第十六届人民代表大会第一次会议召开，选举产生乌拉特中旗第十六届人民政府，选举产生旗长1人、副旗长6人。

2012年12月乌拉特中旗第十六届人民政府旗长、副旗长名录

表6－7

职　务	姓　名	性别	民　族	任　　期
旗　长	徐茂龙	男	汉　族	2012年12月至2012年12月（任期未满）
副旗长	辛耀雄	男	汉　族	2012年12月至2012年12月（任期未满）
	阿拉腾朝鲁	男	蒙古族	2012年12月至2012年12月（任期未满）
	裴文武	男	汉　族	2012年12月至2012年12月（任期未满）
	格日乐图	男	蒙古族	2012年12月至2012年12月（任期未满）
	张利平	男	汉　族	2012年12月至2012年12月（任期未满）
	贾利平	女	汉　族	2012年12月至2012年12月（任期未满）

第二节　旗人民政府工作部门

一、职能部门

1988年1月,乌拉特中旗人民政府职能部门有46个:政府办公室、信访办公室、机构编制办公室、经济协作办公室、体改办公室、扶贫办公室、蒙古语言文字工作办公室、地方志办公室(与党史资料征集办公室合署)、计划委员会、经济委员会、财政局、税务局、劳动人事局、劳动就业服务局(劳动服务公司)、民政局、民族宗教事务局、公安局、安全站、保密局、司法局、物价工商局、统计局、农业局、畜牧局、农牧业机械局、乡镇企业管理局、林业局、气象局、城乡建设环境保护局、土地管理局、交通局、电业管理局、邮电局、第一轻工业局、商业局、粮食局(粮油公司)、物资局(物资公司)、供销合作社审计局、教育局、科学技术局、文化局、广播电视局、档案局(馆)、卫生局、计划生育局、体育运动委员会。

1993年3月20日,经过机构改革,政府序列机构职能部门有20个:政府办公室、计划委员会、经济贸易委员会、农牧林水委员会、科学技术委员会、公安局、财政局、民政局、工商行政管理局、审计局、教育局、计划生育局、卫生局、统计局、乡镇企业管理局、交通局、民族宗教事务局、劳动人事局(含归口设置准科级建制的机构编制办公室)、文化体育广播电视局、城乡建设环境保护局。

1994年12月15日,旗党政机构设置调整规范为25个,其中政府职能部门20个:政府办公室、计划经贸局、劳动人事局、民族宗教事务局、公安局、财政局、民政局、工商行政管理局、统计局、审计局、农林局、畜牧局、水利局、交通局、乡镇企业管理局、教育科学技术局、计划生育局、卫生局、文化体育广播电视局、城乡建设环境保护局。

1996年,旗人民政府机构改革,政府职能部门调整为19个:政府办公室、计划经贸局、农牧林局、教育科学技术局、公安局、民政局、人事劳动局、卫生局、计划生育局、互商行政管理局、审计局、统计局、财政局、城乡建设环境保护局、水利局、交通局、乡镇企业管理局、民族宗教事务局、文体广播电视局。

2002年,旗人民政府机构改革,政府职能部门调整为24个:政府办公室、发展计划局、教育局、科学技术局、经济贸易局、民族事务局、公安局、监察局、民政局、司法局、财政局、人事劳动和社会保障局、建设局、环境保护局、水务局、农业局、交通局、畜牧业局、林业局、文体广播电视局、卫生局、计划生育局、审计局、统计局。

2005年,旗人民政府机构改革,政府职能部门调整为24个:政府办公室、发展改革局、经济局、商务局、劳动人事局、民族宗教事务局、公安局、财政局、民政局、工商行政管理局、统计局、审计局、农牧业局、林业局、水利局、交通局、乡镇企业管理局、教育科学技术局、人口和计划生育局、卫生局、文化体育广播电视局、城乡建设局、环境保护局、监察局。

2010年,旗人民政府机构改革,政府职能部门调整为26个:政府办公室、发展改革局、教育局、科学技术局、经济商务和信息化局、人力资源和社会保障局、民族宗教事务局、公安局、财政局、民政局、工商行政管理局、统计局、审计局、国土资源局、安全生产监督管理局、食品药品监督管理局、农牧业局、林业局、水利局、交通运输局、乡镇企业管理局、住房和城乡建设局、人口和计划生育局、卫生局、文化体育广播电视局、监察局。

至2012年底,旗人民政府职能部门数量未发生变化。

二、驻外办事机构

1993年4月，乌拉特中旗人民政府驻海口市办事处成立，办事处为经济实体，对外挂旗人民政府驻海口市的牌子。1994年底，因资金困难，业务工作基本停顿。

1993年11月20日，乌拉特中旗人民政府驻呼和浩特市办事处设立，由旗经济技术协作公司承办，为经济实体，隶属旗经济贸易委员会。对外挂旗人民政府驻呼和浩特市办事处的牌子。1995年1月，旗人民政府驻呼和浩特市办事处改隶旗计划经济贸易局。1996年4月，旗人民政府驻呼和浩特市办事处隶属旗人民政府办公室，经济实体性质，事业单位企业化管理。位于呼和浩特市内的乌拉特招待所与旗人民政府驻呼和浩特市办事处合署，办事处主任、副主任兼任招待所经理、副经理。

第三节　镇、苏木、乡人民政府

乌拉特中旗人民政府下辖3个镇（海流图镇、温更镇、乌加河镇）、9个苏木（桑根达来苏木、巴音苏木、乌兰苏木、川井苏木、巴音杭盖苏木、杭盖戈壁苏木、新忽热苏木、巴音哈太苏木、呼勒斯太苏木）、8个乡（石哈河乡、双盛美乡、部北乡、楚鲁图乡、德岭山乡、乌梁素太乡、宏丰乡、石兰计乡），共20个镇、苏木、乡人民政府。

2001年，撤乡并镇改革后，乌拉特中旗人民政府下辖4个镇（海流图镇、乌加河镇、德岭山镇、石哈河镇）、9个苏木（桑根达来苏木、温更苏木、巴音苏木、乌兰苏木、川井苏木、巴音杭盖苏木、新忽热苏木、巴音哈太苏木、呼勒斯太苏木）、3个乡（宏丰乡、石兰计乡、乌梁素太乡），共16个镇、苏木、乡人民政府。

2005年，撤乡并镇改革后，乌拉特中旗人民政府下辖4个镇（海流图镇、乌加河镇、德岭山镇、石哈河镇）、5个苏木（温更苏木、巴音乌兰苏木、川井苏木、新忽热苏木、呼勒斯太苏木），共9个镇、苏木人民政府。

2012年底，乌拉特中旗人民政府下辖6个镇（海流图镇、乌加河镇、德岭山镇 、石哈河镇 、甘其毛都镇、温更镇）、4个苏木（呼勒斯太苏木、川井苏木、新忽热苏木、巴音乌兰苏木），共10个镇、苏木人民政府。

第二章　行政管理体制改革

第一节　政企分开

1988 年 4 月，乌拉特中旗塑料制品厂转制为旗第二轻工业系统集体企业，归口旗第二轻工业管理局管理；1992 年春，在该塑料厂基础上成立塑料工业公司；1995 年 5 月，该公司转制为民营企业；2002 年 5 月，该公司迁往包头市。

1989 年 5 月，经旗人民政府研究决定，筹建乌拉特中旗铬铁合金厂，于 1990 年 10 月正式建成投产；1994 年 7 月，铬铁合金厂转制，更名为铬铁合金股份合作公司；1995 年 11 月，与铬镁矿合并为铬铁集团总公司；1997 年 7 月，铬铁集团总公司转制，成立私营企业永兴矿业开发有限责任公司。

1992 年 6 月，属地方国营企业的乌拉特中旗绒毛厂（1985 年，经旗人民政府研究决定，由二轻局与供销合作社联合社合资筹建）更名为乌拉特中旗毛绒纺织总公司；1995 年 12 月，该公司改由香港维信贸易公司与乌拉特中旗毛绒纺织总公司合资经营；1998 年 9 月，乌拉特中旗毛绒纺织总公司改为港商独资企业。

1993 年 3 月，乌拉特海燕企业（集团）总公司组建成立；1994 年，该公司改组为股份合作制；1998 年，该公司改制为民营企业，更名为海燕实业有限责任公司。

1995 年 12 月，乌拉特中旗民族用品厂与乌拉特中旗皮毛制品厂合并，成立乌拉特中旗皮革皮毛集团公司；1997 年 9 月，该公司破产，组建民营性质的昌原皮革皮毛有限责任公司。

1998 年，根据企业转制精神，始建于 1960 年的地方国营温更煤矿——温更煤矿转制为民营企业，企业更名为乌拉特中旗温明矿业有限责任公司。

1999 年，始建于 1958 年的地方国有煤矿——巴音呼都格煤矿进行转制，转制后，组建内蒙古莱富矿业有限责任公司。

第二节　政府职能转变

1991 年 5 月，为合理开发和充分利用煤炭资源，保证安全生产，进一步促进煤炭工业持续、稳定、健康的发展，按照国家对煤炭生产行业实施归口管理的总体部署，乌拉特中旗煤炭工业管理局正式成立，归口旗经贸局，负责对全旗煤炭行业的全面管理，检查督促煤炭建设生产安全运行及煤炭行业的勘察、开采、煤炭市场整顿等工作，并征收煤炭管理基金。1994 年 5 月，由黄金公司、矿管站、煤炭工业管理局合并为矿山管理局。

1993 年 3 月 20 日，旗委、旗人民政府下发《批转旗综合配套改革领导小组、旗机构编制委员会关于〈乌拉特中旗党政群机构改革实施方案〉的通知》（乌中旗党发〔1993〕13 号）文件，决定对全旗党政群系统进行机构改革。此次改革是根据中共十四大提出的建立社会主义市场经济体制的要求，在发展社会主义市场经济中，调整职能结构，强化服务功能，进一步建立和完善服务体系，适应市场经济发展的要求，从根本上搞好职能转变；依据行政管理的自身规律理顺各方面的关系，大力精简机构，压缩人员，下放权力，强化服务，提高效率，科学配置职能；结合旗党政机构改革配套进行苏木、乡镇和事业单位的改革，从实际出发，因地制宜，积极稳妥地全方位推进。这次机构改革，本着“精干、统一、效能”的原则，经过撤并、转体，政府序列机构职能部门共设置20个。

2001年，为更加有效地发挥政府职能作用，乌拉特中旗立足于改革和精简政府机构，建立廉洁高效，运转协调，行为规范的行政管理体制，全旗将20个镇、苏木、乡合并保留为16个；2005年，又将16个镇、苏木、乡调整为8个；2012年，恢复设置温更镇和甘其毛都镇，全旗辖有镇、苏木10个。

2004年2月13日按照巴彦淖尔盟文件要求乌拉特中旗成立安全生产监督管理局，与经济局一个机构，两块牌子。

2005年10月13日，经旗委第七次常委会研究决定，成立乌拉特中旗安全生产监督管理局，隶属于经济局；同月，为切实转变政府职能，将政府职能重心转移到搞好宏观调控、创造良好的发展环境上，按照社会主义市场经济发展规律，切实减少对经济具体事务的干预，规范经济社会管理行为，提高行政管理效率。乌拉特中旗发展计划局改组为发展和改革局，乌拉特中旗经济贸易局改组为经济局。于2006年7月12日正式独立运行。

2012年6月，为进一步加强服务型政府建设，加强政府社会管理服务职能，旗人民政府在海流图镇设立公立社区卫生服务机构3个，巴音路社区卫生服务站、乌兰大街社区卫生服务站和海流图镇社区卫生服务站。

第三章　重要会议

第一节　常务会议

1988年3月30日，乌拉特中旗人民政府组织召开常务会议，讨论并通过由乡镇企业局和政研室拟定的《乌拉特中旗关于发展乡镇企业的决定》，会议同时批准由财政局拟定的《关于申报农牧业税减免的报告》。

1989年7月26日，旗人民政府组织召开常务会议，讨论并通过《关于德岭山乡开发铁矿的意见》，同意在保护主矿体的条件下，开发德岭山东矿，会议同时通过《关于成立二轻局审计股的报告》，决定在人员、编制不增加的前提下成立二轻局审计股。

1991年6月5日，旗人民政府组织召开常务会议，决定成立塑料工业公司，会议同时决定批转执行监察局《关于对企业进行监察的报告》。

1992年3月26日，旗人民政府组织召开常务会议，会议认为，为满足海流图镇居民淡季蔬菜供应，需增加投入加大对低产田的改造。会议决定，成立综合科技服务站，人员由农、牧、林、水部门抽调，同时要求水利部门将水利渠配套列入计划。

1995年1月17日，旗人民政府组织召开常务会议，研究部署1995年粮食订购计划，1995年粮食订购任务为648万千克；会议同时就1995年农区农业税任务进行分解。

2000年3月15日，旗人民政府组织召开常务会议，会议听取计划经贸局关于全旗工业经济发展及培育新的经济增长点方面的情况汇报。会议认为，全旗工业经济基础薄弱，工业经济在国民经济中所占比重偏低，对财政的贡献率偏低，是制约全旗经济健康发展的瓶颈，会议要求，计划经贸局等有关部门要立足全旗农、畜产品和矿产资源三大优势，加大招商引资力度，努力将资源优势转化为经济优势，积极培育新的经济增长点。

2003年3月21日，旗人民政府组织召开常务会议。为进一步扩大医疗保险覆盖面，促进医疗保险工作稳步开展，会议决定将财政应负担的医疗保险统筹费在100万元的基础上增加到150万元。

2005年4月20日，旗人民政府组织召开常务会议，会议就土地税调整问题进行研究讨论，会议同意将海流图镇、金泉工业园区、甘其毛都口岸三地的土地定为三类地区第一等级，调整后的城镇土地使用税征收范围、土地等级和税额标准从2005年1月1日起执行。同年5月16日，旗人民政府组织召开常务会议，会议就乌拉特中旗行政服务中心启动有关问题进行研究讨论，会议同意正式启动行政服务中心，中心管理人员从进驻中心的单位中调配。

2006年4月7日，旗人民政府组织召开常务会议，会议就促进口岸贸易工作进行安排部署，会议议定要本着“人数要减、收费要降”的原则，协调各相关部门制定一个统一的原则，能取消的坚决取消，不能取消的按最低标准收取，并将口岸有收费的单位集中到一起，实行“一站式”办公，努力为中蒙贸易创造一个宽松的口岸环境。

2008 年 11 月 12 日，旗人民政府组织召开常务会议，会议就如何应对金融危机、抓住国家扩大内需良好机遇，做好 2009 年项目的争取和建设工作进行研究部署。

2010 年 4 月 17 日，旗人民政府组织召开常务会议，会议听取旗委政府督查室关于全旗学校安全情况的汇报，并就海流图镇新增环卫工人工资列入财政预算、加快设施农业发展、建设口岸综合楼等问题进行研究。会议同意将新增 45 名环卫工人工资列入财政预算，并从 5 月 1 日起按时发放，会议原则同意旗农业服务中心拟定的《关于加快全旗设施农业发展的若干意见》，会议同意在口岸建设两处综合楼，并在 2010 年完成其中一处的建设。

2012 年 10 月 11 日，旗人民政府组织召开常务会议，会议就健康保障小药箱进牧户工程进行研究。会议议定，按照“政府主导、卫生服务、牧民自愿、安全使用”的原则，根据牧区现居人口情况，先按比例实施，逐步进行推广，最终覆盖牧区没有嘎查村卫生室的牧民家庭，切实提高牧区医疗卫生服务水平。

第二节　旗长办公会议

1993 年 4 月 15 日，乌拉特中旗人民政府组织召开旗长办公会议，讨论研究开发区规划、食品公司冷库扩建及广场管理规定等事宜。

1997 年 4 月 21 日，旗人民政府组织召开旗长办公会议，就供销总公司转制情况进行专题研究，并就供销总公司在转制过程中与农业银行的债权、债务关系进行研究。

1998 年 8 月 6 日，旗人民政府组织召开旗长办公会议，专题研究宏丰乡、乌加河镇、德岭山乡、双盛美乡、呼勒斯太苏木 5 个乡镇苏木遭受严重雹灾，减免农业税的问题。

1999 年 12 月 10 日，旗人民政府组织召开旗长办公会议，会议通报黄金生产企业经营情况，并就图古日格金矿 208 选厂的税费征收问题进行研究。为进一步扶持企业，会议研究，图古日格金矿 208 选厂 1999 年度缴纳各项税费核定为 80 万元。

2002 年 4 月 2 日，旗人民政府组织召开旗长办公会议，听取地矿部门关于乌不浪口石墨矿开采等方面情况汇报，并就计划经贸局提出的由永兴矿业开发有限责任公司开发乌不浪口石墨矿有关事宜进行专题研究。

2006 年 7 月 14 日，旗人民政府组织召开旗长办公会议，要求在口岸工作方面，尽快与运煤企业协商解决口岸运煤道路问题，并加快口岸常年开放和国际口岸争取步伐，会议同时议定启动牧民康居工程，有关部门要做好转移牧民再就业工作和户籍改革工作。

2008 年 2 月 23 日，旗人民政府组织召开旗长办公会议，就廉租住房建设事宜进行专题研究，会议议定，为逐步解决乌拉特中旗城镇低收入家庭的基本住房需求，改善城镇低收入家庭的基本住房需求，改善城镇低收入家庭住房条件，2008 年计划申请中央、内蒙古自治区预算内投资补助资金，并安排预算 1200 万元用于牧民康居住宅小区内廉租房建设。

2010 年 7 月 20 日，旗人民政府组织召开旗长办公会议，就全旗深化医疗卫生体制改革有关事宜进行研究部署。会议议定，一是全旗深化医疗卫生体制改革是一项长期工作，领导小组办公室为临时常设机构，办公地点设在旗发改局；二是为确保改革的顺利开展，要组织相关部门尽快组成调研组，就医改有关内容深入各苏木、镇调研；三是按照巴彦淖尔市医改领导小组和旗医改领导小组签订的 2010 年度深化医疗卫生体制改革责任状要求，将《乌拉特中旗 2010 年度深化医疗卫生体制改革任务表》内容细化并分解，明确到具体单位和个人，保证全旗医疗卫生体制改革任务的顺利完成。

2011 年 9 月 8 日，旗人民政府组织召开旗长办公会议，就海流图镇棚户区改造事宜进行研究。会议议定，一是制定切实可行的办法，充分利用有限时间，积极推进项目全面开工；二是将棚户区改造作为重中之重的工作，全力推进，打造城镇亮点工程；三是既要考虑群众利益，同时兼顾开发企业的利润，在均衡各方利益的基础上，科学合理确定建筑容积率。

2012 年 6 月 16 日，旗人民政府主持召开会议，专题研究乌拉特中旗小型农田水利重点县建设项目立项有关事宜，会议认为小型农田水利重点县项目对改善全旗农田水利基础设施薄弱、配套水平低的现状具有十分重要的意义，各相关部门务必要站在全旗发展大局的高度，提前谋划，及早行动，互相配合，尽快整理完善相关资料，切实做好小型农田水利重点县建设项目的组件和申报工作。会议议定，原则同意《乌拉特中旗小型农田水利建设资金整合实施方案》，水务部门要对该方案做进一步完善，重点对方案中涉及的各类项目进行全面梳理，明确资金整合范围、整合方式等内容，之后以政府文件下发。为切实加强争取和实施小型农田水利重点县建设项目的组织领导，特成立乌拉中旗小型农田水利重点工程建设项目领导小组。

第四章　政务纪略

第一节　经济建设

一、“七五”计划时期后 3 年（1988—1990 年）

1988—1990 年，旗委、旗人民政府带领全旗各族人民高举“团结建设、改革开放”的旗帜，振奋精神，艰苦奋斗，克服重重困难，不断战胜自然灾害，国民经济在调整中稳步发展。1990 年，全旗国民生产总产值达到 15000 万元，比 1987 年增长 65.2%，年均递增 18.23%；国民收入 8700 万元，比 1987 年增长 17.9%，年均递增 5.65%；工农牧业总产值达到 1 亿元，较 1987 年增加 43.2%，年均递增 12.73%，其中，农牧业产值达到 5800 万元，较 1987 年增加 21.87%，年均递增 6.82%，工业总产值完成 4200 万元，较 1987 年增长 89%，年均递增 23.6%。农牧民人均收入达到 801 元，较 1987 年增加 58 元。全旗粮食实播面积 34.99 万亩，较 1987 年增加 30.4%，粮食总产量达到 5873.7 万千克，较 1987 年增长 92%，首次突破亿斤大关，创历史最高水平。油料播种面积 10.14 万亩，较 1987 年增加 40.4%，总产量达到 1464.3 万千克，较 1987 年增长 61.6%。全旗牲畜总头数达到 1371099 头（只），创历史最高水平，白绒山野基地建设初具规模，通过验收，被评为全国养羊先进旗县。同年，在总结前几年经验的基础上，全旗范围内推行农牧业科技双向集团承包。

1988 年，乌拉特中旗被中共巴彦淖尔盟委员会、盟行政公署评为科技承包先进旗县。1990 年，乌拉特中旗获得全国农业“丰收奖”竞赛活动旗县级“丰收奖”，荣获内蒙古自治区人民政府颁发的“金龙杯”水利建设竞赛二等奖。

二、“八五”计划时期（1991—1995 年）

1991—1995 年，乌拉特中旗克服经济发展的种种困难，继续保持国民经济稳定、健康发展，巩固经济发展成果。1995 年底，全旗国内生产总值达到 29000 万元，工农牧业总产值完成 38503 万元，其中农牧业总产值完成 21503 万元，工业总产值完成 17000 万元，地方财政收入完成 2127 万元，农牧民人均纯收入 1212 元；全旗牲畜总头数 158.84 万头（只），牲畜头数名列内蒙古自治区第五位，创历史最高水平；全旗粮食播种 33.12 万亩，粮食总产 4750 万千克。

1992 年 6 月 24 日，国务院批准甘其毛都口岸为一类季节性双边口岸。每年的 1 月 1—20 日、4 月 1—20 日、7 月 1—20 日、10 月 1—20 日开放，该口岸设计年货运能力 20 万吨，客运能力 10 万人次。

三、“九五”计划时期（1996—2000 年）

1996—2000 年，全旗紧紧围绕“农牧业为本、产业化跟进、工业强旗富民”的发展战略，按照“农牧业稳旗、工业强旗、交通商贸活旗、科技兴旗、依法治旗”的工作思路，以“两个提高”（提高财政收入和提高城乡居民收入）统揽全局，全旗上下团结奋进，锐意进取，努力促进经济和社会事业健康发展。2000 年底，全旗国内生产总值完成 70219 万元，地方财政收入完成 4375 万元，农牧民人均纯收入达到 2172 元；全旗共播种小麦 19.2 万亩，油料经济作物 12.31 万亩。全旗共建成高标准养羊小区 37 处，示范户 654 户，农区养殖业发展壮大，已逐步成为农村经济新的增长点；全旗水利建设总投资1948.5万元。同年，乌拉特中旗成立西部大开发领导小组，制定《乌拉特中旗实施西部大开发战略规划纲要》，落实项目资金7604万元。

四、“十五”计划时期(2001—2005年)

2005年，全旗生产总值突破16亿元，是2000年的2.3倍，年均递增18%；工业强旗战略深入实施，旗域经济由农牧业主导型向工业主导型转变步伐加快，建成甲胜盘铅锌采选、巴音杭盖油田开发、永兴铬盐化工等一批重点项目，工业成为经济增长的主要动力，工业增加值实现5.72亿元，较2000年增长8.27倍，占第二产业的比重达到73.6%，实现税金5257万元，是2000年的16倍，工业对财政的贡献率达到60%；通过实施生态、扶贫移民工程，向灌区和海流图镇迁移农牧民561户、2178人；全年粮食生产能力达到1.5亿千克，牲畜饲养总量达到311.1万(头)只，农牧业生产条件进一步改善，结构调整成效明显，以肉羊、葵花等为主的农牧业产业化体系正在逐步形成；口岸货物吞吐量达到49万吨，跃居内蒙古自治区第四位。

2004年7月5日，中蒙双方政府同意将甘其毛都口岸由季节性开放口岸提升为常年开放口岸。2005年，建成巴彦淖尔市第一座500千伏超高压变电站，成为全市电网建设最超前和结构最完善的地区。

五、“十一五”规划时期(2006—2010年)

“十一五”规划期间，乌拉特中旗实现国民生产总值两位数增长、地区生产总值翻一番的跨越。全旗国内生产总值由2005年的16.39亿元增加到2010年的60.79亿元，年均增长29.9%；财政收入由2005年的1.46亿元增加到2010年的7.3亿元，年均增长37.9%。工业占GDP的比重达到60%，实现农牧业主导型经济向工业引领型经济的转变。累计进口蒙古国原煤1426万吨。城乡居民收入普遍提高，城镇居民人均可支配收入从2005年的8242元提高到2010年的15500元，年均增长13.5%，农牧民人均纯收入由2005年的3387元增加到2010年的7437元，年均增长17%。电力、矿山、煤化工、农畜产品加工等特色优势产业不断壮大，全旗规模以上工业企业达到40家。风电装机容量达到95万千瓦，累计发电29.44亿千瓦时。形成1600万吨的洗煤、12万吨原油、5吨黄金、100万吨铅锌、130万吨铁精粉的生产能力。从总体上看，全旗工业化水平正在稳步提升，全部工业增加值由2005年的5.72亿元增加到2010年的36.5亿元，年均增长44.9%。

2007年1月，甘其毛道口岸被内蒙古自治区人民政府批准为中蒙边境常年开关的陆路口岸。同年12月，甘其毛都口岸被国务院批准为国家陆路口岸。2010年，甘其毛都口岸加工园区被确立为内蒙古自治区沿黄沿线重点工业园区。

六、“十二五”规划时期前2年(2011—2012年)

2011年，甘其毛都口岸加工园区晋升为内蒙古自治区级“双百亿重点园区”、自治区级工业园区。同年，乌拉特中旗被评为全国科技进步先进旗和全国科普示范旗。

2011—2012年，乌拉特中旗原煤进口连续两年突破1000万吨大关，成为国家向北开放的战略能源资源大通道。

截至2012年底，全旗地区生产总值达到93亿元，财政收入14.3亿元，农牧民人均纯收入达到9619元，城镇居民人均可支配收入达到19629元，社会消费品零售总额达到10.6亿元。农牧业生产稳步发展，农作物总播面积稳定在100万亩以上，在农区建成巴美肉羊养殖园区15个。完成设施农业5600亩，流转土地24.5万亩、草牧场747.3万亩，发展家庭生态牧场示范户30户。工业经济发展迅猛，总量、质量和效益明显提升，实施亿元以上工业重点项目34项，规模以上工业企业增加到 40 户，工业增加值增加到 50 亿元，工业占 GDP 的比重达到 53.8%。口岸基础设施日益完善，货物吞吐量跃居全内蒙古自治区第二位，口岸加工园区承载境外资源深加工能力不断增强，入驻企业 32 户，形成 2370 万吨洗煤、120 万吨焦化、10 万吨金属冶炼、9 万吨石墨加工、30 万吨水泥、1500 吨多晶硅、8000 吨工业硅的生产能力。同年，乌拉特中旗成为自内蒙古自治区工业循环经济试点示范园区和进口战略资源加工基地。

第二节　文化建设

乌拉特中旗素有“内蒙古鸿雁文化之乡”“蒙文长篇小说之乡”“戈壁奇石之乡”“民歌之乡”的美誉。近年来，乌拉特中旗充分保护、挖掘、传承文化资源，提升文化软实力，建设民族文化强旗，促进民族文化大繁荣、大发展。

2003 年，乌拉特中旗为推进“文化强旗”战略，开始每年盛夏举办“消夏广场文化艺术节”，举办草原生态旅游节暨首届“鸿雁文化艺术节”。

2006 年，乌拉特中旗对非物质文化资源进行系统排查，逐步整理建立健全文字、影像、图片档案和非物质文化遗产名录。至 2012 年底，通过普查确定全旗非物质文化遗产项目 870 余项，上报巴彦淖尔市有关部门 71 项、传承人 21 人，上报内蒙古自治区有关部门 5 项、传承人 4 人。

2011 年，旗人民政府投资近亿元建成总面积为 1.5 万平方米的市民中心，内设“七馆一院”（图书馆、文化馆、体育馆、博物馆、成就展馆、非遗展馆、科技馆、影剧院）。同时，完成 6 个社区文化活动室的建设任务。投入资金近 2 亿元，实施市民中心、苏木、镇综合文化站、草原书屋、秦长城修缮等文体建设工程。

2012 年，全旗 111 个单位帮扶 8 个苏木、镇嘎查村文化建设，帮扶资金达 444.7 万元，全部用于各地文化站、文化活动中心、文化大户活动场地建设。同时，旗文体局争取上级资金 156 万元，完成 6 个苏木、镇的文化站配套设施建设，建成草原书屋 80 处，购置音响服饰道具 300 套，全部发放到各苏木、镇文化站。至年底，全旗建成苏木、镇文化站 9 个、草原书屋 80 个、村嘎查文化室 51 个和文化大院（户）26 个；各镇、苏木、村组还组建基层文艺宣传队 30 个、秧歌表演队 24 个，演员达 700 余人。

2011—2012 年，乌拉特中旗以石艺文化园为载体，重点培养发展具有地域特色的玉文化、民族手工艺品、奇石、根雕和木雕等产业，风蚀冰臼地质公园一、二期工程完工，珠丽格泰创业园投用，希热庙旅游资源开发进程加快，推出以海流图镇为中心向周边延伸的 4 条精品旅游线路，鼓励牧民创办小型多点的生态“草原牧户游”，让游客真正体验牧民的生活。2 年中，全旗共接待游客 52.65 万人次，实现旅游收入 1.2 亿元。

2011 年，乌拉特中旗被文化部评为“中国民间文化艺术之乡”，被内蒙古自治区文化厅命名为“蒙古族民间民俗文化生态保护区”。

第三节　社会事业

一、“七五”计划时期后 3 年（1988—1990 年）

1988—1990 年，全旗教育共投资 514.97 万元，新建、翻建校舍 25003 平方米，更新桌凳 7145 套（单人），共培训教师 536 人（次），共被录取大学生 186 人，中专生 461 人。全旗共评定高级工程师

28 人,工程师 926 人,助理工程师 1083 人,技术员 1119 人。科技项目获国家部级奖 1 项,内蒙古自治区级奖 2 项,巴彦淖尔盟级 8 项,新能源推广项目受到能源部的表彰。1988 年后,在全内蒙古自治区爱国卫生运动“阿吉奈”奖评比中,海流图镇进入城镇甲级组;1989 年,在自治区爱国卫生运动“阿吉奈”奖评比中,海流图镇被评为甲级组第三名,在全巴彦淖尔盟“银鱼”奖竞赛评比中连续 3 年获得第一名,保持“三连冠”。城镇建设取得新成果,3 年中,海流图镇共修建油路 5.5 千米、砂石路 4 千米,埋设下水道 2512 米,疏通道路 7 条,自来水普及率达 90% 以上,城镇绿化覆盖率达到 13%。

二、“八五”计划时期(1991—1995 年)

1991—1995 年,全旗科技兴牧兴农兴工为经济发展增添活力,有效提高科技水平和科技含量。教育事业领先地位明显增强,得到全社会重视,九年义务教育、民族教育、职业教育、成人教育和扫盲教育取得新成效。1995 年,全旗小学学龄入学率达到 95.4%,小学生升学率达到 91.6%。计划生育工作取得新成绩,人口出生率为 15.7‰,计划生育率为 95.8%,人口自然增长率为 15.09‰,圆满完成人口计划。邮电、交通事业有新发展。程控电话接通,交通条件改善,极大地改善全旗投资环境。流通体制改革和市场体系建设的步伐加快,对外开放的新格局基本形成。全旗社会商品零售总额完成 13810 万元,对外贸易额达到 2345.8 万元。财政、金融运行基本平稳,新税制的正常运行和政府行政手段的加强,使财政收入稳定增加,财政收入完成 2127 万元,创历史最高水平。

三、“九五”计划时期(1996—2000 年)

1996—2000 年,全旗社会需求回升,经济增长加快,企业效益明显提高,绒毛价格回升,促进财政收入持续增长。2000 年,全旗地方财政收入完成 4375 万元;银行各类存款余额 37932 万元,各类贷款余额 34136 万元,净投放货币 27810.1 万元,有力支持地方经济快速发展。农牧区扶贫、城镇解困及再就业工作成效显著,改善再就业市场,筹资 200 多万元的富海商城开业营运,安置下岗职工 165 人。全旗共投入无偿资金 75.85 万元,其中,巴彦淖尔盟财政投入扶贫资金 57.54 万元,旗级投入扶贫资金 18.31 万元,群众自筹 42.83 万元。实施以水为中心的农业基础设施建设,大力改善生产条件,民办教育得到新发展,小学生升学率达到 100%,计划生育工作成绩突出,人口自然增长率、出生率、计划生育率均低于计划控制目标。同年 8 月,举办庆祝旗人民政府成立 50 周年暨那达慕大会。大会期间,共签订合作项目 27 个,签约金额达到 2.63 亿元。

四、“十五”计划时期(2001—2005 年)

2001—2005 年,全旗各项综合改革深入推进,社会事业全面发展。教育资源不断优化整合,教师全部实行聘用制,农牧区中小学实现集中办学。全面推行医疗卫生机构院长聘任制,公共卫生体系建设得到加强。公益事业改革步伐加快,顺利完成热力公司民营化改制。深入开展农牧区税费改革,圆满完成苏木、乡镇机构改革。科普覆盖面进一步扩大,科技成果转化率达到 70%。民政双拥、民族宗教、就业再就业、人口与计划生育、文化体育等各项社会事业取得新成绩,被评为全国双拥模范旗和全国民族团结进步模范集体。民主法制建设进一步深化,“四五”普法顺利完成,政府职能转变步伐加快,社会治安综合治理、信访、安全生产等工作得到全面加强。认真落实党在农村牧区的各项政策,累计发放粮食直补 768 万元、良种补贴 100 万元、农机具补贴 18 万元,提前一年全面免征农牧业税及附加,农牧民负担大幅减轻。城镇养老保险、失业保险、最低生活保障、扶困助学覆盖面进一步扩大,基本医疗保险、工伤保险、生育保险、医疗救助不断完善,并在全区率先启动牧区低保工程，城乡社会救助体系初步形成，城乡居民生产生活条件进一步改善。

五、“十一五”规划时期（2006—2010 年）

2006—2010 年，全旗三次产业全面发展，哈萨尔财富广场建成投用，农贸市场、珠丽格泰创业园开工建设，市场经营环境明显改善。工商银行、蒙银村镇银行、小额贷款公司、包商银行等多家金融机构竞相入驻，金融环境明显改善。万村千乡市场工程成效明显。积极落实各项惠农惠牧政策，共计发放各类补贴资金 5.9 亿元。社会保障体系逐步健全，参保人数累计达到 11.5 万人（次），财政对社会保障的补助支出累计达 5.4 亿元。进一步完善城镇居民基本医疗保险制度，率先在全巴彦淖尔市启动牧民养老保险制度，参保牧民达 9357 人。不断加强城乡低保工作，累计发放低保资金 8738 万元，保障人数达 1.5 万人。建成廉租房 721 套、3.3 万平方米。出台农村牧区学生免费乘车补助政策，财政安排资金 400 万元，惠及农牧区学生 4460 人。新型农村合作医疗全面实施，参合率达 99.5%。积极拓宽就业渠道，城镇登记失业率控制在 4% 以内。坚持教育优先发展方针，累计投入资金 2.1 亿元，实施校园安全工程等一大批教育基础工程，硬件设施得到明显改善，教育教学质量不断提升。卫生医疗条件不断改善，投资 6600 多万元，实施旗人民医院标准化建设、妇幼保健院和石哈河镇中心卫生院扩建等工程。

六、“十二五”规划时期前 2 年（2011—2012 年）

2011—2012 年，全旗社会各项事业协调发展。教育工作全面推进，启动全民兴教工程，每年投入资金近 1000 万元，建立教师激励机制，招聘高中名师 9 名、幼儿教师 20 名，完成蒙古族幼儿园综合楼、口岸学校及第一小学教学楼等工程。卫生事业快速发展，旗人民医院和中蒙医院整体搬迁，硬件设施走在全巴彦淖尔市各旗县（区）的前列，实施“人才引进计划”和“名医工程”。发放小额贷款 2011 万元，年发放贷款 1254 万元，城镇新增就业 1328 人。2012 年发放贷款 3576 万元，城镇新增就业 961 人。市民中心“七馆一院”、珠丽格泰创业园投入使用。新建占地 5000 平方米的海流图镇救灾物资储备库和 3540 平方米的牧区型中心敬老院。继续推进社会救助工作，城乡低保年补助标准分别提高 468 元和 240 元，年支出保障金 3767.6 万元；发放优抚、老龄等供养经费559.6万元。

第五章　综合政务

第一节　法制建设

1991 年 2 月,乌拉特中旗人民政府法制办公室成立,与同年成立的乌拉特中旗行政复议办公室合署办公,实行一套人员,两块牌子,均隶属于政府办公室。

2004 年,政府法制办公室依据《中华人民共和国行政许可法》和《内蒙古自治区实施行政许可法和行政审批制度改革工作方案》的要求,着手审查 1990—2003 年的政府、政府办公室文件 3988 件,决定废止文件 30 件、修改文件 5 件;完成 41 个行政单位行政审批事项排查摸底工作,审核 192 项行政审批事项,决定取消 11 项。

2006 年,根据内蒙古自治区《关于全区行政执法人员资格认证的培训及考试的通知》要求,政府法制办公室组织开办全旗行政执法人员资格认证培训班,对考试不合格的执法人员,禁止上岗执法。

2007 年,全面梳理行政权力,全旗具有行政执法主体资格单位 63 个,其中,法定行政执法机关 39 个,法律法规授权执法单位 18 个,集中执法部门 2 个。行政执法主体执行的有效法律、规章 440 部;具有行政执法职权 1178 项,其中行政处罚 835 项,行政许可 158 项,行政强制 37 项,行政征收 58 项,行政确认 49 项,行政给付 21 项,行政裁决 10 项,其他 10 项。

2012 年,对全旗所有依法实施行政管理职能的行政机关,法律、法规授权行使行政执法职能的组织,受行政机关委托对行使行政执法的组织的主体资格进行全面清理确认。

第二节　办文办会

一、发文收文

政府办公室下设综合室,负责承办和受理各类文件。

1988—1992 年,全旗制发政府各类文件 933 件、办公室各类文件 732 件、常务会议纪要 40 期、党组会议纪要 37 期、旗长办公会议纪要 1 期、各类专题会议纪要 137 期。

1993—1997 年,全旗制发政府各类文件 1126 件、办公室各类文件 1018 件、常务会议纪要 16 期、党组会议纪要 10 期、旗长办公会议纪要 5 期、各类专题会议纪要 109 期。

1998—2002 年,全旗制发政府各类文件 626 件、办公室各类文件 1242 件、常务会议纪要 1 期、旗长办公会议纪要 26 期、各类专题会议纪要 104 期。

2003—2007 年,全旗制发政府各类文件 1058 件、办公室各类文件 1454 件、常务会议纪要 21 期、旗长办公会议纪要 11 期、各类专题会议纪要 224 期。

2008—2012 年,全旗制发政府各类文件 1468 件、办公室各类文件 2002 件、常务会议纪要 19 期、旗长办公会议纪要 20 期、各类大型会议纪要 196 期。

二、文件管理

政府办公室下设文书室,负责各类文件管理。国务院、内蒙古自治区人民政府、巴彦淖尔盟行政公署（市人民政府）所发文件，由旗长、副旗长、办公室主任传阅后及时整理，保证正文与附件完整，于每年 9 月前移交机要局存档。旗人民政府、政府办公室所发文件，由政府分管旗长或旗长签发，整理完整，妥为保存，于每年 9 月底前送旗档案局归档。

三、文件翻译

政府办公室下设翻译室，负责全旗召开的各种代表大会、大型会议材料、领导重要讲话、重要文件、市面牌匾蒙及各苏木、镇（场）相关材料的汉译蒙工作。

1988—1992 年，共计翻译文字材料 162 份、46.25 万余字。

1993—1997 年，共计翻译文字材料 172 份、48.43 万余字。

1998—2002 年，共计翻译文字材料 132 份、39.75 万余字。

2003—2007 年，共计翻译文字材料 127 份、38.1 万余字。

2008—2012 年，共计翻译文字材料 118 份、35.4 万余字。

四、会议筹备

政府办公室综合室负责政府各类会议筹备工作。

1988—1992 年，筹备政府常务会议 40 次、政府党组会议 37 次、旗长办公会议 1 次、各类专题会议 137 次。

1993—1997 年，筹备政府常务会议 16 次、政府党组会议 10 次、旗长办公会议 5 次、各类专题会议 109 次。

1998—2002 年，筹备政府常务会议 1 次、旗长办公会议 26 次、各类专题会议 104 次。

2003—2007 年，筹备政府常务会议 21 次、旗长办公会议 11 次、各类专题会议 224 次。

2008—2012 年，筹备政府常务会议 19 次、旗长办公会议 20 次、各类专题会议 196 次。

五. 请示与报告

1988—1992 年，旗人民政府向上级部门上报请示 65 件、报告 96 件。

1993—1997 年，旗人民政府向上级部门上报请示 245 件、报告 143 件。

1998—2002 年，旗人民政府向上级部门上报请示 94 件、报告 137 件。

2003—2007 年，旗人民政府向上级部门上报请示 193 件、报告 142 件。

2008—2012 年，旗人民政府向上级部门上报请示 226 件、报告 185 件。

第三节　政务督查

1988—2012 年，旗委、旗人民政府督查室严格按照工作程序认真办理，做到随收随办、急事急办、特事特办，按时限要求办结并及时反馈办理结果。对苏木、镇（场）和部门的办理报告认真审核、严格把关、注重实效。注重对办理人大代表议案、政协委员提案单位的指导协调、督促检查、审核把关，使人大代表和政协委员满意。根据旗领导批示，采取现场办结、电话催办、座谈协调等方式迅速办理。人大代表和政协委员的满意度达到 100%。

第四节　外事与接待

一、外事工作

1988—2012 年，乌拉特中旗人民政府外事部门认真贯彻对外方针政策，进一步加强与公安、统战、宣传等相关部门的联系，定期对旗直范围内的外国人员进行登记，加强对非政府组织、外国记者采访、城区外国人员的管理。

2009—2012 年，乌拉特中旗共审核、申报各类因公出国(境)8 批，21 人次。

1988—2012 年乌拉特中旗因公出国(境)审核申报一览表

表 6－8

年　　份	因公出国(境)批次	因公出国(境)人次	目的地
2009	2	7	蒙古国
2010	4	11	蒙古国
2011	—	—	—
2012	2	3	蒙古国
合计	8	21	—

二、接待工作

1988—2012 年，乌拉特中旗人民政府接待部门共接待各级考察团 14530 批(次)、333718 多人(次)，其中内蒙古自治区内 14058 批(次)、328400 多人(次)，内蒙古自治区外 472 批(次)、5318 多人(次)；各类大型会议接待 9967 多批(次)、189355 多人(次)，其中内蒙古自治区内 9660 批(次)、185908 多人(次)，内蒙古自治区外 307 批(次)、3447 多人(次)。

1992—2012 年乌拉特中旗接待各级考察团与会议一览表

表 6－9

年份	接待考察团				接待会议			
	自治区外		自治区内		自治区外		自治区内	
	团体(个)	人员(人)	团体(个)	人员(人)	团体(个)	人员(人)	团体(个)	人员(人)
1992	6	58	123	3000	2	20	75	528
1993	7	60	150	3100	2	10	89	1050
1994	7	70	180	5600	3	12	125	1350
1995	10	110	200	6000	4	24	130	2500
1996	10	120	236	6500	4	30	150	4600
1997	12	110	260	7800	7	25	185	5980
1998	12	120	281	8900	6	31	196	6850
1999	16	150	302	10000	12	70	210	7230
2000	18	190	358	11000	14	125	235	7840
2001	20	220	360	12000	16	185	241	8650
2002	23	200	409	13000	15	133	239	9430
2003	20	180	380	10000	12	105	255	8140
2004	25	290	603	14500	16	195	410	10500
2005	24	300	703	16000	19	209	520	12890

续表 6－9

年份	接待考察团				接待会议			
	自治区外		自治区内		自治区外		自治区内	
	团体（个）	人员（人）	团体（个）	人员（人）	团体（个）	人员（人）	团体（个）	人员（人）
2006	26	320	800	18000	21	213	580	12960
2007	25	360	1002	20000	22	224	670	14500
2008	28	370	1100	23000	24	281	750	16900
2009	30	390	1305	28000	21	314	880	18980
2010	33	400	1500	32000	23	335	1080	2350
2011	40	500	1806	38000	26	400	1290	2590
2012	80	800	2000	42000	38	506	1350	30090
合　计	472	5318	14058	328400	307	3447	9660	185908

第五节　机关事务管理

一、安全保卫

2010 年开始，旗人民政府安全监控实行 24 小时值班制度，对楼内公共区域，尤其是重要楼层进行全天监控，随时监督、预防、维护大楼的正常工作秩序。对机动车辆管理，由监控室、车辆管理人员、门岗人员形成共同配合的管理模式，疏导车辆有序安全出入停车场。加强消防安全保障工作，加强安全消防管理，组织安保部人员进行消防安全培训，组织消防演练，以提高防范意识，强化消防事故应急处理能力。截至 2012 年 12 月 31 日，累计完成大型会议安保任务 115 次。

二、会议服务

2010—2012 年，旗人民政府会务工作中做到“六个提前”（预定登记提前、卫生保洁提前、音响调试提前、灯光检查提前、服务人员到位提前、会场布置提前）；会中服务时做到标准、规范、细心，保证会场温度适宜，环境卫生整洁，台面摆件井然有序，服务人员服务及时，会场行走步伐轻快，提供细致入微、周到温馨的会议服务；会后及时清洁保洁，时刻保持会场处于备用状态，并合理安排人员进行轮流值班，保证节假日期间的会议照常召开。截至 2012 年 12 月 31 日，共完成会议接待任务 2658 次，共 113426 人次，其中报告厅使用 115 次，接待参会人员 33624 人次，得到各级领导和参会人员的一致好评。

三、工程维修保养

2010—2012 年，机关事务管理部门坚持“加强巡查、及时维修、定期维护”的制度，力求先知、先觉、先行，对小型设施设备定时检查，及时维修，对大型设施设备定期维护，及时保养，责成专人管理水泵房、饮水机、净水器，并做好各项检查和维护记录。

（一）电梯维保

安全检查、维护检修在先，每年定期由特种设备检验所进行年检，每半月对 4 部电梯进行维修保养，视运行情况进行清洁、润滑、调整、更换零部件等；电梯运行实行专人管理，管理人员取得特种设备作业人员证，并对设备维护科全体人员进行培训学习，掌握电梯急救技能，提高全体人员应急处理能力，保障电梯安全运行。

(二)二次供水

制定《二次供水卫生管理制度》和《应急处理预案》,设专人管理饮水泵房,每年为供水操作人员办理健康证,每年定期对饮用水箱进行2次消毒清洗,并进行水样化验,保障楼内饮用水安全可靠。

(三)维护工作

每年雇用特种专业人员对大楼外墙玻璃进行全面清洗;每年安排在"五一"和"十一"长假期间,对化粪池进行清掏疏通,并注水清洗化粪池管道,以及清理7个渗水井,每次清运40余车,保障主管道排污顺畅。2012年,在时间紧、任务重的情况下,与亮化施工方积极配合、密切协调,保证在"两个文明现场会"召开之前,保质保量,如期完成亮化任务,为旗内重大节日和大型活动增添亮点;2012年购买扬尘60米的水泵并更改上水管道,同时在9楼增加压力罐2部,解决大楼运行后7层以上楼层一直不能正常供水的问题。2012年,对楼顶防水进行维修,雨季来临后,再没有出现漏水现象;同年,由于室内温度较低,增设4~9楼分水器箱检查口32处,在报告厅外围和主席台增加暖气片共588片,5间办公室增加彩暖130片;同年,更换门禁(车杆)系统,通过更新改造,改变往年门禁系统感应不灵、遇气温零下20℃左右无法正常使用的问题。

四、节能工作

2011年起,机关事务管理部门接手公共机构能源资源消费统计工作;同年6月,派1人参加内蒙古自治区公共机构能耗统计软件培训班,积极做好各单位年度能源消耗统计上报工作,积极从自身做起开展节能降耗工作。以节能减排宣传活动为契机,利用LED大屏进行文字和图片宣传;制定各部门消耗品预算,做到低值易耗品有计划领用,零配件、耐用品以旧换新;保证全天24小时定时对全楼各类设施设备进行巡查巡检,及时关水闭电,坚决杜绝长流水、长明灯现象;将步行楼道内电源改为声光感应开关,缩短开启照明时间,同时对楼层过道、公共区域的电源线路也进行整改,把每组照明灯管由三根改为一根照明,会议室、报告厅、走廊大厅等重点用能区域逐步推进LED照明灯具的更换使用,已更换节能灯171支,既不影响采光,又做到高效节能;将卫生间共295个感应器出水控制进行调节,使出水量均匀适中,杜绝浪费。

五、环境卫生

为保证大楼内干净整洁的办公环境,机关事务管理部门合理调配安排人员,每层楼楼道、每部电(步)梯设保洁员各1名。每日对卫生区域进行6次以上不间断式的清扫,确保大楼环境卫生干净整洁。在努力做好楼内公共区域的卫生清洁、保洁等常规性工作的同时,管理人员合理进行人员调配,按月按季度安排地毯大清洗,二楼大厅墙面、玻璃的清洁清洗,对步行台阶、拐角、踢脚线、门底边等死角卫生进行全面清洁,保证大厅、走廊地面一尘不染,卫生间干净整洁,楼内卫生无死角。

第六节　信息化建设

一、管理机构

1996年,乌拉特中旗信息中心成立,是旗人民政府办公室的二级单位,准科级建制,全额拨款事业单位;内设机构3个:办公室、网络股、文印股;核定事业编制10名。至2012年底,旗信息中心内设机构未发生变化,核定事业编制10名,实有干部职工9人。

二、电子政务建设

2008年,旗人民政府投资更新楼内局域网线路和设备,网络的覆盖面达到100%,为办公自动化打下基础。至年底，彻底改版“乌拉特中旗政务信息网”，使全旗在信息化时代做到透明公开，展现全旗自然资源、旅游、招商引资、口岸经济、工业园区、政务公开等信息，从而更好地宣传中旗。下半年，由巴彦淖尔市委政法委和信息办组织的内蒙古自治区—盟市—旗县3级电子政务、视频会议专网全面开通，实现网上办公和电视电话会议。

2009年，按照中共巴彦淖尔市委员会办公室下发文件要求，旗信息中心进一步扩建、优化、升级、改造，电子政务外网实现和市级电子政务外网的对接。

2010年，旗电子政务外网施行升级改造后，旗信息中心按照巴彦淖尔市信息办公室的具体要求，在相关单位全力配合下，完成新区党政大楼高标准高质量中心机房和综合布线建设，建成全旗统一的高可靠性、稳定性和安全性的电子政务网络平台。同年，旗信息中心对政府门户网站（www. wltzq. gov. cn）进行全新改版，各栏目更具体、更全面、更科学，整体网页美观、内容丰富，后台管理技术更加先进，服务更加完善，信息内容每天上传1～2条信息。政府门户网站改版后，由原8个栏目归类为4个栏目：走进中旗、政务公开、服务公众、互动交流。“走进中旗”栏目全面介绍乌拉特中旗地理位置，占地面积，地质情况，地貌特征，气候、水文、土壤、植被情况，矿产、水、草场、森林、野生动植物、旅游等资源情况；“政务公开”栏目主要用于公开重点涉及全旗公民、法人或者其他组织切身利益，与群众息息相关的民生事项，各类行政法规和规范性文件，旗政府重大决策，各项惠民政策的落实情况，事业单位招录工作人员，政府采购，行政许可项目及办理情况等。“服务公众”栏目细化为网上审批、服务公众直通车、快速通道、分类导航等几个实用类目，方便公众使用。“互动交流”栏目包含互动交流、领导信箱、在线信访、举报投诉、建言献策等板块，使用更方便、更快捷。

2012年，乌拉特中旗电子政务外网与巴彦淖尔市信息办公室统一规定使用的电子政务平台专用应用软件系统对接。所有系统全部正常运行，旗委办公室、政府办公室、旗委政法委员会、旗委宣传部、旗气象局等相关单位收发文和业务处理已在电子政务网上运行。

第六章　信访工作

第一节　机　构

1988 年，乌拉特中旗设有信访办公室，为旗人民政府办事机构。

1992 年 11 月 20 日，旗委下发《关于乌拉特中旗旗直机关机构设置方案的报告》（党发〔1992〕49 号），撤销信访办公室，并入政府办公室。

2002 年 5 月 16 日，旗人民政府办公室下发《关于印发〈乌拉特中旗信访工作领导小组办公室职能配置、内设机构和人员编制方案〉的通知》（乌中政办发〔2002〕60 号），核定旗信访办公室不设内设机构；旗信访办公室机关行政编制 3 名，其中主任 1 人、副主任 1 人；另核定机关工勤人员事业编制 1 人。同年 9 月 15 日，实有主任 1 人、副主任 2 人、干部 1 人、司机 1 人。

2007 年 7 月 13 日，旗机构编制委员会下发《关于旗信访办更名的通知》（乌机编发〔2007〕4 号）文件，乌拉特中旗信访办更名为内蒙古乌拉特中旗信访局。更名后，原隶属关系、机构规格、人员编制和领导职数等均不变。

2010 年 11 月 16 日，巴彦淖尔市机构编制委员会下发《关于乌拉特中旗政府机构改革后调整、改建、设立事业单位的通知》（巴机编发〔2010〕43 号），决定设立社会矛盾排查调处和投诉中心，旗社会矛盾排查调处和投诉中心为旗人民政府办公室二级事业单位。

2011 年 7 月 4 日，乌拉特中旗机构编制委员会下发《关于信访局改建的通知》（乌机编发〔2011〕20 号），核定旗信访局在政府办公室挂牌子，设立旗社会矛盾排查调处和投诉中心，相当于科级建制，领导职数一正一副，为旗人民政府办公室二级事业单位；收回原信访局的行政编制 3 人；核定旗社会矛盾排查调处和投诉中心事业编制 6 人，另加原信访局工勤编制 1 人，总编制为 7 人，其中领导职数 2 人，一正一副。内设机构有办公室、督查室、接访一室（城镇建筑领域接访室）、接访二室（农牧区接访室）。

2012 年底，乌拉特中旗信访局内设机构未发生变化，核定编制 7 名，实有职工 12 人，其中领导职数 2 人，一正一副。

第二节　体制与机制改革

1988 年，信访制度的核心内容成为化解矛盾、实现公民的权利救济。当时，乌拉特中旗设有信访办公室，为旗人民政府办事机构。

1995 年 10 月，国务院正式颁布实施《信访条例》，由此也标志着全国信访制度建设进入一个新的历史阶段。

2002 年，乌拉特中旗核定旗信访办公室承担行政职能。

2005 年，国务院重新修订并颁布《信访条例》，从信访目的、管理模式、信访程序等多个方面对于原有的信访制度进行改革，形成现有的信访制度体系。

2007 年,乌拉特中旗信访办更名为内蒙古乌拉特中旗信访局。更名后,原隶属关系、机构规格、人员编制和领导职数等均未变。

2011 年,核定旗信访局在政府办公室挂牌子,设立“旗社会矛盾排查调处和投诉中心”,相当于科级建制,为旗政府办公室二级事业单位。全旗信访工作在严格执行《信访条例》的同时,在拓宽信访渠道、维护群众合法权益等方面创造诸多好的经验做法。

第三节　来信来访

一、信访接访

1988—2012 年,全旗共受理群众来访 1830 批、8962 人次(包括重复来访登记),其中,集体访 404 批、6814 人次,个体访 1426 批、2148 人次。

1988—2012 年乌拉特中旗党委政府信访局受理群众来信来访情况表

表 6－10

年份	来信件数（件）	来访次数		其中			
		来访批次	来访人次	集体访批次	集体访人次	来访批次	来访人次
1988	36	33	33	0	0	33	33
1989	397	17	17	0	0	17	17
1990	36	35	51	0	0	35	51
1991	8	37	55	0	0	37	55
1992	6	32	43	0	0	32	43
1993	4	39	62	0	0	39	62
1994	9	40	72	4	28	36	44
1995	7	42	96	8	56	34	40
1996	44	41	198	10	163	31	35
1997	22	46	426	11	391	35	35
1998	34	55	336	14	286	41	50
1999	39	124	338	17	179	107	159
2000	23	50	185	10	124	40	61
2001	24	24	274	10	257	14	17
2002	22	52	481	14	418	38	63
2003	32	57	218	8	149	49	69
2004	21	64	191	7	106	57	85
2005	23	73	578	20	481	53	97
2006	21	97	227	9	95	88	132
2007	26	71	279	14	188	57	91
2008	21	50	179	8	120	42	59
2009	20	44	129	4	68	40	61
2010	23	347	1876	104	1480	243	396
2011	26	360	2618	132	2225	228	393
2012							
总计	924	1830	8962	404	6814	1426	2148

二、信访案件分析

1988—1995 年，乌拉特中旗群众信访反映的问题主要集中在 5 个方面：不服处理问题、批评建议问题、揭发控告问题、精减问题、“文化大革命”遗留问题。

1996—2000 年，乌拉特中旗群众信访反映的问题主要集中在 3 个方面：退职问题、下岗工人再就业问题、反映建议类问题。

2001—2005 年，乌拉特中旗群众信访反映的问题主要集中在 7 个方面：土地权属问题、土地建设征用问题、环境污染问题、农牧民生活困难问题、养老保险问题、工资和医疗保险问题、城市建设问题。

2006—2012 年，乌拉特中旗群众信访反映的问题主要集中在 6 个方面：农村土地征用问题、城镇房屋拆迁问题、环境污染问题、工资待遇问题、户籍管理及物业管理、涉法涉诉问题。

三、信访案件办理

1988—2012 年，随着信访工作的不断发展，信访案件的办理工作也发生巨大变化，主要呈现以下特点：信访案件办理工作更加规范、有序，建立健全信访事项受理、立案 、告知、答复、回告、审结、复查、复核、听证等程序；全面启动运行新信访信息网上受理系统，开通信访热线，为全面做好信访工作提供强有力的组织保障和制度保障，努力营造“法治信访”“和谐信访”氛围。

四、矛盾纠纷排查

1988—2012 年，旗信访部门按照“属地为主、条块结合”原则制定矛盾纠纷排查工作制度，坚持及时排查、滚动排查、专项排查 3 种排查方法，确保排查不留死角。深入开展领导干部“大接访、大下访”活动，使之长效化、制度化，严格落实“旗领导坐班接访”“旗领导包片、包案化解信访事项”等制度。对上级交办的重点信访事项由旗四大班子成员包片、包案化解，落实“五包”责任。旗主要领导定期听取重点隐患排查和信访事项化解进展等相关情况汇报，与四大班子包片、包案领导共同研究化解方案。

2008—2012 年，有效化解 1993 年辞职人员全部纳入社保和医疗保险，对生活困难的家庭纳入城镇低保；对失地牧民通过就业、给予生活困难救助、实施游牧民定居工程等项目从生产生活等方面给予关心和帮助；协调解决农民工工资千万余元等一批群体性信访积案，使信访存量大幅下降，群众越级访量明显减少。

五、信访督查督办

2010—2012 年，旗信访局督查室联合旗委组织部、纪委（监察局）、旗委政府督查室，对上级交办案件加大督查督办工作力度，提高督查工作效能和权威，加强对重点地区、重点领域、重点事项的跟踪督查和问效，对工作中存在的问题及时提出整改意见，督促落实。对上级集中交办的重点督办信访事项，报结率达 100% 。

2010—2012 年，旗信访局共报送《昨日访情》660 期、《信访专报》36 期、《信息简报》156 期。

第七章　应急管理

第一节　组织领导

2010 年，乌拉特中旗应急管理办公室成立，与旗人民政府总值班室合署办公。由旗人民政府分管副旗长担任总负责人，旗人民政府办公室主任兼任应急管理办公室（总值班室）主任，旗人民政府办公室分管副主任负责应急管理办公室日常管理工作。旗应急管理办公室成员单位包括公安、交警、消防、城管、教育、卫生、安监、综治、信访、民政、残联、红十字会、财政、各镇、苏木及有关驻旗单位。

乌拉特中旗应急管理办公室成立后，制定印发《乌拉特中旗突发公共事件应急预案》；新建应急指挥平台，并与各镇、苏木及各有关部门实现网络互联互通，资源共享，从而完善全旗的应急预警机制。旗应急管理办公室始终坚持 24 小时应急值班制度，由旗人民政府办公室全体工作人员轮流值班，政府办公室各副主任在办公室主任带领下轮流带班。

第二节　防洪防汛预案

一、预防准备工作

汛前组织水务、住建、海流图镇政府对防洪工程、排水设施进行一次彻底检查、清障，对破损的市政设施维修加固，及时修复水毁工程，并安排专人开启排洪水口，确保市政防洪工程、排洪设施的正常运行。对镇区内的危旧民房、低洼积水街区进行一次细致的摸底调查，做好危房居民的搬迁、房屋加固和排水疏通等工作，做到对防汛工作的早预防、早落实。成立海流图镇防洪抢险应急队伍，并由海流图镇、城建局负责落实抢险机械和物资。

二、应急响应方案

按洪涝灾害的严重程度和范围，将应急响应行动至高向低分为四级。其中，当城区 24 小时降雨量达 25 ~ 50 毫米时，为Ⅳ级应急响应；当城区 24 小时降雨量达 50 ~ 100 毫米以上或堤防、滞洪区工程出现险情时为Ⅲ级响应；当城区 24 小时降雨量达 100 ~ 150 毫米以上或堤防、滞洪区工程出现严重险情者为Ⅱ级响应；当城区 24 小时降雨量达 150 毫米以上或堤防、滞洪区工程发生垮坝或重大险情时为Ⅰ级应急响应。进入主汛期，防汛指挥部应实行 24 小时值班制度，全程跟踪雨情、水情、工情、灾情，并根据不同情况启动相关应急程序。防汛指挥部成员单位应按照指挥部的统一部署和职责分工开展工作，并及时报告有关工作情况。洪涝灾害发生后，由防汛指挥部各部门负责组织实施抗洪抢险、排涝减灾和抗灾救灾等方面的工作。当发生前述大到暴雨和局部灾害情况后，旗防汛各成员单位要抓好安置灾民、医疗防疫、恢复灾区水电、道路、通信等基础设施和恢复生产工作。

第三节　抗震防震预案

一、地震灾害分级

地震灾害分为特别重大、重大、较大、一般四级。

乌拉特中旗地震灾害分级标准

表6－11

地震灾害分级	分级标准			
	震　级	预评估结果		
		死亡人员(含失踪)	经济损失	社会影响度
特别重大 地震灾害	发生 M≥7.0 级 人口较密集地区	300 人以上	直接经济损失占上年国内生产总值1%以上	社会影响
重大 地震灾害	人口较密集地区 发生 6.0≤M＜7.0 级	50～300 人	严重经济损失	社会影响重大
较大地震灾害	人口较密集地区 发生 5.0≤M＜6.0 级 人口密集地区 发生 4.0≤M＜5.0 级	10～50 人	较重经济损失	社会影响较大
一般地震灾害	人口较密集地区 发生 4.0≤M＜5.0 级	10 人以下	一定经济损失	一定社会影响

说明:符合Ⅰ级响应级别的应急工作接受国务院和自治区抗震救灾指挥机构的领导,Ⅱ级响应级别的应急工作接受自治区抗震救灾指挥机构的领导。符合Ⅲ、Ⅳ级响应级别和条件的地震发生后,分别由旗、苏木、镇根据震情和灾情确定响应级别。

二、监测报告

(一)地震监测

乌拉特中旗地震站对地震监测信息进行监测、传递、分析、处理、储存和报送;各群测群防网点观测地震宏观异常并及时上报;地震站对全旗各类地震观测信息进行接收、储存和常规分析处理,并及时与巴彦淖尔市地震局和邻近旗县区联系沟通。

(二)震情速报

对旗域内发生的3.0级以上或有感地震,地震站及时与市地震局核实,按照《地震速报管理规定》快速向旗委、旗人民政府及有关部门报告地震发生时间、地点、震级、震源深度等参数,并及时续报有关情况。邻近地区发生的4.0级以上地震,旗地震站负责在震后快速向旗委、旗人民政府及有关部门报告各项参数。

(三)灾情报告

地震灾害发生后,灾区所在各镇、苏木及时将震情、灾情等信息报旗人民政府,同时抄送地震、民政部门,必要时可越级报告,不得延报、误报和谎报。

第八章　行政监察

第一节　机　构

1988 年 2 月，乌拉特中旗监察局设立，旗监察局是旗人民政府负责行政监察工作的专门机构，正科级建制，列入旗人民政府组成机构序列。内设机构 4 个：办公室、案件管理室、执法监察室、案件检查室；核定行政编制 13 名，实有工作人员 10 人。

1993 年 3 月，乌拉特中旗监察局与乌拉特中旗纪律检查委员会合署办公，实行一套工作机构、两个机关名称的体制，履行中共纪律检查和政府行政监察两种职能，对旗委全面负责，监察局仍属于政府序列，受旗人民政府领导，其工作职能与纪检职能交叉，工作性质和工作权限不变。旗监察局与旗纪委合并后，内设机构 8 个：办公室、信访室、纪检监察一室、纪检监察二室、案件审理室、执法检查室、党风廉政室、宣教调研室；核定行政编制 23 名、工勤编制 3 人，其中领导职数 3 人，一正二副。

1994 年 8 月，旗纪委监察局内设机构纪检监察一室、纪检监察二室被撤销。

1996 年 1 月，旗纪委监察局增设案件检查室；同年 4 月，案件检查室改为纪检检查室。至此，旗纪委监察局内设科室 7 个：办公室、宣传教育调研室、纪检检查室、案件审理室、信访室、执法监察室、党风廉政建设室。

2005 年，旗纪委监察局增设旗人民政府纠正行业不正之风领导小组办公室（简称“纠风办”）。同年 5 月，增设效能监察室，与优化经济发展环境办公室（简称“优化办”）为一套人员，两个牌子。

2009 年，旗纪委监察局工作职能室由 7 个增加为 9 个：办公室、案件检查室、案件审理室、党风廉政室、信访室、宣传教育室、执法监察室、纠风室、效能监察室（优化办）。

2012 年底，旗纪委监察局内设机构 7 个：办公室、案件检查室、案件审理室、党风廉政室、信访室、宣传教育室、执法监察室；核定行政编制 21 名、事业编制 4 人、工勤编制 3 人，其中领导职数 13 人，二正十一副。

第二节　机关作风建设

1988 年 5 月，旗监察局制定各股室岗位责任制，内容包括办公室、监察股、审理股、信访股职责制度。制定机关工作岗位责任制，内容包括局长、副局长、股长（主任）、副股长（副主任）、工作人员岗位职责制度。制定财务财产管理制度，内容包括财务管理制度、财产管理制度。

1990 年，旗监察局制定机关行政事务管理制度，并经全体干部职工会议通过。内容包括局机关办公制度、学习制度、文书管理制度、保密制度、请销假制度、督办制度、小汽车使用和管理制度，同时对机关财务管理制度和财产管理制度进行补充、修改和完善。

1991 年，旗监察局对局机关行政管理制度再次进行修订和完善，补充完善请销假制度、经费及公物管理工作制度、小汽车管理制度，同时补充制定星期日、节假日、夜间值班制度，打印材料管理制度等。

2003 年 3 月，旗纪委监察局补充完善机关学习制度、勤政廉政制度和车辆管理制度。

第三节　廉政教育

1988—1992 年，按照中共十三届六中全会精神，重点开展拒腐防变教育、党的优良传统作风教育，集中进行《中国共产党章程》和党风党纪条规的普及教育。

1993—2000 年，旗纪委监察局为加深教育效果，同旗委组织、宣传部门密切配合，注意改进教育方法，探索和开拓“办班培训”“党员函授教育”“指定读本、定期考核”等丰富多样、行之有效的教育形式。借鉴赤峰市纪委在开展党纪教育中总结的“平时抓预防教育、查案中抓个别教育、结案后抓案例教育、处分后抓回访教育”的“一条龙”教育法和乌拉特前旗开展的电化教育等，使之与全旗的各种教育形式有机结合，并在实践中不断丰富和深化。

2001—2005 年，进一步完善党风廉政宣传教育联席会议制度，将党风廉政宣传教育纳入全旗整体的宣传工作格局中，与全旗宣传教育整体工作同安排、同部署、同落实。以开展“三个代表”重要思想和保持共产党员先进性教育两个主题教育为契机，组织全旗党员干部认真学习《中国共产党章程》、实施纲要、《中国共产党党内监督条例》、《中国共产党纪律处分条例》等党纪条规。利用一批反面典型，对领导干部开展警示教育。同时，以先进典型开展正面宣传教育活动。5 年中，组织大型宣传活动 6 次，播放廉政教育录像 85 场（次），举办党纪知识竞赛 1 次，进行廉政知识测试 6 次，组织征订各类党、政、纪刊物 5200 余册、音像制品 100 多套，编报廉政信息 134 条，被上级采用 57 条（其中，中纪委采用 2 条，内蒙古自治区纪委采用 10 条，中共巴彦淖尔市委员会采用 7 条，中共巴彦淖尔市纪委采用 38 条）。利用党校教育阵地，把党风廉政教育列入党校教育计划，集中培训党员干部 800 人（次）。

2006—2012 年，建立和完善旗、苏木、镇、嘎查村三级反腐倡廉信息网络，与旗委组织、宣传、政法部门和旗信访、审计等部门建立信息联系平台，实现反腐倡廉工作信息共享。建立廉政教育基地。建立廉政文化阵地，在全旗 8 个苏木、镇、22 个嘎查村建立廉政文化阵地，通过文化阵地建设，加强对廉政法律法规的宣传和农牧民党员干部的廉政教育培训。在互联网上建立旗、苏木、镇两级纪检监察网，并实现联网，全面向社会宣传乌拉特中旗的纪检监察工作。加大对廉政准则的贯彻落实力度。结合各类大型文艺活动，进行“反腐倡廉”文艺宣传活动。2009—2012 年，共举办“廉政之春”元宵文化活动 4 届，对全旗人民进行反腐倡廉教育。同时，组织开展廉政书画展、廉政集邮展、元宵廉政灯笼展、廉政书刊热销等活动，在全旗形成浓郁的廉政文化氛围，使廉政文化深入人心。共举办各类廉政培训班 44 期，发放各类宣传资料 1 万多份，播放各类廉政电教片 260 场次，在报纸、杂志、电视、广播电台等各类媒体上宣传报道 920 期。

第四节　专项治理及经济责任审计

一、机关干部职工拖欠公款清理

1994 年，旗纪检监察机关在全旗范围开展干部职工拖欠公款清理工作。抽调 25 人，组成 3 个组，结合案件查处，深入有关单位，对干部职工欠款进行清查、督促。共清理拖欠公款人数 946 人，拖欠公款数额 240 多万元。到年末，还款人数 610 人，占拖欠款人数的 64.5%；还款数额 180 多万元，占拖欠款总额的 75%。

1995 年，旗纪检监察机关继续清理干部职工拖欠公款，共清出拖欠公款人数 336 人，拖欠公款总额 60 多万元。至此，通过 2 年清理，完成 946 名干部职工拖欠公款 240 多万元的任务。

二、党政领导干部用公款上学清理

1991 年，旗纪检监察机关根据内蒙古自治区纪委监察厅《关于坚决制止干部职工利用职权用公款上学和送子女上学的通知》精神，开展干部职工利用职权用公款上学和送子女上学清理工作。清理范围和对象：在普通高等学校、广播电视大学、高等函授普通专科班、职业大学、成人大学和普通中等职业学校、干部职工中专班、成人中等专业学校招收的自费生，收费走读生、委培生中的党员、干部违反规定，利用职权变全部自费或部分自费为公费上学和送子女上学、亲属上学的。经过 3 个多月的工作，清查出全旗干部职工及其子女自费上学的 649 人，用公款报销学费的 145 人，占 22.3%，报销金额 1.2 万元。经组织审核，全旗有 35 人变自费为公费报销学费，报销金额 2.9 万元，其中，属子女上学的 16 人，报销金额 1.32 万元，干部变自费为公费上学的 22 人，报销金额 1.58 万元。责令自费公报的干部职工进行清退。

三、党政领导干部公费配备通信工具清理

1995 年，旗委办公室下发《关于改革公费安装、使用私宅电话的若干规定》，提出在职的副处级以上领导干部、旗直各科局建制行政事业单位和人民团体党政一把手公费安装的私宅电话，在 1995 年 6 月底前全部过户给个人，产权归个人所有。过户费由个人负担，并给财政补交 300 元的安装费。从 1995 年 7 月 1 日起公费不再负担任何费用。今后对上述范围内的党政干部按照处级干部 50 元、科级干部 30 元的标准给电话费补助。同年，按照规定开展公费安装私宅电话清理工作，清理领导干部公费安装私宅电话 161 部，全部过户给个人，并收回补交财政款 3.83 万元。

1996 年，旗委办公室下发《关于公费安装私宅电话的补充通知》，规定不在公费安装范围内而公费安装私宅电话，不论何年何月安装一律补交财政 500 元安装费。同年，清理行政事业单位副职、一般干部公费安装私宅电话 21 部，全部过户给个人，收回补交财政安装费 1.05 万元。

1997 年，旗委办公室、政府办公室下发《关于严格控制用公款购置使用移动电话的管理办法》，规定允许配备移动电话的范围是：旗委、旗人民政府领导成员及其办公室主任，人大常委会、人民政府、政协、纪委、法院、检察院的一把手，旗有关经济主管部门和综合、监督管理部门的正职领导，旗公安交警、司法、交通、农牧林水部门及条管部门的正职领导，苏木、乡镇及工作流动性比较大的个别二级单位领导也可适当配备。凡符合配备条件的单位购置配备移动电话须事先提出申请，由旗人民政府旗长审批，并办理控购手续。要如实向旗委申报，对拒不申报或采取其他办法逃避申报审核的，要追究有关领导及当事人的党纪政纪责任。

1998 年，旗纪委监察机关清理公款购置移动电话和不符合规定的固定电话。经单位和个人申报及邮电部门核对，1997 年 5 月后，副科级以上领导干部（包括企业）配备购置的移动电话 68 部，属公款配备的移动电话 43 部。公款配置移动电话 43 部中，经审核批准购置使用的 19 部，违反规定超范围购置使用的 17 部，转制企业领导持有 6 部，收缴 1 部。对批准购置使用的移动电话，旗委、政府按每月每部 300 元话费核销，其他单位一律按每月每部 200 元话费核销。对违反规定购置的 17 部移动电话，按每部 100 元作价处理，财政收回资金 1.2 万元，系统收回资金 0.5 万元。同时，巩固清理公费安装私宅电话成果纠正不符合规定的住宅电话 3 部，收回违规者补交话费 3070 元。

2000 年，旗纪委监察机关继续清理公费配备通信工具，收缴副科级以上干部违反规定公费配置的移动电话 2 部，纠正处理 17 名党政机关干部公款报销私宅电话费行为，责令其补交财政话费

8425 元。

2001 年，旗纪委监察机关严格审批公配移动电话，集中清理违反规定购置使用移动电话行为。全年批准公配移动电话 24 部，均按规定报销话费；查出违规购买移动电话 4 部，按规定予以处罚。

四、党政机关工作人员收受和赠送礼金等问题清理

2000 年，旗纪委监察局印发《关于做好党政机关、事业单位、国有企业副科级以上领导干部收入申报和礼品登记工作的通知》，申报登记的副科级以上干部 780 名。

2001 年，旗纪委监察局按照中纪委《关于各级领导干部接受和赠送礼金、有价证券和支付凭证的处分规定》，对全旗党政机关工作人员收受和赠送礼金、有价证券和支付凭证问题进行清理。清理对象和范围：在全旗各级党政机关中，按照分级管理的原则，认真清理党政机关工作人员在公务活动中，收受直接管理和服务的对象、主管范围内下属单位和个人、其他与其行政职权有关系的单位和个人以及外商、私营业主所赠送的现金、有价证券；党政机关工作人员在非公务活动中接受非亲友所赠送礼金、有价证券和支付凭证；党政机关工作人员在节日、学习进修、生病住院、亲属婚丧嫁娶等活动期间收受的礼金、有价证券和支付凭证；党政机关工作人员收受下属单位发给的资金、有价证券；领导干部在批准兼职期间（包括在临时机构任职）违规收取的兼职报酬、资金和有价证券、支付凭证；党政机关工作人员的配偶、子女利用其职权和职务上的影响收受的礼金、有价证券和支付凭证。此次清理干部职工 2394 人，其中，4 人拒收礼金 3.7 万元，2 人收后立即上缴组织 2.8 万元。

2002 年，旗纪委监察局对落实严禁领导干部收受“红包”礼品及有价证券的规定进行专项检查。2006 年，查出 2 名科级领导干部有收受礼金问题。

五、党政机关领导干部超标准公务用车清理

1994 年，旗纪委监察局贯彻落实旗委《关于党政干部违反廉政准则党纪政纪处分的若干规定（试行）》，制定实施方案，认真清理单位违规购置小汽车问题。在专项治理奢侈浪费工作中，多次召开专项治理工作会议，要求各单位实事求是地自查自报。全旗 210 个行政、事业企业单位全部进行自查自报。在此基础上，纪委进行检查核实。到 1995 年 6 月，全旗共查处超编汽车单位 24 个，小汽车 24 辆（其中正科级单位超编 2 辆，企事业单位超编 22 辆）。依照有关规定，对违控购置车辆予以收缴，并处罚没款 173120 元上缴财政。

1997 年，旗纪委监察局组织全面清理党政机关，事业单位违反规定购置配备的小汽车。成立专门的清车领导小组，并由监察、人事劳动、审计、财政、交通警察等部门抽调人员组成清车工作组，对全旗党政机关、驻旗单位、国有企事业单位购置的小汽车进行清理。共清理登记各类小汽车 203 辆，清理出无编、无控或落私户的小汽车 37 辆。清车领导小组依据有关规定决定，对无编无控及落私户的小汽车按购车价的 10% 作罚款处理，共处罚款 14.17 万元。要求违规车辆单位年底前办理控、编手续，并在旗监察局备案。

1998 年，旗纪委监察局进一步清理党政机关、事业单位违规购置配备的小汽车。检查单位 121 个，登记各类小汽车 187 辆，经核实属超标（科级单位超过 15 万元/辆）购置的有 13 辆，未办理控购手续且超标车 1 辆。清车领导小组依据有关规定决定，对超标准金额的 13 辆车按每辆 3000 元给予罚款处理，共罚款 3.9 万元；未办控购手续且超标的 1 辆车，没收上缴财政。

2000 年，旗纪委监察局转发中共巴彦淖尔盟纪委《关于规范党政机关、事业单位配备购置小汽车的补充规定》，进一步加强公配小汽车管理，严格审批公款购置小汽车，制止奢侈浪费。

2001 年，旗纪委监察局组织开展党政机关、事业单位领导干部公务用车超标准清理。清理范围：苏木、乡镇 16 个，行政事业单位（包括条管单位）87 个。清理历时近 3 个月，检查小汽车 196 辆，发现违纪购买小汽车单位 22 个，超标购买小汽车 44 辆。按照规定对购买小汽车给予罚款等处理。通过清理，弄清党政机关配备小汽车的排气量是否超标，党政领导干部配备、更换小汽车的情况及排气量是否超标等情况。

2002 年，旗纪委监察局继续清理党政机关、事业单位违纪违规购买小汽车问题。清理苏木、乡镇 16 个，旗直行政事业单位、国有企业单位 96 个，检查单位小汽车 205 辆，查出违规购买小汽车单位 8 个，违规车辆 12 辆。按照规定对违规车辆单位给予罚款处理。对个别苏木、乡镇拖欠干部职工工资更换小汽车行为，给予党政主要领导严肃处理。

2004 年，旗委、旗人民政府召开会议，安排部署清理整改超标准公用小汽车工作，并印发《乌中旗超标准配备公务用小汽车重点清理整改方案》，要求旗直各有关单位和苏木、乡镇积极支持和配合全旗超标准车辆重点清理整改工作，认真进行自查、清理和整改。凡行政事业单位超标准小汽车以企业或私人名义上户，供领导干部使用的，如实自查并上报材料。如隐瞒不报、弄虚作假的，一经发现，一律收缴，并追究单位领导的纪律责任。对不按规定进行整改和故意阻挠清理整改工作正常进行的单位和个人，追究单位主要负责人和分管领导的纪律责任，并在新闻媒体公开曝光。以后，各单位新购公务用小汽车要严格按照旗纪委《关于重申党政机关公务用车标准及申报审批回报备案程序的通知》规定执行。凡违反规定顶风违纪的，发现一起，查处一起，决不姑息迁就。从 2006 年 5 月开始，对全旗党政机关超标准配备公务用小汽车的突出问题进行重点清理和彻底整改。全旗领导干部和党政机关公务用车的标准是：处级干部公务用车一般使用价格 25 万元以内的国产轿车或价格 30 万元以内的国产吉普车。科级干部公务用车车价不得超过 15 万元。要求对超标车按要求通过拍卖、划拨、转变用途、留用等方式全部整改到位。

2005 年，旗纪委监察局继续清理苏木、乡镇、旗直各单位公务用车问题，纠正超标车和超编车 3 辆。

2009 年，旗纪委监察局对全旗机关事业单位公务用车使用管理情况进行摸底调查，严肃查处超标准、超编制、先购后批、频繁更换公务用车、领导干部私驾公车、公车私户等行为，进一步加强公务用车管理，规范公务用车使用。

六、领导干部改任非领导职务和离职、退休后从业行为清理

2001 年，全旗开展 1998 年以来县（处）级以上党政领导干部改任非领导职务和离职、退休后从业情况清理工作。规定不准接受原任职务管辖的地区和业务范围内的私营企业、外商投资企业和中介机构的聘任，不准个人从事或代理私营企业、外商投资企业从事与原任职务管辖业务相关的经商、办企业活动。经清理，全旗领导干部改任非领导职务和退休后没有接受在任职务管辖地区和业务范围内的私营企业、外商投资企业和中介机构聘任。

七、党政机关经商办企业清理

1995 年，全旗开展党政机关经商办企业清理工作。全旗党政机关 1993 年安置分流人员所办经济实体 21 户，经过清理整顿，全部与机关及干部脱钩，留在实体的员工也全部与干部职工身份、工资脱钩。经济实体进入“自主经营、自负盈亏”的市场化经营之路。

2002 年，旗纪委监察局组织开展旗（县）级领导干部违规获取企业股份清理工作，共清理旗（县）级领导干部 35 人，未发现违纪违规问题。

2005 年，旗纪委监察局组织开展国家工作人员和国有企业负责人投资入股煤矿清理工作，未发现违纪违规问题。

2006年，清理在职副级以上干部及其亲属和子女经商办企业情况，检查登记副处级以上干部家庭35户，未发现以权谋私、违反规定行为。

2007年，旗纪委监察局组织开展领导干部以各种方式入股参与开矿办企业清理工作，发现问题给予严肃处理。

八、旗(处)级领导干部配偶、子女从业行为清理

2001年，旗纪委监察局组织开展县(处)级领导干部配偶、子女从业行为清理工作。清理范围和内容：党政机关县(处)级领导干部配偶子女“不准在该领导干部管辖的业务范围内个人从事可能与公共利益发生冲突的经商办企业行为；不准在该领导干部管辖的地区和业务范围内的外商独资企业或中外合资企业担任由外方委派、聘任的高级职务”的违规行为。在清理中，没有发现领导干部的配偶、子女从业行为有违规现象。

九、党政机关新建和装修办公楼清理

1998年，旗计划局牵头，旗纪委监察局协助，在全旗各单位进行新建和装修办公楼自查自纠，各单位现有办公楼(房)达到规定建筑标准的，没再扩建、新建和购买，新建的办公楼均经旗政府批准，未发现违纪违规现象。

十、党政领导干部婚丧嫁娶大操大办、公款吃喝玩乐治理

1995年8月，旗纪委监察局派出3个组，利用1个月时间，对苏木、乡镇、旗直机关企事业单位在公务活动中大吃大喝、公款吃喝玩乐等情况进行检查。检查采取事先不打招呼、听、问、查等方法进行。从检查情况看，多数单位领导认识到位，采取措施，积极刹风。川井苏木制定机关廉政工作制度，呼勒斯太苏木制定会议开支、公务接待制度，旗工商银行出台婚丧嫁娶事宜申报管理制度。发现一些单位领导思想认识模糊，没有认真执行各项制度。旗人劳局未经批准擅自集体公费到西安旅游，旗乌兰牧骑公务接待费严重超支。为严肃纪律，对旗人劳局、乌兰牧骑主要领导提出批评并通报全旗。有5名副科级以上干部婚嫁事宜大操大办，也给予全旗通报批评。9月，旗委、政府召开党政领导反腐倡廉教育大会，会上，对7名搞大吃大喝、大操大办、擅自用公费旅游受通报批评的领导干部给予公开曝光，并教育党员、干部从中吸取教训，引以为戒。1996年，集中进行大操大办、大吃大喝治理，要求各级各部门按照统一部署，分阶段分层次进行。全旗6000多名干部职工在学习文件、提高认识的基础上，对照“是否向下吃拿卡要”“是否大操大办”“是否参与赌博”等8个方面问题行自查自纠，填写自查自纠登记表。其中，有9人主动检查吃拿卡要问题，有35人主动检查公款吃喝问题，有15人主动检查大操大办问题，有10人主动检查赌博问题。严肃查处党员、干部违纪案件，通过专项治理，清理违纪线索8件12人，受理来信来访32件次。

1997年上半年，由旗委督查室牵头，从旗纪委监察局、政府办公室、旗委组织部抽调人员组成工作组，对全旗狠刹公款吃喝玩乐不正之风进行督办检查，主要检查旗直二级单位以上、基层站所以上党政部门、企事业单位是否采取措施贯彻执行禁止大吃大喝、大操大办和赌博的规定，是否建立接待制度，是否对接待费使用情况定期进行内审，并向单位职工公布开支情况，效率如何，还存在哪些问题。检查重点是旗直单位，抽取部分二级单位。检查方法：听取单位主要负责人汇报，查阅接待制度、账目情况，与1996年相比较，与相近行业相比较。下半年，检查国有企业业务招待费使用向职代会报告制度的执行情况，发现只有少数企业贯彻执行该制度，多数企业由于转制而未能执行该制度。

1998 年，全旗开展贯彻落实中央关于党政机关厉行节约、制止奢侈浪费规定督查工作。在做好公配移动电话、机关单位违规购置小汽车清查工作的同时，严格控制、压缩会议、各种检查评比达标活动和庆典活动。旗委、旗人民政府采取具体措施，压缩控制会议，全年取消和减少各种会议 12 个，节约会费 4. 8 万元，全旗性会议比上年减少 3 个，节约会议费 1. 2 万元。建立检查评比申报审批制度，凡纳入领导干部实绩考核目标的工作内容，一般不搞检查评比活动，检查评比接待工作严格执行有关规定和标准，本着高效、节约、清廉的原则进行，全年减少各类检查评比活动 3 次，减少各种达标活动 2 次，节约资金 2. 5 万元。旗委、旗人民政府取消旗党政办公大楼落成庆典仪式，旗第一中学 40 周年校庆本着节约原则进行。全年取消各种庆典活动 3 次，节约资金 15 万元。治理公务接待中大吃大喝歪风，印制下发“招待费登记审批表”，严格执行招待费审批制度。旗委、人大、政府、政协、纪委公务接待实行限额定点接待。由于年内举办全国性和全盟性会议 7 次，旗委、人大、政府、政协、纪委业务招待费为 24. 8 万元，同比增加 0. 84 万元。实行领导干部婚丧嫁娶事宜申报制度，未出现大操大办现象。

1999 年，全旗深入贯彻中央厉行节约、制止奢侈浪费规定。取消全旗性会议 7 个，节约会费支出 14 万元。转发内蒙古自治区党委办公厅、自治区人民政府办公厅《关于严格控制检查评比达标活动的通知》，建立检查评比申报审批制度，狠刹公务接待中大吃大喝歪风。旗委、人大常委会、人民政府、政协班子业务接待严格实行“限额使用，定点招待”制度，带动各部门完善制度，厉行节约，减少接待费用。领导干部婚丧嫁娶事宜严格实行申报制度，年内申报婚嫁事宜的有副处级以上干部 2 人，副科级以上干部 10 人。

2000 年，全年取消全旗性会议 6 个，节约会费 12 万元。严禁副科级以上干部为子女过满月、过生日、圆锁及为老人祝寿宴请除亲戚以外的其他人员，继续实行禁止领导干部婚丧嫁娶大操大办有关规定，主动申报婚嫁事宜的副科级以上干部 11 人。

2001 年，旗纪委监察局重申禁止领导干部各种形式大操大办规定，申报婚嫁事宜的副科级以上干部 14 人。做好党政机关、事业单位、国有企业收入申报和礼品登记工作，申报登记的副科级以上干部 780 人。

2002 年，全旗严格公务接待制度，制止公款大吃大喝歪风。旗委、人大、政府、纪委业务接待实行定点限额制度，各苏木、乡镇接待费实行限额单独立项制度，嘎查村一律取消接待费。同年，副科级以上领导干部申报婚嫁事宜 6 件，均没有出现大操大办现象。

2006 年，旗纪委监察局在全旗开展禁止党员干部参与赌博专项治理，要求各地各单位结合实际制定措施，在本地区、本系统、本单位开展“洁身自好、远离赌博”为主题的教育活动，提高对严禁赌博的认识；公安部门充分发挥在禁赌活动中的主力军作用，针对群众反映强烈的“麻将馆”问题，采取强硬措施予以治理；公安部门对党员干部、国家工作人员和国有企事业单位负责人参与赌博的案件，在依法惩处后，按干部管理权限，及时将有关材料送纪委监察局、旗委组织部和旗人劳局进行组织处理和追究纪律责任。实行禁赌工作责任追究制度，对直接管辖范围内发生党员干部和国家工作人员参与赌博的问题不制止、不查处或包庇纵容的，以及所在地区或单位赌博之风屡禁不止的，要追究党政主要领导人的领导责任。

十一、任期经济责任审计

1997 年，旗纪委监察局、审计局结合旗委调整部分科局领导班子，进行“一把手”离任廉政财务审计，审计旗直单位“一把手”12 个，苏木、乡镇党政一把手 3 个，审计总金额 8024 万元，查出违规金额31万元,应缴财政金额3万元。

1998年,旗纪委监察局结合旗县换届和科局领导调整,进行领导干部离任廉政财务审计,审计副处级以上干部5名、科级干部3名,涉及苏木、乡镇4个旗直单位13个、原种场1个。审计中,查出违规金额41万元,依照有关财务制度予以处理。

2002年,旗纪委监察局贯彻执行中共中央办公厅、国务院办公厅下发《县级以下党政领导干部任期经济责任审计暂行规定》,推进离任廉政、财务审计工作。旗委、旗人民政府调整以旗长为组长的党政领导干部任期廉政、经济责任审计领导小组,完善以旗纪委监察局、旗委组织部、旗人劳局、审计局组成的离任审计联席制度。全年审计9个苏木、乡镇、30个旗直单位的58名主要领导,审计总金额10179万元,查出违规行为金额186万元,应缴财政金额3万元。

2004年,全旗进一步完善五部门任期经济责任审计联席会议制度,及时沟通各方面情况,逐步加强任期经济责任审计工作。建立经济责任审计资料库,及时掌握各单位领导任期经济运行和审计监控情况。全年审计苏木、乡镇、行政事业单位科级主要领导13人(苏木、乡镇党政一把手),涉及苏木、乡镇5个、旗直单位3个,查出违规资金1013万元。主要表现在:部分学校挤占挪用“两免一补”资金和扶困资金,挪用住房公积金、小额养路费,民工建勤费等;预算外收入坐支现象屡禁不止;违规收费,超标准收费;用不符合规定的票据报支;漏缴各种税金;花钱突击,偿还债务。

2005年4月,全旗科级干部调整后,审计离任科级干部51人,查出违规资金2174万元。主要问题是:挤占、挪用“两免一补”资金,坐收坐支、超标准收费、固定资产不入账、增加债务等。年底,撤乡并镇工作中,纪委、组织、房管、农牧业部门对16个苏木、乡镇财政收支和党政领导进行任期审计,堵塞漏洞,摸清家底,为撤乡并镇提供决算依据。

2007年,全旗完成经济责任审计单位13个,包括旅游局、团委、信息中心、社保局、交通局、公路段、石哈河镇、巴音乌兰苏木、海流图镇等。审计中,重点关注债权债务、固定资产、专项资金使用效益和经费管理等情况。发现个别单位存在漏缴税金、挤占挪用专项资金、财务核算不规范等违规行为,均予以严格查处。

2009年,全旗科级干部调整后,审计离任科级干部35人,查出违规资金1014万元。主要问题是:预算外收入、罚没款收入“坐支”、超标准收费、挤占挪用专项资金、财务核算不规范等,均予以严肃查处。

2010年,全旗开展经济责任审计工作,审计科级领导干部5人,查出违规资金230多万元。主要问题是挤占挪用专项资金、漏缴税金、财务核算不规范、预算外收入、罚没收入“坐支”等,均予以严格处理。

2011年,继续深入开展领导干部任期经济责任审计工作,对18名科级领导干部进行任期经济责任审计,查处违规资金5849万元,管理不规范资金211万元。

2012年,全旗完成经济责任审计单位17个,查处违规资金2239万元,管理不规范资金812万元。

第五节　纠正行业和部门不正之风

1988—1995年,全旗各级纪委把协助党员加强党风建设、纠正不正之风,当做自己的重要任务,从群众反映强烈的热点问题入手,不断进行专项治理取得一定成效。以公安、工商、税务、邮电、电管、金融、卫生、城建、土管等12个部门为重点,认真清理检查以业谋私,查处一批行业不正之风方面的违纪问题，协助完善监督制约机制，使全旗纠正行业不正之风工作按照整体推进、重点突破、纠防结合、综合治理的思路逐步深入。截至1995年10月底，全旗对中央明令取消的涉及农牧民负担的37项收费项目，内蒙古自治区取消的涉及农牧民负担的21个收费项目中涉及乌拉特中旗的20个收费项目，已全部废止取消，每年约可减轻农牧民负担40多万元。处理违纪小汽车24辆，收缴罚没款17.312万元；清理收回职工拖欠公款120多万元；清理公费安装使用私宅电话143部；清理党政机关经商办实体21户。1995年，重点对公路上乱设卡、乱收费、乱罚款，中小学乱收费，向农牧民乱摊派、乱收费的3股不正之风进行清理，取消旗直各小学硬性规定学生吃早点问题。同时，旗纪委（监察局）执法监察室还对全旗部分中小学、工商行政管理局、土地管理局、公安局、交警队、城建局、教育局等部门1994年后的收费情况进行专项执法监察，均收到一定成效。

2001—2005年，开展治理教育乱收费工作。成立由纪委、监察、纠风、教育、工商、物价等部门参加的联席会议，加大对教育乱收费的检查，5年中，查出乱收费资金近60万元，给予1名校长党内严重警告处分，并在全旗进行通报批评，有效遏制教育乱收费现象的发生。进一步规范医药行业，开展医药市场集中清理整顿，5年中，配合医药主管部门进行集中检查42次，查获价值20多万元的假劣药品，依法取缔无证非法行医窝点27个，进一步净化医药市场。同时，不断建立健全药品公开招标采购制度，旗级两所医院（旗人民医院和旗保健院）90%以上的药品纳入采购范围，从源头上防止“看病贵”现象的发生。加强减轻农牧民负担工作，认真贯彻农牧民负担领导责任制、预算审批制和明白卡制，严格执行“一票否决制”，确保农牧民负担不反弹。加大对涉农案件的打击力度，5年中，累计查处涉农案件63起，挽回直接经济损失25万余元，加大农民工工资专项检查，帮助农民工追讨工资近30万元。切实加强各项支农资金的监督检查，确保国家惠农政策落到实处。进一步巩固治理公路“三乱”（乱设卡、乱收费、乱罚款）、报刊散乱、党政机关乱办班工作成果，查处边养队私设项目乱收费问题，依法清缴制式标志260套。

2006—2012年，加大对教育乱收费和医药市场的监督检查。由旗纪委牵头对部分医疗卫生机构和旗直中小学收费情况进行专项检查，对存在问题提出整改意见，对违规收费的学校校长、医院院长及其主管部门负责人进行诫勉谈话和通报批评，并责令作出书面检查。加大对公路“三乱”治理力度，严厉查处“以罚代法，罚款放行”和执法不严、执法不公行为。深入开展“小金库”专项治理工作，查处私设小金库案件2件，查处违规资金12.5万元。深入开展民主评议政风行风工作。旗纪委每年都在全旗综合管理部门、行政执法部门、社会服务行业和学校、医院、基层站所等部门开展民主评议政风行风工作，5年中，收集到各方面意见建议543条，被评单位制定整改措施381项，通过开展政风行风评议，进一步优化经济发展环境。

第六节　优化经济发展环境

2001年，旗纠正行业不正之风办公室（以下简称“纠风办”）同旗物价局等部门对全旗执收执罚情况进行调查解，并对收费和执罚不规范问题进行明察暗访。同年10月，旗纠风办组织有关单位对执收执罚部门的收费情况、行政罚没情况进行全面检查，发现涉及违纪问题的单位12个，问题24个，收到整改措施和建议32条，对部分存在问题的单位进行督办处理。

2002年，旗纠风办从优化政策环境入手，做好行政审批项目、行政事业性收费管理。旗人民政府积极搞好行政审批制度改革，取消行政审批项目38项。旗物价局对全旗收费项目进行清理、规范。至当年12月，清理收费项目235项，取消行政事业性收费项目38项，降低行政事业性收费标准17项。认真查处群众来信来访案件。旗优化经济发展环境办公室(以下简称“优化办”)成立后,收到各类举报17件次;直接办理10件,办结6件;交有关部门办理7件,办结4件。

2003年,旗优化办就治理经济发展软环境向社会公开承诺,并在《乌拉特中旗周刊》发表;在旗电视台开辟系列访谈节目,发动居民、外来投资者出谋献计。在新闻媒体开设“一线看作风”“行风树新风”“整治和改善软环境”“服务承诺”等栏目。

2006—2012年,建立企业直通车制度,与20家企业进行联系,经常对所联系的企业进行实地调研,了解企业生产经营情况及存在问题。制定相关制度,设立18个行政效能监测点,并对效能监察重点单位在机关效能建设和经济发展环境方面存在的问题,督促部门进行及时整改。开展人民满意基层站所创评工作,制定“人民满意基层站所”工作制度及创评标准,确定“人民满意基层站所”试点6个,并经常对试点站所进行工作指导。建立以镇、苏木便民服务厅为主体,嘎查、村便民服务代办点为基础的全程代理服务网络。全旗共建立镇、苏木便民厅8个,嘎查、村便民服务代办点35个,基本实现便民服务工作全覆盖。由旗纪委效能监察室牵头,对全旗机关单位工作纪律进行明察暗访。

第七节　执法监察

一、行政效能监察

2001年,旗纪委监察局开展建立民主生活会制度,推行民主评议行风、延伸“三讲”教育、实施“一线工作法”、规范行业行为、建立廉政专用账户等一系列行政效能监察活动,确保上级机关和旗委、政策决策决议落到实处,做到有令必行,有禁必止,确保政令畅通。

2005年,按照中共巴彦淖尔市纪委要求,旗纪委设立效能监察室,配备精干工作人员,制定相关的工作职责和配套制度,与优化办合署办公,全旗行政效能监察工作正式启动运行。同时,设立行政效能投诉中心,接受群众监督,努力解决行政机关和干部“不作为”“乱作为”的问题,提高行政工作效率和质量。

2009年,加大效能建设监督力度,进一步优化发展环境。召开全旗深入学习实践科学发展观整风肃纪专项活动动员大会,传达巴彦淖尔市整风肃纪会议精神,对全旗整风肃纪工作进行安排部署。为进一步优化发展环境,形成按制度办事,靠制度管人的机制,旗纪委监察局制定公开办事制、岗位责任制、首向负责制、超时默认制、AB岗制、岗位追究制、服务承诺制、限时办结制、一次性告知制、绩效考评制。建立企业直通车制度,与15家企业建立联系,经常对所联系的企业进行实地调研,了解企业生产经营情况及存在问题。年内,企业存在的主要问题是融资难,针对这一问题,旗人民政府经多方协调,帮助企业解决贷款15.73亿元。制定“三定双联系”制度,设立13个行政效能监察点,并对效能监察重点单位在机关效能建设和经济发展环境方面存在的服务态度差、服务效率低、服务质量差等问题,督促部门及时整改。开展“人民满意基层站所”创评活动。制定“人民满意基层站所”工作制度及创评标准,确定德岭山镇工商所、海流图镇公安派出所、石哈河镇供电所、川井镇地税所为创评“人民满意基层站所”试点,并经常对试点站所进行工作指导,及时帮助解决创建过程中存在的问题。开展便民服务厅设立试点工作。在乌加河镇、川井镇进行便民厅设立试点工作;年内,两个政务服务便民厅已建成并投入使用。由旗纪委效能监察室牵头,对全旗所有机关单位工作纪律进行明察暗访,对影响效能行为的单位进行通报批评并提出整改意见,对主要领导进行诫勉谈话,通过检查整改,各级机关及工作人员工作作风明显转变,工作效率和质量明显提高。

2012年，制定下发《对全旗投资环境评价的调查》《企业对各部门服务的评价》，全面了解掌握企业存在问题，对各项执收执法单位工作人员工作效能、服务态度、履行职责情况进行有效监督。对重点民生工程开展效能专项监察，全程参与申请廉租住房资格审查工作。全程参与监督2012年普通高校招生考试和校安工程建设工作。会同旗人民检察院开展行政执法机关移送涉嫌犯罪专项活动的监督检查。深入推进整风肃纪，通过明察暗访，对全旗存在"庸、懒、散"问题的11家单位、13名工作人员进行通报批评。对巴彦淖尔市第二届运动会暨首届残疾人运动会筹办过程进行全程监督，对无视开闭幕式排练纪律的干部进行诫勉谈话，确保巴彦淖尔市第二届运动会顺利进行。围绕国家发改委取消的31项涉企行政事业性收费和内蒙古自治区发改委取消的65项行政事业性收费，在全旗范围内开展涉企收费专项检查，通过检查，未发现增加企业负担现象的发生。在全旗51家企业建立"企业直通车"和"三定双联系制度"（2012年，新增7家个体工商户作为试点），认真执行入企检查申报备案制度，深入30家企业对治理涉企"三乱"问题进行重点督查，对发现的5项问题，督促有关部门认真加以整改，切实减轻企业负担。建立镇、苏木政务服务中心8个，建立嘎查村政务服务代办点85个，覆盖率均达到100%。通过政务服务中心及代办点接待农牧民群众6.1万人次，有关事宜办结率达到96.4%。开展"人民满意基层站所"创评活动，全旗33个基层站（所）已初具规模，确定6个基层站所为2012年"人民满意基层站所"候选名单。其中，海流图镇西街派出所被中共巴彦淖尔市纪委授予"人民满意基层站所"荣誉称号。

二、违法案件查处

1988年，全旗立案查处党员干部和党员违法乱纪案件4件，涉案人员4人，年底结案4件4人，追缴赃款和赃物折款5.5万元，结案率100%。违纪党员中，党员干部3人，普通党员干部1人。给予党纪处分3人，其中，留党察看一年2人，党内严重警告1人。免予处分1人。旗监察局受理案件8件12人，全部办结。其中，违反计划生育政策5件5人，违反财经纪律2件4人，责任事故1件3人。审理结案：记过4人，记大过3人，开除公职5人。

1989年，全旗立案查处党员干部和党员违法乱纪、以权谋私案件5件，涉案人员5人。年底结案5件5人，结案率100%。违纪党员中，党员干部2人，普通党员3人。给予党纪处分5人，其中开除出党1人，留党察看二年1人，留党察看一年1人，警告2人。旗监察局受理违法违纪案件11件17人，办结9件15人。给予政纪处分12人，其中，开除公职1人，开除留用察看1人，记大过5人，警告4人，解聘1人；免予政纪处分3人。所办经济案件违法违纪金额13多万元，收缴赃款6.2万元。

1990年，旗纪委立案查处党员干部和党员违纪案件10件15人，其中，违反财经纪律2件5人，投机倒把3件5人，侵占国家和群众利益2件2人，违反计划生育政策3件3人。查结9件12人，结案率90%，挽回经济损失6.7万元。在查结的9件12人中，开除党籍1人，取消预备党员资格1人，退党除名1人，警告4人，留党察看1人，免予处分4人。旗监察局受理案件10件，其中，立案6件9人，上年结转2件2人，合计8件11人。结案7件9人，给予政纪处分8人，其中，警告3人，记过2人，记大过1人，撤职1人，解聘1人；免予政纪处分1人。

1991年，全旗立案查处党内违纪案件7件10人。查清结案6件，结案率85.7%，为国家挽回经济损失33390元。在查处的6件案中，违反财经纪律3件，投机倒把1件，违反计划生育政策2件。共处分党员8人，其中，开除党籍1人，退党除名1人，留党察看1人，严重警告2人，警告3人。旗监察局受理各种违纪案件10件16人,立案7件11人。按案件性质分,贪污1件,挪用公款1件,违反计划生育政策4件,违纪建私房1件。当年办结6件9人,对8人给予政纪处分,其中,记过2人,记大过4人,撤职1人,开除留用1人,免予政纪处分3人。所办案件涉及违纪金额3.5万元,为国家挽回经济损失8万元,追缴赃款2.1万元。同年,旗监察局对组建以来政纪案件惩处执行情况进行检查,通过对22名记大过以上处分人员的检查,没有按规定执行的有1人,占4.5%。

1992年,旗纪委立案查处党内违纪案件11件,其中,贪污3件,侵犯国家和群众利益2件,违反财经纪律3件,违反计划生育政策3件,全部办结,结案率100%。处分党员14人,其中,开除党籍3人,取消预备党员资格1人,留党察看5人,严重警告2人,警告3人,挽回经济损失10.96万元。旗监察局受理各种违纪案件9件12人,立案7件10人,连同上年接转1件2人,共8件12人。按案件性质分,贪污2件,挪用公款2件,违反计划生育政策1件,其他3件。当年全部办结,办结率100%。对违纪违法12人,给予政纪处分10人,免予政纪处分2人。

1993年,旗纪委监察局受理党纪、政纪案件15件16人,其中,包庇违法乱纪者1件1人,官僚主义失职渎职1件2人,违反财经纪律1件1人,贪污2件2人,盗窃1件1人,腐化堕落、道德败坏2件2人,赌博2件2人,违反计划生育政策2件2人,其他3件3人。结案15件16人,结案率100%。共处分党员、干部12人,其中,开除党籍2人,取消预备党员资格1人,撤销党内职务1人,行政开除公职1人,撤职1人,降级1人,记大过2人,记过3人。涉及党员领导干部2人,一般党员干部10人。共挽回经济损失2.1万元。

1994年,旗纪委监察局完成项目资金监察10个,提供专项检查报告8份,提出检查建议98条,涉及检查金额1200万元,发现违法违纪案件线索3件4人,为国家挽回经济损失40万元,追回违纪金额11万元。

1995年,查处党纪政纪案件8件10人,其中违反财经纪律2件3人,其他经济类2件3人,违反计划生育政策1件1人,其他3件3人。已结案8件10人,结案率100%。共处分8人,其中,取消预备党员资格1人,退党除名1人,留党察看1人,党内警告1人;行政上开除公职1人,行政撤职查办1人,记过2人。在受处分人员中,有党员干部3人,一般干部2人,其他人员3人。挽回经济损失10.2万元。

1996年,全年立案5件5人,结案5件5人,结案率为100%,给予党纪处分4人,政纪处分3人,查出违纪金额4.03万元,挽回经济损失1.8万元。在立案查处5件中,因受贿罪给予开除党籍、撤销行政职务的正科级领导干部1人;因挪用公款给予留党察看二年、撤销行政职务的副科级法庭庭长1人;因在公务活动中使用械具不当,给予党内警告处分的法庭庭长1人;因聚众赌博、屡教不改给予开除党籍处分的农民党员1人;因财务管理混乱、招待费严重超支,给予行政警告处分的小学校长1人。

1997年,全旗信访初查案件40件,转立案3件,涉案党员、干部5人。立案案件全部审理完毕,处分5人。其中,因违反计划生育政策给予党内警告处分1人(1件);因侮辱他人给予党内严重警告处分1人(1件);因参与其他盈利活动、利用职务便利为亲友经商办企业谋利益的免予处分3人(1件)。在办理信访初查案件中,给予党内批评教育的3人;给予全旗通报批评的3人;系统内通报批评1人;提出整改建议和意见21条。通过查办案件,查出违纪金额50.25万元,为国家挽回直接经济损失36.4万元,其中没收上缴财政5.04万元。

1998年,信访初查案件70件,转立案3件(上年遗留1件)。立案案件办结2件2人,给予1名副科级干部以党内严重警告处分，1 名股级干部党内警告处分。通过办理信访初查案件，在全旗范围内通报批评 1 件（1 人），系统内通报批评 3 件（5 人），要求回复说明 1 件（1 人）。在整个信访案件查办中，查出违纪金额 150991.73 元，挽回经济损失 59009.9 元，为有关单位和个人提出整改意见 37 条。充分发挥基层纪委的职能作用，加强对基层办案工作的督促指导。转下级纪委查办案件 12 件，限定时间汇报结果。先后 5 次召开常委会会议听取基层纪委查办案件情况汇报，并经常指导、协调督促办案工作，协助排除干扰和阻力。加大联合办案力度，与有关部门联合办案 8 件，加快案件查办进度，提高案件查办质量。

1999 年，信访初查案件 74 件，转立案 9 件（16 人），立案案件全部结案。给予党政纪处分 16 人，其中乡科级干部 6 人，一般干部 10 人。受处分人员中，给予开除党籍 2 人，留党察看 3 人，撤销党政职务 1 人，党内严重警告 2 人，党内警告 3 人；行政降职 1 人，记大过 1 人，记过 2 人，行政警告 1 人。通过查办信访案件，在全旗范围内通报批评 3 件（10 人），向有关单位和个人提出整改建议 36 条。查出违法金额 147.8 万元，为国家和集体挽回直接经济损失 112 万元。同时，通过查办案件，也为一批敢于创新、锐意改革的干部澄清问题。年内，案件查处工作力度明显加大。全年通过查办案件处分违纪人员 16 人，仅撤职以上处分就有 6 人。处分人员总数占上年的 8 倍，相当于 1993 年合署办公的总和。加大联合办案力度，与上级纪委联合办案 19 件，与旗内公安、检察、审计等部门联合办案 3 件，进一步提高办案效率。

2000 年，信访初查案件 60 件，转立案 5 件（8 人），立案 5 件（8 人）已全部结案。违纪 8 人中，乡科级干部 2 名，一般干部 2 人，农牧区基层干部 4 人。给予 8 人以党纪政纪处分，其中党内严重警告 1 人，党内警告 1 人，留党察看一年 2 人，开除党籍 1 人，行政记大过 1 人，记过 1 人，开除留用 1 人。通过查办案件，在全旗范围内通报批评 1 件 2 人，发出检查（监察）建议书 2 件 2 人，向有关单位和个人提出整改建议 17 条，查出违纪金额 32.1 万元，为国家和集体挽回直接经济损失 8.7 万元，同时为 48 名受到失实举报的干部澄清问题。年内，查办案件的特点：一是在旗委、政府的充分重视和盟纪委的大力支持下，与有关部门配合，突破一些有影响的重大疑难案件，解决社会上反映比较集中的一些热点、焦点问题；二是加强和改进办案方法，合理使用发检查（监察）建议书等多种办案手段，提高办案效率，保证案件查办的质量和进度；三是多次向下级纪委转办案件，充分发挥基层纪委的职能作用；四是把查办案件与执法监察工作结合起来，通过开展执法监察，拓展案源线索；五是注重发挥纪委的组织协调作用，重大疑难案件会同公安、检察、法院、审计等执法执纪部门一起查处，优势互补，形成合力，提高办案效率。

2001 年，信访初查案件 51 件，转立案件 3 件（4 人）。立案案件全部结案，处分党员、干部 14 人，给予 1 名副科级干部开除党籍、行政撤职处分；1 名正科级干部留党察看一年、行政撤职处分；2 名村干部党内警告处分。通过查办案件，向有关单位和个人提出整改建议 26 条，查出违纪违规金额 4.1 万元，为国家和集体挽回直接解决损失 7 万多元，同时为 43 名受到失实举报的干部澄清问题。年内查办案件的特点：一是加强和改进办案方法，提高办案效率，保证案件查办的质量和进度；纪委主要领导亲自深入基层变上访为下访，解案情，释疑解难，化解矛盾；二是强化办案措施，在旗委和盟纪委的大力支持下，正确使用“两规”，突破一起重大案件，查处两名科级干部的严重违纪行为；三是多次向下级纪委转交办案件，充分发挥基层纪委的职能作用；四是注重发挥纪委的组织协调作用，建立由纪委牵头，公、检、法等部门参加的查办案件联席会议制度；五是会同组织人事劳动部门对 1997 年以来查办案件的质量和处分决定执行情况进行全面检查，纠正受不当纪律处分的 2

人,重新核定10名受处分干部的工资标准,对1999年以来的12件案卷进行整理归档。

2002年,旗纪委监察局联合旗国土资源分局、环保局等部门开展矿产资源执法监察和矿业秩序治理整顿工作。全年出动60人次,进行清理整顿5次,查处无证开采和不具备基本生产条件等违法采矿行为35起。立案查处26起,结案率100%。

2003年,通过信访初查,立案6件(7人),处分违纪人员6人,免予纪律处分1人。受处分6人中,党内警告2人,党内严重警告1人,留党察看2人,开除公职1人。受处分6人中,有乡科级干部1人,一般干部2人,其他人员3人。通过查办案件,采取组织处理手段免职1人,通报批评1件,收回违纪资金20万元,为国家和集体挽回直接经济损失81万元。

2004年,旗纪委监察局配合旗安全生产监督局进行矿山企业安全监督检查,检查矿山企业41个,下达整改指令书82份,消除安全事故隐患30处,关闭不具备安全生产条件的小矿山3处,查处安全事故3起。同年,信访初查案件33件(34人),转立案4件(5人),立案案件结案4件(5人),结案率100%。处分违纪人员5人其中给予1名公安干警党内警告处分,1名公安干警行政警告处分,1名村干部开除党籍处分,2名党员行政处分。通过查办案件,向有关单位和个人提出整改意见27条,收回违纪违规资金550万元,为国家和集体挽回经济损失2200万元。

2005年,旗纪委监察局与旗财政局抽调人员,对预算外收支进行全面检查,检查行政事业单位74个,查出违纪金额26.4万元,分别予以处罚处理。同年,信访初查案件42件,查结40件,信访结案率95.2%。市纪委监察局转交办案件17件,查结上报17件。通过信访初查,立案5件(6人),结案4件,处分违纪人员5人(其中基层党委处分1人)。通过查办案件,开除党籍1人,留党察看1人,党内严重警告2人,对1名公安干警给行政记大过处分,免职1人,停职1人,解除国家工作人员资格4人,建设给予降级处分1人,警告聘用教师3人,组织调整4人,通报批评1人。向有关单位和个人提出整改建议18条,收回违纪违规资金35万元,为国家和集体挽回直接经济损失96万元。突出办案重点,改进办案方法,开展联合办案,强化信访举办和案件审理,并在查办案件的同时,开展案件剖析和警示教育,提高办案质量和效率。

2006年,按照巴彦淖尔市审计局统一部署,由旗审计局牵头,旗纪委监察局、财政局、人事劳动局配合,对全旗职工基本养老金、职工医疗保险金、失业保险金、城镇居民最低生活保障金、农牧区社会养老保险金6项资金运行情况进行专项执法监察。共完成专项资金监督检查1568万元。检查中查处旗民政局职工挪用农牧民养老保险金案件,对相关责任人给予党纪政纪处分。同年,立案查处违纪案件6件9人,涉及乡科级干部1人,一般干部5人,其他人员3人。已结案6件,结案率100%给予党纪处分5人,其中,党内警告2人,党内严重警告1人,留党察看2人;给予政纪处分5人,其中,行政警告3人,行政记过1人,行政撤职1人。

2007年,开展土地执法百日行动,清查新增建设用地项目43家,查出违法用地建设项目11宗,面积92.61公顷,均予以立案。结案6起,占土地面积11.6公顷,收缴罚没款31万元。巡查海流图镇城区用地,立案查处土地违法案件1件,下达制止非法用地通知书6份,责令补办用地手续通知书15份。同年,信访初查案件13件13人,结案率100%通过信访初查,立案2件2人,给予党纪处分1人,免予党纪处分1人。通过查办案件,收回违纪违规资金10万元,为国家和集体挽回经济损失128万元。年内,旗委成立由纪检、监察、公安、法院、检察、审计、信访等部门参加的全旗重大案件查办协调领导小组,旗委主要领导任组长。领导小组定期召开会议,共享情报资源,形成查办大案要案的强大合力。

2008 年，旗纪委监察局会同旗税务、审计等部门开展企业税收秩序整顿，累计检查各类企业 64 户，追缴欠漏税款 5200 余万元。同年，信访初查案件 13 件，全部查结。通过信访案件查办，立案 4 件，处分 5 人。处分 5 人中，开除党籍 2 人（次），党内严重警告 2 人（次），行政警告 1 人，行政记大过 1 人（次），行政撤职 1 人（次），免职 1 人（次），取消 2007 年享受的调资资格 2 人。被处分的人员中，有正科级干部 4 人。通过查办案件，追缴各类违规违纪资金 21 万元，为国家和集体挽回经济损失 130 多万元，督促被查单位落实整改建设 24 条。

2009 年，深入开展“小金库”专项治理工作，查处私设小金库案件 2 件，查出违规资金 12.5 万元。同年，通过案件查办，立案 6 件，处分 7 人。通过查办案件，为国家和集体挽回经济损失 24.14 万元。在查办案件上，重点查处乡科级干部以权谋私、贪污受贿、失渎职案件，查处农村牧区基层干部以权谋私、侵害群众合法权益案件，查处党政机关干部不作为、作为、激化矛盾，恶化党群干群关系，引起恶性群体性事件的案件，并有新突破。

2010 年，通过案件查办，立案 10 件，处分 13 人。处分 13 人中，党内警告 6 人，严重警告 1 人，留党察看 2 人，开除党籍 1 人，行政警告 1 人，行政记过 1 人，行政记大过 1 人。进一步完善各项工作制度。在继续执行原有制度的基础上，又建立和完善重要案件线索集中管理制度、案件线索集体排查制度、使用“两规”措施工作制度、严格涉案款物管理工作制度、初核结案件线索报告制度等，解决工作中监督不及时、管理不到位问题，形成让制度管人，按制度办事的长效机制。进一步发挥监管职能作用。围绕多成案抓线索管理，将涉及同级党委管理干部的重要案件线索、上级交办和领导批示的案件线索、办案发现和执法监察中发现的案件线索，统一集中管理，通过规范管理和强化监督，加大案件的查处力度。围绕拓案源抓组织协调，建立对外与公、检、法、审计等执法执纪部门的案件线索移交管理机制，案件线索实行季报送制度。围绕保时效抓督查督办，对查办案件工作实行月督办、季调度制度，采取分散与集中相结合的办法，开展经常性的督查督办，加快办案进度，提高办案效率。

2011 年，全旗纪检监察机关继续把查办案件作为工作的重中之重，积极总结探索新形势下党员干部违纪违法的特点和规律，不断改进办案方法，拓宽案源渠道，进一步加大案件查办力度，切实提高查办案件的综合效果。2011 年，旗纪委监察局共受理各类信访举报案件 39 件（次），通过案件查办共立案 16 件，处分 21 人。通过查办案件，追缴没收违纪款 51 万元，挽回经济损失 120 万元。

2012 年，对全旗 2011 年后新开工、投资额在 100 万元以上的政府投资和使用国有资金的工程项目，在工程建设中挂靠借用资质投标、违规出借资质问题进行专项清理，对 16 个单位、45 个项目进行专项检查。对相关涉案人员给予行政处分，对 2 家违规公司进行行政处罚共计 118 万元。对开展城市规划执行情况进行专项督查，对全旗 2009—2011 年的 84 个项目进行检查。共查处违法建设项目 16 起，拆除私搭乱建、无手续、偷建等项目 13 起，移交人民法院 3 起；查处违规建设项目 54 起，处罚并改正 51 起，拆除先建后办手续、边建边办手续项目 3 起，并对今后的规划管理提出监察建议。开展清理整顿土地、矿产资源涉税事宜专项工作，共清查涉及企业 68 户，税收 4079.84 万元。整治处罚危害群众健康的环境问题 7 起，处罚 6.8 万元，对企业所欠排污费进行追缴，并提出监察建议。

第七篇　政协地方委员会

◎机　　构
◎政协委员
◎政协委员全体会议
◎重要会议
◎主要工作

第一章　机　构

第一节　政协乌拉特中旗委员会

一、政协乌拉特中旗第七届委员会

政协乌拉特中旗第七届委员会常务委员会由12人组成,其中设主席1人、副主席5人。

1988年1月至1991年1月政协乌拉特中旗第七届委员会主席、副主席名录

表7-1

职　务	姓名	性别	民　族	任职时间
主席	常　和	男	蒙古族	1988年1月至1991年1月
副主席	韩　葆	男	蒙古族	1988年1月至1991年1月
	王秉义	男	汉　族	1988年1月至1991年1月
	赵子安	男	蒙古族	1988年1月至1991年1月
	刘芳莲	女	汉　族	1988年1月至1991年1月
	杨海清	男	蒙古族	1991年1月至1994年1月

二、政协乌拉特中旗第八届委员会

政协乌拉特中旗第八届委员会常务委员会由11人组成,其中设主席1人、副主席5人。

1994年1月至1999年1月政协乌拉特中旗第八届委员会主席、副主席名录

表7-2

职　务	姓名	性别	民　族	任职时间
主席	赵子安	男	蒙古族	1991年1月至1994年1月
副主席	王秉义	男	汉　族	1991年1月至1994年1月
	查格德尔苏荣	男	蒙古族	1991年1月至1994年1月
	刘芳莲	女	汉　族	1991年1月至1994年1月
	杨海青	男	蒙古族	1991年1月至1994年1月
	丁志伟	男	汉　族	1991年1月至1994年1月

三、政协乌拉特中旗第九届委员会

政协乌拉特中旗第九届委员会常务委员会由13人组成,其中设主席2人、副主席7人。

1994年1月至1999年1月政协乌拉特中旗第九届委员会主席、副主席名录

表7-3

职　务	姓名	性别	民　族	任职时间
主　席	程树祥	男	汉　族	1994年1月至1996年1月
	赛音满达	男	蒙古族	1996年1月至1999年1月

续表 7 - 3

职　务	姓名	性别	民　族	任职时间
副主席	查格德尔苏荣	男	蒙古族	1994 年 1 月至 1996 年 1 月
	黄永格	男	蒙古族	1994 年 1 月至 1999 年 1 月
	刘芳莲	女	汉　族	1994 年 1 月至 1999 年 1 月
	脑干其其格	女	蒙古族	1994 年 1 月至 1996 年 1 月
	丁志伟	男	汉　族	1994 年 1 月至 1999 年 1 月
	伊顺斤	男	蒙古族	1994 年 1 月至 1999 年 1 月
	张文华	男	汉　族	1996 年 1 月至 1999 年 1 月

四、政协乌拉特中旗第十届委员会

政协乌拉特中旗第十届委员会常务委员会由 17 人组成,其中设主席 2 人、副主席 6 人。

1999 年 1 月至 2004 年 1 月政协乌拉特中旗第十届委员会主席、副主席名录

表 7 - 4

职　务	姓名	性别	民　族	任职时间
主　席	刘宪文	男	汉　族	1999 年 1 月至 2002 年 3 月
	皇甫义	男	汉　族	2002 年 3 月至 2004 年 1 月
副主席	伊顺斤	男	蒙古族	1999 年 1 月至 2004 年 1 月
	巴图吐拉嘎	男	蒙古族	1999 年 1 月至 2002 年 3 月
	白志远	男	蒙古族	1999 年 1 月至 2004 年 1 月
	周林	男	汉　族	2000 年 3 月至 2002 年 3 月
	张国华	男	汉　族	2002 年 3 月至 2004 年 1 月
	热希尼玛	男	蒙古族	2002 年 3 月至 2004 年 1 月

五、政协乌拉特中旗第十一届委员会

政协乌拉特中旗第十一届委员会常务委员会由 23 人组成,其中设主席 1 人、副主席 5 人。

2004 年 1 月至 2007 年 11 月政协乌拉特中旗第十一届委员会主席、副主席名录

表 7 - 5

职　务	姓名	性别	民　族	任职时间
主　席	皇甫义	男	汉　族	2004 年 1 月至 2007 年 11 月
副主席	伊顺斤	男	蒙古族	2004 年 1 月至 2004 年 2 月
	白志远	男	蒙古族	2004 年 1 月至 2007 年 11 月
	张国华	男	汉　族	2004 年 1 月至 2007 年 11 月
	热希尼玛	男	蒙古族	2004 年 1 月至 2007 年 11 月
	王玉凤	女	汉　族	2004 年 1 月至 2007 年 11 月

六、政协乌拉特中旗第十二届委员会

政协乌拉特中旗第十二届委员会常务委员会由 15 人组成,其中设主席 1 人、副主席 5 人(其中兼职副主席 2 人)。

2007 年 11 月至 2012 年 12 月政协乌拉特中旗第十二届委员会主席、副主席名录

表 7－6

职　务	姓名	性别	民　族	任职时间
主　席	保　安	男	蒙古族	2007 年 11 月至 2012 年 2 月
	徐　峰	男	汉　族	2012 年 2 月至 2012 年 12 月
副主席	热希尼玛	男	蒙古族	2007 年 11 月至 2007 年 12 月
	王玉凤	女	汉　族	2007 年 11 月至 2012 年 12 月
	苗凯明	男	汉　族	2007 年 12 月至 2012 年 2 月
	贾建忠	男	汉　族	2007 年 11 月至 2012 年 12 月
	段瑞敏	男	蒙古族	2007 年 11 月至 2012 年 12 月
	任明光	男	汉　族	2012 年 2 月至 2012 年 12 月

七、政协乌拉特中旗第十三届委员会

政协乌拉特中旗第十二届委员会常务委员会由 21 人组成，其中设主席 1 人、副主席 4 人。

2012 年 12 月当选的政协乌拉特中旗第十三届委员会主席、副主席名录

表 7－7

职　务	姓名	性别	民　族	任职时间
主　席	徐　峰	男	汉　族	2012 年 12 月
副主席	王玉凤	女	汉　族	2012 年 12 月
	贾建忠	男	汉　族	2012 年 12 月
	段瑞敏	男	蒙古族	2012 年 12 月
	任明光	男	汉　族	2012 年 12 月

第二节　内设机构

1988 年 1 月，政协乌拉特中旗第七届委员会设有工作机构 1 个：办公室；实有干部职工 25 人，科级领导职数 1 名，其中办公室设有秘书长 1 人。

1996 年 1 月 25 日，政协乌拉特中旗第九届委员会增设法制委员会、经济委员会、教育科技文化卫生委员会。至此，政协乌拉特中旗第九届委员会设有工作机构 4 个：办公室、法制委员会、经济委员会、教育科技文化卫生委员会；核定行政编制 11 名，实有干部职工 30 人，科级领导职数 5 名，四正一副，其中办公室设秘书长 1 人、副秘书长 1 人；各工作委员会设主任 1 人。

1997 年 9 月，政协乌拉特中旗第九届委员会办公室改设为综合办公室，不再设秘书长、副秘书长；综合办公室设主任 1 人、副主任 1 人，各工作委员会设主任 1 人。

1998 年 12 月，政协乌拉特中旗第九届委员会法制委员会和教育科技文化卫生委员会合并为法制教科文卫体委员会。至此，政协乌拉特中旗第九届委员会设有工作机构 3 个：综合办公室、经济委员会、法制教科文卫体委员会；核定行政编制 11 名，实有干部职工 15 人，科级领导职数 5 名，三正二副，其中办公室设任 1 人、副主任 2 人；各工作委员会设主任 1 人。

2000 年 7 月，政协乌拉特中旗第九届委员会增设提案工作委员会。

2002 年 3 月，政协乌拉特中旗第十届委员会提案工作委员会被撤销。同年 4 月，增设综合办公室机关后勤服务中心。至此，政协乌拉特中旗第十届委员会设有工作机构 4 个：综合办公室、经济委员会、法制教科文卫体委员会、机关后勤服务中心；核定行政编制 11 名、事业编制 5 名，实有干部职工 16 人，科级领导职数 5 名，四正一副，其中综合办设主任 1 人、副主任 1 人；各工作委员会设主任 1 人。

2003 年 12 月，政协乌拉特中旗第十届委员会经济委员会更名为经济资源环境委员会，法制教科文卫体委员会更名为提案文史法制文卫体委员会。

2005 年 5 月，政协乌拉特中旗第十一届委员会成立提案文史学习委员会；同年 6 月，恢复设立提案文史学习委员会。至此，政协乌拉特中旗第十一届委员会设有工作机构 4 个：综合办公室、经济资源环境委员会、法制教科文卫体委员会、提案文史学习委员会；核定行政编制 11 名、事业编制 6 名，实有干部职工 21 人，科级领导职数 5 名，四正一副，其中办公室设秘书长 1 人、副综合办副主任 1 人；各工作委员会设主任 1 人。

2009 年 2 月，政协乌拉特中旗第十一届委员会设立民族宗教和侨务联络委员会。

2012 年底，政协乌拉特中旗第十三届委员会设有工作机构 5 个：综合办公室、经济资源环境委员会、提案文史学习委员会、民族宗教和侨务联络委员会、法制教科文卫体委员会；核定行政编制 11 名、事业编制 5 名，实有干部职工 30 人，科级领导职数 9 名，五正四副，其中设有秘书长 1 人、综合办公室副主任 1 人，各工作委员会设有主任 1 人、副主任 1 人（经济资源环境委员会未配）。

第二章　政协委员

第一节　委员产生

一、提名推荐与协商确定

政协乌拉特中旗委员会委员是通过推荐提名和协商确定的。党内委员由中共乌拉特中旗委员会(以下简称“旗委”)组织部提名,党外委员由旗委统战部提名。对提名推荐人选的考核工作,由政协乌审旗委员会党组、旗委统战部、旗委组织部联合进行。经考核后,旗委统战部根据委员规模和界别设置比例等要求,提出政协委员建议名单。

二、审议通过与公布

政协委员人选建议名单在征求旗委组织部、政协党组意见后,提交旗委常委会审定,并经上届政协常委会议协商表决通过。经政协常务委员会会议通过的委员,由政协办公室分别向委员发委员证书,并通过新闻媒介向社会公布。

第二节　委员构成

一、政协乌拉特中旗委员会委员

(一)政协乌拉特中旗第八届委员会委员

1991 年 1 月,政协乌拉特中旗第八届委员会共推荐产生委员 59 人。其中,中国共产党代表 7 人,占 11.9%;共青团代表 2 人,占 3.4%;妇女联合会代表 2 人,占 3.4%;工会代表 2 人,占 3.4%;科技界代表 11 人,占 18.6%;文艺界代表 3 人,占 5.1%;教育界代表 5 人,占 8.5%;医药卫生界代表 4 人,占 6.8%;农牧民代表 8 人,占 13.6%;台属、侨属界代表 2 人,占 3.4%;工商联 3 人,占 5.1%;宗教界代表 3 人,占 5.1%;政法界 1 人,占 1.6%;特邀代表 6 人,占 10.1%。全体委员中,中共党员 19 人,占 32.2%;非党群众 40 人,占 67.8%;妇女 10 人,占 16.9%;少数民族 31 人,占 52.5%。

(二)政协乌拉特中旗第九届委员会委员

1994 年 1 月,政协乌拉特中旗第九届委员会共推荐产生委员 60 人。其中,中国共产党代表 6 人,占 10.0%;共青团 2 人,占 3.3%;妇联 2 人,占 3.3%;工会 2 人,占 3.3%;科技界 10 人,占 16.7%;文艺界 3 人,占 5.0%;教育界 7 人,占 11.7%;医药卫生界 5 人,占 8.3%;农牧界 8 人,占 13.4%;台属、侨属界 2 人,占 3.3%;工商联 4 人,占 6.7%;宗教界 2 人,占 3.3%;政法界 1 人,占 1.7%;特邀代表 6 人,占 10.0%。全体委员中:中共党员 22 人,占 36.7%;党外人士 38 人,占 63.3%;少数民族 32 人,占 53.3%;高中以上文化程度的 39 人,占 65%;具有中高级技术职称的 21 人,占 35%。

(三)政协乌拉特中旗第十届委员会委员

1999 年 1 月,政协乌拉特中旗第十届委员会共推荐产生委员 71 人。其中,中国共产党界 8 人,占11.26%;共青团界2人,占2.82%;妇联2人,占2.82%;工会2人,占2.82%;科技界7人,占9.86%;文艺界3人,占4.23%;教育界7人,占9.86%;医疗卫生界6人,占8.45%;农牧界12人,占16.9%;台属、侨属界2人,占2.82%,工商界6人,占8.45%;宗教界3人,占4.23%;特邀界11人,占15.48%。全体委员中,中共党员23人,占32.39%;党外人士48人,占67.61%;妇女16人,占22.54%;少数民族委员32人,占45.07%;高中以上文化程度的46人,占64.79%。

(四)政协乌拉特中旗第十一届委员会委员

2004年1月,政协乌拉特中旗第十一届委员会共推荐产生委员83人。政协乌拉特中旗第十一届委员会委员组成名额83人,实际安排83人,保留十届政协委员13人,新提名52人。推荐协商通过的83人委员中,由各界代表组成,将十届委员的13个界别调整为8个界别。界别代表的比例上,重点突出了文化教育卫生界、农牧界、工商界和特邀界委员的比例。其中中国共产党代表6人,占委员总数的7.2%;群众团体界6人,占委员总数的7.2%;文化教育卫生界16人,占委员总数的19.3%;工商界16人,占委员总数的19.3%;农牧界11人,占委员总数的13.3%;民族宗教界4名,占委员总数的4.8%;台属、侨属界1人,占委员总数的1.2%;特邀界23人,占委员总数的27.7%。全体委员中:中共党员32人,占委员总数的38.6%;非中共党员委员51人,占委员总数的61.4%;妇女委员21人,占委员总数的25.3%;少数民族委员28人,占委员总数的33.7%,其中蒙古族24人,占委员总数的28.9%,回族3人,占委员总数的3.6%;藏族1人,占委员总数的1.2%;大专以上文化程度的43人,占委员总数的51.8%;具有中高级技术职称的31人,占委员总数的37.3%;平均年龄42.2岁。

(五)政协乌拉特中旗第十二届委员会委员

2007年11月,政协乌拉特中旗第十二届委员会共推荐产生委员91人,其中,保留十一届政协委员45人,占44.6%,新提名56人,占54%。委员由各界别代表组成,将十一届委员会的8个界别调整为10个界别,其中,中国共产党界7人,占委员总数的6.9%;工商联界12人,占委员总数的11.9%;群众团体界4人,占委员总数的4%;经济企业界16人,占委员总数的15.8%;农牧界13人,占委员总数的12.9%;文化教育艺术体育新闻界1人,占委员总数的0.9%;医药卫生界6人,占委员总数的5.9%;台属、侨属界1人,占委员总数的0.9%;少数民族宗教界5人,占委员总数的5%;特邀界26人,占委员总数的25.7%。全体委员中,中共党员40人,占委员总数的39.6%;妇女委员30人,占委员总数的27%;少数民族委员35人,占委员总数的34.7%,其中,蒙古族32人,回族1人,朝鲜族1人,达斡尔族1人;大专以上文化程度69人,占委员总数的68.3%;具有中高级技术职称的35人,占委员总数的34.7%;委员平均年龄41.2岁。

(六)政协乌拉特中旗第十三届委员会委员

2012年12月,政协乌拉特中旗第十三届委员会共推荐产生委员109人,其中第十三届委员会委员109人,保留十二届政协委员42人,占38.5%;新提名7人,占61.5%。设10个界别,中国共产党界8人,占委员总数的7.3%;工商联界16人,占委员总数的14.7%;群众团体界4人,占委员总数的3.7%;经济企业界15人,占委员总数的13.8%;农牧界23人,占委员总数的21.1%;文化教育艺术体育新闻界11人,占委员总数的10.1%;医药卫生界4人,占委员总数的3.7%;台属、侨属界1人,占委员总数的0.9%;少数民族宗教界3人,占委员总数的2.7%,特邀界24人,占委员总数的22%。全体委员中:中共党员43人,占委员总数的39.4%;非中共党员6人,占6.9%;妇女委员3人，占委员总数的3.3%；少数民族委员37人，占委员总数的33.9%；大专以上学历84人，占委员总数的77.1%；具有中高级技术职称的委员36人，占委员总数的33%。委员平均年龄41.4岁。

二、政协巴彦淖尔市委员会（乌拉特中旗籍）委员

（一）政协巴彦淖尔盟委员会委员

2000年6月，乌拉特中旗有12人当选为政协巴彦淖尔盟第十一届委员会委员。

（二）政协巴彦淖尔市委员会委员

2004年7月，乌拉特中旗有14人当选为政协巴彦淖尔市第一届委员会委员。

2007年12月，乌拉特中旗有12人当选为政协巴彦淖尔市第二届委员会委员。

第三节　委员资格审查

政协乌拉特中旗第八届、第九届、第十届、第十一届、第十二届、第十三届政协委员的资格审查，均注重统一战线观念，坚持"四个有利于"（有利于贯彻执行党的基本路线；有利于增强各族各界大团结，为改革开放和现代化建设服务；有利于坚持中国共产党领导的多党合作和政治协商制度；有利于加强中国共产党对统一战线和政协工作的领导）。在每届政协委员的具体资格审查中均执行放宽视野、扩大团结面、坚持"统筹兼顾，全面安排"的方针，以兼顾党内外、民族、地域、界别、年龄、性别，体现广泛性和代表性。

经审查，出席政协乌拉特中旗第八届委员会第一次会议的委员共有59人，第九届委员会第一次会议的委员共有60人，第十届委员会第一次会议的委员共有71人，第十一届委员会第一次会议的委员共有83人，第十二届委员会第一次会议的委员共有101人，第十三届委员会第一次会议的委员共有109人。各位委员的产生和确定，符合法律规定，委员整体结构合理，全部符合委员条件，其资格全部有效。

第三章　政协委员全体会议

第一节　政协乌拉特中旗第七届委员会全体委员会议

一、第七届委员会第二次全体会议

1988 年 1 月 25 日，政协第七届委员会第二次全体委员会议在海流图镇召开，会议应到委员 58 人，实到委员 56 人。会议听取并审议政协乌拉特中旗第七届委员会第一次会议后常委会工作报告、政协提案工作报告和政协乌拉特中旗第七届委员会第二次会议提案审查报告。与会委员列席乌拉特中旗第十届人民代表大会第二次会议，听取并讨论旗人民政府工作报告及其他各项报告。会议一致通过政协乌拉特中旗第七届委员会第二次会议政治决议、常委会工作报告决议和提案审查情况报告的决议。

二、第七届委员会第三次全体会议

1988 年 11 月 21 日，政协第七届委员会第三次全体委员会议在海流图镇召开，会议应到委员 58 人，实到委员 55 人。会议听取并审议政协乌拉特中旗第七届委员会第二次会议后常委会工作报告、政协提案工作报告和政协乌拉特中旗第七届委员会第三次会议提案审查报告。与会委员列席乌拉特中旗第十届人民代表大会第三次会议，听取并讨论旗人民政府工作报告及其他各项报告。会议一致通过政协乌拉特中旗第七届委员会第三次会议政治决议、常委会工作报告决议和提案审查情况报告的决议。

三、第七届委员会第四次全体会议

1990 年 4 月 3 日，政协第七届委员会第四次全体委员会议在海流图镇召开，会议应到委员 58 人，实到委员 53 人。会议听取并审议政协乌拉特中旗第七届委员会第三次会议后常委会工作报告、政协提案工作报告和政协乌拉特中旗第七届委员会第四次会议提案审查报告。与会委员列席乌拉特中旗第十届人民代表大会第四次会议，听取并讨论旗人民政府工作报告及其他各项报告。会议一致通过政协乌拉特中旗第七届委员会第四次会议政治决议、常委会工作报告决议和提案审查情况报告的决议。

第二节　政协乌拉特中旗第八届委员会全体委员会议

一、第八届委员会第一次全体会议

1991 年 1 月 14—19 日，政协乌拉特中旗第八届委员会第一次全体会议在海流图镇召开，会议应到委员 59 人，实到委员 59 人。会议听取并审议政协乌拉特中旗第七届委员会常务委员会工作报告、政协乌拉特中旗第七届委员会常务委员提案工作报告和政协乌拉特中旗第八届委员会第一次会议提案审查报告。与会委员列席乌拉特中旗第十一届人民代表大会第一次会议，听取并讨论旗人民政府工作报告及其他各项报告。会议一致通过政协乌拉特中旗第八届一次会议政治决议、常委会工作报告决议和提案审查情况报告决议。会议选举政协乌拉特中旗第八届委员会常务委员

11 人、主席 1 人、副主席 5 人、秘书长 1 人。

1991 年 5 月，政协乌拉特中旗第八届委员会增补常务委员 2 人，委员总数增为 61 人。

二、第八届委员会第二次全体会议

1992 年 3 月 2—7 日，政协第八届委员会第二次全体委员会议在海流图镇召开，会议应到委员 61 人，实到委员 60 人。会议听取并审议政协乌拉特中旗第八届委员会第一次会议后常务委员会工作报告、政协提案工作报告和政协乌拉特中旗第八届委员会第二次会议提案审查报告。与会委员列席乌拉特中旗第十一届人民代表大会第二次会议，听取并讨论旗人民政府工作报告及其他各项报告。会议一致通过政协乌拉特中旗第八届二次会议政治决议、常委会工作报告决议和提案审查情况报告决议。

三、第八届委员会第三次全体会议

1993 年 2 月 1—6 日，政协第八届委员会第三次全体委员会议在海流图镇召开，会议应到委员 61 人，实到委员 58 人。会议听取并审议政协乌拉特中旗第八届委员会第二次会议后常务委员会工作报告、政协提案工作报告和政协乌拉特中旗第八届委员会第三次会议提案审查报告。与会委员列席乌拉特中旗第十一届人民代表大会第三次会议，听取并讨论旗人民政府工作报告及其他各项报告。会议一致通过政协乌拉特中旗第八届三次会议政治决议、常委会工作报告决议和提案审查情况报告决议。

第三节　政协乌拉特中旗第九届委员会全体委员会议

一、第九届委员会第一次全体会议

1994 年 1 月 12—17 日，政协第九届委员会第一次全体委员会议在海流图镇召开，会议应到委员 60 人，实到委员 60 人。会议听取并审议政协乌拉特中旗第八届委员会常务委员会工作报告、政协提案工作报告和政协乌拉特中旗第九届委员会第一次会议提案审查报告。与会委员列席乌拉特中旗第十二届人民代表大会第一次会议，听取并讨论旗人民政府工作报告及其他各项报告。会议一致通过政协乌拉特中旗第九届一次会议政治决议、常委会工作报告决议和提案审查情况报告决议。会议选举政协乌拉特中旗第九届委员会常务委员 13 人、主席 1 人、副主席 6 人、秘书长 1 人。

1994 年 12 月，政协第九届委员会秘书长调整。同月，政协第九届委员会委员退休 1 人，增补委员 1 人。

二、第九届委员会第二次全体会议

1995 年 1 月 9—14 日，政协第九届委员会第二次全体委员会议在海流图镇召开，会议应到委员 60 人，实到委员 59 人。会议听取并审议政协乌拉特中旗第九届委员会第一次会议后常务委员会工作报告、政协提案工作报告和政协乌拉特中旗第九届委员会第二次会议提案审查报告。与会委员列席乌拉特中旗第十二届人民代表大会第二次会议，听取并讨论旗人民政府工作报告及其他各项报告。会议一致通过政协乌拉特中旗第九届二次会议政治决议、常委会工作报告决议和提案审查情况报告决议。

三、第九届委员会第三次全体会议

1996 年 1 月 30 日，政协第九届委员会第三次全体委员会议在海流图镇召开，应到委员 63 人，实到委员 61 人。会议听取并审议政协乌拉特中旗第九届委员会第二次会议后常务委员会工作报告、政协提案工作报告和政协乌拉特中旗第九届委员会第三次会议提案审查报告。与会委员列席乌拉特中旗第十二届人民代表大会第三次会议，听取并讨论旗人民政府工作报告及其他各项报告。会议一致通过政协乌拉特中旗第九届三次会议政治决议、常委会工作报告决议和提案审查情况报告决议。会议补选政协乌拉特中旗第九届委员会常务委员 1 人、主席 1 人、副主席 1 人，增选常务委员 1 人。同月，政协第九届委员会辞去委员 3 人，增补委员 3 人。

四、第九届委员会第四次全体会议

1997 年 11 月 27 日至 12 月 2 日，政协第九届委员会第四次全体委员会议在海流图镇召开，会议应到委员 63 人，实到委员 60 人。会议听取并审议政协乌拉特中旗第九届委员会第三次会议后常务委员会工作报告、政协提案工作报告和政协乌拉特中旗第九届委员会第四次会议提案审查报告。与会委员列席乌拉特中旗第十二届人民代表大会第四次会议，听取并讨论旗人民政府工作报告及其他各项报告。会议一致通过政协乌拉特中旗第九届四次会议政治决议、常委会工作报告决议和提案审查情况报告决议。

1997 年 9 月，政协乌拉特中旗第九届委员会增选委员 3 人，委员总数增为 63 人。

五、第九届委员会第五次全体会议

1998 年 3 月 2—7 日，政协第九届委员会第五次全体委员会议在海流图镇召开，会议应到委员 63 人，实到委员 58 人。会议听取并审议政协乌拉特中旗第九届委员会第四次会议后常务委员会工作报告、政协提案工作报告和政协乌拉特中旗第九届委员会第五次会议提案审查报告。与会委员列席乌拉特中旗第十二届人民代表大会第五次会议，听取并讨论旗人民政府工作报告及其他各项报告。会议一致通过政协乌拉特中旗第九届五次会议政治决议、常委会工作报告决议和提案审查情况报告决议。

第四节　政协乌拉特中旗第十届委员会全体委员会议

一、第十届委员会第一次全体会议

1999 年 1 月 7—9 日，政协第十届委员会第一次全体委员会议在海流图镇召开，会议应到委员 71 人，实到委员 71 人。会议听取并审议政协乌拉特中旗第九届委员会常务委员会工作报告、政协提案工作报告和政协乌拉特中旗第十届委员会第一次会议提案审查报告。与会委员列席乌拉特中旗第十三届人民代表大会第一次会议，听取并讨论旗人民政府工作报告及其他各项报告。会议一致通过政协乌拉特中旗十届一次会议政治决议、常委会工作报告决议和提案审查情况报告决议。会议选举政协乌拉特中旗第十届委员会常务委员 17 人、主席 1 人、副主席 3 人。

2000 年 2 月，政协乌拉特中旗第十届委员会增补委员 1 人，委员总数增为 72 人。

二、第十届委员会第二次全体会议

2000 年 3 月 8—10 日，政协第十届委员会第二次全体委员会议在海流图镇召开，会议应到委员 72 人，实到委员 70 人。会议听取并审议政协乌拉特中旗第十届委员会第一次会议后常务委员会工作报告、政协提案工作报告和政协乌拉特中旗第十届委员会第二次会议提案审查报告。与会委员列席乌拉特中旗第十二届人民代表大会第二次会议，听取并讨论旗人民政府工作报告及其他各项报告。会议一致通过政协乌拉特中旗第十届二次会议政治决议、常委会工作报告决议和提案审查情况报告决议。会议增选政协乌拉特中旗第十届委员会常务委员 1 人、副主席 1 人。

三、第十届委员会第三次全体会议

2001年3月7—12日，政协第十届委员会第三次全体委员会议在海流图镇召开，会议应到委员78人，实到委员76人。会议听取并审议政协乌拉特中旗第十届委员会第二次会议后常务委员会工作报告、政协提案工作报告和政协乌拉特中旗第十届委员会第三次会议提案审查报告。与会委员列席乌拉特中旗第十二届人民代表大会第三次会议，听取并讨论旗人民政府工作报告及其他各项报告。会议一致通过政协乌拉特中旗第十届三次会议政治决议、常委会工作报告决议和提案审查情况报告决议。

2001年2月，政协乌拉特中旗第十届委员会增补委员6人，委员总数增为78人。

2002年2月，政协乌拉特中旗第十届委员会增补委员5人，委员总数增为83人。

四、第十届委员会第四次全体会议

2002年3月27—29日，政协第十届委员会第四次全体委员会议在海流图镇召开，会议应到委员83人，实到委员83人。会议听取并审议政协乌拉特中旗第十届委员会第三次会议后常务委员会工作报告、政协提案工作报告和政协乌拉特中旗第十届委员会第四次会议提案审查报告。与会委员列席乌拉特中旗第十二届人民代表大会第四次会议，听取并讨论旗人民政府工作报告及其他各项报告。会议一致通过政协乌拉特中旗第十届四次会议政治决议、常委会工作报告决议和提案审查情况报告决议。会议补选政协乌拉特中旗第十届委员会主席1人、副主席2人、常务委员2人。

五、第十届委员会第五次全体会议

2003年3月10—15日，政协第十届委员会第五次全体委员会议在海流图镇召开，会议应到委员83人，实到委员79人。会议听取并审议政协乌拉特中旗第十届委员会第四次会议后常务委员会工作报告、政协提案工作报告和政协乌拉特中旗第十届委员会第五次会议提案审查报告。与会委员列席乌拉特中旗第十二届人民代表大会第五次会议，听取并讨论旗人民政府工作报告及其他各项报告。会议一致通过政协乌拉特中旗第十届五次会议政治决议、常委会工作报告决议和提案审查情况报告决议。

第五节　政协乌拉特中旗第十一届委员会全体委员会议

一、第十一届第一次全体会议

2004年1月3—7日，政协乌拉特中旗第十一届委员会第一次全体会议在海流图镇召开，会议应到委员83人，实到委员83人。会议听取并审议政协乌拉特中旗第十届委员会常务委员会工作报告、政协乌拉特中旗第十届委员会常务委员提案工作报告和政协乌拉特中旗第十一届委员会第一次会议提案审查报告。与会委员列席乌拉特中旗第十四届人民代表大会第一次会议，听取并讨论旗人民政府工作报告及其他各项报告。会议一致通过政协乌拉特中旗第十一届一次会议政治决议、常委会工作报告决议和提案审查情况报告决议。会议选举政协乌拉特中旗第十一届委员会常务委员23人、主席1人、副主席4人、秘书长1人。

二、第十一届委员会第二次全体会议

2005年3月21—23日，政协乌拉特中旗第十一届委员会第二次会议在海流图镇召开，会议应到委员83人，实到委员80人。会议听取并审议政协乌拉特中旗第十一届委员会第一次会议后常

委会工作报告、政协提案工作报告和政协乌拉特中旗第十一届委员会第二次会议提案审查报告。与会委员列席乌拉特中旗第十四届人民代表大会第二次会议，听取并讨论旗人民政府工作报告及其他各项报告。会议一致通过政协乌拉特中旗第十一届委员会第二次会议政治决议、常委会工作报告决议和提案审查情况报告的决议。

2005 年 3 月，因工作调动等原因，政协第十一届委员会委员辞职 3 人，增补委员 8 人，委员总数增为 88 人。

三、第十一届委员会第三次全体会议

2006 年 2 月 22—24 日，政协乌拉特中旗第十一届委员会第三次会议在海流图镇召开，会议应到委员 88 人，实到委员 86 人。会议听取并审议政协乌拉特中旗第十一届委员会第二次会议后常委会工作报告、政协提案工作报告和政协乌拉特中旗第十一届委员会第三次会议提案审查报告。与会委员列席乌拉特中旗第十四届人民代表大会第三次会议，听取并讨论旗人民政府工作报告及其他各项报告。会议一致通过政协乌拉特中旗第十一届委员会第三次会议政治决议、常委会工作报告决议和提案审查情况报告的决议。会议中，补选政协乌拉特中旗第十一届委员会常务委员 4 人；因工作调整、调动等原因，政协第十一届委员会委员辞职 8 人，增补委员 23 人，委员总数增为 103 人。

四、第十一届委员会第四次全体会议

2007 年 4 月 18—21 日，政协乌拉特中旗第十一届委员会第四次会议在海流图镇召开，会议应到委员 103 人，实到委员 98 人，旗党、政、军领导和部分离退休老干部应邀出席会议，驻旗市政协委员、各苏木镇和旗直各党委书记、政府部分职能部门负责人应邀列席会议。会议听取并审议政协主席代表常务委员会所作的常务委员会工作报告和副主席代表常务委员会所作的关于旗政协十一届三次会议以来提案工作情况的报告。会议期间，13 名委员作大会发言，13 名委员作书面发言。会议通过政治决议、关于常委会工作报告的决议、关于第十一届三次会议以来提案工作情况报告的决议和提案委员会关于提案审查情况的报告。会议增选政协副主席 1 人。与会委员列席旗十四届人大五次会议，听取并讨论《政府工作报告》和其他报告。

第六节　政协乌拉特中旗第十二届委员会全体委员会议

一、第十二届委员会第一次全体会议

2007 年 11 月 30 日至 12 月 3 日，政协乌拉特中旗第十二届委员会第一次会议在海流图镇召开，会议应到委员 101 人，实到委员 101 人，旗党政、军领导和部分离退休老干部应邀出席会议，市政协委员、苏木镇党委书记、旗直各党委书记、政府部分职能部门负责人应邀列席会议。委员们审议十一届常委会工作报告和提案工作报告，列席旗第十五届人民代表大会第一次会议，听取旗人民政府旗长郭介中所作的政府工作报告和其他重要报告。会议通过旗政协十二届一次会议政治决议、关于十一届政协常务委员会工作报告的决议、关于十一届政协常务委员会提案工作情况报告的决议。审议通过旗政协乌拉特中旗第十二届一次会议提案事查委员会关于提案审查情况的报告。会议选举政协乌拉特中旗第十一届委员会常务委员 15 人、主席 1 人、副主席 4 人、秘书长 1 人。

二、第十二届委员会第二次全体会议

2008 年 8 月 9 日，政协乌拉特中旗第十二届委员会第二次会议在海流图镇召开，会议应到委员

101 人,实到委员 98 人。会议听取并审议政协乌拉特中旗第十二届委员会第一次会议后常委会工作报告、政协提案工作报告和政协乌拉特中旗第十二届委员会第二次会议提案审查报告。与会委员列席乌拉特中旗第十五届人民代表大会第二次会议,听取并讨论旗人民政府工作报告及其他各项报告。会上,14 名委员向大会作专题发言。会议一致通过政协乌拉特中旗第十二届委员会第二次会议政治决议、常委会工作报告决议和提案审查情况报告的决议。

三、第十二届委员会第三次全体会议

2009 年 1 月 4—5 日,政协乌拉特中旗第十二届委员会第三次会议在海流图镇召开,会议应到委员 101 人,实到委员 95 人。会议听取并审议政协乌拉特中旗第十二届委员会第二次会议后常委会工作报告、政协提案工作报告和政协乌拉特中旗第十二届委员会第三次会议提案审查报告。与会委员列席乌拉特中旗第十五届人民代表大会第三次会议,听取并讨论旗人民政府工作报告及其他各项报告。会上,6 名委员向大会作专题发言。会议一致通过政协乌拉特中旗第十二届委员会第三次会议政治决议、常委会工作报告决议和提案审查情况报告的决议。会议增选政协乌拉特中旗第十二届委员会常务委员 3 人。因工作调整、调动等原因,政协第十一届委员会委员辞职 6 人,增补委员 11 人,委员总数增为 106 人。

四、第十二届委员会第四次全体会议

2010 年 1 月 4—6 日,政协乌拉特中旗第十二届委员会第四次会议在海流图镇召开,会议应到委员 106 人,实到委员 101 人。会议听取并审议政协乌拉特中旗第十二届委员会第三次会议后常委会工作报告、政协提案工作报告和政协乌拉特中旗第十二届委员会第四次会议提案审查报告。与会委员列席乌拉特中旗第十五届人民代表大会第四次会议,听取并讨论旗人民政府工作报告及其他各项报告。会上,6 名委员向大会作专题发言。会议一致通过政协乌拉特中旗第十二届委员会第四次会议政治决议、常委会工作报告决议和提案审查情况报告的决议。会议中,因工作调整、调动等原因,政协第十一届委员会委员辞职 4 人,委员总数减为 102 人。

五、第十二届委员会第五次全体会议

2010 年 12 月 25—27 日,政协乌拉特中旗第十二届委员会第五次会议在海流图镇召开,会议应到委员 102 人,实到委员 98 人。会议听取并审议政协乌拉特中旗第十二届委员会第四次会议后常委会工作报告、政协提案工作报告和政协乌拉特中旗第十二届委员会第五次会议提案审查报告。与会委员列席乌拉特中旗第十五届人民代表大会第五次会议,听取并讨论旗人民政府工作报告及其他各项报告。会上,6 名委员向大会作专题发言。会议一致通过政协乌拉特中旗第十二届委员会第五次会议政治决议、常委会工作报告决议和提案审查情况报告的决议。会议撤销政协乌拉特中旗第十二届委员会常务委员资格 1 人;因工作调整、调动等原因,政协第十一届委员会委员辞职 6 人,增补委员 9 人,委员总数增为 105 人。

六、第十二届委员会第六次全体会议

2012 年 2 月 11—13 日,政协乌拉特中旗第十二届委员会第六次会议在海流图镇召开,会议应到委员 105 人,实到委员 105 人。会议听取并审议政协乌拉特中旗第十二届委员会第五次会议后常委会工作报告、政协提案工作报告和政协乌拉特中旗第十二届委员会第六次会议提案审查报告。与会委员列席乌拉特中旗第十五届人民代表大会第六次会议,听取并讨论旗人民政府工作报告及其他各项报告。会上,8 名委员向大会作专题发言。会议一致通过政协乌拉特中旗第十二届委员会第六次会议政治决议、常委会工作报告决议和提案审查情况报告的决议。会议补选政协乌拉特中旗第十二届委员会主席 1 人、副主席 1 人;因工作调整、调动等原因,政协第十一届委员会委员辞职 3 人,增补委员 3 人,委员总数增为 105 人。

第七节　政协乌拉特中旗第十三届委员会全体委员会议

2012 年 12 月 9—11 日,政协乌拉特中旗第十三届委员会第一次会议在海流图镇召开,会议应到委员 109 人,实到委员 104 人。旗党政、军领导和部分离退休老干部应邀出席会议,市政协委员、苏木镇党委书记、旗直各党委书记、政府部分职能部门负责人应邀列席会议。会议听取并审议政协乌拉特中旗第十二届委员会第六次会议后常委会工作报告、政协提案工作报告和政协乌拉特中旗第十三届委员会第一次会议提案审查报告。与会委员列席乌拉特中旗第十六届人民代表大会第一次会议,听取并讨论旗人民政府工作报告及其他各项报告。会议一致通过政协乌拉特中旗第十三届一次会议政治决议、常委会工作报告决议和提案审查情况报告决议。会议选举政协乌拉特中旗第十三届委员会常务委员 21 人、主席 1 人、副主席 4 人、秘书长 1 人。

第四章　重要会议

第一节　常委会会议

一、第七届委员会时期

1988 年 1 月至 1991 年 1 月，政协乌拉特中旗第七届委员会共举行常委会会议 9 次，其中重要会议有 6 次。

(一)七届委员会第一次常委会会议

1987 年 10 月 10 日召开，会议议程：决定该届委员会设综合办公室，由秘书长赵银万负责领导下进行工作；决定该届委员会办公室下设 5 个工作组，即秘书长、工作组、提案组、文史资料组、委员学习活动组；根据秘书长提议，任该届委员会副秘书长 2 人。

(二)七届委员会第二次常委会会议

1987 年 11 月 27 日召开，专题学习和贯彻中国共产党第十三次全国代表大会精神。

(三)七届委员会第三次常委会会议

1988 年 3 月 9 日召开，会议议程：审议通过《政协乌拉特中旗委员会 1998 年工作计划》。

(四)七届委员会第五次常委会会议

1988 年 11 月 5 日召开，会议议程：研究讨论七届三次会议议程、日程、常委会工作报告、提案工作报告；审议委员调整事宜。

(五)七届委员会第六次常委会会议

1990 年 1 月 3 日召开，会议议程：审议政协乌拉特中旗第七届委员会第五次全体会议召开时间；协商讨论常委会工作报告、提案工作报告以及会议议程、日程等事宜。

(六)七届委员会第九次常委会会议

1991 年 1 月 3 日召开，会议议程：协商讨论八届一次会议议程、日程及其他会务工作；协商讨论七届政协常委会工作报告和提案工作报告；听取八届委员遴选情况介绍。

二、第八届委员会时期

1991 年 1 月至 1994 年 1 月，政协乌拉特中旗第八届委员会共举行常委会会议 12 次，其中重要会议有 9 次。

(一)八届委员会第一次常委会会议

1991 年 1 月 25 日召开，专题学习中共十三届七中全会精神。

(二)八届委员会第二次常委会会议

1991 年 4 月 8 日召开，专题研究主席会议成员和常委工作分工。

(三)八届委员会第三次常委会会议

1991 年 6 月 12 日召开，会议议程：专题协商研究《关于对乌兰、巴音、桑根达来、温更四个苏木的绒毛收购问题的调查报告》。

(四)八届委员会第五次常委会会议

1992 年 2 月 27 日召开,会议议程:协商讨论八届二次会议议程、日程及其他工作;讨论常委会工作报告;讨论提案工作情况的报告。

(五)八届委员会第六次常委会会议

1992 年 3 月 25 日召开,会议议程:审议协商讨论《1992 年工作计划》。

(六)八届委员会第七次常委会会议

1992 年 6 月 30 日召开,会议议程:研究审议通过《解放思想、抓住机遇、发挥优势,加快开放步伐》《保护牧民利益,调动牧民积极性是牧业发展的关键》两篇调研报告。

(七)八届委员会第九次常委会会议

1993 年 1 月 25 日召开,会议议程:协商讨论八届三次会议议程、日程及其他会务工作;讨论常委会工作报告;讨论提案工作情况的报告。

(八)八届委员会第十次常委会会议

1993 年 3 月 4 日召开,会议议程:审议协商讨论《1993 年工作计划》。

(九)八届委员会第十二次常委会会议

1994 年 1 月 3 日召开,会议议程:协商讨论九届一次会议议程、日程及其他会务工作;协商讨论八届政协常委会工作报告和提案工作报告;听取九届政协委员遴选情况说明。

三、第九届委员会时期

1994 年 1 月至 1999 年 1 月,政协乌拉特中旗第九届委员会共举行常委会会议 27 次,其中重要会议有 14 次。

(一)九届委员会第一次常委会会议

1994 年 3 月 9 日召开,会议议程:协商讨论通过《政协 1994 年工作安排》。

(二)九届委员会第四次常委会会议

1994 年 12 月 28 召开,会议议程:协商讨论九届二次会议议程、日程及其他会务工作;讨论九届一次会议后常委会工作报告;讨论九届一次会议后提案工作情况的报告。

(三)九届委员会第五次常委会会议

1995 年 3 月 22 日召开,会议议程:研究审议通过《政协 1995 年工作安排》。

(四)九届委员会第六次常委会会议

1995 年 7 月召开,会议议程:研究讨论二牛湾水库主体二期工程的建设问题。

(五)九届委员会第十四次常委会会议

1996 年 1 月 17 日召开,审议通过关于 1 月 28 日在海流图镇召开九届三次会议的决定;通过常委会工作报告和提案工作报告;审议通过会议议程、日程、会议须知。

(六)九届委员会第十五次常委会会议

1996 年 1 月 25 日召开,审议政协机构设置事宜(增设经济委员会、教科文卫体委员会、法制委员会);增补政协乌拉特中旗第九届委员会委员 1 人;任命法制委主任、经济委主任、教科文卫体委主任、政协副秘书长、经济委副主任、教科文卫体委副主任、法制委副主任。

(七)九届委员会第十六次常委会会议

1996 年 6 月 25 日召开,专题协商讨论旗砖瓦厂生产问题,针对旗砖瓦厂在销售市场普遍好转,产品供不应求的情况下,生产难以满负荷持续生产提出诸多高质量建议,旗委、旗人民政府采纳落实。

(八)九届委员会第十八次常委会会议

1996年8月15日召开,针对牧区畜群点不断增加,草场严重超载甚至挤占牧民草场的问题进行专题研究,会后将讨论结果报旗委,党政领导阅后,认为具有很高的参考价值。

(九)九届委员会第十九次常委会会议

1996年12月13日召开,会议议程:专题审议通过《对乌拉特中旗经济发展的几点建议》《关于视察海镇地区个体医、集体医的报告》《关于对海流图镇地区中小学收费情况的调研报告》3篇调研报告。

(十)九届委员会第二十二次常委会会议

1997年9月5日召开,研究通过《关于对乌拉特中旗落实苏木、乡、镇农业技术推广机构“三定”工作情况的调查报告》《关于对山旱区定点扶贫的追踪调查》2个专项调查报告。

(十一)九届委员会第二十三次常委会会议

1997年11月7日召开,协商讨论九届四次会议议程、日程及其他会务工作;讨论九届三次会议后常委会工作报告;讨论九届三次会议后提案工作情况的报告。

(十二)九届委员会第二十四次常委会会议

1998年1月8日召开,研究审议通过《关于在山旱区打井,避免重复投资的建议》《加强种畜管理的建议案》《关于注重耕地培育,加强农业发展后劲》《关于彻底治理海流图镇脏、乱、差的建议案》4个调研报告和建议案。

(十三)九届委员会第二十五次常委会会议

1998年2月19日召开,协商讨论九届五次会议议程、日程及其他会务工作;讨论九届四次会议后常委会工作报告;讨论九届四次会议后提案工作情况的报告。

(十四)九届委员会第二十七次常委会会议

1998年12月24日召开,协商讨论十届一次会议议程、日程及其他会务工作;协商讨论九届政协常委会工作报告和提案工作报告;听取统战、组织等部门关于十届政协委员遴选情况说明。

四、第十届委员会时期

1999年1月至2004年1月,政协乌拉特中旗第十届委员会共举行常委会会议21次,其中重要会议有15次。

(一)十届委员会第一次常委会会议

1999年4月16日召开,主要内容有:通报第一季度政协工作开展情况;对政协十届一次全委会议以来委员提案及办理进展情况的说明;宣读巴彦淖尔盟政协换届选举有关事宜;主席讲话,强调要加强学习,履行好职责,当好旗委、旗人民政府的参谋和助手,积极建言献策;旗委副书记代表旗委讲话,对政协工作给予充分肯定,并对今后工作提出了新的要求和希望。

(二)十届委员会第二、三次常委会会议

1999年8月5日召开,会议议程有5项:政协主席对巴彦淖尔盟政协十届一次会议基本情况作通报;传达巴彦淖尔盟政协九届常委工作报告;通报第二、三季度政协工作开展情况;通报十届一次会后提案答复情况;委员发言,大家畅所欲言,提出许多建议性的意见。

(三)十届委员会第四次常委会会议

1999年11月24日召开,会议主要议程是:通报四季度政协工作开展情况;宣读旗委《关于成立政协提案委员会的批复》;学习政协章程实施细则;征求好提案和做好明年工作的思路;政协主席作总结;旗委副书记讲话,认为新一届政协工作卓有成效、变化大、工作扎实,配合旗委、政府做了大量工作,要继续发扬,取得更大成绩。

(四)十届委员会第五次常委会会议

2000年2月25日召开,协商讨论十届二次会议议程、日程及其他会务工作;讨论十届一次会议后常委会工作报告;讨论十届一次会议后提案工作情况的报告。

(五)十届委员会第六次常委会会议

2000年4月12日召开,协商讨论通过《政协2000年工作安排》。

(六)十届委员会第七次常委会会议

2000年10月13日召开,专题审议《关于乌拉特中旗农畜牧业现状及其发展潜力的调查》《改善草原生态环境,发展可持续草原畜牧业经济》《关于乌拉特中旗"三牧"问题和生态现状》3个调研、调查报告。

(七)十届委员会第八次常委会会议

2001年2月26日召开,协商讨论十届三次会议议程、日程及其他会务工作;讨论十届二次会议后常委会工作报告;讨论十届二次会议后提案工作情况的报告;协商委员调整及增补事宜。

(八)十届委员会第十次常委会会议

2002年3月18日召开,旗政协主席刘宪文主持会议。审议通过了召开政协乌拉特中旗十届委员会第四次会议的议程及其他有关事项,同意刘宪文等4人辞去领导及常务委员职务。审议通过了关于政协十届四次会议增选常务委员选举办法(草案),审议通过了补选十届政协常务委员候选人名单、委员名单。

(九)十届委员会第十一次常委会会议

2002年3月21日召开,政协主席主持会议。会议听取审议政协乌拉特中旗十届委员会常务委员会工作报告(草案)和提案工作情况报告(草案)。

(十)十届委员会第十二次常委会会议

2002年3月28日召开,政协主席主持会议。会议审查政协乌拉特中旗十届委员会第四次会议收到的提案,并提出了提案审查情况的报告(草案)。

(十一)十届委员会第十三次常委会会议

2002年6月12日召开,政协主席主持会议。会议审议通过旗政协2002年工作要点,审议通过旗政协《关于开展工业园区建设与发展调研的安排意见》《关于开展奶牛养殖情况调研安排意见》《关于加快石材资源开发情况的调研安排意见》《关于乌拉特中旗牧区饲草料地种植情况调研的安排意见》和《关于开展旅游资源开发情况调研的安排意见》5个方面的专题调研安排。旗委副书记出席并做了重要讲话;政协主席作总结讲话。

(十二)十届委员会第十四次常委会会议

2002年9月20日召开,会议传达巴彦淖尔盟政协十届十次常委会会议精神,听取讨论关于旗政协十届四次会议以来提案工作办理情况的汇报。旗政协主席就如何进一步加强提案工作讲话。

（十三）十届委员会第十五次常委会会议

2002 年 12 月 23 日召开，政协副主席主持会议。会议学习中共十六大精神，传达巴彦淖尔盟政协十届十四次常委会议精神，审议通过《关于旗政协委员视察灌区党建暨农业、农村经济工作的报告》和《关于旗政协委员视察海流图镇石哈河镇地区和牧区党建暨农牧业、农牧区经济工作情况的报告》，政协主席作《认真贯彻中共十六大精神，进一步加强新时期人民政协工作》的讲话。

（十四）十届委员会第十六次常委会会议

2003 年 2 月 25 日召开，协商讨论十届五次会议议程、日程及其他会务工作；讨论十届四次会议后常委会工作报告；讨论十届四次会议后提案工作情况的报告。

（十五）十届委员会第二十一次常委会会议

2003 年 12 月 18 日召开，审议协商讨论十一届一次会议议程、日程及其他会务工作；讨论十届政协常委会工作报告和提案工作情况报告。

五、第十一届委员会时期

2004 年 1 月至 2007 年 11 月，政协乌拉特中旗第十一届委员会共举行常委会会议 19 次，其中重要会议有 10 次。

（一）十一届委员会第一次常委会会议

2004 年 3 月 16 日召开，会议议程：传达巴盟政协十届十九次常委会议；传达 2004 政府工作会议精神；宣布主席、副主席工作分工；审议通过关于设置专门委员会的决定（草案）；审议通过专门委员会主任、副主任名单；审议通过 2004 年工作要点及工作安排；审议通过 2004 年调研、考察、视察安排意见；政协主席皇甫义讲话。

（二）十一届委员会第二次常委会会议

2004 年 6 月召开，听取乌拉特中旗严肃工作纪律、整顿工作作风专项活动开展情况的汇报；听取乌拉特中旗山洪沟治理情况的汇报；听取政协民族宗教和侨务联络委员会关于全旗宗教工作视察情况的汇报；审议通过《关于促进甘其毛都口岸互市贸易区建设与发展的调研报告（草案）》《政协全体会议工作规则》《常委会议工作规则》《主席会议工作规则》《专门委员会通则》《提案文史委员会工作简则》《经济资源环境委员会工作简则》《法制教科文卫体委员会工作简则》《民族宗教和侨务联络委员会工作简则》《提案工作条例》《重点提案的确定与办理办法》《优秀提案评选表彰实施办法》《政协委员视察工作办法》《政协委员调研工作办法》等规章制度（草案）；协商组织联络办负责人外出考察学习事宜。

（三）十一届委员会第四次常委会会议

2005 年 3 月 18 日召开。审议《乌拉特中旗政协关于委员管理的暂行规定》《专门委员会通则》《重点提案办理工作实施办法》《秘书长和办公室主任、副主任工作规则》4 项工作制度。

（四）十一届委员会第八次常委会会议

2005 年 4 月 28 日召开，专题审议《政协乌拉特中旗委员会 2005 年工作要点》和 2005 年调研安排意见。

（五）十一届委员会第九次常委会会议

2005 年 10 月 28 日召开。传达学习中共十六届五中全会精神和市政协常委会、宣传信息工作会议、文史工作会议精神；听取了政府任逸群副旗长代表政府所作的 2005 年 1—9 月全旗经济运行情况的通报;讨论审议《乌拉特中旗政协关于赴乌拉特前旗、包头市昆都仑区、鄂尔多斯市东胜区和伊金霍洛旗等地考察学习提案工作的报告》。

(六)十一届委员会第十次常委会会议

2005 年 12 月 30 日召开。传达学习《内蒙古党委关于进一步加强政协工作的决定》和市政协一届六次常委会精神;审议《关于政协乌拉特中旗委员会第十一届二次会议以来提案工作情况的汇报》;审议《政协 2005 年优秀委员、委员优秀提案、优秀承办单位和优秀承办个人名单》;审议通过了有关政协委办主任任免决定。

(七)十一届委员会第十六次常委会会议

2007 年 3 月 16 日召开。应出席 24 人,实到 22 人。会议听取并通过专门委员会 2006 年工作总结和 2007 年工作安排情况汇报,审议并通过《乌拉特中旗政协 2007 年工作要点》《政协乌拉特中旗十一届委员会第三次会议关于常务委员会工作报告》《政协乌拉特中旗十一届委员会关于十一届三次会议以来提案工作情况的报告》。

(八)十一届委员会第十七次常委会会议

2007 年 4 月 19 日召开。应出席 24 人,实到 20 人。会议听取政协十届四次会议各组讨论情况的汇报,审议并通过《政协乌拉特中旗十一届委员会第四次会议关于常务委员会工作报告的决议(草案)》《政协乌拉特中旗十一届委员会关于十一届三次会议以来提案工作情况报告的决议(草案)》《政协乌拉特中旗十一届委员会第四次会议政治决议(草案)》《政协乌拉特中旗十一届委员会第四次会议提案审查情况的报告(草案)》《政协乌拉特中旗第十一届委员会第四次会议选举办法(草案)》,通过有关人事事项。

(九)十一届委员会第十八次常委会会议

2004 年 9 月 27 日召开。应出席 24 人,实到 21 人。会议传达学习中共中央总书记胡锦涛“6·25”讲话精神,听取旗人民政府《关于全旗前三季度经济社会运行情况的通报》《政协乌拉特中旗十一届十五次常委会议以来主席会议工作情况的报告》,审议并通过《关于赴山东潍坊市考察社会主义新农村建设的报告》。

(十)十一届委员会第十九次常委会会议

2007 年 11 月 26 日召开。应出席 24 人,实到 23 人。会议审议并通过《旗政协视察组关于乌拉特中旗 2007 年重点工作情况的视察报告(草案)》《旗政协对内蒙古自治区中东部重点旗县风能资源利用情况的考察调研报告(草案)》《政协乌拉特中旗第十一届委员会常务委员会关于十一届四次会议以来提案工作情况的报告(草案)》和拟表彰的政协乌拉特中旗十一届四次会议后的优秀提案、《政协乌拉特中旗第十届委员会常务委员会工作报告(征求意见稿)》、《政协乌拉特中旗第十一届委员会常务委员会关于提案工作情况的报告(征求意见稿)》。审议并通过政协十二届一次会议相关事项。

六、第十二届委员会时期

2007 年 11 月至 2012 年 12 月,政协乌拉特中旗第十二届委员会共举行常委会会议 27 次,其中重要会议有 10 次。

(一)十二届委员会第一次常委会会议

2008 年 2 月 28 日召开。会议集中学习《政协章程》;审议 2008 年政协工作要点;审议通过政协乌拉特中旗委员会常务委员会工作规则等四项规章制度。政协主席发表重要讲话，就如何抓好工作落实进行安排部署。

（二）十二届委员会第三次常委会会议

2008年7月25日召开。旗委常委、政府副旗长王肇晟向常委会通报了旗人民政府2008年上半年全旗经济运行情况。传达学习中共乌拉特中旗十二届六次全委（扩大）会议精神和自治区政协十届二次常委会议精神。听取《政协乌拉特中旗十二届一次会议以来主席会议工作情况的报告》。审议通过《关于赴乌拉特后旗、杭锦后旗考察矿产资源开发利用和农牧业产业化龙头企业的报告（草案）》。参加常委会应到21人，请假3人，实到18人。会议邀请驻旗巴彦淖尔市政协委员列席。

（三）十二届委员会第四次常委会会议

2008年8月7日召开。会议听取乌拉特中旗人民政府关于政协十二届一次会议以来委员提案办理情况的汇报；审议通过政协常委会工作报告和提案工作情况的报告，以及十二届二次会议的相关材料。

（四）十二届委员会第六次常委会会议

2008年12月16日召开。传达市政协二届三次常委会议暨全市政协工作经验交流会议精神；审议通过《旗政协关于乌拉特中旗"一线三区"经济带建设情况的视察报告》；听取政协专委会2008年工作总结和2009年工作思路，讨论2009年政协工作思路。

（五）十二届委员会第七次常委会会议

2008年12月26日召开。审议通过常务委员会工作报告、十二届二次会议以来提案工作情况的报告和十二届三次会议有关文件，通过有关人事事项，审议通过表彰事宜。

（六）十二届委员会第二十一次常委会会议

2011年3月23日召开。会议传达学习巴彦淖尔市政协二届四次会议精神；审议通过《乌拉特中旗政协2011年工作要点（草案）》；审议《乌拉特中旗政协委员按界别活动分组名单（草案）》。政协副主席苗凯明主持会议。

（七）十二届委员会第二十三次常委会会议

2012年2月6日召开。会议审议通过政协乌拉特中旗第十二届委员会第六次会议有关事宜，旗委统战部关于十二届政协委员调整说明。政协党组书记、旗委常委、统战部部长、政协党组副书记列席会议，政协副主席、秘书长及各专委会负责人参加会议。

（八）十二届委员会第二十五次常委会会议

2012年2月13日召开。会议审议通过提案审查情况的报告（草案）和十二届六次会议政治决议（草案）。政协副主席段瑞敏主持会议。

（九）十二届委员会第二十六次常委会会议

2012年2月28日召开。会议传达学习自治区政协十届五次会议和市政协二届五次会议精神。听取并审议了《政协主席、副主席、调研员工作分工方案》和《乌拉特中旗政协2012年工作要点》。政协主席、副主席、各专委会负责人参加会议。

（十）十二届委员会第二十七次常委会会议

2012年6月6—10日召开，政协组织常委会成员和部分委员考察山西晋中市文化旅游产业发展情况，考察期间，创新会议形式，在平遥县召开十二届二十七次常委会议。政协常委会首次在外省召开。

第二节　主席办公会议

一、第七届委员会时期

1988 年 1 月至 1991 年 1 月,政协乌拉特中旗第七届委员会共举行主席办公会议 9 次,其中重要会议有 5 次。

1988 年 1 月 29 日,旗政协七届委员会第一次主席办公会议召开,专题研究主席、副主席工作分工。

1988 年 2 月 6 日,旗政协七届委员会第二次主席办公会议召开,集中研究政协领导蹲点工作安排。

1988 年 11 月 5 日,旗政协七届委员会第四次主席办公会议召开,研究讨论七届三次会议议程、日程、常委会工作报告、提案工作报告;审议委员调整事宜(增补杨海清、黄茂森)。

1989 年 10 月 12 日,旗政协七届委员会第三次主席办公会议召开,协商讨论政协文史工作会议,并定于 10 月 25 日召开第三次全旗文史工作会议。

1990 年 1 月 3 日,旗政协七届委员会第八次主席办公会议召开,会议议程:建议政协乌拉特中旗第七届委员会第五次全体会议召开时间;协商讨论常委会工作报告、提案工作报告以及会议议程、日程等事宜。

二、第八届委员会时期

1991 年 1 月至 1994 年 1 月,政协乌拉特中旗第八届委员会共举行主席办公会议 15 次,其中重要会议有 10 次。

1991 年 3 月 26 日,旗政协八届委员会第一次主席办公会议召开,专题研究七届主席会议分工。

1991 年 4 月 11 日,旗政协八届委员会第二次主席办公会议召开,审议协商讨论《1991 年工作计划》。

1991 年 6 月 11 日,旗政协八届委员会第四次主席办公会议召开,专题协商研究《关于对乌兰、巴音、桑根达来、温更四个苏木的绒毛收购问题的调查报告》。

1991 年 12 月 6 日,旗政协八届委员会第五次主席办公会议召开,专题学习中共十三届八中全会精神。

1992 年 2 月 25 日,旗政协八届委员会第六次主席办公会议召开,协商讨论八届二次会议议程、日程及其他工作;讨论常委会工作报告;讨论提案工作情况的报告。

1992 年 3 月 23 日,旗政协八届委员会第七次主席办公会议召开,审议协商讨论《1992 年工作计划》。

1992 年 6 月 26 日,旗政协八届委员会第八次主席办公会议召开,专题研究审议通过《解放思想、抓住机遇、发挥优势,加快开放步伐》《保护牧民利益,调动牧民积极性是牧业发展的关键》两篇调研报告。

1993 年 1 月 12 日,旗政协八届委员会第十次主席办公会议召开,协商讨论八届三次会议议程、日程及其他会务工作;讨论常委会工作报告;讨论提案工作情况的报告。

1993 年 3 月 2 日,旗政协八届委员会第十一次主席办公会议召开,审议协商讨论《1993 年工作计划》。

1993 年 12 月 28 日，旗政协八届委员会第十五次主席办公会议召开，协商讨论九届一次会议议程、日程及其他会务工作；协商讨论八届政协常委会工作报告和提案工作报告。

三、第九届委员会时期

1994 年 1 月至 1999 年 1 月，政协乌拉特中旗第九届委员会共举行主席办公会议 23 次，其中重要会议有 18 次。

1994 年 2 月 1 日，旗政协九届委员会第一次主席办公会议召开，专题研究主席、副主席分工。

1994 年 3 月 9 日，旗政协九届委员会第二次主席办公会议召开，协商讨论通过《政协 1994 年工作安排》。

1994 年 12 月 14 日，旗政协九届委员会第四次主席办公会议召开，协商讨论 1994 年政协新春茶话会事宜；研究慰问事宜。

1994 年 12 月 22 日，旗政协九届委员会第五次主席办公会议召开，协商讨论九届二次会议议程、日程及其他会务工作；讨论九届一次会议后常委会工作报告；讨论九届一次会议后提案工作情况的报告。

1995 年 2 月 21 日，旗政协九届委员会第六次主席办公会议召开，协商讨论通过《政协 1995 年工作安排》。

1996 年 1 月 16 日，旗政协九届委员会第十次主席办公会议召开，协商讨论九届三次会议议程、日程及其他会务工作；讨论九届二次会议后常委会工作报告；讨论九届二次会议后提案工作情况的报告；协商讨论委员增补事宜。

1996 年 3 月 21 日，旗政协九届委员会第十一次主席办公会议召开，协商讨论《政协 1996 年工作安排》。

1996 年 5 月，旗政协九届委员会第十二次主席办公会议召开。专题研究全旗目标管理指标征求意见稿。

1996 年 7 月 29 日，旗政协九届委员会第十四次主席办公会议召开。会议议程：研究落实旗委政府关于开展领导干部联系帮助困难居民实施意见。（5 ~ 9 名副科级以上领导干部共同包联一户困难居民）。

1996 年 10 月 16 日，旗政协九届委员会第十五次主席办公会议召开。会议议程：专题学习中共十四届六中全会精神和中共中央关于《加强社会主义精神文明建设若干重要问题的决议》、江泽民《领导干部一定要讲政治》等文件。

1996 年 12 月 11 日，旗政协九届委员会第十六次主席办公会议召开，专题审议通过《对乌拉特中旗经济发展的几点建议》《关于视察海流图镇地区个体医、集体医的报告》《关于对海镇地区中小学收费情况的调研报告》等 3 篇调研报告。

1997 年 9 月 2 日，旗政协九届委员会第十七次主席办公会议召开，研究通过《关于对乌拉特中旗落实苏木、乡、镇农业技术推广机构“三定”工作情况的调查报告》《关于对乌拉特中旗山旱区定点扶贫的追踪调查》2 个专项调查报告。

1997 年 10 月 23 日，旗政协九届委员会第十八次主席办公会议召开。会议议程：集中学习中共十五大精神。

1997年11月4日,旗政协九届委员会第十九次主席办公会议召开,协商讨论旗政协九届四次会议议程、日程及其他会务工作;讨论旗政协九届三次会议后常委会工作报告;讨论旗政协九届三次会议后提案工作情况的报告。

1998年1月5日,旗政协九届委员会第二十次主席办公会议召开,研究审议通过《关于在山旱区打井,避免重复投资的建议》《加强种畜管理的建议案》《关于注重耕地培育,加强农业发展后劲》《关于彻底治理海流图镇脏、乱、差的建议案》4个调研报告和建议案。

1998年1月14日,旗政协九届委员会第二十一次主席办公会议召开。会议议程:学习传达内蒙古自治区政协在自治区八届一次会议上的讲话精神;学习内蒙古自治区政协副主席代表自治区七届常委会工作报告。

1998年2月18日,旗政协九届委员会第二十二次主席办公会议召开,协商讨论九届五次会议议程、日程及其他会务工作;讨论九届四次会议后常委会工作报告;讨论九届四次会议后提案工作情况的报告。

1998年12月22日,旗政协九届委员会第二十三次主席办公会议召开,协商讨论十届一次会议议程、日程及其他会务工作;协商讨论九届政协常委会工作报告和提案工作报告。

四、第十届委员会时期

1999年1月至2004年1月,政协乌拉特中旗第十届委员会共举行主席办公会议20次,其中重要会议有12次。

1999年1月25日,旗政协十届委员会第一次主席办公会议召开,专题研究主席、副主席分工。

1999年3月10日,旗政协十届委员会第二次主席办公会议召开,协商讨论通过《政协1999年工作安排》。

1999年12月16日,旗政协十届委员会第六次主席办公会议召开,协商讨论"1999年新春茶话会"筹备方案;讨论年终慰问事宜。

2000年2月23日,旗政协十届委员会第七次主席办公会议召开,协商讨论十届二次会议议程、日程及其他会务工作;讨论十届一次会议后常委会工作报告;讨论十届一次会议后提案工作情况的报告。

2000年4月10日,旗政协十届委员会第八次主席办公会议召开,协商讨论通过《政协2000年工作安排》。

2000年10月10日,旗政协十届委员会第十次主席办公会议召开,专题审议《关于乌拉特中旗农畜牧业现状及其发展潜力的调查》《改善草原生态环境,发展可持续草原畜牧业经济》《关于乌拉特中旗三牧问题和生态现状》3个调研、调查报告。

2001年2月22日,旗政协十届委员会第十一次主席办公会议召开,协商讨论十届三次会议议程、日程及其他会务工作;讨论十届二次会议后常委会工作报告;讨论十届二次会议后提案工作情况的报告;协商委员调整及增补事宜。

2001年4月2日,旗政协十届委员会第十二次主席办公会议召开,协商讨论通过《政协2001年工作安排》。

2002年3月4日,旗政协十届委员会第十五次主席办公会议召开,审议协商讨论十届四次会议议程、日程及其他会务工作;讨论十届三次会议后常委会工作报告;讨论十届三次会议后提案工作情况的报告;协商委员调整及增补事宜。

2002年10月15日,旗政协十届委员会第十七次主席办公会议召开,专题协商《关于旗政协委员视察海流图镇、石哈河地区和牧区党建暨农牧业、农牧区经济工作情况的报告》专项调研报告。

2003年2月20日,旗政协十届委员会第十九次主席办公会议召开,审议协商讨论十届五次会议议程、日程及其他会务工作;讨论十届四次会议后常委会工作报告;讨论十届四次会议后提案工作情况的报告。

2003年12月15日,旗政协十届委员会第二十次主席办公会议召开,审议协商讨论十一届一次会议议程、日程及其他会务工作;讨论十届政协常委会工作报告和提案工作情况报告。

五、第十一届委员会时期

2004年1月至2007年11月,政协乌拉特中旗第十一届委员会共举行主席办公会议25次,其中重要会议有9次。

2004年3月8日,旗政协十一届委员会第一次主席办公会议召开,会议议程:协商主席、副主席、调研员分工;关于设置专门委员会决定(更名经济资源环境委员会和提案文史法制教科文卫体委员会);审议十一届委员会专门委员会主任、副主任;审议十一届一次会议议程(草案);审议通过2004年工作重点及工作安排。

2004年4月22日,旗政协十一届委员会第五次主席办公会议召开,会议议程:协商常委会议议程(传达《关于进一步学习贯彻中国人民政治协商会议章程的通知》精神,审议《关于乌拉特中旗边境牧区牧民生产生活情况的调研报告(草案)》、审议《关于乌中旗政协赴包头、呼和浩特市、鄂尔多斯、阿盟、乌海等地考察学习工业园区建设情况的报告(草案)》;协商常会召开时间;协商组织开展委员学习贯彻政协章程活动有关事宜;协商关于政协职工筹款支助石哈河扶贫点发展养殖事宜。

2005年4月26日,旗政协十一届委员会第十一次主席办公会议召开,会议议程:审议《政协乌拉特中旗委员会2005年工作要点》和《政协乌拉特中旗委员会2005年调研安排意见》,副主席热西尼玛主持会议。

2005年8月14日,旗政协十一届委员会第十四次主席办公会议召开,会议议程:研究口岸调研、委员视察农区养殖业、第九次常委会议程等事宜。

2005年10月24日,旗政协十一届委员会第十五次主席办公会议召开,会议议程:审议通过政协十一届九次常委会议议程,以及相关的调研和视察报告。

2005年12月23日,旗政协十一届委员会第十六次主席办公会议召开,会议议程:研究十一届十次常委会议;迎新年茶话会有关事宜。

六、第十二届委员会时期

2007年11月至2012年12月,政协乌拉特中旗第十二届委员会共举行主席办公会议34次,其中重要会议有13次。

2007—2010年,旗政协十二届委员会共召开十五次主席办公会议,会议日程主要包括:建立健全政协班子成员列席旗委、旗人大常委会、旗人民政府会议及联系指导部门工作的制度。政协班子成员、机关各委办负责人积极参加旗委、旗人大常委会、旗人民政府及有关部门召开的征求意见会、工作会、评议会、听证会和座谈会。年内,旗政协班子成员列席旗委、旗人大常委会、旗人民政府有关会议130人次,参加内蒙古自治区和巴彦淖尔市党委、人民政府、政协各种重要会议20人次,参加部门会议并指导部门工作80余人次。

2010年3月24日,旗政协十二届委员会第十六次主席办公会议召开,会议审议通过《关于乌拉特中旗实施校安工程建设,调整学校的建议案》。

2010年4月8日,旗政协十二届委员会第十七次主席办公会议召开,审议《乌拉特中旗文史资料》(第三辑)出版事宜。

2010年7月14日,旗政协十二届委员会第十八次主席办公会议召开,主席会议议程;听取关于农牧业产业化、城镇化调研情况介绍;听取关于宁夏考察情况汇报、关于陕北考察情况汇报。

2010年10月20日,旗政协十二届委员会第十九次主席办公会议召开,协商讨论调整委员界别活动分组名单;听取旗政协十二届五次大会发言、提案征集情况汇报;审议《游牧民定居工程建议案》《解决山旱区农民贫困问题的调研报告》。

2010年11月16日,旗政协十二届委员会第二十次主席办公会议召开,协商旗政协委员调整事项(调整委员名单,增补房管局、民政局、信用联社、国税局负责人);研究旗政协十二届五次会议4名委员大会发言,听取2个部门工作情况通报。

2010年12月16日,旗政协十二届委员会第二十二次主席办公会议召开,协商确定旗政协领导看望委员事宜;听取城建、房管、社保、卫生、民政工作情况汇报;确定旗政协十二届五次会议各次会议主持人,研究增补12名旗政协委员事宜。

2011年1月19日,旗政协十二届委员会第二十三次主席办公会议召开,研究2010年年终各项事宜。民主测评评选先进个人,协商确定旗政协委员、离退休人员慰问名单;研究领导班子个人包扶农牧民慰问事宜。

2011年7月14日,旗政协十二届委员会第二十六次主席办公会议召开,听取旗人民政府上半年经济社会发展情况通报;学习中共中央总书记胡锦涛"七一"重要讲话精神;听取各位副主席上半年工作进展情况汇报;审议《低品位矿石综合利用调研报告》。

2012年2月10日,旗政协十二届委员会第二十八次主席办公会议召开,协商旗政协委员调整事宜、研究表彰事宜。

2012年2月28日,旗政协十二届委员会第二十九次主席办公会议召开,研究旗政协主席、副主席分工;审议《旗政协2012年工作要点》。

2012年6月5日,旗政协十二届委员会第三十一次主席办公会议召开,审议《关于灌区山洪沟口治理的建议案》《关于海镇地区优先发展城市公共交通的调研报告》。

2012年9月4日,旗政协十二届委员会第三十三次主席办公会议召开,协商研究旗政协十二届二十九次常委会议内容。听取旗人民政府关于旗政协十二届六次会议委员提案办理情况的通报;听取人民法院、人民检察院2012年1—8月工作情况的汇报;听取旗政协提案委员会关于旗政协十二届六次会议重点提案督办情况的汇报;审议《关于石哈河地区发展肉羊产业的调研报告》《旗政协关于组织委员赴山西等地学习考察文化旅游产业发展情况的报告》;学习中共中央、国务院办公厅《关于进一步加强人民政协提案办理工作意见》。

2012年10月11日召开,旗政协十二届委员会第三十四次主席办公会议召开,研究政协乌拉特中旗第十三届委员会换届工作方案。

第五章　主要工作

第一节　参政议政　民主监督

一、七届委员会期间(1988年1月至1991年1月)

七届一次会议后,旗政协从人民政协的特点出发,充分发挥“人才库”“智囊团”的优势,始终把服从和服务于全旗“四化”建设作为主要任务。委员立足本职工作或行业,积极带动群众发家致富或利用技术优势服务群众。如乌兰苏木政协委员宝音陶格陶和农民委员张贵林,本着相互学习、取长补短、互相促进的精神,自愿联手搞跨区域横向联系,同年实现增产增收。委员高胜利发挥自己技术优势,积极为海流图果园发展提供技术帮扶。

二、八届委员会期间(1991年1月至1994年1月)

1991—1994年,旗八届政协共举行全委会3次,常委会会议16次,主席会议19次。在这些会议上,认真贯彻解放思想、充分发扬民主、鼓励不同意见发表的原则,引导委员以严肃的工作态度积极参与全旗国民经济和社会发展十个规划、第八个五年计划纲要的制定及每年政府工作报告等重大事项的协商讨论,还对统一战线内部事务及人民群众普遍关注的重点问题进行了协商讨论,使参政议政活动在经常化、制度化、规范化方面有了新的进展。在每年座谈会、春节茶话会上,邀请党政主要领导通报全旗政治、经济、社会发展形势,同时虚心听取委员们的意见和建议,既体现了广泛的民主监督,也便于委员了解情况。组织委员视察工农牧业的先进典型,促进委员对全旗工农牧业技术改造、农牧业科技攻关所产生的社会、经济效益的了解。政协领导累计列席旗委、政府重要会议40余次,对全旗两个文明建设的重要问题进行了协商。

三、九届委员会期间(1994年1月至1999年1月)

九届一次会议后,共召开全委会1次、常委会会议5次、主席会5次、学习讨论会和座谈对话会3次。在这些会议上,委员们以高度负责的精神,就全旗改革、建设的各项任务和工作安排、政府工作报告、国民经济与社会发展计划、财政预决算等重大问题,积极协商交流、议政献策,使各方面的意见和建议得到了较为充分的反映和交流。如黄金开采管理混乱,海流图镇地区汞污染严重等问题均为全委会委员建言,并切实得到解决。一次会议以后,政协针对教育和医药卫生方面出现的问题开展专题调研,为旗委、旗政府科学决策提供了依据。同时围绕抑制乱罚款的现象、合理利用全旗水资源、合理规范使用畜群草库伦、加强“菜篮子工程”建设、控制物价上涨过快现象、加强黄金开采管理工作、重视科技工作、加强水土保持和护林工作、维护消费者合法权益等课题开展调研。

九届二次会议后,共召开常委会6次、主席会议6次。除讨论研究新形势下政协如何改进和加强工作外,还协商讨论了全旗经济发展问题,提出了诸多好的意见和建议。如创“两高一优”农业,必须重视科技人员的作用和增加科技投入,提高科技含量;提高水的利用率,要加强机井和大口井的管理;搞吨粮田、千元田,必须走农牧结合的道路;矿产资源要合理开发利用;加强标准化家庭牧场的建设等建议,受到旗委重视。委员围绕政府工作报告、法检“两院”工作报告、国民经济与社会发展计划、旗财政预决算等进行了协商讨论。委员们充分行使民主权利,积极参政议政,为改革开放和经济建设建言献策。会后召开常委会会议,对会议期间的意见和建议进行整理归纳,选择其中有价值、科学性比较高的18条建议,转送旗委、人大、政府和有关部门给予反馈。

九届三次会议后,共召开常委会会议4次、主席会议8次。委员们以高度负责的精神,围绕政府工作报告、全旗国民经济和社会发展计划、财政预算重大问题以及统一战线内部事务进行了协商讨论,梳理归纳各项建议25条,为旗委政府制定实施好"九五"计划和2010年远景目标规划积极建言献策。

九届四次会议后,共召开常委会会议5次、主席会议8次、专题会议4次,就全旗政治、经济、文化等国计民生的重大问题、重要事项进行协商。如针对山旱区小流域治理,打井发展水浇地是山旱区人民脱贫致富的重要途径,但是一定要有组织、有计划适度打井,避免重复打井、重复投资,为此提出《关于在山旱区打井,避免重复投资的建议》。针对畜种改良、牲畜质量提高,在深入调研的基础上,提出了《加强种畜管理的建议案》。针对改造中低产田,积造农家肥、粮草轮作、培育土地肥力落实不尽如人意,导致耕地肥力下降、农业发展后劲减弱,在反复调研基础上提出《关于注重耕地培育,加强农业发展后劲》。针对九届四次会议上委员提出的彻底治理海镇脏乱差现象、改善市容市貌的建议,政协在多方征求意见基础上提出了《关于彻底治理海流图镇脏、乱、差的建议案》。一年来,各专委会组织委员经常召开各类学习会、座谈会5次,完成专题调研和考察4次,提交调研报告4份,提出有分量的建议和意见21条。委员们就乌拉特中旗的大政方针、总体战略部署、年度总结计划安排、财政预算及统一战线内部事务有准备地开展了协商讨论,提出发展畜牧业要加强改良工作,防止畜种退化,以实现优质、高产、高效;如何在农村牧区加强疫病防治的建议;要对草场加强保护,适当调整畜群点、山绵羊和大小畜的比例,以减轻对草场破坏的建议;加强菜篮子工程建设的建议;加强基层组织建设,壮大集体经济的建议;企业转制时审计部门要严格据实审计,禁止出现谎报现象的建议。

四、十届委员会期间(1999年1月至2004年1月)

1999年5月,政协乌拉特中旗第十届委员会按照旗委的安排部署,组织力量对全旗农区畜牧业现状及发展潜力进行专题调查,并撰写《发挥优势,挖掘潜力,促进农区畜牧业发展,确保农村经济持续增长》调查报告。从农区畜牧业现状、情况、发展潜力与思路入手,提出具体的建议与措施,对于指导全旗农区畜牧业的发展意义重大。

1999年6月25日,政协乌拉特中旗第十届委员会向旗委、旗人民政府报送的《关于加强病虫害防治的建议》被高度重视和采纳,并被《乌拉特中旗周刊》刊发;同年6月27—30日,驻旗12名巴彦淖尔盟政协委员参加巴彦淖尔盟政协十届一次会议,提交提案7份,大会发言2份。其中关于《坚持农牧业可持续发展战备,加速山旱区稳定脱贫的步伐》的大会发言,引起了科技界的强烈反响。

五、十一届委员会期间(2004年1月至2007年11月)

2005年,旗政协十一届委员会充分发挥人民政协的特点和优势,积极组织建言献策,为促进全旗经济社会发展发挥积极作用。在旗政协十一届二次全体会议上,围绕经济发展、民主法制建设、农牧业产业化、"三农"问题、生态恢复建设、可持续发展、体制改革等重点问题,举办专题论坛,提交大会发言材料17篇和大会书面发言材料8篇。组织政协委员就《乌中旗党政群机关事业单位科级干部分流安置实施办法》《乌拉特中旗党政群机关、事业单位人员分流实施办法》《关于解决嘎查村党支部书记、嘎查村委会主任待遇的办法》《关于海流图镇地区已退职的居委会主任遗留问题的说明与解决建议》进行讨论，并提出修改意见和建议。年内，对甘其毛都口岸建设、农区养殖业发展、基层卫生院运行情况及存在问题进行调研，并向旗委、政府报送调研报告4篇。

2006年，旗政协常委会邀请无党派人士参与调研、委员视察、发展论坛、委员建言活动。年内，就乡镇苏木机构改革、医疗卫生系统体制改革、移民村村民生活等群众反映强烈的社会问题，组织政协委员与旗委、旗人民政府和有关乡镇苏木党委、政府及相关部门的负责人沟通协商，充分交流情况、反映问题、沟通思想、解疑释惑。

2007年，旗政协主席、副主席分别率专题调研组，就风电资源利用、新农村建设等问题到乌兰察布市察哈尔右翼中旗、赤峰市克什克腾旗、通辽市科尔沁左翼中旗、兴安盟突泉县和山东省潍坊地区进行专题调研，形成《关于内蒙古自治区中东部重点旗县风能资源利用情况的考察调研报告》《关于山东潍坊地区新农村建设情况的考察调研报告》。这2项报告均经旗政协常委会议讨论通过，报送旗委、政府。此外，旗政协常委会还参与旗委、政府新农村新牧区建设情况调研，参与巴彦淖尔市政协围封转移迁牧民的生产生活状况等调研活动。同年10月，旗政协组织旗政协委员，邀请驻旗上级政协委员，组成70人的视察组，到乌加河镇、德岭山镇和海流图镇，重点就2007年乌宏公路、海甘公路、金泉工业基地、海流图城镇基础设施建设情况进行视察，形成《关于2007年中旗重点工作情况的视察报告》，提出加强公路建设、金泉工业基地建设、海流图镇建设方面建议，经旗政协常委会议讨论通过，报送旗委、政府，为旗委、政府决策提供参考。

六、十二届委员会期间(2007年11月至2012年12月)

旗政协十二届委员会建立健全政协班子成员列席旗委、旗人大常委会、旗人民政府会议及联系指导部门工作的制度。政协班子成员、机关各委办负责人积极参加旗委、人大、政府及有关部门召开的征求意见会、工作会、评议会、听证会和座谈会，既认真履行民主监督职责建言献策，又积极参与全旗各项工作，提出许多建设性意见和建议。年内，旗政协班子成员列席旗委、人大、政府有关会议130人次，参加内蒙古自治区和巴彦淖尔市党委、政府、政协各种重要会议20人次，参加部门会议并指导部门工作80余人次。

第二节　提案与文史资料工作

一、七届委员会期间(1988年1月至1991年1月)

七届一次至五次会议期间，共征集到委员提案84件。七届一次会议以来，共收到28名委员的44件提案。主要是关于加强黄金开采管理、种畜草场、饲草料基地建设等建议，其他方面有要求落实政策、转城镇户口、解决住房问题、要求党政和政企分开、解决温更煤矿合同工的吃粮、住房等问题。1989年10月25日，旗政协组织召开第三次全旗文史工作会议。

二、八届委员会期间(1991年1月至1994年1月)

八届一次会议后，共收到委员提案35件，提出提案委员31人，占委员总数的54.24%。其中有关经济建设方面的17件，占立案总数的48.57%；有关教育、文化、卫生等方面的7件，占立案总数的20%；有关统战、政法、劳动人事方面的10件，占立案总数的28.57%；其他方面的1件，占立案总数的2.86%。截至1991年12月底，已办复提案21件，占委员提案总数60%，还有14件由于诸多原因不能办理或正在催办之中。2名副主席刘芳莲、丁志伟提出的“为振兴中旗经济，狠抓绵羊改良工作”的提案,受到旗委政府和畜牧部门的重视。

八届二次会议以来,共收到委员提案 34 件,提出提案委员 65 人次,内容涉及全旗的政治、经济、文化、教育、卫生、统战及人民群众生活等各个领域。其中有关经济建设方面的 14 件,占立案总数的 41.2%;有关教育、文化、卫生等方面的 14 件,占立案总数的 41.2%;有关统战政法方面的 5 件,占立案总数的 14.7%;其他方面的 1 件,占立案总数的 2.9%。截至 1992 年 12 月底,已办复提案 23 件,占委员提案总数 67.6%,其他提案正在办理或催办之中。

文史工作方面,文史委胜道撰写的《乌拉特中公旗历史概况简述》,分别以蒙古文、汉文两种文字发表于《巴彦淖尔文史资料》第九辑和第十二辑。出版吉林太《抗日战争时期的女司令——巴云英》和《乌拉特后旗(东公旗)历史变迁概况综述》。出版《乌拉特中旗文史资料》(汉文)第十四辑和蒙文版第九辑。《乌拉特蒙古族风俗》出版在《乌拉特中旗志》。文化战线委员布仁特古斯 1991 年出版《戈壁回想曲》《黑骏马》《旷大的草原》3 部长篇小说,发表系列中篇小说《蓝天属于我》(上、下)2 部,发表 2 部电影剧本,其中《旷大的草原》获 1991 年内蒙古自治区文学最高奖——索龙嘎一等奖。

三、九届委员会期间(1994 年 1 月至 1999 年 1 月)

九届一次会议后,共收到委员提案 31 件,提出提案委员 36 人次,其中,有关经济建设方面的 9 件,占委员提案总数的 29%;有关教育、文化、卫生等方面的 11 件,占立提案总数的 35.5%;有关统一战线、政法、劳动人事方面的 10 件,占提案总数的 32.3%;其他方面的 1 件,占提案总数的 3.2%。截至 1994 年 12 月底,61.3% 的提案所提问题得到解决或基本解决;38.7% 的提案正在研究解决或者列入计划。

九届二次会议后,共收到提案 35 件、38 人次,调查报告 1 件、1 人次,整理转送委员 18 件。其中,作为正式提案处理转办的有 28 件,同政协直接致函答复的有 7 件,转办率 80%。其中有关经济建设方面的 15 件,占委员提案总数的 42.9%;有关法制、精神文明建设方面的 5 件,占委员提案总数的 14.3%;有关科技文化教育方面的 10 件,占委员提案总数的 28.6%;有关干部人事方面的 3 件,占委员提案总数的 8.5%,其他方面的 2 件,占委员提案总数的 5.7%。截至 1995 年 7 月初,每件提案都按规定时间全部给予答复,其中 70% 的提案所提问题得到解决或基本得到解决,30% 的提案正在研究处理,或者在今后的工作中逐步给予解决。

九届三次会议后,共收到委员提案 17 件,经审查立案 13 件。其中,有关经济建设方面的 7 件,占立案总数的 53.8%;有关教育、文化、卫生等方面的 3 件,占立案总数的 23%;有关政治法律、精神文明等方面的 2 件,占立案总数的 15.4%;其他方面的 1 件,占立案总数的 7.7%。截至 1996 年 12 月,立案转办的提案全部办复。

九届四次会议后,共收到委员提案 20 件,经审查立案 19 件。其中,有关经济建设方面的 10 件,占立案总数的 52.6%;有关教育、文化、卫生等方面的 5 件,占立案总数的 26.3%;有关政治法律、精神文明等方面的 1 件,占立案总数的 15.8%;其他方面的 1 件,占立案总数的 5.3%。截至 1997 年 12 月,19 件立案转办的提案全部办复。

文史工作方面,出版《乌拉特中旗文史资料》第二辑;协助旗地方志编委编辑出版《乌拉特中旗志》。

四、十届委员会期间(1999 年 1 月至 2004 年 1 月)

旗政协十届一次会议后,共收到委员提案 35 件,经审查立案 33 件。其中,经济建设方面的占

28%，文化教育、医疗卫生方面的占36%，法制建设方面的占9%，科学技术方面的占9%，其他方面占18%。按照“归口办理、分级负责”的原则，分别转送旗委办公室、政府办公室及其他有关部门研究办理。截至1999年底，全部提案办理完毕，其他提案政协也作为委员意见或来信进行妥善处理，做到件件有着落，事事有回音。1999年11月18日，由旗政协牵头，乌拉特前旗、乌拉特中旗、乌拉特后旗联合向内蒙古自治区政协提出《关于开展飞机增雨作业的提案》，被内蒙古自治区政协高度重视并采纳，列为内蒙古自治区1号提案付诸实施，对改善生态、进行荒漠化治理有着极其重要的现实意义。

旗政协十届四次会议后，共收到提案34件，经认真审查，确定立案处理的有32件，占收到提案总数的94%。在所立案的提案中，有关经济建设方面的15件，占立案总数的47%；有关教科文卫体方面的7件；占立案总数的22%；有关政法、统战、劳动人事方面的2件，占立案总数的6%；其他方面的8件，占立案总数的25%。经认真修改、翻译、打印后，按照“归口办理、分级负责”的原则，分别转送旗委办、政府办及其他有关部门研究办理。在提案办理限期内，32件提案办复32件，办复率100%。未立案的提案作为委员的意见或来信进行了妥善处理。提案反映的问题已经解决或基本解决的15件，占已办复提案总数的47%；正在解决或已列入计划逐步解决的17件，占办复提案总数的53%。

1999年1月至2004年1月，政协乌拉特中旗第十届委员会期间，提案数量逐年上升，质量明显提高，提案工作逐步走上讲规范、重质量的轨道。5年中，共收到委员提案193件，确定立案处理的187件，办复率100%，其中旗委、旗人民政府和有关部门采纳88件，采纳率47%，对88件提案提出的建议，落实的有69件，同年落实率78%，委员满意率98.6%。

五、十一届委员会期间（2004年1月至2007年11月）

2004年1月至2005年3月，政协乌拉特中旗第十一届委员会第一次会议期间，共收到委员提案54件，确定立案处理的51件，提案人占委员总数的52%。从办理结果来看，各承办部门均能够按期办复，办复率100%，其中旗委、旗人民政府和有关部门采纳37件，采纳率72.5%，委员满意率100%。

2005年3月至2006年2月，政协乌拉特中旗第十一届委员会第二次会议期间，共收到委员提案80件，确定立案76件，并筛选出9件重点提案，由政协主席和政协副主席跟踪督办。为进一步提高旗政协提案办理工作水平，旗政协提案委员会组团到乌拉特前旗、包头市昆都仑区、鄂尔多斯市东胜区政协，就提案办理工作学习考察。在考察学习的基础上，旗政协常委会制定《政协乌拉特中旗委员会关于办理政协提案的意见》，规范提案交办程序，建立重点提案办理实行政协主席、副主席分工督办制度。同时，为积极开展全旗珍贵文史资料的征集、抢救工作，完成内容涉及全旗政治、军事、经济、文化、教育、民族、宗教、风俗民情等方面的32余万字的《乌拉特中旗文史资料》（汉文版第一辑）审定出版工作，并举办首发仪式。《乌拉特中旗文史资料》（蒙古文版第二辑）开始征编。

2006年2月至2007年4月，政协乌拉特中旗第十一届委员会第三次会议期间，共收到委员提案63件，确定立案56件，年底前提案办结率100%。同时，在巴彦淖尔市、乌拉特中旗两级共33名政协委员资助下，乌拉特中旗政协常委会组织出版大型纪念册——《边陲神韵》，展示大量珍贵的历史资料照片，全方位地再现乌拉特中旗政协成立50周年的辉煌历程。同年，完成《乌拉特中旗文史资料》（汉文版第二辑）和《乌拉特中旗文史资料》（蒙古文版第二辑）征稿任务。

2007年4月至2007年11月,旗政协十一届四次会议期间,收到提案49件,经审查立案40件。其中联名提案4件,委员个人提案36件,未予立案的提案均作为委员来信转有关部门处理。立案的提案涉及经济建设方面的14件,占立案总数的35%;教科文卫体方面10件,占25%;组织人事方面的5件,占12.5%;其他方面11件,占27.5%。根据提案内容和部门职责,交由旗委部门主办5件,政府部门主办35件。至11月底,立案的提案已全部办复,提案提出的问题已经解决或基本解决的27件,占67.5%;正在解决或列入计划准备解决的8件,占20%;因条件限制或其他原因留作参考或不可行的5件,占12.5%。政协委员对提案办理的满意率98.6%。

六、十二届委员会期间(2007年11月至2012年12月)

2007年11月至2012年12月,政协乌拉特中旗第十二届委员会期间,政协委员共提出提案354件。经各承办单位和全体委员的共同努力,提案办复率100%,委员满意和基本满意率96%。同期,精心编辑出版《岁月留痕》和《心中的旗帜——乌拉特中旗"总干"纪事》。

2007年11月至2008年8月,政协乌拉特中旗第十二届委员会第一次会议期间,共收到委员提案38件,确定立案37件,未予立案转为社情民意的提案1件,精选出5件提案确定为重点提案,分别由政协主席、副主席、专委会跟踪督办。2008年6月12日,乌拉特中旗政协与旗委办公室、政府办公室联合召开提案交办会,根据提案内容和职能部门责任,呈报旗委部门主办的1件、政府部门主办的36件。政协提案文史委员会组织开展重点提案办理情况专项督查,确保提案办理工作落到实处。截至2008年8月政协十二届二次会议前,提案已全部办理完毕。

2008年8月至2009年1月,政协乌拉特中旗第十二届委员会第二次会议期间,共收到委员提案49件,确定立案46件,确立为重点提案的8件,未予立案转为社情民意的3件,提案办结率100%;同时不断促进提案办理由答复型向落实型转变。同年,遵循广征博采的原则,认真开展文史资料收集和征集工作。全年共征集《乌拉特中旗文史》(汉文版第三辑)有关资料12篇、图片75张。

2009年1月至2010年1月,政协乌拉特中旗第十二届委员会第三次会议期间,共征集提案51件,审查立案46件,转为社情民意信息5件,确立重点提案8件;至年底,所有提案全部按照程序办结,委员满意率和基本满意率95.5%。

2010年1月至2010年12月,政协乌拉特中旗第十二届委员会第四次会议期间,共征集提案83件,审查立案75件,确立重点提案10件,通过提案督办,提案人共同参与提案督办等措施,75件提案全部按照程序办结,办结率和达复率均100%。同年,编辑出版《乌拉特中旗文史资料》(汉文版第三辑)——《岁月留痕》,收录文史资料文章81篇、60万字、图片171张。

2010年12月至2012年2月,政协乌拉特中旗第十二届委员会第五次会议期间,共征集提案64件,立案59件,确立重点提案4件;至年底,59件提案已全部按期办复完毕。

2012年2—12月,政协乌拉特中旗第十二届委员会第六次会议期间,共征集提案69件,立案68件,转为社情民意信息1件,确立重点提案6件;至年底,68件提案已全部按期办复完毕。

第三节 视察 调研

一、七届委员会期间(1988年1月至1991年1月)

围绕全旗的中心工作任务开展工作,是做好政协工作的一项经常性活动。按照旗委、政府安排,由政协牵头,组织财政、司法局和社队企业管理局等几个单位,共同推进红旗乡政府粮食入库工作。从1989年8月8日，旗政协组织专门工作组，入户宣传、用15天收购48.5万千克，超额完成7.5万千克，并于8月25日召开了红旗乡1989年售粮颁奖大会。

二、八届委员会期间(1991年1月至1994年1月)

八届政协在调研、视察选题上坚持两个原则:搞战略的、超前的问题;政府一时顾不上的，广大群众关心的热点问题。例如在“两带一区”战略的实施中，乌拉特中旗甘其毛都口岸的开放成为人民群众普遍关注的问题。旗政协相关人员到“二八八”口岸实地考察，并走访旗商业局、二轻局、边防四连等单位，形成《解放思想、抓住机遇、发挥优势，加快开放步伐》的调查报告，并提出“扩大开放、加快开发”等八条建议。针对牧民负担过重的问题组织开展专项调研，形成《保护牧民利益，调动牧民积极性是牧业发展的关键》的调查报告。针对1991年绒毛收购中出现牧民惜售、待售，收购员有降等压价现象，以致牧民生活出现困难的问题，由政协主席赵子安带领调查组，到牧区走访调研，形成《关于对乌兰、巴音、桑根达来、温更四个苏木的绒毛收购问题的调查》提出建议被旗委政府采纳。

三、九届委员会期间(1994年1月至1999年1月)

1995年7月，旗政协围绕二牛湾水库主体二期工程的建设开展专题调研。

1996年7月，针对全旗经济建设和精神文明建设发展情况，特别是实施龙形经济战略，如何构造“绒龙”的情况，组织3个专委会组成联合调研组，由1名副主席带队，考察6个苏木、2个乡，走访了政协委员和部分农牧民，将调查结果以《政协情况反映》的形式上报。

1996年10月，由经济委牵头，组织相关部门和委员，围绕全旗经济社会发展进行调查研究，在反复论证的基础上形成《对乌拉特中旗经济发展的几点建议》的调研报告，经主席会议研究后报送旗委政府。同年，科教文卫委员会提出的《关于视察海镇地区个体医、集体医的报告》《关于对海镇地区中小学收费情况的调研报告》均发挥了很好的参考价值。科教文卫委员会协同教科局检查督促5个乡镇苏木“教育一项内容”的贯彻情况;法制委员会配合社会治安综合治理对文教战线的13个单位进行了检查验收。

1997年，由经济委牵头，对壮大农牧区嘎查、村集体经济进行专题调研，先后走访桑根达来苏木、乌兰苏木、巴音苏木等5个苏木、嘎查作实地调查，形成《因地制宜进一步壮大嘎查集体经济》的调查报告。

1997年5月，受旗委、政府委托，政协对全旗苏木、乡、镇农业技术推广机构“三定”工作落实情况进行调研。由主席亲自带队，组织专委会和劳人局等方面的有关人员对7个乡、3个苏木、1个镇进行实地调查，形成了《关于对乌拉特中旗落实苏木、乡、镇农业技术推广机构“三定”工作情况的调查报告》，提出了“一个乡一个特点、一乡一模式、一切从实际出发、不搞一哄而上、不搞一刀切”5条建议。

1997年7月下旬，受盟政协委托，主席亲自带队，对全旗山旱区实施定点扶贫作追踪调查，在调研和座谈讨论的基础上，形成《关于对山旱区定点扶贫的追踪调查》。对64个盟直单位、71个旗直单位带着对口扶贫计划、农村适用技术、致富信息和扶贫资金进入山旱区四乡144个村组扶贫给予充分肯定。

1997年，常委会专题研究《海流图镇地区精神文明建设“481”工程实施方案》《海流图镇卫生管理办法》《乌拉特中旗旗直机关“公仆杯”竞赛方案》《关于九八年工作思路》。

1997年8月，旗政协协助巴盟政协民族宗教委员会对牧区集中办学还是分散办学进行了调查，到桑根达来苏木、巴音苏木、乌兰苏木等苏木和部分学校进行实地视察，提出现阶段九年制义务教育工作当中存在的问题。

四、十届委员会期间(1999年1月至2004年1月)

1999年1月至2004年1月,政协乌拉特中旗第十届委员会期间,乌拉特中旗政协按照"四个一"(每年有一份较高质量的参政议政发言材料、一份有定价值的调研报告、组织一次有影响的视察活动、为群众办一份实实在在的好事)的要求,开展视察、调研、考察活动。5年中,共组织委员开展调查研究12次、大型委员集中视察3次、专项考察8次,撰写各类报告23篇,提出有价值的建议和意见72条,被旗委、旗人民政府采纳63条。主要特点包括:(1)结合旗委、政府中心工作,精心选定《关于乌拉特中旗农畜牧业现状及其发展潜力的调查》《改善草原生态环境,发展可持续草原畜牧业经济》《关于乌拉特中旗"三牧"问题和生态现状》等重点调研课题。(2)结合政协巴彦淖尔盟委员会调研安排,配合完成《退牧、休牧、还草、还林、围封转移情况》《宗教工作情况》等专题视察。(3)组织相关方面的政协常委和有关方面的委员,开展对灌区党建暨农业、农村经济工作,关于海流图镇、石哈河镇、牧区党建暨农牧区、农牧业经济工作,全旗工业经济情况进行专题视察。2003年6月25—27日,政协主席一行13人就工业园区建设、人工梭梭林栽培技术和人工接种肉苁蓉技术,到巴彦淖尔盟临河市、杭锦后旗、乌拉特后旗进行考察学习;2003年9月12—17日,政协副主席组织有关方面的政协常委、委员和石兰计乡、宏丰乡、海流图镇负责人到阿拉善盟、巴彦淖尔盟磴口县考察人工林种植技术。

1999年5月10日,政协乌拉特中旗第十届委员会按照旗委的安排部署,组织力量对全旗农区畜牧业现状及其发展潜力进行专题调查,并撰写《发挥优势,挖掘潜力,促进农区畜牧业发展,确保农村经济持续增长》调查报告,从农区畜牧业现状、情况、发展潜力与思路入手,提出具体的建议与措施。

2002年7月15—16日,旗政协主席率旗政协委员、经济委员会和法制委员会委员及办公室人员,先后到灌区德岭山镇、乌梁素太乡、乌加河镇、宏丰乡、石兰计乡5个乡的38个村组就党建暨农业、农村经济工作情况进行视察。这次视察历时2天,基本摸清灌区农业生产状况及面临的形势,并形成《关于旗政协委员视察灌区党建暨农业农村经济工作的报告》,全面客观分析灌区农业发展现状和面临的主要问题,提出切实可行的意见和建议,上报旗委。同年9月10日,旗政协主席率旗政协委员、经济委员会和法制委员会及办公室人员,先后到海流图镇、石哈河地区和牧区5个苏木镇的34个村组(嘎查)就党建暨农牧业、农村牧区经济工作进行视察。这次视察历时3天,基本摸清海流图镇、石哈河镇和牧区经济工作情况及面临的主要问题,并形成《关于旗政协委员视察海流图镇、石哈河地区和牧区党建暨农牧业、农牧区经济工作情况的报告》,全面分析了现状和存在的主要问题,提出了切实可行的意见和建议。

2002年7月、9月,旗政协按照"小型、专项、节约、实效和注重联系群众、保障安全"的原则,组织牧业、农业、林业、工业、水利等有关方面的常委、委员,分别对灌区党建暨农业、农村经济工作进行了为期2天的视察,对海流图镇,石哈河镇以及牧区党建暨农牧业、农牧区经济工作进行为期3天的视察,撰写视察报告,形成建议案,提出有参考价值的意见建议13条,报旗委决策时参考。积极配合巴彦淖尔盟政协完成在乌拉特中旗开展的"三牧"问题,退牧、休牧、还草、还林、围封转移情况,个体、私营经济发展状况,爱国主义教育情况等7个方面的调研活动。

五、十一届委员会期间(2004年1月至2007年11月)

2004年1月至2005年3月,政协乌拉特中旗第十一届委员会第一次会议期间,乌拉特中旗政协遵循调研搞细、问题找准、建议提实、提案有值的原则，按照“四个一”要求开展各项活动，积极开展调查、视察和考察工作。全年组织委员开展大型调查研究3次、专项考察1次，撰写调查、考察报告3篇，提出有价值的建议和意见23条。

2005年3月至2006年2月，政协乌拉特中旗第十一届委员会第二次会议期间，旗政协常委会围绕政协提案办理工作、甘其毛都口岸建设与发展、农区养殖业发展、基层卫生院运行中存在的问题，组织委员深入开展调查研究，向旗委、旗人民政府报送调研报告4篇，提出有针对性、可行性意见和建议23条。2005年9月1—2日，巴彦淖尔市政协常委会和市经济委员会组织全市各区、市、旗政协委员开展农区养殖业的视察，有针对性地观摩农区5个乡镇和1个苏木选定的20个典型示范点。2005年4月，对甘其毛都口岸进行实地调研。2005年7月7日至8月27日，分3次对包头市达尔罕茂明安联合旗满都拉口岸、二连浩特口岸、锡林郭勒盟东乌珠穆沁旗珠恩嘎达布其口岸、呼伦贝尔市新巴尔虎右旗阿日哈拉特口岸、满洲里口岸、额尔古纳市黑山头口岸、阿拉善盟策克口岸进行实地考察。

2006年2月至2007年11月，政协乌拉特中旗第十一届委员会第三次会议期间，旗政协常委会围绕农牧业科技推广和普及、风能的开发和利用，组织委员到基层生产第一线实地调研，并组织到新疆维吾尔自治区、甘肃省、宁夏回族自治区等省区开展调查研究，向旗委、旗人民政府报送调研报告2篇，提出有针对性、可行性意见和建议12条。同时，利用举办内蒙古自治区成立50周年庆典活动之契机，组织政协乌拉特中旗十一届委员会委员，邀请内蒙古自治区、巴彦淖尔市政协来宾，历届乌拉特中旗政协领导、旗委办公室主任和旗政协委员代表、旗政协离退休老干部、驻旗上级政协委员等组成120余人的观摩视察组，历时2天观摩视察“一线三区”（一线即省道212线，三区即甘其毛道口岸、海流图镇、口岸加工园区）建设情况。

六、十二届委员会期间（2007年11月至2012年12月）

2007年11月至2008年8月，政协乌拉特中旗第十二届委员会第一次会议期间，乌拉特中旗政协于2008年5月上旬组成27人的考察组，到巴彦淖尔市乌拉特后旗、杭锦后旗，就工业经济和农牧业产业化龙头企业的发展情况进行为期3天的考察和调研，考察组实地考察乌拉特后旗和杭锦后旗共15家矿山企业和农畜产品加工企业。2008年5月中旬，按照旗委要求，由旗政协牵头，相关部门配合，就全旗退牧还草、收缩转移工程实施情况开展为期一个半月的专项调研。调研结束后，调研组召开汇报会，向旗委常委会汇报调研情况，提出当前和今后一个时期实施退牧还草、收缩转移工程应坚持的原则和具体建议，为旗委、旗人民政府制定全旗退牧还草、收缩转移工程总体规划和实施方案，促进退牧还草工程稳步实施提供决策依据。

2008年8月至2009年1月，政协乌拉特中旗第十二届委员会第二次会议期间，按照旗委指示，就乌拉特中旗教育工作现状进行专项调研，形成《关于推进乌拉特中旗教育改革与发展的调研报告》，提出“建立校长公开选拔聘用和教职工全员竞岗制度”“创新教育考核评价体系和完善教育督导督政机制”等方面的建议12条；组织乌拉特中旗十二届政协全体委员，邀请驻旗的巴彦淖尔市政协委员，对“一线三区”经济带建设和发展情况进行集中视察，形成《旗政协关于乌拉特中旗“一线三区”经济带建设情况的视察报告》，提出建议18条；其中《认真处理好风电发展和被占地牧民生产生活提高关系的建议》《规范解决油田和被占草场牧民的关系、加快解决油田企业本地化》的建议，《提升口岸和口岸加工园区建设层面，加速修建口岸铁路，提高口岸的过货能力，打造节约型、集约型口岸和加工园区》的建议，得到旗党政主要领导的高度重视，促进旗政协参政议政成果的转化。

2009年1月至2010年1月，政协乌拉特中旗第十二届委员会第三次会议期间，旗经济委员会和旗政协办公室联合组织开展农电工作专题视察，围绕如何振兴工业经济进行专题调研，提出《加大对企业政策的支持力度》等7条建议；围绕牧民生产生活情况开展专题调研，累计走访牧民300余户，召开嘎查两委班成员、牧民代表、苏木镇领导座谈会40次，提出“严格执行草畜平衡制度、推行畜牧技术成果”等诸多建议，旗委、政府同年即启动牧民养老保险；围绕城乡居民医疗保障进行专题调研，提出“解决贫困人群和重特大病患者的医疗救助”等21条建议，旗委、旗人民政府高度重视，积极采纳落实，分别将城镇居民和农牧民的大病救助标准分别提高到13万元和8万元，惠及全旗8万名农牧民。旗政协组织19名业内政协委员，围绕草原生态保护与建设和工业园区发展思路赴内蒙古自治区东部地区进行专题考察，提出“树立生态环境保护与经济发展双赢的发展观”等建议12条。同时，配合巴彦淖尔市政协完成矿产资源探采情况、《中华人民共和国民族区域自治法》《中华人民共和国动物防疫法》贯彻落实情况及旅游事业发展情况调研视察任务。

2010年1月至2010年12月，政协乌拉特中旗第十二届委员会第四次会议期间，旗政协教科文卫体委员会围绕学校周边环境整治开展专题视察；旗政协经济资源环境委员会围绕山旱区“四大支柱”（马铃薯种植、肉羊养殖、设施农业、有机食品种植）产业、灌区中低产田改造及相关产业发展开展视察。围绕全旗农牧业产业化促进城镇化发展开展专题调研，提出“大力发展二产和三产，重点吸纳牧区和山旱区农牧民外出就业或转产，实现城镇化”等建议20条；围绕山旱区农民贫困问题开展专题调研，提出“以异地转移为突破口，降低山旱区人口密度”等建议15条；围绕游牧民定居工程，校安工程建设和学校布局调整开展专题调研。

2010年12月至2012年2月，政协乌拉特中旗第十二届委员会第五次会议期间，旗政协围绕加快全旗低品位铁矿石开发利用到石哈河地区进行实地调研，并到包头市固阳县进行为期2天考察学习，召开工作座谈会4次。提出“制定相关扶持政策，扶持企业恢复生产”“整合资源，延长产业链条，提升铁矿产业整体竞争力”等可行性、操作性强的建议6条；按照政府点题，围绕原温更煤矿职工生产生活情况开展专题调研。提出“使用贴息或低息贷款解决企业下岗职工养老和医疗保险”“建立救助基金制度，解决企业困难职工的生活问题”等合理化建议意见15条，并向政府主要领导作专题汇报。围绕口岸社会治安和食品安全问题开展专题视察，提出“建立大型停车场和车辆待发区”“规范管理车辆出入境和停车秩序”等意见建议16条。针对全旗物业管理不规范问题，组织委员和有关部门召开协商议政会，提出“健全验收机制，规范物业管理配套设施”“加强对物业收费的监督，建立‘质价相符’的服务收费机制”等建议10余条。围绕全旗民族宗教和侨务工作召开座谈会，提出“为生活困难的宗教人士提供最低生活保障”“广泛宣传希热庙藏传佛教文化”等建议。

2012年2—12月，政协乌拉特中旗第十二届委员会第六次会议期间，主要工作包括：围绕加快全旗低品位铁矿石开发利用，到石哈河地区进行实地调研，并到固阳县进行为期两天的考察学习，召开座谈会4次，提出“制定相关优惠政策、扶持企业恢复生产”“整合资源，延长产业链条，提升铁矿产业整体竞争力”等可行性、操作性强的建议6条。围绕原温更煤矿职工生产生活情况开展专题调研，通过实地调研、走访约谈、座谈讨论等方式，形成调研报告，提出“使用贴息或低息贷款解决企业下岗职工养老和医疗保险”“建立救助基金制度，解决企业困难职工的生活问题”等建议15条，并向政府主要领导作专题汇报。围绕口岸社会治安和饮食品安全开展专题视察，提出“建立大型停车场和车辆待发区”“规范管理车辆出入境和停车秩序”等建议16条。针对全旗物业管理不规范开展协商议政会，提出“健全验收机制，规范物业管理配套设施”“加强对物业收费的监督”等建议10条，助力物业管理制度化、规范化发展。

2007年11月至2012年12月，政协乌拉特中旗第十二届委员会期间，旗政协围绕工业经济、“三农三牧”（农业、农村、农民，牧业、牧区、牧民）、山洪沟口治理、文化产业发展共开展专题调研15次，形成15份质量较高的调研报告。2009年，旗政协开展针对牧区草场严重退化，广大牧民群众的生产生活受到了严重影响的实际召开专题调研，历时5个多月，走访牧户450户，召开座谈会40次，提出从试行牧民养老保险、医疗卫生、教育科技、就业扶贫等方面提出从根本上解决“三牧”问题的建议15条，引起旗委、政府的高度重视，并率先在全内蒙古自治区启动牧民养老保险工作，旗财政对符合条件的参保牧民每人补贴1万元，1.2万名牧民直接受益。旗政协在调研中提出的问题和建议，以社情民意的形式向上级政协作了反映，引起内蒙古自治区政协和全国政协的高度重视，自治区政协副主席娜仁乌拉特中旗开展相关问题调研，全国政协调研组在呼和浩特市专门召开“三牧”问题调研工作座谈会，围绕有关问题进行广泛协商，促成全区“三牧”问题上升到国家层面解决的良好局面。2012年，旗政协组织开展鸿雁文化传承和发展专题调研，提出“建立鸿雁文化研究队伍、整合区域文化资源、发挥名人效应、全力打造鸿雁文化品牌”等建议30条，旗委、政府主要领导高度重视，正式确立“打造鸿雁文化品牌、建设民族文化强旗”的文化发展战略，并在重要决策和重大项目实施中予以采纳，将海镇纬一路更名为“鸿雁大街”，同时编创大型民族歌舞剧《鸿雁的故乡》。同期，旗政协开展草原生态保护、工业园区发展、低品位矿石开发利用、城镇公交、物业管理、海流图镇水资源保护和可持续利用等方面的调研，真正达到建睿智之言、献务实之策的目的。

第四节　反映社情民意

一、七届委员会期间（1988年1月至1991年1月）

七届政协为畅通委员反映意见和建议渠道，扩大委员履职成果，旗政协创办《情况反映》栏目，将委员们的学习、工作情况反映出来，促进委员相互了解，互勉共进。该栏目于1988年3月22日正式开办。

二、八届委员会期间（1991年1月至1994年1月）

八届会议期间，旗政协按照自治区政协统一部署，会同卫生局对全旗农村牧区医疗卫生工作现状进行了专项调查。调查结果上报后，为全国政协就此问题向党中央提出建议提供了可靠翔实的数据。

三、九届委员会期间（1994年1月至1999年1月）

九届会议期间，共编印出版《情况反映》6期，通过通报政府、政协工作动态，反映委员履职亮点等措施，激励委员积极作为、发挥作用。

四、十届委员会期间（1999年1月至2004年1月）

1999年1月至2004年1月，政协乌拉特中旗第十届委员会期间，旗政协于2002年创办《政协工作简讯——委员论坛》，以充分反映广大政协委员对改革开放和现代化建设的真知灼见。旗政协从旗政协委员反映社情民意的信息和提案中精选有价值的意见和建议，直报旗委、政府领导参阅，并作为旗政协委员参政议政发表见解的一块新园地。同期，创刊《政协工作大事记》，及时向旗委领导反映政协活动情况。1999 年 6 月 25 日,政协乌拉特中旗第十届委员会向旗委、旗人民政府报送《关于加强病虫害防治的建议》被高度重视和采纳,并被《乌拉特中旗周刊》刊发;同年 6 月 27—30 日,驻旗 12 名巴彦淖尔盟政协委员参加巴彦淖尔盟政协十届一次会议,提交提案 7 份,大会发言 2 份。其中关于《坚持农牧业可持续发展战备,加速山旱区稳定脱贫的步伐》的大会发言,引起科技界的强烈反响。

2003 年,政协乌拉特中旗第十届委员会被政协内蒙古自治区委员会确定为全区 25 个信息直报点之一。

五、十一届委员会期间(2004 年 1 月至 2007 年 11 月)

2004 年 1 月至 2005 年 3 月,政协乌拉特中旗第十一届委员会第一次会议期间,旗政协在继续办好《政协工作简讯——委员论坛》基础上,又创办《乌中旗政协信息专报》和《政协简报》2 个载体,从旗政协委员反映社情民意的信息和提案中精选有价值的意见和建议,直报旗委、旗人民政府等领导参阅,作为旗政协委员参政议政发表见解的又一块新园地;并通过《政协工作大事记》及时向旗委领导反映政协的活动情况。其间,共编发《乌中旗信息专报》15 期;上报内蒙古自治区政协、巴彦淖尔市政协 8 期,自治区政协采纳 2 期,市政协采纳 4 期;编发《政协工作简讯》21 期,刊登委员建议 9 期;编发《政协简报》6 期。

2005 年 3 月至 2006 年 2 月,政协乌拉特中旗第十一届委员会第二次会议期间,《内蒙古政协》2005 年第十期,刊登乌拉特中旗政协宣传彩页,并登载旗政协领导的论文 2 篇。旗政协发挥《乌中旗政协信息专报》《政协简报》《政协工作大事记》3 个载体,充分发挥旗政协作为内蒙古自治区政协信息直报点作用。期间,共编发《乌中旗政协信息专报》6 期,《政协简报》42 期,《政协工作大事记》9 期,内蒙古自治区政协和巴彦淖尔市政协共采用 4 条。

2006 年 2 月至 2007 年 11 月,政协乌拉特中旗第十一届委员会第三次会议期间,共收到旗政协委员社情民意提案 9 件,未予立案的提案转为社情民意的 7 件,通过整理和归纳,编发成《乌拉特中旗政协信息》,分别报送到旗委、旗人民政府和上级政协信息部门,促进了矛盾和问题的解决。同时,在《内蒙古政协》《巴彦淖尔日报》《政协视野》共刊稿 10 篇,编发《乌拉特中旗政协信息专报》《政协简报》《政协工作大事记》44 期,其中内蒙古自治区政协信息调研处和巴彦淖尔市政协共采用 12 条,名列全市各旗县区第二位。精选 9 篇委员风采稿件入选巴彦淖尔市政协出版的《民营企业崛起》一书中。

2007 年,旗政协通过调查研究,提高信息质量。全年编发简报、信息、大事记 39 期(条),被《内蒙古政协)和内蒙古自治区政协信息调研处采用 6 期(条),巴彦淖尔市政协办公厅采用 8 期(条):在《巴彦淖尔日报》《乌拉特中旗周刊》刊发 5 期(条)。特别是报送的《关于中蒙双方建立高层会晤机制,加快蒙古国矿产资源开发利用的建议》,受到内蒙古自治区政协、自治区人民政府的高度重视,全国政协信息局也采用了此条信息。

六、十二届委员会期间(2007 年 11 月至 2012 年 12 月)

2007 年 11 月至 2012 年 12 月,政协乌拉特中旗第十二届委员会期间,旗政协共征集社情民意信息 324 条,内容涉及经济社会诸多方面,大多数意见和建议受到上级党委、人民政府和旗委、旗人民政府领导的高度重视,相关部门也积极予以采纳。旗政协委员编发上报《将口岸及园区列为国家战略资源进口加工基地》的信息,引起内蒙古自治区政协、巴彦淖尔市政协高度重视,列入自治区政协十届二次常委会议议程，进行专题协商。

2007 年 11 月至 2008 年 8 月，政协乌拉特中旗第十二届委员会第一次会议期间，旗政协制定下发《乌拉特中旗政协宣传和信息工作奖励办法》，形成以政协委员为主体，以委办主任、机关干部为骨干的全旗政协宣传信息工作网络。其间，共收到委员反映社情民意信息 40 余条，经整理编发 25 期，其中《政协简报》13 期，《乌中旗政协信息》6 期，《乌中旗政协大事记》6 期。针对甘其毛都口岸需内蒙古自治区政协协调支持和帮助解决的一些实际问题，旗政协编发上报的题为《建议将甘其毛都口岸及金泉工业基地列为国家战略资源进口加工基地》的信息，引起自治区政协、巴彦淖尔市政协高度重视，自治区政协将这一议题列入 5 月 28 日召开的自治区政协十届二次常委会议议程，进行专题议政。旗政协作为涉及口岸的基层政协首次列席此次会议。

2008 年 8 月至 2009 年 1 月，政协乌拉特中旗第十二届委员会第二次会议期间，旗政协共收到各类社情民意和信息 70 余条，编发 42 条。其中，被巴彦淖尔市政协办公厅和《政协视野》采用 18 条、《巴彦淖尔日报》刊发 2 条，内蒙古自治区政协信息调研处和《内蒙古政协》采用 9 条。其中上报的“关于甘其毛都口岸粮食出口和原煤进口过程中存在的问题”的社情民意，得到自治区政协的高度重视，以内部信息的形式上报上级有关部门领导，对协助解决甘其毛都口岸事宜发挥积极作用。

2009 年 1 月至 2010 年 1 月，政协乌拉特中旗第十二届委员会第三次会议期间，旗政协收集委员反映社情民意信息 70 条，整理编报 53 期，同时编发《政协简报》28 期，《政协信息》11 期，《政协大事记》12 期，并在内蒙古自治区、巴彦淖尔市两级报纸、杂志上发表宣传稿件 10 条。

2010 年 1 月至 2010 年 12 月，政协乌拉特中旗第十二届委员会第四次会议期间，旗政协共收集编报社情民意信息 80 余条，其中被内蒙古自治区政协信息调研处采用 2 条、《内蒙古政协》采用 10 条。“关于收费建设甘其毛都口岸境外运煤公路的建议”“关于甘其毛都口岸粮食出口和原煤进口过程存在的问题”“建设甘其毛都口岸中蒙跨境经济合作区势在必行”等社情民意分别被编发上报全国政协。

2010 年 12 月至 2012 年 2 月，政协乌拉特中旗第十二届委员会第五次会议期间，旗政协共收到委员反映社情民意和各类信息 40 余条，经整理编发 30 期。其中，被内蒙古自治区政协信息调研处采用 1 条，《内蒙古政协》采用 7 条，被巴彦淖尔市《政协视野》采用 9 条、《乌拉特中旗周刊》采用 9 条，采用率 80% 以上。旗政协编发的“加快甘其毛都口岸运煤道路建设”信息，引起巴彦淖尔市人民政府高度重视，主要领导亲自做批示，并责成相关部门及时进行办理；旗政协编发的“甘其毛都口岸加工园区洗煤产业需加强环保”“进一步加大对甘其毛都口岸扶持力度”等信息，区巴彦淖尔市政协分别采用并编发上报到全国政协和内蒙古自治区政协。旗委、旗人民政府领导也高度重视政协社情民意信息工作，及时批示并责成有关部门办理。同期，旗政协重点对山旱区“四大支柱”产业、灌区中低产田改造、口岸和加工园区发展、城镇建设、口岸社会治安和食品安全、民族宗教和教育卫生文体等方面的工作进行专题视察，对存在的问题提出意见建议，充分发挥政协的民主监督作用。

第五节　交流联谊

一、七届委员会期间(1988 年 1 月至 1991 年 1 月)

旗政协持续加强与各地政协的交流联谊，接待包头市昆都仑区等区内政协考察活动；配合自治区、盟政协完成各类专项调研和联合调研；加强与五原县等盟内政协的联络交流，借鉴经验、促进交流。

二、八届委员会期间（1991 年 1 月至 1994 年 1 月）

旗政协参加四省区九市五盟政协工作横向联系会议，先后走访临河市、五原县、乌拉特后旗、土默特左旗、乌拉特前旗等政协，接待自治区政协、盟政协、乌拉特后旗政协、磴口县、乌拉特前旗、伊盟杭锦旗政协，密切了与包头市昆区政协的联系。1992 年 10 月，内蒙古自治区政协副主席、内蒙古佛教协会会长乌兰到乌拉特中旗视察宗教工作。

三、九届委员会期间（1994 年 1 月至 1999 年 1 月）

九届三次会议后，先后派人员参加内蒙古自治区、巴盟政协工作联系会议，业务工作会议、座谈会，到一些旗县市进行考察学习，接待内蒙古自治区、巴彦淖尔盟和旗县 5 个考察团。

四、十届委员会期间（1999 年 1 月至 2004 年 1 月）

1999 年 1 月至 2004 年 1 月，政协乌拉特中旗第十届委员会期间，包头市达尔罕茂明安联合旗政协 2 次到乌拉特中旗考察口岸和农区畜牧业发展情况。2001 年 5 月 16 日，内蒙古自治区政协盟市旗县工作指导和法制委员会主任张如培一行巴彦淖尔盟政协副主席苏木雅陪同下到乌拉特中旗，就盟市旗县政协工作开展情况、边境旗县社会治安综合治理工作进行调研。2001 年 9 月 15 日，全国政协民族和宗教委员考察团一行，在国务院发展研究中心原副主任张万欣、自治区原副主席阿拉坦敖其尔的带领下，会同科技部领导到乌拉特中旗，就科技如何支持畜牧业的产业化问题进行实地考察。2002 年 7 月，由巴彦淖尔盟和包头市举办的四省区十一市四盟政协工作横向联系工作会议代表 82 人到乌拉特中旗考察生态建设情况。

五、十一届委员会期间（2004 年 1 月至 2007 年 11 月）

2004 年 1 月至 2005 年 3 月，政协乌拉特中旗第十一届委员会第一次会议期间，旗政协配合内蒙古自治区政协完成民族基础教育发展状况的调研；配合巴彦淖尔市政协完成在乌拉特中旗开展的关于边境牧区牧民生产生活情况、旅游资源开发利用情况、牧区生态建设及可持续发展情况、侨务工作情况等方面的调研活动。2004 年，由旗政协经济委员会组织，主要领导带队、率有关苏木、乡、镇和有关部门负责人及旗政协委员赴包头稀土高新技术开发区、呼和浩特市金川开发区和如意开发区、和林格尔县盛乐园工业园区、托克托县电厂、鄂尔多斯市准格尔旗、鄂托克旗棋盘井工业园区和蒙西工业园区、阿拉善左旗乌斯太工业园区、乌海市千里山工业园区等地进行为期 9 天考察。接待鄂尔多斯市准格尔旗政协和巴彦淖尔市临河区政协到乌拉特中旗考察生态建设旅游资源开发方面情况；包头市达尔罕茂明安联合旗政协到乌拉特中旗考察口岸建设发展情况。

2005 年 3 月至 2006 年 2 月，政协乌拉特中旗第十一届委员会第二次会议期间，旗政协配合内蒙古自治区政协完成西部区旱作节水农业发展情况的调研，接待内蒙古自治区党委、自治区人民政府、自治区政协联合调研组，到乌拉特中旗就开好全区政协工作会议进行调研。配合巴彦淖尔市政协完成全市宗教场所自养情况、牧区生态建设和牧民生产生活情况、基层司法所运行情况、全市文物保护和利用情况、退耕还林和退牧还草情况调研。配合巴彦淖尔市政协一届五次常委会的召开，旗政协主席、副主席到牧区，就全旗“三牧”问题进行调研，形成题为《加强生态保护与建议，促进牧民增收》的调研报告，并在巴彦淖尔市政协常委会上发言，所提意见和建议引起中共巴彦淖尔市委员会和市人民政府的高度重视和采纳。同期，旗政协经济委员会还组织科技农牧界委员赴巴彦淖尔市杭锦后旗参加内蒙古自治区第三届农业科技博览会，使乌拉特中旗科技农牧界委员开阔视野，增长见识。2005 年，旗政协先后与二连浩特市政协，东乌珠穆沁旗政协、新巴尔虎右旗政协、满洲里市政协、额尔古纳市政协、阿拉善左旗政协、阿拉善右旗政协、额济纳旗政协、包头市昆都仑区政协、达尔罕茂明安联合旗政协，鄂尔多斯市东胜区政协、伊金霍洛旗政协、乌拉特前旗政协、杭锦后旗政协、乌拉特后旗政协等友邻旗县市政协建立友好关系，并分别接待乌海市政协和阿拉善左旗政协 2 个考察团、40 余人次到乌拉特中旗学习考察。

2006 年 2 月至 2007 年 11 月，政协乌拉特中旗第十一届委员会第三次会议期间，旗政协配合巴彦淖尔市政协完成社会分配情况、残疾人就业情况、基层文化设施建设情况、基层博物馆建设情况 4 个方面的调研考察，完成旗政协文史资料征集、贯彻上三级党委关于加强政协工作文件精神、政协委员提案办理情况 3 个方面的督查。为实施开放带动战略，旗政协常委会主动加强与兄弟旗县区政协的学习交流，扩大对内对外交往，促进交流合作，同时积极宣传乌拉特中旗各项事业发展的成果。同期，分别接待安徽省阜阳市政协、包头市政协和五原县政协 3 个考察团、50 余人次到乌拉特中旗的学习考察。

六、十二届委员会期间(2007 年 11 月至 2012 年 12 月)

2007 年 11 月至 2012 年 12 月，政协乌拉特中旗第十二届委员会期间，旗政协常委会通过开展多种形式的联谊，促进交流与合作，推动旗政协工作高效开展。旗政协积极参加上三级政协组织的各类会议和培训班，通过会议、学习和座谈等方式，相互交流工作中的好经验、好做法，共同探讨新时期履行职能的新思路、新举措。旗政协配合内蒙古自治区政协、巴彦淖尔市政协完成调研、视察、考察 36 次，积极通过政协系统向上级党委、人民政府汇报成绩、反映问题，为旗委、旗人民政府争取上级政策倾斜和项目支持疏通渠道、搭建平台。接待蒙古国巴音前达门县，广东省、山东省、宁夏回族自治区等省区政协及友邻旗、县、区政协来访 600 余人次，组织旗政协机关干部 100 余人次到有关旗县区学习考察，共发放宣传资料 500 余份。举办庆祝人民政协成立 60 周年庆典活动。

2007 年 11 月至 2008 年 8 月，政协乌拉特中旗第十二届委员会第一次会议期间，旗政协配合内蒙古自治区政协、巴彦淖尔市政协完成多项调研任务。配合自治区政协副主席董恒宇为组长的调研组，完成在乌拉特中旗开展的口岸经济发展和向北开放战略实施情况的调研，配合自治区政协副主席韩振祥为组长的调研组到乌拉特中旗，完成“走出去”战略实施情况调研。配合巴彦淖尔市政协到乌拉特中旗，完成宗教工作方面调研和口岸经济集体视察活动。配合巴彦淖尔市农工党在德岭山镇开展义诊活动。2007 年 1—6 月，旗政协接待上级政协调研、视察和考察共 4 批、100 余人次。旗政协加强与友邻旗县区政协的沟通联系。组织旗政协委员到乌拉特后旗、杭锦后旗考察调研，分别与当地四大班子领导和政协委员进行座谈交流。接待临河区政协、五原县政协、苏尼特左旗政协 3 批、70 余人的考察活动。

2008 年 8 月至 2009 年 1 月，政协乌拉特中旗第十二届委员会第二次会议期间，旗政协配合巴彦淖尔市政协完成文化市场建设情况、口岸经济发展情况、农村“五保”(保吃、保穿、保医、保住、保葬)工作条例贯彻落实情况、新型农村牧区合作医疗工作开展情况等调研和视察活动；配合巴彦淖尔市政协完成文史资料征集工作，贯彻上三级党委关于加强政协工作的文件精神和巴彦淖尔市驻旗政协委员提案办理督查。配合巴彦淖尔市农工党完成在德岭山镇开展农牧业知识培训和义诊活动。旗政协还积极参加巴彦淖尔市政协工作经验交流会，就旗政协将促进旗域经济发展作为履行职能出发点和落脚点的有效做法作典型发言。

2009 年 1 月至 2010 年 1 月,政协乌拉特中旗第十二届委员会第三次会议期间,旗政协完成全国政协副秘书长仝广成、副主任王占、常委厉以宁、常委王光谦 4 批、80 余人次的口岸经济、风电产业等调研;完成了内蒙古自治区政协副主席郑福田一行的农区养殖业专题视察、自治区政协副主席娜仁一行的边境牧区经济社会发展情况调研。接待鄂温克族自治旗、杭锦后旗、乌拉特后旗政协考察团 3 批、50 余人次的专题考察活动。同期,旗政协与呼伦贝尔市鄂温克族自治旗政协、陈巴尔虎旗政协、新巴尔虎右旗政协、赤峰市喀喇沁旗政协、克什克腾旗政协、巴彦淖尔市五原县政协、乌拉特前旗政协进行友好交流。

2010 年 1 月至 2010 年 12 月,政协乌拉特中旗第十二届委员会第四次会议期间,旗政协完成上级政协和广东省政协、山东省政协、宁夏回族自治区政协及锡林郭勒盟政协考察团 14 批次、240 余人次的考察活动;旗政协外出考察期间,与宁夏回族自治区惠农县政协、平罗县政协、永宁县政协、定边县政协、陕西省靖边政协、米脂县政协、神木县政协,广东省蓬江区政协进行友好联系。同期,旗政协与蒙古国巴音前达盟县、南省汗博格图县政府部门建立了联系。

2010 年 12 月至 2012 年 2 月,政协乌拉特中旗第十二届委员会第五次会议期间,旗政协配合内蒙古自治区政协港澳考察团顺利完成口岸经济发展情况的考察;配合自治区政协副主席董恒宇为组长的调研组完成农牧民增收问题的调研。配合巴彦淖尔市政协高质量完成在乌拉特中旗举办的全市政协系统乒乓球邀请赛的承办任务。配合巴彦淖尔市政协完成三牧问题、民族艺术专业表演团体发展现状、风电产业发展情况、口岸经济发展情况等调研视察活动。友好接待磴口县政协、鄂温克族自治旗政协、南京市浦口区政协、辽宁省阜新县政协考察团在乌拉特中旗开展的考察活动。全年共接待上级政协和各有关旗、县、区政协考察团 30 批、420 余人次。

第六节　其他工作

一、七届委员会期间(1988 年 1 月至 1991 年 1 月)

畜牧战线政协委员刘芳莲,在"七五"期间先后获 4 次科技进步奖。获得农牧渔业部先进工作者一等奖,内蒙古自治区培育白绒山羊一等奖。历时五年多的白绒山羊实验基地取得巨大成效,并以此促成了乌拉特中旗被评为全国养羊先进旗县之一。1987 年 4 月,经旗总工会研究决定,同意旗政协成立工会基层委员会。

二、八届委员会期间(1991 年 1 月至 1994 年 1 月)

累计制定出台了《常务委员会工作规则》《党组工作规则》《专门委员会组织通则》《秘书长、副秘书长工作规则》以及机关财务物资、车辆管理、文秘后勤等各项制度。设立 8 个专门委员会,调整委员结构,由七届的 13 年界别增加为 14 个。1991 年 8 月 3 日,经旗妇联批准,旗政协成立女工小组,组长敖腾花,副组长苏亚拉其其格。

三、九届委员会期间(1994 年 1 月至 1999 年 1 月)

政协累计实施了企业转制、综合配套改革、社会主义精神文明建设、社会治安综合治理、"二五"普法以及牵头定点承包山旱区贫困村组扶贫工作。委员额尔登木图被授予"有突出贡献的科技工作者";委员万文章被评为全旗科技先进工作者;委员云芝珍被评为全旗科技培训先进个人。

四、十届委员会期间(1999 年 1 月至 2004 年 1 月)

1999 年 8 月 2 日,旗政协在岗干部、职工捐款 1610 元,捐书 80 余册;巴彦淖尔盟政协委员、乌拉特中旗第三中学富皮毛制品厂厂长捐毛毡200条,折款1.2万元;兴誉木器厂厂长捐桌凳200套,折款1万元。为"两基"达标尽责尽力。同年,旗政协在定点承包牵头单位楚鲁图乡组织召开20个定点扶贫承包单位工作会议,传达全旗扶贫工作精神,通报各单位扶贫工程实施情况,动员各单位加大扶贫力度,坚持物质扶贫与精神扶贫相结合,抓住根本,重点突破,整体推进。政协领导和有关人员先后多次包扶点毛忽洞组对扶贫项目进行调研,协助乡党委、乡人民政府落实马铃薯种植计划,完成该组等高田建设的实施与指导。

1999年1月至2004年1月,政协乌拉特中旗第十届委员会期间,旗政协配合旗委、政府抓农牧业、城镇经济、市镇建设、生态移民、扶贫、抗击"非典"、抗灾保畜、社会治安综合治理工作。同时以"三个代表"重要思想、"三讲"教育、"优化环境"等学习教育活动为契机,全面加强机关的思想建设、组织建设、作风建设和制度建设。制定出台《政协乌拉特中旗委员会关于文史资料编写稿酬支付的暂行办法》(乌中政协办发〔2003〕7号)。

2002年,旗政协在扶贫工作中发挥牵头单位作用,继续加大扶贫力度。组织召开定点扶贫单位工作会议,安排落实有关工作。各单位按照年初计划,从不同角度,以不同的方式献计出力,为扶贫点解决实际困难。同时做好呼勒斯太肉羊发展包扶工作,组织召开单位现场会,对包扶工作进行具体部署,并多次韩乌拉嘎查了解情况,解决问题;协调电业部门投资2万元,架设低压线路0.6千米,解决当地牧民人畜饮水、饲草料加工等没有动力资源的实际困难。积极开展抗灾保畜工作。政协领导及时承包点川井苏木白同嘎查走访牧户,了解灾情,帮助牧民开展生产自救,在经费十分紧张的情况下捐助玉米2500千克,并发动干部职工捐款6000元,解决牧民生产生活中的困难,使牧民因灾造成的损失降到最低限度。

五、十一届委员会期间(2004年1月至2007年11月)

2004年1月3日,在政协乌拉特中旗第十一届委员会第一次会议上,白云龙委员关于《扶持龙头企业、推进农牧业产业化进程》、张玉英委员《充分依靠科技,加速发展旗域经济全面建设小康社会》、郭润喜委员《放宽政策、扶强带——实现乌拉特中旗羊绒产业"牧工贸"一条龙》等12篇大会发言引起强烈反响。

2004年1月至2005年3月,政协乌拉特中旗第十一届委员会第一次会议期间,旗政协为巴音杭盖苏木呼格吉乐图嘎查包扶点6户特困和贫困户支助6000千克玉米及面粉等生产生活必需品。同期,旗政协组织协调有关部门,为巴音杭盖地区资助各种生产生活资料4万余元,积极帮助贫困地区解决实际困难,确保贫困牧民和牲畜平安过冬度春。旗政协全体干部职工为包扶点石哈河镇毛忽洞村组资助养殖资金4000元,购买德美种公羊8只。

2005年3月至2006年2月,政协乌拉特中旗第十一届委员会第二次会议期间,旗政协与驻地部队官兵开展"共度军事日"活动。积极参与纪念抗日战争暨反法西斯战争胜利60周年、巴彦淖尔市政协成立50周年纪念活动。2005年,在社会性公益事业中,旗政协常委白云龙(索仑公司)为贫困农牧民捐赠大米1万千克,价值3万余元,旗政协委员刘映峰(天宝公司)、郭润喜(鄂尔多斯集团分公司)、张芝(石哈河供销饭店)、张明(温明矿业公司)、邢永强(永兴矿业公司)、白占平(图古日格金矿)、乔文胜(大公热力公司)、甄维胜(中原油田分公司)、谢巨德(河套酒业中旗分公司)、李富存(八珍骨里香)、孔祥永(同达医药公司)等,连续数年为乌兰牧骑冠名、资助中小学校基础建设和旗内贫困大中小学生就学、对社会公众和弱势群体给予帮助等,捐款72万余元。

2005年,旗政协积极开展扶贫点工作,支持石哈河镇抗旱救灾款7600元,帮助巴音杭盖呼格吉乐图嘎查6户困难牧户解决饲料、玉米1800千克。同时,为海流图镇第八居民区居委会捐款3500元,捐赠价值500元的科普宣传挂图3套。

2006年2月至2007年11月,政协乌拉特中旗第十一届委员会第三次会议期间,旗政协于2006年10月12日召开庆祝旗政协成立50周年大会,全面总结旗政协50年中与旗委、人大、政府风雨同舟、和衷共济走过的不平凡奋斗历程,历届旗政协老领导代表、内蒙古自治区政协、巴彦淖尔市政协领导分别讲话祝贺,上级政协领导夏日、傅守正、邬宝恒、张向阳,历届旗政协老领导布和、杨志荣等人发贺电贺信。旗政协协调有关单位为帮扶点石兰村捐款29130元,助学10000元,捐助良种价值28600余元,旗政协机关干部捐款1600元,支持石兰村抗旱救灾。在"老板爱心助学行动"中,旗政协委员刘映峰(天宝公司)、邢永强(永兴矿业公司)、邬鑫(海燕公司)、郭润喜(鄂尔多斯集团分公司)、乔文胜(大公热力公司)、谢巨德(河套酒业中旗分公司)、李富存(八珍骨里香)、冯珊(万家荣液化石油气站)、郎美琴(喜利来西饼店)、侯宗民(信誉木器厂)、邢满宽(乌拉特宾馆)、孔祥永(同达医药公司)捐款78600元,救助21名大学生、6名高中生、4名初中生就学。

旗政协十一届四次会议表彰旗政协十一届三次会议后优秀委员8人,委员优秀提案6件,提案办理先进个人6人。

六、十二届委员会期间(2007年11月至2012年12月)

2007年11月至2009年1月,政协乌拉特中旗第十二届委员会第一次会议至第二次会议期间,旗政协组织和号召全体机关干部、离退休人员和广大政协委员为四川省汶川地震灾区开展献爱心活动。旗政协机关干部职工、离退休人员向灾区人民捐款和机关党员干部自愿缴纳"特殊党费"14800元。

2009年1月至2010年12月,政协乌拉特中旗第十二届委员会第三次会议至第四次会议期间,旗政协完成学习实践科学发展观念3个阶段各项任务;按要求完成调研报告9篇,提出建议和意见120余条。举办纪念人民政协成立60周年系列活动;开展贯彻中共中央总书记胡锦涛在庆祝人民政协成立60周年大会上讲话精神,召开庆祝人民政协成立60周年座谈会,在《乌拉特周刊》开办纪念人民政协成立60周年专版,刊出感怀文章、诗歌、书画作品。

2010年12月至2012年12月,政协乌拉特中旗第十二届委员会第五次会议至第六次会议期间,旗政协积极响应旗委号召、充分发挥团长单位作用,协调各成员单位筹集资金98.1万元,完成社会帮扶、贫困帮助和文化帮扶等工作。配合政法委对13个承包单位的社会治安综合治理工作进行了严格的监督检查,完成综治维稳任务。

第八篇　军　事

◎ 地方武装
◎ 兵役工作
◎ 人民武装警察部队
◎ 人民防空
◎ 国防教育与国防动员

第一章 地方武装

第一节 机 构

一、旗人民武装部

1988年1月，乌拉特中旗设有人民武装部(以下简称旗人武部)，属地方建制，干部由地方、军队共同管理，部长、政治委员的任免在征得人民解放军巴彦淖尔军分区党委同意后，由中共巴彦淖尔盟委员会审批任免，科以下干部由中共乌拉特中旗委员会(以下简称旗委)组织部同旗人武部协商提名，共同考核，按地方党政干部权限任免。同年，乌拉特中旗人武部内设机构3个:办公室、政工科、军事科。

1996年2月，根据中共中央军委命令，旗(县)人武部全部收归军队建制，执行军队新编制，隶属于人民解放军军分区，其工作人员按照有关规定，办理入伍手续，改为现役军人。同年4月，旗人武部正式收归军队建制，内设机构3个:军事科、政工科、后勤科。

2012年底，旗人武部正式收归军队建制，设机构3个:军事科、政工科、后勤科。

二、基层人民武装部

1988年1月，乌拉特中旗设有20个镇、苏木、乡(海流图镇、温更镇、乌加河镇、桑根达来苏木、巴音苏木、乌兰苏木、川井苏木、巴音杭盖苏木、杭盖戈壁苏木、新忽热苏木、巴音哈太苏木、呼勒斯太苏木、石哈河乡、双盛美乡、部北乡、楚鲁图乡、德岭山乡、乌梁素太乡、宏丰乡、石兰计乡)，全部建立人武部。

2001年4月，全旗进行撤乡并镇机构改革，全旗20个镇、苏木、乡合并为16个镇、苏木、乡(海流图镇、乌加河镇、德岭山镇、石哈河镇、桑根达来苏木、温更苏木、巴音苏木、乌兰苏木、川井苏木、巴音杭盖苏木、新忽热苏木、巴音哈太苏木、呼勒斯太苏木、宏丰乡、石兰计乡、乌梁素太乡)，各镇、苏木、乡建立人武部。

2005年12月，全旗进行撤乡并镇机构改革，全旗16个镇、苏木、乡合并为10个镇、苏木(海流图镇、乌加河镇、德岭山镇、石哈河镇、桑根达来苏木、巴音苏木、乌兰苏木、川井苏木、新忽热苏木、呼勒斯太苏木)，各镇、苏木建立人武部。

2012年12月，全旗辖有6个镇、4个苏木(海流图镇、乌加河镇、德岭山镇、石哈河镇、甘其毛都镇、温更镇、呼勒斯太苏木、川井苏木、新忽热苏木、巴音乌兰苏木)，各镇、苏木建立人武部。

第二节 干部队伍建设

1988—2012年，乌拉特中旗各镇(苏木、乡)人武部均编配专职武装干部。

1988年，根据中国人民解放军总参谋部《关于专职武装干部佩戴人武工作专业符号的通知》，乌拉特中旗人民政府拨款为全旗专职武装干部(以下简称“专武干部”)统一购置服装、大檐帽和肩章、领花等专业佩饰，旗人武部组织全旗专武干部进行培训和举行穿戴仪式。

1993 年,中共中央办公厅、国务院办公厅、中央军委办公厅下发《关于基层人民武装部机构设置、干部配备原则等问题的通知》,全旗专武干部的选拔配备和管理按《通知》精神执行。

1999 年 7 月,中共中央办公厅、国务院办公厅、中央军委办公厅下发《关于基层人民武装部机构设置、干部配备原则等问题的通知》,旗党委和旗人武部对专武干部的选拔配备、管理、培训等即按此《通知》精神执行。

2000—2012 年,全旗各镇、苏木、乡人武部机构经过两次较大调整和精减,专武干部数量减少,旗人武部和镇、苏木、乡党委在选拔配备专武干部时,坚持"四化"(革命化、年轻化、知识化、专业化)标准,在原有专武干部队伍中择优选任。

第三节　民兵建设

一、组织建设

(一)民兵分类

1988—2012 年,乌拉特中旗民兵组织分为 2 类:普通民兵、基干民兵。

(二)民兵条件

1988—2012 年,根据《中华人民共和国宪法》和内蒙古军区有关规定,乌拉特中旗参加民兵组织以男性公民为主,女民兵按基干民兵年龄适当选编,一般不超过基干民兵总数的 10%。参加民兵的年龄条件:普通民兵年龄为 18 ~ 35 周岁,基干民兵年龄为 18 ~ 28 周岁;参加民兵的政治条件:凡拥护中国共产党的领导,热爱祖国、热爱劳动的适龄公民,都可以成为民兵组织中的一员;参加民兵的身体条件:根据民兵平时和战时所担负任务确定,参加民兵人员必须身体健康,没有残疾和明显慢性病。

(三)民兵干部

1988 年,乌拉特中旗民兵建设贯彻"减少数量、提高质量、抓好重点、打好基础"的基本方针,在选拔配备民兵干部时,把配备好民兵营、连长作为重点,严格按条件从思想好、身体好、热爱民兵工作的退伍军人和优秀民兵中选用,做到保证骨干,减少数量,有专有兼,专兼结合。

1991—2012 年,根据国务院新颁布的《中华人民共和国民兵工作条例》(以下简称《民兵工作条例》),乌拉特中旗配备民兵干部坚持从政治、军事、业务、身体、年龄 5 个方面考评,从镇(苏木、乡)机构编制体制实际出发,用专兼结合的形式选拔配备。农牧区民兵营(连)长一般都配备专职,城镇采取正职兼职、副职专职的形式配备连以上干部,民兵干部素质逐步提高。

(四)专业技术分队

1988 年,全旗部分专业技术分队有编制无装备。1990 年,根据内蒙古自治区党委、自治区人民政府、内蒙古军区《关于加强边防民兵的决定》。海流图镇建立一支民兵应急分队,并制定应急方案,进行防暴处突演练,提高应急能力。

1994 年,全国少数民族地区民兵预备役工作会议对组建民兵应急分队加以肯定后,乌拉特中旗人武部要求突出抓好民兵应急分队军政训练,努力提高训练质量,确保民兵应急分队具有整体执行任务的能力。

1995 年后,乌拉特中旗民兵专业技术兵的比例有所增加,编组专业技术分队本着有什么装备编什么分队的原则,不搞空架子。民兵工作基本原则是减少数量,提高质量。全旗民兵专业技术分队在数量上比20世纪80年代有所减少。

2000年后,根据经济社会发展和未来高科技战争特点及民兵在维稳处突中的作用,乌拉特中旗民兵专业技术分队的编组依靠旗属各专业部门技术人员和装备,按专业对口半对口的原则编组。

2005年,全旗编有伪装防护、人民防空、抢险救灾、医疗救护、防化防疫、消防、通信、运输保障、治安管理、综合保障、油料装备抢修、供电保障、物资供应等专业技术分队。

2012年,全旗民兵组织认真贯彻“归口建设,归口管理,归口使用,归口保障”的原则,统一规划基干民兵和人防、交战、经济动员等各类专业保障队伍组织布局。按照“就地就近,对口实用”的原则,继续拓宽编组领域和行业,重点加强信息通信、工程抢修、防化救援、医疗救护、交通运输等专业分队建设,不断提高民兵队伍的技术含量和整体质量。

(五)组织整顿

1988年前后,全旗民兵组织按照修改后的《民兵工作条例》规定,整组内容为:总结工作,出队入队,改选干部,清点装备,健全制度。

1990年,全旗民兵整组工作以《中华人民共和国兵役法》《民兵工作条例》为依据,以民兵基层建设和边防民兵建设、民兵应急分队建设为重点,结合民兵基层建设达标活动进行。民兵整组内容为:对民兵进行宣传教育,民兵的出队入队,调配干部,工作总结,清点装备,健全制度,集结点验等项工作。

1999年,乌拉特中旗人武部按照中共巴彦淖尔盟委员会、盟行政公署、巴彦淖尔军分区《关于深化民兵工作调整改革意见》,在民兵整组中压缩基干民兵数量和边境苏木民兵应急分队规模。

2000—2011年,乌拉特中旗人武部在民兵整组工作中适当缩减步兵专业、偏远村组和农村民兵数量;使民兵组织逐渐由农村向厂矿企业调整,由效益不好的企业,向经济效益好的企业调整,由技术含量低的单位向科技含量高的单位调整。

2012年,乌拉特中旗人武部着力解决“建非所建、有编无兵、有兵无编、布局失调、组装脱节”等问题,努力构建“布局合理、结构科学、重点突出、建用一致”的民兵组织建设新格局。

二、政治教育

(一)基本路线教育

1988年,随着经济体制改革的不断深入,旗人武部主要在农村民兵中进行中国共产党农村经济政策教育;在城市民兵中进行正确对待改革中利益关系调整的教育。20世纪90年代,旗人武部主要在民兵中深入进行中国共产党在社会主义初级阶段基本路线教育,爱国主义教育和“四有”(有理想、有文化、有道德、有纪律)教育。21世纪初,中共中央提出实施西部大开发战略,旗人武部在民兵中进行积极参与西部大开发、共同建设和谐美好的社会主义新农村新牧区教育。2003—2012年,旗人武部对民兵政治教育工作重点抓3个结合:把爱国主义教育与爱岗敬业结合起来,把树立共产主义理想与无私奉献精神结合起来,把法制教育与政治思想工作结合起来,教育广大民兵正确处理国家利益、集体利益、个人利益三者之间关系。

(二)形势战备教育

20世纪80年代,民兵形势战备教育纳入基干民兵“四课”(基干民兵每年上四次政治教育课)、普通民兵“两课”(普通民兵每年上两次政治教育课)教育内容,利用《华北民兵》刊登的民兵政治教育教材,结合民兵整组、训练、集会等,进行增强国防战备观念教育。

20世纪90年代,中共十四大后,以加快深化改革为主题,在民兵中进行社会主义初级阶段基本路线教育,认真学习邓小平关于建设有中国特色社会主义理论精神。

进入21世纪后,旗人武部组织全体民兵学习《关于加强和改进党的作风的决定》,深入进行保持共产党员先进性教育和以"四实两纠"(重实际、说实话、务实事、求实效,纠正形式主义、官僚主义)为主题的民主生活会专题教育,切实提高党员的思想政治觉悟。

(三)光荣传统教育

1988—2012年,旗人武部始终坚持民兵的光荣传统教育,包括坚持党管武装教育、全心全意为人民服务教育、严格执行"三大纪律八项注意"教育、爱国主义和革命英雄主义教育、坚持劳武结合传统教育等内容。

(四)国防教育

1996年8月,乌拉特中旗国防动员委员会成立后,始终坚持把依法服兵役作为对民兵进行国防教育的一项重要内容和经常性任务来抓,紧密结合宣传兵役法和每年的征兵工作,大量印发结合形势任务的征兵工作宣传材料,由旗人武部领导发表广播电视讲话,制作各种宣传展板,组织广播宣传车到城镇街道和乡村、牧区巡回展览、播放等,向民兵和群众进行广泛宣传教育。

三、军事训练

(一)民兵普通分队训练

1988年后,旗人武部针对城镇民兵便于集中的特点,调整训练布局,增加民兵应急分队训练,采取边试点边摸索的办法进行。

20世纪90年代,全旗民兵军事训练按照巴彦淖尔军分区下达的任务进行。重点增加海流图镇和各边境苏木民兵应急分队的训练,提高边防民兵的军事素质和应对突发事件的快速反应能力。

2001—2012年,全旗民兵军事训练主要以轮训为主,根据每年下达的训练任务,落实到基层苏木、镇,集中在苏木、镇驻地训练,旗人武部组织统一考核验收。

(二)民兵专业技术分队训练

1988年,旗人武部完成巴彦淖尔军分区下达任务数的100%。1990年,旗人武部完成巴彦淖尔军分区下达任务的100%。1995年,旗人武部完成巴彦淖尔军分区下达任务的100%。2000年,旗人武部完成巴彦淖尔军分区所下达任务的100%。

2005—2012年,民兵专业技术分队编伪装防护分队、人民防空分队、抢险救灾分队、医疗救护分队、防化防疫分队、消防分队、通信分队、运输保障分队、治安管理分队;有对口专业分队4个:综合保障分队、油料装备抢修分队、供电保障分队、物资供应分队。

四、武器装备管理

20世纪80年代初期,按照上级关于民兵武器配备标准,民兵武器处于饱和状态。1988年,旗人武部按上级要求,已经对部分民兵武器装备进行长期封存。20世纪90年代,随着民兵组织调整压缩,民兵装备武器也相应减少,大量武器被收缴上交销毁。1992年,边境苏木、牧场民兵武器全部集中在旗民兵装备仓库保管。同时,旗人武部不断加强对看管人员的教育管理和审查,增强其责任心,使民兵武器装备处于良好状态。2002年,除少量训练执勤武器由旗人武部保管外,其余武器全部上交巴彦淖尔盟民兵武器装备仓库统一保管。至2012年,旗民兵武器看管人员定期轮换到巴彦淖尔盟武器装备仓库执行看管任务。

五、主要工作与活动

(一)维护社会治安与边境秩序

1988—2012 年,乌拉特中旗边境苏木广大民兵积极参与维护边境地区稳定任务。截获外逃犯 61 人,查堵无证车辆 520 辆、无证人员 3013 人。有 2 人立三等功,16 人受到嘉奖。甘其毛都口岸开通后,边境地区民兵积极协助边防部队、武警公安部门执勤堵卡,打击走私贩私,捕获走私分子 58 人,收缴 60 余万元。

(二)参加社会主义建设

1988—2012 年,乌拉特中旗民兵参加修水库、打井等各种饮水和蓄水工程,共建成中小型水库 15 座、机电井 1581 眼、供水井 122 眼。

(三)参加精神文明建设

1988—2000 年,旗人武部积极动员组织广大民兵开展学雷锋、学英模,共建社会主义精神文明活动,全旗广大民兵学雷锋,做好事,处处可见。至 2000 年,全旗共建有“青年民兵之家”46 个,通过这些场所,宣传中国共产党的路线、方针、政策,组织民兵青年学文化、学科学、学技术,掌握致富信息,陶冶道德情操,带动村社精神文明建设。先后涌现出先进民兵连队 6 个、先进民兵个人 123 人,有 7 个民兵参建点被各级人民政府评为文明单位。

2001—2012 年,旗人武部积极动员组织广大民兵热情参与文明单位、文明村镇创建活动,鼓励民兵帮助和影响群众知荣辱、明是非、扬真理、树新风,营造良好的社会风气和社会环境。

第二章　兵役工作

第一节　兵役制度

1988 年,乌拉特中旗人武部执行 1984 年 5 月 31 日第六届全国人民代表大会第二次会议通过的《中华人民共和国兵役法》。

1988 年 9 月 23 日,国务院、中央军委根据《中华人民共和国兵役法》,颁布《中国人民解放军现役士兵服役条例》,对义务兵和志愿兵服役管理作出明确规定:义务兵服役期满后,根据军队需要和本人自愿,可以超期服役 1 ~2 年;服现役满 5 年的义务兵,根据军队需要和本要求,经师级以上单位批准,可以改为志愿兵。志愿兵的服役年限,从选改当年起,一般为 8 年,不超过 12 年,个别因工作特殊需要超过 12 年的,需经军级以上机关批准。士兵军衔设置为 7 级。义务兵为:列兵、上等兵、下士、中士、上士;志愿兵分为专业军士、军士长。

1993 年 4 月 27 日,国务院、中央军委对中国人民解放军现役士兵服役条例》进行修订,对志愿兵等级作了明确规定,志愿兵等级为 1 ~4 级,并规定了晋升条件。

1998 年 12 月 29 日,第九届全国人大常委会第六次会议通过《中华人民共和国兵役法》修正案。该修正案对兵役法的 11 个条款进行修改,新增加 3 个条款。

1999 年 6 月 30 日,国务院、中央军委重新修订颁发《中国人民解放军现役士兵服役条例》。新《中国人民解放军现役士兵服役条例》根据《中华人民共和国兵役法》规定,重点对士官(志愿兵)制度进行改革和完善,与原《中国人民解放军现役士兵服役条例》比较,在 5 个方面有显著的变化:一是对士官的服役方式作重大改革;二是重新设置士兵军衔;三是扩大士官队伍范围和规模;四是适当提高士官待遇;五是拓宽士官退役安置渠道。

2010 年 7 月,国务院、中央军委重新修订《中国人民解放军现役士兵服役条例》。将士官服现役由“分期”改为“分级”,并由 6 个衔级调整为 7 个衔级,逐步与国际军队制度接轨。

2001 年 9 月 5 日,国务院、中央军委对 1985 年 10 月 24 日发布的《中华人民共和国征兵工作条例》(以下简称《征兵工作条例》)进行重新修订。新条例对征集对象、兵役登记、体格检查、政治审查、审定新兵、交接新兵、运输新兵等都作出具体规定,提出具体要求,是征兵工作的基本法规。

第二节　兵员征集

一、兵役机构

1988 年,乌拉特中旗人武部执行 1984 年新颁布的《中华人民共和国兵役法》规定:“省军区、军分区、旗(县、区)人民武装部兼各级人民政府兵役机关,在上级军事机关和同级人民政府的领导下,负责办理本区域的兵役工作”。同年,乌拉特中旗人民武装部为地方建制,是旗委的军事部兼乌拉特中旗人民政府兵役机关,在巴彦淖尔军分区和旗委、旗人民政府的领导下,负责乌拉特中旗的兵役工作。

1996年4月，乌拉特中旗人民武装部由地方建制改归军队建制。根据《中华人民共和国兵役法》《征兵工作条例》规定和上级党委、政府要求，为保证征兵工作顺利进行，每年征兵期间，乌拉特中旗都建立健全征兵领导小组和征兵办公室，并成立体检、政审、联合走访等小组，具体办理兵员征集事宜。

二、兵员征集

1988—2012年，乌拉特中旗人民政府和旗人武部每年征兵期间均及时建立健全征兵工作领导机构，旗征兵领导小组组长由旗长担任，旗征兵办公室主任由旗人武部部长担任，旗委、旗人民政府、旗人武部及旗直有关部门负责人参加。根据上级征兵命令，每年都要召开征兵工作会议，总结上年度征兵工作情况，安排部署征集任务，制定相应措施，提出具体要求。对体检组、政审组等人员进行培训，学习上级的有关政策法规以及标准和要求，规定纪律，提出明确要求，表彰征兵工作先进单位和个人。全旗征兵工作多次受到上级人民政府和军事部门的表彰奖励；2005年，乌拉特中旗人民政府征兵办公室被国防部表彰为全国征兵工作先进单位。截至2012年，乌拉特中旗连续23年实现无责任退兵，位列巴彦淖尔盟（市）第一名。

1988—1990年，旗人武部遵照上级人民政府和军事部门的安排，实行春季、秋季二次征兵制，由部队派出接兵人员到地方接兵。

1991年，旗人武部遵照上级党委、人民政府和军事部门指示，恢复每年冬季一次征兵制。至2000年，根据《中华人民共和国兵役法》规定，每年12月31日以前，年满18岁公民，应当被征集，服现役，年龄一般在18～22周岁，22周岁以上者仅限于大专文化程度青年；所征集的人员必须符合以下3个条件：身体条件、政治条件、文化条件；征兵程序按报名、初审、初检、身体检查、政治审查、集体定兵的方法步骤进行。由部队派出接兵人员到地方接兵。

2001年9月5日，新修订的《征兵工作条例》规定，交接新兵工作，可以采取由旗派人送兵、新兵自行到部队报到或者部队派人接兵的办法进行。同年，旗人武部根据新的兵役法，确保兵员质量，规范征兵程序和征兵规章制度，征兵工作进一步法制化、规范化。

2003年，旗人武部建立征兵工作数据库，实行软件管理，对应征青年从兵役登记到新兵输送各种程序全部输入计算机，实行科学化管理。

2005年，旗人武部坚持对体检不合格的应征青年坚决淘汰、政审不合格的应征青年不予考虑、接兵方若有异议的应征青年坚决不定。征兵体检中，第一次将艾滋病和吸毒项目作为新兵体检项目，填补可能出现的漏洞，严格按照征兵条例和上级征兵命令进行。

2006—2012年，旗人武部在每年征兵工作中坚持三级连审、区域会审制度。实行封闭式体检；学历，重点查验异地毕业证书和职业高中毕业证；严格落实集体定兵，择优选拔的原则，严格政策标准，确保兵员质量。

三、善后工作

1988—2012年，乌拉特中旗依据《中华人民共和国兵役法》和国务院、中央军委颁发的《退伍义务兵安置条例》及《内蒙古自治区退伍士兵安置办法》等一系列法律法规，先后出台一系列关于义务兵退役安置的政策和措施。特别是进入21世纪后，随着全旗经济发展，义务兵退役安置力度进一步加大。家居农村的义务兵服役期满退出现役后，由乡、苏木、镇人民政府妥善安排其生产和生活；企业单位招收员工时，在同等条件下优先录用退伍士兵。家居城镇的义务兵服役期满退出现役后,由旗人民政府安排工作,也可由内蒙古自治区人民政府在本地区内统筹安排。城镇义务兵服役期满退出现役后自谋职业的,由旗人民政府给予一次性经济补助,并给予政策上的优惠。

第三节　预备役登记

1988 年,旗人武部按照中共中央、国务院、中央军委于 1981 年发出的《关于恢复预备役登记工作的指示》和 1984 年颁布的《中华人民共和国兵役法》,进行预备役登记统计工作。对全旗 18 ~ 28 周岁服第一类预备役、29 ~ 35 周岁服第二类预备役、36 周岁退出预备役人员进行登记和统计工作。至 2012 年,预备役人员登记和统计工作结合民兵组织整顿工作,每年进行一次。

1991 年后,预备役登记统计对象重点是转业复员退伍军人,凡不超龄的退伍军人都要按 18 ~ 28 周岁、29 ~ 35 周岁两个年龄段逐个进行核对登记、统计,在登记卡上填写在部队时所学专长。退役士兵在退出现役登记表上加盖"服预备役"章,回乡时直接到旗人武部报到登记。20 世纪 90 年代后期,预备役登记、统计工作通过计算机网络引入计算机管理,掌握人员出入、数量。

第三章　人民武装警察部队

第一节　武警乌拉特中旗公安边防部队

一、建制

1988 年 1 月，乌拉特中旗设有公安边防股，驻有武警大队，共同负责全旗的边境管理工作。同年 7 月，公安部召开第五次全国公安边防工作会议，调整了边境管理范围，理顺边防体制。乌拉特中旗武警大队被撤销，公安边防股更名为中国人民武装警察部队乌拉特中旗边防大队（以下简称“旗边防大队”），副团职建制，隶属于武警巴彦淖尔市边防支队；至 2012 年底，旗边防大队下辖边防派出所 6 个、机动中队 1 个。

二、政治工作

武警部队体制改革后，武警边防部队党组织由武警内卫部队中分离出来。1988 年 7 月后，旗边防大队逐步健全党委和基层所、队党支部，全面整顿了基层领导班子和干警队伍。1990 年，内蒙古自治区党委组织部下发《关于调整武警内蒙古边防、消防部队党组织隶属关系的通知》（内党组字〔1990〕3 号），明确武警边防大队受武警上级部队和同级公安机关党委双重领导。

20 世纪 90 年代初，旗边防大队针对个别单位在体制改革后出现的思想松懈、作风纪律松弛等现象，广泛开展教育整顿工作。之后，旗边防大队党委组织全队官兵深化“四个教育”（旗情教育、婚恋观教育、民族团结教育、忠诚教育），教育官兵树立正确人生观、世界观和艰苦奋斗、尊干爱兵思想。

2000 年，旗边防大队政治教育工作以《关于改革开放和发展社会主义市场经济条件下军队思想政治建设若干问题的决定》为主，抓好“三讲”（讲政治、讲学习、讲正气）和“三项教育”。

2001—2003 年，旗边防大队政治教育主要是学习中共十五届五中全会精神，用邓小平理论武装官兵头脑。巩固和深化“三个代表”重要思想、“三讲”教育、“双让”（让党放心、让人民满意）的学习成果。纪念以中国共产党建党 80 周年为契机，组织官兵认真学习中国共产党历史。

2005—2006 年，旗边防大队开展共产党员先进性教育活动。聘请党校讲师作辅导报告，军政主官每月为官兵上党课、作形势报告。开展“八荣八耻”、社会主义法制理念教育学习。

2007 年，旗边防大队结合“赞扬新成就、迎接十七大”等活动，积极开展思想教育活动。

2008—2009 年，开展“扶贫帮困”“爱心助学”“双拥共建文明单位”共建活动。全体官兵以集体捐款、交纳“特殊党费”等形式，向汶川灾区捐款 5 万余元。

2010—2012 年，旗边防大队积极探索构建以“组织固边、帮扶助边、创新强边、富民兴边、共建稳边”为内容的“五边战略”。

三、军事训练

1988 年，旗边防大队提出《三年规划总的奋斗目标》，训练内容按照正规化建设和目标化管理要求项目开展。

1991 年，旗边防大队制定下发新的《军事业务训练计划》，各工作站每年不少于 90 个训练日，参训率90%;各派出所每年不少于50个训练日,参训率80%以上。同年,组织承办了第一届全盟公安边防部队军事业务比武。

1992年、1996年,旗边防大队在全内蒙古自治区武警部队军事比武中,川井工作站获得优异成绩,受到表彰。

1997年,实行警务制度改革,实行"一区一警、一警多能、责任到人"的警务制度。

2001—2012年,旗边防大队根据上级部门要求,指导各单位按照严格训练、严格要求的指导思想,狠抓军事训练及岗位技能大练兵活动,达到"三能四会"(三能:能指挥作战、能组织训练、能管理部署;四会:会讲、会做、会教、会做思想政治工作)标准和"七熟七清"(熟住户详细地址,形状如图印象清;熟各户头人数,不重不漏底数清;熟成员间关系,姓名称呼介绍清;熟每户成年人,基本情况搞得清;熟经济状况底,收入开支情况清;熟每户家庭史,祖辈关系理得清;熟违法经历史,现实表现掌握清)要求。

四、后勤保障

20世纪80年代,武警边防部队体制几次改革后,旗边防大队后勤供给体系于1988年开始逐步恢复,至2012年,旗边防大队各项经费、各种装备物资、军需供给由武警边防部队逐级下拨。

2001年,旗边防大队开始逐年增加营房、装备的改进升级,后勤保障能力和战斗力不断提高。

2012年,内蒙古自治区财政厅、公安厅、边防总队联合下发(内财字〔2012〕1848号)文件,将公安边防部队办案、装备、生活设施、草原110及大病医疗费补助经费列入地方财政预算。

五、执法执勤

1988—1990年,旗边防大队会同解放军边防联队、地方群防群治组织,逐步完善军、警、民联防机制,在边境管理区积极开展"三共"(共同搞好边境地区社会治安管理、共同守卫祖国北部边疆、共同建设精神文明)活动,边境巡逻防范工作得到进一步加强。20世纪90年代中后期,随着边境地区生产作业开始逐年增加,将生产作业企业纳入军、警、民联防体系中,形成四位一体的边境巡防体系,旗边防大队所属各所、队会同解放军边防连队按季度召开联席会议,加强情报信息共享互通机制;在重要节点和边防安保重点时段加强与政府边委、公安机关、解放军边防连队联合开展边境清查工作,积极肃清边境地区安全隐患。进入21世纪,旗边防大队逐步有重点的加强一线堵、二线查,街面巡逻防控常态化等工作,成为驻地反恐维稳主力军。2000—2012年,旗边防大队共办理各种案件900余起。

六、草原"110"建设

(一)创建与发展阶段

1998—2003年,为创建与发展阶段,此阶段的草原"110",主要解决边民群众报警求助难和边防派出所不能及时出警的问题。

(二)规范与整合阶段

2004—2005年,为规范与整合阶段,此阶段的草原"110",着重解决制度保障和组织保障的问题,实现了草原"110"由量变到质变的飞跃。

(三)完善与提升阶段

2006—2009年,为完善与提升阶段,此阶段的草原"110",突出围绕解决奖惩机制和经费保障的问题,实现了草原"110"的可持续发展。

(四)以“有为”争“有位”阶段

2006—2012 年,为“有为”争“有位”阶段,此阶段草原“110”建设由传统群众报警求助,防范打击为主的警务模式,逐步演变为党政主导,警民联动,信息支撑,维稳防控,保障民生的边境防控体系一体化平台。

至 2012 年底,乌拉特中旗草原“110”建设、爱民固边战略先后列入巴彦淖尔市《平安建设三年规划》、“十三五”规划,中共巴彦淖尔市委员会、市政法委成立草原“110”建设、深化爱民固边战略领导小组,努力从单一模块、分散管理走向统一指挥、整体联动。市委办公厅、市人民政府办公厅下发《巴彦淖尔市草原“110”建设三年规划》《草原“110”车辆费用减免及优惠政策的通知》等,市公安局出台《全市草原“110”边境防控体系建设实施意见》,市综治办、公安局、交通局联合下发《巴彦淖尔市边防支队草原“110”联勤车辆管理使用规定》。

七、边境管理

1988—2012 年,旗边防大队始终把边境管理作为主业狠抓严管,保证边境地区长治久安。

1989 年,巴彦淖尔盟行政公署、巴彦淖尔军分区发出《严格控制外流人员进入边管区》的通知,旗边防大队组织各所、站官兵对沿边居民、牲畜,按照距一线 2 千米内无放牧、5 千米内无住户的原则,组织搬迁工作,并组织牧民设点轮流守护边境活动。

1990 年,旗边防大队根据巴彦淖尔盟行政公署《关于进一步稳定边防加强边境管理的通知》精神,抽调官兵协助有关苏木人民政府将居住在距离边境线 5 千米内的 46 户牧民全部搬迁。

1994 年,旗边防大队会同各有关苏木、边防连队对沿边 10 千米内居住的 100 余户牧民进行面对面教育,认真检查《防止人畜越境合同书》的执行情况。

1997 年,旗边防大队认真落实巴彦淖尔盟边境管理工作形势分析会精神,在边境矿山企业生产作业管理中严格实行“三证一书”(建设用地规划许可证、建设工程规划许可证、乡村建设规划许可证和《建设项目选址意见书》)办理规定,先后进行清理整顿 4 次,关闭不符合安全规定的矿点 3 处,维护边境矿山企业正常的生产秩序。

2000 年,旗边防大队会同解放军边防连队、旗人民武装部定期开展大型清边行动,对军、警、民联防,包房责任制进行检查。从 2005 年开始,旗边防大队按照上级部署,实行以“强基工程、固本工程、民心工程、维稳工程、联动工程”为核心内容的“爱民固边”战略。

2010 年,旗边防大队推进草原“110”建设,有效解决了广大牧民报警通信不畅、求助联络不通等现实问题。

2011—2012 年,旗边防大队会同旗委政法委在充分论证的基础上,在牧区建设东达乌素、脑音陶勒盖、哈能、达拉呼都格、德日素 5 个集管理和服务为一体的爱民固边警务工作站。

八、拥政爱民

1988 年,旗边防大队按照巴彦淖尔盟边防支队和旗人民政府统一部署,组织安排第一个“双拥”(拥军优属、拥政爱民)共建工作“三年规划”,要求所属单位建立起共建机制,开始以“学科学、学法律、学雷锋、爱岗奉献”为内容的“双拥”共建活动,密切了警民关系。

20 世纪 90 年代,旗边防大队按照“同呼吸、共命运,心连心”的要求,积极参加地方“两个文明”(精神文明、物质文明)建设和拥政爱民工作,立足实际扎实开展学雷锋、树新风和警民共建活动,有条件的所、站建立“益民候车室”和“便民服务室”,先后被巴彦淖尔盟行政公署、旗人民政府评为拥政爱民先进单位。同年，全旗建立警民共建点 9 处。

2001—2012 年，旗边防大队在每年总结工作经验的基础上，实行“兴边富民”、“爱民固边”等战略工程，在义务劳动，救助危难、关爱困难群众、抢险救灾、捐资助学等方面做工作，充分密切警政警民关系，推动部队精神文明建设。

第二节　武警乌拉特中旗消防大队

一、建制

1990 年，乌拉特中旗公安消防大队成立，受巴彦淖尔市消防支队直接领导，正营级建制，担负着全旗防火灭火、抢险救灾等任务。大队初始阶段，编制人数 6 名，其中干部 3 人、战士 3 人。

2012 年，旗公安消防大队设抢险救援班 1 个、战斗班 1 个、通讯班 1 个，编制人数 21 名，其中干部 7 人、战士 14 人。

二、政治工作

1990—2011 年，旗公安消防大队共开展政治教育学习 2600 余次，官兵撰写决心书和心得体会 350 余份，谈心谈话 2500 余人次，观看教育宣传片 180 余次。

2012 年，旗公安消防大队党委始终突出政治工作生命线地位，增强官兵大局意识、服从意识，认真落实党的 7 项组织生活制度，依靠制度来管组织、管党员，努力造成每个党员都要自觉地接受党组织管理和监督的环境，从而增强党支部的凝聚力和战斗力。大队主官亲自授课 15 次，带头撰写决心书和心得体会，组织开展大讨论 7 次，谈心谈话 160 余人次，观看教育宣传片 8 次。开展经常性思想政治教育，坚持每周不少于 2 课时的政治教育。发挥部队、家庭教育优势，认真开展官兵谈心谈话活动，并建立健全战士思想档案，随时向战士家长通报战士思想和成长情况。开展争先创优、立功创模活动，坚持每月评选优秀士官、优秀士兵和年终评功授奖制度。

2003 年，旗公安消防大队获旗委、旗人民政府、旗人民武装部授予的“拥政爱民先进集体”称号；2004 年，被旗政府评为 2003 年度消防工作先进单位；2007 年，获内蒙古自治区公安消防总队全区公安消防部队基层建设“先进单位”称号；2008 年，获旗委、旗人民政府“全旗民族团结进步先进集体”称号；2008 年，获评巴彦淖尔市人民政府 2007 年落实全市消防工作责任状达标单位；2009 年，获评巴彦淖尔市人民政府 2008 年度落实全市消防工作责任状先进单位；2009 年，获评巴彦淖尔市消防支队先进党委；2010 年，获评巴彦淖尔市人民政府落实 2009 年公安消防工作责任状合格单位；2010 年，被中共巴彦淖尔市公安消防支队委员会评为先进党委；2011 年，被巴彦淖尔市公安消防支队评为安全工作先进集体称号；2011 年，被中共巴彦淖尔市公安消防支队委员会评为先进中队党支部；2012 年，获评内蒙古自治区公安消防总队 2011 年度全区公安消防部队基层基础建设先进中队。

三、军事训练

1990—2011 年，旗公安消防大队共参与组织实战演练 2031 次、紧急集结拉动演练 263 次、战例研讨 236 次、参加各类考核、比武、竞赛活动 75 次，组织检查装备器材、水源等 54 次。2010 年，获巴彦淖尔市消防业务技能比武竞赛第一名。

2012 年，旗公安消防大队共参与组织实战演练 220 次、紧急集结拉动演练 20 次、战例研讨 8 次、参加各类考核、比武、竞赛活动 5 次，组织检查装备器材、水源等 5 次。每周组织一次体能测试，月开展一次体能、技能考核，建立官兵训练档案。

四、后勤保障

1990 年,旗公安消防大队初建阶段,拥有消防车 2 辆、消防行政车 1 辆。担负着全旗 8 个苏木、镇,83 个重点单位,23906 平方千米辖区面积的急、难、险、重抢险救援工作和灭火战斗任务。

1990—2011 年,建队初期,因为当地政府财政有限,全年业务经费不足 10 万元。

2011 年,消防业务经费 100 余万元,保障了全旗消防工作稳步前进。

2012 年,大队积极争取消防业务经费和专项经费,当地政府批复消防业务经费 110 万元、消防专项经费 50 万元、财政支出 101 万元,新购登高消防车 1 辆。伙食管理上,按时足额拨付中队伙食费和地方伙食补贴,严格落实食堂消毒、伙食登记等制度。大队投入专项资金不断完善警营文化建设,打造廉政文化走廊,改造荣誉室,从注重官兵们的日常生活,训练、执勤备战出发,建设文化长廊、幸福墙。至年底,旗公安消防大队下拥有消防车 4 辆、消防行政车 2 辆。

五、消防宣传

1990—2011 年,旗公安消防大队共签订消防工作责任状 2300 余份;共确定 18 名社区消防宣传大使;推广配发消防宣传教育资料 5 万余套,出动消防宣传车 480 余台(次),出动消防队员 1 万余人次,在主要街道路口悬挂过街横幅 1100 余条,张贴宣传海报 800 余份,发放宣传资料 26 万余份;在重点单位工作微信群累计发布消防知识、安全提示 5.8 万余条。2006 年,被评为巴彦淖尔市消防支队 2005 年度消防宣传工作先进集体。

2012 年初,旗人民政府组织召开全旗消防工作会议,与各苏木镇、各部门、各重点防火单位等签订消防工作责任状 110 余份。同时,加强消防安全知识宣传力度,多次举办党政机关、行业部门、消防安全重点单位及社区负责人培训会,确定 3 名社区消防宣传大使;落实 5 家中小学校消防安全教学“有教材、有课时、有师资”,推广配发系列消防宣传教育资料 2800 余套,并以“3·15”和“11·9”消防宣传日等大型宣传活动为契机,通过散发宣传资料、悬挂宣传条幅、播放宣传视频、发布消防知识、安全提示等多种形式,宣传消防法律、法规及各类消防基本知识。2012 年,先后出动消防宣传车 26 台(次)、消防队员 156 人次,在主要街道路口悬挂过街横幅 60 余条,在城镇主要街道 LED 显示屏滚动播放消防警示语共 220 余条次,发放宣传资料 1.7 万余份;在重点单位工作微信群累计发布消防知识、安全提示 3150 余条。

六、扑救火灾

1990—2011 年,全旗共发生火灾 1700 余起,直接经济损失 3500 余万元,抢险救援 300 余起,共出动消防车 3800 余辆次、消防人员 2.2 万余人次,抢救被困人员 700 余人,抢救财产价值 1.8 亿元。

2012 年,全旗共发生火灾 108 起,直接经济损失 56.4 万元,抢险救援 24 起,共出动消防车 167 辆次,出动消防人员 748 人次,抢救被困人员 19 人,抢救财产价值 958.5 万元。

七、拥政爱民

1990—2011 年,大队按照“学习、团结、廉洁、求实”的要求,统一思想,提高认识,充分发挥集体领导作用,领导班子的凝聚力、战斗力明显提高。大队党委紧紧围绕改革发展稳定的大局,开展了多层次、多形式的教育。一是抓经常性的教育。根据形势的发展,有计划、有组织坚持不懈地在广大官兵中开展思想政治教育,把培养官兵树立正确的世界观、人生观、价值观作为政治工作的基础来落实,在部队中开展了以爱国奉献、革命人生观、尊干爱兵、艰苦奋斗为主要内容的“四个教育”,开展了作风教育和消防职业道德教育、“三讲”教育、“三项教育”等,采取办读书班、学习班等集中培训和分散学习等方式,组织广大官兵进行比较系统的学习。二是抓活动。以“爱民月”、消防宣传日、“八一”“十一”等传统节日为载体,每年慰问贫困户、孤寡老人、退伍老兵,夏季与社区联合清理街道垃圾,参加植树绿化活动,冬季清理街道冰雪。每年对贫困大学生进行捐款。开展警民联欢会、知识竞赛、电视专题片展播,组织广大官兵组成服务队到地方乡、村、队为群众服务。2012 年,大队提出“内强素质,外塑形象”口号,始终抓住灭火这个中心任务大力开展工作,积极支援地方经济建设,为三个文明建设服务。大队投入警力和车辆支援地方经济建设,积极参加城市重点工程建设和镇区美化建设等。开展警民共建活动,树立部队良好形象。三是积极开展走访慰问活动。大队支助贫困大学生 2 名。同年,官兵为抗洪捐款 3500 余元、帮扶呼勒斯太苏木贫困家庭 7 户。

第四章　人民防空

第一节　机　构

2005年5月,乌拉特中旗人民政府人民防空办公室(以下简称人防办)成立,正科建制,全额拨款单位,挂靠旗人民政府办公室,是旗人民政府管理人防工作的职能部门和全旗国防动员委员会、城乡规划建设管理委员会成员单位。2006年1月,旗人防办内设科室2个:办公室、财务室。核定行政编制人数5名,其中科级领导职数3名。2007年,旗人防办内设科室3个:办公室、财务室、工程股。核定行政编制人数5名,其中科级领导职数3名。2012年,旗人防办内设科室4个:办公室、财务室、工程股、指挥中心。核定行政编制人数5名,其中科级领导职数5名。

第二节　指挥通信

2005年,旗委、旗人民政府、旗人武部领导及有关部门负责人组成的旗人民防空防灾指挥部成立,明确工作职责和指挥程序。积极推进人防指挥设施和信息化建设。2010年,旗人民防空防灾指挥部制定《关于加强全旗应急队伍建设的实施方案》,组建乌拉特中旗人防应急队。2012年,按照"战时防空、平时服务、应急支援"三大任务要求,积极作为,大力发展人民防空信息化建设,投资30万余元建立指挥中心。

第三节　人防工程建设

2005—2011年,全旗人防工作坚持"长期准备、重点建设、平战结合"和"以建为主、以收促建"的原则,确保人防工程总量逐年增加,人防工程建设管理取得了新的突破。人防工程从无到有,从少到多,从无序到规范,逐步走上了法治化轨道。2009年,全旗建成人防工程1处。2012年,全旗建成人防工程2处。

第四节　通信警报

2005—2012年,旗人防办加强警报建设,做好警报设施的维护管理。

2005年,海流图镇城区内设警报器2台。按照上级要求,警报器逐年增加。至2011年,全旗共有警报器6台,覆盖率90%,每年9月18日进行防空防灾警报试鸣,鸣响率100%。

2012年,新增警报器1台,全旗警报覆盖率92%,鸣响率100%。

第五节　其他工作

2005—2011年,旗人防办合理利用海流图生态园、海流图广场、全旗中小学操场等,开辟应急避难场所8处,面积1万亩。

2012年,旗人防办制定《人口疏散方案》,合作建设远距离人防疏散基地1处。

2006—2011年,旗人防办连续六年获全市旗县人防目标责任考核一等奖。2009年,被内蒙古自治区人防办评为全区旗县人民防空十佳旗县。2012年,被内蒙古自治区人防办评为全区人防工作先进旗县。

第五章　国防教育与国防动员

第一节　国防教育

一、组织机构

1990年，乌拉特中旗国防教育委员会成立，主任由旗委副书记担任，副主任由乌拉特中旗常务副旗长、旗委组织部部长、旗委宣传部部长、旗人武部政治委员担任。至2012年底，成员单位有：旗人武部、党校、团委、总工会、妇联、财政局、教育局、民政局、文体广电局，旗国防教育委员会下设办公室，办公室设在旗人武部政工科。

二、国防教育设施建设

20世纪90年代初期，乌拉特中旗人武部先后利用大型会议室和空闲房屋，举办国防教育图片、实物展，作为国防教育重要阵地向公众开放。2012年，全旗先后建成乌不浪口烈士陵园、川井教育基地、市民中心国防教育展厅等爱国主义教育基地3处，每年有组织前往瞻仰、参观。

三、主要活动

1990—2011年，旗人武部把国防教育纳入民兵预备役教育训练计划，利用民兵组织教育“四课”、整组、军训、拉动演练、比武竞赛等时机进行集中教育。至2012年底，全旗有各级各类干部职工3万余人次在各级培训机构集中接受过国防教育。

1991年6月19—21日，旗人武部和国防教育委员会在海流图镇举办全旗国防教育知识竞赛活动，35支代表队共选拔参赛队员105人，现场观看干部群众16000余人次。

2011年9月17日，由旗人武部牵头，联合旗人防办、边防武警大队等有关部门和单位在海流图广场举办宣传活动。至2012年，旗人武部每年抽调20名军训教官，对旗一中、二中和蒙古族学校1000余名新生进行为期10天的军事训练。

2012年9月15日，是全国第十二个全民国防教育日，旗人武部政治委员闻夕刚通过旗电视台发表“热爱人民军队，共筑钢铁长城”的电视讲话，旨在向广大干部群众进行国防教育，引导干部群众充分认清当前国际、国内安全形势的严峻性和复杂性，认清加强全民国防教育在增强民族凝聚力、提高全民素质、实现富国强军战略中的重要作用，增强广大干部群众的民族自豪感和历史责任感，增强广大青年依法履行国防义务的主动性自觉性，激励全民的爱国之心、报国之心。同年，全旗受国防教育的青年、学生、党政干部、民兵预备役人员和企事业单位、社会组织人员5000余人次。

第二节　国防动员

一、组织机构

1996年8月，根据国务院、中央军委《关于成立国家国防动员委员会的通知》精神和中共巴彦淖尔盟委员会要求，乌拉特中旗国防动员委员会成立，与旗委人民武装委员会合署办公，一个机构，两块牌子。至2012年底，旗国防动员委员会机构与隶属关系未发生变化。

二、主要工作

1996年后，兵员动员工作纳入全民国防动员体系，旗国防动员委员会在旗人武部设人民武装动员办公室，具体负责全旗兵员动员工作，并建立兵员动员数据库。2012年，乌拉特中旗储备动员潜力人员，确保战时能迅速集结补入部队。

第九篇　群众团体

◎ 人民团体

◎ 社会团体

第一章　人民团体

第一节　工　会

一、代表大会

1988—2003 年,乌拉特中旗共召开 3 次工会代表大会(第五次、第六次、第七次工会代表大会);2004—2012 年,未召开工会代表大会。

(一)工会第五次代表大会

1991 年 4 月 28—30 日,乌拉特中旗第五次工会代表大会召开,出席大会代表 196 人。大会听取和审议批准《乌拉特中旗第四届总工会工作报告》《乌拉特中旗第四届总工会财务工作报告》《乌拉特中旗第四届总工会经费审查委员会工作报告》;会议全面回顾总结乌拉特中旗第四届总工会 5 年的工作,确定今后工作指导思想和主要任务;会议选举产生乌拉特中旗总工会第五届委员会委员 15 人、常委 8 人,选举产生总工会主席 1 人、副主席 2 人。1991 年 9 月、1993 年 3 月、1995 年 10 月,中共乌拉特中旗委员会(以下简称“旗委”)先后对乌拉特中旗总工会主席、副主席进行调整和任命。

(二)工会第六次代表大会

1997 年 11 月 18—19 日,乌拉特中旗第六次工会代表大会召开,出席大会代表 105 人。大会听取和审议批准《乌拉特中旗第五届总工会工作报告》《乌拉特中旗第五届总工会财务工作报告》《乌拉特中旗第五届总工会经费审查委员会工作报告》;会议全面回顾总结乌拉特中旗第五届总工会 6 年的工作,确定今后工作指导思想和主要任务;会议选举产生乌拉特中旗总工会第六届委员会委员 13 人、常委 7 人,选举产生总工会主席 1 人、副主席 1 人。2002 年 4 月,旗委对总工会主席、副主席进行调整和任命。

(三)工会第七次代表大会

2003 年 11 月 15—16 日,乌拉特中旗第六次工会代表大会召开。大会听取和审议批准《乌拉特中旗第六届总工会工作报告》《乌拉特中旗第六届总工会财务工作报告》《乌拉特中旗第六届总工会经费审查委员会工作报告》;会议全面回顾总结乌拉特中旗第六届总工会 6 年的工作,确定今后工作指导思想和主要任务;会议选举产生乌拉特中旗总工会第六届委员会,选举产生总工会主席 1 人、副主席 1 人。

二、组织机构

1988 年,乌拉特中旗设有总工会,科级建制,内设机构为三部一室:组织部、财务部、职工俱乐部、办公室。

1997 年 11 月,总工会内设机构职工俱乐部升格为准科级建制。

1999 年,总工会内设机构由三部一室调整为二部一室:财务部、职工俱乐部、办公室;核定编制 13 名,其中行政编制 4 名、事业编制 8 名、机关工勤事业编制 1 名,机关实有工作人员 13 人,其中领导职数2人(主席1人、副主席1人)。

2003年11月,乌拉特中旗第七次工会代表大会召开,选举产生乌拉特中旗第七届总工会,选举产生总工会主席1人、副主席1人。旗总工会内设机构由二部一室调整为三部一室:职工俱乐部、财务部、保障部(困难职工帮扶中心)、综合办公室,核定编制21名,其中行政编制1名、群团事业编制4名、机关工勤事业编制1名,机关实有工作人员16人,其中领导职数2人(主席1人、副主席1人)。

2012年底,旗总工会内设机构为三部一室:职工俱乐部、财务部、保障部(困难职工帮扶中心)、综合办公室,核定编制13名,其中行政编制4名、事业编制8名、机关工勤事业编制1名,机关实有工作人员15人,其中领导职数2人(主席1人、副主席1人)。

三、主要工作与活动

(一)机关自身建设

1988年,乌拉特中旗总工会全体干部学习全国总工会十一大精神和中共十三届三中全会精神。

1991年,举办以马列主义和社会主义思想为主要内容的政治理论教育培训班,使机关干部和广大职工的思想和政治觉悟得到提高。各基层工会组织学习中共中央总书记江泽民"七一"精神。

1996年,举办基层工会干部培训班和企业厂长、经理培训班。

1999年,健全和完善每周二上午集体学习制度,有步骤地学习邓小平理论及工会工作理论。

2005年,旗总工会对20名工会兼职干部,对20名新建企业工会干部和27名工作人员进行业务培训和适应性岗位培训。举办"坚定不移地走中国特色社会主义工会发展道路"培训班3期。组织旗乌兰牧骑到厂矿企业进行慰问演出,扩大工会组织影响力。同年,完成巴彦淖尔市、内蒙古自治区两级劳模评选工作。与旗人事劳动局、安全生产监督局联合举办全旗职工法律知识竞赛活动,20余家企业单位派代表参加竞赛。

2010年,开展创先争优活动,加强党员干部的思想作风建设和机关作风建设。

2012年,把创建学习型、服务型、文明型机关作为加强支部作风建设的重要内容来抓。

(二)基层组织建设

1988年,乌拉特中旗基层工会组织为180个(其中包括单独的基层工会小组),配备一批专职工会主席,其中专职系统工会主席11人、专职基层工会主席11人。

1991年底,全旗建立系统工会组织15个、基层工会组织180个,建会率90%,工会会员7702人,会员人数与1990年的7370人相比增加332人,按职工总数计算,入会率68.7%。同年,旗总工会组织专人对部分职工之家进行考核评选,产生旗级"先进职工之家"15个。

1993年,全旗进行机构改革,因受到人员精简、压缩、分流的直接影响,全旗基层工会组织由1992年的171个减少到161个,工会会员数为7234人。

1995年,全旗机构改革后,少数企业新建工会组织。至年底,全旗共有系统工会13个、基层工会组织135个,有会员7170个、专职工会干部39人。

1999年,旗总工会加大对转制后新建企业建会工作力度。新建私营企业工会4个,使转制后的企业建会率91%。同时,调整创建"职工之家"验收标准,实行"三个否决"(职代会制度未建立的基层工会不予验收,应签而未签集体合同的基层工会不予验收,严重拖欠工会经费的基层工会不予验收)制度。年内,全旗新建合格"职工之家"8个。

2002年,确立“哪里有职工,哪里就要建工会”和“最大限度地把职工群众组织到工会中来”的建会指导思想。在建会方法上,由原来“自上而下”组建工会转变为“自上而下”与“自下而上”相结合组建工会,由原来单一组建工会委员会扩展到按区域、行业组建联合基层工会。在建会范围上,把商贸市场中的个体户、城镇居民也纳入建会范围。截至年底,全旗新建私营企业工会52个,发展会员1934人,入会率90%。

2005年,旗总工会按照依法、科学、规范的建会思路,推进非公有制企业和行业协会工会组建工作,共新建基层工会委员会15个,吸收进城务工人员920人。同年,达到规范化、制度化的新增基层工会组织11个,有2个实行工会组织法人资格认证,基层工会达标率30%。

2007年,新增企业工会组织31个,其中私营企业工会组织27人;发展工会会员6927人,其中农民工会员6866人。投产一年内25人以上企业工会组建率100%,职工入会率90%。

2010年,组建工会净增20个,建立的工会组织129人(不包涵盖法人资格单位),按要求完成2010年建会任务。

2012年,旗总工会从工商、地税、国税了解企业注册登记情况和纳税状况,对注册登记又能基本正常生产而未建会企业,要求所辖镇、苏木负责这些企业的建会,全年新建会企业6家。

(三)民主管理

1988年,旗供销等系统实行以职工为主的民主选举办法,通过职工投票选举产生工会委员会,为系统工会提供重要的组织保证,充分体现职工群众主人翁地位和参政议政的重要性。

1991年,全旗范围内召开职工代表大会36次,提出审议方案有176件,经审议同意通过的方案有139件。

1993年,全旗应建立职代会制度的单位有63个,实际建立职代会制度的单位占总单位数的80%以上。建会单位如期召开职代会的单位有28个,全年中只召开过一次职代会的单位占大多数。

1996年,全旗企业建立职代会制度的单位有49人,占应建职代会总数的83%,大多数企业都能够按照职代会条例开展工作,企业职工提出许多合理化建议,为企业节约和创造价值100余万元。

1999年,旗总工会全体工作人员分组到各基层工会,对民主评议工作进行指导,指导5家企业召开职代会,并对企业领导干部进行民主评议。

2002年,全旗有25家企业签订集体合同,占应签企业的40%。26个文教卫生等事业单位推行校务(院务)公开制度,建制率80%。22家企业建立民主评议领导干部制度。29家企业实行职代会制度,建制率90%;其中15家企业职代会达标,达标率50%。

2004年底,全旗实行民主评议领导干部的企事业单位33家,占企事业单位总数的77%,其中非公有制企业单位21家,占非公有制企业单位的68%。实行厂(校、院)务公开的企事业单位43家,占企事业单位总数的100%,其中非公有制企业31家,占非公有制企业的100%。

2010年,全旗非公有制企业建立职代会制度新增17家,建立厂务公开制度的企业新增11家。新增工资集体协议60份。

2012年,旗总工会把建立职工民主管理制度作为一项推动工作的主线来抓,全年建立职工代表大会(厂务公开)制度的企业158家,完成全年建会任务的100%。

（四）劳动竞赛

1991 年，旗内部分工会组织有计划、有组织地开展 25 个工种类别的技术技能比赛活动，参加比赛活动的职工有 301 人，通过开展比赛，有力地促进广大职工学业务、钻技术的积极性。

1999 年，旗总工会以“迎大庆、迎澳门回归”为主题，积极组织全旗广大职工开展劳动竞赛、双增双节、合理化建议等群众性活动，大力倡导爱岗敬业，自学成才。

2005 年，旗总工会组织全旗各级基层组织开展技术创新活动，至年底，职工技术培训 7600 人次，各企事业单位劳动竞赛创造效益 329.2 万元，合理化建议创效益 452.4 万元，企业累计节约 100 万元。组织 19900 名职工参加读书自学活动，提高职工综合素质，促进企业健康发展。

2007 年，全旗各基层工会通过举办“立足岗位做贡献”演讲比赛、职业道德“双十佳”评选等活动，激发广大职工做学习型、创新型、实干型、奉献型的新时代产业工人。开展“安康杯”安全生产竞赛活动。

2012 年，旗总工会组织职工开展职业技能比赛、技术比武、练兵培训任务数为 0.45 万人次，0.814 万人次参与了各种比赛、比武、练兵活动，评选出全旗 20 名金牌工人和 10 个工人先锋号班组并进行了表彰奖励。

（五）劳动模范工作

1989—1995 年，通过旗总工会评选推荐，全旗共有 3 人获“内蒙古自治区劳动模范”称号。

1996 年，旗总工会摄制一部反映乌拉特中旗历届各条战线劳模的先进事迹专题片《“五一”话精英》，在“五一”期间在全旗范围内播放。

2002 年，旗总工会对中华人民共和国成立后的省级以上劳动模范进行全面核查，并对 17 名在旗内居住的劳动模范进行走访慰问；完成 12 名巴彦淖尔盟劳动模范的选拔推荐工作，并及时对劳动模范事迹进行广泛宣传，在全旗掀起向劳动模范学习热潮。

2005 年，旗总工会完成巴彦淖尔市、内蒙古自治区两级劳动模范的评选工作。

2007 年，全旗各级工会组织注重宣传劳动模范先进事迹，落实劳动模范政策，关心劳动模范生活，使劳动模范品牌逐渐深入人心。旗总工会邀请全国劳动模范在海流图镇作报告，并组织全国劳动模范先进事迹报告团到各镇、苏木巡回报告，听众 1200 余人。《乌拉特中旗周刊》、电视台等新闻媒体开设专栏，宣传劳动模范先进事迹，形成弘扬劳动模范精神的浓厚氛围。旗总工会及时做好劳动模范“三金”（生活补助金、困难补助金、特殊补助金）发放工作。年末，全旗有劳动模范 157 人，其中内蒙古自治区级劳动模范 13 人，巴彦淖尔盟（市）级劳动模范 47 人，乌拉特中旗级劳动模范 97 人。

2012 年，旗总工会对旗内 14 名巴彦淖尔市、内蒙古自治区两级劳动模范进行走访慰问。

（六）劳动安全保护

1988 年，旗总工会指导 15 家工矿企业单位新建立劳动保护督查委员会，全旗安全检查员 104 人。

1993 年，全旗建立基层劳动保护监督检查委员会 10 个，配有专兼职安全监督员 114 人，旗总工会、劳人局、经贸委、保险公司等部门联合对 8 家重点矿山企业进行有关《中华人民共和国矿山安全法》《中华人民共和国工会法》等贯彻落实情况进行大检查。

1995 年，旗总工会同旗劳人局、计经局等部门对全旗重点企业进行一次安全生产大检查，通过检查促进企业在安全工作上管理和有关制度的建立健全，提高一线工人和安全管理人员的安全意识。

1997年，旗总工会先后4次配合旗安全生产委会成员单位对全旗工矿企业生产进行大检查，对存在问题的企业当场下发整改意见书，要求限期整改。

2002年，全旗各企事业单位工会组织开展“产品创名牌、服务创一流、岗位创能手、企业创效益”的技术创新活动。

2007年，全旗参加技术培训和岗位练兵职工1.6万人次，建成学习型单位（班组）219个。坚持“安全第一，预防为主，综合治理”的方针，层层落实安全生产责任制，完善各项规章制度，加大安全生产投入，控制和减少各项安全事故。加大安全生产和劳动保护宣传力度，不断提高员工的安全防范意识，促进“人人讲安全，事事讲安全”氛围的形成。

2010年，旗总工会全年培训职工192人，其中在岗职工培训81人、再就业培训40人、创业培训10人、农民工培训61人。

2012年，先后2次配合旗安全生产委员会成员单位对全旗矿山企业生产进行大检查。并到乌拉特中旗百人以上企业就贯彻国家有关劳动安全卫生的法律法规进行督查。

（七）送温暖工程

1988—1994年，因工会经费有限，旗总工会只对本单位退休职工进行帮扶慰问，全旗职工“送温暖”工作一直未能开展。

1995年，旗总工会协调配合旗计经局、供销社和粮食部门，集资1万余元，慰问困难职工170户。

1996年，由旗总工会、民政等有关单位组成的旗“送温暖工程”领导小组成立。同年，98户困难家庭享受粮食补贴等有利于生活和生产的优惠政策。

1999年，旗总工会为33家企业困难职工发放慰问金2万元。

2004年，旗总工会协调旗委、旗人民政府所属有关部门走访慰问困难职工31人，捐款捐物1.3万元。

2007年，旗总工会通过技能培训、创业培训和旗领导、工会干部与下岗失业人员结对等方法，扶持创业带头人，带动实现就业、再就业69人。通过建立“爱心超市”“爱心药店”等帮扶窗口，推行困难职工生活、医疗救助制度，为157户特困户提供购物差价补贴1.7万元，为39户特困户提供药物差价补贴1.64万元，在旗人民医院设置扶危济困门诊、病房，累计减免医疗费4万余元。广泛开展节日慰问、“金秋助学”等活动。春节期间，筹集资金3万元，走访慰问特困职工50户；8月，筹集助学资金3.6万元，资助困难职工子女考入大学20人。

2010年，旗总工会增加困难职工生活补贴和职工及家庭成员特大困难临时救助2个项目，补贴和救助困难职工40人，救助金额4万元。走访慰问困难职工40人，慰问金2.4万元。“金秋助学”活动中资助困难职工包括农牧民工子女上大学35人，资助资金6万元。全年资助和帮扶金额17.4万元。

2012年，旗总工会加大对困难职工帮扶力度，生活救助426人，医疗救助46人，“金秋助学”65人，发放资金63万元。在农村帮扶和社区文化共建上，经多次调查研究，为石哈河镇柏木井村提供价值1万余元的会议用桌椅，帮扶4名贫困农民每户3000元。

（八）维护职工合法权益

1988—1998 年，逐步建立和完善总工会主席、副主席接待制度。通过主席、副主席接待日制度，先后通过调解和协调相关部门解决处理维权案件 10 余起。

1999 年，旗总工会继续以贯彻实施《中华人民共和国劳动法》为契机和突破口，进一步突出维护职工合法权益职能，紧紧抓住建立平等协商和签订集体合同制度这一重点工作，在总结过去经验的基础上，加强调查研究抓好典型示范，坚持成熟一个签订一个的原则，并把集体合同的签订工作推向事业单位，使全旗全年平均协商签订集体合同的企事业单位 11 家（事业单位 9 家）。

2002 年，旗总工会加快推进企业平等协商、签订集体合同的步伐，全旗有 25 家企业签订集体合同，占应签数的 40%；改制企业的合同到期续签率 100%。同年，加大厂务公开制度，26 个文教卫生单位也推行校务（院务）公开力度，建制率 80%。

2005 年，在一些有一定规模、条件相对成熟的企业中建立健全以厂务公开为主要内容的平等协商签订集体合同制度，依法规范企业的用工行为，保护职工合法权益。同年，厂务公开达到规范化、制度化的企事业单位新增 11 家，签订集体合同的企事业单位新增 7 家。

2007 年，旗总工会不断完善工会组织领导下的维权机制，从源头维护、制度维护方面下功夫。建立劳动关系三方（劳动行政部门、工会、工商联）协商制度，定期对劳动关系的重大问题进行协商。以政府名义出台《关于加强维护职工合法权益实施意见》和《关于推进企业工资集体协商工作实施意见》，构建目标趋同、协调合作的职工维权格局。全年累计签订集体合同的企事业单位 80 家，签订工资专项集体合同企业 15 家。不断完善厂务公开制度，建有工会组织的公有制企业全部实行厂务公开制度。

2010 年，旗总工会大力开展推进工资集体协商行动，与劳动、税务部门合作参与劳动用工、税务检查，督促企业签订工资集体协议。全年累计签订集体合同 165 家（包括事业单位）、工资集体协议 60 家，签订女职工权益保护专项集体合同 69 份，劳动安全卫生专项集体合同 4 份。

2012 年，旗总工会将工资集体协商工作的重点放到效益较好的企业，通过下派工资指导小组帮助企业建立职工代表大会制度、集体合同制度，规范企业在用人、职工工资福利等方面的行为，从而带动周边企业和相关行业职工工资的提高。同年，全旗企业中签订集体合同、工资集体协议累计 122 家，完成任务的 100%。

第二节　共青团

一、代表大会

1988—2003 年，乌拉特中旗共召开 5 次共青团代表大会（第十二次、十三次、十四次、十五次、十六次共青团代表大会）；2004—2012 年，未召开共青团代表大会。

（一）共青团第十二次代表大会

1988 年 7 月 22—23 日，共青团乌拉特中旗第十二次代表大会在海流图镇召开，出席会议代表 113 人。大会听取和审议批准《共青团乌拉特中旗第十一届委员会工作报告》，确定今后共青团乌拉特中旗委员会工作指导思想和主要任务；会议选举产生共青团乌拉特中旗第十二届委员会委员 13 人，选举产生书记 1 人、副书记 2 人。

1991 年 9 月、1993 年 3 月，中共乌拉特中旗委员会（以下简称“旗委”）先后调整和任命共青团乌拉特中旗委员会书记1人、副书记1人。

（二）共青团第十三次代表大会

1991年3月20—21日，共青团乌拉特中旗第十三次代表大会在海流图镇召开，出席会议代表115人（其中正式代表105人，特邀代表10人）。大会听取和审议批准《共青团乌拉特中旗第十二届委员会工作报告》，确定今后共青团乌拉特中旗委员会工作指导思想和主要任务；会议选举产生共青团乌拉特中旗第十三届委员会委员15人、候补委员3人、常委6人，选举产生书记1人、副书记2人。

（三）共青团第十四次代表大会

1994年5月3—4日，共青团乌拉特中旗第十四次代表大会在海流图镇召开，出席会议代表101人。大会听取和审议批准《共青团乌拉特中旗第十三届委员会工作报告》，确定今后共青团乌拉特中旗委员会工作指导思想和主要任务；会议选举产生共青团乌拉特中旗第十四届委员会委员13人、候补委员3人、常委6人，选举产生书记1人、副书记1人。

1995年10月、1997年9月，旗委先后调整和任命共青团乌拉特中旗委员会书记1人、副书记1人。

（四）共青团第十五次代表大会

1997年12月1—2日，共青团乌拉特中旗第十五次代表大会在海流图镇召开，出席会议代表83人。大会听取和审议批准《共青团乌拉特中旗第十四届委员会工作报告》，确定今后共青团乌拉特中旗委员会工作指导思想和主要任务；会议选举产生共青团乌拉特中旗第十五届委员会委员17人、候补委员3人、常委7人，选举产生书记1人、副书记1人。

1999年1月，2002年4月、11月，旗委先后调整和任命共青团乌拉特中旗委员会书记1人、副书记2人。

（五）共青团第十六次代表大会

2003年10月13—14日，共青团乌拉特中旗第十六次代表大会在海流图镇召开，出席会议代表101人。大会听取和审议批准《共青团乌拉特中旗第十五届委员会工作报告》，确定今后共青团乌拉特中旗委员会工作指导思想和主要任务；会议选举产生共青团乌拉特中旗第十六届委员会委员17人、候补委员3人、常委7人，选举产生书记1人、副书记1人。

2005年4月、2006年4月、2007年6月、2008年10月、2011年3月，旗委先后调整和任命共青团乌拉特中旗委员会书记5人、副书记2人。

二、组织机构

1988年1月，乌拉特中旗设有共青团乌拉特中旗委员会（以下简称"团旗委"），机关实有工作人员11人，其中领导职数2人（书记1人、副书记1人）。

1997年，团旗委内部机构进行调整，调整后内设机构4个：团务部、事业部、机关团委、少先队工作办公室。

2002年，按照《共青团乌拉特中旗委员会职能配置、内设机构和人员编制方案》规定，团旗委不设内设机构，核定行政编制3名、工勤事业编制1名，其中领导职数2人（书记1人、副书记1人）。

2008年，根据内组函字〔2008〕153号《关于批准巴彦淖尔市五原县总工会等74个单位列入参照公务员管理范围的通知》规定中，乌拉特中旗团委列入参照公务员管理范围单位名单。

2012 年底，团旗委有内设机构 5 个：组宣部、青工农牧部、学少部、机关团委、办公室，核定群团事业编制 4 名，其中工勤编制 1 名，机关实有工作人员 8 人，社区民生志愿者 1 人，其中领导职数 2 人（书记 1 人、副书记 1 人）。

三、主要工作与活动

（一）基层团组织建设

1. 直属机关与事业单位团组织建设

1988 年，团旗委利用召开第十二次团代会对基层团组织进行整顿，经整顿后，一类支部 212 个，二类支部 136 个，三类支部 76 个，空白点 7 个。同年，全旗发展新团员 1127 人，团员总数 5911 人，团员与青年比例 24.03%。同年，团旗委组织开展“团支部活力赛”活动，全旗有 3 个活力赛先进集体和 1 个先进个人受到内蒙古自治区团委通报表彰。有 50 个火力赛先进团支部和 50 个先进个人受到团旗委表彰。同年，组织全旗 21 个基层团委的干部到通辽市团委学习。

1989 年，开展团员证颁证试点工作。在乌拉特中旗第一中学、第二中学、第三中学、第四中学、蒙古族中学、桑根达来苏木、团旗委机关 7 个基层团委进行团员证颁发试点工作。全年共面向 135 个团支部 2070 名团员颁发团员证，占全旗团员总数的 35%。

1989 年，团旗委开展组织整顿工作，经整顿后，一类支部 182 个，占支部总数 48%；二类支部 164 个，占支部总数 44%；三类支部控制在支部总数 9% 以下。同年，吸纳新团员 806 人，472 名大龄团员办理离团手续，全旗团员总数 5007 人，团员与青年比例 20%。

1990 年，全旗有青年 20653 人，其中少数民族青年 4630 人；全旗有团员 4991 人，其中少数民族团员 1158 人、女团员 2501 人；同年，新接纳团员 968 人，其中女团员 483 人，超龄离团 439 人，推优入党 18 人，受纪律处分 11 人。团员与青年比例 22%。同年，针对苏木、乡基层团委组织开展基层组织建设整顿工作。整顿后，一类团支部 163 个，占支部总数 47%；二类支部 95 个，占支部总数 27%；三类支部 89 个，占支部总数 25%。专兼职团干部配备率 100%。1990—1991 年，全旗团员发证总数 4991 人，占团员总数 98%。

1991 年，全旗 14 个团委达到合格基层团委标准，87% 的团支部达到或超过合格团支部标准，13% 团支部达到二类团支部标准。团旗委对 14 个基层团委、57 个基层团支部、48 名团干部予以表彰。全年共培训专兼职团干部 49 人，其中，对 20 名新任团干部集中培训 20 天。全旗有 1264 名青年加入共青团，60 名优秀团员加入共产党。同年，团旗委被评为内蒙古自治区“双合格建设”工作团委。

1994 年，团旗委开展对 28 周岁以下党员自行恢复团籍重新登记造册工作。制定下发《乌拉特中旗 1994—1996 年农村牧区基层团组织建设规划》，推行村（嘎查）团支部书记兼任村（嘎查）委员会科技副主任（嘎查达），全旗 118 个行政村基本完成该项工作。

1995 年，全旗配齐 26 个基层团委书记，92 个农牧区团支部书记兼任村（嘎查）委员会科技副主任（嘎查达），新建团委 1 个，推荐 91 名优秀团员及团干部加入中国共产党。全年发展新团员 1260 人，并全部发放团员证。

1997 年，全旗整建共青团基层组织，全部配备团干部，整建团组织 1 个。通过整建，全旗有一类团支部 117 个，达到支部总数 97.5%；二有类团支部 3 个，达到支部总数 2.5%；三类团支部 0。

1998 年，全旗接收新团员 250 人，团员与青年比例增加 0.54%；同年，推荐 24 名优秀团员加入中国共产党。

1999 年,团旗委对全旗基层组织进行新一轮摸底调查,继续做好村嘎查团支部书记、科技村长(嘎查达)、青年星火带头人“三位一体”工作。同年,举办团干培训班 2 期,14 名团干参加巴彦淖尔盟团干部培训班,1 人参加团中央第十六期培训班。全年新接收团员 130 人。

2000 年,团旗委联合旗委组织部共同下发《关于实施强乡带村及团支部书记兼任科技副嘎查(村)长的意见》。完成各级团组织换届选举工作。推荐 120 名优秀青年申请加入共产党。

2003 年,团旗委联合旗委组织部下发《关于以党建带团建进一步加强共青团组织建设的意见》。完成全旗基层组织换届选举工作,全旗 22 个基层团委书记平均年龄为 26 岁,大专以上文化程度的基层团委书记 67%。推荐 80 名优秀青年申请加入中国共产党,推荐 8 名优秀青年进入后备干部培训班。

2004 年,宏丰乡团委获全国“五四红旗团委”称号。推荐 65 名青年申请加入中国共产党,推荐 6 名优秀青年进入后备干部培训班学习。

2008 年,团旗委在全旗组织开展基层组织电子档案建设工作。对全旗各镇苏木团委、团员、团干部基本情况等 11 项内容进行全面录表归档。截至 10 月底,全旗 8 个镇苏木团委、83 个村嘎查团支部电子档案建设工作全部完成。

2009 年,完成全旗 8 个镇苏木的党团活动中心规范化建设工作,按照要求将“共青团组织规范化建设一览表”及相关学习、宣传材料上墙。团旗委以石哈河镇、乌加河镇、德岭山镇为试点,分类进行团建创新试点工作,完成石哈河镇格日楚鲁村和石哈河村的联合建团工作。制定下发《乌拉特中旗基层团支部直选试点工作方案》,借助当年基层“两委”(村委会、村支部委员会)换届和大学生村官大规模实施的有利契机,在全旗 8 个镇苏木分选 45 个村嘎查完成基层团支部书记直选试点工作。同年,团旗委召开全旗基层组织建设座谈会,明确基层团组织班子建设基本思路;先后举办全旗基层团干部培训班和全旗基层团支部书记劳动保障协理员培训班,落实农牧区基层团支部书记兼任劳动保障协理员工作。制定出台《乌拉特中旗共青团员规范管理办法》。

2010 年,团旗委组织开展全旗“机关团建月”活动,重点从扩大机关团组织覆盖面、推进团内民主建设、明确机关团组织层级管理三方面入手,指导 5 个机关团组织完成换届选举,新建团支部 2 个,完成 1 个团支部组建团总支工作。

2011 年 9 月,团旗委下发《关于进一步加强机关团建工作的通知》,加强软弱涣散团组织整顿重组工作,要求未成立团支部的旗直各单位需动员本单位团员及时召开团员大会,成立单位团支部,并选举产生团支部班子成员。全年新建团组织 13 个,团组织总数 45 个。同年,开展镇苏木团组织格局创新工作。所有镇苏木通过召开团员大会,选举产生新一届团组织领导班子,选定书记 8 人(均由镇苏木党委委员或政府副职兼任)、副书记 16 人、委员 55 人。

2012 年,团旗委组织开展镇苏木实体化“大团委”建设工作。建成直属团组织 171 个,新建团组织成员 10381 人,覆盖 35 周岁以下青年 31319 人,构成实体化“大团委”格局。

2. 非公有制企业团组织

1998 年,乌拉特中旗富太实业有限公司和维信羊绒集团公司新建团支部。

1999 年,新建乌拉特中旗聚星中学团委和旗宾馆团支部。

2007 年,团旗委与旗工会联合在部分苏木镇进行共青团、工会基层组织共建工作。以石哈河镇为重点，采取独立建团、联合建团、区域建团等方式，成立团支部 4 个。

2008 年，团旗委在非公有制经济领域，积极探索独立建团、区域建团和行业建团等团建新方式，依托城镇工商行政管理部门、行业管理部门加强青年工作；在新社会组织中，通过参与构建企业—政府—协会—农民的产业化链条，推进团组织建设。同年，团旗委指导建立乌加河镇联合公司团支部，实现全旗新社会组织团建突破。

2009 年，乌加河镇联合公司（新社会组织）和德岭山镇葵花协会、运水协会（产业协会）、养殖协会、石哈河蔬菜大棚和土豆协会团建工作，团旗委把德岭山镇葵花协会作为“两新”组织团建“十百千”工程联系示范点，按照内蒙古自治区团委要求，联合农牧业局培训会员 176 人次，组织党课团课 4 次，撰写调研文章 4 篇，通过制定团干部定点服务工作制，发放团干部服务联系卡，建立对示范点服务的长效机制。

2010 年，完成全旗农牧区新社会组织、规模以上非公企业等重点领域团建台账、基层团组织数字档案的建设工作和新大地公司海五线收费站、河套酒业集团乌拉特中旗有限责任公司等 7 家非公企业、农民专业合作社团、社会组织团建工作。

2011 年，团旗委协调旗委组织部、旗总工会、妇联、经济局、发改委、甘其毛都口岸加工园区管委会成立全旗群团组织建设联席会议；6 月初，启动针对甘其毛都口岸周边及口岸加工园区的集中性团组织建设工作，完成非公企业团建 31 个。同年，有 6 家专业合作社完成建团。

2012 年，全旗新建非公有制团组织 30 个、专业合作社团建 18 个，符合团建专业合作社团建率 80% 以上。

3. 社区团组织

1988 年，全旗新建“青年之家”5 个、“青年之家”总数 37 个。达到内蒙古自治区团委考核要求的有 17 个，受到自治区团委表彰奖励的 7 个；石哈河乡中心医院团支部、旗工商银行团支部、畜产公司团支部“青年之家”被内蒙古自治区团委评为全区优秀青年之家。

1989 年，团旗委整顿撤销“青年之家”9 个，新建“青年之家”6 个，全旗“青年之家”总数 34 个。

2012 年，完成哈萨尔社区、花园东路社区、巴音路社区、乌兰大街社区、教育路社区、西郊社区团建工作，社区实现团组织全覆盖。

（二）思想教育工作

1988 年，全旗学校有 90% 团员青年参加思想教育学习，机关厂矿有 90% 的团员青年参加思想教育学习，农牧区有 50% 团员青年参加思想教育学习。“五四”期间，78 个团支部（总支）的 880 余名团员青年参加学习中共十三大文件知识竞赛活动；“七一”期间，开展党的知识竞赛；建军节期间，组织小分队赴边境一线慰问驻军部队；国庆节期间，开展大型青年联谊舞会。1988 年底，举办首届青年艺术周活动，1 万余名团员青年参加活动。同年，75% 团委完成普法宣传工作，其中中学覆盖面 100% 。

1989 年，团旗委组织开展“五讲四美三热爱”（五讲：讲文明、讲礼貌、讲卫生、讲秩序、讲道德，四美：心灵美、语言美、行为美、环境美，三热爱：热爱祖国、热爱社会主义、热爱中国共产党）活动。70% 工矿企事业单位、80% 机关单位、90% 中学参加活动。国庆节期间，开展“橙红色的太阳——国庆抒怀”有奖征文活动，共征集稿件 200 余件，评选 30 篇优秀稿件编辑成册向全旗青年和中学生推荐。

1990 年，团旗委组织开展国情系列教育活动。全旗有 30 个团支部、400 名团员青年接受正规化宣传教育。

1991 年，团旗委积极落实团中央培养“有理想、有道德、有文化、有纪律”的社会主义事业接班人要求，进行坚持四项基本原则和反对资产阶级自由化教育、革命理想教育、爱国主义教育、中国近现代史教育、社会主义道德教育、民主法制教育。全旗 78% 农牧民团员青年、97% 城镇团员青年、99% 在校学生受到思想政治教育。

1994 年，团旗委组织学习中共十四届三中全会精神，重点学习《邓小平文选》第三卷和《什么是社会主义市场经济》，全年共有 150 余名团干部参加中国特色社会主义理论学习班。

1995 年，团旗委以纪念世界反法西斯战争及中国人民抗日战争胜利 50 周年为主线，开展“五四”爱国主义教育座谈会，开展“迎国庆”纪念世界反法西斯战争及中国人民抗日战争胜利 50 周年歌咏比赛。

1997 年，团旗委组织各基层团组织开展社会主义思想、社会主义市场经济大学习、大讨论主题教育 3 次，分别讨论中共十四届六中全会给共青团带来什么机遇和挑战，共青团如何抓住机遇、迎接挑战；共青团如何围绕“实行两个转变，实现两个提高”（两个转变是指努力实现由提高全民法律意识向提高全民法律素质的转变，由注重依靠行政手段管理向注重运用法律手段管理转变；两个提高是指全面提高全体公民特别是各级领导干部的法律素质，全面提高社会法制化管理水平），扎实行动，做好服务工作，发挥突击队作用。同年，旗财政投资 3 万元对乌不浪口烈士陵园进行一期工程建设，建成抗日民族英雄纪念碑 1 座，栽种松柏 200 株、垂榆 100 株。

1998 年，团旗委组织各基层团组织开展社会主义市场经济理论大学习、大讨论学习活动 27 次、讨论 8 次，举办培训班 2 期。同年，开展“我心目中的乌拉特中旗”国情、区情、盟情、旗情教育，举办“我心目中的乌拉特中旗”演讲比赛，评选 10 名“全旗青年心目中的优秀青年”。

1999 年，团旗委组织广大青年学习邓小平理论、中共十五大、中共十五届四中全会、共青团十四大精神等活动 280 余人次，开展讨论 60 次，集中培训 2 次。“五四”期间，举办“工行杯”共青团知识竞赛。

2000 年，团旗委组织开展爱国主义教育。6 月上旬，在德岭山镇举办首届乡村青年文化节。

2003 年，团旗委牵头启动对烈士陵园进行二期修缮工程。投入 30 万元，补种垂榆 200 余株，修缮公墓墙和抗日民族英雄纪念碑，重建墓群造型，新建浮雕简介碑、500 平方米纪念广场。非典期间，及时向全旗群众发出《致全旗广大团员青年的一封信》1000 份，发放《传染性非典型肺炎最新预防手册》2000 余册，筹集团员青年捐款 42000 余元。

2004 年 4 月，团旗委组织旗直小学生、石哈河中学 800 余名学生到北方少年报实践基地进行小记者培训夏令营活动。9 月，组织旗第三小学参加巴彦淖尔市“小甲 A 足球赛”活动。11 月，组织旗直 4 所小学学生参加中华青少年书写大赛。

2006 年，团旗委通过培训班、座谈会、知识竞赛等形式，开展学习“三个代表”（中国共产党要始终代表中国先进生产力的发展要求、代表中国先进文化的前进方向、代表中国最广大人民的根本利益）重要思想学习教育活动、中共十六届六中全会精神活动，引导和帮助广大青少年构筑强大的精神支柱，树立正确的世界观、人生观、价值观，坚定青少年的理想信念。抓好特色鲜明的主题教育活动。结合“五四”“六一”等重大纪念日和节日，通过组织党团知识竞赛、“科学发展观”理论答题、“十万个为什么”知识竞赛等活动，开展爱国主义、民族精神和科普知识主题教育活动。

2008 年，团旗委与旗国税局共同开展乌不浪口烈士陵园三期工程，对陵园原有建筑进行修缮维护和围封保护；开掘灌溉用水井 1 口，对陵园进行重新绿化和硬化；工程耗资 8 万余元，历时 3 个月于同年 6 月 24 日正式竣工。开展“缅怀革命先烈 · 弘扬民族精神”清明祭扫、“迈入青春门 · 走好成人路”十八岁成人仪式、“民族精神代代传”主题教育等系列活动。6 月中旬，启动以团干部和青年知识分子为主要对象的青年马克思主义者培养工程，采取培训班、座谈会等形式，帮助广大青年了解国家发展形势，增强贯彻党的路线、方针、政策的自觉性和坚定性。同年，“5 · 12”汶川大地震发生后，旗团委迅速行动，在全旗各苏木镇、各机关企事业单位和中小学校中组织开展“增强共青团意识，缴纳特殊团费”爱心捐赠活动，全旗青少年共向灾区捐款 157000 余元。

2009 年，团旗委组织开展志愿服务在牧区、“缅怀革命先烈、弘扬民族精神”清明祭扫、“情系中原油田”慰问演出、“热爱家乡、报效祖国、感恩社会、从我做起”系列主题教育等活动。开展“国税杯”现场书法比赛、“党建带团建”庆祝中国共产党建党 88 周年文艺会演文艺活动。

2010 年 5 月下旬，团旗委组织召开分类引导青年工作调度会并开展分类引导调研工作，累计发放调研问卷 2536 份，开展“一对一访谈”51 人次，组织专项座谈会 3 次，走访调研各领域青年 3000 余人，撰写调研报告 6 篇。确定试点单位 5 个，指导各试点完成本地区本单位《青年思想引导大纲》。举办首届乌拉特中旗“十大优秀青年”评选表彰活动。

2011 年，团旗委组织开展庆祝中国共产党建党 90 周年征文演讲比赛、“学党史、知党情、跟党走”主题教育活动、“唱支歌谣给党听”主题教育、“在光荣的旗帜下——党团队员话成长”主题活动、征集中国共产党建党 90 周年红色短信活动、烈士陵园祭扫活动等。按照内蒙古自治区团委《关于做好〈青年思想引导工作手册〉编制工作的通知》的统一部署，团旗委确定毅腾矿业有限责任公司为首批推进单位，开展《青年思想引导工作手册》编制工作。

2012 年，团旗委召开庆祝中国共产主义青年团建团 90 周年表彰大会暨文艺会演。编撰第二批共 16 部《青年思想引导手册》。团旗委将乌拉特中旗第一小学开展的学生义工一日体验活动推广到全旗各中小学校。开展评选第二届乌拉特中旗“十大杰出青年”活动。

（三）“青年文明号”活动

1990 年，团旗委对青年文明岗、青年文明商店进行检查验收，对 4 个合格的文明岗、5 个文明柜台授予文明牌匾。

1995 年，团旗委在城镇服务行业创建“青年文明号”，对金融、邮电系统 11 个工作比较突出、社会反映较好的服务点进行颁匾仪式。

1997 年，团旗委实行跨世纪青年文明工程，树立 8 个旗级“青年文明号”、2 个盟级“青年文明号”，在“青年文明号”集体中开展岗位练兵、技术比武活动。

1998 年，团旗委实施跨世纪青年文明工程，开展“青年文明号服务卡助万家”活动，“一号助一户”活动新增文明户 10 户。

1999 年，全旗继续实施跨世纪青年文明工程。新命名“青年文明号”5 个，旗地税局、运管所、消防大队、富太饭店、信用联社获评盟级“青年文明号”。深化“青年文明号服务卡助万家”活动，“一号助一户”活动新增文明户 5 户，发挥监委会监督管理作用，不定期检查各单位活动。

2000 年，新创建内蒙古自治区级“青年文明号”1 个，盟级“青年文明号”2 个，旗级“青年文明号”10 个；全旗共有“青年文明号”36 个。

2003 年,全旗在已创建 45 个“青年文明号”前提下,创建国家级“青年文明号”1 个(旗交警队)、自治区级“青年文明号”1 个(地税局)、盟级“青年文明号”2 个、旗级“青年文明号”2 个。

2004 年,新创建“青年文明号”3 个(移动公司、林业公安分局山前支局、乌加河派出所),同年,全旗有国家级“青年文明号”1 个、自治区级“青年文明号”2 个、市级“青年文明号”5 个、旗级“青年文明号”40 个。

2006 年,团旗委在加强规范已创建的 48 家“青年文明号”前提下,继续深化“青年文明号”的创建工作,又新创建“青年文明号”5 个(旗移动公司、旗法院、旗地税局、旗交警支队、石哈河收费站)。同年,全旗有国家级“青年文明号”1 个(旗交警队),自治区级“青年文明号”2 家(旗地税局、旗国税局),市级“青年文明号”6 家,旗级“青年文明号”53 家。

2008 年,全旗新增旗级“青年文明号”2 个。共有 48 个优秀青年集体获得内蒙古自治区、巴彦淖尔市、乌拉特中旗“青年文明号”称号。同年,团旗委组织深入学习实践《公民道德建设实施纲要》,积极开展“青年文明号”信用建设示范行动和青年文明进社区、“青年文明”一号助一户等活动。

2009 年,全旗报批旗级“青年文明号”集体 3 家,申报市级“青年文明号”集体 2 家,组织开展“青年文明号”集体负责人培训班,对全旗各级“青年文明号”集体负责人进行统一培训。

2010 年,团旗委审核、批复旗级“青年文明号”集体 5 个。对全旗已有的市级以上“青年文明号”集体进行统一复查,共计重新登统市级以上“青年文明号”集体 21 家(其中自治区级 4 家、市级 17 家),撤销市级以上“青年文明号”集体 3 家。

2011 年,团旗委内蒙古自治区级“青年文明号”集体 3 个。创建巴彦淖尔市级“青年文明号”3 家、旗级“青年文明号”5 家,在此基础上创建青年示范岗 50 个。

2012 年,全旗共有内蒙古自治区、巴彦淖尔市、乌拉特中旗三级“青年文明号”集体 29 个。

(四)青年志愿者活动

1990 年 3 月,团旗委举行“学雷锋 · 我为人民奉献爱”活动周。旗直属机关团委、二轻局团委等 15 个团组织的团员青年开展益民服务活动。旗第一中学、蒙古族中学团委动员 280 名同学参加“学雷锋做好事竞赛”活动。开展向赖宁学习系列活动,旗直属 3 所小学在大队部组织下开展赖宁事迹巡回演讲。

1991 年 3 月 5 日,团旗委在海流图镇开展千人学雷锋志愿服务活动,近千名团员青年及 30 余个团支部参与活动,开设服务项目 20 余个。

1997 年,团旗委组织的青年志愿者行动进一步扎实推进。同年,开展以职工、乌拉特中旗第一中学团委扶困活动、农林局团支部义务植树活动;旗直机关团委组建新的服务队。

1998 年 3 月,团旗委组织 17 支志愿服务队、150 名青年志愿者开展青年志愿益民便民服务活动,共服务过往群众 200 余人。开展青年志愿者“三下乡”(科技、文化、医疗卫生)活动,组织 47 名青年志愿者赴边防一线,为当地驻军和牧民送去科技、文化和医疗卫生等方面的服务。建成敬老院、老干局 2 处志愿服务基地,全年新增志愿服务队 38 支、志愿者 220 人,一助一服务对象 35 户。

1999 年,团旗委进一步规范青年志愿者队伍建设,全旗新增服务队 12 支、志愿者 15 人;开展星级奖评活动,11 名志愿者获得星级奖称号;组织 25 名团员青年开展青年志愿者益民服务活动,为旗敬老院、旗老干部局等单位义务劳动;在海流图广场举行法律法规义务宣传活动。“八一”期间,组织 66 名团员青年赴边防一线,为当地驻军和牧民送去科技、文化和医疗卫生等方面的服务。

2003 年，团旗委结合爱国卫生月活动，组织青年志愿者进行“消除白色垃圾、净化生活环境，远离非典”活动。

2004 年 3 月，团旗委集中组织开展“学雷锋青少年志愿服务”活动。同年 5 月，组织开展“清除白色垃圾，净化海镇周边环境”行动，出动团员青年 4500 余人次。

2006 年 3 月，团旗委组织 17 支志愿服务队、400 余名志愿者开展益民便民活动，服务过往群众 1000 余人。组织乌拉特中旗第一中学、第二中学、蒙古族中学、武警大队在旗敬老院和老干部局志愿服务基地开展值周制志愿服务活动。那达慕大会期间，积极参与会场服务。同时开展星级荣誉奖评选活动。6 月 26 日，青年志愿者禁毒协会成立，志愿者禁毒宣传活动步入组织化、制度化进程。“八一”期间，组织旗直机关团委 28 名团干部赴边防进行“三下乡”活动。

2008 年，团旗委组织开展注册青年志愿者招募工作，全旗注册青年志愿者人数 3000 人，全旗各级各类团组织共成立志愿者服务队 26 支。

2009 年，团旗委制定出台《乌拉特中旗青年志愿者管理办法》，对全旗青年志愿者的招募、管理、使用、奖励和志愿活动的具体安排、后勤保障等都作出了明确的规定。组织开展志愿服务在牧区，“两法”（《中华人民共和国未成年人保护法》《中华人民共和国预防未成年人犯罪法》）宣传、社区帮扶、公益慰问等多次志愿服务活动。

2010 年，团旗委组织开展“保护母亲河 · 清除白色垃圾”“两法”宣传、剪羊毛等各类志愿服务活动。

2011 年 5 月，团旗委在全旗范围内组织开展以“创先争优——青年在行动”为主题的志愿服务统一行动活动月，开展“保护母亲河 · 清除白色垃圾”行动。

2012 年 11 月，团旗委组织开展青年林义务植树活动、迎会办会志愿服务活动、“弘扬雷锋精神，创树文明新风”系列志愿服务活动、“放飞梦想，保驾护航”高考志愿服务活动和“九九重阳节 · 浓浓敬老情”志愿服务活动等各类志愿服务活动；完成全旗青年志愿者协会注册工作；组织开展新一轮青年志愿者招募工作，共招募志愿者 200 余人；第二届巴彦淖尔市运动会期间，投入大会服务人员 50 人，礼仪服务人员 15 人。在乌拉特中旗召开的巴彦淖尔市第四次“两个文明”现场经验交流会上，共投入志愿者 28 人，主要开展引导车辆、维持秩序等服务工作。

（五）青年就业创业

1988 年，全旗开展多能手竞赛活动和新长征突击手活动。19 个农牧区团委组织动员 2544 名青年参加多能手竞赛，有 1082 人达标；32 个不同行业单位参加新长征突击手活动，参加人数 543 人，达标率 32%。同年，团旗委与 28 户青年农牧民建立联系，为其提供生产生活信息。协同林业、农牧业等部门在农牧区开展科技讲座，播放录像 102 场次，接受科技培训 6385 人。

1989 年，团旗委组织开展多能手竞赛活动和新长征突击手活动。3000 余名农牧区青年和机关、厂矿、企事业单位青年参加活动，其中 1300 余名青年达标，占参赛人员总数 43.3%。组织 6195 人次参加实用技术培训，占应接受培训青年人数 57%。

1990 年，团旗委组织开展“三杯”（农牧区开展的“科技星火致富杯”，在工交财贸开展的“劳动创造效益杯”和在中小学校开展的“学习实践成才杯”）竞赛活动。

1991 年，团旗委协助旗直有关部门对团员青年进行科学技术培训，开展岗位练兵，技术比武，“五小”（小发明、小设计、小改造、小革新、小建议）竞赛，多能手竞赛等活动。举办实用技术培训 78

场次,参与培训507人;扶持和选树粮食高产攻关项目5个,扶持农牧结合、多种经营、科学养畜青年生产示范户110个。在川井苏木召开巴彦淖尔盟“科技星火致富人”现场经验交流会,该苏木被评为先进典型向全盟推广。9月,举办首届青工技术比武,参加人数340人,并推报10人参加全盟比赛。工商服务领域选树15名优质服务标兵。

1995年,进行青年农牧民进行科技培训,受训人员5300人次,培养青年科技星火带头人90人。推荐7家企业参加全盟十佳国营(集体)青年企业家、十佳信得过商场的评选。

1997年,在农村牧区开展树用青年星火带头人活动,选树带头人108人。落实村嘎查科技副主任、团支部书记、青年星火带头人“三位一体”工作。

1998年,实施跨世纪青年人才工程。培养青年岗位能手65人,导师带徒结对85对,举办各类专业技术培训5期,开展行业技术比武6次。选树青年星火带头人120人,开展科技培训2次,在乌加河镇、乌兰苏木分别成立青年星火带头人志愿服务队。选树3名下岗再就业青年兴业领头人。为608名下岗青年建档立卡,举办下岗职工培训班5期,培训青工109人。

1999年,继续实施跨世纪青年人才工程。培养青年岗位能手60人,导师带徒结对60对,举办专业技术培训班5期,开展行业技术比武8次。选树青年星火带头人120人,开展科技培训20次。

2000年,全旗选树青年岗位能手18人,选树青年星火带头人40人。

2007年,以乌加河镇联丰奋斗村为试点,结成“三结合致富链”18链,共有团干部、青联委员、青年星火带头人14人、“青年文明号”集体4个、16户61名农牧民结入链中。8月,组织开展为期1个月的全旗青年劳动力就业创业调研工作,对全旗各苏木乡镇45周岁以下青年(主要包括响应收缩转移从牧区或山旱区迁往农区、城区的青年以及驻留原地未参与收缩转移的农牧区青年)的现状进行调查摸底,为下一步共青团组织开展全旗收缩转移青年工作研讨和全旗范围内青年参与收缩转移的宣传动员工作奠定基础。

2008年,举办各类农牧业实用技术培训班、知识讲座8期,累计发放科技书籍1000余册、宣传资料5000余份,培训农牧区青年120余人次。

2009年3月初,召集各苏木镇团委书记召开全旗推进青年就业创业专题研讨会,明确了以青年就业创业见习基地建设、农牧区青年培训和青年能人兴业计划小额贷款三项工程。团旗委制定下发《关于推进全旗青年就业创业工程的实施意见》。3月上旬,团旗委组织开展全旗青年就业创业需求调研工作。推报乌拉特中旗天宝矿业有限责任公司为自治区级青年就业创业见习基地,提供包括浮选组、中心实验室、办公室在内的83个见习岗位,选送35名青年前往天宝公司见习。培训返乡农牧民工、农牧区青年585人次,实现就业35人,扶持创业34人。发放小额贷款一批次2万元。

2010年,前三季度累计举办各类培训班4次,培训农牧区青年348人次。全年举办“订单式”培训3期,培训青年129人次,实现就业127人。协调天宝公司提供见习岗位61个,新建旗移动分公司、联通分公司、人寿保险支公司青年就业创业见习基地3家,争取岗位118个,推荐见习人员38人。落实“一对一”帮扶青年创业工作。从创业立项、工商登记、贷款融资、税收优惠等各个环节进行“一条龙”跟踪服务,选树虹桥供求信息广告公司为“青年创业示范点”。

2011年起,开展青年劳动力就业创业“东西互助”行动。共完成农牧区青年就业转移就业595人,其中输入273人,输出322人;新建青年就业创业见习基地5个,上岗见习100人;全年组织各类培训2300人次,其中组织创业培训714人次,订单式培训103人次,扶持成功创业28人;向455人发放小额贷款 1365 万元，带动就业 455 人；签订名师带高徒协议 5 个。

2012 年，组织各类培训 2162 人次，新建青年就业创业见习基地 1 个，协调发放小额贷款 1187 万元，带动就业 381 人；实现农牧区青年转移就业 628 人，其中输入 352 人，输出 276 人。

（六）大学生志愿服务西部计划

2006 年，团旗委首次争取到国家“西部计划”的青年志愿者 1 人，派往旗人民检察院志愿服务。

2007 年度，“西部计划”6 名大学生志愿者抵达乌拉特中旗，分别派往公安局（3 人）、交警队（2 人）、法院（1 人），开始为期一年的服务工作。

2008 年，团旗委大力推进大学生志愿服务西部计划项目，配合内蒙古自治区项目办抓好西部计划五周年调研工作。按照全国项目办统一要求，在协调 2007 年 2 名西部计划志愿者延长服务期的同时，规范旗西部计划项目办建设，建立健全西部计划志愿者使用及管理相关制度。

2009 年后，大学生志愿者未再分配到乌拉特中旗。

（七）希望工程行动

1989 年，乌拉特中旗开始实施“希望工程”。

1991 年，团旗委组织开展“希望工程”宣传活动，召开基层团委书记会议，安排“希望工程”活动具体工作。全旗收到为洪涝灾区的捐款 1463 元、学习用品 12641 件。乌拉特中旗第一中学 134 班团支部被评为全盟学习雷锋先进集体和学习雷锋先进个人。

1997 年，团旗委投资 5000 元，为石哈河乡南盘村 2 次清淘大口井，投资配套 30 千瓦变电器 1 台。争取巴彦淖尔盟师范、富士达实业、桃园餐饮城等在部北乡学校、双盛美乡、楚鲁图乡各建成“希望书库”1 所。在山旱区四乡各建成“希望书库”1 所。

1998 年，团旗委组织开展最后一轮希望工程劝募行动。中国青基会、内蒙古青基会结对救助乌拉特中旗贫困儿童 101 人；民营企业家侯宗民向贫困地区希望工程捐赠桌凳 130 套，临河智力宝公司向山旱区石哈河捐赠桌凳 50 套；争取希望工程款 5000 元，改善双盛美二连沟的办学条件。

1999 年，团旗委组织发起“为山旱区贫困失学儿童捐衣物，送温暖”活动。争取信用联社为希望工程捐赠 30 套桌凳和价值 2000 元书包并送达石哈河中学和高北学区。

2000 年，团旗委组织开展“希望工程影视音像厅”创建活动。

2003 年，团旗委争取回侨心希望小学工程款 20 万元，争取乌拉特中旗永兴矿业资助 25 名贫困儿童 5000 元，为宏丰乡红光村“青年之家”争取内蒙古青年基金会“希望书库”价值 15000 元图书和电脑 1 台。全年共有 61 名山旱区贫困儿童接受希望工程救助。

2004 年，团旗委争取团市委救灾资金 6 万元，资助德岭山镇受灾村组小学生 50 人，争取全旗各界爱心人士捐款 17000 元，资助学生 100 人。

2007 年，团旗委累计争取“希望之星”奖学金共计 13500 元，发放到德岭山镇 4 所学校的 50 名贫困学生手中。

2008 年，团旗委组织开展“服务青少年月”活动，加强对农牧区留守儿童的帮扶救助。与内蒙古青基会联系，共同开展了“希望之星”奖学金申请和“圆梦大学行动”等多项希望工程扶贫助学工作。旗团委在保证 50 人每年 9000 元“希望之星”奖学金的前提下，多措共举，争取社会各界资助 3200 元，资助贫困学生 4 人；争取小学体育室设施 1 套，红领巾书屋 1 处，青少年书籍杂志 200 余套及价值 24000 元的富士康电子读书卡，援建巴音乌兰苏木图书站 1 处。

2009年，全旗申报各级各类助学金、奖学金15000余元，资助贫困学生54人次。

2010年，全旗筹集物资折合217700元，资助贫困学生1096人次。成功申请蒙古族学校和乌加河镇小学“希望工程”援建项目2个，援建资金56万元。

2011年，团旗委组织开展“希望工程圆梦大学行动”工作，筹集资金44500元，资助贫困学生32人；争取到小学至大学长期资助名额1个，每年资助500元。争取内蒙古自治区青年基金会“希望小学”建设项目，建设京联嘉明和黄如论“希望小学”，争取资金30万元。

2012年，团旗委组织开展“内蒙古希望工程·情系教育温馨校园”活动，向被捐助单位共捐助学习机50个、录音机25个；开展“神华爱心书屋”建设工作，向9所中小学共捐助价值61万余元图书；开展“金秋助学·圆梦行动”助学金发放活动，捐助20名学生共2万元；开展“网聚爱——希望工程365爱心行动”，共捐助126名学生54990元；实行雨露计划，选送4名学生前往陕西省振华学院完成学业；争取到“加多宝 学子情”助学金3万元，资助6名学生；旗交警队长期资助贫困大学生每学年3000元。

四、少先队工作

（一）组织建设

1991年，乌拉特中旗少先队工作委员会成立，乌拉特中旗关心下一代协会成立，乌拉特中旗学雷锋、学赖宁领导小组成立。

1997年，全旗开展“以团带队”工作，调整配备少先队总辅导员。

2006年，全面贯彻落实内蒙古自治区第五次少代会精神，进一步提高全旗辅导员队伍的整体素质，团旗委少工委先后派2名辅导员参加内蒙古自治区少先队辅导员培训班。

（二）思想法治建设

1988年，全旗少先队开展“腾飞杯”竞赛、“活跃杯”竞赛，举办首届“希望杯”足球赛。“六一”期间，在旗直3所完全小学开展大型庆祝活动；旗蒙中团委开展的“喜看草原第一塔”社会实践活动，受到内蒙古自治区少工委表彰。

1989年，全旗开展普法教育，学校普法率100%。同年，举行庆祝中国少年先锋队建队40周年系列活动。旗直3所小学开展以“三热爱”（热爱祖国、热爱社会主义、热爱中国共产党）为主题的歌咏比赛和队会。5月，旗第三完全小学举办端午技巧、技能比赛。煤矿小学在“小骏马行动月”中开展放风筝比赛和烈士祭扫活动。各地少先队员达标创优活动普及率70%。

1990年，“六一”期间，团旗委少工委组织2000名全旗各族少年儿童举行盛大庆祝大会，并开展团体操、文艺比赛。表彰学雷锋、学赖宁先进集体15个、先进个人32个、优秀少先队辅导员50人、优秀少先队员70人。

1991年，全旗继续开展学雷锋、学赖宁学习教育活动。开展达标创优活动，进行“三热爱”教育。开展为辍学小伙伴送希望和小朋友手拉手、心连心活动。

1995年，“六一”期间，团旗委少工委与旗教科局联合在海流图镇举行大型庆祝活动。集中开展“二五”普法宣传、《中华人民共和国教育法》宣传等宣传活动。

1999年，团旗委少工委与旗文体广电局、教育局联合举办第二届少年美术展，并选送21幅作品参加巴彦淖尔盟青少年四项技能大赛。

2000年，全旗开展“青少年维权岗”创建活动和“五小活动”（小发明、小设计、小改造、小革新、小建议）。

2003年，团旗委少工委组织开展“青少年维权岗”创建活动，并组织青年志愿者在“6·26”禁毒日宣传《中华人民共和国未成年人保护法》，发传单4000余份。

2004年，团旗委少工委组织开展“青少年维权岗”创建活动，开展“告别网吧、成人签名活动”。开展“6·26”禁毒宣传活动，发放《中华人民共和国未成年人保护法》3000余份。

2006年3月，团旗委与旗委政法委联合开展法律宣法活动。共发放《中华人民共和国宪法》《中华人民共和国预防未成年人犯罪法》等宣传单1万余份；“6·26”禁毒日期间，组织1000余名中小学生参观禁毒展；团旗委少工委与旗文体局、公安局等有关部门联合对校园周边环境进行了突击检查，取缔校园周边200米内网吧及游戏场所；创建旗人民检察院、旗人民法院2个“青少年维权岗”基地。同年，在乌不浪口烈士陵园、包头分别建立青少年爱国主义教育阵地，通过祭扫烈士陵园、《北方少年报》小记者培训等活动，使广大青少年接受爱国主义教育。

2007年，团旗委少工委先后组织“深切缅怀英烈，弘扬民族精神”主题教育活动、乌拉特中旗第一届“好少年”夏令营活动、第一届“学习草原民族文化”体验教育活动。开展“6·26”青少年禁毒宣传活动。力争逐步实现创建青少年成长的良好社会环境、创建青少年成长的纯净家庭环境、创建青少年成长的安定校园环境、创建自我和谐心理环境的预期目标。

2008年，团旗委少工委开展“优秀青少年维权岗”创建活动、青少年自护教育活动、“6·26”青少年禁毒宣传等实践活动。全年新增旗法律援助中心“青少年维权岗”1家，通过开展法律讲座、知识竞赛、警校共建、远离网吧等多种宣传教育活动和宣传普及《中华人民共和国未成年人保护法》等工作，联同乌拉特中旗第四小学、旗关心下一代工作委员会、综合治理办公室、妇女联合会等单位组织开展预防未成年人犯罪知识讲座。

2009年，团旗委以未成年人保护委员会、预防青少年违法犯罪工作领导小组2套组织领导机构为依托，对全旗未成年人保护和青少年维权工作进行统一规划，统一部署，联合行动。建立工作责任机制、联席机制和预警机制，积极实施校内问题学生教育工程、团队机构建设工程等。开展“远离毒品，构建和谐”宣传活动、“青少年维权岗”创建、“平安校园”创建、优秀少先队校外法制辅导员评选、“青少年维权我们在行动”和文化市场专项整治等多项活动。同年，开展“快乐童心、畅想六一”蒲公英文化艺术节。

2010年，团旗委完成全旗青少年维权及预防青少年犯罪数据库的建设工作，摸清弱势青少年群体思想和生活现状，撰写调研报告1篇。完成旗法律援助中心“青少年维权岗”建设工作，协调旗法律援助中心、巴彦淖尔市心理咨询师协会开展青少年心理知识讲座（咨询）2期。

2011年，团旗委组织开展法律宣传进校园活动、交警交通安全宣传教育活动、“6·26”禁毒宣传活动、“12·4”法制宣传日活动等活动，开展校园周边环境治理、打击校园暴力、整治非法网吧等活动。同年，团旗委组织开展争当“四好少年”（争当热爱祖国，理想远大的好少年；争当勤奋学习，追求上进的好少年；争当品德优良，团结友爱的好少年；争当体魄强健，活泼开朗的好少年）、“红领巾心向党，学唱一首爱党歌曲”主题队会活动和“美丽的草原我的家、红领巾家乡文化大搜索”展示活动，

2012年，团旗委组织开展人大代表、政协委员与青年“面对面”活动，30余名青少年和4名人大代表、政协委员参加活动。同年，开展青少年维权岗创建、法律宣传进校园、“6·26”禁毒日活动、宣

传自护教育等活动。充分利用巴彦淖尔市“12355”青少年服务热线，在全旗9所学校设立12355青少年维权及心理咨询服务室，着力加强青少年心理辅导和维权知识普及工作。

（三）雏鹰行动

1994年，乌拉特中旗发起“雏鹰”行动。1997年，全旗开展“达标争章”活动。1999年，全旗广泛开展“雏鹰争章”活动，并在各校成立科普小组、兴趣小组。2008年，全旗开展“雏鹰争章”活动。

（四）“手拉手”行动

1995年，乌拉特中旗开展“青少年献爱心结对”活动，发出《为乌拉特中旗贫困失学或即将失学的少年儿童进行捐资》倡议，收到捐款16614.34元。

1997年，团旗委争取巴彦淖尔盟团委、盟少工委结对救助贫困学生65人。联系杭锦后旗、五原县、临河区10所小学与乌拉特中旗部北乡7所小学结成对子，结对救助金额5.6万元。旗直4所小学分别与楚鲁图乡村级2个教学点、双盛美乡村级教学点、杭盖戈壁小学结对，资助金额2.3万元，并开展“希望工程”救助结对工作，结对5对。

1999年，团旗委少工委继续组织实施“手拉手共建联谊校”“手拉手情系贫困小伙伴”“手拉手读书交友”等活动。川井苏木小学与临河市蒙古族小学举行手拉手共建活动。

2011年4月初，团旗委少工委组织专人对全旗各类青少年弱势青少年群体进行调查。全旗有全旗孤儿未成年人38人，残疾青少年317人，低保家庭未成年子女494人，农村牧区留守未成年人234人，刑释解教未成年人2人。9月，由乌拉特中旗团委协同移动公司、电力公司、地税局、联通公司共同组织实施乌拉特中旗“共青团关爱农牧民工子女”志愿服务行动捐助旗蒙古族学校、德岭山学校，捐资1.1万元，同时争取国家孔子书包50个。

2012年，全旗对接“一对一”长期结对帮扶100对；捐助4户贫困户家庭2000元，资助贫困儿童2人，每年每人600元。

第三节　妇女联合会

一、妇女代表大会

1988—2003年，乌拉特中旗先后共召开3次妇女代表大会（第六次、七次、八次妇女代表大会）；2004—2012年，乌拉特中旗未召开妇女代表大会。

（一）妇女第六次代表大会

1991年3月7日，乌拉特中旗第六次妇女代表大会在海流图镇召开，出席会议代表151人，列席代表43人。大会听取和审议批准《乌拉特中旗第五届妇女联合会工作报告》，确定今后乌拉特中旗妇女联合会工作指导思想和主要任务；会议选举产生乌拉特中旗第六届妇女联合会委员21人、执委11人、常委5人，选举产生主任1人、副主任2人。

（二）妇女第七次代表大会

1997年11月30日，乌拉特中旗第七次妇女代表大会在海流图镇召开，出席会议代表147人，列席代表38人。大会听取和审议批准《乌拉特中旗第六届妇女联合会工作报告》，确定今后乌拉特中旗妇女联合会工作指导思想和主要任务；会议选举产生乌拉特中旗第七届妇女联合会委员18人、执委11人、常委5人，选举产生主任1人、副主任1人。

（三）妇女第八次代表大会

2003 年 10 月 15 日，乌拉特中旗第八次妇女代表大会在海流图镇召开，出席会议代表 116 人，列席代表 35 人。大会听取和审议批准《乌拉特中旗第七届妇女联合会工作报告》，确定今后乌拉特中旗妇女联合会工作指导思想和主要任务；会议选举产生乌拉特中旗第八届妇女联合会委员 20 人、执委 9 人、常委 9 人，选举产生主任 1 人、副主任 1 人。

二、组织机构

1988 年，乌拉特中旗设有妇女联合会（以下简称“妇联”），科级建制，机关实有工作人员 9 人，其中领导职数 3 人（主任 1 人、副主任 2 人）。

1991 年 3 月，乌拉特中旗第六次妇女代表大会召开，选举产生乌拉特中旗第六届妇联，选举产生总工会妇联主任 1 人、副主任 2 人。

1997 年 11 月，乌拉特中旗第七次妇女代表大会召开，选举产生乌拉特中旗第七届妇联，选举产生总工会妇联主任 1 人、副主任 1 人。

1998 年，旗妇联内设机构 4 个：办公室、组宣部、维权部、儿少部，有单设党支部 1 个。核定编制 6 名，事业编制 1 名，机关实有工作人员 7 人，其中领导职数 2 人（主任 1 人、副主任 1 人）。

2003 年 11 月，乌拉特中旗第八次妇女代表大会召开，选举产生乌拉特中旗第八届妇联，选举产生总工会妇联主任 1 人、副主任 1 人。

2005 年，旗妇联内设机构 4 个：办公室、组宣部、维权部、少儿部；核定编制 4 名，其中群团事业编制 3 名、工勤编制 1 名，机关实有工作人员 7 人，其中领导职数 2 人（主席 1 人、副主席 2 人）。

2012 年底，旗妇联内设机构 5 个：办公室、组宣部、发展部、维权部、儿少部；核定编制 4 名，其中群团事业编制 3 名、工勤编制 1 名，机关实有工作人员 7 人，其中领导职数 2 人（主席 1 人、副主席2 人）。

三、主要工作与活动

1988—2012 年，旗妇联主要围绕党在各个时期党的中心工作，开展宣传教育活动，鼓励妇女参加农牧业生产劳动，领导妇女提高政治思想，解除封建束缚，争取男女平等，在工作中不断加强妇联组织的自身建设。

（一）基层组织建设

1988 年，全旗 20 个苏木、乡、镇妇联主任、117 个村嘎查妇代会主任全部配齐，三类妇代会得到转化，并且合理解决了报酬问题，灌区妇代会主任的年平均工资 300～400 元，旱区妇代会主任年平均工资 200～300 元，牧区嘎查妇代会主任的年平均工资全部实现误工补贴。有些地方还划拨了土地作为报酬。

1991 年，全旗 48 个党政机关、科教文卫系统开始建立妇女工作委员会和女工小组全旗共有 2238 名女职工。设有旗直机关妇女工作委员会设在机关党委，接受机关党委，旗妇联的双重领导，妇女工作委员会产生 1 名专职主任。女职工较多的行业设专职妇委会主任 1 人，其余党政等各机关可设兼职妇委会主任或妇委会小组长 1 人。

1996 年，全旗 131 个妇代会中，一类妇代会 73 个，二类妇代会占 58 个，100% 的妇代会主任的报酬问题得到解决。96% 的妇代会主任进入“两委”（党支部委员会、村民委员会），30% 的妇代会创办了经费基地。

1998 年,旗妇联制定《基层妇女组织三年建设规划》,按照规划逐步规范组织设置、活动内容和工作方法。基层组织年龄均 33 周岁,初中文化以上 98% 乡苏木妇联主任取得岗位证书,80% 成为党委委员,88.5% 妇代会主任进"两委",4 名妇代会主任任嘎查村支部书记。全旗一类妇代会 99 个,二类妇代会 21 个。

1999 年,农牧区妇女为 54901 人,苏木、乡、镇有妇联主任 20 人,嘎查、村妇代会有主任 120 人,其中农村 57 人、牧区 63 人,一类妇代会有 104 个,占妇代会总数 87%;二类妇代会 16 个,占妇代会总数 13%。

2000 年 3 月,旗妇联请示旗委批转《乌中旗苏木乡镇召开妇代会实施方案》,并由旗妇联到 20 个苏木乡镇指导召开农牧区妇女代表大会,选举新一届基层妇女联合会。指导建立新经济领域内的妇女组织,在全旗 18 个非国有经济组织中建立女职工委员会 11 个,建成率 61%。年内,全旗有 114 名妇代会主任进入"两委",其中 4 名成为女支部书记。一类妇代会 112 个,占妇代会总数 93.3%,20 个贫困村中,一类妇代会有 18 个。

2004 年,旗妇联加强妇联干部队伍建设工作,优化妇干年龄及文化结构,全旗苏木乡镇妇联主任平均年龄为 28 岁,大专以上文化程度 4 人,高中以上文化程度 12 人。村嘎查妇代会主任平均年龄 31 岁,高中以上文化程度 28 人。各村活动经费纳入村财务统一管理,其中 37 名是党代会、人代会代表,年工资 500～1200 元。

2005 年,旗妇联共培训三级妇干 32 人次,有 26 名妇女干部参加后备班培训,全旗 2 名妇女代表参加内蒙古第九次妇女代表大会。全旗苏木乡镇妇女活动阵地建成率 100%,村嘎查 98%。全旗有 3 个妇女之家建成了经费基地。全旗妇代会主任进"两委"率 100%。

2009 年,旗妇联固本强基,以党建带妇建,宣传加强农牧区妇女参政议政的意识和能力,提高村嘎查两委换届工作中妇女委员比例,全旗 84 个村嘎查,进入"两委"的女性委员有 92 人,其中 3 名为女支部书记,进"两委"率 100%。

2012 年底,全旗 8 个镇、苏木全部配备专兼职妇联主任,85 个村、6 个社区也全部配备专兼职妇代主任,全旗 38 家规模企业中在女性相对集中的 15 家非公有制企业中建立妇女组织,占全部非公有制企业数的 40%。

(二)参与经济建设

1988 年,旗妇联在各苏木、乡、镇联合科技部门举办 6 期实用技术培训班,176 名妇女参加,桑根达来苏木 37 名妇女建设了塑料暖棚青贮玉米。全旗以妇女为主的从事第三产业的有 423 户,从业人数 537 人。

1995 年,旗妇联与宣传部等部门联合宣传报道乌拉特中旗致富女能手和女先进人物,乌兰苏木妇代会主任带领组织牧户 16 户,建起联户饲料地,开辟联帮带的新路。在世妇会期间,旗妇联组织 2 次考察团到北京市、西安市等地参观学习先进脱贫致富经验,参加妇女共 81 人。

1996 年,旗妇联动员和组织广大妇女参观学习村办企业"三八"工程,探索妇女多渠道、多形式的致富门路。部北乡、双盛美乡、石哈河乡妇女组织充分发挥优势,带领妇女办起淀粉、油菜加工企业;德岭山镇妇女大力发展养猪业;农林局妇委会充分发挥技术优势,开垦荒地 15 亩,营造有权林;石兰计乡妇女乔二白开发荒地 5000 亩,种植杨树 2 万株,建立防风林;德岭山镇妇女王瑞红投资 43 万元营造防风固沙林 2200 亩。

1999年，旗妇联积极投身“九九新世纪工程”，召开动员大会，组织妇女捐资3.1万元。全旗2.6万名妇女义务植树10.4万株，修护“三八”林带58延长米，绿色通道完成50.4千米，育苗768亩，营造有权林39亩，建500亩以下“三八”林带、果园、苗圃、经济沟27个、0.13万亩。

2000年，旗妇联动员妇女积极参与生态建设，各族妇女积极响应号召，成为退耕还林沙源治理工程的一支重要力量。全年共出动妇女约6.7万人次，完成种树21万亩，完成种草、柠条种植18万亩。

2002年，旗妇联在巴彦淖尔市妇联的帮扶下顺利实施“大地之爱，母亲水窖”工程，在第一期工程中争取到国家妇女基金会资金30万元，在乌拉特中旗川井苏木哈拉图嘎查、桑根达来苏木阿日呼都格嘎查、海流图镇东郊查干淖尔新村实施该工程。在第二期工程中，共争取15万元，在乌加河镇宏伟村一、二、三组安装自来水，解决263户、886人及309头畜生饮水问题。

2003年，旗妇联组织全旗开展“双学双比”竞赛活动，举办科技和业务培训班，培训人数2810人。狠抓“135”工程，发展专业化种养殖高科技示范园区，乌加河镇联丰村连片种植优质牧草示范基地200亩，特色经济3004亩，“三八”防护林种植柠条、杨柴、花棒、山杏等6000余亩。有选树养殖致富典型10人，科技种植女能手10人，张玉英获全国“双学双比”活动“先进科技工作者”称号。

2005年，旗妇联将“巾帼扶贫”与计划生育“三结合”工作紧密结合，为石兰计78户独生子女无偿提供5486元的玉米籽种，发展优质玉米400亩；为乌加河三结合户帮扶贷款8000元。帮扶种养殖草籽种畜11000元。累计带动26名妇女脱贫。引导女科技人员组成服务队，到农牧区无偿提供科学的种养殖技术，指导农牧区妇女脱贫致富。

2006年，旗妇联争取到“大地之爱 母亲水窖”第二期工程，投资15万元为乌加河镇宏伟村一、二、三组安装自来水，解决263户、886人、309头牲畜的饮水问题。深化“双学双比”活动，全旗新增16名科技示范户，举办各类实用技术培训班16期，培训妇女2050人次。

2008年，旗妇联积极推进“妇代会+协会”模式壮大农村妇女合作经济的组织。全旗各级妇联组织配合科技部门举办培训班12期，2500名妇女参加培训，116名妇女取得技术职称，84名妇女取得绿色证书，同年，抓德岭山镇、乌加河镇“妇字号”龙头项目和科技示范基地建设，在全旗掀起妇女创业热潮。

2011年，“三八”妇女节期间，旗妇联举办“志愿者服务进社区，创先争优促和谐”活动启动仪式，共建志愿者队伍10个，队员191人。

2012年，旗妇联与旗就业局、总工会、团委联合举办“春风送岗位”暨“搭建劳务对接平台，帮您早日实现就业”为主题的大型现场招聘活动。活动中，共发放相关宣传资料1300余份，提供500余个工作岗位，有1000余名妇女应聘，其中有185名妇女与企业达成务工意向。

旗妇联一直将“妇女之家”挂牌运行作为夯实妇联自身建设的一项重要工作来抓。截至2012年底，全旗85个嘎查村、6个社区全部建立“妇女之家”，实现全覆盖建设目标。

（三）提升妇女综合素质

1988年，旗妇联开展首次妇女知识竞赛活动，参加竞赛代表队16个、队员32人，6个优胜队给予奖励。

1989年，旗妇联在各苏木镇针对一级妇干举办业务知识培训23期，参加人数387人。加强精神文明建设，全旗各级妇联组织评选“五好”家庭5748户，“三八红旗手”393人，卫生之家8670户，

“双文明”户 2984 户，全部登记造册。全旗建立 15 个妇女活动阵地，其中旗妇联办起“妇女之家”4 个。

1990 年，全旗共开展实用技术培训班 39 期，培训妇女 6568 人次，培训妇女骨干 461 人次，旗妇联组织科技妇女骨干参观温更镇草库伦和饲草料专业户，专业老师现场教学。组织农区各乡妇联主任到临河干召庙乡城关乡等先进乡镇学习经验。

1995 年，全旗各级妇联组织把宣传世界妇女大会在北京召开的意义当做头等大事，宣传 45 次，以会代训 22 次，使妇女受教育面 95%，特别是基层妇女组织走村串户，出简报专栏 56 期，张贴标语 200 余条。

1996 年，各基层妇联组织举办普法教育，强化维权职能，培训人数 3149 人，成立居民帮教小组。旗直机关妇委会印制宣传册 500 余份，发放到机关、厂矿，增强广大妇女维护自身权益的自觉性。全旗各级妇联组织接待来信来访 63 件，结案率 95%。配合党委、组织人事部门制定《1996—2000 年妇女干部五年规划》。

1998 年，旗妇联组织救助失学贫困女童，向全国妇联春蕾班推荐 3 名失学女童，申请盟级单位救助 2 名女童，5 名女童受到旗直机关、社会各界人士救助。组织全旗 3 万余名育龄妇女进行妇科病检查。接待来信来访 9 件，结案率 95%。

1999 年，全旗建立“双学双比”活动联系点 23 个，发动 10233 名 16 ~ 45 周岁农牧民妇女参加实用技术培训；帮助 31 户贫困妇女脱贫，协助相关部门培训下岗女工 225 人，为 215 名妇女再就业牵线搭桥；印发中共十五大、中国妇女八大会议宣传册 430 册，逐级发放到嘎查村妇干手中。国庆期间，组织全旗 1500 余名妇女参加乌拉特中旗庆祝中华人民共和国成立 50 周年成果展。

2000 年，实施“女性素质工程”，深化巾帼建功活动。先后 4 次召开旗直机关女工委会议，提出竞赛任务，竞赛方式和竞赛内容，全旗职工开展“示范岗”竞赛，形成学赶先进的氛围。在巴彦淖尔盟第十届辅导员技能大赛上，旗教育局获得团体第二和团体组织奖。经评比考核邮政局等 6 个单位被授予盟级“巾帼文明示范岗”。

2003 年，旗妇联以创建“巾帼文明示范岗”和再就业工作为重点，推动“巾帼竞赛”活动和社区服务工作向纵深发展。加强 17 个挂牌的单位“巾帼文明示范岗”创评工作。

2005 年，旗妇联积极推广农牧业技术与妇女科技示范基地相结合，全旗妇联在提高“135”工程的同时，向专业化种养殖高科技示范园区发展。乌加河镇妇联在建起的“三八”示范园区内补种小美旱杨 7500 株新疆杨 1000 株，新植松树 200 株；石兰计乡妇联为 78 户独生子女户无偿提供 5386 元的玉米籽种发展优质玉米 400 亩。

2008 年，旗妇联以“增收致富项目进家庭”为载体，在全旗掀起妇女创业热潮，推出一批适合妇女创业的项目。如德岭山镇大胜村的妇女王俊霞，通过镇妇联协调帮扶贷款 6 万元建成集德美种羊、专业养猪、沼气示范为一体的典型户，年收入 4 万元；乌加河镇农家女刘红梅投资新建百川香食品厂，加工红腌菜、酸白菜，安置农村剩余劳动力 23 人。海流图镇妇联成立家政服务队，为妇女提供就业平台，全年输送下岗女工 84 人。

2010 年，旗妇联实施素质提升工程，加强技能培训，共举办培训班 6 期，培训妇女 800 余人次。全旗各级妇联组织围绕社会主义新农村新牧区建设要求，创建德岭山葵花协会。开展信贷助推妇女创业行动，解决妇女创业资金短缺的问题，为妇女蔬菜大棚建设放贷 17 户，51 万元，发放妇女小额贷款 275.4 万元。

2012 年，旗妇联协调财政局、就业局、农村信用社共为 159 名城乡妇女发放小额贷款 721 万元，贴息 46.3 万元。

（四）维护妇女儿童合法权益

1988 年，全旗共举办法律维权培训班 24 期，参加人数 708 人。组织普法宣传活动，加强来信来访登记制度的建立，全旗妇联共接待信访案件 102 起，结案 82 起，结案率 80%。旗妇联高度重视女职工权益保护，到旗直 11 家二轻系统企业，7 个商业系统公司开展调研监督，传达学习《女职工劳动保护条例》。

1990 年，全旗共举办普法学习班 46 期，认真做好来信来访工作为妇女排忧解难，各级妇联组织共接待案件 63 期，结案 61 期，其中旗妇联接待 11 期，结案 8 期。联合卫生系统为妇女进行妇科病普查和治疗，共检查 1447 人。旗妇联组织调查组到旗畜产公司及二轻系统几个厂子进行调查了解，建立 40 余名女股级干部档案，提高妇女劳动保护和参政议政权益。

1991 年，全旗共接待来信来访 83 件，其中旗妇联自接 15 件。全年调解来信来访案件 20 余件。旗妇联配合保健站在 5 月中旬成立妇女健康状况调查小组，共检查病例 1206 人次，通过普查，发现 570 名妇女患有妇科病，治疗 546 人，治疗率 95%。

1995 年，全旗各级妇联组织继续宣传“一法一条例”宣传面 95%，加强上访人员的接待，全旗共接待 276 起，已经结案 272 件。主动与司法部门配合打击拐卖妇女犯罪。7 月，对四川省泸州市纳西县被拐卖的妇女进行解救，维护妇女合法权益。

1996 年，认真学习宣传贯彻《中国妇女发展纲要》，由旗妇联牵头，19 个成员单位在 9 月开展大规模的宣传活动，4000 余名妇女参与宣传，累计发放宣传册 3400 份，法宣传单 1345 份，张贴标语 17 幅。

1997 年，全旗各级妇联配合学校、幼儿园新创办家长学校，不定期地进行授课，同时充分利用家长会和学校游乐、集会等形式宣传家庭教育，撰写家庭教育论文 3 篇。

1999 年，旗妇联围绕“两基”（基本实施九年义务教育、基本扫除青壮年文盲）达标开展少儿工作，在“我为贫困女童献爱心”活动中，发动 32 个单位、1640 名女干部职工为“两基”捐资 3.4 万元，捐书 3672 册，捐文体器材价值 0.5 万元，广泛动员女青年参加“一元钱助学捐资”活动，筹资 1.05 万元。

2001 年，“6·26”国际禁毒日，旗妇联专门召开全旗妇女禁毒工作会议，动员和组织广大妇女走上街头开展禁毒宣传，组织 300 余名妇女干部开展“远离毒品、禁吸毒品”宣传活动；在全旗建立妇女禁毒协会 127 个，发动妇女开展调查摸底和入户排查，乌拉特中旗成为巴彦淖尔盟“不让毒品进我家”试点旗。

2005 年，旗妇联与旗就业局联合创办巴彦淖尔市巾帼家政服务公司乌拉特中旗分公司，安置下岗女工 16 人，同时与相关部门沟通、联系，为下岗女工争取优惠政策，全年输送下岗女工 85 人，帮助下岗女工实现再就业。

2007 年，旗妇联积极向中国妇女基金会申请 1 辆“母亲健康快车”，以流动医疗车的形式，到农村、牧区，为边远地区贫困妇女和城镇流动妇女送去健康知识和医疗服务。

2010 年，旗妇联与旗信用联社联系，为乡村嘎查妇女开展信贷服务，积极资助乡村嘎查妇女开展创业项目。为乡村嘎查创业妇女致富带头人提供资金支持，2011 年资助 76 人、228 万元，贴息 23.7 万元；2012 年资助 159 人、721 万元，贴息 46.3 万元。

2012年,乌拉特中旗妇女儿童维权领导小组成立,有成员单位12个。全旗成立妇女儿童维权站9个、妇女儿童权益法律援助中心1个,旗妇女儿童维权领导小组联合人民法院成立家庭暴力"110"接警中心1个、家庭暴力投诉站2个、法律援助工作站9个、维权法庭1个,开通维权热线2部,维权志愿者181人。同年,旗妇联接待来信来访821件,结案率95%。旗妇联开展妇女扫盲工作,动员全社会大力推进"春蕾计划"实施,提高农村女童入学率,降低辍学率,杜绝新文盲产生。全年救助贫困女童369人。年底,全旗有家庭学校12所,培训家庭骨干314人。

(五)成绩与荣誉

1988—2012年,旗妇联围绕《爱国主义教育实施纲要》,在广大妇女群众中进行爱国主义教育。开展巾帼文明行动,树立典型,以点带面。至2012年底,共表彰女标兵、女状元、女能手553人;"三八红旗手"65人;女劳动模范32人;优秀妇女干部66人;先进个人21人;"五好文明家庭"207户;妇女工作先进集体41个;"三八先进集体"19个;"巾帼文明示范岗"27个;"巾帼文明示范村"1个。受巴彦淖尔盟(市)妇联表彰的女干部、女标兵12人、"三八红旗手"2人、优秀妇女干部3人、"五好文明家庭"7户、"三八红旗集体"1个、妇女工作先进集体1个;"巾帼文明示范岗"18个、"巾帼文明示范村"1个。受内蒙古自治区妇联表彰的女标兵、女状元8人、第四届全区实施春蕾计划先进个人1人、"五好文明家庭"4户、"巾帼文明示范岗"1个、先进基层组织1个。

第四节　科学技术协会

一、代表大会

(一)第二次全体代表大会

1992年6月11—13日,乌拉特中旗科学技术协会第二次全体代表大会在海流图镇召开,大会听取和审议批准《乌拉特中旗第一届科学技术协会工作报告》,确定今后乌拉特中旗科学技术协会工作指导思想和主要任务;选举产生乌拉特中旗第二届科学技术协会委员36人、常委18人,选举产生主席1人、副主席8人。

(二)第三次全体代表大会

2005年9月28日,乌拉特中旗科学技术协会第三次全体代表大会在海流图镇召开,出席会议代表98人,特邀和列席代表54人。大会听取和审议批准《乌拉特中旗第二届科学技术协会工作报告》,确定今后乌拉特中旗科学技术协会工作指导思想和主要任务;选举产生第三届乌拉特中旗第三届科学技术协会委员21人,选举产生主席1人、专职副主席1人、兼职副主席5人、秘书长1人。

(三)第四次全体代表大会

2011年12月26日,乌拉特中旗科学技术协会第四次全体代表大会在海流图镇召开,出席会议代表106人,特邀和列席代表60人。大会听取和审议批准《乌拉特中旗第三届科学技术协会工作报告》,确定今后乌拉特中旗科学技术协会工作指导思想和主要任务;选举产生第四届乌拉特中旗第四届科学技术协会委员35人、常务委员15人,选举产生主席1人、专职副主席1人、兼职副主席5人、秘书长1人。

二、组织机构

(一)管理机构

1988年,乌拉特中旗设有科学技术协会(以下简称"科协"),与旗科学技术委员会(以下简称

“科委”）合署办公，一套人马两个牌子，有工作人员4人。

1992年，旗科协与旗科委内设科普股，承办具体业务，实有工作人员9人。

2002年4月，旗科协与旗科委分设，旗科协单列，内设机构：办公室、科学技术普及部、学会部、青少部、科技馆，核定事业编制9名，其中领导职数2人，一正一副（主席1人、专职副主席1人）。

至2012年底，旗科协内设机构与人员编制未发生变化。

（二）专业学会、协会、研究会

1988年1月至1992年6月，乌拉特中旗科协第一次代表大会期间，全旗有专业学会、科协基层组织23个，有会员273人；其中有专业学会10个：乌拉特中旗农学会、畜牧兽医学会、林学会、草原学会、水利学会、牧机学会、气象学会、电子学会、教育学会、医药卫生学会，有会员148人；有科协基层组织13个：乌拉特中旗乌加河科协、巴音杭盖科协、德岭山科协、温更科协、乌兰科协、巴音哈太科协、楚鲁图科协、新忽热科协、川井科协、石哈河科协、石兰计科协、双盛美科协、海流图镇科协，有会员125人。

1992年6月至2005年9月，乌拉特中旗科协第二次代表大会期间，全旗有各类专业学会、科协基层组织30个，其中有专业学会10个：乌拉特中旗农学会、畜牧兽医学会、林学会、草原学会、水利学会、牧机学会、气象学会、电子学会、教育学会、农村医药卫生学会；有科协基层组织20个：乌拉特中旗乌加河科协、巴音杭盖科协、德岭山科协、温更科协、乌兰科协、巴音哈太科协、楚鲁图科协、新忽热科协、川井科协、石哈河科协、石兰计科协、双盛美科协、海流图镇科协、乌梁素太科协、桑根达来科协、宏丰科协、呼勒斯太科协、巴音科协、郜北科协、杭盖戈壁科协。

2005年9月至2012年12月，乌拉特中旗科协第三次、第四次代表大会期间，全旗有各类专业学会、科协基层组织，其中有专业学会19个：乌拉特中旗农学会、畜牧学会、林学会、水利学会、农牧机学会、气象学会、电子学会、教育学会、卫生学会、药学会、计生学会、城建学会、环保学会、经贸学会、质量技术学会、交通学会、电力协会、酒业协会、珠宝玉石协会；有科协基层组织10个：巴音乌兰苏木科协、川井苏木科协、呼勒斯太苏木科协、石哈河镇科协、乌加河镇科协、德岭山镇科协、新忽热苏木科协、海流图镇科协、甘其毛都科协、温更科协。

三、主要工作与成绩

（一）科普宣传

2002—2012年，乌拉特中旗科协围绕《中华人民共和国科学技术普及法》《全民科学素质行动计划纲要实施方案（2016—2020年）》，每年都开展以“节约能源资源、保护生态环境、保障安全健康”为主题的科技活动周、科学普及日、“科普之春”、“科普之冬”、“科普乌兰牧骑”、“科普剧”、科技下乡和“科普六进”（进农村牧区、进学校、进社区、进机关、进军营、进企业）等大型主题科普活动。在乌拉特中旗电视台开设“科普大篷车”专题栏目，在乌拉特中旗广播电台设置“科普之声”栏目，《乌拉特中旗周刊》设置科普专栏，建立乌拉特中旗科协网站。2002—2012年，乌拉特中旗科协组织开展科普宣传活动500余次，开展科技人员集中服务380余次，展出科技展板13200余块，出动科普宣传车4000余台次，印发科技资料9万份，赠送科普挂图2万余幅，放映科技影片300余场（次），进行医疗义诊700余次，受益群众12万人次。

2007年、2011年，乌拉特中旗两次被中国科协命名为“全国科普示范旗”。

（二）学术活动

2011年，旗人民政府下发《乌拉特中旗中青年学术技术带头人培养办法》《乌拉特中旗中青年科技人才突出贡献奖奖励办法》，旗科协牵头，联合旗委组织部、宣传部、旗人社局、科技局开展首届乌拉特中旗十佳中青年科技人才突出贡献奖评选活动。推荐选拔科技人员参加巴彦淖尔市科技奖项评选。

2011—2012年，旗草原监督管理局研究员万敏、旗保健医院主任医师段瑞敏获巴彦淖尔市中青年科技突出贡献奖。同期，旗农区畜牧业专项推进办公室研究员王贵印、电力公司高级工程师许志刚、旗人民医院主任医师刘健、乌拉特中旗蒙中医院主任医师丁永恒受到巴彦淖尔市中青年学术技术带头人的认定。

（三）科技扶贫

2004年，爱德基金会援助乌拉特中旗山旱区实施西北草原管理与社区发展项目，先后进行天然牧场改良、人工草场种植、水土保持建设、水利配套建设、养羊及技术培训、贫困儿童重返校园、农技协办公设备援助和会员培训等工作。截至2012年底，爱德基金会援助乌拉特中旗山旱区科技扶贫项目资金400余万元。

（四）设施建设与科技培训

2006年，旗科技馆开始建设，总面积3000平方米。2012年9月14日，旗科技馆布展完成正式开馆，实现常年免费开放，开展各种科技实践活动和科普旗科技馆比赛，体现旗科技馆展教功能、培训功能、实践功能的设计理念，是全旗最主要的科普教育阵地和重要的精神文明建设基地。同期，在主要公共活动场所建设大型科普画廊和科普橱窗、科普宣传栏。全旗建有10个镇级科普活动室和10个科普图书室；行政村（社区）建有科普“一站一栏一员”（科普活动站、科普宣传栏、科普信息员）、科普惠农服务站、科普学校、科技活动中心，青少年科普教育基地、综合科普培训中心；确立未成年人、农牧民、城镇劳动人口、社区居民、领导干部和公务员5类重点对象，实行重点对象全覆盖式培训，带动全民科学素质的整体提高，形成科学、文明、健康的社会风尚。2006—2012年，共举办各类科技培训班145期，每年推广新技术、新品种15项，聘请专家授课120余人，参与科技人员700余人，培训农牧民2.3万余人。

（五）科技工作者之家建设

2011年，旗科协在机关办公楼建成120平方米的“科技工作者之家“，设有图书室、阅览室和活动室，供科技人员开展各类学术交流活动。至2012年，旗科协以建设“优秀科技工作者之家”为己任，为广大科技工作者搭建人文关怀平台。

（六）表彰与荣誉

2009—2012年，乌拉特中旗实施“科普惠农兴村计划项目”，旗农村专业技术协会、石哈河镇有机食品种植科普示范基地、德岭山镇葵花协会三家优秀集体、优秀科普带头人任海军等先后受到中国科协、财政部表彰。优秀集体每个单位奖励资金20万元，优秀个人每人奖励资金5万元。

四、青少年科技教育

（一）队伍建设

2007年，成立乌拉特中旗科技辅导员协会，有会员35人。至2012年，旗科技辅导员协会有会员38人。

（二）科技创新大赛

2002—2012年，旗科协组织青少年坚持参加每年的各级青少年科技创新大赛，并获得较好成绩。截至2012年底，乌拉特中旗参赛选手共获得国家级二等奖1项（乌拉特中旗蒙古族学校选手阿拉德尔图的科学幻想画《能源转换机》，指导老师：闫牡丹）、自治区级奖35项、市级奖148项。

（三）科普示范学校和科普教育基地

2003年，旗第一中学、旗第四小学成功创建巴彦淖尔市级科普示范学校；同年，乌拉特中旗建立气象科普教育基地和生态园科普教育基地各1处。2008年，建立消防科普教育基地1处。2009年，乌拉特中旗第四小学和第三小学合并，更名为乌拉特中旗第二小学，继续创建巴彦淖尔市级科普示范学校。2012年，建立科技馆科普教育基地1处。

第五节　工商业联合会

一、代表大会

1988—2012年，乌拉特中旗先后召开4次工商业联合会（商会）会员代表大会。

（一）第一次代表大会

1992年11月6日，乌拉特中旗工商业联合会（商会）第一次会员代表大会召开。出席此次会员代表大会正式代表21人。会议选举产生乌拉特中旗第一届工商业联合会（商会）执行委员会委员7人、主席（会长）1人、副主席（副会长）5人、秘书长1人。

（二）第二次代表大会

1997年12月18日，乌拉特中旗工商业联合会（商会）第二次会员代表大会召开。出席此次会员代表大会的正式代表60人。会议听取和审议通过《乌拉特中旗第一届工商业联合会（商会）执行委员会工作报告》，选举产生乌拉特中旗第二届工商业联合会（商会）执行委员会委员17人、主席（会长）1人、副主席（副会长）8人、秘书长1人。

（三）第三次代表大会

2006年12月18日，乌拉特中旗工商业联合会（商会）第三次会员代表大会召开。出席此次会员代表大会的正式代表77人。会议听取和审议通过《乌拉特中旗第二届工商业联合会（商会）执行委员会工作报告》，选举产生乌拉特中旗第三届工商业联合会（商会）执行委员会委员33人、主席（会长）1人、副主席（副会长）25人、秘书长1人。

（四）第四次代表大会

2011年12月1日，乌拉特中旗工商业联合会（商会）第四次会员代表大会召开。出席此次会员代表大会的正式代表75人。会议听取和审议通过《乌拉特中旗第三届工商业联合会（商会）执行委员会工作报告》，选举产生乌拉特中旗第四届工商业联合会（商会）执行委员会委员50人、主席1人、副主席（副会长）24人、会长1人、秘书长1人。

二、组织机构

（一）管理机构

1992年，乌拉特中旗工商业联合会（商会）成立，与旗委统战部合署办公，统战部部长兼任工商联（商会）主任，统战部副部长兼任工商联（商会）副主任，工商联与商会为一套人马两块牌子，编制3人。

1997 年,旗工商业联合会(商会)与旗委统战部分设,开始独立办公,内设机构 1 个办公室;核定事业编制 5 名,其中领导职数 1 人,主任(会长)1 人、专职副主任 1 人、秘书长(副主任兼职)1 人。

2011 年,旗工商业联合会主席由旗委组织部任命,旗商会会长由民营企业法人代表经选举担任。

2012 年,旗工商业联合会(商会)无内设机构;核定行政编制 2 名、其中领导职数 2 人,主任 1 人、副主任(兼职秘书长)1 人、工勤编 1 人;副会长(主任兼职)1 人。

(二)基层商会与行业协会

2004 年,乌拉特中旗美容美发协会成立。同年,基层商会乌加河镇商会成立。2005 年,乌拉特中旗饭店餐饮协会成立。2006 年,乌拉特中旗奇石协会成立。2009 年,基层商会德岭山镇商会成立。2012 年底,乌拉特中旗共有基层商会 2 个:乌加河镇商会、德岭山镇商会;共有行业协会 2 个:饭店餐饮协会、奇石协会。

三、主要工作与活动

(一)非公有制经济工作会议

2000 年,旗委、旗人民政府召开全旗个体私营经济乡镇企业工作会议,会上提出将进一步统一思想,提高认识,把发展乌拉特中旗个体私营经济和乡镇企业摆到战略位置上来抓,为私营经济和乡镇企业的发展创造良好的营商环境,提供良好的服务。

2010 年,旗工商业联合会(以下简称“旗工商联”)组织召开非公经济代表人士工作会议,学习贯彻《国务院关于鼓励和引导民间投资健康发展的若干意见》(以下简称“新 36 条”),并对“新 36 条”进行解读,向非公经济人士广泛宣传“新 36 条”精神。

2012 年,旗工商联组织召开非公经济代表人士工作会议,学习贯彻《内蒙古自治区人民政府关于促进小型微型企业持续健康发展的意见》,研讨帮助小微企业改善发展环境,引导和帮助小微企业不断增强盈利能力和发展后劲的问题。

(二)服务民营企业

1992 年,旗工商联成立后,开展岗位技能培训,为企业解决融资难问题。1998 年,帮助私营企业贷款 5 万元。1999 年,帮助兴誉木器厂贷款 20 万元;2006 年、2007 年、2009 年,旗工商联按照“兴商利民、惠农助企、搞活流通”的实践载体,为全旗服务业从业人员开展免费岗位技能培训,培训人员 300 余人次;2010 年、2011 年、2012 年,旗工商联与金融部门建立协作关系,分别帮助会员企业贷款 2000 万元、3000 万元、600 万元。

1992—2012 年,旗工商联在非公企业发展、非公经济人士思想政治等方面展开细致的调查研究形成多篇论文,为领导制定非公经济发展措施提供参考资料。其中 2001 年,旗工商联对 20 多家民营企业开展党建工作调研,帮助 12 家企业建立党支部。2003 年,旗工商联通过对全旗 20 家重点企业调研,形成《关于制约乌中旗民营经济发展瓶颈》的论文。2005 年,旗工商联在调查了解综合分析的基础上,形成《乌中旗非公有制经济发展及对策之我见》的论文。2008 年,旗工商联通过到山东等地学习考察,形成《关于赴山东省枣庄市、临沂市考察个体工商户、中小企业担保和商会情况的调研报告》。2009 年,旗工商联通过对全旗民营企业进行调研,准确了解了全旗非公有制经济发展现状以及受金融危机影响的情况,形成《关于金融危机对民营企业影响的报告》。2010 年,旗工商联走访有关部门收集材料,通过分析研究,撰写《乌拉特中旗非公有制经济发展调研报告》《如何更好发挥工商联民间商会作用》2011 年，旗工商界政协委员向旗政协提交“进一步优化经济环境促进中小民营企业健康发展”“乌中旗非公有制经济发展现状存在问题及发展思路”“关于改进乌中旗对非公有制企业服务和管理的几点建议”提案。

（三）民营企业权益维护

1996—1998 年，旗工商联（商会）委托大发扬律师事务所为非公经济人士常年提供法律服务，维护非公经济人士的合法权益。1998 年，旗工商联（商会）帮助菜市场内（邮政局附近）个体工商户办理房屋产权证。2003 年，旗工商联（商会）帮助海流图镇工业园区引进的山西等地的民营企业解决征地、房产领证、上电等方面存在的问题。2012 年，旗工商联（商会）聘请律师岳振河为工商联常年法律顾问，为会员提供维权服务。

（四）公益活动

1998 年，旗工商联召开执委会，专门研究如何实施再就业工程事宜。至年底，安置下岗职工 396 人，旗工商联会员为山旱区学校捐赠桌椅 100 套。

1999 年，在“九九新世纪工程”中，旗工商联会员捐款捐物 30 余万元；在全旗教育“两基”达标中，会员捐赠桌椅 275 套，捐赠其他物品价值 10 万元。

2000 年，在乌拉特中旗成立 50 周年庆典活动中，旗工商联组织非公经济人士捐款 10 万元。同年，民营企业为支持教育事业发展，投资 1100 万元建新世纪中学，会员为学校购电脑捐款 223 万元。

2001 年，非公有制企业甲胜盘铅锌硫铁矿和永兴红钒厂吸纳当地剩余劳动力 700 余人就业。

2003 年，旗工商联组织非公经济人士为抗击“非典”（非典型性肺炎）、资助贫困学生、召开“国际那达慕大会”，共捐款 100 余万元。同年，安排下岗工人 200 余人就业。

2004 年，旗工商联组织非公企业为驻旗部队捐款 15 万元，为石哈河镇中学建教学楼捐款 10 万元。

2005 年，旗工商联帮助贫困地区农牧民转移剩余劳动力开展劳动技能培训 808 人次，寻找空缺岗位 1364 个，安排就业 300 余人。

2006—2012 年，旗工商联在个体工商户、企业界人士中组织开展“关爱贫困学生、奉献一份爱心”的“老板爱心助学”活动，有企业法人代表 81 人参加活动，捐款 90 万元，资助贫困学生 298 人。

2008 年，汶川地震发生后，旗工商联组织会员为地震灾区捐款 47.4 万元。

2010 年，旗工商联组织会员为玉树地震灾区捐款 4.7 万元。36 名会员捐款 14 万元用于建设乌拉特中旗旅游景点希热庙。

2011 年，旗工商联组织 30 余名会员开展“致富思源、感恩帮扶”活动，捐款 1.9 万元，帮助环卫工、老党员、老模范 29 人。

2012 年，旗工商联组织非公经济人士 51 人捐款 30 万元，资助乌拉特中旗发生洪涝灾害地区群众。

（五）交流联络

2000 年，经旗工商联联系，组织会员到外地考察学习先进的企业管理经验，引进先进的加工设备，促进企业生产方式的根本性转变。

2004 年，旗工商联负责人带领 3 名民营企业家到二连浩特市参加“全区向北开放中的海外联络工作研讨会”并到蒙古国考察肉类食品加工。

2006 年，旗工商联组织饭店餐饮协会 19 名会员对巴彦淖尔市管理先进的饭店宾馆进行考察。

2008 年，旗工商联组织人员赴呼和浩特市参加第二届“创业北方——内蒙古商贸洽谈会”，会上，向区内外企业介绍乌拉特中旗优越的投资环境、丰富的自然资源和招商引资项目。旗工商联主席到山东省枣庄市、临沂市考察小微企业信用担保和商会建设情况。旗工商联组织15名民营企业法人代表到浙江省台州市三门县工商联进行考察学习；乌拉特中旗商会与台州市三门县商会缔结为友好商会。

2009年，旗工商联主席到深圳市、厦门市、温州市、苏州市、天津市等地工商联与巴彦淖尔市派到当地招商引资办公室人员进行学习考察。

2010年，旗工商联会员到澳大利亚、新西兰等国家考察畜牧业发展情况。

2011年，旗工商联通过与市金融办、旗工商银行、包商银行、发展银行、城市信用社等多家金融部门沟通联系，为全旗多家非公企业贷款3000余万元，解决了企业融资难题。

2012年，旗工商联先后组织民营企业到呼和浩特市和临河区参加全区“2012龙抬头”银企对接会和全市政企银联谊会，帮助企业贷款600万元。

第二章　社会团体

第一节　文学艺术界联合会

一、代表大会

1988 年，乌拉特中旗第一届文学艺术界代表大会召开，选举常务委员 9 人、主席 1 人，副主席 2 人。

二、组织机构

1988 年 4 月，乌拉特中旗文化局筹备建立乌拉特中旗文学艺术界联合会。6 月，旗第一届文学艺术界代表大会召开后，乌拉特中旗文学艺术界联合会（以下简称“旗文联”）正式成立，核定事业编制 4 名，实有干部职工 2 人。

1993 年，全旗机构改革，旗文联被撤销，人员被转体分流。

1995 年，旗文联恢复建置，事业编制，与旗文化馆合署办公，隶属乌拉特中旗文体广电局管理，核定事业编制 4 名。1998 年，旗文联从旗文化馆划出，机构单独设置，编制单例，由旗文体广电局管理划归旗委宣传部管理，机构性质不变，核定事业编制 4 名。

1998 年，旗文联归属旗委宣传部管理，机构性质不变，核定事业编制 4 名。

1999 年 3 月，乌拉特中旗文联恢复正科建制，机构性质不变，核定事业编制 4 名。

2005 年，旗文联内设机构 3 个：办公室、组联部、编辑部，核定事业编制 4 名，实有干部职工 14 人，其中领导职数 3 个，一正二副（主席 1 人、副主席 2 人）。

至 2012 年底，旗文联内设机构与人员编制未发生变化。

三、创作队伍

1988 年，旗文联所属文艺家协会 3 个（作家协会、美术家协会、音乐舞蹈家协会），共有会员 50 人，其中内蒙古自治区级会员 2 人，巴彦淖尔盟级会员 12 人。

2012 年，旗文联所属文艺家协会 9 个：作家、美术、书法、摄影、戏剧、音乐舞蹈、民间艺术家、广播影视、文化影视家；另有企业文联 1 个；共有会员 258 人，其中国家级会员 3 人、内蒙古自治区级会员 13 人、巴彦淖尔市级会员 82 人。

2009—2011 年，旗文联连续三年被巴彦淖尔市文联授予“文艺出版作品推荐申报先进集体”“基层文联先进集体”称号。2011 年，旗文联被评为全国先进基层文联。

四、文学创作

旗文联紧紧围绕“二为”（为人民服务、为社会主义服务）方向和“双百”（百花齐放、百家争鸣）方针，以“三贴近”（贴近实际、贴近生活、贴近群众）原则为指导，坚持以人民为中心的创作导向，在文学艺术事业上取得优异成绩。1988—2012 年，共出版各类书籍 96 本，文学杂志 18 期。

（一）小说

1988—2007 年，布仁特古斯著作有《辽阔的杭盖》《黑骏马》《驼峰山》《大地的恩泽》《戈壁滩的三只弱命》《故乡的神威》等长篇小说；斯楞著作有《哲理木之雾》《三个西坡》《三个支架石头》《遗址》等长篇小说；查格德尔苏荣著作有《朝亥外传》长篇小说。

2008 年，哈日巴拉所著《载月的夜晚》由内蒙古出版社出版发行。

2011 年 5 月，银吉玛所著蒙古文长篇小说《云青马驹》由内蒙古人民出版社出版发行。

2012 年 10 月，作家呼日来所著《故乡 · 文化探索》由内蒙古人民出版社出版发行。

（二）诗歌

1994 年，苏力德所著诗歌《力颂》获"巴彦淖尔报"征文三等奖。

1997 年，苏力德所著诗歌《母亲》获"巴彦淖尔报"征文三等奖。

2012 年，叶 · 孟克吉日嘎拉所著诗歌《乌拉特》获"巴彦淖尔报"征文一等奖。

（三）散文

1995 年，宝迪所著散文《一寸土地、一寸金》获内蒙古自治区报道文学二等奖。

1991 年，宝迪所著散文通讯《真爱》获内蒙古自治区广播电视通讯评选一等奖。

2011 年 6 月，毕力格巴特尔、呼布庆所著散文、新闻报道集《天上人间》由内蒙古人民出版社出版发行。同年 11 月，兰建忠所著《春华秋实》由内蒙古人民出版社出版发行。

2012 年 6 月，韦颖显、杜锦岐、边允炜所著《乌镇村史》由内蒙古大学出版社出版发行。同年 10 月，呼日来所著《故乡 · 文化探索》由内蒙古人民出版社出版发行。同月，旗政协、旗文联所编《心中的旗帜》出版。11 月，旗文联所编《鸿雁之歌——乌拉特中旗优秀蒙文文学作品选》出版。

（四）文学杂志

2009—2012 年，旗文联所编文学杂志《乌拉特文艺》（蒙古文）、《鸿雁》（汉文）共 8 期。

五、艺术创作

（一）美术

2010 年，狄英美术作品《牡丹》获内蒙古美术学院美术作品大赛金奖，美术作品《鸿雁》获乌拉特中旗社会主义核心价值观书法美术摄影展一等奖。

（二）书法

2012 年，刘广星书法作品《在延安文艺座谈会上的讲话》获全国第三届诗书画印大赛一等奖、千年宋词第二届全国专题书法艺术二等奖、中央电视台书画频道新春书画展播优秀作品奖，隶书作品入选 2012 年中日议员书法展。

（三）雕塑

2012 年，旗文联组织社会各界捐款，兴建"内蒙古蒙文长篇小说之乡——乌拉特文化九星杰出成就"纪念碑，底座 4.5 平方米，高 10.9 平方米，纪念碑四周是书的浮雕，寓意着 20 世纪 90 年代乌拉特中旗曾被誉为"蒙文长篇小说之乡"。

纪念碑顶端有两匹乌拉特蒙古马雕塑，一匹枣红马，一匹大青马，寓意着 1982 年在锡林浩特市举办的全区那达慕大会上，乌拉特中旗选拔的 2 匹马参加不同年龄组赛马比赛夺得冠军。

（四）音乐 舞蹈

1999 年，为庆祝中华人民共和国成立 50 周年，迎接澳门回归，旗文艺部门精心编排一台新节目《海流图河畔》，其中：由梁明义创作的舞蹈《飞越》获全盟文艺会演优秀创作奖。

2002 年，旗文艺部门编排晚会"歌舞吟诵新世纪"，其中由其木格创作的舞蹈《戈壁人》《纯洁的心》获全盟优秀创作和优秀表演两项奖，其中其木格、达楞太等 15 名演员获优秀表演奖。

2005 年 8 月，旗文化部门参加首届河套文化艺术节"金川啤酒杯"巴彦淖尔首届专业文艺会演中，舞蹈《乌拉特圣火》（编舞其木格）、歌曲《最美的歌献给您》（词、曲作者刚苏和）、歌曲《开放的乌拉特欢迎您》（作词人吴永德）获优秀创作奖。

2010 年 8 月，旗文联选送声部组合演唱《鸿雁》获巴彦淖尔市河套文化艺术节乌拉特民歌优秀节目展演作品奖。

2011 年 7 月，旗文化部门委派 18 名队员参加中国共产党成立 90 周年“巴运情”2011 中国河套艺术节全市第三届乌拉特民歌优秀节目展演。由哈图吉拉图创作的舞蹈作品《乌拉特情韵》，二声部演唱《三匹枣骝马》等作品获优秀表演奖。

（五）戏剧 曲艺

2000 年，由苏和巴特尔创作，苏和巴特尔、玉宝表演的相声《初恋》获巴彦淖尔文学创作一等奖。

2006 年，宝迪创作的广播剧《我那富饶的戈壁滩》被评为内蒙古自治区“五个一工程”奖。

（六）摄影

1988—2012 年，乌拉特中旗摄影界，主要有赵达布希拉图、樊明成、黄建钧、刘广星、乌日更、刘斌、王风、王红枫、王志强、包长明、支茂盛等。共有 128 幅摄影作品入选内蒙古自治区、巴彦淖尔市、乌拉特中旗三级摄影展。

（七）剪纸

2012 年，额尔登图雅剪纸作品《京剧脸谱》获内蒙古自治区幼儿教育“梦想童年”美术作品创作大赛特等奖。

第二节　残疾人联合会

一、代表大会

1991—1998 年，乌拉特中旗先后召开 3 次残疾人联合会代表大会（第一次、二次、三次残疾人联合会代表大会）；1999—2012 年，乌拉特中旗未召开残疾人联合会代表大会。

（一）残疾人联合会第一次代表大会

1991 年 6 月 25 日，乌拉特中旗残疾人联合会第一次代表大会召开，出席会议代表 61 人，列席代表 7 人。会议选举产生乌拉特中旗第一届残疾人联合会主席团委员 27 人、主席 1 人、副主席 8 人，选举产生乌拉特中旗第一届残疾人联合会执行理事会副理事长 1 人。

（二）残疾人联合会第二次代表大会

1994 年 9 月 7 日，乌拉特中旗残疾人联合会第二次代表大会召开，出席会议代表 49 人，列席代表 7 人。会议听取和审议通过《乌拉特中旗第一届残疾人联合会执行理事会工作报告》，选举产生乌拉特中旗第二届残疾人联合会主席团委员 25 人、主席 1 人、副主席 6 人，选举产生乌拉特中旗第一届残疾人联合会执行理事会副理事长 1 人。

（三）残疾人联合会第三次代表大会

1998 年 9 月 22 日，乌拉特中旗残疾人联合会第三次代表大会召开，出席会议代表 82 人，列席代表 5 人。会议听取和审议通过《乌拉特中旗第二届残疾人联合会执行理事会工作报告》，选举产生乌拉特中旗残疾人联合会第三次代表大会主席团委员 25 人、主席 1 人、副主席 4 人，选举产生乌拉特中旗残疾人联合会执行理事会理事长 1 人、副理事长 1 人。

二、组织机构

1991 年 5 月，乌拉特中旗残疾人联合会（以下简称“旗残联”）成立，是经旗人民政府批准和确认的残疾人自身代表组织、社会福利团体、事业管理机构融为一体的残疾人事业团体。旗残联内设机构4个:办公室、教就部、康复部、综合部;核定事业编制7名,其中领导职数2人,一正一副。

2012年底,旗残联内设机构4个:办公室、教就部、康复部、综合部;核定事业编制7名,其中领导职数2人,一正一副。

三、残疾人口

1991年,全旗共有各类残疾466人,占全旗人口总数的0.05%,其中视力残疾43人,智力残疾116人,听力言语残疾112人,肢体残疾77人,精神残疾96人,有2种以上的多重残疾人22人。

1999年,全旗有各类残疾人4800余人,其中视力残疾1080人,听力语言残疾690人,肢体残疾1950人,智力残疾585人,精神残疾265人,多重残疾230人。

2009年,全旗共办理残疾人证877个。其中视力残疾93人,占残疾人总数的10.6%;听力残疾34人,占残疾人总数的3.88%;言语残疾20人,占残疾人总数的2.28%;肢体残疾576人,占残疾人总数的65.68%;智力残疾68人,占残疾人总数的7.75%;精神残疾22人,占残疾人总数的2.51%;多重残疾64人,占残疾人总数的7.3%。

2010年,全旗共办理残疾人证3688个。其中视力残疾256人,占残疾人总数的6.94%;听力残疾388人,占残疾人总数的10.52%;言语残疾129人,占残疾人总数的3.5%;肢体残疾2445人,占残疾人总数的66.3%;智力残疾194人,占残疾人总数的5.26%;精神残疾190人,占残疾人总数的5.15%;多重残疾86人,占残疾人总数的2.33%。

2011年,全旗共办理残疾人证5396个. 其中视力残疾494人,占残疾人总数的9.15%;听力残疾518人,占残疾人总数的9.6%;言语残疾168人,占残疾人总数的3.11%;肢体残疾3475人,占残疾人总数的64.4%;智力残疾304人,占残疾人总数的5.63%;精神残疾250人,占残疾人总数的4.63%;多重残疾187人,占残疾人总数的3.47%。

2012年,全旗共办理残疾人证6147个。其中视力残疾638人,占残疾人总数的10.38%;听力残疾616人,占残疾人总数的10.02%;言语残疾180人,占残疾人总数的2.93%;肢体残疾3880人,占残疾人总数的63.12%;智力残疾343人,占残疾人总数的5.58%;精神残疾272人,占残疾人总数的4.42%;多重残疾218人,占残疾人总数的3.55%。

四、主要工作与活动

1991—2012年,随着残疾人各项业务的开展,乌拉特中旗确立残疾人事业的基本格局,残疾人工作纳入旗委、旗人民政府工作议程。

(一)基层组织建设

1998年,全旗进一步完善苏木、乡、镇残联的组织建设,配备专兼职理事长。

1999年,旗残联在加强自身建设的同时,将残疾人工作延伸到基层,使更多的残疾人能得到及时有效的服务。

2008年,全旗开展基层残疾人组织规范化建设,认真抓好各镇、苏木残疾人机构的组织落实、办公场地落实、制度落实、任务落实,按照"有专职干部、有办公场所、有服务载体、有联系网络"的基层残疾人组织建设要求,全面完成全旗残疾人基层组织规范化建设。"机构健全规范、队伍稳定实干、服务功能完善"的基层残疾人组织"三级网络"体系基本形成。

(二)康复工作

1991—2012年,旗残联先后完成白内障复明手术785例;完成肢体残疾康复训练103人;听力语言康复训练54人;为43名低视力残疾人佩戴助视器;训练智力残疾儿童56人;发放各类辅助器具338件。其中2011年,旗残联为1名听力残疾患者争取到接受国家人工耳蜗救助项目。2012

年，旗残联为人工耳蜗再造术的贫困残疾人筹集捐款44200元。

（三）扶贫与保障

1994年，旗残联利用“助残日”，以向残疾人献爱心为主要内容精心组织开展大规模宣传活动，各级党政领导深入残疾人家庭，访贫问苦，了解情况，帮助解决实际问题。

1996年，旗残联利用“温饱工程”“科技扶贫”“文化扶贫”“信息扶贫”等内容帮助解决400名贫困人口的温饱问题。

1998—2012年，旗残联充分利用有关节日开展扶贫慰问活动，共有80余个单位的干部职工和群众1977人次参与开展扶残助残活动；旗残联走访慰问残疾人3940人次，为贫困残疾人送去大米、面粉、衣服、棉被和学习用具等。

2009年，根据《中国残疾人联合会专项彩票公益金农村牧区贫困残疾人危房改造项目实施方案》（残工委秘〔2004〕5号），内蒙古自治区财政厅、残联联合下发《中国残疾人联合会专项彩票公益金农村牧区贫困残疾人危房改造项目内蒙古自治区实施方案》及巴彦淖尔市实施方案的总体要求，旗残联争取危房改造项目，解决230户贫困残疾人住房困难问题。

2010—2011年，旗残联为全旗260名残疾人办理残疾人机动轮椅车燃油补贴，每人每年补贴200元。

2011年，根据巴彦淖尔市残联“阳光家园计划”实施方案，为全旗20名符合条件的残疾人进行“阳光家园计划”居家托养服务资助申请，每人资助500元。

2011—2012年，按照巴彦淖尔市残联、财政局与中国人寿保险公司联合下发《巴彦淖尔市残疾人参加中国人寿意外伤害保险的实施方案》要求，旗残联为全旗450名残疾人免费办理意外伤害保险。

（四）就业与教育

1991—2012年，旗残联按照分散与集中相结合的原则，多渠道、多层次、多形式促进残疾人就业；举办各类实用技术培训班，帮助残疾人掌握实用技术，提高就业能力。1991—2012年，先后培训残疾人员1019人次。积极引导残疾人员转变就业观念，倡导和鼓励残疾人自愿组织起来就业和个体创业。扶持残疾人自主创业，提供资金与物资支持。

2011年，旗残联开始实施助学项目，在经常性助学活动中将残疾学生列为优先资助对象，不断完善残疾儿童少年助学制度，实施“金秋助学”项目，资助残疾大学生及残疾人家庭子女。

（五）文体宣传

2010年，旗残联开始选送有文体特长的残疾人参加内蒙古自治区、巴彦淖尔市残疾人职业技能比赛和残疾人运动会等，在各类比赛中获得优异成绩。

2012年7月25日，巴彦淖尔市首届残疾人运动会在乌拉特中旗举办。

第三节　红十字会

一、代表大会

1996年8月，乌拉特中旗红十字会（以下简称旗红十字会）成立。至2012年，乌拉特中旗红十字会共召开2次会员代表大会。

（一）红十字会第一次会员代表大会

2006年12月15日，乌拉特中旗红十字会第一次会员代表大会召开，各会员单位、理事会成员单位52名代表参加会议。旗委、旗人大常委会、旗人民政府、旗政协有关领导出席会议。会议通过

《乌拉特中旗红十字会五年发展规划》,对今后工作做了安排部署。会议聘任旗委书记陶格陶为红十字会名誉会长,选举乌拉特中旗副旗长岱庆格日乐为红十字会会长,选举常务副会长(兼秘书长)1人、专职副会长1人,共选举产生理事会成员25人,常务理事会成员9人。

(二)红十字会第二次会员代表大会

2011年11月4日,乌拉特中旗红十字会第二次会员代表大会召开,各会员单位、理事会成员单位89名代表参加会议。巴彦淖尔市红十字会常务副会长杨继光到会祝贺,旗委、旗人大常委会、旗人民政府、旗政协有关领导出席会议。会议通过《乌拉特中旗红十字会工作报告》的决议(草案)和《乌拉特中旗红十字会2011—2015年发展规划》的决议(草案)。会议聘请乌拉特中旗旗长边保全和旗人大常委会副主任张国华为名誉会长,聘请名誉副会长6人,选举产生理事38人、常务理事20人,选举乌拉特中旗副旗长贾利平为红十字会会长,选举常务副会长1人、专职副会长1人、秘书长1人。

二、组织机构

1996年8月,乌拉特中旗红十字会机构单设,为正科级建制,定编3名。

2002年5月,旗红十字会内设机构3个:办公室、青少年宣传组织救护部、赈济部;核定事业编制5名,其中会长1人,副会长1人。

2009年,旗红十字会列入参照《公务员法》管理单位,在职干部6人全部通过参照公务员培训考试。

2012年,旗红十字会内设机构3个:办公室、青少年宣传组织救护部、赈济部;核定事业编制5名,其中会长1人,副会长1人。

三、主要工作与活动

(一)基层组织建设

1997年,乌拉特中旗红十字会独立开展工作后,严格按照《中华人民共和国红十字会法》《内蒙古自治区实施〈中华人民共和国红十字会法〉办法》和《中国红十字会章程》的规定和要求,坚持成熟一个、发展一个、巩固一个的组织原则,壮大会员和志愿工作者队伍。

1998年 乌拉特中旗第一完全小学、第二完全小学、第三完全小学、第四完全小学、第一中学、第二中学、蒙古族中学组建基层红十字会组织,旗红十字会有团体会员单位12个,有成人会员815人,青少年会员7423人。

1999年,旗红十字会在海流图镇地区命名红十字医院1所、石哈河乡命名红十字诊所1所,这2个红十字医疗机构的成立,为旗红十字会开展红十字各项救护活动奠定了基础。至年底,旗红十字会有团体会员单位12个,有成人会员737人,青少年会员7379人。

2000年,旗红十字会依据“巩固城市、发展农村、突出牧区、延伸行业”红十字基层组建方针,根据《中华人民共和国红十字会法》和《中国红十字会章程》有关规定和乌拉特中旗《关于在部分苏木、乡镇建立基层红十字会组织的通知》(乌中政办〔2000〕12号)文件精神,在巩固原有会员单位基础上,先后在巴音哈太苏木、石哈河镇、乌加河镇、乌兰苏木4个乡镇苏木发展基层红十字会组织,至年底,旗红十字会有团体会员单位16个、会员10395人,其中青少年会员9327人。旗红十字会对所有会员单位进行登记、建档,统一办理会员证,按照《中国红十字会章程》收缴会费,使旗红十字会逐步形成以学校红十字会组织为主力,医疗卫生会员单位为依靠,苏木、乡镇红十字会组织为基础的红十字会组织体系。

2001年,旗红十字会有团体会员单位16个,有会员10572人,其中青少年会员9538人。

2002年,旗红十字会有团体会员单位17个,有会员10985人,其中青少年会员9692人。全旗有红十字医疗机构 3 个：红十字医院、红十字诊所、红十字会红医室；有红十字急救队 3 个：旗人民医院、旗防疫站、旗保健院；有急救站 2 个：川井卫生院、乌梁素太卫生院。

2003 年，旗红十字会有团体会员单位 17 个，有会员 11221 人（其中新增石哈河镇会员 236 人）。

2005 年，旗红十字会有团体会员单位 18 个，有会员 11338 人。

2007 年，旗红十字会有团体会员单位 36 个，有会员 12275 人。

2008 年，旗红十字会有团体会员单位 46 个，有会员 12519 人，其中成人会员 2769 人，青少年会员 9750 人。

2009 年，旗红十字会有团体会员单位 52 个，有会员 12701 人，有志愿者 12 人。

2010 年 10 月，旗委、旗人民政府联合下发《关于进一步加强红十字会基层组织建设工作的通知》，旗红十字会下发《乌拉特中旗红十字会基层组织标准化建设指导意见》，明确旗红十字会目标任务、组织建设的要求、工作职责和“六有”（有健全的组织机构和热心红十字事业的带头人、有稳定的会员和志愿者队伍、有规范的管理制度、有固定的服务平台、有红十字特色活动；有必要的经费保证）标准。

2009 年 7 月，乌拉特中旗红十字志愿者工作委员会成立大会召开，标志着全旗红十字会组织机构进一步健全和完善。同时，组建医疗志愿服务队（由 10 人组成）和青少年志愿服务队（由 34 人组成）。所有志愿者按照红十字志愿工作者管理制度开展宣传贯彻《中华人民共和国红十字会法》和《中华人民共和国红十字标志使用办法》等法律法规，协助开展社区宣传、救护培训、社会募捐、备灾救灾、救助工作和赈济活动以及社区服务等各项活动。

2012 年，全旗有红十字会基层组织 19 个、团体会员单位 61 个（其中行政单位 49 个、事业单位 19 个、企业 3 家），红十字会会员 9239 人，其中成人会员 2326 人、青少年会员 6913 人。全旗有红十字急救队 3 个（旗人民医院、旗疾病控制中心、旗保健院）、急救站 2 个（川井卫生院、石哈河中心卫生院）。全旗有志愿服务队 3 支（医疗志愿服务队、学校红十字志愿服务队、应急救护培训师资志愿服务队）、红十字志愿者 50 人。

（二）法律宣传

1996—2012 年，乌拉特中旗红十字会成立后，先后以“5 · 8”世界红十字日、“5 · 12”防灾减灾日、世界急救日等重大节日为契机，采取多种形式，加大红十字会有关法律法规的宣传力度。通过旗电视台、《乌拉特中旗周刊》、网站等新闻媒体进行宣传；结合志愿服务工作，组织志愿者到农村牧区、街道进行宣传；印制红十字会法律法规宣传单；积极做好红十字会报刊征订工作，各成员单位、理事会单位均征订了红十字方面的报刊；向全旗各医疗卫生单位和个体医药经营者发放红十字法规和如何正确使用红十字标志宣传材料，使他们能更加了解红十字标志正确使用方法。通过多种形式的宣传，使更多的群众提高了对红十字会及其人道主义工作的认识，形成关心、支持、参与红十字会工作的良好社会氛围。

（三）救灾救助

2001 年，乌拉特中旗连续遭受雪灾、旱灾和沙尘暴袭击，导致草场严重沙化、退化，给农牧民造成严重经济损失，旗红十字会先后给 7 个镇、苏木、乡受灾群众发放救灾面粉 1200 袋，共价值 5 万元，使 808 户、1930 名受灾群众受益。

2002 年，新忽热苏木、石哈河镇、乌梁素太乡先后遭受洪灾，巴彦淖尔盟红十字会下拨救灾衣物 300 套、鞋 100 双及部分药品，通过旗红十字会及时发放到灾民手中。

2004 年，德岭山镇、温更镇等地发生洪灾，旗红十字会及时将内蒙古自治区红十字会下拨的

16.2万元的救灾物资发放到灾区。

2005年，乌拉特中旗遭受旱灾，内蒙古自治区红十字会下拨救灾面粉37吨，价值8万元，通过旗红十字会及时发放到受灾较重的5个镇、苏木。

2010年1月，全旗出现大范围的降雪天气，形成白灾，旗红十字会积极响应旗委、旗人民政府号召，开展抗灾救灾工作，帮助巴音乌兰苏木、川井苏木、新忽热苏木、呼勒斯太苏木、海镇、石哈河镇6个苏木镇的困难农牧民摆脱困境，共渡难关。旗红十字会发放面粉38吨、大米8吨及棉衣、油、饲料等物资，价值42.99万元，使332户、4456名受灾群众受益。

2012年，旗境内普降中到大雨，是有气象资料记录54年中范围最广、时间最长、雨量最大、成灾最为严重的一次降雨。累计经济损失84586.1万元，给人民群众造成重大损失。特大洪灾时期，旗红十字会募集捐款510万元和巴彦淖尔市红十字会下拨抗洪救灾募捐款50万元及价值8万余元的物资，通过旗红十字会及时将全部款物发放到受灾的8个镇、苏木受灾群众手中。

乌拉特中旗红十字会成立后，发放各类救灾款物共计646万元，通过开展"红十字博爱送万家"、"博爱一日捐、助你上大学"、"九九重阳节"慰问贫困老人、救助贫困中小学和特困户（大病）救助等活动，共发放款物390余万元。

（四）义诊救护

旗红十字会成立后至2012年，为进一步弘扬"人道、博爱、奉献"的红十字精神，带着B超机、心电图机、血压计等器械到旗敬老院，为孤寡老人进行义诊，并发放价值5000余元治疗药品。2002年，在旗红十字医院为全旗22名离退休老干部进行身体检查，并建立病历档案。通过举办知识讲座、印发资料、现场演练等方式，面向学校、机关、企业以及红十字会会员和志愿者多次开展应急救护培训工作，使学员对心肺复苏，创伤"四项技术"（止血、包扎、固定、搬运）等都有了一定了解和掌握。旗红十字会共培训红十字初级救护员630余人、普及应急救护培训6700余人次。发放《卫生救护知识手册》《备灾防灾及卫生救护常识》《应急避险安全常识手册》等读本8000余册。

（五）筹资募捐工作

1998年，旗红十字会为内蒙古东部区洪灾，募集款物价值1.21万元。2004年，印度洋地震海啸灾难，共募集捐款2.59万元。2008年，汶川地震赈灾募捐款32.1万元。2009年，台湾"莫拉克"台风赈灾募捐款1.09万元；青海玉树地震赈灾募捐款9.24万元；甘肃舟曲泥石流共接收募捐款3260元，每一笔善款都及时上交上级红十字会，统一寄往灾区，用于受灾地区的救助和灾后重建。旗红十字会为遭受自然灾害地区募集捐款46.56万元。

（六）"博爱一日捐"活动

2006—2012年，为贯彻落实《内蒙古自治区人民政府办公厅关于进一步做好全区"博爱一日捐"工作有关事宜的通知》和《巴彦淖尔市委办公厅、政府办公厅关于做好"博爱一日捐"工作有关事宜的通知》精神，旗红十字会受旗委、旗人民政府委托，每年开展"博爱一日捐"募捐活动；旗红十字会累计接收"博爱一日捐"募捐款397.46万元。

第四节　关心下一代工作委员会

一、组织机构

1991年6月，乌拉特中旗关心下一代协会成立，办公地点设在老干部局。

1995年1月，旗关心下一代协会被撤销，成立乌拉特中旗关心下一代工作委员会（以下简称

“旗关工委”）。旗关工委是以离退休老干部为主体，党政有关部门和群团组织负责人参加的，以关心教育培养青少年为目的群众性工作组织，是党和政府教育青少年的参谋和助手，是联系青少年的桥梁和纽带。旗关工委名誉主任先后由旗委副书记、旗长、旗委组织部部长担任。

二、主要工作

（一）思想道德建设

1995年1月，旗关工委成立后，始终把对青少年思想道德教育作为重要工作常抓不懈。坚持以理想信念教育为核心，对青少年开展人生观、价值观、世界观和社会主义荣辱观教育。

2000—2009年，全旗各级关工委成立宣讲报告团26个，“五老”报告员78人，各苏木乡镇成立了农牧区科技政治学校11个，到学校、农牧区、城镇居民社区和工矿企业，开展各种形式的宣传教育活动220余场次，受教育人数3余万人次。

2001年9月，中共中央《公民道德建设实施纲要》颁发后，旗关工委组建了理论水平高、法律、法规方面有特长的“五老”宣讲员的青少年教育宣讲团5个、21人，到全旗苏木乡镇、学校、社区进行巡回宣讲。同年，宣讲场次37次，听讲师生7000余人。同时，在全旗各学校开展了“小公民”道德法制建设行为规范“五小行动”活动，鼓励青少年从小做起，从身边事做起，争当“小帮手、小标兵、小伙伴、小卫士、小主人”的合格小公民。

2002年，为贯彻党中共中央《公民道德建设实施纲要》，内蒙古自治区党委把2002年确定为“公民道德建设年”，把2002年3月确定为“公民道德宣传月”。旗关工委组织“五老”人员在各中小学校中进行《纲要》的宣传活动，同年6月11日，由旗委宣传部、文明办、关工委举办学习宣传《纲要》万人签名活动。

2004年8月，中共中央、国务院颁发了《关于进一步加强和改进未成年人思想道德建设的若干意见》。

旗关工委成立以来，扎实开展爱国主义教育活动，与宣传部、文明办、老干局、教育局、团委等单位密切配合，以乌不浪口抗日烈士陵园为爱国主义教育基地为主阵地，每年组织500余名青少年学生及青年职工开展祭祀活动。全旗受教育的青少年学生及青年职工8万人次。

1995年9月，旗关工委出台了《在全旗中小学、幼儿园师生中进行“世界反法西斯胜利”和中国“抗日战争胜利”50周年纪念活动意见》（乌中关工字〔1995〕52号），全旗各学校组织青少年开展了形式多样的纪念抗日战争胜利50周年主题教育活动。

2000年，全旗各学校普遍开展以“热爱祖国、热爱集体”为主题教育活动。旗关工委组织“五老”人员到全旗各中小学校举办各类主题宣讲活动239场（次），受教育的中小学生达到4.6万人次。

2012年，广泛开展法制宣传教育，增强青少年法律意识。各中小学校都配备了法制副校长，其中“五老”任法制副校长11人，先后举办了3次法制副校长培训班。同时，旗关工委组建了由退休干部组成的法律知识宣讲团1个，“五老”帮教小组21个，“五老”校外辅导员27人，旗政法委副书记王芸生等4人被聘为内蒙古自治区“青少年普法教育宣讲团”成员，成功举办了《中华人民共和国未成年人保护法》《预防未成年人违法犯罪法》和《内蒙古自治区未成年人保护条例》等法制宣传教育报告会290场次，发放各类法制宣传单18万余份，与交警大队、海镇派出所、交通局、科技局联合举办法律科学知识图版展56期。每年的6月26日国际禁毒日宣传活动中，旗关工委同政法委组织全旗干部，职工、学生500余人参观禁毒图版展，发放宣传单5000余份，并在2003年重新修订了《中学生守则》《小学生守则》，进一步明确了中小学生行为规范。

2001年,组建"夕阳红""五老"义务调解中心,调解员由18名离退休老党员组成,调解中心成立以来,共接待来访人员800余人,调解社区邻里纠纷、家庭矛盾200余起,调解成功率90%以上。

大力加强网吧监督工作,促进未成年人健康成长。为了进一步净化社会文化环境,促进未成年人健康成长,不断加强对网吧经营场所的监督管理,充分发挥"五老"的社会监督力量,全旗35名"五老"网吧义务监督员同文化市场稽查队员们一起共赴网吧管理一线,每年召开"五老"网吧义务监督员座谈会,共劝阻123名未成年人进入网吧,帮教对象数及改好率90%以上。

(二)家庭教育

1998年,为加强学校、社会、家庭三结合教育网络,努力营造有利于青少年健康成长的社会氛围。旗关工委出台《关于全旗兴办家长学校,发展社区教育的意见》(乌中关工字〔1998〕1号),全旗各级关工委与教育部门密切配合,以开展"家长学校"达标活动为载体,对广大家长进行教育示范,在实践中创新和总结出"三为主,三配合"的活动机制。即开学期间以学校为主,家庭、社会配合;寒暑假期间以家庭为主,学校、社区配合的活动机制。

2012年,共创建家长学校11所;举办"优秀家长培训班"210期,培训优秀家长8.7万人,开展家长联谊活动890场;邀请赏识教育专家、教授举办赏识教育专题演讲报告会91场。全旗社会、学校、家庭"三结合"教育专题讲座报告71场,参加讲座报告的人员3.4万人。

(三)关工委自身建设

调强配优各级关工委常务班子和专业骨干队伍。本着"优化、精干、高效"的原则,把政治素质好、协调能力强、年龄相对较轻、身体较好、热心关心下一代工作的退休领导和退居二线的领导选配为同级关工委常务副主任,注重吸收老教育专家和老技术专家加入关心下一代工作队伍,充分发挥他们在教育青少年方面的特长和优势。在职能作用发挥方面,按照"逐级负责、系统管理"的原则,抓好"宣讲报告组、关爱服务组、组织建设组、学校教育组、法制教育组"5个工作组的建设,充分发挥系统单位在"教育、关爱、服务"青少年的优势和作用,增强关心下一代的针对性和实效性。

加强基层组织建设,不断扩大工作覆盖面。按照"工作重心向下倾斜,组织向基层延伸"的工作要求,加大关工委基层组织的建设力度。2012年底,全旗各级关工委组织发展到了157个,其中旗关工委1个,旗直中小学8个,各苏木、乡、镇40个,村、嘎查级108个,共有成员622人,其中离退休干部208人,在职职工160人,农牧民254人,基本形成了从上到下、从机关到基层组织网络化。

加强"五老"人员的组织发动工作,不断壮大"五老"队伍建设。主动与组织、人事和老干部工作部门沟通联系,采取组织动员,老干部登门拜访等多种形式,使一大批老同志走出家门,投身到"教育、关爱、服务"青少年的工作中来。初步形成了骨干人员与志愿者人员相结合的多层次工作队伍。

2009年,乌拉特中旗专门设立人民教育基金会,旗财政每年安排20万元专项资金,用于开展贫困大学生资助活动。几年来,旗委政府协调整合团委、妇联、红十字会、工会、民政、关工委、工商联、各苏木、镇、企业等各类扶困助学资金,积极帮助家庭困难的大学生申请办理助学贷款,累计筹措各类助学资金400余万元,资助贫困学生5700人次。

第十篇　检察　审判

◎ 检　察
◎ 审　判

第一章　检　察

第一节　机　构

一、领导机构

1988 年，乌拉特中旗设有人民检察院，内设机构 4 个：政秘科、刑事检察科、经济检察科、法纪检察科。全院核定政法专项编制 43 名，其中领导职数 4 个，一正三副。

1989 年 7 月，旗人民检察院刑事检察科分为审查批捕科和审查起诉科，监所管理职能并入起诉科，举报控申职能并入经济检察科。

1990 年 10 月，旗人民检察院经济检察科被撤销，组建反贪污贿赂侦察局，为准科级建制。

1991 年 3 月，旗人民检察院政秘科备被撤销，分设政工科和办公室，举报接待室改设为控告申诉检察科，增设监所检察科。

1994 年 6 月，旗人民检察院增设民事行政检察科。

1998 年 2 月，旗人民检察院组建成立调查研究室和技术室。

2000 年 4 月，旗人民检察院组建法警队。至此，旗人民检察院内设机构 12 个：办公室、政工科、审查批捕科、审查起诉科、反贪污贿赂侦察局、法纪检察科、控告申诉检察科、监所检察科、民事行政检察科、调查研究室、技术室、法警队。全院核定政法专项编制 43 名，其中领导职数 4 个，一正三副。

2006 年 7 月，旗人民检察院设立监察室及职务犯罪预防科。调查研究室更名为法律政策研究室。技术室更名为检察技术信息科。

2007 年 6 月，旗人民检察院政工科更名为政治部，审查批捕科更名为侦查监督科，审查起诉科更名为公诉科，法纪检察科更名为反渎职侵权局。

2012 年，旗人民检察院法警队更名为法警大队。

截至 2012 年底，乌拉特中旗人民检察院内设机构 14 个：政治部、办公室、反贪污贿赂局、反渎职侵权局、侦查监督科、民事行政检察科、公诉科、控告申诉检察科、监所检察科、检察技术信息科、职务犯罪预防科、法警大队、监察室、法律政策研究室。全院核定政法专项编制 51 名，其中领导职数 4 个，一正三副。

1988—2012 年乌拉特中旗人民检察院检察长名录

表 10－1

姓　名	性　别	民　族	任职时间
林宝玉	男	汉　族	1988 年 1 月至 1994 年 1 月
康旭明	男	蒙古族	1994 年 1 月至 1995 年 12 月
韩·吉仁尼格	男	蒙古族	1996 年 4 月至 1998 年 11 月
蔡树林	男	汉　族	1998 年 11 月至 2005 年 3 月
乌日图	男	蒙古族	2005 年 3 月至 2011 年 4 月
刘文斌	男	汉　族	2011 年 4 月至 2012 年 12 月（届期未满）

第二节　体制与机制改革

1988 年，旗人民检察院按照上级院部署，从健全法律监督程序、完善检察领导体制、改革人事工作制度、改善执法条件、加强基础工作五个方面部署检察改革工作。

1989—2000 年，旗人民检察院按照“严格执法、狠抓办案”的总体工作思路，重点推进以下改革：建立和完善定期向人民代表大会报告工作、就检察工作中的重大问题及时向同级人大常委会报告的制度；建立反贪污贿赂侦查工作机制；通过 1996 年刑事诉讼法修改，对检察机关在刑事诉讼中的职权作了重要调整，废除了免予起诉制度，扩大了不起诉范围；通过 1995 年实施的检察官法，推动检察官队伍管理走上法制化轨道。

2000 年起，旗人民检察院公诉部门全面推行主诉检察官办案责任制，其他业务部门逐步实行符合本业务工作特点的主诉、主办检察官办案责任制；实行检务公开，将检察工作置于人民群众监督之下；改进检察委员会工作制度，调整、充实检察委员会委员，加强对检察工作中重大问题的研究；推进检察机关人事制度改革，进行检察官等级评定，并开始提出实行检察官、书记员、司法警察、司法行政人员分类管理。

2001 年，旗人民检察院不断深化检务公开，全面受理案件告知制度，公开办案流程、公开审查程序、办案期限及处理结果；主动接受当事人和社会各界监督。推行主办、主诉检察官办案责任制，并实行刑期预测制度。

2005 年 9 月，旗人民检察院按照《关于省级以下人民检察院对直接受理侦查案件作撤销案件、不起诉决定报上一级人民检察院批准的规定（试行）》和《人民检察院直接受理侦查案件立案、逮捕实行备案审查的规定（试行）》规定，省（市、自治区）级以下人民检察院对职务犯罪案件立案、逮捕必须报上一级检察院备案审查，撤案、不起诉必须报上一级人民检察院批准。

2003—2012 年，旗人民检察院建立健全检察机关接受监督和内部制约制度；建立人民监督员制度；执法责任制与责任追究制度，明确执法领导责任制和执法人员责任制，明确岗位职责，确认执法职责；落实当事人权利义务告知制度；律师会见犯罪嫌疑人以及在侦查、审查逮捕、审查起诉过程中听取当事人及其委托人意见的程序；推行检务公开、建立主诉检察官办案责任制、改进检察委员会工作、推进内设机构改革和人事制度改革。

第三节　队伍建设

1988 年 10 月，旗人民检察院开展“生产力标准”大讨论活动。通过讨论，明确认识生产力是社会发展的最终动力，社会主义社会的根本任务是解放生产力、发展生产力。

1989 年 1 月，为加强党的建设，使党的工作更加逐步完善，旗人民检察院党支部制定《党务工作目标化管理实施方案》。

1992 年 10 月，为全面贯彻落实邓小平南方谈话和中共十四大精神，更好履行法律监督职责，正确行使检察权，旗人民检察院按照上级人民检察院要求与部署，开展执法执纪大检查。

1993 年，旗人民检察院坚持每周三、周五政治学习，不断提高广大干警执行党的基本路线的自觉性和严格执法的主动性。通过自身反腐廉政教育和以职业责任、职业道德、职业纪律为内容的职业教育，加强干警爱岗敬业的责任心和勤政爱民的公仆感。

1994 年，旗人民检察院从人员管理、责任目标、考核奖惩等方面进行大胆的改革和探索。并采取强化自学措施，努力提高干警业务素质。

1995 年，旗人民检察院贯彻落实《中华人民共和国检察官法》《中华人民共和国刑事诉讼法》，加强队伍政治业务学习，落实执法责任制，增强执法的政治效果。

1997 年，旗人民检察院以人民代表评议检察院工作为契机，开展思想、纪律、组织整顿，加强职业责任、职业道德、职业纪律教育。开展争当优秀侦查员、优秀公诉人、办案能手等争先创优活动。

1998 年，旗人民检察院按照中央政法委和上级检察机关安排，从 1 月开始，有步骤、分阶段，系统地开展检察队伍集中教育整顿工作。通过 1 年的工作，在统一执法思想，落实“九条卡死”（严禁超越管辖范围办案；严禁对证人采取任何强制措施；立案前不得对犯罪嫌疑人采取强制措施；严禁超期羁押；不得把检察院的讯问室当成羁押室，讯问一般应在看守所进行，必须在检察院讯问室进行的，要严格执行还押制度；不得违反规定使用技术侦查手段；凡在办案中搞刑讯逼供的，先停职，再处理；因玩忽职守、非法拘禁、违法办案等致人死亡的，除依法依纪追究直接责任人员外；对于领导失职渎职的一律给予撤职处分；严禁截留、挪用、私分扣押款物）规定，组织清理纯洁队伍，制度建设和领导班子思想、组织、作风建设方面都取得较为明显的成效，教育活动达到预期目的。

1999 年，旗人民检察院开展敢创建“五好”（好领导、好干警、好机制、好业绩、好形象）检察院和“争创人民满意检察院、争当人民满意检察官”活动，强化队伍建设，设立服务监督台、监督卡、举报箱，完善检察长接待工作，实行对诉讼参与人的权利义务告知制度，试行民事、行政抗诉案件公开审查制度，把“检务十公开”（人民检察院的职权和职能部门主要职责；人民检察院直接立案侦查案件的范围；贪污贿赂、渎职犯罪案件立案标准；侦查、审查起诉阶段办案期限；检察人员办案纪律；在侦查、审查起诉阶段犯罪嫌疑人的权利和义务；在侦查、审查起诉阶段被害人的权利、义务；证人的权利、义务；举报须知；申诉须知）具体的落实到每个办案环节上。树立检察机关良好形象。被授予内蒙古自治区“五好”检察院、全国“人民满意检察院”称号。

2000 年，旗人民检察院大力巩固创建成果，在全院开展“好领导、好干警、好机制、好业绩、好形象”为主要内容的科室创“五好”工作，顺利通过巴彦淖尔盟人民检察院复验。并在经费不足的情况下，多方筹措资金 200 余万元，建起 2744 平方米的检察办公大楼。

2001 年，旗人民检察院大张旗鼓开展创建全国模范检察院工作，制定实施方案及责任分解表，在全院形成人人努力工作、科室争先创优的良好局面。

2002 年，旗人民检察院用“三个代表”（中国共产党必须要始终代表中国先进生产力的发展要求、代表中国先进文化的前进方向、代表中国最广大人民的根本利益）重要思想武装干警头脑，大力加强干警思想政治建设，坚定理想信念，统一执法思想，转变执法观念，切实加强对干警八小时以外的管理，认真落实从严治检要求和党风廉政建设责任制。

2003 年，旗人民检察院积极开展“优化环境”“强化法律监督，维护公平正义”“诉讼程序执法监督”和“掀起学习贯彻‘三个代表’重要思想新高潮”4 个专项活动。制定《八小时外干警教育管理规定》《从严治检十条禁令》等规章制度。开展防控“非典”工作。全院实行 24 小时值班制度。抽调 12 名干警参加防控“非典”一线堵卡工作，2 名干警参加防控“非典”指挥部的执法执纪检查，2 名干警参加防控“非典”隔离所监护工作。

2005 年，旗人民检察院被旗委列入第一批开展保持共产党员先进性教育活动单位。活动期间，全院三级互动工作方法受到巴彦淖尔市督导组的首肯，作为全市典型经验进行推广。

2007 年，旗人民检察院开展竞争上岗人事制度改革。坚持公正、平等、择优的工作思路，有步骤、按计划推行人事制度改革。6月，旗委批准旗人民检察院竞争上岗人员，各部门环节干部均以已到位。

2009年，旗人民检察院检务保障工作取得突破性进展。办案技侦综合大楼历时3年于同年9月底投入使用，集办案、技术和办公用房于一体，楼内高标准配置监控系统、局域网、三级专线网；安装了计算机、通信、举报受理系统安防系统和电子显示屏等技术设备；为职务犯罪侦查、检察技术、控申接待、诉讼档案等开辟专门用房，配置了先进科技设施；建立电子阅览室、多功能会议室、健身房等。

2007—2012年，旗人民检察院积极选送干警参加各种形式的培训班，开展庭审观摩、业务讲课等技能练兵活动和读书调研活动。在全院成立由相关部门骨干组成的理论调研写作小组，倡导"勤读书、勤思考、勤调研"的良好风气，努力打造学习型检察院。

第四节　刑事案件检察

一、审查批捕

旗人民检察院贯彻执行上级检察院关于刑事检察工作的指示决定，并向其报告工作情况。负责对刑事犯罪案件（包括本级检察院直接受理侦查的贪污贿赂、国家工作人员渎职等犯罪案件）犯罪嫌疑人的审查批捕、决定逮捕和立案监督、侦查活动监督工作的指导；承办旗公安局、安全局和本院侦查部门提请或移送逮捕的案件、对其侦查活动进行监督。

1988—2012年乌拉特中旗人民检察院受理批捕案件统计表

表10－2

年　份	案件受理（件）	批捕（人）	年　份	案件受理（件）	批捕（人）
1988	52/72	45/60	2001	57/81	53/71
1989	42/61	39/53	2002	61/75	57/71
1990	58/82	56/79	2003	56/77	51/72
1991	41/55	35/49	2004	53/85	52/83
1992	27/43	24/39	2005	64/89	63/86
1993	32/47	28/40	2006	62/76	61/74
1994	42/86	40/79	2007	58/69	56/67
1995	48/79	41/65	2008	48/82	46/79
1996	37/63	31/56	2009	48/77	45/70
1997	33/47	26/39	2010	50/96	46/92
1998	47/68	42/61	2011	82/120	73/108
1999	42/74	38/65	2012	83/135	77/122
2000	94/81	79/66	—	—	—

二、审查起诉

旗人民检察院公诉科行使以下职权：代表检察院行使审查起诉权、出庭公诉权、审判监督权、刑事判决、裁定监督权和执行监督权。

1988—2012 年乌拉特中旗人民检察院受理起诉案件统计表

表 10－3

年　份	案件受理(件)	起诉(人)	年　份	案件受理(件)	起诉(人)
1988	40/50	35/44	2001	60/78	42/53
1989	52/72	35/44	2002	48/67	36/48
1990	49/70	45/63	2003	51/67	41/54
1991	43/59	30/41	2004	67/110	60/99
1992	32/46	18/29	2005	74/102	65/86
1993	24/34	19/23	2006	77/96	73/91
1994	42/67	29/38	2007	74/88	69/80
1995	54/76	32/39	2008	85/129	69/95
1996	44/62	28/35	2009	61/85	37/50
1997	28/39	20/27	2010	84/132	64/103
1998	42/53	40/48	2011	104/149	86/111
1999	32/53	33/49	2012	131/197	103/149
2000	57/77	43/58	—	—	—

第五节　民事行政案件检察

旗人民检察院民事行政检察部门主要职责：承办对人民法院已经发生法律效力的民事、行政判决及裁定，发现错误的依法提出抗诉或再审检察建议；对民事审判、行政诉讼活动是否合法，审判人员是否存在违法行为，行政机关是否依法参与诉讼活动，诉讼活动有无违法情形依法进行调查等。

1994—2012 年乌拉特中旗人民检察院受理民事申诉案件统计表

表 10－4　单位：件

年份	受理案件	其　中										
		市院交办	立案审查	终止审查	法院调解	提请抗诉	提请市院抗诉	行政复议	息诉案件	结转案件	再审案件	执行监督
1994	4	—	2	1	—	1	—	—	—	—	—	—
1995	5	1	1	—	3	—	—	—	—	—	—	—
1996	9	—	—	3	2	—	—	—	4	—	—	—
1997	9	—	—	—	1	1	—	—	4	3	—	—
1998	6	—	5	—	—	1	—	—	—	—	—	—
1999	5	—	—	5	—	—	—	—	—	—	—	—
2000	8	—	6	2	—	—	—	—	—	—	—	—
2001	19	—	9	—	2	5	—	—	2	1	—	—

续表 10－4

年份	受理案件	其　中										
		市院交办	立案审查	终止审查	法院调解	提请抗诉	提请市院抗诉	行政复议	息诉案件	结转案件	再审案件	执行监督
2002	14	—	10	3	—	—	—	1	—	—	—	—
2003	3	—	2	1	—	—	—	—	—	—	—	—
2004	6	—	1	4	—	—	1	—	—	—	—	—
2005	7	—	2	2	—	—	—	—	—	—	3	—
2006	12	—	—	5	2	—	—	—	3	—	—	2
2007	9	—	1	3	2	—	—	—	3	—	—	—
2008	11	2	2	4	—	—	—	—	—	—	—	3
2009	6	1	1	—	2	—	—	—	1	—	—	1
2010	8	1	—	—	—	—	—	—	—	—	1	6
2011	17	4	—	—	—	—	—	—	—	—	2	11
2012	36	6	—	—	—	—	—	—	—	—	1	29

第六节　反贪污贿赂案件检察

1990 年 10 月，旗人民检察院反贪污贿赂局成立后，加大对反贪污贿赂案件的检察。反贪污贿赂局的职权主要是承办对国家工作人员的贪污、贿赂、挪用公款等职务犯罪进行立案侦查等工作。

1988—2012 年乌拉特中旗人民检察院受理贪污、贿赂案件统计表

表 10－5　　　　单位：件/人

年　份	受理案件	立　案	起　诉	年　份	受理案件	立　案	起　诉
1988	16/18	2/2	2/2	2001	7/8	3/3	2/2
1989	12/15	3/4	2/2	2002	9/11	4/5	3/3
1990	16/16	5/6	2/2	2003	8/8	3/3	3/3
1991	44/48	11/12	3/3	2004	7/9	3/3	3/3
1992	31/34	3/3	2/2	2005	8/8	4/4	4/4
1993	20/27	1/1	1/1	2006	9/10	3/3	2/2
1994	32/35	4/5	2/2	2007	8/9	2/2	2/2
1995	32/34	6/6	1/1	2008	8/11	2/2	2/2
1996	36/41	7/8	2/2	2009	7/9	3/3	3/3
1997	28/30	6/6	2/2	2010	9/10	3/4	3/4
1998	19/23	1/1	1/1	2011	4/5	1/2	1/2
1999	20/21	4/4	3/3	2012	4/5	4/5	4/5
2000	12/15	2/5	1/3	—	—	—	—

第七节　反渎职侵权案件检察

2007 年 6 月，乌拉特中旗人民检察院反渎职侵权局成立。反渎职侵权局贯彻执行上级检察院关于渎职侵权检察工作的指示、决定，并向其报告工作情况。

1988—2012 年乌拉特中旗人民检察院受理渎职侵权犯罪案件统计表

表 10－6

年　份	受理案件(件)	立案(件)	起诉(人)	年　份	受理案件(件)	立案(件)	起诉(人)
1988	6	1	—	2001	9/12	2	—
1989	5	1	1	2002	7/9	3	2
1990	8	3	1	2003	6/6	2	2
1991	10	2	2	2004	8/11	3	3
1992	7	3/3	—	2005	4/4	2	2
1993	9	3	3	2006	7/8	1	1
1994	6	2	2	2007	7/9	2	2
1995	20/32	3	—	2008	4/4	1	1
1996	13/16	7	—	2009	8/9	2	2
1997	7/9	2	2	2010	8	2	2
1998	7/7	3	2	2011	4/4	1	1
1999	6/7	4	2	2012	4/7	1	1
2000	7/8	2	2	—	—	—	—

第八节　控告申诉案件检察

1988 年，旗人民检察院受理控告申诉案件 29 件，其中来信 18 件，来访接待 11 件。

1989 年，旗人民检察院受理来信来访 24 件，有关经济问题案件 10 件、伤害案件 2 件、不服判决 1 件、虐待 2 件、婚姻问题案件 3 件、一般违法案件 6 件。

1990 年，旗人民检察院受理控告申诉案件 38 件 38 人，其中来信 28 件、来访接待 10 件。

1991 年，旗人民检察院受理来信来访 19 件，其中，申诉来信 6 件，控告 9 件，接待群众来访 4 人，在 19 件中重复来信 2 件，转有关部门 15 件，直接答复 4 件。

1992 年，旗人民检察院受理来信来访 17 件，其中，来访 11 人、来信 6 件。

1993 年，旗人民检察院受理控告案件 9 件，举报案件 13 件 19 人。

1994 年，旗人民检察院受理控告案件 6 件，举报案件 21 件 24 人。

1995 年，旗人民检察院受理控告案件 13 件。

1996 年，旗人民检察院受理控告申诉案件 23 件。

1997 年，旗人民检察院受理各类案件 29 件 29 人，其中，控告案件 1 件 1 人，申诉案件 3 件 3 人，举报案件 25 件 25 人。

1998 年，旗人民检察院受理各类案件 56 件，其中，举报案件 37 件，控告 14 件，申诉 3 件，赔偿 1

件，市级院交办1件。

1999年，旗人民检察院受理各类案件31件，其中，举报案件20件，控告6件，申诉4件，市院交办1件。

2000年，旗人民检察院受理各类案件38件，其中，举报20件，控告10件，申诉7件，刑事赔偿1件。

2001年，旗人民检察院受理各类案件44件（不含重复案件5件），其中，举报21件，民事申诉17件，控告案件5件，执行刑事赔偿案件1件。

2004年，旗人民检察院受理控告申诉案件34件。

2005年，旗人民检察院受理控告申诉案件43件，其中，举报案件20件，控告案件8件，民事申诉案件11件，立案监督案件4件。

2006—2009年，旗人民检察院受理案件线索38件，接待群众126人次。

2010—2012年，旗人民检察院受理案件线索41件，接待群众112人次。

第九节　监所检察

1988—1993年，旗人民检察院监所检察工作围绕“以法时限为中心，安全防范为重点”，加强对超期羁押人犯在看守所执行情况的监督检察工作，制定“表、簿、卡、册”，完善定期检察制度，实现规范化工作，纠正罪犯判有期徒刑而未收监送劳改服刑的违法现象，提出纠正意见22人次。刑罚执行监督工作中，纠正公安机关超期羁押4次。

1994—1996年，旗人民检察院监所部门重点强化看守所安全防范和内外勾结串供串证的检察工作，对在押人犯进行集中教育，对取保候审、保外就医的实行“三见面”（见单位、见本人、见家庭）回访检察，提出纠正意见16人次。刑罚执行监督工作中，纠正公安机关超期羁押3次。

1997—2003年，旗人民检察院监所部门加强对看守所执法活动有无超期羁押及假释、减刑、保外就医等监外执行人员情况的监督检察，向看守所提出各类检察意见10次。对照违规羁押、提押人犯及暂予监外执行不当等问题，提出纠正意见6人次。刑罚执行监督工作中，纠正公安机关超期羁押4次。

2004—2007年，旗人民检察院监所部门继续加大对刑罚执行力度的监督力度，坚持每星期对监区进行一次安全检查，推行羁押期限倒计时制、提前告知制和超期催办制，依法对已发生效力判决、裁定抵制刑期后余刑在1年以上的罪犯及时监督看守所按规定收监。在押人员没有出现一起超期羁押问题，有效防止各类违法问题和重大事故的发生。

2008年，旗人民检察院监所部门在巴彦淖尔市率先参加驻所二级检察室的评选，并通过内蒙古自治区人民检察院检查验收。连续2年无超期羁押及违法减刑、假释、保外就医、暂予监外执行等问题。

2009—2010年，旗人民检察院监所部门实施驻所检察亮点工程，依法对看守所的监管活动进行全面、有效的检察监督，坚持配合看守所每月至少进行一次安全检查，在节假日和重要时期随时检查的安全防范措施；抓驻所检察室人员配备、工作条件、工作制度监督任务“四落实”，全面开展驻所检察室的规范化建设，无超期羁押及违法减刑、假释、保外就医、暂予监外执行等问题，是首家被内蒙古自治区人民检察院命名为二级驻看守所检察室。

2011—2012 年，为充分发挥监所检察职能，畅通在押人员诉求渠道，确保监督职责落实到位，旗人民检察院在看守所设立“检察官信箱”。不仅充分保障了在押人员的合法权益，而且有助于发现和纠正监管人员的监管违法行为，帮助看守所建章立制，维护监管场所的安全稳定。

第十节 职务犯罪预防

1988 年，旗人民检察院进行警示教育 5 次、预防咨询 11 次、预防宣传 1 次。

1989—1994 年，旗人民检察院进行警示教育 15 次、预防咨询 26 次、预防宣传 12 次。

1995 年，旗人民检察院进行警示教育 3 次、预防咨询 9 次、预防宣传 2 次。

1996—2002 年，旗人民检察院进行警示教育 18 次、预防咨询 28 次、预防宣传 16 次。

2003 年，旗人民检察院进行警示教育 3 次、预防咨询 10 次、案例分析 1 篇、预防宣传 1 次。

2004—2011 年，旗人民检察院进行警示教育 32 次、预防咨询 42 次、预防宣传 58 次。

2012 年，旗人民检察院进行警示教育 5 次、预防咨询 62 次、案例分析 1 篇、行贿犯罪档案查询 95 次。

第二章　审　判

第一节　机　构

一、行政机构

1988 年初，乌拉特中旗设有人民法院，内设机构 7 个：刑事审判庭、民事审判庭、行政审判庭、执行庭、告诉申诉审判庭、办公室、政工科；下设地区法庭 3 个；同年 3 月，成立审理未成年人犯罪案件合议庭。至年底，全院核定政法专项编制 47 名（审判员 13 人，干警 34 人），其中领导职数 5 人，一正四副。

1990 年 8 月，旗人民法院设立监察室、立案庭。

1991 年 1 月，旗人民法院成立民事审判指导组。

1994 年 2 月，旗人民法院设立法警队。

1995 年 2 月，旗人民法院告诉申诉审判庭分设为告诉审判庭（包括人民接待室）、申诉审判庭；同年 3 月，增设案件评查室。

1996 年 4 月，旗人民法院内设机构有 10 个：办公室、政工科、纪检室、行政审判庭、执行庭、刑事审判庭、民事审判庭、经济审判庭、告诉申诉审判庭、案件评查室，下设 8 个地区人民法庭。同年 8 月，旗人民法院决定撤销告诉申诉审判庭、案件评查室，增设立案庭和审判监督庭，同时增设川井地区人民法庭。

1997 年 9 月，旗人民法院原隶属于办公室的研究室改为独立科室。

1998 年，旗人民法院民事审判庭分为民事审判一庭、民事审判二庭、民事审判三庭，新设立档案室。法警队更名为法警大队。

2000 年，旗人民法院增设网络办公室、评查庭。同年 6 月，执行庭更名为执行局。

2004 年 2 月，旗人民法院决定撤销民事审判庭、经济审判庭和乌加河、德岭山、巴音哈太、温更、川井地区人民法庭，设立民事审判第一庭、民事审判第二庭、民事审判第三庭、民事审判第四庭。到年底，旗人民法院内设机构 18 个：办公室、政治处、纪检监察组、研究室、立案庭、行政审判庭、审判监督庭、刑事审判庭、执行局、法警大队、民事审判第一庭、民事审判第二庭、民事审判第三庭、民事审判第四庭、呼勒斯太地区人民法庭、牧羊海地区人民法庭、石哈河地区人民法庭、乌兰地区人民法庭。全院核定政法专项编制 65 名（审判员 34 人，干警 31 人），其中领导职数 9 个，一正八副。

2009 年，旗人民法院设立信访办公室，执行庭分为执行一庭、执行二庭。

2010 年，旗人民法院设立口岸人民法庭、道路交通事故专业法庭。

2012 年，旗人民法院成立审判管理办公室、劳动争议仲裁法庭。年底，旗人民法院内设机构 22 个：办公室、政治处、纪检监察组、审判管理办公室、网络办公室、监察室、研究室、信访办公室、档案室、立案庭、评查庭、审监庭、刑事审判庭、行政审判庭、民事审判一庭、民事审判二庭、民事审判三庭、道路交通事故专业法庭，劳动争议仲裁法庭、执行一局、执行二局、法警大队；下设地区法庭 5 个；全院核定政法专项编制 83 名（法官 46 人，干警 37 人），其中领导职数 5 人，一正四副。

1988—2012 年乌拉特中旗人民法院院长名录

表 10－7

姓　名	性　别	民　族	任职时间
通拉嘎	男	蒙古族	1988 年 1 月至 1998 年 11 月
额尔敦仓	男	蒙古族	1998 年 11 月至 2004 年 7 月
蔡树林	男	汉　族	2005 年 3 月至 2007 年 11 月
张桂林	男	汉　族	2007 年 12 月至 2012 年 11 月
满都拉	男	蒙古族	2012 年 11 月至 2012 年 12 月(届期未满)

二、基层机构

1988 年初，乌拉特中旗人民法院下设地区法庭 3 个：乌加河人民法庭、石哈河人民法庭、牧区巡回人民法庭。

1998 年，旗人民法院牧区巡回法庭分设为温更人民法庭、川井人民法庭、巴音哈太人民法庭、乌兰人民法庭，另增设呼勒斯太人民法庭、德岭山人民法庭。至此，旗人民法院下设地区法庭 8 个：乌加河人民法庭、石哈河人民法庭、温更人民法庭、川井人民法庭、巴音哈太人民法庭、乌兰人民法庭、呼勒斯太人民法庭、德岭山人民法庭。

2006 年，旗人民法院下辖温更人民法庭、川井人民法庭、巴音哈太人民法庭、乌兰人民法庭、呼勒斯太人民法庭、巴音哈太人民法庭被撤销；恢复成立牧区巡回人民法庭。

2012 年，旗人民法院下设地区法庭 5 个：石哈河镇人民法庭、德岭山镇人民法庭、乌加河镇人民法庭、甘其毛都口岸人民法庭、牧区巡回人民法庭。

第二节　体制与机制改革

1988 年，旗人民法院全面贯彻落实全国第十四次法院工作会议精神，贯彻落实“以改革总揽全局”的工作精神，从严肃执法、人事管理、教育培训、司法行政、基层建设、司法协助六个方面重点抓严抓实。

1989—2011 年，旗人民法院以立审分立、审执分立、审监分立为核心的法院内设机构职权配置为改革大格局，以强化合议庭审判职权和庭审职能为重心的审判组织改革，以加强法官职业化建设为目标的人事制度改革。

1997 年，旗人民法院坚决坚持中共十五大确立的“依法治国”基本方略，坚决贯彻落实推进司法体制机制改革，从制度上保证人民法院依法独立行使审判权。

2012 年，旗人民法院将工作方式方法创新作为体制机制改革的内在要求和必要配套加以部署，高度重视、大力推进。在重大体制层面，通过建立领导干部干预司法活动、插手具体案件处理的记录、通报和问责制度；完善惩戒妨碍司法机关依法行使职权、拒不执行生效裁判、藐视法庭权威等违法犯罪行为的规定；改革机关人财物管理体制，健全人员履行法定职责保护机制等，努力从外部建立起确保依法独立公正行使审判权的体制环境。在工作机制层面，通过推动以审判为中心的诉讼制度改革，推进严格司法、实行办案质量终身负责制和错案责任倒查问责制等，努力从内部建立起“让审理者裁判，由裁判者负责”的司法权运行机制。在方式方法层面，通过构建开放、动态、便民的阳光司法机制，加强人权司法保障，强化司法活动全方位监督等，努力建立“让人民群众在每一个司法案件中感受到公平正义”的工作方式和司法方法。这三个方面的改革相互关联、相互配套、互为支撑，只有统筹协调、协同推进，有效避免以往单项的改革因缺乏配套难以为继的问题和内部的改革因制度约束难以突围的瓶颈。

第三节　队伍建设

1988—2012年，坚持“制度建院”，制定、修改、完善《岗位职责》《廉政建设制度》等30项规章制度，依靠制度管人、管事、管权、管案的工作机制日趋完善。以创建学习型法院为载体，加强干警业务知识学习和能力培养，依靠院内资源平台，设立周五学习例会、干警论坛、开放式培训中心、干警信息岛、远程学习交流平台，认真开展岗位大练兵、法律知识竞赛、法官心智模式培炼等活动。坚持从严治院，认真落实党风廉政建设主体责任和监督责任。坚持以案为镜，警钟长鸣，加强司法廉洁教育，提高干警廉洁自律的自觉性。坚持从严管理，制定《机关工作人员考勤办法》《错案责任追究办法》《廉政建设制度》《督查工作制度》《首问负责制度》《廉政监察员实施细则（试行）》《建立干警违法违纪情况报告制度的规定》等制度。加强作风建设，开展司法作风大检查，从严整顿院风院纪，建立明察暗访长效机制，对庭审活动、工作纪律、司法礼仪等开展专项检查，落实“法院工作人员八小时以外行为禁令”，约束干警不越雷池、不踩红线，保持对各种违纪违法问题“零容忍”态度。

1988—2012年，旗人民法院先后立内蒙古自治区法院系统集体二等功1次，获“内蒙古自治区精神文明单位”“内蒙古自治区保障妇女儿童权益先进集体”称号。

第四节　立　案

1990年，旗人民法院立案庭成立后，认真落实法律援助和司法救助工作，积极开展诉前保全和调解工作，实现诉调对接；施行特快专递送达，提高送达效果和成功率。

2005年2月，旗人民法院全面实行微机立案，做到案件管理网络化，所有案件均纳入流程管理，从源头上杜绝虚假结案和指标数据差错。

2007年4月1日，国务院《诉讼费用交纳办法》施行后，旗人民法院坚持做到新收费标准和便民措施不打折。至2012年底，旗人民法院对弱势群众“减、缓、免”诉讼费100余万元。

2012年，旗人民法院全部实现网上远程立案，电子签章系统投入使用。

1988—2012年，旗人民法院共依法受理各类案件24000件，解答法律咨询17100件次。

第五节　刑事案件审判

1988年，旗人民法院按照《中华人民共和国刑事诉讼法》审理第一审刑事案件，不再审理反革命案件和判处无期徒刑以上的刑事案件。第一审刑事公诉案件由基层人民法院收到基层人民检察院起诉材料经初步审查，作出开庭审判或退回基层人民检察院补充侦查、要求基层人民检察院撤回起诉决定。决定开庭审判将人民检察院的起诉书副本在开庭7日前送达被告人，告知被告人可以委托辩护人；开庭时间、地点在3日前通知人民检察院派员出庭支持公诉和审判监督；传唤当事人，通知辩护人、证人、鉴定人和翻译人员。传票和通知书在开庭3日前送达；公开审判的案件24小时前出示公告，公布案由、被告人姓名、开庭时间和地点。人民法院对自诉案件可以进行调解，当庭达成调解人民法院制作调解书分发双方当事人。调解书与判决书具有同等法律效力。

1988年后,旗人民法院充分发挥刑事审判惩治犯罪、维护社会稳定职能,坚持"严打"方针不动摇,与检察、公安机关通力协作,积极参与"打黑除恶"等专项整治活动,每年都有针对性地在体育场、文化剧场、会展中心以及部分企业、工厂、学校、乡镇等地召开公开处理大会。

1997年起,围绕执行新刑法,推进刑事审判方式变革,实现庭审由"纠问式"向"控辩式"转换的跨越,"罪行法定"等刑法原则,在司法实践中被逐步确立和运用。

1988—2012年,旗人民法院共审结各类刑事案件2400件,依法判决刑事案件被告5200人。审判普通刑事一审案件:强奸案73件、盗窃案1862件、伤害案232件、贪污案15件、抢劫案27件、诈骗案12件、虐待案6件、重婚案5件、吸毒贩毒案14件、妨碍社会秩序案有123件、赌博案31件。

第六节　经济案件审判

1988—2012年,旗人民法院共判决经济犯罪案件457件。《中华人民共和国经济合同法》实施后,经济合同纠纷案件增多。主要有经济购销合同、联营合同、科技协作合同、交通运输合同和借款合同等经济纠纷,涉及法人和自然人案件增多。经济犯罪案件仍由刑事审判庭审理,经济审判庭只审理经济纠纷案件。1988年,旗人民法院判处各种经济犯罪案件5件。1988年后,旗人民法院扩大经济纠纷案件收案范围。

1988年,旗人民法院为便利诉讼和执行,争议标的金额1万元以下的经济纠纷案件由基层人民法庭审理,比较重大复杂的经济纠纷案件由经济审判庭审理。同年,旗人民法院深入乡镇和企业举办学习班,讲解《中华人民共和国经济合同法》《中华人民共和国民事诉讼法》,开展法律咨询,指导签订经济合同等,提高企业管理人员依法管理水平,减少案件发生。同年,旗人民法院派员先后到全国11个省、市、自治区调查办案,依法追回欠款200余万元。

1989年,旗人民法院针对经济案件涉及争议标的额大、亏损倒闭企业、被告下落不明和流通领域的经济案件不断增多的特点,采取措施加快经济案件的判决和执行。全年共计受理经济纠纷案件217件、审结205件。其中各种经济合同纠纷案件64件,其他经济纠纷案件141件,争议标的金额707.97万元,采取财产保全等强制措施解决案件84件。

1992年以后,旗人民法院与重点企业建立法律服务联系户制度,帮助国有企业清理债权债务等。90年代中期企业转换经营机制中集团诉讼、企业破产案件和票据纠纷等相关的案件发生。

1988—2012年,旗人民法院共审结各类经济纠纷案件804件,其中案件标的金额50万元至100万元的18件、100万元以上9件。

第七节　民商事案件审判

1988年,旗人民法院按照《中华人民共和国民事诉讼法》(试行)、《中华人民共和国民法通则》审理第一审民事案件。

1992年5月,旗人民法院将民庭对调解书、裁定书统一签核权限下放各法庭。推进调解创新,通过法庭调解和辩论,在查清事实、明确是非责任后进行调解,改庭前就地调解为庭上调解,通过观摩庭审方式,推进公开审判。

1996年,旗人民法院制定下发《一审民事、经济案件当事人举证要点须知》,要求确立"谁主张、谁举证"的司法理念。同时,深化以直接开庭、当庭宣判为内容的民事审判方式改革。

1998 年，旗人民法院制定下发《审判方式改革实施方案》和《关于独任审判员、合议庭、审判委员会决定案件范围的规定》等文件，强化合议庭和独任审判员的职权，民事裁判文书的签发逐步由庭长、审判长和独任审判员自行负责，做到审案和定案同步进行。

2002 年起，旗人民法院适应经济转轨、社会转型引发民事案件增多的实际，进一步发挥审判规范调节职能。

2007 年，新的诉讼费收费办法实施。旗人民法院执行新的诉讼费收费办法。

2012 年，最高人民法院出台新的《中华人民共和国民事诉讼法》，旗人民法院执行新的《中华人民共和国民事诉讼法》。

1988—2012 年，旗人民法院共受理各类民事案件 20138 件，审结 20016 件，结案率 95%，直接开庭宣判率 30%。

第八节　行政案件审判

1988—1989 年，旗人民法院受理行政案件 6 件，其中治安行政案件 4 件、其他 2 件。

1990 年 10 月 1 日，《中华人民共和国行政诉讼法》实施后，全旗行政诉讼案件上升，其中主要为不服乡镇人民政府土地行政处罚、不服治安管理和计划生育处罚。

1991 年，旗人民法院认真宣传《中华人民共和国行政诉讼法》，全年受理并审结行政诉讼案件 4 件。

1995 年，旗人民法院共受理行政诉讼案件 5 件，审结 5 件，其中判决撤销行政机关具体行政行为的 2 件，维持原判的 2 件，撤诉 2 件，不予受理 1 件。在审理过程中，旗人民法院严格依法办案，确保司法公正。

1997 年，旗人民法院受理行政案件 3 件，审结 3 件。

2001 年，旗人民法院依法审理房屋、土地使用权等行政诉讼案件 3 件。

1988—2012 年，旗人民法院共审结各类行政诉讼案件 60 件。涉及公安、土地、工商、税务、林业、矿产资源、环境保护、交通运输、城市规划、房产管理、食品卫生、药品管理、计划生育等 10 余个行政管理部门和单位，保护公民、法人和其他组织的合法权益。

第九节　控诉申诉案件审判

1989—1995 年，旗人民法院受理申诉案件 294 件、审结 287 件。其中 1995 年人民法院审结申诉案件 46 件，经复查审理刑事案件 4 件，申诉无理、维持原判、驳回申诉；民事案件 33 件，其中申诉无理、维持原判、驳回申诉的 27 件，原判有错误给予改判 6 件；申诉无理予以驳回经济申诉案件 9 件。

1996—2005 年，旗人民法院受理申诉案件 198 件、审结 198 件。

2006—2012 年，旗人民法院受理申诉案件 80 件、审结 80 件。

1988—2012 年，旗人民法院共受理各类申诉案件 572 件、审结 563 件。

第十节　案件执行

1988 年，旗人民法院共受理执行案件 35 件、执结 35 件。

1989 年后，各类执行案件大幅度增加，执行难度较大。1989—1995 年，旗人民法院执行庭共受理执行案件 2118 件、执结 2008 件。其中 1995 年旗人民法院根据实际情况，采取除执行庭执行案件外、各业务庭边审判边执行案件的方式。同年执行案件 342 件，执结 312 件，执行标的金额 1626 万元，刑事案件判决 14 件、民事案件裁决 276 件、经济案件判裁决 51 件、行政案件判裁决 1 件，经教育自动履行 133 件、和解 117 件、终结 22 件、强制执行 40 件，共计结案标的金额 1626 万元。

1991 年，旗人民法院多次集中全院干警开展执行工作。全年执行新老案件 186 件，执行标的金额 102 万元。1993—1995 年，旗人民法院依法审结行政机关申请法院协助执行有财产内容的各类生效行政法律文书 2 件。1996 年，旗人民法院充分运用司法手段推动计划生育工作，同年执结计划生育非诉行政执行案件 50 件，依法为计划生育部门收取计划外超生费 7 万元，促进了计划生育工作。

1999 年，旗人民法院执行局不断加强执行力量，加大执行力度，从物资装备上加大投入；并根据上级法院的统一部署，开展“执行年”活动，建立案件催办、督办制度，实行执行案件主执法官负责制。全年共立执行案件 338 件，执行完毕 206 件，部分执行 102 件，终结执行 17 件，执行标的 260 余万元。

2001 年，旗人民法院开展大规模集中执行活动，全年受理执行案件 209 件，执结 188 件，执行率 90%，执行标的 200 余万元。

2002 年，旗人民法院开展“治理暴力抗法”和解决“执行难”问题的专项宣传和集中执行活动，并以此为契机，对执行工作进行一系列改革，建立健全统一管理和协调的新机制，对案件执行进行流程管理，改革执行收费制度，推行执行听证、债权凭证等制度，确保案件执行的公正与效率，“执行难”的问题基本解决。同年受理执行案件 201 件，执结 177 件，执行标的 160 余万元；部分执行 14 件，裁定中止执行 12 件，执行标的 50 余万元。

1988—2012 年，旗人民法院共执结各类案件 5589 件，标的 9873.06 万元；其中受理和执行行政机关申请执行的非诉行政执行案件 93 件。

第十一节　审判监督

1988—1993 年，旗人民法院坚持实事求是的原则，对已发生法律效力的判决、裁定，发现在认定事实或适用法律方面确有错误，通过审判监督程序，进行再审，做到“实事求是，有错必纠”，切实保护当事人的合法利益。同时自觉接受人大常委会机关的监督，对人大交办案件实行及时登记、及时办理、及时汇报制度。同年办理减刑案件 4 件，假释案件 1 件，刑事申诉案件 2 件。

1994 年，旗人民法院为加强对群众来信来访的接待和处理，推行“院长接待日”制度，由正、副院长轮流定期接待来访群众。

1995 年，旗人民法院推行立案与审判分离制度，强化审判监督职能。法院于 1994 年判决生效的一起盗窃，3 名罪犯在服刑过程中向法院提出申诉，经旗人民法院调卷审查，发现判决适用法律错误，量刑畸重，当即报院长提交审判委员会再审，经再审，减轻三被告人的刑罚，维护了司法公正。同年，审理审判监督案件 4 件，办理减刑假释案件 7 件，处理群众来信来访 52 件，接待来访群众 151 人次。

1997 年，旗人民法院切实加强审判监督工作。同年办理审判监督程序的案件 8 件，接待来访群众140余人次，处理来信56件（次）。

1999年，旗人民法院进一步健全和完善立案与审判分离、审判与执行分离、审判与审判监督分离制度，强化审判监督程序。全年审结再审案件2件，其中旗人民检察院抗诉案件1件；办理人大常委会交办案件1件。审判监督庭主要审理当事人申请再审案件、法院决定再审案件、巴彦淖尔市中级人民法院发回重审案件和检察机关抗诉案件。

1988—2012年，旗人民法院办理减刑案件23件，假释案件20件。办理申诉案件105件，审理再审案件141件。办理来信来电1658件（次），接待来访3808人次。

第十二节　人民法庭建设

1988年，基于乌拉特中旗地广人稀、居民居住分散，交通、通信不便，旗人民法院为解决群众出行难、诉讼难，减少当事人诉累，节约当事人诉讼成本，设立乌加河地区人民法庭、石哈河地区人民法庭和牧区巡回法庭。

1989—2004年，旗人民法院不断加强基层人民法庭建设，与时俱进，基层法庭经历了数次改建、撤销、增设等演变。其中牧区巡回法庭于1989年3月被撤销，增设乌兰苏木、温更镇、巴音哈太苏木、呼勒斯太苏木、牧羊海地区法庭。1994年，增设德岭山地区人民法庭。1996年，增设川井地区人民法庭。2004年2月，旗人民法院以科学、合理、精简配置为原则，撤销乌加河镇、德岭山镇、巴音哈太苏木、川井苏木地区人民法庭。基层人民法庭加强巡回审理案件，推进上门立案、夜间办案、假日法庭、巡回办案，不断延伸司法服务，构建“点线面”相结合，农村牧区全覆盖的司法服务网络，在全旗苏木镇村嘎查逐渐建立集立案、调解、开庭、执行、诉讼咨询、接访等功能的巡回办案点，法官将法徽扛在肩头，将法庭开在田间地头，初步形成以巡回办案点为依托（点）、巡回审判法官为线、人民法庭为面的巡回审判网络。

2005年，旗人民法院在乌加河镇、石哈河镇和德岭山镇分别动工建设基层法庭，于2007年4月15日同时投入使用。至此，乌加河镇、石哈河镇、德岭山镇辖区内所设基层人民法院经再次撤销、更名后，设立乌加河人民法庭、石哈河人民法庭、德岭山人民法庭。3个基层法庭内均建有包括审判庭、院长接待室、党建室、诉讼服务中心、调解室、干警宿舍等，并设有安检仪、室内外监控等安全保障设备。其中：德岭山人民法庭管辖区涉及1个镇、1个牧场、1个工业园区，地域面积约860平方千米，辖区人口2.95万人；法庭在辖区内设立9个巡回收案点，开展巡回审判。石哈河法庭管辖区涉及20个行政村，地域面积约4560平方千米，辖区人口2.34万人。乌加河法庭管辖区涉及7个村委会、14个嘎查，地域面积约2505平方千米，辖区人口3.54万人。在每个村委会、嘎查委员会设立巡回收案点，开展巡回审判。

2007年，旗人民法院恢复牧区巡回法庭，辖区总面积约9972平方千米，下辖3个苏木镇（巴音乌兰苏木、川井苏木、温更镇），总人口1.5万人。牧区巡回法庭未建设专门的审判办公建筑，由辖区内各苏木镇政府提供办案办公室作为巡回审判点、收案点挂牌办公，采取以海流图镇为中心，以巴音乌兰苏木、川井苏木、温更镇为辅助点设立巡回审判点，当事人选择距离较近的巡回收案点进行诉讼。

2010年6月23日，甘其毛都口岸人民法庭动工建设，于2012年9月15日投入使用，辖区面积约4376平方千米，管辖人口1.46万人。

2012年,旗人民法院在完成诉讼服务中心建设的基础上,着力推进"网上网下、线上线下、虚拟实体"相融合的诉讼服务综合平台建设,完善功能设置,规范服务流程,严格服务标准,提升服务质效;加强人民法庭建设,到社区乡村、田间地头,开展巡回审判100次;充分发挥"三调联动"(与全旗12个苏木镇场、89个嘎查村全部建立诉调社会联动机制,构建以基层联动调解为基础,行政调解为补充,诉讼调解为主导,司法审判作保障的功能互补、良性互动、诉调互接多元联动调解工作机制,实现行业调解、专家调解、律师调解有机衔接)、司法协理机制作用,向相关调处中心派驻法官,快速调解医患、交通事故等纠纷。旗人民法院大力推进信息化建设,建成了上联上级法院、下至派出法庭的专线通信、数据交换的法院专网,并实现全流程网上办案,裁判文书录入率和电子卷宗制作率均100%。完善信息查询系统、庭审同步录音录像、司法政务管理等功能,全面提高信息化在审判、执行工作中的应用水平。为基层法庭更新办公设备,进一步提高基层法庭的办公办案条件。2012年乌拉特中旗人民法院为牧区巡回法庭配备了专业化巡回审判车,实现了远程审判、远程开庭、远程制作法律文书、远程签章功能。为五个基层法庭配备高科技、专业化、标准化巡回审判车和远程电子签章,真正实现巡回路上有案就能立、立案后当即能开庭,开庭后当即打印出签章的法律文书,调解案件当即能执行的就地立案、就地开庭、就地执行的"四能三就"原则,进一步方便群众诉讼。旗人民法院高度重视人民法庭基础地位,逐步完善科技法庭,设立诉讼材料收转平台,完善便民服务、远程立案和风险评估等系统。建立人民法庭信息化应用督促机制和应用反馈机制,探索实施符合当地人民法庭特点的电子送达、远程调解等。

第十一篇　公安　司法行政

◎公　　安

◎司法行政

第一章　公　安

第一节　机　构

一、乌拉特中旗公安局

1988 年,乌拉特中旗设有公安局,内设机构 8 个:办公室、秘书股、政工股、政保股、内保股、治安股、刑警队、预审股;全局共有行政编制 108 名,实有在编民警 108 人,其中领导职数 5 人,二正三副(局长 1 人、政委 1 人、副局长 3 人)。

2002 年,旗公安局内设机构 13 个:办公室、政工办公室、治安股、户政股、禁毒股、通信股、法制股、督察室、国内安全保卫大队、刑警大队、经济犯罪侦查大队、治安大队、缉私队;全局共有行政编制 107 名,实有在编民警 107 人,其中领导职数 5 人,二正三副(局长 1 人、政委 1 人、副局长 3 人)。

2010 年,旗公安局内设机构 19 个:办公室、政工办公室、基层基础工作科、网络安全保卫科、宣传科、装备财务科、出入境管理科、法制科、机要室、信访室、国内安全保卫大队、刑事侦查大队、经济犯罪侦查大队、治安大队、刑事科学技术室、督察大队、禁毒缉私大队、巡警大队、110 指挥中心;全局核定行政编制 218 名,实有民警 218 人,其中领导职数 10 人,二正八副(局长 1 人、政委 1 人、副局长 8 人);另有工勤人员 1 人。

2011 年,旗公安局新增甘其毛都口岸公安分局。

2012 年,旗公安局新增反恐处突大队、情报中心,法制科更名为法制大队。至年底,旗公安局内设机构 21 个:办公室、政工办公室、基层基础工作科、网络安全保卫科、宣传科、装备财务科、出入境管理科、机要室、信访室、国内安全保卫大队、刑事侦查大队、经济犯罪侦查大队、治安大队、刑事科学技术室、法制大队、督察大队、禁毒缉私大队、巡警大队、反恐处突大队、110 指挥中心、情报中心;全局核定行政编制 215 名,实有民警 215 人,另有工勤人员 1 人,核定领导职数 8 人,二正六副(局长 1 人、政委 1 人、副局长 6 人)。

二、二级单位

(一)甘其毛都口岸公安分局

2011 年 5 月,乌拉特中旗公安局甘其毛都口岸公安分局成立,内设机构 2 个:办公室、治安股;分局当时无单独编制,与旗公安局同一编制,共有 11 名民警,其中在编民警 9 人。

至 2012 年底,旗公安局甘其毛都口岸公安分局内设机构与人员编制未发生变化。

(二)交通警察大队

1988 年,乌拉特中旗公安局设有交通警察大队,内设机构 5 个:办公室、车管业务股、财务股、事故处理股、巡逻中队;全大队核定行政编制 11 名,实有在编民警 11 人,其中副科级领导职数 2 人,大队长 1 人、教导员 1 人。

1990 年,旗公安局交通警察大队增设交通管理、安全教育股、机动车及驾驶员管理股、城镇中队。全大队核定行政编制 25 名,实有在编民警 25 人。

1996 年，全大队共有行政编制 32 名，实有在编民警 32 人。

2002 年，旗公安局交通警察大队增设乌加河中队，全大队核定行政编制 43 名，实有在编民警 43 人。

2007 年，旗公安局交通警察大队增加合同制人员（辅警）6 人。

2009 年，旗公安局交通警察大队增设法制中队、督察室、秩序中队、宣教中队、指挥中心，增加合同制人员（辅警）6 人。

2010 年，旗公安局交通警察大队增设石哈河中队，增加合同制人员（辅警）6 人、工勤人员 2 人。

2012 年，旗公安局交通警察大队内设机构 12 个：办公室、法制中队、督察室、指挥中心、秩序中队、事故中队、车管分所、宣教中队、城镇中队、公路巡逻一中队、呼勒斯太中队、石哈河中队；全大队核定行政编制 43 名，实有在编民警 43 人，其中副科级领导职数 2 人，大队长 1 人、教导员 1 人；另有合同制人员（辅警）28 人、工勤人员 6 人。

（三）消防大队

1988 年，乌拉特中旗公安局设有消防股，有行政编制 2 名、现役武警人员 10 人。

1997 年，旗公安局消防股更名为消防大队，全大队核定行政编制 32 名、现役武警 26 人，设大队长 1 人、教导员 1 人。

2012 年，旗公安局消防大队核定编制 21 名，其中干部 7 人，战士 14 人；下设一个抢险救援班，1 个战斗班，1 个通讯班。设大队长 1 人，教导员 1 人。

（四）看守所

1988 年，乌拉特中旗公安局设有看守所，内设机构 1 个：办公室，有行政编制 11 名，实有民警 11 人，设所长 1 人、教导员 1 人。

2012 年，旗公安局看守所内设机构 1 个：办公室；有行政编制 10 名、现役武警 30 人，设所长 1 人、教导员 1 人。

（五）行政拘留所

2012 年，乌拉特中旗公安局行政拘留所成立，有行政编制 2 名，实有民警 2 人，设所长 1 人、教导员 1 人。

三、派出机构

乌拉特中旗公安局派出机构为公安派出所（以下简称“派出所”）。

1988 年，旗公安局下辖派出所 20 个：海流图镇派出所、温更镇派出所、乌加河镇派出所、桑根达来苏木派出所、巴音苏木派出所、乌兰苏木派出所、川井苏木派出所、巴音杭盖苏木派出所、杭盖戈壁苏木派出所、新忽热苏木派出所、巴音哈太苏木派出所、呼勒斯太苏木派出所、石哈河乡派出所、双盛美乡派出所、部北乡派出所、楚鲁图乡派出所、德岭山乡派出所、乌梁素太乡派出所、宏丰乡派出所、石兰计乡派出所。20 个派出所共有警员 58 人，每个派出所设有所长 1 人、指导员 1 人。

2001 年 4 月，全旗进行撤乡并镇改革。改革后，旗公安局下辖派出所 16 个：海流图镇派出所、乌加河镇派出所、德岭山镇派出所、石哈河镇派出所、桑根达来苏木派出所、温更苏木派出所、巴音苏木派出所、乌兰苏木派出所、川井苏木派出所、巴音杭盖苏木派出所、新忽热苏木派出所、巴音哈太苏木派出所、呼勒斯太苏木派出所、宏丰乡派出所、石兰计乡派出所、乌梁素太乡派出所。16 个派出所共有警员 82 人，每个派出所设有所长 1 人、指导员 1 人。

2005 年 12 月，全旗进行撤乡并镇改革。改革后，旗公安局下辖派出所 11 个：海流图镇派出所、乌加河镇派出所、德岭山镇派出所、石哈河镇派出所、桑根达来苏木派出所、巴音苏木派出所、乌兰苏木派出所、川井苏木派出所、新忽热苏木派出所、呼勒斯太苏木派出所、同和太种畜场派出所。11个派出所共有警员85人,每个派出所设有所长1人、指导员1人。

2009年5月至2012年12月,全旗镇、苏木进行3次改革调整。至2012年底,旗公安局下辖派出所11个:海流图镇派出所、乌加河镇派出所、德岭山镇派出所、石哈河镇派出所、温更镇派出所、呼勒斯太苏木派出所、川井苏木派出所、新忽热苏木派出所、巴音乌兰苏木派出所、同和太种畜场派出所、牧羊海牧场派出所。11个派出所共有警员85人,每个派出所设有所长1人、指导员1人。

第二节 管理体制改革

2001年9月,旗公安局举行全员竞争上岗受聘仪式,有78名干警被聘为股、所、队环节干部,123名干警被正式聘用,有8名干警落聘待岗。

2005年,旗公安局举行环节干部竞争上岗,有78名干警被聘为科、所、队环节干部。65名干警被正式聘用。

2009年12月,旗公安局举行环节干部竞争上岗,有86名干警通过考试及层层选拔,80名干警被调整岗位上岗。

第三节 队伍建设

1988年7月7日,旗公安局增加编制20人,经费由地方财政解决,服装加拨。

1990年8月,旗公安局开始执行公安干警执勤岗位津贴,每人每天1元,岗位津贴从1989年10月1日起执行。

1991年5月,旗公安局党组研究决定增设法制股。同年10月22日,旗委决定成立乌拉特中旗公安局党委。

1992年5月,旗公安局通过为期一个月的纪律作风整顿,清理了一批不适合公安工作的人员。

1993年3月,旗公安局全体干警在旗工会礼堂举行隆重的警衔首授仪式。首次为128名干警授予警督、警司、警员警衔,并颁发警衔证书。同年10月,局党委决定在干警中开展岗位练兵活动。

1996年3月,旗公安局荣获内蒙古自治区"优秀公安局"称号。

1997年4月10日,旗公安局开展"清枪治爆"专项治理,抽调20名股、所、队长下基层派出所蹲点承包。

1998年12月,根据上级公安机关统一安排,旗公安局开展为期一个月的纪律作风集中教育整顿。以塑造人民警察形象为着眼点,纠正个别干警存在的耍特权、抖威风,刑讯逼供和"四难"现象。

2000年6月,旗公安局举办首次干警体能测试竞赛。同年12月,隆重举行"九九式"警服着装仪式。

2001年1月,在全体民警中开展"三个代表"重要思想学习教育活动。

2002年,在全体民警中开展"三项教育"重要思想学习教育活动。

2003年5月,开展大练兵活动。全警学习公安部发布的"五条禁令"。

2004年,开展全警实战大练兵活动。

2006年,开展大练兵活动,使民警们真正做到"三懂四会"。

2007年,组织全体党员认真学习中国共产党十六届中央委员会第六次全体会议。

2008 年，组织全体民警学习贯彻中共十七大精神。

2009 年，开展全警实战大练兵活动。

2010 年，局党委组织党员学习贯彻“两会”（人代会、政协会）精神。

2011 年，开展全警实战大练兵活动。

2012 年 5 月，开展“三访三评”活动基础上，全面开展民警“下基层办实事转作风”活动。

第四节　内部保卫

1988 年，全旗设有内保的单位 16 家，在册内保人员 20 人；有自行雇用保安服务从业单位 2 家，在册保安员 2 人。同年，旗公安局进行内保单位安全检查 31 次，对不符合要求的单位限期整改或依据内保条例予以处罚。责令限期整改单位 5 家，治安处罚单位 1 家。

1989—1995 年，全旗有内保单位 16 家，在册内保人员 26 人；有自行雇用保安服务从业单位 3 家，在册保安员 5 人。同年，旗公安局进行内保单位安全检查 38 次，对不符合要求的单位限期整改或依据内保条例予以处罚。7 年中，共责令限期整改单位 21 家，治安处罚单位 8 家。

1996—2000 年，全旗有内保单位 16 家，在册内保人员 30 人；有自行雇用保安服务从业单位 8 家，在册保安员 11 人。同年，旗公安局进行内保单位安全检查 56 次，对不符合要求的单位限期整改或依据内保条例予以处罚。5 年中，共责令限期整改单位 17 家，治安处罚单位 5 家。

2001—2005 年，全旗有内保单位 16 家，在册内保人员 35 人；有自行雇用保安服务从业单位 8 家，在册保安员 11 人。同年，旗公安局进行内保单位安全检查 55 次，对不符合要求的单位限期整改或依据内保条例予以处罚。5 年中，共责令限期整改单位 11 家，治安处罚单位 5 家。

2006—2010 年，全旗有内保单位 16 家，在册内保人员 40 人；有自行雇用保安服务从业单位 4 家，在册保安员 8 人。同年，旗公安局进行内保单位安全检查 70 次，对不符合要求的单位限期整改或依据内保条例予以处罚。5 年中，共责令限期整改单位 8 家。

2011 年，全旗有内保单位 26 家，在册内保人员 43 人；有自行雇用保安服务从业单位 4 家，在册保安员 5 人。全年进行内保单位安全检查 58 次，责令整改单位 1 家。

2012 年，全旗有内保单位 26 家，在册内保人员 43 人；有自行雇用保安服务从业单位 4 家，在册保安员 10 人。全年进行内保单位安全检查 34 次，责令整改单位 3 家。

第五节　治安管理

一、特种行业管理

1988 年，为加强特种行业管理，旗公安局规定：开设营业性文化娱乐场所均需向公安局申请批准方可开业。按照“谁主管、谁负责”原则，与业主签订安全防范协议书。旗公安局组织人员进行安全检查，发现问题及时整改查处。同年，检查营业性文化娱乐场所 34 家，下发整改意见书 6 份，查处违规单位 3 家。

1991 年 5 月 25 日，旗公安局治安巡逻队（后称巡警大队）组建，实行昼夜 24 小时巡逻执勤，专门负责海流图镇地区公共复杂场所治安管理。同年，查处违规事件 425 起。

20 世纪 90 年代，旗公安局在全旗开展治理整顿旅店业、废旧物品收购业工作。1993 年，开始对全旗 20 余家宾馆、招待所进行登记备案；1995 年，旗公安局执行公安部颁发《租赁房屋治安管理规定》和《内蒙古自治区公安厅贯彻公安部〈租赁房屋治安管理规定〉实施办法》，对租赁房屋实行登记审查，发放租赁房屋治安许可证，并与房屋出租人签订《治安责任保证书》。10年中，共签订《治安责任保证书》3556份。

2000年，旗公安局对全旗11家机动车修理业、15家摩托车修理业进行清理整治，并发放特种行业许可证。2001年，旗公安局报警点已覆盖全旗城乡。至2012年，旗公安局不断加大整顿力度，每年都要组织开展"扫黄打非"行动，由治安部门牵头组织基层派出所对全旗的旅店、酒吧、桑拿洗浴按摩室和歌舞录像厅、电子游戏厅等文化市场进行不间断的清理整顿。12年中，共开展各类安全大检查1300余次，下发整改意见书314份，查处违规单位21家。

2012年底，旗公安局治安部门管理的特种行业经营户有134家，其中有宾馆、旅店、招待所121家；有印章、刻字业企业1家；全旗特种行业从业人员356人。

二、枪支弹药与易燃易爆品管理

1988年，旗公安局治安管理部门根据《中华人民共和国枪支管理办法》规定，对于地方党政干部超范围配枪一律收回（党政干部配枪只限于旗县党政领导正职）。同时严格公、检、法、司、安和内部保卫部门配枪范围。

20世纪90年代，乌拉特中旗边境地区发现含金富矿，众多淘金者云集边境地区，采金人员最多时5000余人，给危爆物品的管理带来很大的压力。旗委、旗人民政府和旗公安局党委审时度势，采取果断措施加大危爆、剧毒物品管理力度。1997年，旗公安局开展治爆缉枪专项行动和争创无超范围配枪、无非法持有枪支、无涉枪涉爆案的"三无"活动；同年4—6月，在全旗开展的"清枪治爆"专项治理中，派出20名民警下驻到各基层派出所蹲点，逐枪逐人进行查询，清理"三小企业"（小餐饮、小杂食店、小作坊）非法使用、储存危爆物品网点103处，取缔不安全站点8处。同时，严格执行枪支登记、发证、管理工作。

2001年4月，全旗开展为期30天的社会治安安全大检查，成立由旗委副书记李克为组长，旗委政法委书记康旭明、乌拉特中旗副旗长恩和吉日嘎拉为副组长的社会治安安全大检查领导小组，会同地矿、黄金公司、环保、消防、边防、林业公安等8个部门对全旗危爆物品使用点进行彻底清理，重点清理矿山相对集中的边境地区。此次大检查共出动人员450人、车辆90辆（台）次；取缔非法采矿点5家。

2002—2008年，旗公安局枪爆物品收缴宣传工作开始显现成果。

三、扫黄禁赌管理

1988—2012年，乌拉特中旗公安局对"黄赌"问题一直保持高压态势。尤其是对电子游戏厅中利用电子游戏机进行赌博的、在娱乐场所卖淫嫖娼的违法犯罪行为进行严厉打击。

1988—1990年，旗公安局在扫黄扫赌专项行动中，共查处涉黄涉赌治安案件18起，处罚违法行为人46人；共破获涉黄涉赌刑事案件4起，抓获犯罪嫌疑人4人。

1991—2000年，公安局共查处涉黄涉赌治安案件136起，处罚违法行为人387人；共破获涉黄涉赌刑事案件15起，抓获犯罪嫌疑人18人。收缴并销毁游戏机56台。

2001—2010年，旗公安局继续开展打击黄赌专项行动，共查处涉黄涉赌治安案件228起，处罚违法行为人518人；共破获涉黄涉赌刑事案件37起，抓获犯罪嫌疑人41人。收缴并销毁游戏机74台，收缴淫秽出版物21张（册）。

2011—2012 年，旗公安局持续开展打击涉黄涉赌违法犯罪专项行动，共查处涉黄涉赌治安案件 11 起，处罚违法行为人 13 人；共破获涉黄涉赌刑事案件 6 起，抓获犯罪嫌疑人 11 人。收缴并销毁游戏机 47 台，收缴淫秽出版物 6 张(册)。

四、禁毒管理

1997 年，旗公安局禁毒缉私大队成立。至 1999 年，全旗未发生禁毒案件。

2000 年，旗公安局破获毒品案件 8 起，打击处理涉毒人员 8 人；强制隔离戒毒 2 人，其他处理(行政拘留、治安处理等行政处理)6 人。

2001—2005 年，旗公安局组织开展保持“无毒社区”活动，会同文化、团旗委等部门举行禁毒“千人签名”活动。全年破获毒品案件 71 起，打击处理涉毒人员 71 人，强制隔离戒毒 11 人，其他处理(行政拘留、治安处理等行政处理)60 人；其中男性涉毒人员 70 人，女性涉毒人员 1 人。

2006—2010 年，旗公安局破获毒品案件 97 起，打击处理涉毒人员 105 人，其中刑事处理(刑事拘留、取保候审等强制措施)24 人，强制隔离戒毒 31 人，其他处理(行政拘留、治安处理等行政处理)52 人；其中男性涉毒人员 78 人，女性涉毒人员 3 人。

2011—2012 年，旗公安局破获治安案件 67 起，其中吸食毒品 59 起，非法持有毒品 8 起；破获刑事案件 9 起，其中贩卖毒品案件 7 起，非法持有毒品 2 起。

五、治安案件查处

1998—2012 年，乌拉特中旗公安局每年都要处理大批违反治安管理的案件。治安案件每年都有不同程度的增加。旗公安局下大力气治理治安秩序，先后解决了立案责任不明、立案不实问题，规范受理、查处程序，落实主办责任人制度，杜绝有警不接、接警不登记和擅自将治安案件降格为一般纠纷处理等问题，使全旗社会治安逐步好转。

1988—2012 年乌拉特中旗公安局受理、查处治安案件统计表

表 11－1　　单位：起

年　份	受理、查处治安案件数	年　份	受理、查处治安案件数
1988	221	2001	510
1989	245	2002	601
1990	236	2003	595
1991	325	2004	601
1992	328	2005	587
1993	332	2006	614
1994	354	2007	624
1995	401	2008	603
1996	455	2009	611
1997	368	2010	689
1998	347	2011	740
1999	310	2012	850
2000	581	合　计	12128

六、治安工作

1988 年，乌拉特中旗公安局治安管理大队成立后，担负着全旗治安管理工作，是治安管理工作和治安各项专项行动主力军。主要承担法定假日、传统节日、巴彦淖尔市和乌拉特中旗“两会”（人代会、政协会）、全国高考等各类考试的安全保卫工作。

第六节　户籍管理

一、常住户籍人口管理

1988 年，乌拉特中旗公安局户籍管理部门与各派出所配合，不断改进和加强常住人口管理，加强熟悉、掌握常住人口情况。同年，全旗有常住户籍户口 31268 户、户籍人口 128788 人，其中男 66794 人、女 61994 人。

1989 年 9 月，旗公安局在继续加强常住人口管理的同时，积极贯彻执行《中华人民共和国户口登记条例》，开展第四次全国人口普查前的户口整顿工作，城镇健全常住、暂住、出生、死亡、迁出、迁入、变更、更正 8 项管理制度，农村牧区健全户口底簿、常住、出生、死亡、迁出、迁入 6 项管理制度。

1991—1992 年，旗公安局户政管理工作依照“严格管理，方便群众”的原则，本着“全面掌握、重点管理严格控制”的方针，对全旗农牧业人口全面掌握，对城镇人口重点管理。在户口整顿及第四次全国人口普查基础上，认真核实，搞清底数，建制各种表卡，严把“四项变动”（迁入、迁出、出生、死亡）等各项工作关口，使全旗户口管理逐步走上制度化、规范化。同时详细制定了非农业人口的迁入、迁出、出生、死亡等各项手续的办理程序。

1996 年，旗公安局开始将常住户籍人口录入计算机，人口管理逐步向规范化、科学化管理发展。

1999 年，旗公安局规范各项户口工作，完善各种登记制度，为群众办理户口手续提供便利条件。把户籍管理工作“送温暖”与“树新风”活动相结合，提高服务意识和服务质量，开展“文明户籍室”“优秀户籍警”评选活动。

2000 年，旗公安局全面开展以熟悉人口为主的岗位练兵活动，要求在责任区联系工作的民警对辖区内 16～45 周岁男性居民，做到见人知名、见名知情。同年 10 月，旗公安局配合全旗第五次人口普查前户口整顿工作结束。

2001 年，旗公安局结合严打整治行动，强化人口管理工作。在实施小城镇户籍改革中，放宽户籍准入政策，农业户口符合落户条件即可申请到城镇落非农业户口。

2004 年，旗公安局开始进行户口簿制作、换发工作，全年换发新式户口簿 21216 本。同年，根据公安部的要求对全国人口进行纠重、纠错工作。内蒙古自治区公安厅统一下发重号、重户、错号名单，旗公安局各基层派出所开始进行登记、造册、纠正、删除处理。

2009 年，旗公安局开展户口专项清理整顿工作，解决户口遗漏人员 91 人（已受理待调查核实后予以解决人员 120 余人），解决出生落户（包括补报往年出生）1452 人，发现双重户口 145 人（已删除 76 人，待核实后删除 69 人），变更或更正各类人口信息数据 4012 条，其中人口主项变更更正 483 人。

2011 年，旗公安局共修正项目差错 78 人；解决无户人员落户 1 人；收到表扬信 1 封；走访城市居民家庭 1430（户）；走访农村民家庭 1325（户）；慰问帮扶 14 人次；排查各类纠纷 25 起；在重要路段、居民区书写安全防范标语 17 条，发放安全防范传单 6000 余份。常住户籍人口登记录入率 100%。

1988—2012 年乌拉特中旗常住户籍人口统计表

表 11 – 2

年　份	总户数(个)	总人口数(人)	其　中	
			男　性(人)	女　性(人)
1988	31268	128788	66794	61994
1989	30325	120115	61984	58131
1990	30871	121835	63952	57883
1991	32087	130555	69154	61401
1992	33195	131663	68618	63045
1993	33002	133609	69521	64088
1994	34166	134188	69477	64711
1995	36867	136900	70912	65988
1996	37874	138981	72463	66518
1997	38734	141212	73342	67870
1998	39444	143483	74303	69180
1999	39926	145511	75127	70384
2000	40287	138850	71654	67196
2001	38815	139519	71829	67690
2002	41067	138949	71501	67448
2003	41850	138312	71373	66939
2004	43405	139867	71819	68048
2005	44015	137481	70413	67068
2006	45785	139475	71229	68246
2007	49309	141844	72212	69632
2008	50116	142252	72852	69400
2009	51354	143667	73091	70576
2010	56187	144308	73344	70964
2011	58899	145551	73898	71653
2012	60775	146830	74497	72333

二、暂住人口管理

1988—1989 年，贯彻执行公安部《关于城镇暂住人口管理的规定》，结合全旗实际情况，开展对流动人口、暂住人口的登记审查工作。对暂住时间拟超过 3 个月的 16 周岁以上人员，经审查后发给《暂住证》，对到乌拉特中旗经商从业人员在派出所登记后发给暂住证。

1995 年 8 月，执行内蒙古自治区公安厅《进一步加强流动人口管理工作意见》，按照《暂住证申领办法》和《租赁房屋治安管理规定》，开展对流动人口的清理整顿。

1996年，执行公安部《关于流动人口通报协查工作的规定》，开展对流动人口清理整顿。同年，登记暂住人员3042人。

1998年，全旗开展清理整顿出租房屋，加强流动人口管理工作。各基层派出所对辖区的暂住人口做到底数清、情况明、来有登记、走有注销。同年，登记暂住人员2410人。

1999年，发函调查105份，复函23份；登记出租房屋625户，签订《治安责任书》593份；登记暂住人员2500人；通过对暂住人口管理，查出违法犯罪人员5人。

2000年，登记出租房屋755户，签订租赁房屋治安管理许可证755份。

2001年，开展"两口一屋"（流动人口、暂住人口、出租房屋）清理整顿专项规范行动，共登记出租房屋4101户，签订《治安责任书》4101份，清理清查出租房屋户802户，签订租赁房屋治安管理许可证317个。

2002年，加强对复杂场所和"两口一屋"管理力度。与各行业业主签订责任保证书，将责任落实到人，并完善办理登记手续，对暂住人口的函调率为86%以上。

2003年，登记清理出租房屋1130家，全部签订《治安责任书》。

2004—2012年，登记外来暂住人口58414人，办理暂住证23326个。

1988—2012年乌拉特中旗暂住人口统计表

表11-3

年　份	暂住人口数（人）	办理暂住证（个）	年　份	暂住人口数（人）	办理暂住证（个）
1988	3989	1658	2001	12037	11820
1989	3058	1124	2002	2450	1015
1990	4120	2144	2003	3175	1332
1991	4985	3001	2004	4989	3950
1992	5430	4819	2005	2218	887
1993	4554	2980	2006	6654	2661
1994	3959	2073	2007	5643	3472
1995	3331	689	2008	6302	2443
1996	3042	1697	2009	6216	6082
1997	1849	931	2010	8597	5563
1998	2410	1152	2011	12198	11980
1999	2500	1445	2012	19282	18992
2000	2023	1297	—	—	—

三、重点人口管理

1988—2012年，旗公安局执行1985年3月公安部重新修订的《重点人口管理规定》和《关于加强重点人口管理工作的通知》，将6类15种人列为重点人口，对重点人口实行查证控制、积极疏导、帮助教育和依法监督改造等措施。

1988—2012 年乌拉特中旗重点人口管理统计表

表 11 －4 单位：人

年　份	列管人员	撤管人员	年 份	列管人员	撤管人员
1988	163	20	2001	261	62
1989	182	29	2002	255	50
1990	155	31	2003	239	39
1991	189	24	2004	220	68
1992	162	37	2005	298	34
1993	144	33	2006	234	16
1994	1994	191	2007	237	61
1995	1995	209	2008	402	50
1996	231	46	2009	342	80
1997	218	41	2010	365	3
1998	265	51	2011	331	66
1999	203	45	2012	272	111
2000	235	55	—	—	—

四、居民身份证管理

1988—1989 年，继续按照国务院和内蒙古自治区人民政府的部署，执行《临时身份证管理暂行规定》，开办临时身份证。至 1989 年底，全旗颁发居民临时身份证工作结束。

1990 年，完成居民临时身份证前期制证 5000 人。

1991 年，办理居民临时身份证 293 人。

1992 年，办理居民临时身份证 4123 人。

1994 年，办理居民临时身份证 10006 人。

1996 年，开始换发 10 年期居民身份证。

1998 年，开展居民身份证编号清理和纠错工作。

2001 年，办理居民临时身份证 1003 个。

2002 年，开展人口信息人像采集入库工作，组织警力分阶段采集上报数据，共扫描录入人口 84563 人，完成总人口的 87%，为换发第二代居民身份证工作打下基础。同年，办理居民临时身份证 1231 个。

2003 年，办理居民临时身份证 1432 个。

2004 年，根据《中华人民共和国身份证法》进行逐户、逐人、逐项内部核对和入户调查。同时加快居民身份证换发工作，并做好换发第二代居民身份证的各项准备工作。全年换发居民身份证 2636 个，办理居民临时身份证 1990 个、办理“快证”（通过特快专递方式 20 日内办理长期身份证）402 个。

2005 年，共办理居民临时身份证 1897 个。

2006 年 6 月，全面启动二代身份证换发工作，并投资 80 余万元购置二代身份证制作设备。2006—2008 年，完成全旗 18 周岁以上二代居民身份证换发任务。

2011 年，共办理二代身份证 8138 个，全年办理居民临时身份证 672 张，其中送证上门 136 张。

2012 年，办理二代身份证 10364 张，办理居民临时身份证 672 张。

第七节　刑事案件侦查

1988年,全旗发生刑事案件47起,破案43起。开展“打击流窜、深挖余罪”专项行动。

1989年,全旗发生刑事案件53起,破案46起。开展“打盗窃、防盗窃”专项行动及打击流窜犯罪集中统一行动,共抓获犯罪嫌疑人58人,打掉作案团伙6个,破获各类案件35起,打掉5名犯罪嫌疑人和6名犯罪嫌疑人组成的2个盗窃团伙,挖出5人组成的1个盗窃团伙,查获3个骚扰学校流氓团伙。

1990年,全旗发生刑事案件55起,破案44起。在第一阶段严打行动中,连续破获10起影响大、危害重的案件,其中重大盗窃案7起、抢劫案1起、强奸案2起。

1991年,全旗发生刑事案件61起,破案56起,抓获各类刑事犯罪嫌疑人83人,缴获赃款赃物81340元,开展打击盗窃犯罪活动专项行动,共破各类案件44起,抓获犯罪嫌疑人65人,打掉团伙4个、16人。

1992年,全旗发生刑事案件60起,破案56起,抓获作案犯罪嫌疑人64人,摧毁犯罪团伙5个,抓获团伙成员30人,缴获赃款赃物51987.7元,组织开展“反盗抢”专项行动、2次集中统一行动,破获刑事案件30起,打掉犯罪团伙5个,抓获团伙成员30人,缴获赃款赃16768元。

1993年,全旗发生刑事案件65起,破案58起。开展以反盗抢为中心严打行动。

1994年,全旗发生刑事案件73起,破案68起。开展“冬季攻势”行动,破获盗窃案件37起,抓获犯罪嫌疑人4人;破获刑事案件7起,抓获犯罪嫌疑人19人,抓捕负案在逃人员2人。

1995年,全旗发生刑事案件71起,破案67起。

1996年,全旗发生刑事案件76起,破案69起。

1997年,全旗发生刑事案件72起,破案70起。

1998年,全旗发生刑事案件67起,破案64起。在春季开展的清理整顿外流人口专项整治中,抓获重大负案在逃人员2人;在打击盗窃牲畜、畜产品专项行动中破获5起盗窃案件,缴获羊274只、牛9条、马3匹、羊绒57.5千克;在打击拧门撬锁专项行动中破获盗窃案件15起,缴获财物1万余元。

1999年,全旗发生刑事案件72起,破案68起。在打击走私、盗窃、抢劫机动车专项行动中,破获盗窃摩托车案件5起。

2000年,全旗发生刑事案件80起,破案78起。

2002年,旗公安局继续把严打整治行动作为公安业务的重头戏来抓,先后开展“打抢”“冬季攻势”专项行动。全旗发生刑事案件159起,破案89起。

2003年,全旗共发生刑事案件158起,破案131起,抓获作案犯罪嫌疑人125人。相继开展春季严打攻势、破案追逃“冬季攻势”和网上追逃统一行动,对杀人、抢劫、盗窃三类严重影响人民群众生命财产安全的刑事犯罪进行严厉打击,有效遏制刑事案件发案势头,维护全旗治安大局稳定。抓获各类在逃人员11人,其中网上追逃人员7人。

2004年,全旗发生刑事案件201起,破案228起(含破获积案数),开展“春季严打攻势”“侦破命案专项行动”、打击利用手机短信和网络诈骗犯罪专项行动、打击盗窃通信电力设施和盗窃牲畜专项行动等,对杀人、抢劫、盗窃等三大类严重影响人民群众生命财产安全的刑事犯罪给予严厉打击。

2005 年，全旗立刑事案件 175 起，破案 199 起（含破获积案数）。开展“命案侦破”专项行动、打击“两抢一盗”（抢劫、抢夺、盗窃）专项行动、打击“盗抢机动车辆”专项行动等，缴获被盗羊 120 只、羊绒 180 千克，打掉盗窃团伙 2 个，破获系列入室盗窃案 47 起，缴获财物 1 万元，抓获团伙成员 7 人，摧毁恶性抢劫团伙 1 个，破获抢劫案件 13 起，缴获财物 1 万元，抓获团伙成员 7 人。

2006 年，全旗发生刑事案件 187 起，破案 251 起（含破获积案数）。开展“命案侦破”专项行动、打击“两抢一盗”专项行动、打击“盗抢机动车辆”专项行动，捣毁盗抢团伙 3 个，抓获团伙成员 19 人，破获抢劫案件 6 起、盗窃案件 35 起，涉案金额 5 万元。

2007 年，全旗发生刑事案件 301 起，破案 390 起（含破获积案数）。开展“命案侦破”专项行动、夏季攻势、打击“两抢一盗”专项行动等。打掉恶势力团伙 1 个，抓获团伙成员 15 人，捣毁盗抢团伙 3 个，涉案金额 5 万元。

2008 年，全旗发生刑事案件 310 起，破案 439 起（含破获积案数）。开展打击“两抢一盗”专项行动、打击盗窃电力、通信“三电”设施专项行动等，开展为期 8 个月的“打盗抢、抓逃犯”专项行动，破获各类刑事案件 402 起，其中破获内蒙古自治区公安厅挂牌督办案件 1 起，破获系列侵财案件 8 串、199 起；打掉系列侵财犯罪团伙 3 个，抓获网上追逃人员 90 人，在全巴彦淖尔市“打盗抢、抓逃犯”专项行动评比中，旗公安局取得抓逃第三名和破案第四名。

2009 年，全旗发生刑事案件 335 起，破案 371 起（含破获积案数）。组织开展为期 6 个半月的“破案追逃，保大庆”专项行动和 4 次集中统一行动，破刑事案件 266 起，其中 5 起命案全部侦破，抓获网上追逃人员 73 人，其中外省追逃人员 18 人。开展为期 3 个月“冬季猎狐”专项行动，开展集中行动 2 次，破获刑事案件 105 起，抓获犯罪嫌疑人 4 人，抓获吸毒人员 3 人。

2010 年，全旗发生各类刑事案件 465 起，破案 337 起，抓获犯罪嫌疑人 160 人，缴获财物 40.83 万元。

2011 年，全旗发生各类刑事案件 753 起，破案 684 起。在“清网”行动中，在逃 19 年和在逃 15 年的 2 名网上追逃人员，以及盗窃保险柜犯罪嫌疑人等 30 余人纷纷落网，刑警大队协助外地警方抓获网上追逃人员 12 人，在“铁鹰”行动中破获特大案件。

2012 年，全旗发生刑事案件 711 起，破案 885 起（含破获积案数），抓获作案人员 202 人，抓获网上追逃人员 108 人，缴获财物 155.68 万元。在开展专项行动中，先后组织集中统一行动 3 次，破刑事案件 97 起，抓获犯罪嫌疑人 9 人，抓获网上追逃人员 6 人，缴获财物 9.5 万余元。在冬季严打专项行动中，破获刑事案件 33 起，抓获犯罪嫌疑人 4 人，抓获在逃人员 3 人。

第八节　经济案件侦查

2002 年，乌拉特中旗公安局经济犯罪侦查大队（以下简称“旗公安局经侦大队”）成立。至 2007 年底，旗公安局经侦大队未办理案件。

2008 年，旗公安局经侦大队为促进经济建设，加强对经济犯罪的打击力度，全年受理经济案件 8 起，立案 4 起，打击处理各类犯罪嫌疑人 5 人，破获隐匿、故意销毁会计资料案 1 起，抓获犯罪嫌疑人 1 人；查处职务侵占案 1 起，抓获犯罪嫌疑人 1 人；查处合同诈骗案 1 起，抓获犯罪嫌疑人 2 人；查处骗取出口退税案 1 起，抓获犯罪嫌疑人 1 人。

2009 年，旗公安局经侦大队受理经济案件 11 起，立案 11 起，打击处理各类犯罪嫌疑人 14 人，破获3起职务侵占案,抓获犯罪嫌疑人3人;查处合同诈骗案7起,抓获犯罪嫌疑人9人;查处骗取贷款案1起,抓获犯罪嫌疑人2人。

2010年,旗公安局经侦大队受理经济案件8起,立案8起,打击处理各类犯罪嫌疑人9人,破获4起合同诈骗案,抓获犯罪嫌疑人5人;查处信用卡诈骗案1起,抓获犯罪嫌疑人1人;查处挪用资金案1起,抓获犯罪嫌疑人1人,查处私刻公章案1起,抓获犯罪嫌疑人1人。

2011年,旗公安局经侦大队受理各类经济案件34起,立案22起,破案17起。其中,合同诈骗28起,职务侵占3起,骗取贷款案1起,骗取出口退税案1起,诈骗1起。刑事拘留6人,批捕1人,移送起诉1人,挽回经济损失25万余元。

2012年,旗公安局经侦大队受理案件52起,立案47起:合同诈骗案35起、职务侵占案1起、抽逃出资案1起、非法吸收公众存款1起、信用卡诈骗案9起;破案38起:合同诈骗案29起、职务侵占案1起、抽逃出资案1起、信用卡诈骗案7起。逮捕1人,刑事拘留5人,取保候审8人,移送起诉4起、4人,破获内蒙古自治区公安厅督办案件——系列合同诈骗案,破获内蒙古自治区公安厅审批大要案件14起。

第九节　出入境管理

2002年8月,乌拉特中旗公安局出入境管理科成立,编制5名,主管出入境管理工作。出入境管理科成立后,认真执行《公民因私事出国护照申请审批工作规范》和《内地居民赴港澳地区定居审批管理工作规范》。

2008年10月,旗公安局出入境管理科组织30家涉外宾馆负责人参加《中华人民共和国外国人出境入境管理法》培训班。

2003—2012年乌拉特中旗出入境业务办理登记情况表

表11－5　单位:本

年　份	办理因私护照	办理港澳通行证	年　份	办理因私护照	办理港澳通行证
2003	107	—	2008	196	49
2004	93	—	2009	296	89
2005	103	—	2010	451	118
2006	112	—	2011	713	224
2007	308	29	2012	780	774

第十节　“110”接报警服务

1988—2002年,乌拉特中旗科技信息通信技术不够发达,各项建制不够完善,各项工作机制也不够健全。同时,人民群众报警求助意识较淡薄,报警数量较少。

2003年,旗公安局110接报警服务台开通,群众拨打110报警电话,公安机关接警员只能手工记录报警内容,速度慢,误差高;由于没有录音,很多警情事后无法再次进行核实。同年,旗公安局110接报警服务台接报警量590起。

2004年,公安部下发《公安部关于大力推进县市公安机关110、119、122“三台合一”工作的通知》,决定3年内实现县市公安机关“三台合一”系统。同年,乌拉特中旗公安局实现110(匪警)、

122（交通事故报警）、119（火警）服务系统为一体的“三台合一”接处警系统，并成立“110 指挥中心”。实现统一接警、分类指令，出警迅速，处置得当。

2008—2012 年，旗公安局 110 指挥中心不断完善组织机构机制、科技信息化建设和基础设施建设，不断走向科技化、现代化、规范化。

1988—2012 年部分年份乌拉特中旗公安局“110”接处警统计表

表 11 -6　　单位：起

年度	案件总数	其中				
		刑事案件	治安案件	群众求助	双派警	其他报警
1988	183	47	127	—	—	8
1989	355	53	147	—	—	12
1990	347	61	278	—	—	7
1993	239	65	167	—	—	7
1994	278	73	189	—	—	36
1995	261	71	154	—	—	22
1996	206	76	108	—	—	22
1997	198	72	107	—	—	19
1998	229	67	138	—	—	24
1999	299	72	184	—	—	43
2000	354	80	229	—	—	45
2001	279	229	—	—	—	50
2002	362	95	185	152	—	67
2003	585	120	235	110	—	82
2004	590	153	225	201	—	79
2005	750	142	293	190	—	93
2006	792	168	325	203	—	96
2007	1052	235	428	305	—	84
2008	1993	295	1052	163	203	220
2009	1980	333	913	171	333	230
2010	2172	185	1381	254	185	167
2011	2422	290	1361	302	290	179
2012	2772	424	1379	342	424	203

第十一节　交通管理

一、交通安全宣传

1988—1990 年，乌拉特中旗公安局交管部门充分发挥各镇、苏木、乡和部分车属单位安全组织机构的管理作用，加大宣传力度，扩大宣传范围，共投入宣传费用 3.2 万元。发放各类传单 6000 份，制作光盘 200 张，宣传挂图 200 份，宣传标语 200 条，宣传展板 100 余块，交通安全区提示卡 200 张，客运车辆举报单 200 张，其他宣传品 300 份。

1991—1995 年，旗公安局交管部门到中小学和车属单位讲解交通安全常识 180 次，张贴宣传标语 500 余条，发放宣传材料 2 万余份，广播宣传 58 次，电视讲话 38 次，图片展览 159 次，办宣传栏 50 期，向报社投稿 300 篇，其中《内蒙古交通安全报》刊文 42 篇，其他报刊刊文 103 篇，受教育群众

5 万人次。

1996—2000 年,旗公安局交管部门在各级报刊、电台、电视台和广播电台发表新闻报道 380 篇,制作宣传专栏 82 期,召开车属单位负责人和个体运输户安全会议 220 次,先后进行大型宣传活动 58 次,到中小学校讲安全课 105 次,出交通简报 600 期,张贴标语 800 条,出动宣传车 280 台次,发表电视讲话 71 次,发放宣传材料 5 万份,受教育人数 9 万人次。

2001—2005 年,旗公安局交管部门交通安全宣传工作主要围绕创建“平安大道”“畅通工程”和警务公开等工作进行,共印发宣传材料 9 万份,书写悬挂固定标语 1200 余条,出动宣传车 350 次,在各级新闻媒介上发表报道 500 篇,制作宣传专栏 120 期,召开车属单位负责人和个体运输户安全会议各 68 次、现场会 30 次,到中小学讲安全课 125 次,出交通简报 1500 期。

2006—2010 年,旗公安局交管部门本着“整顿什么,宣传什么”的原则,适时开展各类交通安全宣传教育活动,特别是预防重特大交通事故宣传活动,共在各类新闻媒体发表宣传报道 650 篇,举办交通安全讲座与安全课堂 90 次,举办各类交通安全知识展览 60 场,举办交通安全知识竞赛、宣传活动 110 次,发放各类宣传材料 11 万余份,张贴宣传标语 1500 余条,播放交通安全教育光盘 4000 余小时,制作流动宣传板 300 余块,发放宣传教育光盘 2000 张,发放《重特大交通事故条例选编》3000 余册。

2011—2012 年,旗公安局交管部门开展各类交通安全宣传活动 50 次,出动警力 580 人次,出动警车 130 辆次,悬挂宣传横幅 300 余条,印发宣传材料 6 万份,制作发放文明交通提示卡 5000 张,展出展板 200 余块,播放宣传光碟 150 场次,上交通安全课 58 次,利用广播电台播放《交警在线》栏目 24 期,利用街头固定大屏幕电视播发交通安全宣传标语 150 余条,利用手机短信播发交通安全知识 2 万余条,上报国家级报刊信息 8 篇,省级报刊信息 78 篇,市级报刊信息 210 篇,旗县级报刊信息 260 篇,编写简报信息 1200 篇。

二、机动车辆管理

1988—2012 年,乌拉特中旗公安局交管部门共办理车辆注册登记 6653 辆次、转移登记 219 辆次,申请检验合格标志 14103 辆次,行驶证补证 390 本,注销车辆 796 辆,驾驶人初次申请 2898 人次,提交体检证明 13964 人次,注销登记 1592 人。

2005—2012 年乌拉特中旗公安局机动车辆管理统计表

表 11－7

年份	车辆注册登记(辆)	车辆转移登记(辆)	检验合格标志(辆)	注销车辆(辆)	行驶证补证换证(本)	驾驶人初次申请(人)	提交体检证明(人)	注销登记(人)
2005	76	8	8	340	5	—	—	—
2006	802	32	2415	11	45	—	—	—
2007	713	36	2347	158	97	612	1721	43
2008	529	25	2522	244	77	735	3682	767
2009	868	13	2177	41	55	485	3348	284
2010	1458	28	1972	2	77	554	3463	208
2011	1173	34	1555	0	23	368	994	169
2012	1034	33	1407	0	11	144	756	121

三、驾驶员管理

1988—2012年乌拉特中旗公安局举办汽车驾驶员培训106期、培训驾驶员3448人；摩托车驾驶员培训82期、培训驾驶员2480人。

1988—2012年乌拉特中旗公安局培训、审验驾驶员统计表

表11－8

年份	汽车驾驶员培训（包括农用三轮车）		摩托车驾驶员培训		审验驾驶员（人）		
	举办培训班（期）	培训人员（人）	举办培训班（期）	培训人员（人）	汽车	农用三轮车	摩托车
1988	1	10	1	20	1	0	2
1989	1	12	0	0	3	0	0
1990	1	10	0	0	2	0	0
1991	2	20	1	10	3	0	5
1992	2	20	3	30	2	0	10
1993	4	30	3	30	2	0	20
1994	4	30	2	30	2	0	34
1995	2	20	2	30	10	0	10
1996	3	20	2	20	12	0	30
1997	5	20	1	15	22	5	34
1998	3	36	1	22	39	10	56
1999	3	54	1	46	40	30	59
2000	5	94	2	69	40	30	59
2001	5	95	3	75	56	55	60
2002	5	106	3	46	60	60	77
2003	6	108	3	55	51	51	78
2004	6	126	4	60	55	59	98
2005	6	196	6	60	59	60	106
2006	6	199	6	60	60	35	120
2007	6	236	8	97	89	46	264
2008	6	354	6	109	99	59	344
2009	6	256	6	159	145	69	379
2010	6	366	6	244	169	70	496
2011	6	451	6	495	179	80	493
2012	6	579	6	698	259	90	569

四、交通秩序管理

1988—1990年，旗公安局交管部门公路巡逻民警累计巡逻1.2万千米，执行堵卡任务12次，破获盗窃机动车辆案件1起，抓获犯罪嫌疑人3人，执行交通安全保卫和道路警卫任务10次。开展大规模交通秩序集中整顿行动8次，出动警力400人次，查处各类违章0.5万人次，暂扣机动车160余台，暂扣证件10余个。坚持道路夜查和重点路段巡查制度，每周不少于3次，重点路段巡查每周2次。1988—1990年，共组织夜查116次，重点路段巡查80次，进行交通安全流量调查8次。

1991—1995年，旗公安局交管部门公路巡逻民警巡逻1.6万千米，执行堵卡任务10次，破获盗窃机动车辆案件1起，抓获犯罪嫌疑人2人，执行交通安全保卫和道路警卫任务10次。开展大规模交通秩序集中整顿行动6次，出动警力400人次，查处各类违章0.6万人次，暂扣机动车300余台，暂扣证件20余个。

1996—2000年，旗公安局交管部门公路巡逻民警巡逻1.6万千米，执行堵卡任务12次，破获盗窃机动车辆案件2起，抓获犯罪嫌疑人5人，执行交通安全保卫和道路警卫任务12次。开展大规模交通秩序集中整顿行动10次，出动警力500人次，查处各类违章1.2万人次，暂扣机动车200余台，暂扣证件10余个。

2001—2005年，旗公安局交管部门公路巡逻民警巡逻1.6万千米，执行堵卡任务12次，执行交通安全保卫和道路警卫任务10次。开展大规模交通秩序集中整顿行动9次，出动警力500人次，查处各类违章1.1万人次，暂扣机动车200余台，暂扣证件10余个。2001—2005年，共组织夜查95次，重点路段巡查112次，进行交通安全流量调查24次。

2006—2010年，旗公安局交管部门公路巡逻民警巡逻2.2万千米，执行堵卡任务21次，破获盗窃机动车辆案件1起，抓获犯罪嫌疑人1人，执行交通安全保卫和道路警卫任务12次。开展大规模交通秩序集中整顿行动9次，出动警力610人次，查处各类违章1.3万人次，暂扣机动车300余台，暂扣证件10余个。坚持道路夜查和重点路段巡查制度。2006—2010年，共组织夜查159次，重点路段巡查116次，进行交通安全流量调查26次。

2011—2012年，旗公安局交管部门公路巡逻民警巡逻2.3万千米，执行堵卡任务23次，破获盗窃机动车辆案件1起，执行交通安全保卫和道路警卫任务12次。开展大规模交通秩序集中整顿行动13次，出动警力630人次，查处各类违章1.4万人次，暂扣机动车300余台，暂扣证件10余个。2011—2012年，共组织夜查126次，重点路段巡查109次，进行交通安全流量调查39次。

五、违规违法行为处罚

1988—2012年，旗公安局交管部门每年出动警力9040人次，上路天数8665天。25年中，查处各类违章机动车67.2万台次，纠正交通违章2020.3万台次，428875人次，罚款170.6万元。

1988—2012年乌拉特中旗公安局纠正交通违章统计表

表11－9

年份	查处违章机动车（万台次）	其中			
		拘留（人次）	警告（人次）	罚款（人次）	罚款金额（万元）
1988	0.3	0	0	2	0.3
1989	0.4	0	0	1	0.3

续表 11 - 9

年份	查处违章机动车(万台次)	其中			
		拘留(人次)	警告(人次)	罚款(人次)	罚款金额(万元)
1990	0.4	0	0	2	0.3
1991	0.3	0	0	2	0.3
1992	0.4	0	0	3	0.3
1993	0.5	0	0	4	0.4
1994	0.6	0	0	6	0.4
1995	0.6	1	3	8	0.3
1996	0.5	0	0	8	0.6
1997	0.7	0	0	9	0.5
1998	0.8	0	0	10	0.5
1999	0.8	0	0	10	0.6
2000	0.7	0	0	12	0.4
2001	1.6	2	19	13	1.1
2002	1.6	0	20	15	2.6
2003	1.6	1	23	26	5.6
2004	1.8	3	33	54	9.5
2005	2.6	5	59	56	9.4
2006	3.4	2	64	51	9.3
2007	5.6	3	78	59	12.3
2008	6.6	5	91	54	15.6
2009	6.5	5	109	79	20
2010	7.6	4	159	105	20.6
2011	9.9	6	206	248	26.3
2012	12.9	10	369	243	33

六、交通事故处理

1988—2012 年，全旗发生道路交通事故 370 起，死亡 195 人、受伤 333 人，直接经济损失 115.88 万元。

1988—2012 年乌拉特中旗交通事故统计表

表 11－10

年　度	事故数(起)	死亡人数(人)	受伤人数(人)	经济损失(万元)
1988	0	0	0	0
1989	0	0	0	0
1990	10	9	6	0.90
1991	5	1	4	0.90
1992	6	4	3	6.45
1993	5	3	5	3.28
1994	8	4	5	5.60
1995	9	7	3	3.00
1996	16	6	10	3.70
1997	12	5	2	1.84
1998	21	9	11	9.53
1999	37	9	38	10.91
2000	24	7	25	7.41
2001	43	3	26	4.27
2002	24	8	39	4.24
2003	17	8	15	2.44
2004	17	8	15	2.44
2005	13	10	22	1.03
2006	11	8	25	4.29
2007	17	11	15	2.13
2008	11	14	12	5.13
2009	14	12	19	10.79
2010	11	8	11	3.45
2011	9	10	8	2.67
2012	30	31	14	19.48

第十二节　消防管理

一、消防宣传

1990 年，乌拉特中旗公安消防大队成立，至 2012 年，旗公安消防大队与社会单位共签订消防工作责任状 2561 份。共确立 19 名社区消防宣传大使；推广配发消防宣传教育资料 5.4 万套，出动消防宣传车 510 台(次)，出动消防队员 3500 人次，在主要街道路口悬挂过街横幅 1210 条，张贴宣传海报 1005 份，发放宣传资料 26.5 万份；在重点单位工作群累计发布消防知识、安全提示 5.86 万条。获巴彦淖尔市消防支队 2005 年度消防宣传工作先进集体。

2012 年，旗人民政府组织召开全旗消防工作会议，与各苏木镇、各部门、各消防安全重点单位等签订消防工作责任状125份。同时，加强消防安全知识宣传力度，多次开展党政机关、行业部门、消防安全重点单位及社区负责人培训会；确立3名社区消防宣传大使；落实了5家中小学校消防安全教学“有教材、有课时、有师资”，推广配发系列消防宣传教育资料2860套，并以“3·15”和“11·9”消防宣传日等大型宣传活动为契机，通过印发宣传资料、悬挂宣传条幅、播放宣传视频、发布消防知识、安全提示等多种形式，宣传消防法律、法规及各类消防基本知识。同年，旗公安消防大队先后出动消防宣传车26台（次），出动消防队员156人次，在主要街道路口悬挂过街横幅65条，城镇主要街道LED显示屏滚动播放消防警示语共223条次，发放宣传资料1.76万份；在重点单位工作群累计发布消防知识、安全提示3150余条。

二、安全检查

1990—2012年，旗公安消防大队检查社会单位15789家（次），发现火灾隐患或违法行为23684处，督促整改火灾隐患或违法行为23684处，下发责令改正通知书8310份，下发行政处罚决定书528份，下发临时查封决定书478份，依法责令“三停”（停产停业、停止使用、停止施工）单位496家，行政拘留198人。

三、设施设备

1990—2012年，乌拉特中旗消防大队受巴彦淖尔盟（市）消防支队直接领导，正营职建制，担负乌拉特中旗防火灭火、抢险救灾等任务。至2012年底，旗消防大队有消防车6台，其中水罐消防车2台、泡沫车1台、抢险救援车1台、25米云梯消防车1台、32米高喷消防车1台，共计载水量28吨，载泡沫量4吨，大队共储存A类泡沫8吨、水成膜泡沫2.5吨。有防护装备999件，抢险救援器材102件，灭火器材155件，无人机1架。

四、扑救火灾

1990—2012年，全旗发生火灾1721起，直接经济损失3500余万元，抢险救援300起，出动消防车3854辆次，出动消防人员1.93万人次，抢救被困人员700余人，抢救财产价值1.89亿元。

第十三节　监所管理

一、管理措施

随着社会的发展、经济增长，社会上犯罪人数呈现上升趋势。乌拉特中旗看守所羁押的犯罪嫌疑人逐年增加，警力配备由1988年的11人增加到2012年底的21人。看守所管理工作从死看死守、粗放封闭型管理向管教并重、严格规范型转变。根据2003年公安部修订的《看守所等级评定办法》，乌拉特中旗看守所于1999年被评定为三级所。

1988—2012年，旗看守所针对民警工作实际情况，结合对在押人员管理现状，不断将管理制度进行修改、完善。1990年，执行国务院发布的《中华人民共和国看守所条例》和公安部制定的《看守所条例实施细则》。岗位责任实行量化细化，以德、能、勤、绩、廉为制定目标的总纲领制定出一套切实可行的《岗位目标责任制考核办法》，彻底改变“做与不做一个样”的工作作风。看守所以创优管理为先导，将科学管理应用到每个监管环节。旗看守所坚持制度化管理和人性化管理相结合，全体民警树立“安全第一”思想理念，结合实际情况走出一条安全管理之路。旗看守所实现人防、物防、技防一体化建设目标。共设置领导带班岗、值班巡视岗、监控观察岗、管教狱侦岗、总值班岗、医生岗、行政岗、后勤岗、内勤岗、接待岗、财务岗、主(协)管民警岗、备勤岗等岗位,采取一人多岗、一岗多责的管理方式,并详尽制定各岗位工作职责,严格落实监控、巡视民警二岗合一和主、协管民警承包监室的制度,实行24小时值班,健全完善旗看守所突发事故(件)处置应对工作机制。2005年,旗看守所强化在押人员对监所规定的学习教育;整顿在押人员“一日生活制度”;开展文明监室、文明个人评比活动。2007年,突出创新安全工作机制,进一步推动执勤模式改革,确保监所安全稳定;加强深挖犯罪工作,加大刑侦第二战场工作力度;突出创新人权保障机制,切实维护合法权益。2009年,推进看守所对社会开放工作;突出创新监督制约机制,自觉接受监督检查;大力开展信息化建设及应用。

2001年,旗看守所获乌拉特中旗公安局颁发的公安工作先进集体。

2002年,旗看守所被巴彦淖尔市公安局记集体三等功一次。

二、设施设备

1994年,旗看守所执行《内蒙古自治区公安厅、财政厅关于调整看守所、受审占在押人员伙食标准格囚费支出办法的通知》,在押人员伙食标准定为每人每月120元。

1997年,为解决旗看守所面临监室环境差、工作条件差、安全保障差等问题,旗公安局出资对监室及监外办公室的庭院、屋顶、墙壁、地面、下水等进行了全面的维修、装潢,并翻建在押人员伙房1间,火炉房1检,车库2间,干警餐厅2间,加装了走廊房门,加固了内外两道铁门,使看守所年久失修的所容所貌有了较大的改观。

1998年,健全完善在押人员安全风险评估机制;对押员进行健康检查,及时对患病的在押人员进行治疗。

2006年,旗看守所设立驻所检察室1间,旗人民检察院的监督工作在看守所落户。

2012年,旗看守所在原有基础上进行修缮,主要是监控设备更新,增设监控探头,并且新增律师会见室、单独关押室、人像采集室、收押登记大厅。

第十四节　法制监督

1988—1990年,旗公安局法制部门主要是制定法制部门工作职责,在全局明确法制工作作用、地位。同时审核、指导疑难复杂案件、开展法制培训工作。

1991—1995年,旗公安局法制部门积极开展“岗位练兵”活动和“二五”普法工作,加强法制教育,从整体上提高干警的法律意识和执法水平。5年中,受理各类刑事案件330起、335人。

1996—2000年,旗公安局法制部门以《中华人民共和国国家赔偿法》和《中华人民共和国人民警察法》实施为契机,在干警中掀起学法热潮,进一步加强执法监督检查,加强案件审核把关,逐步完善法制内部机制,不断提高公安执法水平。同时,充分运用劳教手段,切实加大打击犯罪力度。5年中,受理各类刑事案件367起、260人。

2001—2005年,旗公安局法制部门不断创新执法质量考评工作,确保高质量的考评工作。加大培训工作力度,做好即将出台的《治安管理处罚法》等法律、法规的培训工作,加强公安法制工作的宣传力度,了解公安法制工作的性质作用。5年中,受理各类刑事案件912起、463人。

2006—2010年,旗公安局法制部门共受理各类刑事案件1586起、640人。

2011—2012年,旗公安局法制部门共受理各类刑事案件1464起、367人。

第十五节　科技强警

一、网络建设

2005 年，完成乌拉特中旗公安局“四级”（海镇两所、看守所、交警大队使用光纤接入百兆带宽公安专网，9 个基层派出所采用无线微波传输的方式接入十兆带宽公安专网）网络建设。同年，旗公安局网络安全保卫科在原旗公安局网站主页的基础上自行开发进行升级改造，增加网站链接，可浏览图像、发布通知和通告。

2007 年，旗公安局网络安全保卫科在网站开辟“每日警情”“预警协查”“警情研判”“基层动态”等活动专题栏目，在网上发布活动情况，全部实现光纤数字电路传输。

2007—2010 年，旗公安局网络安全保卫科对旗公安分局四级网络进行改造，使网络延伸到全局每个科、室、队、所。

2009 年，旗公安局网络安全保卫科指挥软件及网上案件预警软件（电子地图）完善并投入使用。自筹资金增购计算机 105 台，使区公安分局百名民警计算机拥有量 100%。

2012 年，旗公安局网络安全保卫科完成旗公安局三级网升千兆和四级网升百兆的升级工作，公安四级网覆盖率 100%。

二、网络破案

2006—2012 年，旗公安局网络安全保卫科上报有害信息 6 万余条，开展网络引导工作 4 项。对乌拉特中旗重点群体网上动向进行监测，及时预警开展地面稳控，开展打击网络造谣传谣 5 次，联系发帖人本人删除谣言网帖 9 人次。

三、办公自动化

2002 年，乌拉特中旗公安局开通电视会议系统，有 350 兆无线集群通信对讲机 89 部，有基地台/车台 21 部。

2006 年，旗公安局开始使用警用数字证书。开展“治安电视监控系统”建设，建成指挥中心 1 个。

2012 年，旗公安局安装电视电话会议的视频服务器 MCU 及各派出所的软件终端，在局机关办公楼设置机关、刑警、治安等分会场。在辖区内网吧安装视频监控系统 6 套。

第十六节　警务督察

1991 年，旗公安局督察部门成立。

1991—2000 年，旗公安局督察部门加强民警违法违纪的查纠，严明公安纪律。5 年中，开展警务督察 36 次，派出督察警力 72 人次、出动警车 36 台次，受理、核查群众投诉案件 3 起，办理维权案件 0 起，编发《督察通报》3 期。

2001—2005 年，旗公安局督察部门本着“巩固成果、从严治警、依法治警、政治建警”的原则，对全旗民警严格要求、严格教育、严格管理。5 年中，开展警务督察 36 次，派出督察警力 72 人次、出动警车 36 台次，受理、核查群众投诉案件 3 起，办理维权案件 0 起，编发《督察通报》3 期。

2006—2010 年，旗公安局督察部门以“规范执法行为，严格队伍管理”和基层基础建设工作为契机，苦练基本功、深化大练兵，进行“五条禁令”专项督察，纪律作风“两规两整顿”专项治理活动。5年中，开展警务督察356次，派出督察警力462人次、出动警车203台次，受理、核查群众投诉案件29起，办理维权案件7起，编发《督察通报》70期。

2011—2012年，旗公安局督察部门开展维护校园及周边安全、打击整治假发票犯罪、集中整治涉案人员非正常死亡专项行动，坚决遏制刑讯逼供、涉案人员非正常死亡、超时限羁押等突出问题，巩固深化执法安全建设成果。2年中，开展警务督察230次，派出督察警力392人次、出动警车143台次，受理、核查群众投诉案件15起，办理维权案件6起，编发《督察通报》68期。

第十七节　基层派出所建设

1988—1992年，旗公安机关加强基层基础建设，各基层派出所按照《派出所基层基础工作目标化管理细则》要求，突出重点，因地制宜，采取灵活多样、合理有效的管理方法，认真组织实施。广大基层干警充分发挥创造性和主观能动性，努力完成规定的各种指标和任务，加快派出所向多功能综合性战斗实体转变。加强对治保会工作的指导和业务培训工作，优化治保组织成员，增强活力，在群防群治、预防犯罪，处理、缓解民间纠纷和矛盾，维护社会治安工作中发挥越来越大的作用。抓基层，打基础，在目标划管理中把任务、指标层层分解，落实到人。实行局长分片负责制，领导到基层真抓实管，帮助、指导、检查派出所工作，解决工作中存在实际困难和问题。

1993年，旗公安局各基层派出所认真贯彻落实《内蒙古自治区公安派出所建设规划意见》，在指导思想上进一步确立派出所基础建设的重要地位，旗公安局研究制定《乌拉特中旗公安派出所达标考核验收责任书》，要求派出所限期达标。

1994年，旗公安局各基层派出所继续贯彻上级公安机关《关于加强公安派出所建设的意见》，继续抓好达标活动，有80%的派出所进入达标行列。强化治安管理，在严密社会面的控制的同时，提高派出所破案能力，对管区内发生的一般刑事案件由派出所负责侦破。

1996年，旗公安局各基层派出所根据内蒙古自治区公安厅《关于派出所建设五年规划》的要求，继续加强业务建设和队伍建设，广泛开展争创优秀活动。各基层派出所“窗口”认真贯彻中共中央总书记江泽民“严格执法、热情服务”的题词精神，推出一些深受群众欢迎的便民利民措施，如办理户口簿、上门服务、公开办事制度等。

1998年，旗公安局建立以派出所为基础的具有治安管理、防范、服务等多种职能的防范控制系统，大力开展创建优秀派出所和安全社区活动，涌现出一批辖区发案少、秩序好、群众满意的优秀派出所。同年，海流图镇派出所被内蒙古自治区公安厅命名为优秀派出所，海流图西街派出所户籍室被评为全区群众满意户籍室。

1999年，旗公安局各基层派出所积极探索新形势下派出所改革的路子，认真落实“一区一警、一警多能、责任到人、一包到底”的工作运行机制。同年，海流图西街派出所被内蒙古自治区公安厅命名为优秀派出所。

2000年，是落实“派出所建设五年规划”最后一年。旗公安局各基层派出所办公条件得到改善，新建、扩建维修办公用房1000余平方米，投资总额近百万元。

2001年，全旗公安机关狠抓基层基础建设。在开展争先创优活动中，海流图镇派出所、海流图西街派出所、宏丰派出所被评为狠抓基层基础建设盟级创满意先进单位。6月开始，各基层派出所广大干警利用 3 个月时间对全旗重点人口和流动人口和出租房屋的基本情况进行彻底摸排，规范“两口一屋”治安管理。

2002 年，旗公安局各基层派出所大力开展派出所正规化建设。有 1 个二级所通过内蒙古自治区、巴彦淖尔盟公安机关的验收。乌梁素太派出所被评为内蒙古自治区 2002 年度正规化建设二级公安派出所。

2003 年，海流图镇派出所被评为内蒙古自治区 2003 年度正规化建设二级公安（边防、治安）派出所。德岭山派出所在清查外流人口工作中抓获公安部部督逃犯 1 人，2 名责任区民警被授予派出所预防犯罪能手，受到公安部通报表彰。新忽热派出所新建办公地点 480 平方米。抗击“非典”期间，海流图镇派出所民警众志成城，全力以赴配合各级部门做好医院、宾馆住宿人员、密切接触者的管控，因成绩显著被评为巴彦淖尔盟防控“非典”先进集体。

2005 年，旗公安局继续推进派出所正规化建设，全面加强对派出所的业务指导和重点所的创建工作。

2006 年，根据公安部在全国换发二代居民身份证的文件精神，乌拉特中旗各基层派出所于 2006 年 6 月全面启动二代身份证换发工作。同年，乌加河派出所被评为一级派出所，并于同年新建办公楼 540 平方米。海流图西街派出所被评为全国二级派出所。

2007 年，海流图西街派出所新建办公楼，总占地面积 2400 平方米。旗公安局部门邀请照相专业技术人员，为派出所和基层基础科人员开办“二代证”办理培训班。

2008 年，新忽热派出所被评为全国二级派出所。实行全警巡逻机制，以派出所警力为单位，针对辖区治安状况，按照属地管理的原则开展社区巡逻工作。各派出所开展对流动人口出租房屋专项整治行动，严厉打击暂住人口中违法犯罪人员。

2009 年，旗公安局各基层派出所实施社区警务战略，积极创新社区警务机制。根据旗公安局党委按照“警力跟着警情走”的思路，各派出所把警力部署在案件高发、防范薄弱、群众需求的重点时段和部位上。

2010 年，旗公安局各派出所紧紧围绕全区的中心工作，以“三项重点工作”（社会矛盾化解、社会管理创新、公正廉洁执法）和“三项建设”（信息化建设、执法规范化建设、和谐警民关系建设）为重点，狠抓维护稳定各项措施，严厉打击各类违法犯罪活动。

2011 年，旗公安局层层落实责任制，基层派出所所长为重点人口信息系统管理的第一责任人。实现全旗 16 个派出所重点人口信息全部网络管理。

2012 年，旗公安局各基层派出所坚持以科学发展观为统领，紧紧围绕“为中共十八大胜利召开创造和谐稳定社会环境”的总目标，坚持以队伍正规化建设为龙头，以执法规范化建设为主线，以维护社会政治大局稳定为中心，以“四大工程”（民心工程、动力工程、基础工程、领航工程）为抓手，严厉打击各类违法犯罪活动。

第二章　司法行政

第一节　机　构

一、行政管理机构

1988 年,乌拉特中旗设有司法局,内设机构 3 个:政秘股、宣教股、调解股。

1995 年 1 月,旗司法局与旗委政法委合署办公。

2002 年,旗司法局与旗委政法委分设,内设机构 3 个:办公室、宣教股、基层股;核定编制 13 名;其中领导职数 3 人,设局长 1 人,副局长 2 人。

2010 年,旗司法局内设机构 5 个:办公室、基层股、宣教股、公证律师股、社区矫正办公室,下辖派出机构 8 个;全局核定编制 42 名(政法专现编 38 名,事业编制 4 名),实有在职人员 57 人,其中机关工作人员 37 人,领导职数 1 人,一正三副。

至 2012 年底,旗司法局内设机构与人员编制未发生变化。

二、基层司法机构

(一)基层司法所

1988—1989 年,旗司法局在各镇、苏木、乡内未设司法所,只设有司法助理。

1990 年,全旗 20 个镇、苏木、乡均建立司法所,即:海流图镇司法所、温更镇司法所、乌加河镇司法所、桑根达来苏木司法所、巴音苏木司法所、乌兰苏木司法所、川井苏木司法所、巴音杭盖苏木司法所、杭盖戈壁苏木司法所、新忽热苏木司法所、巴音哈太苏木司法所、呼勒斯太苏木司法所、石哈河乡司法所、双盛美乡司法所、郜北乡司法所、楚鲁图乡司法所、德岭山乡司法所、乌梁素太乡司法所、宏丰乡司法所、石兰计乡司法所。司法所长由原司法助理担任。直属各镇、苏木、乡人民政府直接管理。

2001 年 4 月,全旗进行撤乡并镇改革,20 个司法所缩减为 16 个。

2005 年 12 月,全旗进行撤乡并镇改革,16 个司法所缩减为 11 个。

2006 年,司法所再次缩减,全旗共 8 个司法所,即:海流图司法所、乌加河司法所、德岭山司法所、石哈河司法所 、呼勒斯太司法所、川井司法所、新忽热司法所、巴音乌兰司法所。

2012 年 12 月,全旗进行撤乡并镇改革,全旗司法所增加为 12 个,即:海流图司法所、乌加河司法所、德岭山司法所 、石哈河司法所 、甘其毛都司法所、温更司法所、呼勒斯太司法所、川井司法所、新忽热司法所、巴音乌兰司法所、同和太种畜场司法所、牧羊海牧场司法所。基层司法所共有工作人员 21 人、“三支一扶”[支农(支牧)、支医和扶贫]社区民生人员 11 人。

(二)公证机构

1988 年,乌拉特中旗设有公证处,是不以营利为目的,依法独立行使公证职能、承担民事责任的证明机构,有工作人员 5 人。

1989—2005 年,旗公证处实有在职人数增加为 6 人。

2006—2007 年,旗公证处先后补充人数 3 人。

2012 年，乌拉特中旗公证处核定编制 7 名，实有在职职工 7 人（其中三级公证员 2 人，四级公证员 1 人），另有辅助人员 2 人，核定副科级领导职数 1 人（主任）。

（三）律师事务所

1988 年，乌拉特中旗设有律师事务所，隶属于乌拉特中旗司法局，有干部职工 9 人。

2002 年，乌拉特中旗律师事务所转制为内蒙古塞外律师事务所，有人员 3 人。

2005 年，内蒙古塞外律师事务所有人员 2 人。

2010 年，内蒙古塞外律师事务所有人员 3 人。

2012 年，乌拉特中旗内蒙古塞外律师事务所，有人员 4 人。

（四）法律援助中心

2002 年 6 月，乌拉特中旗法律援助中心成立，股级建制，隶属于乌拉特中旗人民政府司法局，设主任 1 人。

2012 年，旗法律援助中心有干部职工 4 人，设主任 1 人。下辖基层法律服务所 4 个，为 29 个村嘎查担任法律顾问。

三、调解机构

2000 年，乌拉特中旗共有调解委员会 185 个。其中一类调解会 93 个、二类调委会 92 个，全旗调解员人数 455 人。

2003 年，全旗共有调解委员会 135 个。其中一类调解会 93 个、二类调委会 42 个，全旗调解员人数 437 人。

2006 年，撤乡并镇改革后，全旗有人民调解委员会 112 个，有调解员 308 个。乡镇人民调解委员会由 5 ~ 9 人组成，设主任 1 人，副主任 1 ~ 2 人，委员由司法所、妇联、国土、林业、水利、民政等有关部门人员组成；村（社区）人民调解委员会由 3 人以上组成，设主任 1 人。

2010 年，乌拉特中旗共有调解委员会 143 个，全旗共有调解员 446 人。

2011 年，乌拉特中旗共有调解委员会 104 个，全旗共有调解员 489 人。

2012 年，乌拉特中旗共有调解委员会 102 个，全旗共有调解员 473 人。

第二节　体制改革与机制变革

一、社区矫正机制改革

2009 年 4 月 15 日，乌拉特中旗司法局社区矫正办公室成立。

2009—2012 年，乌拉特中旗司法局社区矫正机构成立后，社区矫正工作体制与机制逐步完善。建立以司法所工作人员为主、社会工作者和社会志愿者积极协助的专群结合的工作队伍，制定接收、监管、教育、解除矫正等制度，形成较为规范的工作制度和流程，社区矫正工作体系和保障机制基本形成。在矫正期间再犯罪率为 0，实现法律效果、政治效果和社会效果的有机统一。

二、律师制度改革

2002 年，中共十六大召开后，按照国家司法体制和工作机制改革的统一部署，乌拉特中旗不断深入推进律师制度和律师体制及机制改革，不断健全完善中国特色社会主义律师制度。全面部署新时期律师工作改革发展。根据 2007 年重新修订和实施的《中华人民共和国律师法》以立法的形式明确中国律师的职责使命，2008 年中央领导人在全国律师第七次代表大会上明确提出中国律师是中国特色社会主义法律工作者的基本定位,2010年9月中共中央办公厅、国务院办公厅转发《司法部关于进一步加强和改进律师工作意见》,乌拉特中旗在全旗律师队伍中组织开展“中国特色社会主义法律工作者”主题教育实践活动和专题警示教育,建立律师队伍社会主义法治理念教育的长效工作机制,加强律师行业党的建设,实现党的组织和党的工作对律师行业的全覆盖。为健全完善律师管理制度,相继出台的《律师执业管理办法》《申请律师执业人员实习管理规则》,提请国务院审议《特许律师执业条例》,进一步完善执业准入机制;制定实施《律师事务所年度检查考核办法》《律师执业活动年度考核规则》,进一步完善执业评价考核机制;修订《律师和律师事务所违法行为处罚办法》,联合发布《律师服务收费管理办法》,进一步完善执业奖惩机制,规范律师执业活动。

三、法律援助制度改革

乌拉特中旗实施“三项标准”(即公民经济困难标准、法律援助事项补充范围和法律援助办案补贴标准),建立法律援助便民服务长效机制,把与民生问题密切相关的权益保障事项逐步纳入法律援助事项范围,进一步降低法律援助门槛,扩大了法律援助覆盖面。制定实施《关于刑事诉讼法律援助工作的规定》《关于民事诉讼法律援助工作的规定》等规章制度,促进了法律援助工作的制度化、规范化。

四、人民调解制度改革

乌拉特中旗按照中央关于深化司法体制机制改革和推进三项重点工作要求,加强人民调解工作,预防化解社会矛盾取得显著成绩。2010年8月28日,全国人大常委会审议通过《中华人民共和国人民调解法》,自2011年1月1日起施行。人民调解法坚持人民调解群众性、自治性、民间性的性质特征,贯彻“调解优先”的工作原则,完善人民群众参与社会事务管理的重要形式,强化了人民调解工作的保障措施,确立了人民调解协议的司法确认制度,建立了人民调解与其他纠纷解决方式的衔接机制,突出“第一道防线”的基础性作用,为发挥人民调解的政治优势、社会优势夯实了法律基础,全面提升了新时期人民调解工作的法制化、规范化水平,有力地推动了社会矛盾化解工作。

第三节　队伍建设

1988—2012年,乌拉特中旗司法局在队伍建设方面重点抓了8个方面:高度重视干部职工思想政治教育工作;抓党风廉政建设,首先明确领导分工,确定专职人员负责党风廉政工作,做到了机构健全、责任明确;强化管理制度,建立长效机制,健全完善各项工作制度,主要领导带领全体党员做出公开承诺,接受全体干警和群众监督;推进“四型机关”(学习型、服务型、创新型、廉洁型)建设;抓思想、作风建设,促进班子领导适应新时期的需要;贴近思想,积极开展文体活动和“创先争优”活动,以精神文明创建和文化活动为载体,积极组织和分层次开展职工文娱体育活动;开展党务公开“零距离”活动;加强监管、促进落实各项工作。

第四节　法制宣传教育

(一)“一五”普法后三年(1988—1990年)

第一个五年普法的对象是:全体干部、职工、青少年和65周岁以下城镇居民、60周岁以下的农牧民,重点是领导干部和青少年。普法的主要内容是:《中华人民共和国宪法》《中华人民共和国民族区域自治法》《中华人民共和国刑法》《中华人民共和国刑事诉讼法》《中华人民共和国民事诉讼法(试行)》《中华人民共和国婚姻法》《中华人民共和国森林法》《中华人民共和国草原法》《中华人民共和国继承法》《中华人民共和国经济合同法》《中华人民共和国兵役法》《中华人民共和国治安管理处罚条例》等。“一五”普法期间，全旗共组织开展各类法制宣传活动 20 场次，累计发放各类法律图书 1 万余册、法律宣传单 1 万余份。

(二)“二五”普法时期(1991—1995 **年**)

第二个五年普法的对象是：干部、职工、学生、农民、牧民、居民、个体劳动者以及其他有接受教育能力的公民，重点是县处级以上领导干部。普法的主要内容是：《中华人民共和国宪法》《中华人民共和国民族区域自治法》《中华人民共和国行政诉讼法》《中华人民共和国集会游行示威法》《中华人民共和国婚姻法》《中华人民共和国国旗法》《中华人民共和国国徽法》《中华人民共和国义务教育法》《中华人民共和国草原法》《中华人民共和国森林法》《中华人民共和国环境保护法》《中华人民共和国土地管理法》《中华人民共和国治安管理处罚条例》等。“二五”普法期间，全旗共组织开展各类法制宣传活动 26 场(次)，累计发放各类法律图书 1.5 万余册。

(三)“三五”普法时期(1996—2000 **年**)

第三个五年普法的对象是：工人、农牧民、知识分子、干部、企业经营管理人员、学生和个体劳动者以及其他一切有接受教育能力的公民，重点是县处级以上领导干部、司法人员、青少年。普法的主要内容是：《中华人民共和国宪法》《中华人民共和国民族区域自治法》《中华人民共和国保守国家秘密法》《中华人民共和国国家赔偿法》《中华人民共和国行政处罚法》《中华人民共和国行政诉讼法》《国家公务员暂行条例》。“三五”普法规划实施力度加大，重点突出，工作进展顺利，全旗举办领导干部法制讲座 5 期，参加学习的领导干部 1150 人次。培训普法和依法制旗理论骨干 257 人，宣讲法律 74 场次，举行法律知识竞赛 3 次，法律知识考试 2 次，举行大型宣传活动 8 次。“三五”普法教育逐年深入，公民法律意识明显增强；依法治理活动在各地区、各行业、各基层铺开，不断向纵深发展。抓住依法行政这个关键，规范执法活动，推行“依法建制、以制治村、民主管理”，扩大基层民主，推进基层民主政治建设和民主法制建设，全面推进依法治旗进程。2000 年，在巴彦淖尔盟“三五”普法依法治理工作验收中，乌拉特中旗位居全盟第一名，并被内蒙古自治区党委、自治区人民政府评为全区法制宣传和依法治理工作先进集体。

(四)“四五”普法时期(2001—2005 **年**)

第四个五年普法的对象是：一切有接受教育能力的公民，重点是各级领导干部和司法人员、行政执法人员、青少年以及企业经营管理人员。普法的主要内容是：邓小平民主法制理论，《中华人民共和国宪法》《中华人民共和国民族区域自治法》和其他基本法律，与公民工作、生产、生活密切相关的法律法规，社会主义市场经济特别是有关整顿规范市场经济秩序的法律法规，涉及西部大开发和世界贸易组织的法律、规则，维护社会治安和社会稳定的法律法规，经济社会发展迫切需要普及的各项法律法规。“四五”普法规划深入实施，学法用法情况列为领导干部考核内容。“四五”普法时期，共举办培训班 5 期，参加培训 2.5 万人次，举办全旗法律知识竞赛 1 次。组织宣讲团，到农村牧区、工矿企业开展法制讲座 30 余场次，听众 7000 人次。在中小学通过开设法制课对青少年进行法制宣传教育。电视、电台、报纸等新闻媒体对普法教育活动在全旗范围内进行了广泛的宣传报道。在基层继续推广政务公开、村务公开、财务公开、民主管理先进经验，推进基层民主法制建设；旗直行政执法部门以依法行政为核心，继续落实执法责任制、执法公示制、过错责任追究制和赔偿制，规范执法人员依法办事，依法管理，促进行业依法治理。2001 年，乌拉特中旗被中共巴彦淖尔盟委员会、盟行政公署评为“人民满意的政法单位”；2002 年，在全旗政法部门民意测验中，旗司法局工作的人民满意率 99% 以上。

（五）“五五”普法时期（2006—2010 年）

第五个五年普法的对象是：领导干部、公务员、青少年、企业经营管理人员和农民。普法的主要内容是：通过开展“法律六进”（进机关、进校园、进企业、进社区、进单位、进嘎查村）活动和法制城市、法制县（市、区）创建活动，以及法制文化建设，全面提升法制宣传教育的文化品位和社会法制化管理水平。“五五”普法期间，共组织参与全旗性大型法制宣传活动 12 次，发放各种宣传资料 5 万余份；举办各类法制培训班 32 期，培训领导干部、公务员、嘎查村“两委”（村委会、支部委员会）干部 1 万余人次；举办法制讲座 85 场次，近 1.2 万人次聆听法制讲座；播出电视法制专题栏目 12 期，使全旗近 8 万余人接受了不同程度的法制教育。“五五”普法工作的实践，推进了法制宣传教育工作的法制化、制度化、规范化建设，形成了依法、科学、高效的工作体系和机制，保障了普法工作在法制进程中长期发挥作用。2011 年，乌拉特中旗依法治旗办公室被评为 2006—2010 年度巴彦淖尔市先进普法依法治理领导小组办公室。

（六）“六五”普法前两年（2011—2012 年）

第六个五年普法的对象是：领导干部、公务员、青少年、企事业经营管理人员和农民，重点是领导干部和青少年。全旗以“弘扬法治精神，构建和谐社会”“法在身边，法治北疆”为主题。普法的主要内容是：突出学习宣传宪法，深入学习宣传社会主义法治理念、中国特色社会主义法律体系和国家基本法律，深入学习宣传促进经济发展、保障和改善民生、社会管理的法律法规，加强反腐倡廉法制宣传教育，积极推进社会主义法治文化建设，继续深化“法律六进”主题活动，深入推进依法治理。“六五”普法期间，共举办普法骨干、科级以上领导干部和公务员专题法制培训班 32 期，累计培训 9000 余人次。全旗共组织开展各类法治宣传活动 60 场次，累计发放各类宣传资料、法律图书 6.5 万余册。法治宣传活动的蓬勃开展，使法治观念日渐深入人心，为全旗经济社会长期持续健康发展营造了良好的法治环境。

第五节　基层服务

一、法律服务

1988 年，全国司法厅（局）长会议上，司法部要求各地建立司法所，与法律服务所实行“一套人马、两块牌子”，司法所长由司法助理员担任。1990 年，全旗共有 18 个苏木乡镇。每一个苏木乡镇都建立了司法所，司法所长由过去的助理员来担任。直属于本苏木、乡、镇政府直接管理。各司法所对本辖区内的矛盾纠纷进行调解。

1992 年，司法部印发《关于加强基层司法所建设的意见》，乌拉特中旗结合实际情况，积极推进基层司法行政建设工作。

1997 年，乌拉特中旗各级司法所建设纳入社会治安综合治理责任制。

2000 年，司法部印发《关于进一步加强基层司法所建设的意见》，内蒙古自治区司法厅印发《内蒙古自治区司法行政基层基础建设三年规划》，乌拉特中旗司法行政基层基础建设受到了各级党委、政府的重视。

2005 年，撤乡并镇以后，乌拉特中旗基层司法行政工作以司法所建设为重点，加强基层法律服务规范化管理。制定《乌拉特中旗基层司法所建设规划》，按照分步实施的方法，先确立石兰计乡、温更镇、德岭山镇、乌兰苏木 4 个基层司法所的标准化建设示范所，落实项目资金 32 万元，开始装备设施等"硬件"建设。与此同时，强化各基层司法所的"软件"建设和规范化管理，建立健全内部管理各项规章制度，统一各类表、簿、卡、册，并加强人员培训。对基层法律服务所重新登记，换发从业人员执业证，围绕"三农"（农业、农村、农民）、"三牧"（牧业、牧区、牧民）和个体经营开展各项法律服务。年内，有 4 个基层法律服务所为 29 个村嘎查担任法律顾问，对这些村嘎查的依法决策、民主管理和合法经营进行指导，各苏木乡镇法律服务所为农牧民提供法律咨询 536 人次，协办公证 57 件，代理民事案件 48 件，代写文书 124 件，为当事人避免和挽回经济损失 37 万余元。

2006 年，撤乡并镇改革后，全旗苏木镇缩减到 8 个，各基层司法所收编回司法局直接领导体制。国家安排国债资金用于乡镇司法所办公用房建设。据此，内蒙古自治区司法厅拟制《2004—2006 年司法所建设三年规划》，自治区发展和改革委员会印发《关于下达 2004 年基层司法所建设中央预算投资计划的通知》。同年，乌拉特中旗各司法所建设资金全部到位，8 个司法所新建办公用房。同年，各苏木乡镇法律服务所为农牧民提供法律咨询 554 人次，协办公证 61 件，代理民事案件 41 件，代写文书 141 件，为当事人避免和挽回经济损失 30 万余元。

2007—2011 年，全旗进行撤乡并镇改革，16 个司法所缩减为 11 个。全旗有人民调解委员会 112 个，有调解员 308 个。

2012 年 12 月，全旗进行撤乡并镇改革，11 个司法所增加为 12 个，全旗各级人民调解委员会数量 102 个，有调解员 473 人。

二、人民调解

1989 年，国务院颁布《人民调解委员会组织条例》，对调委会性质、任务、原则、纪律作出具体规定。人民调解工作成为维护社会安定团结、保护公民合法权益、建设具有中国特色社会主义的一项法律制度，通过贯彻"调防结合，以防为主"的方针，成为政法工作调处纠纷、缓解矛盾的第一道防线。

2003 年，全旗各级调解组织全年化解大量社会矛盾，为维护社会稳定发挥了作用。

2005 年，自治区司法厅根据司法部办公厅《关于启用人民调解标识和徽章的通知》，决定自 10 月 1 日起，在全区人民调解委员会和司法所以及人民调解室悬挂全国统一的人民调解标识，以进一步提高人民调解规范化程度。

2006 年，撤乡并镇以后，全旗各级人民调解委员会为夯实人民调解工作基础，充分发挥人民调解在化解社会矛盾纠纷的"第一道防线"作用和大调解体系中的基础作用。

2009 年，全旗 112 个人民调解委员会在全旗范围内组织开展人民调解组织规范化建设。规范化建设的内容和措施主要包括几个方面：建立健全乡镇人民调解委员会、村（社区）人民调解委员会、调解小组（调解员信息员）三级调解网络；坚持人民调解组织、调解员的备案登记制度；确保各级调委会有统一的人民调解委员会标牌并悬挂在调解室门框上，有乡镇调委会印章，有设施完善的专门的人民调解室，有规范统一的人民调解业务台账、调解文书和工作档案，人民调解工作公示栏及时更新完善。

2006—2012 年，全旗人民调解组织受理各类纠纷 13167 件，其中婚姻家庭纠纷 5087 件、邻里纠纷 1274 件、合同纠纷 962 件、赔偿纠纷 1023 件、劳动纠纷 674 件、土地承包纠纷 1383 件、征地拆迁纠纷 430 件、其他纠纷 2334 件。宣讲法律 30 场次，受教育人数 4000 余人次，为基层政府提出司法建议 100 余条，被采纳 60 余条，参与专项治理 1000 余件次，防止群体性械斗 60 件，民间调解工作步入新的发展阶段。

第六节　司法公证

1988—2012 年，乌拉特中旗公证处共办理公证案件 12611 件，其中国内民事 4531 件、国内经济 7824 件，涉外事项 256 件。

1988—2012 年乌拉特中旗公证业务办理情况统计表

表 11－11

年　度	公证办理(件)	其　中		合格率(%)
		民事公证(件)	经济公证(件)	
1988	79	40	39	100
1989	91	52	39	100
1990	251	95	156	100
1991	366	118	248	100
1992	380	147	233	100
1993	401	189	212	100
1994	455	201	254	100
1995	705	301	404	100
1996	801	205	596	100
1997	608	255	353	100
1998	905	189	716	100
1999	955	255	700	100
2000	758	180	578	100
2001	950	301	649	100
2002	854	214	640	100
2003	600	231	369	100
2004	458	181	277	100
2005	311	168	143	100
2006	305	124	181	100
2007	412	201	211	100
2008	357	200	157	100
2009	530	201	329	100
2010	261	131	130	100
2011	328	237	91	100
2012	490	115	375	100

第七节　律师事务

1988 年,乌拉特中旗律师事务所隶属于乌拉特中旗人民政府,主要服务于旗人民政府,为政府建言献策,出具法律意见。

2000 年,乌拉特中旗律师事务所实行目标管理责任,改革管理、用人和分配制度,打破固定工资制,实行效益工资制,把律师工作推向市场。

2002 年,乌拉特中旗律师事务所转制。

2007 年,旗律师事务所开拓律师服务领域,为金融、房地产业提供优质高效的法律服务。同时进行内部管理体制改革,解决律师人身养老保险、扩大积累,搞活内部运行机制等问题。旗律师事务所以"客户至上"为宗旨,秉承"专业、勤勉、尽责"的服务理念,以创办一流律师事务所为目标,推行"公司化运作、专业化分工、规范化管理"的模式,形成利益、资源、管理和目标统一的整体,竭诚为广大客户提供高品质的法律服务。2002—2012 年,旗律师事务所获巴彦淖尔盟"司法行政工作目标管理优胜单位"称号。

1988—2012 年,旗律师事务所办理民事案件 1700 件、刑事案件 340 件,办理非诉法律事务 100 件,提供法律援助 50 件,担当法律顾问 102 家。

2003—2012 年乌拉特中旗律师业务情况统计表

表 11 - 12

年 度	法律顾问（家）	刑事诉讼及代理（件）	行政诉讼代理（件）	民事诉讼代理（件）	非诉讼案件（件）	提供法律援助（件）	代写法律文书（件）
2003	4	5	2	30	1	0	45
2004	5	9	2	36	1	0	50
2005	5	7	1	50	0	0	0
2006	7	2	0	25	0	0	0
2007	7	5	3	53	0	0	0
2008	8	2	2	19	0	0	40
2009	1	6	2	18	0	0	0
2010	5	10	0	55	0	1	353
2011	8	23	0	64	0	1	424
2012	8	16	4	91	0	0	484

第八节　社区矫正和安置帮教

一、社区矫正

2009 年,社区矫正办公室成立,设有主任 1 人。

2009—2010 年,全旗共接收社区矫正对象 118 人,解除矫正对象 33 人。2 年中,社区矫正对象无重新犯罪现象。至 2010 年底,全旗有社区矫正对象 85 人。

2011—2012 年,全旗共接受社区矫正对象 126 人,解除矫正对象 123 人。2 年中,社区矫正对象无重新犯罪现象。至2012年底，全旗有社区矫正对象126人。

二、安置帮教

2006年，乌拉特中旗刑释解教人员安置帮教工作领导小组成立，办公室设在旗司法局。至2012年底，经安置帮教工作人员的努力工作，全旗重新犯罪率下降。

第九节　法律援助

2002年6月，乌拉特中旗法律援助中心成立，隶属旗司法局。

2006年，旗法律援助中心相继在全旗各镇、苏木、乡基层司法所和旗残联、妇联、民政局、老干局、团委、看守所、甘其毛都口岸、金泉工业园区设立法律援助工作站，在村、嘎查、街道、社区，设立法律援助联系点。至年底，全旗有法律援助中心1个、法律援助工作站18个、法律援助联络点56个，形成上下贯通、左右衔接、覆盖全旗的法律援助组织网络体系，极大地方便了法律援助工作的开展。同年，旗委、旗人民政府第六次常委会研究决定，把每年的9月1日设立为全旗法律援助捐款日，号召全旗行政事业单位(包括驻旗单位)，在职人员每人每年捐款10元，作为法律援助专项经费，为解决法律援助经费不足问题，提供有力的政策支持。同年，旗人民政府在财力十分紧困的情况下，把法律援助经费列入财政预算，并随着地方财力的增加而逐年增加。2006年、2007年，每年拨付法律援助专项经费2万元;2008年，法律援助专项经费增加至3万元。

2007年后，旗法律援助中心在客运公司班车上播放《法律援助条例》宣传片。在宣传《法律援助条例》方面，利用新闻媒体和《乌拉特中旗周刊》、电台、网络等媒体加大法律援助工作的宣传力度，利用联通、移动网络信息移动办公，把法律援助的对象、范围、形式以信息的形式发送，同时积极开展送法律下基层、进校园、进企业、进社区等形式，开展法律宣传，全年直接受益人员9.6万人次，扩大了群众对法律援助的知晓率。

2008年，旗法律援助中心结合旗委政府实际，为鼓励法律援助服务工作者支持法律援助工作，决定对法律援助指派的案件在内蒙古自治区《法律援助条例实施细则》规定的基础上每项补贴再增加200元。

2008—2012年，旗法律援助中心在以往学习培训基础上，按照“三懂三能”(懂方针政策、懂法律法规、懂业务知识;能出谋划策、能沟通协调、能服务群众)要求，同时以案例分析、专题讨论、经验交流、模拟教学、角色扮演等多种方法进行培训，最大限度增强培训效果。年均培训法律援助工作者268人次，安排8名法律服务工作者到自治区学习卫星定位仪测绘业务，用于农村土地和草牧场纠纷的实地调解工作。同期，旗法律援助中心在工作中坚持法律援助工作调查摸底和动态管理制度，建立法律援助对象档案数据库。将城镇低保户、农牧民低保户、“五保”户、残疾人、学校单亲家庭的青少年等需要社会关注的弱势群体列为法律援助对象范围，对行动不便的残疾人、老年人等特殊对象提供上门服务。在受理程序上，简化程序，快速办理，审查时限由过去的3天缩减为1天，对于符合法律援助条例的，当时就办理有关手续并指派法律援助人员给予援助。乌中旗法律援助中心将法律援助的范围扩大到交通、工伤、医疗、环境污染、食品安全、人身伤害事故的受害人追索医疗费赔偿、坑农害民，草场纠纷等法律事项，实现了“有困必援、有难必助、优质服务”的格局。同期，旗法律援助中心实行目标化管理，年初部署，年中督查，年底考核验收，使各部门负责人对法律援助工作做到心中有位置、身上有责任、肩上有担子、工作有力度，进一步强化了工作责任。旗法律援助中心制定《乌拉特中旗法律援助实施办法和细则》《乌拉特中旗法律援助机构规范化建设制度》，使法律援助各项业务有制可依、有章可循。针对农村、牧区进城务工人员、特困家庭、老年人和外来务人工员的工资和工伤，以及假种子、假化肥侵害农牧民利益突出问题，进行法律援助，为当事人挽回和避免经济损失。督促企业与务工人员签订劳动合同，向企业推荐务工人员。重点引导企业严格依法经营，依法用工、规范管理、有序竞争、合法获利。在甘其毛都口岸开关期间，旗法律援助中心与边防、口岸办、交警队、公证处一行，在口岸现场受理各类法律服务事项，特别是请懂英语和蒙古语的专业人士提供法律服务。其中 2008 年，在全区法律援助工作规范化建设中，旗法律援助中心被评为优胜达标单位；2012 年，旗法律援助中心被司法部评为第四届全国法律援助工作先进集体。

第十二篇　民政　扶贫

◎ 民　　政

◎ 扶　　贫

第一章　民　政

第一节　机　构

1988 年,乌拉特中旗设有民政局,内设机构 6 个:办公室、救灾救济股、优抚安置股、“双拥”办公室、财务室、残疾人联合会办公室。全局核定编制 11 名,其中行政编制 11 名,核定领导职数 3 名,一正二副。

1991 年,内设机构残疾人联合会办公室与旗民政局分离,单独设立。

1993 年,增设农村牧区社会养老保险事业管理处。1997 年,农村牧区社会养老保险事业管理处设为准科建制。

2001 年,增设最低生活保障办公室。

2008 年,增设老龄办公室、婚姻登记服务中心。

2010 年,增设基政股、社会事务股。

2012 年底,内设机构 10 个:办公室、救灾救济股、优抚安置股、基政股、社会事务股、“双拥”办公室、财务室、最低生活保障办公室、老龄办公室、婚姻登记服务中心;全局核定编制 17 名,其中行政编制 9 名、事业编制 6 名,工勤编制 2 名,核定领导职数 4 名,一正三副。

第二节　体制与机制改革

1991 年,旗民政局内设机构残疾人联合会办公室与旗民政局分离,单独设立。残疾人保障工作职责由残疾人联合会负责。1993 年,旗民政局增设农村牧区社会养老保险事业管理处,1997 年,农村牧区社会养老保险事业管理处设为准科建制。开展农村牧区养老保险工作,实行以息养保,1998 年以后由于银行利率调整,该项工作停止。2010 年,按照年定期利率将本息全部退还个人。2001 年,旗民政局增设最低生活保障办公室。在全旗全面开展最低生活保障工作。2008 年,旗民政局增设老龄办公室、婚姻登记服务中心。全面开展老年人政策落实和为老服务工作。将苏木镇婚姻登记全部统一到旗民政局实行网上办理。

2004 年,根据内蒙古自治区民政厅、财政厅建立重点优抚对象抚恤补助标准自然增长机制,乌拉特中旗建立优抚对象发放自然增长机制,每年根据当地城镇居民人均可支配收入和农牧民人均可支配收入提高补助标准。城镇每年增长城镇居民人均可支配收入年度增幅的 25%,农牧民每年增长农牧民人均可支配收入的 50%。

第三节　村(居)民自治组织建设

一、村民委员会

1988—2005 年,乌拉特中旗共设 120 个嘎查村民委员会。

2001 年,石哈河乡、部北乡,楚鲁图乡、双盛美乡合并为石哈河镇,共设 9 个村委会。

2003 年，海流图镇新设巴彦塔拉村委会。

2005 年 12 月，巴音哈太苏木与新忽热苏木合并为新忽热苏木，共设立 12 嘎查。巴音杭盖苏木与川井苏木合并为川井镇，共设 13 个嘎查村。宏丰乡、石兰计乡和乌加河镇合并为乌加河镇，共设 7 个村。呼勒斯太苏木与杭盖戈壁苏木合并为呼勒斯太苏木，共设 14 个嘎查。乌梁素太乡和德岭山乡合并为德岭山镇，共设 7 个嘎查村。巴音苏木、乌兰苏木、桑根达来苏木 3 个苏木合并为巴音乌兰苏木，共设 16 个嘎查。温更镇与海流图镇合并为海流图镇，共设 8 个村。

2006 年 8 月，新忽热苏木新忽热嘎查与那日图嘎查合并为那日图嘎查。

2006—2012 年，乌拉特中旗共设 85 个嘎查村民委员会。

二、社区居民委员会

1988 年，乌拉特中旗共设立 13 个居委会，全部在乌拉特中旗旗政府所在地海流图镇。

1989—2010 年。乌拉特中旗共设立 13 个居委会。

2010 年 11 月，全旗 13 个居委会合并分化为 6 个社区居委会。

2012 年底，全旗设有 6 个社区居委会。

第四节　优待 抚恤

一、抚恤优抚

1988 年 8 月，国务院公布实行《军人抚恤优待条例》，自治区也相继出台了地方性优抚法规。乌拉特中旗在优待、抚恤和评残等各项工作中做到了有章可循、依法办事。根据《军人抚恤优待条例》规定，优抚工作的保障对象主要包括中国人民解放军现役军人、服现役或退出现役的残疾军人以及复员军人、退伍军人、烈士遗属、因公牺牲军人遗属、病故军人遗属、现役军人家属等。

1989—2011 年，全旗优抚对象 464 人。其中：烈士遗属、因公牺牲军人遗属、病故军人遗属 15 人，现役军人 95 人，残疾军人 41 人，复员军人（包括退伍军人和带病回乡退伍军人）313 人，现役军人家属 285 人。

2004 年，内蒙古自治区民政厅、财政厅建立重点优抚对象抚恤补助标准自然增长机制，乌拉特中旗从 2005—2011 年为乌拉特中旗优抚对象发放自然增长补助资金 85. 9 万元。

2011 年 8 月 1 日起，给部分农村籍退役士兵发放老年生活补助。部分农村籍退役士兵是指从 1954 年 11 月 1 日试行义务兵役制后至《退役士兵安置条例》实施前入伍、年龄在 60 周岁以上（含 60 周岁）、未享受到国家定期抚恤补助的农村籍退役士兵。补助标准为每服一年义务兵役（不满一年的按一年计算），每人每月发给 10 元。国家将根据经济社会发展情况，适时适当提高标准。

2012 年，乌拉特中旗各类优抚对象人数 363 人，其中：烈士遗属、因公牺牲军人遗属、病故军人遗属 4 人，残疾军人 37 人。部分优抚对象人员抚恤和生活补助从 2011 年 10 月 1 日起，在乡复员老军人生活补助 557 元，带病回乡退伍军人 232 元，参战退役人员生活补助 250 元。

二、烈士褒扬

民国 29 年（1940 年），傅作义部队在乌不浪口建烈士陵园，安葬乌不浪口阻击战牺牲的官兵。2003 年 8 月，由巴彦淖尔盟正式批准为盟级重点烈士纪念建筑物保护单位。2008 年 12 月，被命名为第三批全区爱国主义教育示范基地。1997 年，重新修缮乌不浪口烈士陵园，将陵园面积扩至 6000 平方米，对原有墓群重新规划，安葬有名烈士 72 人、无名烈士 76 人。乌拉特中旗人民政府先后投资 130 余万元。烈士陵园秉承着“褒扬先烈、教育后人”的宗旨，充分发挥爱国主义教育基地的作用，在每年的清明节期间，广大干部职工、青少年和群众有组织地到烈士陵园接受传统教育，1997—2012年，共接待瞻仰纪念群众3000余人次。

2004年，新修订的《军人抚恤优待条例》进一步完善了现役军人及相关人员烈士评定制度和烈士遗属抚恤优待制度。烈士褒扬工作包括烈士评定、烈士遗属抚恤优待、烈士纪念设施管理保护和烈士事迹编纂与宣传4个方面工作。乌拉特中旗在《中华著名烈士》名录收录烈士17人。

1989—2011年，旗民政部门为烈士遗属解“三难”支出10.8万元。2011年，农村烈士遗属定期抚恤金由最初每年72元左右提高到6030元，城镇烈士遗属达到10480元。

2012年，旗民政部门为烈士遗属解“三难”支出9万元。农村烈士遗属定期抚恤金支出3.75万元，城镇烈士遗属抚恤金支出5.1万元。

三、现役军人优待

1984年，旗民政部门执行中央规定，以务工补贴的形式对现役军人进行补贴，由苏木镇人民政府统一筹集、统一兑现。按照城乡有别“二元次结构”按当地人均收入100%的标准发放优待金，平均每年兑现优待金10万元左右。

2008年，旗人民政府规定：农村牧区现役军人优待金由旗财政部门管理，由民政部门统一发放。同年，全旗农村牧区现役军人每人发放优待金5000元。

2011年，内蒙古自治区人民政府规定：提高义务兵优待金标准，自2012年起，按照城乡一体、同役同酬的原则，每年按不低于当地上一年度农牧民人均纯收入的1.5倍发放优待金。到西藏、新疆等高原艰苦地区服役的义务兵，优待金标准不低于当地义务兵优待金标准的3倍发放。

2012年，全旗现役军人发放优待金166.9万元。

四、拥军优属

1991—1999年，旗委、旗人民政府制定并出台了一系列关于双拥工作的法规政策和制度规定，成立了全旗双拥工作领导小组和双拥工作委员会，先后出台《乌中旗军人抚恤优待条例》《乌中旗拥军优属暂行规定》《乌中旗拥军优属保障基金筹集使用暂行办法》《乌中旗驻军单位拥政爱民规定》《乌中旗关于解决“三老”优抚对象“三难”问题实施方案》《乌中旗开展“爱心献功臣行动”实施方案》《乌拉特中旗双拥工作制度》等，全旗双拥工作逐步走上规范化制度化的发展轨道。紧紧围绕全旗经济发展和国防建设开展各项双拥工作。1991年起，乌拉特中旗连续7次获“内蒙古自治区双拥模范旗”称号；1999年，获国家级“爱心献功臣”先进旗称号。

2003年，乌拉特中旗获“全国双拥模范旗”称号。

2004年，旗人民政府所在地海流图镇获国家级“爱国拥军先进单位”称号。

2006年，乌拉特中旗获“全国双拥模范旗”称号。

2007—2012年，全旗双拥工作呈现蓬勃发展的良好态势，军地军政军民关系融洽，双拥工作的整体水平不断提高。在双拥宣传教育方面投资62万元建成乌不浪口抗日烈士陵园，举办双拥知识竞赛、慰问演出等扩大“双拥”工作的覆盖面和影响力。军地双方相互支持，互办实事，旗委、旗人民政府和相关部门投资9100万元，修建45千米“拥军路”；投资900万元建成边检营房；补助人武部新建办公楼100万元；投资200万元建成边防会晤公路；筹资845万元解决了边防部队用电问题等。驻旗部队积极参加植树造林、捐资助学等活动，先后完成草场围封8700亩、植树5200余亩；为基层学校提供体育用品150余套，派出校外辅导员200余次。2008年“4·14”青海玉树和“5·12”汶川特大地震发生后，各军警部队为灾区捐款18万余元。

至2012年，全旗军地双方结成共建对子31个，建立共建点26个，全旗26个单位被评为军民共建先进单位，占总数的84%，其中9个单位受到自治区级命名表彰。

第五节　安　置

一、复员退伍军人安置

1988—2012年，乌拉特中旗退伍军人安置工作执行国务院、中央军委颁布的《退伍义务兵安置条例》和内蒙古自治区人民政府制定的《退伍义务兵安置条例实施细则》。城镇入伍的退伍军人实行“按系统分配、包干安置”，统一安置渠道，指令性分配任务，依法安置。每年10月底前，城镇退伍军人全部安置上岗，安置率100%。农村、牧区退伍军人在每年12月底前办理落户手续，生产生活等方面都得到妥善安置。

1988—2012年，旗民政部门为农村牧区退伍军人解决生活、治病、住房补助款169250元，木材168立方米。

二、军地“两用人才”使用

1988—2012年，乌拉特中旗坚持“人尽其才、按才使用”原则，不断探索军地“两用人才”开发使用的新路子，采取推荐、培训、扶持三管齐下的方法，妥善安置和开发农村牧区两用人才，有的从事种养殖业，有的从事个体经商。全旗农村牧区有军地“两用人才”820人，开发率92%。

第六节　救　灾

1988年，乌拉特中旗民政局救灾工作采取现款无偿发放方式进行，主要用于解决受灾灾民暂时困难。现款发放依据“户报、村评、乡定、县审”程序确定。

2002年，乌拉特中旗民政局救灾物资实行实物发放，将救灾款购买饲草、饲料、面粉、大米、煤炭等实物直接送到灾民手中。

2004年，乌拉特中旗民政局救灾物资推行“一卡一册”制度，建立和完善灾情报送、紧急救灾预案制度，严格救灾款物发放程序，加强对救灾款物监督管理，完善救灾工作分级负责和救灾经费分级负担的管理体制。

2011—2012年，乌拉特中旗民政局继续推行“一卡一册”制度，救灾款物发放程序按照民政部印发的《灾害应急救助工作规程》和《春荒冬令灾民救助规程》操作执行。

1988—2012年乌拉特中旗民政局救灾款发放统计表

表12－1　　单位：万元

年　份	发放救灾款	年　份	发放救灾款	年　份	发放救灾款
1988	6	1997	91	2006	183
1989	10	1998	156	2007	140
1990	15	1999	89	2008	130
1991	25	2000	98	2009	305
1992	26	2001	96	2010	800
1993	30	2002	105	2011	400
1994	38	2003	110	2012	640
1995	45	2004	132	—	—
1996	80	2005	195	—	—

第七节　社会福利与最低生活保障

一、社会福利

(一)“五保”对象供养

2005 年以前,乌拉特中旗农牧区“五保”对象由嘎查村按分散供养和集体供养进行划分,分散供养每人每年 800 元,集中供养每人每年 1000 元。2005 年,全旗农牧区“五保”对象开始按分散供养每人每年 1000 元,集中供养每人每年 2500 元标准由财政转移支付拨付。同年,全旗分散供养 116 人,集中供养 33 人,全年支出供养金 19.85 万元。

2012 年,全旗分散供养 192 人,集中供养 65 人,全年支出供养金 94.4 万元。

(二)敬老院建设

1993 年,乌拉特中旗中心敬老院建成使用,总占地面积 2268 平方米,建筑面积 1600 平方米,设有床位 30 张,旗中心敬老院有工作人员 5 人;同年,入驻敬老院老人 28 人。

1994—2011 年,全旗有牧区型综合敬老院、石哈河镇敬老院、乌加河镇敬老院 3 所敬老院。供养人数 40 余人。

2012 年,旗中心敬老院进行新建,建筑面积 3540 平方米,床位 200 张,暂未运营。

(三)有奖募捐与福利彩票

1. **募捐**

1993 年,乌拉特中旗开展有奖募捐,至 2001 年,全旗共募捐 680 万元。

2. **福利彩票**

2002 年,乌拉特中旗开展发行福利彩票,至 2012 年,全旗共销售福利彩票 5829 万元。

2002—2012 年乌拉特中旗福利彩票销量统计表

表 12－2　　单位:万元

年　份	销　量	年　份	销　量
2002	53	2008	503
2003	65	2009	783
2004	40	2010	896
2005	95	2011	1076
2006	266	2012	1770
2007	282	合计	5829

二、居民最低生活保障

(一)城镇居民最低生活保障

2001 年,乌拉特中旗开展城镇低保,为进一步做好低保工作,旗人民政府制定《乌拉特中旗城市居民最低生活保障条例实施办法》,对全旗城镇低保报审程序、低保标准、资金来源和发放办法作了详细规定。

2007 年,旗民政部门为全旗城镇低保对象开始发放一次性取暖补贴。

截至 2012 年底,全旗共有城镇低保家庭 2985 户、5487 人,发放最低生活保障金 2154.4 万元。

2001—2012 年乌拉特中旗城镇最低生活保障金发放统计表

表 12 -3

年份	低保家庭(户)	低保对象(人)	低保金发放(万元)
2001	225	478	2. 81
2002	637	1213	7. 15
2003	942	1739	10. 24
2004	2036	4486	21. 23
2005	2037	4448	30. 50
2006	1997	4344	47. 18
2007	2155	4452	58. 93
2008	2315	5138	80. 46
2009	2557	5444	113. 02
2010	2803	5504	135. 39
2011	2916	5505	157. 88
2012	2985	5486	183. 33

(二)农村牧区居民最低生活保障

2005 年 7 月,乌拉特中旗在牧区启动最低生活保障制度,规定:牧区家庭生活困难牧业户,保障标准按照半年 515 元施保。同年,审批牧区低保对象 395 人,发放牧区低保资金 20. 34 万元。

2006 年,乌拉特中旗启动农村牧区最低生活保障制度,规定农村家庭年人均收入低于 625 元、牧区家庭年人均收入低于 825 元的当地农牧区户口按照每人每年 360 元标准予以保障。

2007 年,全旗农牧区最低生活保障在 2006 年的基础上提高补贴标准,农区由人均年收入 625 元提高到 1000 元,牧区由人均年收入 825 元提高到 1200 元。将保障范围由原来的 4 种增加到 8 种,补贴标准由每人每年 360 提高到每人每年 438 元。同时,将补贴所需资金纳入财政预算。在管理上实行专户、专款专用。

截至 2012 年,全旗共有农村牧区低保家庭 6770 户、10150 人,保障标准每人每年平均 2059 元,全年发放农牧区低保金 1942. 26 万元。

2005—2012 年乌拉特中旗农村牧区最低生活保障金发放统计表

表 12 -4

年份	低保家庭(户)	低保对象(人)	低保金发放(万元)
2005	186	395	20. 34
2006	1842	3931	14. 15
2007	2829	5941	26. 02
2008	4718	9909	64. 61
2009	5177	10870	106. 96
2010	4723	9909	122. 18
2011	4755	9978	124. 73
2012	4833	10150	146. 16

第八节　社会事务管理

一、婚姻登记

1988 年,乌拉特中旗民政部门在继续宣传贯彻《中华人民共和国婚姻法》和《婚姻登记办法》的同时,采取多层次,全方位的治理方法,进一步加强广大干部群众的婚姻法观念,对全旗婚姻登记进行定期检查,对存在问题给予及时解决。同年,全旗共有婚姻登记处 20 个。

1993 年,旗民政部门积极宣传《中华人民共和国婚姻法》和《婚姻登记办法》,加强婚姻登记和婚姻档案的管理。

2006 年,旗民政部门对全旗 16 个镇、苏木、乡婚姻登记管理员进行集中培训。

2008 年 12 月,乌拉特中旗设立婚姻登记服务中心,各镇、苏木、乡婚姻登记处先后被撤销,全旗婚姻登记工作实现集中办理、计算机管理。

2009 年,旗民政部门按上级部门有关要求,加强婚姻登记规范化建设,依法严格办理婚姻登记。

2010 年,旗民政部门在依法办理婚姻登记的同时,进一步规范婚姻登记工作程序并完善服务设施。

1988—2012 年乌拉特中旗婚姻登记统计表

表 12－5　　单位:对

年　份	结婚登记	离婚登记	补领结婚证	登记合格
1988	849	25	100	849
1989	852	28	100	852
1990	837	30	100	837
1991	989	35	100	989
1992	992	37	100	992
1993	954	39	100	954
1994	1008	44	100	1008
1995	779	49	100	779
1996	833	53	100	833
1997	705	58	100	705
1998	680	64	100	680
1999	700	74	100	700
2000	752	75	100	752
2001	651	85	100	651
2002	765	90	100	765
2003	714	93	100	714
2004	695	90	100	695
2005	750	85	100	750
2006	775	83	100	775
2007	891	92	100	891
2008	901	95	100	901
2009	929	128	100	929
2010	1012	193	100	1012
2011	1084	233	100	1084
2012	1197	234	100	1197

二、殡葬管理

1988—1995 年，乌拉特中旗开始宣传殡葬有关规定，重点突破土葬传统，火葬制度逐渐被群众认识和接受。

1998 年，旗民政部门在全旗开展殡葬改革，将全旗划分为火葬区和土葬改革区。海流图镇、灌区为火葬区，牧区和山旱区为土葬改革区；大力提倡土葬改火葬，逐步在农村牧区实行“以嘎查村为单位建设公益性公墓”制度。共平迁坟头 1 万余座。

1999—2011 年，全旗共清理整顿殡葬用品制作销售门点 18 个、火化遗体 1200 余具，火化率 20%左右。

2012 年，全旗共清理整顿殡葬用品制作销售门点 6 个、火化遗体 118 具，火化率 21%。

三、社会救助

1988 年，社会救助的主要职责是收留并遣送乞讨人员，对被收留者进行一般性询问，确认无犯罪嫌疑后遣送原籍。

1992 年，旗民政部门按照国务院《关于收容遣送工作改革问题的意见》文件精神，收容对象扩建到无证件的人员。同年，收容遣送相关人员 2 人。

1993—2002 年，旗民政部门收容遣送相关人员 179 人。

2003 年，国家试行救助管理办法，收容遣送站改建为社会救助管理站，变强制性收容遣返为关爱性救助管理。乌拉特中旗民政部门根据被救助对象增多的实际，在救助管理实施过程中，采取因人而异，区别对待的方法。对确实遇到暂时困难，主动请求救助者，在调查核实后，为他们购买车票，并对旅途中吃饭费用予以资助，使其自行安全返回原住地。对未满 16 周岁的未成年人痴呆傻和精神病人、生活不能自理的老人、残疾人以及其他无返回原籍能力的人通知其法定监护人或家属认领。对不适宜采取上述两种措施的人员，为确保被救助对象途中不发生意外，选派工作人员护送，使他们安全返乡与家人团聚。对专以乞讨为生，混迹在流浪救助群体中的个别人，则通过教育，使其克服不良习气，走劳动创造财富之路。有些流浪乞讨人员在其长期流浪中染上疾病，救助部门及时与医疗单位联系，为其检查身体，治疗疾病，使其健康返乡。同年，旗民政部门共救助相关人员 35 人次，支出救助金 0. 5 万元。

2004—2012 年，旗民政部门共救助相关人员 230 人次，支出救助金 2. 8 万元。

四、社团登记

1991 年，乌拉特中旗民政部门建立社团，民办非公企业、社会福利企业登记制度。

1992—2009 年，旗民政部门无新登记社团。

2010 年，旗民政部门登记社会组织 1 家：乌拉特中旗驻蒙古国进口煤炭企业协会。

2011 年，旗民政部门登记社会组织 2 家：乌拉特中旗戈壁之宝驼事业协会、乌拉特中旗社会扶贫工作促进会。

2012 年，旗民政部门登记社会组织 300 家，其中主要有：乌拉特中旗快马协会、乌拉特中旗青年志愿者协会、乌拉特中旗呼勒斯太苏木呼和嘎查互助资金发展协会、乌拉特中旗石哈河镇柏木井村扶贫互助资金协会、乌拉特中旗德岭山镇葵花协会、乌拉特中旗巴音吉拉嘎查北南育互助资金发展协会、乌拉特中旗新忽热苏木乌兰朝鲁嘎查互助资金发展协会、乌拉特中旗珠宝玉石首饰协会、乌拉特中旗巴彦塔拉村扶贫互助资金发展协会、乌拉特中旗呼勒斯太苏木互助资金发展协会等。

五、界域管理

（一）旗县域勘界

20 世纪 60 年代初，乌拉特中旗与相邻旗县协商后，已划定大致界线，但未设明确标志。20 世纪 80 年代后期至 90 年代中期，随着土地和草场的承包经营，乌拉特中旗与相邻旗县农牧民常常因土地草场界线不明而产生矛盾纠纷。

1998 年 3 月，乌拉特中旗与包头市达尔罕茂明安联合旗之间全长 198.38 千米行政区划的勘界和竖桩工作完成，在两旗界线上埋设界桩 62 个。

2007—2008 年，乌拉特中旗经与相邻旗县协商，乌拉特中旗与毗邻旗县行政区划的勘界工作先后完成，并设置界桩。

2009—2012 年，乌拉特后旗与毗邻旗县每年进行行政区域界线联检工作。

（二）镇、苏木勘界

2005 年，乌拉特中旗民政部门组织完成了辖境内各镇、苏木、国有农场对所经营范围重新调整界定工作，并在此基础上绘制乌拉特中旗 1:10000 比例新版地图。

六、地名普查

1989 年，乌拉特中旗民政部门完成内蒙古自治区第一轮地名普查工作。

2005 年，旗民政部门按照巴彦淖尔市人民政府办公厅《关于印发巴彦淖尔市地名工作实施方案》通知精神，对全旗地名进行彻底普查。普查内容包括村（嘎查）、居民点、建筑物、单位、道路、河流、湖泊、山脉、旅游景点等 10 类。经此次详查，全旗查实各类地名 880 个（包括废旧地名 13 个、新增地名 18 个），其中汉语地名 320 个、蒙古语地名 560 个。

2012 年，乌拉特中旗 880 条地名信息资料全部录入计算机管理。在地名普查的同时，建村（嘎查）地名标志牌 85 个。

第二章　扶　贫

第一节　机　构

1988年，乌拉特中旗设有贫困地区经济开发办公室，属常设临时机构，行政编制，内设职能机构2个：办公室、财务室，核定人员编制10名，其中行政编制2名，事业编制8名；核定领导职数2名，一正一副。

2011年，根据旗编制委员会下发《关于扶贫开发领导小组办公室改建的通知》（乌机编发〔2011〕25号）要求，旗贫困地区经济开发办公室改称旗扶贫开发领导小组办公室，设在旗农牧业局，挂"乌拉特中旗扶贫开发办公室"（以下简称"扶贫办"）牌子。同时设立乌拉特中旗扶贫项目服务中心，相当科级建制，为旗农牧业局二级事业单位，旗扶贫项目服务中心内设机构3个：综合股、项目计财移民股、贫困地区劳动力转移培训中心，核定服务中心事业编制6名，加上旗扶贫办工勤编制2名，总编制为8名，实有干部职工16人（管理人员15人、工勤技能人员1人），核定领导职数2人，一正一副（主任1人、副主任1人）。

至2012年底，乌拉特中旗扶贫办（旗扶贫项目服务中心）内设机构与人员编制未发生变化。

第二节　贫困状况

2011年，依据内蒙古自治区人民政府办公厅《关于印发〈内蒙古自治区扶贫标准调整方案〉和〈内蒙古自治区国家和自治区扶贫开发工作重点旗县调整方案〉的通知》（内政办发〔2011〕91号）文件，乌拉特中旗旗被确定为自治区贫困旗。全旗85个行政嘎查（村）中有贫困嘎查（村）64个，占行政嘎查（村）总数的75.29%；全旗14.4万人中有贫困人口2.3万人，占全旗总人口的15.97%。乌拉特中旗贫困人口主要分布在边境牧区、山旱区和沿总排干阴渗一带。同年，全旗贫困农牧民人均纯收入2560元。

一、牧区

2012年，乌拉特中旗有7个镇、苏木是牧区，共有61个嘎查、7417户、23251人。牧区干旱少雨、风大沙多、植被稀疏，加之基础设施薄弱，素有"十年九旱，年年有灾"之称。同年，全旗牧区有贫困人口11081人，其中无房、无畜、无草场的"三无"户就有494户，"三无"人口1256人。

二、山旱区

乌拉特中旗山旱区主要是石哈河镇。2001年，按照撤乡并镇方案要求，原石哈河乡、部北乡、楚鲁图乡、双盛美乡合并为石哈河镇。山旱区为巴彦淖尔市五大贫困带之一（五大贫困带：边境牧区、山旱区、乌兰布和沙区、沿黄阴渗带和乌梁素海治理区）由于气候环境恶劣和生产条件落后，自然灾害频繁，特别是近年连续遭受了冻灾、雹灾、虫灾、旱灾等自然灾害的袭击，大量的脱贫户重新返贫。返贫户种地靠贷款，子女上学靠赊欠和救助，生活靠外出打工来维持。同年，石哈河镇贫困人口散居于全镇9个行政村、69个村民小组中，共有贫困户2685户、有贫困人口9626人，占全镇总人口的39%。

三、黄河灌区

2012年，黄河灌区贫困地区主要在114千米长的总排干渠南北两侧，涉及2个镇、4个村委、124个村民小组。因沿总排干渠两岸地形低洼，阴山水系潜流和黄河故道淤积物废化变质，致使地下水源复杂且矿化度高，尤其是盐、碱、硝、矾等矿物质含量极高，加之常年引黄灌溉及牧羊海牧场阴渗，造成地下水位居高不下，土地盐碱化日趋严重，土地质量差，农业投入大、产出低，造成贫困人口逐年增加。同年，黄河灌区贫困地区共有贫困人口7867人。

第三节　移民扩镇

2003年，乌拉特中旗扶贫办组织实施扶贫开发生态移民工程，迁出区为乌拉特中旗山旱区，迁入区为德岭山镇大圣村，项目总投资400万元，其中地方财政配套200万元，新建30平方米住房100间，开发水浇地2040亩，集中安置山旱区贫困农户100户、408人。

2007年，旗扶贫办争取到内蒙古自治区移民扩镇工程1个，实施期限2年，迁入区规划在海流图镇海北新区康居住宅小区内，建设扶贫开发移民扩镇工程移民住宅楼3栋、7172平方米，集中安置贫困农牧户100户、404人。安置方式为无土安置，主要依托金泉工业园区和海流图镇部分企业从事二、三产业，工程总投资805万元，其中内蒙古自治区财政扶贫资金200万元，地方财政配套605万元。

第四节　劳动力转移培训

一、转移规划

2005年底，全旗劳动力资源总数62962人，剩余劳动力16380人，剩余劳动力参加培训人数3668人；长年外出打工就业人数8156人，其中在巴彦淖尔市内、乌拉特中旗内就业人数2279人，跨省、市就业人数5877人；秋收后外出务工人数2010人。同年，全旗新增贫困劳动力人数2370人。

为更好地开拓贫困人口就业渠道，结合旗内劳动力转移培训实施情况，进一步加大各级政府对贫困农村牧区的投入，并在贫困地区建立起以工促农、以城带乡的长效机制，计划从2006年开始每年转移就业人数1000～1500人；到2020年，转移就业15000～22500人。通过转移就业，使这些贫困户人均年收入增加800～1000元，实现贫困地区群众走出贫困达小康的目标。

二、培训工程

2003年，旗扶贫办坚持“实用、实际、实效、实地”的原则，以市场就业为导向，以重扶穷嘎查，主攻贫户为重点，贫困青壮年、复转军人积极性为选择标准，通过开展多渠道、多形式、多层次适合农牧区劳动力转移前培训和职业技能培训，帮助农牧民掌握1～2门致富技能，促进农牧区剩余劳动力的有序流动和加速转移，实现农牧民转移增收。

2003—2012年，旗扶贫办共组织劳动力转移前培训和职业技能培训，共培训贫困青壮年、复转军人5823人次。全旗共计投入劳动力转移培训资金361.7万元。

第五节　扶贫开发

一、开发进程

1986年，旗委、旗人民政府针对山旱区、牧区、特殊贫困地区一部分群众生产生活条件非常困难的实际情况，决定在全旗范围内开展有计划、有组织、大规模的扶贫开发工作。为此，成立贫困地区经济开发办公室专门工作机构，安排专项资金，制定专项政策，并对传统的救济式扶贫进行彻底改革，确立扶贫攻坚的方针。经过广大干部群众的艰苦努力，扶贫开发取得显著成效。到 1993 年底，全旗农村牧区没有解决温饱的绝对贫困人口减少到 43563 人，绝对贫困发生率下降到 41%。旗委、旗人民政府统一规划部署，集中力量解决贫困地区群众的温饱问题，标志着乌拉特中旗农牧区扶贫开发进入一个新阶段。

1994 年，随着扶贫开发的深入，贫困面逐渐缩小，没有解决温饱的绝对贫困人口主要集中在那些自然条件恶劣、生产生活条件差、扶贫难度更大的地区。针对这种情况，为进一步加快扶贫开发的步伐，旗委、旗人民政府制定并开始实施农村《扶贫攻坚计划》，明确提出集中人力、物力、财力，用 7 年左右时间大打扶贫攻坚战，到 2000 年底，全旗农牧区没有解决温饱的绝对贫困人口减少到 34717 人，绝对贫困发生率下降到 33%。扶贫开发形成全党动手、全民动员、合力攻坚的新局面。

进入 21 世纪，全国进入全面建设小康社会，加快推进社会主义现代化建设的新的发展阶段，扶贫开发也进入一个新阶段。2001 年，内蒙古自治区人民政府将乌拉特中旗确定为区级贫困旗县（2001—2010 年），首次提出“低收入贫困人口”新概念。在新的扶贫开发阶段，乌拉特中旗全面实施“千村扶贫”、“整村推进扶贫开发工程”、“移民扩镇工程”、“劳动力转移培训”、“产业化扶贫工程”、集中连片扶贫攻坚工程、科技扶贫工程、“社会帮扶工程”项目。重点扶持全旗 85 个嘎查（村）重点贫困人口和低收入贫困人口。

二、扶贫投资

2001—2012 年，全旗共在 85 个扶贫开发重点嘎查（村）累计投入财政扶贫资金 13353. 92 万元，其中：财政扶贫资金 7397. 5 万元，社会帮扶资金 4939. 42 万元，群众投工投劳折款 1017 万元。完成打井配套 311 眼，铺设低压节水管道 271. 5 千米、渠道衬砌 59 千米，建温室大棚 650 座，建设标准化棚圈 717 户，青贮窖 19150 立方米，购置种公畜 634 只，改良牲畜 41400 只，购进优质肉牛 278 头，改善水浇地 6 万亩，发展饲草料基地 14100 亩，修乡村道路 42 千米，架设高低压线路 122. 7 千米，调进优质种薯 5 万千克，移民 200 户、738 人，培训贫困剩余劳动力 2288 人，转移就业 1945 人。通过集中重点扶持，农区项目区贫困人口人均新增水浇地 1. 2 亩，人均新增粮食 400 千克，人均增收 560 元，牧区项目区户均新增饲草料地 1. 5 亩，人均牲畜 35 只，人均增收 670 元，全旗 85 个嘎查村 15426 户、50388 人受益，使 20550 人实现稳定脱贫，扶贫开发工作取得突破性进展。

三、产业扶贫

（一）项目

2003—2012 年，全旗各镇、苏木坚持以发展养殖业为支撑地方脱贫产业建设，积极引导农牧民树立“为养而种，为卖而养”的市场经济观念，大力扶持小规模，大群体的养羊扶贫基地建设，尽可能多地覆盖贫困人口，帮助他们发展壮大养羊产业，逐步形成有特色的区域性主导产业。

（二）投资

2003—2012 年，全旗累计投入产业化扶贫资金 515 万元，重点实施了肉羊养殖、棚圈建设、温室大棚建设、有机食品基础建设及二狼山白绒山羊提纯复壮等项目。

（三）规模

2003—2012 年，全旗累计实施产业扶贫项目 24 个，完成购置种畜 5480 只，新建标准化棚圈 135

座、8500 平方米，新建储料房 1800 平方米，购置机具 11 台套，新打大口井 2 眼，新建温室大棚 45 座，发展有机食品基地 6 万亩。

四、科技扶贫

2012 年，乌拉特中旗争取到内蒙古自治区科技扶贫项目资金 300 万元，完成石哈河镇白音厂汗村、楚鲁图村 4600 亩大田滴灌建设，累计铺设主管道 34500 米、滴灌用软支管 110 万米。

五、社会扶贫

2003—2012 年，巴彦淖尔市、乌拉特中旗两级包扶单位能够急贫困群众所急，想贫困群众所想，认真落实市、旗两级扶贫开发工作会议精神，以千方百计增加贫困农牧民收入作为帮扶工作的重点和突破口，多次深入包扶村组开展调研，制订帮扶工作计划，落实帮扶项目，投入帮扶资金，扶持贫困嘎查村、贫困家庭及贫困学生，采取很多行之有效的措施，做了大量工作，有力推动全旗社会扶贫工作进程。社会帮扶工作中，市级帮扶单位 9 个（市人大办公厅、市纪检委、市银监局、市网通公司、市电信局、市移动公司、市建设银行、市药监局、市电业局），旗级帮扶单位 120 个，组团帮扶 10 个苏木镇。特别是 1995 年，全市社会帮扶现场会在石哈河地区召开，现场对接帮扶项目、落实帮扶资金，极大地推动了社会帮扶工作向前发展。10 年中，共计投入帮扶资金 4939. 42 万元，开挖农田主渠 5400 米，开挖支渠 7100 米，清淤干沟 7000 米；铺设接水管道 34000 米，渗水管道 700 米，U 型水泥渠 2100 米；新建农田生产桥 24 座；新建 10/0. 4 千伏配电工程 1 处，上高低压线路 20. 5 千米，地埋线 3. 8 千米，80 千伏安变电器 4 台，100 千伏安变压器 2 台；人畜饮水 20 处，新打配套机电井 5 眼；新建温室大棚 43 座；新建小弓棚 50 座；配套大棚卷帘机 120 台、大棚保温被 80000 平方米；新建蔬菜仓储库 288 平方米，新建小型土豆淀粉加工厂 5 个；发放种公畜 80 只；捐助贫困学生 153 人，贫困农牧民人均增收 566 元，农牧民的经济效益明显提高。同时，贫困嘎查（村）配备文化室、牧区广播、电视、电话等普及率大大提高，极大地增强贫困农牧民市场观念，丰富业余文化生活。

1988—2012 年，以整村推进、劳动力转移培训、产业化扶贫、社会扶贫为抓手，因地制宜，突出重点，狠抓落实，积极推动贫困农牧民向二、三产业转移，扶贫开发各项工作成效显著，全旗累计脱贫人口 38000 人。

第十三篇
人力资源与社会保障

◎ 机构与改革
◎ 人事管理
◎ 劳动管理
◎ 社会保障

第一章　机构与改革

第一节　机　构

一、行政管理机构

1988年,乌拉特中旗设有劳动人事局,正科级单位,内设机构8个:办公室、工资与离退休管理股、考录与人才流动开发股、专业技术人员管理股、职业技能管理股、劳动监察大队、培训教育股、人事劳动争议仲裁委员会办公室;局机关核定编制12名,其中行政编制10名、事业编制2名,核定领导职数4名,一正三副。

1995年,乌拉特中旗劳动人事局更名为乌拉特中旗人事劳动局。2002年,乌拉特中旗人事劳动局更名为乌拉特中旗人事劳动和社会保障局,内设机构9个:办公室、工资与离退休管理股、考录与人才流动开发股、专业技术人员管理股、职业技能管理股、社保股、劳动监察大队、培训教育股、人事劳动争议仲裁委员会办公室;局机关核定编制12名,其中行政编制10名、事业编制2名,核定领导职数4名,一正三副。

2007年,旗人事劳动和社会保障局内设机构8个:办公室、考录与人才流动开发股、工资与离退休管理股、专业技术管理股、劳动监察大队、劳动人事争议仲裁股、社会保障股、职业技能鉴定股;局机关核定编制12名,其中行政编制10名、事业编制2名,实有干部职工18人,核定领导职数4名,一正三副。

2010年12月,乌拉特中旗人事劳动和社会保障局更名为乌拉特中旗人力资源和社会保障局,内设机构8个:办公室、规划财务和军转管理股、公务员管理与人才开发股、专业技术管理股、事业单位管理股、工资与离退休管理股、职业技能鉴定股、调解仲裁股;局机关核定编制12名,其中行政编制为10名、事业编制工勤人员2名;核定科级领导职数5名,一正四副(局长1人、副局长3人、纪检组组长1人)。

至2012年底,乌拉特中旗人力资源和社会保障局内设机构与人员编制未发生变化。

二、事业单位

(一)乌拉特中旗劳动监察大队

2005年4月,乌拉特中旗劳动监察大队成立,股级建制。

2010年12月,乌拉特中旗人事劳动和社会保障局更名为乌拉特中旗人力资源和社会保障局,乌拉特中旗劳动监察大队隶属旗人力资源和社会保障局。

至2012年底,乌拉特中旗劳动监察大队隶属关系未变。

(二)乌拉特中旗人力资源代理中心

2011年7月,乌拉特中旗人力资源代理中心成立,股级建制,隶属旗人力资源和社会保障局。

至2012年底,乌拉特中旗人力资源代理中心隶属关系未变。

第二节　体制与机制改革

一、人事制度改革

（一）选人用人机制

1992年，乌拉特中旗按照上级机关要求，成立机构改革领导小组和办公室，并组织人员对全旗125个行政事业单位进行了摸底调查，对工资级别、年龄、文化等多种结构进行了分解，为领导决策提供了可靠的依据，提出全旗机构改革总体思路，为乌拉特中旗机构改革全面展开奠定基础。在全旗行政事业单位综合配套改革方面，乌拉特中旗成立综合配套改革领导小组和办公室，由旗劳动人事局、旗委组织部、旗体制改革办公室抽调人员组成，旗委召开常委扩大会议拟出全旗综合配套改革的意见讨论稿，经过反复研究讨论和广泛征求各界人士意见，于同年10月29日正式出台《关于行政事业单位进行综合配套改革的决定》及《关于综合配套改革党政事业单位分流人员，创办实体的实施意见》。

1993年，为适应社会主义市场经济的需要，革除旧的行政管理体制中存在的弊端，以理顺关系，转变职能，强化服务功能，不断繁荣和发展城乡经济，乌拉特中旗劳动人事局本着积极探索，大胆实践，稳步推进的原则，实行旗、乡两级联动，开展先行政后事业，先机构后人员的全旗综合配套改革工作。制定《关于乌拉特中旗党政群机构改革实施方案》《关于乌拉特中旗苏木、乡、镇机构改革实施方案》《关于乌拉特中旗事业单位改革实施意见》《关于推进干部人事制度改革，实行党政机关、事业单位工作人员评聘上岗的实施意见》。

2002年，按照中共巴彦淖尔盟委员会、盟行政公署批准的《乌拉特中旗党政机构改革方案》，旗人事劳动和社会保障局在调查摸底、掌握翔实的第一手资料基础上，草拟《乌拉特中旗党政机关推行竞争上岗、分流下岗的实施办法》和《乌拉特中旗党政群机关分流安排实施办法》2个讨论稿，报旗委、旗人民政府审定。

2003年，旗人事劳动和社会保障局在充分分析、研究全旗人才现状的同时，把加快全旗人才队伍建设步伐，提高整体素质作为工作的重中之重。一方面不断加大公务员培训、继续教育培训等工作力度、深入挖掘本地资源、提高本地人才整体素质；一方面制定引才策略，增加人才总量。根据旗委、旗人民政府提出的加快畜牧业发展、提高人民生活水平有关精神，针对农、林、牧、水、卫生等行业人才匮乏的现状，制定《乌中旗引进本科毕业生实施办法》，建立引进人才资金库。

2006年，旗人事劳动和社会保障局积极推进撤乡并镇人员分流和竞争上岗工作。在人员分流时，综合考虑经济发展、就业渠道、人员布局等因素，出台《乌拉特中旗苏木、乡镇机构改革人员分流实施办法》，明确提前退休、离岗、病退等多项分流措施，妥善分流安置119人。在竞争上岗方面，制定《乌拉特中旗苏木乡镇一般工作人员竞争上岗实施办法》，组织到各苏木、乡镇开展以德、能、勤、绩、廉等为主要内容的民主考评工作，于同年1月16日组织苏木乡镇一般工作人员参加竞争上岗考试，将民主考核、闭卷考试分数按比例相加确定个人得分，并根据每个人获奖、工龄、年龄等情况分别给予不同的加分，最后按3%末位淘汰制淘汰12人，实行待岗。至年底，全旗16个苏木乡镇撤并为8个，在职人员减少至534人。

（二）一般干部录用

2000年以后，高校毕业生不再实行按计划统一分配。为缓解乌拉特中旗工业基础薄弱，规模企业少，吸纳高校毕业生就业能力不强，大量毕业生找不到合适的工作岗位，毕业生家庭负担重，社会矛盾突出。同时，农牧、林、水、教育、科技、文化、卫生、苏木镇等部门紧缺急需的专业技术人才又不能得到及时补充，许多部门面临人才断档这一矛盾，以适应经济社会发展对人才的迫切需要，促进高校毕业生就业，经旗委、旗人民政府研究决定，乌拉特中旗于2007—2013年进行人才储备与事业单位招聘工作。

（三）实施国家公务员制度

1995年，为完成推行公务员制度初始阶段任务，并在1996年底前使公务员制度在乌拉特中旗顺利入轨运行，旗人事劳动局按照《巴彦淖尔盟行政公署办公室关于印发〈巴彦淖尔盟推行国家公务员制度实施方案〉的通知》要求，成立乌拉特中旗推行公务员制度领导小组，领导小组下设2个办公室，在旗人事劳动局设立推行国家公务员制度办公室，在旗委组织部设立参照国家公务员制度办公室，确定旗统计局、审计局、乌加河镇、巴音哈太苏木为全旗推行国家公务员制度实施试点单位。

1996年，乌拉特中旗开始全面推行公务员制度。

2002年，旗人事劳动和社会保障局研究制定《乌拉特中旗国家公务员职位分类实施意见》，要求各单位严格编写《职位分类书》，合理设置岗位，以岗定人，推进干部人事制度改革和公务员管理工作。

2003年，旗人事劳动和社会保障局依据《乌拉特中旗国家公务员职位分类实施意见》，遵循合理设置岗位、以岗定人原则，对各单位上报的《职位分类书》进行严格审核。在此基础上，对全旗机构改革前行政机关人员状况及存在的具体问题进行认真细致的调查分析，进一步摸清全旗行政机关人员基本情况，掌握基础数据，为下一步开展机构改革奠定基础。

2006年，全旗稳步推进《中华人民共和国公务员法》的实施，成立《中华人民共和国公务员法》实施领导小组，印发实施和登记2个方案，明确指导思想、基本原则，界定出实施范围，规定方法和步骤，提出具体要求，在此基础上，重新整理机关事业单位工作人员档案，严格把关、逐一确认、分别造册，安排部署公务员登记工作。

2007年，旗人事劳动和社会保障局按照《中华人民共和国公务员法》实施要求，复核全旗机关事业单位工作人员基本情况，甄别公务员登记单位和参照管理单位，并按照“三要素”（依法履行公职、纳入国家行政编制、由国家财政负担工资福利），完成政府序列33个机关科级以下241名公务员登记和信息录入及8名公务员补报登记工作，审核上报21个参照公务员法管理事业单位。

（四）职称评聘改革

1991年8月，全旗职称评聘改革工作移交至旗劳动人事局后，旗劳动人事局主要开展以下工作。对移交的800余人专业技术档案进行编号、整理，按系列存入档案，以便查阅保存和防止丢失。按照内蒙古自治区职称改革办公室下发《关于印发专业技术人员统计表》要求，对全旗专业技术已聘人员进行详细准确通报；同年，全旗专业技术已聘和已任命人员2551人，其中高级职称25人、中级职称299人、初级职称928人。根据自治区职称改革办公室下发《1991年全区企事业单位职称改革工作安排的通知》精神，旗劳动人事局对在首次专业技术职务评聘中已评聘为专业技术人员进行复查验收。同年，按照自治区职称改革办公室下发《关于转发〈关于重新组建专业技术职务评审委员会有关事项的通知〉的通知》要求，旗劳动人事局对全旗各类专业技术职务系列初评委进行调整，对不符合组建条件的初评委予以撤销，符合条件的进行重新组建，确保全旗初级职务评审的质量。

1992 年，旗劳动人事局紧紧抓住聘前设岗，聘后考核两个重点，从科学量化评审条件入手，进一步健全完善专业技术职务评聘的各项基础工作，完成复查验收、指标清理、转换岗位、年度考核四项转轨前的基本工作。根据自治区职称改革办公室下发《关于印发〈专业技术职务岗位设置有关具体问题的说明〉的通知》精神，对全旗企事业单位进行专业技术岗位设置，按照人与事相结合的原则确定责、权、利并将首次下达的指标数一次性转换成职务数额。

1999 年，旗人事劳动局制定《乌中旗事业单位专业技术岗位设置实施意见（试行）》，确定旗人民医院、自来水厂、房管局、乌加河镇中学为试点改革单位，实行评聘分开、竞争上岗试点工作。

2000 年，旗人事劳动局在全旗开展事业单位人事制度改革试点。

2003 年，旗人事劳动局坚持以推行聘用制为核心，突出抓好科学设置岗位、严格聘用程序、依法签订聘用合同，规范聘用操作程序总体思路，对旗广电中心、防疫站、水产站、种子站、兽医站 5 个试点单位的人员选聘工作进行调查了解，针对具体工作中存在一些突出问题向旗委、旗人民政府做专题汇报。并在未聘人员转岗、培训、分流安置等方面进行积极有益的探索，为全面实施事业单位人事制度改革奠定基础。

2006 年，旗人事劳动和社会保障局按照自治区职称改革工作安排意见，继续完善专业技术人员基本情况数据库。

2012 年，旗人力资源和社会保障局在进行岗位设置和聘用过程中，严格按照上级政策文件的要求，坚持按需设岗、竞聘上岗、按岗聘用、合同管理。同年，在教育系统新一轮竞聘中注重对过渡岗的消化，逐步减少过渡岗位。严格控制兼职人员范围和数量，只允许符合专业技术任职条件的校级领导兼职。注重在事业单位岗位设置过程中，中高级岗位重点向教育、卫生系统倾斜。

二、劳动制度改革

（一）招聘制 聘用制 聘任制

2004 年，乌拉特中旗推行教育系统人事制度改革，实行教职工全员聘用制，旗人事劳动和社会保障局制定《乌拉特中旗教育系统人事制度改革人员分流实施方案》，采取提前退休、病退、离岗、待岗等多项措施，如期完成人员分流工作，分流人员 803 人。同年，做好旗热力公司转制工作，使 81 名职工全部实现身份置换。

2007 年，旗人事劳动和社会保障局配合旗乌兰牧骑完成人事制度改革工作，为 17 名演职人员办理聘用鉴证手续。

2009 年 11 月 4 日，旗人事劳动和社会保障局根据巴彦淖尔市岗位设置新要求和全旗事业单位岗位设置工作进展的实际情况，召开事业单位岗位设置推进会，再次强调了编制方案中需要注意的重点事项，明确要求各单位务于同年 11 月 15 日上报岗位设置方案，11 月底完成人员选聘及合同签订工作，12 月 31 日前完成遗留问题的解决，在 2010 年 1 月 1 日正式入轨运行。

（二）劳动合同制

1992 年，旗劳动人事局在企业“三项制度”（人事制度、分配制度、用工制度）改革试点企业进行用工制度改革，实行全员合同化管理，认真贯彻落实内蒙古自治区劳动人事厅下发的《关于国营企业实行全员劳动合同制管理的试行意见》，大力推行优化劳动组合，使劳动力得到合理配置，打破原有固定工、合同制工、集体工的界限。职工原身份不变，作为档案保留，企业全体职工都按照平等自愿原则与法人代表、管理人员层层签订合同，车间主任、班组长、牵头人与职工进行“双向选择”，优化组合上岗，未组合上岗人员在企业内部待业，发给一定的生活费，同时也不能与企业法人签订合同。

1995年，旗人事劳动局在推行劳动合同制方面，按照上级机关文件精神和巴彦淖尔盟人事劳动局的安排部署，首先成立全旗推行劳动合同制领导小组，转发《巴彦淖尔盟行政公署贯彻〈中华人民共和国劳动法〉推行劳动合同制的实施方案》，并要求各企业单位成立相应的组织机构，抽调精干人员从事此项工作，旗领导在旗委九届七次全委扩大会议结束时，对推行劳动合同制工作做重要讲话；在推行劳动合同制工作中，立足全旗企业不景气、富余职工多的实际，按照各类企业的经济效益、管理水平等条件，把各类企业进行了分类排队，先易后难、渐次到位，确定每个企业完成劳动合同的任务比例和日期，制定切实可行的方案；为按时完成工作任务，旗人事劳动局分3个工作指导小组进行指导，帮助解决推行工作中的难点问题。至年底，全旗219个应订劳动合同单位中有218个单位已订立劳动合同，占应订劳动合同单位总数的97%；全旗应订劳动合同职工总数4941人，有4113人已订立劳动合同，占应订劳动合同职工总数的85%。完成巴彦淖尔盟人事劳动局下达的1995年劳动合同签订任务。

（三）劳务市场

1989年，旗劳动人事局积极开展劳务市场筹建工作，旗人民政府决定于1989年5月成立乌拉特中旗劳务市场管理委员会，并设立劳务市场管理所，配备专职人员，制定工作方案，于1990年开始工作。

1993年，全旗就业服务工作继续坚持“三结合”（在国家统筹规划和指导下，实行劳动部门介绍就业、自愿组织起来就业和自谋职业相结合）就业方针，认真贯彻国务院《关于做好劳动就业工作的通知》精神，开展多渠道、多形式、多层次就业服务，重点鼓励支持集体组织起来就业和自谋职业。遵照执行国家宏观调控，城乡协调发展，企业自主用人，个人自主择业，市场调节供求，社会提供服务的国家政策指导下的市场就业方针。

三、社会保障制度改革

（一）企业养老保险制度

1990年，乌拉特中旗按照《关于转发劳动部〈关于加强养老保险基金的征缴和管理工作的通知〉的通知》（内劳人社字〔1990〕第13号）中“一年一定”（对参保企业一年进行一次人员和基数的调查确定）原则，年初派专人对各企业工资总额、在职职工、退休人数逐步进行核定核对。并按“双基数”（双基数是指单位和职工个人缴费工资基数分别申报核定，即单位缴费基数为本单位上年度全部职工月平均工资总额，职工个人缴费基数为本人上年度月平均工资额）的办法提取统筹金。

1992年，旗劳动人事局为加强社会保险制度改革步伐，利用“一年一度”的机会和各种会议，大力宣传《国务院关于企业职工养老保险制度改革的决定》，通过宣传增强职工对社会保险的参与意识，扩大社会影响面，推动社会保险制度改革向深层发展。

1994年，旗劳动人事局进一步加强社会保险知识宣传活动，强化收缴措施，并列入劳动监察重要内容之一，从而体现社会保险的强制性。

1998年，旗人事劳动局进一步扩大基本养老保险的覆盖范围，行政事业单位合同制职工缴费率 100%，全旗 9 家国有企业全部参加社会保险，覆盖率 100%，私营企业及个体工商户参加养老保险 113 家，完成 100 户任务的 113%。旗内转制企业退休人员，转制后一次性缴纳 2 万元养老金，由企业管理变为社会化管理。对正常运行的国有企业，实行全额收缴、全额拨付、现支现收政策，充分保障职工权利。同年，专门成立清欠领导小组，清理企业欠缴养老金。

（二）农村养老保险制度

2010 年 10 月，乌拉特中旗按照《关于做好新农保第二批试点有关工作的通知》（内社险发〔2010〕42 号）文件精神，启动了新型农村养老保险。

2011 年 7 月，乌拉特中旗按照《巴彦淖尔市城镇和农村牧区居民社会养老保险试点实施办法》和《巴彦淖尔市城镇和农村牧区居民社会养老保险试点工作方案》，启动了城镇居民养老保险，和原新型农村养老保险并轨实行。

（三）职工待业保险制度

1990 年，乌拉特中旗就业职工没有出现再次待业现象。职工待业保险工作仍然继续进行宣传和建档建卡管理工作。

至 2012 年底，全旗有 48 个单位的 3034 人参加职工待业保险，收取待业保险金 2.5 万元。

（四）城市职工医疗保险制度

2000 年，乌拉特中旗对实行 30 余年来的职工公费医疗制度实施改革，开始实施《乌拉特中旗城镇职工基本医疗保险实施办法》。

2004 年，乌拉特中旗修订完善《乌拉特中旗城镇职工基本医疗保险实施办法》，并启动大额医疗保险。

2009 年，乌拉特中旗进一步修改完善《乌拉特中旗城镇职工基本医疗保险实施办法》及相关配套政策，职工大额医疗保险缴费额调整为 100 元。

2000—2012 年，随着医疗保险制度的不断改革和完善，乌拉特中旗基本建立覆盖城乡的医疗保险体系。

第二章　人事管理

第一节　公务员管理

一、登记

1993年8月,国务院颁布《国家公务员暂行条例》后,乌拉特中旗人事管理部门于1994—1995年加快人事制度改革,积极向国家公务员制度过渡,旗劳动人事局开展行政事业单位工作人员年度考核工作。

1996年,乌拉特中旗全面完成国家公务员过渡,全旗有国家公务员609人。

1998年,旗人事劳动局对全旗已过渡的公务员进行立卡建档的规范化管理工作。

2007年,乌拉特中旗《中华人民共和国公务员法》实施领导小组成立,组织召开全旗《中华人民共和国公务员法》实施动员大会。旗人事劳动和社会保障局组织公务员学习《中华人民共和国公务员法》及《行政机关公务员处分条例》,开展机关作风整顿、效能建设和人民满意公务员评选活动。组织甄别公务员登记单位和参照登记单位,复核全旗机关事业单位工作人员情况,对全旗第一批符合公务员登记条件的行政机关副科级以下公务员进行审核、报批,对9个事业单位参照公务员管理人员进行审核、申报。

2012年,全旗启用公务员管理信息系统,旗人力资源和社会保障局配套制定《乌拉特中旗公务员信息系统建设工作实施方案》,成立信息采集工作领导小组。至年底,全旗公务员和参照公务员管理事业单位工作人员基本情况全部录入系统,入库率100%。

2012年底,全旗共有公务员和参照公务员管理事业单位工作人员1168人,其中:50个行政单位登记公务员944人,参照公务员管理事业单位20个,工作人员224人。政府系列科级以下公务员和参照公务员管理事业单位工作人员603人,其中:37个行政单位登记公务员453人,参照公务员管理事业单位10个,工作人员150人。按级别分:公务员中科级以上534人,科员310人;参照公务员管理事业单位工作人员中科级及以上85人,科员139人。按学历分:公务员中具有研究生学历30人、本科和专科学历778人、中专及以下学历136人;参照公务员管理事业单位工作人员中具有研究生学历2人,本科和专科学历197人,中专及以下学历25人。按年龄分:公务员中50周岁及以上219人,35~50周岁616人,35周岁及以下109人;参照公务员管理事业单位工作人员中50周岁及以上41人,35~50周岁140人,35周岁及以下43人。

二、培训

2002年,乌拉特中旗人事劳动和社会保障局共举办以“世界贸易组织基本知识”为主要内容的更新知识培训班1期,直接和间接培训公务员1262人;举办公务员岗前培训班1期,培训公务员30人。

2003年,为适应新时期公务员培训工作需要,增强培训工作的实用性,提高参培人员的学习积极性,旗人事劳动和社会保障局先后投入近万元,购买电视机、VCD等硬件设备,增加许多内容新颖的培训内容。同年,举办岗前培训班3期,培训公务员75人。

2004 年，旗人事劳动和社会保障局经与旗委组织部、政府法制办协调，联合下发《关于在全旗国家公务员中进行行政许可法培训的通知》，通过集中培训与上门培训相结合方式举办培训班 5 期，参训率 100%。

2009 年，旗人事劳动和社会保障局举办以《中华人民共和国突发事件应对法》为主要内容的公务员更新知识培训班 4 期，培训公务员 888 人。

2010 年，旗人事劳动和社会保障局印发《乌拉特中旗政府系列公务员培训实效评定办法》。

2011 年，全旗公务员更新知识培训 1118 人，首次建立个人学籍档案，配套建立补学制度，推行学习培训与考核直接挂钩举措。

2012 年，旗人事劳动和社会保障局完成 1078 名公务员更新知识培训。

三、考核与奖惩

1998 年 10 月，旗人事劳动和社会保障局组织开展“十佳公务员”评选活动，经过认真筛选上报 3 人参加巴彦淖尔盟“十佳公务员”评选。同年，根据《内蒙古自治区国家公务员奖励暂行办法》，旗人事劳动和社会保障局选出代表参加内蒙古自治区优秀公务员评选活动，有 1 人被评为内蒙古自治区级优秀公务员，记一等功 1 次。

1999 年，旗人事劳动和社会保障局对全旗已过渡的 619 名公务员进行分级分类管理，并进行全员考核；对公安系统 1 名违法干警按《公务员暂行条例》给予行政处罚。

2002 年初，旗人事劳动和社会保障局组织的全旗 2001 年度公务员考核审验中，旗直行政单位参加考核人数 292 人，评为优秀等级的 49 人。苏木、乡、镇参加考核人数 266 人，评为优秀等次 41 人。安排部署了 2003 年公务员考核审验工作。

2003 年初，旗人事劳动和社会保障局认真贯彻执行《内蒙古自治区国家公务员考核暂行办法》，及时下发《关于做好 2002 年度考核工作的通知》，将考核程序、优秀比例、考核内容等予以明确，并在考核结果的使用上，与任用培训、辞退、晋级增资和年终奖金等挂钩，促进考核工作规范有效实施。同年，全旗 2002 年度行政单位参加考核人数 725 人，评为优秀等级 108 人。

2004 年，旗人事劳动和社会保障局按照《内蒙古自治区公务员考核暂行办法》要求，建立较为科学、完善的考核制度，对考核备案工作严格把关，坚决杜绝领导挤占一般干部评优比例、行政事业人员混评、搞平均主义等现象，并对评优人员进行公示，力争使考核工作做到透明、公正，真正发挥激励作用。同年，全旗 2003 年度行政单位参加考核人数 725 人，评为优秀等级 108 人。

2005 年，旗人事劳动和社会保障局组织的全旗 2004 年度公务员考核审验中，行政单位参加考核人数 747 人，评为优秀等级 107 人。

2006 年，旗人事劳动和社会保障局从全旗实际出发，延续定性考核与定量考核、平时考核与年终考核相结合的办法，圆满完成机关一般工作人员和事业单位工作人员 2005 年度考核审验工作。同年，全旗 2005 年度评为优秀等级 134 人。

2007 年，旗人事劳动和社会保障局组织的全旗 2006 年度公务员考核审验中，评为优秀等级 140 人。

2008 年，旗人事劳动和社会保障局组织的全旗 2007 年度公务员考核审验中，确定为优秀等级 148 人。

2009 年，旗人事劳动和社会保障局组织的全旗 2008 年度公务员考核审验中，确定为优秀等级

135 人。

2010 年,旗人事劳动和社会保障局组织的全旗 2009 年度公务员考核审验中,确定为优秀等级 136 人。

2011 年,旗人力资源和社会保障局制定《机关事业单位工作人员考核办法》,根据单位总体业绩情况,限定不同的优秀比例,并对被考核人实行德、能、勤、绩、廉全面考核,同时,将 8 小时以外也纳入考核范围,领导、同事民主评价,群众公开监督,次年兑现奖惩。同年,全旗 2010 年度公务员考核审验中,行政单位参加考核人数 257 人,评为优秀等级 42 人。

2012 年,旗人事劳动和社会保障局组织的全旗 2011 年度公务员考核审验中,政府系列公务员参加考核人数 257 人,确定为优秀等级 42 人。

第二节 专业技术人员管理

一、职称评审

1992 年,乌拉特中旗进行首次职称评聘工作。旗劳动人事局对首次评聘专业技术人员进行推荐。

1993 年,旗劳动人事局按照内蒙古自治区职称改革办公室有关文件精神和要求,推荐上报 2 名享受政府特殊津贴的人员,对 1992 年度评审通过的初级、中级、高级职称人员进行核准,并颁发资格证书。

1994 年,旗劳动人事局按照巴彦淖尔盟职称改革办公室部署和要求,重新调整组建了教育、工程、卫生、水利、农林系统的初评委员会。对 1993 年度评审通过的初级、中级、高级职称人员进行核准,并颁发资格证书。同年,巴彦淖尔盟职称改革办公室对 1990 年度、1992 年度毕业的大专、中专生职称初聘工作进行批复。

2003 年,旗人事劳动和社会保障局按照内蒙古自治区人事劳动和社会保障厅印发的《2003 年全区职称改革工作安排意见》,认真开展 2002 年度专业技术职务的评审工作。并开始在职称评审期间,对参评的各类高、中级专业技术人员进行公示。

2004 年,旗人事劳动和社会保障局按照内蒙古自治区人事劳动和社会保障厅印发的《2004 年全区职称改革工作安排意见》,组建 60 人的初级专业技术人员评委库。

2004—2012 年,旗人事劳动和社会保障部门均按上级职称改革办公室的部署和要求,圆满完成同年初级、中级、高级职称人员的申报、评审、核准工作,并颁发资格证书。

1998—2012 年乌拉特中旗各级专业技术职称评审核准统计表

表 13-1 单位:人

年 份	高级专业技术职称	中级专业技术职称	初级专业技术职称
1998	5	124	221
1999	10	105	—
2000	9	111	—
2001	32	329	178
2002	33	274	207
2003	12	95	198
2004	12	95	67
2005	43	52	65

续表 13－1

年　份	高级专业技术职称	中级专业技术职称	初级专业技术职称
2006	49	72	—
2007	26	59	207
2008	142	150	87
2009	107	174	—
2010	163	97	—
2011	79	78	67
2012	48	46	72

二、职称聘任

1992 年，旗劳动人事局对全旗任职期满的各类专业技术人员重新办理续聘手续，并颁发任命书。

1995 年，旗人事劳动局按照巴彦淖尔盟职称改革办公室的要求，核准 1993 年度晋升的各类高、中、初级专业技术人员并颁发资格证书和聘任书。

2003 年，旗人事劳动和社会保障局在 2000 年专业技术人员设岗工作启动后，继续在全旗事业单位推行评聘分开制度，指导各单位逐步建立按需设岗、按岗聘用、竞争择优的聘用制，并进行认真督查。

2007 年，旗人事劳动和社会保障局牵头组织旗科技局、教育局及各事业单位负责人组成专业技术队伍建设专项调研组，到农业、林业、牧业、水利、卫生、教育等行业实地了解现有岗位情况及存在的突出问题，为政府决策提供准确的数据依据。

2012 年，旗人事劳动和社会保障局组织开展全旗事业单位岗位第二轮竞聘工作。

三、专业技术培训

1999 年，旗人事劳动局举办专业技术人员继续教育班 1 期，培训专业技术人员 52 人。

2003 年，旗人事劳动和社会保障局按照《巴彦淖尔盟 2002 年专业技术人员继续教育工作安排》精神，针对全旗在“非典”期间实行严格防控的实际情况，采取函授与流动辅导、定期考试相结合方式，对全旗各事业单位 2414 名专业技术人员进行培训考试。同年，举办计算机应用能力培训班 3 期，培训人员 72 人；组织 2400 名专业技术人员参加 2003 年公共课《专业技术人员综合知识读本》培训考试；经过严格审核、推荐，上报内蒙古自治区人才工作先进单位 2 个、自治区人才先进个人 5 人、优秀专业技术人员 2 人、到生产第一线做出突出贡献的科技人员 2 人，参加全区先进评选活动；将全旗 2594 名专业技术人员基本情况录入计算机，实现了计算机化管理，走在全盟前列。

2006 年，旗人事劳动和社会保障局按照严格审验全旗 582 名专业技术人员的继续教育证，为 101 人新办继续教育证书。对 641 名专业技术人员进行以《创新理论与实践知识读本》为主要内容的继续教育培训，组织进行 173 人的初级职务任职资格评审工作。

2007 年，旗人事劳动和社会保障局开展全旗 1923 名专业技术人员继续教育培训。

2010 年，旗人事劳动和社会保障局在巴彦淖尔市率先实施机关事业单位工作人员百分制培训实效评定办法，以群众、领导、管理部门评价为主，闭卷测试为辅，突出学用结合，统筹评定培训实效，配套建立补学制度，补学后仍不合格的，不予评优、评先。同年，对安置的 76 名退伍军人、37 名护理人员、35 名公安文职人员、75 名转正的储备人才，进行以旗情、科学发展观、中共十七届五中全会、机关作风建设等内容的培训；对 1245 名专业技术人员进行以《创新案例》为主要内容的继续教育培训，培训合格率 98%。

2011 年，旗人力资源和社会保障局注重优化人才队伍知识结构，精心挑选更加适应形势、贴近实际、有利发展的《低碳经济》《乌拉特中旗旗情》《中华人民共和国社会保险法》等内容，对全旗专业技术人员进行继续教育培训，培训专业技术人员 1978 人。

2012 年，旗人力资源和社会保障局完成全旗 2200 名专业技术人员继续教育培训。

第三节　军转干部安置

1988—2012 年，乌拉特中旗劳动人事局在军队转业干部安置上，严格执行国家有关政策规定，拟定具体安置办法，编制安置计划，负责全旗接受和选调军转干部及军队转业干部培训工作。

1989 年，旗劳动人事局安置军转干部 4 人。

1992 年，旗劳动人事局安置军转干部 2 人。

1993 年，旗劳动人事局安置军转干部 2 人。

1999 年，旗人事劳动局安置军转干部 2 人。

2004 年，旗人事劳动和社会保障局对全旗各单位军转干部进行摸底，并积极与有关单位协调，为自主择业的军转干部和企业军转干部办理接收、医保、养老保险、生活困难补贴等事宜。

2006 年，旗人事劳动和社会保障局按照巴彦淖尔市军转办公室《关于个案解决部分企业军转干部生活困难问题的电话通知》精神，逐一核对全旗企业退休军转干部养老金发放情况。为 4 名企业转制后下岗的军转干部核算出养老金缴纳情况，并按新标准核算出补助额足额发放。

2007 年，旗人事劳动和社会保障局为 4 名企业军转干部办理生活困难补贴和养老、医疗缴纳手续，为 7 名退休的企业军转干部办理医疗保险和退休金补差手续。为 34 名自主择业军转干部办理医疗保险手续。

2012 年，旗人力资源和社会保障局安置军转干部 15 人。

第四节　工资福利

一、工资改革

1993 年，旗劳动人事局组织召开全旗行政事业单位第三次工资改革征求意见座谈会。

1994 年，旗劳动人事局成立工资制度改革领导小组。举办农业、牧业、林业、水利、公安、卫生、文化、教育等单位政工人员参加的工资改革培训班，在审批过程中，严格审核每一个参加套改人员的证件、任职年限、实际工龄、旧工资档案等。全旗参加套改人员 6581 人，其中在职人员 5837 人、离退休人员 744 人。

2003 年，旗人事劳动和社会保障局根据《内蒙古自治区事业单位工作人员收入分配制度改革实施细则的通知》要求，完成全旗事业单位 2661 名在职工作人员和 1986 名退休人员工资构成套改工作。

2007 年，旗人事劳动和社会保障局在完善逐级审批和推进工资档案微机化管理步伐的基础上，根据《内蒙古自治区事业单位工作人员收入分配制度改革实施细则的通知》要求，完成全旗事业单位 2661 名在职工作人员和 1986 名退休人员工资构成套改工作，更换事业单位在职人员工资档案（不包括参照公务员管理的 21 个事业单位）。

2009 年，旗人事劳动和社会保障局根据《巴彦淖尔市义务教育学校绩效工资实施意见》（巴政办发〔2009〕6 号）文件精神，制定《乌拉特中旗义务教育学校绩效工资实施方案》，将承担九年义务教育责任的普通小学教师、普通初中、九年一贯制学校、职业初中和完全中学的初中部等纳入实施范围，完成绩效工资兑现工作，全旗 17 个义务教育学校的 1113 人核定绩效工资，人均每月增资 378. 8 元。

二、工资调整

1989 年，旗劳动人事局配合全旗职称评定，进行工资兑现；办理卫生系统 56 名护士提高 10% 工资手续，增资额 421. 85 元；办理 65 名中小学教师提高 10% 工资手续，增资额 506 元；办理行政、事业单位提升为正副科级 44 人工资标准变档手续，增资额 364 元。

1990 年，根据国发〔1989〕82 号和内政发〔1990〕27 号、内政发〔1990〕91 号文件精神，对国家机关，事业单位工作人员进行普调。在此基础上重点解决工资调资中存在的问题。同年，旗劳动人事局办理行政事业单位干部、职工 5900 人升级手续；办理离退休人员 580 人工资手续；办理 5256 人升级手续。办理事业单位初级职称 102 人工资兑现手续。办理 66 名中小学教师提高 10% 工资手续。办理卫生系统 21 名护士提高 10% 工资手续。办理 18 人 50% 奖励升级工资手续。

1991 年，根据内蒙古自治区劳动人事厅《关于解决国家机关、事业单位调资遗留的几个突出问题的通知》（内劳人字〔1990〕55 号），旗劳动人事局办理符合条件升级 179 人工资手续，办理符合第二次升级 293 人工资手续；办理提前退休 390 人工资手续；办理正常退休 34 人工资手续；办理专业技术职务工资变动 97 人工资手续（其中高工 3 人）；办理 1989 年度经济效益工资升级 148 人工资手续。到年底，全旗行政、事业单位 6600 人等级登记工作全部完成。

1992 年，旗劳动人事局建立全旗行政事业单位工作人员工资等级档案；办理升级工资手续，月增资额 16651 元；办理工龄补贴、行政事业单位享受老干部边疆补贴与书报费手续。

1993 年，旗劳动人事局办理晋升职务、职称的工资兑现，提高中小学教师、护士 10% 的工资，奖励工资、书报费、边补、退休证工资手续；为 1245 名退休人员调高 10% 的退休金；为 166 名副科以上干部晋升工资级别；办理行政事业单位工作人员 24 元奖金变基础工资；整理历年积压的各类晋升、调资、职称工资兑现等个人审批表和花名册 184 本，并送交档案局保存。

1994 年，根据内蒙古自治区人民政府《内蒙古自治区人民政府贯彻国务院关于机关和事业单位工作人员工资制度改革问题的通知》（内政发〔1994〕67 号）文件，乌拉特中旗召开“三项制度”改革会议，成立了以旗长任组长，副书记、副旗长任副组长，劳动局、组织部等部门的主要领导为成员的工资制度改革领导组。同年，旗劳动人事局办理全旗行政事业单位参加套改 6581 人工资手续，其中在职人员 5837 人，离退休人员 744 人；套改后，全旗月工资总额约 235 万元，人均月增资 87 元。

1995 年，旗人事劳动局积极搞好第三次工资制度改革扫尾工作，办理“过渡时期”升级手续。

1998 年，旗人事劳动局为 105 名机关、事业单位工作人员晋升工资。

1999 年，旗人事劳动局为 1784 名机关工作人员晋升级别工资；为 8095 名机关、事业单位干部职工和企业离退休人员调整工资标准。

2003 年，旗人事劳动和社会保障局累计完成各类工资审批 1328 人次，其中：高定一档工资审批

69 人;2 年称职工资审批 171 人;5 年称职工资审批 11 人;行政单位“三优”(连续 3 年被评为优秀公务员)工资审批 41 人;事业单位“三优”工资审批 92 人;奖励工资审批 73 人;过渡升级工资审批 194 人;提升一档工资审批 72 人;工作变动工资审批 164 人;调整警衔工资标准 146 人;增加离退休费 2 人;为 7 名先进工作者提升一档工资,办理新参加工作人员确定工资和转正定级 103 人,办理遗属补助 82 人,办理一次性抚恤 10 人,审批退休人员 88 人,审批离岗人员 3 人。利用 3 个月时间,将全旗职工、离退休人员工资档案录入计算机,实现计算机化管理。

2004 年,旗人事劳动和社会保障局共完成各类工资审批 1368 人次,其中:增加岗位津贴审批 23 人;增加警衔津贴审批 62 人;转正定级审批 39 人;事业单位“三优”工资审批 98 人;行政单位“三优”工资审批 5 人;职务变动工资审批 13 人;奖励工资审批 9 人;大中专毕业生高定一档工资审批 57 人;过渡级别工资审批 164 人;提升一档工资审批 59 人。办理发放一次性抚恤金手续 24 人,办理遗属补贴 43 人。办理教育系统教师到龄退休手续 5 人,办理教育系统教师病退手续 133 人,办理教育系统教师离岗手续 66 人,办理教育系统教师提前退休手续 568 人。印发《关于核定机关事业单位 2004 年度工资基金的通知》,发放工资基金管理手册 104 册,办理工资基金审批手续 104 户。

2006 年,旗人事劳动和社会保障局在继续推进工资档案微机化管理步伐的同时,筹资印制各类表格,推行工资调整逐级审核制,实施工资管理阳光作业制度。累计办理各类工资审批手续 3394 人次,其中:为 51 人办理提前退休手续,为 67 人办理离岗手续,为 36 人办理高定一档工资调整手续,为 28 人办理职务提升工资调整手续,为 462 人办理了两年称职和五年称职增资手续,为 177 人办理“三优”增资手续,为公安局 278 名干警办理警衔津贴调整手续,为 183 人办理调动工作工资变更手续,为教育系统新录用的 213 名教师办理转正定级手续,并为 1899 名教师办理 1993 年暂欠 142 万元工资补发手续。同步完成全旗机关事业单位在职和离退休干部职工工资情况的摸底调查工作。

2007 年,旗人事劳动和社会保障局兑现 1 名正高级、118 名副高级、573 名中级、540 名初级专业技术人员职称工资。

2009 年,旗人事劳动和社会保障局完成绩效工资兑现工作,全旗 17 个义务教育学校 1113 人核定绩效工资,人均每月增资 378.8 元,其中:基础性绩效工资增加 28.8 元,奖励性绩效工资增加 350 元,此举将义务教育教师工作实绩与工资待遇直接挂钩,多劳多得、少劳少得、不劳不得,有效激发义务教育教师工作积极性。与此同时,补发教育系统 2511 名在职和退休人员 2008 年津贴补贴,为 166 名非义务教育在职和退休教师按义务教育同类人员标准预发工资,为 90 名新参加工作人员办理工资套改手续,为 9357 名机关事业单位在职和退休人员办理煤补发放手续,补发 502 名调出和调管人员欠发工资。

2010 年,旗人事劳动和社会保障局科学解决义务教育绩效工资遗留问题,严格推行公共卫生事业单位绩效工资。按时兑现机关单位 1763 名工作人员 5 年称职调资和 2740 名事业单位工作人员薪级工资。

2011 年,旗人力资源和社会保障局执行严格的行政事业单位工资制度改革政策,先后为 33035 人次办理正常晋级、取暖补贴以及带薪年休等调整工资手续。同年,继续完善教育和卫生系统绩效工资政策,指导各单位科学确定绩效考核办法,优绩优酬。

2012年,旗人力资源和社会保障局继续提高行政事业单位在职、离退休人员以及享受遗属补贴人员工资和生活待遇,5622名在职工作人员人均每月增加津补贴500元,3713名离退休人员人均每月增加生活补贴400元,10066名在职、离退休人员以及享受遗属补贴人员人均发放取暖补贴1820元。

三、津贴补贴奖金

1992年,全旗机关事业单位工作人员2310人正常升级津贴补贴。同年,旗机关事业单位工作人员5276人调整工龄补贴。

2004年,旗劳动人事局审批各类工资1368次,其中增加岗位津贴23人,警衔津贴62人。

2005年,旗劳动人事局审批增加岗位津贴8425人。

2006年,旗人事劳动和社会保障局为公安局278名干警办理警衔津贴调整手续。

2007年,旗人事劳动和社会保障局开始规范公务员津贴,将福利性物价补贴、知识分子补贴、在职人员职务岗位津贴、离退休人员补贴以及部分单位发放的岗位补贴,统一归并到新的津贴补贴。在此基础上,从2007年开始逐年提高公务员津补贴标准,到2012年底,全旗公务员人均津补贴每年30000元,参照公务员管理单位人员津补贴齐步调整到公务员津补贴水平。

2010年,旗人事劳动和社会保障局继续规范机关事业单位津补贴,8977名机关事业单位工作人员人均月增津补贴500元,提前达到巴彦淖尔市级规定的人均年24000元。

2012年,旗人力资源和社会保障局继续提高行政事业单位在职、离退休人员以及享受遗属补贴人员生活待遇,5622名在职工作人员人均每月增加津补贴500元,3713名离退休人员人均每月增加生活补贴400元,9874名在职人员、离退休人员以及享受遗属补贴人员人均发放取暖补贴1820元,继续完善机关事业单位在职、离退休人员带薪年休假制度,兑现事业单位第二轮岗位竞聘待遇。

第五节　人才交流管理

一、政策制定

2002年,旗人事劳动和社会保障局在对全旗人才现状进行调查摸底的基础上,制定《乌拉特中旗人事人才“十五”计划》,明确人事人才工作阶段目标、任务和具体实施步骤及长远规划。在此基础上,按照人才和用人单位双向选择的原则,注意将一些高素质、高技能、会管理的应届毕业生推荐到国有企业、私营企业。

2006年,旗人事劳动和社会保障局及时部署落实人才引进工程实施方案。协调完成农村牧区基层人才队伍建设情况调研,准确掌握了第一手资料,为下一步针对性地开展人才培养、引进、使用、管理等工作提供翔实数据依据。同时,为适应“十一五”经济社会发展的人才需求,防止人才流失,讨论制定《乌拉特中旗人才储备工作实施方案》。

2012年,旗人力资源和社会保障局根据《国家中长期人才发展规划纲要(2010—2020)》《内蒙古自治区中长期人才发展规划纲要(2010—2020)》《巴彦淖尔市中长期人才发展规划纲要(2011—2020)》精神,结合全旗实际情况,制定《乌拉特中旗中长期人才发展规划纲要(2012—2020)》,明确6支人才队伍(党政人才队伍、企业经营管理人才队伍、专业技术人才队伍、高技能人才队伍、农村牧区实用人才队伍、社会工作人才队伍)建设目标、实施方法和具体要求。

二、人才市场

2002 年，旗劳动人事部门不断加大宣传力度，充分利用电视、电台等新闻媒介的作用，对国家及地方有关政策、法规进行宣传。

2003 年，旗劳动人事部门制定引才策略，增加人才总量。根据旗委、政府提出的加快畜牧业发展、提高人民生活水平有关精神，针对农业、林业、牧业、水业、卫生等行业人才匮乏的现状，积极参与内蒙古农业大学本科毕业生就业洽谈会，并与 10 名专业对口、成绩优秀、素质高、具有创新能力的本科毕业生签订了就业协议，经过筛选最后录用了 6 人，将他们优先充实到畜牧、农业等部门。

2004 年，从旗委、旗人民政府提出的经济战略目标出发，在充分研究社会各项事业发展的潜在需要基础上，制定了引进企业经营管理人员计划，先后参与内蒙古农业大学本科毕业生就业洽谈会和巴盟人事局组织的人才招聘会，并在人才储备方面进行了积极、有益的探索，提出率先在教育系统推行人才储备制度的工作思路。

2005 年，加强人才市场建设。积极向上争取资金，改善人才市场硬件环境，提高人才市场工作人员的综合素质，实现人才市场标准化、规范化管理。

2006 年，紧抓国家人才倾斜政策实施机遇，多部门联动推进人才工程。与教育、农业部门协调，及时落实了“三支一扶”（支农、支教、支医、扶贫）政策，安置大学毕业生 7 人，其中：支教 6 人，支农 1 人。

2007 年，旗人事劳动和社会保障局办理 29 名本科毕业生、39 名专科毕业生、1 名中专毕业生报到登记工作。

2009 年，乌拉特中旗充分发挥人才市场配置人力资源的基础性作用，准确掌握市场需求和企业用工意向，架好信息沟通桥梁，1—10 月，有 64 名大中专毕业生通过劳动力市场和人才市场在企业找到合适岗位。同年，旗人事劳动和社会保障部门及时发布国家、内蒙古自治区、巴彦淖尔市三级招考公务员信息，让更多的优秀大学毕业生通过考试成为国家公务员。

2010 年，旗人事劳动和社会保障部门选拔 50 名大学毕业生到海流图镇见习；储备 30 名大学毕业生到蒙银村镇银行工作；通过人才市场牵线搭桥，为 6 家规模企业推荐大学毕业生 120 人。

2011 年，旗人力资源和社会保障部门选拔 60 名高校毕业生进入企业见习；将 35 名高校毕业生确定为企业储备人才；通过人才市场牵线搭建，将 300 名高校毕业生推荐到企业就业，自主择业高校毕业生达 425 人。

2012 年，旗人力资源和社会保障部门选拔企业储备人才 70 人；委派 60 名高校毕业生实践实习；通过人才市场帮助 300 余名高校毕业生找到合适工作岗位。

三、人才招聘

2006 年，旗人事劳动和社会保障部门按照内蒙古自治区教育厅统一要求，接收 9 名本科毕业生，并与其签订服务期为 5 年的聘用合同。

2007 年，旗人事劳动和社会保障部门储备高校毕业生 216 人，其中，49 名全日制本科生免试直接列入人才储备库，149 名大专毕业生（包括成人本科、专科）、20 名中专毕业生通过考试列入人才储备库。

2009 年，旗人事劳动和社会保障部门全面实施事业单位招聘工作，面向旗内 30 周岁以下全日制本科毕业生，通过笔试、面试、考核 3 个环节，招聘文秘、农林牧水、财会、公安等行业的专业人才

20 人。

2010 年，旗人事劳动和社会保障部门通过笔试、面试、考核等一套完整的择优录用办法，为卫生系统补充护理专业人才 37 人，为公安局选拔文职人员 35 人，75 名储备人才转正，为教育系统录用教师 16 人。

2011 年，旗人力资源和社会保障部门储备人才 167 人，其中，17 名全日制研究生免试直接列入人才储备库，71 名全日制本科毕业生、79 名全日制专科毕业生通过考试列入人才储备库。

2012 年，旗人力资源和社会保障部门储备人才 114 人，13 名全日制研究生免试直接列入人才储备库，48 名全日制本科毕业生、53 名全日制专科毕业生（包括 3 名中专学历的护理人员）通过考试列入人才储备库。

第六节　大中专院校毕业生就业

1989 年，全旗分配大中专毕业生 179 人（其中河套大学 15 人，教育系统 62 人）、技校毕业生 16 人。

1990 年，全旗分配大中专生 196 人（其中河套大学 5 人，教育系统 61 人）、技校毕业生 26 人。同年，旗劳动人事部门录用干部 71 人，其中闲散在社会上“五大”毕业生 8 人，农财部门录用干部 2 人，公检法部门转干 61 人。

1991 年，全旗分配大中专毕业生 163 人（其中河套大学 3 人，教育系统 61 人）、技校毕业生 14 人。同年，旗劳动人事部门录用干部 45 人。

1992 年，全旗分配大中专毕业生 169 人、技校毕业生 14 人。

1993 年，旗劳动人事部门将 117 名大中专毕业生全部分配到基层学校，企业单位和苏木、乡、镇经济实体，其中本科毕业生 3 人、大专毕业生 98 人。同年，将 45 名技校毕业生（除幼师技校 11 名分配到教育部门外）全部按专业分配到企业单位。

1994 年，全旗分配大中专毕业生 108 人（包括教育系统分配的 49 人），其中大专毕业生 14 人、中专毕业生 94 人。同年，分配技校毕业生 18 人。

1995 年，旗人事劳动局将 105 名大中专毕业生全部分配到基层学校、企业单位和各类经济实体，其中大中专以上毕业生 23 人、中专毕业生 82 人。同年，将 77 名技校毕业生（除幼师技校 10 名外）全部分配到企业单位。

1999 年，全旗分配 1998 年师范类毕业生 107 人、1999 年师范类毕业生 71 人。

2003 年，为了加强事业单位人员“进口”管理，旗人事劳动和社会保障部门在严格按照增人计划卡制度执行的基础上，遵循内蒙古自治区党委组织部、自治区人事厅下发的《关于在全区机关事业单位推行计划卡管理办法的通知》所规定的程序进行考核录用，杜绝随意进人现象发生，同年，旗人事劳动和社会保障部门只对派遣到旗内 3 名本科毕业生作了分配，1 名被分配到旗人民医院、1 名被分配到旗进修学校、1 名被分配到旗第二中学。

2004 年，旗人事劳动和社会保障部门配合教育部门通过公平、公开、公正的考试，将 222 名大中专毕业生以劳动合同管理的方式充实到教师队伍中。

2006 年，旗人事劳动和社会保障部门对旗内高校毕业生就业情况进行走访调查，并据此建立高校毕业生就业情况数据库。与教育、农业部门协调，及时落实“三支一扶”（支农、支教、支医、扶贫)政策,安置大学毕业生 7 人,其中:支教 6 人,支农 1 人。同年,接收本科毕业生 9 人,并与其签订服务期为 5 年的聘用合同。

2007 年,旗人事劳动和社会保障部门储备人才 216 人,其中,49 名全日制本科毕业生免试直接列入人才储备库,149 名大专毕业生(包括成人本科、专科)、20 名中专毕业生通过考试列入人才储备库。同年,按照内蒙古自治区“三支一扶”实施方案,派遣到旗内的 18 名“三支一扶”大学生充实到教育系统。

2009 年,旗人事劳动和社会保障部门全面实施事业单位招聘工作,面向旗内 30 周岁以下全日制本科生,通过笔试、面试、考核 3 个环节,招聘文秘、农林牧水、财会、公安等行业的专业人才 20 人。同年,接收并安置 17 名“三支一扶”大学生和 25 名社区民生志愿者。确定毅腾公司为大中专毕业生就业见习基地,将 30 名大中专毕业生择优确定为企业储备人才,选拔 50 名大中专毕业生到教育一线进行实践锻炼,对 10 名有创业愿望的大中专毕业生进行创业培训。

2010 年,旗人事劳动和社会保障部门通过笔试、面试、考核等一套完整的择优录用办法,为卫生系统补充 37 名护理专业人才,为公安局选拔 35 名文职人员,75 名储备人才转正,为教育系统录用 16 名教师,接收“三支一扶”大学生 15 人,接收社区民生志愿者 41 人,选拔 50 名大学生到海流图镇见习,30 名大学生到蒙银村镇银行,为 6 家规模企业推荐大学毕业生 120 人。

2011 年,旗人力资源和社会保障部门储备 167 人,其中,17 名全日制研究生免试直接列入人才储备库,71 名全日制本科毕业生、79 名全日制专科毕业生通过考试列入人才储备库。在此基础上,接收“三支一扶”大学生 18 人,安置社区民生志愿者 44 人,招聘研究生 17 人,选拔 60 名高校毕业生入企见习,将 35 名高校毕业生确定为企业储备人才,推荐 300 名高校毕业生到企业就业,全旗有自主择业者 425 人。

2012 年,旗人力资源和社会保障部门储备人才 114 人,其中,13 名全日制研究生免试直接列入人才储备库,48 名全日制本科毕业生、53 名全日制专科毕业生(包括 3 名中专学历护理人员)通过考试列入人才储备库。全年接收安置“三支一扶”大学生 33 人、社区民生志愿者 86 人,选拔企业储备人才 70 人,委派高校毕业生实践实习人员 60 人,通过人才市场帮助 300 余名高校毕业生找到合适工作岗位。截至 2012 年底,全旗有 1049 名高校毕业生实现稳定就业,就业率 75%,比目标任务高 5 个百分点。

第三章　劳动管理

第一节　就业服务

一、用工制度

1988—1989 年，旗劳动人事局在全旗各国营企业中进一步推行搞活固定工制度。

1991 年，旗人民政府下发《乌拉特中旗关于整顿、清退计划外用工的通知》，并研究决定对现有临时工进行分类管理，采取清退与纳入计划管理整顿相结合的办法。

1992 年，旗劳动人事局坚持“三结合”就业方针，于年初召开全旗劳动就业工作暨先进集体、先进个人表彰会议，研究制定全旗就业工作“八五”计划，把工作重点放在集体组织起来就业和自谋职业上，同时与各单位签订子女就业责任状。严格控制农村劳动力进城务工，积极清退农民工、外埠劳动力、离退休返聘人员，为待业青年提供就业渠道和机会，3 年内力争使全旗待业率控制在 4% 以下。在企业开展“三项制度”改革试点。在用工制度改革方面，实行全员合同化管理，认真贯彻落实内蒙古自治区劳动人事厅下发的《关于国营企业实行全员劳动合同制管理的试行意见》，大力推行优化劳动组合，使劳动力得到合理配置，打破原来固定工、合同制工、集体工界限。职工原身份不变，作为档案保留，企业全体职工都按照平等自愿原则与法人代表、管理人员层层签订合同，车间主任、班组长、牵头人与职工进行“双向选择”，优化组合上岗，未组合上岗者在企业内部待业，发给一定的生活费，同时也不能与企业法人签订合同。

1993 年，全旗就业服务工作继续坚持“三结合”就业方针，认真贯彻国务院《关于做好劳动就业工作的通知》精神，开展多渠道、多形式、多层次就业服务，重点鼓励支持集体组织起来就业和自谋职业。旗人事劳动局按照国家宏观调控，城乡协调发展，企业自主用人，个人自主择业，市场调节供求，社会提供服务的国家政策指导下的市场就业方针。

1998 年，旗人事劳动局加大就业工作宣传，提高各部门对就业工作的认识，利用广播、电视等媒介大力宣传了市场经济条件下，就业工作的方针、政策，引导失业人员转变择业观念。

二、招工与安置

1989 年，全旗招收合同制工人 54 人，招收集体工人 278 人。同年技校招生工作，巴彦淖尔盟劳动人事部门给乌拉特中旗下达预选指标 120 人（不包括蒙古族汉语授课 12 人，蒙古族蒙古语授课 28 人），经过参加技校统一考试，参考人员被巴彦淖尔盟技校录取 33 人、交通技校录取 1 人，被哲里木盟技校蒙古族蒙古语授课录取 2 人、内蒙古技校汉语授课录取 1 人，共计考取 37 人。被录取考生全部和用人单位签订合同，保证考生毕业分配。粮油招工方面，巴彦淖尔盟劳动人事部门给乌拉特中旗下达粮油招工预选名额 32 人（不包括旗粮油公司内招预选名额），旗劳动人事局会同劳动服务事业管理局成立预选领导小组，负责筹备旗境内粮油招工工作，采取面向社会、公开招考、择优录取的方式，共有 185 人参加预选考试，择优录取 32 名考生，这 32 名考生经参加全巴彦淖尔盟统一考试，被录取 12 人，超额完成全盟 4∶1 录取比例的 12.5%。

1990 年，全旗招收合同制工人 71 人，其中退休死亡顶员 21 人、合同制工人指标 50 人；招收集体工246人。为贯彻面向社会、全面考核、择优录用的招工原则，增强招工的透明度，保证招工质量，提高工人队伍素质，旗劳动人事局对巴彦淖尔盟劳动人事部门给乌拉特中旗下达的合同制指标进行考试录用。全年共有41名技校生通过技校统一考试，并与各企业签订合同。

1991年，全旗招收合同制工人552人，其中退休补员509人，死亡顶员2人。全年共有29名技校生通过技校统一考试，并与各企业签订合同。

1992年，全旗招收合同制工人232人，其中安置合同制工人7人，水利系统转为合同制工人15人，计划生育助理员转为合同制工人5人，广播系统转为合同制工人5人。全年共有33名技校生通过技校统一考试，并与各企业签订合同。

1993年，旗劳动人事局将45名技校毕业生（除幼师技校11人分配到教育部门外）全部按专业分配到了企业单位。为保证考生毕业分配时有接收单位，在报考前必须于企业签订接收合同，否则不须报考。经技校统考，同年共有65名考生被内蒙古纺织技校录取、2名蒙语授课考生被哲里木盟民族技校录取。

1995年，旗劳动人事局按照统筹安排、合理使用、加强重点、兼顾一般、面向企业和农村，面向多种所有制，加强生产科研、教学等一项的分配原则，将77名技校毕业生（除幼师技校10名外）全部分配到企业单位。

1993年，逐步建立和完善劳务市场，扩大就业渠道。

1998年，年内局里自筹资金到外地考察，联系用工单位，有组织地进行劳务输出，全年共输出94人到北京、包头等地就业。

第二节　技能开发

一、在职职工培训

1988年，旗劳动人事局对全旗技术工人重新进行了摸底，于年初与各企业单位签订责任状。

1989年，旗劳动人事部门对特种作业人员进行摸底、统计和培训工作。采取送出去和自办班的形式，共进行了4次培训，教育人数150余人，同时要求和加强“三级”安全教育、入场教育都不少于7天。

1990年，旗劳动人事部门对全旗技术工人重新进行摸底。全年度技术培训以岗位培训为主，电管局、糖业公司和温更煤矿培训135人。糖业公司共有48人通过内蒙古自治区考核，电管局共有63人通过考核并取得电工操作合格证。同年，全部完成巴彦淖尔盟劳动人事部门下达的培训任务。截至年底，全旗共有技术工人3320人，其中初级工1494人，中级工1801人，高级工25人，中级及以上工人占总技术人数的55%。盟劳动人事部门下达初进中培训任务280人，已培训505人，完成任务的180%；中级技术培训任务400人，已培训444人，完成任务的111%。

1991年，旗劳动人事部门为有效地提高职工技术能力，为企业经济发展奠定技术基础，于年初与各企业单位签订责任状，按照企业生产与经营需要，紧紧围绕提高职工生产经营能力，开辟多渠道、多层次、多规格、多形式岗位技术培训，重点是特种作业人员（锅炉工、电工、焊工、超重工、放炮工、瓦检员、化验安全员）上岗培训。针对矿山企业的不同特点举办了电工、放炮工、瓦斯检查培训班四期，对锅炉司炉工采取送出去培训的办法，共培训人数114人，合格率达97%。全年初级技术培训334人，完成上级下达培训任务320人的104%；中级技术培训550人，完成上级下达培训任务500人的110%。

1992 年，旗劳动人事部门为做好工人职业技术培训工作，于年初与各企业单位签订责任状，按照企业工种行业进行归口培训。对特种作业人员进行专门培训教育，主要采取委托企业办班和送出去培训的办法，共培训放炮工、瓦检员、司炉工等 70 余人。全年共培训初级工 1500 人，完成上级下达任务的 140%；初进中培训 518 人，完成上级下达任务的 120%；培训中级工 1121 人，经考核发证 1073 人，完成上级下达任务的 194%；工人岗位培训 728 人，完成上级下达任务的 145.6%。

1993 年，对特种作业人员进行了专门培训教育，举办锅炉司炉工培训班 1 期，培训 50 人，高压焊工、水化验人员和锅炉房负责人采取送出去的方式进行培训。

1994 年，举办劳动安全培训班 1 期，培训 40 余人。配合旗政府办、统计局完成办公室人员、统计人员的专业课培训任务。

1995 年，狠抓特种作业人员上岗前培训工作，举办了特种作业人员培训班 3 期，培训 100 多人。

1998 年，举办特种作业人员培训班 1 期，培训 26 人。委托矿山企业举办岗前培训班 3 期，培训 110 人。

1999 年，委托矿山企业举办岗位培训班 2 期，培训 80 人。举办特种人员培训班 1 期，培训 30 人。

2002 年，重点对美容、美发、保健按摩、中式烹调和汽车修理 5 个技术工种情况进行了摸底调查。5 个技术工种从业人员 153 人，已持证 29 人，需培训 124 人。其中从事美容职业 30 人，持证 6 人，需培训 24 人；从事美发职业 45 人，已持证 11 人，需培训 34 人；从事保健按摩职业 13 人，需培训 13 人；从事中式烹调职业 52 人，已持证 8 人，需培训 44 人；从事汽车修理职业 13 人，已持证 4 人，需培训 9 人。

2003 年，以美容、美发、保健按摩、中式烹调和汽车修理五个职业为切入点，在继续做好对这五个职业的专项治理整顿同时，全面推行国家职业资格证书制度和就业准入制度。

2004 年，旗劳动人事部门培训鉴定机关事业单位技术工人 297 人。

2007 年，继续抓好国有企事业技能人才职业资格评价工作，努力使其成为劳动者从业的“通行证”。

2011 年，旗劳动人事部门组织 49 人参加职业技能培训。

2012 年，旗劳动人事部门组织 31 人参加职业技能培训。

二、技能鉴定指导

1989 年，根据巴彦淖尔盟劳动人事处关于对技师聘任工作的安排，乌拉特中旗劳动人事部门组织对全旗技术工人进行摸底了解，向各有关单位传达巴彦淖尔盟行政公署劳动人事处下发《关于在全盟技术工人中实行技师职务聘任制工作的实施方案》，并要求各有关单位设立工人技师考评小组。

1990 年，旗劳动人事部门根据全旗各行业评聘要求进行技师聘任。

2004 年，旗人事劳动和社会保障局贯彻落实党中央、国务院提出的“科教兴国”战略方针，积极开展职业技能鉴定，推行职业资格证书制度。共培训和鉴定机关事业单位技术工人 297 人，包括汽车驾驶、公路养护等 8 个行业的高级技师 5 人、技师 13 人、高级工 42 人、中级工 237 人。

2005 年，完成 85 名机关事业单位技术工人职业资格考试报名工作，包括汽车驾驶、计算机、测量放线等行业。

2007 年，全旗取得国家职业资格认证的技能人才 416 人，其中：高级技师 11 人，技师 72 人，高级工 112 人，中级工 80 人，初级工 141 人。组织开展全旗技术工人职业资格统一考评报名工作，成功申报 37 人，其中高级技师 2 人、技师 13 人、高级工 5 人、中级工 14 人、初级工 3 人。

2010 年，组织开展全旗技术工人职业资格统一考评报名工作，成功申报 71 人，其中高级技师

22 人、技师 12 人、高级工 24 人、中级工 13 人。

2011 年,旗人力资源和社会保障局组织开展全旗技术工人职业资格统一考评报名工作,成功申报 49 人,其中高级技师 3 人、技师 4 人、高级工 24 人、中级工 16 人、初级工 2 人。涉及牧草工、水土保持工、有线机务员、锅炉工、电气设备安装工、测量放线工、机修钳工和维修电工等工种。

2012 年,旗人力资源和社会保障局组织开展全旗技术工人职业资格统一考评报名工作,成功申报 31 人,其中高级技师 11 人、技师 9 人、高级工 7 人、中级工 2 人、初级工 2 人。涉及公路养护工、水土保持工、有线机务员、电工、汽车驾驶员等工种。

第三节　工资福利

1989 年,按照巴彦淖尔盟劳动人事处年初工作会议部署,提出实行工资总额同经济效益挂钩企业 80% 以上的要求,乌拉特中旗配备专人,在实行承包经营责任制的国营企业中推行工资总额同经济效益挂钩工作。旗境内国营企业基本上是生产条件差、设备落后、底子薄、生产任务吃不饱,资金严重短缺的半机械化、半手工操作的小型微利企业。全旗国营企业多数属于民贸企业,对此类企业,国家实行减免税收的保护性政策。为在这些不太具备挂钩条件的企业中顺利地、稳妥地推行挂钩工作,旗劳动人事部门与财政部门两家牵头,并协同税务主管部门组成挂钩工作小组,经过对挂钩政策学习和业务培训,于 3 月中旬到各国营企业推行这项工作。具体做法是:树立政策威信,促进挂钩工作的推行;阐述、算账相结合,以数字显示挂钩的优越性;从实际出发,合理确定基数;采取多种形式挂钩。经旗劳动人事局初审平衡,报旗人民政府批准,截至 1990 年 5 月底,全旗 30 家企业(包括 7 家供销企业),除 3 家企业(其中有 2 家为租赁企业)实行工资总额包干使用外,其余 27 家企业均实行工资总额同经济效益挂钩。挂钩比例占 30 家企业的 90%,职工人数 2422 人,超额完成上级劳动人事部门下达的任务。通过推行工效挂钩,促使企业在竞争中生存、发展,给边远地区微利企业的经营管理、发展生产增强了活力。

1990 年,根据国务院、内蒙古自治区人民政府关于国营企业、集体企业调资通知,乌拉特中旗各国营企业、集体企业办理调资手续 4097 人。企业干部、职工专业技术人员工资兑现 176 人。

1991 年,根据内蒙古自治区劳动人事厅下发《关于 1989 年企业调资节余指标的使用》精神,旗劳动人事局办理国营企业、集体企业干部职工升级 3470 人,其中集体企业 2270 人,月增资额 19001 元,其中集体人员增资 10092 元;根据内蒙古自治区劳动人事厅下发《关于调整企业职工工资标准的通知》精神,旗劳动人事局办理国营企业、集体企业职工干部工资改行升级 4460 人,其中集体人员 2565 人;办理正常退休 29 人,其中集体工 24 人;办理专业技术职务工资变动 97 人;办理 1989 年度经济效益工资升级 148 人。

1992 年初,由旗劳动人事局牵头,会同财政、税务、体改办、企业各主管到企业对 3 个基数进行核定,浮动比例经过严格测算,力争使效益指标确定科学化、工资增长合理化。至年底,全旗实行工效挂钩的企业 15 家,实行工资总额包干的企业 9 家。在企业开展"三项制度"改革试点,进行分配制度改革,实行能高能低的分配制度,打破原等级工资制,工资、奖金分配向苦、脏、累、艰、险、技术性和关键性岗位倾斜,真正使职工的劳动报酬与劳动技能、劳动责任、劳动强度、劳动条件、劳动贡献紧密地结合起来,合理地拉开不同岗位工资分配差距。

1995 年,旗人事劳动局积极搞好在岗技术工人的技术等级工资兑现工作。

2011 年,旗人力资源与社会保障局重点建立企业职工工资正常增长和支付保障机制,及时发布900元最低工资标准和7.6元最低小时工资标准及涵盖各领域的工资指导价位，按行业分类计算人工成本，监督企业落实最低工资标准，指导开展工资集体协商，引导在基准线、上线和下线间合理确定工资标准，增强岗位吸引力和竞争力。同年，旗人力资源与社会保障局会同建设部门进一步加强农民工工资保障金征缴，将缴纳农民工工资保障金情况并入营业执照申办、变更、年检、建筑企业开工许可、矿山企业安全生产许可等前置条件。

第四节　安全生产

一、劳动保护

1989年，根据巴彦淖尔盟安全生产委员会认真贯彻落实《内蒙古自治区劳动保护条例》精神，旗劳动人事局部署具体贯彻措施，预订《内蒙古自治区劳动保护条例》手册400册。发放《劳动保护宣传挂图》20份、《矿山安全挂图》15份、《重大事故反思》新闻照片10套及劳动安全书籍。提倡开展向温更煤矿那样的“百日安全活动”“反三违”（违章指挥、违章操作、违反劳动纪律）等活动。

1990年，旗劳动人事局认真贯彻落实《内蒙古自治区劳动保护条例》，并按照“安全第一、预防为主”的方针，狠抓安全生产基础工作，为加强“三级”（入厂教育、车间教育、班组教育）安全教育，发放安全宣传挂图、照片30余套并装挂在墙壁上，对工人进行生动形象的安全教育。同年，旗劳动人事部门在重点厂矿开展安全生产活动，温更煤矿举办安全知识大奖赛。为贯彻落实《内蒙古自治区劳动保护条例》，旗人民政府专门召开落实《内蒙古自治区劳动保护条例》工作会议，会上，给各企业事业单位发放《内蒙古自治区劳动保护条例》手册。

1991年，旗劳动人事局继续贯彻落实《内蒙古自治区劳动保护条例》，推行安全生产目标管理制度，本着“安全第一、预防为主”的原则，宣传安全生产的重要性，不断加强劳动保护。积极开展安全生产周活动，充分利用电视、广播、简报、会议等形式进行广泛的宣传以及认真落实检查，使活动达到“以周促月、以月促年”的预期目的。

1992年，旗劳动人事局按照“安全第一、预防为主”的方针，认真贯彻了内蒙古自治区劳动安全监察会议精神，全面推行安全生产目标管理和安全生产巡回监察制度。

1993年，为切实加强劳动保护矿山安全和锅炉压力容器安全监察工作，旗劳动人事局认真贯彻落实《中华人民共和国矿山安全法》和国家、内蒙古自治区颁布的劳动保护法规条例，按照“管生产必须管安全”原则，进一步完善和推行安全生产目标管理制度，不断地进行安全生产检查活动，认真查处和统计上报伤亡事故，确保全旗经济建设健康发展。

1994年，开展全旗劳动用工大检查活动，在检查中发现部分企业劳动保护用品不能按国家标准发放，或以发货币代替劳动保护用品，甚至多年不给职工考虑劳动保护用品等，旗劳动人事局对查出的问题提出解决建议。

1995年，为使广大劳动者和用人单位真正做到知法、懂法、守法，依法保护自己的合法权益，旗人事劳动局开展宣传《中华人民共和国劳动法》活动，印发宣传提纲，发放《中华人民共和国劳动法》手册，充分利用各种宣传手段，宣传《中华人民共和国劳动法》，普及法律基本知识，到各类企业了解学习、宣传《中华人民共和国劳动法》情况，通过开展多样宣传活动，进一步扩大宣传的覆盖面，使劳动者和用人单位都普遍了解《中华人民共和国劳动法》的主要内容，并能够运用《中华人民共和国劳动法》保护自己的合法权益。为保证《中华人民共和国劳动法》在所有用人单位真正得到全面贯彻落实，旗人事劳动局在全旗范围内开展用人单位遵守《中华人民共和国劳动法》情况大检查。

1998 年，落实责任、明确任务，健全各项目标管理制度，并在 5 月的安全生产会议上旗政府与主要企业签订了责任状，督促企业主管人员抓好安全生产工作。

2000 年，乌拉特中旗安监局成立，安全生产的职能整体移交到旗安监局。

二、安全监察

1989 年，旗劳动人事局派人员到生产作业场所进行安全生产检查，重点对矿山建筑企业进行检查。共进行定期、不定期检查 20 余次，查处事故隐患 70 余条，发出整改指令书 5 份，限期进行整改。对部分烧砖轮窑进行检查整顿。对 3 个合格轮窑进行验收，发给安全生产临时许可证。要求其他砖窑限期改进存在问题，加强标准化安全管理。认真查处伤亡事故，本着“三不放过”（事故原因不清不放过、事故责任和群众没有受到教育不放过、没有采取切实可行的防范措施不放过）原则，对温更镇小煤矿发生死亡 1 人的重大事故进行认真的调查、分析，提出切合实际的预防措施，并召开班组长以上人员的安全现场会，教育管理人员。

1990 年，旗劳动人事局派人员重点对矿山建筑企业进行检查，共进行定期、不定期检查 10 余次，其中大型检查 3 次，查出较大事故隐患 11 件，并发放整改指令书，勒令这些企业进行整改，进而有效预防事故发生。对温更煤矿和水泥厂发生死亡 2 人重大事故，现场进行详细勘测，认真地调查核定分析事故原因，召开全体职工大会，对职工进行安全生产教育。

1991 年，旗劳动人事局派人员经常开展安全生产监督检查活动，在春、夏、秋三季配合有关部门进行 4 次安全生产大检查，配合巴彦淖尔盟和内蒙古自治区安全生产监督部门检查 4 次，自查 9 次。在检查过程中，本着全面细致、有患必改的原则，查出事故隐患 50 余件，并勒令其进行整改。认真查处重大伤亡事故，对温更镇煤矿、温更镇二矿发生的重大事故现场进行详细勘测，认真调查分析事故发生的原因，明确事故责任，提出防范措施。

1992 年，旗劳动人事局派人员加强安全生产的监察检查工作，本着“防患于未然，治患于初始”的原则，与有关部门配合重点对矿山企业进行 16 次安全生产大检查，在检查过程中查出主要事故隐患 40 条，并令其限期进行整改。

1993 年，旗劳动人事局大力开展安全生产监督检查活动，除定期组织有关部门进行每季度一次的安全检查以外，不定期到各厂矿企业进行安全检查 20 余次。查出事故隐患 100 余条，并下发整改指令书，令其限期进行整改，整改率 80% 以上。同年，配合巴彦淖尔盟锅检所对 32 台在运行锅炉进行检验，对 2 台修补锅炉、3 台新增锅炉和 1 处新增容器进行严格把关和验收，加强锅炉房综合治理，对不合格锅炉房进行限期整改。

1994 年，旗劳动人事局从有关部门、企业单位聘用专兼职劳动安全监察员 30 人，组织有关部门进行安全生产大检查 3 次，不定期检查 30 余次，查出事故隐患 40 余条，下发整改指令书，限期进行整改。配合巴彦淖尔盟锅检所对 27 台锅炉进行内外部检验，对 6 台修补锅炉进行严格把关验收；对不合格锅炉进行严格整顿，确保锅炉正常运行。

1995 年，旗人事劳动局会同有关部门定期、不定期的采取重点抽查和全面检查相结合的办法，深入到各类企业进行检查，重点抽查 24 次，大规模的全面检查 6 次，查出事故隐患 50 余条，并下发整改指令书，令其进行限期整改，整改率 90% 以上。同时加强对特种设备的管理工作，对新增锅炉和压力容器认真验收，对在运锅炉进行 2 次全面检验，在检验过程中查出问题及时令其整改、维修，确保了安全生产。

1998 年，旗人事劳动局开展综合性大检查 5 次，专项检查 12 次，现场发送指令书 18 份，对 23

台锅炉与 2 台压力容器进行定期检查。

1999 年，旗人事劳动局进行安全生产大检查 3 次、专项检查 30 次。

2000 年，乌拉特中旗安监局成立，安全生产的职能整体移交到旗安监局。

第五节　劳动信息网络建设

2003 年 5 月，巴彦淖尔盟劳动和社会保障工作进度电视电话会议召开后，旗人事劳动和社会保障局把劳动保障工作平台建设作为全年重点工作来抓。制定政策、建立机构。按照《关于加快建立劳动保障工作平台建设的通知》（巴署劳社发〔2003〕41 号）要求，旗人民政府制定下发《关于建立苏木乡镇、街道劳动保障事务所的通知》，要求全旗 10 个镇、苏木、乡尽快建立劳动保障事务所，与此同时，成立以旗人事劳动和社会保障局主要领导为组长的劳动保障事务工作领导小组，对各地劳动保障事务所的建立按照"六到位"（机构、人员、经费、制度、工作、场地）的要求，实行现场指导、全程监督，并积极争取足额拨付启动经费，极大地增强了各地建立劳动保障工作平台积极性。截至同年 12 月，全旗除呼勒斯太苏木等人口稀少、又无厂矿企业的 6 个地方未建立劳动保障事务所外，其余镇、苏木、乡均建起符合要求的劳动保障事务所，每个劳动保障事务所配备专职工作人员 1 ~ 2 人，全旗配备专职工作人员 20 人，兼职工作人员 25 人（大部分为统计站工作人员兼职），其中大专以上文化的工作人员占到 70%，劳动保障事务所主要领导均由各镇、苏木、乡主要行政领导担任。劳动保障服务机构的人员经费和工作经费，都已纳入财政预算，实行统一拨付。同时，为进一步规范劳动保障事务所的工作，旗人事劳动和社会保障局制定统一规范的管理制度，明确服务宗旨、业务范围、工作流程、工作职责和员工守则，积极开展诚信服务，实行政务公开，制定举报制度，设立举报电话，明确奖罚标准，广泛接受社会各界监督，增加工作透明度。此后，旗人事劳动和社会保障局组织各事务所辖区群众家中开展政策宣传、就业指导，建立"劳务用工一览表""求职人员一览表""从业人员花名表"等基础数据库。

2011 年，旗人力资源和社会保障局建立劳动力资源动态调查机制，8 个劳动保障事务所、13 个劳动保障工作站和 84 名劳动保障协理员分片管理，分别负责，分类登记劳动力资源状况。

2012 年，旗人力资源和社会保障局在继续抓好 8 个劳动保障事务所、13 个工作站、6 个充分就业社区建设的基础上，又在海流图镇新建 2 个充分就业社区，选树 1 个（呼勒斯太苏木）农牧民转移示范苏木、4 个农牧民转移示范嘎查，利用横向到边、纵向到底的就业服务网络，对新增就业人员、登记失业人员、就业困难人员等九类群体的 20291 人进行实名制录入，为符合条件者发放了就业失业登记证。

第六节　劳动保护与监察执法

1989 年 9 月，旗劳动人事局对全旗劳动服务公司进行清理整顿，召开全旗劳动服务公司经理、会计人员会议，传达《中共中央关于整顿公司十五条决定》等有关文件，并要求企业领导将整顿公司的精神传达到广大职工中去。清理整顿分 2 个阶段进行，9 月中旬到 10 月底为第一阶段，由旗工商局、劳人局、劳务局抽调 6 人分 2 个组到各公司进行调查摸底和清理整顿。按照上级有关规定和巴彦淖尔盟劳动人事处关于清理整顿劳动服务公司集体企业的意见，对全旗劳动服务公司安置管理、经营方法、财务制度、固定资产、分配原则逐项进行清理整顿。全旗共有劳动服务公司 20 家，经过清理整顿并报旗清理整顿公司领导小组审批，有 10 家公司属合格公司，4 家公司限期整顿，撤销

6家不合格公司。11月初到12月初为第二阶段，清理整顿小组人员帮助限期整顿公司进行整顿，4家限期整顿的公司普遍存在账目不清、组织机构不健全、待业青年安置比例不足60%的问题。经过限期整顿，为组织机构不健全的公司配备了人员，与主管局资金界限不清的公司办理了划拨手续，待业青年安置比例不足的公司根据具体情况做了妥善安排。经旗清理整顿公司领导小组与工商管理部门检查验收，第一阶段合格的10家公司和限期整顿的4家公司全部合格，重新换发营业执照。

1991年，旗劳动人事局及时地成立用工大检查领导小组，下设办公室，由旗长挂帅，从有关部门抽调工作人员，分成2个小组对全旗183个单位进行全面的清查、整顿，严肃劳动用工政策法规，整顿用工秩序。

1994年，旗劳动人事局根据国家劳动部下发《劳动监察工作会议纪要》精神，按照内蒙古自治区劳动人事厅、巴彦淖尔盟劳动人事处的部署和要求，组建乌拉特中旗劳动监察中队（由5人组成），并派出2名监察人员参加自治区劳动人事厅举办的劳动监察员培训班学习，同时在全旗范围内展开1个多月的用工大检查。学习、宣传、贯彻好《中华人民共和国劳动法》，首先成立学习、宣传、贯彻《中华人民共和国劳动法》领导小组，下发《关于在全旗认真开展学习、宣传、贯彻劳动法活动的紧急通知》，各苏木、乡、镇，旗直各行政、企事业单位积极开展学习、宣传、贯彻《中华人民共和国劳动法》活动。同时，给各企业发放《中华人民共和国劳动法》手册3500余册，宣传提纲400余份，宣传画100余份。在各企业单位自己内部举行的《中华人民共和国劳动法》知识竞赛选拔基础上，筛选出3名队员代表乌拉特中旗参加巴彦淖尔盟《中华人民共和国劳动法》知识竞赛。举办全旗厂长（经理）、工会主席、政工人员学习《中华人民共和国劳动法》培训班。在同年12月12—18日的内蒙古自治区《中华人民共和国劳动法》宣传周期间，旗广播电视台全文播放《中华人民共和国劳动法》内容，旗领导作电视讲话，各有关单位利用横幅、墙报、板报、广播等形式进行宣传。

1995年，为保证《中华人民共和国劳动法》在所有用人单位真正得到全面贯彻落实，旗人事劳动局按照巴彦淖尔盟劳动人事处要求，在全旗范围内开展用人单位遵守《中华人民共和国劳动法》情况大检查。

1998年，为进一步加强劳动用工管理，规范用工行为，旗人事劳动局大力宣传和贯彻落实《中华人民共和国劳动法》及配套法规。全年主动监察用工单位200余家，查处违法行为4项，下发指令书4份，整改率95%。

2003年，旗人事劳动和社会保障局针对用人单位普遍重新雇用员工，个别用工单位在与劳动者发生劳动关系时不与劳动者签订劳动合同，侵犯劳动者合法权益，在劳动者群体中造成恶劣影响的实际情况，主动出击，依法对全旗各类用工单位的用工情况进行监察，监察用人单位305家，鉴定劳动合同1200份。

2004年，旗人事劳动和社会保障局重点针对劳动者工资支付进行多次普查，监察用人单位560户次，涉及职工总数23000人次，签订劳动合同5000份，劳动合同签订率96%。

2006年，旗人事劳动和社会保障局作为贯彻《中华人民共和国劳动法》唯一职能部门，大规模开展劳动保障法律法规宣传，集中进行用人单位负责人培训，适时举办知识竞赛活动。同时，多方筹资配备劳动监察用车，大范围开展劳动普查，据实建立用人单位基本情况数据库和诚信档案，严格规范劳动监察举报案件受理规程，进一步完善错案责任追究制度，强化解决拖欠农民工工资措施，依法仲裁劳动争议案件，大力度推行“双合同”（劳动合同、集体合同）制度，较好地维护劳动者合法权益。全年主动开展劳动普查6次，监察用人单位300家，用工审查200家，签订劳动合同8000份，签订率95%。

累计受理劳动监察案件25起，立案25起，结案25起，清理拖欠农民工工资40万元。

2007年，旗人事劳动和社会保障局进一步加大对劳动监察硬件设施投入，多方筹措资金配备打印机、数码照相机、录音机、摄像机等证据采集工具，建立监察经费优先保障机制，完善劳动监察举报案件受理规程，健全错案责任追究制度。7月，会同旗工会、安监、公安、监察、民政、国土、卫生、工商等部门，开展为期1个月的整治非法用工打击违法犯罪专项行动，挨家挨户签订劳动合同、细查规章制度、督促缴纳社会保险费，严令遵守工作时间和生产安全规定。入冬后，针对季节性行业拖欠农民工工资案件多发高发势头，开展专项监察工作。截至年底，累计监察用人单位260户次，年审69户，督促签订劳动合同8000余份，受理劳动监察案件56起，结案56起，清理拖欠农民工工资180余万元。

2009年3月，旗人事劳动和社会保障局组织开展以宣传为主的普查，打好违规行为"预防针"；5月，再次组织对各类用工单位遵守劳动保障法律法规情况进行地毯式检查，实地了解各用工单位用工情况，据实建立用工备案数据库，指导用人单位完善规章制度，督促履行社会责任，纠正一切侵犯劳动者合法权益的行为，并总结出"一问三看四查"（深入一线询问；看职工花名，看劳动合同签订资料，看工作现场；查规章制度，查工资表，查社会保险缴纳凭证，查雇佣资料）工作方法。全旗开工生产的企业79家，主动监察79家，合同签订6402份，劳动合同率95%，制度审查208条。成立由政府牵头，相关11个部门组成的保障农民工权益专项工作组，印发清理拖欠农民工工资实施办法和加强劳动用工规范管理通知，强调用工程序、条件和要求，明确部门职责。全面推行农民工工资保障金制度，对新开工项目实行先缴、后办、再开工，环环相扣、层层把关，对在建、续建项目足额追收保障金，补交后方可开工，从源头杜绝拖欠农民工工资现象的发生。同年，收储保证金90万元，受理农民工工资投诉案件8起，涉及农民工251人，清理拖欠工资83.9万元。

2010年，旗人事劳动和社会保障局通过劳动保障平台和协理员对用人单位进行适时监督，侵权案件发现一起、介入一起、处理一起、通报一起。设立劳动保障侵权案件投诉专线2部，24小时接受群众投诉，组织开展拉网式普查3次，掌握用工数量、督促签订劳动合同、了解持证上岗、实地查看劳动保护设施，据实建立用工备案数量库，对莱富煤矿首采区进行复产验收，对15家企业进行职业安全健康专项督查，对建筑工地安全生产责任制跟踪检查，依法保护劳动者合法权益。

2011年，旗人力资源和社会保障局进一步强化对拖欠农民工工资行为的整治力度，对季节性停工用人单位，采取前期约谈、中期告诫、后期惩处的清欠办法，对屡教不改、肆意侵犯农民工合法权益的用人单位，记入诚信档案，同步联合相关部门，现场"把脉"，找准症结，及时处理。全年受理农民工工资案件121件，涉及劳动者1976人，清理拖欠农民工工资1336万元。

2012年，旗人力资源和社会保障局联合相关部门多次对辖区内招用农民工数量较多的建筑、采矿、制造等劳动密集型产业进行检查，依法督促签订劳动合同，责令建立职工花名册、考勤表、工资表3本台账，要求实施考勤卡制度，并筛选确定部分重点监控单位，不定期派人现场监督，提高政策知晓率。同时，坚持宜解不宜激、宜散不宜聚、宜疏不宜堵的工作方法，妥善处理劳动关系纠纷案件，特别是对于劳动报酬争议案件，专门开通绿色通道，账务清楚、责任明确的，就地解决，账务不清、责任不明的，联合公、检、法以及相关部门现场算账，清一笔、发一笔，对于携款外逃的，协调公、检、法等部门全力追缴，保证劳动者依法获得合理的劳动报酬。全年监察用人单位162家，涉及劳动者5608人。其中，建筑行业34家，涉及劳动者2125人；加工制造行业46家，涉及劳动者1251人；住宿餐饮行业50家，涉及劳动者826人；口岸运煤企业32家，涉及劳动者1406人。截至12月末,清理拖欠劳动报酬621.6万元,涉及劳动者1278人。

第七节　劳动争议仲裁

1988—1992年,旗劳动人事局不断加强劳动争议仲裁委员会和企业劳动调解委员会的建议,派出仲裁人员进行业务培训,不断提高仲裁人员的业务素质,为受理案件做准备工作。

1993年,旗劳动人事局积极开展劳动纠纷调解工作,接待来信来访并调解劳动纠纷2起,切实保障职工的合法权益。

1994年,旗劳动人事局办理劳动争议申诉案1起,进行案外调解解决,依法维护劳动关系双方合法权益。

1998年,旗人事劳动局接到劳动争议案件5起,受理5起,裁决2起,案外调解2起。

1999年,旗人事劳动局接到劳动仲裁案件2起,受理1起,案外调解1起,结案率100%。

2003年,旗人事劳动和社会保障局在加大监察力度的同时,坚持快立、快审、快结的原则,充分发挥劳动仲裁的调解、审理职能,并对重大集体举报案件做到及时介入,妥善处理,对潜在的不稳定因素用预警信息上报有关部门。全年受理各种劳动争议案件5起,结案5起,结案率100%。

2004年,旗人事劳动和社会保障局受理劳动争议案件5起,结案5起,结案率100%,同2000年底相比,结案率上升40个百分点。

2006年,旗人事劳动和社会保障局依法受理劳动争议案件5起,调解3起,仲裁2起,结案率100%。受理工伤案件67起,认定67起。

2007年,旗人事劳动和社会保障局受理劳动争议案件23起,结案23起。乌拉特中旗劳动监察工作通过内蒙古自治区劳动监察部门组织的达标验收。

2009年,旗人事劳动和社会保障局受理劳动仲裁案件12起,仲裁2起,调解10起。

2010年,旗人事劳动和社会保障局受理劳动仲裁案件10起,全部为待遇纠纷,涉案金额100.2万元,结案10起,结案率100%。

2011年,旗人力资源和社会保障局受理仲裁案件19起,裁决2起,调解15起,撤诉2起。

2012年,旗人力资源和社会保障局受理劳动争议案件21起,结案21起。

第八节　综合管理

一、劳动合同管理

1988年,旗劳动人事局派人员到厂矿、集体等单位进行宣传,同时检查了解各单位临时工人数并加以鉴证,帮助合同制工人合同期已满但没有履行续订手续继续使用的重新办理合同续订手续;帮助临时工单位没有与临时工签订合同的临时工与单位签订合同并给予鉴证。

1990年,为充分发挥劳动仲裁机构对劳动合同的监督管理作用,促使用工单位和职工双方认真履行劳动合同,旗劳动人事局按照《内蒙古自治区劳动合同鉴证实施办法》,继续在全旗开展劳动合同鉴证工作。为搞好国营合同制工和临时工鉴证工作,旗劳动人事局派员深入到厂矿、集体等单位进行宣传,同时检查了解各单位临时工人数并加以鉴证,帮助合同制工人合同期已满但没有履行续订手续继续使用的重新办理合同续订手续;帮助临时工单位没有与临时工签订合同的临时工与单位签订合同并给予鉴证。通过鉴证加强劳动合同管理,进一步增强劳动关系双方履行劳动合同的责任感和法制观念,全旗285个合同制工(其中条管单位41人)全部办理鉴证手续。全旗临时工有1168人,其中企业单位915人、鉴证430人。

1991年,全旗鉴证合同制人数307人,临时工152人,共鉴证459人。

1992年,旗劳动人事局广泛地宣传劳动合同鉴证工作的作用和必要性,采取“招工—鉴证劳动合同—劳动鉴证—录用”一条龙的管理办法,共鉴证合同制人数132人,其中行政事业单位28人,国营企业89人,集体企业15人;鉴证临时工114人;续订鉴证合同制工人26人。

1993年,旗劳动人事局与国营、集体企业鉴证劳动合同100份。

1994年,全旗共鉴证劳动合同622份。

1995年,随着全国用工制度改革的不断深入,各类企业用工全部实行劳动合同制管理。旗人事劳动局共鉴证劳动合同627份。

1998年,旗人事劳动局续签、补签劳动合同191份,并全部鉴证。

1999年,为维护和谐劳动关系,旗人事劳动局在年内加大劳动合同补签、续签1100余份,涉及79家企事业单位。

2004年,旗人事劳动和社会保障局签订劳动合同5000份,劳动合同签订率96%。

2006年,旗人事劳动和社会保障局主动开展劳动普查6次,监察用人单位300户,用工审查200户,签订劳动合同8000份,签订率95%。

2009年,全旗开工生产企业79家,旗人事劳动和社会保障局主动监察79家,合同签订6402份,劳动合同签订率95%,制度审查208条。

2011年,旗人力资源和社会保障局主动监察用人单位113家,涉及劳动者9427人,签订劳动合同8012份,合同签订率85%。

2012年,旗人力资源和社会保障局监察用人单位162家,涉及劳动者5608人,督促全员签订劳动合同。

二、安全生产管理

1988年,旗劳动人事局充分利用广播、电视、巡回演讲、简报等形式,积极宣传安全生产的重要性。

1989年,旗劳动人事局狠抓安全监察基础工作,对特种作业人员进行摸底、统计和培训工作。采取送出去和自办班的形式培训4次,教育人数150余人,同时要求加强“三级”安全教育、入厂教育均不少于7天。继续推行目标管理,将目标管理指标分别下达到各主管部门和企业。对全旗在用锅炉加强监督指导工作,逐台进行定期检验,多次赶赴现场处理运行故障,对存在问题及时提出改进措施。对7台新移转锅炉进行严格验收。

1990年,旗劳动人事局举办锅炉司炉工培训班1期、电工函授培训班1期,委托企业自办特种作业人员培训班2期,培训人员98人。继续推行安全生产目标管理,将目标管理指标层层分配到各企事业单位和主管部门。配合巴彦淖尔盟劳动人事处对全旗在运锅炉进行全面检验,并给用炉单位发出检验报告,明确存在问题和缺陷,对不合格锅炉发出限期整改指令书,对新装、移转、维修锅炉进行严格把关验收,不合格决不允许投入使用。同年,全旗运行锅炉无安全事故发生。

1991年,旗劳动人事局针对矿山企业不同特点举办电工、放炮工、瓦斯检查培训班4期,对特种司炉工采取送出去培训的办法,共培训114人,合格率97%。对32个锅炉进行换证,检查评比,挂牌工作,评出先进锅炉房3个,合格锅炉房28个,不合格锅炉房1个,分别给予挂红牌、黄牌、黑牌,同时配合巴彦淖尔盟锅检所对37台锅炉进行检验,对存在问题进行限期整改,对3台新装锅炉、4

台修补锅炉进行严格把关检验。

1992 年，旗劳动人事局充分利用广播、电视、巡回演讲、简报等形式，特别是在“安全活动周”期间，宣传安全生产的重要性；配合巴彦淖尔盟安全生产演讲团到全旗厂矿进行演讲活动，受教育人数 3000 余人；举办安全生产培训 3 期，对特别作业人员进行专门培训教育，主要采取委托企业办班和送出去培训的办法，共培训放炮工、司炉工等 70 余人；对 39 台锅炉进行定期内外部检验，对 21 个锅炉房进行运行状态检验和评比，对检验中查出的问题限期进行整改；召开各锅炉房负责人会议，交流锅炉安全管理经验。

1993 年，旗劳动人事局利用各种宣传形式，宣传贯彻《中华人民共和国矿山安全法》和国务院下发的《关于加强安全生产工作的通知》，发放《中华人民共和国矿山安全法》手册 200 本、《中华人民共和国矿山安全法学习问答》50 本，举办矿山安全法学习班 2 期，受教育人数 100 余人，各企业集中组织职工学习《中华人民共和国矿山安全法》和国务院《关于加强安全生产工作的通知》，同时对特种作业人员进行专门培训教育，举办锅炉司炉工培训班 1 期，培训 50 人，将高压焊工、水化验人员和锅炉房负责人送出去进行培训。

1994 年 5 月，在全国“安全生产周”活动期间，旗劳动人事局组织各街道、厂（矿）区张贴、挂幅宣传标语口号，采取电台、电视台点歌等形式宣传安全生产知识，结合学习宣传贯彻《中华人民共和国劳动法》活动，宣传《中华人民共和国矿山安全法》等有关安全规章法规。举办劳动安全培训班 1 期，培训 40 余人。

1995 年，旗人事劳动局狠抓特种作业人员上岗前的培训工作，举办特种作业人员培训班 3 期，培训 100 余人。认真查处伤亡事故，组织调查组赶赴事故现场，本着“三不放过”原则，认真勘测事故现场，详细分析事故原因、事故责任，做到事故定性准确、责任分明，同时采取相应的措施，杜绝类似事故的发生，按时上报伤亡事故统计报表，建立伤亡事故档案。

1998 年 5 月，旗人事劳动局组织召开安全生产会议并与主要企业签订安全生产责任状。矿山企业举办岗前培训班 3 期，培训 110 人。举办特种作业人员培训班 1 期，培训 26 人，逐步形成特种作业人员持证上岗的安全生产局面。

1999 年 5 月，全旗开展以“安全、生命、稳定、发展”为主题的安全周活动，印发宣传提纲 500 余册，印发安全知识问答 150 份。

2000 年，乌拉特中旗安监局成立，安全生产的职能整体移交到旗安监局。

第四章　社会保障管理

第一节　社会保障体制

1988—2012 年，乌拉特中旗社会保险工作在旗委、旗人民政府的高度重视下有了健康长足的发展，为全旗“保稳定、保民生、保增长”做出积极贡献。养老保险实现“全覆盖”，基金积累稳步增长，保障功能日趋增强。截至 2012 年底，全旗城镇职工参保人数 12642 人，基金积累 1.3 亿余元，纳入社会化发放和管理的 7195 名离退休人员按时足额领取养老保险金；农村养老保险参保人数 29580 人，基金积累 0.27 亿元，纳入社会化发放和管理的 10851 名退休人员按时足额领取养老保险金。全旗实现“全民医保”，医疗保险待遇不断提高，促进了全旗经济社会和谐发展。城镇职工医疗保险参保人数 14555 人、城镇非职工居民医疗保险参保人数为 28421 人。全旗工伤和生育保险协同推进，社会保障体系逐步健全。城镇职工工伤保险参保人数 9920 人，城镇职工生育保险参保人数 9080 人。

2006 年，乌拉特中旗社保局被旗委、旗人民政府授予“争取项目先进单位”。2007 年，旗社保局被旗委、旗人民政府授予“服务经济发展先进单位”。2007—2008 年，旗社保局被中共巴彦淖尔市委员会、市人民政府授予“社会保险工作超标单位”，先后两次被评为内蒙古自治区“2008—2010 年优质服务窗口”“2010—2012 年为民服务创先争优优质服务窗口”。

第二节　养老保险

一、养老金收缴

1990 年，旗统筹办按“双基数”（双基数：双基数是指单位和职工个人缴费工资基数分别申报核定，即单位缴费基数为本单位上年度全部职工月平均工资总额，职工个人缴费基数为本人上年度月平均工资额）办法提取统筹金。同年，全旗有 39 家国营企业（包括条管单位）参加社会统筹。

1991 年，国务院发布《国务院关于企业职工养老保险制度改革的决定》（国发〔1991〕33 号）对职工养老保险做出具体规定。旗统筹办遵照执行。

1992 年，旗统筹办通过宣传《国务院关于企业职工养老保险制度改革的决定》和内蒙古自治区下发的《关于企业职工养老保险制度改革实施意见》，增强职工对社会保险参与意识，扩大社会影响面，推动社会保险制度改革向深层发展。全旗有 37 家国营企业参加社会保险。

1994 年，旗统筹办进一步加强社会保险知识宣传活动，强化收缴措施，体现社会保险的强制性。全旗 39 家国营企业参加社会保险统筹。

1995 年，旗统筹办继续认真贯彻国务院《关于企业养老保险制度改革的决定》和内蒙古自治区下发的《城镇企业职工社会养老保险暂行规定》（第 58 号主席令），进一步加强社会保险知识宣传，进一步强化全社会保险意识，提高社会保险知名度，为建立和完善全方位、一体化、多层次的社会保障体系奠定了基础。

1998 年,旗社保局启动城镇私营企业职工和个体劳动者基本养老保险,缴纳比例从 1998 年起,同年缴纳本人工资的 4%,以后每两年提高 1 个百分点,最高 8% 为止。进一步扩大基本养老保险的覆盖范围,行政事业单位合同制职工缴费率 100%,9 家国有企业全部参加社会保险,覆盖率 100%,私营企业及个体工商户参加养老保险 113 家,完成 100 家任务的 113%。转制企业退休人员由企业管理变为社会化管理。

1999 年,巴彦淖尔盟(包括乌拉特中旗)全面启动行政机关、事业单位干部职工养老保险,缴纳标准为本人工资的 5%。该制度于 2009 年停止执行。

2000—2012 年,乌拉特中旗养老保险参保人数逐年增加,基本养老保险参保人数从 2000 年的 3198 人增加至 2012 年的 12642 人,增幅 296%。

二、养老金发放

1998 年,乌拉特中旗社保部门按照国务院《关于切实做好企业离退休人员基本养老金按时足额发放和国有企业下岗职工基本生活保障工作的通知》精神,按时足额发放“两个确保”(确保国有企业下岗职工的基本生活费和离退休人员基本养老金按时足额发放)的工作方针,社会化服务抓住“差改全”和“养老金社会化发放”这两个直接影响“确保”的关键问题,加大工作推进力度,于 2000 年全面兑现养老保险金全额缴拨和养老金 100% 的社会化发放。养老金社会化发放人数从 2000 年的 854 人增至 2012 年的 7195 人,增幅 643%。

1998—2012 年乌拉特中旗养老金收缴与发放统计表

表 13 - 2

年　份	养老金收缴		养老金发放	
	人数(人)	金额(万元)	人数(人)	金额(万元)
1988	1996	49.9	231	49.9
1989	2576	57	298	57
1990	3149	69	442	69
1991	3180	75	535	75
1992	3254	90.01	563	90.01
1993	2868	106.6	594	106.6
1994	2977	60.41	594	111
1995	3888	180.24	594	120
1996	3888	193.4	635	141.6
1997	3112	168	678	131
1998	3112	262.7	702	170.7
1999	3180	350	854	319
2000	2349	243.88	854	308
2001	3214	383	854	318
2002	3309	524	839	538.47
2003	3984	60.47	1083	597.48
2004	4150	1115	1296	843
2005	4395	1760	1706	1358
2006	7321	1483	2493	2065
2007	7321	4571	3000	2660
2008	12794	4673.9	3502	4272.9
2009	15378	8603.5	4401	5286.6
2010	11653	9197.6	6121	7480

续表 13 - 2

年　份	养老金收缴		养老金发放	
	人数(人)	金额(万元)	人数(人)	金额(万元)
2011	12340	8230.6	6802	9931
2012	12642	6534	7195	11345

第三节　医疗保险

1988—1999 年,乌拉特中旗实行职工公费医疗制度,医疗费用全额报销。

2000 年,乌拉特中旗对实行 30 余年职工公费医疗制度实施改革,开始实施《乌拉特中旗城镇职工基本医疗保险实施办法》。办法规定:全旗行政、事业单位,驻旗各单位、社会团体、各企业及职工都要参加基本医疗保险。缴费总额 8%,个人承担 2%。参加医疗保险的职工住院时,住院医疗费用先自付本人年平均工资的 8%,超出部分进入医疗统筹基金支付,10000 元之内个人负担 20%,10000 ~ 20000 元个人负担 10%。最高支付限额 20000 元。

2004 年,乌拉特中旗修订完善《乌拉特中旗城镇职工基本医疗保险实施办法》,并启动大额医疗保险,大额医疗保险按 60 元缴纳,单位缴纳 25 元,职工个人缴纳 35 元,没有用人单位的参保职工大额医疗保险费全部由个人承担。大额医疗保险报销比例为 20001 ~ 40000 元报销 70%;40001 ~ 80000 元报销 75%;80000 元以上报销 80%,最高支付限额 10 万元。

2008 年,乌拉特中旗启动实施城镇非职工居民医疗保险,医疗保险覆盖面扩大到全旗城镇户籍且未参加职工基本医疗保险的广大个体工商户和灵活就业人员以及在校学生。

2009 年,乌拉特中旗进一步修改完善《乌拉特中旗城镇职工基本医疗保险实施办法》及相关配套政策,职工大额医疗保险缴费额调整为 100 元,基本医疗保险最高报销限额调整为 30000 元。以后年度随巴彦淖尔市有关政策统一进行调整。

2000—2012 年,随着医疗保险制度的不断改革和完善,乌拉特中旗基本建立覆盖城乡的医疗保险体系。至 2012 年,全旗职工基本医疗保险参保人数从 2000 年的 5923 人增加至 2012 年的 14555 人,增幅 146%。城镇居民基本医疗保险参保人数从 2008 年启动之初的 25103 人增加至 2012 年的 28421 人。

截至 2012 年底,乌拉特中旗职工基本医疗保险参保人数 14555 人,缴费 4322 万元,支出 3635 万元,结余 1924.67 万元。居民医疗保险缴费 1132.8 万元,支出 661.31 万元,结余 1849.89 万元。

第四节　工伤与生育保险

2005 年,乌拉特中旗同步启动实施工伤保险和生育保险。工伤保险制度覆盖范围为旗境内所有企业及有雇工的个体工商户,缴费基数以上年度实发工资额为标准,最低不得低于社平工资 60%,最高不得高于社平工资 300%。缴费率根据行业类别分别为 0.7%、1.5%、3%。生育保险制度覆盖范围为全旗境内所有机关、事业、企业单位及职工。与医疗保险同基数、同人数、同时核定、同时缴纳。机关单位费率 0.3%,企业单位 0.8%。实行社会统筹,建立生育基金,由单位缴纳生育保险费,职工个人不缴纳生育保险费。

2006—2012 年,随着宣传力度不断加大和待遇享受人数的增加,乌拉特中旗工伤保险参保人数从 2005 年的 2020 人增加至 2012 年的 9922 人,增幅 392%。生育保险参保人数从 2005 年的 883 人增加至 2012 年的 9081 人。

第十四篇　经济综述

◎ 经济发展
◎ 经济体制改革
◎ 经济区划
◎ 经济结构
◎ 开放合作与招商引资
◎ 综合经济指标
◎ 居民生活

第一章　经济发展

第一节　战略思路

“七五”计划时期(1985—1990年),中共乌拉特中旗委员会(以下简称“旗委”)、旗人民政府认真贯彻落实中共中央一系列方针政策,始终坚持以经济建设为中心,进一步贯彻执行按劳分配原则,继续鼓励一部分地区、一部分企业和一部分人先富起来,克服平均主义。安排人民生活从全旗人民利益处出发,给城乡人民一个机会均等的外部环境,使一部分人通过劳动致富,带动全体劳动人民努力奋斗,走共同富裕的道路。对贫困落后地区、贫困户,采取措施扶贫扶智,使全旗贫困地区、贫困户尽快摆脱贫困状态。

“八五”计划时期(1991—1995年),全旗经济发展总体思路是:坚持“团结建设、改革开放”方针,依靠全旗各族人民,把坚持“一个中心,两个基本点”放在经济工作的首位,不断改善生产条件和生态环境,立足本地资源,努力提高经济效益,促进国民经济持续、稳定、协调发展。

“九五”计划时期(1996—2000年),全旗经济发展总体思路是:坚持走“农牧业打基础,乡镇企业促进发展”的路子,立足旗情,全面实施“强工稳农,兴旗富民”战略。确保实现“加快发展,走进前列”的目标,积极调整和优化产业结构,提前实现“农民如期达小康,牧民率先达小康”的目标。

“十五”计划时期(2001—2005年),全旗经济和社会发展的总体思想坚定不移地贯彻中共十五大精神,抓住国家西部大开发的机遇,以科教兴旗为先导,以生态建设为重点,大力实施“农牧业为本,产业化推进,工业强旗富民”的经济发展战略。以产业结构调整为主线,大力发展特色经济,兴绿色产业,创绿色品牌,促进产业和产品优化升级,提高经济运行的质量和效益,加强基础设施建设,全面扩大对外开放,加强经济技术协作,逐步缩小与发达地区的差距,建立较完善的社会保障体系,加大开发式扶贫的力度,努力再造中旗经济新优势,推进社会全面进步。

“十一五”规划时期(2006—2010年),全旗国民经济和社会发展的指导思想是:以科学发展观统领经济社会发展全局,坚持以人为本,按照“强工业经济,促口岸贸易,扩城镇规模,提养殖效益,建生态草原”的发展战略,三化互动,梯次推进,统筹兼顾,重点突破,全面构筑资源节约、环境友好、经济循环、人民富裕的新型和谐社会,走出一条特色鲜明的区域经济发展道路。

“十二五”规划时期(2011—2015年),全旗经济发展的战略定位是:依托乌拉特中旗区位优势和资源优势,按照立足中西部、融入呼包鄂(呼和浩特市、包头市、鄂尔多斯市)、面向蒙古国的要求,构建“一线三区”(一线是指以省道212线为主线;三区是指以牧羊海、蒙羊、乌镇为重点的湿地观光体验和晋商文化旅游区,以海流图、同和太为重点的草原民族文化和休闲度假旅游区,以甘其毛都口岸为重点的边境民族风情旅游区)经济带,优化经济发展环境,加大招商引资力度,引进大项目、好项目,促进大发展、大开放。按照打造巴彦淖尔市市域增长极的要求,加快口岸基础建设,形成多层次、宽领域、全方位的对外开放格局,强化落地加工、转化增值,做大做强口岸经济,抓住口岸加工园区列入自治区沿黄经济带重点工业园区的战略机遇期,推进口岸、工业园区一体化发展,形成对外贸易、加工、物流、旅游一体化经济带。

第二节　发展历程

1988—2012 年，是乌拉特中旗经济体制发展变革的重要时期，也是全旗经济增长较快的时期。这一时期实现了由有计划的商品经济向社会主义市场经济的彻底转变，全旗经济综合实力明显增强，人民生活水平大幅提高，迈入内蒙古自治区各旗、县（市、区）的先进行列。其发展历程大致可以分为 2 个阶段。

1988—1998 年，是乌拉特中旗经济发展第一阶段。农业、农村进一步完善土地承包经营责任制，牧区、牧业推广、实施草畜“双承包”经营责任制。经营体制转变，充分释放了农牧区生产积极性，推动农牧业的快速发展，工业、商业、交通运输业按照国务院出台的“抓大放小”政策，循序渐进地进行企业改革，最初实行承包经营责任制，但效果并不理想，几年间全旗大部分国营、集体企业负债累累，濒临破产边缘。1996 年，旗委、旗人民政府决定对全旗所有国营、集体企业进行转制，通过明晰产权、分流下岗职工、破产还债等方式使所有企业走向市场，全部实行私营化，企业只要依法经营，照章纳税，政府不再参与企业管理，采取其他方式予以扶持。这一时期的商业处于恢复提高期。

1999—2012 年，是乌拉特中旗经济发展第二阶段，是乌拉特中旗社会主义市场经济体制的新完善、对外开放力度加大、经济高速增长时期。国民经济的管理方式发生重大转变，从“十五”计划开始，不再制定《国民经济和社会发展五年计划》，改为制定《国民经济和社会发展五年规划》，改“计划”为“规划”，不再下达计划指令指标，由微观管理向宏观指导管理转变，除计划生育、劳动就业、环境保护等下达年度硬性指标外，其他产业只提出指导性目标。乌拉特中旗借助国家实施西部大开发战略，东部经济发达地区资金、产业向西部转移的契机，利用资源区位等优势，加大对外开放、招商引资力度，通过建立对外开放口岸，创建工业园区等重大举措，引进大批企业投资开发，实现跨越式发展。

第三节　运作措施

一、“九五”计划期间

（一）农牧林水

因地制宜，分区治理，以科技为原动力，推动农牧业整体振兴，全面发展。依照地缘优势，改变封闭式、内循环的调整方式，按牧区、灌区、旱区分层次优化产业结构。以牧为主，农牧结合，引种入牧；以农为主，农牧林结合，多种经营，协调发展；逐渐实施由农转牧和退耕还牧计划，大力发展经营商品型牧业、加工业、自给型的农业和保护性的林业。

（二）工交邮电

加大改革步伐，在做好转换经营机制和贯彻“条例”的基础上，调整结构，加快发展速度。坚持以农畜产品为原料的加工业；重点完成五海线三级路面的硬化建设，改造哈石线、海温线、固海线；邮电通信紧跟全区发展步伐。

（三）商贸物流

重视抓好流通工作，促进商贸顺利发展。加快对外贸易的发展，充分利用口岸优势，采取多种形式加快同邻国发展的贸易往来，发展国家、民间、边民贸易，积极与蒙古、东欧等国家发展地方工业、商业、饮食服务业，种植业和劳务输出。20世纪末，社会商品零售总额平均年递增8%。

(四)科技开发

坚持科技推广同科技进步结合起来，以投资少，见效快，优质高产技术为主攻方向，积极做好科技应用推广工作。坚持科学养畜，重点解决山羊流产的难题，提高繁殖成活率；积极推广农作物模式化栽培技术；到2000年，千斤田占11.43%，复种面积占总播面积的60%。

二、"十五"计划期间

(一)农牧林水

按照"稳定粮食，发展草业，优化结构，扩大订单"的思路，进一步调整优化种植业结构。2005年，完成国家"十五"第二批旱作节水农业示范项目建设；农村牧区土地和草牧场承包经营责任制、以草定畜、草畜平衡制度日趋完善，农区畜牧业发展迅速。完成家畜改良配种98.9万头(只)，改良比重95%；2005年，完成退耕还林67万亩的林权发证工作，涉及1.1万户退耕户，并着手开展395万亩的国家公益林林权发证工作；在灌区推行"先栽后采、栽十伐一"林木采伐更新办法。

(二)工业通信

开展工业强旗战略，由农牧业主导型向工业主导型转变步伐逐年加快。紧紧依托资源和区位优势，突出发展矿山、农畜产品、电力、煤化工等特色产业，不断加强基地建设，加大工业重点项目推进力度，建成甲胜盘铅锌采选、巴音杭盖油田开发、永兴铬盐化等第一批重点项目；到2005年，巴彦淖尔乌拉特中旗联通分公司累计投资近亿元，建成铁塔38座、GSM基站和CDMA基站75座，网络容量22万门。

(三)商贸物流

旗域经济保持快速发展势头，经济结构调整迈出重要步伐。财政税收2003年以来年均递增47.5%，创历史最高水平，提前两年完成"十五"规划确定的目标。口岸贸易环境的改善和中蒙经贸合作的扩展，带动了口岸餐饮住宿、商品零售、仓储运输、修理装卸等服务行业的繁荣。

(四)科技开发

坚持以科学发展观统领经济社会发展全局，围绕经济发展的关键环节，不断探索和完善发展思路。积极开展科普示范乡镇创建活动，新建科普示范基地3处(石哈河镇、乌加河镇、海流图镇)，培育科技示范户200户、科技示范带头人320人，推广农牧业实用技术28项。

三、"十一五"规划期间

(一)农牧林水

着力优化农牧业区域布局，改变农牧业经营方式，有步骤、有计划、有重点地推进新农村新牧区建设。50千米以南至阴山一线全面落实以草定畜、实行划区轮牧、规模经营，发展生态效益型草原畜牧业；农区畜牧业按照主攻肉羊、数质并重的原则，推动农村经济由种植业主导型向养殖业主导型转变；山旱区重点发展节水灌溉、种草养畜和特色旱作农业。

(二)工业电力

以资源整合和加快资源转化利用为重点，扩大重点，优化结构，做大做强四大支柱产业。坚持不懈地把推进工业化作为强旗富民的中心工作来抓。加快建设全市煤焦化工和冶金基地，加强下游产品开发与生产。大力发展风能、太阳能等清洁能源生产，在利用可再生能源方面迈出重要步伐，建成百万千瓦风电场。

（三）科技开发

加强科技推广、动植物防疫、农畜产品质量安全、自然灾害预警等工作，健全农牧业保护支持体系。

四、"十二五"规划期间

（一）农牧林水

合理布局，加快农牧业现代化步伐。立足全旗农牧业资源优势，以质量、品牌、效益为中心，以农牧民增收为目标，以保护生态为基础，科学调整经济结构，合理规划农村牧区的产业、人口布局。按照牧区、灌区、山旱区三区融合、互补共进的原则，统筹建设新农村新牧区，实现退牧转移战略新突破。树立"牧区山旱区大转移、灌区城镇区大开放"的理念，将全旗主体功能区划分为禁止开发区、限制开发区、优先开发区。

（二）工业电力

坚持走新型工业化发展道路，突出产业结构优化升级，发展大产业，培育大集团，建设大基地，形成大集群。加快建设新型能源基地。内蒙古自治区人民政府将乌拉特中旗千万千瓦级风能和百万千瓦级太阳能产业基地建设以及生物质能等绿色能源开发列入国家"十二五"规划，予以重点支持。旗委、旗人民政府要充分利用好这一政策优势，重点发展煤炭、风电、太阳能产业，为自治区建设国家绿色能源示范基地起到引领和表率作用。

（三）商贸物流

借助口岸常年通关，依托公路、铁路、民航等交通优势，有效整合物流资源，加快扩能改造步伐，积极发展电子商务，利用现代信息技术，建设现代物流基地，发展现代物流业，建成政府主导、企业参与、市场化运作的国际大型物流园区。大力发展工程咨询、房产中介、审计、会计、仲裁、法律、评估、科技、人才培训等中介组织，完善机构、创新服务方式，发挥行业协会的作用，逐步形成种类齐全、功能完备、运作规范、符合市场经济规律的商务服务体系。

（四）科技开发

高度重视科技建设，以企业技术创新为重点，加快科技推广和应用。继续改善科技人员的工作、学习和生活条件。充分调动现有科技人员的积极性、主动性和创造性，在全社会形成尊重科技的良好风尚。"十二五"规划末，全旗农牧业科技进步贡献率55%，科技成果转化率65%，科技进步对国民经济增长贡献率45%。

第二章　经济体制改革

第一节　机　构

1988年,乌拉特中旗设有经济体制改革领导小组办公室。1993年1月15日,乌拉特中旗经济体制改革领导小组办公室改称为乌拉特中旗经济体制改革委员会(以下简称“体改委”),核定编制5名,其中科级领导职数1人。2002年机构改革,乌拉特中旗体改委并入乌拉特中旗经济贸易局。

第二节　农业经济改革

一、二轮土地承包与流转

(一)二轮土地承包

1997年,乌拉特中旗人民政府组织召开专题会议,认真学习有关文件精神,成立乌拉特中旗农村二轮土地承包工作领导小组,研究部署全旗二轮土地承包工作,制定印发《乌拉特中旗关于认真做好稳定和完善农村土地承包关系工作的实施意见》《乌拉特中旗关于延长农村土地承包期的安排意见》等文件。镇、苏木、乡人民政府宣传政策,调查研究,详细制定实施方案。通过召开相关会议,认真查阅档案等形式,调查核实人口变动和土地增减情况,严格土地台账,抓好土地规范管理,建立土地管理机制,建立镇级档案室3个,全旗土地延包工作进展比较顺利。同年,在土地承包工作中,全旗完成承包经营面积64.9万亩,签订承包农户18338户,占应签农户总数的94.9%。至2012年底,全旗仍有984户未签订定二轮土地承包合同。

(二)农村土地经营权流转

2012年12月底,乌拉特中旗辖4个农区镇、25个行政村、228个村小组;农区有农牧业户20404户,有耕地1120326亩,签订家庭承包二轮土地合同18322份,颁发二轮土地承包经营权证份数18322份。全旗农区已流转农村土地面积24.45万亩,其中转包24.23万亩,转让0.22万亩;流转入农户的土地面积21.67万亩,流转入企业的土地面积2.78万亩;流转出承包耕地的农户3244户,签订流转合同1622份,签订流转合同的耕地面积94182亩。乌拉特中旗农村土地流转工作按照依法、自愿、有偿的原则完成。

乌拉特中旗农村土地流转基本情况为:(1)成立组织,实时监管。旗人民政府成立以副旗长为组长、农经等有关部门为成员的土地流转领导小组,领导小组下设土地流转办公室,负责全旗统一规范的土地流转合同,构建完整的流转信息归纳体系,收集发布农村土地流转信息,建立完善土地流转台账,监督土地流转合同的履行;各乡镇成立土地流转办公室,行政村也实施监管土地流转工作,具体指导或上报土地流转工作。(2)制定方案,出台优惠政策。为推进土地流转速度,规范土地流转行为,旗人民政府制定《农村土地承包经营流转工作实施方案》,明确年度工作的目标任务,提出了工作重点及保障措施,重点对集中流转500亩以上、流转期限5年以上的龙头企业、农民专业合作社和种养大户给以扶持,并给予相应的优惠政策。(3)多种形式,加快流转速度。在流转形式上，有的村组将集体用地出租给农业企业，增加村集体的收入；有的是采取农民自发流转、合作社承包的形式，将土地资源有效整合，实现经济效益、社会效益和生态效益的统一。（4）规范程序，保障农民合法权益。旗、镇、村土地流转服务部门具体负责指导农户和业主签订流转合同，监督土地流转的履行，调解土地流转纠纷；旗成立土地流转仲裁委员会，调解仲裁乡村难以调解的土地流转纠纷，切实保障农民合法权益。

二、农业服务体系建设

全旗各级农业技术推广机构对玉米、大豆、油料、甜菜、蔬菜等各类农作物栽培进行无偿技术指导、技术培训，无偿进行种子、化肥、种子包衣、化学除草等引入试验示范推广，并建立了科技示范乡、科技示范村和科技示范户。

2012 年，全旗有承担“国家农业科技入户工程”培育科技示范户。培训方式也由原来的单一办班讲课、印发资料向电视讲座、DVD 讲课，田间指导、农业科技示范园区带动、现场观摩，送科技下乡等多种形式转变。

三、农村税费改革

2002 年，内蒙古自治区人民政府制定《内蒙古自治区农村牧区税费改革试点方案》，乌拉特中旗农村牧区税费改革正式启动。成立农民负担监督管理办公室，向社会公布取消专门面向农民的各项收费，对涉及农民的税费要公布项目和收费标准，接受农牧民的社会监督。取消各种不利于控制和减轻农民负担的干部考核制度和考核指标，加强对违反政策加重农民负担行为的社会舆论监督。严肃查处各种违纪违法行为。

乌拉特中旗农村牧区税费改革基本原则是：周密部署、安排部署、统筹安排、全面推行；从轻确定农牧民负担水平，使农牧民负担明显减轻，并保持长期稳定；妥善处理改革力度与各方面承受能力的关系；实行科学规范的分配制度和简便易行的征收方式；实行综合配套改革，积极推进苏木乡镇区划调整和机构改革及教育体制改革；完善苏木乡镇财政体制；坚持群众路线，促进农村牧区民主与法制建设。

乌拉特中旗农村牧区税费改革试点的主要内容是：“四个取消”（取消苏木乡镇统筹费，取消农村牧区教育集资等专门面向农牧民征收的行政事业性收费、政府性基金和各类集资，取消屠宰税，用 3 年时间逐步取消统一规定的劳动积累工和义务工）、“三个调整”（调整两工制度〔2002 年，每个劳动力承担“两工”最高不得超过 20 个，2003 年不得超过 15 个，2004 年不得超过 10 个，2005 年全部取消〕）、调整农业税政策、“一项改革”（改革嘎查村提留征收使用办法）。

2005 年 12 月 29 日，第十届全国人大常委会第十九次会议决定：《中华人民共和国农业税条例》自 2006 年 1 月 1 日起废止。同日，国家主席胡锦涛签署第四十六号主席令，宣布全面取消农业税。

第三节 牧业经济改革

一、稳定完善责任制

（一）草牧场第一轮有偿承包责任制

1988 年，旗委、旗人民政府下发《乌拉特中旗关于实行草牧场有偿承包（试行）方案》，在全旗推行草牧场有偿承包责任制。草牧场有偿承包基本做法是以 1983 年发给牧户的草牧场使用证所划定的面积为基数，对草牧场进行划等级，测量草牧场的面积，以联户或者浩特（乌素组）为单位落实草牧场有偿承包责任。合理确定草牧场有偿承包费，从草牧场的地理植被等方面实际情况出发确定草牧场有偿承包费。根据各种提留和扩大再生产所需，提取草牧场有偿承包费按照草牧场类别划分：一等草牧场每百亩收费10元，二等草牧场每百亩收费8元，三等草牧场每百亩收费6元。草牧场第一轮有偿承包责任制年限为1988—1998年。

（二）草牧场第二轮有偿承包与“双权一制”

1997年，乌拉特中旗人民政府根据《内蒙古自治区进一步落实完善草原“双权一制”的规定》，制定下发《关于乌拉特中旗落实完善草原“双权一制”实施细则》，在桑根达来苏木桑根达来嘎查进行落实草原“双权一制”（草牧场所有权和使用权、承包责任制）试点工作，桑根达来嘎查承包草场109户、351人，承包草场总面积68.39万亩。

1998年，旗委、旗人民政府在总结桑根达来嘎查草原“双权一制”试点工作基础上，先后下发《关于进一步落实草原“双权一制”的实施意见》（乌中党发〔1997〕35号）、《乌拉特中旗落实完善草原“双权一制”实施细则》（乌中政办发〔1997〕111号），规定全旗落实草原“双权一制”各项工作（草牧场承包到户的划分界限图、与牧户签订的草场承包合同、草场承包合同鉴证或公证）从同年5月中旬开始至10月底基本结束。全旗牧区10个苏木、63个嘎查的承包草场6327户、21724人、承包草场总面积2741.29万亩。乌拉特中旗落实草原“双权一制”工作是在原联户承包草场的基础上，坚持大稳定、小调整的原则，全部划分承包到户。第二轮草场承包年限为1999年1月1日至2028年12月31日。

二、牧业税费改革

2001年5月，内蒙古自治区党委、自治区人民政府办公厅下发《关于进一步做好减轻农牧民负担工作的通知》。同年，中共巴彦淖尔盟委员会、盟行政公署办公室下发《关于进一步做好农村牧区税费征收和减轻农牧民负担工作的通知》。乌拉特中旗牧业税费改革工作开始在牧区进行试点。同年，全旗牧区收缴税金789.43万元，其中牧业税金284.66万元，特产税金352.08万元；屠宰税金138.02万元；收缴苏木、嘎查提留统筹总额197.93万元。

2002年，根据牧业税费改革总体要求，乌拉特中旗牧区的牧业税、特产税、屠宰税及苏木、嘎查提留统筹全部减免，仅收缴牧区农业税。2004年，牧区农业税全部减免。

三、牧区剩余劳动力转移

乌拉特中旗牧区劳动力外出就业是牧区剩余劳动力转移的主要形式，是增加牧民收入的重要途径，也是加快推进全旗改革开放和工业化、城镇化进程的一支不可缺少的生力军。在改革开放和工业化、城镇化建设推动下，乌拉特中旗牧区剩余劳动力逐步进入城镇就业后，带回资金、技术和市场经济新观念，创办自己的企业，提供就业岗位，推动当地牧民就地就近就业工作，为牧区经济发展增添新的活力。

2003年，乌拉特中旗开始统计牧区剩余劳动力的输出及输入情况。同年，全旗牧区剩余劳动力外出就业430人，乡内转移劳动力32人。2007年，全旗牧区剩余劳动力外出就业764人，乡内转移劳动力51人。2008年，全旗牧区剩余劳动力外出就业1034人，乡内转移劳动力58人。2012年，全旗牧区剩余劳动力外出就业1302人，乡内转移劳动力140人。

第四节　林业经济改革

乌拉特中旗林业经济体制改革面临的形势和任务；建立科学的经营造林体制；将国有场圃划为商品经营型、生态公益型和混合经营型场圃；调整林业产业结构，完善林业产业政策；建立健全森林资源和野生动植物资源保护管理基本制度。

一、稳定完善责任制

林业改革的一个重要方面是进一步完善责任制，发展生产力，实现森林资源稳步增长和林业经济稳定发展的良性循环。中共十一届三中全会后，随着农业联产责任制的推行，改革的不断深化，全旗林业生产责任制逐步完善提高，在家庭经营的基础上，向多形式，多层次发展。主要表现为所有制多层次；承包经营多形式；山林管护多层次；社会化服务多渠道。

二、产业结构调整

旗林业局结合全旗林产业实际情况，对全旗林业产业发展进行全面调查，将乌拉特中旗林产业现状，产业发展中存在的问题、解决对策以及以后全旗林产业发展方向和思路及时上报上级业务部门。同时，编制完成《乌拉特中旗林业经济发展实施方案》，方案以全旗林业经济发展现状、存在的问题，以及发展目标、发展规模与布局、模式与措施等方面进行规划。

三、林业服务体系建设

1988—2012 年，随着林业生态建设不断向纵深发展，乌拉特中旗林业服务体系逐年增强，科技服务队伍不断壮大。20 世纪 80 年代，旗林业局在全旗 20 个苏木乡镇派驻林业助理 1 人，负责各苏木乡镇林业生产服务。20 世纪 90 年代，部分苏木乡镇成立林业站。2006 年，德岭山镇、乌加河镇、石哈河镇、巴音乌兰苏木、川井苏木林业站实现垂直管理，林业基层服务队伍得到进一步加强；同年，旗人民政府聘用多名林业科技特派员，到农村、牧区开展林业科技的推广应用和科技创业行动。2012 年，林业服务体系建设更加完善，旗林业局下设 6 个林业服务机构及基层林业站，有科技人员 69 人，负责全旗的林业生产管理、林业重点工程的科技服务工作，使林业服务体系更加趋于系统、合理、规范。

第五节　乡镇企业改革

20 世纪 80 年代末期，乌拉特中旗乡镇企业全面开展管理体制改革，松绑放权，开始把所有权同经营权分离，实行多种形式的管理体制改革，在人财物、产供销方面，对企业下放权限。同期，旗乡镇企业重点推行“一包五改”（一包：全面实行各种形式的经济承包责任制；五改：改官办为民办、改干部委派制为民主选举或公开招聘制、改固定工资为计件工资制或浮动工资制和承包利润分红制制度）。

1988 年，中共巴彦淖尔盟委员会、盟行政公署制定下发《关于加快工业和乡镇企业发展的决定》《关于发展乡镇企业若干政策问题的规定》，在经济体制等方面提出具体改革措施，同时明确要求依照法规程序落实好承包经营。按照“三改一加强”（三改：改制，将国有企业改制成为民营企业、私营企业、混合企业；改组，将不同的国有企业进行优化组合，组建成集团公司，集团公司再分成若干分公司和子公司；改造，是将国有企业进行经营机制改造和技术改造。一加强：是指对国有企业加强管理）目标要求，打破国家、集体、个体限制，全方位推行以股份合作制为主的各种形式的产权改革，建立现代企业制度，积极鼓励支持个体经营者购买或兼并集体企业。国有企业的一些优秀的管理人才、技术能手开始流向乡镇企业，对乡镇企业管理水平和技术水平的提高发挥了重要作用。

“八五”计划期间（1991—1995 年），全旗乡镇企业在进一步完善承包经营责任制的基础上，重点进行以股份制改造为主的企业改革工作，有效地激活和恢复乡镇企业机制优势。按照“抓大、活中、放小”思路对乡村重点骨干企业，在清产核资、产权明晰的基础上，积极推行资产经营责任制，并配套完善相应的目标考核体系和监督约束机制。有计划地将一些效益好、主要生产外销产品的企业组成了集团公司，分散加工、统一收购，提高了市场占有率，扩大了生产规模，提高了企业经济效益。将有一定规模、效益比较好、产品有前途，而机制退化的乡、村集体企业，进行了股份制改造。对经营不善、亏损严重的集体“小劣亏”企业，在债务重组的基础上，大胆地实行了兼并、拍卖、转让和租赁、破产等，实行民营化，一大批集体企业实行转制，股份制企业有了突破性发展，较大规模集体企业实行股份制或股份合作制。同期，全旗乡镇企业进一步强化企业管理。从制度建设入手，逐步建立完善经营、质量、成本核算、安全等基础管理制度，规范企业行为，有效地克服了以改代管、以转代管、以包代管等粗放落后的管理方式，使企业管理逐步由家长式管理、经验型管理向规范化管理、科学化管理转变。

第六节　工商体制改革

一、企业改制

1994 年，乌拉特中旗工商业企业开始改制。

1994—1995 年，为工商业企业改制第一个阶段，股份制和股份合作制为全旗工交企业首选机制，商贸企业以国有民营和公有民营为主要形式。改制比较成功的有 28 家（其中 17 个基层供销社划片定员出售），还有一些工交商贸企业改制不彻底，遗留债务冗员及其他许多问题，造成这部分企业不能轻装上阵，生产经营举步维艰。

1996—1998 年，为工商业企业改制第二阶段。按照旗委、旗人民政府于 1996 年 10 月召开的全旗国有、集体企业股级以上干部改制动员会上宣布《乌拉特中旗企业改制方案》，旗委、旗人民政府组织 6 个改制工作组进驻旗属 52 家工商企业展开改制工作。按照中共巴彦淖尔盟委员会、盟行政公署提出的“两个脱钩”（国有企业通过资产重组退出国有国营序列，同政府脱钩；国有企业职工买断工龄身份，与原企业脱钩）、“三个一块”（将企业现有资产划分为 3 块，卖一块安置退休人员入社保，留一块安置在职职工优化重组再就业，抵一块划断银行债务）、“四个一次”（离退休人员一次性安置入社保，在职职工一次性买断工龄和身份与原企业脱钩，债务一次性划断，产权一次性明晰）、“五条标准”（一是企业离退休人员妥善安置。二是在职职工要与原企业脱钩。三是债务要用资产抵清。四是所有企业都要找到符合本企业实际的新机制。五是企业改制要征得政府、银行、企业共同认可）的彻底改制政策，将所有国有集体企业转为民有民营，称为“一步到位”改革。至 1999 年初，全旗 52 家工商企业除旗自来水公司外，其余 51 家企业全部完成一步到位的改制工作。51 家企业中，资产整体出售 13 家：毛绒纺织总公司、海燕集团总公司、温更煤矿、运输公司、牧具厂、二轻经理部、五金厂、建筑公司、食品公司、汽修厂、牧机公司、铬铁集团公司的铬镁矿和印刷厂；划片定员出售 21 家：民贸公司、边贸公司、饮食服务公司、副食品加工厂、17 个基层供销社。未改制 1 家：旗自来水厂（因公益福利性质企业，国家不容许改制）；承包经营以资抵贷返租经营 6 家：塑料厂、综合厂、畜产公司、皮毛厂、民族用品厂、铬铁合金厂；资产经营与股份制公司制改造 3 家：砖瓦厂、土产公司、供销贸易公司；资产切块重组 1 家：生产资料公司；破产兼并拍卖 7 家，其中兼并 2 家（水泥厂、乌拉特饮食品有限责任公司）、破产 5 家（炼铁厂、物资供应站、服装厂、物资总公司、巴音呼都格煤矿）。

二、产权制度改革

乌拉特中旗工商企业改制中，对银行贷款，多数企业以资抵贷，少数转为新贷。工商银行、农业银行、建设银行 3 家银行放给企业的贷款总额 1.24 亿元，改制中抵偿 7893 万元，银行损失率 36%。其中以资抵贷 7000 万元，转贷 893 万元，给银行抵贷的资产尽量安排能够经营和变现的整体资产。

各级财政周转金，除解体破产按赔付率划定资产抵偿外，全部由新企业承债，并签订分期还款合同，已改制企业共同承担财政周转金债务 537 万元。其他债权债务，除铬铁集团 400 万元债权债务由工商银行接受，饮食服务公司由主管局接收外，其他全部由新组建的企业接收承担（以接收资产和债权的方式承担债务）。共转移债务 1580 万元，欠外企业债务按改制时测算的赔付率赔付，个人债权一般全额赔付。

在资产处置过程中，坚持优化重组，重在搞活的原则，充分考虑企业的再启动、再生产、再经营问题，不论出售、抵贷，还是安置职工都特别注重资产的完整性和独立生产经营性。

第七节　交通邮电体制改革

一、公路交通体制改革

1988 年以前，乌拉特中旗设有养路工区，属旗交通局下属单位，业务以巴彦淖尔盟公路总段管理为主。1988 年，乌拉特中旗养路工区更名为乌拉特中旗公路段，业务以巴彦淖尔盟公路管理局管理为主。

1996 年，旗人民政府决定，乌拉特中旗公路段升格为正科级建制单位，其经费来源：省级公路 56 千米由内蒙古自治区、巴彦淖尔盟养路费切块养护，县乡两级公路 419 千米，由旗地方养护经费（民工建勤费、小额费返还、农业税附加费、交通能源返还四项经费）养护。

1998 年，根据内蒙古自治区公路局《全区公路养护改革实施意见》和《全区公路养护机械管理改革实施意见》通知，按照“统一领导、分级管理”原则，巴彦淖尔盟公路管理局在盟交通局领导下，负责全盟国省干线公路养护，并对县乡公路管理进行业务指导。乌拉特中旗公路段在旗交通局领导下，负责旗境内 419 千米县、乡二级公路的养护任务（由旗地方养护经费养护），56 千米省级公路（海流图—五原线）由巴彦淖尔盟公路管理局收回管养。

2009 年，旗公路段根据《内蒙古自治区交通厅关于下发农村牧区公路管理养护体制改革示范点创建工作方案的通知》（内交发〔2006〕677 号）和《巴彦淖尔市人民政府办公厅关于印发巴彦淖尔市农村牧区公路管理养护体制改革实施方案的通知》（巴政办字〔2008〕26 号）及《乌拉特中旗农村牧区公路管理养护体制改革实施方案》，实行公路养护分级负责、权责分明，管理科学的管理模式，依法组建企业法人实体独立经营，实行管养分离的要求：成立巴彦淖尔市乌拉特中旗畅通公路养护工程有限责任公司。养护公司依据公路段养护任务下达，负责全旗县、乡两级公路 533 千米养护工作。公路养护经费的筹集采取分级管理的原则，省道省管、县道县管、乡道乡管、村道村管原则，哪一级管理，哪一级筹集相应经费，旗公路段管养县、乡二级公路，由旗人民政府负责养护资金的筹集、拨付，旗交通运输局作为旗人民政府交通运输主管部门，负责全旗公路养护资金的管理使用，旗公路段作为旗交通运输局下设的公路管理部门，县、乡公路的日常养护及养护工程费下拨到旗公路段，由旗公路段核定工程量拨付养护单位（畅通养护公司）。

二、邮电体制改革

（一）邮政体制改革

1988 年，乌拉特中旗设有邮电局。1998 年 9 月，邮电体制改革，邮政与电信分营，乌拉特中旗邮政局单独设立，邮政走上独立运营轨道。邮政与电信分营后，乌拉特中旗邮政局下设支局 5 个、代办所8个。

(二)电信体制改革

1988年,乌拉特中旗设有邮电局,全旗电信业务归属旗邮电局。

1998年,全国邮电体制改革,邮政与电信分营;乌拉特中旗电信局挂牌,独立运营。

1999年3月31日,乌拉特中旗移动通信营业部成立,移动通信业务从旗电信局分离出去。同年9月,移动通信业务与旗电信局分离,中国移动通信公司乌拉特中旗营业部成立,独立运营。

2000年7月,中国联合网络通信集团有限公司乌拉特中旗分公司(以下简称"乌拉特中旗联通分公司")成立,隶属中国联通巴彦淖尔分公司管理。同年10月16日,乌拉特中旗电信系统进行公司改制,旗电信局改称内蒙古自治区电信公司乌拉特中旗分公司,正式挂牌运营。

2002年5月,中国网通内蒙古通信公司乌拉特中旗分公司(以下简称"乌拉特中旗网通公司")成立,隶属巴彦淖尔市网通分公司。

2005年10月11日,中国电信集团公司乌拉特中旗分公司正式挂牌成立运营。同年12月,中国移动通信公司乌拉特中旗营业部更名为中国移动通信公司乌拉特中旗分公司。

2008年10月15日,中国网通与中国联通融合重组,中国联合网络通信集团有限公司成立,中国网通内蒙古通信公司乌拉特中旗分公司并入中国联合网络通信集团有限公司乌拉特中旗分公司。

2012年底,乌拉特中旗境内信息产业所属公司共有3家:中国移动通信公司乌拉特中旗分公司(以下简称"乌拉特中旗移动公司")、中国联合网络通信集团有限公司乌拉特中旗分公司(以下简称"乌拉特中旗联通分公司")、内蒙古自治区电信公司乌拉特中旗分公司(以下简称"乌拉特中旗电信公司")。

第八节　商粮体制改革

一、粮食购销政策改革

1988年,乌拉特中旗粮食管理部门根据国家粮食流通体制改革,废除粮食统购统销,实行合同制定购统销和议购议销的粮食价格"双轨制"。在经营上采取"四管四放"(计划内要管、计划外要放;城镇供应要管,农村销售逐步放开;大宗品种要管大部分,小品种要放开;政策性要管,经营性放开),同时采取3年承包责任制(1988—1990年),经营指标一定包干,三年统一结算。

1990年,秋粮收购开始,国家为加强粮食计划管理,保证平价粮食供应,将粮食个体订购改为国家订购。国家制订并下达粮食收购计划。乌拉特中旗粮食管理部门遵照执行。

1992年,全国粮食经营由计划经济转向市场经济,由统包统揽到粮食市场全面放开,实现粮食经营的重大转折。旗粮食局借甘其毛道口岸开通之际,开拓粮食边界贸易。

1993年,全国取消粮食价格"双轨制",放开粮食市场和粮食价格,由计划经济完全向市场经济转变。粮食议购议销自行消失,实行粮食定购"四统一"(统一收购、统一调拨、统一销售、统一管理),开始建立粮食储备、粮食风险基金和粮食收购制度。乌拉特中旗粮食管理部门与全国一样,取消实行40年之久的粮食统销和城镇人口口粮定量供应,粮票正式退出历史舞台。

1994年,全国实行中央统一领导、地方旗县长分级负责制的"两条线"运行机制。乌拉特中旗旗粮食管理部门遵照执行。

1995年,全国实行"米袋子"省长负责制,全面负责当地粮食供求的平衡,乌拉特中旗粮食管理部门遵照执行。

1997 年，国家实行粮食收购保护价制度。从 7 月 1 日开始，粮食收购贷款统一由农业发展银行办理，并保证不给农民“打白条”。乌拉特中旗旗粮食管理部门遵照执行。

1998 年，国务院颁布《粮食收购条例》。各从事粮食收购、存储、销售等经营活动的粮站，称为国有粮食收储企业。旗粮食管理部门遵照执行。

1998—2003 年，国家粮食流通体制改革历经多年一系列调整，实行“三项政策”（敞开收购、顺价销售、粮食收购资金封闭运行）、“一项改革”（加快国有粮食购销企业改革），“四分开”（政企分开、中央与地方分开、储备和经营分开、新老粮食财务挂账分开），完善粮食价格机制。乌拉特中旗粮食管理部门遵照执行。

2003 年 4 月 1 日起，国家取消粮食定购，全面放开粮食市场、粮食收购和粮食价格，取消运输凭证制度，允许多种成分的市场主体直接到农村随行就市收购、运销粮食。实行农民种粮直接补贴，每年收购期间政府出台粮食指导价。乌拉特中旗粮食管理部门遵照执行。

2003 年 8 月，国务院颁布施行《中央储备粮管理条例》。乌拉特中旗粮食管理部门遵照执行。

2004 年 5 月 26 日，国务院颁布并施行《粮食流通管理条例》（国务院令第 407 号）。乌拉特中旗粮食管理部门遵照执行。

2006—2012 年，国家全面取消农业税，减轻农民负担，调动农民种粮积极性。国有粮食企业按照国家统购价格积极收购农民手中余粮。乌拉特中旗粮食管理部门遵照执行。

二、国有粮食企业改革

1988—1996 年，乌拉特中旗粮食局和乌拉特中旗粮油总公司政企合一，两块牌子，一套人员，隶属旗人民政府管理。粮食经营业务贷款均由乌拉特中旗农业银行承担。

1996 年 4 月至 1998 年，乌拉特中旗粮食局（乌拉特中旗粮油总公司）隶属巴彦淖尔盟粮油集团总公司，挂乌拉特中旗粮食局、粮油总公司两块牌子，一套人员，职能不变。

1998 年，按照国家粮食流通体制改革的“三项政策、一项改革”“四分开”，乌拉特中旗粮食企业进行了主营、附营剥离，成立“两大中心”（昌丰粮油贸易中心，主管农区 9 个粮食购销企业，负责国家政策性粮食经营；昌盛粮油贸易中心，负责牧区 9 个粮站、海流图粮库、粮油多种经营公司以及面粉加工厂、养殖场），1 个粮油批发市场、1 个戍边军粮供应中心。戍边军粮供应中心同年 8 月组建，隶属于乌拉特中旗粮食局，为自负盈亏，单独核算独立法人单位，有干部职工 5 人，担负着乌拉特中旗各驻军和武警部队军粮供应任务，下设川井军供站、乌梁素太军供站、海流图军供站 3 个供应站。军粮供应实行专供制，供应对象为现役军人、军属。

1999 年 1 月，旗粮食局、旗粮油总公司隶属旗人民政府管理，实行政企分开。企业单独核算，自负盈亏。

2004 年，随着粮食流通体制改革，乌拉特中旗国有粮食企业按照“四个一次性”（对购销企业职工进行一次性身份置换；购销企业亏损进行一次性挂账；对库存粮食除留一部分生态建设补助粮外，一次性全面处理；对购销企业实行一次性产权制度改革）和先立后破、先人后事、政企分家的原则，以妥善解决好“三老”（老人、老账、老粮）和职工养老保险等为前提，对全系统 365 名企业职工进行一次性身份置换。撤销“两大中心”，将原 9 家国有粮油贸易公司调整组合为 6 家国有粮油贸易公司：保留石哈河粮油贸易公司；德岭山粮油贸易公司、乌兰粮油贸易公司合并，新组建德岭山粮油贸易公司；保留乌梁素太粮油贸易公司；乌加河粮油贸易公司、宏伟粮油贸易公司合并，新组建乌加河粮油贸易公司;宏丰粮油贸易公司、胜利粮油贸易公司合并,新组建宏丰粮油贸易公司;保留石兰计贸易公司,并任命新的法人代表,合并后新公司正常运营。昌盛粮油贸易公司破产解体;保留戍边军粮供应中心,负责全旗军粮供应工作。

2006年末,国有粮食企业改革全面完成,长期困扰粮食企业的"老粮、老人、老账"问题得到妥善解决。一是调整国有粮食企业职工劳动关系。共筹资1780万元资金,把国有粮食企业中365名职工身份全部转换成社会自然人;同时,解决部分职工中的其他遗留问题。二是对企业历年形成的粮食差价亏损、新增财务挂账和其他政策性亏损全部进行挂账处理。三是原库存政策性高价位粮全部清理销售。

2008年,为妥善解决企业72名内退职工的医疗保险,旗粮食局积极筹措资金,每人又补助3000元,一次性办理医疗保险。

2009—2011年,由于旗内各粮油贸易公司历年与合作商形成1291万元风险贷款,旗农业发展银行对5家粮油购销企业全部停止发放贷款(乌加河粮油贸易公司除外),企业无法正常运营。为加大清缴力度,由旗纪委牵头,粮食、公检法等部门组成工作组,利用法律手段通过提起诉讼、资产保全、跟踪监控合作商等措施进行清缴,共清缴回贷款资金615.5万元,将保全的357万元资产通过法律手段进行拍卖,所得64万元交回旗农业发展银行,剩余293万元继续追缴。

2012年,为保全资产,有效解决国有粮食购销企业与农业发展银行历年形成的不良贷款,经旗人民政府、农业发展银行、粮食局多次协商,旗人民政府批准粮食局向财政借款100万元,购买3家国有粮油贸易公司(石哈河镇、乌梁素太镇、石兰计乡),并全部还清农业发展银行所有不良贷款(宏丰乡粮油贸易公司、德岭山镇粮油贸易公司贷款全部还清)。乌加河镇粮油贸易公司正常运营,其他粮油贸易公司因不良信用记录,农业发展银行取消收购贷款发放,企业无法经营。

第九节　城市经济发展配套改革

乌拉特中旗城镇经济体制改革办公室成立于1984年11月,办公室主任由旗经济委员会主任兼任,设专职副主任1人。其职能是加强城镇经济体制改革理论的研究,协调有关部门做好经济体制改革的宣传工作,负责审查、论证全旗企业改革和转制规划、实施意见及有关政策性文件,指导和推动各部门、各行业深化企业改革,促进企业组织结构的优化。1999年内设综合办公室和财务室,干部职工共7人。

1999年,重点抓全旗52家工交商贸企业以外的"小、穷、亏"企业改革,主要有旗科技局下设的能源公司和旗劳动就业局下设的劳动服务公司的改革,处理转制企业的遗留问题。积极协助原旗民贸公司在乌中旗商业黄金地段新建再就业扶困商贸市场富海商城,市场占地面积2880平方米,总投资260万元,共设54个摊位解决150名下岗职工的再就业。

第十节　住房制度改革

1991年,乌拉特中旗根据《关于颁布乌拉特中旗住房制度改革实施方案的通知》(政发〔1991〕43号)文件,住房制度改革工作开始实施,1993年,通过三年时间,住房制度改革基本完成,全旗范围内的绝大部分公房经过改革完全转变在个人名下。

2009年3月,旗人民政府为促进全旗房地产健康发展,出台《乌拉特中旗关于促进住房消费确保房地产业健康发展的意见》,其中规定:补贴对象为,凡2009年在规定期限并在政府限价认定后列入促销的楼盘内购买住宅(不包括商业门点)的各苏木镇和旗直行政事业单位、驻旗各单位的干部职工(均包括离退休人员)和海流图的个体工商户及政府列入拆迁范围的拆迁户,每户均可享受购房补贴2万元,鼓励教职工购买政府补贴范围内的楼房,补贴可再增加5000元,也鼓励有条件的单位在财政补贴的基础上适当增加补贴数量。补贴范围视其情况可逐步放宽到户口在旗范围内的农牧民,不买不补。政策实施过程中,共有1470户家庭享受到住房补贴,其中教师470户、非教师1000户。

第三章　经济区划

第一节　地域区划

乌拉特中旗行政辖区总面积为23096平方千米。2005年12月撤乡并镇后,全旗辖4个镇、4个苏木、1个种畜场。至2012年,乌拉特中旗辖6个镇、4个苏木、1个种畜场,即:海流图镇、乌加河镇、德岭山镇 、石哈河镇 、甘其毛都镇、温更镇、呼勒斯太苏木、川井苏木、新忽热苏木、巴音乌兰苏木、同和太种畜场。

第二节　产业区划

(一)“九五”计划时期(1996—2000年)

因地制宜,分区治理,以科技为原动力,推动农牧业整体振兴,全面发展。依照地缘优势,改变封闭式、内循环的调整方式,按牧区、灌区、旱区分层次优化产业结构。以牧为主,农牧结合,引种入牧;以农为主,农牧林结合,多种经营,协调发展;逐渐实施由农转牧和退耕还牧计划,大力发展经营商品型牧业、加工业、自给型的农业,保护性的林业。调整结构,加快发展速度,坚持以农畜产品为原料的加工业;重点完成五海线三级路面的硬化建设,改造哈石线、海温线、固海线;邮电通信紧跟全区发展步伐。加快对外贸易的发展,充分利用口岸优势,采取多种形式加快同邻国国家发展的贸易往来,发展国家、民间、边民贸易,积极与蒙古国、独联体、东欧等国家发展地方工业、商业、饮食服务业,种植业和劳务输出。

(二)“十五”计划时期(2001—2005年)

按照“稳定粮食,发展草业,优化结构,扩大订单”的思路,进一步调整优化种植业结构。2005年内,完成国家“十五”第二批旱作节水农业示范项目建设;农村牧区土地和草牧场承包经营责任制、以草定畜、草畜平衡制度日趋完善,农区畜牧业发展迅速。深入开展工业强旗战略,由农牧业主导型向工业主导型转变步伐逐年加快。紧紧依托资源和区位优势,突出发展矿山、农畜产品、电力、煤化工等特色产业,不断加强基地建设,加大工业重点项目推进力度,建成甲胜盘铅锌采选、巴音杭盖油田开发、永兴铬盐化等第一批重点项目。

(三)“十一五”规划时期(2006—2010年)

着力优化农牧业区域布局,改变农牧业经营方式,有步骤、有计划、有重点地推进新农村新牧区建设。50千米以南至阴山一线全面落实以草定畜、实行划区轮牧、规模经营,发展生态效益型草原畜牧业;农区畜牧业按照主攻肉羊、数质并重的原则,推动农村经济由种植业主导型向养殖业主导型转变;山旱区重点发展节水灌溉、种草养畜和特色旱作农业。以资源整合和加快资源转化利用为重点,扩大重点,优化结构,做大做强四大支柱产业。坚持不懈地把推进工业化作为强旗富民中心工作来抓。加快建设全市煤焦化工和冶金基地,加强下游产品开发与生产。大力发展风能、太阳能等清洁能源生产,在利用可再生能源方面迈出重要步伐,建成百万千瓦风电场。

（四）“十二五”规划时期（2011—2015年）

合理布局，加快农牧业现代化步伐。以保护生态为基础，科学调整经济结构，合理规划农村牧区的产业、人口布局。树立“牧区山旱区大转移、灌区城镇区大开放”的理念，将全旗主体功能区划分为禁止开发区、限制开发区、优先开发区。坚持走新型工业化发展道路，突出产业结构优化升级，发展大产业，培育大集团，建设大基地，形成大集群。加快建设新型能源基地。内蒙古自治区人民政府将乌拉特中旗千万千瓦级风能和百万千瓦级太阳能产业基地建设以及生物质能等绿色能源开发列入国家“十二五”规划，予以重点支持。重点发展煤炭、风电、太阳能产业，为自治区建设国家绿色能源示范基地起到引领和表率作用。有效整合物流资源，加快扩能改造步伐，积极发展电子商务，利用现代信息技术，建设现代物流基地，发展现代物流业，建成政府主导、企业参与、市场化运作的国际大型物流园区。大力发展工程咨询、房产中介、审计、会计、仲裁、法律、评估、科技、人才培训等中介组织，完善机构、创新服务方式，发挥行业协会的作用，逐步形成种类齐全、功能完备、运作规范、符合市场经济规律的商务服务体系。

第四章　经济结构

第一节　所有制结构

一、公有制

1998—1990 年，乌拉特中旗国民经济所有制结构状况是公有经济占优势，处于主体地位，非公有制经济所占份额较小。1990 年底，全旗公有制企业主要有 62 家。公有制企业工业产值占乌拉特中旗工业总产值的 80.3%。

1991—2000 年，社会主义计划经济向市场经济转轨，公有经济优势地位有所下降，非公有制经济所占份额逐年上升。2000 年底，全旗公有制企业主要有 11 家。公有制企业工业产值占全旗工业总产值的 16.4%。

2001—2012 年，随着市场经济体制的建立和不断完善，乌拉特中旗国民经济所有制状况发生明显变化，非公有制经济在国民经济中占有更重要的地位。2012 年底，全旗公有制企业主要有 9 家。公有制企业工业产值占全旗工业总产值的 13.6%。

二、集体所有制

1998 年，乌拉特中旗集体所有制企业主要有 16 家，集体所有制企业工业产值占乌拉特中旗工业总产值的 17.6%。2000 年，乌拉特中旗集体所有制企业主要有 8 家，集体所有制企业工业产值占全旗工业总产值的比例 10.7%。2012 年，乌拉特中旗集体所有制企业主要有 1 家，集体所有制企业工业产值占全旗工业总产值的 2.2%。

三、合资企业

1998 年，乌拉特中旗合资企业主要有 2 家，合资企业工业产值占乌拉特中旗工业总产值的 11.4%。2000 年，乌拉特中旗合资企业主要有 1 家，合资企业工业产值占全旗工业总产值的 33.4%。2012 年，乌拉特中旗合资合资企业主要有 1 家，合资企业工业产值占全旗工业总产值的 10.5%。

四、股份制企业

1998 年，乌拉特中旗股份制企业主要有 14 家，股份制企业工业产值占乌拉特中旗工业总产值的 38.8%。2000 年，乌拉特中旗股份制企业主要有 2 家，股份制企业工业产值占全旗工业总产值的 15.6%。2012 年，乌拉特中旗股份制企业主要有 1 家，股份制企业工业产值占全旗工业总产值的 3.4%。

五、个体私营企业

1998 年，乌拉特中旗个体私营企业主要有 41 家，个体私营企业工业产值占乌拉特中旗工业总产值的 28.8%。2000 年，乌拉特中旗个体私营企业主要有 39 家，个体私营企业工业产值占全旗工业总产值的 34.7%。2012 年，乌拉特中旗个体私营企业主要有 29 家，个体私营企业工业产值占全旗工业总产值的 72.5%。

1988—2012 年乌拉特中旗工业企业所有制结构产值统计表

表 14 - 1

年份	公有制企业		非公有制企业		年份	公有制企业		非公有制企业	
	数量	产值(元)	数量	产值(元)		数量	产值(元)	数量	产值(元)
1988	45	5846	—	695	2001	5	2533	42	12793
1989	43	6644	—	701	2002	6	3326	38	19686
1990	62	5397	687	1325	2003	7	6588	44	42013
1991	54	4804	672	1107	2004	3	9645	45	66173
1992	65	6414	838	1467	2005	3	23635	33	100136
1993	68	7798	14	302	2006	4	34742	52	191047
1994	49	7443	18	347	2007	3	10963	80	309724
1995	52	7012	0	0	2008	3	82224	62	448862
1996	51	11603	21	3449	2009	3	68795	81	62779
1997	52	12023	27	8159	2010	3	—	72	1005697
1998	21	4182	57	15803	2011	9	280321	70	1639676
1999	11	3308	53	11678	2012	9	197940	77	1456946
2000	11	2204	42	11261	—	—	—	—	—

第二节　产业结构

1988 年，乌拉特中旗第一产业增加值 11680 万元，第二产业增加值 2650 万元，第三产业增加值 1906 万元；全旗三次产业结构比 71. 9:16. 3:11. 8。

2000 年，乌拉特中旗第一产业增加值 43699 万元，第二产业增加值 14831 万元，第三产业增加值 13030 万元；全旗三次产业结构比 61. 1:20. 7:18. 2。

2005 年，乌拉特中旗第一产业增加值 62823 万元，第二产业增加值 67048 万元，第三产业增加值 34030 万元；全旗三次产业结构比 38. 3:40. 9:20. 8。

2012 年，乌拉特中旗第一产业增加值 149855 万元，第二产业增加值 595380 万元，第三产业增加值 84568 万元；全旗三次产业结构比 18. 1:71. 7:10. 2。

1988—2012 年乌拉特中旗三次产业结构统计表

表 14 - 2

年　份	三次产业结构比(%)			年　份	三次产业结构比(%)		
	第一产业	第二产业	第三产业		第一产业	第二产业	第三产业
1988	71. 9	16. 3	11. 8	1994	68. 7	15. 2	16. 1
1989	71. 6	15. 7	12. 7	1995	67. 3	16. 7	16. 0
1990	58. 0	15. 9	26. 1	1996	69. 5	16. 9	13. 6
1991	62. 8	16. 5	20. 7	1997	66. 2	19. 2	14. 6
1992	62. 3	18. 2	19. 5	1998	67. 4	15. 8	16. 8
1993	59. 6	19. 6	20. 8	1999	62. 6	18. 6	18. 8

续表 14 -2

年　份	三次产业结构比(%)			年　份	三次产业结构比(%)		
	第一产业	第二产业	第三产业		第一产业	第二产业	第三产业
2000	61.1	20.7	18.2	2007	31.9	54.3	13.8
2001	56.8	20.4	22.8	2008	23.4	65.6	11.0
2002	53.4	24.3	22.4	2009	19.3	68.7	12.0
2003	48.6	31.1	20.3	2010	17.5	72.5	10.0
2004	43.0	37.1	19.9	2011	18.1	71.7	10.2
2005	38.3	40.9	20.8	2012	17.5	72.3	10.2
2006	34.0	50.5	15.5	—	—	—	—

第三节　固定资产投资结构

1988 年,乌拉特中旗第一产业固定资产投资占全部投资总额比重的 0%;第二产业固定资产投资占全部投资总额比重的 40.3%,第三产业固定资产投资占全部投资总额比重的 59.7%。

1995 年,乌拉特中旗第一产业固定资产投资占全部投资总额比重的 0%;第二产业固定资产投资占全部投资总额比重的 15%,第三产业固定资产投资占全部投资总额比重的 85%。

2005 年,乌拉特中旗第一产业固定资产投资占全部投资总额比重的 2.9%;第二产业固定资产投资占全部投资总额比重的 71.3%,第三产业固定资产投资占全部投资总额比重的 25.8%。

2010 年,乌拉特中旗第一产业固定资产投资占全部投资总额比重的 1.4%;第二产业固定资产投资占全部投资总额比重的 60.5%,第三产业固定资产投资占全部投资总额比重的 38.1%。

2012 年,乌拉特中旗第一产业固定资产投资占全部投资总额比重的 0.3%;第二产业固定资产投资占全部投资总额比重的 49.5%,第三产业固定资产投资占全部投资总额比重的 50.2%。

第五章　开放合作与招商引资

第一节　机　构

1988年，乌拉特中旗设有经济技术协作办公室，副科级建制，核定编制1名，实有工作人员5人，其中副科级领导职数1人。

2002年3月，全旗机构改革，乌拉特中旗经济技术协作办更名为乌拉特中旗招商引资服务中心，同时挂乌拉特中旗对外开放办公室的牌子，有工作人员6人，其中科级领导职数3人，一正二副。

2011年4月，旗招商引资服务中心（招商局）改建为中国国际贸易促进会乌拉特中旗委员会，相当科级建制，为旗人民政府直属事业单位。核定编制8名，实有工作人员11人，其中领导职数3人，一正二副。

2012年，中国国际贸易促进会乌拉特中旗委员会机构设置与人员编制未发生变化。

第二节　开放合作

1988年，旗委、旗人民政府为加快全旗开放步伐，将经济技术咨询办公室归口到旗人民政府的经济技术协作办公室，全面负责旗域的交流开放工作。

1992年，旗经济技术协作办与河北沧洲市、山西大同市、内蒙古自治区巴彦淖尔盟、河北石家庄市4家联合成立三省经济协作区，定期召开工作会议，开展各地技术咨询、技术交流、跨省区经济协作动态洽谈，同时开展各类展销会，使各地区生产与生活资源形成交流互补。

1996—2000年，旗委、旗人民政府加快工作步伐，充实和加强机构建设，逐步建立呼和浩特市、北京市、上海市等7个驻地机构，制定和完善招商引资的优惠政策，规范和健全招商引资服务体系。

2002年3月，旗委、旗人民政府利用甘其毛都口岸开通10周年之际，组织召开中蒙经贸洽谈会，邀请国内外客商观光旅游、考察项目。同年，乌拉特中旗吸引外资3.32亿元。

2003年，乌拉特中旗大力实施“走出去”和“南联北开”战略，突破以边贸为主的经济联系模式，首次尝试在能源、矿产、基础设施等领域进行经济合作。内蒙古自治区、巴彦淖尔市、乌拉特中旗三级领导和企业界人士与蒙古国政府、蒙古国南戈壁省政府及蒙古国矿产资源管理部门官员多次会见、洽谈，共同商讨开发蒙古国丰富的矿产资源意向，努力促成在乌拉特中旗境内建设煤焦化工基地，与蒙方签署多项合作协议书、意向书和合同书，双方合作取得突破性进展。按照“以小开促大开”原则，乌拉特中旗三和公司、普兴公司等先后与蒙方签订定原煤进口合同。

2005年，乌拉特中旗普兴公司购买蒙古国南戈壁省塔本陶勒盖煤矿中心区域2平方千米煤矿开采权。同时，国内大型煤炭企业神华集团与蒙方洽谈，投资购买塔本陶勒盖煤矿股份公司以外的其他采矿权，采取煤、电、路一体化方式进行大规模机械化开采。

2007年，旗招商引资服务中心（对外开放办公室）继续实施“走出去”战略，加大对环保、节能、可持续发展及资源能源项目的招商力度，特别是在蒙古国资源开发上，旗委、旗人民政府领导给予高度重视。同年，旗委、旗人民政府领导及相关部门负责人多次到蒙古国调研、招商，达成资源开发、文化交流、接受留学生、旅游等多项协议,并开始实施,仅开发蒙古国资源的企业就有23家。

2008年,为更好更有效开发利用蒙古国资源,为政府提供详细的蒙古国法律、法规和及时的政策调整导向,旗招商引资服务中心(对外开放办公室)在蒙古国建立信息联络处,对有意开发蒙古国资源的企业提供有益、可靠信息,减少这些企业在蒙古国的盲目投资。同年,旗招商引资服务中心(对外开放办公室)通过联络处及时了解到蒙古国新的矿产法以及该法的修改情况,并将该法出台的背景、法律本身的特点进行宣传,为乌拉特中旗招商引资提供法律依据。

2009年,随着蒙古国政府与加拿大艾芬豪、澳大利亚力拓公司签订关于开发蒙古国奥云陶勒盖铜矿协议的情况,旗招商引资服务中心(对外开放办公室)积极调整工作重点,研究编制煤、铜等产业化项目,补充完善项目库,进一步提升乌拉特中旗风能产业、煤化工产业及铜上下游产业在横向配套、纵向发展的能力。为乌拉特中旗在资源利用及非资源项目发展方面提供可靠依据。

2010年,随着中蒙两国睦邻互信伙伴关系的不断深化,乌拉特中旗与蒙古国友好往来日益频繁,为进一步完善甘其毛都口岸的基础条件,加快蒙古原煤的进口量,旗招商引资服务中心推出口岸集中供热、口岸城镇绿化及绿色通道、口岸垃圾及污水处理、五连35千伏及口岸110千伏变电站、口岸B型保税仓库改扩建、商业贸易区、中蒙边民互市贸易区、口岸跨境经济合作区、物流园区、口岸—塔本陶勒盖煤矿250千米不限载公路、中蒙跨国皮带传输运煤等项目,同时进一步加强项目跟踪服务力度,加快毅腾200万吨洗煤、普盛400万吨、丰达120万吨、益得240万吨、恒发150万吨、锦达240万吨等洗煤项目,龙源、华电、华能、国华、中广核、中电投、大唐新能源65万千瓦风电项目及神华甘泉铁路的开工进度。同年,先后实施丰达120万吨洗煤项目、大成即济煤泥入选项目和毅腾400万吨洗煤项目等的建设,共完成投资2.7亿元。

2011年,旗招商引资服务中心(对外开放办)充分利用甘其毛都口岸优势,围绕蒙古国煤炭资源大力招商,成功引进神华巴彦淖尔新能源有限责任公司年产1200万吨洗煤、480万吨焦化、48万吨甲醇等项目,突破乌拉特中旗利用蒙古国焦煤只停留在煤炭贸易及洗选阶段的状况,进一步延伸了煤炭产业链条。同年,乌拉特中旗吸引外资81.92亿元。

2012年,乌拉特中旗加大对蒙贸易开发并完善服务企业功能。旗贸促会重点跟踪服务神华巴彦淖尔能源有限责任公司洗煤、焦化、甲醇项目建设,年内完成投资22亿元,煤炭资源的综合利用、就地加工水平也跃上新的台阶。同时,通过积极推进与加拿大艾芬豪能源有限公司合作谈判进程,加快实施蒙古国奥云陶勒盖铜矿的铜金项目,全面启动30万吨铜冶炼项目,开工一期10万吨铜冶炼项目。

第三节 招商引资

1988年,乌拉特中旗经济技术协作办采取走出去战略,与巴彦淖尔盟经济协作办公室负责人到北上广发达地区开展招商对接活动,形成合作关系,结成对子,积极主动地将乌拉特中旗宣传出去。

1992年,旗经济技术协作办成功引进小项目4个:一是骨粉加工提炼、羊嘴毛梳洗加工技术;二是引进骨粉加工提炼、羊嘴毛梳洗加工技术;三是引进石哈河乡淀粉成套生产流水线;四是引进河北羊肠加工技术。

1996—2000年,乌拉特中旗引进黄金企业15家,累计投资近亿元,日处理能力350吨,生产黄金3000余千克,上缴承包费1500余万元。同期,甲胜盘铅锌硫铁矿区引进企业4家,投资总额2600万元。香港维信实业公司等4家旗外企业对绒毛厂、水泥厂、饮食品公司进行嫁接改造,投资8614万元。

2002年,乌拉特中旗成立重点项目建设领导小组,确立新建续建重点项目工程16个,以目标责任制的形式分解落实到各有关部门和苏木乡镇，明确责任人、时限要求、奖惩措施，调动各级招商引资的积极性。

2003年，旗招商引资服务中心（对外开放办公室）借助中国·乌拉特中旗首届国际那达慕大会召开的有利时期，以文体搭台，经贸唱戏，邀请加拿大、蒙古国及国内各地近200余名投资商、企业界人士参加经贸洽谈活动；经贸洽谈会共签订定投资建厂合同22项，总投资5亿元，其中有维信集团有限公司种畜繁育、草原生态旅游项目和北京祥泰实业有限责任公司种畜繁育、高载能工业项目等。经贸洽谈会共签订定合作意向书13项，协议金额264亿元，其中有中国神华集团投资100亿元，建设400千米铁路运输专线；中国信托投资公司、中国铝业集团投资80亿元，建设铜矿一级公路运输专线及40万吨铜冶炼厂；加拿大太平公司投资2000万美元，投资建设日处理1万吨矿石的大型脉金选矿厂；中国华电集团投资60亿元新建6×20万千瓦发电厂项目；鄂尔多斯新华结晶硅公司投资4000万元，新建年产3万吨结晶硅厂项目等。

2005年，旗招商引资服务中心（对外开放办公室）结合自身实际情况，积极调整措施，由单纯的资源开发向合理化配置、规模化经营转变，推进资源向优势企业、大项目集中，从而培育壮大现有骨干企业。同年，引进陕西延安惠源工贸有限公司石油助剂厂项目、福州市恒德公司投资3000万元新建30万吨焦化厂项目、神华集团投资38亿元新建345千米运煤专线、北京北墅苑生态旅游公司投资1000万元新建大漠文化生态旅游项目、广西玉柴内蒙古蒙凯物流公司新上300辆运煤车队项目、大连毅腾集团进口蒙古国原煤项目、陕西榆林市鸿昌矿业项目、宁夏天普投资咨询公司投资4000万元新钻探索伦地区193平方千米煤气层项目等。

2008年，旗招商引资服务中心（对外开放办公室）将外出招商与请进来招商相结合，不断拓宽招商渠道。积极参加内蒙古自治区、巴彦淖尔市招商部门组织的招商活动同时，大力开展以商招商、组团招商、洽谈招商、上门招商、委托招商、互联网招商。同年，旗人民政府通过洽谈会签约风电、热电联产、污水处理厂建设等12个项目合作协议书，并成功引进巴彦淖尔市西部铜业有限公司98万吨焦炭联产10万吨甲醇项目、北京京能国际能源股份有限公司建设30万千瓦特许权项目、西金铁路有限责任公司建设全场58.7千米西金铁路等项目。

2010年，乌拉特中旗招商方式由过去“走出去”重点承接区外产业项目向承接区外产业与利用区内民间资本相结合转变。年内，新引进亿元以上项目12项，占新建项目总数28%，千万元以上项目15项，占新建项目总数35%。主要有普盛200万吨洗煤项目、恒发150万吨洗煤项目、丰达120万吨洗煤项目、神华240万吨焦化项目、正大森源1000吨多晶硅项目、盛远口岸涉外星级酒店、神华建设354千米铁路项目和国铁建设59千米西甘铁路等项目。

2011年，乌拉特中旗招商引资工作在旗委、旗人民政府领导下，坚持以经济建设为中心，实施项目强旗战略。围绕经济发展方式转变和经济结构战略性调整两项突出任务，解放思想、创新工作，以甘其毛都口岸及园区为载体，不断改进招商引资方式，精心组织参与招商招展活动，成功引进山东淄博众得利农资有限公司建设20万吨硫酸及40万吨钾肥项目、江苏正大森源集团有限公司建设年产3000吨多晶硅项目及新疆广汇建设3个LNG加注站等项目。

2012年，面对国内外宏观经济形势不利的局面，旗招商引资服务中心（对外开放办公室）采取各项应对措施，取得招商引资新成效。全年共引进招商项目53项，其中新建项目29项（亿元以上项目22项），续建项目24项。主要有山西漳泽三期4.95万千瓦风电场项目，国华四期4.95万千瓦项目，神华1200万吨洗煤、480万吨煤焦化项目，神东电力热力厂项目，嘉里（香港）建设300万吨选煤项目，内蒙古广利隆建设400万吨/年洗煤项目，内蒙古鑫宇化工5000吨/年糠醛生产线，山东东岳5万吨无水氟化氢项目,富田肥业24万吨硫酸、40万吨氮磷钾复合肥循环经济项目,新大地海流图到口岸二级公路升一级公路项目,毅腾矿业密封式储煤仓项目,青青草原牧业专业合作社肉羊养殖、繁育,肉产品加工、饲草料加工项目等。

第四节 成 就

1988年,乌拉特中旗经济技术协作办公室通过与各地对接,协调大量的钢材、木材、水泥、化肥等运送到旗内,为旗域经济建设助力,同年获巴彦淖尔盟支持地方经济发展贡献奖。

1991—1995年(“八五”计划时期),乌拉特中旗引进旗外资金0.68亿元,其中国(境)外资金到位11.95万美元;国内(区外)资金0.39亿元;区内(旗外)资金953.17万元。其中1992年,乌拉特中旗经济技术协作办获内蒙古自治区级先进技术协作单位称号。

1996—2000年(“九五”计划时期),全旗引进旗外资金4.3亿元,其中国(境)外资金到位765万美元,完成计划目标的158.6%;国内(区外)资金2.89亿元,完成计划目标的4倍;区内(旗外)资金7816万元;引进项目82项。

2002年,乌拉特中旗人民政府结合当地实际,确定同年为“招商引资项目年”。全年争取国家建设项目44项,引进国内(区外)项目21项、资金16525万元,完成任务的112.9%;引进旗外(区内)项目11项、资金2900万元。全年矿山开发共引进项目26项、资金2.56亿元,年创财政收入300余万元,成为全旗工业经济重要增长点。

2004年,全旗共引进并开工建设项目34项(其中包括部分2003年续建项目和续资项目),实际到位资金71300万元。其中引入国内(区外)项目15项,引入资金6.8亿元;实际到位资金3.6亿元;提前2个月完成巴彦淖尔盟行政公署下达计划任务;引入区内(市外)项目19项,引入资金4.68亿元,实际到位资金34300万元,完成巴彦淖尔盟行政公署下达计划任务的100.9%。

2005年,全旗引进并已开工建设项目33项,实际到位资金8.44亿元。其中引入国内区外项目14项,引入资金5.1亿元,完成年度计划任务的101%。引入区内(市外)项目19项,实际到位资金3.34亿元,完成年度计划任务的100.3%。

2007年,旗招商引资服务中心以重点项目建设为支撑,充分发挥资源、口岸和金泉工业园区的优势,创新工作思路、统筹兼顾、重点突破,招商引资工作取得了良好的成绩。同年,全旗引进项目19项,其中新建续建的5000万元以上项目16项,共引进资金21.38亿元,其中引进区外资金15.72亿元,完成全年计划的198.9%;引进区内(市外)资金5.66亿元,完成全年计划的103.9%。

2010年,全旗新签约项目9个,协议资金71024万元,开工项目3个,实际到位资金1.9亿元;新开工项目13个,协议资金135.6亿元,实际到位资金17.8097亿元;续建项目14个,协议资金70.7231亿元,实际到位资金40.4318亿元。

2011年,全旗招商引资到位资金首次突破100亿元大关,共引进到位资金100.34亿元,完成全年任务的150.9%。同年,成功引进神华巴彦淖尔新能源有限责任公司年产1200万吨洗煤、480万吨焦化、48万吨甲醇等项目,突破全旗利用蒙古国主焦煤只停留在煤炭贸易及洗选阶段现状,进一步延伸煤炭产业链条。

2012年,全旗招商引资到位资金77.7585亿元,完成全年任务的102.3%。其中国内(区外)引进到位资金61.3885亿元,完成全年任务的102.3%。区内(市外)引进到位资金16.37亿元,完成全年任务的102.3%。连续第四年位居全市第一。

第六章　经济综合指标

第一节　地区生产总值

“七五”计划末期(1990 年),乌拉特中旗地区生产总值(GDP)完成 1. 87 亿元,是“六五”计划末期(1985 年)0. 66 亿元的 2. 8 倍。

“八五”计划末期(1995 年),乌拉特中旗地区生产总值(GDP)完成 5. 29 亿元。

“九五”计划末期(2000 年),乌拉特中旗地区生产总值(GDP)完成 7. 16 亿元。

“十五”计划末期(2005 年),乌拉特中旗地区生产总值(GDP)完成 16. 39 亿元。

“十一五”规划末期(2010 年),乌拉特中旗地区生产总值(GDP)完成 67. 4 亿元。

“十二五”规划第二年(2012 年),乌拉特中旗地区生产总值(GDP)完成 82. 98 亿元。

1988—2012 年乌拉特中旗地区生产总值统计表

表 14 -3　　单位:亿元

年　度	地区生产总值(GDP)	年　度	地区生产总值(GDP)
1988	1. 62	2001	7. 91
1989	1. 74	2002	8. 77
1990	1. 87	2003	10. 49
1991	1. 88	2004	12. 33
1992	2. 13	2005	16. 39
1993	2. 52	2006	20. 20
1994	4. 28	2007	24. 84
1995	5. 29	2008	38. 24
1996	6. 87	2009	50. 56
1997	7. 25	2010	67. 40
1998	6. 62	2011	78. 37
1999	6. 46	2012	82. 98
2000	7. 16	—	—

第二节　工业总产值

一、规模以上工业产值

“七五”计划末期(1990 年),乌拉特中旗规模以上工业总产值 0. 67 亿元,是“六五”计划末期(1985 年)0. 14 亿元的 4. 8 倍。

“八五”计划末期(1995 年),乌拉特中旗规模以上工业总产值 0. 7 亿元。

“九五”计划末期(2000 年),乌拉特中旗规模以上工业总产值 1. 35 亿元。

“十五”计划末期(2005 年),乌拉特中旗规模以上工业总产值 15. 06 亿元。

“十一五”规划末期(2010 年),乌拉特中旗规模以上工业总产值 111. 15 亿元。

“十二五”规划第二年(2012 年),乌拉特中旗规模以上工业总产值 165.49 亿元。

二、全部工业总产值

1988 年,乌拉特中旗地区工业总产值 0.65 亿元,2012 年,乌拉特中旗地区工业总产值 165.49 亿元。

1988—2012 年乌拉特中旗工业总产值统计表

表 14－4　　单位:亿元

年　度	全部工业总产值	年　度	全部工业总产值
1988	0.65	2001	2.27
1989	0.66	2002	2.30
1990	0.67	2003	4.86
1991	0.59	2004	7.58
1992	0.79	2005	15.06
1993	1.07	2006	24.09
1994	1.35	2007	33.74
1995	1.58	2008	53.11
1996	3.52	2009	69.66
1997	5.01	2010	111.15
1998	3.09	2011	191.99
1999	2.08	2012	165.49
2000	1.99	—	—

第三节　农牧业基本指标

“七五”计划末期(1990 年),乌拉特中旗农牧业总产值 1.59 亿元,是“六五”计划末期(1985 年)0.57 亿元的 2.8 倍。

“八五”计划末期(1995 年),乌拉特中旗农牧业总产值 2.15 亿元。

“九五”计划末期(2000 年),乌拉特中旗农牧业总产值 2.92 亿元。

1988—2000 年乌拉特中旗农牧业总产值统计表

表 14－5　　单位:亿元

年 度	农牧业总产值	年 度	农牧业总产值
1988	0.59	1995	2.15
1989	0.57	1996	2.36
1990	1.59	1997	3.56
1991	1.66	1998	3.04
1992	1.84	1999	2.82
1993	1.92	2000	2.92
1994	1.96	—	—

第四节　固定资产投资

“七五”计划末期（1990 年），乌拉特中旗固定资产投资 0.08 亿元，是“六五”计划末期（1985 年）0.02 亿元的 4.0 倍。

“八五”计划末期（1995 年），乌拉特中旗固定资产投资 0.10 亿元。

“九五”计划末期（2000 年），乌拉特中旗固定资产投资 1.12 亿元。

“十五”计划末期（2005 年），乌拉特中旗固定资产投资 13.04 亿元。

“十一五”规划末期（2010 年），乌拉特中旗固定资产投资 86.03 亿元。

“十二五”规划第二年（2012 年），乌拉特中旗固定资产投资 125.09 亿元。

1988—2012 年乌拉特中旗固定资产投资统计表

表 14－6　　单位：亿元

年　度	固定资产投资	年　度	固定资产投资
1988	0.03	2001	1.53
1989	0.08	2002	2.94
1990	0.08	2003	8.30
1991	0.02	2004	9.85
1992	0.09	2005	13.04
1993	0.13	2006	18.53
1994	0.09	2007	30.55
1995	0.10	2008	45.85
1996	0.10	2009	135.11
1997	0.06	2010	86.03
1998	0.14	2011	111.23
1999	0.37	2012	125.09
2000	1.12	—	—

第五节　社会消费品零售总额

一、经济结构变化

1988—1992 年，乌拉特中旗社会消费品零售总额经济结构以销售地区、经济类型、行业及销售对象划分 4 个方面为主。

1993—1998 年，全旗社会消费品零售总额经济结构以销售地区、经济类型及行业划分 3 个方面为主。

1999—2004 年，全旗社会消费品零售总额经济结构调整成以销售地区及行业划分两大块为主。

2005—2012 年，全旗社会消费品零售总额经济结构除销售地区和行业划分外，调整增加批零、餐饮总户数一项。

二、阶段与总量变化

(一)阶段变化

1988—1990 年,是“七五”计划时期的后三年,全旗社会消费品零售总额分别为 1.02 亿元、0.90 亿元、0.94 亿元。三年中总量变动较稳定。

1991—1995 年,是“八五”计划时期,这期间全旗社会消费品零售总额分别为 0.95 亿元、1.04 亿元、0.97 亿元。五年中总量增加 0.02 亿元。

1996—2000 年,是“九五” 计划时期,这期间全旗社会消费品零售总额分别为 1.53 亿元、1.76 亿元、1.94 亿元、2.01 亿元、2.36 亿元。五年中总量增加 0.83 亿元。

2001—2005 年,是“十五”计划时期,这期间全旗社会消费品零售总额分别为 2.59 亿元、2.89 亿元、3.2 亿元、3.59 亿元、4.13 亿元。五年中总量增加 1.54 亿元。

2006—2010 年,是“十一五”规划时期,也是经济快速发展的一个时期,经济总量加快攀升。全旗社会消费品零售总额分别为 4.97 亿元、5.79 亿元、7 亿元、8.31 亿元、7.87 亿元。五年间总量增加 2.9 亿元。全旗社会消费品零售总额由 2006 年的 4.97 亿元增加到 2010 年的 7.87 亿元。

2011 年,是“十二五”规划开局之年,面对经济发展的新情况新问题,乌拉特中旗采取积极有效的应对措施,全旗社会消费品零售总额完成 9.22 亿元。

2012 年,在面临复杂多变的国际大环境和我国转变发展方式、预防通胀力度较大的发展背景下,全旗上下紧紧围绕旗委十三届二次全委(扩大)会议和旗第十三次党代会精神,统筹调度、积极应对,努力化解不利因素带来的影响,全旗经济实现了在困境中平稳较快增长的态势。全旗社会消费品零售总额 10.6 亿元。

(二)总量变化

1988—2012 年,全旗社会消费品零售总额由 1.02 亿元增加到 10.6 亿元,增加 9.58 亿元,平均每年增加 0.38 亿元,经济保持平稳较快的发展。

第七章　居民生活

第一节　城镇居民生活

1988—2012 年，旗委、旗人民政府不断拓宽富民途径，城镇居民生活水平明显改善。乌拉特中旗城镇居民家庭人均可支配收入和人均消费性支出，一直保持逐年平稳增长趋势。

1993 年，乌拉特中旗城镇居民人均可支配收入开始进行统计。

2012 年，城镇居民人均可支配收入 18786 元，人均消费性支出 14347 元，分别是 1993 年的 12.9 倍和 11.9 倍。

一、收入

（一）工薪收入平稳增长

企业实行工效挂钩，增加效益工资和奖金。行政事业单位增加工资和津贴。2012 年，乌拉特中旗城镇居民人均工资性收入 13189 元，是 1993 年的 9.9 倍，占城镇居民可支配收入一半以上，是城镇居民收入的主体。

（二）经营性净收入不断增长

旗委、旗人民政府为保证民营经济健康发展，相继出台一系列政策，使个体经营者经营环境得到改善，个体劳动者逐年增加，经济效益稳步提高。2012 年，乌拉特中旗城镇居民人均经营性净收入 3803 元。

（三）财产性收入平稳增长

随着企业股份制的推行、股票债券、有价证券发行量的增加，城镇居民的金融活动日趋活跃。2012 年，乌拉特中旗城镇居民人均财产性收入 47 元。

（四）转移性收入快速增长

随着社会保障制度的建立和完善，纳入住房、养老、医疗、失业等社会保险的居民越来越多，社会保障面不断扩大，离退休人员的养老金逐年上调，可支配收入中的转移性收入增长迅速。2012 年，乌拉特中旗居民人均转移性收入 3177 元。

二、消费

1993—2012 年，随着全旗居民收入水平的提高，消费行为和消费结构也发生变化。

（一）衣着

乌拉特中旗城镇居民衣着向成衣化、时装化、个性化、品牌化发展的趋势日益明显。特别是款式新颖、高档、时尚的名牌服饰，深受消费者喜欢。2012 年，乌拉特中旗城镇居民人均衣着支出 2418 元，是 1993 年的 9.3 倍。

（二）饮食

乌拉特中旗城镇居民从温饱型向营养、健康型转变。居民在吃饱的基础上，更加注重质量提高和膳食结构改善。食品消费开始由传统的“粗茶淡饭”向多样化转变。追求低热量、低脂肪、高营养和健康科学的饮食生活方式。多维生素、高蛋白、低脂肪食品备受居民的青睐。2012 年，乌拉特中旗城镇居民人均食品支出4271元，是1993年的5.8倍。

（三）住房

乌拉特中旗城镇居民由简陋拥挤向宽敞明亮和温馨舒适型发展。居民在注重面积、功能的前提下，更注重环境和文化氛围，温馨舒适的环境成为购房的首选。2012年，乌拉特中旗城镇居民人均居住支出1245元，是1993年的18.6倍。

（四）交通与通信

乌拉特中旗城镇居民交通、通信消费趋向现代化。汽车、摩托车、电动车和移动电话，让居民生活更加方便和快捷。尤其是电动助力车，成为乌拉特中旗居民消费新亮点。2012年，乌拉特中旗城镇居民人均交通、通信支出2149元，是1993年的429.8倍。

（五）日用品

乌拉特中旗城镇居民从满足基本需要转向新型、高档、时尚。居民对洗衣机、冰箱、彩电的消费需求，从过去的普及型、实用型向豪华型、享受型转变。居民购买耐用消费品时，注重品牌、款式、环保及售后服务。大屏幕彩电、多功能洗衣机，加大了更换频率。2012年，乌拉特中旗城镇居民人均设备用品和服务性支出901元，是1993年的5.9倍。

（六）文化娱乐

乌拉特中旗城镇居民精神、文化生活，从朴实、传统型向多样性转变。精神、文化生活的需求，向健康型和知识型发展。旅游、健身、娱乐已成为城镇居民家庭业余生活的主流。2012年，乌拉特中旗城镇居民人均旅游、健身、娱乐支出为1716元，是1993年的7.6倍。

（七）医疗保健

全旗城镇居民医疗保健制度不断完善，城镇居民用于医疗保健支出呈现快速增长势头。平时无病保健、有病及时就医，已成为共识。2012年，乌拉特中旗城镇居民人均医疗保健支出868元，是1993年的14.9倍。

1995—2012年部分年份乌拉特中旗城镇居民人均可支配收入和消费支出统计表

表14－7　　单位：元

项目＼年份	1995年	2000年	2005年	2010年	2012年
可支配收入	2358	4776	8242	14830	18786
工资性收入	1855	1901	4555	9579	13189
个体经营者收入	—	—	1855	2392	3803
财产性收入	—	—	34	308	47
转移性收入	—	1081	1827	2730	3177
消费性支出	2059	3815	5669	10882	14347
食品支出	1675	1133	1576	2906	4271
衣着支出	398	537	972	1759	2418
设备用品及服务支出	147	150	239	1317	1245
医疗保健支出	124	309	326	766	901
交通和通信支出	15	529	666	762	868
教育文化娱乐服务支出	336	390	654	1134	2149
居住支出	120	395	1026	1794	1716
其他商品和服务支出	140	372	209	444	779

第二节　农牧民生活

一、收入

1988—2012 年，党的惠民政策日益显现，“三农”（农业、农村、农民）、“三牧”（牧业、牧区、牧民）问题不断得到解决。国家对农牧业税费的减免、对农牧业生产扶持和补贴，对医疗、卫生、教育等方面的大力扶助，使农牧民的收入逐年提升。1988 年，乌拉特中旗农牧民人均纯收入 821 元。2012 年，全旗农牧民人均纯收入 9487 元。

二、消费

（一）饮食

乌拉特中旗农牧民随着生活水平的不断提高，膳食结构发生很大变化。农牧民由温饱型跨入富足型，相当一部分农牧民正朝着小康型迈进。1988 年，乌拉特中旗农牧民人均饮食消费 290 元。2012 年，全旗农牧民人均饮食消费 2931 元。

（二）衣着

乌拉特中旗农牧民衣着绝大部分已经结束自己缝制低档布料服饰的历史，缝纫机已基本走出农牧户，农牧民购买成衣、皮鞋已成时尚。1988 年，全旗农牧民人均衣着消费 68 元，2012 年增长到 494 元。

（三）住房

住房条件的改善，是乌拉特中旗农牧民提高生活质量的显著标志。1988—1999 年，农牧民多居住土房。1988 年，全旗农牧民人均投入住房消费 41 元。2000 年开始，绝大多数农牧民已入住砖木结构或钢筋混凝土结构新居室。2012 年，全旗农牧民人均投入住房消费 1266 元。

（四）耐用品

乌拉特中旗农牧民的耐用品变化很大，机动车替代畜力车，摩托车替代自行车，彩电、手机进入每个家庭。1988 年，全旗农牧民人均投入日用品消费 98 元。2012 年，全旗农牧民人均投入日用品消费 241 元。

（五）文化娱乐

乌拉特中旗农牧民物质生活得到改善，对文化生活有更高的追求。1988 年，农牧民用于文化娱乐消费 34 元。2012 年，农牧民用于文化娱乐消费提升到 308 元。

1988—2012 年部分年份乌拉特中旗农牧民生活消费统计表

表 14－8

年份 项目	1988 年	1990 年	1995 年	2000 年	2005 年	2010 年	2012 年
饮　食	290	284	791	1007	1099	1981	2931
衣　着	68	57	204	140	209	507	494
住　房	41	44	324	367	444	580	1266
耐用品	98	59	454	122	83	139	241
燃　料	38	31	64	—	—	—	—
文化娱乐	34	39	177	215	334	165	308
总　计	569	514	2014	1851	2169	3372	5240

第十五篇　城市建设　建筑业

◎ 城市建设

◎ 建 筑 业

第一章　城市建设

第一节　机　构

一、行政管理机构

(一)住房和城乡建设局

1988 年初,乌拉特中旗设有城乡建设环境保护局(以下简称“城建环保局”),科级建制,内设机构 12 个:政秘股、城建股、工程管理股、人防办、乡村站、质量监督站、环境监测站、建材行业管理站、园林所、绿化队、建筑设计室、市政维护队;下辖股级二级事业单位 3 个:房管所、自来水厂、建筑公司。全局核定编制 42 名,其中行政编制 3 名、事业编制 37 名、工勤编制 2 名,全局实有人员 82 人,其中领导职数 3 人,一正二副。

1989 年,旗城建环保局内设机构建材行业管理站并入质量监督站。

1990 年,旗城建环保局内设机构建材行业管理站由质量监督站分出,重新设立。

1991 年,旗城建环保局新组建市容纠察队,旗城建环保局内设机构增至 13 个。

1993 年,全旗进行机构改革,旗城建环保局内设机构由 13 个精简合并为 7 个:办公室(原政秘股)、规划管理股(城建股、乡村建设管理站、人民防空办公室合并)、城建监察队(市政维护队、市容纠察队合并)、园林绿化所(园林所、绿化队合并)、工程管理质量监督站(工程管理股、质量监督站、建材行业管理站合并)、建筑设计室、环保监测站(其中办公室、规划股为行政编制,建筑设计室为定补单位,其余为事业编制);全局核定编制 59 名,其中行政编制 6 名、事业编制 51 名、工勤编制 2 名,全局实有人员 115 人,其中领导职数 3 人,一正二副;下辖股级二级事业单位 3 个:房管所、自来水厂、建筑公司。

1996 年,旗城建环保局在规划管理股内设立城乡规划设计室,事业性质。

1997 年,旗城建环保局新设建材行业管理站、市政维护队。同年,旗城建环保局内设机构环保监测站被撤销,成立乌拉特中旗环境保护管理局,正科建制,隶属城建局管理;同年,自来水厂更名为自来水公司。

1998 年底,旗城建局内设机构 8 个:办公室、规划管理股(内设城乡规划设计室)、城建监察队、市政维护队、园林绿化所、工程管理质量监督站、建筑设计室、建材行业管理站;全局核定编制 59 名,其中行政编制 17 名、事业编制 40 名、工勤编制 2 名,全局实有人员 59 人,其中领导职数 3 人,一正二副;另有经济实体 1 个:双建公司。下辖科级二级事业单位 4 个:环境保护管理局、房管局、自来水公司、建筑股份合作公司。

1999 年 10 月 15 日,旗城建局内设机构建筑设计室更名为乌拉特中旗建筑设计院,升格为准科级单位,归口旗城建局管理。至年底,旗城建局共有内设股站队所 9 个:办公室、规划股(与人防股一套人马,两块牌子)、规划设计室、市政维护队、城建监察队、工程管理股、工程质量监督站、园林绿化所、建材行业管理站。

2002 年 5 月，旗建设局与环保局分设，旗环保局单独设立；原隶属于城建局的自来水公司划归水务局管理。机构分设后，旗建设局内设机构 10 个：办公室、规划管理股、工程管理股（行政职能）、规划设计室、市政维护队、城建监察队、园林绿化所、建设工程安全监督站、建设工程质量监督站、建筑设计院（事业性质），全局核定编制 47 名，其中行政编制 11 名、事业编制 34 名、工勤编制 2 名，全局实有人员 51 人，其中领导职数 4 人，一正三副；旗建设局系统内归口单位 1 个：房管局；下设公司 2 个：诚威监理公司、双建公司（企业性质）。

2005 年 11 月，乌拉特中旗行政执法局、园林局成立，旗建设局市容监察队和海流图镇环卫所划归旗行政执法局，旗建设局园林绿化所划归旗园林业局。

2010 年 12 月，旗建设局更名为旗住房和城乡建设局（以下简称“住建局”），内设机构 12 个：办公室、规划管理股、工程管理股、市政维护队、建设办公室、招标办公室、建设工程安全监督站、建设工程质量监督站、材料试验站、村镇建设管理站、工程造价站、建筑设计院。全局核定编制 33 名，其中行政编制 13 名、事业编制 18 名、工勤编制 2 名，全局实有人员 65 人，其中领导职数 4 人，一正三副；旗建设局系统内归口单位 1 个：房管局。

2012 年 10 月 13 日，规划局正式成立，旗住建局规划业务划归旗规划局。旗住建局内设机构 11 个：办公室、工程管理股、市政维护队、建设办公室、招标办公室、建设工程安全监督站、建设工程质量监督站、材料试验站、村镇建设管理站、工程造价站、建筑设计院，全局核定编制 33 名，其中行政编制 13 名、事业编制 18 名、工勤编制 2 名，全局实有人员 69 人，其中领导职数 5 人，一正四副；旗建设局系统内归口单位 1 个：房管局。

（二）城市管理行政执法局

2006 年 1 月，乌拉特中旗城市管理行政执法局成立，人员由原城建监察大队全体成员、海流图镇环卫队部分人员和部分苏木乡镇工作人员组成。内设机构 4 个：办公室、法制股、监察股、执法中队；核定编制 32 名，其中事业编制 32 名，全局实有人员 32 名，其中领导职数 3 人，一正二副。

2008 年 8 月，旗城市管理行政执法局独立设置，为旗政府直属相当科级事业单位。内设办公室、监察股、法制股和 3 个执法中队。

2009—2010 年，旗城市管理行政执法局先后接纳复转军人 29 人。至 2010 年 12 月，旗城市管理行政执法局在职职工 60 人。

2012 年 12 月，乌拉特中旗行政执法局内设机构 11 个：办公室、法制股、监察股、市容执法中队 2 个、村镇办、规划执法中队、机动执法中队、广场执法中队、广告执法中队、口岸执法中队；核定编制 32 名，事业编制 32 名，全局实有人员 54 人，其中领导职数 3 人，一正二副。

（三）园林局

2006 年 1 月，乌拉特中旗园林局成立，内设机构 2 个：办公室、园林绿化股；核定编制 12 名，其中从原园林所划入事业编制 6 名，另增加事业编制 6 名，并相应将原园林所人员全部划入园林局。工勤人员编制在总编内按 15% 左右核定，不另增编。其中领导职数 3 人，一正二副。

2009 年，旗园林局内设机构增为 3 个，办公室、新区绿化队、旧区绿化队。核定编制 12 名，事业编制 12 名，工勤人员编制在总编内按 15% 左右核定，不另增编。

2012 年底，旗园林局内设机构 3 个：办公室、新区绿化队、旧区绿化队；核定编制 12 名，事业编制 12 名，工勤人员编制在总编内按 15% 左右核定，不另增编。全局实有人员 20 人，其中领导职数

2 人,一正一副。

(四)规划局

2012 年 10 月 13 日,乌拉特中旗规划局正式成立,内设机构 5 个:办公室、市政股、村镇股、工程股、用地股;核定编制 13 名,其中事业编制 13 名,全局实有人员 17 人,其中领导职数 3 人,一正二副。

二、局属二级单位

(一)房地产管理局

1988 年初,乌拉特中旗设有房地产管理所,股级建置,事业单位,隶属旗城建环保局管理,核定事业编制 26 名,实有人员 26 人。

1993 年,旗房地产管理所升格为正科建制,内设机构 6 个:办公室、市管股、档案室、交易所抵押所、发证股、基层所股;核定事业编制 28 人、工勤编制 2 人。

1995 年,旗房地产管理所更名为旗房地产管理局(以下简称"房管局")。

1996 年 5 月,旗供热站更名为旗热力公司,业务上划归旗房管局管理。

1997 年 7 月,乌拉特中旗住房公积金管理中心成立,股级建制,隶属旗房管局管理。年底,旗房地产管理局升格为正科建制,内设机构 9 个:办公室、市管股、档案室、交易抵押所、发证股、基层所股、住房公积金管理股、房产开发经营公司、物业管理股;核定事业编制 28 名、工勤编制 2 名、实有人员 33 人。

2006 年,旗房地产管理局内设机构 10 个:办公室、市管股、档案室、交易所、抵押所、发证股、基层所股、住房公积金管理股、房地产开发经营公司、物业管理股;核定事业编制 28 名、工勤编制 2 名、实有人员 38 人。

2006 年 1 月,按照巴彦淖尔市住房公积金管理体制改革要求,乌拉特中旗住房公积金管理中心更名为巴彦淖尔市住房公积金管理中心乌拉特中旗管理部,隶属巴彦淖尔市住房公积金管理中心,职能、人员、经费同时上划。

2007 年,旗房地产管理局内设机构 9 个:办公室、市管股、档案室、交易所、抵押所、发证股、基层所股、房地产开发经营公司、物业管理股;核定事业编制 23 名、工勤编 2 名,实有人员 47 人。

2009 年,旗房地产管理局参照公务员管理,内设机构 9 个:办公室、市管股、档案室、交易所、抵押所、发证股、基层所股、房地产开发经营公司、物业管理股。核定事业编制 23 名、参公人员 32 名,实有人员 52 人。

2012 年,旗房地产管理局内设机构 9 个:办公室、市管股、档案室、交易所、抵押所、发证股、基层所股、房地产开发经营公司、物业管理股;核定事业编制 23 名、参公人员 31 名,实有人员 56 人。

(二)自来水公司

1988 年初,乌拉特中旗设有自来水厂,股级建置,事业单位,隶属旗城建环保局管理,核定事业编制 26 名,实有人员 26 人。

1993 年,旗自来水厂升格为正科建制,内设机构 4 个:办公室、收费股、管道安装维修股、值机站;核定事业编制 45 名、工勤编制 4 名,其中领导职数 3 人,一正二副。

1998 年,旗自来水厂更名为旗自来水公司,内设机构 5 个:办公室、集体收费科、个体收费科、管道安装维修科、值机站;核定编制 45 名,其中领导职数 6 名,一正五副。

2002 年 5 月，旗自来水公司由旗城建局划出，隶属于旗水务局管理。

第二节　旗府驻地建设

一、旧城区改造

乌拉特中旗实施旗府驻地海流图镇的旧城区改造，是中共乌拉特中旗委员会（以下简称“旗委”）、旗人民政府为改善全旗城市环境、提高城市品位、造福人民的一项重大举措。

1988—2012 年，旗府驻地海流图镇旧城区开发建设汇丰一区、汇丰二区、巴音乌兰小区、雅馨园、景峰华庭小区等住宅小区，并建设康居一区、康居二区、惠民小区、丽景新苑等廉租住房共 1156 套。截至 2012 年底，海流图镇有棚户区居民 10932 户，占地面积 220 万平方米，房屋建筑面积 132.5 万平方米，完成棚户区改造 350 户、4.2 万平方米。

1988—2012 年，为给海流图镇居民创造休闲娱乐的场所，促进城区精神文明建设，加强基础设施建设，在生活与商业集中区建设中心广场、休闲广场、海流图公园、丽景新苑广场等游园广场；并于 2006 年翻建中心广场，改建成占地面积 1 万平方米的音乐喷泉广场。完成兴海市场的场地硬化，并进行灯光安置、排水改造等环境整治工程。为方便居民出行，减少污泥排向路面，共计投资 210 万元，硬化居民区巷道 3 万平方米，新建化粪池 15 个，铺设排水主管道 3000 米，做防洪护坡 600 平方米；投资 113 万元新建旱厕 15 座、维修厕所 100 座；投资 1400 万元建设垃圾处理场 1 座，购置机械推土机等 4 套。

二、新城区开发

旗府驻地海流图镇新区位于杭盖北路以北，总面积 4.8 平方千米，是一个体现民族文化和景观特色的城镇文化娱乐和居住新中心。

2005 年，海流图镇新区开始建设，截至 2012 年底，共完成 34.3 千米、84.1 万平方米的道路建设，安装路灯 2364 基，铺设排水管网 41.2 千米，铺设供水管网 9.2 千米，建设加压泵站 1 座，新建桥梁 2 座，建有广场 7 座、25.8 万平方米。

海流图镇新区以鸿雁大街为轴线，道路北侧坐落有乌拉特中旗“一卡通”兑付大厅、“国库支付”中心办公楼、人民检察院办公楼、国检办公楼、海关办公楼、大公热力公司、怡海园小区、阳光别苑小区、青少年活动中心、新区综合服务中心、正三寰大酒店、电业调度中心、民族学校、石艺文化园等建筑；道路南侧坐落有地税办公楼、中联国际城、哈萨尔公园、哈萨尔财富广场、法院办公楼、交警队办公楼、建设局综合服务中心、民政局办公楼、旗人民医院、移动办公楼、武警大队、新源名城小区、自来水公司、道路交通指挥中心等建筑。纬二路北侧坐落有公建区文化公园、滨河水系景观河、锦绣中华小区等。其中，2008 年投资 2800 万元新建的哈萨尔主题公园是新区重要的景观区，以蒙古族乌拉特部落 300 余年的发展史为主题，通过大型浮雕、景墙、园林小品等形式来体现和展示，是一个集园林艺术与建筑艺术于一体的文化公园，总占地面积达 6 万余平方米；同年，为弘扬和传承《鸿雁》这一优秀文化遗产，投资 2200 万元，在海流图镇新区中心建成占地面积为 5 万平方米的“鸿雁文化”主题广场。

三、市政设施建设

（一）道路街巷建设

1988 年初，海流图镇道路网已形成，为方格网式布局，全镇铺设沥青路 4 千米，其余为砂石路。

1988—1997 年,旗建设部门每年开展人行道硬化、路沿砖安设、路灯安装维修、新建维修砂石路的道路工程建设,至 1997 年底,海流图镇共有主次干道 16 条、25 千米,红线宽度 15～40 米,铺设沥青路 14.2 千米、砂石路 10.8 千米,人行道硬化 6.96 万平方米。

1999 年, 旗建设部门结合九九新世纪工程,全面完成海流图大街拓宽改造 2354 米,完成巴音路、中学路及居民巷道黑色路面建设 1666 米,市政维护工程完成 12.7 千米砂石路及沥青路坑槽的修补任务。

2000 年,旗建设部门组织实施庆祝乌拉特中旗建旗 50 周年市政美化工程,海流图镇内新建沥青路面 6017 平方米,人行道硬化整修 2503 平方米。

2002 年底,海流图镇内有主次干道 16 条、26.7 千米,其中沥青路 18.1 千米、面积 19.9 万平方米,人行道硬化 4.3 万平方米,道路铺装率 69%。

1999—2012 年, 海流图镇完成道路拓宽改造 3.1 千米,新建沥青路 67.77 千米、面积 120.1 万平方米,完成人行道硬化 35 万平方米。

2012 年底,海流图镇新旧区 14 平方千米规划区道路网全部建成。

(二)桥梁建设

1988—2012 年,旗建设部门在海流图镇新区建设和旧区改造中,共新建桥梁 6 座,其中在新区川井路、纬三路横跨滨河水系景观河处建设桥梁 2 座,新建乌兰大街西延线路段新建桥梁 2 座,改造旧蒙中河槽新建桥梁 2 座。

(三)公共照明

1988—2012 年,旗建设部门在海流图镇新建改建道路的同时,加强对公共照明设施的维护和建设。截至 1997 年底,全镇有路灯 159 盏,装灯率 26%。

1999 年,旗建设部门在新世纪工程建设过程中,结合道路改造,新建新增路灯 179 盏。

2000—2001 年,旗建设部门结合庆祝乌拉特中旗建旗 50 周年市政美化工程,新增路灯草坪灯 61 盏,安装广告灯箱 100 个,华灯路灯 17 套。

2006 年底,随着海流图镇"五纵六横"道路网覆盖全镇,全镇广场照明系统日益完善,道路亮化率 95% 以上。

2007—2012 年,随着海流图镇新区的开发建设,旗建设部门加大对市政基础设施改造建设力度,配套安装路灯 2058 盏。

(四)园林绿化建设

2006 年 1 月 16 日,根据国务院绿化条例和旗委、政府的要求,组建乌拉特中旗园林局。按照旗委、政府的总体部署,坚持"规划建绿、科技兴绿、依法治绿、全民动员"的工作方针,贯彻科学发展观,在完善制度建设、加强绿化管理的基础上,组织实施以公共绿地建设,道路绿化及绿地养护等方面工作,截至 2012 年,海流图镇城区绿地面积 167 万平方米,绿化率 21.6%,人均公园绿地面积 6.24 平方米。

2006 年,在完善制度建设、加强绿化管理的基础上,组织实施以公共绿地建设,街道绿化养护及单位院内绿化等几方面工作,海流图镇城区完成绿化面积 3860 平方米。

2007 年,旗园林局以"实施海流图镇周边绿化,改善人居环境"为工作目标,对海流图镇新城区杭盖北路、纬一路、海流图大街、川井大街、教育路、大西街二横三纵道路以及对杭盖北路与海流图大街交汇处节点6条街道节点的打造和旧区部分街道新植和补植各类乔灌木及地被植物143717余株，在镇北山前新植城防林300亩，连同镇西北城防林累计900亩，全年完成绿化面积65430平方米，并开始对各类绿地的全面养护工作。

2008年，旗园林局在2007年基本完成6条街道绿化的基础上，按照规划主要对海镇新区环哈萨尔广场和中联国际城4条街道内侧进行绿化，同时对旧区包括海流图大街、乌兰大街、巴音路等街道进行补植补栽，对南转盘、海流图大街南转弯处、建设局门前、消防队门前、教育工商综合办公楼下等几处街头绿地进行绿化改造。海流图镇城区共新植补国槐、河北杨、垂榆等各类树木1100余株，种植花卉6849平方米，种植草坪3000余平方米，在镇北山前新植城防林150亩。下半年在初步规划设计基础上海流图公园建设工程已基本完成道路硬化和排洪工程的建设。

2009年，旗园林局主要对海流图镇城区的哈萨尔公园、海流图公园、南出入口及新旧区各街道进行绿化，主要是在新旧区各街道栽植行道树，并进行乔灌搭配，以形成完整的道路景观，共新植补植树各类乔木2400余株，种植灌木5800余平方米，种植花卉6000余平方米，种植各类地被植物23000余平方米，累计完成绿化面积3.5万平方米，完成投资880万元。

2010年，旗园林局主要对海流图镇城区纬二路、哈太路的新区延长段，党政综合服务中心广场、丽景新苑绿地绿化、海流图公园及口岸进行绿化，海流图镇城区共新植补植树各类乔木4133株，灌木3740株，地被植物23404平方米，种植花卉6000余平方米，重点完成新区部分道路和党政综合服务中心广场绿化以及海流图公园建设工程，口岸绿化也同步进行，共栽植乔木1838株，灌木27152株，地被植物6914平方米，全年完成绿化面积5.1万平方米。

2011年，旗园林局主要海流图镇城区纬一路、纬二路、教育路、大西街、金泉工业园区、地质公园、海流图公园、口岸进行绿化，共新植补植树各类乔木11600余株，灌木14200余株，地被植物11000余平方米，种植花卉7000余平方米。并重点完成海流图公园、口岸及加工园区、地质公园绿化，共栽植乔木45500余株，灌木249000余株，地被植物9000余平方米。

2012年，旗园林局对海流图镇城区纬一路、纬二路、教育路、大西街为主的地段、地质公园、海流图公园、口岸、金泉工业园区进行绿化。种植各类乔木23000余株，灌木260万余株，地被植物13万余平方米，种植花卉22万余株。

（五）公园与广场建设

1988年，乌拉特中旗海流图镇中心广场是全旗唯一的广场。2006年，海流图镇中心广场经改扩建后形成1万平方米的音乐喷泉广场。

1988—2012年，全旗先后扩建、新建广场、公园8个、27.68万平方米，包括中心广场、休闲广场、丽景新苑广场、哈萨尔广场、鸿雁广场、海流图公园、巴云英公园。乌拉特中旗在城镇建设中重视广场公园文化的建设，在广场公园的规划建设中，充分挖掘有价值、有代表性、有纪念性的民俗文化、历史文化，通过广场公园这个平台将艺术性展示出来。新建的哈萨尔广场、鸿雁广场、海流图公园、巴云英公园、石艺文化园都达到“一广场一主题”“一公园一故事”的目的。

哈萨尔广场总占地面积为6万平方米，是展示乌拉特部落历史、文化、民俗、民艺集娱乐、游憩于一体的综合性纪念公园。

在海流图镇新区中心建成占地面积为5万平方米的“鸿雁文化”主题广场。巴云英公园是为纪念乌拉特草原的蒙古民族抗日女英雄而建的纪念性主题公园，总占地面积3.4万平方米。

2012 年,继哈萨尔公园、鸿雁广场、巴云英公园后,海流图镇为更好地传承和保护乌拉特草原优秀的蒙古族传统文化,彰显海流图城市建设的蒙元文化特色,提升城市文化品位和建设产品的生命力,开工建设占地 4.2 万平方米的公建区文化公园,作为城市蒙元文化建设系统的重要组成部分;同年,为推进乌拉特中旗珠宝、奇石行业的产业化进程,开工建设石艺文化园和滨河水系景观工程。

四、公用事业建设

(一)供水设施建设

1988 年,海流图镇供水体系初步形成,年供水能力 48 万立方米,供水普及率 70%。该年在海流图镇东河槽新建水源井 2 眼,建成后水源井共有 5 眼,供水主管网总长 18 千米。

1989 年,在杭盖街铺设 DN50 聚乙烯管 1.2 千米,实施自来水入户工程,为杭盖街南北两侧 800 余户居民通上自来水。

1990—1993 年,在海流图镇东河槽水源井之间铺设 DN200 铸铁管 0.3 千米;在乌兰街、教育路铺设 DN160 铸铁管 0.6 千米;在巴音街铺设 DN90PVC 管 1 千米。

1996—1998 年,在旗医院附近新建水源井 2 眼;更新改造海流图镇居民区巷道供水支管网 5 千米。

1999—2004 年,从水源地到水厂(旧址)铺设 DN315 聚乙烯管 2 千米;在杭盖街铺设 DN200 聚乙烯管 0.5 千米。

2005 年,在海流图镇东河槽水源地内铺设 DN300PVC 管 0.4 千米、DN200PVC 管 0.4 千米;从水厂(旧址)到川井路铺设 DN300PVC 管 0.5 千米。

2006—2007 年,为满足日益扩大的海流图镇新区用水需求,在二水库上游开发水源地 1 处,新建水源井 2 眼,新建供水加压站 1 座、300 立方米蓄水池 2 座;从新水源地到水厂(新址)铺设 DN400PVC 管 8.5 千米;更新海流图大街、川井大街供水管网 DN200PVC 管 3 千米。

2008 年,从水厂(新址)到新区风电产业园新铺 DN200PVC 管 5 千米;从旧水源地到南物流周围铺设 DN160PVC 管 4.5 千米,解决该区域自来水水质不达标、用水紧张的局面;铺设 DN100PVC 管 1.5 千米接入温更二队,使 100 余户居民用上自来水。同年,旗自来水厂实现城镇供水系统化。

2009 年,1400 立方米供水调度楼(自来水厂新办公楼)在海流图镇海北新区落成。该年,为改善移民村 100 余户居民的用水环境,从新水源地到移民村铺设 DN100PVC 管 2 千米,接入新管网后,村民喝上了放心自来水。

2010—2012 年,在海流图镇新区铺设 DN200PE 管 8.5 千米;在新水源地新建水源井 2 眼,截水坝 300 米;对初设细口径管道和管网布局进行了整改,累计更新扩建供水管网 9.8 千米。

2012 年底,乌拉特中旗有供水水源 2 处:其中旧水源地(海流图东河槽)有大口水源井 2 眼、新水源地(二水库上游)有大口水源井 3 眼。供水主管网全长 78 千米,其中 DN70 为 9.3 千米;DN110 为 18.5 千米;DN160 为 12.7 千米;DN200 为 21.8 千米;DN315 为 5.5 千米;DN400 为 10.2 千米。供水普及率 99%,供水覆盖率 100%,年供水量 270 万立方米。

(二)供暖设施建设

2004 年 12 月 8 日,旗热力公司实行转制重组,转制后更名为乌拉特中旗大公热力有限责任公司,法人代表为乔文胜,是乌拉特中旗唯一具有供热资质的供热企业。

2005—2008 年,旗大公热力有限责任公司新建区域锅炉房 2 座,改造扩建锅炉房 2 座,改造及更换供热管道 61.5 千米,供热面积增加到 30 万平方米。

2009年，为响应国家节能减排的号召，旗大公热力有限责任公司投资1.1亿元实施集中供热工程，建设集中供热热源厂1座，安装3台29兆瓦循环流化床锅炉及其附属设备，新建供热一次网7.5千米，二次管网31.3千米，新建无人值守换热站12座，供热面积120万平方米。

2010年，旗大公热力有限责任公司又新增29兆瓦锅炉2台，供热面积200万平方米。

2012年，旗大公热力有限责任公司通过全额自筹资金开始在北环路以南、哈太北路以西建设供热能力更强的集中供热热源厂（新厂区东西长250米，南北宽360米，占地1.51公顷），用以关停取缔旧热源厂的5台29兆瓦循环流化床锅炉及其附属设施。

（三）供气设施建设

2009年9月，旗府驻地海流图镇的燃气工程由巴彦淖尔市腾洁燃气有限责任公司乌拉特中旗分公司建设完成并投入使用。截至2012年12月底，敷设天然气城网管道约7.12千米，其中门站东墙113米、纬一路（海西街—教育路）743米、教育路（纬一路—杭盖北路）430米、杭盖北路（教育路—海流图大街）1093米、教育路（纬一路—纬二路）448米、教育路44米、海西街（纬一路—杭盖路）426米、纬二路（教育路—哈太路）1000米、教育路（民族学院—纬三路）629米、电力小区支线51米、甘泉路（哈萨尔大街—巴音街）1408米、哈萨尔大街（乌拉特路—哈太路）736米。至2012年底，发展6个小区居民用户6342户，发展公建商业用户4家。

2012年底，海流图镇已投入使用的天然气储配站1座、CNG加气站1座、LNG加气站2座；其中1座为LNG—CNG合建站，位于乌不浪口金泉工业园区内，LNG加气站位于省道212线西侧。

第三节　房地产开发管理

一、房地产开发

（一）开发与投资企业

1996年，乌拉特中旗开始有房地产开发。同年，仅有房地产企业开发企业1家：乌拉特中旗房地产开发公司。

2000年，全旗有房地产开发企业2家：乌拉特中旗房地产开发公司、巴彦淖尔市汇丰房地产开发公司。

2005年，全旗有房地产开发企业2家：乌拉特中旗房地产开发公司、汇丰房地产开发公司。

2010年，全旗有房地产开发企业6家，其中主要企业有巴彦淖尔柏晨房地产开发公司、河北省中联房地产开发公司、乌拉特中旗房地产开发公司、巴彦淖尔市兴业房地产开发公司、包头祥荣房地产开发公司等。

2011年，全旗有房地产开发企业6家，其中主要企业有巴彦淖尔柏晨房地产开发公司、巴彦淖尔市汇丰房地产开发公司、包头祥荣等。

2012年，全旗有房地产开发企业13家，其中主要企业有中联房地产开发公司、柏晨房地产开发公司、鄂尔多斯大磊房地产开发有限公司、五原隆辰房地产开发公司、巴彦淖尔市凯华房地产、内蒙古建华房地产开发公司等。

（二）开发项目

1996—2005年，乌拉特中旗共有房地产开发项目9个，主要开发项目有：恒源小区项目、邮政小区项目、迎宾小区、汇丰一区等。

2006—2010年,乌拉特中旗共有房地产开发项目30个,主要开发项目有:家和房地产开发项目、新龙城开发一期项目、中联国际城项目、地税小区项目、巴音乌兰小区、乌兰D家小区、新源名城、丽景新苑、景峰小区等。

2011年,全旗共有房地产开发项目8个,主要开发项目有:新龙城二期项目、富世雅都项目、建业国际项目、中联二期项目、电力小区、锦绣中华一期、阳光别苑等。

2012年,全旗共有房地产开发项目10个,主要开发项目有:财苑小区项目、宁馨园项目、怡海园、北疆明珠、惠民小区、温馨小区等。

二、保障性住房建设

(一)经济适用住房建设

2006年,乌拉特中旗开始进行经济适用住房建设。同年,开工建设经济适用住房项目2个、5.13万平方米。至年底,实际完成经济适用住房5.13万平方米。

2007年,乌拉特中旗开始进行经济适用住房建设。同年,开工建设经济适用住房项目2个、5.92万平方米。至年底,实际完成经济适用住房5.92万平方米。

2006—2007年,乌拉特中旗获批经济适用住房指标11.05万平方米,在4个项目中实施完成。至2007年底,实际完成经济适用住房建设11.05万平方米。

2008年后,乌拉特中旗再未建设经济适用住房。

(二)公共租赁住房建设

2008年,乌拉特中旗开始实施公共租赁住房建设。同年,开工建设公共租赁住房1个1.25万平方米。至年底,实际完成公共租赁住房建设1.25万平方米。

2009年,全旗开工建设公共租赁住房2.08万平方米。至年底,实际完成公共租赁住房建设2个,2.08万平方米。

2011年,全旗开工建设公共租赁住房3.59万平方米。至年底,实际完成公共租赁住房建设2个,3.59万平方米。

2012年,全旗开工建设公共租赁住房1.79万平方米。至年底,实际完成公共租赁住房建设3个,1.79万平方米。

第四节 城镇管理与综合执法

一、城市建设管理

1990年,旗建设局在海流图镇人民政府下设市容纠察队,主要侧重是对城镇的环境卫生管理,各类建设行为实质上由建设局按照《城市规划法》的有关条款管理,但力度不大。

1991年,旗人民政府责成由建设局重新组建市容纠察队,后更名为城建监察队,正式开始海流图镇建设的管理。

1992年7月,建设部颁布城建监察规定,为城市建设管理提供了专门的法规依据。至此,乌拉特中旗城镇建设管理走上正轨,全面开展查处违法建设、马路市场、货场、施工占道、乱贴乱画广告等影响市容市貌行为,实施了市场、广场划行归市使用办法,开展市政基础设施和园林绿化方面的监察,对海镇地区进行全方位的综合整治。

1994年5月,旗城建监察队配备标志服装。

1995 年 4 月 27 日，旗十二届人代会第 8 次常委会通过并颁布《乌拉特中旗海流图镇城建监察规定》，提供海流图镇地区城镇建设管理的地方规定。

1997 年，“481”工程建设中，旗建设局与海流图镇人民政府组织百人城镇管护队，对海流图镇进行了全方位综合整治管理，海流图镇达到内蒙古自治区丙级组三星级文明城镇标准。截至年底，旗城建监察队清理查处各类违法建设及用地纠纷 39 起，拆除 8 起，清查已批未建地基 241 户，4. 34 万平方米，清除马路摊位 227 个，基本上控制海流图镇以路为市、乱建乱占、乱贴乱画等影响市容市貌的现象。

二、市容管理

（一）市政管理

1. 户外广告管理

2006 年，拆除违法户外广告 20 块，整改加固不安全牌匾 30 块；清理违法“小广告”2000 余张。

2008 年，更换陈旧、破损户外广告牌匾 117 块；与广告商签订《户外广告牌匾管理责任状》90 余份；清除城市“牛皮癣”2000 余张。

2010 年，共播放市容宣传公益广告 24 条，制作宣传栏 10 块，悬挂横幅 12 条，在三大广场设置保护环境温馨提示语牌和禁停牌 56 块。

2011 年，投资 8 万元建立 10 处便民广告栏，投资 8000 购买“城市警示系统”进一步加强了对“三乱”小广告的打击力度，全年共清理小广告 2400 张。

2012 年，跟踪监管并指导完成 123 块门头招牌的规范整治，现场拆除不符合要求的门头招牌 150 面；召集各广告制作商召开关于口岸园区各类广告牌匾的会议，根据《中华人民共和国广告法》和《内蒙古自治区社会市面蒙汉文两种文字并用管理办法》等有关规定，会议要求在同一块牌匾上，蒙古文汉文两种文字的字号规格协调，必须各占版面 1/2 制作的材质一致。并对各广告制作商，进行逐一登记、签订责任状。跟踪监管并指导完成门头招牌的规范整治 13 块，现场制止除不符合要求的门头招牌 2 面。

2. 流动商贩管理

2006 年，申请政府投资 55 万元，在镇南新建 50000 平方米煤场 1 处，吸纳镇区内分散煤炭经营点 18 个，避免煤粉尘对镇区环境和居民生活的严重污染；新建砖瓦零售场 1 处，集中零散经营户 9 家；取缔镇区 8 个废品收购市场。

2007 年，与文体广电局协商后在体育场内建立消夏冷饮市场 1 处，安排冷饮、烧烤、娱乐摊点 21 个；为部分生活困难群众免费提供 10 个摊点，在海流图镇区部分路段划定便民摊点 6 处，安置流动商贩 24 户，海镇中心区建立早间菜市场 1 处，安置流动菜摊 82 个。

2008 年，清理流动经营摊点 234 处；设立便民摊点 1 处共 4000 平方米；清理废品收购点 6 处；新建 2000 余平方米砖瓦市场 1 处，安置经销商 20 家；为部分“收缩转移”到镇区的贫困牧民，免费提供了 6 处便民摊点，筹资 1000 余元对其经营设施（订鞋车、补胎车）进行统一色调的油刷，在维护市容整洁的同时，积极为困难群体就业创收搭建平台。口岸园区取缔流动摊点 24 个。

2009 年，清理流动经营摊点 460 处。

2010 年，在新区开设 2000 平方米的便民冷饮和小孩娱乐场地；海流图大街、巴音路、乌兰大街 3 个严管街的创建工作，开创实践商场自管模式，整顿锦海市场前 18 个摊点、清理流动经营摊点

360处。

2011年,在不影响交通和市容市貌的地段建立便民摊点4处,建起农贸市场1处,占地面积15620平方米。

2012年,在体育场新建便民摊点,有60余家商贩进入经营;清理主次街道及学校周边占道经营流动商贩270处。

3. 交通占道管理

2006年,在主要路段画定非机动车停车位7处,2100余平方米;规范农用出租车停放场地2处,10000平方米;规范5000平方米停车场1处,安置打零车辆180辆;查处各类违法行为80余次;纠正违法行为20次;处罚违法当事人60人次。

2008年,清理乱停乱放车辆300余辆;规范停车场3处共20000平方米(可停放300辆机动车)。

2009年,取缔违章停车场3处。

2010年,处罚违章车辆64辆,"贴单"处罚无序停放车辆53辆;口岸园区规范将近40000平方米停车场1处,取缔违章停车场3处。

2012年,联合交警、运管清理80余辆违规、违章占道车辆。

(二)园林绿化管理

1. 园林管理

2006年1月16日,根据国务院绿化条例和旗委、政府的要求,组建乌拉特中旗园林局。旗园林局成立后,按照旗委、政府的部署,以"实施城镇绿化,改善人居环境"为工作目标,不断完善制度建设、加强绿化管理,先后制定《乌拉特中旗城镇绿化管理办法》《乌中旗园林局内部管理制度》《乌中旗海镇地区全民义务植树实施意见》等各项管理制度。至2012年,主要工作包括:(1)对海流图镇规划区和建成区园林绿化实际状况进行细致的调查后,逐年按计划对海流图城区乌兰大街、大西街、杭盖路、海流图大街等主要街道进行新植和补植行道树。同时根据海流图城镇园林绿化建设的现状,聘请绿化公司对海流图新旧区部分地段的绿化进行规划设计,在新城区和旧城区新植和补植各类乔灌木及地被植物,对各类绿地的养护工作也同时开展。(2)在加强绿化的同时加强自我检查,对每个绿化片区进行细致调查,调查后及时做出整改方案并实施,如广场周边美化、城镇街头绿地的建设、城区广场内喷泉、照明系统、健身器材及台阶、凉亭等服务设施进行更换和维修,并补植花卉、地被及草坪。每年在各类节日临近之际,为营造热烈、喜庆、祥和的节日气氛,精心规划,在海镇主街道和广场摆放符合节日主题的花卉图案,达到美化城镇的效果。按照《乌中旗海流图镇绿化实施办法》的要求,认真落实绿地养护人员管理制度,对海镇城区范围内的街道树木和广场绿地景观进行日常养护,做到分工明确,责任到人。

2. 城市绿地管理

2006—2012年,随着海镇地区绿地面积的逐年增加,绿地管护工作也不断加强,根据《乌拉特中旗海流图镇园林绿化管理办法》的要求,以及园林局养护人员和广场绿地管护人员的管理制度,在不断配备各种园林机械,强化专业知识培训的基础上,加强对海流图镇城区范围内的街道树木和广场绿地景观进行日常管护,主要进行浇水、除草、修剪、病虫害防治、补植、绿地建设、服务设施维修,园林监察、园林知识宣传等具体工作,做到分工明确,责任到人,保证了95%以上原有和新植树木的成活率,巩固了现有的绿化成果。同时在城镇绿化建设过程中,在保持增加绿量的前提下,充分考虑节约资源的因素，主要体现在节地、节土、节水、节能、节材、节力等几个方面，同时加强林业有害生物监测、防治，对外调苗木严格进行复检，严防外来有害生物入侵；在绿化配套建设上，要注重发展节水型园林，降低养护成本。同时紧密结合全民义务植树活动，广泛开展门前三包、捐资造林、栽植纪念林等丰富多彩的义务植树活动。

三、房地产管理

（一）房屋产权登记

1988 年，乌拉特中旗房屋产权登记 963 本、5.49 万平方米。1989 年，全旗房屋产权登记 1017 本、5.72 万平方米。1990—2009 年，全旗房屋产权登记 17050 本、120.21 万平方米。2010 年，全旗房屋产权登记 1440 本、15.2 万平方米。2011 年，全旗房屋产权登记 1485 本、15.6 万平方米。2012 年，全旗房屋产权登记 1445 本、15.17 万平方米。

1988—2012 年乌拉特中旗房屋产权登记统计表

表 15－1

年　份	产权登记户数(户)	建筑面积(万平方米)	年　份	产权登记户数(户)	建筑面积(万平方米)
1988	963	5.49	2001	423	4.36
1989	1017	5.72	2002	456	4.70
1990	973	5.45	2003	441	4.54
1991	1124	6.30	2004	456	4.61
1992	2746	15.65	2005	516	5.38
1993	2943	16.78	2006	487	5.02
1994	667	4.80	2007	826	7.76
1995	216	2.18	2008	778	7.31
1996	285	2.88	2009	1012	9.71
1997	279	2.87	2010	1440	15.2
1998	244	2.46	2011	1485	15.6
1999	317	3.26	2012	1445	15.17
2000	421	4.34	—	—	—

（二）房产交易管理

1988 年，全旗房屋交易 125 套、建筑面积 0.7 万平方米。1989—2011 年，全旗房屋交易 9756 套，建筑面积 100.89 万平方米。2012 年，全旗房屋交易 1264 套、建筑面积 13.27 万平方米。

1988—2012 年乌拉特中旗房产交易情况统计表

表 15－2

年　份	产权登记户数(户)	建筑面积(万平方米)	年　份	产权登记户数(户)	建筑面积(万平方米)
1988	125	0.70	2001	371	3.30
1989	127	0.72	2002	440	4.18

续表 15－2

年　份	产权登记户数(户)	建筑面积(万平方米)	年　份	产权登记户数(户)	建筑面积(万平方米)
1990	111	0.63	2003	411	4.11
1991	37	0.2	2004	407	3.78
1992	26	0.15	2005	444	4.57
1993	33	0.18	2006	412	4.24
1994	72	0.42	2007	677	6.49
1995	187	1.35	2008	796	8.35
1996	201	2.03	2009	1086	12.01
1997	199	2.01	2010	1267	14.30
1998	255	2.57	2011	1388	16.76
1999	333	3.42	2012	1264	13.27
2000	502	5.12	—	—	—

(三)住房公积金管理

1997年,乌拉特中旗住房公积金工作开始实施,到2012年12月31日,共有214个单位、10168人建立住房公积金制,归集住房公积金3.55亿元,贷款3.58亿元、4156户。使广大干部职工、个体工商户享受到住房公积金带来的好处。

1997—2005年,乌拉特中旗因旗财政相对困难,公补资金难以落实到位,加之当时房地产市场疲软,干部职工对住房贷款需求较少等原因,住房公积金缴存工作进展缓慢。其间,全旗共有121个单位、4019人参加住房公积金缴存,年均住房公积金缴存率仅为职工工资总额的3%。全旗共归集住房公积金895万元,发放个人贷款91万元。

2006年1月,巴彦淖尔市住房公积金管理体制改革后,乌拉特中旗住房公积金缴交工作进入快速发展轨道,缴存率由职工工资总额的3%提高至5%。同年,全旗共归集住房公积金1114万元,发放个人贷款938万元、280户。

2007年,全旗行政事业单位住房公积金缴存比例统一调整至职工工资总额的6%。全旗共归集住房公积金1366万元,发放住房公积金贷款1972万元、493户。

2008年,全旗共归集住房公积金1875万元,发放个人贷款2592万元、543户。

2009年,全旗共归集住房公积金2602万元,发放个人贷款5870万元、731户。

2010年,全旗行政事业单位住房公积金缴交率统一提高至职工工资总额的10%。全旗共归集住房公积金5945万元,发放个人贷款5110万元、595户。

2011年,全旗共归集住房公积金1.024亿元,发放个人贷款7655万元、599户。

2012年,全旗行政事业单位住房公积金缴交率统一提高至职工工资总额的12%。全旗共归集住房公积金1.06亿元,发放个人贷款1.096亿元、644户。

(四)物业管理

2007年,乌拉特中旗物业管理工作开始起步,同年,全旗有住宅小区14个,总建筑面积12.35万平方米。其中,符合物业管理条件的住宅小区8个,建筑面积8.15万平方米,业主委员会组建率、物业管理覆盖率均100%;另外6个住宅小区也都组建业主委员会。累计收取维修基金41.8万元，使用 4.45 万元。至 2012 年，全旗共有物业服务企业 7 家，共有从业人员 103 人，管理全旗 48 个小区，121 万平方米。

四、综合执法

（一）城市规划执法

2006 年，旗城市管理行政执法局组织旧城改造规划工作和城市整容换装工作。旧区十字街指示灯工程和新旧区道路标线工程进行规划设计，进一步完善农贸市场停车、洗车、修理车行业等规划布局。政府拟投入 6733 万元，重点完成海流图大街、巴音路道路改建新建 5 千米、海流图广场改造、人行道硬化 6 千米、居民区巷道硬化 5 千米等规划工作。组织开展"四条街"两侧 37 个单位、个体户及海流图广场周边地区门点整容换装工作。聘请内蒙古昌德装饰公司，为整容换装单位设计立面造型图，完成 20 个单位的设计图案，图案突出民族特色。

2009 年，在海流图镇建设 2 个大型物流园区和 3 个市场，解决部分大型运输车辆在城区乱停乱放的问题，改善旧城迎街门店占道经营行为，改变镇区沿街占道维修、洗车、电焊等违规行为对市容环境、市政设施的损坏，为旧城区改造打下坚实的基础，同时创造大量就业机会，缓解就业压力，营造稳定和谐的社会环境。顺利开展棚户区改造工作，把重点工作放在改造区，发现的私搭乱建全部拆除。

（二）市政管理执法

1. 排水防污违法违章查处

2006 年，排水防污管理部门展开沿街店铺和住户的下水入户工作，加大排水管网的建设力度，沿街店铺和居民有 230 户居民户和店铺接通了下水；蒙中河槽浆砌石护坡 1500 米。

2008 年，处罚乱倒污水污物行为 143 起；清理生活垃圾 2000 余平方米；口岸园区查处乱倒污水杂物行为 40 起。

2009 年，处罚乱倒污水污物行为 68 起。

2010 年，依法治理乱扔乱倒污水污物 165 处；处理车辆污染路面 26 处；口岸园区处罚乱倒污水污物行为 68 起。

2011—2012 年，继续依法治理乱扔乱倒污水污物、车辆污染路面等违法行为。

2. 市政设施违法违章查处

2006 年，市政设施管理部门查处破坏市政设施行为 3 起。

2007 年，查处破坏市政设施案 3 起。

2008—2012 年，查处污染城市路面、损毁城市路灯、道路划痕、采伐绿化树木、践踏草坪等破坏市政设施和园林绿化行为共 71 起。公开举报电话，受理群众举报案件 6 起，结案 6 起，结案率 100%，极大地降低了市政设施损毁率；口岸园区监督市政施工场地，杜绝占道堆放物料、污水乱排、乱倒废土等现象发生。

3. 建筑违法违章查处

2006 年，旗城市管理行政执法局共查处违法建设行为 21 起，其中手续不全 16 处；违反规划建设 5 处；下发整改通知书 10 份；责令停工整顿 2 处，在与当事人多次协商、座谈后进行和谐拆迁。

2007 年，严格执行建设工程规划和占用地及建设工地管理制度，查处手续不全、违反规划等违法建设工程 9 处，责令停工整顿红线、标高、采光、高度等不达标建设工程 2 处，对施工不圈围、物料乱堆乱放、施工噪声扰民、建筑垃圾乱倒等行为进行整改9份，处理建筑垃圾3万余立方米。

2008年，手续齐全工程9处，停工补办手续工程1处，签发废土调运单80份，处置建筑垃圾21000余立方米。拆除危旧房屋46间，1600平方米。拆迁违法建设用房12间，下发拆迁通知书14份。

2009年，查处违建行为3起，签发废土调运单10份，合理处置建筑垃圾15000立方米；对镇区部分常年阻碍居民巷道畅通的违法建筑物进行了拆除，拆除建筑物32处，1500余平方米。

2010年，合理处置建筑垃圾36000立方米无审批手续的违法建设行为，已拆除35处；在口岸园区，拆除违法建筑物27处（517平方米）、活动板房3处（350平方米），全年拆除各类违法建设65处（3520平方米），有效地遏制违法建设蔓延势头。

2011年，成立废土中队，建立建筑垃圾场两处，投资36万元购买装载机、面包车各1台，对拉运沙石、废土车辆24小时巡查，在出入口设立警示标志，明确了大型货车运输路线；全年拆除各类违法建设65处（5520平方米），清理覆盖建筑垃圾20余万立方米，同时与建筑企业签订责任状，基本达到"四个必须"制度。

2012年，已拆除违章建筑10处；清理遗留建筑垃圾8处；共清理垃圾、废土30000余立方米。

4. 违法占道经营、违法户外小广告查处

2006年，旗城市管理行政执法局取缔占道经营和店外经营180处；清理乱堆乱放、乱吊乱挂问题100处；清理"野广告"2000余张。

2007年，全年拆除违法户外牌匾20块，整治不安全牌匾30块，清理违法小广告3000余张（处）；取缔占道经营108处；清理乱堆乱放物品行为20次；拆除违法户外广告20块。

2008年，取缔倚门销售、占道经营共156处；取缔店外修车50处；口岸园区清除、覆盖违法小广告70余条。

2009年，取缔倚门销售、占道经营共245处；更换陈旧、破损户外广告牌匾167块；清除城市"牛皮癣"950余张。

2010年，整顿占道和店外经营现象142处，清除各类小广告3700余处、宣传画95余张，依法查扣违章灯箱、广告21个，取缔未批私设的横幅、标语45条；口岸园区取缔倚门销售、占道经营共145处；更换陈旧、破损户外广告牌匾97块；清除"牛皮癣"950余张。

2012年，已清理擦洗小广告5000余张，墙体喷号广告12000余处。对破旧墙体粉刷涂料5600余平方米。清除乱堆放300余处。

（三）城市绿化违法违章查处

2006年，完善绿地景观设计，聘请包头园林设计院对一些主要街道、海流图广场和政府大院的改造进行了设计；查处损坏绿化树木案2起；实现拆墙透绿2处。2007年，查处破坏绿化树木案2起。2009年，采伐绿化树木、践踏草坪等破坏市政设施和园林绿化行为共21起。2012年，配合园林局清理绿化带内的建筑垃圾、生活垃圾4000余立方米，为道路两侧的硬化、绿化顺利施工提供保障。

（四）环境保护违法违章查处

1988—2012年，乌拉特中旗环卫管理部门对在人口集中地区焚烧产生有毒有害烟尘和恶臭气体的行为给予行政处罚。

第二章　建筑业

第一节　建筑企业

1988—1998 年，乌拉特中旗建筑施工企业共有 5 家，分别是乌拉特中旗建筑公司（1965 年成立）、海流图镇工程队（1980 年成立）、乌拉特中旗劳动就业建筑安装公司（1982 年成立）、乌拉特中旗房地产开发公司工程队（1986 年成立）、双建公司（1993 年成立）。1994 年，按照产权清晰、政企分开、科学管理的原则，全旗建筑施工实施企业转制工作，旗建筑公司转为股份合作企业，其他施工企业均实施了不同程度的改革，使企业有所发展。1997 年，乌拉特中旗加大企业转制的力度，旗建筑公司一次性安置退休工人 52 人，海流图镇工程队转制为海星建筑股份有限责任公司，资质等级为“暂四级”；至年底，5 家建筑施工企业固定资产总值 226.7 万元，年完成建筑业总产值 1130.48 万元，建筑业增加值 361.12 万元。

2005 年，随着海流图镇新区建设，境内外开发企业、施工企业涌入旗内，参与到旗境内房地产、公建项目和市政工程项目的建设。

2012 年底，全旗共有 73 家境内外建筑开发、施工企业参与到旗境内房地产开发、公建项目和市政项目的建设，共实施工程项目 269 项。

第二节　建筑设计

20 世纪 80 年代末至 90 年代初，旗城建环保局建筑设计室已能承担比较复杂的工业与民用建筑设计。

1989 年，旗城建环保局建筑设计室王明亮设计的乌拉特中旗三教中心大楼（4004 平方米，局部 5 层）在内蒙古自治区、巴彦淖尔盟、乌拉特中旗 3 家设计单位 12 个方案中夺标，揭开乌拉特中旗自行设计大中型楼房的第一页。

1990 年，旗城建环保局建筑设计室对旗铬铁合金厂主厂房的设计、1992 年对锦海市场、旗综合饲料加工厂（旗酒厂）的建筑设计，运用多层排架结构设计、多跨钢排架全钢结构设计、大跨度混凝土薄腹梁砖混结构设计先进技术。至此，旗城建环保局建筑设计室基本占领全旗建筑设计市场。至 1997 年底，旗城建环保局建筑设计室完成设计面积 6.02 万平方米，总投资额 2989.51 万元。

1998 年，旗城建环保局建筑设计室购置电动晒图机 1 台及计算机辅助设计系统，并正式投入使用。旗党政办公楼（6196.5 平方米）、蒙中逸夫教学楼（2508 平方米）均运用计算机辅助设计系统进行设计，达到出图快、质量高的标准。

第三节　建筑面积

一、海流图镇

1988—2004 年，海流图镇房屋建设仅为小规模零星建设，各类房屋总建筑面积 168 万平方米，其中住宅 106 万平方米、平房 103 万平方米。

2005 年，海流图镇新区建设启动后，至 2012 年末，海流图镇房屋新建建筑面积 188.4 万平方米，其中房地产开发住宅小区 33 个、142 万平方米、14400 户，商业项目 14 项、18.3 万平方米，公建项目 54 项、27.3 万平方米，工业项目 5 项、0.8 万平方米。

二、甘其毛道口岸城镇

2010 年，甘其毛道口岸城镇的房地产开发开始启动，至 2012 年底，全镇区各类房屋建筑面积 93.5 万平方米，其中住宅小区 7 个、27.2 万平方米、2300 户，商业项目 10 项、40 万平方米，公建项目 18 项、6.8 万平方米，工业项目 3 项、19.5 万平方米。

三、口岸加工园区

2010 年，甘其毛道口岸加工园区建设全面启动，全部为工业项目，共 13 项，建筑总占地面积 285 万平方米，其中建筑面积 5.6 万平方米。

第四节　建筑管理

一、技术培训

2010 年，乌拉特中旗按照《巴彦淖尔市建设行业关键岗位人员配置标准》（巴住建委工发〔2010〕86 号）文件，规定凡在乌拉特中旗开工的工程项目执行关键岗位押证施工制度，并定期检查现场施工人员是否与押证人员一致、是否在岗履职，待工程竣工验收后，按程序，将押证人员全部退出本项工程。作为主管部门，旗住建局定期组织全旗各施工企业、监理企业相关专业人员和其他工种技术员进行培训，由巴彦淖尔市建校专业讲师进行统一授课，全旗统一考试、统一发证，全年共培训各类人员 540 人次。

二、质量管理

1988—2012 年，旗建筑安装工程质量监督站负责对全旗有关建设工程质量法律、法规和强制性标准执行情况的监督检查；监督管理全旗建设工程质量工作，负责对全旗建设工程实体质量和参建各方责任主体质量行为的监督管理；负责对旗境内建设工程主体、竣工验收的组织形式、验收程序、执行验收标准等情况进行现场监督；参与旗境内建设工程重大质量事故的调查处理；负责对全旗预拌（商品）混凝土质量监督及工程检测机构质量保证体系备案的日常管理工作。

1995 年，旗建筑安装工程质量监督站为提高建筑工程质量，购置 100 吨万能材料试验机，开展建筑原材料检测试验，保证建筑原材料质量关。逐步开展农牧区工程建设质量监督业务。至此，凡在旗境内的建筑工程均纳入工程质量监督管理，质监覆盖率 100%。

2006 年，旗建筑安装工程质量监督站对全旗建筑工程进行质量大检查。其中，旗交警队办公楼被评为内蒙古自治区优良工程。

2007—2012 年，旗建筑安装工程质量监督站先后对建筑工程进行质量检查和监督管理。其中，旗人民银行办公楼、农电局调度楼、工商银行办公楼、“一卡通”兑付大厅、“国库支付”中心办公楼、云英公园工程、鸿雁广场等被评为巴彦淖尔市优良工程。

三、安全生产管理

1988—2012 年，旗安全生产监管部门严格安全监督审查手续和复工手续的办理。严格审核施工企业的安全生产许可证、中标通知书、施工合同、人员配备和施工组织设计、专项方案和监理方案的编制、审核、批准等；按照安全生产法律法规对施工企业安全生产责任制的制定落实情况严格审核，明确安全生产第一责任人，制定《乌拉特中旗建筑工程复工安全管理工作措施》，明确复工条件。同期，全面落实安全生产责任制。新建工程在开工前施工企业必须签订安全生产责任状，明确责任职责，提高安全生产责任意识。积极推广施工现场安全质量标准化管理，不断提高安全生产管理水平，通过完善各项安全生产工作制度，规范安全生产行为。

2008 年，由乌拉特中旗富源投资有限公司建设、内蒙古经纬建设有限公司承建、内蒙古万和监理公司监理的新区综合服务中心被评为内蒙古自治区级施工安全文明单位，由巴彦淖尔市广原房地产开发公司建设、巴彦淖尔市广原建筑公司承建等被评为巴彦淖尔市级施工安全文明单位。

2009 年，由乌拉特中旗人民医院建设、内蒙古经纬建筑有限公司承建、内蒙古万和监理公司监理的乌拉特中旗人民医院和由乌拉特中旗建设局建设、内蒙古众兴建筑公司承建、乌拉特中旗诚威监理公司监理的乌拉特中旗建设局综合服务中心被评为内蒙古自治区级施工安全文明单位，由乌拉特中旗富源投资有限公司建设、巴彦淖尔市锦宝建筑有限公司承建、乌拉特中旗诚威监理公司监理的海关国检公寓楼和由乌拉特中旗房地产管理局建设、内蒙古众兴建筑公司承建、乌拉特中旗诚威监理公司监理牧民康居工程二标段被评为巴彦淖尔市级施工安全文明单位。

2010 年，由乌拉特中旗国有资产管理局建设、内蒙古经纬建设有限公司承建、巴彦淖尔市新厦建设监理公司监理的乌拉特中旗“一卡通”兑付大厅“国库支付”中心办公楼，由乌拉特中旗一完小建设、内蒙古众兴建筑公司承建、巴彦淖尔市正泰监理公司监理的乌拉特中旗一完小综合楼餐厅工程，由乌拉特中旗教育局建设、巴彦淖尔市汇丰建筑公司承建、内蒙古科利京监理公司和巴彦淖尔市广宇监理公司监理的乌拉特中旗第二中学校安工程，由巴彦淖尔市新源房地产开发公司建设、内蒙古众兴建筑公司承建、巴彦淖尔市正泰监理公司监理的乌拉特中旗新源名城住宅小区，由乌拉特中旗电力有限责任有限建设、内蒙古曙光工程建设有限责任公司承建、内蒙古万和工程项目监理公司监理的乌拉特中旗电力商住小区被评为巴彦淖尔市级施工安全文明单位。

2012 年，由巴彦淖尔市大业万家房地产开发有限公司建设、巴彦淖尔市第二建筑安装有限责任公司承建、内蒙古承兴建设监理有限责任公司监理的乌拉特中旗建业国际 8 号楼，由乌拉特中旗农牧业局建设、内蒙古金桥建筑公司承建、巴彦淖尔市正泰监理公司监理的乌拉特中旗动植物病虫害预警测报中心，由乌拉特中旗公安局建设、巴彦淖尔市锦星建筑有限公司承建、巴彦淖尔市正泰监理公司监理的乌拉特中旗公安机关业务技术用房，由乌拉特中旗房地产管理局建设、巴彦淖尔市明扬建筑公司建设、巴彦淖尔市广宇监理公司监理的乌拉特中旗惠民小区廉租房一标段被评为巴彦淖尔市级施工安全文明单位。

四、建筑市场管理

20 世纪 80 年代，乌拉特中旗建筑工程初步开展招投标工作，但尚未全面推开。

20 世纪 90 年代，随着建筑市场的繁荣，针对定向投标及工程分配的弊端日益突出等情况，乌拉特中旗加强建筑管理力度。

1993 年，旗人民政府发布《乌中旗建筑市场管理规定》，从建筑工程的承发包、施工现场管理、工程造价动态管理、质量监督管理诸方面做出符合全旗实际具体规定，规范建筑市场行为。

1995 年，旗人民政府办公室下发《批转城建局关于加强建筑市场管理，开展招投标工作的意见的通知（政办发〔1995〕65 号），全面揭开乌拉特中旗建筑工程招投标序幕，并严格实行造价 30 万元、面积 600 平方米以上工程项目承担发包公开招标。全旗建筑工程招标率 37.5%。

1997 年，全旗建筑工程招标实行量化评标办法，招标率 100%，公开邀请招标率 72.9%。同年，加强工程造价动态管理，严格预决算审核制度，每年根据市场行情发布实施《海流图地区主要建筑材料补差、人工工资调整办法和工程取费标准》，开展施工企业、构配件厂家审查工作，工程管理工作走上有序规范的道路。凡旗境内建筑工程均纳入监督管理，工程报建率 100%，施工许可证发放率 100%，初步设计审批率 100%，竣工验收合格率 100%。

第十六篇
环境保护与生态建设

第一章　机　构

第一节　行政管理机构

一、环境保护管理局

1988 年初，乌拉特中旗设有城乡建设环境保护局（以下简称“旗城建环保局”），科级建置，内设机构 9 个，其中设有环境监测管理站，有工作人员 7 人，负责全旗环境保护工作。

1997 年 4 月，旗城建环保局内设机构环保监测站被撤销，成立乌拉特中旗环境保护管理局（以下简称“环保局”），正科建制，事业编制，隶属旗城建局管理。

1998 年 3 月，旗环境保护管理局内设机构 4 个：办公室、环境管理股、环境监理股、宣传教育股；核定总编制 19 名，其中领导职数 4 人，一正三副。

2002 年 5 月，旗城建局与旗环保局分设，旗环保局单独设立，局机关内设机构 4 个：综合股、环境管理股、环境监理股、自然保护股；全局核定编制 11 名，其中行政编制 9 名、工勤人员事业编制 2 名，核定领导职数 4 人，一正三副。

2010 年，进行机构改革，旗环保局内设机构 5 个：办公室、监督管理股、宣教与自然生态保护股、污染防治股、核安全与辐射安全管理股；核定行政编制 9 名、工勤人员 2 名，核定科级领导职数 4 人，一正三副。

至 2012 年底，旗环保局内设机构与人员编制未发生变化。

二、内蒙古乌拉特梭梭林—蒙古野驴国家级自然保护区乌中旗管理站

2002 年 8 月，内蒙古乌拉特梭梭林—蒙古野驴国家级自然保护区乌中旗管理站成立，正科级建制，全额拨款事业单位，隶属旗林业局所管理；内设机构 5 个：办公室、科研股、保护股、经营股、财务股；核定事业编制 15 名，实有在职职工 15 人，设站长 1 人、副站长 1 人。

2012 年底，内蒙古乌拉特梭梭林—蒙古野驴国家级自然保护区乌中旗管理站内设机构 5 个：办公室、科研股、保护股、经营股、财务股；核定事业编制 15 名，实有在职职工 15 人，设站长 1 人、副站长 1 人。

第二节　事业单位

一、乌拉特中旗环境监察大队

2006 年，乌拉特中旗环境监察大队成立，股级建制，事业性质，为旗环保局二级单位，核定事业编制 18 名，设大队长 1 人、指导员 1 人、副大队长 2 人。

至 2012 年，旗环境监察大队人员编制未发生变化。

二、乌拉特中旗环境监测站

2006 年 9 月，乌拉特中旗环境监测站建立，股级建制，事业性质，是具有独立法人资格的旗环保局二级机构，核定事业编制 12 名。

2012 年，乌拉特中旗环境监测站内设机构 4 个：办公室、综合室、采样室、化验室；核定事业编制 12 名，实有人员 12 人（工程师 3 人，助理工程师 5 人），设站长 1 人、副站长 1 人。

第二章　环境污染

第一节　大气环境污染

1988—2012 年，造成乌拉特中旗大气污染的主要成因是工业生产排放的废气及居民生活燃煤锅炉产生的有毒、有害气体。污染成分主要是二氧化硫、二氧化氮、细颗粒物 PM2.5、可吸入颗粒物 PM10、一氧化碳、臭氧等 6 项污染物。

乌拉特中旗大气污染较突出的地区主要是海流图镇。

第二节　水环境污染

1988—2012 年，全旗工业企业逐年增加，水污染程度也随着增加。点源污染，废水的主要来源是从未经处理而排放的工业废水（主要集中在工业园区），未经处理而排放的城镇居民生活污水，污染较严重的地区主要有海流图镇、工业园区。面源污染主要是使用化肥、农药、除草剂而造成的农田污水。

乌拉特中旗水环境污染较严重的地区主要有海流图镇及全旗各建制镇。

第三节　城镇噪声环境污染

1988—2012 年，造成乌拉特中旗噪声污染的主要成因是建筑施工噪声、KTV 等娱乐场所噪声、交通噪声。

乌拉特中旗噪声污染较严重的地区主要是海流图镇。

第四节　其他废弃物污染

一、固体废弃物污染

1988—2012 年，造成乌拉特中旗固体废弃物污染的主要成因是工业废弃物、农业废弃物、生活垃圾。主要来源是煤炭、石油、黄金、铁矿石等矿山采选冶炼的废渣，粉煤灰，炉、窑、灶的煤渣，化工企业的化工废渣等。还包括农业废弃地膜及料、废纸等废旧物资等。

二、建筑垃圾污染

1991—2005 年，乌拉特中旗的建筑垃圾主要是混凝土块、废砖瓦木料、玻璃、石棉和玻璃钢制品等。

第三章　污染治理与环境监测

第一节　大气污染治理

2007 年以前，乌拉特中旗无国家下达二氧化硫的削减任务。

2008 年，天宝矿业公司硫酸厂投资 1500 万元对原有一转一吸工艺技改成两转两吸工艺，削减二氧化硫排放量 1625 吨；大公热力公司投资 776 万元，将所属部分锅炉设备进行更换更新，消减二氧化硫排放量 408.26 吨。

2009 年，大公热力公司投资 1.1 亿元在海流图镇新区建设完成集中供热一期工程。包括：(1)新建集中供热站，安装 40 吨循环流化床锅炉 2 台，取缔原有供热站以及周边其他小型供热锅炉 10 台，共 70 蒸吨。(2)实施国家可再生能源建筑应用太阳能示范工程。工程建设面积 12000 平方米、总投资 3486 万元，年节约标准煤 5100 吨，每年向大气少排放二氧化硫 206 吨。

2010 年，由大公热力公司建设的海流图镇集中供热二期工程，该项目总投资 8861 万元，于同年 10 月 15 日投入运行；同年，全旗共完成削减化学需要量 158.4 吨、二氧化硫 155.31 吨的减排任务。

2011—2012 年，旗环境保护局针对减排目标任务，认真做好污染总量控制工作，组织开展辖区主要污染物核查工作，制订总量控制与减排计划，确定年度减排目标，明确具体减排项目，制定减排工作方案。

第二节　水污染治理

1988—2007 年，乌拉特中旗完成覆盖海流图镇主街道排污工程，从根本上遏制镇内居民乱倒污水、乱建渗水井问题，居民饮用水质逐步得到改善。

2008 年，旗环保局根据《内蒙古自治区环境保护局关于开展全区饮用水水源地基础环境调查及评估工作的通知》要求，开展全旗饮用水水源地基础环境调查及评估工作。制定《乌拉特中旗饮用水水源地基础环境调查及评估方案》，加强全旗饮用水源地污染防控工作，确保人民喝上清洁、干净水。在旗人民政府统一安排下，旗环保局划出饮用水源地保护范围，设立护栏、界桩，确保饮用水源稳定达标率 100%，保障全旗饮用水安全。

2009 年，五佳和生物科技发展有限公司投资 564 万元，新建 300 吨/小时污水处理(气浮 + 生化)设施 1 套，对番茄加工期间的废水进行处理。同年，削减化学需氧量 192 吨。

2010 年，海流图镇污水处理厂项目建成并进行试运行，项目总投资 5018 万元，建设规模为日处理污水 1 万吨，配套污水管网 30 千米。

2011 年，旗环保局按照《内蒙古自治区排放污染物许可证管理办法》《巴彦淖尔市排放污染物许可证管理办法》的有关规定，在全旗范围内向各排污企业发放排污许可证。凡直接或间接向环境排放大气污染物、水污染物的企业、其他组织和个体经营者，必须按规定申请领取排放污染物许可证，并按照排污许可证的规定排放污染物，切实强化污染物排放行为的监督管理，推动污染物排放总量控制工作，有效控制污染，改善环境质量。

2012年1月1日，洁源污水处理厂开始运行，负荷0.4万吨/日以上。在线监测设备运行正常。3月，旗环保局与巴彦淖尔市环保局平台联网，并通过验收。同年，中水回用系统一期工程已完工，建设有一级泵站（厂区内）、二级泵站（生态园区）2000吨蓄水池2座，铺设管网7千米，投资约800万元，于同年4月投入使用。至年底，每天处理的中水全部回用于浇灌旗林业局树木，日供水4000吨以上。

2012年底，乌拉特中旗海流图镇饮用水源地水质达到Ⅲ类标准，达到水环境目标考核要求。

第三节　噪声污染治理

1988—2012年，旗环保局积极开展噪声污染执法检查，把经常性检查和重点抽查相结合，有力地打击噪声污染违规行为。要求建筑施工业在施工期间，严格按照时间限制进行施工，防止扰民；要求KTV等娱乐场所建成符合国家标准的隔音设施；在中考、高考期间，划定考场周边500米为禁止产生噪声区，对距考场边界500米范围以内的文化娱乐场所、建筑工地等噪声源全天禁止产生环境噪声污染，旗环保局不分昼夜进行突击巡查，发现违法违规行为，严肃查处。

第四节　其他废弃物污染治理

1988—2012年，旗环保局积极开展固体废弃物和建筑垃圾污染执法检查，并加强治理。

对固体废弃物的治理主要为：工业废渣在相当长一段时间内，主要以堆放、填埋等方式进行处理；冶炼废渣以水淬后用作水泥掺合料，生产水泥，其破碎粉渣用于筑路；粉煤灰用于地基回填，路基及高路堤工程应用和用作混凝土掺合料等；煤渣用于制砖和以渣代煤再燃煤；化工渣中硫铁矿渣制砖，通过综合利用，使工业固体废物资源化、减量化，避免对环境造成危害。对建筑垃圾的治理主要是用于地基回填或填埋方式进行处理。

第五节　环境监测

一、设施设备投资

2006—2012年，乌拉特中旗环境监测站为实现三级站达标，共投入购置设备356.2万元、购置2台车42.3万元。其中：国家和内蒙古自治区于2006—2008年投入购置设备122.5万元、购置现代越野车30万元。国家于2010年投入重金属建设资金140万元（地方配套28万元），于2011年投入购置重金属设备33.7万元（地方配套9.2万元）、购置华泰越野车12.3万元，于2012年投入购置重金属设备60万元。

二、监测工作

至2012年底，乌拉特中旗监测站没有建设空气质量自动监测站，旗监测站未进行认证，大气监测、水质监测、噪声监测均未开展，无相关数据。

三、污染源普查

2008年，乌拉特中旗开展污染源普查工作。普查范围辖境内所有工业源、生活源、集中式污染处理设施和农业源。

第四章　生态建设与保护

第一节　生态环境建设规划

2006年、2011年，乌拉特中旗分别编制《乌拉特中旗“十一五”环境保护规划》《乌拉特中旗“十二五”环境保护规划》。环境保护规划以科学发展观为指导，超前思考、长远谋划。

“十一五”规划期间，全旗环境保护工作取得很大成效。在环境保护工作基础比较薄弱，但经济持续高速增长、污染减排压力不断增大的情况下，全旗环境质量基本稳定。重点工业企业环境治理成效显著，环境质量明显改善，主要污染物减排取得明显成效，到2010年底，全旗按要求圆满完成《乌拉特中旗“十一五”环境保护规划》目标任务，与此同时，环保机构能力建设，环境监管手段、监管水平得到了显著增强。

“十二五”规划期间，全旗深入贯彻中共中央总书记习近平系列重要讲话和考察内蒙古自治区期间的重要讲话精神，坚持把加强生态环境保护、筑牢中国北方重要生态安全屏障作为重大政治责任和战略任务，按照《乌拉特中旗环境保护“十二五”规划》确定的主要目标任务，到2012年末，全旗环境质量总体稳中有升。

第二节　生态示范区建设

生态示范区建设是推动区域社会经济可持续发展的一场重大革命。根本目标是，按照可持续发展的要求、生态经济学原理，合理组织、积极推进区域社会经济和环境保护的协调发展，建立良性循环的经济、社会和自然复合生态系统，确保经济、社会发展，满足广大人民群众不断提高的物质文化生活需要的同时，实现自然资源的合理开发和生态环境的改善。

第三节　自然保护区

一、内蒙古乌拉特梭梭林—蒙古野驴国家级自然保护区

（一）位置与面积

2001年，经国务院批准，内蒙古乌拉特梭梭林—蒙古野驴国家级自然保护区成立。保护区位于内蒙古自治区巴彦淖尔市乌拉特中旗与乌拉特后旗的巴音杭盖苏木、宝音图苏木、格日勒图敖登苏木和巴音前达门境内，地理坐标为北纬41°50′～42°27′，东经106°15′～108°；东西长140千米，南北宽22千米，总面积13.18万公顷；其中核心面积4.28万公顷、缓冲面积3.8万公顷、实验区面积5.1万公顷。

（二）野生动植物资源

保护区内野生动物资源较为丰富，有脊椎动物80种，其中兽类有7目、13科、31种，鸟类4目、13科、37种，两栖类2科、4种，爬行类2科、6种，鱼类1科、2种。保护区兽类中属于国家一级保护动物有蒙古野驴、北山羊2种；属于国家二级保护动物有鹅喉羚、盘羊、猞猁、兔狲、荒漠猫5种。保

护区鸟类中列入国家一级重点保护种类有大鸨、波斑鸨、金雕3种，列为国家二级重点保护种类有蓑羽鹤、灰鹤、草原雕、鸢、大鹰、秃鹫、红隼7种。两栖爬行类中常见有蟾蜍科的花背蟾蜍等，蛙类的有疣皮蛙等。爬行类有蜥蜴科的沙蜥、蒙古沙蜥等。

保护区内野生植物资源较为丰富，有种子植物22科、60属、96种。国家二级濒危保护植物有绵刺、沙冬青、肉苁蓉。三级濒危保护植物有蒙古扁桃、梭梭等。

二、乌拉特中旗阿尔其山叉枝圆柏内蒙古自治区级自然保护区

（一）位置与面积

2001年，经内蒙古自治区人民政府批准，内蒙古乌拉特中旗阿尔其山叉枝圆柏自然保护区成立，为自治区级自然保护区，也是内蒙古自治区西部面积最大的圆柏生态保护区。保护区位于内蒙古自治区巴彦淖尔盟乌拉特中旗中部，分布在新忽热苏木境内，距海流图镇30千米。地理坐标为北纬41°36′～41°46′、东经108°45′～108°56′，南北长约17千米，东西宽约15千米，保护区面积14787.8公顷；其中山叉枝圆柏集中分布区又划分为核心区和缓冲区，核心区面积2975公顷，缓冲区面积3550公顷。

（二）野生动植物资源

保护区内保护对象为叉枝圆柏及沙地生态系统，叉枝圆柏俗称“爬柏”，分类为柏科圆柏属，属全国珍稀树种之一。保护区内叉枝圆柏集中分布于多石山坡，形成稠密的灌丛。伴生散生木有杜松、山榆、蒙古扁桃、小叶锦鸡儿等。

保护区内常见的野生植物有芨芨草、早熟禾、革苞菊、石生针茅、苔草、野艾蒿、蓼、刺藜、苦马豆、狼巴草 、旱蒿、沙蓬、白刺等；内野生药材资源比较丰富，有糖芥、苍耳、细叶百合、黄精、地黄、夏至草、黄芪、沙参、知母、列当等。

保护区内有国家一级保护动物大鸨、金雕、波斑鸨及国家二级保护动物鹅喉羚、黄羊、盘羊、猞猁、兔狲、荒漠猫、岩羊、草原雕、鹰、红隼、雀鹰、蓑羽鹤等。

第四节　节能减排工程

一、节能减排降耗

“十一五”规划期间（2006—2010年），共完成削减二氧化硫排放量2394.57吨、化学需氧量350.4吨的任务。其中：2008年，削减二氧化硫2033.26吨。

2008年，天宝矿业公司硫酸厂投资1500万元对原有一转一吸工艺技改成“两转两吸”工艺，削减二氧化硫1625吨；大公热力公司投资776万元，将所属部分锅炉设备进行更换更新，消减二氧化硫排放量408.26吨。

2009年，大公热力公司投资1.1亿元在海流图镇新区建设完成集中供热一期工程。（1）新建集中供热站，安装40吨循环流化床锅炉2台，取缔原有供热站以及周边其他小型供热锅炉10台，共70蒸吨。（2）实施国家可再生能源建筑应用太阳能示范工程。工程建设面积12000平方米、总投资3486万元，年节约标准煤5100吨，每年向大气少排放二氧化硫206吨。同年，五佳和生物科技发展有限公司投资564万元，新建300吨/小时污水处理（气浮＋生化）设施1套，对番茄加工期间的废水进行处理。同年，削减化学需氧量192吨。削减化学需氧量192吨、二氧化硫206吨。

2010年，大公热力公司建设海流图镇集中供热二期工程，总投资8861万元，于同年10月15日投入运行;同年,全旗共完成削减化学需要量 158.40 吨、二氧化硫 155.31 吨的减排任务。同年,海流图镇污水处理厂项目建成并进行试运行,项目总投资 5018 万元,日处理污水 1 万吨,配套污水管网 30 千米。同年,全旗削减化学需氧量 158.4 吨、二氧化硫 155.31 吨。

二、淘汰落后产能

2006 年,乌拉特中旗将国家明令淘汰的落后生产工艺设备的 4 家企业进行取缔,即乌拉特中旗金鑫冶炼有限责任公司、鑫豪铁业有限责任公司、内蒙古天盛钢铁有限公司、金鑫磁选厂。同时对污染严重、被内蒙古电视台曝光的乌拉特中旗永进矿业公司和宝德利铁冶炼厂进行关停整顿。2007 年,乌拉特中旗彻底关停生产能力不符合国家产业政策、生产工艺落后的荣华矿业公司炼铁厂、俊恒炼铁厂、宝德利炼铁厂、鑫豪铁冶炼公司、众鑫焦化厂、乌拉特中旗焦化厂等企业。2008 年,旗环保局查处取缔土法选金点 7 处、小铁选厂 2 家。2009 年,旗环保局查处取缔川井苏木与蒙古国接壤边境地区土法选金点 1 处。2010—2012 年,乌拉特中旗无淘汰取缔落后产能企业。

第五章　环保监督与执法

第一节　环保宣传教育

1997年，乌拉特中旗环保局正式成立。全旗环保工作以经济建设为中心，以改善环境质量为目标，在全旗范围内开展大规模环保知识宣传取得明显成效。旗环保局充分利用报刊、电视等新闻媒体，并结合出宣传栏、组织咨询服务活动等形式，宣传党和国家环境保护方针、政策、法律、法规，广泛动员公众参与环境保护。同年，在旗级以上新闻机构发表环保报道24篇，其中，内蒙古电视台1篇、《内蒙古日报》1篇、《巴彦淖尔报》3篇。在“6·5”世界环境日期间，开展纪念世界环境日宣传活动。

1998年，旗环保局坚持环境保护宣传教育工作。“6·5”世界环境日期间，由乌拉特中旗分管旗长利用电视讲话形式向全旗人民群众宣讲环境保护的重要意义以及全旗环境状况和环境保护工作情况，播放环保科教片《生命的摇篮》，为进行消除“白色污染”开展宣传教育活动，并布置宣传栏，发放宣传单和环保知识资料。

1999年，旗环保局利用“6·5”世界环境日的大好时机，全局职工走上街头进行大规模的环境知识宣传咨询活动，共发放各种宣传资料2000余份；乌拉特中旗分管领导在乌拉特中旗电视台做题为《全社会都来关心环境状况》电视讲话，并播放环境保护科教片，利用出版报、宣传栏、发放书刊、资料等多种形式，在工厂内部大力宣传环保知识。每季度各小学出环保宣传专栏1期。在全旗重点企业生产淡季，组织举办全旗企事业单位厂长、经理学习班1期，向主要部门和单位的负责人宣传环保知识。

2000年，旗环保局充分利用报刊、电视、电台等新闻媒体，并结合出宣传栏、组织咨询服务活动和开展环保知识讲座等多种形式，宣传党和国家环境保护方针政策，法律法规。同年，在旗级以上新闻机构发表环保报道40篇，其中，《巴彦淖尔日报》6篇；《乌拉特中旗周刊》8篇；乌拉特中旗电视台专题报道1次。“6·5”世界环境日期间，发放宣传材料2000余份，接受群众咨询50余人次。到旗第一中学、第二中学、第一完小等重点中小学校举办环保知识专题讲座、播放环境保护科教片。

2001年，旗环保局组织开展安全生产宣传月、科普宣传周、平安创建等活动，利用新闻媒体等宣传方式，宣传环保法律、法规及政策；到街头、企业讲解环保知识，宣讲政府环保理念。结合新农村建设，宣传农村环保和生态文明知识。配合工商部门利用“3·15”国际消费日的有利时机，走上街头开展绿色消费游行宣传活动，发放宣传材料150余份，张贴标语4幅，接受群众咨询8人次。“6·5”世界环境日，与旗委宣传部联合组织开展纪念“6·5”世界环境日保护环境万人签名活动。

2002年，旗环保局在中小学校普及环境教育，组织开展“美丽家园、人人有责”环保知识演讲比赛。“6·5”世界环境日，开展消除“白色污染”宣传教育活动。加大新闻宣传工作力度，利用报刊、广播、电视，结合出宣传专栏、自编简报、张贴标语等形式，发表环保新闻报道、宣传环保政策法规、公布环保工作动态、通报环保违法行为。

2003年，旗环保局到社区开展环境宣教活动，使人民群众对环保工作的认识以及关心和参与环保工作的积极性逐步提高。完成全年环保信息50篇，其中被内蒙古电视台采用1篇、《内蒙古日报》采用1篇、《巴彦淖尔日报》采用6篇、《乌拉特中旗周刊》采用10篇。举办“低碳环保、绿色出行”专题讲座1次，进行绿色出行问卷调查以及与有关单位填写承诺书等，近百户社区居民代表参与活动。

2004年，旗环保局到乌加河镇、德岭山镇开展春季环保宣传活动。通过开展地球日、世界水日、安全生产日、科普宣传日、法制宣传月和“12·4”宪法宣传日等活动，发放环保宣传材料、开展环保咨询活动、悬挂环保宣传标语，宣传环境保护法律法规。全年完成环保信息50篇。在“6·5”世界环境日期间开展系列活动，积极开展节能减排、利用资源环保进社区等宣传活动。

2005年，旗环保局充分发挥新闻媒体的舆论导向作用，在全旗范围内开展环境保护基本国策和环保知识宣传教育。在“6·5”世界环境日期间，组织大规模的宣传活动，到德岭山镇、乌加河镇、石哈河镇、川井苏木等苏木镇，在农牧民中间开展环境保护宣传教育，共发放宣传材料2000余份、赠送农业科技书籍400册、接受群众咨询90余人次。

2006年，旗环保局联合旗教育局在全旗各中小学校组织开展以“保护环境、爱我家园”为主题的征文、绘画比赛。共上报200余幅征文和绘画作品，其中46名学生的征文、绘画作品获奖。开展“绿色学校”创建活动，在青少年中普及环境教育。开展“绿色社区”创建工作，中兴小区、家和小区被授予巴彦淖尔市级“绿色社区”。乌加河镇开展“科普日”宣传活动，并在乌加河镇中心小学开展环境保护有奖问答知识竞赛活动。开展春季“三下乡”活动、“3·22”世界水日、“4·22”地球日、全国科普宣传活动、“安全生产月”宣传活动以及其他宣传日，累计发放环保宣传单4000份，展出环保宣传展板100余次。

2007年，旗环保局到居民社区开展“全国科普日”宣传活动。组织全旗绿色学校参加全国中小学生持久性有机污染物网络知识大赛，共有11个年级、44个班级、1600余名学生参加大赛。组织开展内蒙古自治区环保部门举办的“倡导低碳环保绿色生活共建生态文明内蒙古”主题演讲比赛，旗环保局有1人获得比赛优秀奖。

2008年，旗环保局与旗总工会、人力资源和社会保障局、安监局联合举办以“劳动托起中国梦”主题演讲比赛。开展“建设美丽巴彦淖尔，我们在努力”为主题的宣传巡礼活动。开展创建旗第一中学、第二中学、蒙古族学校、第一完全小学4所绿色学校。开展创建中联国际小区为绿色社区活动。

2009年，旗环保局组织开展春季“三下乡”活动、“3·22”世界水日、“4·22”地球日、全国科普宣传活动、“安全生产月”“12·4”法制宣传活动。“6·5”世界环境日期间，乌拉特中旗副旗长发表环境保护电视讲话纪念世界环境日。开展绿色学校、社区向环境友好型学校、社区转型工作。乌拉特中旗教育局联合举办中小学生环保知识竞赛。

2010年，旗环保局与旗环保局合作，到哈萨尔社区开展环境宣教活动，举办社会居民环境保护专题讲座1期，使社区群众对环保工作的认识以及关心和参与环保工作的积极性逐步提高。在“6·5”世界环境宣传日期间，开展大型宣传教育活动，在主街道悬挂过街标语20幅，向过往群众发放宣传材料2000余份，解答群众各类环境问题，并在中旗电视台播放了环保专题报道。在乌拉特中旗周刊发表“6·5”世界环境日专刊报道。开展环境友好学校创建工作，共创建旗级环境友好学校7所、巴彦淖尔市级环境友好学校5所。

2011年，旗环保局在“6·5”世界环境日期间积极开展宣传工作，结合全旗节能减排任务和环保宣传重点，通过报刊、电视、广播、网络等媒体开展环保宣传活动。旗领导发表重要电视讲话。“6·5”世界环境日期间，开展现场宣传活动，28个环委会成员单位以及关心和支持环保事业的社会各界人士1000余人参加活动。活动中共悬挂横幅50条、展示展板120余块；发放宣传资料2万余份、环保宣传手册、环保法律手册1万余册。开展环境友好社区创建工作，共创建市级环境友好社区2所(哈萨尔社区、西郊社区)。

2012年,旗环保局联合旗教育局在全旗各中小学校组织开展以“保护环境、爱我家园”为主题的征文、绘画比赛。共上报200余幅征文和绘画作品,其中46名学生征文、绘画作品获奖。组织参加内蒙古自治区环保部门举办“倡导低碳环保绿色生活共建生态文明内蒙古”主题演讲比赛,旗环保局有1人获得比赛优秀奖。开展环境教育基地创建工作,乌拉特中旗洁源污水处理厂、巴彦淖尔市素质教育基地被命名为市级环境教育基地。

第二节　监督检查与行政执法

2006年,乌拉特中旗环境监理工作主要以围绕简单的排污收费为主,偶尔涉及一些环境纠纷的调解处理,分工并不明确,职能相对单一。全年共处理群众来信来访2起,包括乌拉特中旗庄生炒米厂烟尘污染;拆除违规高音喇叭3个、音响8个,改善主街道的噪声污染状况。

2007年,旗环保局对7家重点排污企业征收排污费14万元,同时,经常检查各企事业单位“三废”(废气、废水、废渣)排放情况,确保各单位环保设施正常运行。

2008年,旗环保局对全旗部分重点排污企业建立排污管理档案,设专人负责,同时,要求各企业严格执行排污申报制度,申报率100%,在污染纠纷处理方面,全年共处理来信来访5起,处理率100%。

2009年,旗环保局组织开展整治违法排污企业保障群众健康环保专项行动,严格查处各类污染隐患,加强除尘设施管理,严禁各企业废渣胡乱倾倒、堆放;同年,完成排污收费建档工作。

2010年,旗环保局对全旗开工生产的47家企业进行检查,同时对3家国控企业进行重点检查。共对6项新改扩建项目进行现场所监督检查,环保“三同时”(同时设计、同时施工、同时投产使用)执行率100%;限期治理项目1项,涉及高载能企业5家;全年共处理信访案件12起,其中巴彦淖尔市信访局转办1起,巴彦淖尔市环境监察支队督办1起,全年共处理信访案件12起,未发生一起环保越级上访案件。同年,旗环保局组织开展环保专项行动,共出动检查人员206人次,检查企业129家次,对3家违法企业进行处罚,对5家环保设施不达标的企业进行限期治理。对各类排污企业、饮食娱乐服务业的排污申报和排污费征收工作。严格执行《排污费收费征收工作报告制度》和《排污申报核定工作制度》,对重点产业进行排污申报登记,并严格执行排污费收支两条线,全部上缴旗财政,没有发生过挤占、挪用、截留排污费的现象。

2011年,旗环保局监察大队对全旗高载能企业进行全面排查,对5家高载能企业要求其在同年5月底前完成除尘器的整改,否则一律停产整治。对甘其毛都口岸加工园区乌不浪口工业园区运行的2家洗煤企业进行检查,对6个在建项目进行“三同时”专项检查。全年处理了由旗信访局转办旗领导批示的群体性上访事件2起,群众来信来访5起,处理率100%。

2012年,旗环保局在全旗范围内开展整治违法排污企业保障群众健康环保专项行动。按照5个整治重点开展工作:加强涉重金属、化学品生产及使用企业环境监管,彻底解决存在的突出环境问题;加强污染减排重点企业监管问题;加强饮用水源保护区水质安全监管,确保群众饮水安全;继续加强对高载能企业的监管,督促企业加强污染治理设施运行维护和管理,确保有效运行;妥善解决群众反映的环境信访案件。环保专项行动开展后,共出动环保执法人员160人次,检查企业114家。共处理群众信访6起,均得到妥善处理。

第十七篇　交通运输

◎ 公路交通
◎ 铁路交通

第一章　公路交通

第一节　机　构

一、行政管理机构

1994 年,乌拉特中旗交通局成立,内设机构 3 个:办公室、计财股、生产技术股。核定行政编制 12 名,其中领导职数 3 人,一正二副。

2002 年,旗交通局内设机构 4 个:财务股、办公室、运企股、生产统计股。核定行政编制 9 名,其中领导职数 4 人,一正三副。

2003 年,旗交通局内设机构 4 个:财务股、办公室、质量监督站、生产统计股。核定行政编制 9 名,其中领导职数 4 人,一正三副。

2010 年,旗交通局内设机构 4 个:办公室、政策法规和运输管理股、规划建设管理股、交通战备办公室。核定行政编制 9 名,其中领导职数 5 人,一正三副,另设纪检组组长 1 人。

2012 年,旗交通局内设机构 4 个:办公室、生产技术股、财务股、交通战备办公室。核定行政编制 9 名,工勤编制 2 名,其中领导职数 6 人,一正五副。

二、事业单位

(一)公路运输管理站

1986 年,乌拉特中旗设有公路运输管理站,股级建制,事业编制,隶属旗交通局管理。实有人员 12 人,设有站长 1 人、副站长 1 人。1987 年,旗公路运输管理站人员增加为 15 人。1988 年,旗公路运输管理站人员增加为 18 人。1989 年,旗公路运输管理站人员增加为 19 人。1990 年,人员增加为 20 人。1996 年,变更名称为乌拉特中旗道路运输管理所,核定事业编制 26 名,工勤编制 3 名,设有站长 1 人、副站长 2 人。2012 年,乌拉特中旗公路运输管理站核定事业编制 26 名,工勤编制 3 名,设有站长 1 人、副站长 2 人。

(二)小额征费稽查所

1988 年,乌拉特中旗设有小额征费稽查所,隶属旗交通局管理,属自收自支事业单位。实有工作人员 13 人,设有所长 1 人,副所长 2 人。2008 年底,国家费改税,乌拉特中旗小额征费稽查所被撤销。

(三)公路段

1988 年,乌拉特中旗设有公路段,隶属旗交通局管理,事业单位。核定事业编制 35 名,实有工作人员 197 人(其中固定工 68 人、退休职工 21 人、集体工 59 人、临时工 49 人),设有段长 1 人,副段长 2 人。

1996 年,旗公路段升格为正科级建制单位,内设机构 22 个。5 个股室:办公室、计财股、生产股、机务队、路政稽查中队。公路段养护设 14 个队班:乌加河养护队、石哈河养护队、乌不浪口道班、宏丰道班、水泉道班、呼勒斯太道班、孤山道班、狼山口道班、红旗道班、李贵道班、红旗店道班、牧场道班、巴音哈太道班、海流图道班。3 个作业组:德长作业组、白新作业组、哈拉葫芦作业组。核定行政编制 87 名,共有职工 238 人(其中固定工 87 人,集体工 66 人,退休工 35 人临时工 50

人），其中领导职数 4 人，一正三副。

1998 年，旗公路段内设机构 18 个。5 个股室：办公室、计财股、生产股、机务队、路政稽查中队。10 个队班：乌加河养护队、石哈河养护队、乌不浪口道班、宏丰道班、水泉道班、呼勒斯太道班、孤山道班、狼山口道班、巴音哈太道班、海流图道班。3 个作业组：德长作业组、白新作业组、哈拉葫芦作业组。共计核定行政编制 64 名，实有职工 144 人（其中固定工 64 人，集体工 62 人，退休工 18 人），其中领导职数 4 人，一正三副。

2005 年，旗公路段内设机构 11 个：办公室、计财股、生产技术股、路政中队、大中修工程股、海流图道班、石哈河道班、乌加河道班、宏丰道班、石兰计道班、孤山道班。核定行政编制 123 名，其中领导职数 4 人，一正三副。

2009 年，旗公路段内设机构 7 个：办公室、计财股、生产质检股、路政中队、大中修工程股、海流图道班、石哈河道班。核定行政编制 121 名（其中在职 85 人，停薪留职 36 人），领导职数 4 人，一正三副。

2012 年，旗公路段内设机构 8 个：内设财务股、公路养护工程计划质检股、办公室、路政中队、档案室 5 个股室，生产下设 2 个养护道班，1 个养护公司（乌拉特中旗畅通公路养护工程有限责任公司）。有施工机械设备 40 余台套。核定事业编制 51 名，实有工作人员 121 人，其中领导职数 4 人，一正三副。

（四）巴彦淖尔公路路政执法监察支队第一大队

2009 年，乌拉特中旗路政执法监察机构成立，名称为内蒙古自治区公路路政执法监察总队巴彦淖尔支队第一大队，正科级建制，为全额拨款事业单位。内设机构 3 个：综合办公、一中队、二中队。核定事业编制 5 名，实有工作人员 11 人，设有大队长 1 人、副大队长 1 人。

至 2012 年底，巴彦淖尔公路路政执法监察支队第一大队机构设置与人员编制未发生变化。

（五）地方道路路政管理大队

2011 年，乌拉特中旗地方道路路政管理大队，股级建制，事业单位，为旗交通运输局所属二级单位。内设机构 5 个：办公室、路政外业股、路政内业股、路政巡查超限组、超限站。实有工作人员 30 人（财政供养 15 人，纳入财政预算 15 人，持有交通部执法证 15 人，持有政府执法证 12 人），设有队长 1 人、副队长 3 人。

至 2012 年底，乌拉特中旗地方道路路政管理大队机构设置与人员编制未发生变化。

第二节 路 线

一、国道

至 2012 年底，乌拉特中旗境内没有国道。

二、省道

2012 年底，乌拉特中旗境内有省道 2 条（省道 212 线、省道 311 线），总里程 293 千米。

省道 212 线（甘其毛都镇—五原县），起点位于甘其毛都镇，途径海流图镇，终点至五原县隆兴昌镇，全线长 192.3 千米，技术标准为二级。

省道 311 线（武川县—海流图镇），起点位于呼和浩特市武川县可可以力更镇（乌拉特中旗境内起点位于达头地），途径石哈河镇，终点至海流图镇，全线长 100.7 千米，技术标准为三级。

三、县(旗)道路

2012 年底,乌拉特中旗境内共有县(旗)道 6 条,总里程 317.9 千米。

县道 702 线(临河—巴音呼都格),起点位于巴彦淖尔市临河区(乌拉特中旗境内起点位于临河区与乌拉特中旗交界处),途径石兰计、杭盖戈壁、沙布格嘎查,终点至川井苏木巴音呼都格,全线长 114.2 千米,技术标准为四级。

县道 704 线(临河—哈日葫芦),起点位于巴彦淖尔市临河区(乌拉特中旗境内起点位于临河区与乌拉特中旗交界处),终点至呼勒斯太苏木哈日葫芦,全线长 2.8 千米,技术标准为三级。

县道 706 线(石哈河—哈德门),起点位于石哈河镇,终点至白次沟,全线长 27 千米,技术标准为三级。

县道 709 线(呼勒斯太—四分滩),起点位于呼勒斯太,途径宏丰、油房圪旦,终点至李二毛圪旦,全线长 16 千米,技术标准为三级。

县道 717 线(固阳—查素沟口),起点位于包头市固阳县(乌拉特中旗境内起点位于莫棱河),途径乌不浪口、乌加河镇、呼勒斯太,终点至乌拉特后旗查素沟口(乌拉特中旗境内起点为乌拉特中旗与乌拉特后旗交界处),全线长 129.9 千米,技术标准为三级。

县道 718 线(海流图—温更),起点位于海流图镇,终点至温更镇,全线长 28 千米,技术标准为三级。

四、乡(镇)道路

2012 年底,乌拉特中旗境内共有乡(镇)道路 17 条,总里程 367.2 千米,已全部通村。

2012 年底乌拉特中旗乡(镇)道路基本情况统计表

表 17-1

序　号	路线编码	路线起始名称	里程总计(千米)	技术等级(级)
1	Y201150824	白音厂汉—新忽热	21.7	三级
2	Y202150824	德岭山—长五壕桥	8.9	四级
3	Y203150824	魏贵—林场	6.1	四级
4	Y204150824	奋斗—樊四社	8.0	四级
5	Y205150824	石哈河—新忽热	29.2	四级
6	Y301150824	西柳树泉—利民	15.4	三级、四级
7	Y302150824	乌梁素太—三大股	18.0	四级
8	Y303150824	二羊圪旦—沙河渡槽	17.0	四级
9	Y304150824	乌不浪口—大盛	24.4	四级
10	Y305150824	永盛—建丰	11.8	四级
11	Y306150824	胡贵—史在红	10.2	四级
12	Y307150824	大盛—昆都仑	19.9	四级
13	Y308150824	满太庙—苏独仑	11.1	四级
14	Y309150824	乌加河—宏丰	25.6	三级、四级
15	Y311150824	繁荣—扬四	15.3	四级
16	Y312150824	西柳树泉—场圪旦	11.5	四级

五、农村牧区公路

2012 年底，乌拉特中旗境内共有农村（牧区）道路 149 条，总里程 2586.7 千米，其中三级公路 85.1 千米，四级公路 1846.3 千米，等外路 655.3 千米，已全部通村。

六、边防公路

2012 年底，乌拉特中旗境内共有边防公路 6 条，总里程 558.7 千米，已全部通村。

边防公路 X926 线（赛乌素—苏红图），起点位于乌珠尔，途径甘其毛都镇，终点至边防七连，全线长 216.8 千米，技术标准为四级砂石路。

边防公路 X930 线（川井—乌珠尔），起点位于图日特黑，途径巴音乌兰苏木，终点至乌珠尔，全线长 132.2 千米，技术标准为三级油路。

边防公路 X931 县（川井—伊和索伦），起点位于川井，途径乌兰额日格嘎查，终点至伊和索伦，全线长 78.3 千米，技术标准为四级砂石路。

边防公路 X932 县（川井—呼仁稀博），起点位于川井，途径德日素嘎查，终点至呼仁稀博，全线长 64.4 千米，技术标准为四级砂石路。

边防公路 X934 县（川井—敖伦乌拉），起点位于川井，途径呼格吉乐图嘎查，终点至乌拉特中旗与乌拉特后旗交界处，全线长 49.8 千米，技术标准为三级油路。

边防公路 X951 县（三叉口—七连），起点位于川井，途径呼格吉乐图嘎查，终点至乌拉特中旗与乌拉特后旗交界处，全线长 17.2 千米，技术标准为四级砂石路。

七、专用公路

2012 年底，乌拉特中旗境内共有专用公路 13 条，总里程 90.3 千米，已全部通村。

五海线—海流图林场，起点位于狼山经营所场部，终点至水利基地，全线长 4.4 千米，现状为等外公路，无路面。

固查线—狼山森林经营所二分场，起点位于海流图镇，终点至狼山经营所场部作业区，全线长 2.3 千米，现状为等外公路，无路面。

固查线—狼山森林经营所二分场，起点位于海流图镇，终点至狼山经营所场部作业区，全线长 2.3 千米，现状为等外公路，无路面。

巴音宝力格—阿尔其山叉枝圆柏保护区，起点位于巴音宝力格，终点至阿尔其山叉枝圆柏，全线长 38.2 千米，现状为等外公路，无路面。

牧羊海牧场一分场—五分场，起点位于一分场，终点至五分场，全线长 2.1 千米，现状为等外公路，无路面。

查石太林场—武海线，起点位于查石太林场场部，终点至阿贵呼硕，全线长 1.4 千米，现状为等外公路，无路面。

武海线—海流图林场二分场，起点位于省道 S311 线，终点至海流图林场二分场，全线长 4.9 千米，现状为等外公路，无路面。

武海线—海流图林场一分场，起点位于乌拉特中旗污水处理厂，终点至海流图镇，全线长 2.1 千米，现状为等外公路，无路面。

固查线—乌北林场一分场，起点位于固查线，终点至乌盖作业区，全线长 5.9 千米，现状为等外公路，无路面。

固查线—乌北林场二分场,起点位于固查线 X717 线,终点至呼勒斯太护林区,全线长 0.8 千米,现状为等外公路,无路面。

固查线—乌北林场三分场,起点位于固查线 X717 线,终点至德岭山护林区,全线长 3.9 千米,现状为等外公路,无路面。

固查线—狼山森林经营所一分场,起点位于固查线 X717 线,终点至韩乌拉水库,全线长 10.5 千米,现状为等外公路,无路面。

段家河—查石太林场分场,起点位于段家河,终点至查石太林场旧场部,全线长 11.5 千米,现状为等外公路,无路面。

第三节 公路建设

一、建设规划

"九五"计划时期(1996—2000 年)。全旗乡村公路规划以现有省干线和旗乡公路为主骨架,在现有乡村公路基础上,向乡、村、组辐射、连接乡际之间及过去乡、村、组的断头路,实现乡、村、组之间互通公路。

"十五"计划时期(2001—2005 年),全旗公路规划:拥有三级以上(含三级)油路 317.6 千米,三级砂石路 53 千米,乡村四级路 432.3 千米,草原定线 353 千米。旗内"三纵三横"公路主骨架基本实现黑色化和提高现有等级。

"十一五"规划时期(2006—2010 年)。预计至 2010 年 9 月底,境内公路总里程 3990 千米,其中省道 293 千米(其中 S212 甘其毛道—五原二级公路 192.3 千米),县道 802.7 千米,乡道 224.8 千米,村道 2669.6 千米。油路总里程 704 千米,其中农村公路黑色路面 410.9 千米。黑色路面(包括水泥路)比"十五"末增加 293.2 千米,增长 170%;新建改造农村客运站 7 个,改建桥梁 8 座,完成公路建设总投资 12.19 亿元,比"十五"期间增加 9.07 亿元。全旗境内乡镇苏木通畅率 100%,建制村通畅率 11.6%,通达率 60%。初步形成东西延伸、四通八达、辐射全旗的公路路网格局。公路交通由"基本适应型"转变为"适度超前型"。

"十二五"规划时期(2011—2015 年)。规划中,农村公路联网路建设项目共 8 个,总里程 589 千米,其中建设跨省出口路项目 2 个,里程 317 千米;跨盟市出口路项目 2 个,里程 159 千米;联网路项目 4 个,里程 113 千米。行政村(嘎查)通达建设 16 个项目,里程 667.9 千米。行政村(嘎查)通畅建设 84 个项目,里程 2066.34 千米。乡级农林牧场通达建设 3 个项目,里程 44.1 千米,乡级农林牧场通畅建设 3 个项目,里程 44.1 千米。村级农林牧场通达建设 12 个项目,里程 105.4 千米,村级农林牧场通畅建设 15 个项目,里程 140.7 千米。自然村公路建设 30 个项目,里程 305.4 千米。乡村道连通公路建设 4 个项目,里程 197.5 千米。农业产业区公路建设 9 个项目,里程 490 千米。农村旅游点公路建设 6 个项目,里程 147 千米。县乡道改造(路面改造)建设 1 个项目,里程 22 千米。农村千米危桥改造 13 个项目。农村公路新建桥梁建设 27 个项目。乡镇苏木客运站建设 8 个项目。

二、勘测设计

1988—1995 年,乌拉特中旗公路勘察设计工作先后委托巴彦淖尔盟公路勘察设计院完成,旗主要项目是海五线(1997 年,海流图—五原)四级低级公路。

1996—2000 年,乌拉特中旗公路勘察设计工作先后委托巴彦淖尔盟公路勘察设计院完成,旗主要项目有武海线(2000 年,武川—海流图)三级沥青公路。

2001—2005 年,乌拉特中旗公路勘察设计工作先后委托巴盟公路勘察设计院,其主要项目有:(1)省道:甘五线(2004 年甘其毛都—海流图)三级沥青公路。(2)县道:临巴线(临河—巴音呼都格)四级低级公路;固查线(固阳—查素沟口)三级沥青公路;临哈线(临河—哈日葫芦)等外公路;哈石线(石哈河—哈业脑包)四级低级公路;呼四线(呼勒斯太—四分滩)四级低级公路;海温线(海流图——温更)四级无铺装路面公路。(3)乡道:白新线(白音查干—新忽热)四级低级公路;德长线(德岭山—长五壕)四级低级公路;魏林线(魏贵—林场)四级低级公路;奋樊线(奋斗—樊四社)四级低级公路;西利线(西柳树泉—利民)四级低级公路;乌三线(乌梁素太—三大股)四级低级公路;二沙线(二羊圪旦—沙河渡槽)四级低级公路;大乌线(大盛线—乌不浪口)四级低级公路;永建线(永胜—建丰)四级低级公路;胡史线(胡贵—史在红)四级低级公路;大昆线(大盛—昆都仑)四级低级公路;满苏线(满太庙—苏独仑)四级低级公路;乌宏线(乌加河—宏丰)四级低级公路;繁扬线(繁荣—扬四)四级低级公路。

2006—2012 年,乌拉特中旗公路勘察设计工作先后委托内蒙古科日达路桥咨询有限责任公司和单位专业技术人员组建的设计团队进行勘察设计工作,其主要项目有:(1)省道:甘五线(2004 年甘其毛都—海流图)一级沥青公路;海五线(1997 年,海流图—五原)二级沥青公路;武海线(2000 年,武川—海流图)三级沥青公路。(2)县道:临巴线(临河—巴音呼都格)四级低级公路;固查线(固阳—查素沟口)三级沥青公路;临哈线(临河—哈日葫芦)等外沥青公路;哈石线(石哈河—哈业脑包)三级沥青公路;呼四线(呼勒斯太—四分滩)四级沥青公路;海温线(海流图—温更)三级沥青公路。(3)乡道:白新线(白音查干—新忽热)三级沥青公路;临巴线(临河—巴音呼都格)三级沥青公路;乌加河杨二桥—汪洋河头三级沥青公路;海五线—德岭山水库三级沥青公路。

三、征地拆迁

1988—2012 年,因国家车船购置税补助资金只能作为工程建设直接费用,地方财政匹配困难,乌拉特中旗通村公路建设实施过程中,没有征地拆迁补偿费用,部分地方土地协调困难,技术标准难以大幅提高,工程建设质量、进度难以保证,项目实施困难重重。为此,乌拉特中旗公路建设部门积极采取相应对策建议:地方政府出台相关政策,并采取有力措施,加大协调工作力度,由地方财政预算拿出一定资金对征地拆迁进行补偿,以确保征地拆迁工作顺利进行。

四、公路网建设

“十五”计划末期(2005 年),全旗公路总里程为 1196 千米,其中二级公路 59 千米、三级公路 214.8 千米、四级公路 442.3 千米,等外公路 479.9 千米。从旗府所在地到各镇的公路黑色化率 50%,全旗 121 个行政嘎查村中通公路率 6.6%,全旗公路密度达每百平方千米 5.2 千米。

“十一五”规划末期(2010 年),全旗公路总里程 4116.4 千米,其中二级公路 186 千米、三级公路 616.6 千米、四级公路 571.9 千米,等外公路 2741.9 千米。旗府所在地到各镇公路黑色化率 100%,全旗 121 个行政嘎查村中通公路率 11.6%,全旗公路密度每百平方千米 17.9 千米。

“十二五”规划第二年(2012 年),全旗公路总里程 4169.2 千米,其中二级及以上等级公路 196.3 千米,仅占公路总里程的 4.71%;三级及以下等级公路 3972.9 千米,占公路总里程的 95.29%;从旗府所在地到各镇的公路黑色化率 100%,全旗 121 个行政嘎查村中通公路率 29.8%,全旗省干线公路密度仅为每百平方千米 1.3 千米。

五、等级公路与砂石路建设

(一)等级公路建设

1988—2000 年,乌拉特中旗新建公路包括:海五线(海流图—五原,1997 年建设),三级沥青公路 53.3 千米;海五线(海流图—五原,1997 年建设),三级沥青公路;武海线(武川—海流图,2000 年建设),三级沥青公路 101 千米,技术标准为三级油路;武海线(武川—海流图,2000 年建设),三级沥青公路 100 千米。

2001—2005 年,乌拉特中旗新建公路包括:(1)省道:甘五线(甘其毛都—海流图,2004 年建设)。(2)县道:临巴线(临河—巴音呼都格),四级低级公路;固查线(固阳—查素沟口),三级沥青公路;临哈线(临河—哈日葫芦),等外公路;哈石线(石哈河—哈业脑包),四级低级公路;呼四线(呼勒斯太—四分滩),四级低级公路;海温线(海流图—温更),四级无铺装路面公路。(3)乡道:白新线(白音查干—新忽热),四级低级公路;德长线(德岭山—长五壕),四级低级公路;魏林线(魏贵—林场),四级低级公路;奋樊线(奋斗—樊四社),四级低级公路;西利线(西柳树泉—利民),四级低级公路;乌三线(乌梁素太—三大股),四级低级公路;二沙线(二羊圪旦—沙河渡槽),四级低级公路;大乌线(大盛线—乌不浪口),四级低级公路;永建线(永胜—建丰),四级低级公路;胡史线(胡贵—史在红),四级低级公路;大昆线(大盛—昆都仑),四级低级公路;满苏线(满太庙—苏独仑),四级低级公路;乌宏线(乌加河—宏丰),四级低级公路;繁扬线(繁荣—扬四),四级低级公路。

2006—2012 年,乌拉特中旗新建公路包括:(1)省道:甘五线(甘其毛都—海流图),一级沥青公路,132 千米,于 2006 年 5 月开工,2007 年 8 月竣工通车;海五线(海流图—五原),二级沥青公路,53.3 千米,于 2005 年 5 月开工,2005 年 11 月竣工通车;武海线(武川—海流图),三级沥青公路,101 千米,于 2009 年 5 月开工,2009 年 11 月竣工通车。(2)县道:临巴线(临河—巴音呼都格),四级低级公路,86 千米,于 2006 年 5 月开工,2007 年 8 月竣工通车;固查线(固阳—查素沟口),三级沥青公路,129 千米,于 2003 年 5 月开工,2003 年 11 月竣工通车;临哈线(临河—哈日葫芦),等外沥青公路,3 千米,于 2006 年 5 月开工,2007 年 8 月竣工通车;哈石线(石哈河—哈业脑包),三级沥青公路,27 千米,于 2008 年 5 月开工,2008 年 11 月竣工通车;呼四线(呼勒斯太—四分滩),四级沥青公路,17 千米,于 2007 年 5 月开工,2007 年 11 月竣工通车;海温线(海流图—温更),三级沥青公路,28 千米,于 2006 年 5 月开工,2007 年 8 月竣工通车。(3)乡道:白新线(白音查干—新忽热),三级沥青公路,132 千米,于 2005 年 5 月开工,2005 年 11 月竣工通车;临巴线(临河—巴音呼都格),三级沥青公路,86 千米,于 2008 年 5 月开工,2008 年 11 月竣工通车;乌加河杨二桥—汪洋河头三级沥青公路,3.39 千米,于 2008 年 5 月开工,2008 年 11 月竣工通车;海五线—德岭山水库三级沥青公路,14.942 千米,于 2010 年 5 月开工,2010 年 10 月竣工通车。

(二)水泥路建设

2008—2012 年,乌拉特中旗共建水泥路共 353.9 千米。

2008 年 5 月,全旗开建水泥路 74 千米,均于同年 10 月竣工通车。包括:西柳树泉—辛家圪旦,12.471 千米;德岭山—长五壕桥 8.235 千米;王挨满—东牛犋 12.55 千米;川井—风电场 22.6 千米;德长线—乌广线 8.969 千米。

2009 年 5 月,全旗开建水泥路 108 千米,均于同年 10 月竣工通车。包括:金喜城—人字渠,7.563 千米;联荣—团结,3.682 千米;北马夸圪旦—南马夸圪旦,1.832 千米;乌宏线—刘防树,

3.048千米；永丰—哈拉图，10.458千米；西利线—东补隆，0.5千米；义和久—份子地，2.982千米；宏丰—烟会民村，9.472千米；长工圪梁—魏贵圪旦，1.2千米；三道壕—二道壕，0.8千米；同义隆—红光五队，5.08千米；西沙窝—潘三圪旦，6.226千米；固查线—西沙窝，0.6千米；敖勒盖图—潘西线，0.8千米；联丰四队—三大股，10.006千米；东牛犋—三大股，3.3千米；郝东线—刘在仁，1.2千米；德岭山大圣—乌兰，9.393千米；史在红—大树圪卜，5.378千米；乌广线—史在红，1.656千米；乌兰—二连，4.584千米；二大队—牧羊海，10.268千米；二大队—郝栓保，8千米。

2010年5月，全旗开建水泥路71.6千米，均于同年10月竣工通车。包括：乌兰楚鲁—阿贵少，11.59千米；海流图镇—蔬菜基地，0.881千米；邬三圪旦—汪洋河头，6.359千米；樊四蛇—金喜城，6.9千米；奋斗二队—王五圪旦，9.23千米；哈拉图四组—五原界，2.17千米；王三圪旦—金喜城，7.751千米；公中圪旦—杨桂沙窝，5.005千米；水泉—红旗，7.8千米；姚亮湾—西补隆，3.97千米；二羊圪旦—沙河渡槽，6.033千米；胡贵—史在红，3.369千米。

2011年5月，全旗开建水泥路100.3千米，均于同年9月竣工通车。包括：苗元—天圣，2.301千米；大盛—昆都仑，9.184千米；乌三线—兴丰一组，2.199千米；宏丰—胜利，4.576千米；西柳树泉—养殖园区，0.579千米；金喜城—养殖园区，0.865千米；金喜城—渔场，0.337千米；羊贵沙窝—赵牧圪旦，3.044千米；老赖河头—继光，0.927千米；白齐水库—联丰二队，1.815千米；白音厂汉—草点圪卜，8.687千米；石兰计—石兰计项目区，5.656千米；西圪卜—郝六毛，2.078千米；查干淖尔—海流图，1.43千米；联荣—四组，4.818千米；狼山口—南河畔，6.637千米；南河畔—脑包，4.026千米；兴胜—三道壕，7千米；王五圪旦—同进湾，4.66千米；川乌线—生态园，29.5千米。

2012年5月全旗开建水泥路157.223千米，均于同年9月竣工通车。包括：呼日木图—巴音满都呼，29.881千米；宝格图—石脑包，2.23千米；海流图—温更，22.815千米；前达门—温更嘎查，40千米；北场—刘兰壕，32.747千米；石哈河—新忽热，29.55千米。

（三）砂石路建设

2008—2012年，乌拉特中旗共建有砂石路36条，共771.6千米。

2008年5月，全旗开建砂石路共146.8千米，均于同年10月竣工通车。包括：固查线—希热庙、海流图—新忽热、西刀拉—甲胜盘、巴音—腰带、巴音—德日素。

2009年5月，全旗开建砂石路共534千米，均于同年10月竣工通车。包括：巴音杭盖—呼格吉日图、乌兰额日格—巴音温都尔、毛其格—同和太、巴音满都呼—温更、桑根达来—石哈河、乌兰—达茂、前达门—苏达尔沟、伊恒查干—巴音杭盖、呼日木图—巴音满都呼、孤山—沙日楚鲁、阿日呼都格—达茂界、羊盘—丑四壕、永胜村—汪洋河头、邬三圪旦—汪洋河头、乌加河—牧业队、大壕畔—赵牧圪旦、红光六队—马夺圪旦、胜利一组—民族组。

2010年5月，全旗开建砂石路共90.8千米，均于同年10月竣工通车。包括：西刀拉—毛忽洞、十三壕—胡贵坊、石哈河—新忽热、赵保壕—瓦窑、北场—刘兰壕。

2011年后，乌拉特中旗未修建砂石路。

六、桥梁涵洞建设

1988—2000年，乌拉特中旗新建公路桥梁2座，128延长米，其中大型桥梁1座（100延长米）、小型桥梁1座（28延长米）。

2001—2005年，乌拉特中旗新建公路桥梁27座，556.4延长米，其中中型桥梁7座（354.6延长米）、小型桥梁20座（201.8延长米）、新建涵洞16道。

2006—2012年，乌拉特中旗新建公路桥梁11座，118.6延长米，其中中型桥梁1座（40延长米）、小型桥梁10座（78.6延长米）、新建涵洞33道。

七、施工技术

1988—2012年，乌拉特中旗在公路交通建设中，不断实施“科教兴交”的战略方针，加大科技投入，大力研究、开发和推广适合旗情的新技术、新材料、新工业、新设备，力争有所突破并得到推广。围绕“四个交通”目标，把智慧交通建设作为主战场，把云计算、大数据、互联网等现代化信息技术和研发推广、应用作为主攻方向，注重通过信息流、物流、资金流与各种传统业态的融合发展，推动新兴业态发展壮大，带动综合交通、绿色交通、平安交通迈上新台阶。在交通科技发展中，建立、完善一整套交通行业人才引进、选拔、任用、考核、监督的制度体系，形成“能上能下、能进能出、充满生机和活力”的用人机制和竞争激励机制培养人才、留住人才、吸引人才。通过“走出去，请进来”的办法，加强行业科技文化的培训和普及工作，做好行业人力资源储备，选拔和培养一批重点专业学术和科技带头人，打造出一支高水平、高素质、能吃苦、能战斗的公路建设队伍。

八、环境保护

2002年后，乌拉特中旗在公路建设中开始重视环境保护工作。主要采取措施为植被不太茂密地段采取单侧挖掘机取土；植被繁茂地段采取机械集中调运土方；施工中料场、取土坑采取统一规划、统一指定，在施工结束后恢复取土坑。不允许施工单位乱挖、乱取。统一施工便道，不允许施工车辆乱碾、乱压、乱开便道破坏草场。施工结束后要求施工单位恢复环境，回填取土坑，掩埋和焚烧处理建设垃圾。

第四节　公路改造

一、省干线公路改造

1988—2012年，乌拉特中旗交通部门完成省道改造工程293千米，其中包括省道212甘其毛都—五原192.3千米二级公路改造工程，省道311武川—海流图96.7千米三级公路4千米二级公路改造工程。

二、危桥险桥改造

1988—2012年，乌拉特中旗交通部门完成义和渠桥、解放村桥、西柳桥、李贵桥、张海桥、鲁大湾桥6座桥改造重建工程。

三、旗县市区公路改造

1988—2012年，乌拉特中旗交通部门完成X718海流图—温更28千米、X706石哈河—哈德门27千米、X709呼勒斯太—四分滩16千米、X717固阳—查素沟口129.9千米公路改造。

四、路网结构改造

1988—2012年，乌拉特中旗交通部门完成X718海流图—温更9千米、X706石哈河—哈德门10千米，路网改善工程。

第五节　公路养护

一、管养路段

1988—1989年，乌拉特中旗公路段共养护公路503.9千米，其中，干线公路1条、57千米，地方线6条、447.4千米，乡社路2条、30.3千米。

1990—1996年，旗公路段共养护公路475.7千米，其中，干线公路1条、57千米，地方线6条、351.7千米，乡社路2条、25千米。

1997—2004年，旗公路段共养护公路475.7千米，其中，干线公路1条、56千米，旗（县）道1条、6千米，乡道4条、60.3千米，草原定线4条、229.4千米，自然路3条、124千米。

2005—2006年，旗公路段共管理养护全旗公路443千米，其中，旗（县）道1条、6千米，乡道4条、60.3千米，草原定线4条、229.4千米，自然路3条、124千米。

2007—2009年，旗公路段共养护公路431千米，其中，省道S311线101千米；旗（县）道6条、282千米（X717固查线117千米、X718海温线28千米、X702临巴线91千米、X706石哈线27千米、X704临哈线3千米、X709呼四线16千米）；乡道3条、48千米（Y201白新线22千米、Y301西利线27千米、Y202德长线9千米）。管养公路里程中，等级旗（县）道188千米，自然路94千米。

2010—2012年，养护体制改革后，旗公路段代养省道S311线101千米公路，巴彦淖尔市乌拉特中旗畅通公路养护工程有限责任公司共养护公路533千米，其中，旗（县）道7条、304千米（X717固查线130千米、X718海温线28千米、X702临巴线91千米、X706石哈线27千米、X704临哈线3千米、X709呼四线16千米、乌锦线9千米），乡道15条、229千米（Y201白新线22千米、Y301西利线19千米、Y202德长线9千米、Y203魏林线6千米、Y204奋樊线8千米、Y302乌三线18千米、Y303二沙线18千米、Y304乌大线24千米、Y305永建线12千米、Y306胡史线10千米、Y308满苏线11千米、Y307大昆线20千米、Y309乌宏线26千米、Y312西场线11千米、Y311繁扬线15千米）。

二、养护作业

乌拉特中旗公路段在公路管养上积极推行就地热再生、微表处等新技术、新工艺，努力提高科技在交通运输发展中的贡献率。

1988—2008年，旗公路段根据巴彦淖尔盟公路总段下达的养护任务，对砂石路进行路面上砂、补垫坑槽、整修路肩、清扫路面、疏通排水、机械回砂拖平等养护作业内容。2000年，旗（县）道固阳—海流图线（乌拉特中旗境内）改建为沥青路面后，对沥青路面进行补修等作业内容。

2009年，旗公路段根据农牧区公路管理养护体制改革要求，施行公路养护分级管理的管理模式，依法组建法人实体独立经营，施行管养分离的要求，成立巴彦淖尔市乌拉特中旗畅通公路养护工程有限责任公司。

2009—2012年，巴彦淖尔市乌拉特中旗畅通公路养护工程有限责任公司依据旗公路段下达的养护任务，负责对全旗533千米县、乡两级公路的养护工作。

三、养护设备

1988年，旗公路段养护机械设备有55型拖拉机3台、60型推土机2台、摩托车3辆、四轮车28辆、大小水罐7台、大小水车4辆、大平地机3台、小平地机21台、解放牌汽车1辆、东风牌汽车1辆、212型小车2辆。

1996年，旗公路段有养护机械设备78台，其中55型拖拉机5台、装载机1台、60型推土机2台、四轮车32辆、大平地机7台、小平地机26台、大水罐车4台、小水罐车4台、东风牌汽车1台、客货汽车1台、小型汽车2台。

2004 年，旗公路段有养护机械设备 78 台，其中 55 型拖拉机 5 台、装载机 1 台、60 型推土机 2 台、四轮车 32 辆、大平地机 7 台、小平地机 26 台、大水罐车 4 台、小水罐车 4 台、东风牌汽车 1 台、客货汽车 1 台、小汽车 2 台。

2009 年，旗公路段进行体制改革，所有机械设备全部归属养护公司所有，旗公路段不再拥有机械设备。

四、大中修工程

1988—1989 年，县道海流图—温更段 28 千米公路进行大修工程，三级砂石路，路面宽 8.5 米、黏土封层 20 厘米、磨耗层 5 厘米。

1995—1996 年，石哈河—哈德门口（乌拉特中旗段）27 千米公路进行大修工程，四级砂石路，路面宽 6.5 米。

1997—1998 年，石哈河—小佘太四级砂石路 8 千米公路进行中修工程；海流图街道油路工程 2.2 千米，海五线油路工程红旗段 2 千米，三级沥青路。

2005 年，奋斗小康村—樊四蛇圪旦水泥路进行中修工程，全长 10 千米，水泥混凝土路面，路面宽 3.5 米。

五、水毁预防与修复

1988—1998 年，乌拉特中旗境内公路段管养公路发生水毁后，及时上报巴彦淖尔盟公路总段，经盟公路总段审核批准后，旗公路段进行抢通修复。

1999—2012 年，道路保养分级管理后，旗公路段依照规定对水毁路段上报旗人民政府行业主管部门，经审批后，旗公路段负责抢通修复。

第六节　公路运输

一、运输企业

1988 年，乌拉特中旗有运输企业 3 家，分别为乌拉特中旗广通运输公司、乌拉特中旗汽修厂以及乌拉特中旗汽车站。2010 年，乌拉特中旗有运输企业 13 家。2012 年，乌拉特中旗有运输企业 16 家。

二、旅客运输

（一）运输线路

1988 年，全旗经营客运线路 6 条，其中，跨地区线路 1 条，旗境内线路 5 条；有运营客车 12 台，日投放班次 12 次，其中始发 12 次。2000 年，全旗经营客运线路 48 条，其中，跨地区线路 6 条，旗境内线路 42 条；有运营客车 52 台，日投放班次 53.5 次，其中，始发 53.5 次。2010 年，全旗经营客运线路 42 条，其中，跨省线路 1 条，跨地区线路 7 条，旗境内线路 34 条；有运营客车 53 台，日投放班次 52.5 次，其中始发 52.5 次。2012 年，全旗经营客运线路 39 条，其中跨省线路 1 条，跨地区线路 7 条，旗境内线路 31 条；有运营客车 50 台，日投放班次 49.5 次，其中始发 49.5 次。

（二）汽车站建设

2000 年，内蒙古巴运汽车运输有限责任公司中旗汽车站成立，并投资 337 万元，建造总占地面积 13505.2 平方米的二级客运站。

（三）长途客运

1988—2012 年，乌拉特中旗长途客运总量 636065 万人次，客运周转总量 70753018 万人/千米，完成售票总收入 685548 万元。

1988—2012 年乌拉特中旗长途客运量、客运周转量、售票收入统计表

表 17 - 2

日　期	客运量（万人次）	客运周转量（万人千米）	售票收入（万元）
1988	51.8000	2312.3000	60
1989	33.6000	2033.0000	40
1990	37149	1859055	120
1991	36537.9000	20275064	120
1992	34051.1000	18446156	120
1993	236809	13981191	100
1994	264584	14611792	100
1995	26.1752	1448.7846	100
1996	26062	1520415	100
1997	30.6436	1994.4070	100
1998	40.6921	2533.7245	120
1999	47.7200	2697.9292	120
2000	49.8999	2756.1871	120
2001	80.6098	3643.1742	120
2002	51.0000	3368.0000	120
2003	38.0000	2138.0000	120
2004	50.0823	4243.4575	180
2005	40.6210	3432.4898	180
2006	41.8189	3744.0932	180
2007	44.1070	3765.9923	180
2008	39.1464	3854.8663	180
2009	44.5234	3614.6861	180
2010	46.6459	4524.6688	180
2011	47.5344	2755.3752	180
2012	67.8545	4484.4902	200

三、货物运输

（一）运输工具

1988 年，乌拉特中旗有各类（已办证）营运货车 536 辆。其中，有大型运输车辆 168 辆，主要品牌型号有东风牌、斯太尔牌；有农用运输车 828 辆，主要品牌型号有五征牌。

2000 年，全旗有各类(已办证)营运货车 1187 辆。其中，有大型运输车辆 547 辆，主要品牌型号有解放牌、东风牌；有农用运输车辆 131 辆，主要品牌型号有时风牌、五征牌、福田牌。

2010 年，全旗有各类(已办证)营运货车 1487 辆。其中，有大型运输车辆 686 辆，主要品牌型号有解放牌、东风牌、欧曼牌、奔驰牌等；有危险品运输车辆 21 辆，主要品牌型号有解放牌、欧曼牌等；有农用运输车辆 131 辆，主要品牌型号有跃进牌、五征牌、福田牌、北京牌。

2012 年，全旗有各类(已办证)营运货车 1737 辆。其中，有大型运输车辆 877 辆，主要品牌型号有解放牌、欧曼牌、北奔牌；有危险品运输车辆 10 辆，主要品牌型号有解放牌。有农用运输车辆 562 辆，主要品牌型号有跃进牌、五征牌、福田牌、北京牌。

(二)普通货物运输

1988 年，乌拉特中旗普通货物运输量为 20.1 万吨，货运周转量为 1086.4 万吨千米。

2012 年，乌拉特中旗普通货物运输量为 935994 吨，货运周转量为 15093.6320 万吨千米。

1988—2012 年乌拉特中旗普通货物运输量与货运周转量统计表

表 17-3

日　期	货 运 量(万吨)	货运周转量(万吨千米)	日　期	货 运 量(万吨)	货运周转量(万吨千米)
1988	20.1	1086.4	2001	10.3465	217.3155
1989	1.4300	101.5000	2002	7.5000	1183.0000
1990	11766	714319	2003	12.0000	1885.0000
1991	833.1000	672798	2004	13.9511	4671.6017
1992	515.7000	46531.4000	2005	24.9457	5426.0812
1993	71413	7933536	2006	28.5403	5703.5527
1994	139012	33330575	2007	34.0381	5445.4783
1995	12.8515	876.0712	2008	36.3450	6207.3500
1996	5832	489039	2009	38.6175	6456.6610
1997	6.5618	638.7697	2010	48.6713	8187.7493
1998	6.9641	465.6273	2011	89.1584	24454.0728
1999	16.8454	750.6649	2012	93.5994	15093.6320
2000	8.1726	521.9571	—	—	—

(三)危险货物运输

2000 年，乌拉特中旗始有危货运输公司及危险货物运输车辆。同年，申报审批危货运输公司 1 家，拥有危险货物运输车辆 11 辆，危险货物运输量 0.12 万吨，未发生运输事故。

2010 年，乌拉特中旗申报审批危货运输公司 3 家，拥有危险货物运输车辆 21 辆。同年，危险货物运输量 5 万吨，未发生运输事故。

2012 年，乌拉特中旗申报审批危货运输公司 2 家，拥有危险货物运输车辆 10 辆。同年，危险货物运输量 10 万吨，未发生运输事故。

四、汽车维修

1988 年，乌拉特中旗共有汽车维修经营业户 19 家，其中三类经营业户 19 家。同年，维修各种车辆 2280 辆，其中大型车辆 456 辆、小型车辆 724、农用车辆 1100 辆。

2000 年，全旗共有汽车维修经营业户 90 家，其中，二类经营业户 1 家，三类经营业户 41 家。同年，维护修理各种车辆 9868 辆，其中大型车辆 986 辆、小型车辆 2310 辆、农用车辆 6572 辆。

2010 年，全旗共有汽车维修经营业户 98 家，其中，二类经营业户 2 家，三类经营业户 9 家。同年，维护修理各种车辆 18760 辆，其中大型车辆 1930 辆、小型车辆 5120 辆、农用车辆 11710 辆。

2012 年，全旗共有汽车维修经营业户 100 家，其中，二类经营业户 2 家，三类经营业户 98 家。同年，维修各种车辆 26860 辆，其中大型车辆 10650 辆、小型车辆 6720 辆、农用车辆 9490 辆。

第七节　综合管理

一、公路投资管理

1988—2012 年，乌拉特中旗按照《内蒙古自治区交通厅投资公路建设项目财务管理办法（试行）》要求，设置独立的财务管理机构。建立健全财务管理制度，依照批准计划和工程完成量，按照招标合同规定请领资金，建立各部门、各单位的核算程序，做好资金的收支控制、分析和考核工作。严格执行国家规定的各项财务开支范围和标准，据实反映工程财务状况，并接受上级主管部门和经济监督部门的检查监督。依照批准的计划，负责编报分期用款计划，落实资金，确保工程用款。严格控制设计变更，对设计变更应进行技术经济分析，防止不适当的提高工程造价和浪费。同时建议大宗材料与设备集中采购，既保证质量并降低造价，严格工程结算办法与程序。

1999—2012 年，乌拉特中旗共招投标约 5.8 亿元，公路建设里程 2753.4 千米。

二、公路施工管理

（一）制度管理

1999 年，乌拉特中旗制定《乌拉特中旗农村公路建设工程质量管理办法》，在全旗公路建设中，公路建设项目部开始与各工程项目负责人签订《工程建设责任状》《工程建设安全责任状》，进一步健全、完善工程建设管理体系，为工程建设夯实制度管理基础。1999—2012 年，乌拉特中旗在公路建设中共签订《工程建设责任状》58 份，鉴定《工程建设安全责任状》58 份。

（二）合同管理

1999 年后，乌拉特中旗交通局努力掌握、理解公路工程合同的如下特点：业主和承包商具有的权利能力、行为能力；具有很强的计划性和指导性；具有严格的法定程序，合同的签订包含了公路工程的相关法律、法规，合同签订双方要严格履行合同规定的各项条款，保障合同的严肃性。1999—2012 年，乌拉特中旗公路建设部门共签订《公路工程合同》58 份。

（三）质量管理

为保证工程建设质量，乌拉特中旗公路建设部门项目部不断科学构建质量管理体系。要求施工部门自检、监理单位随时实验监测、质监站抽查、主管单位复检的“四位一体”的质量检查体系，严把工程质量关。1988—2012 年，乌拉特中旗公路工程质量管理部门以不定期的形式，进行联合检查、专项检查和巡视检查。对每一个项目进行联合检查；针对实验建设、路基工程、路面工程、桥涵工程及安防工程等进行专项检查；在工程建设过程中巡视检查。在关键工程施工节点上全程监控施工过程，严抓工程质量。质量合格率 100%、优良率 87%。

（四）安全管理

在施工的全过程，旗公路建设部门严格安全生产责任管理，对各施工环节实施安全教育与培训，让安全生产要求变成每个施工人员的自觉行为，有效防止人身安全事故的发生。对施工段落与作业点进行不定期的安全普遍检查，不留死角，将安全隐患消灭在萌芽状态。对各施工段和作业点，要求作业标准化，按科学的作业标准，规范人的行为，落实“生产技术与安全技术统一”和“管生产与管安全统一”的原则。在事故的调查处理上，用严肃、认真、科学的态度和“以人为本”的理念，积极稳妥处理已发生的事故，吸取教训，避免同类事故再次发生。严格遵守《中华人民共和国安全生产法》《建设工程安全生产管理条例》《公路水运工程安全生产监督管理办法》《公路工程施工安全技术规程》《公路筑养路机械操作规程》等法律法规。坚持“安全第一、预防为主”和“管生产必须管安全”的原则，加强安全生产宣传教育，建立健全各项安全生产的管理机构和安全生产管理制度，配备专职及兼职安全检查人员，有组织有领导地开展安全生产活动。建立健全安全生产责任制，按照《公路水运工程安全生产监督管理办法》规定配备专职安全生产管理人员，专职负责安全工作及预防事故的发生。坚持安全设施必须与主体工程“三同时”（同时设计审批、同时施工、同时验收）原则，定期召开安全生产调度会，及时传达中央及地方有关安全生产的精神。组织开展对企业施工现场安全生产检查，监督企业及时处理发现的各种安全隐患。1988—2012 年，乌拉特中旗在公路建设中狠抓工程管理，未发生重大工程事故。

（五）文明施工

1988—2012 年，旗公路建设部门在对可能发生危险的施工地段和作业中心，要求施工机械采取必须要有醒目的提示标牌和防护措施。材料和土方运输要避开上下班高峰期，以免影响居民出行。施工期间，要组织人员有序疏导交通，运输车辆要有专人进行指挥卸运。严格遵守相关规范要求和政府颁布的环保规定，处理好各种施工废水、废渣对工程周边环境的影响，减小施工噪声，尽量减少对当地居民生活的干扰，严格控制污染源，促使工程建设在文明、环保的氛围。乌拉特中旗公路施工单位在施工中，未发现严重干扰居民生活的现象，未发生重大施工事故。

三、公路质量监理

1988—2012 年，乌拉特中旗公路建设监理单位履行监理合同职责；工作中“严格监理、优质服务、公证科学、廉洁自律”。以合同管理为中心，有效控制工程建设项目质量、投资、进度等目标，加强信息管理，并协调建设各方之间的关系。乌拉特中旗公路建设监理单位及时把握项目自身的施工技术标准和管理体系，按照项目流程的监理程序，共监理项目 166 项，合格率 100%。

四、公路养护管理

1988—2008 年，旗公路段执行各级人民政府及交通业务主管部门关于公路的建、管、养方面的方针、政策、条例及规定。2009 年，旗公路段根据农牧区公路管理养护体制改革要求，施行公路养护分级管理的管理模式，依法组建法人实体独立经营，施行管养分离的要求，成立巴彦淖尔市乌拉特中旗畅通公路养护工程有限责任公司。2009—2012 年，旗公路段负责拟定公路养护工程计划，并组织实施养护工程的招投标，检查验收养护质量、生产安排、任务下达、经费核定、协调养护指导苏木镇交管站公路养护工作；负责全旗地方道路路政管理工作，维护路产路权，依法行政，不再承担具体的公路养护工作。全旗公路养护工作由巴彦淖尔市乌拉特中旗畅通公路养护工程有限责任公司承担。

五、路政管理

2009 年，巴彦淖尔公路路政执法监察支队第一大队成立后，对路政人员进行行政执法岗位培训，业务理论培训，对全体执法人员业务理论进行考试，以考促学。同时，加强对有关法律法规的贯彻落实和宣传力度，围绕打击超载超限，侵占和破坏公路桥梁和公路两侧控制区及公路附属设施等路政违法行为，开展联合执法行动，坚持路域管理和源头监管并重，形成治超工作的高压态势。同时对乌拉特中旗各路政、治超及收费等公路管理单位执法行为进行监督检查。

六、运输管理

（一）客运市场管理

1988—2000年，针对旗境内道路客运市场存在问题，旗运输管理部门逐年规范客运市场管理和市场经营行业，打击损害旅客消费和严重扰乱客运市场秩序违章、违法及非法经营行为，提高运输服务质量。引导客运企业走集约化、规模化经营之路，加快客运车辆更新步伐，促进客运运力结构调整。提倡客运企业购置技术先进、高效低耗客运车辆，对客运量和运力进行宏观调控。

2001—2012年，旗运输管理部门对每天始发班次、驾驶员、旅客人数等进行检查、登记。严厉打击超员、倒客、串线、不按班次发车行为。查处超员、倒客、串线、不按班次发车行为50次，查处违法车辆50辆。

（二）货运市场管理

1988—2012年，针对全旗货运市场“零、散、乱”现象，乌拉特中旗运输管理部门以维护道路货物运输市场秩序、保障道路货物运输安、保护各方当事人合法权益入手，对旗境内及旗境外车辆进行分类管理。以辖境区车辆和辖境外车辆各为一个单元，实行“谁租用谁负责”原则，实施监控管理。同时，大力宣传道路运输市场管理法律、法规，鼓励道路货物运输实行集约化、网络化经营，提倡采用集装箱、封闭厢式车和多轴重型车运输，禁止使用报废车、擅自改装车、拼装车、检测不合格车辆和其他不符合国家规定车辆从事道路货物运输。打击非法经营，促使道路运输者向企业化方向发展。共查处违法违规行为1500次，查处违法违规车辆1500辆。

（三）出租车市场管理

2006年，乌拉特中旗始有出租车运营，由乌拉特中旗交通局运输管理所负责管理。

2011—2012年，为改善出租车经营环境，旗道路运输管理所组织开展打击“黑车”专项活动1次，未查出违法行为和违法车辆。

第二章　铁路交通

第一节　机　构

2012年12月，乌拉特中旗机场铁路建设项目办公室（以下简称“机铁办”）成立，机构性质为正科级事业单位，隶属乌拉特中旗人民政府办公室，下设股室3个：即综合协调股、铁路建设股、机场建设股。暂定编制6名。

第二节　铁路建设

一、线路

2012年底，乌拉特中旗境内运营的铁路线有西金铁路和神华甘泉铁路。其中神华甘泉铁路，即甘其毛都口岸至包头万水泉，总投资78.2亿元，建设等级为国铁一级电气化铁路，线路全长367.08千米；铁道部西铁铁路，即前旗西小召至金泉工业园区（现为甘其毛都口岸加工园区），线路建设标准为国铁一级电气化铁路，工程投资总额11.84亿元，线路正线全长58.817千米。

二、站点

（一）神华甘泉铁路

起于万水泉南二场，途经麻池—河西—乌兰计—哈业脑包—明安南—台梁—大佘太—瓦窑滩—金泉—耶仁高勒—海流图—陶勒盖—川井—昌吉高勒—巴音杭盖—哈贝日格—特默特—甘其毛都。

（二）铁道部西金铁路

起于包兰线西小召车站，途经五原东站—经建丰—乌拉特中旗德岭山镇金泉工业园区，设金泉南站。

附：乌拉特中旗机场建设

2011年5月10日，乌拉特中旗人民政府召开旗长办公会议，会议专题研究启动乌拉特中旗机场项目有关事宜。会议认为乌拉特中旗实施机场项目，可以有效推动口岸经济发展，巩固边防建设，满足应急救援，同时兼顾公务包机、草原病虫害防治、飞播牧草、人工增雨等等业务，满足本地区经济社会发展的需要。会议议定立即启动乌拉特中旗机场项目，积极开展前期准备工作，争取2013年底完成前期手续，2014年实现开工建设，2015年竣工并实现首航。

第十八篇　邮政　电信

第一章　邮 政

第一节　机　构

一、行政管理机构

1988 年，乌拉特中旗设有邮电局，内设机构 5 个：办公室、邮政股、电信股、计划财务部、农村电话部；生产部门 11 个：营业部、发行、分拣封发、市内投递、机要组、报务组、话务组、载波组、电力、市机线、农话；全局实有在职干部职工 193 人，核定领导职数一正二副。

1998 年 9 月，邮电体制改革，邮政与电信分营，乌拉特中旗邮政局单独设立，邮政走上独立运营轨道。至年底，全局内设机构 10 个：办公室、市场部、检查办、经警队、车队、市内投递班、分拣封发、乡邮投递、发行、函件；全局实有在职干部职工 64 人，核定领导职数 2 个，一正一副。

2012 年，旗邮政局内设机构 12 个：办公室、市场部、检查、经警队、车队、市内投递班、分拣封发、乡邮投递、发行、函件、分销、储汇部；全局实有在职干部职工 67 人，核定领导职数 2 个，一正一副。

二、经营网点

1988 年，乌拉特中旗邮电局下设邮电支局 2 个（乌加河邮电支局、石哈河邮电支局）、邮电所 16 个（巴音哈太邮电所、楚鲁图邮电所、双盛美邮电所、郜北邮电所、德岭山邮电所、石脑包邮电所、牧羊海邮电所、呼勒斯太邮电所、石兰计邮电所、杭盖戈壁邮电所、温更邮电所、川井邮电所、巴音杭盖邮电所、乌兰邮电所、桑根达来邮电所、新忽热邮电所）、代办所 2 个（同和太代办所、温更煤矿代办所）。

1990 年，乌拉特中旗邮电局下设邮电支局 3 个（乌加河邮电支局、石哈河邮电支局、川井邮电支局）、苏木乡镇邮电所 16 个（巴音哈太邮电所、楚鲁图邮电所、双盛美邮电所、郜北邮电所、德岭山邮电所、石脑包邮电所、牧羊海邮电所、呼勒斯太邮电所、石兰计邮电所、杭盖戈壁邮电所、温更邮电所、巴音杭盖邮电所、乌兰邮电所、巴音邮电所、桑根达来邮电所、新忽热邮电所）、代办所 3 个（同和太代办所、温更煤矿代办所、砖瓦厂代办所）。

1998 年，邮政与电信分营后，旗邮政局下支局 5 个（教育路邮政支局、海流图街邮政支局、乌加河邮政支局、石哈河邮政支局、川井太邮政支局）。邮电所 14 个（德岭山邮政所、呼勒斯太邮政所、石兰计邮政所、杭盖戈壁邮政所、温更煤矿邮政所、巴音杭盖邮政所、巴音邮政所、桑根达来邮政所、巴音哈太邮政所、新忽热邮政所、楚鲁图邮政所、永胜邮政所、乌镇邮政所、牧羊海邮政所）、代办所 8 个（砖瓦厂邮政代办所、郜北邮政代办所、同和太邮政代办所、乌梁素太邮政代办所、宏丰邮政代办所、石脑包邮政代办所、温更邮政代办所、一中邮政代办所）。

2009 年，旗邮政局下设经营网点 20 个，其中邮政支局 16 个（乌加河邮政支局、石哈河邮政支局、德岭山邮政支局、川井邮电支局、乌兰邮电支局、乌镇邮电支局、巴音哈太邮电支局、呼勒斯太邮电支局、温更邮电支局、石兰计邮电支局、杭盖戈壁邮电支局、桑根达来邮电支局、楚鲁图邮电支局、永胜邮电支局、巴音杭盖邮电支局、巴音邮电支局）。

至 2012 年底，旗邮电局下设基层网点未发生变化。

第二节 设施设备

1988 年初，乌拉特中旗邮电局资产总数 421.24 万元，其中固定资产 417.55 万元，流动资产 3.69 万元。邮政房屋总面积 11084 平方米，邮政系统有投递专用汽车 5 辆、投递摩托车 13 辆、投递自行车 32 辆。

1998 年，邮政局年末固定资产 387.27 万元，电信局固定资产 1582.06 万元，邮政局房屋建筑面积 4102 平方米。邮政主要通信设备有：邮运汽车 6 辆，其中 8 吨以上汽车 1 辆。信函捆扎机 1 台，过戳机 2 台。

2008 年底，旗邮政局资产总数 602 万元，其中固定资产 400 万元，流动资产 202 万元。自有房屋面积 2370 平方米，有 ATM 机 3 台、行政电脑 12 台、生产终端 29 台、公务用车 1 辆、投递车辆 3 辆、投递电动三轮车 7 辆。

2012 年底，旗邮政局资产总数 1350 万元，其中固定资产 850 万元，流动资产 500 万元；有房屋面积 2570 平方米，有 ATM 机 4 台、行政电脑 15 台、生产终端 32 台、公务用车 1 辆、投递车辆 2 辆、投递电动三轮车 9 辆。

第三节 邮路与邮政编码

一、邮路

1998 年，乌拉特中旗邮电局邮政业务有邮路 8 条：(1) 海流图—杭盖戈壁，委办汽车邮路，单程 124 千米。(2) 海流图—乌加河—宏丰—呼勒斯太—石兰计，委办汽车邮路，单程 126 千米。(3) 海流图—德岭山，委办汽车邮路，单程 45 千米。(4) 海流图—楚鲁图—巴音哈太—石哈河—永胜，委办汽车邮路，单程 97 千米。(5) 海流图—部北，委办汽车邮路，单程 92 千米。(6) 海流图—新忽热，委办汽车邮路，单程 72 千米。(7) 海流图—煤矿—温更，委办汽车邮路，单程 30 千米。(8) 海流图—川井—巴音杭盖—桑根达来—巴音—乌兰，为自办汽车邮路，单程长度 432 千米。

2009 年，旗邮政局有邮路 5 条：(1) 海流图—德岭山—乌梁素太—煤矿—看守所，委办汽车邮路，单程 94 千米。(2) 海流图—川井—甘其毛都，委办汽车邮路，单程 135 千米。(3) 海流图—川井代办所—川井雷达站—甘其毛都代办所—边防四连—五连—六连—巴音乌兰代办所—乌兰雷达站，委办汽车邮路，单程 217.5 千米。(4) 海流图—新忽热代办所—石哈河支局，委办汽车邮路，单程 105 千米。(5) 海流图—乌加河支局—宏丰代办所—呼勒斯太代办所—石兰计代办所，委办汽车邮路，单程 137 千米。另有边防邮路 1 条，服务 1 个苏木、镇和 5 个边防各部队、投递里程 217 千米。

2012 年，旗邮政局有邮路 7 条：(1) 海流图—乌加河—宏丰—呼勒斯太—石兰计，为委办汽车邮路，单程长度 126 千米。(2) 海流图—德岭山，为委办汽车邮路，单程长度 45 千米。(3) 海流图—石哈河，为委办汽车邮路，单程长度 97 千米。(4) 海流图—新忽热，为委办汽车邮路，单程长度 72 千米。(5) 海流图—煤矿—温更，为委办汽车邮路，单程长度 30 千米。(6) 海流图—川井—巴音杭盖—桑根达来—巴音—乌兰，为自办汽车邮路，单程长度 432 千米。(7) 乌梁素太、同和太邮件由临河—海流图，为委办汽车邮路，单程长度为 140 千米。另有边防邮路 1 条，服务 3 个苏木镇和边防各部队、投递里程 520 千米。

二、邮政编码

1991年,乌拉特中旗按苏木、乡、镇分布,共分配邮政编码22个。2003年、2005年、2012年,撤乡建镇,先后撤销相应经营网点,邮政编码尚作保留。至2012年底,全旗6个镇、4个苏木、1个种畜场、1个牧场的邮政编码为:海流图镇和甘其毛都镇为015330,乌加河镇为015331,德岭山镇和牧羊海牧场为015315,石哈河镇为015309,温更镇为015317,呼勒斯太苏木为015332,川井苏木为015321,新忽热苏木为015308,巴音乌兰苏木为015323,同和太种畜场总场为015316。

第四节 投 递

1988年,乌拉特中旗邮政局在海流图镇市内投递点增加到340个,市内投递设3个段,每日投递1次,自行车班。农村牧区有投递路线12条,投递路线单程长度1613千米,其中摩托车投递路线351千米,自行车投递1262千米。

1990年,农村投递单程长度1722千米,其中摩托车投递路线589千米,自行车投递1133千米。

2007年,旗邮政局在海流图镇城区有投递段道5条,负责镇内188个单位、523个门点及居民个人报刊的征订、投送任务和邮件投递任务,日行程61.7千米;在农村牧区有投递路线5条,其余均为自取。边防邮路1条,服务2个苏木、边防各部队,投递里程520千米。

2012年,旗邮政局在海流图镇城区有投递段道5条,服务镇内188个单位,18个门点及多户居民个人投送任务和邮件投递任务,日行程61.7千米;旗邮政局在农村有投递路线7条,日行程1462千米。

第五节 主要业务

一、邮务类业务

(一)函件

1988年,乌拉特中旗邮电局函件业务主要有信函、印刷品两种。1995年,邮政有奖明信片业务逐步发展起来。2000年,新开发邮资图片门票业务。2002年,函件业务逐步有了新商业内涵。2003年,用户名址信息数据库建立。2004年,推出个性化邮政产品。2008年,邮资封片、邮政转送广告、企业形象宣传册、定制型邮政贺卡等成为函件的主要业务。2010年,增加销售贺卡业务。

1988—2012年乌拉特中旗邮电(邮政)局函件业务收入统计表

表18-1 单位:万件

年份	业务量	年份	业务量
1988	53.13	2001	43.38
1989	51.80	2002	38.25
1990	52.17	2003	34.4
1991	44.35	2004	7.7
1992	42.98	2005	15.4
1993	64.18	2006	12.15
1994	56.48	2007	11.92
1995	40.12	2008	10.59
1996	35.86	2009	11.32
1997	29.57	2010	10.54
1998	26.98	2011	11.65
1999	32.56	2012	12.06
2000	74.17	—	—

（二）包件业务

1988—2012 年，随着市场经济的不断发展和完善，乌拉特中旗邮政部门邮政包裹业务受到社会快运公司的冲击，业务发展竞争激烈。

1988—2012 年乌拉特中旗邮电（邮政）局包件业务与收入统计表

表 18 －2　　　　单位：件

年　份	业务量	年　份	业务量
1988	100	2001	10216
1989	5600	2002	12349
1990	4700	2003	4000
1991	4196	2004	3800
1992	4199	2005	5700
1993	4902	2006	7015
1994	9341	2007	11500
1995	4140	2008	12500
1996	5226	2009	13600
1997	4587	2010	25980
1998	4080	2011	36780
1999	6025	2012	47890
2000	9954	—	—

（三）汇兑业务

1988 年，乌拉特中旗邮电局汇兑业务包括普通汇兑业务和电子汇兑业务。普通汇兑是通过投递汇款单为用户提供服务，传递时限 4 ~7 天；电子汇兑是通过电报形式发送。传递时限 2 ~5 天。

2005 年，旗邮政局邮政电子汇兑资金清算系统启动运营，开办密码汇款、2 分钟、2 小时实时汇款业务和 24 小时汇款服务。同年，旗邮政局邮政汇兑业务大集中系统切换上线，实现普通汇款 1 日到达、入账汇款实时到账的快捷服务。随着金融信息化进程的加快、金融创新不断涌现，同业竞争异常激烈，以银行卡为载体的结算类业务对邮政汇兑业务形成较大冲击。在这种形势下，中国邮政积极应对，加快信息化建设，加大新产品开发力度，始终坚持以客户为价值取向，为广大城乡居民提供安全、快捷、方便的汇款服务。

2002—2012 年乌拉特中旗邮电（邮政）局汇兑业务统计表

表 18 －3　　　　单位：万元

年 份	普通汇兑	电子汇兑	年 份	普通汇兑	电子汇兑
2002	—	19. 83	2008	—	27. 24
2003	—	10. 21	2009	—	27. 86
2004	—	10. 92	2010	—	33. 89
2005	—	9. 40	2011	—	49. 15
2006	—	16. 20	2012	—	45. 46
2007	—	23. 16	—	—	—

（四）报刊发行业务

1988 年，乌拉特中旗邮电局即有报刊发行业务。2002 年，业务处理由手工处理逐步发展到计算机录入。2005 年，旗邮政局邮政报刊发行信息系统上线，完成报刊要数、通知印数、分拣封发、投递数据等关键数据的生成，实现对业务机构、报刊目录、分拣封发等技术数据的统一管理，大大缩短了业务处理时限，实现了系统的网络运作。

1988—2012 年，旗邮电（邮政）局利用自身的优势，积极为读者提供多种形式的服务，用户订阅报刊方式可分为邮政局（所）窗口订阅、拨打邮政服务电话订阅、报刊发行站订阅、集中订阅、第三方订阅（包括形象期刊、报刊订阅卡）等。零售业务主要有邮政自办网点销售、委办批销、预约零售和函购 4 种销售方式。

1988—2012 年乌拉特中旗邮电（邮政）局报刊发行与业务收入统计表

表 18 －4

年　份	报刊发行量（份）	报刊流转额（万元）	年　份	报刊发行量（份）	报刊流转额（万元）
1988	249.76	27.70	2001	140.25	91.00
1989	201.03	41.40	2002	153.87	105.00
1990	203.59	34.77	2003	133.00	98.00
1991	228.53	40.09	2004	132.10	96.00
1992	241.9	45.30	2005	132.01	78.60
1993	229.15	48.89	2006	137.40	99.86
1994	180.58	61.90	2007	146.84	119.08
1995	185.36	69.94	2008	150.25	120.25
1996	177.11	91.43	2009	152.36	121.78
1997	144.44	86.50	2010	153.36	124.85
1998	130.94	84.61	2011	158.90	125.98
1999	111.82	85.00	2012	160.25	130.12
2000	130.52	89.00	—	—	—

（五）集邮业务

1988 年，乌拉特中旗邮电局即有集邮业务。1992 年起，旗邮电局积极开拓邮品销售市场，发展邮票预订、邮票零售、定向集邮、邮票个性化服务、形象宣传年册及国家发行的各类集邮品的销售等各种门类齐全的业务。

1991 年，旗邮电局集邮业务销量 13.09 万枚。到 1995 年，旗邮电局集邮业务销量 2.76 万枚。进入 21 世纪后，随着手机短信、互联网等时尚文化娱乐的发展，集邮爱好者中青少年一族倍减，集邮业务渐渐出现滑坡和低潮。

二、邮政储蓄

1988 年，乌拉特中旗邮电局即有邮政储蓄业务，业务种类仅限于单一的邮政定、活期储蓄；同年，全旗设立邮政储蓄服务窗口 6 个，邮政储蓄存款 69 万余元。1990 年，邮政储蓄点 7 个，储蓄余额 224.3 万元。

1999 年，全旗设立邮政储蓄自办储蓄网点 7 个，邮政储蓄存款 5638 万元。2000 年，全旗设立邮政储蓄自办储蓄网点 7 个，邮政储蓄存款 4998 万元。

2001 年，全旗设立邮政储蓄自办储蓄网点 7 个，邮政储蓄存款 5878 万元。2002 年，全旗设立邮政储蓄自办储蓄网点 7 个，邮政储蓄存款 6903 万元。2003 年，全旗设立邮政储蓄自办储蓄网点 7 个，邮政储蓄存款 7793 万元。2004 年，全旗设立邮政储蓄自办储蓄网点 8 个，邮政储蓄存款 8795 万元。2005 年，全旗设立邮政储蓄自办储蓄网点 8 个，邮政储蓄存款 10795 万元。

2006 年，全旗设立邮政储蓄自办储蓄网点 8 个，邮政储蓄存款 15342 万元。2007 年，全旗设立邮政储蓄自办储蓄网点 8 个，邮政储蓄存款 20069 万元。2008 年，全旗设立邮政储蓄自办储蓄网点 8 个，邮政储蓄存款 24704 万元。2009 年，全旗设立邮政储蓄自办储蓄网点 8 个，邮政储蓄存款 26388 万元。2010 年，全旗设立邮政储蓄自办储蓄网点 8 个，邮政储蓄存款 25732 万元。

2011 年，全旗设立邮政储蓄自办储蓄网点 9 个，邮政储蓄存款 29287 万元。2012 年，全旗设立邮政储蓄自办储蓄网点 9 个，邮政储蓄存款 33948 万元。

三、速递物流类业务

1988 年，乌拉特中旗邮电局依托全网支撑，相继开办国内、国际特快专递业务。到 2008 年，邮政 EMS 已经成为邮政企业的一项高效业务，种类包括护照专递、法院文书专递、行政执法文书专递、金融保险单证专递、银行会计资料专递、银行信用卡专递、二代身份证专递业务等服务。

1990 年，旗邮电局特快专递业务收入完成 8 万元。1995 年，旗邮电局特快专递业务收入完成 10 万元。2000 年，旗邮局特快专递业务收入完成 18 万元。2010 年，旗邮政局特快专递业务收入完成 35 万元。2012 年，旗邮政局特快专递业务收入完成 45 万元。

第六节　经济效益

2002—2012 年，旗邮政局邮政业务总收入完成 1252.01 万元。

2002—2012 年乌拉特中旗邮政局经济效益统计表

表 18－5　　单位：万元

年份	总收入	其中			
		邮务类业务收入	代理金融类业务收入	代理速递类业务收入	分销及其他业务收入
2002	299.69	49.17	236.84	3.97	9.71
2003	281.80	42.90	203.45	6.92	28.53
2004	289.11	54.49	216.69	6.33	11.60
2005	336.06	43.55	273.47	7.44	11.60
2006	348.20	65.36	253.36	10.54	18.94
2007	556.28	61.65	456.98	18.54	19.11
2008	852.68	111.66	651.09	27.14	62.79
2009	935.42	138.44	701.37	74.04	21.57
2010	1024.11	177.49	733.18	48.79	64.65
2011	1019.02	188.39	749.49	58.62	22.52
2012	1252.01	286.23	883.52	57.43	24.83

第二章　电　信

第一节　旗邮电局电信业务

一、机构

1988 年，乌拉特中旗设有邮电局，内设机构 5 个：办公室、邮政股、电信股、计划财务部、农村电话部；生产部门 11 个：营业部、发行、分拣封发、市内投递、机要组、报务组、话务组、载波组、电力、市机线、农话；全局实有在职干部职工 193 人，核定领导职数 1 个，一正二副。

1998 年 9 月，全国邮电体制改革，邮政与电信分营，乌拉特中旗电信局挂牌。

二、电信业务

1994 年，乌拉特中旗邮电局电信系统共有公用电话 1 部。1996 年，旗邮电局电信系统共有公用电话 34 部。1998 年，旗邮电局电信系统共有公用电话 154 部。

第二节　乌拉特中旗电信局

一、机构

1998 年 9 月 25 日，乌拉特中旗电信局挂牌运营；公司下设综合部、市场部、维护部；在册职工 84 人，其中合同制工 70 人、聘用工 14 人。

1999 年 3 月 31 日，乌拉特中旗移动通信营业部成立，移动通信业务从旗电信局分离出去。年底，旗电信局下设综合部、市场部、维护部；在册职工 75 人，其中合同制工 60 人、聘用工 15 人。

2000 年 10 月 16 日，乌拉特中旗电信系统进行公司改制，旗电信局改称内蒙古自治区电信公司乌拉特中旗分公司，正式挂牌运营。

二、主要业务

1998 年，旗电信局在全旗共有固定电话 4200 部、电报业务量 73 万份。

1999 年，旗电信局在全旗共有电话 6800 部、电报业务量 62 万份。

第三节　中国移动乌拉特中旗分公司

一、机构

1999 年 9 月，乌拉特中旗移动通信营业部成立，移动通信业务从旗电信局分离出来。同年，乌拉特中旗移动通信营业部有合同制职工 11 人。

2005 年 12 月，乌拉特中旗移动营业部更名为乌拉特中旗移动公司，下设三部、营业厅、社会渠道，市场部；在册职工 22 人，其中合同制工 5 人、聘用工 17 人。

2012 年底，乌拉特中旗移动公司下设营业厅、市场部、社会渠道；在册职工 68 人，其中合同制 5 人、聘用工 63 人。

二、主要业务

1999 年，乌拉特中旗移动公司在全旗共有移动电话 700 部。2005 年，旗移动公司在全旗共有移动电话 35063 部。2010 年，旗移动公司在全旗共有移动电话 90633 部，互联网专线 3 条。2012 年，旗移动公司在全旗共有移动电话 98800 部，互联网专线 4 条。

三、设施设备

1999 年，乌拉特中旗移动公司有光缆里程 65 千米、移动通信基站 2 座。2012 年底，乌拉特中旗移动公司有光缆里程 3424.8 千米，管道 91.5 千米，建成光纤宽带覆盖站点 166 个，2G 移动通信基站 183 座、4G 移动通信基站 256 座。

四、经济效益

2010 年，乌拉特中旗移动电话语音收入 3996 万元、固定收入（月租费）831 万元。2012 年，乌拉特中旗移动电话语音收入 4042 万元、固定收入（月租费）1331 万元。

第四节　中国电信乌拉特中旗分公司

一、机构

2000 年 10 月 16 日，乌拉特中旗电信系统进行公司改制，旗电信局改称乌拉特中旗电信公司。同年，公司有员工 3 人。全部为聘用工。

2008 年，旗电信公司下设业务部、装维部、营业部；在册职工 12 人，全部为聘用工。

2011 年，旗电信公司下设政企业务部、渠道业务部、装维部、营业部；在册职工 17 人，其中合同制员工 6 人、聘用工 11 人。

至 2012 年底，旗电信公司下设机构与在册职工数量未发生变化。

二、主要业务

2001—2005 年，乌拉特中旗电信公司主要经营固定电话、IP 话吧业务。ADSL 宽带业务、光纤专线业务。2006 年，旗电信公司在全旗共有电话 433 部，宽带 86 户，光纤专线业务 8 户，IP 话吧 7 户。2008 年，中国电信收购中国联通 CDMA 网（包括资产和用户），开始经营移动网络业务。2009 年，中国电信获得第三代移动通信（3G）牌照。旗电信公司在全旗共有电话 866 部，宽带 1870 户，光纤专线业务 16 户，IP 话吧业务 22 户，移动业务用户 3800 余户。2011 年，旗电信公司在全旗共有移动网用户 6000 余户，电话 966 部，宽带用户 2860 户，光纤专线用户 22 户。

三、设施设备

2005 年，乌拉特中旗电信公司拥有机房 1 个。2009 年，旗电信公司拥有机房 2 个，基站 18 座，自有营业厅 1 个，公务车辆 2 辆。2012 年，旗电信公司设施设备量未发生变化。

四、经济效益

2005 年，中国电信乌中旗分公司全年实现收入 20 余万元。2009 年，中国电信乌中旗分公司全年实现收入 290 余万元。2012 年，中国电信乌中旗分公司全年实现收入 585 万元。

第五节　中国联通乌拉特中旗公司

一、机构

2004 年 10 月，乌拉特中旗联通营业部成立，有正式员工 65 人，劳务派遣人员 9 人。

2006 年 8 月，乌拉特中旗联通营业部更名乌拉特中旗联通公司。下设综合部、市场部、维护部；在册职工 65 人，其中合同制工 56 人、聘用工 9 人。

2008 年 10 月，中国网通与中国联通融合重组，乌拉特中旗网通公司并入乌拉特中旗联通公司。旗联通公司重组后，下设综合部、市场部、维护部；在册职工 65 人，其中合同制工 56 人、聘用工 9 人。

2012 年底，旗联通公司内设机构与在册职工人数未发生变化。

二、主要业务

2008—2012 年，乌拉特中旗联通营业部开始办理业务，主要业务有：固话、宽带、手机通信业务。

2004—2012 年乌拉特中旗联通营业部（公司）业务情况统计表

表 18－6

年　度	固定电话（万部）	移动电话（户）	无线寻呼（户）	数据业务（户）
2004	501.96	5945700	51500	824000
2005	514.90	7123000	3000	1061143
2006	540.83	8741300	1467	1432319
2007	525.22	10469307	0	1417322
2008	462.46	13444000	0	1390000
2009	442.00	16160000	0	1760000
2010	414.00	20340000	0	1910000
2011	379.52	23161610	0	14982141
2012	368.20	25501300	0	18260800

第十九篇　农牧林水

第一章　农　业

第一节　机　构

一、行政管理机构

(一)农业局

1988 年,乌拉特中旗设有农业局,内设机构 3 个:办公室、政工室、财务室;局机关核定行政编制 15 名,实有干部职工 17 人,其中科级领导职数 3 人,一正二副。局属二级单位 6 个:农业技术推广站、农业经营管理站、种子工作站、水产管理站、果树蔬菜指导站、原种繁殖场,核定事业编制 173 名。

1990 年 4 月,旗农业局内设机构水产管理站与旗农业局分离,移交至旗水利局管理。

1991 年 12 月,内蒙古农业广播电视学校乌拉特中旗分校(以下简称“农广校”)成立,隶属旗农业局管理,属旗农业局二级事业单位。

1995 年,乌拉特中旗农业局与林业局合并,新设立乌拉特中旗农林局。

(二)农林局

1995 年,乌拉特中旗农林局内设机构 3 个:办公室、政工室、财务室;局机关核定行政编制 19 名,实有干部职工 18 人,其中科级领导职数 3 人,一正二副。局属二级单位 14 个:农业经营管理站、农业技术推广中心、种子工作站、果树蔬菜指导站、原种繁殖场、狼山经营所、林业工作站、林政管理站、森林病虫害防治检疫站、林业规划队、公安股、海流图林场、查石太林场、海流图苗圃,实有干部职工 301 人。

1997 年,旗农林局新设林政管理站,属旗农林局二级事业单位。同年,旗农林局二级单位公安股升格为乌拉特中旗林业公安分局,仍属旗农林局二级单位。

1998 年 4 月,旗农林局内设机构 3 个:办公室、政工股、财务股;局机关核定行政编制 19 名,实有干部职工 17 人,其中科级领导职数 4 人,一正三副。局属二级单位 15 个:农业经营管理站、农业技术推广中心、种子工作站、果树蔬菜指导站、原种繁殖场、农广校、林业工作站、林政管理站、森林病虫害防治检疫站、狼山经营所、林业规划队、林业公安分局、海流图林场、查石太林场、海流图苗圃,核定事业编制 94 名,实有干部职工 242 人。

1999 年 10 月,旗林业公安分局更名为森林公安分局,隶属关系不变;新设立绿色食品发展中心,属旗农林局二级事业单位;同年 12 月,新设立乌拉特中旗农药管理监督站,归属旗农林局二级单位农业技术推广中心管理。

2002 年 4 月,乌拉特中旗农林局被撤销,单独设立旗农业局、旗林业局。

(三)农业局

2002 年 4 月,乌拉特中旗农林局被撤销,单独设立旗农业局。旗农业局内设机构 3 个:办公室、政工股、财务股,局机关核定行政编制 15 名、工勤编制 2 名,实有干部职工 15 人,其中科级领导职数5人，一正三副。局属二级单位7个：农业经营管理站、农业技术推广中心（下设农药管理监督站）、种子管理站、经济作物指导站、原种繁殖场、乡镇企业管理局，实有干部职工38人。

2005年10月，乌拉特中旗农业局与畜牧局合并，新设立乌拉特中旗农牧业局。

（四）农牧业局

2005年10月，乌拉特中旗农牧业局所属二级单位8个：畜牧业服务中心和农业服务中心（下设农业技术推广中心）、农业经营管理站、种子管理站、经济作物指导站、农广校、原种繁殖场、生态能源环保站、乡镇企业管理局 。

2006年1月16日，乌拉特中旗草原监理局、农牧业综合行政执法大队成立，隶属旗农牧业局管理，属旗农牧业局二级事业单位。

2009年9月14日，乌拉特中旗生态能源环保站成立，隶属旗农牧业局管理，属旗农牧业局二级事业单位。

2010年12月，乌拉特中旗农业局内设机构8个：办公室、财务室、考核督查办、政策法规宣教办、兽医办、种植业办、畜牧业办、农牧业产业办，局机关核定行政编制18名、工勤编制2名，实有干部职工60人，其中科级领导职数6人，一正五副（含纪检书记1人）。

2011年7月，局属二级单位畜牧业服务中心和农业服务中心（下设农业技术推广中心）被撤销。畜牧业服务中心和农业服务中心下属各事业单位直属旗农牧业局管理，为旗农牧业局二级事业单位。

2012年底，旗农牧业局内设机构8个：办公室、财务办公室、畜牧办公室、种植业办公室、兽医办公室、产业办公室、项目办公室、考核办公室，局机关核定行政编制18名、工勤编制2名，其中科级领导职数6人，一正五副（含纪检书记1人）。局属二级单位15个：农业经营管理站、牧业经营管理站、农牧业技术推广中心、种子管理站、经济作物指导站、农广校、原种繁殖场、草原工作站、家畜改良站、动物疫病控制中心、动物卫生监督所、农区畜牧业专项推进办公室、生态能源环保站、草原监督管理局、农牧业综合行政执法大队。

二、事业单位

2012年底，旗农牧业局所属二级事业单位15个，其中农业口所属二级事业单位6个：农业经营管理站、农牧业技术推广中心、种子管理站、经济作物指导站、原种繁殖场、农广校。

（一）农业经营管理站

1988年，乌拉特中旗设有农业经营管理站，事业编制，隶属旗农业局管理，内设机构4个：办公室，集体经济组织财务审计办公室，土地承包合同仲裁办公室，统计、成本核算办公室；实有人员12人，设站长1人、副站长1人。

1995年，乌拉特中旗农业局与林业局合并，新设立乌拉特中旗农林局，农业经营管理站隶属旗农林局管理，内设机构与人员编制未发生变化。

2002年4月，乌拉特中旗农林局被撤销，单独设立旗农业局、旗林业局，农业经营管理站隶属旗农业局管理，内设机构4个：办公室，集体经济组织财务审计办公室，土地承包合同仲裁办公室，统计、成本核算办公室；核定事业编制8名，实有干部职工12人，设站长1人、副站长2人。

2005年10月，乌拉特中旗农业局与畜牧局合并，新设立乌拉特中旗农牧业局，农业经营管理站隶属旗农牧业局管理，内设机构4个：办公室，集体经济组织财务审计办公室，土地承包合同仲裁办公室，统计、成本核算办公室；核定事业编制8名，实有干部职工12人，设站长1人、副站长2人。

旗农业经营管理站内设机构5个：办公室，财务室，土地承包合同仲裁、农牧民负担监督管理、农业保险办公室，集体经济组织财务审计及资产管理办公室，统计、成本核算、信息指导办公室。核定事业编制7名，实有干部职工9人，设站长1人、副站长2人。

（二）农牧业技术推广中心

1988年，乌拉特中旗设有农业技术推广站，事业编制，隶属旗农业局管理，内设机构1个：办公室；实有人员13人，设主任1人、副主任1人。

1995年，乌拉特中旗农业局与林业局合并，新设立乌拉特中旗农林局，农业技术推广站隶属旗农林局管理，内设机构与人员编制未发生变化。

1998年4月，旗农业技术推广站更名为农业技术推广中心。

1999年12月，新设立乌拉特中旗农药管理监督站，归属旗农业技术推广中心管理。

2002年4月，乌拉特中旗农林局被撤销，单独设立旗农业局、旗林业局，农业技术推广中心隶属旗农业局管理，内设机构1个：办公室；核定事业编制13名，实有干部职工13人，设主任1人。

2005年10月，乌拉特中旗农业局与畜牧局合并，新设立乌拉特中旗农牧业局，农业技术推广中心改称农牧业技术推广中心，隶属旗农牧业局二级单位畜牧服务中心和农业服务中心管理，为旗农牧业局三级事业单位，内设机构1个：办公室；核定事业编制13名，实有干部职工13人，设主任1人、副主任2人。

2012年，旗农牧业技术推广中心升格为旗农牧业局二级单位，内设机构1个：办公室；核定事业编制13名，实有干部职工13人，设主任1人、副主任1人。

（三）种子管理站

1988年，乌拉特中旗设有种子工作站，事业编制，隶属旗农业局管理，内设机构1个：办公室、核定事业编制36名，实有人员36人，设站长1人、副站长2人（种子公司，内设机构有：乌加河种子库、石哈河种子库、德岭山种子库）。

1995年，乌拉特中旗农业局与林业局合并，新设立乌拉特中旗农林局，种子工作站隶属旗农林局管理，内设机构1个：办公室，核定事业编制13名，实有干部职工13人，设站长1人、副站长2人（种子公司，内设机构有：乌加河种子库、石哈河种子库、德岭山种子库）。

2002年4月，乌拉特中旗农林局被撤销，单独设立旗农业局、旗林业局，种子工作站更名为种子管理站，隶属旗农业局管理，内设机构1个：办公室；核定事业编制15名，实有干部职工18人，设站长1人、副站长2人（种子公司，内设机构有：乌加河种子库、石哈河种子库、德岭山种子库、宏丰种子库）。

2005年10月，乌拉特中旗农业局与畜牧局合并，新设立乌拉特中旗农牧业局，种子管理站隶属旗农牧业局管理，内设机构1个：办公室；核定事业编制15名，实有干部职工15人，设站长1人、副站长1人。

（四）经济作物指导站

1988年，乌拉特中旗设有果树蔬菜指导站，事业编制，隶属旗农业局管理，内设机构1个：办公室；实有人员5人，设站长1人、副站长2人。

1995年，乌拉特中旗农业局与林业局合并，新设立乌拉特中旗农林局，果树蔬菜指导站隶属旗农林局管理，内设机构与人员编制未发生变化。

2002 年 4 月，乌拉特中旗农林局被撤销，单独设立旗农业局、旗林业局，果树蔬菜指导站更名为经济作物指导站，隶属旗农业局管理，内设机构 1 个：办公室；核定事业编制 7 名，实有干部职工 6 人，设站长 1 人、副站长 1 人。

2005 年 10 月，乌拉特中旗农业局与畜牧局合并，新设立乌拉特中旗农牧业局，经济作物指导站隶属旗农牧业局管理，内设机构 1 个：办公室；核定事业编制 7 名，实有干部职工 9 人，设站长 1 人、副站长 2 人。

2012 年，旗经济作物指导站内设机构 2 个：办公室，财会室；核定事业编制 7 名，实有干部职工 7 人，设站长 1 人、副站长 2 人。

（五）原种繁殖场

1988 年，乌拉特中旗设有原种繁殖场，内设机构 2 个：办公室、生产办；实有干部职工 24 人，设场长 1 人、副场长 2 人，隶属旗农业局管理。

1995 年，乌拉特中旗农业局与林业局合并，新设立乌拉特中旗农林局，原种繁殖场隶属旗农林局管理，内设机构与人员编制未发生变化。

2002 年 4 月，乌拉特中旗农林局被撤销，单独设立旗农业局、旗林业局，原种繁殖场隶属旗农业局管理。内设机构 2 个：办公室、生产办；实有干部职工 24 人，设场长 1 人、副场长 2 人。

2005 年 10 月，乌拉特中旗农业局与畜牧局合并，新设立乌拉特中旗农牧业局，原种繁殖场隶属旗农牧业局管理，内设机构 1 个：办公室；实有干部职工 4 人，设场长 1 人、副场长 2 人。

2012 年，旗原种繁殖场内设机构 1 个：办公室；实有干部职工 3 人，设站长 1 人、副站长 1 人。

（六）农广校

1991 年 12 月，乌拉特中旗农广校（全称为内蒙古农业广播电视学校乌拉特中旗分校）成立，事业编制，隶属旗农业局管理，内设机构 2 个：办公室、教务室；实有人员 5 人，设校长 1 人。

1995 年，乌拉特中旗农业局与林业局合并，新设立乌拉特中旗农林局，农广校隶属旗农林局管理，内设机构与人员编制未发生变化。

2002 年 4 月，乌拉特中旗农林局被撤销，单独设立旗农业局、旗林业局，农广校隶属旗农业局管理，内设机构 1 个：办公室；核定事业编制 3 名，实有干部职工 5 人，设校长 1 人、副校长 1 人。

2005 年 10 月，乌拉特中旗农业局与畜牧局合并，新设立乌拉特中旗农牧业局，农广校隶属旗农牧业局管理，内设机构 1 个：办公室；核定事业编制 3 名，实有干部职工 5 人，设校长 1 人、副校长 1 人。

2012 年，旗农广校内设机构 1 个：办公室；核定事业编制 3 名，实有干部职工 5 人，设校长 1 人、副校长 1 人。

第二节　耕地与肥料

一、耕地面积

1988—2012 年，乌拉特中旗耕地面积呈逐年增加趋势。1988 年，全旗耕地面积 533940 亩。2012 年，全旗耕地面积 1335375 亩。

1988—2012 年乌拉特中旗耕地面积统计表

表 19－1　　单位:亩

年　份	年末耕地面积	年　份	年末耕地面积
1988	533940.00	2001	864760.00
1989	534640.00	2002	108052.40
1990	542000.00	2003	1051223.60
1991	556426.00	2004	1001100.00
1992	563200.00	2005	1015665.00
1993	571620.00	2006	1025460.00
1994	578962.00	2007	1001950.00
1995	585000.00	2008	1003070.00
1996	587000.00	2009	1337907.40
1997	591246.00	2010	1337907.40
1998	597107.00	2011	1335369.90
1999	617926.00	2012	1335375.00
2000	632724.40	—	—

二、土壤与肥料

乌拉特中旗土壤类型分别为灌淤土、风砂土、盐土、草甸土、栗钙土、棕钙土 6 个土类,耕地主要分布在灌淤土、盐土、栗钙土、棕钙土范围。随着化肥(特别是氮肥)施用量的增大,使土壤营养成分出现不太均衡的状况。

1988 年,全旗可积肥 16.02 万吨,每亩有机肥施用量 1.5 吨;每年有机肥的施用面积 10.68 万亩;同年,全旗各类农作物秸秆约 12 万吨,其中小麦秸秆约 0.9 万吨还田、向日葵秸秆约 1.07 万吨还田;化肥施用量 0.97 万吨,其中磷酸二铵 0.45 万吨,尿素 0.5 万吨。

2005 年,全旗可积肥 25.34 万吨,每亩有机肥施用量 2 吨;每年有机肥的施用面积 12.67 万亩;同年,全旗各类农作物秸秆约 45 万吨,其中小麦秸秆约有 2.46 万吨还田、向日葵秸秆约有 3.85 万吨还田;化肥施用量 4.05 万吨,其中磷酸二铵 1.98 万吨、复合肥 0.04 万吨、尿素 2 万吨。

2006 年,全旗开始实施全国范围的测土配方施肥项目,该项目很好地改善土壤营养成分,按照不同土质、不同作物施用不同性质不同比例的配方肥料,从而取得节本增效,增加收入,提高农产品质量,减少农业环境污染等一系列生态、经济、社会效益。由于农业科技不断发展,施肥方式、方法也逐渐改进,农民传统施肥转变为配方施肥。

2012 年,全旗可积肥 37.22 万吨,每亩有机肥施用量 2 吨;每年有机肥的施用面积 18.61 万亩;同年,全旗各类农作物秸秆约 65.25 万吨,其中小麦秸秆约 3.07 万吨还田、向日葵秸秆约 5.21 万吨还田;化肥施用量 5.9 万吨,其中磷酸二铵 3.26 万吨,复合肥 0.4 万吨,尿素 2.5 万吨。配方施肥面积 67.8 万亩。

第三节　农作物种植

一、粮食种植

（一）种植面积

1988—2012 年，乌拉特中旗粮食作物主要以小麦、玉米为主，其他粮食作物还包括荞麦、莜麦、豆类、马铃薯、糜、黍、高粱、大麦。小麦种植区主要分布在灌区、山旱区和部分牧区；玉米种植区主要分布在灌区、山旱区和水浇地及部分牧区；荞麦、莜麦种植区主要分布在山旱区；豆类种植区主要分布在灌区和部分山旱区；马铃薯种植区主要分布在山旱区、灌区和部分牧区；糜、黍种植区主要分布在灌区、山旱区；高粱、大麦种植区主要分布在灌区。全旗各种粮食作物种植面积根据市场需求而不断发生变化。

1988—2012 年乌拉特中旗粮食作物播种面积统计表

表 19－2　　单位：亩

年份	农作物播种面积	粮豆作物面积	其　中		
			小麦	玉米	杂粮
1988	410321	294965	172038	33370	6899
1989	325900	261100	171300	34700	8200
1990	448300	334100	239300	34500	3200
1991	464600	328100	211900	36800	3200
1992	461300	328500	192800	34600	500
1993	262700	202200	139200	37600	1900
1994	350700	282600	182700	43400	2100
1995	433050	331200	225150	55800	—
1996	309500	245800	157400	36000	31400
1997	456350	237950	126260	48410	43730
1998	504450	426900	238650	78600	109650
1999	517430	356427	172890	54685	62683
2000	478380	348105	192030	69675	86400
2001	498760	355885	187925	65492	102468
2002	556305	349815	143325	66630	139860
2003	567120	295635	103485	121245	70905
2004	513930	342495	145125	146610	50760
2005	681670	372401	169935	156253	46213
2006	884167	445350	176370	198600	70380
2007	1078328	526932	196469	203951	126512
2008	1059851	550841	162909	266446	121486
2009	1153287	690132	342975	267732	79425
2010	1187468	590781	213397	285502	91882
2011	1320590	733803	289258	353710	90835
2012	1305314	773188	307292	424691	41205

（二）产品产量

1988 年，乌拉特中旗粮食作物总产量 49299.8 吨，其中小麦 25577.25 吨、玉米 14411.45 吨、杂粮 1145 吨；2012 年，乌拉特中旗粮食作物总产量 327662.35 吨，其中小麦 69333 吨、玉米 258329.35 吨。

1988—2012 年乌拉特中旗粮食作物产量统计表

表 19－3　　单位：吨

年　份	粮食总产量	其　中		
		小麦	玉米	杂粮
1988	49299.8	25577.25	14411.45	1145
1989	43771	21806	16505	1640
1990	58737	35298	16621	693
1991	63418	36982	21739	937
1992	74189	44681	24211	107
1993	79454	44510	30108	431
1994	75691	50158	19828	301
1995	94973	50226	33744	1014
1996	108689	61205	34325	—
1997	109426	63742	32939	75
1998	116574	55501	50283	109
1999	111586	60550	43166	—
2000	108422	54168	39037	—
2001	534465	47522	47841	—
2002	118467	40577	61438	—
2004	139043	43122	85321	—
2005	145357	49683	91750	—
2006	176650.50	56245	116915	—
2007	200711.45	61992	129343	—
2008	429355	162909	266446	—
2009	266715.75	95789.1	164717.15	—
2010	238134.95	55248.35	177638.05	—
2011	305901.00	72495	217596	—
2012	327662.35	69333	258329.35	—

二、经济作物

（一）种植面积

1988—2012 年，乌拉特中旗经济作物主要以油料（葵花、胡麻、油菜籽）、甜菜、籽瓜、瓜类（西瓜、甜瓜）、蔬菜（茄果类、叶菜类、番茄、葫芦）为主。葵花籽种植区主要分布在山旱区灌区和山旱区水浇地；油菜籽种植区主要分布在山旱区；胡麻种植区主要分布在山旱区；甜菜种植区主要分布在灌区；籽瓜种植区主要分布在灌区和山旱区；瓜菜类种植区主要分布在灌区、山旱区和部分牧区，其中番茄、葫芦种植区主要分布在灌区。全旗各种经济作物种植面积根据市场需求，不断发生变化。

1988—2012 年乌拉特中旗经济作物播种面积统计表

表 19－4 单位：亩

年份	农作物播种面积	经济作物面积	其中					
			油料	甜菜	籽瓜	瓜类	蔬菜	其他
1988	410321	108934	91832	6122	7434	773	2773	0
1989	325900	16900	4600	5900	2800	500	3100	0
1990	448300	108200	99800	4900	—	300	3200	—
1991	464600	129200	117700	5700	100	300	3000	2400
1992	461300	164100	118700	37000	5000	400	3000	—
1993	262700	756200	33500	4000	12400	300	2500	3500
1994	350700	76300	64500	6300	2400	300	2200	600
1995	431700	99150	84450	8250	750	—	2700	3000
1996	309500	64800	49700	6500	1100	—	1800	5700
1997	456350	130500	77850	10500	2400	—	28500	11250
1998	504450	77550	66000	8700	0	300	2550	—
1999	525000	136925	112025	3600	10950	300	2700	7350
2000	478380	128430	123060	195	0	1995	3180	—
2001	534465	198015	99645	2040	28155	1980	2610	63585
2002	556305	128805	97785	2355	17010	1425	2805	7425
2003	567120	155910	116355	1275	28740	600	4080	4860
2004	513930	171435	131565	540	27765	1485	5895	4185
2005	681670	180104	146832	394	26653	1580	2190	2455
2006	884167	334327	287280	2400	29617	2115	10545	2370
2007	1078328	409105	320969	3244	57898	4717	20747	1530
2008	1059851	398700	332034	1160	38274	1381	24751	1100
2009	1153287	391581	338511	131	34127	884	17578	350
2010	1187468	518185	455926	301	43564	2589	9435	6370
2011	1320590	528772	459035	315	51907	2494	14671	350
2012	1305314	458599	438458	200	11946	539	7096	360

（二）产品产量

1988 年，乌拉特中旗经济作物总产量 5147.6 万公斤，其中油料 1803.75 万斤，甜菜 2622.38 万斤。籽瓜 117.31 万斤，瓜类 333.3 万斤，蔬菜 270.86 万斤。2012 年，乌拉特中旗经济作物总产量

17288.35 万斤，其中油料 13284.21 万斤，甜菜 102 万斤，籽瓜 134.5 万斤，瓜类 270.49 万斤，蔬菜 3497.15 万斤。

1988—2012 年乌拉特中旗经济作物产量统计表

表 19－5　　单位：千克

年份	经济作物总产量	其中					
		油料	甜菜	籽瓜	瓜类	蔬菜	其他
1988	5147.6	1803.75	2622.38	117.31	333.3	270.86	—
1989	6498	1836.6	2557.6	71.2	196	1836.6	—
1990	6692.4	2928.6	2506	—	300	957.8	—
1991	7282.6	3131.2	2917.2	4	108.6	1121.6	—
1992	7917	3519.4	3171.6	51	158	1017	—
1993	6041.4	2355.4	2562.8	167.4	137.6	818.2	—
1994	5891.4	2495.6	2132.2	21.8	80	1141.4	20.4
1995	6325.2	2817.2	3491.8	16.2	—	—	—
1996	46849	13435	23711	189	—	9514	—
1997	8398.4	2364.4	4587	46.2	—	1400.8	—
1998	8141.8	2250.2	4077.2	38.6	87.8	1688	—
1999	7419.2	3664	1804	158	120.4	1672.8	—
2000	8546.4	4342	999.2	630.2	984.4	1590.6	—
2001	7397.6	3865.6	1057.6	398.2	853	1223.2	—
2002	7608.2	3673.8	1217	200	742	1775.4	—
2003	8271.8	4089.2	671.6	354.2	317.8	2839	—
2004	10776.4	4338.8	284.2	310.8	807.6	5035	—
2005	9706.57	6165.85	210.72	378.93	936.07	2015	—
2006	25966.54	11866.96	1671.1	421.53	1196.71	10810.24	—
2007	6919.028	2423.48	447.178	146.44	509.83	3392.1	—
2008	30434.9	11751.8	886.5	436.08	768.31	16592.21	—
2009	29794.97	12002.4	69	509.45	605.18	16608.94	—
2010	27383.91	15733	156.4	513.27	1539.7	8686.6	754.94
2011	31303.19	16560.97	232.95	274.4	1544.34	12690.53	—
2012	17288.35	13284.21	102	134.5	270.49	3497.15	—

三、牧草

2000 年，乌拉特中旗开始牧草种植，牧草种植地域主要在灌区和部分牧区。种植面积和产量根据市场需求，不断发生变化。

2000—2012 年乌拉特中旗牧草播种面积统计表

表 19－6

年　份	播种面积(亩)	年　份	播种面积(亩)
2000	1845	2007	142291
2001	—	2008	110310
2002	77685	2009	71574
2003	115575	2010	84522
2004	0	2011	58015
2005	129165	2012	73527
2006	104490	—	—

第四节　果树种植

1988 年，乌拉特中旗开始果树种植，种植地域主要分布于乌加河镇、海流图镇、德岭山镇，种植品种主要是苹果梨、梨、葡萄。

全旗果树种植面积 430 亩，水果产量 64.5 吨。2003 年，果树种植面积增加到 5805 亩，水果产量 1551 吨。由于果树退化以及水果销售难，导致果树面积逐年减少。2006 年，全旗果园面积 2025 亩，水果产量 1367 吨。2012 年，全旗果园面积 900 亩，水果产量 652 吨。

1988—2012 年部分年份乌拉特中旗果树种植面积与产量统计表

表 19－7

年份	播种面积(亩)	产量(吨)	年份	播种面积(亩)	产量(吨)
1988	430	64.5	2006	2025	1367
1990	535	139	2007	1995	1345
1995	2345	610	2008	1545	1195
2000	4719	1227	2009	1575	1092
2003	5805	1551	2010	1350	940
2004	4305	1491	2011	1200	870
2005	2805	1611	2012	900	652

第五节　种子工程

一、良种引进与改良

1988—1993 年，乌拉特中旗农作物种植以粮食作物为主，而粮食作物中又以小麦和玉米播种面积最大，另有小面积种植的高粱、莜麦、荞麦和马铃薯等。

(一)小麦品种

1988—1992 年，全旗境内灌区小麦种植主打品种有：河套 3 号、墨巴 65、66、永良 4 号、77164，搭配品种有中宁 9711、7632。山旱区小麦的主要品种是本地芒麦、叶考拉、131。莜麦和荞麦都多年农民自留的本地品种。

1993 年，引进永良 12 号小麦种子，通过 3 年推广，始终无法取代永良 4 号而被淘汰。之后，全旗境内灌区小麦种植由于农业机械的更新和种植技术的发展，永良4号小麦丰产性和稳产性得到充分发挥，很快地成为全旗小麦种植第一品种，播种面积占小麦总播面积90%以上。其他品种逐渐退出市场。

1995年，由巴彦淖尔盟农研所培育的1608小麦品种，在全旗境内灌区得到大面积推广，增产效果明显，播种面积曾一度占到小麦总播面积的60%左右。但由于该品种对土壤条件和要求比较严格，抗逆性差，适应性不强，因此在推广5年后也被弃用，永良4号小麦又重新成为备受欢迎的小麦品种，直至2012年。

（二）玉米品种

1988—1998年，全旗境内灌区玉米中熟主栽品种是四单8、烟单14，中晚熟品种是中单2号，这3个品种占灌区玉米总播面积的94%，搭配中晚熟品种丹玉13号。全旗境内山旱区玉米主栽品种是冀承单3号、蒙单6号。随着育种技术的发展，玉米新品逐渐增多。

1998年，旗种子公司从巴彦淖尔盟种子公司引进新品种：四单19、户单4号、掖单14、农大108、中单14。

1999年，旗种子公司从巴彦淖尔盟种子公司引进西玉3号、中单321，这些中晚熟品种，在全旗灌区通过数年的生产实践，四单19脱颖而出，逐渐地成为灌区的玉米主要栽培品种，占玉米总播面积的65%左右。

2000年，旗种子公司引进由巴彦淖尔盟农研所培育的巴单3玉米种子，在灌区迅速推开，成为四单19之后又一个高产稳产的玉米品种。占灌区玉米播种面积的35%。

2001—2004年，中旗种子公司引进中熟品种哲单7号、哲单37，其中哲单7号表现突出，尤其是在土壤肥力较差的地块表现出稳产性好，抗逆性强的特点。播种面积占到玉米播种面积的15%左右。

2005年，乌拉特中旗种子公司进行转制，撤销旗种子公司，保留旗种子管理站。至此，全旗新品种的引进和推广都是由民营种子企业进行经营。

2005—2012年，由各民营种子企业培育和引进的优良玉米品种以科河8号、先玉335、登海605、KX3564、西蒙6号、科河28、先正达408、农华108、长城706等为代表的多个优良品种，占据全旗80%的玉米种子市场份额，同时也给全旗粮食增产提供动力。

（三）高粱品种

1988—1993年，高粱在乌拉特中旗的种植面积不是很大，高粱优良品种中以蒙杂3号，同杂2号为主要品种，这两个品种占据全旗所有的种植面积。由于高粱是酿酒的最佳原料之一，市场上还是供不应求，但由于产值不高而逐渐退出乌拉特中旗市场。

（四）向日葵品种

1. 油用向日葵种植

1988—1996年，全旗向日葵种植主要以油用向日葵为主，占到向日葵播种面积的70%左右，种植品种主要是派改1号、内葵杂1号。内葵杂1号是旗种子公司引进的第一个油用向日葵杂交品种，该品种在全旗得到迅速推广。1996年，旗种子公司引进进口杂交油用向日葵种子开始大面积推广。主要品种有：澳葵S33、天葵203、T562、G101。其中以澳葵S33和G101的综合表现最为突出，推广面积也最大。至2004年，这2品种都是主栽品种。

2. 食用向日葵的种植

1999年，全旗食用向日葵种植面积迅速扩大。当时种植的主要品种是杭锦后旗的当地常规品种星火1号，以籽粒皮薄、仁大、产值高而闻名。

2000 年，全旗食用向日葵种植品种有河套大白花，大青花 2 个具有河套特色的优良品种，在全旗种植面积占 30%。

2001 年，旗种子公司引进 DK119 杂交向日葵种子在全旗境内灌区得到推广，并给种植户带来较高的经济收入。播种面积占到全旗向日葵种植面积的 34% 左右。

2003 年，一坪种子公司(民营企业)引进美国向日葵杂交种 3708，在全旗向日葵生产中起到革命性作用。其产量高，效益好，抗病强的特性，种植面积大增。

2004—2012 年，乌拉特种业有限公司引进 LD5009、LD1355 品种；三瑞种业有限公司引进 RH3148、RH3146、RH318 品种；科河种业有限公司培育的先瑞 8 号、CK911、AD6199、X6538、SH815 等品种占据全旗所有的食用向日葵种植面积，给种植户带来可观的经济效益，同时也将油用向日葵淘汰出市场。

(五)籽瓜品种

1988—2012 年，全旗籽瓜的种植面积较小，不同程度地影响着农民的经济收入。籽瓜的品种主要有 3 个品种：红小片、黑小片，兰州大片。

(六)马铃薯品种

1988—2008 年，马铃薯种植在乌拉特中旗灌区和山旱区有一定的播种面积，马铃薯主要品种是由东北引进的克新 1 号，其丰产性和品质很受欢迎。

2009 年之后，马铃薯种植在乌拉特中旗灌区的种植面积逐渐缩小，仅山旱区有小面积种植。

二、种子供应

1988—2000 年，《中华人民共和国种子法》颁布前，乌拉特中旗农作物种子都是由旗种子公司进行独家经营。旗种子公司下设乡级供种站 4 个：石哈河中心站、德岭山中心站、乌加河中心站、宏丰中心站。以中心站为单位，供应全旗境内山旱区和灌区各乡镇的农作物种子，形成全覆盖的种子销售网络。旗种子公司与巴彦淖尔盟种子公司属于业务上的领属关系，有许多新品种都是由巴盟种子公司引进和购进。再投放到乌拉特中旗种子市场上。选择适宜全旗种植的优良品种进行自己繁殖，主要有：小麦品种永良 4 号、1608、河套 3 号、28610 等；玉米品种：四单 8 号、烟单 14、中单 2 号、四单 19 等；油葵品种：派改 1 号。自己繁殖的这些种子基本能满足全旗农业生产的需要。在整个经营过程中，由旗种子公司统一制定生产和经营计划，统一制定销售价格，根据每个中心站的销售量进行调配，确保每个乡镇有充足的农作种子。

2000 年，《中华人民共和国种子法》颁布实施；2001 年，《内蒙古自治区农作物种子经营条例》颁布实施。乌拉特中旗种子市场全面开放，允许个体经营者参与种子市场竞争，形成市场主体多元化格局。

2005 年，旗种子公司转制、被撤销，至此，全旗种子市场供应完成推向市场，全部由个体经营户完成种子供应工作。通年，全旗种子个体经营户只有 7 家；至 2012 年，全旗种子个体经营户已达 64 家。个体经营户供种量占全旗总播面积的 60%，另有 40% 的用种由农民自行到相邻旗县购买。

三、种子管理

2000 年，《中华人民共和国种子法》颁布实施，2001 年，《内蒙古自治区农作物种子条例》颁布实施，旗种子公司和种子管理站(一套人员，两块牌子)共同进行运作，既经营种子，又进行种子市场的行政监督管理。

2000—2012 年，旗种子管理站共发放原包装种子经营许可证 98 个，在每年种子销售季节对这些种子经营户进行年度审验，对不符合经营条件的责令整改，整改后仍然达不到要求的停止经营活动。在种子市场巡查过程中，共立案 2 起，对违法经营种子行为给以严厉打击；共纠正经营不规范行为278次(个)。对全旗境内种子生产企业的种子生产全过程进行监督检查(旗境内主要玉米种子生产企业是内蒙古种星种业有限公司),累计检查玉米制种田3400亩,并监督制种企业和制种户的合同兑现。

2000—2012年,全旗受理投诉的种子案件主要是向日葵结实过低造成大面积减产事件。旗种子管理站配合巴彦淖尔市种子管理站圆满完成损失赔付工作,为农民群众挽回经济损失400余万元。

第六节　农艺农技

一、耕作方式

20世纪90年代,乌拉特中旗开始实行机械化播种,随着农业科技的发展与进步,农机具逐步普及,农作物播种机、收割机等逐渐成为农事操作的主力军。至2012年,全旗小麦总播种面积128.351万亩,其中,机耕面积118万亩,占全旗总播种面积的91.94%;机播面积114.2万亩,占全旗总播面积的88.97%;机收面积56.5万亩,占全旗总面积的44.12%。

二、栽培技术

1988—1999年,乌拉特中旗农作物栽培技术主要采用小麦缩垄增行技术、粮食作物覆膜栽培技术、规范化栽培技术、粮粮套种和粮经套种技术、土壤深松深翻技术等。

2000年以后,全旗农作物栽培技术中的优质小麦标准化栽培技术,饲用玉米综合配套栽培技术、向日葵提质增效技术等逐渐应用于生产中。至2012年,全旗农业栽培技术主要有小麦五优一保技术、小麦套种晚播向日葵高产栽培技术、覆膜玉米茬后免耕栽培向日葵技术、玉米宽覆膜高密度栽培技术和推广测土配方施肥技术。

三、种子包衣

20世纪90年代,种子包衣技术是全国广泛推广的一项植物保护技术,它具有综合防治、低毒高效、省种省药、保护环境、投入产出比高的特点,种子包衣可以有效防治地下害虫,提高种子的抗逆性、抗病性,加快发芽,促进成苗,增加产量,提高质量。同期,种子包衣技术开始引入乌拉特中旗,首先在玉米作物上运用。

1997年,全旗玉米种子包衣播种面积7.7万亩,包衣播种面积达到总播种面积的98%。

1998年,全旗玉米种子包衣率100%。

1999年,种子包衣技术开始应用在油用向日葵上;同年,油用向日葵包衣面积3.6万亩。

2000—2012年,全旗玉米、向日葵包衣率不断提高。

2012年,全旗玉米、向日葵包衣率100%。

四、地膜覆盖

1988年,全旗大面积推广地膜覆盖栽培技术措施,各种农作物覆膜面积13603.3亩;1989年之后,全旗地膜覆盖栽培面积逐年增加,至2003年,全旗农作物总面积54.89万亩,总覆膜面积11.96万亩,占总播种面积的21.79%。

2010年,全旗农作物总播种面积112.4万亩,覆膜覆盖栽培面积25.73万亩,占总播种面积的22.89%。

2012年,全旗农作物总播种面积120.3万亩,覆膜覆盖栽培面积67.22万亩,占总播种面积的55.88%。

五、合理密植

1988年,乌拉特中旗开始在灌区和山旱区分别推广应用小麦缩垄增行技术,目的是在增加小麦种植密度的条件下，达到植株分布合理，即合理密植。

2008 年，全旗开始推广玉米“一增四改”（增加密度，改种耐密型品种、改粗放施肥为配方施肥、改人工种植为机械化作业、改等行距种植为大小行种植）技术。

2011 年，全旗开始推广玉米宽覆膜高密度栽培技术。到 2012 年，全旗累计推广应用面积为 2.04 万亩，玉米宽覆膜高密度栽培技术是对常规玉米栽培技术进行“四项改进”（改地膜，由常规的 70 厘米的窄膜改为 170 厘米的宽膜覆盖；改品种，改稀植大穗品种为耐密型品种；改密度，由常规每亩 3300～4000 株提高到每亩 4500～6000 株；改播种机具，由常规的一机两行改为一机四行，播种、施肥、覆膜、覆土一次性完成的气吸式精量点播机）形成的一项高产高效技术。该技术提高地膜覆盖率，增加亩株数，有利于保水、保肥、增温，提高产量。

六、肥料运用

20 世纪 90 年代，乌拉特中旗就提出并开始推广平衡施肥和测土配方配施肥，在肥料应用上选择有机肥与化肥搭配使用。

1988 年，乌拉特中旗开始重视有机肥料与无机肥料配合施用这一增产技术，积极扩大施用面积；同年，全旗使用有机肥面积 7.69 万亩，化肥 15.02 万亩。

1997 年，全旗农区共积造有机肥 4.5 亿千克。

2008—2012 年，全旗实施测土配方施肥项目，农民科学施肥意识增强，逐步开始使用配方肥、商品有机肥、缓控肥、水溶肥、微生物菌剂等新型肥料。水肥一体化技术的实施，在技术实施过程中做到了农艺与工程协调统一，水土得到保持，水肥资源利用率提高，农业基础设施、生产技术和生产水平得到发展、提高，农产品产量、质量、市场竞争力提高，生产效益提高。随着人们生活水平的提高，对食品安全的重视，人们对化肥施用量的要求也越来越高，因而根据作物的需肥规律，确定合理的施肥方法、施肥量、施肥比例和施肥时期是实现高产、稳产，取得良好经济收益的重要保障，开始实施控肥增效施肥技术。

七、栽培技术推广

1988—1999 年，全旗推广小麦缩垄增行技术、粮食作物覆膜栽培技术、规范化栽培技术和粮食套种、粮经套种技术、土壤深松深翻技术、“三田建设”（粮油糖优势农作物种植、规模养殖大村、生态农业建设）、中轻盐碱地玉米覆膜栽培技术、小麦覆膜穴播推广、高效益田、油葵新品种、玉米精量点播、玉米种子包衣、有机肥积造、平衡施肥、测土配方施肥等技术。

2000 年以后，各类技术推广随着农业科技的发展在不断地更新，新技术应用覆盖面也在增加。2000—2012 年，全旗在灌区推广优质小麦标准化栽培技术、饲用玉米综合配套技术、向日葵覆膜栽培技术、小麦套种晚播向日葵高产栽培技术、复混专用肥应用技术、生物菌肥应用技术、覆膜玉米茬后免耕栽培向日葵技术、玉米宽覆膜高密度栽培技术和测土配方施肥技术以及主栽作物病虫害综合防控技术等。

第七节　农作物保护

一、植保植检

1988—2012 年，乌拉特中旗农作物植保工作始终贯彻“预防为主，综合防治”的植保方针，并把农业病虫害综合防治同农业科按承包有机结合起来，以建设高标准的综合防治示范点为中心，以点带面，点面结合。

二、病虫害防治

1988年,全旗农作物病虫害发生面积15.92万亩,防治面积5.33万亩。全旗化学除草面积81310亩。主要以麦秆蝇、黏虫、甜菜象甲、藜夜蛾和小菜蛾为主。

1997年,全旗农作物病虫害综合防治面积15.55万亩,各类农作物化学除草面积11.7万亩。

2007年,全旗农作物病虫害发生面积69.3万亩,防治面积59.97万亩次,发生危害较重的有向日葵菌核病、向日葵螟、番茄晚疫病、小麦黏虫和籽瓜炭疽病。

2012年,全旗主要农作物病虫害发生139.16万亩,防治面积111.24万亩,化学除草面积140.04万亩次。

三、植物检疫

1988年,乌拉特中旗植物检疫依据《关于进一步贯彻〈植物检疫条例〉加强植物检疫工作意见的通知》(内农业字〔1988〕84号)文件精神执行检疫工作,根据(内农业字〔1988〕206号)文件执行收费。检疫中主要对当地繁育、生产的种子苗木是否依法申请产地检疫,取得产地检疫合格证;调运、经销种子苗木是否依法办理相关植物检疫手续进行检查,严格整顿规范种子市场经营秩序,防止检疫性有害生物传播,依法打击假劣种子坑农害农不法行为,切实保障农业生产用种安全。

1988—1999年,旗植物检疫部门主要对小麦线粒虫病、向日葵列当、马铃薯甲虫等检疫对象进行调查和防治,同时对良种繁殖基地进行严格的检疫,并发放产地检疫证。

2000—2012年,旗植物检疫部门重点对苹果蠹蛾、扶桑绵粉蚧、梨枯梢病、列当等检疫对象进行调查和防治。

第八节　生产经营模式

一、机耕播种

20世纪90年代,全旗小麦开始实行机械化播种,随着农业科技的发展与进步,农机具的逐步普及,农作物播种机、收割机等逐渐成为农事操作的主力军。到2012年,全旗总播种面积128.351万亩,机耕面积118万亩,占总播种面积的91.94%;机播面积114.2万亩,占总播种面积的88.97%;机耕率100%。

二、测土配方

1986年9月至1987年9月,乌拉特中旗完成全国第二次土壤普查工作。

2008—2011年,旗农技推广中心实施测土配方施肥项目,共采集土壤样品6502个,采集植株样品510个,完成土壤各种理化性状和植株养分总计77574项次的测试分析任务,布置“3414”是指氮、磷、钾3个因素、4个水平、14个处理。4个水平的含义:0水平指不施肥,1水平=2水平×0.5,2水平指当地推荐施肥量,3水平=2水平×1.5(该水平为过量施肥水平)肥料肥效田间试验85个,校正试验86个,根据调查、测试和田间试验结果,建立健全小麦、食用向日葵、玉米的施肥指标体系,制作并发放施肥建议卡16000余份。

2008—2012年,全旗累计推广测土配方施肥面积330万亩,其中累计施用配方肥面积206万亩次,节约化肥7264吨,总增产粮食4.8万吨,总增效1.5亿元,平均亩增效益45.5元,与企业有效合作生产、销售配方肥48900吨。

三、覆膜栽培

1988年,全旗各种农作物覆膜面积13603.3亩。2003年,全旗农作物总面积54.89万亩,总覆膜面积11.96万亩,占总播种面积的21.79%。2010年,全旗农作物总面积112.4万亩,总覆膜面积

25. 73 万亩，占总播种面积的 22. 89%。2012 年，全旗农作物总面积 120. 3 万亩，总覆膜面积 67. 22 万亩，占总播种面积的 55. 88%。

四、施肥

2008 年，测土配方施肥技术实施后，全旗农民根据施肥建议卡进行科学合理施肥。施肥方法上采取农家肥 + 化肥或是农家肥 + 配方肥的模式，2010 年，全旗开始逐渐采取控肥增效技术，逐步实现化肥施用零增长。农家肥：堆沤后，结合翻地压入土壤中，每亩压 1500 千克。化肥：压底肥，磷酸二铵利用播种机与种子同时播种；追肥，在作物需水关键期结合灌溉进行 1 ~ 2 次追肥。配方肥和商品有机肥：播种时与种子同时播种。

五、灌溉

1988—2006 年，全旗农业灌溉主要应用大水漫灌、畦灌、管灌方式。

2007—2012 年，全旗农业灌溉主要应用大水漫灌、畦灌、管灌、滴灌等灌溉方式进行。2012 年，全旗农业滴灌面积 3. 25 万亩。

六、机收

2005 年，全旗小麦机收面积 14. 7 万亩。

2012 年，全旗小麦机收面积 32. 15 万亩，籽瓜机收面积 2. 69 万亩，葫芦机收面积 1. 12 万亩，机收率 100%。

第九节　蔬菜规模经营

乌拉特中旗蔬菜种植地域主要分布于黄灌区、井灌区，蔬菜种植模式分为露地种植、温室大棚种植。

1988 年，乌拉特中旗因受种植条件影响，蔬菜种植面积较少，种植面积 2773 亩，亩产量 1762 千克。

1994 年，全旗蔬菜种植面积 2200 亩，亩产 2594 千克。之后，随着对农民科技培训力度的加大，蔬菜种植面积及产量开始增加。

2001 年，全旗蔬菜种植面积 20074 亩，亩产 3787 千克。同年，海流图镇新建温室 33 栋，进行蔬菜种植。

2002—2005 年，全旗蔬菜价格不稳定，蔬菜播种面积起伏不定。2005 年，全旗蔬菜播种面积 2184 亩。

2007 年，乌拉特中旗开始尝试发展日光温室蔬菜产业，同年，蔬菜种植面积 20747 亩；同年，为增加山旱区农民的收入，石哈河镇人民政府开始整合项目资金新建温室大棚种植蔬菜。

2012 年底，全旗逐步形成石哈河镇巴宏塔、胡油房、苏计、柏木井等集中连片 100 座以上设施农业示范园区 4 处，种植结构也从单一的西红柿，逐步向青椒、尖椒、黄瓜、乳瓜、葡萄等多元发展，产业效益日益凸显，种植日光温室蔬菜大棚已逐步成为山旱区农民增收致富的重要渠道。以种植西红柿计算，平均每亩温室大棚可产西红柿 7500 千克左右，每千克按 0. 5 元计算，种植户纯收入近万元，是以往种植大田收入的 100 倍。是大多不保灌的水浇地收入的 20 ~ 30 倍，一年种植两茬，效益更加明显；如种植黄瓜，平均每亩温室大棚可产黄瓜 10000 余千克，每千克按 0. 5 元计算，种植户纯收入近 1. 5 万元；种植温室葡萄的效益更加可观，每种植 1 亩温室葡萄年产 1500 千克左右，每千克以 6 元计算，亩产值 4 万余元，温室蔬菜产业已逐步成为促进山旱区农业增效、农民增收的重要途径。同年，全旗蔬菜种植面积 7096 亩，其中温室大棚种植蔬菜面积 272 亩。

第十节　产品质量检测

一、农业无害化产品质量检测

至2012年,全旗有6家生产单位的15个产品获得无公害农产品认证,其中:种植业3家生产单位4个产品,产地认定总规模15600亩,年产量2125吨,年销售额644万元;水产品2家生产单位7个产品,生产规模11115亩,年产量33吨,年销售额114万元;畜产品2家生产单位4个产品,生产规模22.2万顷,年产量1590吨,年销售额2380万元。

农畜产品质量安全检验检测站对于首次申请无公害农产品的企业,针对申请主体资质及能力、产地环境及设施条件、质量控制措施及生产操作规程的建立实施、投入品使用及管理、饲养管理、生产过程记录及存档、监督记录及存档情况等方面需要进行详细检查,确保无公害农产品源头安全。对于持有有效无公害农产品证书的企业,每年对其进行两次专项检查,深入无公害农产品生产基地,对认证产品生产情况、生产记录执行和管理、投入品使用管理和包装标识等情况实施全程检查,严格落实标准化生产,如发现不规范生产行为立查立改,在下一个生产周期接受监督检查,甚至停止使用无公害农产品标志。

二、有机食品质量检测企业

2007年10月,乌拉特中旗高塔梁原生有机食品有限责任公司成立,地址在乌拉特中旗石哈河镇,位于半农半牧地区。主要涉及旱地小麦、莜麦、荞麦等有机食品的种植、生产、加工、销售、仓储。注册资金为500万元,公司+农户模式。公司经过3年审核,已取得有机产品认证书(种植、加工),并通过农业环境质量现状评价,获得质量管理体系认证证书、出口卫生登记证书、QS证书、ISO9000质量管理体系认证、高塔梁商标证书。

2008年,公司有机农产品种植基地5万亩,建成清理、剥壳、制粉等较为先进的生产线,可生产精选荞麦、有机荞麦米、有机旱作小麦粉、有机荞麦粉、有机莜麦粉等产品。在此基础上,从2009年开始以订单农业、专业合作社种植的形式落实10万亩有机农产品种植,在种植过程中不使用化肥,农药,从源头上保证原料供应的数量和质量。

2009年,公司被评为巴彦淖尔市农牧业产业化经营重点龙头企业,并于2011年先后荣获中国著名品牌、全国消费者喜爱首选放心品牌、全国质量诚信AAA级品牌企业、中国绿色健康放心食品、红十字会公益事业贡献奖、中国质量诚信企业协会等荣誉证书。

第十一节　经营管理

一、土地承包合同管理

1997年,乌拉特中旗开始进行农村二轮土地承包工作,旗人民政府组织召开专题会议,认真学习有关文件精神,成立乌拉特中旗农村二轮土地承包工作领导小组,研究部署全旗土地承包工作,制定印发《乌拉特中旗关于认真做好稳定和完善农村土地承包关系工作的实施意见》《乌拉特中旗关于延长农村土地承包期的安排意见》等文件。各乡、镇广泛宣传政策,调查研究,详细制定实施方案。通过召开相关会议,认真查阅档案等形式,调查核实人口变动和土地增减情况,严格土地台账,抓好土地规范管理,旗农业管理部门建立土地管理机制,全旗建立乡镇级档案室3个,使全旗农村二轮土地延包工作进展顺利。经调查统计,全旗在农村二轮土地承包工作中,完成承包经营面积64.9万亩,鉴定承包农户数18338户,占应签农户数的94.9%;其余未纳入合同管理的原因:二轮土地承包工作开展前几年农业开发出大部分土地;在签订二轮承包土地时压缩部分土地,由于当时税、费的抑制，造成签订二轮土地承包时没有签订；2000—2009 年全旗实行退耕还林、退牧转移政策，全旗 4 个移民村的土地未纳入二轮土地承包范围。至 2012 年，全旗有 984 户未签订承包合同和经营权证书。

二、农村经济收益分配

2008—2012 年乌拉特中旗农村经济收益总收入 358609.24 万元、总支出 150401.15 万元、净收入 208208.09 万元。

1988—2012 年部分年度乌拉特中旗农村收益分配情况统计表

表 19－8　　单位：元

年度	总收入	总支出	净收入	国家税金	其中农业税	乡村集体所得	一事一议筹资	农民所得	农民所得总额	人均收入
1988	86340467	20150361	66190106	1507151	1507151	144528	—	—	—	719.00
1990	91585059	75198988	16386071	1793496	1793496	—	—	—	—	755.00
1995	147083894	69294637	76747157	3933848	—	1039299	—	—	7153203	1006.80
2000	190382000	57893000	132489000	10022000	6665000	4472000	—	120376000	121253000	1638.30
2002	208580000	57480000	151100000	7058000	7058000	2334000	317000	145973000	147233000	1979.20
2003	237287923	72516439	164772000	7058000	7058000	2603000	483000	158520000	159824000	2192.20
2004	281223000	107775000	173448000	2854000	2854000	1330000	508000	179519000	184817000	2523.00
2005	335366000	114994000	220372000	873000	—	430000	410000	242138000	246449000	3131.00
2006	436176000	162263000	273913000	185000	—	800000	800000	283305000	284497000	3123.70
2007	476942000	188497000	288445000	363000	—	724000	724000	315904000	317123000	3798.40
2008	519195000	194096000	325099000	292000	—	794000	794000	364949000	366164000	5059.90
2009	613359500	241059600	372299900	956500	—	2010000	2010000	419547800	421103900	5453.70
2010	734829100	335160500	399668600	1420600	—	1975800	1975600	484751200	486414400	6451.11
2011	785028700	322008300	463020400	—	—	2177800	2177800	562678200	565155600	7092.60
2012	933680100	411687100	521993000	—	—	2047500	2048030	610999600	613875600	7703.97

第二章　畜牧业

第一节　机　构

一、行政管理机构

（一）畜牧局

1988 年初，乌拉特中旗设有畜牧局，内设机构 3 个，办公室、财务室、政工室，有干部职工 22 人。同年，乌拉特中旗畜牧技术服务中心成立，事业编制，隶属旗畜牧局管理。同年 12 月，旗畜牧局行政职能与旗畜牧技术服务中心业务职能分开，旗畜牧局行使行政职能，旗畜牧技术服务中心协调业务工作。实有干部职工 170 人，其中科级领导职数 7 人，一正六副。局属单位 1 个：畜牧技术服务中心（下设机构 5 个：草原工作站、家畜改良站、兽医站、牧业经营管理站、饲草料加工站）。

2005 年 10 月，乌拉特中旗畜牧局与农业局合并，新设立乌拉特中旗农牧业局。

（二）农牧业局

2005 年 10 月，乌拉特中旗农牧业局所属二级单位 8 个：畜牧业服务中心和农业服务中心（下设农业技术推广中心）、农业经营管理站、种子管理站、经济作物指导站、农广校、原种繁殖场、生态能源环保站、乡镇企业管理局 。

2006 年 1 月 16 日，乌拉特中旗草原监理局、农牧业综合行政执法大队成立，隶属旗农牧业局管理，属旗农牧业局二级事业单位。

2009 年 9 月 14 日，乌拉特中旗生态能源环保站成立，隶属旗农牧业局管理，属旗农牧业局二级事业单位。

2010 年 12 月，乌拉特中旗农牧业局内设机构 8 个：办公室、财务室、考核督查办、政策法规宣教办、兽医办、种植业办、畜牧业办、农牧业产业办；局机关核定行政编制 18 名、工勤编制 2 人，实有干部职工 60 人，其中科级领导职数 6 人，一正五副（含纪检书记 1 人）。

2011 年 7 月，局属二级单位畜牧业服务中心和农业服务中心（下设农业技术推广中心）被撤销。畜牧业服务中心和农业服务中心下属各事业单位直属旗农牧业局管理，为旗农牧业局二级事业单位。

2012 年底，旗农牧业局内设机构 8 个：办公室、财务办公室、畜牧办公室、种植业办公室、兽医办公室、产业办公室、项目办公室、考核办公室，局机关核定行政编制 18 名、工勤编制 2 名，其中科级领导职数 6 人，一正五副（含纪检书记 1 人）。局属二级单位 15 个：农业经营管理站、牧业经营管理站、农牧业技术推广中心、种子管理站、经济作物指导站、农广校、原种繁殖场、草原工作站、家畜改良站、动物疫病控制中心、动物卫生监督所、农区畜牧业专项推进办公室、生态能源环保站、草原监督管理局、农牧业综合行政执法大队。

二、事业单位

2012 年底，旗农牧业局所属二级事业单位 15 个，其中牧业口所属二级事业单位 9 个：牧业经营管理站、草原工作站、家畜改良站、动物疫病控制中心、动物卫生监督所、农区畜牧业专项推进办公室、生态能源环保站、草原监督管理局、农牧业综合行政执法大队。

（一）草原工作站

1988 年，乌拉特中旗畜牧局设有草原工作站、草原监理站（两个机构，一套人员），事业编制，隶属旗畜牧技术服务中心管理；实有干部职工 17 人，设站长 1 人、副站长 2 人。

1994 年，草原工作站和草原监理站实有干部职工 20 人。

2002 年，草原工作站与草原监理站分设，单独设置草原工作站、草原监理站。旗草原工作站隶属关系不变；实有干部职工 12 人，设站长 1 人、副站长 2 人。

2005 年，乌拉特中旗农牧业局，下设畜牧业服务中心和农业服务中心，草原工作站隶属畜牧业服务中心和农业服务中心管理，内设机构与人员编制未发生变化。

2011 年 7 月，局属二级单位畜牧业服务中心和农业服务中心被撤销。草原工作站直属旗农牧业局管理，为旗农牧业局二级事业单位。

至 2012 年，旗草原工作站核定事业编制 12 名，实有干部职工 13 人，设站长 1 人、副站长 2 人。

（二）家畜改良站

1988 年，乌拉特中旗设有家畜改良站，事业编制，隶属旗畜牧技术服务中心管理，内设机构 2 个：办公室、财会室；实有人员 21 人，设站长 1 人、副站长 1 人

2005 年 10 月，乌拉特中旗畜牧局与农业局合并，新设立乌拉特中旗农牧业局，下设畜牧业服务中心和农业服务中心，家畜改良站隶属畜牧业服务中心和农业服务中心管理，内设机构 2 个：办公室、财会室，核定事业编制 14 名，实有干部职工 15 人，设站长 1 人、副站长 2 人。

2005 年 10 月，局属二级单位畜牧业服务中心和农业服务中心被撤销。家畜改良站直属旗农牧业局管理，为旗农牧业局二级事业单位。

2012 年，旗家畜改良站内设机构 2 个：办公室、财会室，核定事业编制 14 人，实有干部职工 16 人，设站长 1 人、副站长 2 人。

（三）牧业经营管理站

1988 年，乌拉特中旗设有畜牧业经营管理站，事业编制，隶属旗畜牧局，内设机构 4 个：办公室；财务室，农牧民负担监督管理办公室，集体经济组织财务审计及资产管理、统计、成本核算办公室；核定事业编制 8 名，实有人员 23 人，设站长 1 人、副站长 2 人。

2005 年 10 月，乌拉特中旗畜牧局与农业局合并，新设立乌拉特中旗农牧业局，下设畜牧业服务中心和农业服务中心；同月，旗畜牧业经营管理站更名为牧业经营管理站，隶属畜牧业服务中心和农业服务中心管理，为旗农牧业局三级事业单位，内设机构 4 个：办公室，财务室，农牧民负担监督管理、草场承包合同管理办公室，集体经济组织财务审计及资产管理、统计、成本核算办公室；核定事业编制 11 名，实有人员 13 人，设站长 1 人、副站长 2 人。

2005 年 10 月，局属二级单位畜牧业服务中心和农业服务中心被撤销。牧业经营管理站直属旗农牧业局管理，为旗农牧业局二级事业单位。

2012 年，旗牧业经营管理站内设机构 5 个：办公室，财务室，农牧民负担监督管理、草场承包合同管理办公室，集体经济组织财务审计及资产管理办公室，统计、成本核算办公室；核定事业编制 11 名，实有干部职工 12 人，设站长 1 人、副站长 2 人。

(四)动物疫病控制中心

1988 年,乌拉特中旗设有兽医站,事业编制,隶属旗畜牧技术服务中心管理,为旗畜牧局下设三级单位,核定事业编制 18 名,实有干部职工 34 人,设站长 1 人、副站长 2 人。

2005 年 10 月,乌拉特中旗畜牧局与农业局合并,新设立乌拉特中旗农牧业局,下设畜牧业服务中心和农业服务中心,旗兽医站隶属畜牧业服务中心和农业服务中心管理,核定事业编制 18 名,实有干部职工 30 人,设站长 1 人、副站长 2 人。

2006 年 9 月,旗兽医站更名为动物疫病控制中心,隶属关系不变。

2012 年,旗动物疫病控制中心核定事业编制 12 名,实有干部职工 19 人,设主任 1 人、副主任 2 人。

(五)动物卫生监督所

2006 年,乌拉特中旗在兽医站基础上新组建疫病控制中心和动物卫生监督所,旗动物卫生监督所以动物疫病控制中心名义运行。旗疫病控制中心(动物卫生监督所)为副科级建制,事业单位,隶属旗农牧业局管理。

2011 年 3 月,旗动物卫生监督所与旗动物疫病控制中心分离,独立运行,内设机构 5 个:办公室、财会室、屠宰监管股、养殖监管股、证照管理股;核定事业编制 6 名,实有干部职工 13 人(其中高级职称 2 人,中级职称 7 人,初级职称 4 人),设所长 1 人、副所长 2 人。

至 2012 年底,旗疫病控制中心(动物卫生监督所)内设机构与人员编制未发生变化。

(六)农区畜牧业专项推进办公室

2002 年 6 月 27 日,乌拉特中旗农区畜牧业专项推进办公室成立,正科级建制,财务独立核算,与珠力更塔拉种养加经济开发公司合署办公,实行一套人马,两块牌子,隶属旗人民政府管理,内设机构 1 个:办公室;核定编制 9 名,实有干部职工 10 人,设主任 1 人、副主任 3 人。

2011 年 10 月,乌拉特中旗农区畜牧业专项推进办公室划归旗农牧业局管理,为旗农牧业局二级事业单位,内设机构 1 个:办公室;核定编制 9 名,实有干部职工 10 人,设主任 1 人、副主任 3 人。

至 2012 年,旗农区畜牧业专项推进办公室内设机构与人员编制未发生变化。

(七)生态能源环保站

2009 年 9 月 14 日,乌拉特中旗生态能源环保站成立,股级建制,事业单位,隶属旗农牧业局管理,为旗农牧业局所属二级事业单位,内设机构 3 个:办公室、财务室、业务室;核定事业编制 4 名,实有干部职工 5 人,设站长 1 人、副站 1 人。

2010 年,随着业务范围的加强扩大,旗生态能源环保站核定事业编制 4 名,人员增至 6 人。

2012 年,旗生态能源环保站内设机构与人员编制未发生变化。

(八)草原监督管理局(农牧业综合行政执法大队)

2006 年 1 月 16 日,乌拉特中旗草原监督管理局、农牧业综合行政执法大队成立,均为事业单位;两个单位合署办公,实行一套人马,两块牌子,隶属旗农牧业局管理,为旗农牧业局所属二级事业单位,内设机构 3 个:办公室、监理股、监测股;下设草原监督管理站 5 个:海流图草原监管站、巴音乌兰草原监管站、川井草原监管站、新忽热草原监管站、呼勒斯太草原监管站。核定事业编制 35 名,实有干部职工 35 人。

2012 年,乌拉特中旗草原监督管理局、农牧业综合行政执法大队内设机构未变,下设草原监督管理站 5 个:海流图草原监管站、巴音乌兰草原监管站、川井草原监管站、新忽热草原监管站、呼勒斯太草原监管站；核定事业编制35名，实有干部职工43人（其中本科学历31人、大专学历8人）。

第二节 草牧场建设

一、草场类型与分布

2012年，全旗草地面积3223.55万亩，可利用草原面积2929.53万亩。主要草原类型有：温性荒漠草原类、温性草原化荒漠类、温性典型草原类、温性荒漠类、低地草甸类、沼泽类。

旗境内草原以温性荒漠草原为主，温性荒漠草原类草原在全旗各苏木镇均有分布，主要分布有石哈河镇、新忽热苏木、温更镇、呼勒斯太苏木，分布呈现地带性。

温性草原化荒漠类草原主要分布在巴音乌兰苏木、川井苏木、甘其毛都镇，也是温性荒漠草类草原和温性草原化荒漠类草原交叉分布的地带。

温性典型草原类草原主要集中在旗境内最东南部，主要分布在石哈河镇。

温性荒漠类草原主要集中在旗境内最西北部，主要分布在甘其毛都镇。

低地草甸类草原和沼泽类草原在全旗是隐域性草原，全旗均有分布，呈线状或点状分布。

二、牧草品种

2012年，乌拉特中旗种植的牧草品种主要有三类、17种。玉米品种：青贮玉米、烟单、英红。人工草地品种：紫花苜蓿、草木樨、沙打旺、草木樨状黄芪、驼绒藜、蒙古冰草、苏丹草、老芒麦、黑麦草、野豌豆、甜高粱、野大麦。耐盐牧草：羊草、碱茅等。

三、草场建设

（一）草库伦建设

1988年后，乌拉特中旗在牧区全面开展饲草料基地建设，此项工作主要在1988—1994年进行，同时开展畜群草库伦主要配套项目，配套项目包括优良饲草料品种种植，防护林种植，种植机具和加工机具配套，田间道路规划，水井配套，水渠及防渗设施配套，高压电配套，草库伦通过配套和优化种植结构，提高种植效益和饲草料自给能力和抗灾保畜能力。

至1994年底，全旗建成畜群草库伦3193处，面积136666亩；其中牧区建成草库伦3390处，面积132705亩；配套项目3007处，面积45282亩。

（二）草原改良

1. 草场改良

天然草场通过改良可提高牧草的品质和产量，从而提高草场的等级，是建设草原的重要举措之一；草原改良措施主要有草场疏松补播优良牧草，封育等。乌拉特中旗草原生态脆弱，适宜浅耕疏松。以补播多年生优良牧草为主，补播品种有柠条、锦鸡儿、驼绒藜、沙打旺、沙蒿等。封育是对草原进行围封禁牧，让牧草恢复生机，有一个从生长，开花到结实的完整生命过程，使牧草自然生长更新，达到恢复植被生态的目的。封育是草原生态建设最有效的方式。草原改良的补播措施有机械补播和飞机播种。机械补播主要采用10～15米行距。飞机补播速度快、效果好，充分利用降雨季节实施飞播，飞播效果好。

1989年，草种飞播面积4万亩，至2012年，全旗累计补播改良牧草面积442万亩。

2. 牧草品种改良

从国家层面讲，牧草品种改良与农作物品种改良相比存在空白，牧草品种的研究刚起步，已有品种资源没有得到充分的利用,没有规划目标,大部分野生种没有经过驯化使用,天然草原牧草种子少,采集难,费用高,牧草品种改良困难多、步伐慢。乌拉特中旗天然草原是重要的牧草品种资源库,建设草原生态就是保护牧草品种资源,为牧草育种提供基本保障。旗境内许多牧草可通过禁牧封育作好采种场,如针茅草场、锦鸡儿草场、沙蒿草场、驼绒藜草场等。

1988—2012 年,乌拉特中旗种植的牧草改良品种有剑宝(苏丹草的改良品种)、冬牧黑麦(黑麦草的改良种),农牧老芒麦(老芒麦的改良种)。

四、退牧还草工程

2012 年,全旗有可利用草原 3223 万亩,其中牧区 2963.09 万亩,占全旗土地总面积的 86%,是内蒙古自治区草原沙化退化较为严重的地区之一,荒漠和半荒漠草原平均亩产干草不足 9 千克;牧区草场沙化、退化严重,中度、重度退化草场面积 2224.3 万亩,占牧区草场总面积的 75%,轻度退化草场 508 万亩,占牧区草场总面积的 17.1%。全旗共有饲草料地 2008 处,面积为 8.8 万亩。牧区牲畜棚圈共 3207 座,户均 150 平方米左右。

2002—2012 年,乌拉特中旗实施国家退牧还草工程项目,全旗已累计实施 10 个年度 12 期退牧还草工程,建设总规模 1390 万亩,占全旗草场总面积的 40.34%,其中:禁牧草场面积 1030 万亩,涉及牧民 1742 户、5753 人;休牧和划区轮牧草场面积 360 万亩,涉及牧民 853 户、1957 人,并在禁牧区内补播柠条、沙打旺等优质牧草 442 万亩。

2002—2012 年乌拉特中旗退牧还草工程项目实施情况统计表

表 19-9 单位:万亩

年度	批次	投资任务				
		合计	禁牧	休牧	划区轮牧	补播
2002	—	180	170	—	10	—
2004	—	115	100	15	—	—
2005	—	120	80	40	—	60
2006	第一批	180	180	—	—	80
	第二批	80	80	—	—	50
2007	—	110	70	40	—	57
2008	第一批	100	100	—	—	50
	第二批	35	—	35	—	—
2009	—	130	100	30	—	30
2010	—	150	150	—	—	40
2011	—	90	—	60	30	35
2012	—	100	—	20	80	40
合计		1390	1030	240	120	442

五、草场保护

(一)治虫灭鼠

1. 虫害防治

乌拉特中旗草原是虫害易发地带,主要害虫种类有蝗虫、叶甲、春尺蠖等。旗畜牧局(农牧业局）草原工作站具体负责鼠虫害的预测预报、灾害调查、防灾物资贮备、灾害防治等工作，虫害以药物防治为主，主要以人工、机械、飞机等方式喷洒药物进行防治。全旗虫害发生时间呈现不规律性，各年份的灾害程度也有所不同。

1988—1998 年，全旗虫害发生面积较小，每年发生面积在 100 万亩以下，防治难度小，防治及时，造成的经济损失较小。

1999 年，全旗虫灾发生面积 50 万亩。2003—2005 年，全旗草原虫害发生非常严重，其中 2003 年最严重，发生面积 730 万亩，严重危害面积 620 万亩，全旗因虫害减产干草 1 亿千克，直接经济损失 4000 万元。

2006—2012 年，全旗虫害主要发生在不便于防治的山地草原，虫害发生面积 1190 万亩，减产干草 1.6 亿千克，直接经济损失 6400 万元。

2. 鼠害防治

1988—2012 年，全旗鼠害主要发生在新忽热苏木、温更镇、川井苏木、巴音乌兰苏木；害鼠种类主要有长爪沙鼠、五趾跳鼠、大沙鼠等。全旗鼠害主要采取人工和机械投毒的办法进行防治，防治药物以肉毒素为主。

六、草原普查

2009 年 8 月 20 日至 9 月 20 日，乌拉特中旗根据《内蒙古自治区人民政府办公厅关于印发自治区草原普查工作方案的通知》精神，在全旗范围内进行一次全面的草原外业普查，按计划圆满完成 42 个主样地、147 个辅助样地、132 个观察样地。

2010 年，旗草原工作站密切配合政府及有关部门勾画草原类型、亚类型，采集植物标本和内业整理工作。此次草原普查，对乌拉特中旗今后的环境保护、生态修复、植被建设、生物资源开发利用有着不可估量的意义和价值。同时，可以摸清全旗植物基因库存，种群大小、分布范围、珍稀濒危物种和重点保护对象的目的。此项工作的顺利开展，还可摸清全旗草原资源底数、制定草原保护和建设规划，为促进畜牧业可持续发展提供科学依据。

七、草原监理

2006 年开始，乌拉特中旗在牧区推行草畜平衡制度，牧民群众草原管理的法制意识和以草定畜的自觉性明显增强，实施草畜平衡面积 2517 万亩，占可利用草场面积的 87.7%。利用 GPS 全球定位仪测量草原面积，依据地貌、植被情况，确定草原类型等级。全旗可利用草场面积 2870 万亩，其中山地草场 640 万亩，占 22.3%；丘陵草场 1400 万亩，占 48.78%；滩地草场 830 万亩，占 28.92%。按照国家、自治区农牧业部门的统一要求大力宣传《中华人民共和国草原法》《内蒙古自治区草原管理条例实施细则》等。

第三节　畜禽养殖

一、畜类养殖

（一）品种

1988—2012 年，乌拉特中旗畜类养殖类型分为大畜和小畜两大类，大畜包括牛、马、驼、驴、骡；小畜包括绵羊、山羊、生猪；品种类型大致分为 3 类：第一类为地方品种，此类品种经过当地农牧民长期饲养和选育，数量稳定，质量也有提高，如二狼山白绒山羊、草原红牛、蒙古马、河套大耳猪等。

第二类是经过杂交改良的培育品种，如巴美肉羊，填补中国肉羊品种的空白，对全旗肉羊养殖起到了重要作用。第三类是从国外引入的良种，此这类品种对全旗家畜改良起到重要作用，如杜泊羊、萨福克羊、西门塔尔牛。

（二）数量

1988—2012 年牧业年度乌拉特中旗大畜 43.02 万头（只）、小畜 3169.82 万头（只）。

1988—2012 年牧业年度乌拉特中旗畜类养殖规模统计表

表 19－10　　单位：头（只）

年度	合计	大畜头数	其中				小畜头数	其中		
			牛	马	骆驼	驴、骡		绵羊	山羊	生猪
1988	1017186	38557	12557	12149	2664	11187	978629	401632	555575	21422
1989	1111549	34394	11178	10202	2473	10541	1077155	433464	620514	23177
1990	1120132	29774	9900	8404	2037	9433	1090358	436927	627260	26171
1991	1059944	27367	9099	7600	1931	8737	1061568	407010	625567	28991
1992	1118647	26287	8755	7259	1546	8276	1092360	410194	650243	31923
1993	1472850	25303	8298	6758	1442	8805	1447547	547291	860796	39460
1994	1473180	23191	7254	6518	1274	8145	1449989	540323	864405	45261
1995	1589443	24278	8826	6333	1068	8051	1565165	571459	930852	62854
1996	1643492	26882	11346	6745	987	7804	1616610	621487	927534	67589
1997	1716312	26681	11748	6027	1140	7766	1689631	661772	962569	65290
1998	1226240	17450	6453	3801	784	6412	1208790	489148	669863	49779
1999	1182440	13751	4993	3084	668	5006	1168689	483699	642529	42461
2000	1182645	10171	3532	1803	557	4279	1172474	499905	607572	64997
2001	1111539	7647	2419	1431	262	3535	1103892	441907	596789	65196
2002	1172039	6296	3113	976	243	1964	1165743	473988	651623	40132
2003	1404762	7104	4662	839	183	1420	1397658	600775	768252	28631
2004	1445303	8254	5473	1146	337	1298	1437049	570445	828731	37873
2005	1314147	8378	5460	1317	396	1205	1305769	507195	761212	37362
2006	1316758	6178	4267	841	272	798	1310580	507335	774343	28902
2007	1241817	6334	4082	1332	223	697	1235483	432947	780416	22120
2008	1268816	8900	4665	2737	708	790	1259916	446219	795698	17999
2009	1266466	10147	5302	3362	785	698	1256319	467490	769295	19534
2010	1286937	11065	5721	3637	1001	706	1275872	476867	779918	19087
2011	1086174	11222	5879	3648	990	705	1074952	280165	775387	19400
2012	1270685	14642	7173	5818	1272	379	1256043	530771	707336	17936

二、禽类养殖

（一）品种

1988—2012 年，乌拉特中旗禽类养殖主要是以鸡为主，从品种类型上可分为蛋鸡和肉鸡两类。其间，个别乡村也零星引入少量的火鸡、红嘴鸭等品种。

（二）数量

1988—1994 年，乌拉特中旗养鸡数 106.72 万只。

1988—2012年乌拉特中旗养鸡规模统计表

表19－11

年　份	年末实有鸡数(万只)	年　份	年末实有鸡数(万只)
1988	15.7	2001	—
1989	15.7	2002	—
1990	14	2003	—
1991	14.4	2004	—
1992	12.6	2005	—
1993	14.7	2006	—
1994	19.62	2007	—
1995	—	2008	—
1996	—	2009	—
1997	26.5	2010	—
1998	—	2011	—
1999	—	2012	—
2000	—	—	—

三、特种养殖

（一）二狼山白绒山羊

二狼山白绒山羊是一个历史悠久，绒肉兼用型的地方优良品种，主要分布在山区及丘陵地带。二狼山白绒山羊体大肉多，品种优良，体质坚实，四肢强健，性情活泼，行动敏捷，善登高，耐粗饲，抗病力强。二狼山白绒山羊外层被毛由光滑良好的细长毛组成，内层由柔软纤细的绒毛组成。绒好毛长，丝洁白光亮，按其被毛的长短粗细。大致分为细长毛型、粗长毛型、粗短毛型。细长毛型毛长15～21厘米，被毛白色具丝光；粗长毛型毛长15～23厘米；粗短毛型长8厘米左右，绒短，毛短而粗。绒毛的厚度以细长毛型和粗长毛型为优。二狼山白绒山羊具有很强的繁殖性和泌乳性。山羊绒是精纺工业的主要原料，二狼山白绒山羊在国际市场上有很高的声誉，被誉为天然纤维"宝石"，山羊皮是皮革工业的主要原料。

成年母羊一般体高57厘米，体长66厘米，胸围71厘米，胸深27.5厘米，胸宽16.78厘米，体重28千克，剪毛量0.39千克，产绒量0.4千克，绒厚4.5厘米，屠宰率45%；成年公羊一般体高64厘米，体长70.6厘米，胸围82厘米，胸深32.8厘米，胸宽21.7厘米，体重46.8千克，剪毛量0.68千克，产绒量0.5千克，绒厚5厘米，屠宰率45%。

（二）蒙古绵羊

蒙古绵羊是全旗境内的主要畜种之一。乌拉特中旗饲养的绵羊以当地蒙古羊为主，又称戈壁型蒙古羊。由于草场类型和自然条件差异，蒙古绵羊品质也略有不同。全旗境内北部如温更、川井苏木、甘其毛都镇、巴音乌兰苏木的蒙古绵羊体大肉多，抗病力强，耐粗饲，肉质鲜美，无膻味，具有其他地区羊肉所不及的优点。

蒙古绵羊一般体高61厘米，胸围80厘米，屠宰率为41.8%～51%，胴体重21.5千克。净肉率高38%；成年母羊体重37千克，剪毛量1.3千克；成年公羊平均体重48.3千克，剪毛量2.2千克。

第四节　产品产量

1988—2012 年，乌拉特中旗商品类畜禽及畜禽产品主要有：猪肉、牛肉、羊肉、禽肉、禽蛋、奶类、绵羊毛、细羊毛、山羊绒等。

1988—1996 年乌拉特中旗畜禽产品产量统计表

表 19－12

项目＼年份		1988 年	1999 年	1990 年	1991 年	1992 年	1993 年	1994 年	1995 年	1996 年
肉类总产量（吨）		4808	13670	6625	8510	8522	8574	8713	9498	11548
其中	猪肉产量	1687	4362	1923	2018	2491	2332	2877	3399	4646
	牛肉产量	313	476	429	176	266	261	184	229	352
	羊肉产量	2594	8433	4197	6235	5675	5868	5463	5639	6358
	禽肉产量	214	399	76	81	90	113	189	231	192
禽蛋总产量（吨）		491	476	507	514	—	368	508	330	332
奶类总产量（吨）		1759	500	2239	2070	316	120	3930	135	347
其中	牛奶产量	1759	500	2239	2070	316	120	3930	135	347
毛绒总产量（吨）		1179	1562	1184	1279	1232	1335	1478	1366	1361
其中	绵羊毛产量	1008	1214	930	1068	1000	157	1171	1025	1081
	细羊毛产量	46	147	113	70	86	1031	123	130	61
	山羊绒产量	125	201	141	141	146	147	184	211	219

1997—2004 年乌拉特中旗畜禽产品产量统计表

表 19－13

项目＼年份		1997 年	1998 年	1999 年	2000 年	2001 年	2002 年	2003 年	2004 年
肉类总产量（吨）		11466	16166	13670	10600	14068	13821	12710	18282
其中	猪肉产量	3786	7028	4362	4185	5815	7016	3575	2946
	牛肉产量	457	579	476	328	259	144	169	181
	羊肉产量	7044	8181	8433	5698	7584	6232	8533	14701
	禽肉产量	179	378	399	389	410	429	433	454
禽蛋总产量（吨）		343	397	476	451	536	540	1111	1543
奶类总产量（吨）		770	1604	500	637	1604	3024	6019	7224
其中	牛奶产量	770	1604	500	637	1604	3024	3019	7224
毛绒总产量（吨）		1468	1290	1562	1388	1516	1295	1321	1647
其中	绵羊毛产量	1188	1022	1214	997	1079	952	957	1189
	细羊毛产量	53	50	147	194	258	164	185	240
	山羊绒产量	227	218	201	197	166	179	179	218

2005—2012 年乌拉特中旗畜禽产品产量统计表

表 19－14

项目＼年份		2005 年	2006 年	2007 年	2008 年	2009 年	2010 年	2011 年	2012 年
肉类总产量(吨)		22325	17992	13702	13323	12888	15220	16385	16808
其中	猪肉产量	3633	3486	2543	1935	1929	2028	2023	1898
	牛肉产量	290	453	328	361	246	339	346	577
	羊肉产量	17871	13481	10185	10383	10099	12070	13255	13632
	禽肉产量	531	572	646	644	614	783	761	701
禽蛋总产量(吨)		1503	1620	1563	1563	1571	1592	1672	1676
奶类总产量(吨)		7532	4486	4718	5326	5326	5326	5992	4877
其中	牛奶产量	7532	4486	4718	5326	5326	5326	5992	4877
毛绒总产量(吨)		1747	1709	1691	1696	1697	1714	1712	1664
其中	绵羊毛产量	1238	1235	1238	1238	1247	1259	1253	1081
	细羊毛产量	262	244	231	235	226	229	230	322
	山羊绒产量	247	230	222	223	224	226	229	261

第五节　饲草料

一、青贮饲料

1988—2012 年，乌拉特中旗青贮原料非常充足，青贮有效保存饲草料的养分，提高饲料的采食率和饲料报酬。全旗累计建成青贮窖池 6700 座、牧区 600 座，全旗养殖园区建成青贮窖 3.88 万立方米，可贮青贮料 2.3 万吨。

2012 年，全旗饲草料及作物秸秆生产总量 100 万吨左右。

二、混合饲料

传统意义上的混合饲料不等于全价饲料和配合饲料，是单一饲料按一定比例混合。该方法主要在散养户中使用，只能达到营养粗平衡。饲料生产企业的兴起转变传统的饲料配合方式。饲料生产企业通过制定科学合格的饲料产品标准，生产不同标准的饲料，更好地满足现代养殖的需要。

2012 年，乌拉特中旗青青草原牧业有限责任公司成立，是全旗具生产资质的企业，年生产量 4000 吨。至年底，全旗有饲料经营企业 39 家，混合饲料总经营量 4000 吨。

三、饲草料基地建设

2012 年，乌拉特中旗牧区共建成饲料地 8.8 万亩。主要建设措施以配套已有饲料地为主，具体配套有：优良牧草种植，防护林种植，机具配套，田间道路规划，水井配套，渠及防渗措施配套，高压电配套等。饲料地经配套和优化种植结构，提高种植效益和抗灾保畜能力。同年，全旗苜蓿种植 4364 亩，一年收牧草种植 132251 亩。通过优质苜蓿项目建设，建成优质苜蓿示范项目点 2 处，年生产苜蓿草 1500 吨。

第六节 畜牧品种改良

巴美肉羊是2007年6月20日由国家畜禽遗传品种资源委员会以(农03)新品种证字第四号命名的新品种,是中国第一个具有自主知识产权的肉羊品种。该品种成为乌拉特中旗以及巴彦淖尔市肉羊改良的主导品种,为优质肉羊产业的发展奠定良好基础。乌拉特中旗在巴美肉羊育种过程中起到示范引领作用,带动巴彦淖尔市五原县、乌拉特前旗、临河区农民积极投入到肉羊育种中,至2007年6月该品种验收时,巴彦淖尔市巴美肉羊群体数量33768只,其中乌拉特中旗占巴美肉羊群体总数的44.5%,成为巴美肉羊的主产区,为该品种的验收起到重要作用。

一、巴美肉羊发展概况

进入21世纪后,乌拉特中旗积极加大巴美肉羊的培育力度,全力打造巴美肉羊优势产业,先后投资2100余万元,建成标准化巴美肉羊育种园区2个,园区内建有标准化棚圈120套(其中饲养区4.8万平方米;饲草料加工储藏区3.8万平方米)。至2007年,全旗有巴美肉羊育种户120户,饲养巴美种羊1.2万余只,其中繁殖母羊6600余只,年培育种公羊3800余只。育种园区功能完善的基础设施,有效地提高了应用先进育种技术的能力,使巴美肉羊的繁殖性能提高到150%,同比提高30个百分点;种公羊的生长速度和质量明显提高,同年5月,龄羔羊体重50千克以上。同时组建"大众顺"和"祥园"2个巴美肉羊育种专业合作社,并取得内蒙古自治区农牧业厅颁发的种畜禽经营许可证,成为国家"现代农业产业技术体系示范基地"、农业部"肉羊标准化示范场"、科技部"优质肉羊新品种选育与关键技术研究及示范基地"。

2009年,巴美肉羊通过"国家畜牧业良种补贴项目",销售种公羊2万余只。至2012年,每年在全旗范围内推广种公羊1200余只。2009—2012年,推广巴美种公羊1万余只,改良当地绵羊35万只。

二、巴美肉羊培育过程

巴美肉羊的培育过程分为3个阶段:

第一阶段为体格、羊毛品质的改型阶段(1960—1991年)。20世纪60年代初期,乌拉特中旗畜种改良部门在当地蒙古羊的基础上引进澳洲细毛羊、半细毛羊等品种改良当地蒙古羊,计划培育河套细毛羊品种,至1991年形成体格大、体质结实、被毛基本同质的毛肉兼用群体,为肉羊品种的培育奠定良好的基础。

第二阶段为产肉性能提高阶段(1992—1997年)。1992年,旗畜种改良部门开始年通过引进德国美利奴羊做父本,采取级进杂交技术提高产肉性能;至1997年,大量肉用特征明显的理想型群体形成,为横交固定打下基础。

第三阶段为遗传性能巩固阶段(1998—2008年)。1998年,旗畜种改良部门选择理想型优秀个体开展横交固定,采取高强度选育和应用胚胎移植等技术措施,扩大优良群体数量,形成遗传性能稳定的巴美肉羊新品种;2007年,通过国家畜禽遗传品种资源委员会正式命名为巴美肉羊。

三、巴美肉羊技术指标

巴美肉羊羔羊生产性能;初生重为公羔4.60千克以上,母羔4.30千克以上;6月龄公羔日增重240克以上,6月龄母羔日增重220克以上;6月龄公羔体重45千克以上,6月龄母羔体重40千克以上;屠宰率51%。

巴美肉羊个体主要生产性能、体重、指标情况统计表

表 19－15

羊　别	体重（千克）	胴体重（千克）	屠宰率（%）	剪毛量（千克）	繁殖率（%）	羔羊日增重（千克）
成年公羊	>100	>48.0	48	7	—	—
成年母羊	>60	>28.8	48	4	150	—
育成公羊	>70	>35.0	50	4	—	—
育成母羊	>50	>24.5	49	3	—	—
羔羊（6 月龄）	—	>18.0	51	—	—	230

四、巴美肉羊品种主要特征与特性

（一）品种特征

巴美肉羊为肉毛兼用品种，无角，体格较大，体质结实，结构匀称，胸部宽而深，背腰平直，四肢结实、相对较长，肌肉丰满，肉羊体型明显，呈圆桶型，具有早熟性。被毛同质白色，闭合良好，密度适中，细度均匀，以 64 支为主，头部至两眼连线、前肢至腕关节、后肢至飞节均覆盖有细毛。

（二）品种特性

巴美肉羊品种特性主要包括：（1）生长发育速度较快，产肉性能高。成年公羊平均体重 101.2 千克；成年母羊平均体重 60.5 千克，平均繁殖率 151.7%；育成公羊平均体重 71.2 千克；育成母羊平均体重 50.8 千克；羔羊初生重平均：公羔 4.7 千克，母羔 4.32 千克。6 月龄羔羊平均日增重 230 克以上。6 月龄羔羊胴体重 24.95 千克；屠宰率 51.13%。（2）具有较强的抗逆性和适应性，成幼畜死亡率连续 5 年的统计小于 1%；耐粗饲，觅食能力强，采食范围广，适合农牧区舍饲半舍饲饲养。（3）繁殖率较高，初产年龄为 1 岁，经产羊达到二年三胎。（4）巴美肉羊母羊平均发情周期为 17 天左右，范围 14～18 天；发情持续期，初产母羊为 5～40 小时，平均持续期为 36.7 小时左右，经产母羊为 5～55 小时，平均持续期为 48.6 小时左右；母羊在 3 个情期内，初产母羊受胎率 74.8%，经产母羊的受胎率 97.19%；不同胎次母羊的繁殖率差异较大，其中头胎羊的繁殖率 132%，二胎羊 156%，三胎羊 167%，前三胎的平均繁殖率 151.7%。巴美肉羊具有性早熟，在正常饲养情况下，母羊可以实现二年三胎。

第七节　规模化养殖

一、巴美肉羊育种规模化

2000—2012 年，乌拉特中旗先后建成的巴美肉羊育种园区 2 个，进一步提高应用先进技术育种的能力，种羊质量明显提高，同期，组建“大众顺”和“祥园”2 个巴美肉羊育种专业合作社，并取得内蒙古自治区级种畜禽经营许可证，成为国家“现代农业产业技术体系示范基地”。“大众顺”巴美肉羊育种专业合作社已成为农业部“肉羊标准化示范场”，种羊生产走上标准化、法制化轨道，种羊越来越得到农牧民的青睐和社会的认可，育种优势明显显现，成为巴美肉羊规模最大的育种核心区，种羊生产不仅满足当地需要，还向周边地区不断提供优质种羊，为全市、全旗发展优质肉羊生产奠定良好基础。

二、优质肉羊生产基地建设

进入 21 世纪，乌拉特中旗充分利用资源优势，争取财政现代肉羊生产项目，肉羊生产方式得到了快速转变，改变了过去羊品种杂乱、品质不齐、羊肉质量低、效益差、经营管理分散粗放，资源优势

难以形成产业优势的问题，肉羊规模化生产由2007年的57个规模化养殖户发展成为2012年的13个标准化肉羊养殖园区、760户规模化养羊户；规模化养羊由2007年的总量23.29万只发展到年2012年的出栏育肥羊25600只，年育肥出栏18.56万只的规模。2012年，全旗推广巴美种公羊1万余只，改良当地绵羊32万只。农区肉羊的饲养量由2000年的34.2万只增加到2012年的110万只，增长69%，优质肉羊标准化生产基地初具规模。

三、肉羊养殖专业合作社

2009—2012年，乌拉特中旗标准化肉羊养殖园区吸纳500余户农牧民从事肉羊专业化生产，并组建肉羊养殖专业合作社10个，制定严格的管理制度和考核制度。

四、饲草料加工体系

2009—2012年，乌拉特中旗先后建立饲草料+工农机专业合作社10个，配套自走式青贮饲料加工机6台，玉米联合收割机7台，TMR全日粮搅拌机2台，方草打捆机6台，青饲草收割机3台，青贮饲料取料机2台。实现饲草料青贮加工机械化，提高饲草青贮和农作物秸秆转化能力。使农作物的收割、拉运省时省力，科学化养羊提供饲草保障。同时，解放农业生产劳动力，使广大农牧民有充足的时间从事肉羊生产。

五、肉羊养殖科研示范

2009年，乌拉特中旗农区畜牧业专项推进办公室与内蒙古农业大学食品工程学院、内蒙古牧科院、河套大学富川饲料有限责任公司、巴彦淖尔市改良站、渔蒙家科技食品有限公司联合开展巴美肉羊生产标准的研究和生产性能的测定，采取舍饲和专业化饲养的方式，以巴美肉羊为父本改良当地杂交寒羊的技术路线，对饲养成本、生产性能、羊肉品质、饲养效益分别进行试验和测算。进行母羊同期发情配种技术的示范，探讨出繁殖母羊两年产三胎生产技术，找出在规模化、专业化肉羊养殖方式上的效益增长点，从而制定综合的配套饲养技术并加以推广，为发展肉羊标准化生产提供有力技术支撑，指导农牧民转变传统饲养方式，发展现代化、标准化肉羊生产。

六、养羊生产经营方式转变

2009年，乌拉特中旗利用旗境内农牧区结合紧密的地缘优势，在饲草料资源丰富的农区建设肉羊养殖园区，为牧民发展专业化肉羊生产提供条件，使牧民从天然草场的粗放生产经营转移到农区进行集约化生产，牧民利用天然草场放牧繁殖的羔羊转移到园区内进行短期育肥出栏，实现北繁南育肉羊生产。既保护草原生态，又实现牧民增收。

七、申办“乌拉特羊肉”地理标志证明商标

2010年9月，乌拉特中旗养羊协会以法人资格成功申办“乌拉特羊肉”地理标志证明商标，使全旗草原畜牧业生产的羊肉以地理标志保护形式打造地方特色品牌。

第八节　疫病防治

一、传染病种类与防治

（一）传染病种类

1988—2012年，乌拉特中旗范围内先后发生过的畜禽类传染病有22种。即：马鼻疽、牛气肿疽、炭疽、布鲁氏菌病、羊痘、羊肠毒血症、羊快疫、羊猝狙、狂犬病、猪丹毒、猪瘟、仔猪副伤寒、羔羊痢疾、羔羊口疮、鸡霍乱、肉毒梭菌病、鸡新城疫、羊李氏杆菌病等。其中：牛易感染布疫，羊易感染肠毒血症、快疫、猝狙、羊痘、布鲁氏菌病、羔羊痢疾、羔羊口疮，猪易传染口蹄疫、丹毒、猪瘟，鸡主要

是鸡新城疫、禽流感。

（二）传染病防治

1988—2012 年，乌拉特中旗畜牧防疫部门不断完善旗、苏木（镇）、嘎查（村）三级防疫体系，进行合理科学的免疫，使一部分疫病得到彻底控制，其他疫病也不同程度地得到有效控制。每当发现传染病，旗动物疫病预防控制中心立即组织专人采取隔离消毒、病死尸体无害化处理、紧急预防接种等多项措施防止疫情扩散。1997 年，《中华人民共和国动物防疫法》颁布实施后，旗畜牧防疫部门认真贯彻执行。2003 年，旗畜牧防疫部门按照总体要求，将猪、牛、羊口蹄疫，猪蓝耳病，猪瘟，禽流感列入重大动物疫病防控范围，并依照《中华人民共和国动物防疫法》实行强制免疫，对羊小反刍兽疫、羊三病、猪丹毒、猪肺疫、鸡新城疫、狂犬病等疫病实行计划免疫。同时广泛开展家畜内外寄生虫的驱治工作，预防和控制重大动物疫病的发生和传播，确保畜牧业健康稳定发展和人民群众的生命财产安全。

1988—1994 年，乌拉特中旗重点防治的动物传染病是猪牛羊 O 型口蹄疫、猪瘟、鸡新城疫、羊三病、羊痘、猪丹毒，各种病全部开展疫苗免疫注射，其中 O 型口蹄疫、猪瘟、鸡新城疫、羊三病、羊痘开展普免，猪丹毒在重点易发区免疫。

1995—2003 年，乌拉特中旗重点防治的动物传染病是猪牛羊 O 型口蹄疫、猪瘟、猪丹毒、猪肺疫、仔猪副伤寒、鸡新城疫、羊三病、羊痘，各种病全部开展疫苗免疫注射，其中 O 型口蹄疫、猪瘟、仔猪副伤寒、鸡新城疫、羊三病、羊痘开展普免，猪丹毒、猪肺疫在重点易发区免疫。

2004—2006 年，全旗增加禽流感（H5N1）、亚洲 I 型口蹄疫防疫，对所有存栏家禽用重组禽流感病毒（H5＋H7）二价灭活疫苗或禽流感—新城疫重组二联活疫苗强制免疫。对存栏牛和羊全部用 O 型、亚 I 型、A 型口蹄疫三价灭活苗注射免疫；对骆驼用口蹄疫 O 型、亚 I 型双价灭活疫苗注射免疫。

2007—2009 年，全旗增加高致病性猪蓝耳病防疫，对所有存栏猪进行强制免疫。

2009 年，全旗开展猪流感（甲型 H1N1）防控，防控措施主要是流调、监测，未开展免疫。

2010—2012 年，全旗开始牛羊布鲁氏菌病的免疫，对所有存栏羊、肉牛以及已批准备案的奶牛全部用布鲁氏菌活疫苗（S2 株）进行灌服免疫。秋防结束后，继续开展畜间布病新老疫点专项集中消毒灭源工作，净化养殖环境，巩固防控成效。

二、其他疾病防治

1988—2012 年，乌拉特中旗地区牛常见病有乳腺炎、瘤胃积食。羊易患下痢、寄生虫等。猪常发生普通感冒、消化不良、肺炎等。鸡常见鸡白痢、球虫病等。其中，牛乳腺炎用青霉素、链霉素等抗生素类药物治疗，瘤胃积食用健胃散，平胃散等健胃助消化类药物治疗。羊下痢用呋喃西林、呋喃唑酮等呋喃类、大环类抗菌类药物治疗。寄生虫常用伊维菌素、阿维菌素等驱虫类药物治疗。猪普通感冒、肺炎用青霉素、链霉素等抗生素类药物治疗效果良好，一般 3 天即可痊愈。消化不良用稀盐酸、平胃散等健胃类药物治疗。鸡白痢用呋喃匹林、呋喃唑酮等呋喃类、大环类抗菌类药物治疗。球虫病常用氯苯胍等驱虫类药物治疗。

第九节　动物及产品检疫

一、卫生检疫

（一）运输检疫

1988—1997 年，按照《中华人民共和国家畜家禽防疫条例》规定，旗兽医工作站、苏木乡镇畜牧兽医综合站对家畜出售前到饲养户(饲养单位)或到省、自治区、直辖市人民政府规定的地点检疫并出具检疫证明。到市场出售家畜,必须持有检疫证明,无证不得进入市场,当地农牧部门有权进行监督检查。乌拉特中旗畜牧检疫部门认真落实检疫申报制度,规范报检点建设,建立完善协检员队伍,设立报检点28个,设有协检员87人;同时完善供外埠企业及养殖基地备案审查制度,对5家屠宰加工企业进行备案推荐,共检疫家畜产品110.62万头(只、匹),检疫合格率100%。

1998—2007年,按照《中华人民共和国动物防疫法》规定,旗兽医工作站、苏木乡镇畜牧兽医综合站依法对动物、动物产品实施检疫。旗畜牧检疫部门共计检疫动物及动物产品190.49万头(只、匹),检疫合格率100%。

2008—2012年,按照《中华人民共和国动物防疫法》规定,实行动物检疫申报制度和官方兽医检疫制度,旗动物卫生监督所和苏木镇农牧业服务中心对畜货主在动物屠宰、出售或者运输动物以及出售或者运输动物产品前申报检疫,及时指派官方兽医对动物、动物产品实施现场检疫;检疫合格的,出具检疫证明、加施检疫标志。实施现场检疫的官方兽医应当在检疫证明、检疫标志上签字或者盖章,并对检疫结论负责。旗畜牧检疫部门共计检疫动物及动物产品118.46万头(只、匹),检疫合格率100%。

(二)定点屠宰

1988—1997年,按照《中华人民共和国家畜家禽防疫条例》规定,屠宰厂、肉类联合加工厂的畜禽防疫、检疫工作,由厂方负责,旗农牧部门负责进行监督检查。屠宰厂、肉类联合加工厂生产的畜禽产品必须有厂方出具的检疫证明,家畜胴体必须加盖验讫印章。其他单位、个人屠宰家畜,必须由当地畜禽防疫机构或其委托单位实施检疫,出具畜产品检疫证明,胴体必须加盖验讫印章。旗屠宰厂、肉类联合加工厂对生产的畜禽产品检疫19.25万次,检疫合格率100%,出具检疫证明19.25万份,旗畜牧检疫部门共计检疫其他单位、个人屠宰家畜产品300.98万头(只、匹),检疫合格率100%。

1998—2007年,按照《中华人民共和国动物防疫法》规定,国家对生猪等动物实行定点屠宰、集中检疫。旗兽医工作站派驻场检疫员对屠宰场(点)屠宰的动物实行检疫并加盖动物防疫监督机构统一使用的验讫印章。旗畜牧检疫部门共计检疫屠宰家畜产品420.68万头(只、匹),检疫合格率100%。

2008—2012年,按照《中华人民共和国动物防疫法》规定,动物卫生监督所受理畜货主屠宰前申报检疫,指派官方兽医驻场对屠宰动物及动物产品实施现场检疫;检疫合格的,出具检疫证明、加施检疫标志。旗畜牧检疫部门共计检疫屠宰家畜产品268.92万头(只、匹),检疫合格率100%。

二、兽医与药械药品监察

1988—2008年,旗动物卫生监督机构共对辖境内执业兽医进行执法检查140次,未发现非法兽医;共对辖境内乡村兽医进行执法检查140次,未发现非法乡村兽医;共对辖境内动物诊疗机构进行执法检查12893次,未发现非法动物诊疗机构。

2009年,按照《执业兽医管理办法》规定,县级以上地方人民政府设立的动物卫生监督机构负责执业兽医的监督执法工作。按照《乡村兽医管理办法》规定,县级以上地方人民政府设立的动物卫生监督机构负责本行政区域内乡村兽医监督执法工作。按照《动物诊疗机构管理办法》规定,县级以上地方人民政府设立的动物卫生监督机构负责本行政区域内动物诊疗机构的监督执法工作。受农牧业局委托,按照《兽药管理条例》开展兽药监督执法工作。

2009—2012年,旗动物卫生监督机构共对辖境内执业兽医进行执法检查126次,未发现非法兽医;共对辖境内乡村兽医进行执法检查126次,未发现非法乡村兽医;共对辖境内动物诊疗机构进行执法检查41575次,未发现非法动物诊疗机构。

第三章　农牧业机械化

第一节　机　构

一、行政管理机构

乌拉特中旗设有农牧业机械化管理局，科级建制，内设机构4个：办公室、农牧机推广站、机务管理站、农牧业机械化学校，其中科级领导职数4人，一正三副。下设二级事业单位4个：农牧机推广站、机务管理站、农机产品质量投诉站、农牧业机械化学校。

1992年，全旗实行机构改革，乌拉特中旗农牧业机械化管理局改称农牧业机械化服务总公司，变为全建制经济实体。内设机构5个：办公室、农牧机推广站、机务管理站、农机产品质量投诉站、农牧业机械化学校。

1994年，乌拉特中旗农牧业机械化总公司改称乌拉特中旗农牧机服务中心，正科建制，全额拨款事业单位；核定事业编制10名，其中科级领导职数3人，一正二副。下设二级事业单位4个：农牧机推广站、机务管理站、农机产品质量投诉站、农牧业机械化学校。

2012年，乌拉特中旗农牧机服务中心，核定事业编制10名，实有干部职工18人，其中科级领导职数3人，一正二副。下设二级事业单位4个：农牧机推广站、机务管理站、农机产品质量投诉站、农牧业机械化学校。

二、事业单位

（一）农牧业机械推广站

1988年，乌拉特中旗设有农牧业机械推广站，事业编制，隶属旗农牧业机械化管理局管理，实有干部职工10人，设站长1人、副站长1人。

1992年，乌拉特中旗农牧业机械化管理局改称农牧业机械化服务总公司，变为全建制经济实体。农牧业机械推广站隶属旗农牧业机械化服务总公司管理。

1994年，乌拉特中旗农牧业机械化总公司改称乌拉特中旗农牧机服务中心。农牧业机械推广站隶属旗农牧机服务中心管理，实有干部职工2人。

1997年，旗农牧业机械推广站整体归回农牧业机械化服务中心管理。

2012年，旗农牧业机械推广站核定事业编制3名，实有干部职工3人，设站长1人。

（二）机务管理站

1988年，乌拉特中旗设有机务管理站，事业编制，隶属旗农牧业机械化管理局管理，无内设机构；设站长1人、副站长1人。

1992年，乌拉特中旗农牧业机械化管理局改称农牧业机械化服务总公司，变为全建制经济实体。机务管理站隶属旗农牧业机械化服务总公司管理。

1994年，乌拉特中旗农牧业机械化总公司改称乌拉特中旗农牧机服务中心。机务管理站隶属旗农牧机服务中心管理，无内设机构，实有干部职工2人。

2012 年,旗机务管理站无内设机构,核定事业编制 2 名,实有干部职工 2 人,设站长 1 人、副站长 1 人。

(三)农牧业机械化学校

1990 年,乌拉特中旗设有农牧业机械化学校,事业编制,隶属旗农牧业机械化管理局管理,实有干部职工 12 人,设校长 1 人、副校长 1 人。

1992 年,乌拉特中旗农牧业机械化管理局改称农牧业机械化服务总公司,变为全建制经济实体。农牧业机械化学校隶属旗农牧业机械化服务总公司管理。

1993 年,全旗进行体制改革,旗农牧业机械化学校整体划归旗经济局管理。

1994 年,乌拉特中旗农牧业机械化总公司改称乌拉特中旗农牧机服务中心。农牧业机械化学校隶属旗农牧机服务中心管理。

2012 年,旗农牧业机械化学校,实有干部职工 2 人,设校长 1 人。

(四)农机产品质量投诉站

1988 年,乌拉特中旗农机产品质量投诉站成立,事业编制,隶属旗农牧业机械化管理局管理,无内设机构,实有干部职工 2 人,设站长 1 人、副站长 1 人。

1992 年,乌拉特中旗农牧业机械化管理局改称农牧业机械化服务总公司,变为全建制经济实体。农机产品质量投诉站隶属旗农牧业机械化服务总公司管理。

1994 年,乌拉特中旗农牧业机械化总公司改称乌拉特中旗农牧机服务中心。农机产品质量投诉站隶属旗农牧机服务中心管理。

2012 年,旗农机产品质量投诉站无内设机构,实有干部职工 1 人,设站长 1 人。

第二节　农牧业机械

一、机械拥有量

1988 年,乌拉特中旗农牧业机械总动力为 111646 千瓦,拥有拖拉机总台数 1331 台、播种机 94 台、犁 897 台、大胶车 1967 台、小胶车 14625 台、胶轮手推车 7097 台、手动喷雾粉机 338 台、人畜力铺膜机 142 台、割晒机 12 台、机动脱粒机 39 台、饲料粉碎机 272 台、牧草收割机 14 台。

1995 年,全旗农牧业机械总动力 146240 千瓦;拥有拖拉机 6902 台,其中大中型拖拉机 645 台,小型拖拉机 6257 台;拥有机动喷雾机 16 台、犁 2506 台、播种机 1457 台、精少量播种机 10 台、铺膜机 15 台、饲料粉碎机 333 台、风力机 4536 台、联合收割机 13 台。

1997 年,全旗农牧业机械总动力 157907 千瓦,拥有拖拉机总台数 7292 台。

2000 年,全旗农牧业机械总动力 184335 千瓦,拥有拖拉机 10645 台,其中大中型拖拉机 687 台,小型拖拉机 9958 台;拥有联合收获机 43 台、机动割晒机 264 台、马铃薯及甜菜收获机 72 台、机动脱粒机 119 台、播种机 2542 台、饲料粉碎机 368 台。

2002 年,全旗拥有拖拉机 6000 余台、机引犁 5372 台、深松机械 167 台、精少量播种机 353 台、小麦联收机 201 台。

2005 年,全旗农牧业机械总动力 237598 千瓦,拥有大中型拖拉机 792 台、小型拖拉机 11565 台;拥有联合收割机 19 台,其中稻麦联合收割机 11 台;拥有玉米联合收割机 8 台,播种机 3590 台。

2007 年,全旗农牧业机械总动力 245100 千瓦,拥有各类拖拉机 12574 台,其中大中型拖拉机

871 台，小型拖拉机 11703 台；拥有农用排灌机械 5768 台、播种机械 3634 台、联合收获机 22 台。

2010 年，全旗农牧业机械总动力到 266967 千瓦，拥有拖拉机 12983 台、拖拉机配套机具有 20157 台、播种机 8892 台、玉米联合收割机 26 台、马铃薯收获机 380 台、牧草收获机 80 台、捡拾打捆机 10 台，机动脱粒机 759 台，饲料粉碎机 3303 台。

2012 年，全旗农牧业机械总动力 313197 千瓦，是 2005 年农牧业机械总动力的 1.32 倍。拥有拖拉机 14133 台，是 2005 年拖拉机总数的 1.15 倍；拥有播种机 11285 台，是 2005 年播种机总数的 3.15 倍；拥有玉米联合收割机 84 台，是 2005 年的总动力 10.5 倍；另拥有配套农机具 23415 台、捡拾打捆机 38 台。

二、农牧机械推广

1988 年，乌拉特中旗农牧业机械化管理局重点引进小麦七行分层播种机 14 台，三行分层播种机 36 台，地膜覆盖机 1 台，人工玉米点播器 16 个，140 小麦割晒机 2 台，组织开展小麦机械化播种、小麦机械化收割演示会，大力宣传小麦机械化作业技术。小麦机械化收割面积 1.07 万亩。同时引进推广草粉机 10 台，圆盘耙 1 台。

1994 年，乌拉特中旗农牧业机械服务总公司通过重点引进推广“小麦机械化收获技术”“小麦覆膜穴播机技术”，大力提高乌拉特中旗小麦机械化作业水平。引进外省跨区小麦收获机械 53 台进行当地小麦机械化收割作业，完成小麦机械化收割 6.5 万亩。

1995 年，乌拉特中旗农牧业机械推广站承担了旗人民政府下达的小麦穴播机械化、深施化肥、深松、深翻，作物秸秆还田 5 项科技承包项目。在项目实施中，引进小麦覆膜穴播机 9 台，从秋季收获情况看，穴播增产效果明显。同年，全旗农区推广机械化深施化肥 21.38 万亩（6 厘米以上为深施），并进行表施和深施化肥的对比试验。测得在同等情况下，深施化肥比表施化肥增产 18% 左右。

2000 年，旗农牧业机械推广站在“退耕还林、还草，治理沙源”工作中，积极引进推广草地免耕松播联合机 2 台、柠条座水穴播机 1 台、柠条穴播机 2 台，在山旱区石哈河镇以及旗境周边草场共种植柠条 9000 余亩。这些机具的引进推广，大大减轻劳动强度，减少人工投入，且成活率较高，达到 80% 以上，提高全旗草原牧场生态建设的机械化程度。

2002 年，旗农牧业机械推广站开展农作物秸秆饲草料加工粉碎、青贮机械技术现场演示会，农牧民购买意愿积极性高涨，共计购进饲草料加工粉碎机械 410 余台，提高秸秆、饲草料加工利用率，推动农区畜牧业快速发展。开创性地进行农牧机具研制开发和推广，指导并帮助全旗一农民研制成功小型起薯机，顺利通过内蒙古自治区有关部门鉴定，生产并销售 100 余台，推动全旗马铃薯机械化收获进程。

2005 年，旗农牧业机械推广站重点推广青饲玉米联合收获机以及揉草粉碎机。引进推广青饲玉米联合收获机、精量播种机、饲草料加工机械等 88 台（套），有效提高农牧业生产效益，降低劳动强度，提高农机化作业水平。

2007 年，旗农牧业机械推广站针对玉米种植面积大，机械化收获程度低状况，引进玉米联合收获机 3 台，逐步提高玉米机械化收获水平。同年，争取农田、草原保护性耕作项目资金 4.98 万元、地方财政投资 15.38 万元，为山旱区购进 9MB－2.4 型牧草播种机 9 台、9MSB－2.1 型牧草免耕松土补播机 2 台，并进行技术改造，形成先进适用农机新机具。推广农牧机新技术，完成机械深施化肥面积 47 万亩，机械精量播种面积 17 万亩，机械深耕深松面积 11 万亩。

2010 年，旗农牧业机械推广站在石哈河镇建立设施农业农机化示范园区 1 处。示范面积 220 亩。利用农机购置补贴资金为示范园区引进推广田园管理机 5 台、电动卷帘机 120 台，保温被 6 万平方米，取得较好的经济效益和示范效果。同年，引进推广电动剪羊毛机 51 台，并及时进行电动剪羊毛机现场演示会，此机具在全旗有电力输送的牧区迅速推广。

2012 年，旗农牧业机械推广站继续实施农业部保护性耕作示范项目和内蒙古自治区农机化示范园区巩固提高建设项目，示范面积 3.5 万亩，通过实施保护性耕作示范项目和农机化示范园区建设，实现节约成本和增产增收的效果。

三、机械化作业

1988 年，全旗机耕面积 35 万亩，机播面积 3.5 万亩，机收面积 1.07 万亩。

2012 年，全旗机耕面积 118 万亩，机耕水平 95%，机播面积 107.5 万亩，机播水平 86%；机收面积 56.5 万亩，机收水平 45%。

2012 年，全旗机耕面积是 1988 年全旗播种面积的 3.37 倍，全旗机播面积是 1988 年全旗播种面积的 30.71 倍，全旗机收面积是 1988 年全旗播种面积的 52.8 倍。

1988—2012 年乌拉特中旗农业机械化作业情况统计表(一)

表 19 - 16　　单位：万亩

年份	机械化作业总面积	机械耕地面积	机械平地面积	机械播种面积	机械覆膜面积	机械化深施化肥面积
1988	42.02	35.00	0	3.50	0.02	3.5
1989	49.767	35.7	0	7	0.067	7
1990	71.65	41.59	0	21.72	1.25	7.09
1991	69.94	40.07	0	25.26	0.21	4.4
1992	92.2	45.5	0	25.86	0.34	20.5
1993	83.18	37.72	0	24.01	0.15	21.3
1994	74.8	37.9	0	25.06	0.82	11.02
1995	95.66	48.70	0	25.05	0.12	21.79
1996	191.2	48.8	0	27.7	4.4	10.3
1997	88.82	48.00	0	29.02	0.7	11.1
1998	98.53	48.00	0	33	1.53	16
1999	113.8	49	0	34.7	2.5	27.6
2000	99.1	49.50	0	34.7	2.6	12.3
2001	134.45	49.7	0	35.65	4.9	44.2
2002	132.6	50.00	0	36.50	5.10	41.00
2003	140.9	56.5	0	36.7	6.2	41.5
2004	151	60.5	0	41.2	7	42.3
2005	177.5	63.00	0	59.00	7.50	48
2006	192.3	80	0	59.3	8	45
2007	212.2	82	0	76	9	45.2
2008	232.2	86	0.2	79	19	48
2009	253.7	90.1	0.8	86.2	23	53.6
2010	349.7	110.00	6	106.70	60	67
2011	366.6	121	6.2	111.3	60.1	68
2012	366.5	118.00	6.5	107.50	63	71.5

1988—2012 年乌拉特中旗农业机械化作业统计表(二)

表 19 - 17　　单位:万亩

年份	种子包衣机械化技术	机械收割面积(万亩)					机械打捆面积	机械化秸秆还田面积
		小麦	玉米	马铃薯	葵花	牧草		
1988	0	1. 07	0	0	0	0	0	0
1989	0	1. 17	0	0	0	0	0	0
1990	0	5. 52	0	0	0	0	0	0
1991	0	4. 40	0	0	0	0	0	0
1992	0	5. 50	0	0	0	7. 53	0	0
1993	0	5. 50	0	0	0	0	0	0
1994	0	6. 50	0	0	0	0	0	0
1995	0	7. 80	0	0	0	0	0	0. 95
1996	0	8	0	0	0	0	0	0. 97
1997	0	10	0	0	0	5. 92	0	0. 61
1998	0	14	0	0	0	1. 90	0	0. 62
1999	0	16	0	0	0	1. 80	0	1. 10
2000	5. 10	9. 50	0	0	0	1. 80	0. 75	6. 20
2001	0	11. 50	0	0	0	0. 85	0	5. 50
2002	0	10. 40	0	1	0	0. 30	0. 30	5. 30
2003	0	10. 30	0	1. 30	0	0. 40	0	6. 20
2004	0	11. 60	0. 80	1. 80	0	2. 60	0	8. 50
2005	0	14. 70	1. 10	2. 70	0	0. 90	0	8. 80
2006	0	15. 50	1. 2	2. 50	0	3. 30	0	8. 90
2007	0	21. 50	2	2	0	5. 30	0	9
2008	0	14	6. 50	1	2	1. 20	0	14
2009	0	16	6. 60	1	2	1. 30	0	14. 10
2010	0	19. 50	10. 60	1. 30	4. 30	4. 70	0	15
2011	0	20. 10	11. 213. 70	1	4. 30	4. 80	0. 54	15. 20
2012	0	20. 50	13. 70	0. 45	4. 10	4. 90	0. 68	16. 30

四、农牧业机械补贴

2005 年前,乌拉特中旗没有农牧业机械补贴。2005 年,乌拉特中旗争取到上级财政农机购置补贴资金 12 万元,补贴机具 88 台套,主要有:青饲玉米联合收获机械、播种机械、饲草料加工机械等。同年,旗财政拨款 18 万元,对农户购置的 6 台(每台 3 万元)青饲玉米联合收获机械进行累加补贴。石哈河镇人民政府拨款 2. 26 万元,给 20 户青贮养殖大户进行购机补贴,农机户无偿享受揉草粉碎机1台。同年,在旗财政十分困难的情况下,拨款2万元用于农机购置补贴专项工作经费,确保专款专用及农机工作的顺利开展。

2007年,乌拉特中旗争取到上级财政农机购置补贴资金150.38万元,其中中央、内蒙古自治区专项资金100万元,旗财政配套资金35万元,苏木(镇)财政投入资金15.38万元。补贴各类机具65台,其中动力机械41台,耕地整地机械10台,播种机械14台,玉米联合收获机械3台,受益农牧户58户。

2010年,乌拉特中旗争取到各级财政农机购置补贴资金1453万元,其中中央财政农机购置补贴资金950万元,内蒙古自治区财政农机补贴资金338万元,巴彦淖尔市财政配套累加补贴资金63.5万元,旗财政配套累加补贴资金101.5万元。补贴购置各类农机具3969台,带动农民投资2657.7万元(总投资4110.7万元),受益农牧户2241户,其中大中型拖拉机137台,25马力以下皮带四轮553台,耕整地机械203台,农田基本建设机械36台,排灌机械58台,设施农业设备1342台,收获机械15台,种植施肥机械903台。

2012年,乌拉特中旗争取到中央财政农机购置补贴资金1055万元,内蒙古自治区财政农机购置补贴资金190万元。补贴购置各类农机具1238台(套),受益农牧户849户。特别是加大对牧民购置畜牧业机械的政策扶持,牧区牧民购机367台,受益户数337台,使用各级财政补贴资金348.75万元。农机购置补贴政策极大提高全旗的农机化装备水平。

第三节　综合管理

一、技术培训

2000年,旗农机管理站开始举办业务培训。同年,旗农机管理站举办拖拉机驾驶员培训班9期、各类现场会34次,培训各类农机人员1910人次,其中农机操作人员312人次;发放技术资料1820余份。

2002年,全旗完成农机驾驶员培训263人次、农牧民培训2300余人次,发放培训教材、宣传资料2000余份。

2005年,旗农机管理站通过集中办班、现场指导、科普宣传周、科技下乡等不同形式,有针对性地解决农民在生产中出现的问题,传授和普及农机科技知识,提高农民素质。全年举办青饲玉米收获、饲草料加工收获机械等专业技术培训班、现场会、演示会等10余期,培训农机技术人员1500余人次。

2007年,旗农牧机管理部门按照农牧业生产环节,适时进行农牧业机械技术培训工作。举办各类培训班、现场会8次,培训农牧民1200余人次,发放技术资料2000余份。

2010年,旗农牧机管理部门采用广播、电视,报纸等形式开展宣传教育活动,利用农牧机械生产空闲时间,组织农牧民机手学习农牧业机械操作、维修常识和农机安全知识,培训农机技术人员988人次,发放宣传资料1300份。

2012年,旗农牧机管理部门按照《内蒙古自治区2012年农牧业机械化教育培训大行动》的总体要求,加强组织领导,认真开展农机培训工作。培训农机人员2150人次,其中农机管理人员21人次、农机技术人员215人次、农机操作人员1914人次。

二、质量监督投诉

2000年，旗农机质量监督部门投诉站为更好地开展农机产品质量整顿和打假查劣工作，通过技术培训，对取得资格证的单位和个人，开始核发农业机械销售、维修技术合格证42份。

2002年，旗农机质量监督部门、投诉站在农机市场调查中，查出无产品标识配件27件，货值3150元。同年，对从业人员进行培训，发放宣传资料80余份。全旗农机维修、销售网点发证率83%，人员资格证发证率72%。

2007年，旗农牧机部门加大农牧机生产、流通领域的整顿和规范力度。对农牧机销售、维修网点进行资格认证和验收。全旗农牧机经营、维修网点90个，发验证率85%；从事经销、维修、加工的农机人员158人，培训发证率74%。同年，查处假冒伪劣农机产品12批次，维护农民合法权益。

2012年，全旗发放《内蒙古自治区农牧业机械化促进条例》《农业机械维修管理规定》《农业机械质量投诉工作管理办法》等各种宣传资料3000余份。受理农机质量案件2起，结案2起，为农牧民挽回经济损失2.12万元。

第四章　农牧业开发与产业化

第一节　机　构

1992 年,乌拉特中旗农业开发办公室成立,正科级建制,事业编制,隶属旗财政局管理。

2002 年,旗农业开发办公室内设机构 4 个:综合股、项目工程股、计划财务股、产业股。核定人员编制 13 名,实有在岗人员 18 人(其中专业技术人员 8 人),其中领导职数 4 人,一正三副。

2012 年,旗农业开发办公室内设机构 5 个:综合股、计划财务股、项目工程股、项目监审股、产业股。核定事业编制 13 名,实有在职人员 16 人(其中高级技师 1 人,中级工程师 4 人,助理工程师 2 人),核定科级领导职数 4 人,一正三副。

第二节　农牧业土地改造开发

一、第二期农业开发项目(1992—1994 年)

1992—1994 年,乌拉特中旗德岭山乡、石兰计乡、乌加河镇、乌梁素太乡、宏丰乡相继列入国家第二期农业开发项目,实施项目 64769 亩。项目总投资 1648 万元,其中中央投资 610. 5 万元,内蒙古自治区、巴彦淖尔盟投资 253. 8 万元,旗财政配套 300. 7 万元,农行贷款 249 万元,群众集资 234 万元。

1992—1994 年,共完成农业综合开发治理面积 64769 亩,其中开垦宜农荒地 38100 亩,改造中低产田 26669 亩。项目主要建设任务为:架设高低压线路 252. 17 千米,安装变压器 92 台,打配机电井 232 眼,安装井泵 237 台套,灌排水渠系 494. 88 千米,垄道衬砌 38. 21 千米,修筑建筑物 683 座,改良土壤 5. 93 万亩,修建农田路 429. 46 千米,完成农田防护林 2800 亩。

项目完成后,经上级有关部门测算,项目区粮食总产量增加 876. 96 万千克,经济作物总产量增加 2920. 68 万千克,新增农业总产值 920. 92 万元,项目区农民纯收入增加 460 元。

二、第三期农业开发项目(1995—1997 年)

1995—1997 年,乌拉特中旗实施国家第三期农业综合开发项目土地治理开发任务,改造中低产田 6 万亩,开荒 1. 5 万亩,造林 0. 38 万亩。实施地点为:楚鲁图乡、德岭山乡、呼勒斯太苏木、乌加河镇、宏丰乡、石兰计乡。项目总投资 1743. 8 万元,其中:中央财政 591 万元,内蒙古自治区财政 265 万元,巴彦淖尔盟财政配套 89. 7 万元,旗财政配套 118. 1 万元,农行贷款 85 万元,自筹资金 595 万元。

1995—1997 年,共改造中低产田 6 万亩,开垦宜农荒地 1. 5 万亩,营造防护林 3800 亩,打机电井 238 眼,配套旧井 19 眼,配泵 257 台,建出水池 247 座,衬砌垄道 26. 85 千米,架设高低压线路 87. 76 千米,安装变压器 63 台,修建各类建筑物 923 座,开挖修筑沟渠 485. 69 千米,修建农田路 493. 86 千米,改良土壤 7. 5 万亩。

项目完成后,经上级有关部门测算,项目区粮食总产量增加 1400 万千克,经济作物总产量增加

1820 万千克，新增农业总产值 2510.66 万元，项目区农民纯收入增加 730 元。

三、第四期农业开发项目（1998—2000 年）

1998—2000 年，乌拉特中旗实施国家第四期农业综合开发项目土地治理开发任务，改造中低产田 6.9 万亩，造林 0.52 万亩，多种经营项目 6 项，项目实施地点分别为海流图镇、乌加河镇、德岭山镇、宏丰乡、石兰计乡、双盛美乡、部北乡。项目总投资 2206 万元，其中：中央财政 797 万元，内蒙古自治区财政 216.5 万元，巴彦淖尔盟财政配套 74 万元，旗财政配套 322 万元，自筹资金 796.5 万元。

1998—2000 年，共改造中低产田 6.9 万亩，营造防护林 5200 亩，打配机电井 220 眼，修复配套旧井 132 眼，衬砌垄道 46.8 千米，架设高低压线路 57.45 千米，修建各类建筑物 196 座，开挖修筑沟渠 325.1 千米，修建农田路 493.86 千米，改良土壤 6.9 万亩，培训农民 1.5 万人次。

项目完成后，经上级有关部门测算，项目区粮食总产量增加 685 万千克，经济作物总产量增加 366.8 万千克，多种经营项目新增肉产量 24 万千克，蔬菜产量 80 万千克，新增农业总产值 2223.2 万元，项目区农民纯收入增加 376 元。

四、2001 年农业开发项目建设

2001 年，乌拉特中旗实施农业综合开发项目，前山改造中低产田项目 1.5 万亩，项目实施地点分别为石兰计乡、宏丰乡、石哈河镇。项目总投资 427 万元，其中，中央财政 194 万元，内蒙古自治区财政 47 万元，巴彦淖尔盟财政配套 21 万元，旗级财政配套 68 万元，自筹资金 97 万元。

2001 年，项目区营造防护林 1500 亩，衬砌垄道 10 千米，埋设节水管道 43.4 千米，打机电井 8 眼，架设高低压线路 3.5 千米，修建各类建筑物 124 座，开挖修筑沟渠 91.5 千米，修建农田路 55.8 千米，改良土壤 1.5 万亩，培训农民 2500 人次。

项目完成后，经上级有关部门测算，项目区粮食总产量增加 148 万千克，经济作物总产量增加 85 万千克，新增农业总产值 316 万元，项目区农民纯收入增加 375 元。

五、草原项目（2002—2004 年）

2002—2004 年，乌拉特中旗实施草原项目 8.01 万亩，项目实施地点为温更镇、川井苏木、同和太种畜场、乌兰苏木、新忽热苏木、巴音哈太苏木、呼勒斯太苏木、乌加河镇、德岭山镇。其中饲草料基地建设 0.82 万亩，人工草地建设 1.84 万亩，天然草场改良 2.19 万亩，草地划区轮牧建设 3.16 万亩。项目总投资为 1541 万元，其中：中央财政 732 万元，内蒙古自治区财政 196 万元，巴彦淖尔盟财政配套 61 万元，旗财政配套 138 万元，群众自筹资金 414 万元。

2002—2004 年，共实施草原项目 8.01 万亩，新打机电井 76 眼，网围栏 186 千米，架设输变电线路 11 千米，衬砌渠道 17.9 千米，新修建筑物 198 座，安装低压节水管道 89 千米，种植防护林 2600 亩，配套柴油机械 34 台套，耕翻及打堰 3.09 万亩，修建牧道 51 千米。

项目完成后，经上级有关部门测算，项目区饲草地年新增产青干草 1225.7 万千克以上，精饲料 472.5 万千克，青贮饲料 1250 万千克。人工改良草场亩增加青干草 100 千克，草地覆盖度 70% 以上。划区轮牧亩增加牧草产量 10～20 千克，草群盖度增加 10%～25%，繁殖成活率提高 25% 左右。新增牲畜商品率 5%，减少牲畜死亡率 4%，新增肉 59.15 万千克，毛 5.65 万千克，绒 6903 千克，皮 7.26 万张，可新增产值 1894.27 万元，新增利税 704.41 万元，农牧民收入总额增加 4600.47 万元，项目区牧民人均纯收入增加 330 元。

六、中低产田改造经营项目(2005—2007 年)

2005—2007 年,乌拉特中旗实施中低产田改造经营项目,项目建设任务为中低产田改造 4.1 万亩,项目实施地点为乌加河镇、德岭山镇、乌梁素太乡二大队。项目总投资 1915 万元,其中:中央财政资金 1012 万元,内蒙古自治区财政资金 322 万元,巴彦淖尔市财政配套资金 35 万元,旗财政配套资金 46 万元,群众筹资投劳 500 万元。

项目主要建设内容为:打配机电井 51 眼,埋设低压输水管道 108 千米,衬砌渠道 14.4 千米,开挖疏浚渠道 83 千米,修筑桥、闸等建筑物 1018 座,修筑农田路 99 千米,配套高低压线路 1.25 千米,安装 100 千伏安变压器 2 台,植造农田防护林 2580 亩。改良土壤 4.1 万亩,农业培训农民 5000 人次。

项目区建成后,新增节水灌溉面积 4.1 万亩,增产粮食 429.39 万千克,油料 84.15 万千克,糖料 12.75 万千克,年新增农业总产值 1062.7 万元,农民纯收入总额增加 425.27 万元,项目区农民纯收入增加 660 元。

七、中低产田改造项目(2008—2012 年)

2008—2012 年,乌拉特中旗实施国家批准的河套灌区 500 万亩中低产田项目改造,抓住机遇,积极争取项目,着力改善农田基础设施建设,提高土地综合生产能力,农业开发项目投资及实施范围大幅度增加,累计投入中低产田改造项目资金 1.892 亿元,其中:中央财政资金 7668 万元,内蒙古自治区配套资金 6380 万元,巴彦淖尔市配套资金 1361 万元,旗财政配套资金 696 万元,群众自筹资金 2815 万元;改造中低产田 23 万亩,争取并实施肉羊养殖化项目 8 个,总投资 514 万元;争取林业生态等部门项目 2 个,总投资 590 万元。

(一)2008 年实施项目

2008 年,乌拉特中旗实施中低产田改造 4 万亩,总投资 2500 万元,其中:中央财政资金 1197 万元,内蒙古自治区配套资金 477 万元,巴彦淖尔市配套资金 132 万元,旗财政配套资金 134 万元,群众自筹资金 560 万元。

项目分 3 片实施,其中乌加河镇宏伟项目区 1.8 万亩,德岭山镇大圣项目区 1.2 万亩,苏独仑项目区 1 万亩。主要建设内容为新打、维修机电井 23 眼,架设高低压线 4.5 千米,开挖疏浚渠道 130 千米,衬砌渠道 27.76 千米,安装并埋设直径 160 毫米塑料低压管道 70 千米,建各类渠系建筑物 930 座,平整土地改良土壤 4 万亩,修机耕路 68 千米,植树 20.5 万株,科技示范推广 1.7 万亩。

项目区建成后,新增节水灌溉面积 4 万亩,增产粮食 465.6 万千克,油料 91.2 万千克,糖料 14 万千克,年新增农业总产值 1151.96 万元,农民纯收入总额增加 460.84 万元,项目区农民纯收入增加 860 元。

(二)2009 年实施项目

2009 年,乌拉特中旗实施中低产田改造项目 4 万亩,项目总投资 2995 万元,其中:中央财政资金 1195 万元,内蒙古自治区配套资金 742 万元,巴彦淖尔市配套资金 204 万元,旗财政配套资金 214 万元,群众自筹资金 640 万元。

项目在乌加河镇宏伟村、联丰奋斗村和德岭山镇红旗村、苏独仑嘎查分四片实施,每片分别实施 1 万亩,主要建设内容有:打配机电井 24 眼,安装埋设节水管道 44 千米,开挖疏浚渠道 167.8 千米,衬砌渠道 26.44 千米,建各类渠系建筑物 1088 座,修筑机耕路 150 千米,平整土地改良土壤 4 万亩，动用总土方139.95万立方米，其中清理田间积土75.1万立方米；植树16万株；科技示范推广2.66万亩。

项目建成后，新增节水灌溉面积4万亩，增产粮食465.6万千克，增产油料91.2万千克，糖料14万千克，蔬菜76万千克，农业总产值增加1151.96万元，项目区农民纯收入增加870元。

（三）2010年实施项目

2010年，乌拉特中旗实施的中低产田改造项目为5万亩，总投资4490万元，其中：中央财政1482万元，内蒙古自治区财政配套1308万元，巴彦淖尔市财政配套342万元；旗财政配套348万元，群众自筹资金1010万元。

项目分4片实施，其中乌加河镇宏丰村1.7万亩，双荣村1万亩；德岭山镇乌镇村1.3万亩，胜利村1万亩。主要建设内容：建排灌站1座，新打机电井56眼，埋设低压节水管道111千米，开挖疏浚渠道196.6千米，衬砌渠道35.57千米，建各类渠系建筑物2263座，修筑机耕路215.4千米，完成土方132.68万立方米，造林22万株，科技示范推广2.21万亩。

项目建成后，4万亩项目区农田实现渠、沟、管道、路、林、田、桥涵口闸全面配套，项目区农业基础设施全面加强，农业生产条件明显改善，新增节水灌溉面积4万亩，新增粮食370万千克，其他农产品300万千克，新增种植业总产值1348万元，项目区农民纯收入增加980元。

（四）2011年实施项目

2011年，乌拉特中旗实施的中低产田改造项目5万亩，总投资4470万元，其中：中央财政资金1897万元，内蒙古自治区配套资金1925万元，地方配套资金343万元，自筹资金305万元。

项目分4片实施，其中乌加河红光胜利村1.5万亩，联丰奋斗村1万亩，德岭山镇红旗村1.5万亩，苏独仑嘎查1万亩。项目主要建设内容是：配套输变电线路0.1千米，打配机电井62眼，埋设节水管道100千米，开挖疏浚渠道135.95千米，衬砌渠道33.3千米，修筑建筑物986座，开挖整理树沟97千米，营造农田防护林0.2万亩、造林20万株，修筑机耕路141千米，道路铺砂60千米，清理田间积土43万立方米，平整土地改良土壤5万亩，科技示范推广1.41万亩。

项目建成后，新增节水灌溉面积5万亩，新增粮食460万千克，其他农产品380万千克，新增种植业总产值1686万元，项目区农民人均纯收入增加980元。

（五）2012年实施项目

2012年，乌拉特中旗计划实施中低产田改造项目5万亩，项目涉及乌加河镇、德岭山镇2个镇，项目总投资4465万元，其中：中央财政资金1897万元，内蒙古自治区配套资金1928万元，巴彦淖尔市财政配套资金340万元，自筹资金300万元。

项目分4片实施，其中乌加河镇宏伟村1万亩，红光胜利村1.3万亩，德岭山镇乌镇村1.5万亩，兴丰村1.2万亩。项目总投资4465万元。项目计划打配机电井40眼，输变电线路配套0.8千米，安装变压器4台，埋设节水管道79千米，衬砌22.6千米，修建建筑物735座，开挖疏浚渠道58千米，修筑机耕路108千米，开挖树沟86千米，营造农田防护林1700亩，科技示范推广8500亩。

项目建成后，新增节水灌溉面积5万亩，项目区新增粮食461万千克，新增油料80万千克，蔬菜200万千克。新增种植业总产值1686万元，直接受益农民7000人，农民纯收入增加1300元。

第三节　农牧业产业化

一、2005—2007 年产业化经营项目

2005 年,全旗农业土地产业化经营项目总投资 240 万元,其中:中央财政资金 100 万元(含无偿资金 25 万元),内蒙古自治区财政有偿资金 32 万元。项目为肉羊养殖基地建设项目,分别在原乌梁素太乡、宏丰乡、石兰计乡实施。巴彦淖尔市财政配套有偿资金 8 万元,群众自筹资金 100 万元。主要建设内容是:建成标准化棚圈 10000 平方米、青贮窖 5000 立方米、购优质种羊 500 只,配套设备 6 台(套)。同年,完成计划任务的 100%。

2006 年,全旗农业土地产业化经营项目总投资 240 万元,其中:中央财政资金 100 万元(含无偿资金 25 万元),内蒙古自治区配套资金 32 万元,旗财政配套资金 8 万元,群众自筹资金 100 万元。项目在乌加河镇、德岭山镇实施。主要建设内容:标准化棚圈 2 万平方米、青贮窖 1 万立方米、购优质种羊 600 只、购饲草加工机械 7 台(套),养羊 1 万余只。

2007 年,全旗农业土地产业化经营项目总投资 385 万元,其中:中央 150 万元(含无偿资金 37 万元),内蒙古自治区配套资金 48 万元,旗财政配套 12 万元,群众自筹资金 175 万元。项目分别在乌加河镇和德岭山镇实施,配合新农村建设和巴彦淖尔肉羊项目进行投资扩建 1 万只优质肉羊养殖基地。主要建设内容:建标准化棚圈 1 万平方米,青贮窖 5000 立方米,购德美纯种繁殖母羊 400 只,购饲草加工设备 12 台套。

二、2008—2012 年产业化经营项目

2009 年,乌拉特中旗争取到"阿都沁"种养殖农民专业合作社肉羊养殖基地建设项目,总投资 110 万元, 其中:财政资金 42 万元,自筹资金 68 万元。项目建成后年出栏肉羊 3000 只,新增产值 119. 5 万元。项目主要建设任务为:购种公羊 20 只,种母羊 550 只,建标准化圈舍 2100 平方米,建青贮窖 450 立方米,规模化养羊 1300 只。项目的实施可以带动 110 户农民养殖肉羊,按每只羊收益 80 元,每户养殖 30 只来算,110 个农户可户均收入 2400 元,该项目建成后经济效益较高,可明显提高农牧民收入。

2010 年,乌拉特中旗实施产业化项目 2 项:(1)内蒙古自治区巴彦淖尔市乌拉特中旗 2000 只巴美肉羊养殖基地扩建项目,项目建设单位为乌拉特中旗刘明新雅养殖农民专业合作社,项目总投资 109 万元,其中财政资金 42 万元(中央财政资金 30 万元,内蒙古自治区配套 10 万元,巴彦淖尔市财政配套资金 1 万元,旗财政配套资金 1 万元),自筹资金 67 万元。项目建成后,年出栏肉羊 3000 只,年增加羊肉 6 万千克,年新增总产值 199. 5 万元,年新增净利润 25. 84 万元,固定资产形成总额 61 万元,年直接受益农户 80 户,受益农民年收入增加额 25. 84 万元。(2)供销合作社 2000 万千克农产品市场扩建项目,项目建设单位为乌拉特中旗农畜产品专业营销合作社,项目总投资 440 万元,其中财政资金 42 万元(中央财政资金 30 万元,内蒙古自治区配套 10 万元,旗财政配套资金 2 万元),自筹资金 398 万元。

2012 年,乌拉特中旗实施产业化经营财政补助项目 4 个:乌加河镇联丰奋斗村富世通农贸专业合作社、德岭山镇乌镇村顺泰养殖专业合作社、塔日亚沁农民专业合作社、德岭山镇大圣村利众养殖农民专业合作社。项目计划总投资 240 万元,其中中央财政补贴资金 80 万元,内蒙古自治区配套 28 万元,巴彦淖尔市财政配套 4 万元,自筹资金 128 万元。项目主要建设内容为新建标准化育

肥棚圈3340平方米，暖棚150平方米，购种公羊50只，购置饲草加工机械8台，饲草库230平方米。项目实施后，预计将新增销售收入1903万元，净利润222万元，合作社成员每户年收入增加1万元以上。同年，乌拉特中旗实施林业部门项目1个：乌加河双荣项目区林业生态示范项目。投资150万元。实施贷款贴息项目2个：分别为乌加河粮油贸易公司，贴息贷款38万元；宏丰粮油贸易公司，贴息贷款17万元。

三、产业化综合基地建设

（一）建设项目

2003年，乌拉特中旗推进农牧业产业化办公室成立后，努力掌握全旗农牧业产业化的基本情况，积极推进农牧业产业化发展，把肉业、饲草料加工作为农牧业产业化的重点，培育、壮大龙头企业，抓好基地建设。

2005年，全旗农牧产业无论从数量还是规模档次、质量效益、科技含量以及占国民经济的比重上，都有一个较大的提高，基本形成旗域经济以个体私营为主体的格局，对全旗经济发展起到重要作用。同年，乌拉特中旗根据全旗区域特点，按照布局区域化、生产规模化、管理规模化、管理集约化的要求，已稳定建设小麦15万亩、葵花20万亩、马铃薯5万亩、番茄2万亩、玉米（饲草）30万亩、肉羊60万只、蔬菜1.5万亩的7个生产基地。

2008年，乌拉特中旗通过大力开展招商引资活动，成功引进佳和番茄厂，项目总投资8000万元，建设日处理1000吨原料生产线1条，年加工番茄酱5000吨，该项目可带动当地种植番茄1万亩，农牧民人均增收200元，不仅解决当地农民番茄售卖难问题，同时也带动当地相关服务业的发展。

2009年，乌拉特中旗农牧产业通过土地租赁形式，与龙头企业协作，在灌区流转土地5740亩，建成高标准番茄示范基地2处，建有规模以上农畜产品加工企业14家，其中粮食加工企业7家，肉类加工企业3家，番茄加工企业1家，农畜产品流通企业1家。至年底，全旗产值500万元以上农畜产品加工龙头企业14家，其中面粉加工企业5家、肉类加工企业3家、番茄加工企业1家、白酒生产企业1家、有机食品加工企业1家、葵仁加工厂2家、农畜产品专业营销合作社1家。规模以上企业累计完成销售收入2.355亿元，有效地促进了农畜产品的加工转化增值，农牧业产业化基地建设快速发展。全旗已稳定形成100万只肉羊、10万亩葵花、40万亩玉米牧草、5万亩土豆、10万亩莜荞麦、20万亩优质小麦、2万亩番茄、1万亩蔬菜生产基地，引进中粮屯河番茄公司通过签订土地流转协议租赁土地5641亩，建成高标准番茄种植基地2处，促进番茄基地建设逐步由分散向适度规模经营转变。依托全旗及周边的农畜产品加工企业及协会作用，大力发展订单种植业，累计签订各类种植订单25万亩，其中番茄全部实现订单种植。

（二）结构特点

乌拉特中旗有着丰富的农畜产品资源，每年生产有大量小麦、玉米、山药、牲畜、毛、绒、皮、油葵、荞麦、莜麦、油菜籽等产品，并建设一批真正能够带动地方经济发展的产业化龙头企业，形成以德岭山乐丰油脂有限责任公司为龙头的“油龙”，以巴彦淖尔盟誉川有限公司为龙头的“淀粉龙”，以乌拉特中旗索伦肉类食品集团公司为龙头的“肉龙”，以维信绒毛纺织有限公司为龙头的“绒龙”，以乌加河粮油公司面粉加工厂为龙头的“粮食龙”，同时积极在全旗发展养殖业。

至2012年底，乌拉特中旗共有重点龙头企业9家，其中内蒙古自治区级龙头企业1家：内蒙古

第六章　林　业

第一节　机　构

一、行政管理机构

1988 年，乌拉特中旗设有林业局，内设机构 2 个：办公室、财务室；其中科级领导职数 3 人，一正二副。局属二级单位 8 个：林业工作站、林政资源管理站、森林病虫害防治检疫站、林业规划队、海流图林场、查石太林场、狼山森林经营所、海流图苗圃。

1992 年，旗林业局新设局属二级单位林业公安股。

1995 年，乌拉特中旗林业局与农业局合并，新设立乌拉特中旗农林局，内设机构 3 个：办公室、政工室、财务室，局机关实有干部职工 13 人，其中科级领导职数 4 人，一正三副。局属二级单位 15 个：农业经营管理站、农业技术推广中心、种子工作站、果树蔬菜指导站、原种繁殖场、内蒙古农业广播电视学校乌拉特中旗分校（以下简称“农广校”）、林业工作站、林政资源管理站、森林病虫害防治检疫站、林业规划队、林业公安股、海流图林场、查石太林场、狼山森林经营所、海流图苗圃。

1996 年，旗农林局二级单位公安股升格为乌拉特中旗林业公安分局，仍属旗农林局二级单位。

1999 年，旗林业公安分局更名为森林公安分局，隶属关系不变。

2002 年 4 月，乌拉特中旗农林局被撤销，单独设立旗林业局、旗农业局。同年，增设内蒙古乌拉特梭梭林—蒙古野驴国家级自然保护区乌拉特中旗管理站、种苗管理站，隶属旗林业局所管理。至年底，旗林业局内设机构 1 个：办公室，局机关核定行政编制 10 名、工勤编制 2 名，实有干部职工 16 人，其中科级领导职数 4 人，一正三副。局属二级单位 11 个：林业工作站、林政资源管理站、森林病虫害防治检疫站、林业规划队、森林公安分局、内蒙古乌拉特梭梭林—蒙古野驴国家级自然保护区乌拉特中旗管理站、种苗管理站、海流图林场、查石太林场、狼山森林经营所、海流图苗圃，实有干部职工 127 人。

2010 年，旗林业局内设机构 2 个：办公室、政工股；局机关核定行政编制 10 名、工勤编制 2 名，实有干部职工 24 人，其中科级领导职数 4 人，一正三副。同年，设公益林管理站，与林业工作站合署办公，一套人员，两块牌子。

2012 年底，旗林业局内设机构 2 个：办公室、政工股；局机关核定行政编制 12 名、工勤编制 2 名，实有干部职工 24 人，其中科级领导职数 4 人，一正三副。局属二级事业单位 11 个：林业工作站（公益林管理站）、林政资源管理站、森林病虫害防治检疫站、林业勘测设计队、森林公安分局、内蒙古乌拉特梭梭林—蒙古野驴国家级自然保护区乌拉特中旗管理站、种苗管理站、海流图林场、查石太林场、海流图苗圃、狼山森林经营所，核定事业编制 121 名、实有干部职工 122 人（其中科级干部 6 人，高级工程师 12 人，中级工程师 24 人，助理工程师 28 人）。

二、事业单位

（一）林业工作站（公益林管理站）

1988 年，乌拉特中旗设有林业工作站，股级建制、全额拨款事业单位，隶属旗林业局管理，内设机构4个：造林组、种苗组、果树组、财会后勤组；核定事业编制12名，实有工作人员29人，设站长1人、副站长2人。

1995年，乌拉特中旗林业局与农业局合并，新设乌拉特中旗农林局，林业工作站隶属旗农林局管理，内设机构与人员编制未发生变化。

2002年4月，乌拉特中旗农林局被撤销，单独设立旗农业局、旗林业局，林业工作站隶属旗林业局管理，内设机构3个：造林室、技术推广室、乡站建设督查室，核定事业编制12名，实有干部职工12人，设站长1人、副站长2人。

2006年，旗林业工作站增设基层站5个：乌加河林业工作站、德岭山林业工作站、川井林业工作站、石哈河林业工作站、巴音乌兰林业工作站。至年底，旗林业工作站内设机构3个：造林室、技术推广室、乡站建设督查室；核定事业编制12名，实有工作人员12人，设站长1人、副站长2人。下设基层工作站5个，核定事业编制25名，实有在职人员25人（其中高级职称1人、中级职称11人、初级职称12人）。

2010年，旗林业局增设公益林管理站，与林业工作站合署办公，一套人员，两块牌子。

2012年底，旗林业工作站（公益林管理站）内设机构4个：天保室、公益林室、造林技术推广室、乡站建设督查室；核定事业编制12名，实有工作人员12人，设站长1人、副站长2人。下设基层工作站5个，核定事业编制25名，实有在职人员25人。

（二）林政资源管理站

1988年，乌拉特中旗设有林政资源管理站，股级建制、全额拨款事业单位，隶属旗林业局管理，无内设机构，核定事业编制5名，实有工作人员6人，设站长1人、副站长2人。

1995年，乌拉特中旗林业局与农业局合并，新设乌拉特中旗农林局，林政资源管理站隶属旗农林局管理，内设机构与人员编制未发生变化。

2002年4月，乌拉特中旗农林局被撤销，单独设立旗农业局、旗林业局，林政资源管理站隶属旗林业局管理，核定事业编制5名，实有干部职工6人，设站长1人、副站长2人。

2012年底，旗林政资源管理站核定事业编制5名，实有工作人员6人（其中高级工程师1人、中级工程师3人、助理工程师2人），设站长1人、副站长2人。

（三）森林病虫害防治检疫站

1988年，乌拉特中旗设有森林病虫害防治检疫站，股级建制、全额拨款事业单位，隶属旗林业局管理，内设机构5个：财会室、防治组、测报组、检疫组、药剂药械组；核定事业编制10名，实有工作人员11人，设站长1人、副站长2人。

1995年，乌拉特中旗林业局与农业局合并，新设乌拉特中旗农林局，森林病虫害防治检疫站隶属旗农林局管理，内设机构与人员编制未发生变化。

1997年，旗森林病虫害防治检疫站核定事业编制10名，实有干部职工12人，设站长1人、副站长2人。

2002年4月，乌拉特中旗农林局被撤销，单独设立旗农业局、旗林业局，森林病虫害防治检疫站隶属旗林业局管理，内设机构5个：办公室、防治组、检疫组、测报组、药剂药械组；核定事业编制10名，实有干部职工12人，设站长1人、副站长2人。

2012年底，旗森林病虫害防治检疫站内设机构5个：办公室、防治组、检疫组、测报组、药剂药械组；核定事业编制10名，实有在职职工12人（其中高级工程师3人、工程师7人、助理工程师1人、高级技师 1 人），设站长 1 人、副站长 2 人。

（四）林业勘测设计队

1988 年，乌拉特中旗设有勘测设计队，国家林业规划设计丙级资质单位，股级建制、全额拨款事业单位，隶属旗林业局管理，无内设机构，核定事业编制 11 名，实有在职职工 9 人，设队长 1 人、副队长 2 人。

1995 年，乌拉特中旗林业局与农业局合并，新设乌拉特中旗农林局，勘测设计队隶属旗农林局管理，内设机构与人员编制未发生变化。

1999 年，旗勘测设计队核定事业编制 11 名，实有在职职工 8 人（其中高级职称 2 人，中级职称 2 人，初级职称 4 人），设队长 1 人、副队长 2 人。

2002 年，乌拉特中旗农林局被撤销，单独设立旗农业局、旗林业局，勘测设计队隶属旗林业局管理，核定事业编制 11 名，实有干部职工 9 人，设队长 1 人、副队长 2 人。

2012 年底，旗森林病虫害防治检疫站核定事业编制 11 名，实有在职职工 10 人，设队长 1 人、副队长 2 人。

（五）森林公安分局

1992 年 8 月 24 日，乌拉特中旗林业公安股成立，股级建制、全额拨款事业单位，实行由林业局、公安局双重领导，以林业局领导为主的体制；核定事业编制 6 名，设股长 1 人。

林业公安股实行由旗农林局、公安局双重领导，以旗农林局领导为主的体制，设股长 1 人、副股长 1 人。

1996 年 8 月，乌拉特中旗林业公安股更名为乌拉特中旗公安局林业公安分局，隶属关系未发生变化。

1998 年 12 月，乌拉特中旗公安局林业公安分局海流图林场派出所成立。

1999 年 4 月 16 日，乌拉特中旗林业公安分局更名为乌拉特中旗森林公安分局。12 月 7 日，乌拉特中旗森林公安分局第一派出所成立（设在川井苏木）。

2000 年 9 月 20 日，乌拉特中旗森林公安分局设立督查队、法制室、刑侦队。

2002 年 2 月，乌拉特中旗森林公安分局设立政工文秘室、法制室、装备后勤室、资源保卫室。4 月，乌拉特中旗农林局被撤销，单独设立旗农业局、旗林业局，旗森林公安分局实行由旗林业局、公安局双重领导，以旗林业局领导为主的体制。同年 10 月 23 日，乌拉特中旗森林公安分局组建基层派出所 4 个：第一派出所设在川井苏木，警力 6 人；第二派出所设在海流图林场，警力 6 人；第三派出所设在宏丰乡，警力 8 人；第四派出所设在石哈河镇，警力 6 人。

2004 年 3 月 22 日，乌拉特中旗森林公安分局第一派出所更名为巴音杭盖派出所；第二派出所更名为海流图派出所；第三派出所更名乌梁素太派出所；第四派出所更名为石哈河派出所。

2010 年 3 月 15 日，乌拉特中旗森林公安分局内设机构 4 个：政工股、文秘装备股、法制股、森保治安中队；另设执法职能股 1 个、刑侦中队 1 个、基层派出所 5 个（乌拉特中旗森林公安分局海流图派出所、石哈河派出所、乌梁素太派出所、巴音杭盖派出所、梭梭林自然保护区派出所）。核定政法专项编制 40 名，其中局长、政委各 1 人（副科级）。局机关核定政法编制 12 名；5 个派出所核定政法编制 28 名，分别为海流图派出所 6 人、巴音杭盖派出所 5 人、石哈河派出所 6 人、乌梁素太派出所 6 人、梭梭林自然保护区派出所 5 人。

2012 年底，旗森林公安分局内设机构 5 个：政工股、法制股、装备文秘股、森保治安中队、刑侦队；下设基层派出所 5 个：海流图派出所、乌梁素太、石哈河派出所、巴音杭盖派出所、梭梭林自然保护区派出所；全局核定事业编制 40 名，实有在职民警 48 人（其中正式民警 32 人、辅警 16 人），其中领导职数 2 人（局长 1 人、政委 1 人）。

（六）林业种苗管理站

2002 年 10 月 21 日，乌拉特中旗林业种苗管理站成立，股级建制，全额拨款事业单位，隶属旗林业局管理，内设机构 3 个：业务室、行政执法室、种苗质量检验室；核定事业编制 7 名，实有在职职工 3 人、设站长 1 人。

2007 年，旗林业种苗管理站内设机构 3 个：业务室、行政执法室、检验检疫室；核定事业编制 7 名，实有在职职工 4 人，设站长 1 人、副站长 1 人。

2012 年底，旗林业种苗管理站内设机构 3 个：业务室、行政执法室、检验检疫室；核定事业编制 7 名，实有在职职工 6 人，设站长 1 人、副站长 2 人。

（七）海流图林场

1988 年，乌拉特中旗设有海流图林场，股级建制、差额补贴的生态公益性单位，隶属旗林业局管理，核定事业编制 60 名，实有在职职工 60 人，设场长 1 人、副场长 2 人。

1995 年，乌拉特中旗林业局与农业局合并，新设乌拉特中旗农林局，海流图林场隶属旗农林局管理，人员编制未发生变化。

2002 年 4 月，乌拉特中旗农林局被撤销，单独设立旗农业局、旗林业局，海流图林场隶属旗林业局管理，核定事业编制 24 名，实有干部职工 24 人，设场长 1 人、副场长 1 人。

2011 年，海流图林场核定事业编制 20 名，实有干部职工 20 人，设场长 1 人、副场长 1 人。

2012 年，海流图林场核定事业编制 19 名，实有干部职工 19 人，设场长 1 人、副场长 1 人。

（八）查石太林场

1988 年，乌拉特中旗设有查石太林场，股级建制、差额补贴事业单位，隶属旗林业局管理，内设机构 2 个：财务室、生产组；核定差额事业编制 10 名，实有在职职工 10 人，设场长 1 人、副场长 1 人。

1995 年，乌拉特中旗林业局与农业局合并，新设乌拉特中旗农林局，查石太林场隶属旗农林局管理，内设机构与人员编制未发生变化。

2002 年 4 月，乌拉特中旗农林局被撤销，单独设立旗农业局、旗林业局，查石太林场隶属旗林业局管理。

2003 年，查石太林场内设机构 2 个：森林管护队、森林防火队；核定事业编制 5 名，实有在职职工 6 人，设场长 1 人、副场长 1 人。

2004 年，查石太林场内设机构无变化、核定事业编制 5 名，实有干部职工 6 人，设场长 1 人、副场长 2 人。

2012 年底，查石太林场内设机构 2 个：森林管护队、森林防火队；核定差额事业编制 5 名，实有干部职工 6 人，设场长 1 人、副场长 2 人。

（九）海流图苗圃

1988 年，乌拉特中旗设有海流图苗圃，差额补贴自收自支事业单位，隶属旗林业局管理，实有在职职工 44 人。

1995 年,乌拉特中旗林业局与农业局合并,新设乌拉特中旗农林局,海流图苗圃隶属旗农林局管理,实有在职职工 31 人,设主任 1 人。

2002 年 4 月,乌拉特中旗农林局被撤销,单独设立旗农业局、旗林业局,海流图苗圃隶属旗林业局管理。实有在职职工 26 人,设主任 1 人。

2003 年,海流图苗圃实有在职职工 26 人,设主任 1 人、副主任 1 人。

2004 年,海流图苗圃实有干部职工 22 人,设主任 1 人、副主任 1 人。

2010 年,海流图苗圃实有干部职工 21 人,设主任 1 人、副主任 1 人。

2012 年底,海流图苗圃实有干部职工 20 人,设主任 1 人、副主任 1 人。

(十)狼山森林经营所

1988 年,乌拉特中旗设有狼山森林经营所,股级建制、差额补贴事业单位,隶属旗林业局管理,内设机构 4 个:办公室、财务室、生产组、护林队;差额事业编制 10 名,实有在职职工 10 人,设所长 1 人、副所长 1 人。

1995 年,乌拉特中旗林业局与农业局合并,新设乌拉特中旗农林局,狼山森林经营所隶属旗农林局管理,内设机构与人员编制无变化。

2002 年 4 月,乌拉特中旗农林局被撤销,单独设立旗农业局、旗林业局,狼山森林经营所隶属旗林业局管理。

2003 年,狼山森林经营所内设机构 4 个:办公室、财务室、生产组、护林队;核定差额事业编制 5 名,实有在职职工 5 人,设所长 1 人、副所长 1 人。

2004—2011 年,狼山森林经营所内设机构与编制无变化,差额编制 5 名,所长 1 人、副所长 1 人。

2012 年底,狼山森林经营所内设机构 4 个:办公室、财务室、生产组、护林队;核定差额事业编制 5 名,实有干部职工 6 人,设所长 1 人。

第二节　林业区划与资源清查

一、林业区划

根据《乌拉特中旗林地保护利用规划(2010—2020 年)》,按照林地功能分区标准,乌拉特中旗划分为三大区域:乌兰察布高原北部荒漠草原封禁保护区、阴山北麓防风固沙水土保持林区、河套平原农田防护工业原料林区。

(一)乌兰察布高原北部荒漠草原封禁保护区

乌兰察布高原北部荒漠草原封禁保护区位于乌拉特中旗北部,范围为川井苏木、巴音乌兰苏木和乌拉特梭梭—蒙古野驴自然保护区,土地总面积 130 万公顷,林地面积 47. 3 万公顷,占面积的 36. 38% 。

(二)阴山北麓防风固沙水土保持林区

阴山北麓防风固沙水土保持林区位于乌拉特中旗中部,范围包括海流图镇、石哈河镇、呼勒斯太苏木、新忽热苏木、叉枝圆柏自然保护区、同和太种畜场,土地总面积 87. 4 万公顷,林地面积 30. 4 万公顷,占总面积的 34. 78% 。

（三）河套平原农田防护工业原料林区

河套平原农田防护工业原料林区位于乌拉特中旗南部，范围包括乌加河镇、德岭山镇、乌北林场、牧羊海牧场，土地总面积13.4万公顷，林地面积0.9万公顷，占总面积的6.71%。

二、森林资源清查

2004年，乌拉特中旗农林局完成全旗森林资源清查工作，林业用地总面积1087.5万亩。

全旗林业用地面积按地类权属划分为：有林地11.3万亩，占全旗林业用地总面积的1.04%；疏林地7.3万亩，占全旗林业用地总面积的0.7%；灌木林地379.5万亩，占全旗林业用地总面积的34.89%；未成林地67.4万亩，占全旗林业用地总面积的6.2%；宜林地621.6万亩，占全旗林业用地总面积的57.6%；苗圃地0.4万亩。

全旗林业用地面积按天然林与人工林属性划分为：天然林135.4万亩，占全旗林业用地总面积的12.5%，集中分布在狼山、查石太山地和北部牧区及中蒙边境一线；人工林7.33万亩，占全旗林业用地总面积的0.67%，主要分布在灌区、山旱区。

2012年，全旗活立木总蓄积量为1329538立方米，森林覆盖率9.7%。

第三节 营林生产

一、采种育苗

1988—2012年，乌拉特中旗累计采收各类林木种子68590千克，新育苗面积为5749亩，全旗造林绿化累计使用各类苗木2892.63万株。

1988—2012年乌拉特中旗采收种子与育苗情况统计表

表19－21

年份	采收种子（千克）	育苗面积（亩）	使用苗木（万株）	年份	采收种子（千克）	育苗面积（亩）	使用苗木（万株）
1988	100	75	0.50	2001	200	240	1.05
1989	80	70	0.45	2002	210	270	1.20
1990	150	90	0.60	2003	5250	850	1540.80
1991	160	90	0.55	2004	7900	406	620.50
1992	150	100	0.45	2005	7900	433	318
1993	180	115	0.52	2006	7750	322	41
1994	110	104	0.65	2007	5500	269	8.65
1995	120	80	0.60	2008	5500	263	74.60
1996	130	95	0.56	2009	5500	315	39
1997	160	100	0.50	2010	5500	308	39
1998	140	110	0.45	2011	5500	404	70
1999	200	120	0.80	2012	10000	300	131
2000	200	220	1.20	合计	68590	5749	2892.63

二、育苗工程建设

2000年后，随着国家西部大开发的实施，生态建设已是政府的工作重点，乌拉特中旗为确保造林绿化工作的顺利实施，争取实施的种苗工程有：(1)海流图林场柠条采种基地建设，于2000年批准立项，2002年建设完成，建设规模1万亩。(2)海流图苗圃改扩建工程，于2000年批准立项，2002年建设完成。(3)乌拉特中旗南沙苗圃建设工程，于2005年批准立项建设，2007年完成建设任务。(4)乌拉特中旗叉枝圆柏林木良种基地建设项目，于2011年批准立项建设至2012年，此4项种苗工程运行良好，为乌拉特中旗生态建设工程的顺利实施发挥积极作用。

三、优良品种引种与培育

1988—2012年，乌拉特中旗为改变旗境内树种单一的现状，先后引进文冠果、紫穗槐、河北杨、山桃、国槐、樟子松、云杉、美国四翅滨藜、银水牛果、北美稠李、鞑靼忍冬、西部沙樱、红瑞木、火炬树白蜡等品种。通过引种栽植试验，极大改善全旗造林树种单一的局面。同期，乌拉特中旗林木种苗管理机构对旗境内生长的叉枝圆柏进行人工培育，积极推广应用生根粉、种子包衣剂、温室育苗、覆膜育苗、容器育苗等苗木生产实用技术，为各项林业重点工程的顺利实施奠定基础。

四、封山(沙)育林

封山育林是培育森林资源的一种重要营林方式，具有用工少、成本低、见效快、效益高等特点，对加快绿化速度，扩大森林面积，促进社会经济发展发挥着重要作用。

2001年，乌拉特中旗开始在疏林地、灌丛地、具备封育条件的荒山荒地上进行封山育林，经过6年封禁和培育，使原有的疏林地、灌丛地、具备封育条件的荒山荒地变成有林地、灌木林地，封育成本仅为人工造林的10%～20%，封育起来的林分植被种类丰富，使其涵养水源、改良土壤、水土保持的功能增强，为改善农牧业生产条件和促进农牧民增收起到重要作用。

全旗封育类型有灌草型和乔灌型，根据不同的封育目的和当地的自然、社会、经济条件封山育林可采取3种方式：全封、半封、轮封，乌拉特中旗根据植被状况和用途，多采用全封方式进行封禁育林。

2001—2012年，全旗共实施完成封育面积59万亩，主要分布于巴音乌兰苏木、甘其毛都镇、川井苏木、呼勒斯太苏木、德岭山镇、海流图镇、查石太林场、狼山经营所管辖地域。

五、次生林抚育及改造

1988年，乌拉特中旗天然次生林总面积28.45万亩，主要分布于查石太林场和狼山经营所管辖地域。

2000年，全部纳入天然林资源保护工程国有林管护范围，进行抚育和改造。旗林业主管部门编制查石太林场和狼山经营所的天然次生林抚育和改造实施方案，通过采用封山育林、人工促进天然更新、禁止牲畜啃食、积极防治病虫害等抚育措施，提高林分质量。

至2012年，全旗天然次生林面积23.96万亩。通过次生林抚育及改造，提高林分质量，促进林场经济良好发展。

六、抚育采伐

抚育采伐具有双重意义，既是培育森林的措施，又是获得部分木材的手段，但其重点是在培育森林。不同类型的森林，不同时期的抚育采伐，有着不同的目的和任务。

（一）抚育

森林抚育采伐是在林分郁闭后直至主伐的期间，对未成熟的森林定期而重复地伐去部分林木，为保留的林木创造更好的生长环境条件，同时获取一部分用材的一种技术措施。也称为中间利用采伐，简称间伐。

从幼林郁闭到成熟林主伐前一个龄级期间定期采伐部分林木的营林措施。又称抚育间伐、中间采伐，简称间伐。其目的主要是保证目的树种和优良林木的优势地位，改善林分品质，提高质量，缩短期限，增强防护作用。

（二）采伐

2001—2012 年，上级部门下达的全旗采伐指标计划是 54672. 3 立方米，乌拉特中旗完成采伐指标 36225. 6 立方米。完成上级部门下达采伐指标的 66. 2%，采伐株数 176049 株，采伐面积 3569. 6 亩，更新株数 323529 株，更新面积 5756. 1 亩。

2001—2012 年乌拉特中旗林木采伐与更新情况统计表

表 19 – 22

年度	采伐任务（立方米）	采伐类型		林木更新	
		主伐	其他采伐	更新面积（亩）	更新株数（株）
2001	940	916. 5	0	33. 5	7840
2002	300	290. 9	0	18. 5	2832
2003	1000	839. 5	0	38. 6	14000
2004	1700. 8	1691. 1	0	88. 3	24250
2005	2100	2021. 2	0	43. 2	25716
2006	4500	4350. 6	0	83. 6	14461
2007	5973. 5	5864. 2	0	515. 5	65732
2008	5496	5446. 9	0	1854	103346
2009	5680	4495. 5	0	890. 4	21986
2010	5680	5030. 4	0	724. 5	54038
2011	10651	3601. 5	0	759	50154
2012	10651	1677. 2	0	705	36178

七、林业产业

1988—2012 年，乌拉特中旗林业产业取得长足发展。至 2012 年底，全旗有柠条采种基地 2 处、面积 2 万亩，有经济林面积 946 亩，有驯养繁殖经营加工企业 4 家、专业合作社 5 个、小型木材加工企业 9 家；林下家禽养殖 1. 2 万只。经济林产业产品主要以经济林的苹果梨、小杂果为主，木材产品主要以原木、木皮和板材为主。

第四节　林种与树种

一、林种

1988—2012 年，全旗林木种类按林种划分，可分为防护林、用材林、经济林、特用林；按森林功能划分，可分为两大类：生态公益林、商品林。

1988 年，全旗森林总面积 33. 6 万亩。

2012 年，全旗森林总面积 353. 70 万亩，按林种划分，防护林面积 351. 51 万亩，占全旗森林总面

积的99.38%；用材林面积2.08万亩，占全旗森林总面积的0.59%；经济林面积0.05万亩，占全旗森林总面积的0.01%；特用林面积为0.06万亩，占全旗森林总面积的0.02%。按森林功能划分，生态公益林面积351.56万亩，占全旗森林总面积的99.39%；商品林面积2.14万亩，占全旗森林总面积的0.61%。

二、主要树种

2012年，全旗主要树种有新疆杨、旱柳、垂柳、家榆、垂榆、金叶榆、柽柳、沙枣、杜梨、苹果梨、杏等11个品种。

(一)新疆杨

新疆杨高15～30米，树冠窄圆柱形或尖塔形；树皮为灰青灰色，光滑少裂。萌条和长 枝叶掌状深裂，基部平截；叶圆形，有粗缺齿，侧齿几对称，基部平截，下面绿色几无毛，叶柄侧扁或近圆柱形，被白绒毛。新疆杨属中湿性树种，抗寒性较差。用插条繁殖较易。种条一定要从良种采穗圃采集或从苗圃育苗地中选择生长粗壮、芽饱满、木质化充分、无病虫害的当年生壮苗采集。

(二)旱柳

旱柳属落叶乔木，高20米，胸径达80厘米。大枝斜上，树冠广圆形；树皮暗灰黑色，有裂 沟；枝细长，直立或斜展，浅褐黄色或带绿色，后变褐色，无毛，幼枝有毛。芽微有短柔毛。一般均用苗床播种。播种前，苗床先灌足底水。与此同时将种子用清水浸泡使之吸胀，然后混以温砂，拌匀后播种。条播或撒播均可。播后用细筛筛土覆盖，以不见种子为度。无风沙危害处亦可不再覆土，播后轻轻镇压(用铁锹轻拍床面)，再用清水喷雾，使种子落实，与土壤密接。若有风沙危害或旱害较重，可在床边插枝遮阴、挡风。

(三)垂柳

垂柳属乔木，高12～18米，树冠开展而疏散。树皮灰黑色，不规则开裂；枝细，下垂，淡褐黄色、淡褐色或带紫色，无毛。芽线形，先端急尖。叶狭披针形或线状披针形，长9～16厘米，宽0.5～1.5厘米，先端长渐尖，基部楔形两面无毛或微有毛，上面绿色，下面色较淡，锯齿缘；叶柄长5～10毫米，有短柔毛；托叶仅生在萌发枝上，斜披针形或卵圆形，边缘有齿牙。喜光，喜温暖湿润气候及潮湿深厚之酸性及中性土壤。较耐寒，特耐水湿，但亦能生于土层深厚的干燥地区。萌芽力强，根系发达，生长迅速，15年生树高13米，服径24厘米。但某些虫害比较严重。寿命较短，树干易老化。30年后渐趋衰老。根系发达，对有毒气体有一定的抗性，并能吸收二氧化硫。

(四)家榆

榆科榆属落叶乔木。高15～20米，树皮暗灰色，粗糙，纵裂，小枝柔软，有短柔毛或近无毛。叶互生，椭圆形、椭圆状卵形或椭圆状披针形，长2～8厘米，宽1.5～3厘米。喜光，耐寒，抗旱，能适应干凉气候，喜肥沃、湿润而排水良好的土壤，不耐水湿，但能耐干旱瘠薄和盐碱土。萌芽力强，耐修剪。播种繁殖，种子随播发芽好。苗期应注意修枝，以保持树干通直。

(五)垂榆

垂榆属落叶小乔木。单叶互生，椭圆状窄卵形或椭圆状披针形，长2～9厘米，基部偏斜，叶缘具单锯齿。枝条柔软、细长下垂、生长快、自然造型好、树冠丰满，花先叶开放。翅果近圆形。喜光，抗干旱、耐盐碱、耐土壤瘠薄，耐旱，耐寒，－35℃无冻梢。不耐水湿，根系发达，对有害气体有较强的抗性。垂枝榆繁殖多采用白榆作砧木进行枝接和芽接。3月下旬至4月，可进行皮下枝接；6月，用同年新生芽嫁接。不论是枝接还是芽接，只要先处理好砧木接穗，认真操作，加强养护管理均可成活。定植后根据枝条生长快、耐修剪的特点，整形修枝进行造型。对株距小、空间少的植株通过绑扎，抑强促弱，纠正偏冠，使枝条均匀下垂生长。当垂枝接近地面时，从离地面30～50厘米处周围剪齐，其外形如同一个绿色圆柱体，很有特色。

（六）金叶榆

金叶榆，榆科榆属，系白榆变种。叶片金黄色，有自然光泽，色泽艳丽；叶脉清晰，质感好；叶卵圆形，平均长3～5厘米，宽2～3厘米，比普通白榆叶片稍短；叶缘具锯齿，叶尖渐尖，互生于枝条上。金叶榆的枝条萌生力很强，一般当枝条上长出大约十几个叶片时，腋芽便萌发长出新枝，因此金叶榆的枝条比普通白榆更密集，树冠更丰满，造型更丰富金叶榆对寒冷、干旱气候具有极强的适应性，抗逆性强，可耐－36℃的低温，同时有很强的抗盐碱性。工程养护管理比较粗放，定植后灌一两次透水就可以保证成活。

（七）柽柳

柽柳属乔木或灌木，高3～6米；老枝直立，暗褐红色，光亮，幼枝稠密细弱，常开展而下垂，红紫色或暗紫红色，有光泽；嫩枝繁密纤细，悬垂。叶鲜绿色，从木质化生长枝上生出的绿色营养枝上的叶长圆状披针形或长卵形，长1.5～1.8毫米，稍开展，先端尖，基部背面有龙骨状隆起，常呈薄膜质；上部绿色营养枝上的叶钻形或卵状披针形，半贴生，先端渐尖而内弯，基部变窄，长1～3毫米，背面有龙骨状突起。喜生于河流冲积平原，海滨、滩头、潮湿盐碱地和沙荒地。其耐高温和严寒；为喜光树种，不耐遮阴。能耐烈日曝晒，耐干又耐水湿，抗风又耐碱土，能在含盐量1%的重盐碱地上生长。深根性，主侧根都极发达，主根往往伸到地下水层，最深可达10米余，萌芽力强，耐修剪和刈割；生长较快，年生长量50～80厘米，4～5年高2.5～3米，大量开花结实，树龄可达百年以上。柽柳的繁殖主要有扦插、播种、压条和分株以及试管繁殖。

（八）沙枣

沙枣属落叶乔木或小乔木，高5～10米，无刺或具刺，刺长30～40毫米，棕红色，发亮；幼枝密被银白色鳞片，老枝鳞片脱落，红棕色，光亮。叶薄纸质，矩圆状披针形至线状披针形，长3～7厘米，宽1～1.3厘米，顶端钝尖或钝形，基部楔形，全缘，上面幼时具银白色圆形鳞片，成熟后部分脱落，带绿色，下面灰白色，密被白色鳞片，有光泽，侧脉不甚明显；叶柄纤细，银白色，长5～10毫米。沙枣为落叶乔木，生命力很强，具有抗旱、抗风沙、耐盐碱、耐贫瘠等特点。天然沙枣只分布在降水量低于150毫米的荒漠和半荒漠地区。

（九）杜梨

杜梨，蔷薇科梨属落叶乔木，枝常有刺。株高10米，枝具刺。叶菱状卵形至长圆形，伞形总状花序，有花10～15朵，花瓣白色。果实近球形，褐色，花期在4月，果期在8—9月。树冠开展，枝常具刺；小枝嫩时密被灰白色绒毛，二年生枝条具稀疏绒毛或近于无毛，紫褐色；冬芽卵形，先端渐尖，外被灰白色绒毛。杜梨抗干旱，耐寒凉，通常作各种栽培梨的砧木，结果期早，寿命很长。适生性强，喜光，耐寒，耐旱，耐涝，耐瘠薄，在中性土及盐碱土均能正常生长。

（十）苹果梨

河套苹果梨俗称丑梨，是河套平原上的特产，其中以临河产最为有名：个头大，颜色好，汁多味浓，营养丰富。苹果梨树喜冷凉湿润的气候，耐高寒。在－32℃以内可以安全过冬，适宜在海拔300

米左右、昼夜温差大的丘陵坡地上生长。

(十一)杏

杏,落叶乔木。地生,植株无毛。叶互生,阔卵形或圆卵形叶子,边缘有钝锯齿;近叶柄顶端有二腺体;淡红色花单生或2~3个同生,白色或微红色。圆、长圆或扁圆形核果,果皮多为白色、黄色至黄红色,向阳部常具红晕和斑点;暗黄色果肉,味甜多汁;核面平滑没有斑孔,核缘厚而有沟纹。种仁多苦味或甜味。花期在3—4月,果期在6—7月。高5~8米;树冠圆形、扁圆形或长圆形;树皮灰褐色,纵裂;多年生枝浅褐色,皮孔大而横生,一年生枝浅红褐色,有光泽,无毛,具多数小皮孔。杏为阳性树种,适应性强,深根性,喜光,耐旱,抗寒,抗风,寿命可达百年以上,为低山丘陵地带的主要栽培果树。

三、种苗检查与执法

2000—2012年,乌拉特中旗林业管理部门根据《中华人民共和国种子法》《内蒙古自治区林木种苗条例》相关规定,进一步规范林木种苗行政执法程序,认真查处非法经营林木种苗行为。同时,加大林木种苗调运过程中的检验力度,严防不合格林木种苗用于造林工程,无"两证一签"(植物检疫证、种苗合格证、标签)的苗木一律不准用于造林,并对每个种批的产地、数量、规格等进行详细登记,档案做到齐全规范,杜绝以次充好、掺杂使假现象发生。

第五节　植树造林

一、国家重点工程

1988—2012年,乌拉特中旗按照国家国民经济和社会发展重点建设项目,始终实施"三北"(西北、华北、东北地区)防护林工程。

2000—2012年,乌拉特中旗相继开始实施天然林资源保护工程、退耕还林工程、野生动植物保护及自然保护区建设工程、京津风沙源治理工程等国家林业重点工程。

(一)"三北"防护林工程

1988—2012年,乌拉特中旗"三北"防护林工程长期被列为国家国民经济和社会发展重点建设项目,旗林业管理部门始终服从和服务于国家发展的大局,工程建设的指导思想始终与时俱进。25年中,国家累计投资2046.4万元,在旗境内共营造防护林12.7万亩、人工造林11.7万亩,封山育林1万亩。

(二)天然林资源保护工程

2000年,乌拉特中旗天然林资源保护工程正式启动,实施天然林资源保护工程,是党中央、国务院高瞻远瞩、总揽全局、面向新世纪作出的重大战略决策,意义十分重大。至2012年底,全旗共完成生态公益林建设85.06万亩,其中飞播造林22.2万亩,封山育林59.46万亩,人工造林3.4万亩。

(三)自然保护区建设工程

内蒙古乌拉特梭梭林—蒙古野驴国家级自然保护区乌中旗管护区成立,位于内蒙古自治区巴彦淖尔市乌拉特中旗境内,保护区北界为中蒙边境线,南界为扎格乌素—包尔呼顺高勒,东至扎格乌素,西与乌拉特后旗接壤。管护区总面积38.77万亩,其中核心面积12.4万亩,缓冲面积11.3万亩,实验区面积15.07万亩。

内蒙古乌拉特中旗阿尔其山叉枝圆柏自治区级自然保护区成立,位于内蒙古自治区巴彦淖尔市乌拉特中旗中部，分布在新忽热苏木、巴音乌兰苏木境内。北界以乌兰温多尔音高勒—伊和沃博勒卓一线为界；东界以阿尔其音高勒—洪浩特—莫若格钦一线为界；西界以乌和尔图—哈勒盖图—乌兰温多尔—翁高瑞—图亥高勒—阿尔其口一线为界；南界以呼赉海流图为界。南北长约17千米，东西宽约15千米，保护区总面积14787.5公顷。

（四）退耕还林工程

2000年，乌拉特中旗退耕还林启动。至2012年底，全旗共完成退耕还林面积90.7万亩。其中退耕地造林面积19.5万亩，荒山荒地造林面积65.2万亩，以封代造面积6万亩。

（五）飞播造林

2001—2003年，乌拉特中旗飞播造林共实施3个年度。飞播后，旗林业部门及时进行围栏封禁，防止人为破坏和牲畜毁坏。3年中，全旗共实施完成飞播造林面积22.22万亩，主要分布在德岭山镇、乌加河镇、巴音乌兰苏木、新忽热苏木、海流图林场等地。主要飞播树种和伴生草本植物有柠条、杨柴、沙打旺、花棒、紫蒿等。

通过飞播造林，全旗新增森林面积22.22万亩，工程区森林涵养水源能力和水土保持能力不断增强，按照森林生态系统储量25吨/亩计算，新增储水总量555.5万吨，按替代值每吨3元计算，森林蓄水效益1666.5万元，同时可使工程区内农田、牧场得到有效保护。

（六）国家级公益林森林生态效益补偿

2010年，乌拉特中旗列入国家级公益林森林生态效益补偿的面积130.59万亩。至2012年，全旗国家级公益林森林生态效益补偿的面积增加到294.22万亩，其中：集体所有国家级公益林林地面积272.84万亩，个体国家级公益林21.38万亩。补偿资金9.75元/亩。

二、义务植树

1988—2012年，乌拉特中旗每年开展义务植树活动。组织人、财、物力，发动机关干部、企业职工、学校师生、个体工商户等，集中力量，统一时间，开展义务植树，建立义务植树基地。完善义务植树管理办法，丰富义务植树形式。25年中，全旗完成义务植树708万株。其中2012年完成义务植树30万株。

1988—2012年乌拉特中旗全民义务植树统计表

表19－23

年度	株数(万株)	年度	株数(万株)	年度	株数(万株)
1988	3	1997	5	2006	55
1989	2	1998	5	2007	50
1990	1	1999	5	2008	50
1991	3	2000	19	2009	30
1992	9	2001	66	2010	30
1993	26	2002	79	2011	30
1994	17	2003	83	2012	30
1995	5	2004	50	合计	708
1996	5	2005	50	—	—

三、“四旁”植树

1988—2000 年,乌拉特中旗完成“四旁”(村旁、宅旁、路旁、水旁)植树 139 万株,年均植树 11 万株。2000—2005 年,全旗完成“四旁”植树 170 万株,年均植树 34 万株。2006—2010 年,全旗完成“四旁”植树 160 万株,年均植树 32 万株。2011—2012 年,全旗完成“四旁”植树 60 万株,年均植树 30 万株。

四、封山(沙)育林

2001 年,乌拉特中开始实施封山(沙)育林,涉及退耕还林、天然林资源保护和“三北”防护林等国家林业重点建设工程,至 2012 年,共完成封山育林面积 66.5 万亩。

五、森林覆盖率

1988—2012 年,乌拉特中旗林业局(农林局)大力开展全民植树造林活动和植树造林工程,使全旗的森林覆盖率稳步提升。

1988—2012 年乌拉特中旗森林覆盖率统计表

表 19－24

年度	森林覆盖率(%)	年度	森林覆盖率(%)	年度	森林覆盖率(%)
1988	1.0	1997	1.2	2006	5.28
1989	1.25	1998	1.21	2007	5.35
1990	1.28	1999	1.23	2008	5.37
1991	1.3	2000	1.27	2009	5.53
1992	0.97	2001	1.32	2010	5.99
1993	1.12	2002	4.42	2011	8.79
1994	1.14	2003	4.45	2012	9.92
1995	1.14	2004	4.94	—	—
1996	1.16	2005	4.78	—	—

第六节　森林保护

一、政策措施

1988 年,乌拉特中旗林业管理部门根据《中华人民共和国森林法》,作出规定:在旗境内勘查、开采矿藏和修筑道路、水利、电力、通信等工程方面,需要占用或征用林地的,用地单位须办理征占用林地手续。

2000 年,《中华人民共和国森林法实施条例》颁布实施。乌拉特中旗林业管理部门根据《中华人民共和国森林法》和《中华人民共和国森林法实施条例》,作出以下规定:(1)林木采伐规定。旗境内采伐林木必须申请采伐许可证,按采伐许可证的规定进行采伐。(2)林权证办理规定。林权权利人提出对林地或林木所有权,使用权或者原有林权变更、注销的申请。在提出申请时林权权利人应填写林权登记申请表,并提供相关权利证明。(3)林权抵押贷款规定。根据《中华人民共和国森林法》《中华人民共和国农村土地承包法》《中华人民共和国担保法》《中华人民共和国物权法》《贷款通则》《森林资源资产抵押登记办法(试行)》等有关法律法规规定办理林权抵押贷款。

二、护林防火

（一）防火组织

2002 年，乌拉特中旗各相关单位和苏木镇组成的旗森林草原防火指挥部成立，旗防火指挥部总指挥由旗人民政府分管副旗长担任；下设防火办公室（办公地址在旗森林公安分局），负责日常防火工作的开展。

2012 年底，全旗建立旗县级森林防火指挥部 1 个、苏木镇森林防火指挥机构 8 个、专兼职防扑火队伍 12 支，构建较为完善的组织指挥体系。防扑火队伍中有专业防扑火队员 54 人、兼职防扑火队员 92 人。

（二）防火灭火设备

2002 年，乌拉特中旗各级防火灭火机构主要防火灭火设备包括：风力灭火机、二号工具、防火服、发电机割灌机、帐篷、三号组合工具、油锯等。

2012 年底，全旗各级防火灭火机构主要防火灭火设备包括：风力灭火机 80 台、二号工具 200 套、扑火服 120 套、发电机 2 台、固定宣传牌 90 个、手持火险检测仪 1 台、指挥车 1 台、割灌机 3 台，累计发放各类森林防火宣传物品 3 万余份，为森林草原防、扑火工作提供有力的后勤保障。

（三）防火宣传与扑灭火灾

2002—2012 年，乌拉特中旗林业管理部门通过发放宣传资料，现场解答疑问，利用电视、报刊等媒体开展保护、爱护森林和森林防火知识的全面宣传，切实起到了护林防火妇孺皆知、群防群治的作用。同期，全旗共发生一般森林草原火灾 142 起，总过火面积 4236 亩，经济损失 1000 余万元。

三、有害生物防治

20 世纪 90 年代末至 21 世纪初，乌拉特中旗相继启动国家退耕还林工程、天然林资源保护工程等重点林业生态建设和保护工程，森林资源面积不断扩大，林分建设质量有所好转，生态环境明显改善；进入 21 世纪后，全球大气环境和气候条件发生明显变化，受各种环境因素的影响，营造全旗林业有害生物滋生条件，森林病虫害种类数量也增多。

1988—2012 年，乌拉特中旗主要森林病虫害防治种类有 4 类、9 种。

（一）食叶害虫类

1. 春尺蠖

分布范围：巴音乌兰苏木、温更镇、呼勒斯太苏木、海流图镇。寄生树种：危害柠条、杨、柳、榆等阔叶树，主要危害牧区公益林区柠条灌木林。防治方法：3 月中下旬，在乔木树干基部绕树干缠 1～2 圈黏虫胶带，阻杀羽化雌成虫上树；5 月上中旬，用 1.2% 苦参碱 · 烟碱乳油 800 倍液、4.5% 高效氯氰菊酯 800～1000 倍液或 40% 氧化乐果 1500 倍液喷雾防治；5 月中旬 2～3 龄幼虫为最佳防治时期。

2. 黄褐天幕毛虫

分布范围：温更镇、新忽热苏木、呼勒斯太苏木、查石太林场、狼山森林经营所管辖的狼山山地、希热庙山地。寄生树种：蒙古扁桃、榆树、杨树、柳树等阔叶树种。防治方法：1—3 月和 8—12 月，人工剪除“顶针”型卵块集中销毁；4 月下旬，幼虫白天聚集在网幕内，人工摘除销毁网幕或集中喷雾防治；5 月上中旬，用 1.2% 苦参碱 · 烟碱乳油 800 倍液、4.5% 高效氯氰菊酯 800～1000 倍液或 40% 氧化乐果 1500 倍液、25% 灭幼脲Ⅲ号 1500 倍液喷雾防治；6—7 月，摘除蛹，有条件区域布挂杀虫灯诱杀成虫。

3. 榆紫叶甲

主要分布范围:呼勒斯太苏木、温更镇、狼山经营所管辖的狼山山地、查石太林场。寄生树种:白榆、山榆、金叶榆、垂榆等榆树防治方法:1—12 月,在树干基部绕树干缠 1 ~2 圈黏虫胶带,阻杀越冬、越夏成虫上下树;5—6 月,成虫、幼虫、卵期,用 4.5% 高效氯氰菊酯 800 ~1000 倍液或 40% 氧化乐果 1500 倍液、25% 灭幼脲Ⅲ号 1500 倍液或 10% 吡虫啉乳油 4000 倍液喷雾防治,有林地可用 2% 敌敌畏烟剂、苦参碱烟剂防治。施用烟剂在清晨和晚上进行。

4. 榆斑蛾

分布范围:呼勒斯太苏木、温更镇、狼山经营所管辖的狼山山地、查石太林场、海流图林场、海流图镇。寄生树种:白榆、山榆、金叶榆、垂榆等榆树。防治方法:1—5 月和 10—12 月份,在树干下石头、土块下、杂草等缝隙内清除越冬蛹;5 月中旬至 6 月,有条件区域布挂杀虫灯诱杀成虫;7 月下旬至 8 月,2 ~3 龄幼虫期,用 1.2% 苦参碱·烟碱乳油 800 倍液、4.5% 高效氯氰菊酯 800 ~1000 倍液或 40% 氧化乐果 1500 倍液喷雾防治,有林地可用 2% 敌敌畏烟剂、苦参碱烟剂防治。施用烟剂在清晨和晚上进行。

(二)枝梢蛀干害虫类

1. 青杨天牛

分布范围:德岭山镇、乌加河镇、呼勒斯太苏木、狼山森林经营所管辖区域、海流图林场、海流图苗圃。寄生树种:杨树,主要危害小美旱杨。防治方法:1—4 月和 6—12 月,剪除“纺锤型”虫瘿和产卵枝集中销毁;5 月,成虫羽化期用 8% 氯氰菊酯微囊悬浮剂 200 ~300 倍液、40% 氧化乐果 1500 倍液或 10% 吡虫啉乳油 4000 倍液喷雾防治;6—9 月,幼虫危害期,在树干基部打孔注射 40% 氧化乐果或 10% 吡虫啉乳油防治幼虫。打孔注药按每厘米胸径 0.5 ~1 毫升用量。

2. 芳香木蠹蛾

分布范围:德岭山镇、乌加河镇、海流图镇、牧羊海牧场。寄生树种:杨树、柳树、榆树。防治方法:1—4 月和 10—12 月,幼虫、蛹期,伐除受害严重的虫源木,剪除枝梢集中深埋或烧毁,虫害原木可采用磷化铝 6 克/立方米或硫酰氟 40 ~60 克/立方米熟料帐幕熏蒸 7 天左右、破板加工等方法及时进行处理;5—9 月,成虫羽化期,布挂频振式杀虫灯或悬挂性信息素诱捕器诱杀成虫;或用 1.2% 苦参碱·烟碱乳油 800 ~1000 倍液,10% 吡虫啉乳油、2.5% 溴氰菊酯 1500 倍液等喷雾防治幼虫;人工勾杀主干和较大枝条虫道内幼虫。

3. 光肩星天牛

分布范围:德岭山镇、海流图镇局部点状轻度发生。寄生树种:杨树、柳树、榆树、槭树等阔叶树木。防治方法:全年在种苗及其林产品调运期间,加强检疫封锁,严防人为传播,源头上控制光肩星天牛传入传播;3 月,布挂人工鸟巢营造啄木鸟生存栖息环境,保护天敌,提高生物防控能力;6 月下旬,天牛羽化取食补充营养期间,在树干距地面 30 ~50 厘米打孔注射 40% 氧化乐果或 10% 吡虫啉乳油毒杀成虫;砍伐天牛虫害木集中处理;7—9 月,用 40% 氧化乐果 800 倍液多次喷雾防治灭杀成虫。

(三)刺吸性害虫类

大青叶蝉

分布范围:德岭山镇、乌加河镇、呼勒斯太苏木、海流图镇、狼山森林经营所管辖区域。寄生树种:杨树、柳树、榆树、果树等阔叶幼树。防治方法:5—6 月和 8 月,第一、二代若虫、成虫期,用 1.2% 苦参碱·烟碱乳油 1000 倍液、4.5% 高效氯氰菊酯 800～1000 倍液或 40% 氧化乐果 1500 倍液等农药喷雾防治或用敌敌畏烟剂等熏蒸防治,同时在 5—6 月采用人工除草或化学除草剂除草清理育苗地、林地内杂草,较低成虫寄生环境;8 月,幼树涂刷防啃剂,防止第二代成虫上树产卵越冬。

(四)病害类

杨柳树腐烂病

分布范围:海流图镇、德岭山镇、乌加河镇、呼勒斯太苏木、海流图林场、海流图苗圃。寄生树种:杨树、柳树、果树。防治方法:1—3 月,清除腐烂病枯死木及濒死感病木,集中烧毁;4—6 月,发病期间,用刀划破病斑,喷涂 20% 果复康 15 倍液、70% 甲基托布津 50 倍液、5 波美度石硫合剂、50% 多菌灵 100 倍液。

第七节　野生植物动物保护

一、野生植物保护

2012 年,乌拉特中旗境内有木本植物 39 科,144 种。其中:森林植物 26 科,102 种;草原植物 10 科,25 种;沙生植物 3 科,17 种。

1992—1999 年,乌拉特中旗林业局(农林局)森林公安部门在全旗范围内开展以野生植物保护为主的打击破坏违法犯罪活动,共出动警力 3883 人次,警车 1656 辆次,共查处案件 468 起。

2000—2012 年,旗森林公安分局在全旗范围内开展以野生植物保护为主的打击破坏违法犯罪活动,共出动警力 43863 人次,警车 15374 辆次,共查处案件 3763 起。

二、野生动物保护

2012 年,乌拉特中旗境内有国家一级重点保护动物:北山羊、金雕、黑鹤、蒙古野驴。有国家二级保护动物:猞猁、荒漠猫、草原雕、鹅喉羚、盘羊、石羊、黄羊、灰鹤、天鹅、蓑羽鹤、猫头鹰、野鸭、秃鹫、黑颈鸬鹚、獾、狐狸、沙狐等。

1992—1999 年,乌拉特中旗林业局(农林局)森林公安部门在全旗范围内开展以野生动物保护为主的打击违法犯罪活动,共出动警力 930 人/次,警车 371 车(次),共查处案件 44 起。

2000—2012 年,旗森林公安分局在全旗范围内开展以打击野生动物保护为主的打击违法犯罪活动,共出动警力 8512 人/次,警车 3862 车(次),共查处案件 912 起。

第八节　自然保护区建设管理

内蒙古乌拉特梭梭林——蒙古野驴国家级自然保护区位于内蒙古巴彦淖尔市乌拉特中旗、乌拉特后旗的巴音杭盖、宝音图、格日勒图敖登苏木和巴音前达门境内,东西横跨 140 千米,南北纵深 22 千米,总面积 13.18 万公顷(合 197.7 万亩),旗境内 38.77 万亩。保护区内野生动植物资源丰富,脊椎动物有 80 种,种子植物有 22 科、60 属、96 种。

内蒙古乌拉特中旗阿尔其山叉枝圆柏自治区级自然保护区位于内蒙古自治区巴彦淖尔市乌拉特中旗中部,分布在内蒙古自治区巴彦淖尔市乌拉特中旗巴音哈太—乌兰苏木境内。南北长约 17 千米,东西宽约 15 千米,总面积 14787.5 公顷(合 22.2 万亩),距旗人民政府所在地海流图镇 30 千米。其中核心面积 2975 公顷,缓冲面积 3550 公顷,实验区面积 8262.5 公顷。叉枝圆柏有林地面

灌区共有分干沟10条,全长125千米;支沟38条,全长205千米;斗沟76条,全长93千米;农沟82条,全长66千米;毛沟162条,全长95千米,有扬水站4座,滞洪区13处,各类排水建筑物2367座,承担上游51条山洪沟口的泄洪和降低灌区地下水位的任务。2012年,旗水利部门开始对联荣、中临、胜利、胜和、红旗分干沟及德岭山、红旗、兴丰、胜和扬水站进行改造和配套建设。

井灌区主要分布于旗境内沿山冲积扇东西长128千米,南北宽0.5~3.2千米的狭长地带,地下水源主要靠阴山侧渗和引黄入渗双向补给。由于沿山井灌区水质矿化度低,适宜饮用,至2009年底,已累计建成人畜饮水水源工程42处,年取水量730万立方米,其中巴彦淖尔市五原县、临河区在此处建水源地5处(乌加河3处,呼勒斯太1处,德岭山1处),年取水量161万立方米。至2012年,有机电井2618眼,灌溉面积3.27万公顷(包括井库双灌2000公顷)。井灌区内土壤肥沃,盐碱化程度低、水质状况优良,是乌拉特中旗重要的农牧业生产基地,更是全市人畜饮水的重要水源地之一。

1988年,乌拉特中旗在实施的河套灌区世行贷款配套工程建设中,没有被列入工程实施范围中。同年,乌拉特中旗进行水管体制改革,原属灌区水管站管理的10条分干沟、4座扬水站划归河套灌区管理总局管理。

1996年,河套灌区管理总局管理的10条分干沟、4座扬水站又划归灌区水管站管理。

2003年,由于气候干旱实施抗旱打井工程,全旗共打井523眼,控制灌溉面积6670公顷。减轻了由于黄河来水量小而对农牧民造成的损失。同年,灌区水管站对分布在德岭山镇东水泉村至乌加河镇联荣二组的13眼观测井开始进行地下水的监测工作,监测于2015年结束。

2007年,乌拉特中旗投资3亿元,在德岭山镇胜利村进行水权转换工程建设,发展节水灌溉面积4450公顷。

2010年,乌拉特中旗在灌区进行全国新增千亿斤粮食生产能力规划田间工程建设项目,投资1640万元,对2480公顷农田进行改造。

2012年,在灌区实施乌拉特中旗4个千万亩节水灌溉工程2012年度项目,共投资1003.9万元对7300公顷农田进行改造。

2012年6月25日、6月28日,乌拉特中旗沿山各大山洪沟口暴发山洪,灌区洪水泛滥,当地村民损失惨重,河套灌区开始利用3年时间进行排水设施改造。

2002—2012年,全旗共成立农民用水者协会12个,其中德岭山镇5个,乌加河镇5个,牧羊海牧场2个,对农牧民安全节约用水起到较好作用,相对减轻农牧民负担。

(二)山旱区、牧区节水灌溉工程

乌拉特中旗山旱牧区灌溉工程以管道灌溉为主,采取的形式为低压管道及滴灌。井灌区面积36766.67公顷,1988—2012年,共实施节水工程1043公顷,总投资8412万元。

(三)水库灌区配套工程

1987年5月至1990年6月,乌拉特中旗完成韩乌拉水库灌区配套工程,建成联丰、奋斗2条干渠渠道衬砌10.2千米,完成引水枢纽工程截流坝1座,干渠进水闸2座,干渠节制闸10座,支渠进水闸12座,渡槽1座,渡洪交叉17座。完成总投资91.54万元。

1991年,乌拉特中旗完成狼山水库、德岭山水库和石哈河水库的干渠维修工程共6.8千米,完成总投资6.5万元。

二、防洪工程

（一）水库

2012 年，乌拉特中旗有中小型水库 20 座，其中：中型水库 5 座（狼山、石哈河、韩乌拉、红格尔、德岭山水库），小（1）型水库 11 座（秦达门、乌不浪、二牛湾、黑水壕、城圐圙、桑根达来、白齐、河桶、巴仁宝力格、刘铁、王坝水库），小（2）型水库 3 座（艾力格图、白音河、德岭山南壕水库），西尼乌素水库因遇 1990 年特大洪水，部分大坝垮塌，已无防洪能力。

1988—2012 年，全旗新建水库 5 座。乌不浪水库工程于 2009 年开工，2014 年 10 月 17 日竣工验收，总投资 8967. 18 万元。王坝、刘铁、河桶、德岭山南壕水库由原来的海子经重新改建而成，其中王坝水库于 2009 年 9 月至 2010 年 11 月改建完成，总投资 828 万元；刘铁、河桶水库于 2011 年 4 月至 2011 年 12 月改建完成，总投资 1245 万元；德岭山南壕水库于 2012 年 4 月至 2012 年 9 月完工，总投资 249 万元。

2002 年，国家开始实施病险水库除险加固工作；至 2012 年，乌拉特中旗完成除险加固的水库 14 座。具体情况为：2003 年 4 月至 2004 年 6 月，完成德岭山水库除险加固工程，总投资 2504 万元；2004 年 5 月至 2005 年 8 月，完成红格尔水库除险加固工程，总投资 2320 万元；2005 年 5 月至 2006 年 8 月，完成石哈河水库除险加固工程，总投资 1991 万元；2005 年 6 月至 2006 年 9 月，完成韩乌拉水库除险加固工程，总投资 2384 万元；2006 年 5 月至 2007 年 7 月，完成狼山拉水库除险加固工程，总投资 1375 万元；2006 年 5 月至 2007 年 8 月，完成二牛湾、秦达门水库除险加固工程，共投资 3487 万元；2008 年 12 月至 2009 年 11 月，完成白齐水库除险加固工程，总投资 666 万元；2009 年 5 月至 2010 年 6 月，完成桑根达来水库除险加固工程，总投资 1340 万元；2009 年 9 月至 2010 年 1 月，完成黑水壕水库除险加固工程，总投资 648 万元；2009 年 9 月至 2010 年 11 月，完成王坝水库、城圐圙水库除险加固工程，总投资 1878 万元；2011 年 6—12 月，完成巴仁宝力格水库除险加固工程，总投资 475 万元；2012 年 3—9 月，完成白音河、艾力格图、水库除险加固工程，总投资 556 万元。

（二）滞洪区

2012 年底，乌拉特中旗有滞洪区 13 处，多数为自然海子和低洼地，且大部已被占用为耕地，防洪标准低，洪水出路不畅。

（三）山洪沟口治理

1. 重点工程

2010 年，乌拉特中旗将 8 条重点沟口列入国家中小河流治理重点项目，实施乌不浪沟、韩乌拉沟、呼勒斯太沟、模楞河、乌兰补隆沟 5 处中小河流治理项目。完成浆砌石护坡土堤共 40. 87 千米。

2. 小型工程

2009—2015 年，投资 139 万元，预计实施完成乌加河联丰奋斗防洪工程，修筑铅丝笼坝 12 条，建筑物 25 座，引洪灌溉衬砌渠道 5. 4 千米。其中 2010 年实施备战沟、煤窑沟防洪工程，完成铅丝笼坝 760 米；2011 年实施秦达门沟防洪工程，完成铅丝笼坝 350 米。2012 年实施义和久西煤窑沟防洪工程，完成铅丝笼坝 200 米。

三、人畜饮水工程

1988—2012 年，全旗总投资 5947 万元，解决农村牧区 96443 人的饮水安全问题，占全旗农村牧区总人口 10. 48 万人的 92. 03%。

1988 年,实施石兰计乡人民政府所在地自来水工程、乌梁素太乡人民政府所在地自来水工程、乌加河镇人民政府所在地自来水工程,总投资 8 万元,受益人口 2000 人。

1988—1999 年,实施德岭山镇、呼勒斯太苏木、宏丰乡、杭盖戈壁苏木、温更镇、川井镇、乌兰苏木、巴音苏木、桑根达来苏木、巴音哈太苏木、新忽热苏木人民政府所在地自来水工程,总投资 75 万元,受益人口 4055 人。

2000—2004 年,实施双盛美乡、楚鲁图乡、部北乡、石哈河镇人民政府所在地自来水工程、44 个村嘎查自来水工程,总投资 300 万元,受益人口 1 万人。

2005—2011 年,实施乌梁素太、石兰计西线、乌加河东线、德岭山灯塔、宏丰西线、乌梁素太大后、乌加河镇罕乌拉、石哈河镇中河、石兰计东线、巴彦塔拉共 10 处集中供水工程,总投资 2945 万元,受益人口 52914 人。同年,实施单村供水工程 69 处及学校饮水安全工程 4 所,总投资 1655 万元,受益人口 18193 人。

2012 年,实施单村供水工程 47 处,总投资 964 万元,受益人口 9281 人。

第四节　节水改造

1988 年,乌拉特中旗巴音苏木、乌兰苏木、桑根达来苏木实施草库伦节水工程(水利部试点项目)10 公顷,总投资 30 万元。

1989—2009 年,全旗牧区实施节水增效示范项目 1623. 33 公顷;其中喷灌项目面积 200 公顷,总投资 1132 万元。实施退耕还林基本口粮田项目(低压管道)1546. 67 公顷,总投资 830 万元。

2010—2011 年,全旗实施牧区节水灌溉示范项目 386. 67 公顷;其中滴灌项目面积 240 公顷,总投资 400 万元。实施牧区节水灌溉饲草地项目 850 公顷,其中滴灌面积 723. 33 公顷,总投资 943 万元。实施退耕还林基本口粮田项目(低压管道)1200 公顷,总投资 720 万元。实施节水灌溉项目(滴灌)666. 67 公顷,总投资 1000 万元。实施千亿斤粮食增产项目 2480 公顷,其中滴灌面积 1066. 67 公顷,总投资 1674 万元。

2012 年 实施牧区节水灌溉示范项目(滴灌)200 公顷,总投资 250 万元。实施牧区节水灌溉饲草地项目(滴灌)740 公顷,总投资 1000 万元。实施退耕还林基本口粮田项目(低压管道)726. 67 公顷,总投资 433 万元。

第五节　城市供水

一、基本情况

(一)供水水源

2012 年底,乌拉特中旗有供水水源 2 处:海流图镇东河槽大口水源井 2 眼、二水库上游大口水源井 3 眼,供水主管网全长 78 千米,其中:DN70 为 9. 3 千米;DN110 为 18. 50 千米;DN160 为 12. 7 千米;DN200 为 21. 8 千米;DN315 为 5. 5 千米;DN400 为 10. 2 千米。

(二)污水处理

2012 年底,乌拉特中旗有污水处理单位 1 个:乌拉特中旗洁源污水处理有限公司,该公司于 2009 年 7 月开工建设,2010 年 6 月竣工投产,主要处理海流图镇生活污水。工程建设投资约 5662 万元,占地面积约 33500 平方米,建筑面积约 2300 平方米;设计规模为 1 万吨/日,采用卡鲁塞尔

2000 氧化沟 + MBBR 流动床生物膜处理工艺，污染物稳定达标。污水处理执行《城镇污水处理厂污染物排放标准 GB：18918—2002》一级 A 标准。

二、生产经营

（一）城市供水

1988 年，海流图镇年供水量 48 万立方米；总产值 8.4 万元；实现利税 0.6 万元。

2000 年，海流图镇年供水量 80 万立方米；总产值 112 万元；实现利税 3 万元。

2012 年，海流图镇年供水量 270 万立方米；总产值 895 万元；实现利税 65 万元。

（二）污水处理

2011 年，乌拉特中旗洁源污水处理有限公司污水处理量为 122 万吨，出水量为 108.6 万吨，处理率 89%。同年，建设污水管网 3.19 千米。监测指标主要包括化学需氧量（COD）、氨氮、总磷、总氮、pH 等指标，监测值为：化学需氧量：42.75 毫克/升，氨氮：2.97 毫克/升，可稳定达标排放，达到一级 A 排放标准；污泥产生量为 124.5 吨。

2012 年，乌拉特中旗洁源污水处理有限公司污水处理量 180.7 万吨，出水量 167 万吨，处理率 92.4%。同年，建设污水管网 4.44 千米。监测指标主要包括化学需氧量（COD）、氨氮、总磷、总氮、pH 等指标，监测值为：化学需氧量：32.8 毫克/升，氨氮：3.58 毫克/升，可稳定达标排放，达到一级 A 排放标准；再生水利用率 25%，污泥产生量 692.6 吨，所有污泥全部拉运至垃圾填埋场填埋。再生水主要用于城市园林绿化，为缓解城市供水起到很大的作用。

第六节　防汛抗旱

一、预案制定

1988—2012 年，乌拉特中旗防汛抗旱部门每年年初都编制各水库的《水库调度运用计划》和防汛预案。每年汛前，根据各水库每年的工程情况和除险加固建设情况，修订完善《乌拉特中旗防汛预案》《乌拉特中旗山洪灾害防御预案》《乌拉特中旗城镇防洪预案》《乌拉特中旗通信应急预案》《各水库防汛抢险应急预案》；对完成山洪沟治理的沟口，编制各沟口山洪防御方案。同时，旗防汛抗旱部门每年均编制抗旱应急预案，加强防汛抗旱队伍建设，提供抗旱技术服务。

1997 年，旗水务局组织专业技术人员编制完成德岭山水库、红格尔水库、秦达门水库、狼山水库、石哈河水库、韩乌拉水库 6 座水库的《水库洪水风险图》，初步划定水库设计洪水、校核洪水、超标准洪水情况下淹没范围。

2012 年，旗水务局组织专业技术人员编制完成全旗中小型水库《水库大坝安全管理应急预案》。同年，利用国家山洪灾害防治专项资金，实施乌拉特中旗山洪灾害防治非工程措施建设项目及补充完善和山洪灾害调查评价项目，编制完成旗、镇、村三级山洪灾害防御预案共 32 本，划定山洪灾害危险区、安全区，确定预警指标，安装监测站，建设监测预警平台，提高乌拉特中旗防御山洪应急管理能力。

二、设施设备

2012 年，乌拉特中旗建设旗级山洪监测预警平台 1 处，在建自动雨量监测站 26 处，在建自动水位站 12 处，水库视频监控站 6 处，墒情站 3 处，建成山洪预警广播 40 处，设备投入使用后，可极大地提高乌拉特中旗山洪监测预警自动化水平。

三、应急洪灾

乌拉特中旗洪水灾害主要由降雨形成,由于山沟坡降大且植被差,水土流失严重,降雨后产流和汇流都较快,洪峰来势凶猛,洪水峰高量大,历时短,具有突发性,破坏力强,洪水多数发生在7—9月。基本上形成"小雨小灾,大雨大灾,有雨就有灾"的局面。

(一)汛前准备

1988—2012年,旗防洪抗旱部门每年汛前根据本年度人员调整情况,及时调整旗防汛抗旱指挥部组成单位及人员,明确各级领导及有关成员单位的管理范围和职责权限。各苏木、镇相应成立防汛指挥机构,负责本地区防汛抗旱工作;各成员单位组建本单位防汛抗旱组成机构及人员,全旗各级层层签订定责任状,层层落实责任。指导各地各部门组建防汛抢险队伍,备足抢险物料,开展隐患排查等。

(二)汛期值班值守巡查监测

1988—2012年,每逢汛期,旗人民政府、旗防汛抗旱办公室、气象局、水库管理所、各苏木镇及有关成员单位执行24小时昼夜值班制度,及时监测天气状况,掌握雨水情,上传下达及时准确,为防汛指挥调度决策服务。

(三)山洪灾害防御群测群防建设

1988—2012年,每逢汛期,旗防汛办指导各地开展防御山洪群测群防工作,给山洪威胁区群众发放迁安救护明白卡,明确转移安置责任人,发放宣传手册、制作宣传栏、警示牌等,开展山洪灾害防御知识培训,给群众宣讲山洪防御常识,提高避险自救能力。

第七节　农田草牧场保障体系建设

一、保障体系构建

1988—2012年,乌拉特中旗水利(水务)部门坚持把加强全旗农田草牧场水利建设作为改善民生、保障粮食安全与生态安全的重要举措,一是着力建成农牧区生活饮用水安全保障体系,二是着力巩固粮食与生态安全水利基础设施。

至2012年底,全旗共解决9.64万名农牧民饮水安全问题和236万头(只)牲畜饮水问题。同时以完善农牧区灌溉设施为重点,大力实施大中型灌区续建配套与节水改造、大型泵站更新改造和尼尔基灌区新建工程,扎实推进水土保持工程建设,全旗实施节水灌溉面积10433.33公顷。

二、提高农业用水效率效益

1988—2012年,乌拉特中旗年均新增节水灌溉面积453.33公顷以上,实施全旗节水增粮行动。落实工作责任。旗委、旗人民政府主要领导亲自谋划部署和督查指导,旗县、苏木镇人民政府签订责任状,落实行政责任人。落实前期准备。组织项目单位开展水资源论证工作,为科学有效利用水资源和项目实施奠定了基础。落实资金投入。1988—2012年,国家财政投入5888万元,巴彦淖尔盟市、旗财政投入1680万元,农民筹资投劳844万元。落实管理制度。严格执行"四制"(项目法人制、招标投标制、工程监理制、合同管理制)管理,推行建设项目公示和受益主体监督等办法,并先后下发内蒙古自治区水利厅制定的《地下水管理办法》《节水灌溉项目管理办法实施细则》等规章制度。

三、增强发展动力

1988—2012年,乌拉特中旗按照全面深化水利改革的总体要求,着力创新农牧区水利建设管理体制机制。一是创新组织发动机制。鼓励农牧民用水合作组织等新型经营主体参与小型水利工程建设，通过“一事一议”、财政奖补等方式引导农牧民投工投劳。二是创新资金投入机制。在充分发挥公共财政主导作用的基础上，吸引民间资本投入，推进水权转让。三是创新运行管护机制。推广财政资金购买公共服务的做法，提高水利工程管理水平，强化基层水利服务体系建设。

第八节　水土保持

一、水土流失

（一）水土流失现状

1999 年，根据《内蒙古自治区水土流失重点防治区划通告》（内政发〔1999〕62 号），乌拉特中旗所处地域属阴山北麓国家级水土流失重点预防区和内蒙古自治区人民政府公告的水土流失重点治理区。2012 年，乌拉特中旗全旗水土流失总面积 16410.5 平方千米，占全旗总土地面积 23098.15 平方千米的 71.05%。其中：水力侵蚀面积 2629.09 平方千米，占全旗总土地面积的 11.38%，风力侵蚀面积 13781.41 平方千米，占全旗总土地面积的 59.67%。

2012 年乌拉特中旗水土流失状况统计表

表 19－25

类　型	轻度	中度	强烈	极强烈	剧烈	合计	占水土流失面积（%）
水力侵蚀（平方千米）	2424.50	179.11	15.59	4.25	5.64	2629.09	16.02
风力侵蚀（平方千米）	12187.75	793.99	133.82	189.83	476.02	13781.41	83.98
合　计（平方千米）	14612.25	973.10	149.41	194.08	481.66	16410.50	100.00
占水土流失面积（%）	89.04	5.93	0.91	1.18	2.94	100.00	—

（二）水土保持现状

20 世纪 90 年代，西部大开发后，乌拉特中旗生态建设步伐明显加快，包括水土保持生态建设国债工程、风沙源治理工程、天然林保护工程、生态修复工程等，境内生态环境已有明显改善。1988—2012 年，积累了旱地变坝地、坝地变水地、水地加节水的治理模式，生态自然修复的治理模式和检验。至 2012 年底，乌拉特中旗完成水土保持综合治理面积 50391.64 公顷，其中：建设基本农田 1809.67 公顷，营造水土保持林 15305.83 公顷，经济林 39 公顷，种草 25613.14 公顷，封禁治理面积 5956 公顷，其他 1668 公顷。

二、中长期规划

1988—2012 年，乌拉特中旗水土保持工作严格按照《乌拉特中旗水土保持年度实施规划》《巴彦淖尔市水土保持“十一五”规划报告》《巴彦淖尔市水土保持“十二五”规划总报告》实施。其中规划项目主要内容为：重点小流域、综合治理、淤地坝、生态修复、水保监测点建设等。

三、水土综合治理

1988 年，乌拉特中旗继续开展石哈河乡石崩沟试点小流域、楚鲁图乡张三壕试点小流域、部北乡王栓林试点小流域、双盛美乡双盛美试点小流域的水土保持综合治理工作。累计完成治理面积

86.25 平方千米，淤澄坝地 3667.7 公顷，发展小片水浇地 29.55 公顷，种植林草 207 公顷，控制水土流失面积 297.86 平方千米。通过持续、有效的水土流失防治，极大地改善当地群众的生产和生活条件，由治理前的吃返销粮到逐步解决粮食供给，初步达到温饱。

1989—2000 年，全旗水土保持试点小流域在总结经验的基础，在石哈河地区全面推广以坝地建设为主要内容的水土保持综合治理工作。先后开始实施山水坝——刘家壕小流域、王永胜壕小流域、二十四份子小流域、十三号小流域，东切兰——盐海子小流域、秦达木小流域、石兰哈达小流域、沙拉木素小流域、西楚鲁图河小流域等 14 处水土保持小流域的综合治理工作。经过治理建设的村组，均取得了良好的经济、社会和生态效益。累计建成坝地 89.88 公顷，控制水土流失面积 287.31 平方千米，人工种树种草 22210.2 公顷。建设资金主要来自群众的自筹、帮扶单位的资助和上级业务部门的补贴。同期，全旗水土保持试点小流域在石哈河地区水土保持综合治理取得成功经验的基础上，分别在温更苏木的浩勒盂、巴音苏木的扎木沙、乌兰苏木的乌兰岗、巴音哈太苏木的乌兰呼舒开展以采取水土保持防治措施拦蓄地表径流，补充地下水，结合人工种草的牧区试点小流域。4 处规划设计治理面积 37.94 平方千米，完成治理面积 21.15 平方千米，人工种植灌草 82 公顷，围封 509.67 公顷。由于受自然因素和人为因素的影响，特别是牲畜超载和管护工作不到位的影响，仅有乌兰呼舒试点小流域取得经济、社会和生态效益，其余 3 处基本未建成就停滞。鉴于实行草牧场承包到户，存在社会矛盾再未开展牧区水土保持小流域综合治理工作。

2002 年，乌拉特中旗根据内蒙古自治区水利厅转发水利部《关于实施全国水土保持生态修复试点工程的通知》（内水保〔2002〕53 号），恢复被内蒙古自治区水利厅列为水土保持生态试点，石哈河水保生态修复项目区正式批准立项，拉开全旗生态修复实施序幕。项目区规划在石哈河镇西起石哈河张家圪旦——东至北盘村，南起部北刘家沟，北至高家圪旦村，连续 3 年实施水保生态修复工程。通过旗、镇、村三级对管护工作的支持和重视，项目区林草覆盖率由原 15% 提高到 53%。至 2004 年底，全旗完成各项水保生态修复任务：总面积 200 平方千米，其中封禁 200 平方千米，围封 79.02 平方千米，架设网围栏 231.08 千米，人工补植灌木 12 平方千米；推筑拦洪堰地坝 147 条；发展坝头地 19.06 平方公顷；开挖大口井 8 眼，发展水浇地 12 平方公顷，建舍饲示范户 6 户，舍饲推广户 50 户，圈舍养羊 2000 只；建设气象观测站 1 个，径流监测点 1 处，植被监测点 5 个，建龙门 2 座、标志牌 6 块、“四至”界碑 24 块；有管护人员 20 人。项目完成投资 315 万元，其中国家补助 210 万元，地方配套 105 万元。2003 年 12 月、2005 年 1 月，内蒙古自治区水利厅、巴彦淖尔市河灌总局先后 2 次对修复试点工程进行阶段验收，验收小组认为工程质量等各方面符合验收要求。

2009—2012 年，实施花河重点小流域综合治理，总投资 760 万元，治理水土流失面积 16.69 平方千米，项目区年均增收 4800 万元。通过各项措施的实施完成，大幅度拦蓄地表径流，补充地下水资源，发展高效节水水浇地，从而达到保持水土，减轻水、旱灾害，改善民生，保护水土资源，改善生态环境的目的。

第九节　水产养殖

一、水面水质

乌拉特中旗位于内蒙古自治区的西北边疆，地处高原，属温带干旱气候区，四季分明，冬季严寒漫长、夏季短促、春季干燥多风，秋季温和凉爽，全年干旱少雨，昼夜温差大。全年无霜期为 99 ~ 129

天，年降水量为115～250.6毫米，全年日照时数为3098～3250小时，年日照百分率为71%～73%，年太阳辐射总量为144～153.3千卡/厘米，年平均气温3℃～6.8℃，7月份平均气温19.8℃～23.4℃，全年有效积温平均为2938℃，辖区内有丰富的水产资源。

2012年，全旗共有可养殖水面3320公顷，其中湖泊1600余公顷，水库1670余公顷。湖泊水草丛生，天然饵料丰富，水源由黄河、内陆河两大水系组成，水库均为淡水水库，水库水源来自雨水、洪水、泉水，水库周边及上游无污染源，水质良好，各水库水质呈碱性，溶解氧含量高，营养盐含量较丰富，周边无污染源，水质污染指标低，适于鱼类生长繁殖。

全旗10座草原水库浮游生物及底栖动物较为丰富，主要浮游植物有金、硅、甲、黄、褐、绿、蓝7个门；浮游动物有轮虫、枝角类、桡足类；底栖动物有蚯蚓、水生昆虫、螺等。适合养殖鳙鱼、白鲢、鲤鱼、草鱼、鲇鱼、鲂鱼、鲫鱼及螃蟹等品种。

旗境内山前灌区是河套平原，可养殖面积1600余公顷，自然湖泊水草丰富，是草鱼、鲂鱼的天然饵料，而且山前灌区是河套平原粮产区，大量农副产品及下脚料可为渔业生产提供充足的饵料，宜大力发展自然湖泊的围栏养殖、网围养殖、开展自然湖泊的湿地保护及休闲渔业。山后牧区大量的牲畜粪便随洪水流入水库，可为浮游生物提供充足的有机肥料，有利于促进水库渔业的发展。

二、养殖品种与方式

2012年，乌拉特中旗有可养殖水面3320公顷，全部是大宗品种传统养殖模式，养殖主要以鲤鱼、鲫鱼、草鱼、鲢鱼、鳙鱼等常规鱼类为主，自然水体中小水面以粗养为主。没有充分挖掘养殖潜力、发挥资源优势，效益低下。

渔业生产经营方式落后，粗放式经济增长没有根本改变。尽管旗境内渔业水体资源优势明显，但由于养殖技术和经营方式落后，湖泊和水库一直延续着“粗放式”的养殖方式，鲢鱼、鳙鱼是中国特产的淡水养殖鱼类，肉鲜味美，饲养方便，成长快，是全国广大渔农民喜欢养殖的鱼类。大中水面对养殖水域的投入少，索取多，不能因地制宜地充分利用和发挥资源优势，对渔业水域资源利用率较低，致使渔业养殖生产长期在低产量，低效益、低水平的轨道上徘徊，有些水域甚至出现掠夺式捕捞资源的生产方式，导致渔业资源逐渐衰退。

2007年，德岭山水库通过增殖移植大银鱼发展名优水产品种，又在韩五拉水库引进中华鲟和虹鳟鱼发展网箱养鱼和网栏、网围养殖，增加名优水产品的比重，提高水产品质量和养殖经济效益，推动渔业结构调整的快速发展。2010年，旗水产养殖管理部门贯彻落实《中国水生生物资源养护行动纲要》，科学地进行人工增殖放流，完善和平衡食物链，改善鱼类等水生生物的生存环境，扩大种群数量，恢复水生生物的多样性，促进生态种群良性平衡。至2012年，全旗实施河蟹养殖示范基地建设项目，一方面可探索乌拉特中旗水产养殖结构调整方向，辐射带动乌拉特中旗河蟹养殖业的发展；另一方面填补乌拉特中旗特种水产养殖的空白，增加饮食文化新元素；为渔民增收、渔业增效，为乌拉特中旗农业经济发展寻找新路子。

三、养殖规模

1988—2010年，乌拉特中旗水产养殖业由于产业规模相对弱小，缺乏政策支持。一直存在“重农轻渔”的观念，没有将水产养殖纳入农业整体发展布局，水产养殖缺乏长足规划。大多数农民没有因地制宜利用周边宜渔资源发展水产养殖、增加收入的意识。加之惠渔政策支持力度小，渔业生产性专项贷款缺乏支持，良种补贴、基础设施建设等农业优惠政策没有覆盖水产养殖，致使一些渔业养殖企业和养殖户无法扩大生产规模。

2011 年,乌拉特中旗渔业资源养护措施得到落实后,生态与社会效益显著。水产养殖管理部门利用国家项目购置渔政执法船,进一步提高渔政执法能力。通过对渔船、渔具、禁渔区、禁渔期和渔获物的管理,有力地保护了全旗渔业资源,维护渔业生产秩序的正常进行。同时开展水生生物资源增殖放流,保护水生生物、野生生物的种群和数量,改善渔业水域的生态环境,促进全旗渔业资源的恢复和生态环境的改善。

四、捕捞

1998—2012 年,乌拉特中旗境内湖泊和水库水产品捕捞一般采用围网和刺网。围网是一种定置网,使鱼群沿着网墙误入网内,达到捕捞目的。刺网又称尼龙丝网,具有灵活、轻巧、结构简单、操作方便、效果显著等特点,在全旗较为广泛使用。池塘捕捞一般采用抓网和拉网以及垂钓等多种方式进行。

五、产量与销售

1998—2012 年,乌拉特中旗山前湖泊未能有效利用,产量也在低水平徘徊。

1988 年,全旗 10 座水库实行单位职工承包制。同年,全旗鲜鱼产量 95.6 吨。

2012 年,全旗鲜鱼产量 810 吨,仍未形成规范、统一的水产品交易市场,水产品交易基本上处于自发的零星分散状态。流通环节不畅使市场的调节和引导功能难以有效地发挥作用,农民养鱼存在着严重的盲目性和随机性,资源优势难以变成经济优势。

第十节　水务管理

一、政策法规宣传

1988 年,乌拉特中旗水利局组织有关单位和人员认真学习、贯彻、宣传《中华人民共和国水法》及有关规定,努力做好水利执法工作。

1990 年,旗水利局组织部分职工、干部和学生宣传队走上街头,进行大规模的宣传活动。在活动现场播放《中华人民共和国水法》宣传录像片——《愤怒的水柱》和试点工作中有关录像片,利用广播播放《中华人民共和国水法》全文,发放《中华人民共和国水法学习宣传册》。通过一系列活动,使全旗《中华人民共和国水法》宣传活动达到高潮。

1991—2012 年,旗水利管理部门在每年“3・22”世界水日和中国水周(每年 5 月第二周)期间,在海流图镇广场进行水利法规和水利知识的宣传,现场解答群众提出的有关问题,现场发放宣传单和宣传册。在活动现场采集到的图片和文字新闻也在当地电视台滚动播出。

二、水利统计

水利统计分为水利年度统计和日历年度统计:水利年度统计是当年 10 月份至翌年 9 月份的统计数据;日历年度统计是当年 1—12 月的统计数据。

乌拉特中旗水利统计数据来源主要是由苏木、乡、镇单位上报和由各有关单位业务部门上报。旗水利统计部门收集到基层部门上报的数据后,对原始数据进行审核、校正、整理并使之系统化、条理化,便于统计分析。

1988—2012 年,旗水利统计部门于每月中旬开始收集水利统计数据,每月下旬做好水利统计报表,并在规定时间上报河套灌区管理总局和乌拉特中旗统计局。

三、水利建设投资监督审计

1988—2012 年，乌拉特中旗水利建设投资监督审计工作由乌拉特中旗审计局完成。

四、工程质量监督

乌拉特中旗水利工程质量监督分为 2 种：实行工程建设监督制，由监理单位现场监督；委托巴彦淖尔市水利工程质量监督站实施行政全方位监督。

1988—2012 年，全旗水利工程质量在监理单位现场监督；全旗水利工程质量在委托巴彦淖尔市水利工程质量监督站实施行政全方位监督。

五、水资源管理

（一）地表水资源

乌拉特中旗自产地表水资源十分贫乏。1988—2012 年，平均值人均 633 立方米，满足不了农牧业生产要求。由于受各种因素影响，地表径流峰高、量小、历时短，洪水过程陡涨陡落，来势迅猛，给应用带来困难。旗境内平均地表径流深与降水量大小分布规律不一，东部大于西部，中低山区大于丘陵区，丘陵区大于分水岭以北广大平原区，其变差系数则因降雨量大，流域面积大，地表水入渗条件好，其值越小。地表径流集中发生在每年 5—9 月，以 7—8 月为最，7—8 月地表径流量占年地表径流量 80% 左右。

（二）地下水资源

地下水分布在旗境范围内极不均匀，内陆河流域第四系松散岩类孔隙水分布于全流域范围内，含水层岩性均由含砾砂、砂砾石和砂卵石层组成，由于沟谷宽窄不一、或不连续，且厚度悬殊，富水性相差较大。发井单井涌水量一般小于 1 吨/小时，局部大于 1 吨/小时，水位埋深 1 ~ 5 米不等。黄河流域区第四孔隙潜水在阴山以北部呈枝状沟谷分布，含水层岩性为砂砾石，含砂卵砾石等组成沟谷宽窄不一，厚度分布不均，水位埋深 1 ~ 5 米不等，民井单井涌水量一般小于 1 吨/小时，局部地区 10 ~ 30 吨/小时。阴山南部山前冲洪积倾斜平原，含水层连续分布，厚度较大且富水性好，含水层岩性以中粗砂、砂砾石为主，厚度一般 30 ~ 70 米，水位埋深小于 10 米，为第四系孔隙水，水量丰富。该地区地下水除天然降水入渗外，主要补给靠引黄灌水入渗及山前洪水入渗。

白垩系碎屑岩类孔隙裂水主要分布在川井盆地及东部巴音乌兰苏木一带。含水层岩性主要为砂岩、砂砾岩、泥质砂岩、砂质泥岩为主，厚度分布不均，一般 30 ~ 40 米，顶板埋深 40 ~ 80 米，静止水位 10 ~ 30 米，局部大于 10 吨/小时。海流图盆地含水层、埋深在盆地边缘由 20 ~ 50 米，至中心为 120 ~ 160 米，含水层厚度较大，一般 60 ~ 120 米，承压水位 4 ~ 25 米，水量一般大于 3 吨/小时，局部 10 ~ 30 吨/小时，基岩裂隙水主要分布在新忽热、石哈河、双圣美一带。含水层主要为花岗岩风化壳及裂隙破碎带以及流纹岩、安山岩、玄武岩层状裂隙，风化壳深度一般在 30 米以内，构造裂隙可达 40 ~ 147 米，随地区而异。水位埋深一般小于 10 米，为风化裂隙潜水。

（三）综合管理

1988—2012 年，乌拉特中旗计划用水和节约用水工作遵循统筹规划、综合利用、突出效率和效益的原则，实行用水总量控制、定额管理和价格调控相结合的制度，保障区域水资源供需平衡。

六、水政监察管理

中旗水政监察大队在水政监察管理方面主要进行了以下工作。

宣传贯彻水法规，依法保护水、水域、水工程和其他有关设施，维护正常的水文秩序，依法对水文活动进行监督检查，对违反水法规的行为依法做出行政裁定、行政处罚或者采取其他行政措施，配合司法机关查处水事治安、刑事案件。同时把执法程序中的每个环节准确的应用到实际执法工作中，做到一案一档，水文案件纠纷案件受案率100%，强化执法工作的严肃性和规范性。

七、水利市场管理

（一）水权制度建设

1988—2012年，乌拉特中旗水利建设市场管理实行统一管理、分级负责。

（二）供水价格管理

1988年，乌拉特中旗居民生活饮用水价格2元/吨。2001年，全旗居民生活饮用水价格进行第一次调整，由2元/吨调整为2.4元/吨。2008年，全旗居民生活饮用水价格进行第二次调整，由2.4元/吨调整为3.5元/吨。至2012年，全旗居民生活饮用水价格未再进行调整。

八、水土保持监督检查

1996年8月，乌拉特中旗水土保持监督检查站成立，与水土保持站一套人员，两块牌子。

1997—2001年，旗水土保持监督检查站根据上级监督执法工作安排，结合全旗实际情况，对全旗境内生产运行的各类生产建设项目，进行全覆盖监督检查。5年中，共督查各类生产建设项目106次，其中：省级部门检查11次，地级部门检查20次，旗级部门检查77次；参加各类宣传活动18次，散发各类宣传品1600余份；共缴纳水土保持补偿费19.2万元。

2002年，旗水土保持站根据《中华人民共和国水土保持法》及其实施条例的有关规定，按照《编制开发建设项目水土保持方案资格证书管理办法》，经考核、审查，取得丙级编制开发建设项目水土保持方案资格证书。同年，编制水土保持方案报告表3个；督查各类生产建设项目23次，其中：省级部门检查2次，地级部门检查5次，旗级部门检查16次；共审批生产建设项目方案12个，其中：省级部门审批5个，地级部门审批5个，旗级部门审批2个；年内参加各类宣传活动3次，散发各类宣传品300余份；共缴纳水土保持补偿费8.5万元。

2003年，旗水土保持站通过现场检查，听取生产建设单位汇报，查阅相关资料，对生产建设单位现场下达水土保持现场督查意见书，主要内容包括水土保持方案变更、报批、水土保持设计、防治措施实施情况、监理监测工作开展情况、水土保持补偿费的缴纳、水土保持设施验收等情况和历年监督检查意见的落实整改情况，认真了解了各生产建设单位落实水土保持法相关要求的情况，督促生产建设单位履行水土保持防治义务。同年，编制水土保持方案报告表4个；督查各类生产建设项目22次，其中：内蒙古自治区有关部门检查3次，巴彦淖尔市有关部门检查4次，旗级部门检查15次；参加各类宣传活动4次，散发各类宣传品450余份，共缴纳水土保持补偿费12.8万元。

2004年，编制水土流失方案报告表6个。督查各类生产建设项目27次，其中：内蒙古自治区有关部门检查4次，巴彦淖尔市有关部门检查5次，旗级部门检查18次；共审批生产建设项目方案9个，其中：内蒙古自治区有关部门审批4个，巴彦淖尔市有关部门审批4个，旗级部门审批1个；年内，参加各类宣传活动5次，散发各类宣传品500余份，共缴纳水土保持补偿费13.7万元。

2005—2012年，共督查各类生产建设项目178次，其中：内蒙古自治区有关部门检查21次，巴彦淖尔市有关部门检查32次，旗级部门检查125次；共审批生产建设项目方案94个，其中：内蒙古自治区有关部门审批39个，巴彦淖尔市有关部门审批40个，旗级部门审批15个；参加各类宣传活动26次，发放各类宣传品2700余份；共缴纳水土保持补偿费328万元。其中，2008年后，因编制方案资质不够，再未编制水土保持方案报告。

九、水产能力建设及管理

1988—2012年，乌拉特中旗水产管理部门为搞好全旗水库的经营管理，充分调动职工积极性，挖掘水库的潜力，决定成立乌拉特中旗天纯草原水库渔业有限公司，在各水库成立分公司，使水库经营实行公司化管理。此种运营模式有利于增加水库的投入，使全旗 10 座水库形成一盘棋，并使各个水库从苗种投入、捕捞、销售及科学技术的推广等形成一条龙，由总公司牵动，进一步增强水库抵御市场风险及水产品占领市场的能力。

2007 年，旗人民政府为加强全旗渔政执法队伍建设，提高依法行政能力，配备执法车一辆，同时配备了制式服装、摄像机、照相机、电脑、打印机等设备。同年，全旗有 3 座水库批准为无公害水产品生产基地，3 个鱼类品种被批准为无公害水产品。同年，全旗水库主管部门开始注册水库鱼类商标，由总公司统一运作并加大宣传力度，逐步使水库鱼类打入北京等高端市场，同时，统一当地市场的水库鱼价，体现优质优价。

2011 年，旗水产养殖管理部门利用国家项目购置渔政执法船，进一步提高渔政执法力度。

2012 年，牧羊海水库面积 1330 余公顷，是养殖草鱼、鲂鱼、河蟹的理想场所；同年，牧羊海牧场和水库管理部门增加投入，完善旅游设施，发展旅游业提高经济效益。开展集赏景、娱乐、餐饮、住宿、垂钓、避暑为一体的休闲渔业，形成“住在水边、食有水鲜、观景垂钓、观光游玩”的特色休闲渔业。

十、水利突发事件应急管理

（一）水库垮坝

1990 年，桑根达来水库遭遇大坝建成后所遇到的 100 年一遇（当时测定）洪水，大坝大规模垮掉，冲毁坝长 300 米，入库洪水洪峰流量 1390 立方米/秒。在特大洪水来临后，主坝即先冲毁，由于副坝偏离主河槽，免受洪水袭击。

（二）高温干旱

2011 年 乌拉特中旗山旱牧区降雨偏少，大部分地区出现不同程度旱情，加之后期持续高温，旱情持续发展，按照巴彦淖尔市防汛抗旱指挥部决定，从 2011 年 8 月 4 日起，乌拉特中旗山旱牧区全面启动抗旱二级应急响应，使旱灾损失降到最低。

（三）山洪灾害

2012 年 6 月 25 日夜至 28 日凌晨，乌拉特中旗普降中到大雨，其中石兰计、宏丰、乌加河、杭盖戈壁、温更、海流图一线降雨量最大，分别为 130 毫米、136.8 毫米、85.4 毫米、115.6 毫米、117.1 毫米、134 毫米。此次降雨是乌拉特中旗有气象资料记录以来范围最广、时间最长、雨量最大、成灾最为严重的一次降雨。降雨造成沿山一带遭受严重山洪灾害，全旗 11 座水库进洪，9 座水库溢洪，历史之罕见。针对以上突发事件，乌拉特中旗防汛指挥部立即启动防汛抢险应急预案，旗委、旗人民政府主要领导担任总指挥，及时召开抗洪救灾紧急调度会议，安排布置工作。旗委带领旗四大班子主要领导及相关部门分赴各苏木镇，亲临一线指挥防汛抗洪工作，及时深入抢险任务最紧急、灾情隐患最严重的乌加河镇和呼勒斯太苏木坐镇指挥。旗委、旗人民政府及时印发《关于启动全旗防汛预案的紧急通知》《全旗抗洪抢险紧急情况通报》，气象部门密切监测天气的变化动态，各苏木镇对危险地区群众实施安全转移，先后转移呼勒斯太苏木、乌加河镇及海流图镇城区、温更矿区等危险区域群众 7162 人，救援被困群众 6 人。同时，加强水库安全管理和水库调度，水库巡查员实行 24 小时值守、不间断巡查制度，每 15 分钟向指挥部报告各水库库情，发现问题及时预警、及时排除。在抗洪抢险中，全旗抽调驻旗军警部队战士 60 余人组成抢险救援小分队，奔赴受灾严重的苏木镇和嘎查村开展抗洪抢险，全旗所有机关单位干部职工及民兵应急分队人员分赴各险情点筑坝抢险。旗财政紧急拨付专项资金 300 万元，各苏木（镇）筹措资金 130 余万元，用于抢险应急救助。旗政府紧急购置棉被 150 套、救灾帐篷 20 顶，组织抢险机械 100 余台、沙袋 4 万个，全部调运到受灾苏木镇，为有效应对洪灾提供充足的物资保障。

第二十篇　工　业

◎ 机　　构
◎ 所有制结构
◎ 产业与行业结构
◎ 工业产值
◎ 综合管理
◎ 工业园区建设

第一章 机 构

第一节 经济商务和信息化局

1988 年,乌拉特中旗设有经济委员会,是全旗工业经济的行政主管部门,内设机构 5 个:办公室、工业科、生产技术股、审计股、政工股;实有干部职工 22 人,其中科级领导职数 5 人,一正四副。

1993 年 3 月,乌拉特中旗经济委员会更名为经济贸易委员会,正科级建制,行使国民经济和社会发展计划宏观管理和经济管理职能。

1995 年 1 月,乌拉特中旗经济贸易委员会与计划委员会合并,新成立乌拉特中旗计划经济贸易局,正科级建制,实有干部职工 24 人,其中科级领导职数 5 人,一正四副。

2002 年 4 月,乌拉特中旗计划经济贸易局分设,单独设立乌拉特中旗经济贸易局(挂乌拉特中旗粮食局、乌拉特中旗个体私营经济管理局牌子)和乌拉特中旗发展计划局。旗经济贸易局(乌拉特中旗粮食局、乌拉特中旗个体私营经济管理局)内设机构办公室、工业企业办公室、商业贸易办公室;局机关核定行政编制 12 名、工勤事业编制 2 名,实有干部职工 28 人,核定科级领导职数 8 人,一正七副。下设乌拉特中旗煤炭管理局。年末,个体私营经济管理局由旗经济贸易局划出,与旗乡镇企业局合署办公,旗经济贸易局不再挂个体私营经济管理局牌子。

2004 年,乌拉特中旗粮食局恢复成立,旗经济贸易局不再挂乌拉特中旗粮食局牌子。

2005 年 4 月,旗经济贸易局商务管理职能分出,旗经济贸易局更名为经济局。旗经济局内设机构 4 个:办公室、煤炭管理局、商业贸易管理办公室和安全生产监督管理局;局机关核定行政编制 28 名、工勤事业编制 2 名,实有干部职工 20 人,核定科级领导职数 8 人,一正七副。同年 10 月,乌拉特中旗安全生产监督管理局成立,隶属旗经济局管理。

2006 年 7 月,旗安全生产监督管理局由旗经济局分出,单独设立。

2010 年 3 月,旗经济局改组更名为经济商务和信息化局(挂乌拉特中旗粮食局牌子),内设机构 5 个:办公室、中小企业办公室、重点项目办公室、运行办公室、节能办公室,局机关核定行政编制 13 名、工勤事业编制 2 名,核定科级领导职数 6 人,一正五副(包括纪检组组长 1 人)。

至 2012 年底,旗经济商务和信息化局内设机构与人员编制未发生变化。

第二节 煤炭管理局

1991 年 5 月,乌拉特中旗煤炭管理局成立,隶属旗经济委员会,正科级建制。

1995 年 10 月,旗煤炭管理局与矿管站、黄金公司合并,成立乌拉特中旗地质矿产局。同年,旗地质矿产局实行行业归口管理,隶属巴彦淖尔盟地质矿产管理局管理,改称巴彦淖尔盟地质矿产管理局乌拉特中旗分局。

1997 年 5 月,乌拉特中旗地质矿产分局从巴彦淖尔盟地质矿产管理局中分出,另设独立机构。成立乌拉特中旗地质矿产局。

1999 年 4 月,乌拉特中旗地质矿产局煤炭管理部门归口乌拉特中旗计划经济贸易局管理,实有干部职工 8 人。

2002年9月,乌拉特中旗地质矿产局煤炭管理部门与乌拉特中旗安全生产监督管理局合署办公。

第三节　电业管理局

1997年,旗设有电业管理局,内设职能部门6个:综合部、生产部、财务部、安监部、营销部、企管办。有生产机构16个(输配电管理所、调度所、修试所、计量所、稽查所、大用户管理所、农电服务公司、楚鲁图供电所、甲胜盘供电所、巴音杭盖供电所、宏丰供电所、乌加河供电所、西羊场供电所、德岭山供电所、石哈河供电所、海流图供电所)。有“多经”公司1个(弘大送变电安装公司)。

2008年,旗电业管理局内设职能部门6个:安监部、生产部、营销部、综合部、财务部、企管办。有生产机构20个(调度所、大用户管理所、修试所、客户服务中心、农电服务公司、输配电管理所、海流图供电营业所、石哈河供电营业所、甲胜盘供电营业所、乌加河供电营业所、德岭山供电营业所、巴音杭盖供电营业所、西羊场供电营业所、宏丰供电营业所、楚鲁图供电营业所、巴音乌兰供电所、稽查清欠所、运行所、计量所、机关事务中心)。有“多经”公司1个(弘大送变电安装公司)。

2009年,旗电业管理局内设职能部门6个:综合管理部、财务部、市场营销部、生产部、纪检监察部、安全监督部。有生产机构18个(调通信息所、变电管理所、输电管理所、大用户管理所、物资供应公司、客户服务中心、用电检查所、电能计量所、宏丰供电所、乌加河供电所、德岭山供电所、西羊场供电所、楚鲁图供电所、石哈河供电所、海流图供电所、巴音杭盖供电所、温莱供电所、甲胜盘供电所)。有“多经”公司1个(弘大送变电安装公司)。

2010年,旗电业管理局内设职能部门6个:综合管理部、财务部、市场营销部、生产部、纪检监察部、安全监督部)。有生产机构20个(调通信息所、变电管理所、输电管理所、大用户管理所、物资供应公司、客户服务中心、用电检查、电能计量所、农电服务公司、宏丰供电所、乌加河供电所、德岭山供电所、西羊场供电所、楚鲁图供电所、石哈河供电所、海流图供电所、巴音杭盖供电所、温莱供电所、甲胜盘供电所、巴音乌兰供电所)。有“多经”公司1个(弘大送变电安装公司)。

2012年,旗电业管理局内设职能部门7个:综合部、财务部、市场营销部、生产部、计划基建部、纪检监察部、安全监督部。有生产机构23个(信通中心、调度所、变电修试所、变电运行所、输电管理所、大用户所、物资供应公司、客户服务中心、稽查所、电能计量中心、农电服务公司、宏丰供电所、乌加河供电所、德岭山供电所、西羊场供电所、楚鲁图供电所、石哈河供电所、海流图供电所、巴音乌兰供电所、巴音杭盖供电所、甘其毛都供电所、温莱供电所、甲胜盘供电所)。有“多经”公司1个(弘大送变电安装公司)。

第四节　安全生产监督局

2006年7月21日,乌拉特中旗安全生产监督管理局(以下简称“安监局”)正式成立,隶属旗经济局,内设机构3个:办公室、监督管理一室、监督管理二室;核定事业编制8名,领导职数3个,一正二副。

2008年8月,旗安监局独立设置,为旗人民政府直属相当科级事业单位,核定领导职数3名。一正二副,人员内部调剂解决,不另增编。

2010年8月,旗安监局被列入乌拉特中旗行政序列,属行政执法部门。

2012年,旗安监局内设机构7个:办公室、非煤矿山股、危险化学品股、综合一室、综合二室、职业卫生股、应急救援管理股,另设有安全监管执法大队和3个基层安监站。全局核定行政编制9名、工勤编制1名,实有在职人员36人,核定科级领导职数3人,一正二副。

第二章　所有制结构

第一节　国有独资与控股企业

1988 年，乌拉特中旗经济委员会管辖的工业企业共有 44 户，其中国有制工业企业有 16 户：温更煤矿、巴音胡都格煤矿、铬镁矿、石哈河金矿、副食品加工厂、饲料公司、物资供应站、印刷厂、供电局、水泥厂、牧机服务队、汽修厂、巴彦淖尔盟牧羊海石墨矿、乌加河粮食加工厂、石哈河粮食加工厂、中心粮站综合加工厂。

1994 年，旗经济贸易委员会管辖的国有和国有控股工业企业 16 户：温更煤矿、巴音胡都格煤矿、铬镁矿、宏丰乡扶贫福利砖厂、海燕集团、副食品加工厂、饲料公司、物资供应站、印刷厂、供电局、水泥厂、牧机服务队、汽修厂、巴彦淖尔盟牧羊海石墨矿、乌加河粮食加工厂、石哈河粮食加工厂。

1994—1998 年，全旗工业企业开始改制。其中 1994—1996 年为第一阶段：旗工业企业以股份制和股份合作制为首选机制，商贸企业以国有民营和公有民营为主要形式。改造比较成功和彻底的企业有 28 户。1996—1998 年为第二阶段：按照中共巴彦淖尔盟委员会、盟行政公署关于将所有国有、集体企业转为民有民营的改制要求，中共乌拉特中旗委员会（以下简称“旗委”）、旗人民政府制定出台《乌拉特中旗企业改制方案》，派出 6 个改制工作组进驻旗属 52 户工业商贸企业，全部铺开改制工作。

至 1999 年底，全旗所有工业企业（不包括旗自来水公司）改制工作基本结束。

2010 年，旗经济商务和信息化局管辖的国有和国有控股工业企业有 9 户：内蒙古太平矿业有限公司、中原油田分公司内蒙古采油事业部、内蒙古乌拉特中旗电力有限责任公司、巴彦淖尔乌拉特中旗富汇风能电力有限公司、山西漳泽电力股份有限公司内蒙古乌拉特中旗风力发电厂、国华协合（巴彦淖尔）风电有限公司、龙源（巴彦淖尔）风力发电有限责任公司、乌拉特中旗鲁能风电有限责任公司、内蒙古京能乌兰伊力更风力发电有限责任公司。

至 2012 年底，旗经济商务和信息化局管辖的国有和国有控股工业企业未发生变化。

第二节　集体所有制企业

1988 年，旗经济委员会管辖的工业企业共有 44 户，其中集体所有制工业企业有 28 户：温更苏木煤矿、石哈河乡金矿、双盛美乡金矿、新忽热苏木金矿、乌兰苏木金矿、石哈河乡榨油厂、德岭山乡石墨矿、乌加河饲料加工厂、绒毛厂、桑根达来绒毛厂、呼勒斯太砂石厂、石哈河修配厂、石兰计乡榨油厂、民族服装厂、民族用品厂、皮毛厂、木器厂、地毯厂、乌加河地毯厂、塑料厂、砖瓦厂、综合厂、乌加河镇砖瓦厂、乌梁素太乡砖瓦厂、五金厂、牧具厂、海镇综合厂、乌加河镇修配厂。

1994 年，旗经济贸易委员会管辖的集体所有制工业企业 32 户。同年，全旗工业企业开始改制工作，随着工业经济体制改革的推进，集体工业企业先后拍卖或被股份制企业收购，旧的生产经营形式被新的生产关系所代替。

1998 年，内蒙古乌拉特中旗图古日格金矿成立，集体所有制性质，为全旗仅有的一户集体所有制工业企业。

2012 年，旗经济商务和信息化局管辖的集体所有制工业企业有 1 户：内蒙古乌拉特中旗图古日格金矿。

第三节　个体私营企业

1988 年，乌拉特中旗仅有极少数城乡个体私营工商户，无个体私营工业企业。

1994 年，随着市场经济的确立和不断完善，个体私营工业企业向多行业深层次发展，全旗有私营工业企业 17 户。

2000 年，全旗个体私营工业企业发展到 555 户，个体私营工业企业经过 20 余年成长壮大，有些已发展到一定规模，其中规模以上工业企业有 29 户。

2012 年，全旗个体私营工业企业发展到 692 户，其中规模以上工业企业有 29 户：内蒙古乌拉特中旗海燕实业有限责任公司、内蒙古温明矿业集团有限责任公司、乌拉特中旗大安鑫海工贸有限公司、乌拉特中旗高塔梁原生有机食品有限责任公司、乌拉特中旗金源矿业有限责任公司、内蒙古五佳河生物科技发展有限公司、内蒙古河套酒业集团乌拉特有限责任公司、内蒙古莱富矿业有限责任公司、乌拉特中旗常兴铁矿、内蒙古乌拉特中旗索伦肉类食品有限责任公司、内蒙古乌中旗金鑫冶炼有限责任公司、内蒙古乌拉特中旗广信矿冶有限责任公司、内蒙古乌拉特中旗祥泰矿业有限责任公司、内蒙古希里科硅材料有限公司、乌中旗银泰铁合金有限责任公司、乌拉特中旗甲胜盘铅锌硫铁矿业开发有限责任公司、内蒙古乌拉特中旗荣华矿业有限责任公司、内蒙古乌拉特中旗恒源矿业有限责任公司、内蒙古乌中旗永旺铁合金有限责任公司、巴彦淖尔普兴矿业有限责任公司、乌拉特中旗嘉诚化工有限责任公、乌拉特中旗大公热力有限责任公司、乌拉特中旗新牛工贸有限责任公司、乌拉特中旗聚鑫源化工有限责任公司、乌拉特中旗毅腾矿业有限责任公司、乌中旗恒运矿业有限责任公司、乌拉特中旗恒远矿业有限责任公司、巴彦淖尔市昌隆煤业有限公司、乌拉特中旗普盛洗煤厂。

第三章 产业与行业结构

第一节 基本情况

1988—1993 年,乌拉特中旗工业按产业结构划分,可分为 9 类:采选业、食品加工及制造业、纺织工业、家具制造业、印刷业、机械工业、塑料制品业、矿物制品业、电力和水生产供应业。按独立核算企业划分,行业结构可分为 16 个:煤炭采选业、黑色金属采选业、有色金属采选业、建筑材料及非金属采选业、电力供应业、机械修造业、食品加工业、饲料加工业、纺织业、缝纫业、皮革皮毛加工业、家具制造业、印刷业、工艺美术制品业、塑料制品业、自来水供应业。

1994 年,全旗工业产业结构大体不变。按独立核算企业划分,行业结构可分为 16 个:煤炭采选业,黑色金属矿采选业,有色金属矿采选业,非金属矿采选企业,食品加工业,粮食供应业,饮料制造业,服装及其他纤维制品加工业,皮革、毛皮、羽绒制品加工业,家具制造业,文教体育用品加工业,建材业,黑色金属冶炼及压延加工业,机械修造业,电力供应业,自来水供应业。

2002—2003 年,全旗工业产业结构主要可分为 5 类:轻纺食品业、冶金矿山业、煤炭建材业、电业、石油业;按独立核算企业划分,行业结构可分为 17 个:食品加工业、肉食品加工业、磨粉业、酿酒业、矿泉水加工业、毛纺业、服装加工业、制鞋业、黑色金属矿采选业、黑色金属冶炼业、有色金属矿采选业、煤炭开采业、非金属矿采选业、建材业、石油开采业、电业、自来水供应业。

2004—2005 年,全旗工业产业结构主要可分为 5 类:采掘业、轻纺食品业、矿物制造业、电业、水生产供应业;按独立核算企业划分,行业结构可分为 17 个:煤炭开采业、石油开采业、黑色金属矿采选业、有色金属矿采选业、非金属矿采选业、食品加工业、肉类加工业、粮油加工业、白酒酿造业、饮料制造业、毛绒加工业、皮革皮毛加工业、冶炼业、化学原料制造、非金属矿物制造、电业、自来水供应业。

2008—2009 年,全旗工业产业结构可分 5 类:农畜产品加工业、采矿工业、化学冶金工业、电力生产、供应业。按独立核算企业划分,行业结构可分为 13 个:煤炭开采和洗选业、石油开采业、黑色金属矿采选业、有色金属矿采选业、农副食品加工业、饮料制造业、纺织业、皮革皮毛及其制品业、化学原料及化学制品制造业、非金属矿物制造业、黑色金属冶炼及压延加工业、电力热力供应业、自来水供应业。

2010 年,全旗工业产业结构可分为五大产业:现代煤化工业、矿山冶金业、农畜产品加工业、电力生产和供应业、装备制造业;按独立核算企业划分,行业结构可分为 42 个,其中现代煤化工企业 6 个、矿山及冶金企业 19 个、农畜产品加工企业 5 个、电力生产和供应业企业 7 个、装备制造业企业 4 个、建材业 1 个。

2012 年,全旗工业产业结构可分为五大产业:现代煤化工业、矿山冶金业、农畜产品加工业、电力生产和供应业、装备制造业;其中现代煤化工企业 6 个、矿山及冶金企业 31 个、电力生产和供应业企业 8 个。

第二节 现代煤化工业

1988 年，乌拉特中旗有独立核算煤化工业企业 4 户。其中，煤炭采选企业 3 户（温更煤矿、温更苏木煤矿、巴音胡都格煤矿），塑料制品企业 1 户（塑料厂）。

1994 年，全旗有独立核算煤化工业企业 7 户。其中，煤炭采选企业 6 户（温更煤矿、巴音呼都格煤矿、温更镇煤矿一矿、温更镇煤矿二矿、温更镇煤矿三矿、温更镇韩五拉煤矿），塑料制品企业 1 户（塑料厂）。

2002 年，全旗有独立核算煤化工业企业 4 户。其中，煤炭采选 3 户（主要企业是乌拉特中旗温明矿业有限责任公司），原煤生产能力 18 万吨；塑料制品企业 1 户。

2004 年，全旗有独立核算煤化工业企业 5 户。其中，煤炭采选 1 户（乌拉特中旗温明矿业有限责任公司），原煤生产能力 25 万吨；化学原料制造企业 3 户（主要有永兴矿业有限责任公司和正轩化工公司）；炼焦及塑料制品企业 1 户（乌拉山化肥有限责任公司中旗焦化分公司）。

2010 年，全旗煤化工产业迅速扩张，其中，煤炭采选企业 6 户（主要企业有温明矿业有限责任公司、毅腾、普兴、莱富等），煤炭生产能力达到 100 万吨，洗煤生产能力达到 1600 万吨。

2012 年，全旗有独立核算煤化工业企业 7 户，其中煤炭采选企业 2 户（主要企业有温明矿业有限责任公司、内蒙古莱富矿业有限责任公司）。

第三节 矿山冶金业

1988 年，乌拉特中旗有独立核算矿山冶金业企业 7 户。其中，黑色金属采选业 1 户（铬镁矿）；有色金属采选业 5 户（石哈河金矿、石哈河乡金矿、双盛美乡金矿、新忽热苏木金矿、乌兰苏木金矿）；非金属采选业 1 户（德岭山乡石墨矿），当年，全旗矿山冶金业企业有从业人员 109 人。

1994 年，全旗有独立核算矿山冶金业企业 11 户，其中黑色金属矿采选业 5 户（海燕集团总公司、铬镁矿、桑根达来铬铁矿、巴音苏木铬铁矿、部北磁铁采选矿）、有色金属矿采选企业 1 户（新忽热金矿）、非金属矿采选企业 3 户（乌拉特中旗铁厂、新忽热萤石矿、牧羊海碳素石墨厂）、黑色金属冶炼及压延加工业 2 户（铬铁合金厂、呼勒斯太硅厂）。

2002 年，全旗有独立核算黑色金属矿采选企业 3 户，其中，铁矿采选业 2 户（主要企业有乌拉特中旗海燕实业有限责任公司和常兴铁矿）、铬矿采选业 1 户（主要企业有永兴矿业开发有限公司）。有独立核算黑色金属冶炼企业 3 户，其中铁合金冶炼 2 户、炼铁业 1 户（主要企业有乌拉特中旗华盛铁合金有限责任公司），主要产品产量为年产生铁 2250 吨、铁合金 4405 吨。有独立核算有色金属矿采选企业 4 户，其中铅锌矿采选业 2 户、金矿采选业 2 户（主要企业有天宝矿业有限责任公司，精华矿业有限责任公司、核工业内蒙古图古日格金矿、海辰金矿）。有石油工业企业 1 户（中原油田西北勘探开发处川井区），年开采原油 2000 吨左右。有非金属矿采选企业 1 户（德岭山镇石墨厂），主要产品产量为年产石墨 1706 吨。

2004 年，全旗有独立核算矿山冶金业企业 19 户。其中，石油开采企业 1 户（中原油田川井工区），年产原油 5 万吨；黑色金属矿采选企业 5 户（主要企业海燕实业有限责任公司、常兴铁矿、江达矿业有限责任公司、祥泰矿业有限责任公司、晋磊鑫磁铁矿），年产铁精粉 15 万吨；有色金属矿采选企业 3 户（主要企业有天宝矿业有限责任公司、核工业内蒙古图古日格金矿、核工业内蒙古祥瑞金矿);非金属矿采选企业2户(永耀矿业有限公司、德岭山镇石墨厂),黑色金属冶炼及压延加工企业8户(主要有荣华矿业有限责任公司,金诺化工有限责任公司、金鑫冶炼有限责任公司、恒源矿业有限责任公司、银泰铁合金有限责任公司、内蒙古希里科硅材料有限责任公司等)。

2008年,全旗有独立核算矿山冶金业企业52户(主要企业有莱富、温明、天宝公司、图古日格、中原油田采油事业部、永兴、常兴铁矿、海燕、鑫龙、广信、祥泰、聚鑫源、莱富、金诺、永旺、恒源、金鑫、荣华、银泰等),其中,黑色金属矿采选业企业36户,主要产品年产能力达到200万吨;有色金属矿采选企业3户,主要产品年产能力达到60万吨;化学冶金工业包括化学原料制造业1户,主要产品年产能力达到10万吨;黑色金属冶炼企业12户,主要产品生产能力达到4万吨。

2010年,全旗有独立核算矿山冶金业企业19户(主要企业有海燕、广信、元猛、常兴铁矿、图古日格、宁夏太平公司、天宝、远鑫等),其中,黑色金属矿采选企业6户,有色金属矿采选企业1户,黑色金属冶炼及压延加工企业9户,有色金属冶炼及压延加工企业3户;形成年产12万吨原油、4吨黄金、60万吨铅锌矿采选、150万吨铁矿石的采选生产能力。

2012年,全旗有独立核算矿山冶金工业企业20户(主要企业有内蒙古乌拉特中旗海燕实业有限责任公司、乌拉特中旗金源矿业有限责任公司、乌拉特中旗大安鑫海工贸有限公司、内蒙古太平矿业有限公司、常兴铁矿、金鑫冶炼有限责任公司、祥泰矿业、银泰铁合金、荣华矿业、恒源矿业、永旺铁合金、图古日格金矿、恒运矿业、中原油田分公司内蒙古采油事业部、元猛矿业等),其中,黑色金属矿采选企业6户,有色金属矿采选企业2户,黑色金属冶炼及压延加工企业9户,有色金属冶炼及压延加工企业3户;形成15万吨原油、6吨黄金、63万吨铅锌矿采选、175万吨铁矿石的采选生产能力。

第四节 农畜产品加工业

1988年,乌拉特中旗有独立核算农畜产品加工业企业8户,其中食品制造业6户(副食品加工厂、石哈河榨油厂、石兰计乡榨油厂、乌加河粮食加工厂、石哈河粮食加工厂、中心粮站综合加工厂)、饲料工业2户(饲料公司、乌加河饲料加工厂)。

1994年,全旗有独立核算农畜产品加工业企业10户,其中,食品加工业9户(旗副食品加工厂、饲料公司、德岭山淀粉厂、乌加河面粉加工厂、海流图镇富士达肉类食品加工厂、乌加河生肉食品加工厂、巴音苏木宏伟肉联厂、中心粮站、乌加河粮站),饮料加工业1户(饮食品总公司)。

2002年,全旗有独立核算农畜产品加工业企业10户(主要企业有乌拉特中旗索伦肉食品有限责任公司、和兴粮油加工厂、德岭山振乾面粉厂、河套酒业集团乌拉特有限责任公司、希热饮食品公司),其中食品加工企业5户、肉食品加工业1户、磨粉业2户、酿酒业1户、天然矿泉水厂1户。

2010年,全旗有独立核算农畜产品加工业企业5户,其中,农副食品加工企业3户,年产副食品1.5万吨;食品制造企业1户,年产食品2万吨;饮料生产企业1户,年产饮料与矿泉水2000吨。

第五节 电力生产供应业

1988年,乌拉特中旗有独立核算电力供应业企业1户,乌拉特中旗供电局。

1994—2003年,全旗有独立核算电力供应业企业1户,乌拉特中旗农电局。

2004年,全旗有独立核算电力供应业企业1户,乌拉特中旗电力有限责任公司。

2007年,全旗大力发展风力发电工业,积极引进发电企业13户,全部开展测风工作,其中核准风力发电企业5户，核准规模达39.13万千瓦。

2010年，全旗有独立核算电力生产与供应业企业7户，其中电力生产业企业6户（巴彦淖尔乌拉特中旗富汇风能电力有限公司、龙源（巴彦淖尔）风力发电有限责任公司、国华巴彦淖尔（乌拉特中旗）风电有限公司、山西漳泽电力股份有限公司、内蒙古京能乌兰伊力更风力发电有限责任公司、乌拉特中旗鲁能风电有限责任公司，风电装机容量为95万千瓦，累计发电量29.44亿千瓦时。

2012年，全旗有独立核算电力生产与供应业企业7户，其中电力生产业企业6户（巴彦淖尔乌拉特中旗富汇风能电力有限公司、龙源（巴彦淖尔）风力发电有限责任公司、国华巴彦淖尔（乌拉特中旗）风电有限公司、国家电投集团乌拉特中旗新能源发电有限公司、内蒙古京能乌兰伊力更风力发电有限责任公司、乌拉特中旗鲁能风电有限责任公司，风电装机容量达到105万千瓦，累计发电71.38亿千瓦时；为全旗供电57115.41万千瓦时。

第六节　装备制造业

1988年，乌拉特中旗有独立核算机械修造业企业6户（汽修厂、牧机服务队、五金厂、牧具厂、乌加河镇修配厂、石哈河修配厂）。1994年，乌拉特中旗有独立核算机械修造业企业4户（汽修厂、综合厂、牧具厂、海流图镇挂帘厂）。2010年，乌拉特中旗引进装备制造业企业4户（华锐风机组装、中科宇能风叶、济南箱变、天力塔筒风机），至年底，全旗有装备制造业企业4户。

第七节　建材业

1988年，乌拉特中旗有独立核算建材业企业2户（呼勒斯太砂石厂、乌拉特中旗水泥厂）。

1994年，全旗有独立核算建材业企业16户（乌拉特中旗砖瓦厂、宏丰乡砖厂、石兰计沙石场、德岭山沙石场、温更沙石场、海流图镇沙石场、乌加河沙石厂川井苏木砖厂、新忽热苏木砖厂、乌加河砖厂、乌梁素太砖厂、呼勒斯太石灰石厂、温更镇孤山砖厂、乌梁素太鲁大湾砖厂、德岭山乌不浪口砖厂、牧羊海耐火材料厂、水泥厂）。

2002年，全旗有独立核算建材业企业15户（主要企业有海流图镇砂石场、乌加河镇砂石场、乌梁素太砂石场、德岭山镇砂石场、呼勒斯太砂石场、德岭山镇石墨厂等），其中，土砂石开采企业5户，砖瓦制品企业5户，石墨采选业1户，水泥制品企业3户，建筑用石加工企业1户。主要产品土砂石采选55万吨、石墨1706吨、水泥产量1.5万吨，熟料1.29万吨。

2004年，全旗有独立核算建材业企业13户（主要企业有海流图镇砂石场、乌梁素太砂石场、德岭山镇砂石场、丹拉高速公路乌中旗砂石料场、旗砖瓦厂、德岭山镇石墨厂、旗水泥厂、乌梁素太砖厂等）。

2010年，乌拉特中旗引进新龙源2万立方米花岗岩开采项目，并对全旗砂石、骨料企业进行兼并重组。

第八节　其他行业

一、纺织品加工业

1988年，乌拉特中旗有独立核算纺织品加工企业5户，其中，绒毛制品企业2户（乌拉特中旗绒毛厂、桑根达来绒毛厂），服装加工企业1户（乌拉特中旗民族服装厂），皮革皮毛加工企业2户（乌拉特中旗皮毛厂、民族用品厂)。

1994年,全旗有独立核算纺织品加工企业4户,其中服装及其他纤维制品加工企业1户(海流图镇宏图服装加工厂),皮革、毛皮、羽绒及其制品业3户(海流图镇三中富皮革厂、海流图镇888毛绒有限公司、毛绒纺织总公司)。

2002年,全旗有独立核算轻纺工业企业5户(主要企业有维信二郎山毛绒纺织有限公司、昌原皮革皮毛有限责任公司),其中毛纺业2户、服装制造业2户、皮鞋制造业1户。主要工业产品产量有:无毛绒79吨,皮鞋2.58万双,服装16.34万件。

2004年,全旗有独立核算轻纺工业企业4户,其中纺织企业3户、皮革皮毛加工企业1户,产品产量有:无毛绒79吨,皮鞋2.58万双,服装16.34万件。

二、家具制造业

1988年,乌拉特中旗有独立核算家具制造企业2户(主要有乌拉特中旗木器厂)。1994年,全旗有独立核算家具制造企业2户(海流图镇信誉家具厂、海流图镇镇南家具厂)。2004年,全旗有独立核算家具制造企业1户。

三、印刷业

1988年,乌拉特中旗有独立核算印刷企业1户(海流图镇印刷厂)。

1994年,全旗有独立核算印刷和文体用品制造企业2户,其中,印刷企业1户(海流图镇新城印刷厂),文体用品制造企业1户(海流图镇综合厂)。

四、地毯业

1988年,乌拉特中旗有独立核算地毯企业2户(乌拉特中旗地毯厂、乌加河地毯厂)。

第四章　工业产值与规模以上工业企业产值

第一节　工业总产值

1988—2007 年，乌拉特中旗工业总产值统计数据缺失，2008—2012 年乌拉特中旗工业总产值情况详见表 20－1。

2008—2012 年乌拉特中旗工业总产值统计表

表 20－1

项目 \ 年份		2008 年	2009 年	2010 年	2011 年	2012 年
工业户数（个）		600	624	601	685	692
其中	规模以上（个）	29	37	40	39	40
	规模以下（个）	36	47	35	40	46
	个体企业（个）	535	540	526	606	606
全部工业总产值（万元）		531086	6714574	1111544	1919997	1654886
其中	规模以上（万元）	486337	6686699	1070075	1756867	1339844
	规模以下（万元）	32712	15359	15536	129477	280063
	个体企业（万元）	12037	12516	25933	33653	34979
全部工业增加值（万元）		194902	266513	416500	667188	687940
其中	规模以上（万元）	175361	254226	393402	649443	501071
	规模以下（万元）	14356	7679	8653	14080	166232
	个体企业（万元）	5185	4608	14445	3665	20637

第二节　规模以上工业企业产值

1998—2006 年，规模以上工业是指全部国有及年主营业务收入达到 500 万元及以上的非国有工业法人企业。

2007—2010 年，规模以上工业是指年主营业务收入达到 500 万元及以上的工业法人企业；年主营业务收入不足 500 万元的国有工业法人企业不再作为规模以上工业统计范围。

2011 年 3 月 8 日起，规模以上工业是指年主营业务收入达到 2000 万元及以上，固定资产投资项目计划总投资额达到 500 万元及以上的工业法人企业和个体工业经营户。

2008—2012 年乌拉特中旗规模以上工业企业产值情况统计表

表 20－2

项目 \ 年份	2008 年	2009 年	2010 年	2011 年	2012 年
企业户数（个）	29	37	40	39	40
总产值（万元）	486337	6686699	1070075	1756867	1339844
增加值（万元）	175361	254226	393402	649443	501071

第五章　综合管理

第一节　行政管理

1988—2012 年，乌拉特中旗工业管理部门认真贯彻“全党抓经济，重点抓工业，突出抓效益”指导方针和“工业强旗”发展战略，坚持以资源为优势，以市场为导向，以项目为载体，以招商引资为切入点，优化增量，扩张总量，努力实现工业经济提速增效，促使牧业大旗向工业强旗转变。

第二节　企业管理

1988—2012 年，旗工业管理部门应势而上，多措并举，创新企业管理，扶持中小企业坚定信念、攻坚克难，优化中小企业发展环境。加强和规范中小型企业各类专项资金项目管理，发挥专项资金引导作用，提高资金使用效益。建立健全中小企业公共服务平台，将其作为向小企业提供帮助的切入点，建立健全包括政策信息、技术信息、市场信息在内的中小企业信息网络和信息发布渠道，提高中小企业获得信息和开发信息能力，提供专利技术、技术咨询，进行技术交流、技术合作攻关、开展技术人才培训等，为中小企业蓬勃发展创造良好的环境。

第三节　生产经营管理

2012 年，旗工业管理部门根据旗委、旗人民政府先后制定出台《乌拉特中旗加快工业发展意见》《全旗经济环境综合治理意见》等一系列扶持工业经济、促进企业发展的保障制度，对骨干支柱企业，给予政策的倾斜，对能够明显拉动全旗经济的企业，实行财政返还制，对重点企业实行挂牌保护制，对新办企业实行“直通车”服务，对企业的技改项目集中扶持。同时，及时清理、废止不利于企业发展的政策。

第四节　劳动人事管理

1988—1999 年，乌拉特中旗境内国有企业劳动人事工作由旗经济委员会主管，企业人事任免由旗经济委员会研究后上报旗委批准任命，企业用工由旗劳动人事主管部门负责。旗境内私营企业的劳动人事工作由企业自主决定。

2000—2012 年，乌拉特中旗境内国有企业劳动人事工作由旗经济委员会主管，企业人事任免由旗经济委员会研究后上报旗委批准任命，旗境内国有企业改制完成后，各企业用工由企业自主决定，旗人事劳动部门通过代培等方式为企业培养合格人才，并履行劳动合同监管职责；旗境内私营企业的劳动人事工作由企业自主决定。

第五节　财务管理

1988—1999 年，乌拉特中旗各工业企业在会计制度改革中，实行会计模式转换，由原工厂成本核算方式转变为制造成本核算方式。为适应新的会计制度改革，全旗各工业企业举办多种形式学习班、培训班，对财会人员进行业务培训。将原有的事后反应、事后监督的核算职能转变为反映监督贯穿于整个核算过程中，利用财务管理数据及时控制产品成本、生产费用、利润盈亏，为企业生产提供决策依据。

1999 年，国家为扶持大中型企业，出台债权转股权等新政策，乌拉特中旗各工业企业财务部门及时提供相关财务数据资料，保证转股政策的顺利进行。

2000—2012 年，全旗工业企业开展以低耗高效、安全生产为主要内容的升级达标管理活动，各企业财务部门发挥重要作用，促进企业生产经营的发展。与此同时，应用各种信息技术，提高计算机和网络普及应用程度，用信息手段改造传统的财务管理，利用网上平台逐步实现企业财务管理的现代化和信息化。

第六节　产品质量管理

1988—2004 年，乌拉特中旗国营企业改制前，产品质量除各企业自行监管外，主要由旗经济委员会（计划经济贸易局、经济贸易局）、工商行政管理局、质量技术监督局等部门共同监管，各质量监管部门按照各自工作要求，及时组织各企业加强对《中华人民共和国产品质量法》（1994 年颁布）学习，对各企业质量检验人员进行定期培训，进行业务考核，加强对产品质量的严格把关。

2005—2012 年，旗境内国营企业改制完成后，产品质量除各企业自行监管外，主要由旗质量技术监督局负责监管。

第七节　安全生产监督管理

2002 年 9 月，乌拉特中旗安全生产监督管理局成立，负责旗境内安全生产监督管理工作。

2003—2012 年，旗安全生产监督管理局积极贯彻“标本兼治、重在治本”的方针，制定一批指导整顿和规范市场经济的规章制度，为依法开展工作提供依据，从讲政治、保稳定、促发展的高度出发，加大安全生产宣传教育和培训力度，开展安全生产大检查和安全生产专项治理。

第六章　工业园区建设

第一节　管理机构

2003 年,乌拉特中旗金泉工业园区设立。

2005 年,乌拉特中旗金泉工业园区成为巴彦淖尔市工业园区,乌拉特中旗金泉工业园区更名为巴彦淖尔市甘其毛道口岸加工园区(基地)。巴彦淖尔市甘其毛道口岸加工园区(基地)管理机构为巴彦淖尔市甘其毛道口岸加工园区(基地)管委会,是巴彦淖尔市人民政府下设的事业单位,正处级建制,内设机构 3 个:综合管理科、经济发展科、规划建设科,核定事业编制 12 名,设主任 1 人(由乌拉特中旗旗长兼任)、常务副主任 1 人、专职副主任 2 人,各科设科长 1 人。

2010 年,巴彦淖尔市甘其毛都口岸加工园区(基地)被内蒙古自治区人民政府列为"沿黄沿线经济带重点工业园区"。

2011 年,巴彦淖尔市甘其毛都口岸加工园区(基地)成为"双百亿"工程重点工业园区。同年,升级为自治区级工业园区。

2012 年,巴彦淖尔市甘其毛都口岸加工园区被自治区人民政府列为第六批工业循环经济试点示范园区。核定事业编制 12 名,设主任 1 人(由乌拉特中旗人民政府旗长兼任)、常务副主任 1 人、专职副主任 2 人。同年底,被自治区商务厅认定为自治区第一批进口煤炭落地加工基地。

第二节　发展定位

园区的功能定位是依托甘其毛都口岸,对境外资源实施落地加工。至 2012 年底,园区产业主要包括煤化工产业、金属冶炼产业、能源产业及综合利用产业,未来将重点发展能源化工及冶金产业,并将园区规划建设成为以煤炭综合利用产业、有色金属冶炼加工为主导的国家级进口战略资源加工基地,构筑完善的工业循环经济产业链,逐步打造成自治区现代煤化工生产示范基地及有色金属生产加工基地。

甘其毛都口岸是巴彦淖尔市唯一的常年开放口岸,毗邻的蒙古国南戈壁省矿产资源丰富,特别是煤、铜资源,距口岸 245 千米塔本陶勒盖煤矿探明储量 64 亿吨,其中主焦煤 18 亿吨,属优质冶金炼焦煤,主焦煤的主要特点是低灰、低硫,在我国除山西柳林地区拥有之外,其他地区很稀少;距口岸 85 千米奥云陶勒盖铜矿铜储量 3000 万吨,同时伴生金、银、锌、铁、钼等其他矿产资源。南戈壁省资源丰富,但资源深加工条件不足,甘其毛都口岸是运输蒙古国南戈壁省煤、铜等矿产资源的最佳通道,而园区是最佳的资源承接加工基地。甘其毛都口岸加工园区(基地)将成为内蒙古自治区重要的新型重化工基地和全国最大的承接蒙古国矿产资源加工基地。

第三节　经济环境建设

一、总体规划

园区总体规划、产业规划、区域环评、水土保持、水资源论证、土地利用规划等均已经自治区主管部门批复。园区总体规划(至2020年)23.88平方千米，近期规划(至2015年)16平方千米，发展期(至2030年)50平方千米。至2012年底，园区已建成区域东至经八路；南至中轴路；西至园区引路；北至纬一路，总面积12平方千米。

二、位置面积

甘其毛都口岸加工园区(基地)位于内蒙古自治区巴彦淖尔市乌拉特中旗德岭山镇乌不浪口附近，距甘其毛都口岸160千米，距巴彦淖尔市临河区131千米，距包头市189千米，基本处于三地中心位置，经济辐射区域较广。

三、基础设施建设

2003—2012年，甘其毛都口岸加工园区(基地)累计完成基础设施投资7.33亿元，建成道路40千米，完成绿化60万平方米；建成500千伏超高压变电站、220千伏变电站各1座、110千伏变电站3座、35千伏变电站2座；启动日处理3万吨、回用2万吨污水处理厂建设；建成日供水1万吨的自来水工程；安装路灯284基，交通信号灯(红绿灯)3组16基，安装100千伏安相变7台，完成硬化面积约2万平方米，新建防洪渠3.4千米。

甘其毛都口岸加工园区(基地)立足口岸煤、铜等进口资源，以建设国家级引进境外资源战略加工基地为目标，按照煤—焦—化—电、矸石—热电—冶金—建材两个主导产业链条，积极引进相关的企业和项目，建设自治区重要的煤焦化和铜冶炼产业基地。引进的神华巴能公司已完成洗煤—炼焦—焦炉煤气制甲醇的产业链的建设和投产，实现境外煤炭资源就地转化，为园区进一步延伸煤化工产业链、建设精细化工产业打下坚实的基础，同时也为园区的冶金产业、能源产业的建设和发展创造条件。同时目前园区已经建成投产的2270万吨/年的洗选煤生产能力是发展能源产业的基础，为能源产业提供丰富的燃料来源。为打造资源能源综合利用水平更高的循环经济产业链、进一步提高园区龙头企业的综合竞争力，园区计划引进祥光22万吨铜冶炼项目、神东低热值煤发电项目等，不断构筑完善产业链。

从建园起到2012年底，园区共引进项目31项，累计完成固定资产投资77.33亿元，其中工业项目投资63.9亿元。

园区引进的大项目主要有神华巴彦淖尔能源公司1200万吨/年洗煤、720万吨/年焦化、72万吨/年甲醇项目、乌拉特中旗毅腾矿业有限责任公司600万吨/年洗煤项目、巴彦淖尔市普盛洗煤有限责任公司200万吨/年洗煤项目、巴彦淖尔普兴矿业有限责任公司100万吨/年洗煤项目、乌拉特中旗丰达贸易有限公司200万吨/年洗煤项目、内蒙古鹰联矿业有限责任公司200万吨/年洗煤项目、内蒙古汉马硅业有限公司3000吨/年多晶硅项目、乌拉特中旗富邦镁业有限公司菱镁项目、神华神东电力有限责任公司2×350兆瓦低热值煤发电项目前期热力厂项目等。

第四节　工业项目建设和入驻企业

一、工业项目建设

2003—2012年，园区共入驻企业49家，已建成企业33家，其中，煤化工企业12家，建成产能包括洗煤2270万吨/年，焦化120万吨/年，甲醇12万吨/年等；冶炼企业建成9家，产能共计10万吨/年；非金属加工及其他企业11家，主要包括汉马多晶硅项目、富邦菱镁加工项目，其他还有一些小产能包括10万吨/年水泥，3500吨/年石墨粉等；未建成企业16家，分别是：内蒙古蒙正鼎发有限公司、巴彦淖尔市锦达煤化有限责任公司、内蒙古广利隆能源股份有限公司、巴彦淖尔市运通运输服务有限公司、巴彦淖尔市嘉里资源有限公司、乌拉特中旗拓宝工贸有限责任公司、乌拉特中旗富田肥业有限责任公司、乌拉特中旗德辰乌不浪口加油站有限公司、乌拉特中旗天泽中宝化学材料有限责任公司、内蒙古海明矿业有限责任公司、内蒙古东岳氟材料有限公司、乌拉特中旗和盛建材有限责任公司、乌拉特中旗神砼建材有限公司、乌拉特中旗豪纬工贸有限公司、乌拉特中旗国冶能源有限公司、巴彦淖尔祥光铜业有限公司。

二、入驻企业

(一)神华巴彦淖尔能源有限责任公司

2011 年 1 月 8 日,神华巴彦淖尔能源有限责任公司成立,注册资本 10 亿元。至 2012 年底,建成规模为 300 万吨/年洗煤厂,120 万吨/年焦化厂和 12 万吨/年甲醇厂。产品主要为精煤、焦炭、焦油、硫胺、甲醇、粗苯等产品。

(二)乌拉特中旗毅腾矿业有限责任公司

2005 年 9 月 7 日,乌拉特中旗毅腾矿业有限责任公司成立,注册资金人民币 64000 万元。共有三条洗煤生产线,总洗煤能力将达到 600 万吨/年。主要经营煤炭精洗加工和外售。

(三)乌拉特中旗砖瓦厂

1957 年 5 月,乌拉特中旗砖瓦厂成立,厂区内共有两条生产线,包括一台 500 型真空制坯机和一台 450 型真空制坯机,年生产空心砖 2000 万块左右,耗用黏土 3 万多立方米,原煤 4000 多吨,全年生产月 180 天,属季节性生产企业。

(四)巴彦淖尔市昌隆煤业有限公司

2009 年 8 月 9 日,巴彦淖尔市昌隆煤业有限公司成立,注册资本 1000 万元。生产规模为 120 万吨/年煤泥和 60 万吨/年原煤洗选,现正常运行生产。主要产品为精煤、煤泥。

(五)内蒙古汉马硅业有限公司

2011 年 1 月 28 日,内蒙古汉马硅业有限公司成立,注册资本 1 亿元。一期工程年产 1500 吨多晶硅项目已于 2011 年 1 月份开始实施,占地面积 200 亩,投资 7 亿元,一期工程已经建设完毕、设备调试完成。公司主要产品为多晶硅、单晶硅及切片。

(六)乌拉特中旗蒙源水务有限公司

2008 年 10 月 7 日,乌拉特中旗蒙源水务有限公司成立,注册资金 2500 万元。建设规模为日处理污水 3 万吨,回用 2 万吨,主要处理污水类型为工业园区的生活污水和生产废水。

(七)巴彦淖尔市普盛洗煤有限责任公司

2010 年 3 月,巴彦淖尔市普盛洗煤有限责任公司成立,注册资本金为人民币 1000 万元,年入洗原煤能力 200 万吨。主要产品为精煤。由于市场行情不好,处于停产状态。

(八)巴彦淖尔普兴矿业有限责任公司

2004 年 3 月成立,注册资金 11000 万元,已建成 100 万吨重介洗煤厂,已正式投产使用,主要产品为精煤、中煤。

(九)乌拉特中旗丰达贸易有限公司

2008 年成立,注册资金 2040.82 万元,已建设的 200 万吨洗煤厂。经营范围包括煤炭、铁矿石、铁精粉、钢材、木材、建材等物品的进出口贸易。主要产品为精煤、中煤。

（十）内蒙古金豆煤业有限公司

2011年4月成立，注册资金3000万元。共获批400万吨/年煤炭洗选能力，现已建成120万吨/年的洗选产能。公司主营业务包括焦炭、化工产品、建材、钢材的销售，因市场原因停产。

（十一）乌拉特中旗恒发矿业有限责任公司

2009年11月，乌拉特中旗恒发矿业有限责任公司成立，注册资本1000万元，目前原煤处理能力为150万吨/年。主要从事洗煤产业项目，主要产品为精煤、中煤。因市场原因停产。

（十二）乌拉特中旗大成即济矿业有限责任公司

2010年2月，乌拉特中旗大成即济矿业有限责任公司成立，注册资金本为100万元。建设规模为年入洗量为120万吨。主要从事原煤选洗和出售。因市场原因停产。

（十三）乌拉特中旗鑫星煤业有限责任公司

2010年2月1日，乌拉特中旗鑫星煤业有限责任公司成立，占地100亩。公司共有二条原煤生产线，规模为120万吨/年煤泥入选。主要产品为精煤、煤泥。

（十四）内蒙古鹰联矿业有限责任公司

2011年，内蒙古鹰联矿业有限责任公司成立，注册资本金1000万元，安装年选原煤200万吨的生产线，已经建成年产80万吨一期主焦煤洗选车间。主要产品为精煤和煤泥。

（十五）乌拉特中旗永旺铁合金有限责任公司

2002年，乌拉特中旗永旺铁合金有限责任公司成立，是以金属冶炼为主的民营企业，建有两台矿热炉和两台铬铁精炼炉，项目总投资3400万元，设计年产铬铁4万吨。公司主要产品为：铬矿、高碳铬铁、硅铬合金、低微铬铁。

（十六）乌拉特中旗荣华矿业有限责任公司

2003年，乌拉特中旗荣华矿业有限责任公司成立，总投资2000万元，先后在工业园区建成12500千伏安矿热炉一座，100立方米炼铁炉一座，日处理原煤500吨的洗煤厂一个，主要产品为精煤、中煤、煤泥。公司被乌中旗永兴矿业开发有限责任公司收购，因市场原因，停产中。

（十七）内蒙古乌拉特中旗恒源矿业有限责任公司

2003年，内蒙古乌拉特中旗恒源矿业有限责任公司成立，公司现有1200千伏安硅钙炉两台，主要产品、硅钙合金，年生产能力3000吨。因市场原因停产。

（十八）乌拉特中旗恒远矿业有限责任公司

2003年12月，乌拉特中旗恒远矿业有限责任公司成立，该项目为硅钙合金冶炼。现有1200千伏安硅钙合金矿热炉二台，主要产品为硅钙。因市场原因停产。

（十九）乌拉特中旗恒运矿业有限责任公司

2003年11月，乌拉特中旗恒运矿业有限责任公司成立，本公司现有1200千伏安硅钙炉两台，该项目为硅钙合金冶炼。主要产品为硅钙。因市场原因停产。

（二十）乌拉特中旗银泰铁合金有限责任公司

2003年10月22日，乌拉特中旗银泰铁合金有限责任公司成立，建成6300千伏安矿热炉一座、2200千伏安精炼炉一座。2004年3月正式投产使用，年生产高碳铬铁8000余吨，低微碳铬铁5000余吨，主要生产高碳铬铁、低微碳铬铁。

(二十一)内蒙古乌拉特中旗金诺化工有限责任公司

2003年,内蒙古乌拉特中旗金诺化工有限责任公司成立,投资4000万元建成2台12500千伏安冶炼炉,经营范围包括硅铁、镍铁、硅钙、金属镁、硅锰、铬铁、焦粉等产品。

(二十二)内蒙古希里科硅材料有限公司

2004年10月,内蒙古希里科硅材料有限公司成立,总投资1500万元建成两台6300千伏安结晶硅冶炼炉,年生产结晶硅8000吨。主要产品为工业硅。

(二十三)乌拉特中旗威忱重介质精选粉有限公司

2006年7月12日,乌拉特中旗威忱重介质精选粉有限公司成立,注册资金1000万元。已形成年产10万吨重介质粉的生产能力,经营范围是重介质粉加工。因市场原因停产。

(二十四)乌拉特中旗永兴矿业开发有限责任公司

1997年,乌拉特中旗永兴矿业开发有限责任公司成立,是以矿产资源采选、冶炼、化工为一体的民营企业,下辖铬矿、铬盐厂、水泥厂、石墨厂、铬铁合金厂。公司拥有固定资产6400万元,主要有以铬铁矿和石墨矿为主的矿产资源,同时在索伦山铬铁矿区还伴生有镁、镍、钴和半宝石等具有开发利用价值的资源。主要开展的在建项目是铬铁矿采选项目、尾矿库项目和红旗店石墨矿开采项目。项目竣工达产后,铬铁矿采选能力将达到10万吨/年,石墨矿采矿能力达到2万吨/年。因市场原因停产。

(二十五)乌拉特中旗瑞东碳素制品有限公司

2004年7月,乌拉特中旗瑞东碳素制品有限公司成立,公司固定资产投资五十万元,主要生产设备包括:4R3216型雷蒙机一台,5R3216型雷蒙机一台。产品主要用于铸造、冶金、碳素等行业。

(二十六)佘太水泥有限公司乌拉特中旗分公司

2006年07月12日,佘太水泥有限公司乌拉特中旗分公司成立,已拥有年产100万吨的水泥粉磨生产线。产品有“佘太牌”水泥42.5MPA,32.5MPA,普通硅酸盐水泥,复合硅酸盐水泥。

(二十七)乌拉特中旗富邦镁业有限公司

2006年,乌拉特中旗富邦镁业有限公司成立,项目总投资约2.5亿元,主要建设项目包括大结晶电熔镁砂生产线12条、轻烧氧化镁粉生产线3条、单晶镁生产线2条,生产镁砂、镁粉、单晶镁,年产镁质耐火材料10万吨。项目集采矿、探矿、选矿、加工和成品销售为一体。已停产。

(二十八)内蒙古宝利升工贸有限公司

2012年10月,内蒙古宝利升工贸有限公司成立,在建年产2万吨重介质加工生产线一条及相关配套设施,以生产和销售重介质为主,停产。

(二十九)神华神东电力有限责任公司

1996年11月,神华神东电力有限责任公司成立,是神华集团的全资子公司,按照神华集团的统一部署,于2007年8月31日整体注入中国神华能源股份有限公司。公司经营范围涉及电源开发、投资、建设、经营和管理,电力(热力)生产和销售,以及与之相关的煤炭、化工等产业。发电装机容量达到1200万千瓦以上,煤炭年产能达到1000万吨以上,资产总额达到600亿元以上,销售收入达到200亿元以上,利润达到30亿元以上,把公司建设成为以资源综合利用发电为特色的国际一流能源企业。

（三十）内蒙古乌拉特中旗正轩化工有限公司

2004 年 7 月 27 日，内蒙古乌拉特中旗正轩化工有限公司成立，注册资本 700 万元。经营范围：购销电石。主营产品：生产加工、销售电石及下游化工产品。

（三十一）乌拉特中旗联雄碳素厂

2005 年，乌拉特中旗联雄碳素厂成立，公司主要利用乌拉特中旗境内石墨矿资源加工石墨粉，年产能达 1000 吨/年。产品主要作为铸造材料、耐火材料、石墨轴承等材料的辅助配料。产品主要销往包头、河北等地区。

（三十二）乌拉特中旗春源气体有限公司

2012 年 3 月 2 日，乌拉特中旗春源气体有限公司成立，项目主要建设内容为年产氧气 11 万瓶、氮气 4 万瓶、乙炔气 5 万瓶生产线以及配套辅助生产设施。项目总投资 480 万元，主要经营氧气、氮气、二氧化碳气充装，溶解乙炔充装销售业务。

（三十三）内蒙古远鑫镍业有限公司

2006 年 4 月，内蒙古远鑫镍业有限公司成立，公司主要从事稀有金属镍及其伴生金属加工生产，属于在建，工程完成后年销售收入 20 亿元，上缴税金 4.5 亿元，企业利润 3.2 亿元。

第二十一篇　商贸粮油

第一章　商　业

第一节　管理机构

一、行政管理机构

(一)商业局

1988 年,乌拉特中旗设有商业局,科级建置;局机关实有干部职工 59 人,其中科级领导职数 3 人,一正二副。下辖二级单位 7 个:百货公司、食品公司、糖业烟酒公司、五金公司、饮食公司、民贸公司、边贸公司,共有干部职工 2900 人。

1994 年,乌拉特中旗商业局被撤销,整建制转为经营性经济实体——乌拉特中旗商业总公司,其行政职能划归旗经济贸易委员会。

(二)经济贸易委员会

1994 年,乌拉特中旗商业局被撤销,整建制转为经营性经济实体,其行政职能划归旗经济贸易委员会。旗经济贸易委员会内设企业股,负责全旗商贸物流行业的宏观调控及管理工作。

1995 年 1 月,乌拉特中旗经济贸易委员会与计划委员会合并,新成立乌拉特中旗计划经济贸易局。旗计划经济贸易局内设企业股,负责全旗商贸物流行业的宏观调控及管理工作。

2002 年 4 月,乌拉特中旗计划经济贸易局分设,单独设立乌拉特中旗经济贸易局(挂乌拉特中旗粮食局、乌拉特中旗个体私营经济管理局牌子)。旗经济贸易局内设机构 3 个:办公室、工业企业办公室、商业贸易办公室,负责全旗商贸物流行业的宏观调控及管理工作。局机关核定行政编制 12 名、工勤事业编制 2 名,实有干部职工 28 人,核定科级领导职数 8 人,一正七副。

2010 年 3 月,旗经济局改组更名为经济商务和信息化局(挂乌拉特中旗粮食局牌子),内设机构 5 个:办公室、中小企业办公室、重点项目办公室、运行办公室、节能办公室,负责全旗商贸物流行业的宏观调控及管理工作。

至 2012 年底,旗经济商务和信息化局负责全旗商贸物流行业宏观调控及管理工作的机构未发生变化。

二、二级事业单位

(一)百货公司

1988 年,乌拉特中旗设有百货公司,事业单位,隶属旗商业局管理,内设机构 4 个:办公室、财会股、政工股、业务股;全公司实有干部职工 96 人,设有经理 1 人、副经理 2 人。

1994 年,乌拉特中旗商业局被撤销。旗百货公司进行改制,退出国有序列。

(二)食品公司

1988 年,乌拉特中旗设有食品公司,事业单位,隶属旗商业局管理,内设机构 3 个:办公室、业务股、检疫股;全公司实有干部职工 198 人,设有经理 1 人、副经理 2 人。

1994 年,乌拉特中旗商业局被撤销。旗食品公司进行改制,退出国有序列。

（三）糖业烟酒公司

1988 年，乌拉特中旗设有糖业烟酒公司，事业单位，隶属旗商业局管理；全公司实有干部职工 48 人，设有经理 1 人、副经理 2 人。

1994 年，乌拉特中旗商业局被撤销。旗糖业烟酒公司进行改制，退出国有序列。

（四）五金公司

1988 年，乌拉特中旗设有五金公司，事业单位，隶属旗商业局管理；全公司实有干部职工 100 人，设有经理 1 人、副经理 2 人。

1994 年，乌拉特中旗商业局被撤销。旗五金公司进行改制，退出国有序列。

（五）饮食公司

1988 年，乌拉特中旗设有饮食公司，事业单位，隶属旗商业局管理；全公司实有干部职工 200 人，设有经理 1 人、副经理 2 人。

1994 年，乌拉特中旗商业局被撤销。旗饮食公司进行改制，退出国有序列。

第二节　所有制结构

一、国有企业

1988 年，乌拉特中旗共有企业 44 户，其中全民所有制企业有 16 户（温更煤矿、巴音胡都格煤矿、铬镁矿、石哈河金矿、副食品加工厂、饲料公司、物资供应站、印刷厂、供电局、水泥厂、牧机服务队、汽修厂、巴盟牧羊海石墨矿、乌加河粮食加工厂、石哈河粮食加工厂、中心粮站综合加工厂）。

1993 年，由地方国营工业企业后石拉哈达铁矿、乌兰鹧鸪铁矿、哈泥河金矿发起组建乌拉特中旗海燕集团，其成员企业有 8 家。

1994 年，全旗国有控股企业 13 户，是年开始企业改制工作，主要分两个阶段进行。1994—1996 年为第一阶段，1996—1998 年为第二阶段。

1994 年，乌拉特中旗海燕集团改制为股份合作制企业；1997 年，改制为有限责任公司。1998 年，改制为民营性质的有限责任公司即海燕实业有限责任公司。

1997 年，乌拉特中旗地方国营食品公司改制为索伦肉类食品有限责任公司。

1998 年，乌拉特中旗温更煤矿改制为温明矿业有限责任公司。

1998 年，印刷厂改制为增元印刷有限责任公司；1999 年，更名为宏帅印刷厂。

1998 年，乌拉特中旗地方国营综合饲料加工厂改制为乌拉特饮食品有限责任公司；1999 年，被河套酒业集团兼并组建河套酒业集团乌拉特有限责任公司。

1998 年，旗铬铁集团改制为永兴矿业开发有限责任公司。同年，旗砖瓦厂改制为股份合作制企业。

1999 年底，全旗所有全民所有制工业企业（不包括旗自来水公司）改制工作基本结束。

2010 年，乌拉特中旗全民所有制企业有 9 家：内蒙古太平矿业有限公司、中原油田分公司内蒙古采油事业部、内蒙古乌拉特中旗电力有限责任公司、巴彦淖尔乌拉特中旗富汇风能电力有限公司、山西漳泽电力股份有限公司内蒙古乌拉特中旗风力发电厂、国华协合（巴彦淖尔）风电有限公司、龙源（巴彦淖尔）风力发电有限责任公司、乌拉特中旗鲁能风电有限责任公司、内蒙古京能乌兰伊力更风力发电有限责任公司。

二、集体企业

1988 年,乌拉特中旗集体所有制企业有 28 户:温更苏木煤矿、石哈河乡金矿、双盛美乡金矿、新忽热苏木金矿、乌兰苏木金矿、石哈河乡榨油厂、德岭山乡石墨矿、乌加河饲料加工厂、绒毛厂、桑根达来绒毛厂、呼勒斯太砂石厂、石哈河修配厂、石兰计乡榨油厂、民族服装厂、民族用品厂、皮毛厂、木器厂、地毯厂、乌加河地毯厂、塑料厂、砖瓦厂、综合厂、乌加河镇砖瓦厂、乌梁素太乡砖瓦厂、五金厂、牧具厂、海镇综合厂、乌加河镇修配厂。

1994 年,全旗有集体企业 32 户。同年开始,随着工业经济体制改革的推进,集体工业企业先后拍卖或被股份制企业收购,旧的生产经营形式被新的生产关系所代替,截至 2000 年,集体性质工业企业基本不复存在。至 2010 年底,全旗集体性质工业企业仅存 1 家:内蒙古乌拉特中旗图古日格金矿。

三、个体私营企业

1988 年,乌拉特中旗仅有极少数城乡私营个体工业。

1994 年,随着市场经济的确立和不断完善,个体工业向多行业深层次发展,全旗有私营企业 17 家。

至 2012 年,全旗有私营企业 555 家,个体工业企业经过 20 余年成长壮大,有些已发展到一定规模,其中规模以上工业企业有 29 家,分别是内蒙古乌拉特中旗海燕实业有限责任公司、内蒙古温明矿业集团有限责任公司、乌拉特中旗大安鑫海工贸有限公司、乌拉特中旗高塔梁原生有机食品有限责任公司、乌拉特中旗金源矿业有限责任公司、内蒙古五佳河生物科技发展有限公司、内蒙古河套酒业集团乌拉特有限责任公司、内蒙古莱富矿业有限责任公司、乌拉特中旗常兴铁矿、内蒙古乌拉特中旗索伦肉类食品有限责任公司、内蒙古乌拉特中旗金鑫冶炼有限责任公司、内蒙古乌拉特中旗广信矿冶有限责任公司、内蒙古乌拉特中旗祥泰矿业有限责任公司、内蒙古希里科硅材料有限公司、乌中旗银泰铁合金有限责任公司、乌拉特中旗甲胜盘铅锌硫铁矿业开发有限责任公司、内蒙古乌拉特中旗荣华矿业有限责任公司、内蒙古乌拉特中旗恒源矿业有限责任公司、内蒙古乌中旗永旺铁合金有限责任公司、巴彦淖尔普兴矿业有限责任公司、乌拉特中旗嘉诚化工有限责任公司、乌拉特中旗大公热力有限责任公司、乌拉特中旗新牛工贸有限责任公司、乌拉特中旗聚鑫源化工有限责任公司、乌拉特中旗毅腾矿业有限责任公司、乌拉特中旗恒运矿业有限责任公司、乌拉特中旗恒远矿业有限责任公司、巴彦淖尔市昌隆煤业有限公司、乌拉特中旗普盛洗煤厂。

第三节　商品经营

1988—1993 年,乌拉特中旗商品经营种类主要包括九大类:各类食品、副食品、烟酒、服装、日用品、手表、自行车、家电、五金。

1994—2000 年,全旗城乡商品经营种类主要包括十二大类:各类食品、副食品、烟酒饮料、服装鞋帽、日用百货、摩托车、家用电器、通信器材、电子产品、五金化工、建筑材料、能源材料等。

2001—2005 年,全旗城乡商品经营种类主要包括十三大类:各类食品、副食品、烟酒饮料、服装鞋帽、日用百货、汽车、家用电器、通信器材、电子产品、珠宝首饰、五金化工、建筑材料、能源材料等。

2006—2012 年,随着国家实力的增强和人民生活水平的提高,全旗商品经营种类也发生了较大变化。其间,全旗城乡商品经营种类主要包括十五大类:各类食品、副食品、烟酒饮料、服装鞋帽、日用百货、商品住房、汽车、家用电器、通信器材、电子产品、珠宝首饰、五金化工、建筑材料、能源材料、机械设备等。

第四节　经济效益

1988 年，乌拉特中旗社会消费品零售总额为 8663 万元，其中，批发零售贸易额达 6833 万元，餐饮业零售额达 134 万元，其他行业 1696 万元。

1990 年，全旗社会消费品零售总额为 9485 万元，其中，批发零售贸易额达 7374 万元，餐饮业零售额达 119 万元，其他行业 1992 万元。

1995 年，全旗社会消费品零售总额为 14330 万元，其中，批发零售贸易额达 11581 万元，餐饮业零售额达 701 万元，其他行业 2048 万元。

2000 年，全旗社会消费品零售总额为 24098 万元，其中，批发零售贸易额达 21208 万元，餐饮业零售额达 1680 万元，其他行业 1210 万元。

2005 年，全旗社会消费品零售总额为 41339 万元，其中，批发零售贸易额达 35782 万元，餐饮业零售额达 4012 万元，其他行业 1545 万元。

2010 年，全旗社会消费品零售总额为 78561 万元，其中，批发零售贸易额达 67595 万元，餐饮业零售额达 10842 万元，其他行业 124 万元。

2012 年，全旗社会消费品零售总额为 106008 万元，其中，批发零售贸易额达 88494 万元，餐饮业零售额达 17514 万元。

第五节　综合管理

一、宏观调控管理

1988—1993 年，中共乌拉特中旗委员会（以下简称“旗委”）、旗人民政府及商业局为繁荣市场，拓宽渠道，强化销售改善和提高人民生活水平，充分发挥社会主义制度优越性，坚持以公有制为主体多种经济共同发展方针，促进国有商业与合作商业经营深化改革建立商品流通、发展市场的经济体系。为繁荣市场、稳定物价，全旗全面推行全员风险抵押、全员工效挂钩，强化国有商业与合作商业销售，拓宽经营渠道，实现利税同步增长。

1994—2000 年，旗委、旗人民政府及商贸管理部门依照中共十四届三中全会《关于建立社会主义市场经济体制若干问题的决定》精神，转变政府职能，计划经济逐步向市场经济过渡。落实商业企业经营机制和经营自主权，使企业成为依法自主经营、自负盈亏、自我发展、自我约束经营单位。同时，本着宏观管好、微观放开、先发育、后管理原则，鼓励联营、个体和外来商户发展，以此培育和发展市场体系资源配置迅速形成、扩大公私并存的多渠道商业发展格局。

2001—2012 年，随着市场经济体系建立，全旗流通领域迎来前所未有发展机遇，旗委、旗人民政府及商贸管理部门加强对商贸领域的宏观调控，使乌拉特中旗逐步形成以城镇为中心，以专业批发市场为纽带，各类商业网点林立，遍布城乡市场网络。商品货源充足，花色品种齐全，呈现出各种商品琳琅满目、市场竞争激烈、日益繁荣的景象，对促进和引导生产、满足城乡居民消费需求发挥重要作用。

二、商贸基础设施建设管理

2001—2012 年，旗委、旗人民政府及商贸管理部门对全旗商贸基础设施建设给予全力支持，商贸流通业以城镇改造为依托，探索市场网点建设新路子，加快商业基础设施建设，从根本上改变消费者购物环境。逐步形成以主要街区和传统商业街区为中心，商品市场为骨干，购物中心、超市、专卖店、连锁店相结合的市场流通网络。

三、市场监测管理

2005—2010 年，旗商贸管理部门按照建立“准确监测、深刻分析、科学决策、快速反应、及时调控”市场运行监测调控体系要求，涉及餐饮、批发、零售等行业，开展对粮油、肉食品、成品油等重点生活必需品、重要生产资料以及重点样本流通企业信息采集、数据加工分析和报送，切实为政府决策服务，为引导生产、经营和消费服务，为应对严重自然灾害和重大动物疫情引发市场波动，制定生活必需品市场应急预案，做好节假日市场监测工作，市场供应平稳运行。

四、家电下乡

2008 年底，旗商贸管理部门按照国务院、内蒙古自治区人民政府关于扩大内需相关政策，组织设立家电备案登记销售网点，家电下乡产品有冰箱、彩电、手机、洗衣机、计算机、空调、热水器、微波炉、电磁炉 9 类，国家补贴标准为各类产品最高限价 13%。

2009—2012 年，全旗设立家电备案销售网点 22 家，销售家电产品 7755 台(件)，销售额 1432.04 万元，国家补贴资金 186.26 万元，有 77 多户(次)农牧民从中受益。四年中，年均销售家电产品 1938.75 台(件)，销售额 358.01 万元，国家补贴资金 46.56 万元。

第二章　专卖商业

第一节　烟　草

一、管理机构

1996 年 5 月，乌拉特中旗烟草专卖局与乌拉特中旗烟草公司成立，一套人员，两块牌子，正科级建制，归口巴彦淖尔市烟草专卖局（巴彦淖尔市烟草公司）和乌拉特中旗人民政府双重领导，并以行业领导为主；内设机构 5 个：办公室、网建办公室、财务股、营销部、专卖稽查队，核定编制 20 名，核定领导职数 3 人，一正二副。

2005 年 1 月，乌拉特中旗烟草专卖局（烟草公司）更名为巴彦淖尔市乌拉特中旗烟草专卖局和巴彦淖尔市烟草公司乌拉特中旗卷烟营销部，仍实行一套人员，两块牌子体制，取消法人实体，财务不再独立核算，改为报账单位；内设机构 4 个：综合办公室、专卖管理股、客户服务部、专卖内管派驻组，核定编制 17 名，实有干部职工 15 人，核定领导职数 2 人，一正一副。

2012 年，旗烟草专卖局（卷烟营销部）内设机构为发生变化，核定编制 17 名，其中行政编制 15 名，实有在职干部职工 15 人，核定领导职数 2 人，一正一副。

二、法律法规宣传

1996—2012 年，旗烟草专卖局广泛利用“3・15”消费者合法权益日、“6・29”烟草专卖发公布纪念日、“12・4”法制宣传日，采取不同的形式开展烟草法律法规的宣传，使烟草专卖观念深入人心。

在每年的“3・15”消费者合法权益日，旗烟草专卖局（烟草公司）都将往年查获的鉴定结果为假冒卷烟的公开销毁，并在公共场所进行烟草专卖法制宣传，向广大消费者发放《如何识别假冒卷烟宣传材料》《烟草专卖法摘录》等宣传单，设立咨询台、投诉台并陈列出 10 余个品牌的假冒卷烟，耐心地向广大消费者讲解如何识别真假卷烟以及假冒卷烟对人体的严重危害性，让广大卷烟消费者在会识别假冒卷烟的同时提高自我保护意识。

在每年的“6・29”中华人民共和国烟草专卖法公布纪念日（1991 年 6 月 29 日，《中华人民共和国烟草专卖法》颁布实施）期间，旗烟草专卖局（烟草公司）都悬挂横幅、向过往群众散发《中华人民共和国烟草专卖法》宣传材料，并结合真假烟鉴别活动向广大卷烟零售户和基层群众对法律及实施条例进行讲解、对烟草行业及相关政策进行介绍。

在每年的“12・4”全国法制宣传日期间，旗烟草专卖局（烟草公司）都结合宣传日主题通过广播电台，对烟草专卖法律、假冒卷烟识别知识的材料进行宣传。开展“送法下乡”活动，对农网重点户进行相关法律法规的宣传。

三、卷烟销售

乌拉特中旗卷烟销售先后经历等客上门、随访随送、电话访销集中配货、网上订货网上配货电子结算阶段。

等客上门阶段。旗烟草专卖局(烟草公司)成立初期,卷烟销售具有典型的计划经济影子,在订货上通过云南、北京2个交易市场进行集中订货,在销售上由客户根据自己的需求自己到业务股开票交款,到卷烟仓库提货,完成一次销售。在具体的销售上存在大进大出的现象。这一时期全旗卷烟市场比较混乱,各地卷烟互相侵占市场,卷烟毛利只有2%~3%。

随访随送阶段。随着市场经济的确立,农村基层供销社逐步破产,基层卷烟批发成为盲点,卷烟销售被一些经营大户垄断。1996年,旗烟草专卖局(烟草公司)开始自建网点,相继在海流图镇设立经营店3个,在德岭山镇、乌加河、石哈河各设自营网点1个。依托自营点,工作人员将卷烟装在送货车上,走街串户开展卷烟销售工作。

电话访销集中配货阶段。随着电话普及率的逐步上升,自2002年开始,旗烟草专卖局(烟草公司)抽调2人成立访销中心,先城区,后农村,逐步开展先访后送工作,针对每一卷烟零售户,通过电话采集需求信息,交由库管部门进行配货装车配送。

网上订货网上配货电子结算阶段。2010年开始,旗烟草专卖局(烟草公司)随着网络技术的发展和电脑的普及率上升,逐步推广利用烟草新商盟集中交易平台,在网上集中订货。卷烟零售户进入交易平台录入需求信息,自动生成订单,传至巴彦淖尔市物流配送中心。物流配送中心电脑根据订单下发指令,在分拣线上配货、打码、封包、一次性完成后,分别装车由工作人员送至零售户手中。

四、市场稽查

(一)卷烟零售许可证制度

2004年5月,旗烟草专卖局(烟草公司)为贯彻落实《中华人民共和国行政许可法》,进一步做好烟草专卖零售许可证管理工作,依据《中华人民共和国烟草专卖法实施条例》有关规定,结合实际情况,制定《乌拉特中旗烟草专卖零售许可证合理布局规划(草案)》,并于2004年9月24日、2008年5月9日、2011年6月9日,先后召开3次合理布局规划听证会,广泛听取社会各界人士对卷烟合理化布局意见,2011年6月15日,《乌拉特中旗烟草专卖零售许可证合理布局规划》正式执行。

2011年7月,旗烟草专卖局开始办理烟草专卖零售许可证。至2012年12月,全旗共办理烟草专卖零售许可证414户,其中城镇销售网268户,农村牧区销售网146户。

(二)卷烟市场整顿

20世纪90年代中期,全旗卷烟市场出现混乱现象,卷烟自由批发市场普遍存在,一些不法烟贩无证经营逃避管理。1998年,旗烟草专卖局与公安部门协作,共同对卷烟市场开始统一整顿行动,整顿采取同奖同罚措施,坚决打击走私及非法生产卷烟活动。2001年,内蒙古自治区烟草专卖局开展"梳辫子"工程,对乌拉特中旗所有卷烟零售户进行入户核实,要求所有卷烟经营户办理烟草专卖零售许可证,持证经营。2002—2012年,旗烟草专卖局每年在元旦、春节期间开展为期45天的卷烟专项清理行动,通过长期不间断的卷烟市场治理,乌拉特中旗卷烟市场逐渐规范。

第二节 盐 品

一、管理机构

1996年,内蒙古自治区盐业公司乌拉特中旗支公司(盐务管理局)成立,隶属巴彦淖尔市盐业公司(盐务管理局)垂直管理,实行一套机构、职责分开、合署办公的管理体制,承担全旗盐业市场的管理任务和消除碘缺乏病的社会工作;内设机构4个:办公室、财务室、业务室、盐政室;实有在职人员3人，设经理（局长）1人。

2012年底，内蒙古自治区盐业公司乌拉特中旗支公司（盐务管理局）内设机构4个：办公室、财务室、业务室、盐政室；实有在职人员3人，设经理（局长）1人。

二、法规宣传

1996—2012年，乌拉特中旗盐务管理部门始终加强宣传教育，盐务法律法规渐入人心，群众食用碘盐意识增强。旗盐务管理部门充分利用“3·15”消费者权益日、“5·15”防治碘缺乏宣传日、“12·4”全国法制宣传日进行宣传。国务院颁布的《盐业管理条例》《食盐加碘消除碘缺乏危害管理条例》和《内蒙古自治区盐业管理条例实施办法》等法律法规深入人心，确保国家对食盐实行专营管理。

三、盐品购销

乌拉特中旗共有乡、镇、苏木、农场11个，嘎查村86个，总人口143164人。旗盐务经销管理部门负责旗境内7个乡、镇、苏木、农场，57个嘎查村，79010人的食用盐供应和牲畜的畜牧业盐以及多品种的工业用盐。

1996年，乌拉特中旗盐务经销管理部门调入各类盐品467吨，销售各类盐品205吨。

2000年，旗盐务经销管理部门调入各类盐品526吨，销售各类盐品599吨。

2002年，旗盐务经销管理部门坚持以食盐为主体，以畜牧业盐和多品种盐为两翼的发展目标，全年调入各类盐品671吨。其中加锌营养盐2吨、加碘食盐187吨、牧业盐327吨，销售各类盐品700吨。

2005年，旗盐务经销管理部门购进（调拨）各类盐品16吨，其中食用盐16吨。销售各类盐品629吨，其中食用盐284吨、工业用盐154吨。

2010年，旗盐务经销管理部门购进（调拨）各类盐品657吨，其中食用盐217吨、工业用盐79吨。销售各类盐品929吨，其中食用盐459吨、工业用盐165吨。

2012年，旗盐务经销管理部门购进（调拨）各类盐品824吨，其中食用盐273吨、工业用盐175吨。销售各类盐品1041吨，其中食用盐383吨、工业用盐237吨。

四、稽查管理

1996—2011年，乌拉特中旗盐务管理部门为净化全旗盐业市场，保护消费者合法权益和人民群众身心健康，每年定期或不定期地稽查盐业市场，防止私盐和无碘盐流入市场。

1997年，旗盐务管理部门开展盐政稽查2次，未查获涉盐违法案件。

2000年，旗盐务管理部门开展盐政稽查2次，查获涉盐违法案件1起，结案1起，没收盐品0.016吨。

2005年，旗盐务管理部门开展盐政稽查2次，查获涉盐违法案件2起，结案2起，没收盐品37吨。

2010年，旗盐务管理部门开展盐政稽查2次，未查获涉盐违法案件。

2012年，旗盐务管理部门开展盐政稽查2次，未查获涉盐违法案件。

第三节　燃　油

一、管理机构

1988年，乌拉特中旗设有石油公司，隶属内蒙古石油总公司巴彦淖尔盟石油公司管理，内设机构7个:办公室、业务股、财务股、人事股、后勤股、储运股、劳动服务公司,下设加油站7座,职工总数74人,设经理1人,副经理2人。

1998年,国家进行机构改革,撤销石油部,成立中国石油天然气集团公司(简称中国石油)、中国石油化工集团公司(简称中国石化)、中国海油石油集团公司(简称中国海油)。乌拉特中旗石油支公司上划中国石油天然气集团公司,更名为中国石油天然气股份有限公司内蒙古巴彦淖尔销售分公司乌拉特中旗经营部。内设机构6个:办公室、政工股、储运股、财会股、后勤股、车队;下设加油站16座,职工总数121人;设经理1人、副经理1人。

2012年,中国石油乌拉特中旗经营部内设机构2个:综合办公室、财务股,下设加油站16座,职工总数76人,设经理1人,副经理1人。

二、油品购销

1988年,乌拉特中旗石油公司购进成品油2000吨,其中汽油500吨、柴油1500吨。销售成品油2000余吨,其中汽油500吨、柴油1500吨;实现利税200万元、利润20万元。

1990年,旗石油公司购进成品油2500吨,其中汽油800吨、柴油1700吨。销售成品油2500余吨,其中汽油800吨、柴油1700吨;实现利税300万元、利润40万元。

1995年,旗石油公司购进成品油5000吨,其中汽油1500吨、柴油3500吨。销售成品油5000余吨,其中汽油1500吨、柴油3500吨;实现利税500万元、利润280万元。

2000年,中国石油乌拉特中旗经营部购进成品油8000吨,其中汽油2000吨、柴油6000吨。销售成品油8000余吨,其中汽油2000吨、柴油6000吨;实现利税800万元、利润400万元。

2005年,中国石油乌拉特中旗经营部购进成品油11000吨,其中汽油3500吨、柴油7500吨。销售成品油11000余吨,其中汽油3500吨、柴油7500吨;实现利税1100万元、利润516万元。

2010年,中国石油乌拉特中旗经营部购进成品油43307吨,其中汽油9758吨、柴油33549吨。销售成品油40511.397吨,其中汽油9615.452吨、柴油30895.945吨;实现利税4303.07万元、利润2236.12万元。

2012年,中国石油乌拉特中旗经营部购进成品油22244.1吨,其中汽油5090.84吨、柴油17153.26吨。销售成品油22160.85吨,其中汽油5066.02吨、柴油17094.83吨;实现利税2818.4万元、利润1097万元。

三、经营管理

中国石油乌拉特中旗经营部成立后,秉承中国石油“奉献能源、创造和谐”的企业宗旨,积极投身到改革开放的大潮中,企业由小到大、由弱到强。

1988年,乌拉特中旗石油支公司全年销量成品油2000余吨;2012年,全旗销售成品油22160.85吨,上涨10余倍。1988年,旗石油支公司纳税总额180万元;2012年,纳税总额2818.4万元,上涨了15倍。

1988—2012年,中国石油乌拉特中旗石油支公司发扬发源于石油工人的“大庆精神”“铁人精神”,践行“爱国、创业、求实、奉献”的企业精神,履行“诚信、创新、业绩、和谐、安全”的核心经营管理理念,为社会提供清洁、优质、可靠的能源产品的同时,倡导并履行企业的社会责任。

第三章　供销合作社商业

第一节　机　构

一、行政管理机构

1988 年，乌拉特中旗设有供销合作社联合社（以下简称“供销社”），内设机构 11 个：办公室、财会股、统计室、人事股、业务股、组织指导股、审计股、总务股、社史股、物价股、综合经营部。同年，供销社退出政府序列属自负盈亏企业，实有在职干部职工 41 人，核定科级领导职数 3 人，一正二副；下辖单独核算单位 26 个，全系统共有在职干部职工 1028 人。

1992 年 3 月，乌拉特中旗供销社率先实施体制改革，乌拉特中旗供销社挂乌拉特中旗供销社企业（集团）总公司牌子，旗供销社主任兼任旗供销社企业（集团）总公司总经理、副主任兼任旗供销社企业（集团）总公司副总经理；同月，旗供销社内设机构 11 个部门合并为 2 个部门，同月，下辖的 8 个单独核算基层供销社、三级站合并为 2 个地区供销总社。至年底，旗供销社（供销社企业〔集团〕总公司）内设机构 2 个：办公室、组织指导科；实有在职干部职工 14 人，核定科级领导职数 1 人，一正二副；下辖单独核算单位 22 个，全旗供销社系统共有在职干部职工 1758 人。

1993 年底，旗供销社[供销社企业（集团）总公司]内设机构与人员编制未发生变化；下辖单独核算单位 22 个，全旗供销社系统共有在职干部职工 1758 人。

1994 年 4 月，旗供销社系统开始进行全面转制工作。至 1998 年 3 月，旗供销社所属 2 个地区供销总社、15 个基层供销社、4 个公司全部解体。旗供销社全系统转制工作全部完成。

2001 年，旗供销社被核准为全额拨款事业单位，科级建制，核定事业编制 8 名。

2004 年，旗供销社重新核定为全额拨款事业单位，核定事业编制 8 名，内设办公室、财会股、基层指导股，核定科级领导职数 2 人，一正一副。下设单独核算 4 个基层社：德岭山基层社、乌梁素太基层社、乌加河基层社、石哈河基层社。全旗供销社系统在职职工 108 人。

2010 年，旗供销社机关被批准为参照《中华人民共和国公务员法》管理单位。

2012 年底，旗供销社内设机构 4 个：办公室、财会股、资产管理股、统计股。机关核定事业编制 8 名，实有在职干部职工 13 人，核定科级领导职数 2 人，一正一副；下辖单独核算单位 14 个，全系统共有在职干部职工 50 人。

二、二级单位

1988 年，乌拉特中旗供销社所属单独核算二级单位有 26 个：基层供销合作社 19 个（桑根达来供销合作社、巴音供销合作社、乌兰供销合作社、巴音杭盖供销合作社、川井供销合作社、温更供销合作社、杭盖戈壁供销合作社、石兰计供销合作社、呼勒斯太供销合作社、宏丰供销合作社、石哈河供销合作社、乌加河供销合作社、红旗供销合作社、德岭山供销合作社、巴音哈太供销合作社、楚鲁图供销合作社、新忽热供销合作社、郜北供销合作社、双盛美供销合作社）、供销三级站 2 个（乌加河供销三级站、石哈河供销三级站）、公司 5 个（旗贸易公司、旗生产资料公司、旗畜产公司、旗土产公司、旗副食品公司)。

1992 年 3 月,旗供销社所属石哈河供销合作社、部北供销合作社、双盛美供销合作社合、石哈河供销三级站、石哈河商业三级站合并成立石哈河地区供销合作社总社(准科级单位);乌加河供销社、乌加河供销三级站、乌加河商业三级站合并为乌加河地区供销合作社总社(准科级单位);同年 10 月,旗供销社独资直属企业——锦海市场成立,总投资 140 万元,管理人员均由旗供销社领导和干部兼任;同月,旗副食品公司与贸易公司合并,称旗贸易公司。

1993 年底,全旗供销系统共有单独核算企业 22 个:社直属企业 1 个(锦海市场)、地区供销合作社总社 2 个(石哈河地区供销合作社总社、乌加河地区供销合作社总社)、基层供销社 15 个(桑根达来供销合作社、巴音供销合作社、乌兰供销合作社、巴音杭盖供销合作社、川井供销合作社、温更供销合作社、杭盖戈壁供销合作社、石兰计供销合作社、呼勒斯太供销合作社、宏丰供销合作社、红旗供销合作社、德岭山供销合作社、巴音哈太供销合作社、楚鲁图供销合作社、新忽热供销合作社)、公司 4 个(旗贸易公司、旗生产资料公司、旗畜产公司、旗土产公司)。

1994 年 4 月,旗供销社系统开始进行全面转制工作,按照旗企业转换经营机制领导小组"资产一次处置,债务一次清偿,工龄一次买断,离退休人员一次安置"批复,至年底,旗供销社所属 2 个地区供销总社,15 个基层供销社全部解体; 1998 年 3 月,旗供销社所属 4 个公司全部解体;至此,旗供销社全系统转制工作全部完成。

1999 年 5 月,旗供销社按照"盘活一块资产,守住一块阵地"的思路。为平抑化肥市场价格,利用转制后剩余资产在石哈河、德岭山、乌梁素太组建供销分社 3 个,合资公司 1 个(内蒙古生产资料公司乌拉特中旗分公司)。

2012 年底,旗供销社所属有社直属企业 1 个(锦海市场);日用消费品配送中心 1 个(锦海市场配送中心);生产资料配送中心 1 个(乌梁素太农资配送中心);基层供销社 4 个(石哈河供销分社、德岭山供销分社、乌梁素太供销分社、乌加河供销分社)。

第二节　服务网点

1988 年,乌拉特中旗供销系统共有零售网点 150 个(包括分销店 133 个)。

1993 年底,全旗供销系统共有零售网点 134 个(包括分销店 84 个)、饮食业网点 9 个、服务网点 15 个、加工生产机构 3 个,旗供销系统占领城乡市场的局面基本形成。

1999 年,全旗供销系统共有化肥直销点 7 个,有零售网点 121 个(包括分销店 67 个)。

2005 年,全旗供销系统共有化肥直销点 7 个,有零售网点 103 个(包括分销店 52 个)。

2010 年,全旗供销系统共有化肥直销点 7 个,有零售网点 32 个,没有分销店。

2012 年,全旗供销系统建立各类协会 7 个(德岭山肉羊养殖协会、石哈河土豆协会、乌加河养猪协会、宏丰村无籽西瓜产业协会、乌梁素太红旗用水协会、乌拉特中旗中小型企业商务协会、乌中旗消费者协会),领办创办农牧民专业合作社 17 个,入社农牧民 1.3 万户;全旗有村级综合服务社 93 个、化肥销售点 21 个,有零售网点 114 个。

1998—2012 年乌拉特中旗供销社农资销售网点一览表

表 21－1

乡镇名称	销售点	备 注
海流图镇	土产公司	—
石哈河镇	石哈河供销社	担负淡储任务
	白音厂汗凤林农资经销部	担负淡储任务
德岭山镇	德岭山供销社	—
	联合村	—
	白沙头开发区	—
	刘效青门市部	担负淡储任务
乌加河镇	闫军门市部	担负淡储任务
	乌加河供销社	—
	奋斗四组	—
	奋斗七组	—
	宏伟	—
	兴胜村	—
	胜河村三组	—
	五星四组	—
	果农丰农资门市	担负淡储任务
	兴农农资有限公司	担负淡储任务
乌梁素太乡	乌梁素太供销社	—
	甘国强北门市部	担负淡储任务
	三贵圪旦	—
	大后店村	—
	兴丰村	—
	大后圪旦	—
宏丰乡	宏丰供销社	—
	胜利村	—
	许永丰门市部	担负淡储任务

第三节 商品经营

一、生产资料

1988—2012 年，乌拉特中旗供销社结合全旗农牧结合半农半牧区的特点，紧紧围绕为“三农”（农业、农村、农民）、“三牧”（牧业、牧区、牧民）服务的宗旨，积极筹措资金，并与内蒙古自治区生产资料公司、乌拉山化肥厂等生产厂家建立代理销售业务关系，全旗化肥销售做到货源充足，价格较为平稳。以农资配送中心为龙头实行网络化经营，统一进货、统一配送、统一售价等措施，保货源，保质量，平抑价格，为农牧民提供放心、质优价廉的农资产品，维护农牧民的经济利益。旗供销社一直把做好农牧业生产资料的销售工作放在首位。注重农资科技普及，注重推广化肥、地膜使用技术，年均发放化肥、地膜使用知识手册2000余册。全系统销售的农业生产资料占全旗需求量的80%以上。

（一）农用物资经销

1. 化学肥料

1988—2012年，全旗农民为发展生产增加收入，愿意在生产资料方面投资。主要的农业生产资料的化肥、种子、地膜、农机具投入最大。化肥以每年20%的速度增长。生产资料经营特点是淡储旺销，储备周期长，资金周转慢，费用开支大，商品损耗多。基本是"高来高走，保本或微利经营"。为保证不误农时，旗供销社一直保持淡储旺销的原则，根据农资商品使用技术性强的特点，密切配合厂家、农牧科技部门，坚持"技术推广在先，商品供应在后"的原则，对新剂型化肥、农药，做到先布点试验、示范，帮助农牧民掌握技术，逐步推广，再组织商品供应。

2. 化学农药

1988—2012年，全旗使用的化学农药品种主要有杀虫剂、杀菌剂、除草剂、灭鼠剂、植物生长调节剂等五大类。1989年，农药实行专营后，旗供销社对农药、药械的经营方针是"有备无患"。库存实行"上大下小"，生产资料公司多存，基层社少存。一旦农田发生灾情，服从统一调配。既减少基层供销社的储备困难，又促使基层供销社灵活、适时地满足农业生产需求。

1994年，旗供销社系统企业转制后，因受储存条件、资金等方面的制约，旗供销社在农药、农药械的销售上采取适时进货少量储存的办法来满足农牧业生产的需求。

1996年，旗供销社体制由计划经济向市场经济转变，农资商品、农副产品、副食品、日用消费商品等销售网点全部被个体商户取代，供销系统全面退出经营和统计工作。

（二）废旧物资购销

1988年，乌拉特中旗供销社经营废旧物资购销业务，回收的废旧物资全部调拨给相关厂家或上一级接收单位。在开放搞活大环境下，有些集体企业，特别是个体经营户都纷纷进入废旧物资购销行业。乌拉特中旗废旧物资的收购不是很多，主要是废钢铁、橡胶、杂骨、废纸等。1994年，旗供销社系统转制后，退出对废旧物资购销业务的经营。

二、烟花爆竹

1988年，乌拉特中旗供销社经营烟花爆竹购销业务，旗供销社始终坚持"安全第一、经营第二"的经营方针，把安全经营放在第一位，落实安全经营和各项安全管理措施，建立专人负责和值班制度，定期进行检查和排查；严格把好进货质量（品种、规格）和安全经营关，使烟花爆竹从进货、运输、储存、销售等环节都在严格的安全规章制度监控下有序进行，未发生任何安全事故。2008年，巴彦淖尔市有关部门遵照国家颁布的《烟花爆竹经营许可实施办法》，出台相应管理办法，允许每个旗县设立1个烟花爆竹批发经营单位。旗供销社由于储存条件不足等原因，于2009年退出对烟花爆竹的经营。

第四节　经济效益

1988年，乌拉特中旗供销社有固定资产406.4万元，全旗商品营业总收入11659.2万元，上缴税金380.5万元，利润收入206.6万元。2012年，乌拉特中旗供销社有固定资产105万元，全旗商品营业总收入12100.2万元，上缴税金34.2万元，利润收入57万元。

1988—2012年乌拉特中旗供销社系统经济效益情况需要用法统计表

表21－2 单位：万元

年份	固定资产	营业收入	税金	利润
1988	406.40	11659.20	380.50	206.60
1989	457.70	12721.40	395.30	148.90
1990	597.00	9178.70	358.90	7.00
1991	614.90	8263.10	287.90	5.30
1992	620.50	7248.10	148.70	2.30
1993	620.50	90.60	25.40	－987.30
1994	262.40	105.20	2.40	－1232.00
1995	262.40	112.80	1.00	2.20
1996	262.40	123.60	1.00	2.00
1997	262.40	124.50	1.30	2.40
1998	260.50	1032.60	1.50	2.60
1999	260.50	1033.40	1.40	2.40
2000	260.50	1037.60	1.60	2.60
2001	260.50	1049.60	1.60	2.80
2002	206.50	2888.60	2.00	3.00
2003	206.50	3466.30	2.20	3.50
2004	206.50	4263.90	2.20	4.20
2005	204.00	4561.90	2.10	5.30
2006	204.00	5018.20	3.20	6.80
2007	204.00	5620.30	25.00	43.00
2008	204.00	6294.70	23.20	42.10
2009	204.00	8324.20	24.80	43.50
2010	405.00	9989.00	30.00	45.00
2011	405.00	9980.20	30.00	36.00
2012	105.00	12100.20	34.20	57.00

第四章　粮油经营

第一节　机　构

1988 年,乌拉特中旗设有粮食局,与乌拉特中旗粮油总公司政企合一,一套人员,两块牌子。隶属旗人民政府行政序列,正科级建制;内设机构 6 个:办公室、人事股、购销储运股、财会统计股、基建股、审计股,核定行政编制 10 名,实有在职干部职工 36 人,核定科级领导职数 3 人,一正二副。下设:海流图中心站、饲料公司、议价公司、牧供公司、石哈河粮站、德岭山粮站、红旗粮站、乌加河粮站、宏丰粮站、温更粮站、桑根达来粮站、巴音粮站、乌兰粮站、巴音杭盖粮站、川井粮站、杭盖戈壁粮站、巴音哈太粮站、新忽热粮站。

1996 年 4 月,旗粮食局(旗粮油总公司)归属巴彦淖尔盟粮丰(集团)总公司统一管理,挂乌拉特中旗粮食局、旗粮油总公司两块牌子,一套人员,行政职能、内设机构不变。

1999 年 3 月,旗粮食局(旗粮油总公司)下划乌拉特中旗人民政府管理。旗粮食局、旗粮油总公司被撤销,新成立乌拉特中旗粮食管理局,列政府序列,正科建制;内设机构 5 个:办公室、人秘股、粮政股、粮食管理稽查股、财会股,核定行政编制 10 名,实有在职干部职工 29 人,核定科级领导职数 3 人,一正二副。同时成立昌丰粮食收储销售中心、昌盛粮油贸易中心、中旗戍边军粮供应中心、中旗粮食管理批发市场。企业在册职工 468 人。

2002 年 4 月,旗粮食管理局被撤销,新成立乌拉特中旗粮食局,归口旗经济贸易局管理,挂粮食局牌子,行政职能、人员编制不变。内设机构 4 个:人事股、办公室、财会统计股、综合业务股。

2004 年,旗粮食局单独设立,行政职能、内设机构不变,有在册职工 27 人。核定科级领导职数 3 人,一正二副。所属粮食企业 365 名职工全部进行一次性身份置换,将原来的九个国有粮油贸易公司调整组合为六个国有粮油贸易公司(即:石哈河粮油贸易公司、德岭山粮油贸易公司、乌梁素太粮油贸易公司、乌加河粮油贸易公司、宏丰粮油贸易公司、石兰计贸易公司),保留戍边军粮供应中心,其他公司破产解体。

2010 年,旗经济局改设为旗经济商务和信息化局,旗粮食局归口旗经济商务和信息化局管理,挂乌拉特中旗粮食局牌子,内设机构 4 个:办公室、业务管理股、财务审计股、粮食流通监督检查股,核定行政编制 10 名,实有在职干部职工 21 人,核定科级领导职数 3 人,一正二副。

至 2012 年,旗粮食局隶属关系、内设机构、人员编制未发生变化。

第二节　粮油购销

一、粮食购销

1988 年,乌拉特中旗国有企业平价购入粮食 1581 万千克,平价销售粮食 706 万千克;议价购入粮食 220 万千克,议价销售粮食 177 万千克。

2012 年,乌拉特中旗国有企业购销企业购入粮食 302 万千克,销售粮食 339 万千克;重点非国议价购入粮食为 10 万千克。

1988—2012 年乌拉特中旗粮食购入及销售情况统计表

表 21 - 3　　单位:万千克

年份	平价								议价							
	议销				购入				销售				议购			
	合计	小麦	玉米	杂粮	合计	小麦	玉米	杂粮	合计	小麦	玉米	杂粮	合计	小麦	玉米	杂粮
1988	706	408	149	149	1581	799	364	418	177	38	26	113	220	54	82	84
1989	595	383	106	106	1397	921	223	253	592	275	35	282	83	27	24	32
1990	1278	1136	71	71	1800	921	419	460	844	722	12	110	112	1	7	104
1991	869	635	117	117	1385	867	230	288	1915	1461	210	244	22	5	7	10
1992	556	422	67	67	1121	699	194	228	394	54	133	207	808	681	54	73
1993	476	472	2	2	939	854	29	56	1132	792	88	252	798	398	131	269
1994	1123	940	71	112	1325	914	153	258	0	0	0	0	0	0	0	0
1995	1966	1654	113	199	2276	1988	97	191	0	0	0	0	0	0	0	0
1996	598	598	0	0	0	0	0	0	1544	1385	120	39	148	0	38	110
1997	478	478	0	0	300	300	0	0	1613	1419	29	165	109	-47	38	118
1998	478	478	0	0	17	17	0	0	466	445	21	0	13	0	12	1
1999	216	208	8	0	0	0	0	0	0	0	0	0	0	0	0	0
2000	3008	2975	33	0	1020	1010	10	0	0	0	0	0	31	31	0	0
2001	1961	1951	10	0	2229	2180	49	0	0	0	0	0	41	41	0	0
2002	3055	2626	429	0	3279	2853	426	0	24	24	0	0	34	34	0	0
2003	1065	1065	0	0	839	833	6	0	43	43	0	0	51	51	0	0
2004	1996	834	1162	0	3594	2715	879	0	0	0	0	0	36	35	1	0
2005	1984	1444	540	0	909	867	42	0	0	0	0	0	0	0	0	0
2006	2977	2803	174	0	1702	1192	510	0	241	241	0	0	196	196	0	0
2007	4055	3553	502	0	3599	3210	389	0	64	64	0	0	44	44	0	0
2008	1388	1175	213	0	3228	2765	463	0	0	0	0	0	92	92	0	0
2009	1662	1402	260	0	1441	1070	371	0	24	24	0	0	16	16	0	0
2010	644	644	0	0	2124	1957	167	0	23	23	0	0	25	25	0	0
2011	267	267	0	0	884	884	0	0	0	0	0	0	5	5	0	0
2012	334	300	34	0	302	302	0	0	0	0	0	0	10	10	0	0

二、油脂油料购销

1988 年，乌拉特中旗粮食部门平价购入食用油及料折油 154 万千克，平价销售食用油及料折油 443 万千克；议价购入食用油及料折油 131 万千克，议价销售食用油及料折油 532 万千克。

2012 年，乌拉特中旗国有粮食部门购入食用油及油脂油料为 0，销售食用油及油脂油料为 0。

1988—1999年乌拉特中旗食用油及料折油购入及销售统计表

表21－4 单位:万千克

年份	平价						议价					
	议销			购入			销售			议购		
	食用油及料折油	油脂	油料	食用油及料折油	油脂	油料	食用油及料折油	油脂	油料	食用油及料折油	油脂	油料
1988	443	0	1360	154	150	12	532	12	1763	131	20	443
1989	1145	0	3078	154	152	2	2479	14	8091	282	13	955
1990	2028	0	5401	180	179	4	828	0	3144	133	8	493
1991	1467	0	3892	108	0	0	823	0	2678	20	10	40
1992	206	0	542	59	59	0	1099	29	3393	783	6	2625
1993	7	0	18	14	14	0	1086	12	3176	0	0	0
1994	1493	44	4390	852	68	2415	0	0	0	0	0	0
1995	2777	92	7334	2230	77	6326	0	0	0	0	0	0
1996	0	0	0	0	0	0	0	15	778	0	51	95
1997	0	0	0	0	0	0	0	3	827	0	6	56
1998	0	0	0	0	0	0	0	0	158	0	4	0
1999	0	0	0	0	0	0	0	0	0	0	0	0

2000—2012年乌拉特中旗国有粮食部门食用油及油脂油料购入及销售统计表

表21－5 单位:万千克

年份	购入			销售		
	食用油及料折油	油脂	油料	食用油及料折油	油脂	油料
2000	0	0	0	0	0	0
2001	0	0	0	0	0	0
2002	0	362	0	0	123	0
2003	0	152	0	0	239	0
2004	0	0	0	0	0	0
2005	0	1254	0	0	844	0
2006	0	2401	0	0	1103	0
2007	0	813	0	0	2638	0
2008	0	38	0	0	571	0
2009	0	167	0	0	170	0
2010	0	0	0	0	0	0
2011	0	0	0	0	0	0
2012	0	0	0	0	0	0

第三节　粮食供应

一、民用粮供应

1988 年，乌拉特中旗粮食管理部门执行中央“四管、四放”（计划内要管、计划外要放；城镇供应要管、农村销售逐步放开；大宗品种要管，大部分小品种要放开；政策性要管，经营性放开）的粮食供应政策。有平价粮市镇供应、牧民口粮供应、抗灾饲料供应、农村救灾返销粮食供应和军粮供应。居民口粮实行按人分档定量凭证按月供应。在定量内的粮油结余部分归己所有。工商行业用粮按照用粮性质分为工业及手工业用粮、食品加工业用粮、副食业用粮、酿造业用粮 4 大类。饲料用粮供应范围包括运输部门的使役畜、种畜、国家机关和牧区苏木骑乘、国营单位的种公畜。农村供应主要是针对菜农供应，按户发证供应。

1989 年，全旗粮食供应采取限购当月粮的办法，对牧区供应除每人每月供应 1.5 千克炒米外，为解决边远牧民买粮不便，仍允许一次购买 3 个月口粮，既保证粮食市场稳定，又没有超供。

1991 年 4 月 20 日，全旗开始实行限购当月粮。

1992 年 4 月 1 日和 8 月 1 日，全旗粮食供应两次调整平价粮食销售价格，平价粮油基本上是购销同价。8 月 1 日起，全面放开粮食市场，放开粮价，全旗除军粮供应外，牧民保留 7.5 千克平价粮供应，其他城镇居民口粮供应全部取消。

1994 年 6 月 10 日至 9 月 20 日，在全国提高粮油销售价格后，为稳定粮食供应市场，防止出现粮食抢购和品种断档现象，全旗各粮食供应网点一律挂牌限价销售标准面粉；10 月 1 日起，开始对市镇居民实行每人每月供给标准面粉 5 千克，油脂 0.25 千克。

1995 年 4 月，全旗市镇居民和牧民凭“优惠卡”每人每月供应 2.5 千克面粉；元旦、春节、农历八月十五（中秋节）、国庆期间，安排低于市场价格供应食油。

2001 年 5 月 1 日，国家取消市镇居民粮食供应转移证明（以下简称“市转证”），此后，乌拉特中旗粮食管理部门不再办理市转证，同时取消各类民用粮食供应。

二、军粮供应

1988—1993 年，乌拉特中旗境内军粮实行粮票供应，全额补贴，属地供应。供应品种有粳米（特等 60%），小麦粉（特一粉 40%）。

1994—2004 年，乌拉特中旗境内军粮实行统一调拨、统一质量标准、统一价格。凭粮票供应，差额补贴，划片供应；全旗设川井军供站、乌梁素太、海流图 3 个供应点。

2005—2012 年，乌拉特中旗境内军粮供应采用军用购粮卡供应。

三、生态粮食供应

2000—2003 年，乌拉特中旗生态粮食供应按照每亩供应 100 千克，全旗 4 年累计完成 18 万亩退耕还林（草），补助原粮 1800 万千克；轮封休牧 170 万亩，供应玉米 935 万千克。为更好满足退耕农户需求，全旗由 9 个国有粮食购销企业承担供应任务，增设临时供应网点 4 个，全旗生态粮食供应涉及石哈河镇、德岭山镇退耕户 10229 户。

2004 年，国家根据国民经济发展的新形势对退耕还林工程年度任务进行了结构性、适应性调整，退耕还林（草）工作的重心由大规模推进转移到成果巩固上来，退耕农户补助的粮食实物改为补助现金，直接补贴到农户。

第四节　粮食储备

1988—2012 年,乌拉特中旗粮食部门认真落实国家粮油储备方针,全面执行“一符四无三专四落实”(账实相符,无虫蛀、无霉变、无鼠害、无鼠雀;专人、专账、专仓;落实品种、数量、质量、存放地点)。做到储粮安全稳定,账实相符。特别是 1993 年和 2009 年,全国粮食清仓查库,对全旗所涉及的 7 个粮食购销企业、1 个属地管理企业(巴彦淖尔市储备库德岭山收储基地)、10 个合作商,严格遵循“有仓必到,有粮必查,有账必核,查必彻底”原则,对所有中央储备粮、国家临时存储粮、地方储备粮、国有企业商品粮数量、质量以及粮权归属。清查库存实物与保管账、统计账、会计账、银行资金账的账实相符、账账相符情况,账务处理的合规情况,以及不同性质和品种的粮食按规定进行分账管理、分仓储存情况。进行认真、细致的清查,全旗粮食库存数量真实、账实相符、账账相符,受到各级检查组的一致好评,乌加河粮油贸易公司被内蒙古自治区粮食清仓查库领导小组评为“全区粮食清仓查库先进库站”的荣誉称号。

截至 2012 年 11 月 30 日,全旗粮食库存 1375 万千克,按照“一符四无”要求,入库质量全部达到国家二等以上标准,储备粮“一符三专四落实”达到 100%。

第五节　综合管理

一、国有粮食企业管理

1988—2012 年,乌拉特中旗粮食部门主要承担全旗各级承储粮的储存、轮换和安全保管,保障全旗政策性粮食和军粮供应,完成全旗夏、秋粮收购,保护农民利益。

二、粮食市场监督管理

2004—2012 年,《随着国务院粮食流通管理条例》《粮食流通监督检查暂行办法》《粮食质量监管实施办法》的相继颁布施行,乌拉特中旗粮食市场得到进一步规范。旗粮食管理部门对辖区内粮食经营依法履行粮食流通监督检查职责,对各类粮食经营者的粮食经营活动进行监督检查,严格审核粮食收购资格证,营造良好的依法管粮、合法经营的粮食市场。9 年中,全旗共办理粮食经营许可证 23 家。

三、粮食市场执法监察

2004—2012 年,乌拉特中旗粮食管理部门为进一步做好全旗粮食流通管理,严格执行《粮食流通管理条例》等相关政策法规,旗粮食管理部门每年都积极开展粮食法规宣传,利用广播、有线电视、张贴标语、悬挂横幅、发放宣传单和宣传画等形式,向全社会进行宣传,提高全社会对粮食流通管理法规的认识。积极配合工商行政管理部门,建立季度联合巡查制度,全力治理“餐桌污染”,积极建设“放心粮油”工程,严厉打击无证无照经营等违法行为,在执法监察过程中,严格做到依法行政,文明执法。9 年中,共查处违反《粮食流通管理条例》《粮食流通监督检查暂行办法》的违法案件 7 起,处以罚款 4500 元。

第五章　民族贸易与对外贸易

第一节　管理机构

2005 年 12 月，乌拉特中旗设有商务局，内设外经贸股，负责管理全旗民族贸易与对外贸易工作。2012 年，由乌拉特中旗局外经贸股具体负责全旗对外贸易和国际经济合作工作。

第二节　出口商品

1995 年，全旗出口商品总值为 1168. 8 万元。2000 年，全旗外贸出口商品总值为 302. 32 万美元。2005 年，全旗外贸出口商品总值为 1565. 39 万美元。2010 年，全旗外贸出口商品总值为 21662. 04 万美元。2012 年，全旗外贸出口商品总值为 22041. 68 万美元。

第三节　进口商品

1995 年，全旗出口商品总值为 1177 万元。2000 年，全旗进口商品总值为 492. 12 万美元。2005 年，全旗进口商品总值为 1031. 09 万美元。2010 年，全旗进口商品总值为 62580. 81 万美元。2012 年，全旗进口商品总值为 111003. 46 万美元。

第二十二篇　旅游　社会服务

第一章　旅　游

第一节　机　构

一、行政管理机构

1999 年，乌拉特中旗旅游局成立，正科级事业单位，内设机构 1 个：办公室，核定事业编制 5 名，实有在职干部职工 2 人，核定领导职数 1 人（局长）。

2012 年，实施机构改革，旗旅游局在乌拉特中旗文体广电局挂牌，全额拨款正科级事业单位；内设机构 4 个：办公室、财务室、宣传促销股、市场管理股，核定事业编制 5 名，实有在职干部职工 18 人（其中参照公务员过渡管理 13 人），核定领导职数 4 人，一正三副。

二、经营单位（旅行社）

2005 年，乌拉特中旗有旅行社 1 家：草原新天地旅行社，注册资本 30 万元，从业人员 3 人。

2012 年，乌拉特中旗有旅行社 3 家，国际旅行社 1 家（草原国际旅行社，注册资本 30 万元，从业人员 3 人）、国内旅行社 2 家（凯撒旅行社，注册资本 30 万元，从业人员 3 人；教育旅行社，注册资本 30 万元，从业人员 2 人）。

第二节　旅游资源

一、已开发资源

2012 年底，乌拉特中旗已开发的旅游资源主要包括自然景观、遗迹遗址、人文景观三大类共计 14 个景区景点：风蚀冰臼地质公园、海流图生态园、千年古榆、新忽热古城、秦长城、乌不浪口抗日烈士陵园、呼仁敖包岩画群、“鬼谷”岩画群观光区、甘其毛都口岸、乌拉特中旗博物馆、希热庙、千里庙、骑兵营综合训练基地、中原油田。

二、待开发资源

2012 年底，乌拉特中旗待开发的旅游资源主要包括湿地公园 1 个、水库 4 座、奇石林 1 个、龙脉山 1 个、石羊谷 1 个、自然保护区 2 个。

（一）牧羊海湿地公园

牧羊海湿地公园位于牧羊海牧场境内，是由黄河故道变迁形成的一块湿地。2012 年底，牧羊海水域和苇田面积约 4000 公顷，水源全部来源于黄河，分别由南部的义和渠和北部的封济渠注入，年注水量约 2600 万立方米。湖内生长着 30 多种野生鸟类和多种野生鱼类。

（二）德岭山水库

德岭山水库位于乌拉特中旗海流图镇东南 25 千米处，水库东、南两侧是雄伟的阴山山脉，西、北两面是广阔的同和太草原。德岭山水库坝址位于海流图河与阿其河汇流 2.3 千米处，是一座以防洪、灌溉、水产养殖为主的中型水库景观。水库最大集水面积 1971 平方千米，总库容 7996 万立方米，平均水深4～5米。依托水库库区，景区规划总面积2.3万亩，核心开发1.7万亩，其中水面面积6913亩。

（三）巴音宝勒格水库

巴仁宝勒格水库位于海流图镇东北5.8千米处，总库容量30万立方米，水面面积达19万平方米。该水库由天然矿泉水汇集而成，水质优良、清爽甘甜，四季长流不息。

（四）狼山水库

狼山水库位于乌拉特中旗呼勒斯太苏木境内，依二狼山而建，水面面积140万平方米，蓄水3300万立方米，盛产鲤鱼、鲢鱼、鲫鱼等鱼类。水库东、南、西三面环山，北面为广阔草原。

（五）红格尔水库

红格尔水库位于乌拉特中旗海流图镇正西16千米的红格尔河上。红格尔河属于黄河水系，由西北流向东南。红格尔水库是一座以防洪为主兼顾灌溉和水产养殖的综合利用的中型水库。

（六）塞上奇石林

塞上奇石林位于乌拉特中旗海流图镇南15千米的同和太牧场中，占地面积达12平方千米。石头形态各异，形象栩栩如生，被称为“塞上奇石林”。

（七）龙脉山

龙脉山位于乌拉特中旗甘其毛都口岸西23千米处，是一条近5千米长的戈壁风砺石山脉，当地人称“龙脉”。该山脉高30～50米，主脊裸露岩石部分高约3米，南高北低、蜿蜒曲折，好似一条黑龙爬卧于中蒙边境的戈壁滩上。

（八）石羊谷

石羊谷位于乌拉特中旗呼勒斯太苏木境内，自然景观独特，石头造型千奇百怪。该山山势险峻，怪石嶙峋，时有石羊出没。

（九）乌拉特梭梭林—蒙古野驴国家级自然保护区

乌拉特梭梭林—蒙古野驴国家级自然保护区位于乌拉特中旗北部的甘其毛都镇、乌拉特后旗北部的宝音图苏木、格日勒敖登苏木和巴音前达门苏木境内。2001年，经国务院批准建立为国家级自然保护区。

（十）阿其山自然保护区

阿其山位于乌拉特中旗海流图镇东北方向约54千米处，山中集中生长着全国稀有树种——叉枝圆柏，俗称爬地柏（因枝蔓匍匐地面生长而得名），共占地约20万亩。山中有多种野生动植物资源，还有很具代表性的阴山岩画，是自治区级自然保护区。

第三节　旅游景区

一、自然景观

（一）风蚀冰臼地质公园

风蚀冰臼地质公园位于乌不浪口桥北阴山与乌拉特草原交界处，占地面积18万平方米，以“奇、巧、怪、灵”为特色。园区中的岩体是一种介于花岗岩石林与石蛋地貌之间的过渡型低石林，自然景观独特，石头造型千奇百怪。2012年，风蚀冰臼地质公园被评为国家AA级景区。

（二）千年古榆

千年古榆位于乌拉特中旗甘其毛都镇境内，是乌拉特中旗境内发现的树体最大，树龄最老的一棵古榆。古榆树龄至少在千年以上，树高 4.3 米，树冠落影 48 平方米。该树躯干离地后分为两杈，总干需 8 人合抱。草原上的人们将它奉为“神树”，每年农历五月十三日，周边的牧民都要前往祭拜。

二、遗迹遗址

（一）新忽热古城

新忽热古城位于乌拉特中旗新忽热苏木东北 3 千米处。古城占地面积约 1 平方千米，为正方形，东西长 950 米，南北宽 950 米。据考证，新忽热古城建于（西汉太初元年前 104 年）汉武帝时期，是匈奴左大都尉策动军事政变而筑的“受降城”，距今已有 2000 多年的历史。

（二）秦长城

乌拉特中旗地处祖国边陲，是长城文化最丰富的地区之一。今乌拉特中旗境内长城最初是（前 299 年）由赵武灵王修建的，秦王朝建立后，为防御北方匈奴，秦始皇（前 214 年）派将军蒙恬重修长城，东起今乌拉特前旗小佘太东界与包头固阳交会，沿山西行经乌拉特中旗、磴口县西南境入贺兰山。

（三）乌不浪口抗日烈士陵园

乌不浪口抗日烈士陵园位于乌拉特中旗乌不浪口西 1 千米处。民国 39 年（1940 年）1 月 31 日，中国军队傅作义指挥宁夏马鸿宾部马腾蛟三十五师守军，在乌不浪口对侵华日军进行一场殊死反击战，抗日烈士的鲜血，染红了乌不浪口的山河大地。其后，为纪念抗日将士并缅怀他们的英雄事迹建立烈士墓。园内葬有 148 名抗日救国阵亡官兵骸骨。

（四）呼仁敖包岩画群观光区

呼仁敖包岩画群观光区位于乌拉特中旗海流图镇南 7 千米处的呼仁敖包山中，属距今 2000～3000 年的青铜器时代，数量逾 400 幅的大型岩画群。区域内岩画分布面积约 1 平方千米。岩画图案大多是动物、人物，制画手法以磨刻法为主，所反映的内容有狼、大角鹿、虎等，画面清晰、生动。

（五）“鬼谷”岩画群观光区

“鬼谷”岩画群观光区位于乌拉特中旗中蒙边境 608 号界南约 4 千米处。因河谷两侧的岩壁上多刻画有各种图案和符号类的东西，比较难解和神秘，当地牧民又称之为“鬼谷”。

三、人文景观

（一）甘其毛都口岸

甘其毛都口岸位于乌拉特中旗境内北部，与蒙古国南戈壁省汉博格德县嘎顺苏海图口岸隔界相望。甘其毛都口岸作为“中国脊背”上的国门，自古就是中蒙边民贸易的咽喉要塞之一，是连接蒙古国、俄罗斯，对外贸易的重要通道和国门重地。1992 年，甘其毛都口岸被正式批准为国家一类季节性双边口岸。2004 年后，甘其毛都口岸为进口原煤而常年开关。

（二）海流图生态园

海流图生态园位于乌拉特中旗海流图镇东北角，总面积 10350 亩，围封网围栏 12000 延长米，是集生态保护、草原科技、培植示范、旅游观光、休闲度假为一体的绿色园区。2012 年，海流图生态园被评为国家 AA 级景区。

（三）乌拉特中旗博物馆

乌拉特中旗博物馆位于海流图镇新区纬一路北侧，建筑主体为四层，总面积为 1.47 万平方米，建筑总面积2100平方米，于2011年12月16日正式投入使用。

（四）希热庙

希热古庙位于乌拉特中旗新忽热苏木境内，建于清康熙十九年（1710年），距今已有300余年历史。由第一代活佛呼勒庆贵禅师在康熙皇帝的资助下建成，为东方21个佛教圣地之一。希热庙共由5座大殿（大佛殿、学部殿、禅师住处、长明殿、新殿），4个山洞（禅师洞、龙王洞、连环洞、藏经洞）和2座白塔（阳塔、阴塔）构成。1996年，经国家有关部门化验鉴定，希热矿泉为天然优质矿泉水，在巴彦淖尔市内已具有一定的知名度和市场。

（五）千里庙

千里庙位于乌拉特中旗呼勒斯太苏木境内，始建于清同治二年（1863年），鼎盛时有僧众150余人，是乌拉特中旗历史上有名的佛教圣地之一。

（六）骑兵营综合训练基地

骑兵营综合训练基地位于乌拉特中旗德岭山镇境内。骑兵一营前身为骑兵独立第三团，战争时期转战于今赤峰市、锡林郭勒盟和大青山等地。1969年，移防乌拉特中旗乌梁素太境内。1986年，减编组建成骑兵一营，是中国人民解放军保留的两支建制骑兵部队之一。骑兵一营曾参与拍摄《敦煌》《大决战》《铁骑雄风》《白马飞飞》等40多部影视剧。

（七）中原油田

中原油田位于乌拉特中旗白音查干地区。于1993年勘探开发，累计完成钻井125口，见油气显示85口，试油获工业油45口。2004年，建成原油集中处理站，油田储量规模进一步扩大，产量基数进一步提高，发展基础进一步巩固，已成为草原上一道亮丽的风景线。

第四节　旅游设施建设

一、旅游规划

2012年，乌拉特中旗旅游局聘请北京绿维创景规划设计院编制完成《乌拉特中旗旅游产业发展规划》，该规划对全旗近10年的旅游发展做出总体部署；在充分调研基础上，编制完成《乌拉特中旗旅游发展“十二五”规划纲要》《乌拉特中旗文化旅游景区控制性详规》；绘制并完成1:500比例乌拉特中旗电子地形图。

二、主要景点建设

（一）风蚀冰臼地质公园

景区通过争取项目资金和政府匹配基础设施配套费用，共计610万元，完成一期工程建设。建有临水长廊、八角双层观景塔、天池、假山瀑布、艺术塑树大门和2000平方米的停车场、上山步道、副碑、环保厕所等，修建了景区内道路、景区小广场，配置果皮箱和休息座椅，进行了景区绿化、景区整体围封。2012年上半年，聘请专家对地质公园做了详细规划，并对地质公园进行实地察看，对各种有造型的石头予以命名，增加地质公园的文化色彩。景区经过初评、复评工作，已通过国家AA级旅游景区的评定。

（二）海流图生态园

海流图生态园位于海流图镇东北角、紧邻镇区，是海流图镇东郊绿色综合开发区内最大的园区，总面积10350亩，围封网围栏12000延长米。园内已完成基础设施建设和绿化美化工程，有直径30米的敖包、怪石、自然石景区、生态凉亭、古凉亭、大地五体雕塑、憩一会儿雕塑、三口之家雕塑、生态餐厅、动物雕像、卵石路。2009年，投资75万元修建5千米砂石路1条。2010年，陆续完成马路两边的绿化工程；同年4月初，旗林业局再次派出8名科技人员，继续进行生态园的绿化工程；5月，生态园精品示范造林全面完成，共计植树2.2万余株。生态园的建成，不仅有较高的经济效益，而且社会效益显著，为海流图镇广大人民提供了休闲、度假、娱乐的理想场所。至2012年底，生态园仍在继续开发建设中。

（三）巴音宝勒格度假村项目

巴音宝勒格度假村位于海流图镇东北4千米处，始建于2001年，占地1300多亩，距旗党政机关所在地最近的水电路“三通”的旅游度假场所。项目规划建设总面积3000亩，总投资1.2亿元。已开展的项目有：餐饮、住宿、骑马、射箭、划船、沙漠摩托、钓鱼、水上乐园、儿童乐园、蒙古族服饰和食品销售等旅游娱乐和服务项目，初步建成集观光、休闲、度假、餐饮、娱乐、购物于一体的旅游度假村。

（四）西郊绿色生态庄园项目

乌拉特中旗西郊绿色生态庄园位于海流图镇西郊，始建于2001年，占地300多亩，项目计划总投资1862万元，已累计投入300万元，是内蒙古自治区三星级乡村旅游接待户。初步建成环境优美的生态农业旅游区。庄园内有大型蒙古包12个，能同时接待180人就餐；有自产无公害蔬菜和自养自放的山地鸡；牧区羊及农村猪肉；有西瓜园、向日葵、甜玉米；有苹果树、梨树、枣树可供游客采摘。西郊绿色生态庄园是集草原度假村、塞外风情农家乐、骑马篝火蒙古包一身的现代化草原旅游点。至2012年底，生态园仍在继续开发建设中。

（五）温根塔拉草原旅游区

温根塔拉草原旅游区位于温更镇境内，始建于2010年，占地面积300亩。计划总投资3000万元，已累计投入500万元。温根塔拉草原旅游区是内蒙古自治区四星级接待户。总体规划为建设蒙古包100顶，已建成47顶；拥有厨房120平方米，窗舍140平方米，水塔1座，冲水厕所1座，汗厕1座，带卫生间蒙古包16顶，普通住宿包16顶，餐饮包12顶，中军大帐200平方米（直径16米、能同时容纳200人就餐的无柱蒙古包），其他雅包11顶，餐饮包上下水齐全，有渗水井2处，有篝火晚会平台800平方米。至2012年底，温根塔拉草原旅游区仍在继续开发建设中。

（六）“牧人之家”项目

“牧人之家”位于同和太草原腹地，始建于2007年，规划建设面积3000亩，项目总投资5000万元，已投资240万元，是内蒙古自治区四星级旅游接待户，是以牧民家庭为接待单位，利用家庭草场、居住设施等生产、生活资源，以牧区生产、生活体验为主要内容，为旅游者提供具有民族特色的观光、娱乐、住宿、餐饮、购物等旅游服务的经营实体。主要活动项目有：骑马、摔跤、篝火、歌舞，观赏民俗以及参与马文化，牧区生产挤奶、赶羊、放牛等活动。至2012年底，“牧人之家”项目仍在继续开发建设中。

（七）乌达牧塔拉项目

乌达牧塔拉位于海五公路4.5千米处路东，始建于2003年，占地面积720亩，计划总投资500万元，已累计投入150万元，是内蒙古自治区三星级旅游接待户，以经营蒙古族传统饮食、牧家乐（骑马、射箭等）为主的绿色生态牧家乐旅游度假村。已建成12米直径的大型现代化蒙古包1座、传统蒙古包12座；建有大型篝火晚会灯光广场、停车场和蒙古族风情苏力德、勒勒车、骑马、射箭等娱乐项目。为打造草原绿色生态牧业，乌达牧塔拉所承包720亩草场全部围封禁牧，机井、高压电配套完善。至2012年底，乌达牧塔拉项目仍在继续开发建设中。

三、旅游线路建设

（一）一日游精品旅游线路

第一条：哈萨尔广场—鸿雁广场—云英广场—生态园—巴音宝勒格度假村—市民中心—珠力格太文化产业园—奇石一条街—恐龙足迹—乌达牧塔拉牧户点。

第二条：秦长城—乌拉特中旗地质公园—乌不浪口抗日烈士陵园—牧羊海生态渔村—甘其毛都口岸加工园区—呼仁敖包岩画群—温更塔拉旅游接待中心。

第三条：中原油田—图古日格金矿—千年古榆—龙脉山—口岸购物区—甘其毛都口岸—甘其毛都口岸国门界碑—巴彦淖尔市爱国主义教育基地—百万风电基地—西郊绿色生态庄园。

第四条：市民中心—生态园—希热庙—瑙干塔拉家庭生态牧场—217金矿—汉受降城—牧人之家。

（二）自驾游线路

乌拉特中旗旅游自驾游线路仅一条：仰狼沟—石羊谷—鸿雁之乡—呼勒斯太—千里庙—将军碑—狼山水库—石人像—杭盖戈壁岩画群。

（三）跨国旅游专线

乌拉特中旗旅游局抓住中蒙在文化交流、贸易投资等领域合作日益紧密的机遇，依托甘其毛都口岸的区位优势，积极参与中蒙跨国旅游线路合作开发，开通一条由海流图镇—甘其毛都口岸—外蒙古南戈壁省的跨国精品旅游线路。沿线重点旅游景区（点）有：蒙古文化博览园旅游区—甘其毛都口岸—外蒙石林—发财洞—蛤蟆石—成吉思汗拴马桩—哈布其旅游度假村。

第五节　旅游经营

一、旅游宣传

1999—2012年，旗旅游局先后编印《乌拉特中旗旅游交通图》《乌拉特中旗草原风光一日游》宣传材料，在全市范围内进行宣传发放。旗旅游局在旅游投资会、洽谈会、推介会、博览会上展示中旗旅游的崭新形象，使得乌拉特中旗草原边贸城旅游形象逐渐被外界了解并接受。同时在旅游卫视上播出全旗旅游开发及发展情况，聘请巴彦淖尔市电视台到乌拉特中旗各“牧户游”景点进行摄影采风，并在巴彦淖尔市第三套节目中播出，进行广泛宣传。借助网络平台（巴彦淖尔市旅游网、巴彦淖尔市招商网、乌拉特中旗政务网）向外宣传推介和发布全旗旅游资源、招商信息。

二、技能培训

1999—2012年，旗旅游局为提高导游司乘人员素质，每年都组织业务技能培训。在培训过程中，除培训基本的礼仪和安全培训外，更注重培养导游的讲解力、沟通力和决策力。在对旅游企业服务人员培训中，对服务人员提出更高要求，包括服务人员礼仪、场地布置等，旅游从业人员的服务能力成为培训的重中之重。

三、旅游促销

1999—2012年，旗旅游局组织有关人员积极参加各类交易会。为深入挖掘草原历史文化、开发少数民族特色饮食，提高旅游综合效益，推荐全旗有实力的特色旅游商品商参加内蒙古旅游商品研讨会与内蒙古自治区旅游商品设计大赛。旅游旺季时，通过打造具有乌拉特中旗特色的旅游活动，如“中国・内蒙古乌拉特中旗草原生态旅游节暨鸿雁文化艺术节”、敖包祭祀、那达慕、希热庙会、草原风情节、边贸文化节、各类论坛等，更好地宣传乌拉特中旗旅游资源，打造乌拉特中旗旅游品牌产品。

四、旅游接待

乌拉特中旗有旅游接待企业12家，其中国家AA级景区2家(风蚀冰臼地质公园、海流图生态园)、四星级接待户2家(温根塔拉旅游接待中心、牧人之家)、三星级接待户4家(乌达牧塔拉、瑙干塔拉、巴音宝勒格旅游度假村、西郊绿色生态庄园)、渔家游接待户1家(牧羊海生态渔村)、国际旅行社1家(草原国际旅行社)、国内旅行社2家(凯撒旅行社、教育旅行社)，另有旅游接待宾馆4家：国赫饭店、君苑商务宾馆、沃德大酒店、汇丰宾馆。

五、经济效益

1999—2012年，乌拉特中旗共计接待游客209.17万人次，累计总收入40191.27万元。

1999—2012年乌拉特中旗旅游接待与经济效益统计表

表22-1

年份	接待游客(人次)	旅游收入(万元)	年份	接待游客(人次)	旅游收入(万元)
1999	3.03	515.00	2006	12.90	2014.00
2000	3.75	637.00	2007	14.60	2370.00
2001	4.05	688.00	2008	14.86	3202.63
2002	4.45	756.00	2009	19.88	3221.67
2003	5.31	901.00	2010	24.60	6798.00
2004	6.13	1049.00	2011	32.50	7821.73
2005	9.70	1386.00	2012	53.41	8831.24

第六节　旅游管理

一、行政管理

1999—2012年，旗旅游局根据《内蒙古自治区旅游条例》和有关规定，贯彻执行国家旅游业发展的方针、政策、法律、法规，研究拟定全旗旅游业发展规划和旅游业管理的规范性文件并监督实施。

二、业务管理

1999—2012年，旗旅游局不断研究拟定全旗旅游业的发展措施并指导实施；组织全旗旅游整体形象对外宣传活动；组织指导旅游资源和重要旅游产品的开发；组织旅游资源的普查，指导重点旅游区域的规划、建设；负责旅游统计及旅游行业财会的指导工作；组织实施国家、内蒙古自治区、巴彦淖尔盟(市)旅游部门制定的各类行业标准和服务标准；组织和指导旅游设施定点工作；代表旗人民政府签订定有关旅游协定，指导旅游对外交流与合作。

三、市场管理

1999—2012年，旗旅游局培育和完善全旗旅游市场，积极贯彻执行有关法律法规，采取措施整顿和规范旅游市场。加强市场执法管理，建立有效监督机制，设立旅游投诉电话，疏通旅游投诉渠道。建立健全社会管理综合治理各项制度，对旅游企业在旅游接待中的问题进行有效整治，促进旅游市场的规范发展。

四、旅游市场质量检查

1999—2012 年，旗旅游局每年对各旅游企业的食品、卫生、消防安全等方面做仔细检查。在各旅游企业开业前，组织执法人员进行开业前安全大检查，并在“五一”、端午、中秋节等节假日安排检查及旅游旺季的骑驼、水上项目等安全检查。同时与各旅游接待企业签订安全生产责任状，对存在质量和安全方面问题的旅游企业发放整改通知书并责令企业限期整改。14 年中，共查处法违规事件 130 起。

第二章 社会服务

第一节 管理机构

一、经济贸易委员会

1988 年,乌拉特中旗设有商业局,具体负责全旗社会服务业的管理。

1994 年,乌拉特中旗商业局被撤销,整建制转为经营性经济实体——乌拉特中旗商业总公司,其行政职能划归旗经济贸易委员会。旗经济贸易委员会内设工业股,负责全旗社会服务业的宏观调控及行政管理工作。

1995 年 1 月,乌拉特中旗经济贸易委员会与计划委员会合并,新成立乌拉特中旗计划经济贸易局。旗计划经济贸易局负责全旗社会服务业的宏观调控及行政管理工作。

2002 年 4 月,乌拉特中旗计划经济贸易局分设,单独设立乌拉特中旗经济贸易局(挂乌拉特中旗粮食局、乌拉特中旗个体私营经济管理局牌子)和乌拉特中旗发展计划局。旗经济贸易局内设商业贸易办公室,负责全旗社会服务业的宏观调控及行政管理工作。

2005 年 4 月,旗经济贸易局商务管理职能分出,旗经济贸易局更名为经济局。旗经济局内设商业贸易管理办公室,负责全旗社会服务业的宏观调控及行政管理工作。

2010 年 3 月,旗经济局改组更名为经济商务和信息化局(挂乌拉特中旗粮食局牌子),内设中小企业办公室,负责全旗社会服务业的宏观调控及行政管理工作。

至 2012 年底,旗经济商务和信息化局内设机构与人员编制未发生变化。

二、工商行政管理局

1988 年,乌拉特中旗设有工商行政管理局(以下简称"工商局"),内设有办公室、财务股、个体股、企业股、市管股、人事股、合同股,分别负责社会服务业的市场管理工作。

1999 年,旗工商局与物价局合署办公,一套人马,两块牌子。内设有办公室、财务股、个体股、企业股、市管股、合同股、人事股、收费股、物价检查所,分别负责社会服务业的市场管理工作。

2010 年,旗物价局并入旗发展和改革局。旗工商局单独设置。内设有办公室、财务股、人教股、个体私营股、法制股、公平交易股、市场规范管理股、商标广告管理股,分别负责社会服务业的市场管理工作。

至 2012 年底,旗工商局内设机构与人员编制未发生变化。

第二节 所有制形式

20 世纪 90 年代后,随着国营商业公司、商店逐年减少,在国家优惠政策的扶持下,乌拉特中旗个体私营商业得以迅速发展。

1991 年,全旗共有私营社会服务企业 178 户,雇工 7741 人,注册资金 6225 万元;全旗共有个体工商户 1258 户,从业人员 1472 人,注册资金 1041.1 万元。

2000 年,全旗共有私营社会服务企业 237 户,雇工 6896 人,注册资金 8533 万元;全旗共有个体工商户 2211 户,从业人员 2821 人,注册资金 3200 万元。

2005 年,全旗共有私营社会服务企业 358 户,雇工 8842 人,注册资金 45102 万元;全旗共有个体工商户 2628 户,从业人员 3457 人,注册资金 6559 万元。

2012 年,全旗共有私营社会服务企业 829 户,雇工 20725 人,注册资金 814200 万元;全旗共有个体工商户 4824 户,从业人员 7974 人,注册资金 7091 万元。

第三节　行业结构与效益

一、住宿、饮食业

1988 年,乌拉特中旗从事住宿饮食业的商户从业人员 5904 人,全年完成销售收入 117 万元。

1989 年,全旗从事住宿饮食业的商户从业人员 6401 人,全年完成销售收入 117 万元。

2011 年,全旗从事住宿饮食业的全年完成销售收入 11831 万元。

二、摄影业

1988 年,乌拉特中旗有照相馆 2 家,从业人员 4 人,全年完成业务收入 0.5 万元。随着社会经济的发展,摄影业也迅速发展,由个体摄影、照相演变到影楼、彩扩中心等。其业务也发展为摄影录像、婚纱拍照、艺术照等。

1995 年,全旗从事摄影扩印业的门店共有 5 家,从业人员 10 人,全年完成业务收入 1.2 万元。

2005 年,全旗从事摄影扩印业的门店共有 9 家,从业人员 30 人,全年完成业务收入 5 万元。

2010 年,全旗从事摄影扩印业的门店共有 7 家,从业人员 21 人,全年完成业务收入 7 万元。

2012 年,全旗从事摄影扩印业的门店共有 7 家,从业人员 25 人,全年完成业务收入 8.5 万元。

三、车辆出租业

2006 年,全旗有出租车企业 1 家,有出租车 103 辆,从业人员 110 人。

2012 年,全旗有出租车企业 1 家,有出租车 103 辆,从业人员 112 人。

四、中介服务业

(一)律师事务所

1988 年,乌拉特中旗设有律师事务所,隶属于乌拉特中旗司法局,有干部职工 9 人。服务领域包括:知识产权、国际法、行政复议、刑事辩护、专利 、反倾销反补贴 、劳动工伤、工程建设、房地产、名誉/肖像/人身权、高新技术、项目融资 、风险投资、医疗事故 、海商纠纷 、工商事务等 。

2002 年,乌拉特中旗律师事务所转制为内蒙古塞外律师事务所,有从业人员 3 人。全年完成业务收入 20 万元。

2010 年,内蒙古塞外律师事务所有从业人员 3 人。全年完成业务收入 28 万元。

2012 年,乌拉特中旗内蒙古塞外律师事务所,有从业人员 4 人。全年完成业务收入 32 万元。

(二)审计师事务所

1995 年 3 月,乌拉特中旗设有审计事务所,与审计局合署办公,一套人马、两块牌子。旗审计事务所有职工 3 人,其中审计人员 3 人(均为审计局工作人员兼职),全年完成业务收入 7 万元,上缴税金 0.35 万元。

1999 年,旗审计事务所改制,与旗审计局脱钩,属社会中介组织,实行独立核算,自负盈亏,有偿服务,依法纳税。当年在职 8 人,注册会计 3 人,旗审计事务所完成业务收入 11 万元,上缴税金 0.6 万元。

2012 年,全旗有会计师事务所 1 家,有职工 6 人,其中审计人员 6 人,注册会计师 3 人。全年完成业务收入 37 万元,上缴税金 3 元。

第二十三篇　非公有制经济

◎ 组织机构

◎ 企业发展

◎ 经济效益

◎服务与管理

第一章　组织机构

第一节　管理机构

一、乡镇企业局

1988年,乌拉特中旗设有乡镇企业局,内设机构4个:政秘股、财会股、计划业务股、安检站,核定行政编制27名、事业编制16名,实有干部职工43人,其中科级领导职数3人,一正三副。下设供销公司。

1989年10月,旗乡镇企业局内设机构进行调整,设计划统计股、改称生产股,撤销财务会计股,成立经营管理站,至此,旗乡镇企业局内设机构4个:政秘股、生产股、经营管理站、安检站。

1990年,旗乡镇企业局内设机构增设审计股;同年7月,根据旗人民政府要求,全旗各苏木、乡镇取消原有的农牧工商联合公司,成立乡镇企业开发办公室。

1993年,旗乡镇企业局内设机构进行调整,内设机构2个:生产服务站、综合办公室。机构精简后,在岗编制人员共16名,其中科级领导职数4人,一正三副。下设经管站、供销公司。

1998年,旗乡镇企业局内设机构进行调整,内设机构4个:办公室、企业管理股、产业指导股、安全质量检测站,核定行政编制13名、事业编制9名,实有干部职工17人,其中科级领导职数2人,一正一副。

2000年6月14日,旗乡镇企业局挂乌拉特中旗个体私营经济管理局的牌子,一套班子,两块牌子,内设机构与人员编制不变。

2002年3月,全旗进行机构改革,旗乡镇企业局隶属旗农业局内设机构。至年末,旗乡镇企业局与旗个体私营经济管理局仍为一套人员,两块牌子,内设机构5个:办公室、财务室、产业指导股、企业管理股、安全质检站。

2003年,旗乡镇企业局增挂旗推进农牧业产业化办公室牌子,财务管理实行独立核算。

2011年,旗乡镇企业局被撤销,并入旗农牧业局,隶属于旗农业局二级单位。

二、工商业联合会

1992年,乌拉特中旗工商业联合会(商会)成立,与旗委统战部合署办公,统战部部长兼任工商联(商会)主任,统战部副部长兼任工商联(商会)副主任,工商联与商会为一套人马、两块牌子,编制3人。

1997年,旗工商业联合会(商会)与旗委统战部分设,开始独立办公,内设机构1个办公室;核定事业编制5名,其中领导职数1人,主任(会长)1人、专职副主任1人、秘书长(副主任兼职)1人。

2011年,旗工商业联合会主席由旗委组织部任命,旗商会会长由民营企业法人代表经选举担任。

2012年,旗工商业联合会(商会) 无内设机构;核定行政编制2名、其中领导职数2人,主任1人、副主任(兼职秘书长)1人、工勤编1人;副会长(主任兼职)1人。

三、推进农牧业产业化办公室

2003 年，乌拉特中旗推进农牧业产业化办公室成立，牌子挂在旗农业局，内设机构乡镇企业局，与乡镇企业局一套人员、两块牌子，财务管理实行独立核算。

至 2012 年，推进农牧业产业化办公室隶属关系、内设机构、人员编制未发生变化。

第二节　民间组织

一、商会

（一）乌拉特中旗商会

1992 年，乌拉特中旗商会成立，与旗工商联合署办公，一套人马，两块牌子。

1997 年，旗商会与旗工商联分设，旗商会开始独立运作。

2012 年底，乌拉特中旗商会成立，与旗工商联合署办公，一套人马，两块牌子。

（二）基层商会

2004 年，乌加河镇商会成立。2009 年，德岭山镇商会成立。

二、协会

2004 年，乌拉特中旗美容美发协会成立。

2005 年，乌拉特中旗饭店餐饮协会成立。

2006 年，乌拉特中旗奇石协会成立。

第二章　企业发展

第一节　发展稳定期

1986—1991 年，是乌拉特中旗乡镇企业发展的稳定期。企业数和就业职工增长不快，总收入、总产值平均增长速度保持在 9%～12% 之间。其中 1987 年全旗乡镇企业总值完成 1599.6 万元，比 1984 年增长 158.2%，企业数发展到 3426 个，比 1984 年增长 3 倍，平均增速为 34.03%。当年新上工业企业项目有：投资 76 万元的乌加河砖瓦厂、投资 44 万元的海镇与乌海市联营的火碱厂、投资 38 万元的乌梁素太联营砖瓦厂。

1988 年，旗乡镇企业管理局所管理的工业企业有 1608 个；从业人员达到 5145 人。全旗实现产值 100 万元以上的企业有 2 个：桑根达来梳绒厂、乌拉特中旗塑料厂；实现产值 50 万元以上的有 2 个：温更镇煤矿、乌兰金矿；实现产值 20 万元以上企业的有 4 个：新忽热金矿、石兰计榨油厂、乌梁素太砖厂、海流图镇火碱厂。

1990 年，旗乡镇企业管理局所管理的工业企业数为 634 个，从业人数达到 2148 人。实现产值 100 万元的工业企业 1 个：桑根达来梳绒厂；实现产值 50 万元的有 2 个：乌梁素太砖厂、温更镇煤矿；实现产值 20 万元的企业有 5 个：乌加河砖厂、乌加河榨油厂、德岭山榨油厂、德岭山砖厂、石哈河榨油厂。

1991 年，旗乡镇企业管理局所管理的工业企业数 626 个，从业人数 1961 人。实现产值 50 万元以上的工业企业有 2 个：乌梁素太砖厂、温更煤矿。实现产值 20 万元以上的有 6 个：海流图镇砂石厂、德岭山砂石厂、德岭山榨油厂、乌兰金矿、呼勒斯太沙石厂、新忽热金矿。

第二节　高速发展期

1992—2011 年，是乌拉特中旗乡镇企业发展的高速发展期，年平为增长速度为 56%。

1992 年，旗乡镇企业管理局所管理的工业企业数 874 个，从业人数 3000 人，新增集体企业 14 个，总体企业数同比增加 427 个。新增工业项目主要有：宏丰砖厂、宏丰面粉厂、乌兰宝玉石工艺厂、川井砖厂、新忽热砖厂、新忽热石英石矿、新忽热萤石矿。筹建中的集体企业有：部北磁选厂、石哈河磁铁矿、楚鲁图磁铁矿。已初步形成了温更煤矿、沿山砂石场、乌梁素太砖厂、乌加河砖厂、新忽热金矿、巴音铬铁矿、乌梁素太石墨矿、乌兰金矿等一大批大型工业企业。

1993 年，旗乡镇企业管理局所管理的工业企业数 1512 个，从业人数 5737 人。是完成新增工业项目最多的一年，主要完成项目有：阴德淀粉厂、宏丰瓦厂、石兰计综合养殖场，扩建项目 52 个，主要有：阿胜不苏煤矿、部北磁铁选矿厂、乌加河水泥制品厂、乌加河农机服务站、乌加河面粉厂、乌加河水磨石厂等，累计投入资金 1978 万元，其中引进资金 19 万元，股份投入资金 390 万元，群众集资 1320 万元。实现产值 1000 万元的乡镇苏木有 4 个。

1994 年，旗乡镇企业管理局所管理的工业企业数 1934 个，从业人数 7808 人，新增项目 10 个，其中续建、扩建项目 8 个。

1995 年，旗乡镇企业管理局所管理的工业企业数为 2185 个，从业人数达到 8871 人。全旗乡镇企业固定资产原值达到 11086 万元，净值 11007 万元，有 7 个乡镇苏木产值超过了 1000 万元，其中海流图镇超过了亿元大关。

1996 年，全旗乡镇企业发展速度保持在 60% 以上。

1997—2000 年，全旗平乡镇企业平均发展速度保持在 40% 以上。

1999 年，全旗乡镇企业数发展到 4048 个，从业人员达到 23208 人。全旗新增项目 40 个，其中固定资产投资在 20 万 ~50 万元的项目 25 个，投资在 50 万元以上的项目 15 个，扶持嘎查村集体经济项目 11 个。

2000—2002 年，全旗乡镇企业增加值以每年以 25% 的幅度递增。

2002 年，全旗个体私营经济和乡镇企业工作在各级领导的重视下取得了较大进展，呈现出持续发展的良好态势。截至年底，乡镇企业实现增加值 30543 万元，实际入库税金 3260 万元。

2003 年，全旗乡镇企业实际入库税金以 20% 的幅度递增，达到 2761 万元。

2004—2005 年，全旗乡镇企业入库税金每年以 18% 的幅度递增，截至 2005 年底，实际入库税金达到 3258 万元。

1996—2000 年，“九五”计划期间，旗乡镇企业管理局狠抓龙形经济的构筑，以系列化服务为纽带，使市场与企业、农牧户之间有效连接起来，形成纵向的高层次的社会化服分体系，最终形成以旗苏木乡镇专业化公司为龙头，以旗苏木两级服务体系为依托、以基地加农户为龙尾、公司加农户、企业加基地、生产加服务、收购加销、产供销一条龙、贸工农收一体化的“四加工”社会化综合服务体系和多成分、多形式、多层次的一体化经营模式。同时重点抓好龙头企业和生产基地的建设。九五期间构筑好八条龙：山药淀粉龙带动山旱区的山药种植；面粉加工龙；油料加工龙带动全旗油种植；肉食品加工龙，带动全旗畜牧业发展；毛绒皮加工龙，带动全旗畜产品加工；煤炭开采龙带动全旗矿产品开采；建材以制砖为龙头，带动全旗建筑业的发展；以商饮业龙头带动服务业的发展，以此八条龙，带动全旗乡镇企业仍致全旗经济的快速发展。

2011 年，旗工商联通过与市金融办、旗工商银行、包商银行、发展银行、城市信用社等多家金融部门沟通联系，为全旗多家非公企业贷款 3000 余万元，解决企业融资难题。

第三节　存在问题

一、总体发展与地区企业布局不平衡

1995 年，全旗乡镇企业总产值达 24799 万元，其中有三分之一的乡镇、苏木产值超过 1000 万元，有三分之一的乡镇、苏木产值在 500 万 ~1000 万元，有三分之一的乡镇企业产值在 100 万 ~500 万元，而且产值在 1000 万元以上的乡镇大部分在灌区，牧区和山旱区偏少，3 个地区之间发展不平衡。同年，全旗乡镇企业分布于 20 个乡镇苏木，其中南部地区的灌区企业密度较大，规模较大，从业人数较多，发展速度较快，而牧区和山旱区的乡镇企业规模较小，数量较少，企业地区的布局也不平衡。

二、产业结构不合理

1995 年，全旗乡镇企业形成七大行业，生产产品 50 余种，基本形成农畜产品加工为骨干，以交通运输为纽带的综合性生产经营格局。在全旗乡镇企业中，工业产值达 15736 万元；占全旗乡镇企业总产值有 63%，虽然所占比重较大，但农畜产品加工业仍比较薄弱，工业企业主要以黄金开采为主。当年，全旗黄金工业产值达 8118 万元占全旗工业产值的 51.6%，全旗乡镇企业中第三产业企业数占 66.2%，总产值占 36.3%，企业人数占 41.6%。

第三章　经济效益

第一节　产品产量

1988年，旗乡镇企业管理局所管理的工业企业主要产品产量完成情况为：生产原煤4.8万吨，加工粮食3万吨，食用植物油146吨，水果20吨，鱼20吨，淀粉20吨，石墨矿8500吨，石墨粉6500吨，服装2万件，家具3万件，石灰4250吨，砖5048万块，瓦6万块；水磨石块2万块，黄金902千克，铜矿石200吨、砂石51.7万立方米，建筑房面积13.4万平方米，运输货物50万吨。

1990年，旗乡镇企业管理局所管理的工业企业主要产品产量完成情况为：黄金5.8千克，原煤2.5万吨，石墨1000吨，石灰1000吨，铁制农具2万件，机制红砖1820万块，加工服装4万件，植物油200吨，萤石260吨，铬铁550吨，石英石1000吨，珍珠岩粉180吨，加工无毛绒5吨。1990年新上工业企业项目有乌兰苏木综合服务部，主要从事铁木加工、毛毡综合修理、巴音哈太石英石矿、双盛美脉金矿等。

1992年，旗乡镇企业管理局所管理的工业企业主要产品产量完成情况为：黄金20千克，原煤2.4万吨，宝玉石4000克，石墨1500吨，铬铁1300吨，萤石1500吨，磁铁4600吨，云母8吨，石灰1000吨，砖2680万块，石英石1550吨，植物油30吨，淀粉70吨，砂石15.5立方米。

1993年，旗乡镇企业管理局所管理的乡镇主要工业产品有：原煤、宝玉石、磁铁、精粉、石墨粉、铬铁、云母、石灰、机砖、石英石、瓦、植物油、砂石等20余个品种。

第二节　产　值

1988年，旗乡镇企业管理局所管理的工业企业各项经济指标都完成了任务，并有较大幅度的增长。全旗乡镇企业总收入完成1747.3万元，实现利润4121万元，上缴税金70.6万元。

1989年，由于国家紧缩银根，旗乡镇企业管理局所管理的企业经营机制不完善等种种原因，全旗有部分企业被清理、整顿，各项指标都未完成任务，工业产值完成1270万元，同比下降28%；工业收入完成1197万元，同比下降31%；工业利润实现337万元，同比下降18%；工业税金完成36万元，同比下降49%。

1990年，旗乡镇企业管理局所管理的乡镇企业工业产值完成1662万元，实现工业利润359万元，完成国家税金72万元。

1991年，是乌拉特中旗实现“八五”计划和十年规划的第一年，是实现整个国民经济翻番、人民生活达到小康的基础性的一年，也是全旗乡镇企业经受严峻考验的一年。当年，旗乡镇企业管理局所管理的工业总产值完成1518万元，其中集体工业总产值完成519万元，占34%，实现利润397万元，上缴税金45万元。

1992年，在中央2号文件精神的鼓舞下，为乡镇企业开辟良好的外部环境。全旗乡镇企业创造了历史上最好的业绩。工业总产值完成 2302 万元，实现利润 544 万元，上交国家税金 58 万元。

1993 年，旗乡镇企业管理局所管理的乡镇企业工业总产值完成 4196 万元，实现利润 829 万元，上交国家税金 85 万元。

1994 年，旗乡镇企业管理局所管理的乡镇企业工业总产值完成 7211 万元。

1995 年，旗乡镇企业管理局所管理的乡镇企业抓住国家乡镇企业战略西移的有利时机，积极扩大开放、内引外联加强领导、增加投入取得乡镇企业产值翻番的好成绩。其中海流图镇产值超过亿元，成为全盟的十强乡镇，受到盟委行署的隆重表彰奖励。有 7 个苏木、乡镇的产值超过 1000 万元。全旗乡镇企业总产位完成 24799 万元，其中工业产值达到 15736 万元，入库税金 392. 24 万元，为农牧民人均提供纯收入 372 万元。在全旗乡镇企业史上实现具有重要意义的新的跨越。

1999 年，全旗乡镇企业完成现价总产值 162274 万元，完成营业收入 137385 万元，完成利润总额 27863 万元，完成实际入库税金 1841 万元，乡镇企业为农牧民提供人均纯收入达到 792 元。

第四章　服务与管理

第一节　组织管理

1988 年,全旗有 50% 的乡镇、苏木组建乡镇企业办公室,组成人员 3 ~ 5 人,办公室由乡镇、苏木人民政府的主要负责人担任。同年 5 月,旗委、旗人民政府由领导带队,会同财政局、畜牧局、乡企局、科委、计委、供销社等部门负责人对全旗农村、牧区商品经济的发展状况,进行为期 20 天的抽样调查。调查中,与重点乡镇、苏木负责人及村、嘎查的农牧民进行座谈,倾听他们对改革的意见,建议及发展农村、牧区商品经济存在的问题及要求,掌握第一手资料。同年 6 月,旗委组织财政局、银行、计委、乡企、农业、林业、劳动人事局、组织部等各有关单位负责人赴北京、山东、河南、河北、辽宁等省市的乡镇企业进行 3 个月的考察。

1991 年,旗乡镇企业局组织人员认真学习中共中央、内蒙古自治区党委、中共巴彦淖尔盟委员会关于发展乡镇企业的有关知识精神,在"调整、整顿、改造、提高"的方针指导下,调整发展乡镇企业思路,牧区以乌兰苏木、巴音哈太苏木和温更镇为重点,农区以德岭山、乌加河为重点,山旱区以石哈河为重点。对于重点乡镇苏木在资金、管理、领导和服务等各个方面给予倾斜,以取得重点突破,渡过难关。

1994 年 5 月,旗人民政府领导及旗乡镇企业局负责人前往山东、河北等 11 个地区,参观 24 个乡镇企业,历时 20 天。同时,旗人民政府组织苏木、乡镇分管负责人、村嘎查负责人、企业负责人及本地"能人",前往山东威海等地考察学习,引进项目。

第二节　政策引导

1988 年,旗人民政府制定下发《关于发展乡镇企业的决定》(乌中政发〔1988〕第 50 号),决定成立乌中旗乡镇企业培训中心,定期、不定期地对全旗乡镇企业的厂长、经理、会计和具有初中以上文化程度的村、组、嘎查干部和农牧民进行培训。培训人数达 585 人次。同时选派年轻干部分别到内蒙古自治区、北京市等地培训学习,其中有 13 人(包括苏木、乡镇的书记乡长、副乡长)前往北京农业经济管理学院经济管理系进行两年的学习,有 2 人考取职工成人学校,并对素质较差的人员进行广播电视教育。

1989 年 11 月,旗人民政府举办全旗乡镇企业厂长(经理)培训班,时间为 20 天,培训人员 80 人。

1990 年,国家出台许多发展乡镇企业的政策,主要有《乡村集体所有制企业条例》《乡镇企业承包经营责任制规定》《农民股份合作企业暂行规定》《乡镇企业系统内部审计暂行规定》《乡镇集体所有制企业审批和登记暂行规定》《乡镇工业结构调整若干意见》,乌拉特中旗乡镇企业局均遵照执行。

1993 年，为充分调动广大农牧民大办乡镇企业的积极性，旗人民政府决定在海流图镇划定乡镇企业开发区，凡到此区兴办企业的，一切待遇均给予特殊照顾。重新确定乡镇企业的发展战略，即：在牧区，以畜产品、采矿业为主要发展方向，重点发展肉食加工和毛纺皮草工业；在灌区，以食品加工、油料、草料系列化加工、建筑建材业为主，进而发展牛、羊育肥中小型农机的制造与维修。

1994 年上半年，旗委、旗人民政府制定了大力发展乡镇企业的决定。规定乡镇企业年上交国家税金超过 10 万元，奖励乡镇、苏木 20%，有四个乡镇、苏木的乡镇企业税收超过了 10 万元。即：乌加河、德岭山、石哈河乡、温更镇。

第三节　重要会议

1996 年，全旗乡镇企业工作会议召开。

2010 年，旗工商联组织召开非公经济代表人士学习贯彻《国务院关于鼓励和引导民间投资健康发展的若干意见》暨“新 36 条”工作会议。会上对“新 36 条”进行解读，向非公经济人士广泛宣传“新 36 条”精神，提高企业投资热情和信心，引导企业学好用好相关政策，抢抓机遇，实现科学发展。

2012 年，旗工商联组织召开非公经济代表人士工作会议，学习贯彻《内蒙古自治区人民政府关于促进小型微型企业持续健康发展的意见》，帮助小微企业改善发展环境，引导和帮助小微企业不断增强盈利能力和发展后劲。

第四节　企业管理

1989 年 4 月，旗人民政府对乡镇企业供销公司、石兰计农工商联合公司、宏丰乡联合公司、乌加河砖厂进行清理整顿。有一批集体企业因技术落后、管理水平低、信息闭塞、处于停产、半停产或倒闭。同年 8 月，旗乡镇企业局对全旗 20 个乡镇苏木乡镇企业，深入到村、嘎查分户进行摸底调查，并进行登记设卡。同年，全旗乡镇企业各项经济指标实行领导责任期目标管理责任制，年末由旗乡镇企业局考核。

1992 年 7 月，乌拉特中旗乡镇企业清产核资领导小组成立，对全旗乡镇集体企业进行清产核资。

1994 年 5 月，由乡镇企业局、统计局、监察局等有关部门对全旗乡镇企业进行统计工作大检查。同年，旗乡镇企业局派出 2 人参加新税制培训班，初步掌握新税制下乡镇企业税收情况，并逐步向全旗各乡镇企业贯彻落实。

第五节　保护服务

一、服务非公有制企业

1998 年，旗工商联积极为非公有制企业解决融资难的问题，帮助企业贷款 5 万元。

1999 年，旗工商联帮助非公有制企业兴誉木器厂贷款 20 万元。

2001 年，旗工商联开始在非公企业发展、非公经济人士思想政治等方面展开细致的调查研究，形成多篇论文，为各级领导制定非公经济发展措施提供参考资料。当年，旗工商联对 20 多家非公有制企业中国共产党党建工作开展调研，帮助12家企业建立党支部。

2003年，旗工商联通过对全旗20家重点企业调研，形成《关于制约我旗民营经济发展瓶颈》的论文。

2005年，旗工商联在调查了解综合分析的基础上形成《乌拉特中旗非公有制经济发展及对策之我见》的论文。

2008年，旗工商联通过到山东等地学习考察形成《关于赴山东省枣庄市、临沂市考察个体工商户、中小企业担保和商会情况的调研报告》。

2009年，旗工商联通过对全旗民营企业进行调研，准确了解全旗非公有制经济发展现状以及受金融危机影响的情况，形成《关于金融危机对民营企业影响的报告》。

2006年、2007年、2009年，旗工商联按照乌拉特中旗“兴商利民、惠农助企、搞活流通”的实践载体，为全旗服务业非公有制企业从业人员开展免费岗位技能培训，培训人员300多人次。

2010年，旗工商联走访有关部门收集材料，通过深入细致的分析研究撰写《乌拉特中旗非公有制经济发展调研报告》。通过多年来对工商联工作的探索，撰写《如何更好发挥工商联民间商会作用》。

2011年，旗工商界政协委员向政协提交《进一步优化经济环境促进中小民营企业健康发展》《我旗非公有制经济发展现状存在问题及发展思路》《关于改进我旗对非公有制企业服务和管理的几点建议》的提案。

2010年、2011年、2012年，旗工商联与分别帮助会员企业贷款2000万元、3000万元、600万元。

二、非公有制企业权益维护

1996—1998年，旗工商联（商会）委托大发扬律师事务所为非公有制经济人士常年提供法律服务，维护非公经济人士的合法权益。

1998年，旗工商联（商会）帮助菜市场内（旗邮政局附近）非公有制企业、个体工商户办理房屋产权证。

2003年，旗工商联（商会）帮助海流图镇工业园区引进的山西等地的民营企业解决征地、房产领证、上电等方面存在的问题。

2012年，旗工商联聘请律师岳振河为旗工商联常年法律顾问，为商会会员提供维权服务。

第二十四篇　金　融

◎银行业

◎保险业

第一章　银行业

第一节　中国人民银行乌拉特中旗支行

一、管理体制

1988 年,乌拉特中旗设有中国人民银行乌拉特中旗支行(以下简称"旗人民银行"),归属中国人民银行巴彦淖尔盟分行管理。旗人民银行统管全旗银行业务市场,集中办理所有结算往来业务。

1998 年底,中国人民银行按经济区划在全国设置九大跨省市分行(外加两个营业管理部),彻底改变全国按行政区划设置分支机构框架,旗人民银行随同中国人民银行巴彦淖尔盟分行划归中国人民银行天津分行。受中国人民银行天津分行、呼和浩特中心支行双重领导。

至 2012 年底,旗人民银行隶属关系未发生变化。

二、管理机构

1988 年,旗人民银行内设机构 8 个:人秘股、保卫股、会计股、国库股、综合业务股、货币发行股、稽核股、金融系统纪检监察室;银行机关核定事业编制 30 名,实有在职人员 33 人,设行长 1 人、副行长 2 人。

1989 年,旗人民银行内设机构 8 个:人秘股、保卫股、会计股、国库股、综合业务股、货币发行股、稽核股、金融系统纪检监察室;银行机关核定事业编制 33 名,实有在职人员 37 人,设行长 1 人、副行长 2 人。

1990 年,旗人民银行内设机构未变,银行机关核定事业编制 40 名,实有在职人员 40 人,设行长 1 人、副行长 2 人。1991 年,事业编制 42 名,实有在职人员 42 人,设行长 1 人、副行长 2 人。1992 年,核定事业编制 43 名,实有在职人员 43 人,设行长 1 人、副行长 2 人。1993 年,核定事业编制 42 名,实有在职人员 42 人,设行长 1 人、副行长 2 人。1994 年,核定事业编制 41 名,实有在职人员 44 人,设行长 1 人、副行长 2 人。1995 年,核定事业编制 40 名,实有在职人员 44 人,设行长 1 人、副行长 2 人。1996 年,旗人民银行内设机构未变,银行机关核定事业编制 39 名,实有在职人员 43 人,设行长 1 人、副行长 2 人。1998 年,核定事业编制 36 名,实有在职人员 40 人,设行长 1 人、副行长 2 人。

1999 年,旗人民银行内设机构未变,银行机关核定事业编制 40 名,实有在职人员 44 人,设行长 1 人、副行长 2 人。2000 年,旗人民银行内设机构 7 个:人秘股、保卫股、会计股、国库股、综合业务股、货币发行股、金融系统纪检监察室;银行机关核定事业编制 41 名,实有在职人员 45 人,设行长 1 人、副行长 2 人。2001 年,核定事业编制 41 名,实有在职人员 45 人,设行长 1 人、副行长 2 人。2002 年,核定事业编制 39 名,实有在职人员 44 人,设行长 1 人、副行长 2 人。2003 年,旗人民银行内设机构 5 个:办公室、国库会计股、保卫股、金融监管股、货币金银股;银行机关核定事业编制 39 名,实有在职人员 45 人,设行长 1 人、副行长 2 人。2004 年,核定事业编制 31 名,实有在职人员 37 人,设行长 1 人、副行长 2 人。2005 年,核定事业编制 31 名,实有在职人员 38 人,设行长 1 人、副行长 2 人。2006 年,核定事业编制 29 名,实有在职人员 35 人,设行长 1 人、副行长 2 人。2007 年,核定事业编制 27 名，实有在职人员 36 人，设行长 1 人、副行长 2 人。2008 年，旗人民银行内设机构 3 个：办公室、综合业务部、金融管理股；银行机关核定事业编制 23 名，实有在职人员 34 人，设行长 1 人、副行长 2 人。2009 年，旗人民银行内设机构 4 个：办公室、综合业务部、金融管理股、外汇管理股；银行机关核定事业编制 22 名，实有在职人员 33 人，设行长 1 人、副行长 2 人。2010 年，核定事业编制 22 名，实有在职人员 34 人，设行长 1 人、副行长 2 人。2011 年，旗人民银行内设机构 4 个：综合办公室、金融管理部、综合业务部、外汇管理股；银行机关核定事业编制 24 名，实有在职人员 40 人，设行长 1 人、副行长 2 人。2012 年，旗人民银行内设机构与人员编制未发生变化。

三、货币流通

1988—2012 年，旗人民银行合理摆布现金库存，确保现金供应，提高货币流通工作水平。开展发行库“达标升级”工作，确保发行库安全运行。推进反假货币工作，完善反假货币工作长效机制。进行第三套、第四套、第五套人民币发行管理工作，使货币流通市场处于供应充足、合理增长和稳定协调运行态势。同期，旗人民银行也发行具有纪念意义货币。

（一）人民币

1999 年 1 月 1 日起，第二套人民币（纸分币、硬分币除外）停止在市场上流通。同年 10 月 1 日，发行第五套人民币 100 元券。2000 年 7 月 1 日起，第三套人民币停止在市场上流通。同年 10 月 16 日，发行第二批第五套人民币，其券别为 20 元纸币及 1 元、1 角硬币。2001 年 9 月 1 日起，发行第三批第五套人民币，其券别为 50 元、10 元纸币。2002 年 11 月 18 日，发行第五套人民币 5 元纸币和 5 角硬币。2004 年 7 月 30 日起，发行第五套人民币 1 元纸币。

（二）纪念币

1998 年 1 月 21 日，发行中华人民共和国香港特别行政区成立纪念币 1 套 2 枚；同年 5 月 5 日，发行周恩来诞辰 100 周年流通纪念币 1 套（1 枚）。2000 年 1 月 1 日，发行纪念敦煌藏经洞发现 100 周年纪念币 1 套（1 枚）。2002 年 10 月 25 日起，发行“世界文化遗产——万里长城、秦始皇陵及兵马俑坑”特种纪念币各 1 套（每套 1 枚）。

（三）货币投放回笼

1988—2012 年，中蒙两国开展边境贸易活动，外地客户在口岸采购、进出口物资，资金大量进入乌拉特中旗。随着个体、私营经济迅猛发展，现金使用量逐年增大，商品回笼增长速度缓慢，使口岸现金投放量呈上升趋势。

1997—2012 年乌拉特中旗货币投放回笼情况统计表

表 24－1　　　　单位：万元

年 份	货币投放	货币回笼	净投放	年 份	货币投放	货币回笼	净投放
1997	12136.1	6473.7	5662.4	2005	34018.5	18071.4	15947.1
1998	22683.1	8048.7	14634.4	2006	27052.5	8393.1	18659.4
1999	28103.5	9224.5	18879.0	2007	0	0	0
2000	39202.2	10453.2	28749.0	2008	0	0	0
2001	23416.0	5865.7	17550.3	2009	0	0	0
2002	49806.7	19801.3	30005.4	2010	31486.0	19320.0	12166.0
2003	47501.8	21026	26475.8	2011	172782.0	56625.8	116256.2
2004	57166	25892.9	31273.1	2012	182699.0	68184.6	114514.4

四、存款

1988—1996 年，乌拉特中旗各银行机构实行不记名式礼仪存单和不记名式储值卡。

1997 年 2 月 16 日，中国人民银行下发通知，要求各银行机构停止不记名式礼仪存单和不记名式储值卡（含消费性专用卡）发行工作；同年 2 月 21 日，中国人民银行下发通知，严禁将公款转为储蓄存款，要求发挥储蓄岗位监督作用，督促企业将销售货款通过转账结算，及时存入企业存款账户。

1998 年 11 月，全旗各银行停办有奖储蓄业务；同年 12 月 14 日，全旗各银行停止吸收异地单位存款（在服务区以外，不包括同城）。

1999 年 11 月，全旗各银行开始对储蓄存款利息所得征收个人所得税。

2000 年 4 月，全旗各银行个人存款账户开始实行实名制。

2005 年 10 月 1 日起，全旗各银行教育储蓄存款利息所得免征个人所得税。即个人为其子女（或被监护人）接受非义务教育（指九年义务教育之外的全日制高中、大中专、大学本科、硕士和博士研究生）在储蓄机构开立教育储蓄专户，并享受利率优惠存款，其所取得的利息免征个人所得税。

截至 2012 年底，乌拉特中旗各银行机构存款余额为 427154 万元。

1988—2012 年乌拉特中旗银行机构存款余额统计表

表 24－2　单位：万元

年　份	存款余额	年　份	存款余额	年　份	存款余额
1988	4716	1997	25161	2006	122054
1989	4288	1998	29933	2007	156706
1990	6315	1999	32701	2008	169533
1991	763	2000	37932	2009	220221
1992	10010	2001	44835	2010	298262
1993	10538	2002	52124	2011	387025
1994	14528	2003	63188	2012	427154
1995	14560	2004	80897	—	—
1996	21938	2005	101882	—	—

五、信贷

1988—1996 年，旗人民银行管理全旗有关专项贷款业务。

1997 年，经国务院批准，中国人民银行将有关专项贷款业务划转中国农业发展银行，旗人民银行有关专项贷款业务划转到中国农业发展银行乌拉特中旗支行。

1998 年，中国人民银行对商业银行贷款增加量改为按年（季）下达指导性计划。乌拉特中旗从当年 1 月 1 日起实施贷款证管理制度，贷款户贷款、还款，各金融机构要在贷款证上逐笔登记，对无证贷款户不能发放贷款。

1999 年，经国务院批准，中国人民银行开始办理支农再贷款业务；同年 8 月，开始在乌拉特中旗辖区各商业银行推行贷款五级分类方法，分别为正常、关注、次级、可疑、损失。

2000 年 5 月，旗人民银行开始办理支农再贷款服务；同年，根据中国人民银行、国家经贸委员会联合下发通知精神，全旗各商业银行按照国家产业政策要求，扶优限劣，对淘汰落后生产能力、工艺、产品和重复建设项目限制或禁止贷款，促进经济结构调整和优化。

2001年11月1日，中国人民银行重申，城乡居民申请个人消费贷款应如实申报用途。全旗各商业银行进行审核工作，限制商业银行发放无指定用途个人消费贷款。

2003年，根据中国人民银行有关贷款规定，全旗各商业银行贷款重点支持符合中低收入家庭购买力住宅项目建设贷款，适当限制大户型、大面积、高档商品房、别墅等项目。

2004年，根据中国人民银行部署，鼓励银行对符合贷款条件、新增就业岗位吸纳下岗失业人员达到一定比例劳动密集型小企业，加大信贷支持。

1988—2010年底，乌拉特中旗银行机构各项贷款余额为298262万元。

1988—2012年乌拉特中旗银行机构贷款余额统计表

表24－3 单位：万元

年　份	贷款余额	年　份	贷款余额	年　份	贷款余额
1988	10323	1997	27197	2006	78332
1989	9699	1998	32172	2007	71748
1990	14342	1999	34436	2008	75345
1991	17200	2000	34136	2009	148024
1992	19590	2001	33243	2010	164257
1993	23163	2002	35245	2011	203094
1994	18853	2003	36900	2012	236221
1995	19225	2004	39723	—	—
1996	33315	2005	51299	—	—

六、结算

1988—1998年，乌拉特中旗各银行结算属于手工联行阶段。1999—2012年，全旗各银行结算属于电子联行和手工联行并行阶段，以电子联行为主。

截至2012年底，中国工商银行乌拉特中旗支行和中国农业银行乌拉特中旗支行均实现全国联网，乌拉特中旗农村信用社实现内蒙古自治区联网，能够办理实时异地汇兑；乌拉特中旗邮政储汇银行仍未挂牌，业务由旗邮政局代办，主要使用电子汇兑，实现全国联网。

第二节　中国工商银行乌拉特中旗支行

一、管理机构

1988年，乌拉特中旗中国工商银行乌拉特中旗支行（以下简称“旗工商银行”）成立，内设机构5个：办公室、人事科、储蓄科、信贷科、保卫科；全行共有在职工78人，设行长1人、副行长2人。下辖营业场所7个：营业室1个、储蓄所6个。

2000年2月，根据中国工商银行总行“减员增效、精简机构”的经营策略，旗工商银行被撤销，相关业务移交乌拉特中旗信用社办理。

2009年9月，因乌拉特中旗甘其毛都口岸常年对外开放，国际贸易量大增，应旗人民政府要求，旗工商银行恢复成立，内设机构1个：营业室，下设离行式自助服务点1个，全行共有员工11人，设行长1人、副行长2人。

2012年底，旗工商银行内设机构2个：综合业务部、营业室，下设离行式自助服务点2个，全行有员工17人，设行长1人、副行长2人。

二、经营业务

旗工商银行经营各类人民币存款（活期、定期、零存整取、通知存款）、贷款、结算业务和票据贴现,代理发行金融债券,代理发行、兑付、销售政府债券、买卖政府债券业务,办理外汇存款、贷款、汇款、兑换、资信调查、咨询业务,经营银行卡、电子银行、个人理财、贵金属买卖业务和经旗人民银行批准的其他业务。

(一)存款

旗工商银行开办的存款业务包括:单位、个人本外币定、活期存款,通知存款,单位协议存款,同业存款。

2009—2012 年乌拉特中旗工商银行存款统计表

表 24－4

年 份	贷款合计（万元）	其　中		年 份	贷款合计（万元）	其　中	
		单位存款	个人存款			单位存款	个人存款
2009	6362	4218	2144	2011	42720	31435	11285
2010	22893	15229	7664	2012	41972	26802	16170

(二)贷款

旗工商银行开办的贷款业务包括:公司贷款(一般流动资金贷款、贸易融资、项目贷款、小企业贷款),个人贷款(个人住房贷款、个人消费贷款、个人经营性贷款),票据贴现。

2009—2012 年乌拉特中旗工商银行贷款统计表

表 24－5

年 份	贷款合计（万元）	其　中		年 份	贷款合计（万元）	其　中	
		短期贷款	长期贷款			短期贷款	长期贷款
2009	1037	—	1037	2011	24213	15320	8893
2010	11193	8220	2973	2012	30157	15250	14907

三、服务

(一)信用卡业务

2009—2012 年,随着国内信用卡市场的不断扩大,市场竞争日趋激烈,旗工商银行持续深入贯彻信用卡客户服务理念,从客户体验入手,换位思考,坚持做好信用卡客户服务工作。

2009 年,旗工商银行开办牡丹灵通卡业务。2010 年,旗工商银行开始办理 E 时代卡,灵通卡停办。至 2012 年底,旗工商银行共发放灵通卡与 E 时代卡 5000 多张,累计发放公务卡 1200 多张,累计发放军人保障卡 300 多张。

(二)网上银行

2009 年,旗工商银行开通个人网上银行和企业网上银行业务。同年,旗工商银行安装 ATM 机 1 台,自助终端 1 台。2010 年,安装 CDM 机 1 台,自助终端 1 台。

至 2012 年底,全旗个人网上银行开通 4000 多户,企业网上银行开通 200 多户。全旗工商银行共计安装 ATM 机 2 台,CDM 机 3 台,自助终端 5 台。

(三)代理业务

旗工商银行代理业务包括:代理发行和兑付由中央政府作为债务人而发行的凭证式国库券,此种国库券可记名、可挂失、可提前支取,利率高于同档次定期利率,免收个人利息税,提前支取按 2‰ 收取手续费。代理深交所账户实时开户业务。代理发放工资业务。代理收付款业务,是指银行授受单位和个人的委托,代为办理指定款项的收付事项、并收取手续费的业务,主要包括:代收房租、水费、电费、煤气费、学费、劳务费、环保费、有线电视费、交通行政罚没款、税款、电话费等以及其他公共事业费；代付股息红利、社会福利养老金、工资、奖金、劳务收入、津贴、有价证券等。代理社会保险业务，指银行接受保险事业管理机构的委托，代理社会保险业务，包括社会养老保险、医疗保险的交纳、发放。代收移动通讯资费业务。代收有线电视费。代理电费业务。银税通，是指中国工商银行全功能银行系统与国税电子征收系统，通过联网实现申报与经收、报解处理的业务。

（四）利率调整

2009—2012年，根据人民银行总行下发的存贷款利率调整通知，旗工商银行及时调整执行新的人民币存款、贷款利率。

2010—2012年乌拉特中旗工商银行人民币存款利率调整情况统计表

表24－6

种类 时间	活期	定期					
		3个月	6个月	1年	2年	3年	5年
2010年12月26日	0.36%	2.25%	2.50%	2.75%	3.55%	4.15%	5.13%
2011年2月9日	0.40%	2.60%	2.80%	3.00%	3.90%	4.50%	3.87%
2011年4月6日	0.50%	2.85%	3.05%	3.25%	4.15%	4.75%	3.60%
2011年7月7日	0.50%	3.15%	3.30%	3.50%	4.40%	5.00%	4.20%
2012年6年8日	0.40%	2.85%	3.05%	3.25%	4.10%	4.65%	4.55%
2012年7月6日	0.35%	2.60%	2.80%	3.00%	3.75%	4.25%	5.00%

2010—2012年乌拉特中旗工商银行人民币贷款利率调整情况统计表

表24－7

种类 时间	6个月	6个月至1年	1年	3～5年	5年以上（含5年）
2010年12月26日	5.35%	5.81%	5.85%	6.22%	6.40%
2011年2月9日	5.60%	6.06%	6.10%	6.45%	6.60%
2011年4月6日	5.85%	6.31%	6.40%	6.65%	6.80%
2011年7月7日	6.10%	6.56%	6.65%	6.90%	7.05%
2012年6月8日	5.85%	6.31%	6.40%	6.65%	6.80%
2012年7月6日	5.60%	6.00%	6.15%	6.40%	6.55%

（五）绿色通道

乌拉特中旗工商银行秉承服务为先、以客户为中心的经营理念，采取诚信、创新的态度为客户提供高效全面的优质服务，使广大客户高兴而来满意而归，为进一步提升服务质量，又推出了一系列的绿色通道服务措施。为绿色能源项目及小微企业客户开辟贷款业务绿色通道，减少提供资料、缩短受理时间、简化审批流程，在最短时间内实现信贷资金投放，提高企业资金使用效率。为特殊服务群体开通绿色服务通道。客户因老弱病残及其他特殊原因无法亲临银行办理业务，旗工商银行提供快捷高效的无偿上门服务，全心全意为客户解忧。提供应急业务绿色服务通道。客户因有急事或其他特殊情况无法排队等候时，支行急客户所急、想客户所想，在大堂经理引导下可优先接待，同时做好其他客户的解释工作。

2009—2012年，旗工商银行共计为绿色能源项目及小微企业客户贷款27笔，贷款金额为14970万元；为老弱病残及特殊服务群体提供服务上百次，受到客户及社会的一致好评。

第三节　中国建设银行乌拉特中旗支行

一、管理机构

1988 年,乌拉特中旗设有中国建设银行乌拉特中旗支行(以下简称“旗建设银行”),内设机构 7 个:办公室、筹资部、信贷部、会计部、安全保卫部、房贷部、工会;下辖经营单位 4 个:营业室、巴音路储蓄所、第一储蓄所、第二储蓄所,全行有在职员工 36 人,其中设行长 1 人、副行长 1 人、储蓄所主任 3 人。

2002 年,旗建设银内设机构营业部、信贷部、零售业务部、综合办公室、下设储蓄专柜、巴音路储蓄所、第二储蓄所;全行员工共 38 人,其中设行长 1 人、副行长 2 人。

2012 年,旗建设银行内设机构 3 个:营业室、综合管理部、客户部;下辖经营单位的结构类型为单点式网点,设有离行自助服务区 3 处,分别位于烟草公司楼下(1 台),国赫宾馆对面(1 台),蒙之旅宾馆对面(2 台);行外设置附行式自助设备 6 台,全行有在职员工 21 人,其中设行长 1 人、副行长 1 人。

二、主要业务

(一)存款业务

1999 年,旗建设银行存款金额为 9336 万元,其中单位存款为 5739 万元,个人存款为 3597 万元;贷款金额为 455 万元,其中短期贷款为 291 万元,中长期贷款为 164 万元;负债金额为 4127 万元,其中短期负债 1763 万元,定期负债 2364 万元。2011 年,旗建设银行存款金额为 70872.21 万元,其中单位存款 45086.86 万元,个人存款为 25785.35 万元;贷款金额为 14077.1;万元,其中短期贷款 4200.35 万元,中长期贷款 9876.75 万元;负债金额 58221.03 万元,其中短期负债 49573.78 万元,定期负债 8647.25 万元。

1999—2012 年乌拉特中旗建设银行存款、贷款、资产负债情况统计表

表 24－8

年份	存款(万元)	其中		贷款(万元)	其中		负债(万元)	其中	
		单位存款	个人存款		短期贷款	中长期贷款		短期负债	定期负债
1999	9336	5739	3597	455.00	291.00	164.00	4127.00	1763.00	2364.00
2000	10773	6754	4019	1839.00	450.00	1389.00	7053.00	7108.00	－55.00
2001	11878	7312	4566	1849.00	457.00	1392.00	6407.00	4562.00	1845.00
2002	12950	7936	5014	1683.00	503.00	1180.00	7468.00	4863.00	2605.00
2003	14614	8657	5957	927.00	212.00	715.00	13632.00	10757.00	2875.00
2004	18588	11147	7441	301.00	1.00	300.00	14646.00	12130.00	2516.00
2005	23787	14715	9072	78.00	1.00	77.00	18595.00	15792.00	2803.00
2006	30529	19299	11230	18.00	0	18.00	23860.00	20022.00	3838.00
2007	40832	25158	15674	4.00	1.00	3.00	30987.00	27045.00	3942.00
2008	45543	25850	19693	681.83	0.49	681.34	41531.21	36690.19	4841.02
2009	68825	45718	23107	5263.65	2000.71	3262.94	52809.77	46737.16	6072.61
2010	10773	6754.00	4019	16865.69	1200.00	4865.69	55006.42	47543.21	7463.21
2011	70872.21	45086.86	25785.35	14077.10	4200.35	9876.75	55805.45	48011.12	7794.33
2012	76804.37	46183.66	30620.71	15086.59	4000.96	11085.63	58221.03	49573.78	8647.25

（二）中间业务

旗建设银行大力推广龙卡信用卡业务，除常规申请信用卡渠道以外，特别为在建设银行一些优质客户（公积金贷款、理财、定期）打开"预审批绿色通道"，在发卡的同时，提供包括信用卡账单分期、现金分期、分期通等特色业务。除此之外，为方便地区百姓金融生活，努力推广建设银行手机银行、微信银行等电子银行业务，通过免除手续费，代理交通违章缴纳等业务提高建设银行金融产品覆盖度。支行承揽乌拉特中旗社保工资代发工作。共计服务355户社保工资客户，同时，代发乌拉特中旗行政单位工资3900人。为做好这项工作，行领导专门制定相关政策，比如，遇到社保、行政代发工资的日子，支行所有员工提前上班，开设专门窗口服务老人等。

三、服务

2000—2012年，旗建设银行积极落实国家出台的关于缓解小微企业融资难系列要求，积极为当地一些农业、工业及加工贸易业提供集约化服务。为支持全旗基础建设，发展民生工程，为乌拉特中旗大公热力有限责任公司等提供资金支持。旗建设银行积极参与扶贫帮困，帮助海镇巴音宝力格村解决村民实际问题。在呼勒斯太遭受雪灾后，全行上下一心，积极响应旗里"一方有难，八方支援"的号召，进行募捐活动，所有员工都献出了自己的爱心。经过所有人的努力，旗建设银行在业务水平和文明服务方面受到社会的一致好评。在旗人大常委会进行的综合测评中，旗建设银行以82分的优势站在行业前列。

四、支持当地建设

2017—2012年，旗建设银行积极响应旗人民政府号召，对卫生、医院等关乎民生的领域增加信贷投放。对于服务民生的供热、供水、供气方面给予更加优质的服务。公路、交通运输、基础建设给予相应配套的资金支持。依据口岸经济特点对于国际贸易企业积极援助，做好助农企业的贷款。提升个人住房按揭、二手车、家装、购车、分期贷款。继续加强优质服务，打造客户信赖的银行，提升服务水平更好地为全旗人民提供金融服务。同时，旗建设银行加快产品创新和服务创新，大力提高经营效益。存款、贷款和支付结算方面积极创新业务产品，发展客户理财、各种代收代付等中间业务，实现业务产品多样化和资产结构多元化。以提升服务质量为导向，拓宽服务领域，创新服务方式，打造服务品牌，完善服务功能，提高服务效率。加快软、硬件建设，抓紧做好与财政国库集中支付系统的对接工作；增加业务品种，方便客户办理业务。旗建设银行大力支持支柱产业和重点项目建设。搞好在建项目和新开工重点项目的资金对接和扶持。加大对社会主义新乡村建设的资金支持力度。把支持"三农"（农业、农村、农民）作为信贷工作的重点，优化结构，重点支持乡村基础设施建设、农民住房建设、农业产业化。创新县域经济和中小企业信贷服务机制。把中小企业贷款作为自身的市场战略定位，创新信贷产品，改进服务方式，切实成为中小企业发展的金融主力军。

第四节　中国农业银行乌拉特中旗支行

一、管理机构

1988年，乌拉特中旗设有中国农业银行乌拉特中旗支行（以下简称"旗农业银行"），内设机构10个：计划股、农牧林信贷股、工商信贷股、信用合作股、会计出纳股、人事教育股、审计监察保卫股、营业室、秘书股、工会。在册职工80人，设行长1人、副行长3人。下辖19个信用社，6个营业所。

1993年，旗农业银行开始内部改革、精简上层。充实基层，将原来10个内设机构精简为8个：人事秘书科、行政管理科、监督审计科、计划财务科、综合业务科、储蓄管理科、营业室、信用合作联合社(单设)。

1995年,旗农业银行开始重新划分业务职能,内设机构12个:人事秘书科、总稽核、安全保卫科、行政管理科、监督审计科、计划财务科、工商信贷科、农牧信贷科资金组织科、营业室、纪检组、工会、信用合作联系社(单设)。全行在册职工320人,设行长1人、副行长3人。下辖19个信用社,7个营业所。

1996年,旗农业银行按照上级行统一部署,执行"一分一脱",信用合作联社脱离旗农业银行,农业发展银行分设。

1997年,旗农业银行进行内部改制,机构精简。内设机构4个:综合办公室、综合业务科(内含工商信贷科、农牧信贷科、资金组织科)、安全保卫科、计划财务科。全行在册职工51人,设行长1人、副行长3人。下辖7个营业所。

2009年,中国农业银行股改上市后,旗农业银行内部机构为5个:安全保卫部、客户部、信贷部、综合管理部、财会部。全行在册职工50人,设行长1人、副行长2人。下辖3个营业所。

2012年,旗农业银行内设机构3个:客户部、综合管理部、财会运营部。全行在册职工为56人,设行长1人、副行长3人。下辖3个营业所。

二、主要业务

1988—2012年,乌拉特中旗农业银行主要业务有存款、贷款、中间业务等。

1988—2012年乌拉特中旗农业银行存款、贷款、中间业务情况统计表

表24－9

年份	各项存款(万元)	其中		各类贷款(万元)	各项收入合计(万元)
		单位存款	个人存款		
1988	2055	1364	691	4749	331
1989	1817	1056	761	6705	590
1990	3199	1852	1347	10594	920
1991	3781	2084	1697	12534	946
1992	4511	2271	2240	13067	1092
1993	4338	1469	2869	15055	1466
1994	2828	1234	1594	9241	1407
1995	5599	1425	4174	9770	1184
1996	5690	693	4997	9071	1174
1997	6812	390	6422	8758	882
1998	7744	1285	6459	8739	425
1999	8772	1466	7306	9790	515
2000	10214	2326	7888	5289	560
2001	11441	3127	8314	4673	635
2002	14313	4778	9535	4259	952
2003	16568	4720	11848	8470	640
2004	19464	4826	14638	7924	409
2005	23766	8117	15649	6873	737
2006	27863	9655	18208	8914	853
2007	33763	14980	18783	8753	795
2008	39342	12285	27057	8621	893
2009	51906	20214	31692	36863	209
2010	65827	29050	36777	38728	317
2011	72471	35714	36757	36398	384
2012	75804	35245	40559	24107	476

三、服务

1988—2012 年，乌拉特中旗农业银行肩负促进农牧业生产发展，支持地方经济建设的繁重任务，本着“客户至上、始终如一”的服务理念，坚持服务中小企业、服务地方经济、服务“三农”（农业、农村、农民）、“ 三牧”（牧业、牧区、牧民）的市场地位，突出高效服务、多式多样的金融特色，依托地方、服务地方。全面贯彻国家及上级行相关政策，积极围绕旗政府的发展目标，全力支持乌拉特中旗中小微企业发展。

在支持当地“三农”“三牧”方面：旗农业银行积极配合旗人民政府相关工作，全力推进金穗扶贫富民工程，涉农贷款投放覆盖全旗 11 个乡镇、苏木，64 个行政村。

在服务支持地方经济方面：旗农业银行除流动资金、固定资产贷款外，相继开设保函、进口代付、信用证、承兑汇票、跨进参融通等新型业务；在个人业务方面，通过不断创新，在传统的农户贷款、住房贷款的基础上，开发助业贷款、随薪贷、房地贷、旺铺贷等个人信贷品种，大大丰富中旗农行个人信贷品种；积极推进“惠农富民”产业基金，主要投向危房改造、安全饮水、村村通电及农网改造升级、村村通广播电视、校舍建设与安全改造、嘎查村标准化卫生室、嘎查村文化活动室、便民连锁超市 8 项工程，有效地推动了当地农村的改造。

在积极改善服务环境，提升服务质量方面：结合旗人民政府优化服务环境工作要求，逐步推进营业网点“升级转型”，全力提升全行服务水平，满足客户多样化金融需求。按照上级行统一要求，对支行辖内营业网点全面推进网点升级转型，不断优化网点配置，完善网点标准化管理体系。全力提升我行服务水平，满足客户多样化金融需求。

特色金融项目服务方面：依托地方特色，全力发展国际业务工作。与全旗国际业务结算大户均建立良好合作管理，通过提供优质服务，全旗排名前三的大型国际贸易企业均在旗农业银行结算，结售汇业务量、跨境人民币结算业务量、国际结算业务量均超额完成全年计划，均列巴彦淖尔市系统内第一位，当地市场份额高达 60%，列同业第一名。

第五节　中国农业发展银行乌拉特中旗支行

一、管理机构

1996 年 12 月，中国农业发展银行乌拉特中旗支行（以下简称“旗农发行”）成立，内设机构 3 个（一室二部）：办公室、信贷业务部、会计结算部；银行机关核定事业编制 18 人，实有在职人员 18 人，设行长 1 人、副行长 1 人。

2010 年，旗农发行内设机构 3 个：办公室、信贷业务部、会计结算部，银行机关核定事业编制 18 名，实有在职人员 18 人，设行长 1 人、副行长 1 人。

至 2012 年底，旗农发行内设机构与人员编制未发生变化。

二、经营业务

旗农发行经营范围：办理国家规定的农业政策性金融业务，代理财政性支农资金和粮食风险基金的拨付、办理业务范围内客户的存款、结算及代收代付、进出口贸易项下的国际结算业务以及与国际业务结算相配套的外汇存款、外汇汇款、同业外汇拆借、代客外汇买卖等业务；粮、棉、油、肉、糖、化肥、大豆、羊毛等国家专项储备贷款和地方化肥、糖、肉储备贷款；粮、棉、油收购和调销贷款；粮食合同收购贷款；大型粮食加工企业收购资金贷款；农牧业产业化龙头企业贷款及其他粮食企业贷款兼国家规定棉花企业的棉花预购、加工、出口、进口、棉花良种繁育、收购和加工等贷款；棉花企业技改贷款；全国银行间同业拆借市场的本币交易；咨询顾问业务（本行业务范围内的存贷款客户及关联企业）。

（一）支农资金拨付

1997—2012 年，乌拉特中旗农发行累计拨付支农资金 17966.5 万元。

1997—2012 年乌拉特中旗农发行拨付支农资金情况统计表

表 24－10　单位：万元

年　份	拨付金额	年　份	拨付金额	年　份	拨付金额
1997	0	2003	0	2009	2578.6
1998	0	2004	0	2010	2856.6
1999	0	2005	0	2011	3376.6
2000	0	2006	771	2012	4425
2001	0	2007	1331	—	—
2002	0	2008	2627.7	—	—

（二）粮食风险基金拨付

1997—2012 年，乌拉特中旗农发行累计拨付粮食风险基金 4283.5 万元。

1997—2012 年乌拉特中旗农发行累计拨付粮食风险基金情况统计表

表 24－11　单位：万元

年　份	拨付金额	年　份	拨付金额	年　份	拨付金额
1997	152	2003	767.5	2009	80
1998	152	2004	874	2010	200
1999	406	2005	206	2011	0
2000	288	2006	110	2012	0
2001	397	2007	70	—	—
2002	581	2008	0	—	—

（三）存款

1997 年乌拉特中旗农发行存款余额 205 万元，2012 年存款余额 3033 万元。

1997—2012 年乌拉特中旗农发行存款统计表

表 24－12　单位：万元

年　份	拨付金额	年　份	拨付金额	年　份	拨付金额
1997	205	2003	6192	2009	5443
1998	331	2004	2644	2010	4574
1999	304	2005	3338	2011	4802
2000	826	2006	5867	2012	3033
2001	439	2007	8658	—	—
2002	605	2008	8839	—	—

（四）贷款

1997 年乌拉特中旗农发行贷款 12824 万元，2012 年贷款余额 21097 万元。

1997—2012 年乌拉特中旗农发行贷款统计表

表 24－13

单位：万元

年　份	拨付金额	年　份	拨付金额	年　份	拨付金额
1997	12824	2003	17903	2009	33252
1998	7907	2004	11586	2010	27063
1999	8854	2005	19205	2011	25316
2000	9027	2006	37160	2012	21097
2001	10312	2007	20177	—	—
2002	9827	2008	27910	—	—

三、综合服务

1997—2012 年，乌拉特中旗农发行的主要任务是，按照国家法律、法规和方针、政策，以国家信用为基础，筹集农业政策性信贷资金，承担国家规定的农业政策性金融业务，代理财政性支农资金拨付，为农业和农村经济发展服务。

第六节　乌拉特中旗农村信用合作联社

一、管理机构

1988 年，乌拉特中旗设有农村信用合作联社（以下简称“旗农村信用联社”），与旗农业银行合署办公，一套人马，两块牌子，旗农业银行信用合作管理股负责具体工作，设股长 1 人（1993 年，增设副主任 1 人。1994 年，设副主任 3 人）。旗农村信用联社下辖基层信用社 30 个，有在职职工 147 人。

1996 年，旗农村信用联社内设机构 2 个：计划财务部、信贷管理部；核定编制 10 名，实有在职人员 10 人，设主任 1 人、副主任 4 人（1998 年，设副主任 3 人）。下辖基层信用社 21 个，有在职职工 188 人。

1997 年，旗农村信用联社内设机构增设安全保卫部、人力资源部。

2000 年 1 月，旗农村信用联社内设机构增设稽核监察部。

2001 年，旗农村信用联社内设机构 5 个：计划财务部、信贷管理部、人力资源部、稽核监察部、安全保卫部；核定编制 15 名，实有在职人员 15 人；设理事长 1 人、监事长 1 人、主任 1 人、副主任 2 人。下辖基层信用社 43 个：营业部、海流图信用社、鑫海信用社、巴音哈太信用社、温更信用社、德岭山信用社、石兰计信用社、呼勒斯太信用社、新忽热信用社、宏丰信用社、乌加河信用社、乌梁素太信用社、巴音杭盖信用社、石哈河信用社、海流图分社、牧区综合分社、巴音路分社、乌兰分社、胜河分社、桑根达来分社、楚鲁图信用社、部北信用社、双盛美信用社、杭盖戈壁信用社、川井信用社、巴音信用社、乌兰信用社、城郊信用社、煤矿分社、金融路分社、菜市场分社、大圣分社、新胜分社、联合分社、灯塔分社、兴胜分社、奋斗分社、联丰分社、胜利分社、红光分社、金星分社、菜队分社、利明分社，有在职职工 161 人。

2006 年，旗农村信用联社内设机构 5 个：计划财务部、信贷管理部、人力资源部、稽核监察部、安全保卫部；有在职人员 20 人；设理事长 1 人、监事长 1 人、主任 1 人、副主任 2 人。下辖分支机构 18 个：营业部、海流图信用社、海流图分社、牧区综合分社、桑根达来分社、温更信用社、鑫海信用社、巴音哈太信用社、德岭山信用社、乌梁素太信用社、乌加河信用社、宏丰信用社、呼勒斯太信用社、石兰计信用社、巴音杭盖信用社、石哈河信用社、新忽热信用社、楚鲁图信用社，有在职职工189人。

2009年10月，旗农村信用联社内设机构增设《乌拉特中旗信合之窗》杂志编辑部。

2010年1月，旗农村信用联社内设机构增设业务发展部。至年底，旗农村信用联社内设机构7个：计划财务部、信贷管理部、人力资源部、稽核监察部、业务发展部、安全保卫部、《乌拉特中旗信合之窗》杂志编辑部；有在职人员25人；设理事长1人、监事长1人、主任1人、副主任3人、主任助理1人。下辖分支机构18个：营业部、海流图信用社、海流图分社、牧区综合分社、桑根达来分社、温更信用社、鑫海信用社、巴音哈太信用社、德岭山信用社、乌梁素太信用社、乌加河信用社、宏丰信用社、呼勒斯太信用社、石兰计信用社、巴音杭盖信用社、石哈河信用社、新忽热信用社、楚鲁图信用社，有在职职工252人。

2011年3月，旗农村信用联社内设机构增设综合管理部、风险合规部、科技信息与电子银行部。

2012年底，旗农村信用联社内设机构10个：计划财务部、信贷管理部、人力资源部、稽核监察部、业务发展部、综合管理部、风险合规部、科技信息与电子银行部、安全保卫部、《乌拉特中旗信合之窗》杂志编辑部；有在职人员30人；联社设理事长1人、监事长1人、主任1人、副主任3人、主任助理2人。下辖分支机构20个：联社营业部、海流图信用社、鑫海信用社、巴音哈太信用社、温更信用社、德岭山信用社、石兰计信用社、呼勒斯太信用社、新忽热信用社、宏丰信用社、乌加河信用社、乌梁素太信用社、巴音杭盖信用社、石哈河信用社、海流图分社、牧区综合分社、巴音路分社、乌兰分社、胜河分社、桑根达来分社，共有在职职工275人。

二、体制改革

1988年，乌拉特中旗农村信用联社与旗农业银行合署办公，一套人马，两块牌子，具体工作在旗农业银行党组领导下，由旗农业银行信用合作管理股负责。

1996年10月，国务院颁发《关于农村金融体制改革的决定》，明确农村信用社与中国农业银行脱离行政隶属关系，农村信用社的业务管理，改由县联社负责；对农村信用社的金融监管，由中国人民银行直接承担。旗农村信用联社与旗农业银行实行“行社分家”，单独设立。

1997年1月，旗农村信用联社与旗农业银行正式脱离隶属关系，行政业务由中国人民银行巴彦淖尔盟中心支行领导。

2001年4月，旗农村信用联社实行理事长、主任、监事长分社制。

2004年6月，旗农村信用联社脱离中国人民银行巴彦淖尔盟中心支行管理，改由巴彦淖尔盟银监局监管。

2006年12月28日，乌拉特中旗农村信用联社取得营业执照，正式挂牌成立，经济性质为集体所有制，受内蒙古自治区农村信用社联合社统一管理。实行“三会一层”（社员代表大会、理事会、监事会、经营管理层）的新型法人治理结构，自主经营、自担风险、自负盈亏、自我约束。

三、经营业务

（一）股金业务

乌拉特中旗农村信用合作社从筹建时起，就广泛动员广大社员向信用社交纳股金，每股为1元，农牧民自愿入股，每个社员最少入一股，多入不限。之后，随着经济的发展，股金的筹集工作也越来越深入。农村实行家庭联产承包责任制后，农牧民都分到自己的耕地和草牧场，有更多的农牧民开始与信用社有了业务往来，这时全旗各社都不同程度地开展了增扩股工作，全旗农村信用合作社的股金余额也开始逐年增加。2006 年，全旗信用社股金余额达到 2691 万元。2007 年，股金余额达到 3690 万元。2010 年，股金余额达到 5745 万元。2012 年，全旗信用社股金达到 8512 万元。

2011 年，清理规范股金，将原有的万元以下的资格股以公告、电视广播的形式告知广大社员办理退股手续，对于难以找到的社员，联社统一打包管理，打包管理 16319 户，金额 1537.1 万元。

2012 年，根据《中华人民共和国公司法》《中国银行业监督管理委员会农村中小金融机构行政许可事项实施办法》和《中国银监会关于加快推进农村合作金融机构股权改造的指导意见》等文件精神，按照股权结构多样化、投资主体多元化的要求，重新规定了股权设置与股本结构，旨在建立新的产权关系。同年，发行溢价股金，共发行溢价股金 2785 万元，溢价 278.5 万元，全部用于增加了资本公积。

（二）存款

1988 年乌拉特中旗信用社各项存款 1767 万元，2012 年存款余额 162636 万元。

1988—2012 年乌拉特中旗信用社各项存款统计表

表 24－14　　单位：万元

年　份	存款余额	年　份	存款余额	年　份	存款余额
1988	1767	1997	7800	2006	40270
1989	1788	1998	9352	2007	49031
1990	2288	1999	10329	2008	55005
1991	2630	2000	15959	2009	74138
1992	2785	2001	18174	2010	102021
1993	3710	2002	20758	2011	134223
1994	5320	2003	23972	2012	162636
1995	5164	2004	31002	—	—
1996	6299	2005	36915	—	—

（三）贷款

1988 年乌拉特中旗信用社各项贷款 1232 万元，2012 年贷款余额 105717 万元。

1988—2012 年乌拉特中旗信用社各项贷款统计表

表 24－15　　单位：万元

年　份	贷款余额	年　份	贷款余额	年　份	贷款余额
1988	1232	1997	4741	2006	30397
1989	1298	1998	5520	2007	32762
1990	1202	1999	7412	2008	37843
1991	1329	2000	11752	2009	57485
1992	1542	2001	12382	2010	77467
1993	1611	2002	14803	2011	89677
1994	2174	2003	16614	2012	105717
1995	3001	2004	19929	—	—
1996	3128	2005	23291	—	—

（四）中间业务

旗农村信用联社的中间业务收入主要来自跨行业务、农信银、短信平台、ATM 机、POS 机刷卡、手机银行、网上银行、代理保险业务等的手续费收入，与其他商业银行的中间业务相比，呈现出层次低、规模小等特点，中间业务收入在整个收入中的比重还较低。

2006 年，旗农村信用联社中间业务收入 2.87 万元，主要来源于账户管理手续费收入。

2008 年，旗农村信用联社中间业务收入 21.17 万元，主要来源跨联社、跨行手续费收入、农业发展银行的账户管理手续费等。

2009 年，旗农村信用联社中间业务收入 41.83 万元，主要来源于跨联社、跨行手续费、ATM 机、代理保险业务手续费等。

2010 年，旗农村信用联社中间业务收入 158.58 万元，主要来源于跨联社、跨行手续费、代理保险业务、ATM 机、POS 刷卡手续费等。

2012 年，旗农村信用联社中间业务收入 176 万元，主要来源于跨联社、跨行手续费、代理保险业务、ATM 机、POS 刷卡手续费等。

（五）银行卡业务

2008 年 4 月，旗农村信用联社在内蒙古自治区农村信用联合社大力支持下，发行首张金牛普通借记卡，随后又针对惠农资金补贴推出惠农一卡通、福农卡，保证了涉农补贴（粮补、低保、长寿补贴、军人补贴、残疾人补贴、草场补贴、家电下乡补贴、危房改造补贴等财政补贴）的及时到账。金牛卡的发行实现了跨行自助机具的取款、自助设备的消费、缴费等，金牛卡逐渐走入千家万户，给老百姓的生活带来了极大的方便。

2012 年 4 月 18 日，旗农村信用联社推出内蒙古农村信用社首张联名卡——荣泰联名卡，荣泰联名卡成功首发，标志着旗农村信用联社银行卡业务走向专业化、特色化。金牛卡实现工资的代发、贷款利息的扣划、定期存款的关联开户、七日盈理财、网上支付等一系列功能。至年底，全旗农村信用社发行金牛普通卡 10020 张，惠农一卡通 44360 张，福农卡 2090 张，荣泰联名卡 2000 张。

（六）金融机具

2009 年，为给客户提供 24 小时自助服务，在鑫海信用社安装旗农村信用社首台 ATM 自助取款机。2010 年，全旗农村信用社为企业单位及个体商户安装 POS 机 43 台。2011 年，全旗农村信用社新增 ATM 机 6 台，新增 POS 机 43 台。2012 年，新增 ATM 机 1 台，新增 POS 机 51 台。5 月 25 日，旗农村信用联社举办首期 POS 机特约商户及管理员培训班，60 多名特约商户和部分信用社 POS 管理员参加培训。11 月，旗农村信用联社网上银行开始试运行。至年底，旗农村信用联社网上银行累计开户数达到 580 户，发生交易 2000 笔，交易额 7580 万元，网银系统运行稳定，满足客户对金融产品多元化和服务个性化的需求。

四、信息化网络建设

信息化网络建设银行业务发展、安全经营的助推器，也是银行核心竞争力的重要部分，旗农村信用联社紧跟科技发展步伐，着力加快信息化建设推广应用进程，2007—2012 年底，旗农村信用联社投入大量的财力物力，改造网络系统，切实为金融业务又好又快发展提供科技保障。

2007 年 7 月，核心业务系统全部上线，全辖 20 个网点全部为综合柜员制，实现内蒙古自治区信用社之间的通存通兑，结束乌拉特中旗联社存取款手工记账的历史。

2008 年，旗农村信用联社接入农信银资金清算系统、大小额支付系统，实现范围内全国实时汇兑、农信社间的通存通兑。随后，反洗钱系统、惠农一卡通平台、视频会议系统先后运行，极大地方便了工作，提高效率。

2009 年，旗农村信用联社在自治区农村信用联合社的统一部署下，完成全辖 VPN 网络搭建联调工作，保障信贷风险管理系统的顺利上线，信贷风险管理系统全面上线，结束贷款手工管理的历史，实现信贷管理的系统化、专业化；完成 MBFE 系统的安装测试，实现自治区将现代支付系统前置机系统客户端分置下放旗县联社的系统运行管理模式；完成 OA 办公自动化系统的网络测试与联调工作。

2010 年，接通账户管理系统、农信银电子汇票系统、ATM 业务监控系统、自助设备统一接入平台等，进一步完善业务系统，提高对外服务、防范风险的能力。

2011 年，旗农村信用联社积极协调旗财政局、联通公司完成财政横向联网系统的网络搭建以及财政横向联网系统和相关设备的安装调试工作，实现联社和财政局之间的网络直联，提高惠农补贴资金传输的效率和安全性；配合旗人民银行完成支票影像系统集中直联上线工作。

2012 年，完成代理财政集中支付系统上线。

五、服务

（一）业务培训

1988 年，旗农村信用联社举办信贷、出纳、会计、安全保卫等培训，培训人员 130 人。

1989—2011 年，旗农村信用联社举办信贷、出纳、会计、安全保卫、文明服务、计算机、文秘等培训，培训人员 3000 余人。

2012 年，旗农村信用联社首次邀请内蒙古北大纵横管理咨询有限责任公司高级培训师进行授课，举办文明优质服务礼仪培训班三期，培训人员 230 人；举办法律风险管理实务培训班 2 期，培训人员 155 人。

（二）献爱心活动

1988 年，旗农村信用联社向受灾地区及农牧民捐款 700 余元。

1989—2009 年，旗农村信用联社向患病员工、受灾农牧民、地震灾区等弱势群体捐款 18 万元。

2010 年，全旗农村信用社员工向青海省玉树地震灾区捐款 14650 元，中共党员交纳特殊党费 21070 元。同年，参加“博爱一日捐”活动捐款 4200 元；向巴音乌兰苏木 7 户牧民捐款 7000 元；向石哈河文化站捐款 7500 元；向巴音路社区捐款 10000 元。

2011 年，全旗农村信用社员工向巴音杭盖信用社员工孟和吉日嘎拉捐款 42400 元；参加“博爱一日捐”活动捐款 7600 元；向巴音乌兰苏木 7 户牧民捐款 7000 元；向石哈河文化站捐款 7500 元；向巴音路社区捐款 10000 元。

2012 年，全旗农村信用社员工参加“博爱一日捐”活动捐款 7600 元。向旗第一小学捐赠图书 500 册。

（三）特色联名卡

2012 年 4 月 18 日，旗农村信用联社与海流图镇荣泰超市共同举行隆重的联名卡发行仪式，联合推出荣泰联名卡。此卡具有借记卡和商户会员卡的双重身份，既可以享受购物的优惠，引导刷卡消费，提高活卡率，减少假币混入的环节和概率，还可以享受借记卡的全部功能。当年，共发行荣泰联名卡2000张。

第七节　乌拉特中旗蒙银村镇银行

一、管理机构

2011年，乌拉特中旗蒙银村镇银行成立，内设机构6个：营业部、会计部、综合管理部、信贷部、审计部和风险合规与法律职务部，下辖经营单位1个：乌拉特中旗蒙银村镇银行乌加河支行；全行实有在职人员49人，设董事长1人、监事长1人、行长1人、工会主席1人、副行长1人。

至2012年底，旗蒙银村镇银行隶属关系、内设机构、人员数量未发生变化。

二、经营业务

（一）存款

2011年，乌拉特中旗蒙银村镇银行成立后，即括注业务，活期储蓄存款资金灵活，客户可随用随取，资金流动性强。整存整取定期储蓄存款利率高，存期分为三个月、六个月、一年、二年、三年和五年。零存整取定期储蓄存款每月固定存额，集零成整，约定存款期限，到期一次支取本息，存期为一年、三年、五年。

2012年，乌拉特中旗蒙银村镇银行存款金额为26146.24万元。

（二）贷款

2011年，乌拉特中旗蒙银村镇银行成立后，开展的贷款业务有存单质押贷款、农户贷款、保证贷款、抵押贷款、公务员消费贷款。

2012年，乌拉特中旗蒙银村镇银行贷款金额为10855.71万元。

三、服务

乌拉特中旗蒙银村镇银行成立后，秉承内蒙古银行“专注于心、高效于行”的经营理念。以扎根乌拉特中旗、覆盖口岸及乡镇为市场定位，强化内部管理、拓宽服务领域、完善金融产品。以经济发展速度强劲的乌拉特中旗为依托，把握“支农支小”的办行方向和小额分散的经营原则，以微小企业个体工商户与涉农涉牧项目为主要服务对象，“以发展为主题、以改革为动力、以市场为向导、以效益为中心”，力求在金融领域探索出一条快捷高效与可持续的创新之路。

第八节　综合管理

一、管理机构

2012年10月，乌拉特中旗金融工作办公室成立，内设机构2个：办公室、金融监管股，核定行政编制2人，实有在职人员4人，核定领导职数2人，一正一副。

二、主要工作

2012年，旗金融工作办公室成立之初，制定乌拉特中旗金融工作办公室职责与职能；制定乌拉特中旗金融工作实施方案并成立金融工作协调领导小组；制定并出台《乌拉特中旗金融机构支持地方经济发展考核奖励办法》。12月中旬组织旗政法、宣传、法院、财政、人行、工商、公安、商务、统计九部进行全旗民间融资管理工作专项督查，有效防范全旗金融风险的发生。同年12月底，组织召开全旗金融机构保险公司、小贷公司座谈会，并拟定下一年召开全旗银企交流对接工作会议；按照市委办公厅、市政府办公厅下发的《关于加强地方民间融资管理工作的实施意见》。

第二章 保险业

第一节 中国人寿保险股份有限公司乌拉特中旗支公司

一、管理机构

1997 年 9 月，中国人寿保险股份有限公司乌拉特中旗支公司（以下简称“旗人保支公司”）成立，内设机构 4 个：经理室、综合部、保险部、客户服务部，下设营销服务部 1 个，有在职人员 6 人，设有经理 1 人、副经理 1 人。

2004 年，旗人保支公司内设机构 5 个：经理室、综合部、客户服务部、个险部、团险部，下设营销服务部 1 个，有在职人员 8 人，设有经理 1 人、副经理 2 人。

2009 年，旗人保支公司内设机构 6 个：经理室、综合部、个险部、团险部、银保部、客户服务部，下设营销服务部 3 个，有在职人员 6 人，设有经理 1 人、副经理 2 人。

2012 年，旗人保支公司内设机构 6 个：经理室，综合部，个险部，团险部，银保部，客户服务部，下设营销服务部 3 个，有正式员工 9 人、营销员 104 人，设有经理 1 人、副经理 2 人。

二、险种

（一）意外伤害保险

意外伤害保险包括人身意外伤害险、国寿夕阳红意外伤害保险 2 个险种。

（二）重大疾病保险

重大疾病保险包括康宁终身保险、康宁定期保险、国寿康裕重大疾病保险、康宁终身保险（2007 版）、康宁定期保险（2007 版）、国寿康宁终身重大疾病保险、国寿康宁定期重大疾病保险 7 个险种。

（三）分红保险

分红保险包括国寿鸿盈两全保险（分红型）、国寿安欣无忧两全保险（分红型）、国寿千禧理财两全保险、国寿鸿丰两全保险（分红型）、国寿美满人生年金保险（分红型）、国寿金彩明天两全保险（A 款）、国寿瑞鑫两全保险（分红型）、国寿松鹤颐年年金保险（分红型）8 个险种。

（四）团体保险

团体保险包括国寿团体重大疾病保险、国寿团体医疗保险（2007 版）、国寿团体重大疾病保险（2004 版、2007 修订版）、建筑工程团体人身意外伤害保险 4 个险种。

三、投保与理赔

1997 年，乌拉特中旗人保支公司保费收入 52 万元，理赔金额为 12 万元。2012 年，旗人保支公司保费收入首次超过 364 万元，理赔金额为 87 万元。

1997—2012 年乌拉特中旗人保支公司保费收入与理赔支出情况统计表

表 24－16　单位:万元

年度	收入保费	理赔支出	年度	收入保费	理赔支出
1997	52	12	2005	178	64
1998	38	16	2006	208	27
1999	57	13	2007	257	79
2000	79	26	2008	284	68
2001	72	30	2009	325	99
2002	101	52	2010	319	59
2003	110	37	2011	344	72
2004	132	46	2012	364	87

第二节　中国人民财产保险股份有限公司乌拉特中旗支公司

一、管理机构

1995 年初,乌拉特中旗设有中国人民保险公司乌拉特中旗支公司。同年 5 月 22 日,中国人民保险公司乌拉特中旗支公司改称中国人民财产保险股份有限公司乌拉特中旗支公司(以下简称“旗财险支公司”),内设机构 4 个:经理室、业务一科,业务二科,计财科,有正式员工 3 人,营销员 3 人,设有经理 1 人。

1999 年,旗财险支公司内设机构 4 个:经理室、业务一科,业务二科,计财科,有正式员工 6 人,营销员 6 人,设有经理 1 人。

2003 年,旗财险支公司内设机构 3 个:经理室、理赔部、营销部,有正式员工 5 人,营销员 10 人,设有经理 1 人。

2007 年,旗财险支公司内设机构 3 个:经理室、理赔部、营销部,设有营销服务部 3 个,有正式员工 6 人,营销员 11 人,设有经理 1 人、副经理 1 人。

2012 年,旗财险支公司内设机构 4 个:经理室、理赔部、出单部、营销部,设有营销服务部 3 个,有正式员工 9 人,营销员 13 人,设有经理 1 人、副经理 1 人。

二、险种

(一)车辆保险

2012 年,旗财险支公司主要有机动车交通事故强制责任保险、机动车损失保险、盗抢险、第三者责任保险、车上人员责任险、一体化系统机动车延长保修保险、车身划痕损失险、玻璃单独破碎险、指定修理厂险、自燃损失险、发动机涉水损失险 11 个险种。

(二)企业财产保险

2012 年,旗财险支公司主要有高新技术企业财产保险、营业中断保险、中小微企业组合保险、企业资金账户安全保险、各行业财产险、工业一切险、各项目财产基本险、各项目财产一切险、各项目财产综合险、金融机构贷款抵押财产险、机场资产定制保险等 22 个险种。

(三)家庭财产保险

2012 年,旗财险支公司主要有家庭财产综合保险、旅行类家庭财产保险、签证费用损失保险、家庭住房装修工程保险、农村户用沼气池财产保险、家庭农用机械综合保险、贷款抵押个人房屋保险、航空延误损失综合保险、网络游戏虚拟财产损失保险、城乡居民住宅地震巨灾保险、民宿综合保险、“和谐农村”家庭财产保险等33个险种。

（四）责任保险

2012年，旗财险支公司主要有雇主责任保险、公众责任保险、个人责任保险、产品责任保险、道路危险货物承运人责任保险、房屋出租人责任保险、家庭雇用责任保险、电梯安全责任保险、校园方责任险、火灾公众责任保险、诉讼保全责任保险、医疗责任保险、食品安全责任保险、燃气责任保险、供电责任保险、家庭成员责任保险、企业安全生产责任险、职业责任保险、司法赔偿责任保险、政法干警伤亡责任保险、驾校学员责任保险等29个险种。

（五）意外伤害保险

2012年，旗财险支公司主要有意外伤害保险、团体意外伤害保险，境内外旅行意外保险，机动车驾驶人员意外保险，学生、幼儿意外伤害保险，团体女性特定疾病保险，中老年人意外保险，借款人意外保险，交通工具乘客意外伤害保险，见义勇为意外伤害综合保险，驾乘人员意外伤害保险，居民用电意外伤害保险，非机动车驾驶人员意外保险，中老年人关怀保险等23个险种。

（六）货物运输保险

2012年，旗财险支公司主要有物流货物保险，公路、水路、铁路货物运输保险，进出口货物运输保险，国内外邮包件保险，随车行李物品保险，网络购物商品包装破损责任保险等31个险种。

（七）工程险

2012年，旗财险支公司主要有建筑安装工程保险，安装工程一切险，装修工程保险等8个险种。

（八）种植业、养殖业保险

2012年，旗财险支公司主要有温室大棚保险，农作物种植保险，商业性温室大棚火灾保险，商业性农作物成本价格保险，产值保险，奶牛、生猪、马匹、驴、羊养殖保险，生猪价格保险等86个险种。

三、投保与理赔

1995年，乌拉特中旗财险支公司保费收入25万元，理赔金额为15万元。2012年，旗人保支公司保费收入首次超过3702万元，理赔金额为2152万元。

1995—2012年乌拉特中旗财险支公司保费收入与理赔支出情况统计表

表24－17　　单位：万元

年度	收入保费	理赔支出	年度	收入保费	理赔支出
1995	25	15	2004	183	103
1996	31	17	2005	238	142
1997	38	23	2006	310	183
1998	48	29	2007	433	261
1999	60	32	2008	1406	841
2000	75	46	2009	2209	1324
2001	94	54	2010	2564	1543
2002	117	70	2011	3345	1749
2003	146	86	2012	3702	2152

第二十五篇　财政　税务

◎财　　政

◎税　　务

第一章　财　政

第一节　机　构

一、行政管理机构

1988年初，乌拉特中旗设有财政局，内设机构10个：政秘股、预算股、行财股、企业股、农财股、综合股、会计股、乡财政股、农牧业税征收管理股、财政大检查办公室，局机关核定编制43人（大专2人、中专15人、高中9人、初中17人），其中行政编制16名、事业编制27人，核定领导职数3人，一正二副（局长1人，副局长2人）。旗财政局下设乡镇、苏木财政所20个，共有干部职工51人。同年11月，财政大检查办公室被撤销，设立监察股。

1989年，旗财政局政秘股更名为办公室。

1995年，旗财政局农牧业税征收管理股被撤销，农牧业税征收职能划归旗地税部门。

2002年，旗财政局行财股分设为行政政法股、社保股、教科文股。

2008年，旗财政局新设国库股，撤销监察股。

2011年，成立乌拉特中旗农村牧区综合改革办公室。

2011年11月，旗财政局企业股分设为工业交通股、经济建设股、经济贸易股。

2012年底，旗财政局内设机构14个：办公室、预算股、行政政法股、社保股、教科文股、国库股、工业交通股、经济建设股、经济贸易股、农财股、综合股、会计股、乡财股、农村牧区综合改革办公室；局机关核定编制40人，其中行政编制19名、事业编制19名、工勤编制2名，核定领导职数5人，一正五副（局长1人，副局长4人、纪检组组长1人），全局实有干部职工80人。旗财政局下辖二级单位7个：非税收入管理局、国有资产管理局、政府采购中心、财政监督检查局、国库集中支付中心、会计核算中心、农村牧区综合改革领导小组办公室。

二、事业单位

（一）预算外资金管理局

1997年9月，乌拉特中旗预算外资金管理局成立，事业单位，副科级建制，隶属旗财政局，内设机构3个：办公室、票据股、业务股，核定事业编制12名、工勤编制2名，其中副科级领导职数2人（局长由财政局副局长兼任，副局长2人）。

2002年，旗财政局预算外资金管理局被撤销，相关业务并入非税收入管理局统一管理。

（二）会计核算中心

2002年12月20日，乌拉特中旗会计核算中心成立，事业单位，副科级建制，隶属旗财政局，内设机构4个：资金组、会计一组、会计二组、会计三组，核定事业编制19名，其中副科级领导职数2人（主任1人、副主任1人）。

至2012年底，旗会计核算中心内设机构与人员编制未发生变化。

（三）非税收入管理局

2008年7月29日，乌拉特中旗非税收入管理局成立，事业单位，正科级建制，隶属旗财政局，内设机构2个:票据股、行政事业收费管理股,核定事业编制4名,其中科级领导职数2人(局长1人、副局长1人)。

至2012年底,旗非税收入管理局内设机构与人员编制未发生变化。

(四)国有资产管理局

2008年7月29日,乌拉特中旗国有资产管理局成立,事业单位,正科级建制,隶属旗财政局,内设机构2个:资产评估股、行政事业股,核定事业编制13名,其中科级领导职数2人(局长1人、副局长1人)。

至2012年底,旗国有资产管理局内设机构与人员编制未发生变化。

(五)政府采购中心

2004年,乌拉特中旗政府采购中心成立,事业单位,正科级建制,隶属旗财政局,内设机构2个:综合信息股、采购股,科级领导职数1人(副主任),由财政局副局长分管。

2008年,乌拉特中旗政府采购中心核定科级领导职数2人(主任1人、副主任1人)。

至2012年底,旗政府采购中心内设机构未发生变化,科级领导职数2人(主任1人、副主任1人)。

(六)财政监督检查局

2008年,乌拉特中旗财政监督检查局成立,事业单位,正科级建制,隶属旗财政局,内设机构2个:综合股、行政事业财务检查股,核定事业编制7名,其中科级领导职数1人(主任1人)。

至2012年底,旗财政监督检查局内设机构与人员编制未发生变化。

(七)农村综合改革领导小组办公室

2011年3月31日,乌拉特中旗农村综合改革领导小组办公室成立,事业单位,股级建制,隶属旗财政局,核定事业编制4名,其中科级领导职数1人(主任1人)。

至2012年底,旗农村综合改革领导小组办公室内设机构与人员编制未发生变化。

第二节　体制改革

一、机构改革

1988年11月,为严肃财经法纪、平衡财政预算、严控财政支出,旗财政局财政大检查办公室被撤销,设立监察股。

1994年11月,乌拉特中旗实施分税制改革,根据《国务院关于实行分税制财政体制的决定》和《内蒙古自治区人民政府关于实施分税制深化财政管理体制改革有关问题的决定》(内政发〔1994〕58号),旗财政局农牧业税征收管理股被撤销,农牧业税征收职能于1995年划归旗地税部门。旗财政局从事农牧业税费收缴人员2人及乡财政所助征员全部调入旗地税局。

1997年9月,旗财政局设立预算外资金管理局,事业单位,隶属旗财政局,财政局综合股的票据业务和行政事业性收费业务划入预算外资金管理局,负责全旗的行政事业性收费业务和票据业务的管理。乌拉特中旗对预算外资金实行“专户储存、计划管理、财政审批、银行监督”的管理办法,并进一步明确预算外资金收支两条线有关规定,将各部门预算外收入全部纳入财政专户管理。

2002年,旗财政局行财股分管的民政、就业、社保、医疗卫生等职能分离出来,设立社保股;行财股分管的教育、科技、文体等职能分离出来,成立教科文股;同时,行财股更名为行政政法股。同年12月20日,乌拉特中旗人民政府下发《关于成立乌拉特中旗会计核算中心的通知》(乌中政发〔2002〕62号),乌拉特中旗会计核算中心成立,隶属旗财政局事业单位,相当副科级建制,核定事业编制19人，其中副科级领导1名，所需人员内部调剂解决。会计集中核算实行"集中管理、统一开户、分户核算"，是融会计服务，会计监督和会计管理为一体，在保证单位领导审批权不变、资金来源不变、资金使用方向和用途不变的前提下，取消单位会计、出纳岗位，撤销单位原银行账户，由财政部门统一组织，集中进行资金结算和会计核算的一种新型财务管理体系。

2006年12月29日，巴彦淖尔市编制委员会下发《关于乌拉特中旗部分副科级以上事业机构和领导职数核准备案的通知》（巴机编发〔2006〕74号），核准乌拉特中旗非税收入管理局、国有资产管理局、政府采购中心为相当科级事业单位。2008年7月29日旗机构编制委员会研究决定，成立乌拉特中旗政府采购中心、非税收入管理局、国有资产管理局，为财政局所属二级事业单位，正科级建制，领导职数一正一副，人员内部调剂解决，不另增编。

2008年，按照内蒙古自治区深化财政国库管理制度改革决定和巴彦淖尔市财政局《推进旗县区财政国库集中支付管理制度改革的意见》的要求，乌拉特中旗实施财政国库集中支付，财政性资金全部纳入财政国库单一账户体系运行。为顺应改革的需要，旗财政局设立国库股。同年8月，按照财政部《关于加强非税收入管理的通知》精神和要求，旗财政局预算外资金管理局被撤销，新设立非税收入管理局，原预算外资金和财政征收的预算内财政性收入（包括基金收入）合并为政府非税收入统一管理。

2010年，旗财政局设立国库集中支付中心，由会计集中核算向国库集中支付成功转轨。

2011年3月31日，为加强农村牧区税费改革和综合改革工作，根据《关于成立乌拉特中旗农村综合改革领导小组办公室的批复》（乌机编发〔2011〕4号）精神，乌拉特中旗农村综合改革领导小组办公室成立，股级建制，事业性质，为财政局所属二级事业单位，人员编制内部调剂。同年11月，旗财政局企业股职能重新划分后，企业股被撤销，新设立工业交通股、经济建设股、经济贸易股。

二、预算管理体制改革

1988年，延续1985年实行的财政管理体制。按照内蒙古自治区人民政府《关于部分调整现行财政管理体制的通知》（内政发〔1988〕23号），将自治区企业的车船使用税、房产税、批发环节营业税和城建税下划管理。预算管理体制从1987年调整完善及1988年部分调整后，乌拉特中旗财政管理体制进入一个相对稳定的时期，一直沿用到1993年。

1994年，按照内蒙古自治区人民政府《关于实施分税制深化财政管理体制改革有关问题的决定》（内政发〔1994〕58号文件），乌拉特中旗财政开始与全国同步进行分税制改革。分税制财政改革在继续执行国家政策基础上，实施相应配套改革。进一步明确各级财政的权力和责任，调动各级发展经济，增收节支的积极性。一是划分财政收支范围主要是：增值税25%部分，营业税、个人所得税、城镇土地使用税等20个税种及收费。支出范围主要有行政管理、公检法支出等八大类。二是明确自治区财政与盟市财政的税收返还额，即自治区财政对巴彦淖尔盟财政的税收返还额每年增长0.5%。

1995年，乌拉特中旗财政在分税制财政体制基础上，对原财政包干体制中的定额上解或定额补助进行适当调整。主要包括：分类核定旗财政供养人数，一般不再增编，从财力上适当照顾。分类核定旗县最低人均开支标准，测算旗县正常支出需要。根据地方财政收入，核定税收返还基数及原体制中的补助情况，计算各旗县实有可用财力。根据巴彦淖尔盟财政本级实际承受能力，核定巴彦淖尔盟财政对困难旗县的配套补助数额。

1996年，开始逐步实行过渡期转移支付。由于分税制财政管理体制采取全国统一政策，提高了中央财政收入占地方财政总收入的比重，自然也从欠发达地区拿走一块财力，使原本财政支出方面很困难的民族地区，收支矛盾更加突出。为解决这一问题，逐步缩小发达地区与不发达地区在公共财力方面的差距，中央财政通过转移支付的办法，主要解决了欠发工资、公用经费不足、可用财力不足等问题。

2002 年，根据《国务院批转财政部关于完善省以下财政管理体制有关问题的意见》（国发〔2002〕26 号）和内蒙古自治区人民政府文件精神，乌拉特中旗财政收入与巴彦淖尔盟财政收入体制于 2003 年和 2006 年进行 2 次调整和完善。明确“确定税种，核实税基，环比增长，固定比例，增量分成”的收入体制。

2003 年，乌拉特中旗财政收入与巴彦淖尔盟财政收入体制调整的主要内容：巴彦淖尔盟财政收入与乌拉特中旗财政收入范围的划分。包括盟级财政固定收入，旗财政固定收入，盟与旗财政共享收入，上划中央税收返还。改变过去“统收统支”，采取“一个基数、三个共享”（一个基数：以盟级下划旗县市一般预算收入中的工商税收和上划中央税收返还三年平均数，作为旗县市上划盟级财力的基数。三个共享：旗县市一般预算收入中的工商税收与盟级共享）的办法。上划中央税收返还盟与旗共享；上划中央不税收增量部分挂钩的转移支付盟与旗共享。

2006 年，乌拉特中旗财政与巴彦淖尔市财政收入体制进一步调整完善巴彦淖尔市财政收入与乌拉特中旗财政收入体制。主要包括：市与旗财政收入的确定和划分、明确市级财政固定收入、非税收入中的国有资产经营收益、行政事业性收费、罚没收入、排污费收入、其他收入、基金收入。旗财政固定收入主要有：增值税 20%、营业税 80%、企业个人所得税 32%、资源税 80% 等 22 项税收及非税收入。从 2010 年起，按照“明确税种、核定税基、环比增长、固定比例、增量分成”的财政体制基本确立。市与旗共享经济发展成果基本确立。在上划中央和自治区税收的基础上，对属于巴彦淖尔地方收入中的营业税、增值税、企业和个人所得税、资源税税收部分，实行基数加环比增量分成的办法，市本级分成比例为 20%。

三、苏木乡镇财政管理体制改革

1991 年，旗财政局对 1991 年前镇、苏木、乡财政的“分灶吃饭、定收定支、收支包干、定额上解，一定两年”的财政管理体制改为“定收定支、收入上解、支出下拨、超收分成（旗级得三，乡苏木镇得七）、短收不补、结余留用、自求平衡、一定三年（收支基数一年一定）”的收支两条线的管理办法，即：收入全部上缴旗国库，支出在核定的年度预算内，由旗财政按月拨付，年终决算时按体制结算。

2005 年 9 月，旗财政局开始酝酿“乡财旗管”工作。在借鉴外地“乡财县管”经验的基础上，根据《内蒙古自治区人民政府办公厅转发自治区财政厅关于改革苏木乡镇财政管理方式实行“乡财县管”实施意见的通知》精神，制定出台《乌拉特中旗“乡财旗管”实施办法》，并于 2006 年 1 月 1 日起在全旗 8 个乡镇、苏木全面推开，同时一次性将 8 个乡镇、苏木的乡财纳入旗财政局乡财股实行集中收付管理。在坚持财权和事权相统一、资金所有权和使用权不变、财务审批权不变、债权债务关系不变，“核准基数、定收定支、一年一定、超收分成、短收不补、自求平衡”的财政管理原则的前提下，以镇、苏木、乡人民政府为独立核算主体，实行“预算共编、账户统设、集中收付、采购统办、票据统管”的财政管理方式，由旗财政局直接管理并监督镇、苏木、乡人民政府财政收支。

2006 年，旗财政开始在推进旗、乡镇、苏木财政管理体制的改革工作中，重点是全面开展“乡财旗管”和“村财民理乡代管”工作。

四、国库集中支付制度改革

2007 年 5 月，乌拉特中旗财政局启动财政国库集中支付管理制度改革，完成前期各项准备工作。同年 6 月，旗财政局首先选择 12 个预算单位进行改革试点工作，正式实施国库集中支付改革上线运行，实现财政资金通过支付信息系统拨付，加快国库集中支付的高效规范运作，也推进财政管理的信息化建设步伐。

2012 年 2 月，旗财政局在国库改革试点运行相对平稳的基础上，将全旗所有预算单位全部纳入国库集中支付管理系统，财政性资金全部纳入财政国库单一账户体系运行。

五、财政补贴农牧民资金管理和支付方式改革

2008 年底，为切实加强财政补贴农牧民资金管理，简化发放程序，降低发放成本，确保财政补贴农牧民资金及时足额发放到位，旗财政局启动财政补贴农牧民资金管理和支付方式改革工作。

2009 年 1 月，乌拉特中旗全面实施补贴资金“一卡通”发放，共计发放补贴资金 3484. 78 万元，涉及大项 10 项，补贴人(户)数 59998 人。

2010 年，旗财政共计发放补贴资金 12446 万元，涉及大项 18 项，补贴人数 112851 人。

2011 年，旗财政共计发放补贴资金 15992. 73 万元，涉及大项 22 项，补贴人数 173651 人。

2012 年，旗财政共计发放补贴资金 33214. 37 万元，涉及大项 26 项，补贴人数 303222 人。

第三节　财政收入

一、预算收入

1988—2012 年，乌拉特中旗财政总收入 1045046. 4 万元；地方财政收入 330511. 7 万元，其中一般预算收入 274153. 7 万元，基金预算收入 56358 万元；上级补助收入 693135. 8 万元。

1988—1995 年乌拉特中旗地方财政收入统计表

表 25－1

项目(万元) \ 年份		1988	1989	1990	1991	1992	1993	1994	1995
总收入决算		2587. 8	2859. 4	3013. 6	2879. 3	3565. 6	2893. 8	3679. 9	4790
地方财政收入		864. 4	1057. 9	1052. 7	1103. 7	1200	1179	1027	1713
一般预算收入	小计	864. 4	1057. 9	1052. 7	1103. 7	1200	1179	1027	1713
	增值税	44	50	51	110. 7	450	440	152	113
	营业税	179	224. 3	243	263. 6	271	327	96	170
	企业收入	26	47	0	28. 4	50	26	76	0
	城市维护建设税	13. 3	22. 5	14. 2	22. 3	16	22	22	20
	农牧业税	207. 3	245. 4	227. 2	197. 5	275	211	491	816
	其他各项收入	394. 8	468. 7	517. 3	481. 2	138	153	190	594
基金预算收入		—	—	—	—	—	—	—	—
上级补助收入		1611. 1	1695. 3	1734. 1	1802. 4	2301. 6	1690. 8	2677. 5	3070
上年结转收入		112. 3	106. 2	226. 8	－26. 8	64	24	－24. 6	7
附：上划中央税收收入		—	—	—	—	—	—	464	357
附：上划自治区税收收入		—	—	—	—	—	—	—	—

1996—2005 年乌拉特中旗地方财政收入统计表

表 25 - 2

项目（万元） \ 年份		1996	1997	1998	1999	2000	2001	2002	2003	2004	2005
总收入决算		6071	6131	7090	9942	12294	19388	23758	25073	28893	37941
地方财政收入		2437	2764	3186	3552	3908	4774	4328	4993	6989	8877
一般预算收入	小　计	2134	2754	3126	3487	3832	3543	4278	4974	6980	8750
	增值税	123	123	127	134	144	154	242	397	892	1552
	营业税	138	219	283	260	195	256	656	919	2842	4119
	企业收入	33	32	92	109	196	192	96	118	89	112
	城市维护建设税	25	25	34	25	30	32	57	88	174	266
	农牧业税	1286	1419	1444	1482	1568	695	801	811	298	6
	其他各项收入	529	936	1146	1477	1699	2214	2426	2641	2685	2695
基金预算收入		303	10	60	65	76	1231	50	19	9	127
上级补助收入		3709	3259	3764	6095	7920	14034	18809	19970	21851	28911
上年结转收入		-75	108	140	295	466	580	621	110	53	153
附：上划中央税收收入		376	390	392	441	467	503	776	1667	3244	5676
附：上划自治区税收收入		—	—	—	—	—	—	—	—	—	—

2006—2012 年乌拉特中旗地方财政收入统计表

表 25 - 3

项目（万元） \ 年份		2006	2007	2008	2008	2010	2011	2012
总收入决算		50597	55552	83714	118182	140685	182357	211109
地方财政收入		9664	14393	25800	36736	46089	62375	80449
一般预算收入	小　计	9475	12318	22108	33232	33392	41158	69415
	增值税	1751	2273	3977	3863	3179	4500	6269
	营业税	3662	3389	4640	7985	8174	9724	21347
	企业收入	562	350	1584	2444	7008	10546	21070
	城市维护建设税	321	337	534	768	1067	1552	2126
	农牧业税	—	—	—	—	—	—	—
	其他各项收入	3179	5969	11373	18172	13964	14836	18603
基金预算收入		189	2075	3692	3504	12697	21217	11034
上级补助收入		37983	41062	56886	75736	94085	115521	126958
上年结转收入		2950	97	1028	5710	511	4461	3702
附：上划中央税收收入		8683	10888	20165	21348	30852	43331	59772
附：上划自治区税收收入		1786	2252	4026	5420	7523	10206	13871

二、非税收入

1988—2008 年,乌拉特中旗预算外资金收入累计 19917 万元;2008—2012 年,财政非税收入累计 18391 万元。

1988—2012 年乌拉特中旗非税收入统计表

表 25－4 单位:万元

年 份	非税收入	预算外资金
1988	—	193
1989	—	165
1990	—	117
1991	—	210
1992	—	35
1993	—	38
1994	—	94
1995	—	276
1996	—	304
1997	—	417
1998	—	289
1999	—	772
2000	—	1113
2001	—	1442
2002	—	2004
2003	—	2243
2004	—	2094
2005	—	1528
2006	—	1432
2007	—	1893
2008	—	3258
2009	4812	—
2010	1594	—
2011	3965	—
2012	8020	—

第四节 财政支出

一、预算支出

1988—2012 年,乌拉特中旗财政支出本着量入为出、收支平衡的原则安排预算和执行预算。随着经济发展和上级财政的扶持支持,可用财力不断增长,财政的支出能力和支出规模不断扩大。乌拉特中旗财政总支出为 1069771 万元,地方财政支出为 1062704. 9 万元,其中一般预算支出为 986265. 9万元,基金支出为 76439 万元。

1988—1995 年乌拉特中旗地方财政支出统计表

表 25－5

项目(万元) \ 年份		1988	1989	1990	1991	1992	1993	1994	1995
支出决算		2492.2	2721	3063.6	2934.5	3449.2	3841.6	3555	4928
地方财政支出		2487	2715	3056.9	2928	3443	3835	3555	4828
一般预算支出	小计	2487	2715	3056.9	2928	3443	3835	3555	4828
	基本建设支出	0	0	0	0	0	14	0	10
	企业挖潜改造资金	10.5	17.6	21.5	19	125	422	85	151
	科技三项	0	1	0	1.2	0	0	0	0
	支援农牧业生产	397	430.6	510.7	333	600	615	355	358
	农林牧水支出	217.3	250.4	268.5	282.6	306	357	363	437
	公交商事业支出	5	6.3	9.7	13.4	29	35	42	54
	文教卫生事业支出	735	803.9	887	923	993	1150	1286	1697
	科学事业费	20.7	23.3	25.7	19.4	19	13	23	34
	其他部门事业费	125.7	139.2	142.5	126.1	144	132	156	301
	抚恤社救事业费	78.1	83.1	85.8	82.9	118	82	136	103
	行政管理经费	590.7	627.6	639.9	623.4	646	697	888	1170
	公检法司经费	101.2	110.4	117.5	177.3	140	155	206	247
	城市维护费	56.3	66	140.1	74	118	0	0	107
	其他各项支出	149.5	155.6	208	252.7	205	163	15	159
基金支出		—	—	6.7	—	—	—	—	—
上解支出		5.2	6	－86	6.5	6.2	6.6	0	100
年终滚存结余		6	40	—	－48	—	—	—	－105

1996—2005 年乌拉特中旗地方财政支出统计表

表 25－6

项目(万元) \ 年份		1996	1997	1998	1999	2000	2001	2002	2003	2004	2005
支出决算		6068	6050	6861	9445	11717	17688	23764	25043	28880	35103
地方财政支出		5918	5915	6719	8968	11272	17285	23266	24491	28087	34041
一般预算支出	小计	5897	5891	6659	8876	11196	17192	23163	24472	28035	33776
	基本建设支出	39	124	214	647	1616	2203	4433	6074	2644	5095
	企业挖潜改造资金	220	327	277	556	726	1244	1726	1691	2	—
	科技三项	11	6	4	2	0	10	0	0	3	—
	支援农牧业生产	376	283	313	383	366	366	288	0	0	—
	农林牧水支出	447	420	452	548	1195	2415	3397	1538	8030	7213
	公交商事业支出	35	0	0	6	6	2	52	59	47	398

1996—2005 年乌拉特中旗地方财政支出统计表

续表 25－6

项目（万元）	年份	1996	1997	1998	1999	2000	2001	2002	2003	2004	2005
一般预算支出	文教卫生事业支出	1909	1875	2170	2595	2090	3297	5006	4296	5950	6068
	科学事业费	26	55	58	41	61	56	65	84	86	89
	其他部门事业费	457	398	405	361	404	451	598	738	1405	1746
	抚恤社救事业费	128	118	113	116	127	159	293	379	524	353
	行政管理经费	1326	1494	1748	2066	2381	3375	3847	4763	5126	6133
	公检法司经费	346	366	383	430	576	795	903	989	1006	1183
	城市维护费	233	99	51	130	96	109	122	113	0	1398
	其他各项支出	344	326	471	995	1552	2710	2433	3748	3212	4100
基金支出		21	24	60	92	76	93	103	19	52	265
上解支出		150	135	142	477	445	403	498	552	793	1062
年终滚存结余		187	103	292	497	625	591	47	30	153	2950

2006—2012 年乌拉特中旗地方财政支出统计表

表 25－7

项目（万元）	年份	2006	2007	2008	2009	2010	2011	2012
支出决算		50780	56950	81481	120087	143672	193122	226075
地方财政支出		50693	56823	80713	119262	143457	193069	225878
一般预算支出	小　计	50274	53433	73842	115358	130313	163040	208001
	基本建设支出	10433	8587	6597	15563	11704	12374	11751
	企业挖潜改造资金	—	—	—	—	—	—	—
	科技三项	—	—	—	—	—	—	—
	支援农牧业生产	—	—	—	—	—	—	—
	农林牧水支出	10534	7812	10300	14194	24636	45007	42839
	公交商事业支出	1368	1749	1873	4154	2570	5001	10486
	文教卫生事业支出	7503	8811	12969	20650	20198	24152	28071
	科学事业费	129	289	286	377	402	647	600
	其他部门事业费	2373	865	1087	1016	1285	3145	4712
	抚恤社救事业费	1127	8576	11359	17155	19453	23380	30908
	行政管理经费	7821	8587	11213	11742	16092	16944	22825
	公检法司经费	1532	1917	2948	3225	5311	5154	8012
	城市维护费	2833	4555	11190	16100	7497	2601	10369
	其他各项支出	4621	1685	4020	11182	21165	24635	37428
基金支出		419	3390	6871	3904	13144	30029	17877
上解支出		87	127	768	825	215	53	197
年终滚存结余		97	1028	5710	511	4461	3702	4143

第五节　综合管理

一、预算资金管理（非税收入管理）

1997 年 9 月，旗财政局设立预算外资金管理局，财政局综合股的票据业务和行政事业性收费业务划入预算外资金管理局，负责全旗的行政事业性收费业务和票据业务的管理。乌拉特中旗对预算外资金实行“专户储存、计划管理、财政审批、银行监督”的管理办法。进一步明确预算外资金收支两条线有关规定，将各部门预算外收入全部纳入财政专户管理。

2008 年 8 月，按照财政部《关于加强非税收入管理的通知》的精神和要求，旗财政局预算外资金管理局被撤销，新设立非税收入管理局，原预算外资金和财政征收的预算内财政性收入（包括基金收入）合并为政府非税收入统一管理。

二、国有资产管理

1994 年 3 月，乌拉特中旗国有资产经营管理公司成立。1996 年，旗国有资产经营管理公司更名为内蒙古乌拉特中旗国有资产管理局。2001 年，内蒙古乌拉特中旗国有资产管理局更名为乌拉特中旗财政局国有资产管理办公室。2008 年，乌拉特中旗财政局国有资产管理办公室更名为乌拉特中旗国有资产管理局。

（一）产权登记

1996 年 1 月 1 日，内蒙古乌拉特中旗国有资产管理局根据巴彦淖尔盟财政局国有资产管理局下发《关于实施行政、事业单位国有资产产权登记的通知》（巴财国资〔1995〕2 号）精神，开始对全旗行政事业单位进行产权登记。至 2012 年，乌拉特中旗国有资产管理机构每年对全旗行政事业单位进行一次产权登记。

（二）资产评估

1997—1999 年，企业转制时期，内蒙古乌拉特中旗国有资产管理局按照《国有资产评估管理办法》对乌拉特中旗汽修厂、温更煤矿、砖瓦厂、饮食服务公司、食品公司、粮油公司、商业总公司、建筑公司、无纸纺织公司、副食品加工厂、运输公司、皮革皮毛集团公司、物资总公司 13 家企业进行整体资产评估，评估后价值 6129 万元。

（三）清产核资

2007 年，乌拉特中旗财政局国有资产管理办公室对全旗行政事业单位资产进行清查。经清查，全旗行政事业单位资产 32643.38 万元。

2012 年，乌拉特中旗国有资产管理局对全旗行政事业单位资产再次进行清查。经清查，全旗行政事业单位资产 99609.51 万元。

三、政府采购管理

2004 年，乌拉特中旗政府采购工作开始运行。具体工作是按照确定的采购计划，依法组织集中采购，对达到公开招标数额的货物、工程、服务类采购项目，依法组织招标活动。同年，旗人民政府完成采购预算 252.04 万元，实际采购 234.31 万元，节约资金 17.73 万元，节约率 7.03%。

2008 年 7 月 29 日，乌拉特中旗政府采购中心成立，政府采购工作进一步加强。同年，旗人民政府完成采购预算 2529.74 万元，实际采购 2253.4 万元，节约资金 276.34 万元，节约率 10.92%。

2009 年 11 月，乌拉特中旗人民政府为加快政府采购制度体系建设，落实政府采购“管采分离”制度，实施政府采购行为的依法规范管理，形成职能分离、机构分设、职责划分、相互制衡的工作机制，设立政府采购管理办公室。同年，旗人民政府完成采购预算 3227.7 万元，实际采购 2814.03 万元，节约资金 413.67 万元，节约率 12.82%。

2010 年，旗人民政府完成采购预算 7714.84 万元，实际采购 6938.09 万元，节约资金 776.74 万元，节约率 10.07%。

2011 年，旗人民政府完成采购预算 11659.06 万元，实际采购 1069.42 万元，节约资金 1189.64 万元，节约率 10.2%。

2012 年，旗人民政府完成采购预算 12495.01 万元，实际采购 11282.72 万元，节约资金 1212.29 万元，节约率 9.7%。

四、国库集中支付管理

2007 年 5 月，乌拉特中旗财政局启动财政国库集中支付管理制度改革，完成前期各项准备工作。同年 6 月，旗财政局首先选择 12 个预算单位进行改革试点工作，正式实施国库集中支付改革上线运行，实现财政资金通过支付信息系统拨付，加快国库集中支付的高效规范运作，推进了财政管理的信息化建设步伐。

2012 年 2 月，旗财政局在国库改革试点运行相对平稳的基础上，将全旗所有预算单位全部纳入国库集中支付管理系统，财政性资金全部纳入财政国库单一账户体系运行。

五、会计事务管理

2002 年 12 月，乌拉特中旗会计核算中心成立，会计集中核算实行"集中管理、统一开户、分户核算"，是融会计服务、会计监督和会计管理为一体，在保证单位领导审批权不变、资金来源不变、资金使用方向和用途不变的前提下，取消单位会计、出纳岗位，撤销单位原银行账户，由财政部门统一组织，集中进行资金结算和会计核算的一种新型财务管理体系。

2010 年，旗财政局设立国库集中支付中心，由会计集中核算向国库集中支付成功转轨。

六、农村综合改革管理

2008 年底，为切实加强财政补贴农牧民资金管理，简化发放程序，降低发放成本，确保财政补贴农牧民资金及时足额发放到位，旗财政局启动财政补贴农牧民资金管理和支付方式改革工作。

2009 年 1 月，乌拉特中旗全面实施补贴资金"一卡通"发放，并开始实施嘎查村级公益事业建设"一事一议"财政奖补项目。

2011 年 3 月 31 日，为加强农村牧区税费改革和综合改革工作，乌拉特中旗农村综合改革领导小组办公室成立，主要负责"一卡通"发放、嘎查村级公益事业建设"一事一议"财政奖补项目等农村牧区综合改革工作。

第六节　财务检查监督

1988 年 11 月，旗财政局设立财政监察股，按照严肃财经法纪、平衡财政预算、严控财政支出的要求，主要是实施税收财务物价大检查和法规监督检查。

1988—2007 年，旗财政局每年从各业务股室抽调财务人员组成若干个检查组，对全旗行政事业单位进行财务检查，对查出的问题按政策规定处理。

2008 年 10 月，根据旗委、旗人民政府要求，旗财政监督检查局成立。财政监督范围包括预算执行、税收征管与解缴、财务会计、政府采购、国有资本金基础管理等方面。实施的检查以会计信息质量检查、"小金库"专项检查、内部监督检查、专项资金检查为主。

2008—2012 年，旗财政监督检查部门共完成监督检查单位 144 个，查处违规金 1044.55 万元，并依据相关财经法律法规对违规问题进行行政处理和经济处罚。

第二章 税 务

第一节 国家税务

一、管理机构

1988 年，乌拉特中旗设有税务局，局机关核定编制 45 名，核定领导职数 3 人，一正二副。

1994 年，乌拉特中旗税务局实行中央和地方分税制，旗税务局分设为乌拉特中旗国家税务局（以下简称“国税局”）和乌拉特中旗地方税务局（以下简称“地税局”）。同年，旗国税局内设机构 8 个：办公室、人事教育股、税政股、征收管理股、计会统股、稽查分局、票证管理所、牧区管理所；局机关核定编制 78 名，其中行政编制 32 名、事业编制 46 名，核定领导职数 4 人，一正三副。旗国税局下设基层税务所 7 个：征管一所、征管二股、海流图税务所、石哈河税务所、乌加河税务所、温更税务所、牧区税务所。

1995 年，旗国税局内设机构调整为 6 个：办公室（兼后勤服务中心）、人事教育科、稽查分局、票证管理所、警务室、办税厅。旗国税局下设温更税务所、征管一所、征管二股被撤销，基层税务所仅设 4 个：海流图税务所、石哈河税务所、乌加河税务所、牧区税务所。

1996 年，旗国税局设立工会，设主席 1 人，副科级。

1997 年，旗国税局内设机构警务室被撤销，新设税源管理科；所属石哈河税务所和牧区税务所被撤销，基层税务所仅设 2 个：海流图税务所、石哈河税务所。

1998 年，旗国税局进行人事机构改革，内设机构 7 个：办公室、人事教育股、税政综合管理股、计会征收股（下设办税厅）、信息站、稽查局、监察室。所属海流图镇税务所被撤销，税政、征收职能分别划入税政综合管理股和计会征收股，稽查职能划入稽查局。下设基层税务所 1 个：石哈河税务所。

1999 年，旗国税局内设机构进行调整，内设机构 8 个：办公室、人事教育股、税政综合股、计会征收股（下设办税厅）、信息站、稽查局、监察室、督查室。

2000 年，旗国税局内设机构进行调整，内设机构 7 个：办公室、人事教育股、监察室、税政管理股、税收管理股（下设办税厅）、稽查局、信息中心；所属石哈河税务所被撤销，新设派出机构 2 个：乌加河中心税务所、海流图税务所。

2001 年，旗国税局派出机构海流图税务所被撤销。

2005 年，旗国税局税收管理股被撤销、设立税源管理股；计会征收股被撤销（2005 年设立），设立办税服务厅（计划统计股）；发票管理所被撤销（1994 年设立）。内设机构 9 个：办公室、人事教育股、监察室、税政管理股、税源管理股、税收征收中心、稽查局、信息中心、办税服务厅（计划统计股）；下辖派出机构 1 个：乌加河中心税务所。全局核定编制 75 名，核定领导职数 6 人，一正五副。

2010 年，旗国税局稽查局升为副科级建制，税源管理股分为税源管理一股、税源管理二股，新设收入核算股。

2011 年，旗国税局新设派出机构甘其毛都口岸分局、石哈河税务所、金泉工业园区税务所。

2012年底,乌拉特中旗国税局内设机构11个:办公室、人事教育股、监察室、税源管理一股、税源管理二股、政策法规股(2009年12月8日设立)、综合业务股(2009年12月8日设立)、收入核算股、稽查局、信息中心、办税服务厅(计划统计股)(税政管理股2018年7月被撤销,税收征收中心2004年被撤销);下辖派出机构4个:甘其毛都口岸分局、乌加河中心税务所、石哈河税务所、金泉工业园区税务所。全局核定编制68名,其中行政编制66名、事业编制2名,核定领导职数6人,一正五副。

二、税制改革

1993年4月19日,国务院发出《关于国务院机构设置的通知》,将国家税务局更名为国家税务总局,并升格为国务院直属机构。同年12月13日,国务院发布《中华人民共和国增值税暂行条例》《中华人民共和国消费税暂行条例》《中华人民共和国营业税暂行条例》《中华人民共和国企业所得税暂行条例》《中华人民共和国土地增值税暂行条例》,均自1994年1月1日起施行,同时取消产品税、盐税、特别消费税、国营企业所得税、国营企业调节税、集体企业所得税和私营企业所得税。同年12月15日,国务院发布《关于实行分税制财政管理体制的决定》。同年12月20日,国务院发出通知,将国家税务总局的机构规格由副部级调整为正部级。同年12月23日,经国务院批准,财政部发布《中华人民共和国发票管理办法》,即日起施行。

1994年,按照《中华人民共和国增值税条例实施细则》,起征增值税。同年1月30日,国务院发布《关于对农业特产收入征收农业税的规定》,即日起施行。同年2月22日,国务院发出《关于外商投资企业和外国企业适用增值税、消费税、营业税等税收暂行条例有关问题的通知》。

1995年2月28日,第八届全国人民代表大会常务委员会第十二次会议通过《关于修改〈中华人民共和国税收征收管理法〉的决定》,即日公布施行。

2000年,国务院发布《中华人民共和国车辆购置税暂行条例》,自2001年1月1日起施行。同年,取消农业税。

至2007年底,中国现行税制中的税种设置进一步减少为18个。

2009年,实施消费型增值税。同年,施行修订后的《中华人民共和国增值税暂行条例》。

2010年12月8日,国务院第一百三十六次常务会议通过《国务院关于修改〈中华人民共和国发票管理办法〉的决定》,自2011年2月1日起施行。

2012年,货物劳务税收制度改革拉开序幕,部分现代服务业由征收营业税改为增值税。

三、税法宣传

1992年,旗税务系统开始定于每年4月集中开展税收宣传,称为“税收宣传月”,由国家税务总局制定指导思想、宣传主题,各地税务机关结合实际开展丰富多彩的税收宣传活动。至2012年,一年一度的“税收宣传月”活动,已成为税务系统认真开展税法宣传,做好纳税服务的一项重要工作;成为全国纳税人自觉接受纳税教育,做依法纳税公民的重要课堂;成为社会各界人士主动了解税收,努力增强纳税意识的重要途径。

1994—2012年,旗国税局充分利用新闻媒介、网络媒体、税企QQ群、微信平台、电子显示屏、纳税人学堂等多种载体开展税法宣传,共发表宣传文章96篇,街头宣传发放宣传资料35万份,开展税法进机关、进企业、进学校、进农村、进军营、进社区“六进”活动18次,开展各项竞赛、在线访谈、开放日活动、召开税企座谈会36次,制作专题影视作品3部,通过开展大规模的税收宣传活动,使公民纳税意识不断增强,纳税秩序逐渐改善。

四、税种税率

（一）增值税

1994 年 1 月 1 日起，按照《中华人民共和国增值税条例实施细则》起征，征收范围涉及生产、销售、进口、出口、提供加工、修理修配劳务等。增值税的税率为 17%、13%和零税率 3 种。

1998 年 7 月 1 日起，商业企业小规模纳税人的增值税征收率由 6%调减为 4%。同年 8 月 1 日起，对寄售商店代销售物品、典当业销售的死当物品、销售旧货以及经国务院或国务院授权机关允许的免税商品零售免税货物的征收率由 6%调减为 4%。

2000 年 1 月 1 日起，生产销售商品混凝土按 6%征收率计算缴纳增值税。同年 6 月，进口或国产豆粕按 13%的税率征收增值税。

2002 年 1 月 1 日起，对增值税一般纳税人向小规模纳税人购进农产品的进项税抵扣率由 10%提高到 13%。纳税人销售旧货一律按 4%的征收率减半征收增值税，不得抵扣进项税额。纳税人销售自己使用过的属于应征消费税的机动车、摩托车、游艇、售价超过原值的，按照 4%的征收率减半征收增值税；售价未超过原值的，免征增值税。

2009 年 1 月 1 日起，在维持现行增值税税率不变的前提下，允许全国范围内的所有增值税一般纳税人抵扣其新购进设备所含的进项税额，未抵扣完的进项税额结转下期继续抵扣，同时，取消进口设备增值税免税政策和外商投资企业采购国产设备增值税退税政策，将小规模纳税人征收率统一调低至 3%，将矿产品增值税税率恢复到 17%，取消进口设备免征增值税政策。

（二）消费税

1994 年，开征消费税。主要税目是粮食白酒、啤酒、酒精、其他酒（原麦麸酒）、其他原料酒、复制酒、果木酒、贵重首饰及珠宝玉石，并重点对白酒、酒精、啤酒行业的消费税进行征收管理，严格按照消费税税收政策执行，一律查账征收。

1995 年 1 月 1 日起，对金银首饰消费税由生产销售环节征收改为零售环节征收。

2001 年 1 月 1 日起，对“汽车轮胎”税目中的子午线轮胎免征消费税，对翻新轮胎停止征收消费税。同年 5 月 1 日起，对粮食白酒、薯类白酒消费税税率由比例税率调整为定额税率和比例税率两种征收。

2009 年 1 月 1 日起，消费税纳税申报期限从 10 日延长至 15 日。

（三）企业所得税

1988 年，开征私营企业所得税。

1993 年 12 月 13 日，国务院颁布《中华人民共和国企业所得税暂行条例》，条例中规定企业所得税税率为：所得额超过 10 万元的税率 33%，所得额 3 万～10 万元的税率 27%，所得额在 3 万元以下的税率 18%。

1994 年 1 月 1 日起，国税部门对中央企业所得税进行征管，所征税款缴入中央财政。

2007 年 3 月 16 日，全国人大常委会颁布《中华人民共和国企业所得税法》，对新企业所得税规定税率 25%，另有两档优惠税率 20%和 15%。

2008 年 1 月 1 日起，新企业所得税税率调整为查账征收企业所得税税率 25%，实行内资企业与外资企业相同税率；符合条件的小型微利企业，减按 20%的税率征收企业所得税；国家重点扶持的高新技术企业，减按 15%的税率征收企业所得税。

（四）个人利息所得税

1999年8月30日，全国人大第九届常务委员会第十一次会议通过《关于修改〈中华人民共和国个人所得税法〉的决定》，把个税法第四条第二款"储蓄存款利息"免征个人所得税项目删去，开征"个人储蓄存款利息所得税"。

（五）车辆购置税

2001年1月1日起，实施《中华人民共和国车辆购置税暂行条例》，征税范围为汽车、摩托车、电车、挂车、农用运输车。

2007年3月5日，启动新版《车辆购置税征收管理系统》，税率10%。

2010年1月1日至12月31日，购置1.6升及以下排量乘用车，暂且按7.5%的税率征收车辆购置税，之后恢复正常税率征收。

五、税源培植

1997年，增设税源管理股，对个体工商户核定定额经过业户自报、典型调查、定额核定和下达定额等程序来完成，基本实现定额核定的公开、公平和公正。

1998年，旗国税管理部门开始推行税源管理责任人制度，在征管区域内，对所辖纳税户进行分段、划片，指定专人进行管理。

2012年，旗国税管理部门积极探索税源专业化管理，按照巴彦淖尔市国税局分类分级管理要求，科学划分税收管理员职责，盘活人力资源，减少个体税源管理人员，增强企业管理力量，集中优势兵力开展分行业的评估检查。

六、税收征管

（一）纳税申报

2012年，中国已初步建立起纳税人自行申报纳税的制度，现代化的申报方式还处于起步阶段，旗国家税务局使用的申报方式有直接申报和网上申报。今后根据生产力发展水平的需要，将推出新的申报方式，由纳税人根据需要自行选择。

（二）税款征收

1997年，国务院办公厅转发国家税务总局深化税收征管改革方案，逐步确定"以申报纳税人和优化服务为基础，以计算机网络为依托，集中征收、重点稽查"的税收征管模式。

1995—2012年乌拉特中旗国税局税收收入统计表

表25－8　　单位：万元

年度	税收收入	年度	税收收入
1995	554.2	2004	3851.66
1996	586.2	2005	6663
1997	636.5	2006	9337
1998	682.2	2007	12001
1999	683.5	2008	23003
2000	678.5	2009	24026
2001	845	2010	31085
2002	1233	2011	43956
2003	1811	2012	52017

（三）税收减免

2005年8月3日，国家税务总局印发《税收减免管理办法（试行）》通知，新《税收减免管理办法》于2015年8月1日起实施，对减免税管理工作进行规范。该办法所称税收减免是指依据税收法律、法规以及国家有关税收规定（以下简称税法规定）给予纳税人减税、免税。减税是指从应纳税款中减征部分税款；免税是指免征某一税种、某一项目的税款。减免税分为报批类减免税和备案类减免税。报批类减免税是指应由税务机关审批的减免税项目；备案类减免税是指取消审批手续的减免税项目和不需税务机关审批的减免税项目。

（四）税务稽查

税务稽查是现代税收征管模式的"重中之重"，包含选案、实施稽查、审理、执行4个部分。

2002年，旗国税局开展增值税、普通发票、集贸市场等专项检查，共查补税款52.5万元。

2003年，旗国税局对全旗21家企业进行重点稽查，共查补税款76.8万元。

2005年，旗国税局对全旗企业所得税汇算清查企业、增值税协查企业和加油站个体户进行稽查，共查补税款67.8万元。

2006年，旗国税局选案检查旗内企业15家，查补税款67.8万元。

2007年，旗国税局立案稽查旗内企业10家（次），查补税款57.4万元。

2008年，旗国税局立案查处旗内纳税人10家，查补税款24.7万元。

2009年，旗国税局立案查处旗内纳税人2家，查补税款9.7万元；旗内4户企业开展自查，查补税款1227万元。

2010年，旗内4家企业开展自查，查补税款698.5万元。

2011年，旗国税局在旗内开展旗内砂石料、砖瓦企业和普通发票专项检查，查补税款265万元。

2012年，旗国税局在旗内开展滞留发票检查，查补税款4.4万元；对24家企业进行辅导检查，辅导增收35万元。

（五）规范化管理

1995年，乌拉特中旗建立企业办税厅和个体办税厅，对企业要求其自行到银行缴纳税款；对个体工商业户要求按期提前储入当期应纳税款。

1996年，旗国税局对辖区所有纳税人核定税额进行统一管理，建立健全税收会计核算制度。

1997年，旗国税局增设税源股，基本实现定额核定的公开、公平、公正。

1998年，在"双定户"（实行定期定额征收方式业户）中实行"申报表、完税证"一体化的征管模式。同年8月1日起，将小规模商业企业征收率调整为4%。

2000年，旗国税局对成品油零售业务进行清理整顿，对合格的加油站安装税控装置。

2001年，旗国税局将各类加油站均认定为增值税一般纳税人。

2002年，旗国税局委托银行代扣代缴部分税款。

2004年，旗国税局税收征管各环节实现微机操作，城区99%个体户申请通过银行申报纳税，100%农牧区个体户简并征期纳税。

2006年，旗国税局建起硅铁冶炼、生铁冶炼、石墨加工、煤炭开采4个行业税源管理基础指标数字模型和评估模型。

2007年，旗国税局全面启用绩效学分制考核办法，税收首次突破亿元。

2009 年,旗国税局全面落实增值税转型税收政策。

2010 年,旗国税局实现财税库银一体化联网,启用办税服务厅排队叫号评价系统,税收突破 3 亿元。

2011 年,旗国税局加强口岸煤炭企业管理,全面落实个体工商户起征点上调税收优惠政策,税收突破 4 亿元。

2012 年,旗国税局建立和完善甘其毛都口岸煤炭洗选及销售行业税收管理模型,全年税收突破 5 亿元。

七、执法检查

乌拉特中旗国税局在构建公平、法治的税收秩序中,始终坚持内外并举、全面防控的方针。重视加强国税系统工作人员的税收法制教育培训,积极参与地方法制培训考试。1995—2012 年,旗国税局每年组织 2 次税收法制教育培训。开展执法检查小组专题学习,强化对税收综合征管信息系统和税收执法管理信息系统的培训力度和应用程度,切实提高操作人员的税收业务水平。加强对税收执法行为的监控,执法人员每个工作日查看预警监控模块,对系统显示的预警行为和发现的过错线索,及时反馈至相关部门,要求在考核期内进行即时申辩和过错整改,逐步实现对税收执法事前、事中、事后全方位、多层次的监督,执法规范水平不断提高。开展税收执法检查和监察,对涉税文书、执法程序、执法行为、票证管理等易存在涉税风险的关键部位进行全面检查。全面落实税收执法责任制,严格执行税收执法责任追究办法,通过整改和教育,全局执法正确率显著提高。

1995—2012 年,旗国税局共进行税收执法检查和监察 54 次,发现和解决问题 18 起,执法正确率 98%。

第二节　地方税务

一、机构

(一)行政管理机构

1994 年,国家实行税制改革。同年 8 月,乌拉特中旗税务局分设为国税局和地税局。乌拉特中旗地税局成立伊始,内设机构 6 个:办公室、人事教育监审科、税收管理科、计统征收科、票证管理所、税务稽查局,下辖镇、苏木、乡基层地税所 20 个:海流图地税所、温更地税所、乌加河地税所、桑根达来地税所、巴音地税所、乌兰地税所、川井地税所、巴音杭盖地税所、杭盖戈壁地税所、新忽热地税所、巴音哈太地税所、呼勒斯太地税所、石哈河地税所、双盛美地税所、郜北地税所、楚鲁图地税所、德岭山地税所、乌梁素太地税所、宏丰地税所、石兰计地税所;全局在职干部职工 30 人,核定领导职数 3 人,一正二副。

1995 年,旗地税局增设企业征收股、征收一科、征收二科。

1996 年,旗地税局企业征收股、征收一科、征收二科被撤销,改设为征管一科、征管二科。

1997 年,旗地税局人事教育监审科分设为人事股和监审股,同时增设办税服务厅。

1998 年,旗地税局征管一科并入稽查局,同时增设警务室。

1999 年,旗地税局增设考核办、事务中心,同时撤销石哈河、双盛美、郜北、楚鲁图、新忽热地税所,新组建石哈河地税中心所。同年,计统征收科与办税服务厅合并,称办税服务厅。

2001 年,旗地税局警务室被撤销;同时,桑根达来地税所被撤销。

2002年2月，旗地税局征管二科被撤销，设立农税局；同时，重新组建乌兰地税中心所、乌加河地税中心所、德岭山地税中心所，巴音地税所并入新组建的乌兰地税所；同年4月，旗地税局实施机构改革，办公室、人事股、监审股合并，新设立综合科；杭盖戈壁地税所并入呼勒斯太地税所。同年8月，全区地税系统实施机构改革，旗地税局综合科被撤销，分设为办公室、人事监审股；税收管理科更名为税收征收管理股；新设社保费征收管理股；旗地税局企业征收所、稽查局被撤销，新设征管一所、征管二所；乌加河地税中心所更名为乌加河地税所、德岭山地税中心所更名为德岭山地税所；巴音杭盖地税所被撤销，并入新组建的川井地税中心所；巴音地税所被撤销，并入乌兰地税中心所。至此，旗地税局内设机构12个：办公室、人事监审股、税收征收管理股、票证管理所、税务稽查局、办税服务厅、考核办、事务中心、农税局、社保费征收管理股、征管一所、征管二所；旗地税局下辖镇、苏木、乡基层地税所12个：海流图地税所、温更地税所、乌加河地税所、乌兰地税中心所、川井地税中心所、巴音哈太地税所、呼勒斯太地税所、石哈河地税中心所、德岭山地税所、乌梁素太地税所、宏丰地税所、石兰计地税所；全局在职干部职工131人，核定领导职数5人，一正三副。

2004年，旗地税局所辖巴音哈太地税所并入石哈河地税中心所。同年3月，票证管理所被撤销，新设发票管理股。

2006年，旗地税局所辖宏丰地税所、呼勒斯太地税所、石兰计地税所并入乌加河地税所。

2007年，旗地税局增设法制股、老干部管理站、国际税收研究会和地方税务学会。

2008年，旗地税局增设信息中心、税政法制股，旗地税局所辖海流图地税所更名为旗地税局征管三所，乌加河地税中心所更名为乌加河地税所，川井地税中心所更名为川井地税所，撤销乌兰地税中心所，并入川井地税所。

2011年，旗地税局增设检查股和甘其毛都口岸地税分局。

2012年，旗地税局人事监审股分设为人事教育股和监察审计股，税政法制股分设为税政管理股和法制股，税收征收管理股更名为税收管理和科技发展股，征管二所更名为建安房地产征收管理所，社保费征收管理股更名为社会保险费征收管理分局，征管一所更名为海流图镇新区地税所，征管三所更名为海流图地税所。撤销检查股、农税局，增设地税稽查局。

截至2012年底，乌拉特中旗地税局内设办公室、人事教育股、监察审计股、计划会计统计征收股、税政管理股、法制股、发票管理股、税收管理和科技发展股、信息中心、老干部管理站、国际税收研究会和地方税务学会；旗地税局下辖派出机构11个：社保保险费征收管理分局，地税稽查局、办税服务厅，甘其毛都口岸地税分局、海流图地税所，海流图镇新区地税所，建安房地产征收管理所，石哈河地税所、川井地税所，乌加河地税所、德岭山地税所。全局在职干部职工105人，核定领导职数9人，一正四副，纪检组组长1人、总会计师1人、局长助理1人、社保分局局长1人。

（二）税务稽查代征机构

1994年8月，乌拉特中旗地税局设立地税稽查局。2002年8月，全区地税系统机构改革，实行一级稽查，乌拉特中旗地税稽查局被撤销。2012年10月，旗地税局重设地税稽查局。

二、税制改革

1994年9月1日起，屠宰税恢复征收。2001年1月1日，屠宰税停征。

1994年1月1日起，开征固定资产投资方向调节税。2000年，固定资产投资方向调节税暂停征收。

1994 年 1 月 1 日起，对原油、天然气、煤炭、其他非金属矿原矿、黑色金属矿原矿、有色金属矿原矿和盐等 7 种资源开征资源税。1996 年，增列对砖瓦黏土、银矿等 7 个征税项目。2007 年，对玄武岩、硅石、红柱石、矿泉水、地热水、镍矿 6 种资源开征资源税。

1994 年，旗地税局负责管辖地方各级国有企业事业单位的所得税及集体企业所得税和私营企业所得税。2002 年起，国家重新调整国地税企业所得税征管范围，将在各级工商行政管理部门办理登记的企业，其企业所得税全部交由国税局征收管理。2009 年起，国家再一次调整企业所得税征管范围。新增企业所得税纳税人中，应缴纳增值税的企业，其企业所得税由国家税务局管理；应缴纳营业税的企业，其企业所得税由地方税务局管理。

1995 年 8 月 1 日起，执行新的《筵席税征收办法》，取消起征点，调低税率（由 15% 调整为 10%）。2001 年 1 月 1 日起，筵席税停征。

1997 年 10 月 1 日起，执行新的《契税实施办法》，契税税率 3%。

2002 年，执行内蒙古自治区人民政府决定，减免农牧业税及附加。2004 年，执行中央规定，取消除烟叶以外的农业特产税。2004 年起，全面取消牧业税。2005 年，全面取消农业税。

2005 年，工资薪金所得个人所得税扣除标准由原来的 800 元／月，提高到 1600 元／月。2008 年，工资薪金所得项目扣除标准由 1600 元／月，提高到 2000 元／月。2011 年，工资薪金所得项目扣除标准由 2000 元／月，提高到 3500 元，同时将现行工薪所得 9 级超额累进税率修改为 7 级，取消 15% 和 40% 两档税率，将最低一档税率由 5% 降为 3%。

2009 年 4 月 1 日起，对按期纳税的营业税起征点由月营业额 3500 元调增至 5000 元。2011 年 11 月 1 日起，对按期纳税的营业税起征点由月营业额 5000 元调整为 10000 元。2011 年 12 月 1 日起，对按期纳税的营业税起征点由月营业额 10000 元调整为 20000 元。

三、税法宣传

1994 年，旗地税局与旗国税局联合在甘其毛都口岸举办“国门税法宣传”首宣日活动，组织召开全旗地税局工作暨税法宣传座谈会，旗六大班子（旗委、旗人大常委会、旗人民政府、旗政协、旗人民武装部、旗纪律检查委员会）领导及社会各界代表 50 余人参加会议。

1997 年，旗地税局组织召开“税收与文明”为主题的座谈会，邀请旗人民政府领导、各银行、各代征单位领导及企业和个体代表参加会议，宣讲税法，发放宣传资料。

2002 年，旗地税局组织开展税法宣传，发放新《中华人民共和国税收征管法》、个人所得税、房产税、土地使用税、车船税、社保三费以及有关政策资料。

2005 年，旗地税局与旗国税局联合举办全国第十四个税法宣传月首宣日暨“税务之春”大型文艺宣传活动，到口岸开展税法宣传。

2008 年，旗地税局在海流图镇街道办事处组织开展以“我与税收”“税收 发展 民生”为主题的社区税法宣传讲座。

2010 年，税法宣传月期间，旗地税局首次启用“手机短信平台”向社会公众发送税收宣传内容，发送税收宣传短信 2 万余条。

2011 年，旗地税局与旗国税局联合在中蒙边境口岸甘其毛都举办首宣日活动，印制蒙古文汉文双语宣传资料，在口岸贸易区宣传税收政策。

2012 年，旗地税局组织开展送税费政策入牧区，送纳税服务进企业，送税收知识进校园活动。

四、税源培植

（一）资源深加工“带动”

乌拉特中旗矿藏丰富，黄金、煤炭、铁矿石、黏土、石灰石等种类繁多，甘其毛都口岸加工园区和乌不浪口工业园区不断建设发展，从蒙古国进口的原煤、铜等原矿产量逐年增加，资源实现就地深加工，增加附加值，增加地方税源。

（二）房地产开发、棚户区改造、美好乡村建设“联动”

乌拉特中旗建设已经成为旗域经济发展亮点，全旗房地产开发所带动的“链条效应”及所占地方税收的比重已经超过40%。国家惠民工程实施力度不断加大，促进了全旗城镇建设，棚户区改造和美好乡村建设，加大了房地产开发力度。同时，保持和扩大房产税和土地使用税税基，这一联动的过程在相当长的一段时间里可以保持和增加地方税收。

（三）撤乡建镇与工矿区范围拓展，壮大地方税基

乌拉特中旗在乌不浪口设置工业园区、在甘其毛都设建制镇、在川井苏木设置工矿区，实现全旗无乡建制，镇区、工矿区建设互动。在地方税收的城市维护建设税、房产税和土地使用税3个税种中就没有城乡的政策差别，有利于招商引资，有利于实体经济的公平竞争，更有利于增加地方税收。

（四）落实各项优惠政策，培植后续税源，使地方税收持续“永动”

旗地税局一方面不折不扣地完成旗委、旗人民政府下达的税收任务，另一方面坚定不移地落实各项优惠政策，培植后续税源，使地方税收持续“永动”。

（五）健全护税协税网络，形成部门“齐动”

由旗财政局牵头，成立全旗综合治税办公室，健全护税协税网络，发挥各职能主管单位优势，形成部门“齐动”，最大限度地堵塞税收流失。

五、税种税率

（一）营业税

交通运输业、建筑业、邮电通信业、文化体育业税率3%；金融保险业、服务业、转让无形资产、销售不动产税率为5%；娱乐业税率5%～20%。

（二）企业所得税

1994—2007年，纳税年度应纳税所得额3万元（含3万元）以下，税率为18%，纳税年度应纳税所得额3万元～10万元（含10万元）以下，税率27%，纳税年度应纳税所得额10万元以上，税率33%。特区和高新技术开发区的高新技术企业的税率15%。外资企业所得税税率30%。

2008—2012年，税率25%，内资企业和外资企业一致。国家需要重点扶持的高新技术企业15%，小型微利企业20%，非居民企业20%。

（三）个人所得税

1. 工资、薪金所得，使用超额累进税率，税率5%～45%。1994—2004年，扣除费用800元；2005—2008年，扣除费用1600元；2009—2011年，扣除费用2000元。2012年，工资、薪金所得，适用超额累进税率，税率3%～45%。扣除费用3500元。

2. 个体工商户的生产经营所得和对企事业单位的承包经营、承租经营所得，适用超额累进税率，税率5%～35%。

3. 劳务报酬所得适用超额累进税率，税率20% ~40%。

4. 稿酬所得适用20%的比例税率。

5. 特许权使用费所得适用20%的比例税率。

6. 财产租赁所得适用20%的比例税率。

7. 利息、股息、红利所得和偶然所得适用20%的比例税率。

（四）城镇土地使用税

城镇土地使用税分为3类：一类地区6元/平方米，二类地区4元/平方米，三类地区2元/平方米。

（五）固定资产投资方向调节税

固定资产投资方向调节税分为5个档次，具体适用税率为0%、5%、10%、15%、30%。2000年，固定资产投资方向调节税停征。

（六）城市维护建设税

城市维护建设税分为3类：市区为7%、县城和镇为5%、其他地区为1%。

（七）房产税

房产税从价计征，税率为1.2%；从租计征，税率为12%。

（八）车船使用税

乘人汽车（5座以下），年适用税额120元/辆；乘人汽车（6~10座），年适用税额140元/辆；乘人汽车（11~30座），年适用税额160元/辆；乘人汽车（30~50座），年适用税额，200元/辆；乘人汽车（50座以上），年适用税额240元/辆；拖拉机配套挂车，年适用税额24元/吨；三轮汽车或低速货车，年适用税额60元/吨；三轮摩托车，年适用税额60元/辆；客货两用车（5座以下），年适用税额48元/吨；拖拉机，年适用税额30元/吨；大型载客电车（大于等于20人），年适用税额600元/辆；客货三轮车，年适用税额9元/辆；畜力胶车，年适用税额8元/辆；自行车，年适用税额4元/辆；人力平板车，年适用税额9元/辆。

（九）印花税

购销合同，按购销金额0.3‰贴花；建筑安装工程承包合同按承包金额0.3‰贴花；加工承揽合同、按加工或承揽收入0.5‰；贴花；建设工程勘察设计合同，按收取费用0.5‰贴花；财产租赁合同，按租赁金额1‰贴花。税额不足1元，按1元贴花；货物运输合同，按运输费用0.5‰贴花；仓储保管合同，按仓储保管费用1‰贴花；借款合同，按借款金额0.05‰贴花；财产保险合同，按投保金额1‰贴花；技术合同，按所载金额0.3‰贴花；产权转移书据，按所载金额0.5‰贴花；营业账簿，记载资金的账簿，按实收资本和资本公积的合计金额0.5‰贴花。其他账簿按件贴花5元；权利、许可证照，按件贴花5元。

（十）屠宰税

1994年9月，开始征收屠宰税。2000年12月，停征屠宰税。采取从量计征方式，猪3元/头，羊0.6元/只，牛6元/头，骆驼4元/头。

（十一）农业税

2001年，停征农业税。税率根据常年产量计税，税率总体不超过6.5%。

（十二）牧业税

2002 年 9 月，停征牧业税。每头大畜每年的税额为：牛 15 元、马 10 元、骆驼 2 元；每只小畜每年的税额为：山羊 3.5 元、绵羊 3 元。

（十三）农业特产税

1. 烟叶产品，晾晒烟、烤烟，在收购环节征收，税率 31%。

2. 园艺收入，包括果用瓜（西瓜、籽瓜、香瓜、华莱士），葵花子，保护地棚菜（温室菜、大棚菜、中小棚菜）。蚕茧（桑蚕茧、柞蚕茧），药材（甘草、黄芪、枸杞、麻黄、鹿茸），花卉、经济林苗木、酒花，在生产环节征收，税率 5% ~8%。

3. 水产品，包括鱼、虾、龟、鳖，在生产环节征收，税率 8%，在收购环节征收，税率 5%；芦苇、蒲草，在生产环节征收，税率 8%。

4. 林木产品，包括原木（含小径材），在生产环节征收，税率 8%，在收购环节征收，税率 5%；木本油料、柳条，在生产环节征收，税率 8%。

5. 牲畜产品，包括牛皮、猪皮、羊皮、羊毛、兔毛、羊绒、驼绒，在收购环节征收，税率 10%；牛奶，在收购环节征收，税率 8%。

6. 食用菌，包括黑木耳、银耳，在生产环节征收，税率 8%，在收购环节征收，税率 8%；蘑菇，在生产环节征收，税率 8%。

（十四）耕地占用税

1994 年至 2008 年 6 月，全旗耕地占用税 5.5 元/平方米。2008 年 7 月至 2012 年底，纯耕地 20 元/平方米；牧草地、林地等 14 元/平方米。

（十五）契税

契税适用税率为 3%。

（十六）土地增值税

土地增值税适用 30% ~60% 超额累进税率。

六、税收征管

（一）纳税申报

1996 年，旗地税局贯彻落实《完善地方税制，强化税收征管实施方案》，加强纳税申报管理，初步形成以申报纳税为基础的集中管理模式。

1997 年，旗地税局建立海流图镇办税服务厅和乌加河办税服务厅，实现税款的窗口申报集中征收。

2000 年，旗地税局在部分地区实行农牧业税申报纳税、定时定点集中征收办法，明确具体申报纳税时间，集中征收地点。

2001 年，旗地税局报经巴彦淖尔盟地税局批准，对 8 个偏远农牧区个体工商税收实行全年一次性征收办法。

2004 年，旗地税局开通网上申报纳税业务，对符合条件的 6 家企业进行培训，全部实现网上申报纳税。

2006 年，旗地税局实行定期定额户预储税款及批量划缴工作，预储率 100%。

2007 年，旗地税局积极推进网上办税的电子申报方式和电子证书认证工作，组织签订《网上申报协议》。76 家企业实现网上申报,达到了应申报企业的 40%。

(二)税款征收

乌拉特中旗地税税收收入由 1994 年的 783 万元增长到 2012 年的 83020 万元,完成税收收入 28.15 亿元,年均增长 28.5%。

1994—2012 年乌拉特中旗地税局税收收入完成情况统计表

表 25 - 9　　单位:万元

年度	税收收入	年度	税收收入
1994	783	2004	4630
1995	1286	2005	6789
1996	2016	2006	9586
1997	2224	2007	12150
1998	2479	2008	21150
1999	2550	2009	32254
2000	2646	2010	39794
2001	1943	2011	50975
2002	2419	2012	83020
2003	2854	—	—

(三)税收减免

2003 年,旗地税局认真贯彻落实下岗再就业优惠政策,审批减免个体工商户 67 家。

2004 年,旗地税局审批减免符合下岗再就业优惠政策减免条件个体工商户 196 家,减免税款 10.5 万元。

2008 年,旗地税局对符合下岗再就业优惠政策的 45 家个体工商户进行减免税审批。

2011 年,旗地税局将个体工商户起征点调高到 10000 元,全旗享受优惠减免管户 713 家。

2012 年,旗地税局将个体工商户营业税起征点由 10000 元调高到 20000 元,全旗享受优惠政策减免管户 4722 家,占全旗个体总管户的 95%。

(四)税务稽查

1994—2012 年,在加强稽查组织建设方面,旗地税局按照政治坚定、求真务实、开拓创新、勤政廉政、团结协作的要求,不断加强组织建设,着力打造学习型、团结型、创造型、实干型的组织集体。在提高稽查人员素质方面,通过推荐、考核方式选择任用一批优秀的业务骨干力量,进行业务培训,充实了稽查队伍,加强稽查组织建设,提高稽查人员素质。在积极开展税收专项检查方面,旗地税局与巴彦淖尔盟(市)地税局稽查局联合成立检查组,开展税收专项检查,提高检查效率和强化以查促管的作用,打击涉税违法性行为,整顿和规范税收秩序。

(五)规范化管理

1994—2012 年,在强化减免税规范化管理方面,旗地税局坚持减免税集体审批制度,严格减免税审批程序,及时清理到期的税收优惠政策,进一步规范减免税管理工作。在强化纳税服务规范化管理方面,旗地税局进一步完善纳税服务的制度、规范、标准、岗责和协作要求,建立纳税服务项目管理标准。在强化税收执法规范化管理方面，旗地税局认真落实重大税务案件审理制度，切实加强税收规范性文件管理，扎实开展税收执法案卷评查，促进旗地税局税收执法行为的全面规范。在强化征管基础工作规范化管理方面，旗地税局进一步夯实征管基础，不断规范征管规程、纳税申报、欠税管理、委托代征等各项工作。在强化征管资料的规范化管理方面，旗地税局完善充实“一户式”征管资料信息，加强资料的收集、归档和管理，全面达到统一化、规范化。

七、执法检查

1994—2012 年，旗地税局进行执法检查主要侧重以下 7 个方面。

创新检查方式。采用“人机结合”检查模式；采用内部检查与延伸纳税人检查相结合、相对应的方法，内外结合；采取全面检查与典型抽查相结合的办法，点面结合。保证执法检查工作的有效开展。

强化检查实效性。实施检查前，都要进行调查摸底，对外部税收违法的动态，内部执法的状况进行全面分析，确定检查的重点，有的放矢开展检查工作。

重抓执法分析。综合利用征管信息，建立健全税源监控、税收分析、纳税评估、税务检查四位一体的执法互动体系，构建税收执法预警机制，做到规范执法。深入开展行业税收解剖分析，认真查找征管过程中的薄弱环节，有针对性地加强征管。实现“以查促管、以查促查”的目的，有效遏制了征管过程中的随意性，减少人情税、关系税。

坚持实施“阳光检查”制度。严格贯彻《重大税务案件审理办法》，对每一户案件都能从违法事实、主体资格、执法程序、适用依据等方面进行监督审理，做到事实清楚、证据确凿、程序合法、依据准确、处理得当。

完善执法责任考核机制。对岗位职责、工作环节、工作标准和责任考核作进一步明确和细化，将执法责任落实到岗、到人，建立起单位主要负责人为依法行政第一人，一线执法人员为责任人的权责体系，层层签订责任状，逐步形成责权一致、目标明确、考核严格、奖惩分明的税收执法责任运行机制，对税收执法行为实行全过程、全方位监控。

深入开展“重点企业联系走访”活动。听取走访对象对地税执法和办税服务方面的意见、建议，了解征管人员税风税纪情况，及时纠正并严肃查处执法不严、服务不优、为税不廉等不正之风。

努力推行三项制度。(1)推行涉税事项巡查制度。进一步加强税收执法巡查监督工作，扩大巡查的深度与广度，提高巡查的效果。(2)推行执法情况汇报制度。建立每月执法情况汇报制度，定期向分管领导汇报执法检查情况，研究分析税源管理、税务检查工作中存在的问题，总结工作经验，组织信息交流，加强对一执法人员日常工作的指导与检查。(3)推行执法人员学习制度。采取集中培训与自学相结合等形式多层次开展学习，加强对《中华人民共和国税收征管法》《中华人民共和国所得税法》《中华人民共和国行政许可法》等法律法规的培训、考试考核，切实增强税务干部依法行政的自觉性，提高税收执法能力和水平。

第二十六篇
经济综合服务

◎ 计　　划
◎ 统　　计
◎ 审　　计
◎ 工商行政管理
◎ 物价管理
◎ 质量技术监督管理
◎ 国土资源管理
◎ 安全生产监督管理
◎ 食品药品监督管理
◎ 口岸与出入境检验检疫管理

第一章　计　划

第一节　机　构

一、行政管理机构

1988 年,乌拉特中旗设有计划委员会,内设机构 3 个:办公室、计划股、综合股,核定行政编制 10 名,实有在职人员 10 人,核定领导职数 4 人,一正三副。下设二级单位 2 个:经济技术协作办公室、矿管站。

1994 年 3 月,乌拉特中旗土地管理局并入旗计划委员会。

1995 年底,旗计划委员会与旗土地管理局分设,旗经济委员会与旗计划委员会合并,改称乌拉特中旗计划经济贸易局,内设机构 5 个:办公室、项目办、生产技术股、综合计划股、企业股,核定行政编制 20 名,实有在职人员 26 人,核定领导职数 5 人,一正四副。下设二级单位 2 个:经济技术协作办公室、矿管站。

2002 年 4 月,乌拉特中旗计划经济贸易局分设,单独设立乌拉特中旗发展计划局和乌拉特中旗经济贸易局(挂乌拉特中旗粮食局、乌拉特中旗个体私营经济管理局牌子)。旗发展计划局内设机构 4 个:办公室、项目办、综合计划股、稽查办;核定行政编制 10 名,核定领导职数 4 人,一正三副。下设二级单位 2 个:经济技术协作办公室、矿管站。

2006 年,乌拉特中旗发展计划局改称乌拉特中旗发展和改革局。同年,乌拉特中旗驻呼和浩特市办事处和乌拉特中旗协作办公室划入旗发展和改革局。至年底,旗发展和改革局内设机构 13 个:办公室、财务室、综合办、投资工交办、农牧社会办、稽查办、经济贸易办、基础产业办、医改办、能源办、收费管理办、价格办、价格认证中心;核定行政编制 10 名,实有在职人员 3 人,核定领导职数 4 人,一正三副。下设二级单位 2 个:经济技术协作办公室、矿管站。

2010 年,乌拉特中旗物价局并入旗发展和改革局。内设机构 8 个:办公室、综合办、投资工交办、农牧社会办、稽查办、能源办、医改办、价格办 ;核定行政编制 19 名,核定领导职数 5 人:局长 1 人、副局长 3 人、纪检组组长 1 人。下设二级单位 1 个:旗价格监督检查所。

2012 年,旗发展和改革局内设机构与人员编制未发生变化。

二、事业单位

(一)中国国际贸易促进会乌拉特中旗委员会

1988 年,乌拉特中旗计划委员会下设经济技术协作办公室,副科级建制,全额拨款事业单位,核定事业编制 1 名,实有在职人员 5 人,设主任 1 人、副主任 1 人。

1996 年 4 月,旗经济技术协作办公室隶属计经局,对外挂经济技术协作公司牌子,一套人员,两个牌子,旗经济技术协作办公室主任、副主任也是对外挂经济技术协作公司经理、副经理。

2002 年 4 月,旗经济技术协作办公室更名为旗招商引资服务中心,挂乌拉特中旗对外开放办公室的牌子,核定事业编制 6 名,其中科级领导职数 3 人,一正二副。同年 10 月,旗招商引资服务中心改隶发展计划局管理。

2011 年 4 月，旗招商引资服务中心(招商局)改建为中国国际贸易促进会乌拉特中旗委员会，相当科级建制，为旗人民政府直属事业单位，核定编制 8 名，实有工作人员 11 人，其中领导职数 3 人，一正二副。

2012 年，机构设置与人员编制未发生变化。

（二）地质矿产管理站

1988 年，乌拉特中旗设有地质矿产管理站(以下简称“矿管站”)。

1989 年 6 月，旗矿管站归口旗计委管理，属其二级单位(股级单位)。

1993 年 4 月，旗人民政府决定矿管站升为正科级单位。

1995 年 10 月，旗人民政府决定将旗矿管站、旗黄金公司、旗煤管局合并，成立乌拉特中旗地质矿产管理局。同年 12 月。巴彦淖尔盟行政公署决定，地矿机构垂直领导，实行条管，旗地质矿产管理局更名为巴彦淖尔盟地质矿产管理局乌拉特中旗分局。

（三）物价局

2010 年，乌拉特中旗物价局并入旗发展和改革局，全额拨款事业单位。至年底，旗发展和改革局内设机构 9 个：办公室、综合办、投资工交办、农牧社会办、稽查办、能源办、医改办、价格办、收费管理办；核定事业编制 19 名，实有在职人员 3 人，设局长 1 人、副局长 3 人。

2012 年，旗物价局内设机构与人员编制未发生变化。

三、派出机构

1994 年 12 月，乌拉特中旗驻呼和浩特市办事处成立，与旗经济技术协作办公室一套人马、两个牌子，归口旗计划委员会。位于呼和浩特市新城区新安北路，占地面积 1080 平方米，建筑面积 1600 平方米。乌拉特中旗驻呼和浩特市办事处有核定编制 5 名，在职人员 6 人，其中主任 1 人、副主任 2 人、办事人员 3 人，属事业单位企业化管理。

1997 年 3 月，乌拉特中旗驻呼和浩特市办事处归口政府办公室管理。

2006 年，乌拉特中旗驻呼和浩特市办事处划入旗发展和改革局管理，为旗发展和改革局派出机构，副科级建制，全额拨款事业单位，核定事业编制 4 名，实有在职人员 6 人，设主任 1 人、副主任 2 人。

2012 年，旗驻呼和浩特市办事处核定事业编制 4 名，实有在职人员 5 人，设主任 1 人、副主任 1 人。

第二节 管理体制改革

1988 年，乌拉特中旗设有计划委员会。1994 年 3 月，乌拉特中旗土地管理局并入旗计划委员会。

1995 年底，旗计划委员会与旗土地管理局分设，旗经济委员会与旗计划委员会合并，改称乌拉特中旗计划经济贸易局，行使国民经济和社会发展计划宏观管理和经济管理职能，正科建制。

2002 年 4 月，乌拉特中旗计划经济贸易局分设，单独设立乌拉特中旗发展计划局和乌拉特中旗经济贸易局(挂乌拉特中旗粮食局、乌拉特中旗个体私营经济管理局牌子)。

2006 年，乌拉特中旗发展计划局改称乌拉特中旗发展和改革局。同年，乌拉特中旗驻呼和浩特市办事处和乌拉特中旗经济技术协作办公室划入旗发展和改革局。

2010 年，乌拉特中旗物价局并入旗发展和改革局。

第三节　国民经济计划(规划)编制与执行

一、计划(规划)编制

(一)"七五"计划时期(1986—1990 **年**)

至1990年,全旗工农牧业总产值达到12236万元,平均每年增长9.9%,比"六五"计划期末(1985年)增长71.6%;其中:农牧业总产值达到7884万元,平均每年增长6.7%;工业总产值达到4352万元,平均每年增长17.5%;财政收入达到503万元,平均年增长16%。农牧民人均收入达到690元,年增长8.3%;其中:牧民人均收入达到850元,年增长8.3%;农民人均收入530元,年增长8.3%。总人口达到12万人,人口自然增长率控制在36.8%左右,汉族一胎率达70.3%,多胎率降到2%左右,随着多胎和计划外二胎逐步下降,农村(牧区)在不突破人口计划的前提下,逐步放开汉族生育二胎的政策;做到基本控制计划外超生、多生。教育事业要有一个大的发展,入学率达到96%,其中城镇100%、牧区90%、农区95%;初中升学率达到68%,其中城镇95%、牧区85%、农区65%(民族小学入学率100%,民族初中升学率95%)。文化、卫生、体育及社会福利事业也要得到相应发展。

至1990年底,全旗牧畜总头数达到110万头(只),其中母畜比例占56%。良种和改良种畜占30.1%,出栏率为30%,商品率为20%;羊毛总产值110万千克,羊绒14万千克,皮张产值达102500张;粮食总产合计达19399万千克,比"六五"计划期末(1985年)合计增长11.3%;油料总产合计4000万千克,比"六五"计划期末(1985年)合计增长31.8%;粮食作物与经济作物比例继续保持在6.5:3.5。造林16万亩,封育补播33万亩;至1990年,森林覆盖率力争由"六五"计划期末(1985年)的18.58%达到18.7%;人工种草合计完成25万亩,比"六五"计划期末(1985年)合计增长253%。全旗原煤产量15万吨,年增长9.5%;水泥产量5万吨,年增长79.9%;机砖产量3000万块,铬原矿产量1200吨,褐煤产量2万吨。"七五"计划期间,安排基建项目共81项。根据农牧业用电的发展,"七五"计划期间在海流图镇建设110千伏一项变电站1座。对农村牧区电网实行35千伏高压深入,逐步加密电所布局,提高供电能力。同时,要开发"两能"资源,发展"两能"在农牧业生产中的作用。

(二)"八五"计划时期(1991—1995 **年**)

至1995年,全旗国民生产总值累计达到105000万元,比"七五"计划期末(1990年)增长30.21%,平均每年增长6%。国民收入总值累计达到77186万元,比"七五"计划期末(1990年)增长22.63%,平均每年增长4.5%,人均达到1431元。工农业总产值累计达到72739万元,比"七五"计划期末(1990年)增长38.78%,平均每年递增11.8%;其中农业总产值累计达到34703万元,比"七五"计划期末(1990年)增长27.5%,平均每年递增6%;牧业产值累计达到14091万元,比"七五"计划期末(1990年)增长40.01%,平均每年递增7%;工业产值累计达到38036万元,比"七五"计划期末(1990年)增长130.45%,平均每年递增19.1%。财政收入累计达到5000万元,比"七五"计划期末(1990年)增长110.34%,平均每年增长13.1%;财政支出年控制在2500万元以内(剔除专项支出)。财政自给率达到66.4%。农牧民人均收入达到1000元,比"七五"计划期末(1990年)增长199元,平均每年增长4.6%。高中入学率由"七五"计划期末(1990年)的35.1%提高到46.5%;职业高中与普通高中在校生人数达到680人,普及九年制义务教育,大力发展"三加一"教育。人口达到139590人,5年中新增9794人,自然增长率控制在12.82%以内。

（三）“九五”计划时期（1996—2000年）

2000年，国民生产总值达到40738万元，较1995年计划增长37%，平均每年递增9.4%。国民收入达到46355万元，较1995年增长61%，平均年递增10%，人均国民收入达到3146元，较1995年计划增长51%，平均年递增8.6%。工农业产值达到90335万元，较1995年计划增长136%，平均年递增18.8%，其中农业产值达29387万元，平均年递增8%，工业产值达60948万元，平均年递增27.3%，工农业产值比重为68:32。地方财政收入达到1474万元，较1995年增长61.09%，“九五”平均年递增10%，财政支出3578万元，平均年递减2.5%。农牧民人均纯收入达到1271元，较1995年增长33.8%，平均年递增6%，其中：农民人均994元，牧民人均1533元。小康户农民占农村总户数的80%，小康户牧民占牧区总户数的90%。农牧民人均纯收入达到2277元，平均年递增6%。小康户农民达90%，小康户牧民达95%。高中招生为495人，“九五”期间平均年递增8.4%，初中招生2130人，平均年递减1.23%，小学招生2058人，平均年递减6.95%。2000年末，人口达到147347人，平均年递增1.3%，人口自然增长率控制在9.79%以内，计划生育率达到96%。社会商品零售总额达到19101万元，平均年递增8.05%，对外贸易额达到8508万元，平均年递增20%。主要畜牧业量化指标为：大小畜年末头数119万头（只），比1995年增长5.78%，生猪年末头数6万口，比1995年增长21.77%；肉类总产量1264万千克，比1995年增加14.91%，山羊绒产量21.5万千克，比1995年增加1.9%，绵羊毛产量133万千克，比1995年增加9.52%。总播面积70万亩，比1995年增43.44%，其中：粮食面积42万亩，比1995年增加32.08%，粮食总产量13000万千克，比1995年增36.77%，其中：小麦产量8300万千克，比1995年增47.62%；玉米产量4200万千克，比1995年增24.47%。经济作物面积28万亩，比1995年增40%。造林0.8万亩，育苗500亩，平均年递增58.94%，森林覆盖率达到1.13%。鲜鱼总产量44万千克，比1995年增450%，水面利用率达90%。果树面积达1.4万亩，比1995年增55.56%，鲜果产量35万千克，比1995年增75%。总产值达到68738万元，比1995年增437.78%，其中：工业产值47059万元，比1995年增437.82%，总收入72810万元，比1995年增437.82%，利润17769万元，比1995年增437.8%。

（四）“十五”计划时期（2001—2005年）

至2005年，全旗编制目标为：(1)经济总量：国民经济要保持较快发展，增长的幅度高于全盟平均水平。(2)需求结构：全社会固定资产投资平均每年增长11%以上，社会消费品零售总额年均增长10%，外贸进出口总额年均增长10%以上。(3)财政收入：年均增长10%以上，达到6900万元以上。(4)人民生活：农牧民、城镇居民收入稳定增长。(5)人口和就业：人口自然增长率和总人口控制在11.72%和14.23万人以内，城镇登记失业率控制在4.5%以内。

（五）“十一五”规划时期（2006—2010年）

至2010年，全旗地区生产总值年均增长25%，其中第一产业年均增长7%，第二产业年均增长35%，第三产业年均增长25%。三次产业的比例达到16:66:18。地方财政收入年均增长30%以上，固定资产投资年均增长40%以上，农牧民人均纯收入年均增长13%，城镇居民人均可支配收入年均增长12%，人口自然增长率控制在8%以内，城镇化水平达到45%左右。在“十一五”规划时期，通过自身经济发展，争取国家支持及市场运作，实现社会事业与经济同步协调发展，良性互助，共同繁荣，达到提高人民群众生活质量的目标。

农牧业方面：在2006年实施退牧还草300万亩的基础上，2007年再新增退牧还草面积351.1万亩，累计达到833.3万亩；完成沿边境30千米1189户牧户、3168人、35.7万头（只）牲畜的转移和安置工作。力争将退牧还草区域推进到距边境线50千米，建成疫病防控带、生态保护带和边境管理安全带。2010年前，完成中低产田改造10万亩以上，节水灌溉面积达到30万亩。至2010年，粮食作物、经济作物、饲料作物的种植比例与养殖业相适应，达到35:19:46；灌区肉羊饲养量达到150万只，年出栏牲畜达到50%左右；以肉羊养殖“整村推进”为突破口，加快饲养经营方式由粗放型向集约型转变，带动肉羊业的发展，快速创建优质肉羊品牌，养殖业产值、收入占整个大农业和农民纯收入的50%以上，形成以畜牧业为主导的大农业；山旱区5年内再退耕25万亩，还林（草）50万亩，移出50%左右的人口。农牧业产业化程度达到60%以上，根据资源优势和自身条件，把肉类、绒毛、粮油、饲草料等系列农畜产品加工业做大做强，努力使其成为全旗国民经济的支柱产业。全旗肉羊的饲养量达到290万只，年出栏50%以上，形成年加工3万吨肉类的能力，肉类加工转化率达到60%以上，农牧民人均从肉类加工中获得的收入在2005年的基础上增加150～200元。全旗农产品的70%经过粗加工、50%经过精深加工后出售，增加农民收入10%～15%。饲草料的加工转化率达到50%。

工业方面：“十一五”规划期间，全旗力争形成矿业、电力、农畜产品加工、煤焦化工“四大支柱”产业，并围绕支柱产业，建设配套企业，形成产业集群。工业发展速度年均增长35%以上。至2010年，全旗工业对财政的贡献率达到80%以上。

旅游业方面：至2010年，乌拉特中旗观光旅游人数达到110万人次以上，全旗旅游总收入达2900万元以上，年均增长40%。

城镇建设方面：至2010年，海流图镇人口增加到5万人，建设用地控制在8平方千米之内，人均住房面积达到28平方米，人均拥有道路面积达到11平方米，油路铺张率达到90%；排水受益率达到85%，污水处理率达到60%；人均公共绿地达到8.5平方米，建成区绿化覆盖率达到21%；供热普及率达到55%；供水普及率达到90%；垃圾无害化处理率达到50%。

园区方面：加快园区建设，5年内力争完成基础投入6亿元，实现“七通一平”。

口岸方面：至2010年，甘其毛都口岸过货量力争突破1500万吨，将口岸打造成内蒙古自治区向北开放的大通道和沿边经济开放带及国内过货量最大的陆路口岸。

交通方面：至2010年，加快“三横三纵九出口”公路网建设，基本形成快速、便捷的综合交通体系。完成白新线改造，新建口岸、石哈、武海、川乌、临巴线等油路515千米。

教育方面：至2010年，全旗基本实现教育现代化，构建起终身教育体系、创新教育体系和产教综合体系，大力发展职业教育，成立职业技术教育培训中心。实现从普及九年义务教育到普及高中阶段教育的跨越，义务教育完成率达到95%以上，初中升高中的比例达到90%以上；实现从学龄教育到终身教育的跨越，学前3年幼儿入园率超过96%，构建比较完善的终身教育网络；实现从承传型教育向创新型教育的跨越；实现从封闭型教育向开放型教育的跨越。

科技方面：至2010年，全旗科技对农牧业的覆盖率达到45%左右，科技进步对国民经济增长贡献率达到50%。

卫生方面：至2010年，全旗50%以上的人口享有中级卫生保健，人口平均期望寿命达到74岁，传染病总发病率控制在70/10万以下，计划免疫“四苗”全程接种率达到100%，全旗病床数增加到350张，卫生人员达到600人，涉及对厂矿学校卫生所8个，对外厂矿学校卫生所10个，全旗所辖嘎查、村一般性卫生室1所，海流图镇社区卫生服务中心1个，设卫生服务站3～4个。

人口方面：2010年，全旗总人口控制在138085人以内，人口出生率稳定在10%以下，计划生育率稳定在97%以上。

（六）“十二五”规划时期（2011—2015 年）

至 2015 年，全旗在优化结构、提高效益和降低能耗的基础上，实现经济持续快速健康发展。地区生产总值达到 225.7 亿元，年均增长 30%。其中第一产业增加值达到 14.9 亿元，年均增长 7.7%；第二产业增加值达到 194.8 亿元，年均增长 35%；第三产业增加值达到 17.4 亿元，年均增长 20%。三次产业比例演进为 6.5:85.8:7.7。财政收入达到 27.1 亿元，年均增长 30%，全旗固定资产投资达到 315.6 亿元，年均增长 30%，引进内蒙古自治区外资金 92 亿元、巴彦淖尔市外资金 28 亿元。科技、教育等社会事业进一步发展，建立覆盖城乡的公共文化教育卫生体系，全面提高人口素质和健康水平，形成较为完善的就业机制，城镇登记失业率控制在 4% 以内，人口自然增长率控制在 5‰以内，城镇化率达到 50%。生态环境进一步改善，森林覆盖率达到 7.5% 以上，城镇人均公共绿地面积达到 6.5 平方米，“三废”处理率达到全区平均水平。资源综合开发利用水平明显提高，单位生产总值能源消耗比“十一五”规划期末有大幅下降。城乡居民生活更加富裕，城镇居民人均可支配收入年均增长 15% 以上，达到 31176 元，农牧民人均纯收入年均增长 15% 以上，达到 14958 元。城镇人均住宅建筑面积达到 30 平方米，农牧民住房砖瓦化率达到 85% 以上。民主法制和精神文明建设取得新进展，社会治安和安全生产状况进一步好转，民族团结、社会繁荣的局面得到巩固和加强。

二、计划（规划）执行

（一）“七五”计划后三年（1988—1990 年）

1988—1990 年，全旗国民生产总值累计达到 50919 万元，比计划增长 27.3%，平均每年递增 6.4%；国民收入累计达到 45300 万元，比计划增长 41.81%，平均每年递增 9.6%；1990 年，人均国民生产总值达到 1230 元；工农牧总产值累计达到 29427 万元，比计划增长 1.74%，平均每年递增 2.7%。

1990 年 6 月末（牧业年度），全旗牲畜总数达到 1371099 头（只），比 1989 年增长 1.04%，比 1987 年增长 17.9%，总增长 19.34%，纯增长 1.04%；母畜比重为 45.5%，良种及改良种畜达 23.4%；年末，大小畜存栏 109.4 万头（只），比 1987 年增长 16%；牲畜商品率为 15.6%，出栏率 25.72%。

1990 年，全旗粮食实播面积 34.99 万亩；较 1987 年增 30.4%；粮食总产量 3 年累计达 15180 万公斤，其中 1990 年粮食总产 5873.7 万千克，较 1987 年增 92.1%，较计划增 30.5%，创历史最好水平；油料播种面积 10.14 万亩，较 1987 年增 61.6%。

1988—1990 年，全旗工业总产值累计达到 11842 万元，年均增长 7.49%；1990 年较 1987 年增长 91.26%，远远高于全国和内蒙古自治区的工业发展速度，主要工业产品产量超额完成计划指标。据列入“七五”计划的 51 种主要产品分析，1990 年达到或超过计划指标的有 47 种。煤、铬、黄金、水泥、石墨、砖瓦等工业品和皮夹克、蒙马靴、地毯、洗净绒、洗净毛等轻工产品都超额完成计划。

“七五”计划时期（1985—1990 年），全旗基本建设共投资 4483 万元。其中 5 万元以上投资 3347 万元，在总投资中生产性投资为 2677 万元。1988—1990 年，共投资 2632.2 万元，3 年平均递增 6.8%。3 年中，新建公路 235 千米，建 35 千伏变电站 1 座，建设高压线路 289.5 千米、低压线路 264.5 千米。1990 年供电量较 1987 年增 29.63%；城市基础设施建设以城市道路、上下水管道、卫生设施为重点，新建城镇油路 5.5 千米、砂石路 4 千米，海流图镇有 90% 的居民用上自来水。新建后石兰哈达铁矿、铬合金厂，扩建绒毛厂、民族用品厂，使全旗经济结构由出售原料、矿石的单一经济发展到经过加工减重出半成品和精矿粉等经营型经济。

“七五”计划时期(1985—1990年),全旗社会商品零售总额为41593万元,平均每年增长11.7%(其中前2年平均增长20.2%,后3年平均增长6.5%);其中消费品总额为31173万元,农牧业生产资料供应总额为6493万元,市场商品货源充裕。

1990年,全旗城镇居民人均收入1035元,比1987年增长近20.49%,平均增长6.4%;农牧民人均收入946元;1990年,城乡居民储蓄总额达5076万元。比1987年增87.9%。

“七五”计划时期(1985—1990年),全旗取得科学技术成果27项。其中获内蒙古自治区级成果奖3项,获巴彦淖尔盟级成果奖的8项。科技成果推广应用也获得显著成绩,特别是在高产攻关、农牧结合、规范化栽培、地膜桶膜的使用、药剂拌种、粮经粮粮套种和牲畜改良。基地建设等方面显示了巨大的威力。

“七五”计划时期(1985—1990年),全旗人口出生率为15%,人口自增率为11%。

(二)“八五”计划时期(1991—1995年)

“八五”计划时期,全旗国民生产总值累计达到105000万元,比“七五”计划期末(1990年)增长30.21%,平均每年增长6%。国民收入总值累计达到77186万元,比“七五”计划期末(1990年)增长22.63%,平均每年增长4.5%,人均达到1431元。

工农业总产值累计达到72739万元,比“七五”计划期末(1990年)增长38.78%,平均每年递增11.8%;其中农业总产值累计达到34703万元,比“七五”计划期末(1990年)增长27.5%,平均每年递增6%;牧业产值累计达到14091万元,比“七五”计划期末(1990年)增长40.01%,平均每年递增7%;工业产值累计达到38036万元,比“七五”计划期末(1990年)增长130.45%,平均每年递增19.1%。

财政收入累计达到5000万元,比“七五”计划期末(1990年)增长110.34%,平均每年增长13.1%;财政支出年控制在2500万元以内(剔除专项支出)。财政自给率达到66.4%。农牧民人均收入达到1000元,比“七五”计划期末(1990年)增长199元,平均每年增长4.6%。高中入学率由“七五”计划期末(1990年)的35.1%提高到46.5%。

职业高中与普通高中在校生人数达到680人,普及九年制义务教育,大力发展“三加一”教育。人口达到139590人,五年中新增9794人,自然增长率控制在12.82%以内。

“八五”期间,牲畜头数从列全区第六位跃升到第五位;良种及改良种畜由1990年的20.63%增加到85.98%;商品率由1990年的16.16%提高到23.44%;牧业的设施建设也迈出较大步伐;农业的农田水利建设发展很快,粮食大幅增加,做到了自给有余,产量由1990年的总产5873.5万千克,提高到10000万千克,增长70.26%。林业、水产养殖业都有新发展。

“八五”期间,五年内胜利完成11万伏输变电工程和乌加河、西羊场、德岭山等35千伏输变电工程;先后修建四级公路32千米,乡间草原定线路90千米;程控电话的接通有效地改变了乌拉特中旗通信联络。

“八五”期间,乡镇企业异军突起迅速发展,总产值由1990年2518万元,增加到12782万元,平均每年增长38.39%,利税平均每年增长39.08%。

(三)“九五”计划时期(1996—2000年)

“九五”计划时期,九五末(2000年),乌拉特中旗顺利完成各项奋斗目标,国内生产总值实现39953万元(可比价,下同),比“八五”末(1995年)增长43.1%,年均增长7.43%;工农业总产值实现46055万元,比“八五”末增长19.4%,年均增长3.61%;地方财政收入达到3908万元,比“八五”末增长128.13%,年均增长17.93%;农牧民人均纯收入2172元,比“八五”末增长79.2%,年均增长 12. 38%；城镇居民人均可支配收入 4775. 85 元，比“八五”末增长 102. 5%，年均增长 15. 16%。

“九五”时期，全旗 52 家国有、集体工交商贸企业，通过资产整体出售、划片定员定向出售和公司制改造、以资抵贷返租经营、资产切块重组以及兼并、破产等形式，有 51 家完成转制任务（另一家是自来水公司，因是公益福利性企业，国家不允许转制），退出国有、集体企业序列，同政府脱钩；职工一次性买断工龄身份，与原企业脱钩；并通过资产重组、人员优化组合，找到适合本企业的新机制。到 1998 年底，全旗重新组合私营性质工业企业 15 家，商业企业 4 家，门店 185 个。

1995—1999 年，资产负债率由 121. 6%降到 43. 5%，下降 78. 1 个百分点；税收由 428. 5 万元上升到 692 万元，增长 61. 5%；工业品产销率由 94. 3%提高到 97. 8%，提高 3. 5 个百分点；职工人均月工资由 283. 8 元增加到 531 元，净增加 257. 2 元。1999 年工业综合效益指数达到 104. 15%，提高 12. 85 个百分点。

“九五”时期以来，累计投资 1 亿多元，完成退耕 18. 5 万亩、治沙 66. 5 万亩，造林 71. 6 万亩，种草 13. 4 万亩。同时，完成草场围封 413. 4 万亩，易地移民搬迁 310 户。经国务院批准，建立乌拉特梭梭林——蒙古野驴自然保护区，围封保护面积达 3180 平方千米。

（四）“十五”计划时期（2001—2005 年）

“十五”计划时期，生产总值突破 16 亿元，是 2000 年的 2. 3 倍，相当于“八五”“九五”的总和；财政收入突破亿元大关，达到 1. 45 亿元，保持了年均增长 30. 1%的速度，特别是 2003 年以来，年均递增 47. 5%，创历史最高水平，五年累计实现财政收入 3. 8 亿元，是“九五”总和的 2. 4 倍；固定资产投资五年累计突破 36 亿元，超过 2000 年以前全旗固定资产投资总和；城镇居民人均可支配收入和农牧民人均纯收入分别比 2000 年增长 70%和 60%；经济结构日趋合理，依托资源和区位优势，大力度推进矿山、农畜产品加工、电力和煤焦化等特色产业，三次产业比例由 61. 1∶20. 7∶18. 2 调整为 37. 6∶44. 9∶17. 5，二产首次超过一产。交通、电力、通信、城镇、农田草牧场等基础设施明显改善，金泉工业基地和甘其毛都口岸一体化建设全面展开，并实施了边境牧区收缩转移战略。

“十五”计划时期，工业强旗战略深入实施，旗域经济由农牧业主导型向工业主导型转变步伐逐年加快。工业增加值实现 5. 72 亿元，较 2000 年增长 8. 27 倍，占二产的比重达到 73. 6%，实现税金 5257 万元，是 2000 年的 16 倍，工业对财政的贡献率达到 60%。

“十五”计划时期，农牧业经济结构进一步优化，在解决“三农三牧”问题上取得了新突破。通过实施生态、扶贫移民工程，向灌区和海流图镇迁移农牧民 561 户 2178 人。通过技能培训和劳务输出，每年转移农牧区富余劳动力 1 万多人。草原建设保护面积达到 1200 万亩，是 2000 年的 6 倍。粮食年生产能力达到 1. 5 亿千克，牲畜饲养总量达到 311. 1 万（头）只，其中农区达到 134. 8 万头（只），较 2000 年增长 2. 6 倍，粮经饲比例由 51. 6∶33∶15. 4 调整为 31. 6∶26. 5∶41. 9，农民人均来自养殖业的收入占农民人均纯收入的 33%。

“十五”计划时期，固定资产投资在结构优化中规模不断扩大，累计完成 36 亿元，其中 2005 年完成 13. 4 亿元，较 2000 年增长了 7. 6 倍，年均递增 53. 8%，较“十五”计划确定的增速高出 42. 8 个百分点。争取国家建设项目 215 项、总投资 8. 17 亿元，其中 2005 年达 1. 8 亿元，较 2000 年增长了 1. 6 倍。生态、交通、农田水利、电力等基础建设力度逐年加大，黑色路面总里程达到 458 千米，特别是 2005 年建成巴彦淖尔第一座 500 千伏超高压变电站，成为全市电网建设最超前和结构最完善的地区。完成城镇建设投资 6 亿元，海流图、口岸、工业基地、中心集镇的总体规划、产业规划和基础设施不断完善，城镇功能日益提升，新型城镇格局正在形成，城镇化水平由 2000 年的 28%提升到 32%。

"十五"计划时期,口岸货物吞吐量达到49万吨,仅2005年过货量就达43万吨,是口岸通关以来前14年过货量总和的2.5倍。招商引资额不断增加,共引进项目70项,利用旗外资金14亿元。其中仅2005年就引进8.4亿元,较2000年增长了9.96倍。

"十五"计划时期,城镇居民人均可支配收入、农牧民人均纯收入年均递增1.5%和9.3%,达到8241元和3387元。认真落实党在农村牧区的各项政策,累计发放粮食直补768万元、良种补贴100万元、农机具补贴18万元,提前一年全面免征农牧业税及附加,农牧民负担大幅减轻。

(五)"十一五"规划时期(2006—2010年)

"十一五"规划时期,全旗国内生产总值由2005年的16.39亿元增加到2010年的60.79亿元,年均增长29.9%;财政收入由2005年的1.46亿元增加到2010年的7.3亿元,年均增长37.9%。截至2010年11月底,全旗金融机构各项存款余额达28.07亿元,较2005年的9.25亿元,增加了18.82亿元。

"十一五"规划时期,全旗三次产业比重由2005年的37.6∶44.9∶17.5演进为2010年的16.7∶71.8∶11.5。工业占GDP的比重达到60%,实现了农牧业主导型经济向工业引领型经济的重大转变。

"十一五"规划时期,全旗规模以上工业企业达到40家。风电装机容量达到95万千瓦,累计发电29.44亿千瓦时。煤化工产业发展迅猛,现已形成1600万吨的洗煤生产能力;矿山工业日益壮大,形成了12万吨原油、5吨黄金、100万吨铅锌矿采选、130万吨铁精粉和100万吨煤炭生产能力。从总体上看,全旗工业化水平正在稳步提升,全部工业增加值由2005年的5.72亿元增加到2010年的36.5亿元,年均增长44.9%。

"十一五"规划时期,累计进口蒙古国原煤1426万吨,特别是2010年,原煤进口突破800万吨,创历史最高。甘其毛都口岸通关能力和对外开放形象明显提升。招商引资累计到位资金169.33亿元,引进亿元以上项目40个,毅腾、龙源等一大批建设规模高、投资数额大的项目相继落地投产,为旗域经济快速发展注入了活力。

"十一五"规划时期,全旗固定资产投资累计完成320.03亿元,年均增长44.7%。

口岸和加工园区共计完成投资17.6亿元,加工园区引进企业25家,毅腾、普兴等企业顺利达产。

"十一五"规划时期,城镇居民人均可支配收入从2005年的8242元,提高到2010年的16266元,年均增长13.5%,农牧民人均纯收入由2005年的3387元,增加到2010年的8134元,年均增长17%。

5年中,坚持以投资拉动建设,以建设促进发展,累计投入资金42.64亿元,实施了一大批城镇基础设施、农村牧区道路、电力、通信、水利及中低产田改造等工程,城乡建设取得了长足的发展,全旗城市化水平达到42%。

"十一五"规划时期,2010年全社会消费品零售总额达到7.67亿元,较2005年的4.13亿元,增加2.54亿元。

(六)"十二五"规划前2年(2011—2012年)

地区生产总值:"十二五"规划目标(以下简称"规划目标")225.7亿元,年均增长30%,经调整后变为年均增长10%以上。完成情况:2011年完成78.37亿元,同比增长16.9%;2012年完成82.98亿元,同比增长17.6%。

规模以上工业增加值:2011年完成64.94亿元,可比价增长21.9%;2012年完成50.1亿元,可比价增长 25. 1% 。

财政收入:规划目标 27. 1 亿元,年均增长 30% ,经调整后变为年均增长 8% 以上。完成情况:2011 年地方财政收入完成 9. 69 亿元,同比增长 36. 18% ;2012 年地方财政收入完成 14. 3 亿元,年均增长 39. 1% 。

全社会固定资产投资:规划目标 315. 6 亿元,年均增长 30% ,经调整后变为年均增长 3% 以上。完成情况:2011 年完成 111. 23 亿元,同比增长 29. 3% ;2012 年完成 125. 09 亿元,同比增长 12. 5% 。

社会消费品零售总额:2011 年完成 9. 2 亿元,同比增长 17. 1% ;2012 年完成 10. 6 亿元,同比增长 15% 。

城镇常住居民人均可支配收入。规划目标 31176 元,年均增长 15% ,经调整后变为年均增长 10% 以上。完成情况:2011 年达到 17069 元,同比增长 15. 1% ;2012 年达到 18786 元,同比增长 10. 1% 。

农村牧区常住居民人均可支配收入:规划目标 14985 元,年均增长 15% ,经调整后变为年均增长 13% 以上。完成情况:2011 年达到 8365 元,同比增长 17. 6% ;2012 年达到 9487 元,同比增长 13. 4% 。

城镇登记失业率:规划目标为 4% 以内。2011—2014 年,全旗城镇登记失业率均控制在 4% 以内,预计 2015 年控制在 4% 以内,符合“十二五”规划目标。

单位 GDP 能耗:规划目标年均降低 3. 43% 。完成情况:2011 年同比下降 3. 5% ,达到 2. 7982 吨标准煤/万元;2012 年同比下降 10. 87% ,达到 1. 6669 吨标准煤/万元。

COD 削减量:2011 年目标任务是 299 吨,实际完成 0 吨;2012 年目标任务是 113 吨,实际完成 390 吨。

氨氮削减量:2011 年目标任务是 34 吨,实际完成 0 吨;2012 年目标任务是 13 吨,实际完成 43 吨。

第四节　固定资产投资管理

1988—2012 年,乌拉特中旗共计完成全社会固定资产投资 5917364 万元。

1988—2012 年乌拉特中旗完成全社会固定资产投资统计表

表 26 - 1　　单位:万元

年　份	固定资产投资	年　份	固定资产投资	年　份	固定资产投资
1988	273	1997	561	2006	185288
1989	810	1998	1394	2007	305493
1990	774	1999	3678	2008	458490
1991	163	2000	11236	2009	1351149
1992	896	2001	15332	2010	860265
1993	1304	2002	29425	2011	1112266
1994	908	2003	83004	2012	1250876
1995	1045	2004	98534	—	—
1996	1030	2005	134012	—	—

第五节　项目报批与实施

一、项目报批

1988—2012 年,乌拉特中旗计划委员会(计划经济贸易局、发展计划局、发展和改革局)根据国家产业政策和投资取向,找准旗情实际与政策的切入点,与旗直属相关部门紧密配合,密切落实各建设项目。

“七五”计划后三年(1988—1990 年),全旗共申报各项工程项目 68 个,项目资金 11139.53 万元。经旗计划委员会报送上级计划管理部门审核,共获批项目 66 个,项目资金 10811.19 万元。

“八五”计划时期(1991—1995 年),全旗共申报各项工程项目 141 个,项目资金 5664.32 万元。经旗计划委员会报送上级计划管理部门审核,共获批项目 138 个,项目资金 5543.8 万元。

“九五”计划时期(1996—2000 年),全旗共申报各项工程项目 166 个,项目资金 54540 万元。经旗计划经济贸易局报送上级计划管理部门审核,共获批项目 162 个,项目资金 53226.15 万元。

“十五”计划时期(2001—2005 年),全旗共申报各项工程项目 188 个,项目资金 50031.88 万元。经旗计划经济贸易局(发展计划局)报送上级计划管理部门审核,共获批项目 185 个,项目资金 49233.5 万元。同时争取上级建设资金 49233.5 万元。同期,旗发展计划局按要求对建设项目进行稽查和检查,提出整改意见并跟踪落实。

“十一五”规划时期(2006—2010 年),全旗共申报各项工程项目 225 个,项目资金 141067.53 万元。经旗发展和改革局报送上级计划管理部门审核,共获批项目 220 个,项目资金 137932.7 万元;旗发展和改革局批准自筹资金投资基础设施建设项目 14 个,项目资金 4943.94 万元。同时争取上级建设资金 132988.76 万元,其中,中央预算资金 113908.63 万元、内蒙古自治区及巴彦淖尔市预算资金 19080.13 万元。同期,旗发展和改革局继续加大对建设项目进行稽查和检查工作,提出整改意见并跟踪落实。

“十二五”规划时期(2011—2012 年),全旗共申报各项工程项目 70 个,项目资金 57020 万元。经旗发展和改革局报送上级计划管理部门审核,共获批项目 66 个,项目资金 53760.8 万元。同时争取上级建设资金 53760.8 万元,其中,中央预算资金 53189.8 万元,内蒙古自治区及巴彦淖尔市预算资金 571 万元。同期,旗发展和改革局继续加大对建设项目进行稽查和检查工作。

二、项目实施

项目单位或企业,在项目实施过程中,要按照上级计划管理部门及旗计划管理部门批复内容控制建设规模和投资额度。同时,严格履行“三专四制一封闭”(“三专”指资金管理要设立专账、专户,专人负责;“四制”是指招投标制、法人制、监理制和合同制;“一封闭”是指在资金使用过程中采取封闭运行)管理制度,项目完工后,先由旗审计部门进行审计并出具审计结论,再由相关部门组成验收小组进行验收,验收合格后方可交付使用。

第六节　服务业发展

在社会转型升级进程中,服务业在国民经济中的地位也随着经济水平的提高而不断上升,成为区域经济发展的加速器和增长点。1988—2012 年,乌拉特中旗服务业随着经济结构的改变,经历了不同的发展阶段。

1988 年，全旗服务业发展相对滞后，国内生产总值 12271 万元，其中第三产业仅为 2822 万元；社会商品零售额为 7469 万元，其中，商业零售额 5825 万元，住宿、饮食业零售额 117 万元。全民所有制单位和城镇集体所有制单位服务业从业人数合计约 5904 人。

1989 年，全旗国内生产总值 12456 万元，其中，第三产业 2874 万元；社会商品零售额 7469 万元，其中，商业零售额 5825 万元，住宿、饮食业零售额 117 万元。全民所有制单位和城镇集体所有制单位服务业从业人数合计约 6401 人。

1990 年，全旗国内生产总值 18700 万元，其中，第三产业 4878 万元；社会商品零售额 9485 万元，其中，商业零售额 5842 万元，住宿、饮食业零售额 119 万元。全民所有制单位和城镇集体所有制单位服务业从业人数合计约 5176 人。

1991 年，全旗国内生产总值 17802 万元，其中，第三产业 3622 万元；社会商品零售额 9588 万元。其中，商业零售额 5892 万元，住宿、饮食业零售额 241 万元。全民所有制单位和城镇集体所有制单位服务业从业人数合计约 5615 人。

1992 年，全旗国内生产总值 19752 万元，其中，第三产业 3930 万元；社会商品零售额 10486 万元，其中，商业零售额 6484 万元，住宿、饮食业零售额 385 万元。全民所有制单位和城镇集体所有制单位服务业从业人数合计约 6697 人。

1993 年，全旗国内生产总值 20257 万元，其中，第三产业 4313 万元；社会消费品零售总额 9786 万元，其中，批发、零售贸易业 1870 万元，住宿、饮食业零售额 68 万元。服务业从业人数合计约 6910 人。

1994 年，全旗国内生产总值 23510 万元，其中，第三产业 5068 万元；社会消费品零售总额12330 万元，其中，批发、零售贸易业 10299 万元，住宿、饮食业零售额 402 万元。服务业从业人数合计约 6968 人。

1995 年，全旗国内生产总值 25710 万元，其中，第三产业 5458 万元；社会消费品零售总额 14330 万元，其中，批发、零售贸易业 11581 万元，住宿、饮食业零售额 701 万元。服务业从业人数合计约 6890 人。

1996 年，全旗国内生产总值 29042 万元，其中，第三产业 6345 万元；社会消费品零售总额 15373 万元，其中批发、零售贸易业 12471 万元，住宿、饮食业零售额 655 万元。服务业从业人数合计约 6697 人。

1997 年，全旗国内生产总值 32021 万元，其中，第三产业 7695 万元；社会消费品零售总额 17694. 4 万元，其中批发、零售贸易业 15791. 1 万元，住宿、饮食业零售额 238. 3 万元。服务业从业人数合计约 6612 人。

1998 年，全旗国内生产总值 33673 万元，其中，第三产业 8765 万元；社会消费品零售总额 19409 万元，其中，批发、零售贸易业 17249 万元，住宿、饮食业零售额 297 万元。服务业从业人数合计约 6938 人。

1999 年，全旗国内生产总值 35477 万元，其中，第三产业 9284 万元；社会消费品零售总额 20184 万元，其中，批发、零售贸易业 18073 万元，住宿、饮食业零售额 1305 万元。服务业从业人数合计约 7177 人。

2000年,全旗国内生产总值38684万元,其中,第三产业9504万元;社会消费品零售总额23608万元,其中,批发、零售贸易业21208万元,住宿、饮食业零售额1680万元。服务业从业人数合计约7034人。

2001年,全旗国内生产总值78721万元,其中,第三产业17720万元;社会消费品零售总额25914万元,其中,批发、零售贸易业23509万元,住宿、饮食业零售额1649万元。服务业从业人数合计约7756人。

2002年,全旗国内生产总值87322万元,其中,第三产业19335万元;社会消费品零售总额28926万元,其中,批发、零售贸易业26026万元,住宿、饮食业零售额2171万元。服务业从业人数合计约6995人。

2003年,全旗国内生产总值99164万元,其中,第三产业20210万元;社会消费品零售总额32033.3万元,其中,批发、零售贸易业27970.4万元,住宿、饮食业零售额3169万元。服务业从业人数合计约7171人。

2004年,全旗国内生产总值107655万元,其中,第三产业22877万元;社会消费品零售总额35915.4万元,其中,批发、零售贸易业31116.7万元,住宿、饮食业零售额3421.1万元;批零、餐饮总户数2529户;服务业从业人数合计约6138人。

2005年,全旗国内生产总值132416万元,其中,第三产业26308万元;社会消费品零售总额41338.6万元,其中,批发、零售贸易业35781.6万元,住宿、饮食业零售额4012万元;批零、餐饮总户数2672户;服务业从业人数合计约6083人。

2006年,全旗地区生产总值193403万元,其中,第三产业36923万元;社会消费品零售总额49765万元,其中,批发、零售贸易业43044万元,住宿、饮食业零售额5308.3万元;批零、餐饮总户数2612户;服务业从业人数合计约5953人。

2007年,全旗地区生产总值233505万元,其中,第三产业36867万元;社会消费品零售总额57976.2万元,其中,批发、零售贸易业50306万元,住宿、饮食业零售额6066.8万元;批零、餐饮总户数2874户;服务业从业人数合计约6004人。

2008年,全旗地区生产总值281284万元,其中,第三产业39485万元;社会消费品零售总额70085万元,其中,批发、零售贸易业60326万元,住宿、饮食业零售额8076万元;批零、餐饮总户数2733户;服务业从业人数合计约6047人。

2009年,全旗地区生产总值360044万元,其中,第三产业44043万元;社会消费品零售总额83121万元,其中,批发、零售贸易业71593万元,住宿、饮食业零售额9766万元;批零、餐饮总户数2756户;服务业从业人数合计约6133人。

2010年,全旗地区生产总值674000万元,其中,第三产业67409万元;社会消费品零售总额78713.3万元,其中,批发、零售贸易业67594.7万元,住宿、饮食业零售额11118.6万元;批零、餐饮总户数2880户;服务业从业人数合计约6299人。

2011年,全旗地区生产总值787906万元,其中,第三产业72802万元;社会消费品零售总额92180.7万元,其中,批发、零售贸易业79013.8万元,住宿、饮食业零售额13166.9万元;批零、餐饮总户数3462户;服务业从业人数合计约6662人。

2012年,全旗地区生产总值854538万元,其中,第三产业83524万元;社会消费品零售总额

106007.8 万元，其中，批发、零售贸易业 88493.5 万元，饮食业零售额 17514.3 万元；批零、餐饮总户数 3638 户；服务业从业人数合计约 7023 人。

第七节　社会事业管理

1988—2012 年，乌拉特中旗计划管理部门管理的社会事业主要包括教育事业、医疗卫生、劳动就业、社会保障、科技事业、文化事业、体育事业、社区建设、旅游事业、人口与计划生育 10 个方面。随着全旗社会事业不断向前发展，旗计划管理部门不断完善政府社会管理和公共服务职能，统筹经济社会协调发展的重要任务，以满足人民群众不断增长的物质文明、精神文明、政治文明和生态文明的需要。

1988 年，全旗完成基建投资 47 万元。其中，投入教育事业的基建资金为 37 万元，新增学校建筑面积 1327 平方米；投入广播电视事业的基建资金为 7 万元；投入体育事业的基建资金为 3 万元。

1989 年，全旗完成基本建设投资 60 万元。其中，投入教育事业的基建资金为 20 万元，新增学校建筑面积 840 平方米；投入医疗卫生事业的基建资金为 40 万元，旗人民医院新增建筑面积 2090 平方米，100 个床位。

1990 年，全旗完成基本建设投资 60 万元。其中，投入教育事业的基建资金为 132 万元，新增学校建筑面积 840 平方米，100 个学生席位；投入医疗卫生事业的基建资金为 40 万元，投入医疗卫生事业计划外基建资金 99 万元，旗人民医院新增建筑面积 2090 平方米，100 个床位。

1991 年，全旗完成基本建设投资 48 万元。其中，投入教育事业的基建资金为 38 万元，新增学校建筑面积 1300 平方米，240 个学生席位；投入医疗卫生事业的基建资金为 10 万元。

1992 年，全旗完成的基本建设投资 21 万元，全部为医疗卫生事业基建资金，海流图镇医院新增建筑面积 680 平方米，14 个床位。

1994 年，全旗完成的基本建设投资 15 万元，全部为教育事业的基建资金，新增学校建筑面积 1713 平方米，250 个学生席位。

1995 年，全旗完成的基本建设投资 127 万元。其中，投入教育事业的基建资金 30 万元，新增学校建筑面积 636 平方米，271 个学生席位；投入医疗卫生事业的基建资金 72 万元；投入文化事业基建资金 25 万元，新建新华书店 1 个。

1996 年，全旗完成的基本建设投资 414 万元。其中，投入教育事业的基建资金 249 万元，新增学校建筑面积 2900 平方米，900 个学生席位；投入文化事业的基建资金 165 万元，海流图镇医院新增 25 个床位。

1997 年，全旗完成的基本建设投资 24 万元，全部为教育事业的基建资金，新增学校建筑面积 420 平方米，168 个学生席位。

1998 年，全旗完成的固定资产投资 235 万元，全部为教育事业的基建资金，新增学校建筑面积 2751 平方米，728 个学生席位。

1999 年，全旗完成的固定资产投资 249 万元，全部为教育事业的基建资金，新增学校建筑面积 3934 平方米，1053 个学生席位。

2000 年，全旗完成的固定资产投资 11236 万元，全部为教育事业的基建资金，新增学校建筑面积 1400 平方米，370 个学生席位。

2001 年,全旗完成的固定资产投资 2450 万元。其中,投入教育事业基建资金 646 万元,新增学校建筑面积 3934 平方米,1730 个学生席位;投入医疗卫生事业的基建资金 30 万元;投入文化事业基建资金 188 万元。

2002 年,全旗完成的固定资产投资 1017 万元。其中,投入教育事业基建资金 209 万元,新增学校建筑面积 3352 平方米,2234 个学生席位;投入医疗卫生事业的基建资金 156 万元;投入文化事业基建资金 352 万元;投入旅游事业基建资金 300 万元。

2003 年,全旗完成的固定资产投资 1369 万元。其中,投入教育事业基建资金 583 万元,新增学校建筑面积 1763 平方米;投入医疗卫生事业的基建资金 60 万元;投入文化事业基建资金 726 万元。

2004 年,全旗完成的固定资产投资 630 万元。其中,投入教育事业基建资金 200 万元,投入医疗卫生事业的基建资金 216 万元,投入文化事业基建资金 214 万元。

2005 年,全旗完成的固定资产投资 475 万元,全部为教育事业基建资金。

2006 年,全旗完成的固定资产投资 3227 万元。其中,投入教育事业基建资金 1877 万元,投入医疗卫生事业和社会服务业基建资金 550 万元,投入文化体育事业和娱乐业的基建资金 800 万元。

2007 年,全旗完成的固定资产投资 2269 万元。其中,投入教育事业基建资金 280 万元,投入文化体育事业和娱乐业基建资金 1989 万元。

2008 年,全旗完成的固定资产投资 2751 万元。其中,投入教育事业基建资金 1129 万元,投入医疗卫生事业、体育事业和娱乐业的基建资金 1622 万元。

2009 年,全旗完成的固定资产投资 14897 万元。其中,投入教育事业基建资金 7454 万元,投入医疗卫生事业和社会保障业的基建资金 4954 万元,投入文化体育事业和娱乐业的基建资金 2489 万元。

2010 年,全旗完成的固定资产投资 24208 万元。其中,投入教育事业基建资金 19055 万元,投入医疗卫生事业和社会保障业的基建资金 3836 万元,投入文化体育事业和娱乐业的基建资金 1317 万元。

2011 年,全旗完成的固定资产投资 207 万元,全部为教育事业基建资金。

2012 年,全旗完成的固定资产投资 1800 万元,全部为教育事业基建资金。

第八节 西部大开发

一、退牧还草工程

2002 年,乌拉特中旗退牧还草工程开始实施。2012 年,全旗退牧还草工程结束。11 年中,全旗累计实施围栏建设 1390 万亩、补播工程 442 万亩。工程建设总投资达 32412. 5 万元,涉及牧户 2735 户、人口 9209 人,发放补贴款达 24749. 66 万元。全旗三分之一的草场得到有效保护。通过退牧还草工程项目建设,项目区草原退化、沙化现象得到遏制,草原植被得到全面恢复,草群盖度提高 15 个百分点,高度提高 1 倍。草场平均草产草量由 2002 年的亩产 8 千克增加到 2012 年的亩产 25 千克,草地生态环境明显改善,调节气候、涵养水分、防风固沙性能明显提高,沙尘暴天气明显减少。退牧还草工程不仅为牧区建设了围栏,还为项目区牧民发放补贴,年人均约 5375 元。

二、巩固退耕还林成果工程

2008年，乌拉特中旗巩固退耕还林工程建设开始实施。至2012年，该工程项目涉及全旗13个镇、苏木，53个覆盖退耕户7418户、27812人，占全旗退耕还林总农户的100%。取得明显成果：(1)基本口粮田项目建设：新建节水灌溉面积52186.5亩，铺设低压节水管道297143米、滴灌管道22900米、打大口井20眼，项目总投资2751.65万元，其中国家专项投资为1982.94万元。(2)农村能源项目建设：为退耕农户安装太阳灶3497个，项目总投资161.27万元，其中国家专项资金139.88万元。(3)生态移民项目建设：全旗生态移民349户、1237人。项目总投资1112.1万元，其中国家专项投资618.59万元。(4)补植补造项目建设：退耕地造林地块实施补植补造面积23.72万亩，项目总投资1366.82万元，其中国家专项投资1177.14万元。(5)技能培训项目建设：对退耕农户进行种、养殖技能培训4910人，项目总投资294.56万元，全部为国家专项资金。(6)后续产业项目建设：建设青贮窖23座、低产林改造4500亩、苗木繁育400亩、建设标准化养殖棚圈71460平方米、建设日光蔬菜温室大棚317亩。项目总投资4491.30万元，其中国家专项投资2598.84万元。

三、沿边开发开放

1992年，乌拉特中旗甘其毛道口岸正式辟为国家一类季节性双边口岸。2004年，甘其毛道口岸实现煤炭进口在非开放期间临时开放；同年5月28日，蒙古国原煤正式通关；同年7月5日，甘其毛道口岸议定由双边季节性开放提升为双边常年开放口岸。2007年9月12日，国务院批复甘其毛道口岸为中蒙双边常年开放的边境公路口岸。2008年10月17日，甘其毛道口岸通过内蒙古自治区常年开放预验收。2009年6月3日，甘其毛道口岸通过国家常年开放正式验收；同年9月，甘其毛道口岸实现正式常年开放。

2004年后，巴彦淖尔市人民政府制定“以小开促大开”的发展战略，甘其毛道口岸进口煤炭由2004年的3.6万吨提高到2012年的1213万吨，9年中增长338倍；经甘其毛道口岸参与开发蒙古国资源的中方企业由最初的三和公司、普兴公司等几家小企业发展到2012年的神华、中铝、庆华等国际国内大型企业全面正式介入，大企业主导、众多企业共同参与开发蒙古煤、铜资源已成趋势；甘其毛道口岸综合效益日益凸显，2012年，完成海关关税11.93亿元，已接近乌拉特中旗财政总收入，对全旗财政收入的贡献率达40%以上。

2005年4月，乌拉特中旗与蒙古国汗博格德县缔结为国际友好旗县，建立定期交流制度，双方友好关系得到巩固和加强。截至2012年，巴彦淖尔市、乌拉特中旗两级人民政府援建蒙古国项目建设累计投入11478万元，包括投资3000万元援建蒙古国南戈壁省政府大楼；投资918万元援建蒙古国南戈壁省海关大楼、国检楼和边检营房；投资7000万元在蒙古国修建运煤专线，并且每年由中方企业投入5000多万元进行道路养护和车辆救援维护；投资200万元援建蒙古国南戈壁省口岸基础设施；投资260万元援建蒙古国热电厂；投资3.7亿元完成乌拉特中旗至蒙古国奥云陶勒盖铜金矿220千伏输变电工程；赞助100万元支持蒙古国南戈壁省口岸、经贸、科教文卫旅游等事业发展，开展全方位的交流与合作。

第二章　统　　计

第一节　机　构

1988 年,乌拉特中旗设有统计局内设办公室、工业、农牧、农调、牧调、城调、物价、劳资、基本单位、投资、建筑业、综合、法制、商业、计算机、财会、政务 17 个专业统计项目,实有在职人员 34 人,核定领导职数 3 人、一正二副。下设二级单位 1 个:农调队。

1996 年,乌拉特中旗统计局内设机构 4 个:办公室、农牧综合股、工交股、财劳股;分工业、农牧、农调、牧调、城调、物价、劳资、基本单位、投资、建筑业、综合、法制、商业、计算机、财会、政务 16 个专业统计项目,全局核定行政编制 13 名,实有干部职工 20 人,核定领导职数 2 人、一正二副。下设二级单位 1 个:农调队。

2002 年,乌拉特中旗统计局内设机构 4 个:办公室、农牧综合股、工交股、执法队;核定编制 10 名,其中行政编制 8 名,工勤编制 2 名,核定领导职数 3 人、一正二副。下设二级单位 1 个:乌拉特中旗城乡社会经济抽样调查队。

2010 年,旗统计局内设机构 5 个:办公室、国民经济综合股、工业交通、能源与环境统计股、固定资产投资统计股,服务业与社会科技、商贸统计股;核定行政编制 8 名,工勤编制 2 名,实有在职人员 10 人,其中,核定领导职数 3 人、一正二副。下设二级单位 1 个:乌拉特中旗城乡社会经济抽样调查队。

截至 2012 年底,旗统计局内设机构和人员情况未发生变化。

第二节　统计业务

一、农牧业统计

1988 年,随着社会经济的快速发展,农牧业统计从单一的农牧业生产统计,发展到社会经济各领域,乌拉特中旗农牧业统计内容包括:农村牧区基本情况及农业生产条件、农业主要能源及物资消耗、农田水利建设情况、农作物播种面积和产量、牲畜头数、畜禽产品产量、水果生产情况、林业生产情况、乡镇基本情况、农业机械化情况等。报表分为季报、半年报、年报等。

二、工业统计

1988 年,乌拉特中旗工业统计主要有:工业产品产量,独立核算工业企业经济指标,工业产品生产;销售与库存;工业产品产、销、存实物量;工业产品生产能力;村办工业企业主要经济指标;城乡合作经营工业和城乡个体工业主要指标;私营工业企业主要指标等。

1999 年,增加国有(包括国有控股)企业和年产品销售收入 500 万元以上的非国有企业经济指标统计。

2000 年,小型工业企业及个体工业抽样调查改为规模以下工业抽样调查,建立统一的工业企业台账、乡镇苏木个体工业台账。

三、固定资产投资和建筑业统计

1988 年后，随着基本建设投资力度加大，统计范围随之扩大，乌拉特中旗基本建设统计改为固定资产投资统计。

1993 年，为全面反映房地产业这一新兴行业的发展，在固定资产投资统计又增加房地产开发统计。

1999 年，固定资产投资统计将城镇私营、个体投资纳入社会投资统计范围。

2009 年，增加部门固定资产投资管理信息抄送季报表、亿元以上新开工项目报告月报表、新开工项目入库申请表，分别用以了解地方计划局、城建局审批项目情况和了解亿元以上项目审批手续情况。固定资产投资统计主要指标：全社会固定资产投资额。

四、商业统计

1988 年后，乌拉特中旗商业统计随着经济的不断发展，走上内容全面、指标详细的专业统计，相继建立起月报、季报、半年报、年报等。

五、劳动工资统计

1988 年，乌拉特中旗劳动工资统计范围包括旗辖区内全部独立核算企业、行政、事业单位（不包括乡镇企业、私营单位和个体工商户）。统计实行月报、季报、年报制。

1994 年，劳动工资统计取消月报，按季报、年报统计，并增加劳动力就业状况统计。

2012 年，劳动工资统计增加了企业一套表统计调查（包括规模以上工业、有资质的建筑业、限额以上住宿和餐饮业，全部房地产开发经营业法人单位）。

六、交通运输统计

1988 年，乌拉特中旗交通运输统计内容包括：车辆拥有量、公路客货运输量、独立核算运输企业财务、公路线路里程。

2007 年，增加公路客货运输量报表统计。

七、能源统计

1985 年，乌拉特中旗首次在工业统计中增设能源统计，对涉及能源方面指标收集汇总。

2007 年，随着能源统计内容不断增多，能源统计从工业统计中分离出去。能源统计包括：工业企业能源购进、消费与库存。

2008 年，主要有能源工业企业单位产品能源消耗情况、工业企业用水情况、能源核算表、全社会能源平衡表、全社会用电量表等。

八、其他统计

1988 年后，相继开展了社会统计、科技统计、外资统计，服务业滚动调查、儿童和妇女发展纲要监测等其他专业统计。

第三节　普　查

一、人口普查

1988—2012 年，共进行过 3 次人口普查。每次人口普查都是由国务院统一组织领导、统一制定普查方案、普查目的、普查对象、普查项目、普查标准时间、普查标准表式、普查方案和统计汇总的基本要求和步骤。由于国家对历次人口普查要求不同，加之统计手段和数据处理能力的不断提高，每次普查在项目的设置和汇总方法上均有变化。

（一）第四次人口普查

1990年，国务院决定进行第四次全国人口普查，这次人口普查对于查清第三次人口普查以来人口在数量、地区分布、结构和素质等方面的变化，检查人口控制目标执行情况，对科学制定人口、教育、就业、产业等社会经济发展政策，实现我国经济社会发展战略目标以及进一步提升人民物质文化生活具有十分重要的意义。第四次人口普查的标准时间为1990年7月1日零时，主要普查内容包括：人口总数、人口分布、性别构成、人口出生率和死亡率、民族构成、年龄构成、文化构成、产业构成等。

（二）第五次人口普查

2000年11月1日，全国进行第五次全国人口普查，是全国在世纪之交，在社会主义市场经济条件下进行的首次人口普查，是一次重大的国情国力调查。第五次人口普查的对象是具有中华人民共和国国籍并在中华人民共和国境内常住的人口。第五次全国人口普查的标准时点为2000年11月1日零时，主要普查内容包括：人口总数、人口分布、性别构成、人口出生率和死亡率、民族构成、年龄构成、文化构成、产业构成等。

（三）第六次人口普查

2010年，国务院决定开展第六次全国人口普查。此次人口普查标准时点为2010年11月1日零时，人口普查主要调查人口和住户的基本情况，内容包括：性别、年龄、民族、受教育程度、行业、职业、迁移流动、社会保障、婚姻生育、死亡、住房情况等。人口普查的对象是在中华人民共和国（不包括香港、澳门和台湾地区）境内居住的自然人。

二、农业普查

（一）第一次农业普查

为研究确定国民经济发展战略和规划、计划目标以及制定各项社会经济政策提供科学依据，推动农业和农村经济更快更好的发展，国务院发决定于1996年进行第一次全国农业普查，并从此每10年进行一次全国农业普查。普查的标准时间为1996年12月31日。普查的范围和对象为旗辖区内各种类型的农牧业生产经营单位、农牧区住户、乡镇企业、行政村和乡镇。

普查数据如下：乌拉特中旗设有镇2个，乡17个，村委会118个，农村常住户20754户，常住人口87419人，从业人员57366人，拥有大中型拖拉机540台，小型拖拉机8706台，年末大牲畜存栏头数20160头，山羊807997只，绵羊506455只，生猪26824口。

（二）第二次农业普查

2006年底，国务院决定开展第二次全国农业普查。此次普查的对象是全县境内从事第一产业的全部法人单位、产业活动单位和所有农牧户；具体范围包括：种植业、畜牧业、林业、渔业以及农牧区经济和农牧民生活等。普查的标准时点是2006年12月31日，时期资料为2006年度。普查历时2年。

普查数据如下：乌拉特中旗设有镇4个，乡4个，村委会92个，农村常住户21797户，常住人口68453人，从业人员46747人，拥有大中型拖拉机566台，小型拖拉机13787台，年末大牲畜存栏头数6178头，山羊952035只，绵羊267454只，生猪13365口。

三、工业普查

1996年，按照国务院规定，开展全国第三次工业普查，这次普查按照国家统一部署进行，普查的目的是查清全旗工业的所有制结构、行业结构、产品结构、技术结构状况，为制定工业发展中长期规划、调整结构、提高效益提供依据。

四、第三产业普查

1993 年 11 月，按照上级有关规定，进行首次第三产业普查。普查年度为 1991—1992 年，普查范围包括全旗所有从事第三产业活动的企业、事业、行政单位（包括国家机关、政党机关、军队、武装警察）、社会团体和个体户以及第一产业（农业）、第二产业（工业、建筑业）企业中附属的从事第三产业活动的单位。

五、基本单位普查

基本单位普查是一项重大的国情国力调查，其目的在于掌握基本旗情，为制定社会经济发展规划提供依据。基本单位普查每五年进行一次，逢年份尾数为 1、6 时进行。

1996 年，第一次基本单位普查开始，普查时间为当年 12 月 31 日，普查资料的调查年度为 1996 年。普查对象为境内除农户和个体经济以外所有法人单位和产业活动单位。包括各类企业法人、事业单位法人、机关法人、社会团体法人和基层群众自治组织以及从事农业、工业、建筑业、交通运输业、批发零售贸易业、餐饮业、服务业等社会经济活动的产业活动单位。

2001 年，第二次基本单位普查开始。1997 年后，全旗各类经济活动单位不仅在数量上增减变动比较频繁，而且在经济构成和组织形式及经营方式等方面也都发生了很大变化，个体私营经济已成为国民经济的重要组成部分。本次基本单位普查的对象为旗境内的法人单位及法人单位所属的产业活动单位。包括各类企业法人、机关法人、社会团体法人和其他法人及其所属的农业、工业、建筑业、交通运输业、批发零售贸易餐饮业、服务业等产业活动单位。普查标准时间为 2001 年 12 月 31 日。

六、经济普查

2004 年，按照国务院关于开展经济普查决定，进行第一次经济普查，全国经济普查每 5 年进行一次（按照国务院的决定，定于 2003 年开展第一次经济普查，由于 2003 年全国正流行严重的“非典”病毒时期，所以第一次经济普查推后一年，定于 2004 年进行调查）。此次经济普查的对象是在全旗境内从事第二产业和第三产业的全部法人单位、产业活动单位和个体工商户，普查的标准时点是 2004 年 12 月 31 日。

2008 年进行第二次经济普查，2013 年进行第三次经济普查。

第四节　专项调查

一、工业经济调查

1996 年，乌拉特中旗统计部门按照国务院文件精神，对全旗工业企业进行第二次工业经济调查登记。1999 年后，工业经济调查增加国有及国有控股工业企业和年产品销售收入 500 万元以上的非国有工业企业的主要经济指标。

二、人口变动抽样调查

1988—2012 年，乌拉特中旗统计部门按照国务院有关文件规定，每年进行一次人口变动抽样调查，25 年中，乌拉特中旗共进行人口变动抽样调查 25 次。

三、1% 人口变动情况抽样调查

1995 年，1% 人口抽样调查的标准时间是 1995 年 10 月 1 日零时。

2005 年，1% 人口抽样调查的标准时间是 2005 年 11 月 1 日零时。

四、工业品价格调查

2002 年起，乌拉特中旗对工业品价格实施调查，对工业企业工业品出厂价格，原材料、燃料、动力购进价格进行抽样调查，上报巴彦淖尔市统计局。

2010 年，工业品价格调查更改为生产者价格调查，调查表为：工业生产者购进价格月报表、工业生产者出厂价格月报表。

五、企业调查

2004 年后，乌拉特中旗对企业生产经营情况实行调查，调查内容包括：年销售收入在 500 万元以下的工业企业、个体工业以及村办企业；搜集、整理企业集团公司的组织机构、经营规模、资产规模、经营发展状况；调查企业改制后的经营状况，反映现代企业制度建设情况；调查工业、建筑业、交通运输、仓储、邮电通信业、批发零售贸易餐饮业、房地产业和社会服务业等行业的企业经营情况、宏观经济运行状况；调查保健食品生产、销售以及产品科研开发与产品质量情况。

六、两纲调查

2001 年起，乌拉特中旗按照《中国妇女发展纲要（2001—2010 年）》《中国儿童发展纲要（2001—2010 年）》文件精神，对妇女儿童在社会生活中的义务和权利进行调查，掌握妇女儿童在社会生活中的地位，适时调整政策，制定有效措施，确保妇女儿童的权利。

七、其他调查

2002 年后，乌拉特中旗开始实施批零贸易、住宿餐饮业和第三产业个体经营户典型调查、基本单位名录库年终一次性调查、旅游相关产业季度调查等专项调查。

第五节　法制化建设

2000 年，乌拉特中旗统计执法大队成立，是全旗统计部门的执法机构，主要职责是：负责全旗的统计法制宣传、贯彻统计法律法规，检查统计法律法规实施情况，受理、承办全旗统计违法案件，查处统计违法行为，并履行本局诉讼或复议的代理职能。

2001 年，《统计执法检查规定》的颁布实施。

2002—2012 年，旗统计执法大队按照《中华人民共和国统计法》和《统计执法检查规定》要求，对统计数字实行严格的质量检查，以纠正统计过程中的虚报、瞒报、伪报统计资料的问题，保证统计数字的严肃性、准确性和科学性。并坚持对工业、农业、商业及农经调查的原始记录、台账和报表进行全面检查，对检查中发现的统计数字不实的单位，令其检查，并纠正统计数字，统计监督的作用得到了较好的发挥。

第六节　网络化建设

1988 年，乌拉特中旗统计工作进入使用电子计算机进行数据处理及应用开发阶段。

2001 年 11 月，旗统计局统计上报使用互联网系统，实现与上级统计局网络传输数据。

2008 年，旗统计局在上级的支持下，配置惠普 HP PROLIANT ML3500 服务器、H3C S3100 交换机，首次实现内蒙古自治区、巴彦淖尔市、乌拉特中旗三级统计内部网络，使统计数据传输更加安全快捷。

2001 年开始，为确保乡镇统计信息快速、准确传输，旗统计局陆续为苏木镇统计站配备计算机，同时对统计人员进行计算机应用知识培训和网络知识培训。

2008 年，全旗各苏木镇统计站计算机已配齐。

2010 年，苏木镇、农牧场统计站先后配齐计算机，并能上统计内网与旗统计局共享资源，实现市、旗、乡三级统计信息网络的畅通，确保统计数据传输上报。

第七节　统计服务

一、统计分析

《奋进中的乌拉特中旗》(作者:刘树林、支茂林、葛根)于1999年被编入《半个世纪的辉煌——建国50年巴彦淖尔盟发展纪实》。该文就乌拉特中旗1949—1998年经济、社会、城乡发展等方面的巨大变化做出具体深刻的剖析,回顾全旗中华人民共和国成立后到改革开放后的各种变革创新。为全旗制定相关政策提供了可借鉴的资料和依据。

《皇帝的女儿也愁嫁》《对乌拉特中旗如何发展畜牧业的探讨》(作者:刘德华)被评为巴彦淖尔盟统计系统优秀分析报告三等奖。其中《皇帝的女儿也愁嫁》以幽默的口吻对1997年乌拉特中旗"绒毛热"进行了描述和分析;《对乌拉特中旗如何发展畜牧业的探讨》是对乌拉特中旗畜牧业的现状和存在的问题进行了分析,并提出相应的建议对策。

《从三次产业结构对比分析中寻找中旗经济发展的突破口》(作者:刘德华)于2007年被评为巴彦淖尔市统计系统优秀分析报告二等奖。该文对乌拉特中旗三次产业结构的现状及存在的问题进行了深入分析,提出了利用乌拉特中旗独特的资源和区位优势来发展三产,缩小与其他旗县的差距,并且对推动乌拉特中旗经济发展提出了多项建议。

二、资料发布

1988—2012年,旗统计局编印出版《乌拉特中旗国民经济和社会发展公报》《统计提要》《经济动态》《信息快报》《统计年鉴》等统计资料,为全旗经济社会持续健康发展提供了优质的统计服务。

第八节　工作特点与荣誉

一、创新性工作及特点

2011年,乌拉特中旗统计局为进一步提高统计能力、统计数据质量和政府统计公信力,按照"改革创新、规范统一、公开透明"的总体要求,积极推进以"企业一套表"改革为核心的统计"四大工程"建设。全旗企业和房地产开发经营企业,按照"企业一套表"制度的要求,积极参加培训,积极配备相关设备,在新的数据生产方式下,顺利通过互联网直接向国家数据中心报送企业原始统计数据。全旗整个联网直报系统运行良好,"四大工程"建设取得决定性的阶段成果,统计生产方式实现了革命性变革。

实施"企业一套表"联网直报,实现了调查方案设计由各专业独立设计转变为统一设计,调查任务布置由各专业分散布置转变为统一布置,调查单位确定由各专业自行确定转变为统一确定,原始数据采集由国家间接采集、各级统计机构层层上报转变为国家直接采集、各级统计机构在线同步共享,面向企业的调查由专业分割转变为专业间高度融合、由统计过程难以控制转变为统计生产高度可控。通过"四大工程"建设,推进了统一规范,增强了调查效能,减轻了企业统计负担,提高了数据质量。

二、主要成绩和荣誉

2000年,在全国第五次人口普查工作中,旗统计局被评为内蒙古自治区先进集体。2001年,在全国基本单位普查中,旗统计局被评为国家级先进集体。2005年,旗统计局被评为内蒙古自治区统计先进集体。2007年,旗统计局获全国第二次农业普查国家级先进集体。2009年,旗统计局获全国第二次经济普查国家级先进集体。2010年,在全国第六次人口普查中,旗统计局被评为内蒙古自治区级先进集体。

第三章　审　计

第一节　机　构

一、行政管理机构

1988年,乌拉特中旗设有审计局,内设机构3个:人秘股、企业审计股、行政事业股,核定行政编制6名,实有在职人员8人,核定领导职数2人、一正一副。

1992年初,旗审计局内设机构进行调整,调整后,内设机构6个:办公室、行政事业审计组、工交企业审计组、商粮贸企业审计组,财政金融审计组、基本建设审计组,核定行政编制6名,实有在职人员13人,核定领导职数3人、一正二副。

1997年,旗审计局各审计组改称审计股,人员编制与领导职数未变。

2000年,旗审计局内设机构增设农牧资源审计股;同时,增设旗经济责任审计中心,事业编制,为旗审计局所属二级单位,核定事业编制8名,实有在职人员8人,核定领导职数3人、一正二副。

2008年底,旗审计局内设机构8个:经济责任审计分局、办公室、法制股、固定资产投资审计股、政府投资审计股、行政事业审计股、财政金融审计股、农牧业与资源环保审计股。核定行政编制15名,实有在职人员23人,核定领导职数4人、一正三副。下设二级单位1个:旗经济责任审计中心。

2012年,旗计算机应用推广中心成立,事业编制,为旗审计局所属二级单位,核定事业编制8名。至年底,旗审计局内设机构8个:经济责任审计分局、办公室、法制股、固定资产投资审计股、政府投资审计股、行政事业审计股、财政金融审计股、农牧业与资源环保审计股;核定行政编制15名,实有在职人员23人,核定领导职数4人、一正三副。下设二级单位2个:旗经济责任审计中心、计算机应用推广中心。

二、事业单位

(一)经济责任审计中心

2000年,旗经济责任审计中心成立,事业编制,隶属旗审计局管理;内设机构1个:办公室;核定事业编制8名,设有主任1人。

至2012年底,经济责任审计中心内设机构与人员编制未发生变化。

(二)计算机应用推广中心

2012年,旗计算机应用推广中心成立,事业编制,隶属旗审计局管理;核定事业编制8名,设有主任1人。

第二节　内部审计

1995年,旗审计局组织人员对全旗内审机构的离任设置和人员配备情况进行调查,全旗各部门共设置内审机构23个,配备内审人员51个,其中专职18个,兼职13人。当年,旗审计局组织召开内审工作会2次,认真学习《审计署关于内部审计工作的规定》等有关文件,交流经验,汇报工作。

1995—2001 年，旗审计局所属各内审机构共审计项目 184 个，查出各类违规资金 121 万元，挽回经济损失 43 万元。

2002 年初，旗审计局组织召开全旗内审工作会议，传达上级内审工作会议精神，布置全年内审工作。同年，旗审计局制定下发《内审工作考评办法》，转发《巴彦淖尔盟审计局关于内审业务文书工作程序细则》。

2002—2003 年，旗审计局所属各内审机构共审计项目 12 个。

2004 年初，旗审计局组织召开内审工作会议，传达上级审计机关关于内部审计工作的有关精神，部署全旗内部审计工作。当年，旗审计局领导不定期深入内审机构了解内部审计工作进展情况，与其所在部门领导就内审工作有关情况交换意见，稳定了内部审计队伍，增强了内审人员的工作信心和责任心。

2004—2010 年，旗审计局所属各内审机构共审计项目 72 个。

2011—2012 年，旗审计局所属各内审机构共审计项目 15 个。

第三节　行政单位审计

1988 年 6 月 30 日，旗审计局首次对旗税务局进行审计，审计总金额 618 万元，查出违纪违规资金 8 万元，应缴已缴财政资金 5 万元。

1989—1990 年，旗审计局完成 65 个行政单位审计，审计总金额 1587 万元，查出违纪违规资金 49 万元。

1991—1995 年，旗审计局完成 79 个行政单位审计，审计总金额 542 万元，查出违控购置、提高开支标准、开支范围、挤占挪用专项资金等违纪违规资金 7.23 万元。

1996—2000 年，旗审计局完成 88 个行政单位审计，审计总金额 119 万元。查出违纪违规资金 424 万元。

2012 年，旗审计局完成 38 个行政单位审计，查出违纪违规资金 424 万元，交财政 13 万元。

第四节　企业审计

1989 年，旗审计局开始进行企业审计。全旗第一家被审计的企业是旗粮食部门，审计总金额 1557.24 万元，审计时间近 6 个月之久，查出违纪违规资金 4 万元。

1989—1995 年，旗审计局完成 118 个企业（百货公司、哈尼河金矿、医药公司、海燕集团总公司等）的审计，审计总金额 9064 万元，查出违纪违规资金 848582.07 万元，应交财政 122118.21 万元。

1996—2000 年，旗审计局完成 62 个企业（牧机公司、民贸公司、铁合金厂、砖瓦厂等）的审计，审计总金额 16857 万元，查出违纪违规资金 1329.67 元，应交财政 10.03 万元。

2001—2005 年，旗审计局完成 17 个企业（甲胜盘矿业、海燕集团总公司、常兴铁矿、永兴矿业等）的审计，查出违纪违规资金 2571 万元。

2006 年后，由于企业转型，旗审计局未再对企业进行审计。

第五节　财政预算执行审计

1996 年，乌拉特中旗审计局正式实施财政预算执行审计。当年，旗审计局对 6 个单位的预算执行情况进行了审计和延时审计,查出违纪违规资金 1685 万元。

1997—2000 年,对 35 个单位的预算执行情况进行审计,查出违纪违规资金 4830 万元。

2001—2005 年,对 42 个单位的预算执行情况进行审计,查出违纪违规资金 6380 万元。

2006—2010 年,旗审计局对 12 个单位的预算执行情况进行审计,查出违纪违规资金 45010 万元。

2011 年,旗审计局对 11 个单位的预算执行情况进行审计,查出违纪违规资金 119685 万元。

2012 年,旗审计局对 11 个单位的预算执行情况进行审计,查出违纪违规资金 128994 万元。

17 年中,旗审计局总结出搞好财政预算执行审计“五步法”:一是为了进一步提高预算执行审计质量,在安排其他审计项目的同时突出与预算执行审计的配合,使原来的一些审计空白点逐步消除;二是抓住支出比重大、预算收入较多部门进行重点审计监督,抓主要矛盾,使审计工作有的放矢;三是分管领导带队审计,加强现场指导,及时解决遇到的各种困难和问题,保证审计的顺利实施;四是把审计中发现的一些带有普遍性、倾向性的问题或一些好的做法通过信息、开业务会等途径及时进行交流和通报;五是充分利用上年各项审计成果,充实“两个报告”,扩大审计影响。

第六节　金融审计

1991 年,旗审计局开始进行金融审计工作。当年,全旗第一家被审计的金融部门是旗工商银行,审计项目是行信贷资金,审计总金额 3560 万元,查出违纪违规资金 37.22 万元。

1992—1995 年,旗审计局对 2 个金融部门进行审计,查出违纪违规资金 44 万元。

1996 年,金融审计成为旗审计局的重点审计内容。当年,旗审计局对 2 个金融部门(旗农业银行、旗保险公司)1995 年度资产、负债、损益情况进行审计,同时对全旗 20 个乡镇、苏木信用社也进行了审计,查出违纪违规资金 80 万元。

1997—2001 年,旗审计局对 23 个金融部门进行审计,审计总金额 22083 万元,查出违纪违规资金 468.113 万元。

2002 年 9 月,旗审计局开始对全旗 18 个农村信用社 2002 年度资产负债损益的真实、合法和效益性进行审计,从农牧区信用社审计结果看,全旗大部分农牧区信用社已资不抵债,所有信用社都不同程度地处于高风险经营状况,资产质量差,潜亏因素多,存在着巨大的经营风险。

2003 年后,因受审计权限的限制,旗审计局终止对金融机构的审计。

第七节　固定资产投资审计

1988—1989 年,旗审计局仅开展 1 个投资项目审计(时称基建审计),审计总金额 120 万元。

1990—1995 年,旗审计局开展 43 个投资项目审计,查出违纪违规资金 313 万元。

1996—2001 年,旗审计局开展 31 个投资项目审计,查出违纪违规资金 231 万元。

2002 年,随着国家西部大开发战略的实施,乌拉特中旗抢抓机遇,加大各项基础建设力度,投入交通、电力、市政等基础领域的各类专项资金逐年增多。固定资产投资审计成为旗审计局的审计重点。

2004 年后,乌拉特中旗投入的各类专项资金逐年加大,旗审计局的责任越来越重,为确保专项资金用的合规合法,监督各类专项资金真正用于项目建设,保证国家财政资金安全、完整,旗审计局从项目招投标入手，严把工程质量关和工程结算关，督促建设单位公开招投标，变过去的暗箱操作为现在的阳光作业，认真审核各项工程的真实造价，重点揭露施工单位偷工减料、高套定额、虚增工程数量和材料不实等行为，为旗财政和建设单位节减投资，保障国家资金不被套走、骗走。

2004—2005 年，旗审计局开展 17 个投资项目审计，核减金额 1214 万元。

2006 年，在市政工程建设上，旗审计局首次采取提前介入，参与造价确定，就路灯一个项目，远赴南京、上海的厂家进行询价，通过询价，节减路灯投资 130 万元，有效地节约了财政资金。当年，旗审计局仅开展 5 个投资项目审计，核减金额 1214 万元。

2007 年，旗审计局继续采取提前介入的方式，使得固定资产投资审减资金 1380 万元，占财政一般预算收入 10%。2007—2010 年，旗审计局开展 39 个投资项目审计，审减资金 6482 万元。

2011 年，旗审计局开展 11 个投资项目审计，审减资金 0. 5 亿元。

2012 年，旗审计局开展 15 投资项目审计，审减资金 3121 万元。

2000—2012 年，旗审计局共审减资金 1. 9 亿元，相当于为乌拉特中旗增加了一个大型企业一年的税收。

第八节　经济责任审计

经济责任审计包括任期经济责任审计和离任责任制审计。

1989—1995 年，旗审计局先后对乌兰此老铁矿、后石拉铁矿、海燕企业集团总公司法人代表进行离任责任审计，为企业转制尝试股份经营制打下了良好基础。

1996—2000 年，旗审计局先后对 27 个单位的领导进行离任责任审计，为领导干部如何任用干部提供依据。

2000 年，乌拉特中旗经济责任审计工作领导小组成立，由乌拉特中旗旗长任组长、旗委组织部部长和分管审计工作的副旗长任副组长。审计工作领导小组每半年召开一次例会，定期听取工作汇报、审定工作计划、协调解决审计及其成果运用中的困难等问题。先后制定《乌拉特中旗经济责任审计工作汇报制度》《乌拉特中旗经济责任审计工作结果运用办法》《乌拉特中旗经济责任审计工作委托办法》，并根据工作实际与旗人民检察院建立《案件查办和协作配合制度》等一列规章制度。

2001 年，旗审计局在进行离任责任审计的同时，又开始任期经济责任审计工作。旗委、旗人民政府下发《关于建立领导干部任期经济责任审计制度的通知》，进一步明确了审计的对象、范围、时限、方法以及对有关问题的处理办法，使经济责任审计工作进一步走向规范化、制度化。

2001—2005 年，旗审计局共对 267 名领导干部进行任期经济责任审计，审计资金 10179 万元，查出违纪违规资金 2733. 63 万元。

2006—2010 年，旗审计局共对 72 个单位的领导干部进行任期经济责任审计，查出违纪违规资金 3258 万元。

2011 年，旗审计局对 16 个单位领导干部进行经济责任审计，查出违纪违规资金 429 万元。

2012 年，旗审计局对 20 个单位领导干部进行经济责任审计，查出违纪违规资金 435 万元。

在经济责任审计中，旗审计局按照“积极稳妥、量力而行、提高质量、防范风险”的原则，稳妥地推进经济责任审计，并在经济责任审计工作中推出“四结合”（领导干部任期经济责任审计同预算执行审计相结合;同经常性财务收支审计相结合;同重点项目资金审计相结合;任中审计与离任审计相结合)工作方法。后又实行苏木镇长党政一把手经济责任“捆绑式”审计,加强了经济责任审计的监督力度,提升了经济责任审计的水平。“捆绑式”审计和“四结合”审计方式一直沿用至2012年底。

第九节　专项资金审计

1993 年,旗审计局开始进行专项资金审计。当年,全旗第一家被审计的项目是养老保险资金,审计金额 380 万元,查出违纪违规资金 12.62 万元。

1994—2002 年,旗审计局完成 77 个项目的专项资金审计,主要包括:草原畜牧业示范资金、农业开发资金、救灾资金等,审计总金额 731 万元,查出违纪违规资金 225.2 万元。

2003 年,旗审计局专项资金审计手段和技术已日臻完善。当年,完成城市最低生活保障资金审计、环保专项资金、防治“非典”型肺炎专项资金及社会捐赠资金(物资)等项目审计,同时积极配合巴彦淖尔盟审计局完成对扶贫资金、退耕还林(草)资金的审计。在审计过程中,旗审计局派员深入项目实施单位和项目区,认真进行调查了解、核实,做到应查尽查、应审尽审、不留死角、不回避矛盾、不隐瞒事实,对于审计出的问题,严肃处理,本着对项目负责、对上级负责的精神,向上级审计机关提交了高质量的审计报告。

2004—2010 年,旗审计局完成 81 个项目的专项资金审计,主要包括:水利专项资金、农业综合开发资金、林业生态资金、社会保障资金等,查出违纪违规资金 652 万元。

2010 年,一是抓民生资金审计,重点突出对社保及民政资金的审计监督。如通过对企业职工基本养老保险基金的审计,促进从机制上进一步强化了养老保险费征管工作;通过对新型农村合作医疗基金管理使用情况的审计调查,有效促进了基金管理使用的规范管理。二是抓教育、卫生、环保和“三农”等与群众利益密切相关的社会热点、难点资金审计,开展了新农合基金、中小学校舍安全工程建设、垃圾处理厂和污水处理厂等政府投资审计与跟踪审计,对垃圾处理厂和污水处理厂先后进行了四次跟踪审计。三是抓国家、自治区专项政策性补贴等专项资金审计,2011 年参与和组织实施了地方性政府债务、土地整理项目、医疗服务体系建设、廉租房、经济适用房等审计或审计调查。

2012 年,旗审计局根据国务院部署和审计署统一安排,利用两个月的时间配合巴彦淖尔市审计局统一组织对乌拉特中旗社保资金的筹集、管理、分配、使用等情况进行全面审计,包括社会保险基金、社会救助资金和社会福利资金;审计对象为人力资源社会保障、民政、财政、卫生等部门,社会保险经办机构、地税、残联等单位,调查对象涉及教育、财政、民政、公安、统计等部门,延审中小学校 26 所;要求有关部门归还挪用救灾等社保资金 70 多万元,促使旗财政配套资金 100 多万元,促使社保、民政等部门清除不符合条件领取养老、低保人员 200 多人;发现多领、冒领资金近 30 万元,责令主管部门进行追缴;提出相应的审计建议 3 条。

第十节　领导干部离任审计

1993 年,旗审计局开始对乌兰此老铁矿、后石拉铁矿、海燕企业集团总公司法人代表进行离任责任审计。1995 年,旗审计局对民族用品、食品公司等 3 家企业开始经济责任审计,审计结果受到地方党政领导与广大群众的关注和好评。1998 年,旗审计局用 1 个月的时间对 17 个单位进行离任审计，为领导任用干部提供了依据。2001 年，旗审计局开始基本确定任期经济责任审计离任审计只占经济责任审计 10%。在开展离任审计时宣布在领导干部离任前，禁止脱节花钱或增加隐性债务的行为。

第十一节 审计监督

1988—2012 年，审计局认真依法履行审计监督职责，在实践中探索，在探索中创新，在创新中发展，使审计监督在推动改革开放和民主法治建设的过程中不断发展壮大。审计监督在维护财经秩序、加强廉政建设和促进经济社会发展等方面发挥了积极作用。

加强对中央重大经济政策措施执行情况的跟踪审计，促进政令畅通。1988—2012 年，旗审计局根据每个时期旗委、旗人民政府工作部署，突出审计重点，推动中央重大政策措施贯彻落实。围绕粮食流通体制改革、所得税分成改革等，组织对粮食行业挂账情况、所得税征收及粮食局局长经济责任等进行全面审计，此项审计在参加自治区审计厅优秀审计项目评选中获得表彰，这是中旗审计局成立 26 以来首获此殊荣；围绕实施西部大开发、建设社会主义新农村、构建社会主义和谐社会等，多次组织对涉及"三农"、土地、教育、卫生、社保、救灾扶贫、环境保护等资金的审计；围绕重大投资项目和重大公共事件，对保障性住房、中小学校安居工程等进行跟踪审计。通过审计，严肃查处有令不行、有禁不止行为，及时反映政策执行中出现的新情况新问题，提出对策建议，促进政策措施的落实和完善。

着力监督检查会计信息的真实性、合规性，切实维护财经秩序。25 年中，旗审计局始终把监督检查会计信息的真实性、合规性作为重要任务。在财政审计中，重点关注财政收支的真实性，揭露和查处虚报冒领预算资金、套取挪用财政资金、虚列财政收支等问题；在对国有金融机构的审计中，重点关注资产、负债、损益的真实性，尤其是不良资产状况，揭露和查处违规经营、弄虚作假和内外勾结骗贷的违法违规行为，维护金融信息的真实性和可信度；在对国有企业的审计中，重点关注国有资产经营和收益的真实性，揭露和查处会计核算不规范、盈亏不实、资产管理混乱等行为，还原经济活动的本来面目，防止国有资产流失。特别是在 2008 年对企业进行税费清算中，审计人员与工作组成员密切配合，采取内查与外调、账面审计与账外审计相结合的办法，广泛收集审计线索，查出 64 家企业漏缴税费 8338 万元。通过审计，有效地维护了财经秩序，也为政府决策提供了准确的信息和依据。

揭露和查处重大违法违规案件线索，推进反腐倡廉建设。旗审计局同旗人民检察院、纪委成立协调配合领导小组，建立联席会议制度和案件移送制度。2005 年，根据举报线索，会同检察院成立专案组，对旗内一厂家进行专项审计，查出账外资金 37.7 万元，其中向有关人员发放回扣 20 多万元，涉案人员达 21 人。后由旗人民检察院立案。同年，旗内又一厂家三分之二的职工多次到政府上访，反映厂长在经济运行及工作中存在的经济问题，政府组成工作组，抽调 2 名业务骨干进行财务审计和审计调查。审计人员审查 5 年的账目，根据上访群众反映的问题，查出该厂长的违纪违法行为，后将案件移交旗纪委进行查处。2010 年，在经济责任审计中发现，有的单位违规使用银行贷款，形成金融风险，中旗审计局发现后，立刻向旗委政府主要领导汇报，引起主要领导高度重视，指示旗纪委严肃查处，旗纪委追究 6 名人员责任，维护国家资金安全，防范金融风险。

加强对重点民生资金和民生项目的审计监督，促进保障和改善民生。旗审计局始终把维护人民群众利益作为根本目标,重点关注和检查惠民富民政策的落实情况,及时揭示和纠正严重损害群众切身利益的行为,以及在土地征用、拆迁安置和企业改制等方面可能引发的社会问题。2000—2012 年,旗审计局组织涉及“三农”、教育、医疗、住房和社会保障等民生项目逾 15 个,促进资金拨付到位 1600 多万元,并及时揭示民生政策落实中存在的困难和问题,提出完善制度、规范管理建议。

第四章　工商行政管理

第一节　机　构

1988 年，乌拉特中旗设有工商行政管理局（以下简称“工商局”），内设机构 7 个：办公室、财务股、个体股、企业股、市管股、人事股、合同股，下设工商所 9 个；全局核定编制 119 名，实有干部职工 119 人，核定领导职数 4 人、一正三副。

1999 年，旗工商局与物价局合署办公，一套人马，两块牌子。内设机构 9 个：办公室、财务股、个体股、企业股、市管股、合同股、人事股、收费股、物价检查所，下设派出机构 11 个；全局核定编制 134 名，实有干部职工 134 人，核定领导职数 4 人、一正三副。另有消费者协会、个体劳动者协会挂靠工商局。

2002 年，旗工商局（物价局）内设机构 11 个：办公室、人教股、财务装备股、法制股、公平交易和消费者权益保护股、市场规范管理股、个体企业注册管理股、商标广告管理股、价格管理股、收费管理股、物价检查所，下设派出机构 6 个；全局核定编制 109 名，实有干部职工 109 人，核定领导职数 4 人、一正三副（包括纪检员 1 人）。另有消费者协会、个体劳动者协会挂靠工商局。

2010 年，旗物价局并入旗发展和改革局。旗工商局单独设置。内设机构 8 个：办公室、财务股、人教股、个体私营股、法制股、公平交易股、市场规范管理股、商标广告管理股，下设基层工商所 6 个；全局核定行政编制 87 名，实有在职人员 87 人，核定领导职数 5 人、一正四副。另有消费者协会、个体劳动者协会挂靠工商局。

至 2012 年底，旗工商局内设机构与人员编制未发生变化。

第二节　管理体制改革

1999 年，物价局与工商行政管理局合署办公，是旗人民政府职能部门。

2010 年，旗物价局并入旗发展和改革局。物价管理职能划归旗发展改革局。

1999—2012 年，旗工商局实行省级以下垂直管理体制。

第三节　注册登记

1988 年，全旗有工商注册登记企业 258 户，同比增长 15.1%，增加从业人员 431 人，增加固定资产 184 万元，流动资金 122 万元。截至年底，全旗有个体工商户 1200 户。

1989 年，全旗共注册登记法人企业 178 家，注册资金 6225 万元，从业人员 7741 人。共有乡镇企业 22 家，注册资金 432.25 万元，从业人员 479 人。共有个体工商户 1258 户，注册资金 1041.1 万元，从业人员 1472 人。共有私营企业 10 户，注册资金 77 万元，从业人员 78 人。

1996 年，全旗共注册登记各类企业 469 家。其中，法人企业 113 家，有非法人企业 356 家，有从业人员 8690 人，注册资金 10582 万元。有符合《中华人民共和国公司法》规范要求的公司 6 家。以企业年检为主要手段，加强对企业管理，企业年检率92%。共有个体工商户2016户，从业人员2331人，注册资金1920万元。有私营企业41户，从业人员386人，注册资金926万元。

1997年，全旗注册登记各类企业204家，其中：公司制企业5家，非公司制企业199家。企业年检率90%以上。有个体工商户2956户，从业人员3378人，注册资金2485万元。有私营企业49户，从业人员499人，注册资金1095万元。安置下岗职工458人。为扶贫再就业工程减免管理费达5万多元。全年个体私营企业上缴税金553万元，占全旗财政收入的17.8%。

1998年，全旗注册登记各类企业208家，年检率达到87%以上。有个体工商户3655户，从业人员4107人，注册资金4399万元。有私营企业61户，从业人员776人，注册资金3086万元。安置下岗职工628人。个体私营企业为国家纳税600余万元。个体私营企业户数较上年增20%。验照率达到了95%以上。

1999年，全旗共注册登记个体工商户4210户，从业人员4368人，注册资金5954万元；有私营企业68家，从业人员528人，注册资金2872万元。1999年底，个体私营业完成税收967万元，同比增长28.9%。

2000年，全旗共注册登记各类企业237户，年检率95%。有个体工商户2211户，注册资本3200万元，从业人员2821人。

2002年，全旗新登记注册内资企业25户（其中法人企业4户，公司制企业16户），注册资金356万元；新登记注册个体工商户248户，注册资金198万元。共有国有企业216户，注册资金11016万元；私营企业68户，从业人员1145人，注册资金9553万元，户数和注册资金分别比上年同期增长2%和8.4%。个体工商户2449户，从业人员2953人，注册资金3763万元，分别比上年同期增长6%、4%、2.5%。全年应检验企业262户，实检验233户，年检率98%；企业注册资本15240万元，实收资本15269万元，资金到位率100%。

2004年，全旗登记注册内资企业、私营企业实检分别为179户、111户，年检率分别达到96%、93%。共有内资企业201家（其中企业法人53家），比上年减少14户，注册资金30422万元，比上年增长284.5%。其中本年新登记7家企业的注册资金达22973万元，占内资企业注册资金总额的75.5%。有个体工商户2123户，比上年增长41.8%，从业人员2917人，比上年增长66.1%，注册资金5459万元，比上年增长64.38%。私营企业126家，比上年增长34.04%，从业人员3903人，比上年增长33.5%，注册资本35264万元，比上年增长131.5%。

2005年，全年新注册登记各类企业68户，注册资金13680万元，其中招商引资企业27户，注册资金6160万元；注销企业18户，吊销企业21户；新发展个体工商户505户，安置下岗失业人540人。

2007年，城乡登记注册内资企业149家，比上年减少7.45%；私营企业247户，增长29.3%；个体工商户2703户，增长15.12%。内资企业注册资金44030万元，增长6.99%；私营企业注册资金112465万元，增长67%；个体工商户注册资金10052万元，增长30.92%。

2009年，全年注册登记各类企业491户，注册资金32.6亿元。其中新登记各类企业86户，同比增加15%；新登记农民专业合作社37户，出资总额3.3亿元，发展速度是2008年的3倍。全旗个体工商户3052户，其中新登记834户、安置就业1232人。

2010年，全年登记注册各类企业659户，注册资金54.3亿元；有个体工商户3025户，验照率为85%；农民专业合作社73户，出资总额4.07亿元。

2011年，全年登记注册各类企业721户，注册资金61.78亿元，同比增长36.29%、26.21%。有个体工商户3668户，同比增长21.26%，从业人员6578人。农民专业合作社113户，出资金额5.09亿元，同比增长56.94%、29.89%。

2012年，全年登记注册各类企业829户，同比增长14.98%，注册资金81.42亿元，同比增长31.79%。有个体工商户4824户，同比增长31.52%，从业人员7974人，同比增长21.22%。有农民专业合作社累计142户，同比增长25.66%，出资总额6.6亿元，同比增长29.66%。

第四节 市场监督管理

1988年，在对市场管理法律法规进行学习宣传的同时，加强市场管理工作，全旗集贸市场成交额达663.4万元，同比增长8.5%；同时，加强绒毛市场、机动车市场管理工作。

1989年，加快集贸市场建设，不断提高管理水平，全旗集贸成交额达312.2万元，较上年同期增加了133.1万元；积极开展其他要素市场的管理工作，检查整顿医药市场，销毁价值3000多元的各种伪劣、淘汰药品，扣留价值3600多元的不合格伪劣兽药。"扫假查劣"成效明显，封存各种规格的木材112立方米。绒毛市场管理不断加强，查扣羊绒385.6千克、绵羊毛1446.5千克。

1996年，全旗共有各类市场12处。集贸市场成交额2385万元，同比增长16%。

1998年，深入开展市场整治工作，共查处伪劣商品11类400多个品种，价值7800余元，全部予以没收销毁。专项治理工作取得了成效，对医药、农资、成品油、石盐、粮食、夏季饮料等市场加强监管，查处无证经营医药门诊25户，发放农资经营许可证9件，查处违法经营成品油13户，查获非法贩运粮食9000多件。培训经纪人92人。市场建设取得了成效，全旗共有有形市场15处，农副产品集散市场3处，活畜交易市场4处。

1999年，全旗有各类市场9处，其中集贸市场7处。按照国家政策要求，粮食市场管理工作是1999年的重中之重。在全旗粮食加工企业普遍推行"三账一卡"和"四方联保"制度，立案查处违法收购小麦13350千克，罚没款项1.45万元。共检查商品13类600余种，查获过期变质"三无"产品20种，价值6000余元。取缔一非法制售白酒厂，查扣白酒31箱。查获无证倒卖化肥案1起。清理整顿取缔5户不合法加油站。规范中介机构6户。查处农业生产资料经营违法行为3起，为农民挽回经济损失3622元。查处农药无证经营户15户，罚没款1500元。取缔3户不合法私人屠宰点。查获未经检疫擅自上市肉食150千克。

2000年，加强市场管理和经济检查工作，加强对粮食、农资、成品油市场监管，严厉打击掺杂使假经营行为，查扣掺杂山羊绒35千克。

2004年，全年共查处各类经济违法违章案件191件，案值100多万元，处以罚没款35万元。查获假化肥15吨，假玉米种子235千克，查获不合格玉米原种4.85万千克，货值27万元。检查各类集贸市场7处，清查市场各类经营主体2100户(次)，查办案件8件，案值12400元，处以罚没款4800元。销毁假冒伪劣商品7000余元。查处无照经营案件134件，案值58.75万元，罚款9.8万元。

2005年，全年办结各类工商物价违法案件384件，案值172.35万元，处以罚没款44.6万元，分别比上年增长101.05%、72.35%、27.43%。查处农资案件12起，为22户农民追回赔偿3.9万元。查处假冒伪劣食品案件10起，案值1.01万元，处以罚没款4750元。查处不亮照经营76户，无照经营54户，限期办理营业执照18户，立案查处31户，处以罚没款5.93万元。

2007年，全年查处各类经济违法违章案件436件，比上年增长68%；销毁各类假冒伪劣食品饮品及过期变质商品27种，价值4.8万元。查处食品类违法违规案件93件，案值4.3万元。查处农资违法违规案件23起，案值11万元，为农牧民挽回经济损失2.3万元。查扣不合格手机29部，案值3万元。

2009年，全年查处食品领域违法案件95件，行政处罚52000元。共检查农资市场4个，检查经营主体104户，立案查处10件违法经营案件。取缔无照经营62户，查办手机、建材、家具、汽车配件等各类违法案件75件，涉案金额50余万元。

2010年，共办理各类食品违法案件67件，取缔食品加工黑窝点2处。共查处未按规定登记农资商品进销货台账案件、销售假冒伪劣农机具案件、违法经营农药案件共计41起，有效地维护了农资市场秩序。立案查处销售不合格手机、冒用正牌手机进网许可证案件17件。查处无照和销售假冒伪劣汽车配件案件32件。查处涉嫌销售不合格建材和家具案件25件。查处无资质从事房地产经营案件11件。

2011年，共查处各类经济违法案件262件，其中一般程序案件164件，简易程序案件98件。共办结万元以上案件41件，万元案件数同比增长46.43%。查处各类食品违法案件42件，其中万元食品案件3件，没收销毁过期食品共计480千克。

2012年，共查办各类违法案件274件，案值263.4万元，共检查食品经营户1650户次，查扣没收过期食品及“三无”食品290千克，取缔食品无证经营户4户，查处食品违法案件88件。

第五节　经济合同管理

1988年，严肃经济合同纪律与整治经济体制改革紧密结合，加强经济合同监督检查，共抽查各类经济合同1036份，合格率88%。共鉴证合同168份，总金额1009.67万元。

1996年，鉴证经济合同298份，鉴证金额3436万元。深入开展“重合同、守信用”活动，对旗农业银行等3家企业，命名为旗级“重守”企业，海燕企业集团等2家企业命名为盟级“重守”企业。

1998年，检查租赁合同33份，并给予鉴证金额33万元。鉴证个人借款合同122份，办理动产抵押10份，企业承包租赁合同37份，鉴证建筑合同9份，总金额2441万元。“重守”活动深入开展，上报盟级“重守”单位2家，上报区级“重守”2家。

1999年，鉴证登记合同174份，金额3824.6万元。开展“重守”活动，命名两家企业为旗级“重合同、守信用”单位，有两家企业上报晋升为自治区级重守单位。

2000年，鉴证经济合同43份，鉴证金额493万元。命名2家企业为旗级“重守”单位。

2002年，全旗共鉴证经济合同60份，金额2546万元；抵押物登记14份，抵押物价值2202万元。

2007年，检查各类企业28家，合同60余份，合同金额700多万元。

2010年，共办理个私企业动产抵押物登记7件，抵押物价值金额4.97亿元，帮助企业通过动产抵押融资4.76亿元，动产抵押登记有力地促进了企业的自身发展。

2012年，共办理个私企业动产抵押物登记11件，融资金额1942万元；帮助企业办理股权出质1件，出质股权1.5亿元。

第六节　商标广告管理

一、商标管理

1988 年，旗工商局共计注册商标 2 件，厂标 3 件。

1996 年，全旗共有注册商标 2 件，申请续展商标 2 件。商标年检率 100%。

1998 年，全旗共有注册商标 9 件。

1999 年，全旗共有注册商标 8 件。

2002 年，全旗对 20 家专卖店商品商标进行检查登记，经过清理，保留注册商标 6 件。

2004 年，全旗注册商标共有 9 件，其中，自治区级著名商标 1 件，市级知名商标 1 件。

2005 年，全旗共有注册商标 9 件。

2007 年，全旗共有注册商标 9 件，其中自治区著名商标 1 件（索伦）、市级知名商标 1 件（希热），年内申报市级知名商标 1 件（春旭）。

2010 年，旗工商局查办侵权名牌商品商标案件 3 起，均予以相应行政处罚。

2011 年，全旗共有注册商标数 36 件，内蒙古河套酒业集团乌拉特有限责任公司的“金樽哈达”喜获内蒙古著名商标。完成了“高塔梁”商标的升级申报工作。

2012 年，全旗共培育商标 34 件。

二、广告管理

1988 年，旗工商局审查发布广告 50 起。

1996 年，全旗审查刊播广告 36 起，广告经营单位 2 家，广告营业额 4.5 万元，严厉打击广告误导虚假行为。

1998 年，旗工商局全面审查广告经营单位。对店堂牌匾广告实行登记证制度，办理登记证 86 户，举办广告培训班 1 期。

1999 年，旗工商局按规定程序审批广告 28 件，办理广告证 5 件，查处未经审查医药广告案件 3 件。

2000 年，全旗审查规范各类广告 25 件，开展广告市场专项整顿。

2002 年，全旗审批各类广告 26 件，查处各类虚假、非法印刷品广告 11 件，查扣非法印刷品广告 6000 张。

2004 年，全旗审批户外广告 13 件、印刷品广告 10 件，电视广告 3 件，查处广告案件 3 件。

2005 年，全旗完成广告经营单位许可证年检 5 户；审批各类广告 6 件，印刷品广告 14 件，电视广告 2 件；查出广告违法案件 6 件。

2007 年，旗工商局检查医疗、药品单位 18 家、户外广告单位 7 家、印刷厂 1 家，监测电视广告 12 条，查处违法广告 11 件，其中药品虚假广告 1 件，其他违法广告 10 件。

2010 年，全旗查处违法广告案件 8 件。

2011 年，全旗共立案查处各类违法广告案件 11 件。

2012 年，全旗共检查违法户外广告 20 户，查处违法广告案件 3 起。

第七节　反不正当竞争

1988 年，旗工商局加强经济检查，打击投机倒把违法活动，立案查处投机违法案件 12 起，收回罚没款1.72万元。

1989年，旗工商局继续加强经济检查工作，共立案查处各类投机违法案件11件，主要违法物资有绵羊毛、山羊绒、木材、酒、药品。

1990—2011年，旗工商局继续加强经济检查工作，对矿山、商业贿赂、非法拼（组）装汽车、打击传销和“扫黄、打非”、农资市场、盐业市场、烟花爆竹市场、畜禽屠宰加工及肉类产品流通市场等多项专项整治工作，共查处投机违法案件14起。

2012年，旗工商局加强经济检查工作，共立案查处投机违法案件13起，主要涉及品种有：假劣种子、农膜、滴灌带等。

第八节　消费者权益保护

1996年，旗消费者协会受理消费者投诉案件42起，解决争议金额7万多元。

1999年，旗消费者协会共受理投诉38起，解决37起，解决率97%，为消费者挽回经济损失14531万元。

2000年，全旗共受理消费者投诉18件，解决率100%，为消费者挽回经济损失10810元。

2002年，全旗共受理消费者投诉70起，结案69起，为消费者挽回经济损失近15万元。

2004年，全旗共受理消费者申诉举报案50件，解决率100%，回访率97%，为消费者挽回经济损失10万元。

2005年，全旗共受理消费者投诉案件51件，解决率100%，回访率98%，为消费者挽回经济损失10.62万元。

2007年，全旗共受理各类消费投诉案件45起，为消费者挽回经济损失13多万元。

2009年，全旗共受理消费者申诉举报47件，调解率达到100%，为消费者挽回经济损失25万元。

2010年，全旗共受理消费者投诉案件36起，解决消费者投诉案件36起，调解率100%，为消费者挽回经济损失42万元。

2011年，全旗共受理消费者投诉案件37起，成功调解37起，为消费者挽回经济损失28.48万元。

2012年，全旗共受理消费者投诉案件36起，成功调解16起，调解率100%，为消费者挽回经济损失36.8万元。

第五章　物价管理

第一节　机　构

1988 年，乌拉特中旗设有物价局，内设机构 2 个：分别是物价股、物价检查所，核定科级领导职数 4 人，一正三副。

1999 年，旗工商局与物价局合署办公，一套人马，两块牌子。内设机构 9 个：办公室、财务股、个体股、企业股、市管股、合同股、人事股、收费股、物价检查所；下设派出机构 11 个；全局核定编制 134 名，实有干部职工 134 人，核定领导职数 4 人、一正三副。另有消费者协会、个体劳动者协会挂靠工商局。

2010 年，旗物价局划归旗发展改革局管理，物价管理职能也划归旗发展改革局。旗发展改革局内设机构 8 个，其中设有物价股、收费股、检查所；负责全旗的物价管理工作；有工作人员 10 人。

至 2012 年底，旗物价管理部门隶属关系与人员编制未发生变化。

第二节　管理体制改革

1999—2010 年，旗物价局与旗工商局合署办公，一套人马，两块牌子，是旗人民政府职能部门。

2010—2012 年，旗物价局划归旗发展改革局管理，物价管理职能也划归旗发展改革局。

第三节　价格认证

1996 年，乌拉特中旗物价管理部门开始进行价格认证，价格认定评估总金额 184.9 万元。其中：赃物估价 19 起，金额 15.26 万元；经济案件等价值认定 21 起，金额 33.8 万元；抵押估额 88.93 万元。

1997 年，旗物价管理部门共接受评估委托 71 件，评估金额 232.6 万元。其中：赃物估价 6 起，经济纠纷案件 48 起，房地产评估 14 起，抵押贷款 3 起。

1998 年，旗物价管理部门评估案件 87 起，其中：赃物评估案件 18 起，评估金额为 126 万元；房产评估 12 起，评估金额 38.4 万元；车辆评估 30 起，评估金额 66.3 万元；其他物品评估案件 27 起，评估金额 18.9 万元。

1999 年，旗物价管理部门共评估案件 85 起，评估金额 361.7 多万元。其中：赃物评估案件 17 起，金额 11.4 万元；银行及信用社委托 6 起，评估金额 33 万元；个人委托评估案件 16 起，评估金额 193 万元；法院委托评估案件 34 起，评估金额 38 万元。

2000 年，受理公检法司等部门委托的涉案物品评估案件 40 件，出具价值认定书 40 份，认定价值 200 多万元。

2002 年，共为公安、检察、法院、税务等部门评估案件 161 件，评估金额 196 万元。

2007 年，全旗办理司法机关委托的物品价格鉴定案 48 起，案值 178 万元，办理公安机关委托的道路交通事故车辆定损案16起,案值23万元。办理各类市场主体委托的商品和有偿服务价格认证案15起,认证金额4450万元。

2009年,全旗受理完成价格认证鉴证案件58起,受理道路交通理赔案件26起。

2010年8月,物价管理职能划规旗发展改革局。

第四节　价格管理

1988年,旗物价管理部门面对市场价格不稳定因素,贯彻执行“坚持改革,稳步前进,保持市场物价基本稳定”的方针,结合全旗实际,加强商品价格的管理,对直接影响居民生活的各类蔬菜、肉类制定了最高限价,实行明码标价,接受群众监督,有效制止乱涨价现象。加强对畜产品及地方工业消费品价格的管理。积极支持价格改革,及时做好调价工作。

1989年,全旗零售物价总指数为102.73%,同比上升2.64个百分点,低于巴彦淖尔盟行政公署下达的指数控制目标2.63个百分点。积极治理“三乱”,坚持依法制价,加强价格监督检查,共检查有价单位507户,查处各类价格违法案件54件。

1996年,零售物价平均指数为6.9%,比控制目标低3.1个百分点。为控制物价上涨,采取了以下措施:一是加强组织领导,完善价格调控手段;二是建立价格调节基金制度;三是努力搞好“菜篮子”工程建设;四是加强物价监测预警工作;五是加强收费管理工作;六是加强对收费人员的培训;七是全面完成畜产品成本调查工作。

1997年,全旗商品零售价格总指数为102.4%,居民消费价格总指数平均为104.5%,分别比控制目标降低了3.4个百分点和3.1个百分点。物价调控工作在上年的基础上又采取了以下措施:一是加强农村牧区价格管理。二是推行定价许可证制度。认真开展治理乱收费工作,旗人民政府恢复了治理“三乱”办公室,实行收费许可证年检制度。开展《收费、集资、摊派、罚款登记册》和罚款许可证发放工作,有效制止“三乱”现象。

1998年,继续实行并完善价格调控目标责任制,成立价格调控领导小组,采取有力措施,加大价格调控力度。全年零售价格总指数平均为97.8%,居民消费价格总指数平均为98.9%,与上年同期相比分别下降了4.9个百分点和5.6个百分点。加大副食品调节基金征收力度,共征收调节基金3万元,用于城镇居民“菜篮子”基地建设。全旗共有收费部门30家,其中:行政性的18家,事业性的12家,发放收费许可证215证,年检率100%。审查收费项目329项,其中:行政性收费223项,事业性收费106项。

1999年,全旗居民消费价格平均指数为99.04%,商品零售价格平均指数为98.32%。分别比盟局下达的控价目标降低4.96个百分点和3.68个百分点。

2000年,征收副食品价格调节基金3万元。完成收费许可证年度审验工作,审验收费许可证217证,取消收费项目13项,其中:行政性9项,事业性4项。

2002年,全旗居民消费价格指数为99.43%,市场价格水平处于平稳运行态势。

2004年,居民消费价格总水平上涨4.1%。其中,食品类上涨7.9%;居住类上涨4.4%;烟酒、家庭设备用品、衣着、医疗保健和娱乐文化用品分别上涨1.3%、0.6%、0.4%、1.7%和2.7%;交通和通信类下降1.6%。

2005年,全旗居民消费价格总水平累计上涨1.1%,较年初4.1%的涨幅回落3个百分点。

2007 年，居民消费价格总水平比上年上涨 4. 5%，涨幅高于调控目标 1. 5 个百分点，高于上年 2. 9 个百分点。

2010 年 8 月，物价管理职能划规旗发展改革局。

第五节　监督检查

1988 年，对农业生产资料价格、石油行业价格执行情况、开展了物价税收财政大检查，物价上升指数基本达到了控制，物价秩序趋于稳定，共检查价格违法案件 126 起，收缴罚款 7017. 95 元，没收非法收入 3764. 6 元。

1996 年，依法治价，加强物价监督检查，查处价格违法行为 302 起，没收违法所得 48072. 8 元，罚款 15950 元。

1997 年，以 40 种人民生活必需品价格和服务收费为重点，加大价格监督检查力度，查处各类价格违法案件 127 件，罚没款 52. 47 万元。

1999 年，重点对学校收费、交通运价开展专项检查，共查处各类价格违法案件 68 起，没收价格违法所得 16 万元。

2000 年，对 28 所中小学校的收费进行监督检查，退还学校收取的集资助教费 4. 092 万元。

2002 年，全年累计查处价格违法案件 54 件，涉案金额近 60 多万元，责令退还用户 40 多万元，行政处罚 7 万元。

2009 年，共办理各类经济违法违章案件 482 件，其中一般程序案件 201 件，简易案件 281 件，万元以上案件 16 件。查办价格违法案件 36 件。

2010 年 8 月，物价管理职能划规旗发展改革局。

第六章　质量技术监督管理

第一节　机　构

1988年,乌拉特中旗设有标准计量管理所,股级建制,事业编制,隶属旗科学技术委员会管理。内设机构3个:计量管理股、标准质量监督管理股和中心计量测试所,核定事业编制人,实有在职人员20人,设所长1人、副所长2人。

1995年10月,乌拉特中旗标准计量管理所更名为乌拉特中旗技术监督所,准科级建制,事业编制,仍隶属旗科学技术委员会管理。内设机构4个:办公室、计量管理股、标准质量监督管理股和中心计量测试所,核定事业编制25名,实有在职人员22人,核定科级领导职数1人(所长)。

1999年7月,乌拉特中旗技术监督所更名为乌拉特中旗质量技术监督局,正科级建制,为巴彦淖尔盟质量技术监督局直属机构。内设机构3个:办公室、计量管理股、标准质量监督管理股和中心计量测试所(山前所、山后所),核定编制25名,实有在职人员22人,核定科级领导职数3人,一正二副。

2002年5月,旗质量技术监督局内设机构进行调整,内设机构3个:办公室、综合业务股、执法稽查队和检测所,核定编制25名,实有在职人员25人,核定科级领导职数3人,一正两副。

2011年5月,旗质量技术监督局完成事业单位岗位设置改革管理工作。至年底,内设机构3个:办公室、综合业务股、执法稽查队和检测所,核定编制25名,实有在职人员23人(另有离岗人员3人),核定科级领导职数3人,一正二副。

至2012年底,旗质量技术监督局内设机构与人员编制未发生变化。

第二节　管理体制改革

1988年,乌拉特中旗设有标准计量管理所,隶属旗科学技术委员会管理;主要职能是计量器具的管理和检修、工业企业及农业标准化管理。同年,乌拉特中旗农业标准化专业技术委员会成立,下设办公室,设在旗标准管理计量所内。

1995年10月,旗人民政府为进一步加强标准化、计量、质量管理工作,充分发挥技术监督职能作用,将旗标准计量所更名为旗技术监督所,进一步明确标准化、计量、质量和行政执法监督职能。

1999年7月,根据内蒙古自治区人民政府下发《内蒙古自治区质量技术监督管理体制改革方案》(内政发〔1999〕72号),质量技术监督部门实行省级以下垂直管理。旗技术监督所更名为旗质量技术监督局,为巴彦淖尔盟质量技术监督局的直属机构,同时按照职能调整,将旗经贸局质量管理职能、旗人事劳动局锅炉压力容器、安全监察管理职能和从事该职能划归乌拉特中旗质量技术监督局。旗质量技术监督局职能为负责本行政区域内标准化、质量监督和管理、锅炉压力容器安全监察综合管理和行政执法。

2001年12月,内蒙古政府办公厅下发《关于调整各级工商行政管理局和质量技术监督局有关职能的通知》（内政办发〔2001〕58 号），工商行政管理局负责流通领域的商品质量监督管理，质量技术监督局负责生产领域的产品质量监督管理。工商行政管理局在实施流通领域商品质量监督管理中查出的属于生产环节引起的产品质量问题，移交质量技术监督局处理。工商行政管理部门不重新组建检测检验机构。

2011 年 5 月，根据内蒙古自治区党委组织部、自治区人事厅《关于印发〈内蒙古自治区事业单位岗位设置管理实施意见〉的通知》（内人发〔2007〕131 号）、《关于转发人事部〈事业单位岗位设置管理试行办法〉等 4 个文件的通知》（内人发〔2007〕132 号）文件精神，旗质量技术监督局完成事业单位岗位设置改革管理工作。

第三节 计量监督管理

1988 年，乌拉特中旗标准计量管理所认真贯彻《中华人民共和国计量法》，将计量工作纳入法制轨道，同时进一步明确管理职能，从单纯的行政管理走向法制管理。

1990 年，旗标准计量管理所根据国家技术监督局有关文件精神，组织全旗专（兼）职计量管理人员，参加全国计量管理函授班，共 53 人，经考试合格全部结业，并取得结业证书，为企业培训了合格的计量管理人才。

1993 年 4 月，旗标准计量管理所根据上级管理部门有关加强石油市场管理的通知精神，重点着手整顿国营、个体加油站 21 个。

1995 年，旗技术监督所在财力特别紧张的情况下，自筹资金购买了 500 升的标准计量罐 1 台，开展石油计量检定项目。

2007 年、2009 年，旗质量技术监督局分别购置千克组砝码、吨位砝码、天平精密砝码等，满足不同衡器的检定需求。

2011 年，旗质量技术监督局购置压力表自动检验仪和压力表检定仪，满足日益增加的压力表检定工作和不同量程的压力表检定需求。

截至 2012 年，旗质量技术监督局共建社会公用计量标准 5 项，包括衡器检定、加油机、天平、压力表、血压计。所配备计量标准装置均得到上级计量行政部门的批准、认证、开展计量检定工作。检定人员均经上级主管培训并考核合格领取计量检定员证。2012 年，共完成强制检定计量器具 755 台件，受检率 96. 25%，其中加油机 243 台（次）、汽车衡 40 台（次）、血压计（表）30 块、压力表 442 块（次）。2012 年，统一开展各类市场在用计量器具专项整治行动，专项整治共出动执法人员 114 人次，检查集贸市场 1 个、宾馆酒楼 2 家、超市 3 家、矿山企业 13 家、加油站 17、煤炭生产销售企业 7 家、早市 1 处，检查电子计价秤销售单位 1 家。

第四节 标准化监督管理

1988 年 12 月，《中华人民共和国标准化法》颁布，标准化工作在全旗范围内开展，旗标准计量管理所首先对企业执行标准进行了注册登记、建档立卡，其次，根据乌拉特中旗农牧业生产状况发布《高效益家庭牧场建设技术规程》，为畜牧业生产提供了技术依据。

1991 年，在《高效益家庭牧场建设技术规程》的基础上，旗标准计量管理所承担国家农牧业标准化项目《家庭牧场综合标准化》历时 3 年。于 1994 年经国家技术监督局、内蒙古自治区科委、内蒙古自治区技术监督局、内蒙古自治区畜牧厅等专业技术部门组成项目验收小组验收通过。该项目技术先进，达到国内领先水平，为荒漠、半荒漠草原发展高产、优质、高效畜牧业提供了可靠途径，同时为国家和自治区进一步开展农牧业综合标准化工作积累了经验，树立了榜样。该项目 1994 年列为自治区农业标准化推广项目，名称为“家庭牧场综合标准化建设”，1996 年 9 月，由内蒙古自治区技术监督局等部门组织验收通过。

1996 年 1 月，旗技术监督所编制《家庭牧场综合标准化建设标准汇编（蒙汉）》，该《标准汇编》收集了 23 项畜牧业标准，分为草牧场基本建设、饲养管理、饲草料种植加工、畜种改良、科技培训五大部分，其中包括内蒙古自治区地方标准 5 项、巴彦淖尔盟农业标准 5 项、乌拉特中旗农业标准 13 项。

1998 年，旗技术监督所开展消灭无标生产工作。

2005 年，旗质量技术监督局承担国家标准化管理委员会二类农业标准化示范项目——《乌拉特中旗牧区生态牧场综合标准化示范区》建设，运用标准化统一、简化、协调、优化原理，将牧区生态牧场基本建设、畜群饲养管理、科技培训等成功生产经验和科技成果，制定成切实可行的综合配套标准，以利于广大牧户建设生态牧场有章可循、规范技术、提高效益，从而达到牧民增收、农业增效的目的。

2006 年，旗市场监督管理局编制《乌拉特中旗牧区生态牧场综合标准化示范建设标准汇编》，收集 14 项农业标准，其中农业部标准 1 项、内蒙古自治区地方标准 2 项、巴彦淖尔市农业标准 3 项、乌拉特中旗农业标准 8 项。

2012 年，标准化工作由综合业务股承担。产品标准累计注册 67 家企业的 104 种产品，其中产品执行标准数国家标准 60 个、行业标准 31 个、地方标准 4 个、企业标准 9 个。4 家企业完成了质量体系认证，1 家企业通过了有机认证，1 家通过了食品安全管理体系认证，1 家通过了 HACCP 认证。开展了食品生产企业产品标准执行情况检查，共检查生产加工企业和作坊 26 家的 32 种产品；对乌拉特中旗境内 8 家药房、2 家超市 177 种商品条码使用情况进行检查，2 户生产企业的商品条码使用较规范。

第五节　产品质量监督管理

1988 年，旗标准计量管理所为加强建材行业产品质量管理，旗标准计量管理所在资金严重短缺的情况下，自筹资金增上红砖、材料试验机，为砖瓦企业及建筑企业提供了可靠的技术保证。

1989 年，国务院颁布《关于严厉查处经销伪劣商品责任者的意见》，旗标准计量管理所对全旗流通领域的商品进行大规模的市场检查整顿工作，并帮助全旗工矿企业建立全面质量管理领导小组，为企业产品质量提供可靠的组织保证。

1999 年 7 月，旗技术监督所按照职能调整，将旗经贸局质量管理职能划归乌拉特中旗质量技术监督局。

2001 年 12 月，内蒙古自治区人民政府办公厅下发《关于调整各级工商行政管理局和质量技术监督局有关职能的通知》（内政办发〔2001〕58 号），文件规定，工商行政管理局负责流通领域的商品质量监督管理，质量技术监督局负责生产领域的产品质量监督管理。工商行政管理局在实施流通领域商品质量监督管理中查出的属于生产环节引起的产品质量问题，移交质量技术监督局处理。

2011 年，乌拉特中旗全面启动食品安全检验检测技术能力、基层基础检验检测技术能力、特种设备安全和食品安全监管能力“三大提升工程”，旗质量技术监督局筹建 2700 平方米的“乌拉特中旗质量技术监督检验检测中心”。

2012 年，“乌拉特中旗质量技术监督检验检测中心”（建筑面积 2700 平方米，投资 600 万元），12 月投入运行。深入学习国家质量发展纲要（2011—2020 年），积极推进“质量兴旗”工作，以食品、有机产品、建材、农资、汽配、化妆品等为重点产品，以严厉打击制售假冒伪劣产品为重要目标，开展了各种专项整治行动。

第六节　代码识别管理

1989 年，旗标准计量管理所遵照执行《国务院批转国家技术监督局等部门关于建立企业、事业单位和社会团体统一代码标识制度报告》（国发〔1989〕75 号），做好有关工作。

1992 年，旗标准计量管理所遵照执行《内蒙古自治区人民政府办公厅关于建立内蒙古自治区企业、事业单位和社会团体统一代码标识制度的通知》（内政办发〔1992〕30 号）文件规定，做好有关部门责任分工和协调工作。

1993 年，按照《内蒙古自治区人民政府办公厅关于转发自治区企业事业社会团体代码标识制度领导小组〈内蒙古自治区建立企业事业单位和社会团体统一代码标识制度工作规划〉的通知》（内政办发〔1993〕24 号）文件中要求，乌拉特中旗人民政府办公室于同年 9 月印发《关于成立全旗企业、事业单位、社会团体统一代码标识制度领导小组的通知》（政办发〔1993〕91 号）文件，建立乌拉特中旗统一代码标识制度领导小组及办公室。领导小组办公室设在旗标准计量管理所，由编委、工商行政管理局、民政局、人民银行、标准计量管理所抽调人员组成，开始组织机构代码工作，按照国家物价局、财政部〔1992〕价费字 447 号文件规定收取费用。

1996 年，乌拉特中旗技术监督所根据《转发关于税务登记证统一代码具体使用及有关问题的通知》（巴国税征字〔1996〕第 247 号）文件，配合旗税务局开展换证工作，凡不能提供全国组织机构统一代码证书的纳税人，税务机关一律不予换发和办理税务登记证。

1997 年，旗技术监督所根据《关于转发〈关于联合推动全国组织机构代码工作的通知〉的通知》（内代办发〔1997〕005 号）文件，与旗工商管理局联合推动全国企业组织机构代码工作。同年，根据《国家计委、财政部门关于第一批降低 22 项收费标准的通知》（计价费〔1997〕2500 号）要求，旗技术监督所降低收费标准。

1998 年，乌拉特中旗代码应用工作实现微机管理。

1999 年 11 月，旗质量技术监督局根据《内蒙古自治区物价局关于对申请核定组织机构代码 IC 卡收费标准的复函》（内价费发〔1999〕98 号）规定，对发行组织机构代码 IC 卡工作收取费用。

2012 年 3 月，乌拉特中旗组织机构代码工作由内蒙古自治区标准化院直接聘用人员开展工作，不再由旗县质量技术监督局承担此工作。

第七节　特种设备监督管理

1999 年 7 月 13 日，乌拉特中旗技术监督所管理体制发生重大变革，根据中共中央、国务院要求，质量技术监督实行省级以下垂直管理，同时将人事劳动部门锅炉压力容器安全监察职能划归质量技术监督局。

2002 年 5 月，巴彦淖尔盟质量技术监督局根据实际情况，对旗质量技术监督局内设机构进行规范。内设有综合业务股、执法稽查队和检测所，特种设备安全监察工作划归综合业务股。

2010 年，共检查特种设备使用单位 46 家，检查特种设备 98 台，其中锅炉 33 台、压力容器（不含气瓶）34 台、电梯 9 部、起重机械 22 台。检查压力管道 10.499 千米。发出安全监察指令书 46 份，督促特种设备使用单位整改事故隐患 98 处，2010 年共查处特种设备违案 6 起，结案 6 起。特种设备操作人员培训班 1 期，培训操作人员 33 人。共检查了液化石油气瓶经销和充装单位 21 家，其中液化气充装站 2 家，液化气瓶经销单位 19 家；共检查液化气储罐 5 只，检查液化气瓶 110 只。

2011 年，共检查特种设备使用单位 59 家（次），检查特种设备 201 台，其中锅炉 31 台、压力容器（不含气瓶）133 台、电梯 17 部、起重机械 20 台。检查压力管道 4 千米，发出安全监察指令书 34 份，督促特种设备使用单位整改事故隐患 63 处，确保了特种设备安全稳定运行。2011 年共查处特种设备违案 9 起，结案 9 起。配合市特检所举办特种设备操作人员培训班 1 期，培训操作人员 41 人。共检查了液化石油气瓶经销和充装单位 10 家，其中液化气充装站 2 家，均取得充装许可证，液化气瓶经销单位 8 家；共检查液化气储罐 5 只，检查液化气瓶 230 只；报废气瓶 66 只。

2012 年，共检查特种设备使用单位 46 家，检查特种设备 119 台，其中锅炉 25 台、压力容器（不含气瓶）22 台、电梯 21 部、起重机械 49 台、场（厂）内机动车 2 台。截至共查处特种设备违案 17 起，结案 17 起，发出安全监察指令书 42 份，督促特种设备使用单位整改事故隐患 58 处，保障特种设备安全稳定运行。共检查液化石油气瓶经销和充装单位 10 家，其中液化气充装站 2 家，均取得充装许可证，液化气瓶经销单位 8 家；共检查液化气储罐 5 只，检查液化气瓶 230 只；报废气瓶 86 只。操作人员培训班 1 期，共有 89 人参加培训。

第七章 国土资源管理

第一节 机 构

一、行政管理机构

（一）乌拉特中旗土地管理分局

1988 年，乌拉特中旗设有土地管理局，为旗人民政府直属工作部门，内设机构 4 个：城市建设用地股、农牧区土地管理股、地籍管理股、区划办公室；核定行政编制 10 名，实有在职人员 10 人，核定科级领导职数 2 人，一正一副。

1993 年 3 月，机构改革，乌拉特中旗土地管理局被撤销，并入旗计划委员会。

1994 年 4 月，巴彦淖尔盟土地管理系统实行垂直领导体制，乌拉特中旗土地管理局恢复成立，作为盟土地管理局的分支机构，行使原土地管理局的职能，内设机构 5 个：办公室、用地股、地籍股、土地市场管理所、监察队，核定编制 15 名，实有在职人员 15 人，其中科级领导职数 3 人，一正二副。

1996 年 4 月，经巴彦淖尔行政公署批准，全盟土地管理垂直领导体制延伸到乡镇苏木，乌拉特中旗土地管理分局扩编 10 名，成立 10 个乡镇土地管理所。

1999 年，旗土地管理分局全局内设机构 5 个：办公室、用地股、地籍股、土地市场管理所、监察队，核定编制 25 名，在职职工 22 人（提前退休 3 人），其中科级领导职数 3 人，一正二副。

2002 年 6 月，巴彦淖尔盟土地管理局乌拉特中旗土地管理分局与巴彦淖尔盟地矿管理局乌拉特中旗地矿管理分局合并，新组建巴彦淖尔盟国土资源管理局乌拉特中旗国土资源管理分局。

（二）乌拉特中旗地矿管理分局

1988 年，乌拉特中旗设有地矿管理站（内设黄金管理站，一套人员两块牌子），隶属旗经济委员会二级单位，实有人员 9 人。

1989 年 6 月，旗地矿管理站（内设黄金管理站）归口旗计划委员会管理，属其二级单位（股级单位）。

1993 年 4 月，旗地矿管理站升为正科级单位，内设机构 3 个：办公室、统计股、财务室；核定编制 10 名，实有在职人员 10 人，核定科级领导职数 2 人，一正一副。

1995 年 10 月，旗地矿管理站、旗黄金公司、旗煤炭管理局合并，成立乌拉特中旗地质矿产管理局。同年 12 月，巴彦淖尔盟行政公署决定，地矿机构垂直领导，实行条管，旗地质矿产管理局更名为巴彦淖尔盟地质矿产资源管理局乌拉特中旗分局，内设机构 6 个：办公室、财务室、黄金股、矿管股、煤管股、矿管派出所；实有在职人员 21 人，核定科级领导职数 4 人，一正三副。

1997 年 5 月，乌拉特中旗原黄金公司、煤炭管理局人财物从旗地矿管理分局分出单独设立。

1999 年，旗地矿管理分局内设机构 3 个：办公室、综合业务股、征费稽查股，局机关在岗职工 22 人（具有技术职称的 6 人），核定科级领导职数 3 人，一正二副。

1994 年 4 月，巴彦淖尔盟地矿管理系统实行垂直领导体制，乌拉特中旗地矿管理局改称巴彦淖尔盟地矿管理局乌拉特中旗地矿管理分局，隶属巴彦淖尔盟地矿管理局领导，内设机构与人员编制未发生变化。

2002 年 6 月,巴彦淖尔盟地矿管理局乌拉特中旗地矿分局与巴彦淖尔盟土地管理局乌拉特中旗土地管理分局合并,新组建巴彦淖尔盟国土资源局乌拉特中旗国土资源分局。

(三)乌拉特中旗国土资源管理局

2002 年 6 月,巴彦淖尔盟土地管理局乌拉特中旗土地管理分局与巴彦淖尔盟地矿管理局乌拉特中旗地矿管理分局合并,新组建巴彦淖尔盟国土资源管理局乌拉特中旗国土资源管理分局,隶属巴彦淖尔市国土资源管理局领导,旗国土资源管理分局内设机构 9 个:办公室、地籍股、矿管股、地质勘查股、规划测绘股、土地利用股、政策法规股、执法大队、土地整理储备中心;下设苏木乡镇 中心所 4 个。核定行政编制 7 名,实有在职人员 43 人,核定科级领导职数 4 人,一正三副。

2010 年,巴彦淖尔盟国土资源管理局乌拉特中旗国土资源管理分局由巴彦淖尔市国土资源管理局下划至乌拉特中旗管理,改称乌拉特中旗国土资源管理局,为旗人民政府工作部门;同时,下划事业单位 2 个(国土资源执法监察大队、国土资源业务中心),隶属新组建的乌拉特中旗国土资源管理局管理,为乌拉特中旗国土资源管理局所属二级事业单位。至年底,旗国土资源管理局内设机构 7 个:办公室、土地利用股、规划股、矿管股、耕地保护股、地籍股、政策法规股;派出机构 3 个:乌加河所、石哈河所、口岸所;全局核定行政编制 8 名,实有在职人员 35 人,核定科级领导职数 4 人,一正三副。下设二级事业单位 2 个:乌拉特中旗国土资源执法监察大队、乌拉特中旗国土资源业务中心,共有人员 28 人。

2012 年,旗国土资源管理局内设机构 10 个:办公室、土地利用股、地籍股、规划股、矿管股、勘查股、财务室、耕保股、政策法规股、土地整理中心;派出机构 3 个:口岸国土资源中心所、石哈河镇国土资源中心所、乌加河镇国土资源中心所,核定行政编制 8 名,实有在职人员 56 人,核定科级领导职数 4 人,一正三副。下设事业单位 2 个:乌拉特中旗国土资源执法监察大队、乌拉特中旗国土资源业务中心,共有 48 人。

二、事业单位

(一)国土资源执法监察大队

2010 年,巴彦淖尔市国土资源管理机构改革,巴彦淖尔市国土资源管理局所属乌拉特中旗国土资源执法监察大队下划到乌拉特中旗管理, 为旗国土资源管理局下设二级单位。核定事业编制 11 名,设有大队长 1 人、副大队长 1 人。

2012 年,旗国土资源执法监察大队内设机构与人员编制未发生变化。

(二)国土资源业务中心

2010 年,巴彦淖尔市国土资源管理机构改革,巴彦淖尔市国土资源管理局所属乌拉特中旗国土资源业务中心下划到乌拉特中旗, 为旗国土资源管理局下设二级单位。内设机构 8 个:综合办公室、土地收储中心、土地整理中心、交易所、业务服务大厅、乌加河中心所、石哈河中心所、牧区中心所;核定事业编制 26 名(其中管理人员 7 人,专业技术人员 19 人),其中副科级领导职数 1 人。

2012 年,旗国土资源业务中心内设机构 8 个:综合办公室、土地收储中心、土地整理中心、交易所、业务服务大厅、乌加河中心所、石哈河中心所、牧区中心所;核定事业编制 16 名,设有主任 1 人。

第二节　管理体制改革

1988 年,乌拉特中旗设有土地管理局,为旗人民政府直属工作部门,主要职责是:宣传贯彻土地管理工作的方针、政策和法规，并实施监督、检查；统一管理全旗土地和城乡地籍地政工作，查处土地权属纠纷和土地违法案件，主管全旗土地的调查、统计、定级、估价、登记发证工作。根据国民经济和社会发展的规划、计划、预测全旗中长期各类用地需求，负责编制全旗土地利用总体规划、计划和土地后备资源开发规划、计划；主管全旗土地的征用、划拨、出让工作，统一审核划拨建设用地，承办建设用地的审查报批，负责土地使用权出让的组织、协调、审查、报批和出让方案的落实；管理土地市场，负责土地使用权转让、出租、抵押等的权属管理和监督检查；承办上级土地管理部门交办的其他事宜。

1994 年 4 月，巴彦淖尔盟土地管理系统实行垂直领导体制，旗土地管理局改称巴彦淖尔盟土地管理局乌拉特中旗土地管理分局，主要职责未变。

2002 年 6 月，巴彦淖尔盟土地管理局乌拉特中旗土地管理分局与巴彦淖尔盟地矿管理局乌拉特中旗地矿管理分局合并，新组建巴彦淖尔盟国土资源管理局乌拉特中旗国土资源管理分局，隶属巴彦淖尔市国土资源管理局管理，主要职责是：负责贯彻执行国土资源基本国策、对全旗范围内土地、矿产资源采取有效措施，进行全面规划和合理利用，严格管理、保护、开发国土资源，制止非法占用土地矿产资源违法行为的责任。主管本行政区域土地的征用、划拨、出让、转让、出租、抵押和土地登记发证，土地分等定级；矿产资源勘查、开采的监督管理，地质环境保护和地质灾害防治监督管理；依法管理测绘行业等工作。

2010 年，根据巴彦淖尔市机构编制委员会《关于调整国土资源管理体制划转机构和人员编制的通知》（巴机编发〔2010〕〕21 号）精神，巴彦淖尔盟国土资源管理局乌拉特中旗国土资源管理分局下划至乌拉特中旗管理，改称乌拉特中旗国土资源管理局，为旗人民政府工作部门，主要职责未变。

第三节　土地资源管理

一、土地规划

（一）调查与规划

2009 年，乌拉特中旗国土资源管理分局为贯彻中共十七大精神，实现全面建设小康社会的宏伟目标，深入贯彻落实科学发展观，落实节约资源和保护环境的基本国策，保障乌拉特中旗国民经济和社会又好又快发展，统筹安排各业各类用地，保障土地资源可持续利用，根据《中华人民共和国土地管理法》《巴彦淖尔市土地利用总体规划（2006—2020 年）》，编制《乌拉特中旗土地利用总体规划（2009—2020 年）》。主要阐明规划期内乌拉特中旗土地利用战略和规划指标，是政府土地利用管理落实土地配置、实施政策，引导全社会保护和合理利用土地资源，加强土地宏观调控，严格土地用途管制的重要依据；也是城乡建设、耕地特别是基本农田保护、土地管理的纲领性文件。

（二）规划目标

1. 严格保护耕地和基本农田

全旗以保障社会经济长远、可持续发展为基本原则，严格保护耕地特别是基本农田，耕地保有量不低于 87583. 69 公顷，约占全旗土地总面积的 3. 83%；规划期基本农田保护面积稳定保持在 64091. 79 公顷，基本农田保护率达 80. 56%，基本农田面积有增加、质量有提高，布局总体稳定。

2. 新增建设用地指标

2006—2008 年，全旗新增建设用地指标中核减掉年新增建设用地指标，新增建设用地面积为

281.56 公顷,新增建设用地占用的地类为未利用地。

(三)成果应用

《乌拉特中旗土地利用总体规划(2009—2020 年)》范围包括:乌拉特中旗所辖 5 个镇(海流图镇、乌加河镇、德岭山镇、石哈河镇、川井镇)、3 个苏木(呼勒斯太苏木、巴音乌兰苏木、新忽热苏木)的全部土地,总面积 2286810.74 公顷。规划期限为 2009—2020 年,2008 年为基期年,2020 年为目标年。

2009—2012 年,乌拉特中旗国土资源管理局认真贯彻实施《乌拉特中旗土地利用总体规划(2009—2020 年)》依据规划审批土地,对不符合土地利用总体规划的建设用地不予批准,对违反规划未批先用、少批多用等违法用地行为严肃查处,并追究有关人员的法律责任,维护规划的强制性和严肃性。通过疏堵结合和长期的宣传教育,有效遏制了违规违法占地势头,使全社会逐步形成了用地必须符合土地利用总体规划的观念,体现了按规划依法使用和管理土地的法律制度。

二、土地详查

1984 年 5 月,第一次全国土地详查工作开始;1996 年底,第一次全国土地详查工作结束,历时 12 年。当时,由于技术、人员、设备等多种因素的制约,特别是科技发展水平的限制,现代信息技术应用水平不高,技术手段相对落后,详查主要以常规手工操作方式为主,造成工作量大、耗时长,致使第一次土地详查 10 余年时间才得以完成。第一次全国土地详查结果为:1996 年底,乌拉特中旗所辖总面积为 230.96 万公顷,其中农用地 224.39 万公顷,占土地总面积的 97.2%;建设用地 0.97 万公顷,占土地总面积的 0.4%;未利用地 5.6 万公顷,占土地总面积的 2.4%。农用地中,耕地面积 7.01 万公顷,占农用地面积的 3.1%;园地面积 0.008 万公顷,占农用地面积的 0.0036%;林地面积 1.2 万公顷,占农用地面积的 0.53%;牧草地面积 215.2 万公顷,占农用地面积的 95.9%;其他农用地面积 0.99 万公顷,占农用地面积的 0.44%。建设用地中,居民点及工矿用地面积 0.58 万公顷,占建设用地面积的 60%;交通用地面积 0.26 万公顷,占建设地面积的 27%;水利设施用地面积 0.12 万公顷,占建设用地面积的 13%。

2007 年 7 月 1 日,第二次全国土地调查(详查)工作全面启动;2009 年底,第二次全国土地调查(详查)工作完成。调查主要任务包括:农村土地调查,查清每块土地的地类、位置、范围、面积分布和权属等情况;城镇土地调查,掌握每宗土地的界址、范围、界线、数量和用途;基本农田调查,将基本农田保护地块(区块)落实到土地利用现状图上,并登记上证、造册;建立土地利用数据库和地籍信息系统,实现调查信息的互联共享。在调查的基础上,建立土地资源变化信息的统计、监测与快速更新机制。第二次全国土地调查结果为:2009 年底,乌拉特中旗所辖总面积为 228.681074 万公顷,其中,耕地 89196.2 公顷,园地 87.2 公顷,林地 18909.49 公顷,牧草地 2104011.7 公顷,商服用地 102.02 公顷,工矿仓储用地 1937.18 公顷,公共服务用地 182.07 公顷,特殊用地 655.7 公顷,交通用地 7704.62 公顷,水域及水利设施用地 46367.42 公顷。

三、土地有偿使用与建设用地管理

1990 年,国务院颁布《城镇国有土地使用权出让和转让暂行条例》(国务院 55 号令)和《外商投资开发经营成片土地暂行管理办法》,乌拉特中旗土地管理部门遵照执行。土地有偿使用的方式也从单一的出让发展到出让、租赁和作价入股等多种形式,建设用地的管理也从单一的资源管理向资源和资产管理并重的模式转变。当年,全旗建设用地计划 800 亩,实际完成 980.57 亩,超计划用地指标主要是总排干扩建工程用地未列入计划。

1991 年，全旗建设用地计划 750 亩，实际完成 103.95 亩，占计划的 13.86%。

1994 年，第八届全国人大常委会第八次会议通过的《中华人民共和国城市房地产管理法》进一步明确了国有土地使用权出让等有偿使用方式。根据《中华人民共和国土地管理法》规定，除一些公共设施、公益事业和基础设施外，国有土地供应原则上都应采用有偿使用的方式，土地有偿使用将成为全国建设用地供应的基本制度。全国建设用地的供应方式主要有两大类：有偿使用与行政划拨。国有土地有偿使用又分为土地使用权出让、土地使用权作价出资入股与土地使用权租赁。当年，旗土地管理局共审批建设用地 413 宗，共 257.34 亩。其中土地有偿使用 349 宗、189.56 亩，划拨存量国有土地 23 宗，10.5 亩。

1995 年，旗土地管理局依法办理国有土地使用权出让、转让 2017 宗，面积 53728.93 平方米。出租 148 宗，面积 3800 平方米，抵押 25 宗地，面积 4710.69 平方米。

2002 年，全旗办理各项用地手续 742 宗，占地 270149.3 平方米。

2003 年，全旗办理土地使用权交易 99 宗，占地 34179.67 平方米，抵押 274 宗，占地 709564.74 平方米；办理经营性用地占用手续 61 宗，占地 1314.8 平方米。

2004 年，全旗成功出让海流图镇三完全小学大门两侧的 10 宗国有土地使用权，共收到出让金 61.716 万元，成为近十年中全旗国有土地使用权出让最成功的一次。办理转让划拨 101 宗地，占地 200732.319 平方米。

2006—2010 年，旗国土资源管理分局共审批建设用地 164 宗，共 884.273 公顷。其中，土地有偿使用 95 宗、469.18 公顷，土地出让收益 24940.5851 万元；土地行政划拨 69 宗、415.093 公顷。

2011 年，旗国土资源管理局共审批建设用地 72 宗，共 358.308 公顷。其中，土地有偿使用 51 宗、333.138 公顷，土地出让收益 33748.26 万元；土地行政划拨 21 宗、25.17 公顷。

2012 年，旗国土资源管理局共审批建设用地 41 宗，共 1342.015 公顷。其中，土地有偿使用 28 宗、166.41 公顷，土地出让收益 13620.121 万元；土地行政划拨 13 宗、1175.605 公顷。

25 年中，乌拉特中旗土地管理局（国土资源管理局）在强化建设用地管理中，一是坚持了依法统一管理土地的原则，认真贯彻执行国家及内蒙古自治区土地管理部门的有关法规，严格建设用地审批程序，坚持政府一支笔审批土地，由土地管理部门（国土资源管理部门）一家办理审批手续。同时加大执法力度，严格查处各类用地违法违规行为，使全旗土地管理秩序明显好转。

四、地籍管理

地籍管理是指国家为取得有关地籍资料和为全面研究土地的权属、自然和经济状况而采取的以土地登记、权属调查、土地统计、土地利用现状变更等为主要内容的国家措施。

1992 年，乌拉特中旗开始进行海流图镇地籍权属调查，9 月底，完成 3980 宗地的调查任务，这项工作到同年 12 月中旬告一段落。

1999 年，全旗新发国有土地使用证 116 本，办理变更登记 25 宗地，共处理土地权属纠纷 4 起。

2004—2006 年，全旗共办理国有土地使用证 402 宗，其中转让登记 221 宗、初始登记 161 宗、分割登记 20 宗。

2007 年，旗国土资源管理分局全面做好城镇住房登记发证工作，办理国有土地使用证 576 宗，面积 792.9 公顷，其中，土地使用权初始发证 188 宗、面积 7.7 公顷，楼房分割登记发证 19 宗、面积

1.27 公顷；土地使用权变更登记发证 367 宗，面积 75.93 公顷；办理集体土地使用权初始发证 2 宗，面积 1.24 公顷。

2008 年，全旗共完成土地登记 1028 宗地，其中：办理城镇国有土地变更登记 621 宗，初始登记 384 宗；办理农村集体使用权 7 宗；办理土地抵押登记 16 宗，共颁发土地使用权证 1028 本；整改地籍档案 1248 宗地；整理档案归档 2276 宗地，进行公开查询土地档案 87 次，对 30 多家投资企业进行权属确认。

2009 年，全旗办理国有土地使用证 1036 宗地，其中转让登记发证 585 宗地，初始登记发证 444 宗地，集体土地使用证 7 宗。办理他项权利登记 27 宗地。

2010 年，全旗共办理各类土地登记 1029 宗。其中转让登记发证 565 宗，初始登记发证 293 宗，分割登记 159 宗，集体土地使用证 5 宗。另外，土地他项权利登记 115 宗，给 48 家投资企业进行了地类确认。

2011 年，全旗共办理国有土地登记 876 宗；办理抵押登记 226 宗。

2012 年，全旗共办理土地登记 1626 宗，为 78 家企业完成了权属确认工作；全旗调查摸底农村集体土地登记应发证 18906 宗，已累计发证 17499 宗，发证率 92.6%。

2002—2012 年，乌拉特中旗国土资源管理分局认真贯彻落实国务院颁发的《土地登记办法》和《国土资源部、财政部、农业部关于加快推进农村牧区集体土地确权登记发证工作的通知》精神，紧紧围绕国土资源管理中心工作，深入实践科学发展观，以地籍管理规范建设为核心，以地籍基础业务建设为重点，全面落实各项工作任务，做到依法行政，规范操作，全旗地籍管理工作水平全面提升。

五、征迁安置与补偿

2009—2010 年，全旗征收土地参照《内蒙古自治区人民政府办公厅关于公布实施自治区征地统一年产值标准和征地区片综合地价的通知》（内政办发〔2009〕129 号）文件进行补偿。

2011 年开始，全旗征收土地参照《内蒙古自治区人民政府办公厅关于公布实施自治区征地统一年产值标准和征地区片综合地价的通知》（内政办发〔2011〕143 号）文件进行补偿。

2011—2012 年乌拉特中旗征收土地统一年产值标准补偿统计表

表 26－2

区　域	统一年产值（元）			耕地（亩）	园地（亩）	林地（亩）	草地（亩）
	区域产值	补偿倍数	区域产值标准				
灌　区	916	25	22900	22900	13740	13740	2748
山旱区	426.2	25	10655	10655	6393	6393	2664
牧　区	87.5	30	2625	22836	8138	8138	2625

六、基本农田保护

基本农田保护是指根据一定时期人口和国民经济发展对农产品的需求，以及对建设用地的预测，而对长期不得占用的耕地，依法实行保护的一项土地行政措施。基本农田保护的对象是：国务院有关主管部门和县级以上地方人民政府批准确定的粮、棉、油和名、优、特、新农产品生产基地；高产、稳产田和有良好的水利与水土保持设施的耕地以及经过治理；改造和正在实施改造计划的中低产田；大中城市蔬菜生产基地；农业科研、教学试验田；省级以上人民政府确定的其他农业生产基地。

1997年，乌拉特中旗土地管理分局开始落实基本农田保护政策，进行《乌拉特中旗基本农田规划》制定工作。

2001年，旗土地管理分局对基本农田进行重新调整划定。

2004年，旗国土资源管理分局按照有关文件精神，结合全旗实际情况，在全旗开展基本农田保护自查工作。

2009年，旗国土资源管理分局对《乌拉特中旗基本农田规划》进行修编，修编中对基本农田进行了补划。补划后的《乌拉特中旗基本农田规划（2009—2020年）》以2009年为基础年，2020年为目标年。

至2012年，乌拉特中旗基本农田集中区分布在前山河套灌区和后山旱作农业区两大片，占全旗耕地面积的72.06%，地势相对平缓、水土条件较好，具有发展农业的有利条件，耕地集中连片，生产力水平高，具有发展种植生产的良好基础。基本农田面积为64091.79公顷，基本农田保护区面积为71854.11公顷，基本农田保护区面积占耕地总面积的80.56%，占土地总面积为3.14%。

七、土地监察

（一）法律法规宣传

1988—1990年，乌拉特中旗土地管理部门继续学习贯彻《中华人民共和国土地管理法》，做了大量宣传教育工作。

1991年，国务院将每年6月25日确定为“全国土地日”，旗土地管理局组织声势浩大的宣传队伍上街宣传，通过悬挂过街横幅、张贴宣传标语、印发宣传单、领导发表电视讲话、设立咨询台等多种形式进行开展。截至2012年，旗国土资源管理部门组织开展22个全国土地日宣传活动，对土地管理的法律法规进行集中宣传，扩大宣传教育覆盖范围，营造守法学法护法用法的社会氛围。

2002—2012年，旗国土资源管理部门在普法宣传工作中，紧紧围绕旗委、旗人民政府总体发展思路和安排部署，以加强和改进新形势下的群众工作为载体，通过有针对性地集中法治宣传教育活动，教育引导广大干部群众学法用法、遵守法律、尊重法律，依法合理地表达诉求，依法维护自身权益，自觉维护社会大局稳定；同时，实施以“法制六进”（法律进机关、进学校、进连队、进社区、进乡镇、进企业）为主要内容的“送法工程”。结合开展“学法律、讲权利、讲义务、讲责任”为主要内容的公民法制宣传教育，大力推动法制宣传教育，根据社会不同群体的需求，采取多种多样的形式，把土地法律法规和国家有关政策，宣传到机关领导干部、基层干部、连队官兵、职工群众等不同群体。

（二）违法违规查处

1988年，乌拉特中旗土地监察执法人员全力以赴，加强监察。当年，监察执法人员由3人组成。

1990年，旗土地管理部门为提高执法效率，加强监察队伍力量，监察执法人员由3人增至8人，并从土地管理局抽出1名科级干部专门协助监督检查土地违法违规案件。全旗共调查违法占地案件89件。

1991年，旗土地管理部门对用地秩序进行一次集中的清理整治。共查处土地违法违规案件112起，占地1762.7亩，其中拆除非法建筑6.5亩、收回1689.93亩。

1992年，查处违法占地案件2起，占地96.6亩。调解土地权属纠纷2起，占地面积83亩。

1994年，巴彦淖尔盟土地管理系统实行垂直领导体制，旗土地监察大队监察力量得到加强，监督检查工作坚持“预防和查处相结合，以预防为主”的方针，使土地违法违规行为有所下降。当年，共查处土地违法违规案件 17 起，占地 2895 平方米。

1995 年，全旗共查处土地违法案件 7 起，面积 959 平方米。调处土地纠纷 3 起，面积 261.5 亩。

1996 年，《中华人民共和国土地管理法》颁布 10 周年之际，旗土地监察大队对土地违法违规行为进行全面排查，共查处土地违法案件 7 起，纠正违规行为 6 起。

1987—1998 年，旗乡两级人民政府及土地行政主管部门调解裁决土地权属、宅基地等土地纠纷 2997 件。

1999 年，在人员少、工作难度大的情况下，共查处违法用地案件 19 起。

2001 年共查处各类土地违法案件 13 宗地，结案 12 宗地，结案率 92.4%。

2004 年，针对各类经营性用地的审批、划拨、土地使用权转让、改变土地用途等行为进行治理整顿，依法查处违法用地案件 1 起，调处土地纠纷 13 起。

2002—2010 年，旗国土资源管理部门执法监察工作将动态巡查作为工作中的重要手段，进一步提高违法行为的发现率和制止率。一是在土地动态巡查中，始终把基本农田保护区作为巡查的重中之重，明确巡查区域、巡查次数，严格巡查登记，落实巡查责任。通过监护到边、巡查到位，努力把执法关口前移，切实做到了对各类土地违法行为的早发现、早报告、早制止。二是建立健全土地动态巡查网络，把定期巡查与例行巡查相结合，把群众举报和媒体披露相结合，开通了“12336”国土资源违法举报电话，及时构建“横向到边、纵向到底”的苏木镇执法监察。三是为提高土地违法综合预防能力。对每个基层国土所进行了明确的责任分工，详细的巡查区域，实现责任到位、报告及时、处理妥当。

2007 年，旗国土资源分局按照巴彦淖尔市国土资源局、市监察局联合下发的《关于联合开展对土地市场治理整顿以来的土地违法违规问题及处理情况检查的通知》要求，在 2006 年进行全旗土地违法违规问题全面清理的基础上，大力规范企业用地报批手续，有 25 家企业履行用地报批手续，其余正在评估；通过矿产资源整合，清理选矿企业违法用地行为、开展土地执法百日行动，清查新增建设用地项目 43 宗，查出违法用地建设项目 11 宗，违法用地面积 92.61 公顷，均予以立案，结案 6 起，占土地面积 11.6097 公顷，收缴罚没款 31 万元。巡查海流图镇城区用地，立案查处土地违法案件 1 件，下达制止非法用地通知书 6 份。

2011 年，全旗查处土地违法案件 5 宗，面积 17.8 万平方米，收缴罚没款 35.7 万元。

2012 年，全旗立案查处违规案件 18 起（包括矿产违法案件），收缴罚没款 203.4 万元。

第四节　矿产资源管理

一、开发规划

1988—2012 年，乌拉特中旗国土资源管理部门充分利用新忽热及图古日格一带的黄金、温更及巴音苏木桑根达来一带煤炭、莫圪内石哈河铁矿石生产基地、乌不浪口一带石墨石英和花岗岩、甲胜盘地区铅锌硫铁矿石资源，不断扩大矿山生产规模，提高有色金属矿床中金、银等伴生有益组分综合回收利用率，调整和优化产业结构，提高矿产品深加工程度，延长产业链，重点发展金属矿产下游产品，初步打造以甘其毛都工业园为依托，集采、选、冶为一体、资源集中利用、项目规模开发的新格局。

二、勘查与开采

（一）规范探矿权设置

1988—2012年，旗国土资源管理部门对已规划的勘查规划区块，均采取积极争取国家和内蒙古自治区勘查基金、广泛吸纳社会资金、严格审批程序、宁少毋滥的原则设置探矿权。

（二）实现探矿权的有偿出让

1988—2012年，旗国土资源管理部门对新出让的探矿权，除国家和内蒙古自治区国土资源管理部门统一规划的重要和重点建设项目外，都要按有偿协议出让方式和市场出让方式投放。有偿协议出让的探矿权需经内蒙古自治区人民政府或巴彦淖尔市行政公署（市人民政府）批准，市场出让的探矿权一律以公开招牌挂形式出让。

（三）探矿权的管理处置

1988—2012年，旗国土资源管理部门严格执行探矿权注销、延续及变更制度。对布局不合理的探矿权，按勘查规划区块进行调整。对位于禁止勘查区内或“圈而不探”“以采代探”等不符合探矿权保留条件的，一律注销。对于有资源潜力，符合规划要求，需要进一步开展勘查工作的可办理探矿权延续。勘查区范围部分位于禁止勘查区或被禁止勘查区分割的、发现的矿体延伸到勘查区外，需要整体勘查的、因提高工作程度需调整勘查区范围的、因主勘查矿种发生变化，且符合规划要求的均应及时办理相应探矿权变更。

（四）合理划定开采规划区块

1988—2012年，旗国土资源管理部门根据全旗矿产资源分布特点、地质背景及勘查开采现状、技术条件、安全、交通、行政区划分等因素，共划分开采规划区块48个，均未设采矿权。

（五）建立矿业经济区

旗国土资源管理部门为促进全旗优势矿产的集约化、规模化发展，根据矿产资源禀赋、矿业开发利用条件和基础设施建设，将巴音杭盖苏木、新忽热苏木、甲胜盘铅锌硫矿业区、乌不浪口金泉工业园区4个城镇及周边辐射地区规划为矿业经济区，力争建成特色明显、设施配套、矿业关联度高、技术先进、竞争力强的大型矿业基地。

三、资源与保护

节约与综合利用矿产资源是发展循环经济、实现废弃物的资源化，保障资源可持续利用和保护环境的重要措施。旗国土资源管理部门始终按照“减量化、再利用、资源化”的要求，强化矿产资源勘查、开采、共伴生矿利用、生产消耗、废弃物利用等各个环节的管理，建设生态文明，基本形成节约能源资源和保护生态环境的产业结构、增长方式、消费模式。

（一）矿产资源节约与综合利用

乌拉特中旗矿产资源丰富，分布广，资源匹配条件较好，但多数矿产尤其是金属矿产呈贫矿多、共伴生矿多、难选冶矿多，多种矿产富矿少、单一矿种少，既“三多二少”的特点。在开发利用主要矿产时，要加强对有工业价值的共伴生矿统一规划，综合开发，综合利用。

1. 煤炭资源

乌拉特中旗煤炭资源丰富，保有储量有35亿吨，煤炭产量从2000年的13万吨增加到2007年的35.8万吨，但远远不能满足市场发展的需求，在巩固和扩大现有煤矿产能的基础上，尽快对白彦花煤田进行整装开发。治理整合矿山的同时，努力探索煤矿开采—洗选—煤矸石—新型建筑材料或原煤—发电—粉煤灰—新型建筑材料等矿业开发模式的产品和废弃物节约与综合利用的产业链，建设一批循环经济示范园区。同时，不断扩大引进蒙古国的煤炭资源，充分利用“两种资源，两个市场”，以补充煤炭产量的不足。

2. 金属矿产

乌拉特中旗金属矿产资源开发利用遵循节约与综合利用的原则，通过研究低品位、复杂难采、难选矿石的采选冶技术，回收伴生资源，如甲胜盘矿床铅、锌、硫的综合利用探索研究和太平矿业低品位金的浸出技术研究，使“死矿”“呆矿”资源变为可利用资源；通过降低采矿损失率、矿石贫化率和提高选冶回收率来提高资源综合利用率。努力实现废气、废水、废渣等废弃物的综合利用。提倡尾矿再选提取有用组分、矿山采空区尾矿回填、矿山复垦回填等绿色采矿方法。同时，扩大引进蒙古国的铜铅锌矿资源，以补充全旗铜铅锌矿资源和产量的不足。

3. 非金属矿产

乌拉特中旗鼓励开发非金属矿产，支持、引导矿山企业依靠科技解决非金属矿产品加工中的超细粉碎、特种熔融、高纯提取等关键技术问题，不断提高非金属矿产的深加工水平和综合利用能力，开拓新的应用领域，促进乌拉特中旗优质石墨、菱镁矿、硅石、花岗岩等非金属矿产的合理开发利用，显著提高非金属矿业在国民经济中的地位和作用，形成新的经济增长点。

（二）矿产资源综合利用

乌拉特中旗矿山企业必须按照批准的矿山开采设计或资源开发利用方案进行采矿，“三率”（开采回收率、采矿贫化率、选矿回收率）指标和共伴生矿产的利用水平均应达到设计要求。努力提高矿产资源的采矿回采率和选矿回收率。

（三）矿业秩序管理

1988—2009 年，乌拉特中旗矿产资源管理工作坚持“在开发中保护，在保护中开发”原则，采取强有力措施，严格规范管理，矿产资源开发秩序逐步得到规范。一是按照整顿和规范矿产资源开发秩序总体工作部署，旗矿产资源管理部门开展治理整顿工作。通过治理整顿，严厉打击无证开采、滥采乱挖、浪费资源、存在重大安全生产隐患的违法行为，尤其大力整治群体性乱采滥挖各种矿藏等行为，使全旗矿产资源开发秩序得到进一步规范。二是严把矿产资源开发市场准入关。为依法制止和纠正乌拉特中旗以招商引资合同或协议代替法定采矿权而违反矿产资源法和国家有关矿业政策违法行为，从源头治理矿产安全生产等问题。

2010—2012 年，旗矿产资源管理部门结合年度变更调查和执法监督检查，持续保持高压态势，积极参与由旗矿业秩序治理整顿领导小组组织开展的“私搭乱建清理整顿”“打非治违”“安全生产大检查”等专项活动，坚决重拳打击各类国土资源违法违规行为。在煤矿、非煤矿山等重点领域全面开展彻底排查治理各类隐患专项行动，确保把各类安全隐患消除在萌芽状态。

（四）行政监察

1. 资源补偿费征收

依据《中华人民共和国矿产资源法》和国务院《矿产资源补偿费征收管理规定》内容要求，矿产资源补偿费由地矿主管部门会同财政部门征收，纳入国家预算，实行专项管理，不得纳入地方预算外管理，也不能由地方进行调控。据此，乌拉特中旗矿产管理部门对旗境内矿产资源开发企业按照其销售收入的一定比例，足额计征矿产资源补偿费。

1999 年，全旗共征收资源补偿费 38.2 万元。

2007 年，全旗征收矿产资源补偿费 453.068 万元，其中追缴历年尾欠资补费 60.13 万元。

2008 年，全旗共完成矿产资源补偿费征收 330 万元。

2009 年，全旗征收矿产资源补偿费 229.84 万元。

2010 年，全旗征收矿产资源补偿费 410.67 万元。

2011 年，全旗共计征收矿产资源补偿费 547 万元。

2012 年，全旗共征收矿产资源补偿费 5415.83 万元。

2. 违法违规案件查处

依照《中华人民共和国矿产资源法》规定内容，乌拉特中旗矿产资源管理部门依法管理全旗矿产资源，依法治矿，依法行使监察权，有力地维护了矿业秩序和地区经济秩序。在执法过程中，坚持“公平、公开、公正”的原则，对违法违规行为进行相应的处罚。

2002 年，全旗共发现违法采矿行为 35 起，立案查处 26 起。

2003 年，全旗查处违法案件 3 起，结案 3 起。

2004 年，对辖区内矿业秩序集中进行了 5 次大规模的治理整顿，取缔非法采矿点 10 处，封存私采、盗采铁矿石 4000 多吨，共清理无证采矿人员 200 人左右，下达制止违法行为通知书 40 份，立案查处 4 起。

2002—2012 年，旗矿产资源管理部门执法监察工作始终坚持“预防和查处相结合，以预防为主”的方针，积极采取措施开展违法违规案件查处工作。2002 年，组织开展了动态巡查、联合执法、聘请村协管员等活动，有效确保了查处国土资源违法违规案件的及时性和准确性；特别是 2010 年后实施的“卫片”（卫星图斑监督检查）执法监督检查工作，加大对全旗矿产资源违法行为的发现与查处力度。2007 年，全旗共下达制止违法采矿通知书 125 份，清理违法作业人员 300 人次，立案查处非法采矿案件 17 件，处罚没款 9.6 万元。2011 年，全旗共查处矿产资源违法案件 8 宗，收缴罚没款 25.5 万元。

第八章　安全生产监督管理

第一节　机　构

2006年7月21日,乌拉特中旗安全生产监督管理局(以下简称“安监局”)正式成立,隶属旗经济局,内设机构3个:办公室、监督管理一室、监督管理二室;核定事业编制8名,领导职数3个,一正二副。

2008年8月,旗安监局独立设置,为旗人民政府直属相当科级事业单位,核定领导职数3人(一正二副),人员内部调剂解决,不另增编。

2010年8月,旗安监局被列入乌拉特中旗行政序列,属行政执法部门。

2012年,旗安监局内设机构7个:办公室、非煤矿山股、危险化学品股、综合一室、综合二室、职业卫生股、应急救援管理股,另设有安全监管执法大队和3个基层安监站。全局核定行政编制9名、工勤编制1名,实有在职人员36人,核定科级领导职数3人,一正二副。

第二节　管理体制改革

2006年,旗安监局成立后,严格落实各级党委、人民政府的安全生产管理责任和企业主体责任。完善安全生产目标考核体系,强化企业安全生产主体责任,加大事故责任追究和行政处罚的力度。执行安全生产“一把手负责制”“一岗双责制”和“一票否决制”,实行企业法定代表人安全生产负责制,按照“四不放过”(事故原因未查清不放过;责任人员未处理不放过;整改措施未落实不放过;有关人员未受到教育不放过)原则处理事故责任人。

2010年后,旗安监局进一步理顺综合监管与行业监管关系。认清安全生产综合监管工作的角色定位,正确区分综合监管与专业监管职责,切实理顺好综合部门与有关部门的关系。综合协调、督促、检查、指导、调度及下发旗人民政府文件传达贯彻落实上级人民政府有关安全生产方针政策。同时,强化属地管理原则,夯实安全生产基层基础工作。强化落实,努力提高基层基础建设和监管执法水平,加强队伍建设,不断提高监管执法能力。

第三节　安全生产管理

一、宣传教育

2005—2012年,旗安监局多措并举,着力发挥宣传教育在预防事故发生中的基础性作用。(1)宣传教育贯穿全年。每季度开展一次安全宣传教育活动。(2)加强部门合作。整合优化安全宣传资源,发挥各安委会成员单位职能,相关单位相互配合,合力推进安全宣传教育活动。(3)“五进”接“地气”。全面开展安全教育进企业、进学校、进机关、进社区(村)、进家庭的“五进”活动。(4)把安全宣传教育工作纳入对旗、镇和安委会成员单位年度工作目标考核的重要内容,并作为安全生产工作评先表彰的重要依据。旗安监局每年组织开展“安全生产月”活动,设立咨询服务台、开展各项宣传服务活动。充分利用展板、宣传栏等多种形式,上街举办丰富多彩的咨询服务活动,在休闲广场悬挂以“增强红线意识、促进安全发展”为主题的横幅,广泛深入、扎实有效地宣传安全生产法规政策和相关科普常识。

二、风险抵押管理

2006年，旗安监局根据《内蒙古自治区企业安全生产风险抵押金管理办法（暂行）》（内财建〔2006〕1289号），督促企业缴纳抵押金。当年，全旗缴纳风险抵押金的企业有5家。

2011年，《巴彦淖尔市人民政府厅转发市安全生产监督管理局关于高危行业安全生产责任保险实施意见的通知》（巴政办发〔2011〕89号）出台后，企业在安全抵押方面可以缴纳风险抵押金或安全生产责任保险，二选其一。至2012年底，全旗196家企业中，缴纳风险抵押金的企业有12家，占全旗企业总数的6.1%；缴纳安全生产责任保险的企业有96家，占全旗企业总数的52.2%。

三、监控危险源

2005—2012年，旗安监局努力完善危险化学品企业分类监管工作。根据《巴彦淖尔市危险化学品企业分类监管工作实施方案》，结合全旗实际情况，邀请专家对全旗危险化学品企业进行全面排查。深入开展危险化学品安全生产大检查。根据《危险化学品企业事故隐患排查治理实施导则》和《国家安全监管总局关于进一步严格危险化学品和化工企业安全生产监督管理的通知》精神，在全旗开展危险化学品行业安全生产执法检查，严防各类生产安全事故发生。开展危险化学品罐区安全专项整治工作。根据《内蒙古自治区安全生产监督管理局关于加大危险化学品储罐间距的通知》（巴安监危化字〔2014〕13号）文件要求，对全旗危险化学品企业储罐间距进行调查摸底。8年中，旗安监局进行危险化学品安全排查和安全生产大检查10余次，消除危险化学品安全隐患10次，查处违法违规企业10家。

四、安全生产管理

（一）矿山监督管理

2005—2012年，旗安监局以国家安全生产监督管理总局和国家煤矿安全监察局制定的《煤矿重大安全生产隐患认定办法（试行）》为依据，对煤矿企业安全生产隐患进行认真排查治理。以《内蒙古自治区人民政府促进煤炭工业健康发展的意见》《内蒙古自治区人民政府煤矿整顿关闭工作实施方案》，做好煤矿瓦斯治理和整顿关闭工作。对超层越界生产等五类煤矿一经检查发现立即关闭，通风系统不完善、无风微风作业等六类煤矿一经检查发现立即停产整顿。8年中，旗安监局对煤矿企业安全生产隐患进行排查治理79次，查处违法违规企业9家（包括关闭）。

（二）非煤矿山监督管理

2005—2012年，旗安监局以矿山隐患排查治理与专项整治和整顿规范矿产资源秩序工作相结合，以检查生产经营单位安全生产条件是否符合国家法律、法规和标准的规定为重点，共性排查金属非金属矿山企业安全生产责任制落实情况；安全生产规章制度建立和落实情况；矿山施工队伍安全资质情况；矿山安全培训教育情况；按照国家安监总局《非煤矿山建设项目安全设施设计审查与竣工验收办法》（18号令）要求，执行“三同时”（同时设计、同时施工、同时投入生产和使用）情况；应急救援预案制定，演练物资配备及与专业救护队伍签订协议情况；矿山安全设备、设施检测检验情况；安全费用提取使用管理和风险抵押金储存使用管理情况；为从业余员缴纳保险费用情况等。对地下矿山作业掘进、运输、提升、通风、防排水、顶板管理、地压监控、供电、爆破等环节安全隐患排查整改，对地采、露采防洪设施以及地采两个安全出口建设和地下采空区、地下矿山顶板管理制度制定执行情况，尾矿库有无设计、超量储存、超期服役等情况及企业是否存在超层越界、乱采滥挖等违法违规行为进行检查。依法关闭非法开采和不具备安全生产条件的非煤矿山企业。8年中，旗安监局对矿山隐患排查治理与专项整治和整顿40次，查处违法违规企业12家。

（三）危险化学品安全生产监督

2005—2012 年，旗安监局严格按照《危险化学品建设项目安全许可实施办法》（国家安全监管总局令第 8 号）实施安全许可；对不具备安全生产条件的危化企业，依法责令停产，限期整改；对经整改仍不具备安全生产条件的，依法予以关闭；对违反安全生产法律法规的危化企业，依法予以查处；对采用落后生产工艺、设备的危化企业，依法责令其限期淘汰。进一步完善危险化学品企业分类监管工作。根据《巴彦淖尔市危险化学品企业分类监管工作实施方案》，结合乌拉特中旗实际情况邀请专家对乌拉特中旗危险化学品企业进行全面排查。深入开展危险化学品安全生产大检查。根据《危险化学品企业事故隐患排查治理实施导则》和《国家安全监管总局关于进一步严格危险化学品和化工企业安全生产监督管理的通知》在全旗范围内开展危险化学品行业的安全生产执法检查，严防各类生产安全事故发生。8 年中，旗安监局对危险化学品企业进行安全生产检查 360 次，查处违法违规企业 96 家，关闭违法违规企业 5 家。

（四）天然气安全生产监督

2005—2012 年，旗安监局积极开展油气输送管线专项排查整治工作。对全旗石油天然气长输管道、危险化学品管道、城镇燃气等易燃易爆管网及相关生产经营单位进行全面彻底排查整治。

（五）烟花爆竹管理

2005—2012 年，旗安监局以国家有关烟花爆竹安全生产法律、法规、规章和标准为依据，通过隐患排查整治工作，进一步推动烟花爆竹生产经营单位安全生产主体责任的落实，对不具备安全生产条件的烟花爆竹生产经营单位，依法责令停产，限期整改；对经整改仍不具备安全生产条件的，依法予以关闭。强化烟花爆竹管理工作，对无证销售、储存等违法行为进行了重点打击，对全旗销售网点逐一排查。8 年中，旗安监局对烟花爆竹生产经营企业进行安全生产检查 80 次，查处违法违规企业 2 家，关闭违法违规企业 1 家。

五、安全设施评价

2005—2012 年，旗安监局以安全评价公司为企业做安全设施评价，旗安监局负责安全评价报告的备案。至 2012 年底，全旗有 63 家企业在进行备案。

第四节　安全生产许可证管理

一、安全生产许可证发放

安全生产许可证的发放、审核、评价一直由巴彦淖尔盟（市）安监局和内蒙古自治区安监局管理，旗安监局仅负责境内企业安全生产许可证的持有和过期情况的监管。

二、培训与考核

乌拉特中旗安全生产监督执法人员的技能培训一直由巴彦淖尔盟（市）安监局组织实施，旗安监局只负责代发合格证。2005—2012 年，旗安监局共组织全旗安全生产监督执法人员参加巴彦淖尔盟（市）安监局组织的执法人员技能培训 15 次，培训人员 1000 人次，代发合格证 1000 本。

第五节　安全生产责任制

一、工作目标

努力减少一般事故，遏制较大事故，坚决杜绝重特大事故，确保巴彦淖尔市人民政府下达乌拉特中旗年度安全生产控制指标。

二、安全生产控制指标考核

2007 年，巴彦淖尔市安全生产委员会下发《关于下达 2007 年全市安全生产控制考核指标和旗县安全生产工作考核办法的通知》（巴安委会发〔2007〕1 号下达乌拉特中旗工矿商贸企业、道路交通、消防火灾、农业机械安全生产死亡控制指标总人数为 16 人，其中：工矿商贸企业死亡人数为 3 人（含煤矿 1 人），道路交通事故死亡人数为 12 人，农业机械 1 人。

2008 年，巴彦淖尔市人民政府下发《关于下达 2008 年全市安全生产控制指标的通知》（巴政办字〔2008〕48 号），下达乌拉特中旗工矿商贸企业、道路交通、消防火灾、农业机械安全生产死亡控制指标总人数为 15 人，其中：工矿商贸企业死亡人数为 3 人（含煤矿 1 人），道路交通事故死亡人数为 12 人，较大事故、重大事故起数为 0。

2009 年，巴彦淖尔市人民政府下达乌拉特中旗的安全生产各类死亡人数控制指标为 13 人，其中工矿商贸企业 3 人，道路交通 10 人。

2010 年，巴彦淖尔市人民政府下达乌拉特中旗的安全生产各类死亡人数控制指标为 13 人，其中工矿商贸企业 2 人（煤矿 1 人），道路交通 11 人。

2011 年，巴彦淖尔市人民政府下达乌拉特中旗的安全生产各类死亡人数控制指标为 14 人，其中工矿商贸企业 2 人（煤矿 1 人），道路交通 12 人，其他项目均为 0。

2012 年，巴彦淖尔市人民政府下达乌拉特中旗的安全生产死亡控制指标为：总指标数 16 人，其中：非煤和商贸企业 3 人、煤矿 1 人、道路交通 12 人、消防火灾、建筑工地、农机死亡人数均为 0。

三、特种作业人员培训

乌拉特中旗特种作业人员培训发证一直由巴彦淖尔盟（市）安监局组织实施，旗安监局共组织全旗特种作业人员参加巴彦淖尔盟（市）安监局组织的技能培训 10 次，培训人员 800 人次，发证 800 本。

四、行政执法

2005—2012 年，旗安监局按照“全覆盖、零容忍、严执法、重实效”的总要求开展全旗安全生产大检查活动。检查中，以“安全第一、预防为主、综合治理”的方针为指导，以“治理隐患、防范事故”为理念，以搞好安全生产监察工作为主线，以“从严要求、依法监察、消除隐患、确保安全”为工作宗旨。8 年中，累计深入各生产企业进行安全生产检查 2520 次，检查天数达 1500 余天，行程达 30 多万千米，赴重点行业、企业实施跟踪监督检查 552 次，下达各类执法文书 2 万余份，查处违法违规企业 128 家，取缔关闭违法企业 14 家。

第六节　安全生产事故与应急救援

一、安全生产事故应急救援

（一）制定应急救援预案

2007—2012 年，旗安监局为提高乌拉特中旗对生产安全事故的快速反应能力，最大限度地减少生产安全事故损失，确保公众生命和财产不受损失，维护社会和谐稳定，根据《中华人民共和国安全生产法》（中华人民共和国主席令第 13 号）、《生产安全事故应急预案管理办法》（安监总局 88 号令）以及参考相关内容，结合乌拉特中旗生产经营单位的实际情况由乌拉特中旗安全生产监督管理局负责组织编写《乌拉特中旗安全生产监督管理局生产安全事故应急救援预案》应急救援预案又称应急计划，是生产安全事故预防系统的主要组成部分。应急预防的总目标是在生产安全事故发生之前以及生产安全事故期间和生产安全事故后采取有效措施，控制紧急事件的发生、发展并尽可能将生产安全事故对人员、环境、财产的危害减少到最低限度。

（二）应急救援预案实施

2007—2012年，旗安监局生产安全事故应急预案体系由综合预案、专项预案及企业（重大危险源专项）预案组成，其中企业预案由企业根据实际制定的综合预案、专项预案及现场处置方案组成，在出现突发事件的情况下，当实际的灾害情况满足预案中给出的启动条件时，应急预案才可以启动。突发公共事件发生后，事发地的人民政府或者有关部门在报告特别重大、重大突发公共事件信息的同时，要根据职责和规定的权限启动相关应急预案，及时、有效地进行处置，控制事态。

二、安全生产事故

2007—2012年，乌拉特中旗发生各类事故82起，死亡79人。

2007—2012年乌拉特中旗安全生产事故三项指数统计表

表26－3

年　度	事故数（起）	死亡人数（人）	受伤人数（人）
2007	20	12	0
2008	12	13	0
2009	12	10	0
2010	9	9	0
2011	16	23	0
2012	13	12	0
合　计	82	79	0

第九章　食品药品监督管理

第一节　机　构

一、巴彦淖尔市药品监督管理局乌拉特中旗分局

2002 年 1 月 10 日，巴彦淖尔市乌拉特中旗药品监督管理分局成立，加挂药品稽查队和药品检验所牌子，属省以下垂直管理部门，内设机构 2 个：办公室、业务监管股；核定行政编制 5 名，实有在职人员 6 人；核定领导职数 2 人，一正一副。

2005 年 9 月 22 日，巴彦淖尔市乌拉特中旗药品监督管理分局改称为巴彦淖尔市乌拉特中旗食品药品监督管理分局，内设机构 3 个：办公室、业务监管股、食品安全办公室；核定行政编制 5 名，实有在职人员 6 人；核定领导职数 2 人，一正一副。

二、乌拉特中旗食品药品监督管理局

2010 年 3 月，巴彦淖尔市乌拉特中旗食品药品监督管理分局下划为旗人民政府工作部门，组建乌拉特中旗食品药品监督管理局，内设机构 6 个：办公室、保健食品化妆品监督管理股、餐饮服务食品安全监督管理股、药品医疗器械管理股、食品药品监督所、药品医疗器械不良反应监测中心。核定行政编制 6 名，实有在职人员 6 人；核定领导职数 3 人，一正二副。

2011 年 4 月 15 日，旗食品药品监督管理局内设机构 5 个：办公室、保健食品化妆品监督管理股、餐饮服务食品安全监督管理股、药品医疗器械管理股、药品医疗器械不良反应监测中心。核定行政编制 6 名、事业编制 11 名，实有在职人员 17 人；核定领导职数 3 人，一正二副。

2012 年，旗食品药品监督管理局内设机构未发生变化；核定行政编制 6 名、事业编制 13 名，实有在职人员 19 人；核定领导职数 3 人，一正二副。

第二节　管理体制改革

2002 年 2 月，根据《内蒙古自治区人民政府关于印发药品监督管理体制改革实施方案的通知》精神，乌拉特中旗医药管理局被撤销，新成立巴彦淖尔市药品监督管理局乌拉特中旗分局，加挂药品稽查队和药品检验所牌子。承担药品生产、药品流通、药品监管、药政、药检职能。

2004 年 9 月 22 日，巴彦淖尔市药品监督管理局乌拉特中旗分局更名为巴彦淖尔市食品药品监督管理局乌拉特中旗分局，承担药品生产、药品流通、药品监管、药政、药检、食品安全检查与综合协调、食品安全重大事故查处等职能。

2005 年初，乌拉特中旗食品安全委员会成立，下设办公室，设在巴彦淖尔市食品药品监督管理局乌拉特中旗分局，具体负责旗食品安全委员会的日常工作，参与全旗相关食品安全事故调查处理。

2010 年 3 月，根据《巴彦淖尔市办公厅政府办公厅关于印发〈乌拉特中旗人民政府机构改革方案〉的通知》（厅发〔2010〕16 号）精神，巴彦淖尔市食品药品监督管理局乌拉特中旗分局由省以下

垂直管理下划地方政府管理，为乌拉特中旗人民政府职能部门，改称乌拉特中旗食品药品监督管理局，承担各项职能不变。

第三节　食品安全监管

一、食品安全宣传

1988—2004 年，每逢“3·15”国际消费者权益日期间，旗食品安全管理部门均开展以食品安全为主题的宣传活动，累计发放各类宣传材料 3 万余份，并设立举报咨询台，及时接受人民群众投诉和咨询。

2005—2010 年，旗食品安全管理部门在每年“3·15”国际消费者权益日期间，均开展主题为“关注食品安全、构建和谐社会”食品安全宣传咨询活动，向各界群众现场宣传相关食品安全法律法规、食品安全知识、消费常识及维权途径，累计发放《中华人民共和国食品安全法》各类宣传材料 3 万余份，普及食品安全知识。

2011—2012 年，旗食品安全管理部门利用“3·15”国际消费者权益日、食品安全宣传周、安全生产月开展食品安全宣传活动，以悬挂横幅、设立展板、现场咨询、印发宣传材料等形式开展宣传，发放《中华人民共和国食品安全法》《食品安全法知识问答》2 万余份，发放各类宣传材料 2 万份。

二、食品安全专项检查

2005—2012 年，食品安全委员会办公室组织工商、卫生、质监、农业、商贸、粮食等部门，检查肉类、蔬菜、饮料、糕点、水产品、乳制品、酒类等饮食品消费市场，检查豆制品和饮料、生熟肉、饭店等食品生产、加工、流通企业，确保重大节日食品安全。加强食品市场日常安全监管，重点检查学校食堂、建筑工地食堂、饭店等区域，督促其完善各项卫生防护设施，做好餐饮具和场所消毒工作，严禁使用变质、超保质期食品。

第四节　药品安全监管

一、药品安全宣传

2002—2005 年，乌拉特中旗药品监督管理分局采取多种形式开展药品管理法律、法规宣传活动。宣传《药品管理法》《医疗器械管理条例》《药品管理法实施条例》，共印发宣传资料 5000 册，展出真伪药品 300 多种，当众销毁药品价值 16141 元。利用苏木乡镇举办物资交流会的有利时机，开展送法下乡活动。在旗电视台、《乌拉特中旗周刊》刊播药品管理法及药品管理、打假活动的新闻报道。

2006—2010 年，推动学习贯彻落实《中华人民共和国药品管理法》《中华人民共和国药品管理实施条例》《中华人民共和国食品安全法》《中华人民共和国食品安全法实施条例》，逐步深入基层，进一步提高苏木（镇）药剂人员专业素质。同期，全旗共举办苏木（镇）医疗机构药剂人员培训班 10 次。全旗 12 个镇、苏木、乡卫生院院长、药剂人员 120 人次参加培训，占全旗乡镇、苏木、卫生院总人数的 85%。

2011—2012 年，旗食品药品监督管理局以“3·15”活动日、综治宣传月、安全生产咨询日为契机，重点宣传《中华人民共和国药品管理法》《内蒙古自治区实施〈中华人民共和国药品管理法〉办法》、《中华人民共和国食品安全法》《中华人民共和国食品安全法实施条例》等法律法规，共发放药品、药械宣传材料 2 万余份，接受咨询 50 余人次。同期，全旗共举办苏木（镇）医疗机构药剂人员培训班6次。全旗12个镇、苏木卫生院院长、药剂人员75人次参加培训，占全旗镇、苏木卫生院总人数的85%。

二、药品监督检查

2002年，全旗有药品经营企业20家，其中药品批发企业3家，零售企业17家；医疗机构121个，其中旗直医疗机构4家，乡镇卫生院20家。全年共出动人员876人次，车辆235台次，行程3.8万千米，查获假劣药品105种，价值6141元；查获不合格医疗器械204支，价值220元。办理案件100件，共缴罚没款3万元。

2004年，共出动执法人员318人次，车辆77台次，检查涉药单位732家，办理案件152起，结案率100%，收缴假药品58个品种，货值2127.6元，罚没款45157元，取缔无证经营1户，无证诊所1户。配合公安部门查获销售假康王洗剂案1起，货值1400元。

2007年，全年共出动执法人员574人次，车辆60台次，检查涉药单位314家，共办理案件98件，结案率100%，罚没金额4.2567万元。

2009年，共出动执法人员275人次，检查药品零售企业和医疗机构279家。共立案56起，结案56起，结案率达100%。涉及物品总值0.5836万元，共执行罚没款4.5649万元。

2010年，共出动执法人员214人次，执法车辆59车次，检查涉药单位203户次，办理案件88件，查处假劣药械货值3230元，共收缴罚没款7.2282元。

2012年，共出动执法人员1245人次，检查涉药单位326家，立案查处案件29件。共查处劣药案14起，罚没金额0.6092万元。

三、药品检验

2004年，重点抽检中药饮片，出动抽检人员9人，车辆3台次，抽检中药饮片品种21个，合格19个，合格率90.1%，不合格2个，不合格率9.9%。

2009年，抽检中药饮片品种24批，不合格20批，不合格率83%。

2010—2011年，抽检西药、中成药品74批，全部合格，抽检合格率100%。

2012年，抽检西药12批，中药饮片13批，全部合格，抽检合格率100%。

四、医疗器械监管

2007年，重点检查特殊药品、疫苗、中药材和中药饮片、橡胶避孕套产品、医疗机构用械、人血蛋白、回收居民家庭过期药品和非法收购药品及药品医疗器械广告等，进一步规范药品、医疗器械市场秩序。全年出动执法人员574人次、车辆60台次、检查涉药单位314家，查办案件98件，罚没金额4.3万元。

2011年，共出动执法人员353余人次，执法车辆88车次，监督检查单位196户次，办理案件95件，共收缴罚没款8.3287万元，共抽检药品32批次。

2012年，共检查单位176家次，发现问题企业14家，查处14家，收缴罚没款共计4948元。共出动车次102次，出动执法人员748人次，检查医疗器械经营企业13家，医疗器械使用单位102家。立案23起，结案23起，罚款人民币19700元。监管率100%，覆盖率100%。

第十章　口岸与出入境检验检疫管理

第一节　口岸管理

一、机构

（一）口岸办公室（港务管理局）

1991 年初，乌拉特中旗外事办公室和口岸办公室开始筹建。同年 9 月，旗外事办公室与旗口岸办公室合署办公，称乌拉特中旗外事口岸办公室，协助巴彦淖尔盟行政公署外事办公室开展工作。为配合巴彦淖尔盟行政公署做好甘其毛道口岸通关工作，旗外事口岸办公室归口旗人民政府办公室管理。

1993 年 3 月，乌拉特中旗外事口岸办公室改为乌拉特中旗口岸管理服务公司，归口旗经贸委员会管理；同年 9 月 30 日，乌拉特中旗口岸管理服务公司更名为乌拉特中旗口岸贸易服务公司，仍归口旗经贸委员会管理；同年 12 月 7 日，甘其毛都口岸由巴彦淖尔盟外事办公室移交乌拉特中旗人民政府管理，债权债务随口岸同时移交乌拉特中旗人民政府，巴彦淖尔盟口岸办公室仅对甘其毛都口岸进行宏观管理；同年 12 月 18 日，乌拉特中旗外事办公室与乌拉特中旗口岸办公室成立，为一套人马两块牌子，归口旗人民政府办公室管理。

1994 年 2 月 19 日，旗人民政府研究决定，旗外事口岸办公室为事业性质，科级建制，核定人员编制 7 名；核定领导职数 3 人，一正二副。同年 3 月 19 日，乌拉特中旗口岸管理委员会成立，确定旗外事口岸办公室是旗口岸管理委员会具体工作机构，是口岸开关期间牵头单位。

1995 年 5 月 8 日，旗外事口岸办公室增加事业编制 3 名，增加人员后，履行外事职能。

1997 年 9 月 25 日，旗外事口岸办公室由科级建制事业单位改为相当副科级建制事业单位。

2002 年 4 月，全旗进行机构改革，乌拉特中旗外事口岸办公室更名为乌拉特中旗口岸服务中心，隶属于旗对外开放经济局管理；继续使用“乌拉特中旗外事口岸办公室”印章。

2006 年 9 月 28 日，旗外事口岸办公室承担的外事职能划归旗人民政府办公室。

2007 年 9 月 12 日，内蒙古甘其毛道口岸更名为内蒙古甘其毛都口岸。

2011 年 4 月 25 日，乌拉特中旗港务管理局成立，为旗人民政府直属事业单位；乌拉特中旗口岸办公室被撤销，其职能划入旗经济商务和信息化局，其人员编制划转到旗港务管理局。旗港务管理局内设机构 3 个：办公室、经济科、规划科；核定事业编制 10 名，核定科级领导职数 3 人，一正二副。

2012 年内设机构、编制数、领导职数未发生变化。

（二）其他机构

1994 年 3 月 19 日，甘其毛道口岸治安管理办公室成立，负责口岸社会治安秩序管理工作。

2004 年 4 月 7 日，甘其毛道口岸公安综合管理办公室成立，内设机构 3 个：案件调查组、治安组、交通秩序管理组。

2008 年 4 月 2 日，乌拉特中旗驻蒙古国乌兰巴托市联络处设立，由旗口岸服务中心管理。

2012 年 10 月 9 日，乌拉特中旗甘其毛都口岸公安交管大队挂牌成立，核定编制人数 42 名；同年 10 月 19 日，乌拉特中旗人民法院甘其毛都口岸分院挂牌成立，核定编制人数 15 名。

二、口岸规划与建设

1992 年 2 月 24 日，巴彦淖尔盟盟长办公会议议定：甘其毛都口岸建设施工、建成后设施管理、口岸行政管理由巴彦淖尔盟外事办公室负责。

1993 年 6 月 24 日，巴彦淖尔盟行政公署下发《关于加强口岸建设与管理的暂行规定》（巴署发〔1993〕65 号）：(1) 巴彦淖尔盟口岸办公室为巴彦淖尔盟常设口岸管理职能部门，代表盟行政公署负责甘其毛都口岸的开放、规划和建设，负责管理和协调口岸各单位、部门间的关系，负责口岸运输工作、负责全盟口岸和临时过货点开放或关闭的审查、报批、建设、验收，并负责组织实施。(2) 甘其毛都口岸位于乌拉特中旗巴音杭盖苏木中蒙边界第 288 号界碑南 1200 米处。

1994—2000 年. 由国家和地方投资 300 万元，建成甘其毛都口岸 500 余平方米的边检营房、295 平方米的双向联检厅、99 平方米的出入境检查室和国门；围建 2.4 万平方米的中蒙贸易货场和 1.9 万平方米的熏蒸消毒库。

2001 年，甘其毛都口岸投资 80 万元开通中国移动通信业务；投资 20 万元建设装机容量 375 千瓦的口岸集中供电站；投资 4.8 万元新建 58.5 平方米查验室；投资 1 万元与边防部队协作在边境一线按通道建设要求重新架设铁丝网。

2002 年，甘其毛都口岸完成 110 千米疏港公路中 25 千米黑色路面，总投资 1800 万元；完成国门维修续建、1800 平方米通道查验场地硬化及 800 平方米办公室、宿舍供暖工程，总投资 30 万元；建成联通公司通信基站，总投资 30 万元。

2003 年 6 月 6—8 日，内蒙古自治区口岸办公室会同自治区出入境检验检疫局、呼和浩特海关、内蒙古自治区边防总队有关人员到甘其毛都口岸与旗委、旗人民政府领导现场办公，就甘其毛都口岸联检楼选址、口岸办公楼和招待所规划设计图重新修订问题进行讨论，议定乌拉特中旗投资 35 万元，于同年 7 月 1 日前完成对口岸通道的封闭，实现监管区与商贸区域完全隔离。同年 6 月 15 日，甘其毛都口岸建设领导小组成立，下设办公室。同年，投资 2300 万元完成川井至甘其毛都口岸 89 千米黑色路面工程，实现疏港公路全程黑色化；投资 380 万元建设 2300 平方米联检宿舍大楼；投资 20 万元在联检货场安装 120 吨电子地磅；投资 20 万元完成口岸有线电视工程；投资 30 万元完成口岸地区低压线路整改工程；投资 40 万元完成口岸水源及主管道输送工程。

2004 年 2 月 17 日，旗委、旗人民政府就甘其毛都口岸规划进行论证。同年 9 月 3 日、9 月 11 日、9 月 12 日，乌拉特中旗副旗长主持召开 3 次办公会议，就甘其毛都口岸联检大楼招标事宜进行专题研究，同意新建甘其毛都口岸联检大楼；同年，投资 100 万元聘请内蒙古自治区城市规划院按照常年开放口岸标准，对甘其毛都口岸进行整体长期规划，聘请中国宏观经济研究院综合运输研究所专题编制甘其毛都口岸公路、铁路、规划；投资 4800 万元，完成甘其毛都口岸 110 千伏输变电工程；投资 500 万元，埋设口岸通信光缆，开通口岸地区电子汇兑及多门宽带网业务，在口岸通关中实现电子报关；投资 30 万元，修筑口岸过煤专用通道；投资 30 余万元，修筑长 2.5 千米、宽 8.5 米过煤通道；投资 7 万元，修建 200 米大楼围墙，完成联检办公区与生活区实体墙隔离；投资 10 万元，在互贸区新建 3 座厕所，配置污水车；广东汕头三和公司投资 400 万元，建设 10 万平方米进口原煤堆放场；三和公司和普兴公司共同投资 500 万元，委托乌拉特中旗公路段到蒙古国修建运煤公路。

2005 年 5 月 17 日，旗人民政府批准甘其毛都口岸矿产品物流园区首期工程立项，并列入重点工程进行建设；同年 7 月 4 日，旗人民政府决定将边贸公司所属熏蒸库和中蒙货场转让给乌拉特中旗甘其毛都华泰进出口岸货物储运有限公司，转让价格 140 万元，用于民族边贸公司转制和口岸建设；同年，投资 329 万元援助蒙古国嘎顺苏海图口岸建设海关大楼；绅禾集团投资 1200 万元建成占地 5 万平方米海关监管场、建成 1200 平方米办公室和 6000 平方米监管仓库；出资 5 万元，租用网通公司 DDN 专线；投资 4 万元，配套电子报检设备。

2006 年 5 月 15 日，旗人民政府第五次常务会议，决定向过煤企业收取每吨 5 元的口岸建设费，全部用于口岸基础设施建设，实现以口岸养口岸；同年 6 月 10 日，巴彦淖尔市发改委组织有关部门专家对《甘其毛都口岸总体规划》进行评审；同年 9 月 1 日，乌拉特中旗旗长斯庆组织召开办公会议，会议议定同意甘其毛道口岸边防检查站在口岸建设营房及附属设施；同年，投资 25 万元，对口岸旧平房和联检宿舍楼部分设施进行翻修和更新；出资 5 万元，租用网通公司的 DDN 专线，实施电子报关；投资 20 万元，在通道为联检单位配套现代化的工作台；投资 10 万元，为联检部门赞助配套一批电脑、打印机及空调设备；投资 336 万元，援建总面积 1650 平方米蒙古国嘎顺苏海图口岸海关大楼；投资 2400 万元，修建海流图至甘其毛道黑色路面；投资 5000 万元，建设 110 千伏输变电工程。

2007 年 8 月，甘其毛道口岸中蒙煤运专线拓宽、道路修补和人工掏检井及维修、疏通工程主体工程完工，工程总投资 2441521 元。同年，投资 8800 万元，建设完成口岸区间道路管网工程；投资 1600 万元，完成疏港通道工程；投资 3500 万元，建成 4880 平方米的联检综合办公大楼及前后硬化工程；投资 50 余万元，完善后勤服务和办公设施的配套；投资 230 万元，援建 700 平方米蒙古国国检大楼；绅禾公司投资 1200 万元，完成 5 万平方米的绅禾海关监管场所建设；采用 BOT 方式，由新大地公司投资 2.9 亿元承建口岸公路于同年 9 月全线贯通。

2008 年 10 月 16—17 日，由内蒙古自治区口岸办公室牵头、自治区财政厅、交通厅、内蒙古军区司令部，内蒙古自治区边防总队，内蒙古自治区出入境检验检疫局，呼和浩特海关等部门参加的验收组，对甘其毛都口岸进行预验收；同年，投资 900 万元，完成口岸边防检查站值勤现场办公楼；投资 1030 万元，完成监管区孔道围封、联检大楼的监控设施，埋设通信光缆，开通电子报关，安装出入境检测设备和边检“梅沙”系统等设施；投资 3700 万元，在海流图镇建设乌拉特海关、乌拉特出入境检验检疫局 2 座办公业务综合大楼；投资 2618 万元，实施口岸给水工程（口岸以南 47 千米）；投资 1300 万元，完成口岸市政及管理区亮化工程；投资 50 万元，安装电子栏杆、IC 卡读写设备、闭路监控等卡口设施，并与海关联网传输、接收电子数据；华泰公司投资 1000 万元，完成 4.3 万平方米华泰海关监管库改扩建工程；际誉仓储公司投资 780 万元，修建运煤专用道路，并根据监管场所的要求进行全封闭，安装监控系统；由永晖集团投资 2 亿元，建设汽配贸易服务区动工；由际誉物流仓储有限公司投资 9600 万元建设进出口矿产品物流园区及监管区。

2009 年，投资 100 万元，完成口岸联检楼中厅装饰工程；投资 1510 万元，建设完成海关、国检公寓楼；投资 2000 万元，完成口岸会晤专用公路和 703 号界碑观光硬化工程（自筹）；投资 8500 万元，完成口岸 8 千米过煤专用通道及 4 个车检厅工程；投资 74 万元，完成口岸 3300 米主街道绿化工程；投资 280 万元，完成援建蒙方口岸边检营房、查验厅工程。

2010 年，总投资 3200 万元、完成建筑面积 1.5 万平方米口岸报关报检中心；投资 1064 万元，完成建筑面积3800平方米口岸综合楼；总投资640万元，完成通道车辆“快捷通”工程；总投资2400万元，完成通道扩建工程；总投资815万元，完成口岸消防站。企业投资项目包括：总投资1亿元、占地6.5万平方米的欣泰物流园区一期工程已建成投用，二期工程接近完工；总投资8100万元、占地2万平方米的口岸集中供热工程锅炉机房月底完工；总投资530万元、占地1280平方米的口岸加油站完工；总投资2.5亿元、占地10万平方米的宏蓬商贸城主体完工；总投资1.3亿元、占地7.14万平方米的“盛景国际”房地产开发项目酒店二层封顶；总投资8972万元、占地74770平方米的中蒙花园小区基础完工；总投资9800万元、占地6万平方米的边民互市贸易区动工建设。

2011年3月20日，甘其毛都口岸出境运煤车辆待发区启用；同年4月26日，甘其毛都口岸至蒙古国塔本陶勒盖煤矿全长190千米的公路维修工作全面启动；同年5月10日，奥云陶勒盖铜矿—嘎顺苏海图口岸公路开始修建，该路段总长度为96.8千米，路宽8米，厚度为12厘米，由奥云陶勒盖股份有限公司与蒙古国“蒙饶德”与“阿拉泰路”两家公司修建；同年8月30日，甘其毛都口岸投资260万元建设运煤通道车辆“快捷通”工程正式启用，成为全国现役军人首例便捷查验系统；同年11月1日，内蒙古自治区公安厅援建蒙古移民局办公大楼正式竣工启用；同年，乌拉特电力公司承建蒙古国口岸更换变压器、口岸边检10/0.4千伏双电源配电、蒙古国10/0.4千伏配电工程完工，总价206.7万元。由内蒙古新开元建设有限责任公司承建的口岸中蒙过煤专用通道全部完工，总工程款3200万元。

2012年5月，甘其毛都口岸报关报检大楼投入使用；同年9月15日，总投资近60亿元、全长367千米的甘泉铁路全线铺通；同年10月13日，总投资8100万元，全长10千米，道路宽24米的疏港公路投入使用。同年10月23日，甘其毛都口岸工商所办公大楼正式落成，大楼面积544平方米，共投资176.8万元；同年10月30日，总投资2732万元，占地20亩甘其毛都口岸110千伏变电站建成。同年12月9日，甘其毛都口岸学校暨琮霖国际学校举行落成庆典仪式。

三、进出口贸易

1989年12月20日，自治区人民政府批准甘其毛都为中蒙边境贸易的临时过货点。

1990年2月23日，甘其毛都口岸实现首次过货，由于当时基础设施尚未开始建设，口岸邀请呼和浩特海关、内蒙古自治区出入境检验检疫局工作人员和巴彦淖尔盟、乌拉特中旗两级工作人员在临时搭建的蒙古包中办公；进口货物主要以皮张、绒毛、肉食品等畜产品为主，出口货物主要以日用品为主。

1991年，甘其毛都口岸进出口贸易总量135吨，进出口贸易总额300万元；进出境客运量15人次，进出境交通工具21辆次。

1992年2月24日，巴彦淖尔盟盟长办公会议议定：甘其毛都口岸贸易的经营管理由巴彦淖尔盟经贸处边贸公司负责。同年6月24日，国务院正式批准甘其毛都为国家陆路一类季节性双边口岸，每年1月、4月、7月、10月的1—15日开放，并于1992年7月正式进行首次季节性开关。同年，甘其毛都口岸累计完成进出口贸易总量2100吨，实现进出口贸易总额300万元；累计进出境客运量3222人次，进出境交通工具620辆次。

1993年，甘其毛都口岸累计完成进出口贸易总量9100吨，实现进出口贸易总额1332万元；累计进出境客运量13961人次，进出境交通工具2668辆次。

1994年，甘其毛都口岸累计完成进出口贸易总量6278吨，实现进出口贸易总额2255.6万元；

累计进出境客运量13961人次，进出境交通工具3583辆次。

1995年7月，甘其毛都口岸开放时间由每季度开关15天改为20天，贸易形式主要是以中蒙边境小额贸易为主。同年，甘其毛都口岸累计完成进出口贸易总量7740吨，实现进出口贸易总额2345.8万元；累计进出境客运量25031人次，进出境交通工具5421辆次；因蒙古国疫情严重，皮张、绒毛、肉类被禁止进口，进口货物以废旧金属占大多数，另有部分苁蓉、戈壁石，出口货物增加了家用电器、水泥、钢材等物品。

1996年，甘其毛都口岸累计完成进出口贸易总量7787吨，实现进出口贸易总额2477.7万元；累计进出境客运量24948人次，进出境交通工具5557辆次。

1997年，甘其毛都口岸累计完成进出口贸易总量4090吨，实现进出口贸易总额1012.8万元；累计进出境客运量24196人次，进出境交通工具4750辆次。

1998年，甘其毛都口岸累计完成进出口贸易总量2573吨，实现进出口贸易总额774.4万元；累计进出境客运量19572人次，进出境交通工具4066辆次。

1999年，甘其毛都口岸累计完成进出口贸易总量3218吨，实现进出口贸易总额13476.9万元；累计进出境客运量30550人次，进出境交通工具6332辆次。

2000年，受蒙古国五号病牲畜疫情影响，甘其毛都口岸于7月14日开关后贸易量锐减。同年，甘其毛都口岸累计完成进出口贸易总量1362吨，实现进出口贸易总额6575.9万元；累计进出境客运量51347人次，进出境交通工具8552辆次。

2001年，甘其毛都口岸累计完成进出口贸易总量3350吨，实现进出口贸易总额3525.5万元；累计进出境客运量67034人次，进出境交通工具5517辆次。

2002年，甘其毛都口岸累计完成进出口贸易总量3715吨，实现进出口贸易总额3626万元；累计进出境客运量77529人次，进出境交通工具8026辆次。

2003年5月15日，乌拉特中旗人民政府向巴彦淖尔盟行政公署请示甘其毛都口岸于6月1日常年开关；同年6月30日，乌拉特中旗与蒙古国南戈壁省互惠互利、共同合作促进经济发展领导小组召开全体成员会议，会议就口岸规划、边境一线铁丝网后移、用地审批、进口原煤、服务中心收费问题进行研究讨论，按照《内蒙古自治区人民政府口岸办关于拟临时关闭甘其毛都口岸有关问题的函》，甘其毛都口岸于同年7月1—20日临时关闭。同年，甘其毛都口岸累计完成进出口贸易总量4970.9吨，实现进出口贸易总额5559.8万元；累计进出境客运量45405人次，进出境交通工具6723辆次。

2004年4月13日，中华人民共和国海关总署下发《关于同意甘其毛都口岸临时开放的复函》：同意甘其毛都季节性口岸在非开放期间临时开放，仅限煤炭运输，时间自批准之日起至重新签订中蒙边境口岸及其管理制度协定止，最长不超过同年12月31日；同年5月9日，中华人民共和国与蒙古国相关部门在蒙南戈壁省嘎顺苏海图口岸进行会晤，就塔本陶勒盖煤矿从嘎顺苏海图—甘其毛都口岸来运通关事宜进行会谈，甘其毛都—嘎顺苏海图口岸于同年5月15日至12月31日长期开关通煤；截至同年9月20日，甘其毛都口岸于乌兰巴托时间每天8:00—13:00，14:30—19:30开关。季节性口岸关闭后，只需拉运煤炭的司机车辆通关；同年5月28日，蒙古国原煤正式通关。同年，甘其毛都口岸累计完成进出口贸易总量73092吨，实现进出口贸易总额11072.3万元；其中煤炭进口3.6万吨，实现贸易额942万元。累计进出境客运量59752人次，进出境交通工具11136辆次。

2005 年，甘其毛都口岸累计完成进出口贸易总量 407527 吨，实现进出口贸易总额 30817 万元；其中煤炭进口 37.6 万吨，实现贸易额 9838 万元。累计进出境客运量 86233 人次，进出境交通工具 14407 辆次。

2006 年，甘其毛都口岸累计完成进出口贸易总量 646614.3 吨，实现进出口贸易总额 4491 万元；其中煤炭进口 63.28 万吨，实现贸易额 165570 万元；累计进出境客运量 44991 人次，进出境交通工具 10250 辆次。

2007 年 9 月 12 日，甘其毛都口岸更名为甘其毛都口岸；同年，甘其毛都口岸累计完成进出口贸易总量 1973486.5 吨，实现进出口贸易总额 4491 万元；其中煤炭进口 196.6 万吨，实现贸易额 69928.2 万元。累计进出境客运量 55486 人次，进出境交通工具 20709 辆次。

2008 年，甘其毛都口岸累计完成进出口贸易总量 2084607.7 吨，实现进出口贸易总额 162560 万元；其中煤炭进口 205.5 万吨，实现贸易额 105000 万元；累计进出境客运量 76754 人次，进出境交通工具 23839 辆次。

2009 年，甘其毛都口岸累计完成进出口贸易总量 3288850 吨，实现进出口贸易总额 195741 万元；其中煤炭进口 327 万吨，实现贸易额 185000 万元；累计进出境客运量 153138 人次，进出境交通工具 92605 辆次。

2010 年，甘其毛都口岸累计完成进出口贸易总量 8563000 吨，实现进出口贸易总额 580170.8 万元；其中煤炭进口 327 万吨，实现贸易额 185000 万元。累计进出境客运量 157146 人次，进出境交通工具 215588 辆次。

2011 年 11 月 29 日，甘其毛都口岸过货量突破 1000 万吨；2012 年 4 月 28 日，甘其毛都口岸单日进口原煤创破 10 万吨纪录，10.17 万吨。

2012 年 4 月 28 日，甘其毛都口岸单日进口原煤创破 10 万吨纪录，10.17 万吨；同年，甘其毛都口岸进出口货运量完成 1238.88 万吨，进出口总值 12.05 亿美元；其中进口 1213.51 万吨（原煤进口 1213.51 万吨），进口贸易值 10.04 亿美元；出口 25.37 万吨；出口贸易值 2.01 亿美元。税收 11.93 亿元。出入境人员 375124 人次，其中，入境 189430 人次，出境 185694 人次；出入境车辆 277137 辆次，出境车辆 138517 辆次，入境车辆 138620 辆次。

四、合作意向与协议

2003 年 4 月 14 日，中华人民共和国内蒙古自治区巴彦淖尔盟行政公署授权全权代表、乌拉特中旗旗长与蒙古国南戈壁省省长色·苏木雅在达兰扎德盖市签订《中华人民共和国内蒙古自治区巴彦淖尔盟与蒙古国南戈壁省合作意向书》；5 月 8 日，中华人民共和国内蒙古自治区巴彦淖尔盟盟长乌兰与蒙古国南戈壁省省长色·苏木雅、塔矿经理照日格巴特尔在原协议基础上，签订《中华人民共和国内蒙古自治区巴彦淖尔盟与蒙古国南戈壁省在上次协议基础上更进一步合作协议书》，双方分别向各自国家积极争取甘其毛都口岸达到常年开关。

2004 年 2 月 9 日，中华人民共和国内蒙古自治区巴彦淖尔盟盟长与蒙古国南戈壁省省长签订《中华人民共和国内蒙古自治区巴彦淖尔盟与蒙古国南戈壁省关于进一步合作开发利用塔本陶勒盖煤矿的协议书》，议定从 2004 年 4 月 1 日起，煤炭过货正式开始；2 月 18 日，旗委书记杜隽世、乌拉特中旗旗长斯庆主持召开专题会议，具体研究广东省汕头市三和企业发展总公司在乌拉特中旗进行煤炭贸易和投资建设机焦煤冶炼厂事宜;3 月 15 日,中华人民共和国内蒙古自治区巴彦淖尔盟盟长与蒙古国南戈壁省省长色·苏木雅签订《中华人民共和国内蒙古自治区巴彦淖尔盟与蒙古国南戈壁省建立煤炭合同》;7 月 5 日,中蒙双方政府签署《中华人民共和国政府和蒙古国政府关于中蒙边境口岸及其管理制度的协定》,将甘其毛都口岸提升为双边性常年开放口岸。9 月 28 日,中蒙两国重新签订《中蒙边境口岸及其管理制度协定》,在新协定中,甘其毛都口岸被确定为常年开放口岸,将甘其毛都口岸边境铁丝网和一线巡逻路北移,从而使口岸管理区域面积扩大符合发展实际。

五、口岸监管

1990 年 2 月 23 日,甘其毛都口岸实现首次过货,由于当时基础设施尚未开始建设,口岸邀请呼和浩特海关、内蒙古自治区出入境检验检疫局工作人员和巴彦淖尔盟、乌拉特中旗两级工作人员在临时搭建的蒙古包中办公。

1992 年 2 月 24 日,巴彦淖尔盟盟长办公会议议定:甘其毛都口岸行政管理由巴彦淖尔盟外事办公室负责。同年 6 月 24 日,国务院正式批准甘其毛都为国家陆路一类季节性双边口岸,每年 1 月、4 月、7 月、10 月的 1—15 日开放,并于 1992 年 7 月正式进行首次季节性开关。

1993 年 6 月 24 日,巴彦淖尔盟行政公署下发《关于加强口岸建设与管理的暂行规定》称:巴彦淖尔盟口岸办公室为巴彦淖尔盟常设口岸管理职能部门,代表盟行政公署负责甘其毛都口岸的开放、规划和建设,负责管理和协调口岸各单位、部门间的关系,负责口岸运输工作、负责全盟口岸和临时过货点开放或关闭的审查、报批、建设、验收,并负责组织实施。同年 12 月 7 日,甘其毛都口岸由巴彦淖尔盟外事办公室移交乌拉特中旗人民政府管理,债权债务随口岸同时移交乌拉特中旗人民政府,巴彦淖尔盟口岸办公室仅对甘其毛都口岸进行宏观管理。

2002 年 3 月 26 日,旗人民政府同意口岸办公室在甘其毛都口岸开关期间,开展以 288 号界标、国门及中蒙会晤站为主要景点的旅游活动,以此带动全旗旅游业。

2004 年 5 月,广东汕头三和公司、巴彦淖尔市普兴公司开始从蒙古国进口原煤,为方便企业跨国运输,经中蒙双方协商,蒙方同意中方司乘人员使用“边民通行证”通过甘其毛都口岸进入蒙方拉运煤炭;同年 10 月 15 日,蒙方提出从同年 11 月 1 日起,中方司乘人员必须凭出国护照进入蒙方,否则蒙方将拒绝中方人员与车辆通行。

2005 年 2 月 26 日至 3 月 1 日,巴彦淖尔市市长率团前往蒙古国南戈壁省,与南戈壁省省长进行会谈会晤,双方就建立两地友好关系及矿产资源、文化教育、旅游业、传统蒙医、畜牧业等方面合作开发达成意向,并定于 2005 年 4 月正式签订合同。为加深两国人民友谊,巴彦淖尔市人民政府决定向蒙古国南戈壁省援助 100 吨配合饲料,由甘其毛都口岸出口。

2006 年 4 月 29 日,巴彦淖尔市市长办公会议研究推进甘其毛都口岸及金泉煤化工有色工业基地一体化发展有关事宜。同年 5 月 30 日,旗党政联席会议研究决定,成立甘其毛都口岸及金泉煤化工有色工业基地一体化建设领导小组,争取口岸实现常年开关。同年 10 月 17 日,国家口岸管理办公室同意 TAVAN TOLGOI SHIN 有限公司在同年 2 月 15 日至 12 月 31 日期间承建煤炭运输任务的相关人员、货物、交通工具经甘其毛都口岸出入境。

2007 年 9 月 12 日,内蒙古甘其毛都口岸更名为内蒙古甘其毛都口岸;同年 9 月 14 日,《国家口岸管理办公室关于甘其毛都口岸的扩大临时开放范围事的复函》(国岸传〔2007〕21 号)同意甘其毛都—嘎顺苏海图口岸在同年 9 月 17 日至 11 月 30 日非开放期间内,扩大临时开放范围,允许双方企业的建筑材料、设备和运输工具等通过该口岸出入境。

2008年5月，《国家口岸管理办公室关于同意中蒙边境部分口岸临时开放的批复》（国岸发〔2008〕20号）同意甘其毛都口岸在2008年8月、9月、11月、12月全月，7月、10月的21—31日期间临时开放，允许双方从事矿能开采、运输和修建口岸至矿区道路的人员、物资、设备、运输工具等出入境。

2009年6月3日，甘其毛都口岸顺利通过国家组织的常年开放正式验收。同年8月15日，中共巴彦淖尔市委员会二届八次全委（扩大）会议召开，会议确定从战略全局发展的高度出发，将甘其毛都口岸及加工园区打造成巴彦淖尔市重要经济增长极的发展目标，将甘其毛都口岸打造成“中国脊背”上富有俄蒙风情、西部地区最具竞争力的国际口岸城市和欧亚大陆桥。同年8月27日，经中蒙双方同意，甘其毛都口岸正式实现常年开放。

2012年12月1日，海关总署批准，同意中国免税品集团有限责任公司在甘其毛都口岸设立并经营口岸免税店，向从甘其毛都口岸出境的旅客销售免税品。

第二节　海关管理

一、机构

1990年2月23日，甘其毛都口岸实现首次过货，口岸邀请呼和浩特海关和巴彦淖尔盟、乌拉特中旗两级工作人员在临时搭建的蒙古包中办公。

2004年11月8日，内蒙古自治区人民政府口岸管理办公室印发《关于策克、甘其毛都和珠恩嘎达不其3个扩大开放口岸的查验机构设置人员编制协调会议纪要》的函：在乌拉特中旗所在地海流图镇设置甘其毛都海关，机构名称为中华人民共和国和甘其毛都海关，隶属于呼和浩特海关，机构级别为正处级，编制人数为38名。

2007年8月28日，呼和浩特海关甘其毛都口岸监管组在乌拉特中旗正式成立，并入驻口岸开展工作。同年9月12日，国务院下发《关于同意内蒙古甘其毛都口岸扩大对外开放的批复》（国函〔2007〕85号），同意内蒙古甘其毛都口岸更名为内蒙古甘其毛都口岸，并扩大为中国和蒙古国双边常年开放的边境公路口岸；同意在甘其毛都口岸设置正处级海关，核定人员编制18名。12月27日，海关总署发文同意设立乌拉特海关，对外全称为中华人民共和国乌拉特海关，隶属呼和浩特海关管理。

2008年1月8日，呼和浩特海关甘其毛都口岸监管组更名为乌拉特海关筹备处。

2009年7月30日，乌拉特海关通过呼和浩特海关的建关预验收。

二、货物监管

1992年6月24日，国务院正式批准甘其毛都为国家陆路一类季节性双边口岸，每年的1月、4月、7月、10月1—15日开放。同年7月1日，甘其毛都口岸正式进行首次季节性开放。

2004年12月20日，经中华人民共和国海关总署办公厅批准，同意甘其毛都口岸季节性口岸2005年1月1日至2005年12月31日开放。

2005年6月27日，海关总署同意甘其毛都季节性口岸在非开放期间临时开放，仅限加拿大艾芬豪蒙古矿业公司在中国采购的材料、设备、和运输车辆及相关人员出入境。时间批准之日起至12月31日。

2006年1月13日，海关总署同意在2006年2月15日至12月31日，三和公司（进口塔本陶勒盖煤矿的煤炭）、普兴公司（开采塔本陶勒盖煤矿）、毅腾公司（进口脑幕贡煤矿的煤炭）、艾芬豪矿业公司（在中国采购设备和材料运往蒙古国奥云陶勒盖金矿，由华泰进出口货物储运公司代理）从甘其毛都口岸出入境。

第三节　出入境检验检疫管理

一、机构

1990年2月23日，甘其毛都口岸实现首次过货，口岸邀请内蒙古自治区出入境检验检疫局工作人员和巴彦淖尔盟、乌拉特中旗两级工作人员在临时搭建的蒙古包中办公。

2004年4月20日，内蒙古自治区出入境检验检疫局研究决定，从同年5月1日起，由包头市出入境检验检疫局全面负责甘其毛都口岸出入境检验检疫工作，包括季节性开放和临时开放期间的全部出入境检验检疫工作。同时，内蒙古检验检疫局法综、卫检、动检、植检、食监、检务处和内蒙古国际旅行卫生保健中心不再承担甘其毛都口岸的出入境检验检疫工作任务。同年11月8日，内蒙古自治区人民政府口岸管理办公室印发《关于策克、甘其毛都和珠恩嘎达不其3个扩大开放口岸的查验机构设置人员编制协调会议纪要》的函：在乌拉特中旗所在地海流图镇设置乌拉特出入境检验检疫局，机构名称为中华人民共和国乌拉特出入境检验检疫局，隶属内蒙古出入境检验检疫局，机构级别为正处级，编制人数为35名。

2007年9月12日，根据《国务院关于同意内蒙古甘其毛都口岸扩大对外开放的批复》（国函〔2007〕85号）文件，同意内蒙古甘其毛都口岸更名为甘其毛都口岸，并扩大为中国和蒙古国双边常年开放的边境公路口岸。同意在甘其毛都口岸设置正处级检验检疫机构，同时核定和设置相应的人员编制，并增加口岸扩建资金。

2008年8月22日，根据《内蒙古检验检疫局关于设立乌拉特出入境检验检疫局的请示》（内检人〔2008〕66号）文件，质检总局下发《关于同意设立乌拉特出入境检验检疫局的批复》（国质检人〔2008〕417号），同意设立中华人民共和国乌拉特出入境检验检疫局，机构规格正处级，至2012年底，乌拉特出入境检验检疫局机构设置与人员编制未发生变化。

二、进出口监管

（一）煤炭

蒙古国煤炭资源丰富，煤炭储量主要以炼焦煤资源为主。蒙古国现开采的煤炭为主焦煤、1/3焦煤和部分褐煤。蒙古国塔本陶勒盖煤矿是全球最大的未开发焦煤矿，距离中蒙边境线内蒙古甘其毛都口岸255千米。储量64亿吨，其中主焦煤18亿吨。蒙古国焦煤具有低灰、低硫、强黏结和易洗选等优点，洗选后的精煤炼制的焦炭具备冷、热强度高的优点，适宜炼制一级冶金焦炭。进口煤炭品种有炼焦煤、洗精煤、动力煤以及煤炭深加工产品焦炭和煤焦油等。

2009年，进口煤炭全部为蒙古国塔本陶勒盖煤矿的优质冶金炼焦用烟煤，进口煤炭分为3号、4号、8号3个煤种，全部采用汽车运输，在甘其毛都口岸换装后65%的煤炭进入加工园区经洗选后出售，35%的煤炭直接销往全国各地。进口煤炭企业由2008年的8家增加到13家。

2010年1月27日，甘其毛都口岸首次进口焦油110吨，由巴彦淖尔顺祥矿业有限公司从蒙古国进口。同年10月，甘其毛都口岸进口煤炭专用通道建成，启用指纹识别快捷通，煤炭进口通关能力得到提升。11月，甘其毛都口岸入境煤车10026辆，进口煤炭102万吨，创造同年单月煤炭进口最高纪录。同年，甘其毛都口岸进口煤炭企业增加到21家，运煤车辆增至3200余辆。

2011年3月28日，甘泉铁路在甘其毛都口岸加工园区正式开始铁路铺架工作，甘泉铁路北起乌拉特中旗甘其毛都口岸，南至包头市万水泉，铁路建成后将与包神铁路、神朔铁路、朔黄铁路、黄骅港、天津港形成路港联网联运的资源运输大通道。3月下旬，由乌拉特中旗港务局等部门管理的口岸新建出境车辆待发区投入使用；新建的3套检验鉴重设施在乌拉特检验检疫局监管下经过校准、试运行并正式投入使用，入境车辆检验鉴重设施达到5套。同年5月16日，甘其毛都口岸中蒙双方进口煤炭专用通道试运行。该进口煤炭专用通道自2009年投资建设后，共投入3770万元。8月，中铝集团旗下中铝内蒙古国贸有限公司在乌拉特检验检疫局办理自理报检企业登记备案手续，标志中铝集团正式进驻甘其毛都口岸。10月18日，中国铝业首批蒙古国煤炭进口接车仪式在甘其毛都口岸举行，内蒙古检验检疫局副局长出席接车仪式。

2012年2月13日，蒙古国出台一项对中国运煤车辆进行限重的新条款，车主利润大幅减少，大部分运煤车辆出现停用。同年4月28日，甘其毛都口岸单日入境煤车1024辆、进口煤炭10万余吨，创甘其毛都口岸自2005年开始进口蒙古国煤炭以来单日进口量的最高纪录。

2009—2012年甘其毛都口岸煤炭进口统计表

表26－4

年度	批次	重量（万吨）	货值（亿美元）
2009	1167	319.55	2.47
2010	3189	797.08	6.14
2011	5971	1085.33	10.28
2012	3707	1133.70	10.18

（二）铅精矿

2011年，甘其毛都口岸首次受理进口俄罗斯铅精矿粉的落地检验监管，全年实施检验铅精矿粉4批次，共计1.99万吨，货值2401.35万美元。

2012年，共检验监管进口铅精矿1.09万吨，货值1621.2万美元。

三、出入境交通工具和人员检疫查验

2011年6月24日，与中华人民共和国乌拉特海关（以下简称“乌拉特海关”）合作实施旅检现场“一机双屏”查验模式，实现资源整合、信息共享。

2009—2012年甘其毛都口岸出入境卫生检疫查验情况统计表

表26－5

年度	入境		出境	
	人员（万人次）	汽车（万辆次）	人员（万人次）	汽车（万辆次）
2009	7.66	4.81	7.66	4.67
2010	15.50	10.80	15.60	10.70
2011	21.37	15.18	21.58	14.73
2012	18.91	13.86	18.94	13.85

四、出入境人员传染病监测

2009 年 4—7 月,乌拉特出入境检验检疫局分别两次联系内蒙古国际旅行卫生保健中心在甘其毛都口岸就近进行传染病监测体检 440 人次,普通体检 55 人次。同年 5 月,全球暴发甲型 H1N1 流感,乌拉特检验检疫局依照质检总局和内蒙古检验检疫局有关指示,成立流感防控工作领导小组,建立《乌拉特出入境检验检疫局甲型 H1N1 流感防控应急预案》。全年传染病检疫监测 60047 人次,发现有发热症状 7 人,均劝说其返回治疗。

2010 年,乌拉特出入境检验检疫局先后两次联系包头出入境检验检疫局国际旅行卫生保健中心在甘其毛都口岸集中组织出国务工人员及口岸餐饮服务从业人员进行健康体检,共计体检 1187 人次。

2011 年,乌拉特出入境检验检疫局完善出入境旅客通道体温监测体系,建立符合卫生法规要求的隔离留验室,配备负压隔离舱等相关设备。同年 6 月 1 日,乌拉特出入境检验检疫局与中华人民共和国甘其毛都边防检查站(以下简称“甘其毛都边防检查站”)、乌拉特海关共同举行甘其毛都口岸应对突发事件联合演练,联合保障边境地区正常社会经济秩序。

2009—2012 年内蒙古甘其毛都口岸传染病监测体检情况统计表

表 26 - 6

年　度	体检人数	乙肝表面抗原阳性	丙肝抗体阳性	梅　毒
2009	495	0	0	0
2010	1187	0	0	0
2011	1333	0	0	0
2012	717	0	0	0

五、通关管理

(一)服务和贸易便利化

2011 年 3 月 28 日,甘泉铁路在甘其毛都口岸加工园区正式开始铁路铺架工作。

(二)口岸开放和管理

2009 年 6 月 10 日,根据《国家口岸管理办公室关于策克和甘其毛都两口岸开放运行时的复函》(国岸传〔2009〕8 号),甘其毛都口岸开放时间由每日 7 小时延长至 11 小时,调整为周一至周六 8:00—20:00,其中周一至周五的 8:00—17:00 时正常开放,17:00—20:00 时及周六的 8:00—20:00 时仅对煤炭运输开放。同年 8 月 17 日,根据内蒙古自治区人民政府口岸办公室《关于甘其毛都口岸正式实现常年开放的通知》(内政口岸字〔2009〕26 号)文件,甘其毛都口岸正式实现常年开放。

(三)检务工作

2009 年 9 月 16 日,甘其毛都口岸受理首批番茄酱出口业务,1160 吨番茄酱在经检验合格后,办理出境货物换证凭单。同年,甘其毛都口岸共受理报检出入境货物 1584 批,货值 2.68 亿美元。

2010 年,甘其毛都口岸共受理报检出入境货物 5459 批,货值 8.88 亿美元。

2011 年 1 月 1 日至 11 月 16 日,甘其毛都口岸规费年收入首次突破 1000 万元,10037180 元,同时为出口农产品减免收费 400209 元。同年 5 月 12 日,甘其毛都口岸按照内蒙古自治区检验检疫局要求,对库存的 5284 份各类旧版检验检疫证单进行集中焚烧销毁,销毁过程实施多人监管,严防旧版证书流失。同年,共受理报检出入境货物 10548 批,货值 14.98 亿美元。

2012 年，甘其毛都口岸共受理报检出入境货物报检 7101 批，货值 12.58 亿美元。

2009—2012 年乌拉特检验检疫局受理报检出入境货物统计表

表 26－7

年度	入　境 货值（亿美元）	出　境 货值（亿美元）
2009	1191	39
2010	3391	2068
2011	6744	3804
2012	4378	2723

六、进出口食品企业注册备案管理

（一）进出口食品生产企业注册登记及日常监管

2009 年，甘其毛都口岸扶持企业开展进出口业务，辖区内新注册进出口企业 11 家。

2010 年，甘其毛都口岸对辖区内 12 家出口食品企业累计下厂监管 100 余次，检查企业生产和卫生质量体系运行情况。

2011 年，甘其毛都口岸对辖区内 7 家出口食品生产企业进行备案登记证书换证工作，并对新申请备案登记的 3 家出口食品生产企业进行现场审核。

2012 年 8 月，完成 1 家出口番茄酱制品企业换证复查工作。

2012 年 9 月，完成 1 家出口杂粮类企业换证复查工作。

2012 年，对辖区 21 家出口食品企业日常监管次数 61 人次。

（二）出口产品原料基地备案

2012 年，辖区 4 家果蔬种植企业申请原料种植基地备案，经过材料审核和现场考核工作，报送内蒙古检验检疫局审批，3 家企业获得备案资质，其中 1 家企业的产品顺利出口韩国。同年，按照质检总局《出口食品原料种植场备案管理规定》和内蒙古检验检疫局相关要求，对辖区内出口番茄酱制品企业开展基地备案工作，共受理备案基地申请 9 份，备案面积 6 万余亩。

七、实验室与设备

2010 年 9 月 8 日，包头市出入境检验检疫局局长一行 7 人到乌拉特检验检疫局进行业务交流，对实验室运行情况进行指导，并对实验室捆绑认证工作进行具体安排，包头市出入境检验检疫局将引进实验室资源管理系统软件，使包头市出入境检验检疫局、额济纳旗出入境检验检疫局、乌海市出入境检验检疫局、乌拉特中旗检验检疫局实现实验室资源共享。同年 11 月 11 日，以内蒙古自治区检验检疫局科技处处长为组长的检测工作整顿活动验收小组一行 4 人对乌拉特中旗检验检疫局检测工作整顿活动开展情况进行检查验收。同年，煤炭实验室正式投入使用，配备量热仪、定硫仪、碳氢测定仪等煤质化验设备，按照国家标准和国际标准进行制样，开展煤炭品质检验中的全水分、热量、硫、黏结指数、胶质层等项目检验。

2011 年 7 月 15 日，实验室通过煤分析测量审核，参加测量审核的 4 个项目灰分、挥发分、发热量、全硫结果判定全部为满意。同年 10 月 14—16 日，经过中国合格评定国家认可委员会专家评审组现场评审，旗检验检疫局实验室通过计量认证、实验室认可“二合一”现场评审。

第四节　口岸边防管理

一、机构

1992年6月，中华人民共和国甘其毛道边防检查站设立，隶属于巴彦淖尔盟边防支队，为正营职建制。

2002年4月，甘其毛道边防检查站升格为正团级建制，隶属于内蒙古自治区边防总队。

2007年9月，甘其毛道口岸更名为甘其毛都口岸。

2008年4月，中华人民共和国甘其毛道边检站正式更名为中华人民共和国甘其毛都边检站。

2009年1月1日，中华人民共和国甘其毛都边防检查站正式更名为中华人民共和国甘其毛都出入境边防检查站，隶属于中华人民共和国内蒙古自治区出入境边防检查总站。

二、部队正规化建设

1992—2012年，甘其毛都出入境边防检查站属于现役体制，始终坚持从严治警，强化部队正规化建设，健全各类规章制度。全力构筑精细化、规范化的管理格局。

三、出入境边防检查

1999年，甘其毛道口岸检查出入境人员30550人次，查获手续不符的25人次，查获走私香烟31箱，抓获偷渡2人。同时积极开展拥政爱民活动，建立共建单位，进行扶贫帮困、爱国主义教育，帮助学校军训等。截至2012年，边防站结合当地实际情况，进一步细化各项执勤规范的可操作性，严格落实查控、旅检、监护、监管等重点工作环节，严格勤务派遣制度、准确填写卡片、准确按照护照资料页录入、正确加盖验讫章等内容，切实提高工作效率，强化了出入境检查力度。

第二十七篇　教　育

第一章　机　构

第一节　行政管理机构

1988 年，乌拉特中旗设有教育局，内设机构 9 个：办公室、人事股、计财股、招生股、普教股、业教股、教研室、勤工办、电教站，核定行政编制 12 名，实有在职人员 37 人，核定领导职数 3 人，一正二副。

1997 年，旗教育局内设机构增设督导室。至年底，内设机构 10 个：办公室、督导室、人事股、计财股、招生股、普教股、成职教股、审计股、勤工办、电教站，核定行政编制 12 名，实有在职人员 46 人，核定领导职数 5 人，一正四副。

2009 年，旗教育局内设机构增设安全股。至年底，内设机构 11 个：办公室、督导室、人事股、计财股、招生股、普教股、成职教股、审计股、安全股、勤工办、电教站，核定行政编制 12 名，实有在职人员 57 人，核定领导职数 4 人，一正三副。

2010 年，旗教育局内设机构增设基金办、项目办。至年底，内设机构 13 个：办公室、督导室、人事股、计财股、招生股、普教股、成职教股、审计股、安全股、勤工办、基金办、项目办、电教站，核定行政编制 12 名，实有在职人员 59 人，核定领导职数 4 人，一正三副。

2012 年，旗教育局内设机构增设幼特教股。至年底，内设机构 14 个：办公室、督导室、人事股、计财股、招生股、普教股、成职教股、幼特教股、审计股、安全股、勤工办、基金办、项目办、电教站，实有在职人员 59 人，核定领导职数 4 人，一正三副。

第二节　事业单位

1988 年，乌拉特中旗设有教育督导室，科级建制，事业单位，隶属旗教育局管理。内设机构 1 个：办公室，核定行政编制 3 名，实有在职人员 3 人，核定领导职数 1 人（主任）。

至 2012 年底，乌拉特中旗教育督导室内设机构与人员编制未发生变化。

第三节　教学单位

一、幼儿园与学前班

1988 年，乌拉特中旗有幼儿园和学前班 61 所，其中幼儿园 10 所、学前班 51 所，有在职教师 102 人。2012 年，全旗有幼儿园 19 所、学前班 8 所，有在职教师 178 人。

二、小学

1988 年，乌拉特中旗有小学 85 所，其中汉语授课小学 68 所、蒙古语授课小学 17 所，有在职教师 1049 人。2012 年，全旗有小学 3 所（汉语授课），有在职教师 309 人。

1988—2012 年乌拉特中旗幼儿园和学前班数量统计表

表 27－1

年　份	幼儿园(个)	学前班(个)	在职教师(人)	年　份	幼儿园(个)	学前班(个)	在职教师(人)
1988	10	51	102	2001	17	12	149
1989	23	51	117	2002	27	12	140
1990	23	51	119	2003	27	12	157
1991	9	51	83	2004	27	10	157
1992	27	51	159	2005	21	10	126
1993	21	51	219	2006	18	10	178
1994	19	51	216	2007	16	10	160
1995	17	51	200	2008	27	10	137
1996	14	51	178	2009	12	10	147
1997	44	24	135	2010	11	9	115
1998	34	51	89	2011	18	8	150
1999	31	51	102	2012	19	8	178
2000	31	51	126	—	—	—	—

1988—2012 年乌拉特中旗小学数量统计表

表 27－2

年　份	汉语授课小学(所)	蒙古语授课小学(所)	在职教师(人)	年　份	汉语授课小学(所)	蒙古语授课小学(所)	在职教师(人)
1988	68	17	1049	2001	59	1	1037
1989	68	17	1036	2002	53	1	1061
1990	65	17	1016	2003	47	1	905
1991	65	17	1050	2004	29	1	1130
1992	65	17	1066	2005	16	1	775
1993	64	17	1054	2006	14	1	694
1994	64	17	1061	2007	12	1	689
1995	64	17	1096	2008	9	1	671
1996	68	9	1149	2009	8	1	653
1997	68	8	1201	2010	3	1	641
1998	68	5	1192	2011	2	0	585
1999	68	3	1201	2012	3	0	309
2000	68	3	1264	—	—	—	—

三、中学

1988 年，全旗有中学（包括初中、高中、职业中学等）15 所，其中汉语授课中学 12 所、民族中学 1 所、职业中学 2 所，有在职教师 650 人。

2012 年，全旗有中学（包括初中、高中、职业中学、九年一贯制学校、十二年一贯制学校等）6 所，其中完全中学 1 所、初级中学 2 所、十二年一贯制学校（民族中学）1 所、九年一贯制学校 2 所，共有在职专职教师 764 人。

1988—2012 年乌拉特中旗中学数量统计表

表 27－3

年　份	中学总数（所）	其中（所）					在职教师（人）
		汉语授课中学	民族中学	职业中学	九年一贯制中学	十二年一贯制中学	
1988	15	12	1	2	0	0	650
1989	15	12	1	2	0	0	643
1990	15	12	1	2	0	0	680
1991	15	12	1	2	0	0	680
1992	15	12	1	2	0	0	709
1993	15	12	1	2	0	0	686
1994	15	12	1	2	0	0	689
1995	15	12	1	2	0	0	681
1996	16	14	1	1	0	0	685
1997	16	14	1	1	0	0	726
1998	16	14	1	1	0	0	698
1999	15	13	1	1	0	0	691
2000	15	13	1	1	0	0	697
2001	15	13	1	1	0	0	769
2002	14	12	1	1	0	0	700
2003	13	11	1	1	0	0	693
2004	9	7	1	1	0	0	584
2005	7	5	1	1	0	0	484
2006	7	5	1	1	0	0	532
2007	7	5	1	1	0	0	534
2008	7	5	1	1	0	0	516
2009	7	5	1	1	0	0	493
2010	7	5	1	1	0	0	489
2011	7	2	1	1	3	1	508
2012	6	2	1	1	2	1	764

第二章 体制改革

第一节 管理体制改革

一、完善基础教育管理体制

1999 年 9 月，乌拉特中旗“两基”（基本普及九年义务教育、基本扫除青壮年文盲）达标工作顺利通过内蒙古自治区人民政府“两基”达标验收组验收。“两基”达标后，旗委、旗人民政府始终将“两基”作为教育工作的“重中之重”，纳入全旗经济建设和社会发展规划，不断完善基础教育管理体制。

二、人事制度改革

2004 年，全旗教育系统进行体制改革，中共乌拉特中旗委员会（以下简称“旗委”）、旗人民政府鼓励符合条件的教师提前退休。2009 年，全旗教育系统进行体制改革，实行教师岗位聘任制。当年，全旗各教学部门共聘任中小学和幼儿教师 1293 人。2010 年，全旗教育系统进行体制改革，实行校长聘任制。当年，全旗各学校共聘任校长、副校长 38 人。2012 年，全旗教育系统进行体制改革，实行教师岗位招聘制。

三、办学体制改革

1988 年底，全旗有各种学校 84 所（其中蒙校 17 所），中小学全部为公办学校。23 所幼儿园中，公办幼儿园 2 所，集体办幼儿园 21 所。1999—2000 年，乌拉特中旗 2 所民营中学（聚星中学、新世纪中学）先后成立；不久，均因生源锐减被迫停办。之后，全旗再未有民办中小学。2002 年底，全旗大多数集体办幼儿园（包括煤矿幼儿园、同和太国有牧场幼儿园、牧羊海牧场幼儿园、地毯厂幼儿园、海流图镇办幼儿园和皮毛社幼儿园等）随着公办幼儿园、校办幼儿园、民办幼儿园的兴办和企业自身经济实力下滑，均先后停办。至 2012 年，全旗共有幼儿园 19 所，其中公办园 2 所、校办园 9 所、民办园 8 所。

1988—2012 年，乌拉特中旗教育系统一直实行以政府办学为主、社会各界共同办学为辅的办学体制。

四、经费管理改革

（一）教育经费分配和使用

在教育经费分配和使用过程中积极推动以下制度建设：对社会质疑的回应制度，如乱收费、择校收费，应由相关学校或部门直接公开相关情况，以回应社会的质疑；逐渐推动学校和教育主管部门建立面向社会的年度财务报告制度；进一步严格教育经费的预决算制度；建立公众通过一定的程序参与教育经费的分配、使用和过程监督工作的制度。

（二）绩效目标管理

1. 事前绩效评估

在明确绩效目标后编制出实施方案，由独立的第三方专业机构对其实施的必要性、可行性、有效性、可持续性、存在的风险等进行公开、公平、公正、科学、规范的评估，对方案预算安排等方面进行综合的评估，从而推进经费投入和管理科学化、精细化，提高经费使用的合理性和预算的科学性。

2. 实施过程监督

主要是对经费使用过程的关键点进行监督，要求经费的使用方严格按照经过论证、评估的方案用钱，防止“跑冒滴漏”、偏离目标、改变用途、弄虚作假等。

第二节　教学体制改革

一、教学制度改革

1988—1995 年，随着全旗各项教育制度不断健全，教学改革进一步促进教学质量提高，旗教研部门确立“提高教学质量”实验项目，组织外出听课，巡回播放教学录像，深入基层听课；旗教育局在乌兰总校召开“提高教学质量”现场交流会；组织教学能手赛、初中生“三科”联赛和初中联考，加强教学常规检查和教师培训。

2000 年，旗人民政府下发《关于深化教育体制改革，加强教育结构调整，全面推进素质教育的意见》。

2002 年 11 月，小学语文整体改革实验课题接受巴彦淖尔盟教育局阶段性验收。旗蒙古族小学语文教学改革，数学课堂教法优化实验及英语词汇、语法、阅读“三位一体”教学法实验初见成效。旗教研部门和部分学校引进江苏洋思中学成功经验，开展“学洋思、用洋思”活动，突破传统的课堂教学格局，教学效果良好。职业高中的 14 名考生全部考取高等职业中专，第一中学高一年级招生也创最佳成绩，全旗参加中考考生 901 人，旗第一中学录取 492 人。

2003 年，防控“非典”期间，为最大限度减轻“非典”对中小学生学习的影响，旗教育局与旗电视台通过紧张筹措，于同年 5 月 8 日开辟《空中课堂》讲授毕业年级课程。5 月 9 日，旗电视台又与巴彦淖尔盟电视台共同调试，将巴彦淖尔盟《空中课堂》节目信号切入乌拉特中旗。5 月 25 日，高三年级复课后，《空中课堂》节目转向其余各年级开设。

2006 年 5 月，旗蒙古族小学承办巴彦淖尔市蒙古族小学语文教改工作现场会；6 月，旗蒙古族小学承办内蒙古自治区蒙语授课小学教师教学基本功竞赛。秋季，全旗中小学起始年级使用新一轮课改教材。

2008 年，旗人民政府出台《2008—2010 年乌拉特中旗教育改革与发展规划》，制定《乌拉特中旗教职工队伍管理办法》《乌拉特中旗教职工全员竞争上岗实施方案》《乌拉特中旗中小学教师激励机制奖励方案》《乌拉特中旗关于开展城乡学校结对帮扶工作的实施方案》和《乌拉特中旗中小学校长考核实施方案》。

2012 年，旗人民政府实施振兴教育三项工程：教育系统奖励激励工程、全民兴教工程、名师工程。制定《乌拉特中旗关于建立健全教师激励机制推进教育振兴实施方案》，包括教育教学成果奖、中高考奖、环节干部职务津贴和班主任津贴、年度业务目标考核奖、生源奖、教师课时津贴等奖项，涉及奖金约 1000 万元。同年，旗人民政府出台《乌拉特中旗 2012—2014 年全民兴教实施方案》，当年，累计接受旗直各行政部门、事业单位捐资捐物 86.5 万元，面向全国为旗第一中学招聘名师 9 人。

二、学制与课程改革

1988—2002 年，乌拉特中旗各小学学制为 5 年制，开设课程有：语文、数学、音乐、体育、美术。初中学制为 3 年制，开设课程有：语文、数学、英语、物理、化学、政治、历史、地理、音乐、体育、美术等。高中学制为

3年制，开设课程有：语文、代数、英语、物理、化学、政治、历史、地理、音乐、体育、美术等。

2003年9月，全旗小学学制由五年制改为六年制，初中与高中学制与开设课程未变。

2008—2010年，全旗小学教学场地紧缺，六年级学生到中学就读。

2011年，教育部为推行素质教育，对义务教育阶段所有开设课程颁布每一学科的《课程标准》，全旗中小学遵照执行。

2012年，全旗深入推进素质教育，加强教师队伍建设。全旗各中小学校开展丰富多彩的大课间和二课堂活动，开设以器乐、声乐等多种形式的兴趣活动班。

三、素质教育

2000年，乌拉特中旗素质教育开始实施。

2002年，旗人民政府下发《乌拉特中旗关于深化教育体制改革，加强教育结构调整，全面推进素质教育的意见》；同年，蒙语授课学校小学从二年级开始进行“双语”（蒙古语、汉语）教学，中学试行“三语”（蒙古语、汉语、英语）教学；汉授小学启动“小学语文整体改革”实验课题。

2009年，旗教育局在教科研方面开展“双点”（请农村学校教师根据自身需要，点“最想观摩的课”；在全旗范围内点“执讲该课的教师”）送教下乡活动。共组织“双点”送教下乡活动4次，送课24节；活动中，参与人员创造性地开展工作，把教研与教师培训相结合，发挥骨干教师帮、带作用，把单一的、小范围的教研变成了区域性的、多项互动交流，做到点与面、强与弱结合，极大地提高送教下乡活动的实效性。4月，组织全旗29名幼儿教师参加巴彦淖尔市幼儿教师教学能手比赛，有6名教师获一等奖，8名教师获二等奖；5月底，选拔教师组队参加巴彦淖尔市初中教师教学大比武活动，获集体二等奖，3名教师获特等奖；年底，旗教育局教研室通过内蒙古自治区督导团验收，被评为内蒙古自治区一级教研室。

2010年，乌拉特中旗在实施素质教育方面，组织全旗各学校召开素质教育现场观摩会即全旗校长调度会；制定《乌拉特中旗教育目标考核细则》《乌拉特中旗课堂教学改革“153”实施计划》《乌拉特中旗关于进一步推进青蓝工程实施意见》《乌拉特中旗中小学教师课堂教学评价方案》《乌拉特中旗“个十百千万”教育质量提升工程》。

2012年，旗人民政府实施振兴教育三项工程：教育系统奖励激励工程、全民兴教工程、名师工程。召开全旗课改推进会2次；顺利承办巴彦淖尔市幼儿课堂教学能手赛；参加全市小学数学“尝试教学法”课堂教学竞赛，1名教师获特等奖，2名教师获一等奖；参加巴彦淖尔市小学语文教师综合素养大赛，1名教师获五项全能特等奖，1名教师获二等奖。

第三章　学前教育

第一节　基本情况

1988 年,全旗有幼儿园和学前班 61 所,其中幼儿园 10 所(公办 1 所、集体办 3 所)、学前班 51 个,共有在园幼儿 2451 人。

1989 年,全旗有幼儿园 23 所,其中公办 2 所(教育系统办),集体办 21 所;全旗有学前班 51 个;共有在园幼儿 2741 人。

1990 年,全旗有幼儿园 23 所,其中公办 2 所(教育系统办),集体办 21 所;全旗有学前班 51 个;共有在园幼儿 2845 人,城镇入园率为 98.6%、农村入园率为 26.8%、牧区入园率为 21.6%。

1997 年,全旗有幼儿园和学前班 44 所,其中幼儿园 20 所(公办 2 所、集体办 18 所)、学前班 24 个,在园幼儿 2938 人,城镇入园率 87%,农村入园率 73.3%,牧区入园率 72.1%。

2002 年,全旗有幼儿园 27 所,其中公办 2 所、校办 13 所,民办 12 所;全旗有学前班 12 个;在园幼儿 3056 人,城镇入园率为 93%,农村入园率为 86%,牧区入园率为 71%。

2008 年,全旗有幼儿园 27 所,其中公办 2 所,校办 10 所,民办 15 所;全旗有学前班 10 个;在园幼儿 2183 人,城镇入园率为 95%、农村入园率为 85%、牧区入园率为 70%。

2010 年,全旗有幼儿园 20 所,其中公办 2 所,校办 8 所,民办 10 所;全旗有学前班 9 个;在园幼儿 2299 人;全旗学前一年受教育率达到 86.71%,学前三年受教育率海流图镇达到 100%,各乡镇苏木达到 77.42%。

2011 年,全旗有幼儿园 18 所,其中公办 2 所,校办 8 所,民办 8 所;全旗有学前班 8 个;在园幼儿 2483 人;全旗学前一年受教育率达到 99.35%,学前三年受教育率海流图镇达到 73.95%,各乡镇苏木达到 72.163%。

2012 年,全旗有幼儿园 19 所,其中公办 2 所,校办 9 所,民办 8 所,全旗有学前班 3 个;在园幼儿 2525 人;全旗学前一年受教育率达到 100%,学前三年受教育率海流图镇达到 77.89%,各乡镇苏木达到 88.05%。

第二节　学制与课程

1988—2012 年,旗教育局严格执行《幼儿园管理条例》,认真落实巴彦淖尔盟(市)教育局下发的 7 个规范性文件,督促幼儿教师学习并运用《幼儿园教育指导纲要》和《3~6 岁儿童学习与发展指南》,合理安排和组织一日常规保教活动。推行"区域自主学习"和"集体教学"园本课程模式,将区域活动与五大领域教学活动有效结合,不断更新教育理念。做到解放幼儿,把时间、空间交给孩子,把机会、权利交给孩子,把环境、世界交给孩子,督促他们成为身心健康、尚善乐学、活泼好奇、完整独立的人。全旗各幼儿园为三年制,分别为小、中、大年龄段(小班、中班、大班),开设课程主要有:健康、语言、科学、社会、艺术、体育活动等。2007 年之前,幼儿园小中大班均根据幼儿年龄特点开展了语言、音乐、体育、计算、常识课程。2007 年左右,幼儿园开展了多元智能系统课程,所有班级统一开课,更进一步地将幼儿在教育活动中置于主体地位，从幼儿的角度出发来开展各项活动，课程中设计了适合每个年龄段的活动主题，同时也设计小规模的实验操作，并体验多元化、个人化、合作化等有价值的学习，课程体系趋于完整。2010 年起，幼儿园课程进行了更新一步的改革，从上海引进了区角活动整体方案并迅速实施，至 2012 年，幼儿园课程更加完整化，按照国家相关法规和政策，完全去教材化，所有活动主题和素材均来自生活、环境、传统节日、季节变换等，教师只作为引导者，放手让幼儿融入素材中去体验、感受、操作、整理，活动内容更加贴切、易于感受，使幼儿从中获得的信息和感知更加纷繁、迅速、直接，更利于幼儿各方面能力的提升及健康成长。

第三节　教学方法

1988—2012 年，旗教育局贯彻《3 ~ 6 岁儿童学习与发展指南》，加强幼儿教师培训工作。通过学前教育宣传月活动、《3 ~ 6 岁儿童学习与发展指南》解读培训、知识考试、一日常规活动检查、区角教活动展示、送教下乡等多种形式，促进教师理解、掌握、运用《3 ~ 6 岁儿童学习与发展指南》，进一步科学规范幼儿办园行为。

2011 年，旗教育局邀请学前教育专家黎咏文到乌拉特中旗开展为期 2 天的快乐数学幼儿教师全员培训。

2012 年，旗教育局邀请北京幼教专家到乌拉特中旗开展为期 3 天的幼儿教师全员培训；多次派园长、优秀教师赴上海、北京、武汉、杭州等地进行挂职锻炼、专题培训；派多名教师参加市局组织的《3 ~ 6 岁儿童学习与发展指南》解读；组织幼儿教学能手赛，实现以赛代训；每年组织一次的幼儿教师《幼儿园教育指导纲要》和《3 ~ 6 岁儿童学习与发展指南》知识考试，实现以考促学；结合国培、师徒结对、园本培训、按需培训、跟岗培训、入职培训、转岗教师培训等多种形式，将名师打造成一批专家型教师，让年轻教师成长为专业过硬的骨干教师。

第四节　教育成果

一、城市学前教育供需平衡

2012 年，全旗城镇公办、校办幼儿园布局合理、提供学位充足，不存在“入园难”问题。其中蒙古族幼儿园为内蒙古自治区级示范幼儿园，旗幼儿园为巴彦淖尔市级示范幼儿园，甘其毛都口岸幼儿园、德岭山幼儿园为巴彦淖尔市级一级一类幼儿园。

二、大力发展校办园

2012 年，旗教育局全面加强校办幼儿园基础建设，改扩建石哈河、宏丰校办幼儿园，校办园办学环境得到了极大改善，多次为校办幼儿园补充专业教师，加大园长、教师培训力度。

三、逐步规范民办园

2010 年后，旗教育局规范民办幼儿园行为，对民办园的保教常规、办园行为、安全、卫生保健、后勤工作等方面加大督查指导力度，促使雇用教师专业合格率有所提高，各方面趋于规范。

四、优先支持农村学前教育

2010—2012 年，旗教育局要求等级幼儿园携手 1 ~ 2 所村镇幼儿园，通过挂职锻炼、专题讲座、听课评课、课题研究、教师置换等多种形式相互学习，提升基层幼儿园办园质量和办园水平。同时，开展宣讲活动，组织公办幼儿园、校办幼儿园的资深园长和骨干教师到村镇幼儿园开展宣讲活动，宣讲关于母亲文化、家园共育、区角活动、防止小学化倾向等方面的知识。

第四章　九年义务教育

第一节　小学教育

一、基本情况

1988 年，乌拉特中旗共有小学 85 所(其中蒙古族学校 17 所)，在校学生共有 15308 人(其中蒙古族学生 2034 人)，普及教育率基本达到部标要求；全旗小学入学率为 96.2%，巩固率为 98.2%，毕业率为 83.2%，普及率为 95.8%；全旗小学有专任教师 1726 人，教师学历合格率为 70.5%。

1989 年，全旗共有小学 83 所(其中蒙古族学校 17 所)、教学延伸点(3 个教学班以下)有 60 个，在校学生共有 15080 人(其中蒙古族学生 2007 人)；全旗小学入学率为 96.4%，巩固率为 93.3%，毕业率为 83.5%，普及率为 95.6%；全旗小学有专任教师 862 人，教师学历合格率为 73.8%。

1990 年，全旗共有小学 72 所(其中蒙古族学校 17 所)、教学延伸点 64 个，在校学生共有 1.6 万人(其中蒙古族学生 2518 人)；全旗小学入学率为 96.7%，巩固率为 93.6%，毕业率为 84.1%，普及率为 94.8%；全旗小学有专任教师 1016 人，教师学历合格率为 73.8%。

1996 年，全旗共有小学 77 所(其中蒙古族学校 9 所)、教学延伸点 54 个，在校学生共有 13693 人(其中蒙古族学生 2629 人)；全旗小学入学率为 96.9%，毕业率为 93.7%，巩固率为 84.3%，普及率为 94.6%；全旗小学有专任教师 1029 人，教师学历合格率为 72.79%。

1997 年，全旗共有小学 76 所(其中蒙古族学校 8 所)、教学延伸点 51 个，在校学生共有 13617 人(其中蒙古族学生 2270 人)；全旗小学适龄儿童入学率为 100%，小学毕业升学率为 99%，普及率为 94.8%；全旗 19 个苏木、乡、镇和旗直小学先后达到义务教育标准。全旗小学有专任教师 1088 人，教师学历合格率为 92.56%。

1998 年，全旗共有小学 73 所(其中蒙古族学校 5 所)、教学延伸点 50 个，在校学生共有 13496 人(其中蒙古族学生 2000 人)；全旗小学适龄儿童入学率为 100%，小学毕业升学率为 99%，普及率为 94.8%；全旗 19 个苏木、乡、镇和旗直小学先后达到义务教育标准。全旗小学有专任教师 1090 人，教师学历合格率为 95.14%。

1999 年，全旗共有小学 71 所(其中蒙古族学校 3 所)、教学延伸点 38 个，在校学生共有 13087 人(其中蒙古族学生 2010 人)；全旗小学入学率为 100%，毕业率为 98.7%，巩固率为 95.8%，普及率为 94.9%；全旗小学有专任教师 1076 人，教师学历合格率为 84.76%。

2000 年，全旗共有小学 71 所(其中蒙古族学校 3 所)、在校学生共有 12348 人(其中蒙古族学生 1896 人)；全旗小学入学率为 97.2%，毕业率为 95.4%，巩固率为 95.7%，普及率为 95.1%；全旗小学有专任教师 1155 人，教师学历合格率为 89.18%。

2001 年，全旗共有小学 59 所(其中蒙古族学校 1 所)、在校学生共有 11074 人(其中蒙古族学生 1779 人)；全旗小学入学率为 98.1%，毕业率为 96.2%，巩固率为 94.3%，普及率为 94.9%；全旗小学有专任教师 941 人，教师学历合格率为 98.41%。

2002年，全旗共有小学53所（其中蒙古族学校1所）、在校学生共有9834人（其中蒙古族学生634人）；全旗小学入学率为97.2%，毕业率为95.4%，巩固率为95.7%，普及率为95.1%；全旗小学有专任教师936人，教师学历合格率为84.76%。

2003年，全旗共有小学47所（其中蒙古族学校1所）、在校学生共有8808人（其中蒙古族学生1644人）；全旗小学入学率为97.3%，毕业率为95.2%，巩固率为95.5%，普及率为95.6%；全旗小学有专任教师905人，教师学历合格率为98.23%。

2004年，乌拉特中旗撤并农牧区小学13所。至年底，全旗共有小学29所（其中蒙古族学校1所），在校学生共有8144人（其中蒙古族学生1410人）；全旗小学入学率为97.5%，毕业率为95.6%，巩固率为94.9%，普及率为95.4%；全旗小学有专任教师889人，教师学历合格率为98.31%。

2005年，全旗共有小学17所（其中蒙古族学校3所），在校学生共有7521人（其中蒙古族学生862人）；有农牧区学区6个，在校学生共有7521人；全旗小学入学率为97.5%，毕业率为95.2%，巩固率为94.7%，普及率为95.5%；全旗小学有专任教师889人，教师学历合格率为98.31%。

2006年，乌拉特中旗撤销温更（汉校）及川井两所薄弱学校。至年底，全旗共有小学15所（其中蒙古族学校1所），在校学生共有7341人（其中蒙古族学生1276人）；全旗小学入学率为97.6%，毕业率为95.4%，巩固率为94.8%，普及率为95.7%；全旗小学有专任教师595人，教师学历合格率为100%。

2007年，全旗共有小学13所（其中蒙古族学校1所），在校学生共有7088人（其中蒙古族学生1187人）；全旗小学入学率为97.8%，毕业率为96.2%，巩固率为94.9%，普及率为95.9%；全旗小学有专任教师598人，教师学历合格率为100%。

2008年，乌拉特中旗石哈河中小学合并，实行九年一贯制；将德岭山灯塔、乌兰、水泉3所村级小学撤并到中心校。至年底，全旗共有小学9所（其中蒙古族学校1所）、九年一贯制学校1所，在校学生共有7053人（其中蒙古族学生1226人）；全旗小学入学率为98.1%，毕业率为96.1%，巩固率为94.7%，普及率为95.8%；全旗小学有专任教师1397人，教师学历合格率为99%。

2010年，乌拉特中旗德岭山中学、德岭山小学、乌梁素太小学合并为九年一贯制学校，蒙古族小学和蒙古族中学合并为蒙古族学校，石兰计小学、宏丰小学、乌加河小学合并为乌加河学校，第三完全小学和第四完全小学合为第四完全小学。经过资源整合后，全旗有完全小学2所、九年一贯制学校3所（石哈河学校、德岭山学校、乌加河学校）、十二年一贯制蒙古族学校1所，在校小学生共有6100人（其中蒙古族学生1263人）；全旗小学入学率为97.3%，毕业率为96.1%，巩固率为94.5%，普及率为95.6%；全旗小学有专任教师559人，教师学历合格率为98.57%。同年，旗人民政府调研决定，在甘其毛都口岸新建口岸九年一贯制学校——甘其毛都学校。

2011年，乌拉特中旗甘其毛都口岸九年一贯制学校——甘其毛都学校破土动工。

2012年9月，甘其毛都学校投入使用招生，其中小学部招生一年级学生20人。年底，全旗有完全小学3所、九年一贯制学校2所、十二年一贯制蒙古族学校1所，在校小学生共有4566人（其中蒙古族学生1096人）；全旗小学入学率为97.8%，毕业率为100%，巩固率为70.7%，普及率为95.8%；全旗小学有专任教师512人，教师学历合格率为99.61%。

二、学制与课程

1988—2002 年,乌拉特中旗各小学学制为五年制,开设课程有:语文、数学、音乐、体育、美术。

2003 年 9 月,全旗小学学制由五年制改为六年制,开设课程有:语文、数学、思想品德与生活(社会)、科学(自然)、音乐、体育、美术、综合实践、地方课程。

2011 年,教育部为推行素质教育,对义务教育阶段所有开设课程颁布每一学科的《课程标准》,全旗小学遵照执行。

2012 年,全旗深入推进素质教育,加强教师队伍建设。全旗各小学开设以器乐、声乐等多种形式的兴趣活动班 110 个。

第二节 初中教育

一、基本情况

1988 年,全旗共有中学 15 所,其中蒙古族学校 1 所、完全中学 5 所、乡镇中学 9 所,共有初中教学班 130 个,在校初中生共有 7534 人(其中蒙古族学生 1008 人),有初中专任教师 644 人;当年,有毕业生 1513 人,全旗初中入学率为 88.7%,毕业率为 85.6%,普及率为 84.5%。

1990 年,全旗共有中学 15 所,其中蒙古族学校 1 所、完全中学 5 所、乡镇中学 9 所,共有初中教学班 124 个,在校初中生共有 0.7 万人(其中蒙古族学生 986 人),有初中专任教师 644 人;当年,有毕业生 1470 人,全旗初中入学率为 88.9%,毕业率为 85.7%,普及率为 85.1%。

1995 年,全旗共有中学 15 所,其中蒙古族学校 1 所、完全中学 5 所、乡镇中学 9 所,共有初中教学班 124 个,在校初中生共有 0.6 万人(其中蒙古族学生 894 人),有初中专任教师 686 人;当年,有毕业生 1386 人,全旗初中入学率为 89.1%,毕业率为 85.8%,普及率为 85.4%。

1996 年,全旗共有中学 16 所,其中蒙古族学校 1 所、完全中学 2 所、乡镇中学 13 所,共有初中教学班 124 个,在校初中生共有 5793 人(其中蒙古族学生 887 人),有初中专任教师 452 人;当年,有毕业生 1497 人,全旗初中入学率为 89.3%,毕业率为 85.6%,普及率为 84.7%。

1997 年,全旗共有中学 16 所,其中蒙古族学校 1 所、完全中学 2 所、初级中学 13 所,共有初中教学班 124 个,在校初中生共有 6359 人(其中蒙古族学生 800 人),有初中专任教师 465 人;当年,有毕业生 1554 人,全旗初中入学率为 90%,毕业率为 87.8%,普及率为 85%。

1998 年,随着全旗教育结构调整,乌拉特中旗民族职业中学更名为乌拉特中旗第二中学,成为汉授普通初级中学、原乌拉特中旗第二中学与乌加河镇中学合并,新成立乌加河中学和乌中旗职业中学,一套机构、两块牌子,面向全旗招生。全旗教育结构调整后,全旗共有中学 16 所,其中蒙古族学校 1 所、完全中学 3 所、乡镇中学 12 所,共有初中教学班 140 个,在校初中生共有 6247 人(其中蒙古族学生 957 人),有初中专任教师 479 人;当年,有毕业生 1540 人,全旗初中入学率为 89.5%,毕业率为 88.7%,普及率为 86.2%。

1999 年 8 月,民办聚星中学成立。至此,全旗共有中学 15 所,其中蒙古族学校 1 所、完全中学 4 所、乡镇中学 10 所,共有初中教学班 124 个,在校初中生共有 6126 人(其中蒙古族学生 939 人),有初中专任教师 419 人;当年,有毕业生 1842 人,全旗初中入学率为 90.2%,毕业率为 89.5%,普及率为 88.3%。

2000 年,民办新世纪中学成立。至此,全旗共有中学 15 所,其中蒙古族学校 1 所、完全中学 4

所、乡镇中学10所，共有初中教学班124个，在校初中生共有5752人（其中蒙古族学生882人），有初中专任教师457人；当年，有毕业生1796人，全旗初中入学率为90.5%，毕业率为89.7%，普及率为88.6%。

2001年，民办聚星中学因生源锐减被迫停办。至此，全旗共有中学14所，其中蒙古族学校1所、完全中学3所、乡镇中学10所，共有初中教学班135个，在校初中生共有5506人（其中蒙古族学生976人），有初中专任教师475人；当年，有毕业生1489人，全旗初中入学率为90.8%，毕业率为90%，普及率为89.9%。

2002年，双盛美中学撤并至石哈河学区；同年秋，民办新世纪中学因生源锐减被迫停办。至此，全旗共有中学13所，其中蒙古族学校1所、完全中学2所、乡镇中学10所，共有初中教学班130个，在校初中生共有5721人（其中蒙古族学生1098人），有初中专任教师449人；当年，有毕业生1390人，全旗初中入学率为91.2%，毕业率为90.4%，普及率为89.7%。

2003年，全旗共有中学12所，其中蒙古族学校1所、完全中学2所、初级中学9所，共有初中教学班132个，在校初中生共有5892人（其中蒙古族学生1071人），有初中专任教师457人；当年，有毕业生1975人，全旗初中入学率为91.5%，毕业率为90.8%，普及率为89.9%。

2004年，旗教育局所辖楚鲁图中学、部北中学撤并至石哈河中学；同年，石兰计中学、宏丰中学、乌梁素太中学调整合并至乌加河中学。至此，全旗共有中学8所，其中蒙古族学校1所、完全中学2所、乡镇中学5所，共有初中教学班112个，在校初中生共有5146人（其中蒙古族学生979人），有初中专任教师366人；当年，有毕业生1762人，全旗初中入学率为91.7%，毕业率为91.1%，普及率为90.3%。

2006年，全旗共有中学6所，其中蒙古族学校1所、完全中学2所、乡镇中学3所，共有初中教学班80个，在校初中生共有3651人（其中蒙古族学生682人），有初中专任教师320人；当年，有毕业生1603人，全旗初中入学率为90.7%，毕业率为91.2%，普及率为90.6%。

2007年4月26日至2009年8月30日，旗蒙古族中学挂旗蒙古族职业中学牌子。全旗共有中学6所，其中蒙古族学校1所、完全中学2所、初级中学4所，共有初中教学班78个，在校初中生共有3426人（其中蒙古族学生640人），有初中专任教师316人；当年，有毕业生1413人，全旗初中入学率为91.3%，毕业率为92.2%，普及率为90.7%。

2008年，乌拉特中旗石哈河中学、石哈河小学合并为九年一贯制学校——石哈河学校。至此，全旗共有中学6所，其中蒙古族学校1所、完全中学2所、乡镇中学3所，共有初中教学班52个，在校初中生共有2209人（其中蒙古族学生484人），有初中专任教师318人；当年，有毕业生1084人，全旗初中入学率为91.8%，毕业率为91.5%，普及率为90.7%。

2009年，全旗共有中学6所，其中完全中学2所（蒙古族学校1所）、初级中学1所、乡镇中学3所，共有初中教学班52个，在校初中生共有2425人（其中蒙古族学生682人），有初中专任教师320人；当年，有毕业生1603人，全旗初中入学率为92.3%，毕业率为91.4%，普及率为90.6%。

2010年，旗蒙古族小学、蒙古族中学合并为十二年一贯制学校——蒙古族学校；德岭山中学、德岭山小学、乌梁素太小学合并为九年一贯制学校——德岭山学校；将石兰计小学、宏丰小学、乌加河小学和乌加河中学合并为九年一贯制学校——乌加河学校。经过资源整合后，全旗有中学2所、九年一贯制学校3所、十二年一贯制蒙古族学校1所，共有初中教学班43个，在校初中生共有2354

人（其中蒙古族学生370人），有初中专任教师283人；当年，有毕业生1211人，全旗初中入学率为99%，毕业率为95.3%，普及率为92.5%。

2011年，旗教育局所辖石哈河学校部因学生减少被撤销。至此，全旗有中学2所、九年一贯制学校3所、十二年一贯制蒙古族学校1所，共有初中教学班60个，在校初中生共有2966人（其中蒙古族学生554人），有初中专任教师280人；当年，有毕业生20人，全旗初中入学率为97.68%，毕业率为95.8%，普及率为94.3%。

2012年，全旗有完全中学1所、九年一贯制学校2所、初级中学1所、十二年一贯制蒙古族学校1所，共有初中教学班62个，在校初中生共有2731人（其中蒙古族学生441人），有初中专任教师259人；当年，有毕业生867人，全旗初中入学率为98.13%，毕业率为96.7%，普及率为94.8%。

二、学制与课程

1988—2012年，乌拉特中旗各中学初中学制为3年制，开设课程主要有：语文、数学、英语、物理、化学、政治、历史、地理、音乐、体育、美术等。

第五章　高中教育

第一节　基本情况

1988 年，全旗共有高中学校 2 所，有高中教学班 18 个（其中蒙古语教学班 6 个），在校高中生共有 749 人（其中蒙古族学生 156 人），有高中专任教师 106 人；当年，全旗共有高中毕业生 259 人（其中蒙古族毕业生 81 人）。

1990 年，全旗共有高中学校 2 所，有高中教学班 18 个（其中蒙古语教学班 6 个），在校高中生共有 726 人（其中蒙古族学生 142 人），有高中专任教师 106 人；当年，全旗共有高中毕业生 239 人（其中蒙古族毕业生 53 人）。

1995 年，全旗共有高中学校 1 所，有高中教学班 12 个，在校高中生共有 672 人，有高中专任教师 69 人；当年，全旗共有高中毕业生 164 人。

1998 年，全旗教育结构进行调整。调整后，全旗共有高校 2 所，有高中教学班 14 个（其中蒙古语教学班 2 个），在校高中生共有 688 人（其中蒙古族学生 96 人），有高中专任教师 91 人；当年，全旗共有高中毕业生 201 人。

2000 年，全旗共有高中学校 2 所，有高中教学班 27 个（其中蒙古语教学班 3 个），在校高中生共有 814 人（其中蒙古族学生 145 人），有高中专任教师 59 人；当年，全旗共有高中毕业生 336 人（其中蒙古族毕业生 58 人）。

2005 年，全旗共有高中学校 2 所，有高中教学班 30 个（其中蒙古语教学班 2 个），在校高中生共有 938 人（其中蒙古族学生 46 人），有高中专任教师 142 人；当年，全旗共有高中毕业生 359 人（其中蒙古族毕业生 27 人）。

2007 年 4 月 26 日至 2009 年 8 月 30 日，旗蒙古族中学挂旗蒙古族职业中学牌子。

2010 年，全旗教育资源进行整合。整合后，旗蒙古族小学、蒙古族中学合并为十二年一贯制学校——蒙古族学校。至此，全旗有高中学校 1 所、十二年一贯制蒙古族学校 1 所，共有高中教学班 27 个（其中蒙古语教学班 6 个），在校高中生共有 1115 人（其中蒙古族学生 120 人），有高中专任教师 126 人；当年，全旗共有高中毕业生 442 人（其中蒙古族毕业生 34 人）。

2012 年，全旗共有高中 1 所、十二年一贯制蒙古族学校 1 所，有高中教学班 38 个（其中蒙古语教学班 5 个），在校高中生共有 1356 人（其中蒙古族学生 70 人），有高中专任教师 139 人；当年，全旗共有高中毕业生 255 人（其中蒙古族毕业生 38 人）。

第二节　学制与课程

1988—2012 年，乌拉特中旗高中学校由 1988 年的 12 个班（每年级 4 个班）增至 2012 年的 38 个班。学校高中课程开设能够按照国家规定开足开齐。开设课程主要有：语文、数学、英语、政治、历史、地理、音乐、体育、信息技术、劳技、心理、写字、研究性学习、生命教育，另外还开设了通用技术课和职业课。

第三节　教学方法

乌拉特中旗高中学校教学模式是在学习山东昌乐二中、杜郎口学校高效课堂教学模式的基础上，经旗第一中学全体教师讨论，整合国内外先进教学方法，确立的具有旗第一中学特色的教学模式，即“三导六步法”。(1)导学、导思、导练。导学：指教师在钻研教材的基础上，通过自编学案，集体审核后编辑出适合学生学情的导学案；导思：是指在课堂教学中，在学生要设计层层递进问题，要从培养欣赏者过渡到培养思考者；导练：是指教师问题设计要关注梯度性，精讲精练；(2)六步：创设情境，导入新课；学生自学，按教学要求填学案；学生合作、交流；学生展示、分享；点评：包括生评、师评；当堂检测，知识反馈，能力提升。

第四节　教育成果

1988 年，全旗高考成绩在全巴彦淖尔盟排第六名，高考本科上线 22 人，全旗合计本科上线 28 人。

2000 年，全旗高考成绩在全巴彦淖尔盟排第七名，高考一本上线 2 人，二本上线 2 人，艺术类本科上线 3 人，全旗合计本科上线 7 人。

2012 年，全旗高考成绩在全巴彦淖尔市排第六名，高考一本上线 1 人，二本上线 3 人，艺术类本科上线 29 人，三本上线 22 人，全旗合计本科上线 55 人。

第六章　民族教育

第一节　基本情况

一、幼儿园和学前班

1988 年，乌拉特中旗有蒙古族幼儿园和学前班 2 所，其中，蒙古族幼儿园 1 所（公办 1 所、无集体办园），共有在园在班幼儿 265 人，蒙古族学前班 3 个，幼儿 134 人；同年，全旗蒙古族幼儿园和学前班入园入班幼儿 399 人，毕业 134 人。城镇蒙古族幼儿入园率为 94%、农村蒙古族幼儿入园率为 3%、牧区蒙古族幼儿入园率为 3%。

1995 年，全旗有蒙古族幼儿园和学前班 2 所，其中，蒙古族幼儿园 1 所（公办 1 所、无集体办园），共有在园在班幼儿 400 人，蒙古族学前班 3 个，幼儿人数 132 人；同年，全旗蒙古族幼儿园和学前班入园入班幼儿 532 人，毕业 132 人。城镇蒙古族幼儿入园率为 93%、农村蒙古族幼儿入园率为 3%、牧区蒙古族幼儿入园率为 4%。

2000 年，全旗有蒙古族幼儿园和学前班 2 所，其中，蒙古族幼儿园 1 所（公办），共有在园在班幼儿 270 人，蒙古族学前班 3 个，幼儿人数 104 人；同年，全旗蒙古族幼儿园和学前班入园入班幼儿 374 人，毕业 104 人。城镇蒙古族幼儿入园率为 82%、农村蒙古族幼儿入园率为 8%、牧区蒙古族幼儿入园率为 10%。

2005 年，全旗有蒙古族幼儿园和学前班 2 所，其中，蒙古族幼儿园 1 所（公办 1 所、无集体办园），共有在园在班幼儿 268 人，蒙古族学前班 3 个，幼儿人数 131 人；同年，全旗蒙古族幼儿园和学前班入园入班幼儿 399 人，毕业 131 人。城镇蒙古族幼儿入园率为 86%、农村蒙古族幼儿入园率为 6%、牧区蒙古族幼儿入园率为 8%。

2012 年，全旗有蒙古族幼儿园和学前班 2 所，其中，蒙古族幼儿园 1 所（公办 1 所、无集体办园），共有在园在班幼儿 334 人，蒙古族学前班 3 个，幼儿人数 81 人；同年，全旗蒙古族幼儿园和学前班入园入班幼儿 415 人，毕业 81 人。城镇蒙古族幼儿入园率为 68%、农村蒙古族幼儿入园率为 12%、牧区蒙古族幼儿入园率为 20%。

二、蒙古族小学

1988 年，乌拉特中旗有蒙古族小学 17 所、教学延伸点 0 个，有在校蒙古族学生 1859 人；全旗蒙古族小学入学率为 96.2%，毕业率为 83.2%，巩固率为 98.2%，普及率为 95.8%；全旗蒙古族小学有专任教师 489 人，教师学历合格率为 89.3%。

1995 年，全旗有蒙古族小学 9 所、教学延伸点 0 个，有在校蒙古族学生 1246 人；全旗蒙古族小学入学率为 98.3%，毕业率为 92.6%，巩固率为 99.6%，普及率为 98.5%；全旗蒙古族小学有专任教师 289 人，教师学历合格率为 100%。

2000 年，全旗有蒙古族小学 3 所、教学延伸点 0 个，有在校蒙古族学生 896 人；全旗蒙古族小学入学率为 100%，毕业率为 100%，巩固率为 100%，普及率为 100%；全旗蒙古族小学有专任教师

134 人，教师学历合格率为 100%。

2005 年，全旗有蒙古族小学 1 所，有在校蒙古族学生 478 人；全旗蒙古族小学入学率为 100%，毕业率为 100%，巩固率为 100%，普及率为 100%；全旗蒙古族小学有专任教师 87 人，教师学历合格率为 100%。

2010 年，旗蒙古族小学与蒙古族中学合并为十二年一贯制学校——蒙古族学校。至此，全旗有蒙古族小学 1 所（包括蒙古族学校小学部），有在校蒙古族学生 608 人；全旗蒙古族小学入学率为 100%，毕业率为 100%，巩固率为 100%，普及率为 100%；全旗蒙古族小学有专任教师 87 人，教师学历合格率为 100%。

2012 年，全旗有蒙古族小学 1 所（包括蒙古族学校小学部），有在校蒙古族学生 559 人；全旗蒙古族小学入学率为 100%，毕业率为 100%，巩固率为 100%，普及率为 100%；全旗蒙古族小学有专任教师 87 人，教师学历合格率为 100%。

三、蒙古族初等中学

1988 年，乌拉特中旗有蒙古族初等中学 1 所，有在校蒙古族初中学生 442 人；全旗蒙古族初等中学有专任教师 33 人。当年，蒙古族初等中学入学学生 157 人，毕业生 132 人；全旗蒙古族初中入学率为 100%，毕业率为 100%，巩固率为 100%，普及率为 100%。

1995 年，乌拉特中旗有蒙古族初等中学 1 所，有在校蒙古族初中学生 475 人；全旗蒙古族初等中学有专任教师 36 人。当年，蒙古族初等中学入学学生 152 人，毕业生 147 人；全旗蒙古族初中入学率为 100%，毕业率为 100%，巩固率为 100%，普及率为 100%。

2000 年，乌拉特中旗有蒙古族初等中学 1 所，有在校蒙古族初中学生 639 人；全旗蒙古族初等中学有专任教师 33 人。当年，蒙古族初等中学入学学生 203 人，毕业生 240 人；全旗蒙古族初中入学率为 100%，毕业率为 100%，巩固率为 100%，普及率为 100%。

2005 年，乌拉特中旗有蒙古族初等中学 1 所，有在校蒙古族初中学生 285 人；全旗蒙古族初等中学有专任教师 31 人。当年，蒙古族初等中学入学学生 44 人，毕业生 155 人；全旗蒙古族初中入学率为 100%，毕业率为 100%，巩固率为 100%，普及率为 100%。

2007 年 4 月 26 日至 2009 年 8 月 30 日，旗蒙古族中学挂旗蒙古族职业中学牌子。

2010 年，旗蒙古族小学与蒙古族中学合并为十二年一贯制学校——蒙古族学校。至此，全旗有蒙古族初中学校 1 所（包括蒙古族学校初中部），有在校蒙古族初中学生 113 人，全旗蒙古族初等中学有专任教师 32 人。当年，蒙古族初等中学入学学生 51 人，毕业生 17 人；全旗蒙古族初中入学率为 100%，毕业率为 100%，巩固率为 100%，普及率为 100%。

2012 年，全旗有蒙古族初中学校 1 所（包括蒙古族学校初中部），有在校蒙古族初中学生 222 人；全旗蒙古族初等中学有专任教师 32 人。当年，蒙古族初等中学入学学生 80 人，毕业生 50 人；全旗蒙古族初中入学率为 100%，毕业率为 100%，巩固率为 100%，普及率为 100%。

四、蒙古族高等中学

1988 年，乌拉特中旗有蒙古族高等中学 1 所，有在校蒙古族高中学生 156 人；全旗蒙古族高等中学有专任教师 30 人。当年，蒙古族高等中学入学学生 48 人，毕业生 55 人。

1995 年，乌拉特中旗蒙古族高等中学停办。

2000 年，乌拉特中旗有蒙古族高等中学 1 所，有在校蒙古族高中学生 145 人；全旗蒙古族高等中学有专任教师 30 人。当年，蒙古族高等中学入学学生 46 人，毕业生 38 人。

2005 年，乌拉特中旗有蒙古族高等中学 1 所，有在校蒙古族高中学生 46 人；全旗蒙古族高等中学有专任教师 30 人。当年，蒙古族高等中学入学学生 26 人，毕业生 20 人。

2007 年 4 月 26 日至 2009 年 8 月 30 日，旗蒙古族中学挂旗蒙古族职业中学牌子。

2010 年，旗蒙古族小学与蒙古族中学合并为十二年一贯制学校——蒙古族学校。至此，全旗有蒙古族高等中学 1 所（包括蒙古族学校高中部），有在校蒙古族高中学生 120 人，全旗蒙古族高等中学有专任教师 30 人。当年，蒙古族高等中学入学学生 29 人，毕业生 45 人。

2012 年，乌拉特中旗有蒙古族高等中学 1 所（包括蒙古族学校高中部），有在校蒙古族高中学生 70 人；全旗蒙古族高等中学有专任教师 30 人。同年，蒙古族高等中学入学学生 33 人，毕业生 26 人。

第二节　学制与课程

一、蒙古族幼儿园

1988—2012 年，旗教育局严格执行《幼儿园管理条例》，认真落实巴彦淖尔盟（市）教育局下发的 7 个规范性文件，督促幼儿教师学习并运用《幼儿园教育指导纲要》和《3～6 岁儿童学习与发展指南》，合理安排和组织一日常规保教活动。全旗各蒙古族幼儿园为三年制，分别为小、中、大年龄段（小班、中班、大班），开设课程主要有：健康、语言、科学、社会、艺术、体育活动等。小班的课程主要有：语言、计算、常识、音乐、美术、体育六门学科；中班的课程主要有：语言、计算、常识、音乐、美术、体育 6 门学科；大班的课程主要有：语言、计算、常识、音乐、美术、体育 6 门学科；学前班的课程主要有：语文、数学、社会、科学、健康、艺术、语言、体育。

二、蒙古族小学

1988—2002 年度，乌拉特中旗各蒙古族小学学制为五年制，开设课程有：汉语文、蒙语文、数学、音乐、体育、美术。

2003 年 9 月，全旗各蒙古族小学学制由五年制改为六年制，开设课程有：汉语文、蒙语文、数学、音乐、体育、美术。

2011—2012 年，教育部为推行素质教育，对义务教育阶段所有开设课程颁布每一学科的《课程标准》，全旗各蒙古族小学（包括蒙古族学校小学部）遵照执行，开设课程有：汉语文、蒙语文、数学、音乐、体育、美术。

三、蒙古族初等中学

1988—2010 年，乌拉特中旗各蒙古族中学初中学制为三年制，开设课程主要有：蒙语文、汉语文、数学、英语、物理、化学、政治、历史、地理、音乐、体育、美术等。

2011—2012 年，教育部为推行素质教育，对义务教育阶段所有开设课程颁布每一学科的《课程标准》，全旗各蒙古族初等中学（包括蒙古族学校初中部）遵照执行，开设课程有：蒙语文、汉语文、数学、英语、物理、化学、政治、历史、地理、音乐、体育、美术等；并承办马头琴、民族舞蹈、雕刻、射箭、四胡、古筝、扬琴、搏克、手工制作、书法等多项特长教学班。

四、蒙古族高等中学

1988—2010 年，乌拉特中旗各蒙古族各高等中学学制为三年制，开设课程主要有：蒙语文、汉语文、英语、数学、物理、化学、生物、政治、历史、地理、体育、音乐、美术等，还另外开设通用技术课、职业课。

2011 年，教育部为推行素质教育，对义务教育阶段所有开设课程颁布每一学科的《课程标准》，全旗各蒙古族高等中学（包括蒙古族学校高中部）遵照执行，开设课程有：汉语文、蒙语文、英语、数学、物理、化学、生物、政治、历史、地理、体育、音乐、美术等，同时增开特长（包括搏克、射箭、体操、田径、足球、篮球、排球、声乐、四胡、扬琴、马头琴、电子琴、舞蹈、美术、呼麦、播音与主持等）、通用技术、研究性学习、计算机等课程。

2012 年，全旗各蒙古族高等中学（包括蒙古族学校高中部）继续执行教育部颁布《课程标准》，开设课程有：同时增开特长（包括搏克、射箭、体操、田径、足球、篮球、排球、声乐、四胡、扬琴、马头琴、电子琴、舞蹈、美术、呼麦、播音与主持等）、通用技术、研究性学习、计算机等课程。

第三节　教学方法

一、蒙古族幼儿园

1988—2012 年，旗蒙古族幼儿园为更好地对幼儿实施科学的教育，加强幼儿教师培训工作。通过《3 ~6 岁儿童学习与发展指南》解读培训、知识考试、一日常规活动检查等多种形式，促进教师理解、掌握、运用《3 ~6 岁儿童学习与发展指南》，进一步科学规范幼儿办园行为。

幼儿园每个幼儿活动室均进行标准化建设，配备多媒体、钢琴、消毒柜、桌椅、床等设施设备。为更好地服务于幼儿整体发展，幼儿园与旗林业局协调开始初步规划建设“户外生态体验区”，为户外活动的丰富提供优越条件。室内，对三楼功能区实施整改建设，为幼儿提供免费的绘本馆以及对幼儿部分功能室进行环创改造，设立专门的马头琴室、美术室、科学发现室、乐器室、长调室、搭建室等。

二、蒙古族学校

（一）文化课教育班教学

学校以学生为中心，自觉进行教学方法改革，突出以学生为主体、教师为主导，打破教师为中心的传统教学模式，引导学生主动获取知识，对不同类型课程采用不同的教学方法，针对学生特点授课，开展以讲授为基本方法的参与式、互动式教学，激发学生学习主动性和积极性。

（二）学校小学教学

主要是规范中小学生日常行为，强调将思想政治教育渗透到学科。

（三）学校初中教学

主要实施特长教学，在“三自教育”（自我管理、自我教育、自我服务）的基础上，按学生自己所选的特长进行培养，只要学生有所选择，就尽量配备教师。在特长课程建设方面，学校每周一、三下午 3 节课，二、四晚自习 2 个小时上特长课，包括音乐、马头琴、四胡、扬琴等 9 项内容。在周六轮流开设一次有关民族历史、生活习俗、谚语故事等方面校本课程；每周六开设一次特长课、兴趣课教学等。

（四）学校高中教学

按照新课程标准要求，始终坚持教育创新，进行教师教案写作改革（部分老师还使用了导学案教学方法），特别注重三维目标在课程教学中的渗透，在课堂上老师应用巧设问题的方法，引导学生思考，学生独立自主地完成学习和研习任务。学校仍执行学生学分制管理制度。学分制和学业水平考试制度有一定冲突的情况下，学分制运作方式主要与政教处联合制定分数考核学生德行和学习成绩的制度，便于学生管理。部分教师还开展学案教学实验。

（五）校本教材开发

学校开展有特色的校本教研活动，高度重视课堂教学，向课堂要质量，开展“校际合作，互动参与式”课堂教学教研活动。校本教材内容加强蒙古族传统文化内涵和传统教育思想理念，展现特色，体现民族传统文化内涵。校本课程教材《乌拉特历史及生活习俗》，特长教学校本课程教材，如《乌拉特民歌300首》《马头琴、四胡、扬琴演奏教材》《蒙古象棋、搏克教材》《蒙古族》《长调教材》《呼麦》《书法》《绘画》等都已初步形成。

第四节　教育成果

一、蒙古族幼儿园

旗蒙古族幼儿园根据学前教育的发展趋势，以特色教育为出发点，彰显办园特色。邀请内蒙古自治区著名心理激励师敖特根格日乐老师为全园及社会蒙古族家长进行为期2天的讲座；邀请内蒙古自治区锡林郭勒盟宝鲁朝鲁老师为全旗2所蒙古族学校家长及老师进行培训；继续为蒙语授课班幼儿实行“一免一补”（旗人民政府对蒙授幼儿在校生实行免保教费，标准每生每月380元；补贴伙食费，标准每天每生3元）政策；在《民族画报》中宣传幼儿园基本情况；完成幼儿园文化园景、规划、制度等编册；开始幼儿园园史撰写工作；对家长进行民族传统游戏等培训；继续挖掘民族传统文化，创设适合幼儿的活动，鼓励孩子们了解和传承民族传统文化；顺利完成“千校万户”工程——马头琴、长调的项目验收工作；争取到“非物质文化遗产”工程项目申报工作。

二、蒙古族学校

（一）蒙古族小学

1988年，小学有毕业生94人，升入初中的学生90人，升学率为95.7%。

1990年，小学有毕业生153人，升入初中的学生151人，升学率为98.6%。

2000年，小学有毕业生139人，升入初中的学生139人，升学率为100%。

2010年，小学（包括蒙古族学校小学部）有毕业生69人，升入初中的学生69人，升学率为100%。

2012年，全旗蒙古族小学（包括蒙古族学校小学部）有毕业生95人，升入初中的学生95人，升学率为100%。

（二）蒙古族初等中学

1988年，初等中学有毕业生132人，升入高中学生130人，升学率为98.5%。

1990年，初等中学有毕业生157人，升入高中学生155人，升学率为98.7%。

2000年，初等中学有毕业生240人，升入高中学生238人，升学率为99.1%。

2010年，初等中学（包括蒙古族学校初中部）有毕业生17人，升入高中的学生17人，升学率为100%。

2012年，初等中学（包括蒙古族学校初中部）有毕业生50人，升入高中的学生50人，升学率为100%。

（三）蒙古族高等中学

1988年，高等中学高考中，全旗蒙古族学生本科上线合计1人。1990年，高等中学高考中，全旗蒙古族学生本科上线合计1人。2000年，高等中学高考中，全旗蒙古族学生本科上线合计15人。2010年，高等中学（包括蒙古族学校高中部）高考中，蒙古族学生一本上线人数2人，二本上线7人，艺术类本科上线7人，全旗合计蒙古族学生本科上线16人。

2012年，全旗蒙古族高等中学（包括蒙古族学校高中部）高考中，蒙古族学生一本上线人数3人，二本上线5人，艺术类本科上线14人，全旗蒙古族学生本科上线合计22人。

旗蒙古族学校始终坚持自主发展、特色发展的道路。2010年，学校在全市第二届蒙授小学教师课堂教学精英大比武活动中，获集体特等奖。获评全区第七届“佳艺奖”青少年儿童书画摄影大赛中获评先进集体金奖单位。在全市小学生八项全能大赛活动中，获集体一等奖。获第三届“八骏杯”文学作品大赛优秀组织奖、全旗中小学生演讲比赛优秀组织奖、内蒙古自治区第二届“巴彦布日都杯”蒙古族中学生有奖作文竞赛优秀组织奖。2011年，学校获第二届巴彦淖尔市蒙授中学教师精英课堂教学大比武活动集体一等奖、全市第三届蒙授小学教师课堂教学精英大比武集体一等奖。获评全旗第七届中小学校园文化艺术节文艺会演优胜集体，获中国共产党建党90周年“中华魂·颂歌献给党”知识竞赛优秀组织奖，获评全旗第七届中小学校园文化艺术节书画大赛优胜集体。2012年，学校获巴彦淖尔市蒙授中小学“哈萨尔之声”诗歌朗诵比赛集体第一名、巴彦淖尔市“中华诵·2012经典诵读大赛”集体优秀组织奖。被评为“巴彦淖尔市学习使用蒙古文先进集体”。参加全市数学竞赛，苏日娜等15名同学考入前16名，均分超出第二名30多分，获全市团体一等奖。

第七章　职业教育

第一节　基本情况

1988 年，乌拉特中旗教育部门打破了教育单一化状况，开始在农区初级中学渗透职业技术教育，德岭山中学结合实际编写乡土教材；旗民族职业中学和第二中学在巩固加强农牧、养殖、英语 3 个专业的基础上，旗第二中学开设林果专业；旗民族职业中学除畜牧专业外，开设家用电器和缝纫专业，同时扩大实验基地，加强专业教师队伍建设；高中阶段职业中学在校生与普通高中在校生比例为 1:2，同时试开办初中职业教育，旗第三中学开办初中职业班 2 个，在读学生 90 人，旗第二中学开办初中职业班 1 个，在读学生 45 人，“3 + 1”学制。小学高年级安排劳动技术课，低年级开设手工课。培养学生劳动观念，为职业教育奠定基础。至年底，全旗有职业学校 1 所，有教学班 11 个，在校学生 461 人；全旗各中学有职业教学班 3 个，在校学生 135 人；全旗共计有职业教学班个 14 个（其中高中职业教学班 11 个、初中职业教学班 3 个），在校学生 536 人（其中高中在校生 401 人、初中在校生 135 人）。

1995 年，全旗有职业学校 1 所，有教学班 5 个，在校学生 112 人；全旗各中学有职业教学班 5 个，在校学生 112 人；全旗共计有职业教学班 5 个（全部为高中职业教学班），在校学生 112 人（全部为高中在校生）。

1998 年 7 月，乌加河镇中学生源减少，旗委决定将旗第二中学与乌加河镇中学合并。校名更改为乌加河中学、乌拉特中旗职业中学，一套人马，两块牌子。至此，全旗有职业学校 1 所，有教学班 5 个，在校学生 123 人；全旗各中学有职业教学班 3 个，在校学生 123 人；全旗共计有职业教学班个 3 个（全部为高中职业教学班），在校学生 123 人（全部为高中在校生）。

2005 年，全旗有职业学校 1 所，有教学班 5 个，在校学生 159 人；全旗各中学有职业教学班 5 个，在校学生 159 人；全旗共计有职业教学班个 5 个（全部为高中职业教学班），在校学生 159 人（全部为高中在校生）。

2010 年，全旗有职业学校 1 所，有教学班 5 个，在校学生 129 人；全旗各中学有职业教学班 5 个，在校学生 129 人；全旗共计有职业教学班个 5 个（全部为高中职业教学班），在校学生 129 人（全部为高中在校生）。

2012 年，全旗有职业学校 1 所，有教学班 3 个，在校学生 81 人；全旗各中学有职业教学班 3 个，在校学生 81 人；全旗共计有职业教学班个 3 个（全部为高中职业教学班），在校学生 81 人（全部为高中在校生人）。

第二节 学制与课程

一、职业学校

1988—2010 年，乌拉特中旗各职业学校学制为 3 年制（其中初中教学班学制为 3 年制，高中教学班学制为 3 年制），初中教学班开设课程主要有：语文、数学、畜牧、农业、英语、历史、地理、生物、政治、物理、化学、音乐、美术、体育等；高中教学班开设课程主要有：语文、数学、英语、畜牧、音乐、计算机、农学 、职业道德规划与设计等。

2011—2012 年，教育部为推行素质教育，对义务教育阶段所有开设课程颁布每一学科的《课程标准》，全旗各职业学校遵照执行，其中初中教学班开设课程有：语文、蒙文、数学、英语、历史、地理、生物、政治、物理、化学、音乐、美术、体育；并承办体育、音乐、计算机等多项特长教学班；高中教学班开设课程有：语文、数学、英语、计算机、畜牧、农学、音乐、职业道德规划与设计等；并承办计算机、音乐、种植养殖等多项特长教学班。

二、各中学职业教学班

1988—2010 年，乌拉特中旗各中学初中职业教学班学制为 4 年制，开设课程有：语文、数学、英语、劳技、历史、地理、生物、政治、物理、化学、音乐、美术、体育等；高中职业教学班学制为 3 年制，开设课程有：语文、数学、英语、畜牧、音乐、计算机、农学、职业道德规划与设计等。

2011—2012 年，教育部为推行素质教育，对义务教育阶段所有开设课程颁布每一学科的《课程标准》，全旗各中学职业教学班遵照执行。初中职业教学班开设课程有：语文、蒙文、数学、英语、历史、地理、生物、政治、物理、化学、音乐、美术、体育等。高中教学班开设课程有：语文、数学、英语、计算机、畜牧、农学、音乐、职业道德规划与设计等。

第三节 教学方法

一、职业学校

1988—2012 年，乌拉特中旗民族职业中学教学方法主要包括理论教学与技能实操。

二、各中学职业教学班

1988—2012 年，乌拉特中旗各中学职业教学班教学方法主要包括理论教学与技能实操。

第四节 教育成果

一、职业学校

（一）初中职业教学班

1988 年，全旗职业学校初中教学班毕业生 135 人，升入高中职业教学班学生 75 人，升学率为 55%。

1995 年，全旗职业学校初中教学班毕业生 128 人，升入高中职业教学班学生 80 人，升学率为 62%。

（二）高中职业教学班

2010 年，全旗职业学校高中职业教学班毕业生高考中，一本上线 0 人，二本上线 8 人，艺术类本科上线 2 人，合计本科上线 10 人。

2012 年，全旗职业学校高中职业教学班毕业生高考中，一本上线 0 人，二本上线 10 人，艺术类本科上线 3 人，合计本科上线 13 人。

二、各中学职业教学班

（一）初中职业教学班

1988 年，全旗各中学初中职业教学班毕业生 135 人，升入高中学生 75 人，升学率为 55%。

1995 年，全旗各中学初中职业教学班毕业生 128 人，升入高中学生 80 人，升学率为 62%。

（二）高中职业教学班

1988 年，全旗各中学高中职业教学班毕业生高考中，二本上线 11 人，艺术类本科上线 3 人，合计本科上线 14 人。

1995 年，全旗各中学高中职业教学班毕业生高考中，二本上线 8 人，艺术类本科上线 2 人，合计本科上线 10 人。

2000 年，全旗各中学高中职业教学班毕业生高考中，二本上线 3 人，艺术类本科上线 2 人，合计本科上线 5 人。

2010 年，全旗各中学高中职业教学班毕业生高考中，二本上线 8 人，艺术类本科上线 2 人，合计本科上线 10 人。

第八章　其他教育

第一节　特殊教育

一、目标要求

乌拉特中旗残疾儿童少年义务教育入学率逐年提高,残疾人受教育机会明显增加;持续完善随班就读特殊教育体系;持续推进融合教育,保障每个残疾儿童少年都能接受适合的教育;要持续加大对特殊教育的投入力度;加强特殊教育师资队伍建设;普通学校随班就读保障能力全面增强;提高残疾学生资助水平,要提高特殊教育质量。

二、具体措施

(一)加强特殊教育随班就读体系建设

健全随班就读支持保障体系。实现轻度残疾儿童普通学校随班就读零拒绝。加强随班就读教师培训力度。使特殊教育和普通教育有机结合,互相渗透、共同提高,使特殊学生在德、智、体、美、劳等方面得到发展,为今后自立、平等地参与社会生活打下基础。

积极发展残疾儿童学前教育。落实轻度残疾幼儿随园就读政策,普通幼儿园要尽力接收残疾幼儿入园随班就读。中重度残疾幼儿要到特殊教育学校或机构进行学前教育康复。支持鼓励残疾人专业康复机构和社会力量发展残疾儿童学前教育。

鼓励成年残疾人参加业余、脱产和网上交流等形式的成人高等学历教育和继续教育培训。让更多的残疾人获得正规高等学历教育的机会。开展多形式扫盲教育。

(二)加大特殊教育经费投入,完善特殊教育保障机制

提高残疾学生资助水平。对残疾学生实行从义务教育到高中阶段教育的12年免费教育(免学杂费、课本费、住宿费)。学前教育阶段,在公办幼儿园就读的减免一半保教费,在民办幼儿园就读的按当地公办二级园保教费标准给予保教费减免。在高中(含中职学校)就读的,享受相关免费政策及国家助学金。对参加自学考试、成人高等教育并完成大专以上学业取得学历的残疾人,应予奖励。

(三)加强特殊教育教师队伍建设,提升特殊教育师资专业化水平

1. 加强特殊教育教职工配备

加强特殊教育资源教师队伍建设,按学龄残疾人口数配备专业专职教师,教师编制由旗县区在本辖域内统筹调剂解决,岗位设置时应考虑中心教师由高级专业技术资格人员任职的特点给予倾斜;有条件的地区可根据实际工作需要,在编制总额内为特殊教育明确专职管理人员。各级教研机构要至少配备1名特殊教育教研员,为随班就读教师提供专业支持。特殊教育专业技术人员考录实行绿色通道,特事特办。

2. 建立健全特殊教育师资培养培训机制

优化特殊教育教师培训,实行3年一周期不少于216学时的全员培训。积极参加市级每年举办的随班就读、资源教室、送教上门教师培训班。

（四）提高特殊教育内涵质量

1. 全面实施个别化教育

建立相关人员协作团队，参照现有教育课程要求，坚持思想教育、文化教育、劳动技能教育与身心补偿相结合，并根据学生残疾状况和补偿程度进行审议调整，形成符合残疾儿童身心特征和需求的个别化教育方案，实施差异教学和个别化教学。

2. 建立质量监测制度

探索适合残疾儿童少年身心发展和学习质量的个别化评价体系，提高评价的科学性、规范性、多元性，形成学生综合素质报告。探索"融合教育发展质量评估标准"，实行定期视导评估制度。将学校实施融合教育情况、残疾学生发展情况纳入教育局对学校的年度综合考评。

3. 促进融合教育

教育局要将融合教育实施工作纳入课程管理体系，健全融合教育工作管理机制。借鉴国家特殊教育随班就读改革试验的成功经验和做法，探索"医疗、教育、康复、就业安置"四位一体特殊教育新模式，建立以特殊教育资源为支撑，普通学校、特殊教育学校共同参与的融合教育区域管理体系，遵循"疑似上报—诊断安置—适宜教育—质量评价"的工作流程，整体推进融合教育工作。

第二节　电化教育

20 世纪 80 年代末，乌拉特中旗开始实施电化教育，最初教学以投影机、录音机等为主。20 世纪 90 年代，全旗电化教育在原有基础上开始实施远程教育，教学主要以通过录像机、VCD，在电视机上播放录像带、VCD 影片为主，部分学校建有语音教室。2000 年后，全旗大力发展电化教育，在旗人民政府的大力支持下，旗教育部门先后为所有学校、幼儿园安装"班班通"多媒体设备，旗直属学校全部安装有录播教室，部分学校安装有触控一体机和电子白板；全旗所有中小学均安装同频互动课堂设备，实现同频互动全覆盖；按照内蒙古自治区教育部门提出的办学条件标准，旗直属学校配备了标准化机房，满足中小学生对信息技术课程的学习要求；建立乌拉特中旗教育域网，开通旗教育局门户网站，所有学校光纤进校、网线进班，实现"校校通""班班通"，所有专任教师开通个人空间，正在逐步实现"人人通"的目标。

2001—2012 年，随着信息技术不断发展，全旗教育系统信息技术教育工作得到加强。12 年中，全旗中小学共计派出信息技术教师参加国家、内蒙古自治区、巴彦淖尔盟（市）等各级信息技术培训人员 153 人次，其中参加国家教育部门组织的培训人员为 3 人次，参加内蒙古自治区教育部门组织的培训人员为 15 人次，参加巴彦淖尔盟（市）教育部门组织的培训人员为 135 人次。

第三节　成人教育

一、扫盲教育

1988 年，乌拉特中旗教育局按照中共中央、国务院有关文件精神，为扫除文盲，设立业余教育股，专门负责扫盲教育档案，有计划、分步骤地开展扫盲工作。当年，乌拉特中旗总人口数 128796 人。其中农牧民数 102989 人、青壮年人口数 83398 人，青壮年文盲半文盲数 11234 人，非文盲率 86%，脱盲人数 8345 人，巩固率 95%。

1990 年，全旗总人口数 136575 人。其中农牧民数 101985 人、青壮年人口数为 82298 人，青壮年文盲半文盲数 9856 人，非文盲率 85%，脱盲人数 2341 人，巩固率 92%。

1993 年，全旗扫盲工作作为“两基”（基本普及九年义务教育、基本扫除青壮年文盲）达标工作的重中之重，各苏木、乡、镇人民政府将扫盲工作纳入干部当年考核目标，各学区、学校则采取包教措施，将任务分解到个人，层层抓落实。当年，全旗总人口数 137568 人。其中农牧民数 101324 人，青壮年人口数 81465 人、青壮年文盲半文盲数 7536 人，非文盲率 87%，脱盲人数 2320 人，巩固率 96%。

1999 年，乌拉特中旗“两基”达标验收时，应扫盲人数 5430 人中，3855 人达到脱盲标准，脱盲率达到 71.03%，基本符合国家规定的扫除文盲标准。

2000 年，全旗总人口数 135865 人。其中农牧民数 101785 人、青壮年人口数为 85642 人，青壮年文盲半文盲数 1575 人，非文盲率 98%，脱盲人数 1423 人，巩固率 98%。

2005 年，全旗总人口数 136547 人。其中农牧民数 109862 人、青壮年人口数为 82465 人，青壮年文盲半文盲数 1230 人，非文盲率 98%，脱盲人数 420 人，巩固率 98%。

2010 年，全旗总人口数 139684 人。其中农牧民数 101481 人、青壮年人口数为 82564 人，青壮年文盲半文盲数 0 人，非文盲率 100%，脱盲人数 0 人，巩固率 100%。

2012 年，全旗总人口数 138968 人。其中农牧民数 103265 人、青壮年人口数为 85643 人，青壮年文盲半文盲数 0 人，非文盲率 0%，脱盲人数 0 人，巩固率 100%。

二、农牧民技术教育

1988—1990 年，全旗各苏木、乡、镇共举办实用技术培训班 65 次，培训家庭技术人员合计 3900 人。

1991—1995 年，全旗各苏木、乡、镇共举办实用技术培训班 70 次，培训家庭技术人员合计 4200 人。

1996—2000 年，全旗各苏木、乡、镇共举办实用技术培训班 75 次，培训家庭技术人员合计 4500 人。

2001—2005 年，旗有关部门共计组织科技下乡活动 40 次，科普宣传 40 次。参与下乡的科技人员累计 80 人次，举办各类实用技术培训班 40 期，培训农牧民 2400 人次。

2006—2010 年，旗有关部门共计组织科技下乡活动 41 次，科普宣传 41 次。参与下乡的科技人员累计 2460 人次，全旗共举办实用技术培训班 41 期，参加人数达 2460 人次。

2011—2012 年，旗有关部门共计组织科技下乡活动 45 次，科普宣传 45 次。参与下乡的科技人员累计 120 人次，全旗共举办实用技术培训班 45 期，参加人数达 2700 人次。

第九章　考试与招生

第一节　基本情况

1988 年，乌拉特中旗人民政府设有招生委员会，招生委员会下设办公室（招生考试中心）。办公室（招生考试中心）设在旗教育局，隶属旗教育局管理，主要承担着乌拉特中旗地区普通大专院校招生考试、初中升高中考试、高中学业水平考试、成人高考、自学考试、教师资格认定考试、教师招聘考试等教育招生考试的报名和施考工作任务。

第二节　资格审查

1988—2012 年，乌拉特中旗招生考试中心在每年的招生考试报名工作会议上，均要求各报名点一定要高度重视报名资格审查工作，要成立专门组织，有专人负责。具体工作人员要素质好、业务熟、责任心强，上岗前要进行培训，使其掌握相关招生政策和规定，熟悉这项工作要求和程序，明确工作纪律和责任。同时制定“招生考试报名工作责任书”和“招生考试报名考生资格审查表”，实行“谁审查，谁把关，谁签名，谁负责”的工作责任制和责任追究制。在招生体检中，为做好体检工作，体检前召开体检工作会议，组织参检人员集中学习体检的新内容、新做法。对体检的各项工作都做了具体的部署，要求体检医院抽调各科室的专家、骨干力量组成体检队伍。在执行体检标准时，做到不偏严、不偏宽，体检项目的结论要实事求是，体检表的填写要符合电子档案的要求。在招生、卫生部门的密切配合和通力合作下，历年体检工作进展顺利，没有出现错检、漏检现象，体检表的填写标准规范符合要求。

第三节　考　试

一、考试措施

1988—2012 年，乌拉特中旗教育局在各类考试中：（1）严格相关制度，强化保密意识。在人员选聘上，选拔责任心强、正直、讲原则、符合回避制度的正式在编人员来担任保密员；在管理上，实行分级专人管理，保密室防盗门锁和保密柜钥匙分别由招办主任和两位取题人员进行掌管，只有 3 人同时在场，方能进入保密室并接触试卷；对保密室的视频监控录像进行定时回放查看，增强保密工作的安全性。（2）加强监考的选聘，建设合格的监考队伍。一是抓好选拔，选拔师德好、责任心强、敢于坚持原则、廉洁自律、作风正派、业务熟悉的教师担任考场的监考人员。二是抓好培训，在培训中明确考试工作要求，明确工作程序，进一步强化监考员的纪律意识、责任意识。三是抓好奖惩，运用激励机制，增强监考员的光荣感和责任感，把教师监考工作的量化结果与教师的表彰奖励与处理处罚挂钩。（3）加强考试管理，严肃考风考纪。考前召开专门会议，对监考工作人员进行认真的业务培训和纪律教育，让各类监考工作人员都能详细了解招生考试的政策、程序、纪律和要求。对监考教师关于在考场识别和使用多类反作弊器材方面进行了详细学习和讲解,使每一位监考教师都能在考场熟练使用金属探测仪器和无线信号屏蔽器,为考生的公平竞争提供了有力保障。

二、考试要求

(一)小学

乌拉特中旗各小学每学期最多只举行1次以学校为单位的考试,不允许组织任何形式的统考;坚持实行平时考查和考试相结合,考核学科知识和能力相结合,笔试、口试和动手操作相结合的综合考核办法;统一推行学业成绩评价分优秀、良好、及格、不及格的等级制;为保证考试试题的科学性、合理性,旗教研中心每学期末拟小学各年级笔试试题1~2套,供全旗各学校选用;小学毕业考试,语文数学为考试学科,其他为考查科目。语文、数学考试合格,思想品德考查合格,达到小学体育合格标准,允许毕业。

(二)初中

乌拉特中旗各中学每学期最多只举行1次校内考试,取消期中、模拟等各种名义的统考;坚持平时考查与考试相结合,考核学科知识与能力相结合,采取笔试、口试与动手操作相结合的考核办法;为确保试题质量,旗教研中心每学期末拟初中各年级笔试试题1~2套,供各学校选用;考试命题以教学大纲为依据,体现教学的目的和要求;初中毕业考试,在国家统一规定的毕业年级文化学科范围内确定考试学科,要严格控制考试学科数、其他科目则实行结业考试或考查。各项指标全部合格后,允许毕业。

(三)高中

乌拉特中旗各高中学校每学期最多只举行2次校内统考;坚持平时考查与考试相结合,考核学科知识与能力相结合,采取笔试、口试与动手操作相结合的考核办法;为确保试题质量,旗教研中心每学期期中和期末拟高中各年级笔试试题1~2套,供各高中学校选用。;考试命题以教学大纲为依据,体现教学的目的和要求;高中毕业考试,在国家统一规定的毕业年级文化学科范围内确定考试学科,其他科目则实行结业考试或考查。各项指标全部合格后,允许毕业。

三、毕业考试

(一)小学

1988年,参加小学毕业考试学生2745人,毕业2745人,毕业率为100%。

1995年,参加小学毕业考试学生2610人,毕业2610人,毕业率为100%。

2000年,参加小学毕业考试学生2469人,毕业2469人,毕业率为100%。

2005年,参加小学毕业考试学生1601人,毕业1601人,毕业率为100%。

2010年,参加小学毕业考试学生1189人,毕业1189人,毕业率为100%。

2012年,参加小学毕业考试学生1061人,毕业1061人,毕业率为100%。

(二)初中

1988年,参加初中毕业考试学生2130人,毕业2130人,毕业率为100%。

1995年,参加初中毕业考试学生1975人,毕业1975人,毕业率为100%。

2000年,参加初中毕业考试学生1826人,毕业1826人,毕业率为100%。

2005年,参加初中毕业考试学生1835人,毕业1835人,毕业率为100%。

2010年,参加初中毕业考试学生349人,毕业349人,毕业率为100%。

2012 年，参加初中毕业考试学生 867 人，毕业 867 人，毕业率为 100%。

（三）高中

1988 年，参加高中毕业考试学生 647 人，毕业 647 人，毕业率为 100%。

1995 年，参加高中毕业考试学生 411 人，毕业 411 人，毕业率为 100%。

2000 年，参加高中毕业考试学生 283 人，毕业 283 人，毕业率为 100%。

2005 年，参加高中毕业考试学生 389 人，毕业 389 人，毕业率为 100%。

2010 年，参加高中毕业考试学生 1249 人，毕业 1249 人，毕业率为 100%。

2012 年，参加高中毕业考试学生 312 人，毕业 312 人，毕业率为 100%。

四、高考

1988 年，全旗参加高考人数 626 人，一本上线 10 人，二本上线 22 人，本科上线共计 32 人，本科上线率达 5.1%。

1995 年，全旗参加高考人数 390 人，一本上线 5 人，二本上线 7 人，本科上线共计 12 人，本科上线率达 3.1%。

2000 年，全旗参加高考人数 280 人，一本上线 4 人，二本上线 5 人，本科上线共计 9 人，本科上线率达 3.2%。

2005 年，全旗参加高考人数 384 人，一本上线 4 人，二本上线 5 人，三本上线 26 人，本科上线共计 35 人，本科上线率达 9.1%。

2010 年，全旗参加高考人数 304 人，一本上线 9 人，二本上线 22 人，三本上线 66 人，本科上线共计 97 人，本科上线率达 32%。

2012 年，全旗参加高考人数 286 人，一本上线 18 人，二本上线 28 人，三本上线 77 人，本科上线共计 123 人，本科上线率达 43%。

五、自学考试

1985 年，乌拉特中旗开始进行自学考试。当年，全旗参加高等学校自学考试考生 773 人，合计报考 3092 科次，考试合格 541 人。

2005 年，全旗参加高等学校自学考试考生 499 人，合计报考 1996 科次，考试合格 349 人。当年，取得毕业证书的考生有 105 人。其中，取得专科毕业证书的 60 人，取得本科毕业证书的 45 人。

2010 年，全旗参加高等学校自学考试考生 172 人，合计报考 688 科次，考试合格 120 人。当年，取得毕业证书的考生有 36 人。其中，取得专科毕业证书的 20 人，取得本科毕业证书的 16 人。

2012 年，全旗参加高等学校自学考试考生 86 人，合计报考 344 科次，考试合格 60 人。当年，取得毕业证书的考生有 18 人。其中，取得专科毕业证书的 6 人，取得本科毕业证书的 12 人。

第四节　招　生

一、招生措施

1988—2012 年，旗教育局加大宣传力度，加强诚信教育，为做好全旗招生考试的宣传工作，充分利用广播电台、电视台制作招生工作的有关专题节目，广泛向社会、家长、考生进行宣传，介绍广大考生、家长上网查询有关资料和查找有关报纸了解招生考试信息。为保障招生考试的公平公正，把考试诚信教育纳入学校思想品德教育之中，通过宣传教育，让考生熟知和了解考生守则以及考试处理办法,并与考生签订了考试诚信承诺书。

二、招生成果

1988 年,乌拉特中旗中小学幼儿园 140 所。2012 年,中小学幼儿园 19 所。

1988—2012 年部分年份乌拉特中旗各类学校招生情况统计表

表 27 - 4

年份	各类学校数(所)					各类学校招生数(人)				
	初中	高中	职业学校	小学	幼儿园	初中	高中	职业学校	小学	幼儿园
1988	9	4	1	85	41	2750	620	47	2470	2102
1990	7	4	2	75	74	2700	570	35	2316	2095
1995	11	4	2	81	14	2620	510	23	2232	2070
2000	10	4	1	71	17	2430	361	8	2099	2044
2005	4	2	1	17	12	1214	396	44	1587	2031
2010	4	2	1	4	9	451	1189	0	753	1585
2011	4	2	1	2	10	966	88	59	845	1140
2012	3	2	1	3	10	1015	616	0	704	1116

第十章 师 资

第一节 教师结构

1988 年，乌拉特中旗各学校、幼儿园有专任教师 1452 人。2012 年，各学校、幼儿园有专任教师 1012 人。

1988—2012 年部分年份乌拉特中旗各学校、幼儿园专任教师一览表

表 27－5　　单位：人

年 份	各级各类学校专任教师数			
	幼儿园	小学	普通中学(初高中)	职业学校
1988	72	894	465	21
1989	56	840	459	121
1991	68	889	408	131
1992	186	926	484	48
1996	162	1029	542	26
1997	117	1088	539	26
1998	80	1090	550	4
1999	94	1076	500	12
2001	84	941	559	12
2002	—	936	524	—
2004	96	644	392	—
2006	107	595	441	—
2008	112	576	397	—
2010	115	559	398	—
2012	119	301	592	—

第二节 教师培训

1998—2006 年，乌拉特中旗教育局逐步加大各校师资培训力度，师资培训主要为学科教学、教育理念、教学方法、学科专业，以新课标等业务理论和计算机技能为主要培训内容。每年选派教师参加各级各类培训活动。

2007—2009 年，旗教育局培训重点是对校长、班主任进行教育管理培训。

2010—2012 年，旗教育局培训主要以学历提高培训为主，结合实际安排各校在职教师到区内外大专院校进修本、专科；在职进修或函授学习；选拔应届毕业生有计划地定向代培。

第三节　教师待遇

一、工资待遇

20 世纪 90 年代以后，乌拉特中旗中小学、职业学校、幼儿园教师工资随着国家及全旗性工资调整政策，先后数次调整提高。2006 年，全旗公务员调资后，为全旗教职工调整提高工资。教育系统一线教师的工资与全旗公务员平均工资水平一致。从 2007 年起，旗教育局在银行设立教师工资专户，确保教师工资按时足额发放。2010 年，全旗兑现初、中、高级教师的岗位职称工资，并按教师职称高低调整冬季取暖补贴。至 2012 年，全旗教育系统一线教师的工资与全旗公务员平均工资水平仍基本一致。

二、职称评定

2001—2005 年，全旗各学校、幼儿园教师评定职称人员有 1374 人，其中，被评为初级职称教师 613 人，被评为中级职称教师 672 人，被评为高级职称教师 89 人。

2006—2010 年，全旗各学校、幼儿园教师评定职称人员有 1183 人，其中，被评为初级职称教师 380 人，被评为中级职称教师 482 人，被评为高级职称教师 321 人。

2011—2012 年，全旗各学校、幼儿园教师评定职称人员有 167 人，其中，被评为初级职称教师 43 人，被评为中级职称教师 79 人，被评为高级职称教师 45 人。

三、其他待遇

1991—2012 年，乌拉特中旗人民政府对全旗教育工作者制定以下优惠政策：一是在乌拉特中旗从事教育工作满一年者，经考核合格即可转正，享受浮动一级工资待遇；二是开展优秀教师、优秀班主任、优秀教育工作者以及其他荣誉称号评定工作；三是国家教委及内蒙古自治区、巴彦淖尔盟（市）、乌拉特中旗教育行政机构为先进集体、先进个人授予相应称号并进行表彰。

第十一章　教学研究

第一节　教科研项目

一、质量目标责任制和考核评价机制研究

（一）层层明确教学质量目标

1995 年 8 月，旗教育局结合校长年度工作承诺，为各学校量身制定明确的年度教学质量目标，在每学年初，以教研室组织的质量抽测、小学毕业质量检测和中高考为质量考核内容，根据各中小学实际状况，从学科及格率、优秀率、全优率及本科上线率等指标分别对各校下达教学质量目标，与各校校长签订教学质量目标责任书，鼓励各校之间的分层竞争。

（二）考核评价机制的完善

2012 年，旗教育局下发《乌拉特中旗教学成果奖励办法》。科学设定指标评价体系，将各学校教学质量目标完成情况作为年终目标管理考核的重要内容之一，加强对各学校教学质量的考核和奖励力度。

二、校本教研制度的研究

（1）完善学校校本教研制度。1997 年 9 月，全旗各校建立起有自身特色的校本教研制度，是各学校校本教研活动能有效开展的根本保证。学校要在原有制度的基础上，改革完善必要的基本教研制度。（2）加强专业引领。主要采用以下 3 种方式：一是充分利用好乌拉特中旗现有专业力量，采用多种方式实现专业引领；二是开展与名校手拉手，请进来或到外校学习别人的先进经验；三是聘请专家、学者进行高水平指导和引领。（3）加强备课组建设，落实集体备课制度。（4）加强旗内校际间的交流与合作。一是组建校本教研片区，二是组建初中部分学科联合教研组。（5）旗教育局和学校要定期开展优秀教研组，优秀备课组，先进教研组长的评选表彰活动，促进校本教研的发展。

三、教学精细化管理，规范教学行为的研究

旗教育局依据《乌拉特中旗中小学教学常规管理办法》，按照“严、细、精、实”的管理要求，层层抓好教学管理常规落实，把教学各环节的难点、弱点作为学校教学管理研究的重点。教学常规管理应做到制度化、规范化、经常化、对备讲批辅考评等教学环节的要求要明确。

四、课堂教学研究

积极构建高效课堂教学模式。各中小学要将改革课堂教学模式、提高课堂效率作为提高教学质量的关键来抓。进一步完善课堂教学质量考核评价机制。认真组织教师课堂教学达标晋级评价活动。以提高教师学科专业素养为切入点，进一步提升教师的教学能力，教师的学科专业素养高低影响着教师的教学理念与教学行为，决定着课堂教学质量的高低。实践证明，学科素养越好的教师越能成为优秀的教师。

在课堂教学研究中，旗蒙古族学校教科研工作较有成效。（1）制定校级课题，建立独特的课程与各种教育活动体系。如：高中特长班课程设置、课时安排、组织管理等方面都进行改革。学校在

原有17项音体美特长课的基础上开设篮球、足球训练课，语文作文辅导、科技实践操作等文化特长强化课为培养学生的学生兴趣及未来发展奠定基础。(2)构建符合民族学生实际，又有特色化的教学模式。从构建立足能力培养的“问题型课堂”、构建转换师生角色，让课堂灵动而有实效的“展示对话型课堂”、建构“合作探究学习型课堂”等多种创新教学模式，寻找自己的教学模式，提高教师的教学方法，引导学生自主学习、创新学习，最终达到育人的目的。

第二节　教研成果及推广

2012年，按照《乌拉特中旗中小学课堂教学改革“153”实施计划》，全旗各校课堂教学改革工作应进入总结推广阶段，教研室通过组织高效课堂教学研讨会、经验交流会、论文评选、课题研究成果展示等活动，总结课堂教学改革的阶段成果。同时融会旗第一中学创立的“三导六步法”课堂模式，旗第二中学创立的“136大课堂”模式，旗第一小学创立的“海量阅读”语文教学法的高效课堂教学模式构建的成果与经验，初步形成具有全旗特色的高效课堂教学模式。

第十二章　经费与设施

第一节　教育经费

一、经费来源

1988—2012 年，乌拉特中旗教育经费的主要来源是财政拨款，辅助来源还包括学杂费收入、勤工俭学利润、社会集资、社会捐赠等。

1988—2012 年乌拉特中旗教育经费统计表

表 27－6　　单位：万元

时间	财政拨款	学杂费	勤工俭学	社会集资	社会捐赠及其他	合计
1988	5014	8.02	2.4	0	0	5024.42
1989	4959	8.61	3.8	0.6	0	4972.01
1990	5714	7.12	1.9	0.49	0	5723.51
1991	5693	18.46	0.3	1.2	0	5712.96
1992	612	14.8	0.9	0.5	0	628.20
1993	780	15.81	2.3	0	0	798.11
1994	881	32.26	4.76	1.23	0	919.25
1995	1179	27.72	7	0.5	0.13	1214.35
1996	1334	68.02	2.5	6.4	0	1410.92
1997	1650	85.14	9.7	3.8	0	1748.64
1998	1562	107.36	13.3	4.3	0	1686.96
1999	1863	101.69	4.3	2.1	0	1971.09
2000	2090	58.05	5.7	0	10	2163.75
2001	3297	121.47	4.9	0	10.7	3434.07
2002	3688	66.57	3.4	0	1.3	3759.27
2003	4296	139.76	2.36	0	2.9	4441.02
2004	4324	121.92	8.87	0	5.91	4460.70
2005	4849	93.36	7.86	0	6.83	4957.05
2006	6026	108.56	2.35	0	2.6	6139.51
2007	6229	107.76	8.25	0	1.7	6346.71
2008	8795	102.24	7.14	5	10.4	8919.78
2009	11560	101.97	8.16	1	0.9	11672.03
2010	12508	122.23	7.1	7	5	12649.33
2011	14439	206.39	6.66	10	5.564	14667.64
2012	15791	166.23	15.65	5.5	24.9	16003.28

二、"两免一补"

2004年秋季,全旗农村户籍和城市户籍低保家庭的中小学生开始实行"两免一补"(两免:免学杂费和教科书费;一补:补助生活费)。截至2012年,全区发放"两免一补"助学金4359.69万元,其中小学生每生每年免学杂费150元、免教科书费70元,初中生每生每年免学杂费190元、免教科书费140元,教科书费由中央财政直接免除;在校寄宿的农牧区户籍中小学生同时享受生活费补助,小学生每生每年补助150元,初中生每生每年补助210元。城市户籍的中小学生享受"一免",小学生每生每年免学杂费150元,初中生每生每年免学杂费190元。

2004—2012年乌拉特中旗"两免一补"发放情况统计表

表27－7

年　度	学生总数(人)	寄宿生总数(人)	免学杂费金额(元)	免书费金额(元)	补生活费金额(元)	免住宿费金额(元)
2004	9441	3909	453520	456493	125000	—
2005	9719	3919	952960	903720	250660	—
2006	9527	4190	1508730	921475	741840	—
2007	10935	4106	2940805	407487	1507575	—
2008	10407	3944	3217803	1265085	2709350	—
2009	9358	2057	2563250	1089900	1569738	340000
2010	8983	3537	4432000	1214860	2402000	—
2011	8267	3372	5157000	182000	3377225	340000
2012	7101	2245	6794360	228800	2223225	288520
合　计	83738	31279	28020428	6669820	14906613	968520

三、经费管理

(一)教育经费管理

经费使用不存在挪用、移用、挤占和截留的情况,日常公用经费开支也不存在发放教职工津补贴和奖金福利。公用经费使用规范,审批环节规范、健全。学校实行经费收支公示制度,对收支项目逐一公布。学校学籍登记规范,学校学籍信息真实、正确、完整,真正实现了一生一学籍,无多学籍、漏报学籍现象。

(二)教育收费管理

乌拉特中旗学校教育收费,一切按照上级教育部门的规定执行,无乱收费行为。进一步规范教育收费。教育教学中从未强制组织学生参加各类培训机构举办的兴趣班,学校组织的乡村少年宫兴趣组活动全部免费。

第二节　设施设备

一、基础设施

1988年,乌拉特中旗教育局勤工俭学投资5.12万元,社会集资61.59万元,国家投资80.92万元,合计147.63万元;全旗共维修校舍1715平方米,新建校舍9222平方米,围校墙540米,解决1745套单人桌凳,加快"一无两有"(校校无危房,人人有桌凳,班班有教室)的步伐。优先重点发展民族教育，全年投资27万元，在基本实现“一无六有”（校校无危房，人人有桌凳，班班有教室，校校有厨房、厕所、大门、院墙）的基础上为牧区学校安装土暖气480平方米，改善了学生住宿条件。

1990年，旗财政投资177.32万元，修建小学校舍8306平方米，建校墙864米，添置单人桌凳3550套。农区学校实现“一无两有”，牧区学校实现“一无多有”目标。

1994年，旗财政投资新建乌拉特中旗第四小学。

1998年，旗第一中学多方筹集资金62万余元，维修教室、宿舍、礼堂、实验室、厕所等设施，面积5126平方米。新建教室1栋、宿舍3栋。至此，学校总建筑面积1万余平方米。同年，乌拉特中旗第二中学新建办公室（面积480平方米）、教室（面积210平方米），改建图书馆，整修实验室。

1999年，全旗累计投入1400万元，其中投资350万元重点建设旗第一完全小学教学楼、德岭山中心小学逸夫楼。至此，全旗中小学生生均校园占地18平方米，小学生生均校舍建筑面积6.43平方米。

2009年，全旗开始实施校安工程，对全旗所有校舍进行了校舍安全排查，对D级危房进行了拆除；根据全旗布局调整，按照校安工程要求，全旗先后完全新建了包括教学楼、实验楼、餐饮楼、宿舍楼、文体楼等基础设施的旗蒙古族学校、第二小学、德岭山学校、乌拉特中旗幼儿园、乌拉特中旗蒙古族幼儿园、甘其毛都学校；为旗第一中学、第二中学、第一小学、乌加河学校新建食堂、宿舍楼、实验综合楼等；旗直学校和甘其毛都学校均建设塑胶操场，乡镇学校建设有三合土操场；对各学校附属幼儿园进行新建及改扩建，满足学前教育要求。全旗没有D级危房，教学、生活设施完善，达到内蒙古自治区教育厅规定的办学条件标准。

2000年8月底，旗第一完全小学教学大楼正式投入使用，建教职工活动室128平方米；改建学生宿舍420平方米，食堂70平方米，餐厅120平方米，安排住宿生100余人。

2001年，旗财政投入184万元兴建蒙古族完全小学学生公寓楼2294平方米。

2002年，旗教育局争取台湾慈心慈善基金会捐款25万元、内蒙古自治区教育厅专款30万元，大部分经费用于兴建石哈河中心小学慈心慈善教学楼。

2007年8月，旗第一中学容纳500人的学生公寓楼投入使用，2栋教职工住宅楼建成，1700平方米的餐饮综合楼动工建设。

2008年，旗第一中学初中教学综合大楼（面积6500平方米）和电教实验大楼（面积3500平方米）建成。

2009年10月底，旗第一中学投资600多元建设的塑胶操场顺利竣工。同年，政府投资新建旗第一完全小学综合楼及餐厅5206平方米。

2010年，旗财政投入资金1800万元，新建乌拉特中旗第二中学理化生实验室、图书馆、阅览室等综合大楼，面积3600平方米；新建住校生宿舍楼，面积3400平方米；新建师生餐饮楼，面积1200平方米；新建水冲厕所，面积260平方米。同年，全旗校安工程完成续建面积5209平方米，新建面积36370平方米，加固面积21435平方米。

2012年，旗教育局争取内蒙古自治区扶持民办幼儿园发展专项资金27万元，为民办幼儿园购置设施设备及玩教具，民办幼儿园办园条件有较大改善。

二、教育教学设备

1994年，旗第一完全小学购置286计算机1台，金象胶印机1台，学校印刷厂拓展印刷业务。

1994—1996 年,乌拉特中旗争取世行贷款 60 万美元,地方财政匹配和群众集资 421 万元,完成土建工程 15528 平方米;投资 85 万元为各校配备仪器、图书、电教设备。

1996 年,旗第一中学为迎接 40 周年校庆,装置 48 座语音教室 1 个,配置巴彦淖尔盟各中学中最先进的物理、化学实验室各 1 个。

1998 年,旗第二中学新购 7 万余元仪器设备,使理化演示实验开出率达 100%,分组实验率 95% 以上。

1999 年,旗教育局将"两基"达标列为全旗十件大事之首,同年 9 月 29 日,旗"两基"工作顺利通过内蒙古自治区人民政府"两基"达标验收组验收。全旗小学 50% 实现"两机一幕"(电视机、投影机、银幕)进教室,实验仪器配齐率 100%,小学人均图书 5.8 册。

2000 年,北京八亿时空电脑公司捐赠 80 万元,用于蒙古族完全小学电化教学楼的建设和设施配备。

2001 年,旗财政投资 20 万元,为蒙古族完全小学购买电脑 60 台,蒙古族完全小学办学条件得到极大改善。

2002 年,旗教育局争取台湾慈心慈善基金会捐款 25 万元、内蒙古自治区教育厅专款 30 万元,其中部分经费为各小学配备供教学使用的计算机。

2006 年,旗教育局收回第一完全小学经营 20 多年的勤工俭学校办印刷厂。

2007 年,全旗圆满完成"两基"迎国检和自治区"33211 工程"验收工作。

2008 年后,乌拉特中旗人民政府逐年增加对教育的投入,投资 428.6 万元,分二批配备"班班通"多媒体设备。2009 年,投资 119 万元更换中小学、幼儿园桌凳;同年,投资 839 万元配备理科实验室仪器设备。2010 年,全旗各中小学实行学生免费乘车。

2012 年,投入 226 万元,按照内蒙古自治区教育部门规定的办学条件标准,为全旗各中小学配备了音乐、体育、美术、卫生、心理、劳技、理科实验室仪器设备,配备标准化机房,为旗直学校配备录播教室,为部分学校购置了图书、课桌椅、床、柜子等。至 2012 年底,全旗中小学校音乐、体育、美术、卫生、心理、劳技、理科实验室、图书、校园信息化配备等均实现"标准化"。

第十三章　教育管理

第一节　学校管理

1988—2012年，逐步推进素质教育，大力提高教育教学质量，推进课堂教学改革，继续实施各中小学、幼儿园基础设施配套。深入实施《乌拉特中旗校园文化建设实施方案》。积极倡导和培育尊敬师长、关心同学、热爱学校、热心公益的优良校风，形成蓬勃向上、文明和谐的校园文化，打造学生喜欢、家长放心、社会满意的和谐校园。切实加强学校安全管理。落实《乌中旗学校安全工作目标考核责任制》，构建全旗各相关部门共同管理学校安全工作机制，定期不定期检查和通报各学校安全工作，逐步提高学校安全工作水平。不断优化教育发展环境，强化民主评议政风行风工作。全面实施“阳光工程”，确保招生录取、教职工聘任、评优评先等公平公正。加强各类考试、招生的考风、考纪管理，做好高考试卷安全保密工作。加大对中小学校收费情况的常规检查，严格执行高中招生“三限”政策，坚决制止乱收费。继续落实《关于禁止在职教师有偿补课的通知》精神，切实加强对在职教师有偿补课、乱订资料、体罚和变相体罚等违规行为的监管力度。深入开展背对背民主评议政风行风活动，认真纠正人民群众反映强烈的不正之风，着力解决严重损害群众切身利益的问题，切实提高办事效率和依法行政水平。

（一）巩固提高九年义务教育水平

1. 提高九年义务办学水平

通过实施课程改革、教育质量提升工程、聘请专家等多种形式，提高教育教学质量。

2. 推进义务教育均衡发展

按照“统筹发展、适度聚集、提高效益”的原则，建立科学预测生源增减机制。在新区开发和旧城改造中，依法优先规划和建设中小学校及幼儿园，保证中小学扩容用地，有效解决旗二中、二完小“大班额”问题。要积极推进义务教育学校标准化建设工程，配合国家薄弱学校改造工程，完成农村4所薄弱学校的改造，缩小城乡义务教育学校发展差距。实行旗内教师、校长合理流动制度。

（二）强化普通高中教育质量

1. 提高高中阶段教育办学水平

坚持政府统筹，科学布局高中阶段学校，优化普通高中教育资源，推进普通高中建设标准化。政府加大对高中阶段教育的扶持政策，保证学生就近入学，减轻农牧民的负担。科学合理确定普通高中和中等职业学校招生比例，保持两者招生规模大体相当，促进普通高中与职业高中协调发展。建立和完善普通高中家庭经济困难学生助学体系。

2. 全面提高普通高中学生综合素质

全面实施普通高中新课程改革实验，加强普通高中的教育管理，认真落实课程方案，使每一位学生达到普通高中培养目标要求。开齐开足开好各类课程，引导学生自主学习、合作学习和探究学习，培养激发学生的创新能力和实践能力。注重学生个性形成，注重培养学生自强自立和适应社会的能力,全面提高普通高中学生综合素质。

3. 全面推动普通高中特色发展

不断更新教育理念,高度重视学校内涵建设,着力提高学校管理水平,充分发挥现有优势,打造学校优质特色品牌。支持普通高中培养模式多样化,满足不同潜质学生的发展需求。鼓励蒙古族学校根据普高教育性质和任务,立足传统文化、地域特点、学生发展要求与教学现状,形成具有独特民族文化和教学特色的高中。旗一中、职中发展普职融通的综合高中,强化高中学生的职业技术能力,为学生升学、就业提供多元选择机会。落实《乌中旗中小学德育塑造工程实施方案》,加强中小学生的思想品德教育。

第二节 学生管理

全旗中小学校逐步开展丰富多彩的大课间和二课堂活动。至 2012 年,开设以器乐、声乐等多种形式的兴趣活动班 110 个。制定《乌拉特中旗校园德育文化建设指导性工作手册》《乌拉特中旗德育塑造工程——实施校本德育指导性方案(试行)》,2012 年 10 月 19 日,召开全旗德育工作经验交流会。

对学生的管理主要包括:(1)以"现场观摩"为抓手,素质教育全面推进。将 2011 年定为"推进素质教育年",并将第二小学、第二中学定为素质教育试点校。5 月结合全旗素质教育推进工作进展情况,召开全旗素质教育现场观摩会暨全旗第四次校(园)长工作调度会。10 月召开全旗校园长第五次调度会暨德育素质经验交流现场会。(2)以"特色办学 "为契机,办学特色明显增强。全旗各中小学校开展丰富多彩的大课间和二课堂活动,组建以器乐、声乐等多种形式的兴趣活动班 104 个,成效明显。参加全旗中小学田径运动会、全旗建党 90 周年暨第七届校园文化艺术节、全旗书画展、全市党风廉政书画展等系列活动,取得优异成绩并受到社会各界的一致好评。(3)以"德育创新"为根本,促进学生全面发展。为了认真贯彻巴彦淖尔市中小学德育工作会议精神,制定《乌拉特中旗校园德育文化建设指导性工作手册》《学校德育塑造工程实施方案》、工作规程及时间表,切实推进中小学德育工作有序实施。全旗各学校在教育局的倡导下,开展"学生自写文明公约,自主管理班级"活动,特色主题班会活动和社会实践等活动。

第三节 教育督导

1990 年 6 月,乌拉特中旗教育督导室成立,隶属旗人民政府管理,主要职责是对全旗中小学校、幼儿园(含民办幼儿园)办学方向、办学条件、办学质量、办学行为、办学效益进行督导和检查;负责对贯彻国家教育方针,实施素质教育工作的督导检查;对全旗义务教育均衡发展工作情况进行监督检查和评估指导;制定乌拉特中旗教育督导与评估的工作制度和指导性文件;对全旗"两基"的实施和巩固提高工作进行督导检查和评估验收;完成巴彦淖尔盟(市)教育督导室和旗人民政府交办的其他工作。

1991 年,旗教育督导室首次对旗民族学校进行督导评估。

1992 年,旗教育督导室接受内蒙古自治区人民政府教育督导室的教育评估,同年,旗教育督导室 1 名督学参加编辑《巴彦淖尔盟中小学督导评估》。

1993 年,旗教育督导室对旗第一完全小学进行综合督导评估。

1994—1999 年，旗教育督导室以“两基”达标验收、“33211 工程”（三课：体育与健康课、音乐课、美术课；三操：早操、课间操、眼睛保健操；二活动：体育锻炼活动、科技文体活动；一会：每年举办一届以田径为主的运动会；一节：每年举办一届艺术节）为重点，牵头检查评估验收，并接受巴彦淖尔盟、内蒙古自治区、国家“两基”达标验收。

1997 年，旗教育督导室开始对中小学校的目标管理进行督导验收。

1998—2012 年，旗教育督导室对中小学校的目标管理进行督导验收。

第四节　安全管理

全旗各苏木、乡、镇人民政府和有关教育管理部门切实落实学校安全工作责任制，主要领导负总责亲自抓，分管领导要具体抓，按照“一岗双责”和“谁主管、谁负责”原则，强化学校安全日常管理，保证校园安全稳定。综合治理、公安、教育、卫生、文体、环境保护、市场监督管理、建设、交警、交通运输管理等部门明确学校安全职责，密切配合，齐抓共管，共同做好学校安全管理工作。进一步强化责任，严格落实责任制和责任追究制度，严格执行安全稳定报告制度，保证信息渠道畅通。发生重大安全事故或突发事件在第一时间逐级上报，凡隐瞒不报、漏报缓报的，要视情节轻重和事故后果对相关责任人进行严肃处理。凡因失职、渎职导致学校重特大事故发生的，严肃追究责任人行政责任，构成犯罪的依法追究刑事责任。全旗各学校成立安全工作领导小组，做到分工明确、责任到人，学校、各环节干部、教师、家长层层签订安全责任状，建立健全学校安全工作制度和应急预案，建立“人防、物防、技防”相结合的安全管理体系，加强师生防震、防火、防溺水、防电、防踩踏及交通安全教育工作，提高师生自防、自护、自救和应对突发事件的能力。

2010 年，经旗人民政府第三次常务会议研究，由旗财政安排专项资金，安排全旗农牧区中小学生安全免费乘坐经营性客车的实施方案，坚持公益性为主，经营性为辅的原则，以便民惠民为核心，按照政府统一领导，教育部门组织协调，客运企业保本微利，家长主动配合，有关部门加强监管的基本要求，每年由政府投入 200 多万元，为 3000 多名学生提供安全优质、便捷高效的交通保障。

2010—2012 年，旗人民政府投入 80 多万元，为全旗中小学、幼儿园安装视频监控系统。

第十四章　“两基”达标

第一节　扫盲教育

1988 年，乌拉特中旗教育局按照中共中央、国务院有关文件精神，为扫除文盲，设立业余教育股，专门负责扫盲教育档案，有计划，分步骤地开展扫盲工作。同时设置旗、乡（镇、苏木）两级工农教育委员会，每个乡、镇、苏木配备专职扫盲干部 1 人，具体负责农牧民扫盲工作。

1993 年，全旗扫盲工作作为“两基”（基本普及九年义务教育、基本扫除青壮年文盲）达标工作的重中之重，苏木、乡、镇人民政府将扫盲工作纳入干部当年考核目标，各学区、学校则采取包教措施，将任务分解到个人，层层抓落实。

1998 年，全旗经过 5 年（1994 年开始）艰苦努力，通过“三级承包制”扫盲工作，经巴彦淖尔盟行政公署验收，全旗 19 个苏木、乡、镇和旗直属中小学先后达到义务教育标准。

1999 年，“两基”达标验收时，全旗应扫盲人数 5430 人，达到脱盲标准人数 3855 人，脱盲率达到 71.03%。

第二节　主要工作

1990—1999 年，乌拉特中旗“两基”（基本普及九年义务教育，基本扫除青壮年文盲）工作全面铺开至达标验收期间，全旗各学校硬件建设开始逐年加强，学校的档案建设开始系统化、规范化管理，教育教学质量明显提高，校园文化生活逐步丰富多彩，教育的投入逐年加大，校园文化生活逐步丰富多彩，尤其是《中华人民共和国义务教育法》《中华人民共和国教师法》的颁布实施，增强了全旗各部门为教育服务的信心和教师努力教书育人的热情。顺利完成“两基”达标验收成为这一时期全旗教育工作的重点。

1990 年，全旗投资 177.2 万元（集资占 66.3%），修建学校校舍 8306 平方米，新建校墙 864 延长米，添置教学班单人桌凳 3550 套。年底，全旗农区学校实现“一无两有”，牧区学校实现“一无多有”目标。同年，全旗学校管理工作不断加强，巴彦淖尔盟教育局在乌兰总校召开“民族教育教学管理”现场会，总结推广乌兰学校的学校管理经验。

1993 年，乌拉特中旗第一中学有 1 名学生考入清华大学。

1994—1996 年，乌拉特中旗争取世行贷款 60 万美元，地方财政匹配和群众集资 421 万元，全部用于学校的基础设施建设。3 年中，完成土建工程 15528 平方米；投资 85 万元为各校配备仪器、图书、电教设备；期间，教学质量稳中有升。1994 年，新建乌拉特中旗第四小学。1995 年，全旗有 3 名同学首次进入巴彦淖尔盟初三“三科”联赛前 30 名；同年，旗第一中学有 1 名学生考入清华大学。

1998—1999 年，“两基”建设投入的资金相当于 1991—1997 年教育投入的总和。

1999 年，乌拉特中旗将“两基”达标列为全旗十件大事之首，将“两基”工作视为党政干部“摘帽子”工程和乡、镇、苏木人民政府实行一票否决工程。当年，全旗累计投入 1400 万元，其中投资 350

万元重点建设旗第一完全小学教学楼、旗职业中学教学楼、德岭山中心小学逸夫楼。

第三节　达标验收

1997 年，旗人民政府下发《关于继续加强“两基”工作的通知》；同年 11 月，乌拉特中旗接受巴彦淖尔盟行政公署“普九”（普及九年义务教育）工作验收，初中生巩固率达到 98%，适龄儿童入学率 100%。全旗 12 个苏木、乡、镇验收达标，合格率 80%，名列巴彦淖尔盟各旗县第四位，其中巴音杭盖学区“普九”工作受到巴彦淖尔盟“普九” 工作验收组的好评。

1999 年 9 月 29 日，乌拉特中旗“两基”工作顺利通过内蒙古自治区人民政府“两基”达标验收组验收。“两基”达标验收标志着全旗中小学整体办学条件和办学水平跃上一个新台阶。各校校舍得到新建、翻建、维修，部分校园实现硬化，院墙得到维修，全旗中小学生生均校园占地 18 平方米，小学生生均校舍建筑面积 6.43 平方米，中学生生均校舍建筑面积 7.68 平方米；50% 的小学实现“两机一幕”进教室，实验仪器配齐率 100%，小学人均图书 5.8 册、初中人均图书 12 册。年底，全旗有各级各类学校 130 所，班级总数 736 个，其中幼儿园 44 所（民办 10 所），有大、中、小班 80 个，在园幼儿 2938 人；小学 71 所，班级 534 个，在校生 13087 人；中学 14 所（民办 1 所），在校生 7157 人。教师进修学校 1 所，全旗教职工 1975 人，其中高级职称教师 28 人、中级职称教师 282 人、初级职称教师 1127 人；教职工中本科以上学历 112 人、专科学历 613 人、中师中专学历 804 人、高中学历 203 人。

2007 年，全旗共有中小学 19 所，在校生 11875 人。其中，小学 13 所，在校生 7088 人；中学 6 所，在校生 4787 人。进修学校 1 所，公办幼儿园 2 所，全旗在职教职工 1397 人。全年发放农村牧区义务教育保障经费 577.17 万元。旗财政投入 46 万元，用于中小学、幼儿园校舍维修，投入 49 万元用于购买音体美器材；完成乌拉特中旗一中学生宿舍楼、石兰计小学学生食堂、乌加河小学公寓楼项目建设并投入使用，完成蒙古族学校基础工程建设，启动德岭山小学学生宿舍楼建设项目。办学条件得到不断改善。年底，顺利通过“两基”国家复检和“33211 工程”的内蒙古自治区有关部门验收。

第二十八篇　科技　气象

◎ 科学技术

◎ 气象测报

第一章　科学技术

第一节　机　构

1988 年，乌拉特中旗设有科学技术委员会，专职管理全旗科技工作。内设机构 4 个：办公室、科普股、业务股、科普股（职改办）；核定行政编制 10 名，实有干部职工 23 人，其中科级领导职数 4 人，一正三副。

1995 年，全旗进行机构改革，旗科学技术委员会与旗教育局合并，改称旗教科局，旗科学技术委员会更名为旗科技服务中心。旗科技服务中心内设机构 3 个：办公室、业务股、科普股；核定行政编制 10 名，实有干部职工 23 人，其中科级领导职数 3 人，一正二副。

1998 年 7 月，旗科技服务中心与旗教育局分设，恢复原建制，更名为旗科学技术局，局机关核定行政编制为 9 名、工勤人员事业编制 2 名；其中科级领导职数 3 人，一正二副。

1999 年 7 月，旗科学技术局所属质量技术监督所分出，新成立旗技术监督局。至此，旗科学技术局内设机构 3 个：办公室、业务股、科普股；局机关核定行政编制 11 名，实有干部职工 15 人，其中科级领导职数 4 人，一正三副。下设准科级建制二级单位 2 个：信息中心，核定编制 8 名，实有人员 11 人；能源公司，实有人员 17 人。

2004 年，旗科学技术局内设机构 3 个：办公室、业务股、科普股；局机关核定行政编制 9 名，实有干部职工 11 人，其中科级领导职数 3 人，一正二副。下设二级单位 1 个：信息中心，核定编制 8 名，实有人员 10 人。

2012 年底，旗科学技术局内设机构 5 个：办公室、农牧股、综合业务股、高新股、生产力促进中心；核定行政编制 9 名，实有干部职工 15 人，其中科级领导职数 3 人，一正二副。

第二节　体制改革

1989 年，为加速乌拉特中旗科教兴旗的进程，推进科技与经济有机结合，根据上级指示，全旗选配科技副旗长和副乡（镇）长，充实科技领导岗位，部分村嘎查也选配了科级副职。

1995 年，国务院机构改革，国务院职称改革领导小组的工作交由人事部承担，乌拉特中旗科技局科普股撤销，职称改革工作移交给旗人事局。

1998 年，旗科技局下设的能源公司转制。

1999 年 7 月，旗质量技术监督所实行内蒙古自治区以下条管，并成立旗质量技术监督局，从旗科技局分离出去。

2002 年，旗科学技术协会从旗科技局分离出去，实现政事分开。

2005 年，旗科技局获得内蒙古自治区科技厅“科技特派员创业行动模式优选”项目，在巴彦淖尔市率先推进科技特派员创业行动，旗委、旗人民政府制定八项优惠政策，选派 20 名科技特派员到农村、牧区、企业开展科技创业行动。

2006 年，巴彦淖尔市科技特派员创业行动启动大会在乌拉特中旗召开。同年，内蒙古自治区科技特派员现场交流会在乌拉特中旗召开。

第三节　科普活动

一、科技规划

2006年，《乌拉特中旗科技人才发展规划（2005—2010年）》制定完成，计划到2010年，全旗科技人才总量达到3865人，年增率为10%（略高于经济增长速度）。科技人才的总体学历结构要有明显提高。到2010年，全旗本科以上学历的人员要达到750人左右（年递增20%）。研究生以上学历的人员达到10人以上。

1988—2012年，乌拉特中旗的"七五""八五""九五""十五""十一五""十二五"《国民经济和社会发展计划（规划）》中都将科学技术发展为重要内容，均由科技部门负责起草规划。

二、科普宣传

（一）宣传活动

1988—2012年，乌拉特中旗科学技术管理部门在每年"3·15"消费者权益日、"4·26"世界知识产权日、"科技三下乡""科技活动周"等各种活动中，通过媒体、网络宣传科技知识，形成全民学科学、爱科学、用科学的良好氛围，使科技能够在人民群众生产、生活中得到运用。同时把科技成果申报的组织指导和宣传服务做到企业，做到单位，同时要做到上门指导服务，不断提高服务质量，增强他们的知识产权意识、专利保护意识和品牌意识。进一步强化做好知识产权保护政策、法规的宣传普及、成果的推广应用，积极组织开展专利打假宣传活动。

1988—1990年，旗科学技术委员会在"3·15"消费者权益日、"4·26"世界知识产权日、"科技三下乡"活动中，开展以"科技是第一生产力"为主题的宣传活动，累计发放各类宣传材料10万余份，并设立举报咨询台，及时接受人民群众投诉和咨询。

2001年，国家设立每年5月第三周为"科技活动周"，由科技部会同中宣部、中国科协等19个部门和单位组成科技活动周组委会，在全国范围内组织实施。

2001—2012年，旗科技局组织广大科技人员深入基层一线，以"科技在我身边""科技创造未来""携手建设创新型国家"为主题，开展技术指导、现场咨询、义诊、发放宣传手册、播放技术讲座等活动。

（二）科普书刊编辑

1988年，旗科学技术委员会创办《科技报》，每年出版12期，共有6个栏目。2003年，旗科学技术局编印《领导参阅》《信息快报》9000余份。2006年，旗科学技术局编印《草畜平衡养羊技术》。2008年5月，旗科学技术局编印完成《科技政策法规汇编》；同年12月，编辑完成《科技事业回眸》。2009年，旗科学技术局编印《乌拉特中旗新型农牧民实用技术手册》2万余册。2010年，旗科学技术局编写印发《温室大棚种植技术教材》1万册。2012年，旗科学技术局编写《乌拉特中旗农牧民培训教材》3万册。

（三）电视与网络宣传

2001—2012年，在每年科技活动周中期间，旗科学技术局通过旗电视台在黄金时段播放科技知识系列电视专题报道和农牧业科技知识专题讲座。专栏以"宣传科学知识，推广先进技术，介绍外地经验"为宗旨，为群众在生产生活中遇到的难以解决的问题答疑解惑。

2011年，乌拉特中旗科学技术局建立乌拉特中旗科技信息网，开始通过科技信息网的建设，以最快捷、最方便的形式为企业和农牧民提供科技政策、信息发布、技术咨询等服务。

2012 年,旗科学技术局在全旗开通“信服通”业务,将全旗主导特色产品通过“信服通”进行宣传,实现网络营销,为农牧民依靠科技增收致富开辟一条新途径。

三、科技培训

1988—1990 年,旗科学技术委员会利用冬闲时间在各村嘎查组织农牧民参加农牧实用技术培训;3 年中,共计举办各类培训班 900 多期,培训农牧民 2.5 万人次。

1990 年,旗科学技术委员会组织全旗科技副乡长、副苏木达及科技人员 20 多人赴陕西、山东等地观摩学习农牧业先进适用技术。

1991 年,旗科学技术委员会围绕全旗农牧业科技承包开展了全旗农牧民科技培训,举办各类培训班 270 多期,培训农牧民 7000 人次。

1992 年 6 月,乌拉特中旗科技大会暨科协“二大” 召开,会议为“科技兴旗”做了战略部署和总动员,并以旗委、旗人民政府的文件颁发《关于实施“八五”科技发展计划的决定》,同时表彰奖励 1988—1991 年的优秀科技成果,表彰奖励先进集体和先进个人,选举产生新一届科协领导组织。同年,旗科学技术委员会在全旗范围内开展农牧业标准化科技培训,培训农牧民达 6700 人次。

1993 年,巴彦淖尔盟科技局组织各旗县科技人员赴山东观摩学习大棚种植技术,乌拉特中旗选派 2 名科技人员参加观摩学习。

1994—1998 年,旗科技服务中心每年组织全旗涉农涉牧部门科技人员举办一次规格较高的师资培训班。5 年中,参加培训的科技人员共计 300 多人次。

1998—2001 年,旗科学技术局每年举办 1 次全旗科技师资培训班,培训分管科技的副苏木达、副乡长和涉农涉牧的专业技术人员。4 年中,共计培训科技副苏木达、副乡长和涉农涉牧专业技术人员 600 多人次。1999 年,旗科学技术局围绕巴彦淖尔盟“双十工程”,即农牧业科技进步“十项工程” 和农牧业产业化“十项工程”。农牧业科技进步“十项工程”:种子工程、节水新技术推广、中低产田改造、高效温室大棚种植、农区专业化规模养殖、高效果树种植、吨粮田建设、牧区五配套草库伦建设、白绒山羊提质增绒和巴盟特色农业。农牧业产业化“十项工程”:河套小麦系列产品开发、油葵提质深加工、瘦肉型猪科学饲养精深加工、食用瓜子提质改良及炒货规模化生产、河套蜜瓜精品培育营销、苹果梨提质保鲜储运营销、枸杞精深加工营销、番茄规模种植出口创汇、二狼山白绒山羊增绒精品带动。组织旗、乡(镇、苏木)两级科技人员 138 人开展大规模科技承包、科技培训活动;共承包科技项目 23 项,培训人员 1.58 万人次。

2002 年,旗科学技术局围绕科技示范园区和农牧科技进步“十项工程”“1126”技术创新工程开展大规模科技培训和科普活动,共计培训各类科技人员 1.7 万人次。

2003—2004 年,旗科学技术局在全旗范围内对农牧民开展大规模今冬明春科技培训,累计全旗举办各类培训班 750 期,培训农牧民 10.2 万人次,普训农牧民 8.9 万人次,农牧民技术骨干培训 5850 人,劳动力转移培训 600 人,农牧业产业带头人培训 1080 人,农牧业科技致富能手 600 人,农村牧区乡土人才 900 人,科技师资培训 720 人,发放各类科技图书及资料和 VCD 农牧业适用技术光盘 18 万(份)册以上。

2005 年 4 月,乌拉特中旗正式开通农牧业科技服务热线。同年,全旗全面启动科技特派员创业行动项目,首批选聘 23 名农牧、林水专业技术人员及基层乡土人才、农民经纪人等为科技特派员。

2006 年,巴彦淖尔市科技特派员创业行动推进会在乌拉特中旗召开,在全市以及乌拉特中旗开展科技特派员创业行动试点的基础上,全面推进巴彦淖尔市科技特派员创业行动工作,激励广大科技人员走入市场,投身到经济建设中。是年,内蒙古自治区科技特派员工作研讨会在乌拉特中旗召开，交流经验，探索科技特派员工作模式，解决工作中存在的问题。

2008年12月。全旗科学技术大会召开，旗委、旗人民政府出台《关于加强科技创新，促进旗域经济又好又快发展的决定》《乌拉特中旗加快推进工业企业自主创新的实施办法》《乌拉特中旗科学技术奖励办法》等政策性文件，表彰奖励科学技术奖项目，先进集体和个人。是年，旗科学技术局组织各苏木镇种植养殖能手16人赴山东寿光县观摩学习温室大棚种植栽培技术。

2009—2010年，全旗开展新型农牧民科技培训。重点开展面向农牧民的适用技术培训，特别是有针对性开展科技技能培训。采取“科技进村入户”的农牧民技能培训、科技巡回指导走村串户、深入田间地头、棚圈、培训一批农村科技致富带头人，技术“二传手”科技创业人才；2年中，共计举办各类培训班750多期，培训农牧民4.6万多人次。

2010年11月，旗科学技术局组织全旗分管科技的苏木达、镇长25人参加陕西省西安市杨凌区举办的农牧业科技博览会进行参观学习。

2011年，全旗成立星火科技“12396”信息服务站点8个，星火科技“12396”服务体系分为数据库系统、“12396”信息网站、远程诊断系统、远程专家系统、触摸屏系统。内容涵盖作物、蔬菜、果树、畜禽、食用菌、肥料、植保等主要农业生产领域。至2012年底，全旗发展12396基层服务站点16家，全部配套安装电脑软件。

2012年，全旗培养100名创新型科技人才，500名农村牧区实用人才，200名产业带头人，50名科技合作组织引领人、1000名农村牧区科技示范骨干、50名创新型中青年科技人才骨干，选拔20名优秀中青年科技人才到区内外大专院校进行学习。

四、科技推广

（一）小麦品种引进推广

1988—1992年，全旗引进小麦品种有：河套3号，墨巴65、66，永良4号，77164；搭配品种有中宁9711、7632；山旱区引种叶考拉、131等新品种。1993年，全旗引进永良12号，1995年引进1608等优良小麦品种。经种植试验，永良4号小麦具有抗灾害力强、产量稳定、蛋白质含量高的优点，2000年后，永良4号又逐渐开始大面积种植，成为全旗地区小麦优选品种。

（二）玉米品种引进推广

1988—1998年，全旗引进推广四单8号、烟单14、中单2号、丹玉13号、冀承单3号、蒙单6号等新品种。1998年，继续引进四单19、户单4号、掖单14号、农大108、中单14等优良品种。1999年，引进高角质玉米品种8个、西玉3号、中单321等品种。2000年，引进巴单3号、哲单7号、哲单37号，其中哲单7号表现突出，具有稳产、抗逆性强等特点。2005—2012年，引进科河8号、先玉335、登海605、KX3564、西蒙6号、科河28、先正达408、农华108、长城706等多个优良品种。

（三）高粱品种引进推广

1988—1993年，全旗引进蒙杂3号、同杂2号两个品种。

（四）向日葵品种引进推广

1988—1996年，全旗引种派改1号、内葵杂1号等。1996年，引进进口杂交油用向日葵品种澳葵S33、天葵203、T562、G101等新品种，其中澳葵S33和G101表现最为突出，被大面积推广种植。2000年，引进河套大白花、大青花两种。2001年，引进DK119杂交向日葵品种。2003—2012年，引进美国杂交品种3708、LD5009、LD1355、RH3148、先瑞8号、CK911、AD6199、X6538、SH815等新品种。

（五）黄豆品种引进推广

1999年，全旗引进901、902、903、904、905、906等优质黄豆品种。

（六）籽瓜品种引进推广

1988—2012年，全旗引进籽瓜品种有红小片、黑小片、兰州大片等新品种。

（七）马铃薯品种引进推广

1988—2008年，全旗从东北引进的克新1号，其丰产性和品质很受欢迎。

第四节　科学研究

一、科研项目

1988—1990年，共安排巴彦淖尔盟、乌拉特中旗两级科研项目43项，取得科研成果11项。在项目安排上，集中解决5个方面存在难点、重点、热点和关键性、普遍性技术问题。其中1项获省（自治区）部级科技成果奖，4项获巴彦淖尔盟科技进步奖。

“八五”计划时期（1991—1995年），全旗共安排巴彦淖尔盟、乌拉特中旗两级科研项目40项，取得科研成果10项。在项目安排上，集中解决全旗牧区水库养鱼、奶山羊引进、牧区家庭牧场节水、羊绒生长期测定方面存在难点、重点、热点和关键性、普遍性技术问题。其中3项获省（自治区）部级科技成果奖，2项获巴彦淖尔盟科技进步奖。

“九五”计划时期（1996—2000年），全旗共安排巴彦淖尔盟、乌拉特中旗两级科研项目1项，取得科研成果1项。在项目安排上，集中解决全旗经济社会发展战略规划方面问题。其中1项获省（自治区）部级科技成果奖。

“十五”计划时期（2001—2005年），安排内蒙古自治区科研项目3项，取得科研成果3项。在项目安排上，集中解决全旗激励科技人员创业、农村秸秆转化、优质牧草栽培方面存在难点、重点、热点和关键性、普遍性技术问题。

“十一五”规划时期（2006—2010年），内蒙古自治区、巴彦淖尔市两级在乌拉特中旗安排科研项目16项，取得科研成果11项。在项目安排上，集中解决全旗科技能力建设、农村牧区信息化建设、肉羊养殖、奶牛科学饲喂等方面存在难点、重点、热点和关键性、普遍性技术问题。

“十二五”规划时期前两年（2011—2012年），内蒙古自治区、巴彦淖尔市两级在乌拉特中旗安排科研项目9项，取得科研成果4项。在项目安排上，集中解决全旗巴美肉羊标准化饲养、科技服务体系建设、草原山羊羔羊育肥等方面存在难点、重点、热点和关键性、普遍性技术问题。

二、科研经费

1988—1995年，乌拉特中旗财政预算列有科技三项费（新产品试制费、中间试验费和重大科研项目补助费），旗科学技术委员会每年根据全旗经济社会各方面存在的难点、重点、热点和关键性、普遍性技术问题下达科技计划。

“十五”计划时期（2001—2005年），全旗科研经费投入35万元。其中，内蒙古自治区科研部门拨款25万元，地方财政拨款10万元。用于“秸秆转化利用”“紫花苜蓿接种根瘤菌示范推广”“科技特派员创业行动模式优选”等项目的研究。

“十一五”规划时期（2006—2010年），全旗科研经费投入183万元。其中，内蒙古自治区科研部门拨款119万元、巴彦淖尔市科研部门拨款14万元，地方财政拨款50万元。用于“科技特派员服务模式创新”“多媒体科技培训教室建设”“乌拉特中旗草业基地建设”“奶牛饲喂紫花苜蓿技术示范推广”“农村牧区实用技术集成模式示范”“荒漠草原优良牧草品种培育和筛选技术基地示范”“北繁南育肉羊产业化建设”“厚皮甜瓜新品种选育及配套栽培技术推广”“农村科技服务体系建设专项”“北繁南育育肥羊示范产业基地建设”“乌拉特中旗科技培训中心建设”“优质富硒小麦产业化示范基地”“乌拉特特色肉羊繁育技术集成及产业化示范”“生态、效益型肉羊产业化建设”“优质高效无公害食葵产业化示范基地建设”“苜蓿产业化建设”等项目的研究。

“十二五”规划时期前两年(2011—2012 年),全旗科研经费投入 123 万元。其中,内蒙古自治区科研部门拨款 70 万元、巴彦淖尔市科研部门拨款 33 万元,地方财政拨款 20 万元。用于“荒漠半荒漠草原山羊羔羊育肥技术集成与示范”“乌拉特中旗科技信息服务平台建设”“养殖业综合管理监控信息平台与食品安全追溯应用系统”“乌拉特中旗星火科技‘12396’基层服务平台示范建设” “乌拉特中旗科技创新应用平台建设”“养殖业综合管理监控信息平台与食品安全追溯应用系统”“苜蓿草产业化建设”“优质巴美肉羊标准化养殖技术集成示范”“巴美肉羊育种园区建设”项目的研究。

三、科研成果

1988—2012 年,乌拉特中旗科研部门不断加强科技项目申报、组织实施和监督管理,全旗科研人员坚持面向经济,面向生产实践科研方向,开展多领域、多课题科学研究和技术开发,取得一批具有生产指导价值科研成果。

1988—2012 年乌拉特中旗科技获奖成果情况详见表 28－1。

四、科技专利

1988—2012 年,乌拉特中旗科研人员坚持面向经济,面向生产实践科研方向,开展多领域、多课题科学研究,取得一批具有生产指导价值的专利技术成果。

1988—2012 年乌拉特中旗科技获奖成果统计表

表 28－1

获奖年份	项目名称	完成单位	获奖等级
1988	科学养鸡示范户	旗科学技术委员会	巴彦淖尔盟三等奖
1989	牧区太阳能塑料暖畜棚试验、示范、推广	旗科学技术委员会	巴彦淖尔盟三等奖
1989	天然草场生产力定位研究	旗草原工作站	巴彦淖尔盟三等奖
1990	引进饲草料技术	旗科学技术委员会	巴彦淖尔盟三等奖
1991	牧区水库养鱼高产技术研究	旗水利局	巴彦淖尔盟一等奖
1993	北方牧区家庭牧场节水节能高效模式化实验研究	旗水利局	水利部 科技成果一等奖
1994	山羊绒生长时期的测定	旗兽医站	巴彦淖尔市三等奖
1995	牧区风能供水示范工程技术推广	旗水利局	内蒙古自治区水利厅 推广成果二等奖
1995	牧区水利规划	旗水利局	内蒙古自治区水利厅 行业成果一等奖
1995	灌溉草库伦模式化技术推广	旗水利局	内蒙古自治区水利厅 推广成果二等奖
1999	《乌拉特中旗经济社会发展战略规划》	旗科学技术局	内蒙古自治区科委 软科学成果奖

1988—2012 年乌拉特中旗专利技术成果一览表

表 28 - 2

年份	申请号	项目名称	发明(设计)人	地址
1990	90217064.3	管腔式重力热管换热系统	林宇光	乌拉特中旗建筑公司
1991	91223027.4	铸铁管状长翼型散热器	邵亚麟	乌拉特中旗铸造厂
1994	94202857.0	睡包	张志强	乌中旗教师进修学校
1994	94202860.0	带擦粉笔套	张志强	乌中旗教师进修学校
1995	95209810.5	书式日历	李世枝	乌拉特中旗海流图镇
1996	96207042.4	一种装订考试卷的简易结构	李世枝	乌拉特中旗教育局
1997	97226908.8	一种洗面精机	孙权	乌拉特中旗科学技术委员会
1998	98211842.2	全封闭家用便器	李世枝、张志强	乌拉特中旗教育局
1999	99258719.0	修理摩托车后减震器的装置	孟晓强	乌拉特中旗进修学校
2000	00136548.7	高效复合有机绿色肥及其制备方法	赵增福	乌拉特中旗总工会
2001	01218861.1	点播机气吸式分籽器	王根顺、吴敬来	乌拉特中旗边养路 2 号
2003	03157484.X	一种液态调味品	额尔登达来	乌拉特中旗温更镇希日朝鲁嘎查
2003	200310123456.9	一种不消耗能源的动力机器	额尔登达来	乌拉特中旗温更镇希日朝鲁嘎查
2003	03236545.4	船与潜艇的推进器	额尔登达来	乌拉特中旗乌梁素太乡西补龙村
2005	200520104282.6	一种多功能充气床	钟凤芝	乌拉特中旗海流图镇
2005	200510123877.0	一种瓜子去壳机	斯庆达来	乌拉特中旗温更镇希日朝鲁嘎查
2006	200620115720.3	节能炊具	武来文	乌拉特中旗海流图镇攀美宫美发厅
2007	200710112797.4	一种治疗阑尾炎的中药及其制备方法	甄生联	乌拉特中旗海流图镇
2008	200820008316.5	反光手套	那庆、毅哲	乌拉特中旗海流图镇
2009	200910143231.7	串联式单联双联触摸遥控轻触遥控系列电子开关	吴涛	乌拉特中旗海流图镇
2009	200910143230.2	直开式全触摸全轻触全遥控多路组合系列电子开关	吴涛	乌拉特中旗海流图镇
2009	200910310488.7	使用结晶性矿物生产连续纤维的技术	刘作毅、黄永胜	乌拉特中旗海流图镇
2011	201120385975.2	简易室外引风呼吸面具	刘永利	乌拉特中旗石哈河镇
2012	201230085836.8	挎包(摩托车用 B)	郭永福	乌拉特中旗海流图镇
2012	201230085838.7	挎包(摩托车用 A)	郭永福	乌拉特中旗海流图镇

五、科技成果转化

1988—2012 年，乌拉特中旗科技工作者不断加强科技项目申报、组织实施和监督管理工作，取得一批具有生产指导价值科研成果。

第五节 科技服务

一、科技热线

2008 年 7 月，“内蒙古‘96048’农牧业科技服务体系”被科技部批准成为全国首批星火科技“12396”试点；自此，乌拉特中旗“96048”正式升级为星火科技“12396”信息服务体系。

二、科技特派员

2005 年，旗科学技术局经过努力争取，“科技特派员创业行动模式优选”成功中标，成为内蒙古自治区“科技特派员创业行动模式优选”项目试点旗县，同时也是巴彦淖尔市唯一一家试点旗。

2005 年 11 月 29 日，内蒙古自治区科技特派员工作研讨会议在乌拉特中旗召开，自治区科技厅副厅长马强出席会议，来自乌兰察布、鄂尔多斯、赤峰、通辽等市的科技局副局长和科技人员共 40 余人参加会议。会议就科技特派员工作经验、工作中的困难和问题以及工作思路进行交流和研讨。

2006 年 1 月 12 日，旗科学技术局组织人员赴宁夏回族自治区平罗县、内蒙古自治区乌海市海勃湾区就科技特派员创业行动的模式、运行及管理机制进行专题调研，在调研中取得一些好经验和做法。

2008—2012 年，全旗通过科技特派员深入农村牧区第一线，将农牧业、农牧民有机地结合在一起，20 名科技特派员构建全新的服务模式，一是“上联龙头企业、下联协会农户”的订单中介服务模式；二是“企业 + 法人科技特派员 + 农户”的新型法人科技特派员创业模式；三是“基层党支部 + 科技特派员 + 企业 + 协会 + 农户”的党建与科技工作相结合的运行模式；四是依托“科研院所聘讲科技特派员”服务模式；五是“科技特派员自主创新”的创业模式。5 年中，科技特派员服务范围覆盖全旗 8 个苏木镇，共实施科技项目 48 项，引进推广新技术 29 项，新品种 50 多个，累计跟踪绒山羊 100 多万只，巴美肉羊 40 万只，优质杂交食葵 30 万亩，设施蔬菜 0.5 万亩，人工造林 20 万亩，人工种草 15 万亩，直接经济效益 1.8 亿元，项目区农牧民人均增收达到 650 余元，成为全旗经济增长的新亮点。

2012 年，旗科学技术局进一步加强和优化全旗已建的 12 家农牧业合作社，鼓励和支持科技特派员、乡土实用人才参与，实现科技合作社、科技特派员和农牧民的共赢。

第二章　气象测报

第一节　机　构

1988 年,乌拉特中旗设有气象局,实行气象部门与地方政府双重领导,以气象部门领导为主的管理体制。旗气象局内设机构 4 个:预报服务股、地面测报股、高空探测股和人工影响办公室;实有在职干部职工 31 人,其中科级领导职数 2 人,一正一副。

1989—2011 年,乌拉特中旗气象局内设机构 6 个:预报服务股、地面测报股、高空探测股、人工影响办公室、生态观测室以及防雷检测和气象行政执法办公室;实有在职干部职工 27 人,其中科级领导职数 2 人,一正一副。

2012 年,旗气象局内设机构 6 个:综合观测股(包括地面、探空、沙尘暴和酸雨观测)、预报服务股、生态股、办公室、人工影响天气办公室、雷电防护管理办公室;核定编制 24 人,其中,行政编制 4 人,事业编制 18 人,实有在职干部职工 33 人(其中,大学本科以上学历人员 14 人,大专学历人员 4 人,中专以下学历人员 7 人;高级职称 1 人,中级职称 16 人),核定科级领导职数 3 人,一正二副。

第二节　设施设备

一、设施建设

1988 年,旗气象局建有办公楼 1 栋,面积 511 平方米;建有高空值班室 1 栋,面积 186 平方米。1995 年,安装专用变压器供电。2002 年 7 月,旗气象局进行台站综合改造,扩建会议室,面积 66 平方米,办公楼内配备防盗、消防等防护设备。2003 年,扩建制氢室,面积 112 平方米。2005 年,建成综合业务楼,面积 320 平方米。2008 年,旗气象局庭院进行绿化硬化改造。

至 2012 年底,旗气象局建有办公楼 1 栋(面积 511 平方米,内配防盗、消防等防护设备)、高空值班室 1 间(面积 186 平方米)、会议室 1 栋(面积 66 平方米)、制氢室 1 间(面积 112 平方米)、综合业务楼 1 间(面积 320 平方米),另配有越野车、长城汽车、皮卡汽车各 1 辆。

二、设备建设

1988 年 1 月 1 日,旗气象局开始观测电线结冰;同年 5 月 1 日,安装使用 E－601 型蒸发器;同年 11 月 1 日,增加深层地温(160 厘米、320 厘米)的观测。年底,旗气象局有气象观测、监测设备 23 件套:探空设备有经纬仪、探空仪、24 兆接收机、PC1500 微型计算机、百叶箱通风干湿表、701A 型二次测风雷达,地面设备有虹吸式雨量计、毛发湿度表、湿度计、温度计、气压计、气压表、干球温度表、百叶箱、湿球温度表、雨量筒、电接风向风速记录仪、电接风向风速显示器、地温表、FJ－2 型暗筒式日照计、E－601 型蒸发器、冻土器、电线结冰观测设备。

1992 年 1 月 1 日,旗气象局开始太阳辐射观测。

1998 年冬季,旗气象局使用 E－601 型蒸发器进行了冰面蒸发观测。同年 5 月 30 日,蒸发器换型为 E601B 型,并于 6 月 1 日开始观测。

1999 年,旗气象局配备“59－701”微机数据系统。

2003 年,旗气象局配备水电解制氢系统。

2004 年 1 月 1 日，旗气象局自动站建成并开始运行，实现报文、报表、实时数据的自动采集、上传。同年 1 月 1 日至 2005 年 12 月 31 日，进行平行观测。

2005 年，旗气象局配备 GFE(L)1 型二次测风雷达、L 波段测风雷达、TSCI 自动土壤水分观测仪。

2006 年 1 月 1 日，旗气象局自动站单轨运行。自动观测项目有：风向、风速、空气温度、湿度、气压、地面温度、浅层地温(5、10、15、20 厘米)、深层地温(40、80、160、320 厘米)、降水量、太阳辐射等。人工观测项目有：云、能、天、冻土、雪深、雪压、电线结冰、小型蒸发、日照等。

2007 年，配备 GFE(L)1 型二次测风雷达备份设备 GTC2 型 L 波段探空数据接收机。

2008 年，旗气象局观测场安装了视频监控系统，实现对测场的安全监视和设备的远程视频维护。

至 2012 年底，旗气象局气象观测、监测设备 38 件套：探空设备有经纬仪、探空仪、百叶箱通风干湿表、L 波段探空雷达，地面设备有 CAWS600 地面采集器、HMP－45D 型温湿度传感器、气压传感器、雨量传感器、风向 EL15－2D 风速 EL15－1A 传感器、TBQ－2－B 总辐射表、DDS307 型电导率仪、PHS3B 型 PH 计、酸雨采样器、太阳光度计、浊度计、能见度仪、大气粒子监测仪(PM10)、大流量采样器(TSP)、大气降尘仪(DDS)、联想 P4、2.4G 微机、CAWS－BS01 地温变送器、自动土壤水分观测设备、称重式雨量器、湿度计、温度计、气压计、辐射表、气压表、FJ－2 型暗筒式日照计、干球温度表、湿球温度表、雨量筒、电接风向风速记录仪、电接风向风速显示器、地温表、超声波 AG1.0 型大型蒸发器、冻土器、电线结冰观测设备。

第三节　气象观测

1988 年 1 月 1 日，乌拉特中旗气象局被国家气象总局定为国家基准气候站，业务种类主要包括：地面气象观测、高空观测(探空、测风、制氢)、沙尘暴观测、生态观测、土壤湿度观测、酸雨观测等。

一、地面气象观测

1988 年，旗气象局开展的仪器观测项目有：云、能、天、空气温度、湿度、气压、地面温度、降水量、蒸发量等，使用仪器均为苏联生产的设备。至 2012 年底，旗气象局除仪器观测项目外，人工观测项目有：云、天、风向风速(目测)、冻土、雪深、雪压、电线结冰、小型蒸发、日照等。仪器观测项目基本实现自动化。

二、高空观测

(一)探空

1988 年，旗气象局高空探测业务使用经纬仪和 24 兆接收机进行测风观测和探空信号的接收，观测压、温、湿、风向、风速记录。1999 年 7 月，正式使用“59－701”微机数据系统。2005 年 8 月 1 日，新配备的 GFE(L)1 型二次测风雷达正式投入业务运行，使用中国气象局 L 波段(Ⅰ型)高空气象探测系统数据处理软件 3.0。2007 年，使用 GFE(L)1 型二次测风雷达备份设备 GTC2 型 L 波段探空数据接收机进行高空探测业务。

(二)测风

1988 年 1 月至 2005 年 7 月，旗气象局使用 701A 测风雷达观测风向风速。2005 年 8 月至 2012 年 12 月，旗气象局使用 L 波段测风雷达观测风向风速。

（三）制氢

1988 年 1 月至 2008 年 8 月，旗气象局采用化学制氢技术进行制氢。2003 年 8 月 20 日，水电解制氢系统建成并开始使用。2005 年 7 月，增加了水电解制氢压缩设备，采用水电解制氢技术进行制氢。

（四）沙尘暴观测

2002 年 4 月 20 日，旗气象局使用太阳光度计监测沙尘暴。2003 年 10 月，旗气象局沙尘暴监测站建成，于 2004 年 1 月 1 日正式运行。监测内容：10 微米以下大气气溶胶质量浓度、大气气溶胶散射系数、大气浑浊度、01 分钟平均能见度、10 分钟平均能见度、能见度变化趋势、大气中总悬浮颗粒物质量浓度、大气降尘总量。

（五）生态观测

2004 年 7 月，旗气象局开展生态环境监测任务，监测项目有：土壤湿度（10 厘米、20 厘米、30 厘米、40 厘米、50 厘米）、土壤风蚀度观测、干土层、降水渗透深度、土壤冻结和解冻、下水位观测、牧草生长高度及生育期监测、牧草盖度监测、牧草地上生物量监测、牧草营养成分监测、气象灾害及衍生灾害，发布《生态与农业气象监测信息》。同年 11 月，生态监测评估站成立。

（六）土壤湿度观测

2005 年 6 月，旗气象局开展土壤水分观测，采用 TSCI 自动土壤水分观测，采集计算的要素有：5 厘米、10 厘米、20 厘米、30 厘米、40 厘米、50 厘米、100 厘米、180 厘米共 8 个层段的土壤体积含水量、土壤相对湿度、土壤重量含水量、土壤有效水分贮存量。逐日 2 时、8 时、14 时、20 时 4 个时次自动生成上传数据文件传至内蒙古自治区气象局相关部门。

（七）酸雨观测

2006 年 6 月 1 日，旗气象局开展酸雨观测。降水样品采集方式为人工日采样，时段为每日 8 时。开展测量的项目有降水 pH 值和电导率值。

第四节　气象预报

1988 年，旗气象局天气预报“四基”（基本资料、基本方法、基本工具、基本档案）建设进一步得到巩固。使用北京实况图和日本数值预报传真图，建立预报模式，分析判断天气变化。1999 年 8 月，使用 Micaps1.0 气象信息综合处理系统，2006 年版本升级至 2.0 版。2005 年，实现与巴彦淖尔市气象局气象台视频会商功能。

1988—2012 年，旗气象局中期天气预报以上级部门为依据，开展订正预报；短期气候预测使用上级部门产品。

第五节　服务与管理

一、综合服务

（一）公众气象服务

1988 年 1 月至 2003 年 6 月，旗气象局通过有线广播向公众播发天气预报。2003 年 7 月至 2006 年，旗气象局增加电视天气预报节目，通过电视向公众发布天气预报。2007 年，新增气象服务短信发布平台。2008 年，电视、广播、报刊、电话、短信、手机、网络、显示屏、“金喇叭”等成为旗气象局气象服务产品发布的主要手段。发布的气象服务产品主要有长期天气预报、中期天气预报、短期天气预报、“春播预报”、“汛期天气分析及预测”、“农作物生育期气候评价”、“生态监测信息”、“灾害性天气预警信息”、“重要天气报告”、“气象参考”、“专题服务信息”等。

1988—2012年，旗气象局共计发布长期天气预报14次、中期天气预报168次、短期天气预报5110次、“春播预报”140次、“灾害性天气预警信息”186次、“重要天气报告”150次、“气象参考”135次、“专题服务信息”176次。

（二）决策气象服务

20世纪80年代，旗气象局通过电话为地方党政军机关和相关单位提供决策气象服务。之后，主要以纸质形式向地方党政军等机关提供灾害性、转折性、关键性天气信息及天气分析评估报告。2007年，建立气象信息预警发布平台，为地方党政军机关和相关单位提供决策气象服务。

1988—2012年，旗气象局共计为地方党政军机关和相关单位提供决策气象服务160次。

（三）专业气象服务

20世纪80年代，旗气象局开展专业气象服务对象主要是农牧业、水利、粮库、砖厂、建筑企业等。服务内容有长、中、短期预报、重要天气和灾害性天气警报。服务手段是信件、电话。1995年，服务对象逐步扩大到社会各个领域，与多部门合作先后开展环境、交通安全、医疗、粮食运输、仓储、冬季供暖节能、安全保障、农业保险等各类专业气象服务。服务产品涉及重大社会活动、节假日、中高考、黄河凌汛、病虫害等。手机短信、传真成为主要服务手段。

1988—2012年，旗气象局共计为社会各个领域，各部门提供专业气象服务1300次。

（四）人工影响天气

1988年，旗气象局人工影响天气作业仅为人工防雹作业。1993年，开展人工增雨作业。2008年，旗气象局有防雹高炮9门，人工增雨火箭发射架5部，人工增雨车3辆。2012年，旗气象局有防雹高炮9门，人工增雨火箭发射架2部，人工增雨车1辆。

2005年之前，旗气象局人工影响天气经费由受益的农牧民分摊。2005年，人工影响天气经费开始执行统一管理、统一布局、统一筹资、统一联防、统一评价管理办法。地方政府每年投入人工影响天气经费50万元。

（五）防雷技术服务

2001年，旗气象局开始进行防雷安全年度检测。2002年，开展“121”气象信息自动答询业务。2003年7月，开设电视天气预报节目。2007年，开展新建、改建、扩建筑物防雷装置跟踪检测和竣工验收技术服务。

1988—2012年，旗气象局共计开展防雷安全年度检测200次，消除雷电灾害隐患10余处。

（六）气象科普宣传

20世纪80年代，全旗气象科普宣传工作主要依靠广播、报纸、印发宣传材料等。20世纪90年代，全旗气象科普宣传工作逐步扩大与社会各部门的合作，借助文化、科技、医疗“三下乡”活动、科普宣传周开展气象科技宣传，同时在地方报纸、广播电台、电视台上开设气象科普宣传专栏。每年“3·23”气象日，围绕主题开展气象科普宣传。

1988—2012年，旗气象局共计开展气象科普宣传活动35次，印发宣传材料2.5万份；在地方报纸、广播电台、电视台开设气象科普宣传专栏5次；受教育群众5万余人。

二、综合管理

（一）防雷减灾管理

1988—2012年，旗气象局依法履行雷电灾害预防工作组织管理，贯彻执行国家和内蒙古自治区气象管理部门防雷减灾工作的法律、法规；负责防雷工作有关资质、资格管理和备案；负责防雷设施设计审核和施工监审，积极做好防雷技术服务和安全检测工作。2007 年，旗气象局被列为旗安全生产委员会成员单位，负责全旗防雷安全的管理，与安检、质检、消防、教育、公安等部门联手协作，展开防雷专项检查；加强对防雷减灾工作的指导，组织防雷技术推广；开展防协雷行政执法。

1988—2012 年，旗气象局共计开展社会监管 20 次，累计对全旗 50 余家企业进行监管，排除防雷安全隐患 10 处。

（二）人工影响天气管理

1988—2012 年，旗气象局负责制定人工影响天气工作计划和业务发展规划，统筹人工影响天气工作；负责本地区指挥协调人工影响天气防灾减灾工作；负责人工影响天气的业务实施及效果分析、效益评价；开展人工影响天气应用技术研究。

通过强化人工增雨、防雹安全管理，努力提高作业人员安全责任意识和业务能力，严格遵守各项规章制度，圆满完成了乌拉特中旗人工影响天气工作，有力保障粮食生产和农业设施、经济作物安全，取得了显著的社会效益和经济效益。

（三）系留气球施放管理

1988—2012 年，旗气象局负责贯彻执行国家和内蒙古自治区有关法律法规，组织、指导、协调、监督全旗民用系留气球安全管理。

加强对施放气球单位的施放活动管理，严格对施放氦气球单位和活动组织单位安全保障力量和措施的审查，加大现场监管力度，确保施放气球活动的安全。

第二十九篇　文化　艺术

◎ 文　　化
◎ 文艺创作
◎ 文化市场管理

第一章　文　化

第一节　机　构

一、行政管理机构

1988 年,乌拉特中旗设有文化局,为旗人民政府工作部门,专职管理全旗文化工作。当年,旗文化局内设机构 6 个:办公室、财会室、文化股、社会文化管理委员会、文化馆、图书馆;实有干部职工 12 人,其中科级领导职数 1 人,一正二副。下设二级单位 3 个:乌兰牧骑、新华书店、政府礼堂。

1993 年,旗广播电视局被撤销,与旗文化局、体育运动委员会合并,新成立旗文化体育广播电视局(以下简称“文体广电局”),内设机构 5 个:综合办公室(内设办公室和法制室)、文化股、体育股、社会文化管理委员会、广电股,实有干部职工 20 人,其中科级领导职数 3 人,一正二副。下设二级单位 9 个:文化馆、图书馆、乌兰牧骑、青少年体育活动中心、广播电台、电视台、有线电视台、微波站、电影公司。

1995 年,旗文体广电局内设机构 5 个:综合办公室(内设办公室和法制室)、文化股、体育股、广电股、文化市场稽查队,实有干部职工 20 人,其中科级领导职数 3 人,一正二副。下设二级单位 5 个:文化馆、图书馆、乌兰牧骑、青少年体育活动中心、广播电视中心。

2005 年 4 月,旗广播电视中心升格为正科级事业单位,改称为旗广电服务中心,仍隶属旗文体广电局管理。

2007 年 6 月 19 日,旗文体广电局内设机构文化市场稽查队独立设置,更名为乌拉特中旗文化市场稽查大队,股级建制,隶属旗文体广电局管理,为旗文体广电局二级执法事业单位。至此,旗文体广电局内设机构 5 个:综合办公室(内设办公室和财务室)、文化股、体育股、广电股、文化市场稽查大队;核定行政编制 10 名,实有干部职工 17 人,其中科级领导职数 4 人,一正三副。下设二级单位 7 个:文化馆、图书馆、乌兰牧骑、文物管理所、青少年体育活动中心、广电服务中心、文化市场稽查大队。

2010 年 12 月,旗文体广电局更名为文化体育广播电影电视局,内设机构 4 个:办公室、文化艺术股、文化遗产保护股、广播电影电视监督管理股,核定行政编制 10 名,实有干部 17 人,其中科级领导职数 4 人,一正三副,下设二级单位 4 个:广电服务中心、青少年体育活动中心、乌兰牧骑、文化市场稽查大队。

2012 年,旗文体广电局内设机构 6 个:综合办公室(内设办公室和财务室)、文化股、体育股、广电股、非遗办公室、财会室;核定行政编制 10 名,实有干部职工 17 人,其中科级领导职数 4 人,一正三副。下设二级单位 7 个:文化馆、图书馆、乌兰牧骑、文物管理所、青少年体育活动中心、广电服务中心、文化市场稽查大队。

二、事业单位

(一)文化馆

1988 年,乌拉特中旗设有文化馆,股级建制,事业单位,隶属旗文化局管理。当年,旗文化馆内设机构 7 个:群文组、辅导组、活动组、文物组、美术摄影组、财会室、文学创作组;实有干部职工 15

人，设有馆长1人、副馆长1人。

1991年，旗文化馆内设机构未发生变化，核定事业编制5名，实有干部职工10人，设有馆长1人、副馆长1人。

1993年4月，旗文体广电局成立，旗文化馆隶属旗文体广电局管理，内设机构与人员编制未发生变化。

1997年，旗文化馆内设机构未发生变化，核定事业编制5名，实有干部职工8人，设有馆长1人、副馆长1人。

2000年，旗文化馆内设机构与人员编制未发生变化，设有馆长1人，未设副馆长。

2002年，旗文化馆内设机构未发生变化，核定事业编制5名，实有干部职工10人，设有馆长1人、副馆长1人。

2010年，旗文化馆内设机构8个：群文组、辅导组、活动组、文物组、美术组、摄影组、财会室、文学制作组，核定事业编制5名，实有干部职工9人，设有馆长1人、副馆长1人。

至2012年底，旗文化馆内设机构与人员编制未发生变化。

（二）图书馆

1988年，乌拉特中旗设有图书馆，股级建制，事业单位，隶属旗文化局管理。当年，旗图书馆内设机构6个：成人阅览室、儿童阅览室、图书室、期刊外借室、资料室、办公室；全馆核定事业编制5名，实有干部职工13人、设有馆长1人。

1991年，旗图书馆内设机构未发生变化，核定事业编制5名，实有干部职工13人，设有馆长1人、副馆长1人。

1992年，旗图书馆内设机构未发生变化，核定事业编制5名，实有干部职工9人，设有馆长1人、副馆长1人。

1993年4月，旗文体广电局成立，旗图书馆隶属旗文体广电局管理，内设机构与人员编制未发生变化，设有馆长1人。

1995年，旗图书馆内设机构5个：成人阅览室、儿童阅览室、图书室、期刊外借室馆长室、资料室，核定事业编制5名，实有干部职工6人，设有馆长1人、副馆长1人。

2000年，旗图书馆内设机构3个：办公室、阅览室、图书室；核定事业编制5名，实有干部职工4人，设有馆长1人，副馆长1人。

2002年，旗图书馆内设机构4个：馆长室、成人阅览室、儿童阅览室、图书室；核定事业编制5名，实有干部职工5人，设有馆长1人、副馆长1人。

2005年，旗图书馆内设机构6个：成人阅览室、儿童阅览室、图书室、电子阅览室、地方文献室、机房；核定事业编制5名，实有干部职工8人，设有馆长1人、副馆长1人。

2012年，旗图书馆内设机构、核定编制未发生变化。

（三）乌兰牧骑

1988年，乌拉特中旗设有乌兰牧骑，股级建制，事业单位，隶属旗文化局管理。同年，旗乌兰牧骑内设机构3个：声乐队、器乐队、舞蹈队；全队核定事业编制21名，实有干部职工43人，设有队长1人、副队长2人。

1992年，旗乌兰牧骑升格为准科级建制，内设机构3个：声乐乐队、器乐乐队、舞蹈队；全队核定事业编制21名，实有干部职工36人，核定副科级领导职数1人。

1993 年 4 月，旗文体广电局成立，旗乌兰牧骑隶属旗文体广电局管理，内设机构与人员编制未发生变化。

2004 年，旗乌兰牧骑内设机构与人员编制未发生变化，全队核定事业编制 21 名，实有干部职工 36 人，核定副科级领导职数 1 人。

2005 年，旗乌兰牧骑与地方天宝矿业公司联姻，冠名乌拉特中旗天宝民族歌舞团；内设机构 4 个：声乐队、器乐队、舞蹈队、办公室；全团核定事业编制 21 名，实有干部职工 31 人，设有团长 1 人、副团长 2 人。

2007 年，乌拉特中旗天宝民族歌舞团恢复原称乌兰牧骑；同年，旗乌兰牧骑推进人事制度改革；改革后，内设机构 4 个：声乐队、器乐队、舞蹈队、办公室；全队核定事业编制 21 名，实有干部职工 42 人，其中在岗演职人员 30 人，新队员占 67%，老队员占 33%；核定副科级领导职数 1 人。

2012 年，旗乌兰牧骑内设机构 4 个：声乐队、器乐队、舞蹈队、办公室；全队核定事业编制 21 名，实有干部职工 45 人，核定副科级领导职数 1 人。

（四）文物管理所

1988 年，乌拉特中旗设有文物管理所，与文化馆为两块牌子一套人员，股级建制，事业单位，隶属旗文化局管理。同年，核定事业编制 6 名，实有干部职工 10 人，设有所长 1 人、副所长 1 人。

1993 年 4 月，旗文体广电局成立，旗文物管理所隶属旗文体广电局管理，内设机构与人员编制未发生变化。

2012 年，旗文物管理所内设机构 3 个：文物管理组、博物馆、内勤组；核定事业编制 5 名，实有干部职工 8 人，设有所长 1 人、副所长 1 人。

（五）文化市场综合执法大队

2007 年 6 月 19 日，旗文体广电局内设机构文化市场稽查队独立设置，更名为乌拉特中旗文化市场综合执法稽查大队，股级建制，属财政全额拨款事业单位，隶属旗文体广电局管理，为旗文体广电局二级执法事业单位。旗文化市场综合执法稽查大队内设机构 3 个：综合办公室、文化体育新闻出版执法中队、文化体育新闻出版执法中队；核定事业编制 10 名，其中大队长 1 人、副大队长 1 人、专业执法人员 8 人。

2012 年，在旗文化市场综合执法稽查大队基础上，整合旗文体广电局广播电视中心行政执法职能，新成立旗文化市场综合执法大队，准科级建制，全额拨款事业单位。至年底，旗文化市场综合执法稽查大队内设机构 3 个：综合办公室、文化体育新闻出版执法中队、文化体育新闻出版执法中队；核定事业编制 10 名，实有干部职工 9 人，核定副科级领导职数 1 人。

第二节　体制改革

一、管理体制改革

1993 年 4 月，旗文化局、体育运动委员会、广播电视局被撤销，合并成立旗文体广电局，主要负责全旗文化艺术、体育工作、图书管理、新闻广电出版、文物保护与非物质文化遗产保护、文化市场管理等工作。乌拉特中旗先后被文化部评为“中国民间文化艺术之乡”，被内蒙古自治区人民政府评为文化体制改革先进旗县、全区文化工作先进集体、全区扫黄打非先进集体，被内蒙古自治区人民政府命名为乌拉特蒙古族民间民俗文化生态保护区，被内蒙古自治区文化厅、体育局评为全区青少年体育工作先进集体；旗文化馆被内蒙古自治区文化厅评为全区十佳文化馆。

二、经营体制改革

（一）事业单位改革

2007 年 6 月 19 日，根据中共中央、国务院《关于做好文化体制改革的若干意见》（中发〔2005〕14 号）和中央编办《关于认真做好文化体制改革中文化事业单位改革机构编制调整工作的通知》（中央编办发〔2006〕94 号）精神，旗机构编制委员会第一次会议研究，同意整合已有文化、新闻出版、网络等有关行政执法职能和队伍，将文体广电局内设机构文化市场稽查队独立设置，更名为乌拉特中旗文化市场综合执法稽查大队，为旗文体广电局二级执法单位。

2012 年，根据《中共中央、国务院关于深化文化体制改革的若干意见》、内蒙古自治区党委宣传部、自治区编制办、文化厅、广播电影电视局、新闻出版局《关于加快推进全区文化市场综合执法改革的实施意见》和巴彦淖尔市编制委员会《关于设立、组建旗县区文化市场综合执法大队的通知》（巴机编发〔2011〕38 号）精神，经旗机构编制委员会研究批准，在旗文化市场综合执法稽查大队基础上，整合原旗文体广电局广播电视中心行政执法职能，新成立乌拉特中旗文化市场综合执法大队，准科级建制。独立运行，负责全旗文化市场统一综合执法。

（二）表演团体改革

2003—2004 年，旗乌兰牧骑与西安热点文化传播有限公司合作，在西安举办“草原风情月”“迎国庆民族歌舞大看台”演出活动。

2005 年，旗乌兰牧骑与地方天宝矿业公司联姻，冠名乌拉特中旗天宝民族歌舞团，弥补经费不足，开拓演出市场。

2007 年，旗乌兰牧骑恢复原称；同年，旗乌兰牧骑推进人事制度改革，加快演职人员新老交替步伐。按照旗委、旗人民政府的要求，对在岗老队员按 40% 的比例予以退队，全队退队 7 人。通过人事制度改革，乌兰牧骑在岗演职人员为 30 人。新队员占 67%，老队员占 33%。

第三节　文化场所

一、文化馆（站、室）

1988 年，旗文化馆有办公室 6 间 100 平方米、活动场地有综合活动厅 250 平方米、书画室 90 平方米、展览厅 180 平方米、文物陈列厅 90 平方米、娱乐活动室 90 平方米；配备有各种乐器 3 件（套）；全旗下设基层文化站 8 个、文化室 12 个。

2000 年，旗文化馆因新建文体大楼没有办公场所，暂借旗计划生育服务站进行办公，暂无活动室。

2002 年，旗文化馆有办公室 4 间 100 平方米，活动场地有文物展厅 150 平方米、展厅 150 平方米、书画奇石厅 110 平方米、培训室 60 平方米；配备有电脑 1 台、各种乐器 3 件（套）；全旗下设基层文化站 8 个、文化室 20 个。

2010—2012 年，旗文化馆有办公室 2 间 90 平方米，有活动场馆 7 间：非遗展厅 480 平方米、书法绘画培训室 90 平方米、舞蹈培训室 150 平方米、马头琴培训室 63 平方米、器乐培训室 63 平方米、草原之声古筝钢琴培训室 80 平方米、民歌坐唱培训室 63 平方米；设施配备：电脑多台、钢琴 1 台、马头琴 15 把、民族乐器 1 套、二人台乐器 1 套、音响 1 台、话筒 1 个、耳麦 1 个、电子琴 1 台，有各种服装 100 件（套）。至 2012 年底，全旗下设基层文化站 10 个、文化室 93 个。

2012年乌拉特中旗文化站设置情况统计表

表29－1

序号	单位名称	面积（平方米）	设施　设备
1	海流图镇巴音路文化站	780	音箱1、话筒2、二人台乐器1套、民乐1套、服装10套
2	乌加河镇综合文化站	1176	音箱1、话筒6、无线1个、二人台乐器2套、服装14套、胸麦2、电子琴1台
3	乌加河镇宏丰村级文化站	410	音箱1、话筒2、胸麦2、二人台乐器1套、服装5套
4	德岭山镇综合文化站	47	音箱1、话筒2、胸麦2、电子琴1、二人台乐器1套、服装10套
5	石哈河镇综合文化站	360	音箱1、调音台1、二人台乐器1套、电子琴1、服装10套
6	呼勒斯太综合文化站	610	音箱1、话筒2、电子琴2、马头琴3、四胡3、扬琴3、三弦1、笛子1、服装10套
7	川井镇综合文化站	610	音箱1、话筒2、民乐1套、服装10套
8	新忽热苏木综合文化站	480	音箱1、话筒2、扬琴2、马头琴2、三弦1、电子琴1、笛子1、服装10套
9	巴音乌兰苏木文化站	480	音箱2、话筒2、二胡1、民乐1套、服装10套
10	甘其毛都镇综合文化站	465	音箱1、话筒2、民乐1套、服装10套

2012年乌拉特中旗文化室设置情况统计表

表29－2

序号	单位名称	面积（平方米）	设施　设备
1	乌拉特中旗海流图镇巴彦塔拉村文化室	240	音箱1、话筒2、胸麦2、二人台乐器
2	海流图镇巴仁宝勒格村文化室	280	音箱1、话筒2、胸麦2、二人台乐器
3	乌拉特中旗乌加河镇宏伟村文化室	300	一体式音响1套、无线1套、有线2个、服装8套、胸麦2、电子琴1台
4	乌加河镇兴永胜村文化室	100	音响1套、话筒1套、锣鼓、镲
5	乌加河镇双荣村文化室	100	音响1套、话筒1套、锣鼓、镲
6	乌加河镇石兰计村文化室	104	话筒架子4、二人台乐器2套、一体式音响1套、耳麦2、无线2、服装12、胸麦2、锣鼓、镲

续表 29－2

序号	单位名称	面积（平方米）	设施　设备
7	乌加河镇联丰奋斗文化室	120	二人台乐器2套、一体式音响1套、无线1套、有线话筒2套、锣鼓、镲、服装4、胸麦2
8	乌加河镇红光胜利文化室	105	二人台乐器1套、服装4
9	乌加河镇宏丰村文化室	160	一体式音响1套、有线2、无线1、胸麦2、二人台乐器1套、锣鼓、镲、话筒架子4
10	乌拉特中旗石哈河镇双盛美文化室	220	二人台乐器1套、锣鼓、镲
11	石哈河镇白音厂汉文化室	260	音响1套、话筒1套、锣鼓、镲
12	石哈河镇柏木井文化室	260	音响1套、话筒1套、锣、鼓镲
13	石哈河镇格日朝鲁文化室	300	音响1套、话筒1套、锣鼓、镲
14	石哈河镇石哈河村文化室	300	音响1套、话筒1套、锣鼓、镲
15	石哈河镇部北村文化室	158	音响1套、话筒1套、锣鼓、镲
16	石哈河镇西羊场文化室	240	音响1套、话筒1套、锣鼓、镲
17	石哈河镇楚鲁图村文化室	260	音响1套、话筒1套、锣鼓、镲
18	石哈河镇二十四份村文化室	240	音响1套、话筒1套、锣鼓、镲
19	乌拉特中旗德岭山镇大圣村文化室	1094	二人台乐器1套、一体式音响1套、无线1、有线2、服装4、胸麦2、电子琴1
20	德岭山镇乌镇村文化室	248	二人台乐器2套、一体式音响1套、无线1、有线2、服装4、胸麦2、电子琴1、音响1套、话筒1套、锣鼓、镲
21	德岭山镇红旗村文化室	260	二人台乐器1套、锣鼓、镲
22	德岭山镇苏独仑嘎查文化室	300	二人台乐器1套、锣鼓、镲
23	德岭山镇金泉村文化室	120	二人台乐器1套、锣鼓、镲2、话筒架子4、一体式音响1套、耳麦2、无线2、服装12、胸麦2
24	德岭山镇胜利村文化室	100	一体式音响1套、有线2、无线1、服装4、胸麦2、电子琴1
25	德岭山镇兴丰村文化室	120	话筒架子4、二人台乐器一套、一体式音响1套、耳麦2、无线2、服装12、胸麦2
27	呼勒斯太苏木哈拉图嘎查文化室	200	民族乐器1套、音响1套、话筒1套、锣鼓、镲
28	呼勒斯太苏木团结文化室	200	民族乐器1套

续表 29－2

序号	单位名称	面积（平方米）	设施　设备
29	呼勒斯太苏木 温更嘎查文化室	70	一体式音响 1 套、无线话筒 1 套、话筒架 1
30	呼勒斯太苏木呼勒斯太嘎查文化室	80	一体式音响 1 套、无线话筒 1 套、话筒架 1
31	呼勒斯太苏木 达格图嘎查文化室	80	一体式音响 1 套、无线话筒 1 套、话筒架 1
32	呼勒斯太苏木韩乌拉文化室	200	一体式音响 1 套、无线话筒 1 套、话筒架 1
33	呼勒斯太苏木宝格达文化室	180	一体式音响 1 套、无线话筒 1 套、话筒架 1
34	呼勒斯太苏木哈拉葫芦文化室	185	一体式音响 1 套、无线话筒 1 套、话筒架 1
35	呼勒斯太苏木希博图嘎查文化室	50	音响 1 套、话筒 1 套、锣鼓、镲
36	呼勒斯太苏木乌珠尔嘎查文化室	60	一体式音响 1 套、无线话筒 1 套、话筒架 1
37	呼勒斯太苏木义和久文化室	200	音响 1 套、话筒 1 套、锣鼓、镲
38	呼勒斯太苏木呼和嘎查文化室	65	一体式音响 1 套、无线话筒 1 套、话筒架 1
39	呼勒斯太苏木巴音吉拉格嘎查文化室	65	一体式音响 1 套、无线话筒 1 套、话筒架 1
40	乌拉特中旗呼勒斯太苏木前达门文化室	360	一体式音响 1 套、无线话筒 1 套、话筒架 1
41	乌拉特中旗川井苏木白同嘎查文化室	300	一体式音响 1 套、无线话筒 1 套、话筒架 1
42	川井苏木阿木斯尔文化室	395	一体式音响 1 套、无线话筒 1 套、话筒架 1
43	川井苏木巴音高勒嘎查文化室	286	一体式音响 1 套、无线话筒 1 套、话筒架 1
44	川井苏木巴音胡都格文化室	290	音响 1 套、话筒 1 套、马头琴
45	川井苏木哈拉图文化室	150	民族乐器 1 套
46	川井苏木宝日汉图文化室	155	民族乐器 1 套

续表 29－2

序号	单位名称	面积（平方米）	设施　设备
47	川井苏木沙不格嘎查文化室	160	一体式音响1套、无线话筒1套、话筒架1
48	川井苏木萨如拉塔拉嘎查文化室	300	音响1套、话筒1套、马头琴
49	乌拉特中旗温更镇希日朝鲁嘎查文化室	230	民族乐器1套
50	温更镇呼日木图嘎查文化室	230	民族乐器1套
51	温更镇哈日朝鲁嘎查文化室	230	民族乐器1套
52	温更镇阿拉腾呼少嘎查文化室	400	民族乐器1套、音响1套、话筒1套、马头琴
53	温更镇汗宝格图嘎查文化室	400	音响1套、话筒1套、锣鼓、镲
54	温更镇巴音满都呼嘎查文化室	400	音响1套、话筒1套、马头琴
55	乌拉特中旗新忽热苏木白兴图嘎查文化室	250	一体式音响1套、无线话筒1套、话筒架1
56	新忽热苏木乌兰朝鲁嘎查文化室	250	一体式音响1套、无线话筒1套、话筒架1
57	新忽热苏木莫仁嘎查文化室	85	一体式音响1套、无线话筒1套、话筒架1
58	新忽热苏木毛力其格嘎查文化室	160	一体式音响1套、无线话筒1套、话筒架1
59	新忽热苏木巴音温都尔文化室	85	一体式音响1套、无线话筒1套、话筒架1
60	新忽热苏木苏龙格图嘎查文化室	70	一体式音响1套、无线话筒1套、话筒架1
61	新忽热苏木希热嘎查文化室	120	一体式音响1套、无线话筒1套、话筒架1
62	新忽热苏木朱斯木拉嘎查文化室	130	一体式音响1套、无线话筒1套、话筒架1
63	新忽热苏木查干敖包嘎查文化室	120	一体式音响1套、无线话筒1套、话筒架1
64	新忽热苏木哈太嘎查文化室	80	一体式音响1套、无线话筒1套、话筒架1
65	新忽热苏木那日图嘎查文化室	60	一体式音响1套、无线话筒1套、话筒架1

续表 29－2

序号	单位名称	面积（平方米）	设施　设备
66	乌拉特中旗巴音乌兰苏木（16）阿日呼都格文化室	98	一体式音响 1 套、无线话筒 1 套、话筒架 1
67	巴音乌兰苏木吉日格楞图嘎查文化室	70	一体式音响 1 套、无线话筒 1 套、话筒架 1
68	巴音乌兰苏木新尼乌素文化室	100	一体式音响 1 套、无线话筒 1 套、话筒架 1
69	巴音乌兰苏木努和日乐文化室	90	一体式音响 1 套、无线话筒 1 套、话筒架 1
70	巴音乌兰苏木东达乌素嘎查文化室	90	一体式音响 1 套、无线话筒 1 套、话筒架 1
71	巴音乌兰苏木乌兰温都日嘎查文化室	100	一体式音响 1 套、无线话筒 1 套、话筒架 1
72	巴音乌兰苏木桑根达来嘎查文化室	90	一体式音响 1 套、无线话筒 1 套、话筒架 1
73	巴音乌兰苏木巴音查干文化室	80	一体式音响 1 套、无线话筒 1 套、话筒架 1
74	巴音乌兰苏木图克木嘎查文化室	85	一体式音响 1 套、无线话筒 1 套、话筒架 1
75	巴音乌兰苏木呼鲁斯嘎查文化室	75	一体式音响 1 套、无线话筒 1 套、话筒架 1
76	巴音乌兰苏木伊和宝力格	80	一体式音响 1 套、无线话筒 1 套、话筒架 1
77	巴音乌兰苏木乌力吉图嘎查文化室	60	一体式音响 1 套、无线话筒 1 套、话筒架 1
78	巴音乌兰苏木乌兰额日格文化室	80	一体式音响 1 套、无线话筒 1 套、话筒架 1
79	巴音乌兰苏木乌兰格日勒文化室	60	一体式音响 1 套、无线话筒 1 套、话筒架 1
80	巴音乌兰苏木巴音敖包文化室	60	一体式音响 1 套、无线话筒 1 套、话筒架 1
81	巴音乌兰苏木巴音宝日文化室	50	一体式音响 1 套、无线话筒 1 套、话筒架 1
82	乌拉特中旗口岸镇图古日格文化室	300	一体式音响 1 套、无线话筒 1 套、话筒架 1
83	甘其毛都镇巴音查干文化室	200	一体式音响 1 套、无线话筒 1 套、话筒架 1
84	甘其毛都镇伊恒查干文化室	200	一体式音响 1 套、无线话筒 1 套、话筒架 1

续表 29－2

序号	单位名称	面积（平方米）	设施　设备
85	甘其毛都镇德日素嘎查文化室	400	一体式音响 1 套、无线话筒 1 套、话筒架 1
86	甘其毛都镇呼格吉勒图嘎查文化室	200	一体式音响 1 套、无线话筒 1 套、话筒架 1
87	乌拉特中旗牧羊海牧场一分场文化室	150	一体式音响 1 套、无线话筒 1 套、话筒架 1
88	牧羊海牧场二分场文化室	150	一体式音响 1 套、无线话筒 1 套、话筒架 1
89	牧羊海牧场三分场文化室	160	一体式音响 1 套、无线话筒 1 套、话筒架 1
90	牧羊海牧场四分场文化室	300	一体式音响 1 套、无线话筒 1 套、话筒架 1
91	乌拉特中旗同和太种畜场毛盖图分场文化室	150	一体式音响 1 套、无线话筒 1 套、话筒架 1
92	同和太种畜场乌兰毅力更分场文化室	150	一体式音响 1 套、无线话筒 1 套、话筒架 1
93	同和太种畜场牧业分场文化室	400	一体式音响 1 套、无线话筒 1 套、话筒架 1

二、图书馆

1988 年，旗图书馆有办公室 4 间 30 平方米，有活动场所 5 间：成人阅览室 55 平方米、儿童阅览室 55 平方米、图书室 80 平方米、期刊外借室 30 平方米、资料室 30 平方米；馆藏文献 1.5 万册件、图书 1 万册其中蒙古文图书 0.1 万册，有报纸、杂志 120 种，60 册（合订本）。

1995 年，旗图书馆有办公室 1 间 30 平方米，有活动场所 5 间：成人阅览室 55 平方米、儿童阅览室 55 平方米、图书室 80 平方米、期刊外借室 30 平方米、资料室 30 平方米；馆藏文献 2 万册件、图书 1.5 万册（其中蒙古文图书 0.2 万册），有报纸、杂志 150 种，60 册（合订本）。

2000 年，旗图书馆办公大楼翻新维修，暂借旗计划生育服务站进行办公，有办公室 2 间 10 平方米，有活动场所 2 间：阅览室 40 平方米、图书室 40 平方米；馆藏文献 2 万册件、图书 1.5 万册（其中蒙古文图书 0.2 万册），有报纸、杂志 140 种，65 册（合订本）。

2002 年，旗图书馆有办公室 1 间 20 平方米，有活动场所 3 间：成人阅览室 98 平方米、儿童阅览室 53 平方米、图书室 64 平方米；馆藏文献 2.2 万册件、图书 1.6 万册（其中蒙古文图书 0.2 万册），有报纸、杂志 90 种，30 册（合订本）。

2005 年，旗图书馆有办公室 1 间 20 平方米，有活动场所 3 间：成人阅览室 98 平方米、儿童阅览室 53 平方米、图书室 64 平方米；馆藏文献达 2.2 万册件；馆藏图书 1.6 万册（其中蒙古文图书 0.2 万册），有报纸、杂志 70 种，30 册（合订本）。

2012 年，旗图书馆有活动场所 6 间：阅览室 100 平方米、图书室 80 平方米、电子阅览室 130 平方米、地方文献室 50 平方米、信息资源加工室 50 平方米、机房 20 平方米；馆藏文献达 2.6 万册件，馆藏图书2万册(其中蒙古文图书0.3万册),有报纸、杂志110种,50册(合订本)。

三、新华书店

1988年,乌拉特中旗设有新华书店,隶属旗文化局管理,有门市部1间140平方米、办公室3间20平方米、教材库110平方米、一般图书库各1间80平方米,库存图书品种3000余种,码洋9.3万元。

1993年,乌拉特中旗设有新华书店改称内蒙古新华书店乌拉特中旗支店,隶属巴彦淖尔盟分店。同年,人事权上收。

1995年,内蒙古自治区新华书店投资32万元在内蒙古新华书店乌拉特中旗支店原址新建318平方米营业厅,当年投入使用。年底,内蒙古新华书店乌拉特中旗支店库存图书品种4000余种,码洋15.8万元。

1999年,为适应市场经济的发展,内蒙古新华书店成立内蒙古新华书店集团有限责任公司,内蒙古新华书店乌拉特中旗支店更名为内蒙古新华书店集团有限责任公司乌拉特中旗子公司。

2012年,内蒙古新华书店集团有限责任公司乌拉特中旗子公司库存图书品种5000余种,码洋33万元。年销售297.5万元。

四、文化广场

1988—2012年,乌拉特中旗文化广场主要有海流图广场,政府主办的大型活动,那达慕、消夏艺术节等活动都在海流图广场举办。

五、文化娱乐场所

(一)歌舞厅

1988年,乌拉特中旗有歌舞娱乐场所1家,即乌拉特中旗工会歌舞厅、总娱乐面积400余平方米。

2012年底,全旗共有歌舞娱乐场所13家,其中大型歌舞娱乐场所有3家,总娱乐面积2600平方米。

(二)网吧

1998年,乌拉特中旗开始出现网吧、电脑,全旗有网吧14家,有电脑280余台。

2002年11月15日,《互联网上网服务营业场所管理条例》颁布后,乌拉特中旗网吧业走上正规发展道路。至2005年底,全旗共有网吧14家,其中大型网吧4家,有电脑580余台。

2012年底,全旗共有网吧30余家,有电脑1800余台。

(三)电子游戏厅

1988年,全旗有电子游戏厅3家,有游戏机36台。

进入21世纪后,全旗电子游戏业逐步向规模化、集团化发展。至2005年,全旗有电子游戏厅11家,其中大型电子游戏厅有2家,有各型号游戏机195台。

2012年底,全旗有电子游戏厅21家,其中大型电子游戏厅有4家,有各型号游戏机500余台。

第四节 文艺团体

一、专业团体

1988年,乌拉特中旗有专业文艺团体1家,即旗乌兰牧骑,全队有演职人43人,主要演出内容有:舞蹈《玛瑙湖畔》《敖包相会》《马铃舞》,三人舞《黑缎子坎肩》《北疆红哨》,小品《傍晚敲门声》

《选女婿》，歌曲《辽阔的草原》《小黄马》《思念》《草原牧民学大赛》等。

2000 年，旗乌兰牧骑全队有演职人员 24 人，队有演出乐器 9 件套，有演出服装 71 件套。主要演出内容有：剧目《海流图河畔》，舞蹈《漠之情》《妈妈缝的马靴》《飞越》《马蹄铃》，歌曲《春光美》《家乡》《小黄马》《思念》。

2012 年，旗乌兰牧骑全队有演职人员 45 人，演出乐器 82 件套，有演出服装 510 件套。主要演出内容有：剧目《歌舞吟颂新世纪》，舞蹈《戈壁 30 人》《纯洁的心》《永远的祝福》《沙嘎》《根》《草原梦》，歌曲《洪格尔乌拉山》《歌颂伟大的党》《舞月》《腾飞的海流图》《我们的家园》《美丽中国》，民乐合奏《敖包盛会》，呼麦组合表演《孤山》，好来宝《草原颂》，相声表演《追着幸福》。

二、业余文化团队

1988—2012 年，乌拉特中旗城镇基层社区居民和农村牧区的农牧民先后自发组织起业余文艺团队（文化大院）112 个，其中有二人台学会 1 个、乌拉特民歌学会 1 个、民间艺术团体 6 个、文艺宣传队 64 个、老年合唱队 7 个、秧歌队 17 个、文化大院 16 个。

第五节　群众文化

一、传统文化活动

1988—2000 年，从农历正月初一开始，有高跷、秧歌队在街上表演并向党政机关拜年。农历正月初二、初三、初四、初五都安排谜语、套圈等游艺活动。农历正月十五元宵节晚会上，有花灯比赛、旺火、跑旱船、舞龙舞狮、秧歌、腰鼓等文艺活动。春节期间，还根据群众的需要，安排电影、电视录像、舞会活动，为节日增添色彩。旗文化馆在每年每个节日期间都要举办一些庆祝纪念性的活动，每年“七一”歌咏比赛，“五一”“五四”期间，有关部门联合举办各种文化体育活动。

2002—2012 年，重点推出节日文化、校园文化、乡镇文化、广场文化、民俗文化、军营文化、企业文化、社区文化 8 种文化的开展和实践活动。“十五”计划期间累计举办大小文化活动 300 场(次)。

2005 年后，旗文化馆每年都举办 10 次以上的大型群众文化活动，每年春节期间举办的系列文化活动和灯展，举办了第一届至第九届“情洒乌拉特消夏广场文化艺术节”、国际那达慕文化文艺演出活动、第一届至第八届校园文化艺术节、第一届至第九届社区文化艺术节、第一届至第四届“鸿嘎鲁”文化艺术节暨中蒙文化交流周活动、第一届至第七届“久久重阳”老年文化节。

2006—2008 年，旗文化馆参与设计、整理、制作《溯源文明》《乌拉特中旗非物质文化名录》《乌拉特民歌》3 套文化系列丛书。

2008 年，举办纪念改革开放 30 周年成就展，展览共分 4 个部分。展出展板 36 块、图片 300 余幅。精心策划制作印刷《回眸草原》大型画册一书，印刷出版《溯源文明》系列丛书。

2009—2012 年，春节期间，举办农历腊月二十三“乌拉特祭灶仪式”，并且以打造春节文化氛围理念，在海流图主要街道悬挂灯笼和标语类彩条、鲜花墙等烘托类的载体物；元宵节期间，举办元宵文化节。同期，每年举办乌拉特民歌坐唱专场演出、农牧民秧歌展演、农牧民送戏进城、猜谜游艺活动、迎春书市展、元宵焰火晚会等活动。

二、文化馆（站）活动

（一）文化活动

1988—2012 年，旗文化馆在每年元旦、春节、“五一”、“七一”、“十一”等民族传统节日和纪念日，均举办大型文艺活动；全旗农牧区文化站（室）积极开展文化活动，每逢节假日，文化站都会组织一些不同类型的文体活动，丰富农牧区人民群众的文化生活。

1997—2000年，开展活动主要包括：广场业余文艺演出、群众文化活动、春节系列成就展、书画展、文艺辅导、群众培训、室内游艺、文艺创作等。

2002—2012年，旗文化馆重点推出节日文化、校园文化、乡镇文化、广场文化、民俗文化、军营文化、企业文化、社区文化8种文化实践活动。11年中，旗文化馆累计举办大小文化活动2000场（次）。

2009—2012年春节期间，旗文化馆组织举办农历腊月二十三“乌拉特祭灶仪式”，并且以打造春节文化氛围理念，在海流图主要街道悬挂灯笼和标语类彩条、鲜花墙等烘托类的载体物；元宵节期间，举办元宵文化节，举办乌拉特民歌坐唱专场演出、农牧民秧歌展演、农牧民送戏进城、猜谜游艺活动、迎春书市展、元宵焰火晚会等活动。

（二）阵地文化

2005—2012年，旗文化馆开展多种类、多形式的阵地文化活动，其中2008年的“改革开放30年成就图片展”影响较大。旗文化馆连续7年举办职工书画展、中小学生工艺美术展等，并利用已有场馆免费举办舞蹈、美术、书法、器乐、民歌坐唱、少儿主持综合辅导等培训班，免费为群众开放博物馆、历史馆、非遗馆、成就馆，参观者数以万计。

（三）群众文艺和文化辅导

2007—2008年，旗文化馆被内蒙古自治区文化厅评为全区十佳文化馆，被巴彦淖尔市文体局表彰为全市先进文化馆。

2008年，旗文化馆对全旗12个苏木、镇的80个业余文艺团队（文化大院）进行整合，整合后，业余团体47个、文化大院11个。

2010年，旗文化馆被文化部评定为国家三级馆，被巴彦淖尔市文体局评为“十一五”规划全市先进集体、非物质文化遗产保护工作先进集体。

2012年底，全旗各地都相应建立群众文艺组织和业余文艺队。海流图镇东街办事处的老年民族合唱团、西街二人台演出队、哈萨尔社区乌音嘎舞蹈队、巴音路社区民歌队、巴音路社区太极拳队、花园路社区夕阳美队、乌加河农民秧歌队、德岭山乌镇村文艺队、联合村秧歌队、呼勒斯太苏木民间艺人演唱队、新忽热苏木“草原古城”小合唱团等都是当地比较活跃的文艺队。全旗首批达到“六有”（有固定活动场所、有完善的组织机构、有管理者、有20人以上的文艺演职人员、有管理制度、有经费投入）标准的业余文艺团队（文化大院）24个。

1988—2012年，旗文化馆在群众文艺和文化辅导中，充分利用自己的业务优势，派出业务人员到全旗各单位、团体、社区、学校以及农村和牧区，以不同的形式辅导基层群众业余文艺团队业务，采取联合办班方式与各个学校和幼儿园举办多个辅导班，派出美工人员为旗国税局、农电局等单位辅导策划文化氛围、美工布置等工作。25年中，共计举办各类培训班60期，培训人员达3000余人。

三、群众自办活动

1988—2012年，每年元宵节开展秧歌大拜年活动，每年均进行祭祀敖包、嘎查集体祭火活动，“三八”国际妇女节、“五四”青年节期间，各地群众均举办各类文化活动。

第六节　专业演出

1988—1990年，乌拉特中旗乌兰牧骑共演出160场（其中农村牧区演出150场），观众达21万余人次。其间，于1989年参加内蒙古自治区改革题裁文艺调演，创作的蒙古语话剧小品《傍晚敲门声》荣获优秀创作奖、表演奖、导演奖；1990年，旗乌兰牧骑被内蒙古自治区文化厅授予“1989年度全区先进乌兰牧骑”荣誉称号，队中有1人获“1989年度全区先进乌兰牧骑工作者”称号。

1991—1995年，乌兰牧骑共演出280场（其中农村牧区演出270场），年平均下乡演出56场，观众达30万余人次。其间，于1992年赴蒙古国南戈壁省参加中蒙文化交流演出。

1996—2000年，乌兰牧骑共演出330场（其中农村牧区演出320场），年平均下乡演出66场，观众达30万余人次。其间，于1996开始加强原创与服务创新、注重人才培养。邀请内蒙古军区歌舞团团长杨大宝到旗乌兰牧骑指导业务，培训新队员并创作出优秀舞蹈节目；1998年，旗乌兰牧骑依托对外交流的甘其毛都口岸到蒙古国开展交流演出2次，深入陕西省西安市、甘肃省、河南省等地进行有偿演出，传承和扩大乌拉特民歌对外影响。1999年，为庆祝中华人民共和国成立50周年、迎接澳门回归，旗乌兰牧骑精心编排一台新节目《海流图河畔》，获巴彦淖尔盟文艺会演优秀创作奖。

2001年，乌兰牧骑参加厦门市“第二届海峡两岸购物节”演出。当年，旗乌兰牧骑共演出60场（其中农村牧区演出45场），观众近10万人次。

2002年，旗乌兰牧骑编排新节目《歌舞吟颂新世纪》，获巴彦淖尔盟优秀创作奖、优秀表演奖；为庆祝中国共产党建党81周年，精心编排晚会节目“歌颂伟大的党”，获巴彦淖尔盟文艺会演优秀节目奖。当年，旗乌兰牧骑共演出50场（其中农村牧区演出32场），观众达7万余人次。

2003年，旗乌兰牧骑晋升为内蒙古自治区二类乌兰牧骑。当年，乌兰牧骑共演出90场（其中农村牧区演出72场），观众达9万余人次。

2003—2004年，旗乌兰牧骑与西安热点文化传播有限公司合作，在西安举办“草原风情月”“迎国庆民族歌舞大看台”演出活动。2004年，旗乌兰牧骑共演出112场（其中农村牧区演出50场），观众达13万余人次。

2005年，旗乌兰牧骑参加首届河套文化艺术节“金川保健啤酒杯”专业文艺会演，获优秀创作奖、演出节目奖；同年，旗乌兰牧骑与地方天宝矿业公司联姻，冠名“乌拉特中旗天宝民族歌舞团”，开拓演出市场，弥补经费不足。当年，旗乌兰牧骑（乌拉特中旗天宝民族歌舞团）共演出118场（其中农村牧区演出36场），观众达13万余人次。

2006年，乌拉特中旗天宝民族歌舞团共演出198场（其中农村牧区演出52场），观众总计达13万余人次。

2007年，乌拉特中旗天宝民族歌舞团恢复乌兰牧骑原称；同年，创作《军魂》等大型舞蹈节目等作品24部（首）；重点完善长达75分钟的大型民族歌舞剧《蒙古族婚礼》，使之成为乌兰牧骑精品力作。当年，乌兰牧骑共演出116场（其中农村牧区演出77场），观众达10万余人次。

2008年，旗人民政府投资60万元为旗乌兰牧骑购置31座金龙大巴客车1辆，改善乌兰牧骑建队45年中演员外出演出条件。当年，旗乌兰牧骑创作音乐舞台剧《绿色的呼唤》，被共青团中央表彰为“全国乡村青年文化节10周年优秀活动项目”（该项目共计100个）。当年，旗乌兰牧骑共演出120场（其中农村牧区演出82场），观众达10万余人次。

2009年9月，旗乌兰牧骑在河套文化艺术节“金川保健啤酒杯”巴彦淖尔市第二届专业文艺会演中获得金奖、优秀组织奖。同年，旗乌兰牧骑晋升为内蒙古自治区一类乌兰牧骑。当年，乌兰牧骑共演出213场（其中农村牧区演出85场），观众达14万余人次。

2010 年，旗乌兰牧骑新创舞蹈《乌拉特迎宾曲》等作品 9 个、声乐作品《缥缈的爱》等 12 部、器乐作品《草原欢歌》等 6 部。当年，旗乌兰牧骑完成各类演出 248 场(其中农村牧区演出 110 场)，观众达 18 万余人次。

2011 年，旗乌兰牧骑组织全队演员在甘肃省、青海省、宁夏回族自治区等地进行文化交流采风，委派 1 名队员参加中国第九届少数民族传统体育运动会 2011“和谐中华 多彩贵州”开闭幕式接待演出活动；选送 1 名队员参加内蒙古自治区蒙古语歌曲大奖赛，获民歌组三等奖。当年，旗乌兰牧骑共演出 210 场(其中农村牧区演出 90 场)，观众总计达 24 万余人次。

2012 年，旗乌兰牧骑编创大型民族歌舞剧《鸿雁的故乡》、舞蹈《草原的春天》、声乐《我们的乌拉特》、器乐《京调》等作品共计 59 部(首)；当年，旗人民政府投资 280 万元，支持旗乌兰牧骑排练大型民族舞台剧《鸿雁的故乡》并首演成功；全年完成各类演出 203 场，其中政府性接待演出 58 场、专场演出 43 场、下乡慰问演出 102 场，观众达 24 万余人次；全年完成各类培训 18 期，培训人员 800 余人次。

第七节　图书

一、图书发行

1988 年 3 月，旗新华书店根据巴彦淖尔盟新华书店制定的《关于 1988 年经营责任制奖惩实行方案》，真正达到按劳取酬，奖勤罚懒，调动职工积极性，不断提高社会效益与经济效益。

2000 年，乌拉特中旗新华书店根据内蒙古新华书店巴彦淖尔盟分店《关于旗县支店企业改制的指导意见》精神，结合当地实际，制定改制方案，从管理体制、人事分配等方面进行改革，推行全员资产经营方式，建立现代企业制度，给企业注入新的活力。在市场疲软的情况下，充分发挥股东、职工的积极性，努力改善服务方式，提高服务质量，取得良好的社会效益和经济效益。全年发行图书 46.44 万册，比 1998 年增加 17.87%；销售额达 21.8 万多元，比 1998 年增加 10.89%，其中书店门市部销售额比 1998 年增加 2 万余元。

2012 年 10 月，乌拉特中旗新华书店根据《教育部 新闻出版总署 国家发改委 国务院纠风办关于加强中小学生教辅材料使用管理工作的通知》(教基二〔2012〕)1 号)、《内蒙古自治区教育厅、内蒙古自治区新闻出版局、内蒙古自治区发展和改革委员会、内蒙古自治区人民政府纠纷办印发关于加强中小学教辅材料使用管理工作的实施意见的通知》(内教基字〔2012〕24 号)和《巴彦淖尔市教育局 巴彦淖尔市新闻出版局 巴彦淖尔市发展和改革委员会 巴彦淖尔市政府纠纷办转发关于内蒙古自治区中小学有关学科同步练习教辅材料评议结果的通知》(巴教通字〔2012〕132 号)有关规定，发行中小学教辅资料 84.85 万元，为教材教辅发行工作奠定了坚实的基础。

二、图书阅览

1988 年，乌拉特中旗图书馆内藏书 6000 余册，杂志 190 种、报纸 8 种、全年接待读者 3000 人次。

2000 年，乌拉特中旗图书馆内藏书 8000 余册，杂志 211 种，报纸 36 种。全年接待读者 6000 人次。在开展借阅业务的同时，向青少年读者推荐图书、杂志，利用节假日举办青少年读书会等活动 2 次。

2003 年，旗图书馆采取发放书刊目录、预约、咨询、图书下乡等方式，不断扩大读者范围，提高图书流通率和利用率。全年图书流量达 2 万次以上，比 2002 年增加 50% 以上。此外图书馆还利用节假日举办少年儿童读书会等活动。

2012 年，乌拉特中旗图书馆内藏书 2.8 万余册，杂志 100 种，报纸 10 种，全年接待读者 1 万人次。当年，旗图书馆向学校、部队捐赠图书1000余册。

第八节　电影放映

1988年，乌拉特中旗的电影放映工作一直由旗电影管理站进行，电影管理站隶属于中旗文化局管理的事业单位，时任站长1名，有在职职工27人；35毫米放映机2套、16毫米电影放映机2套。全年完成800场的放映工作。

2000年，乌拉特中旗电影公司礼堂年久失修，存在严重火险隐患。旗人民政府落实经费13万元，对礼堂电线、门窗等进行维修，消除大的火险隐患。在此基础上，电影公司开展放映、演出活动，全年共放映电影180场，接待剧团演出30场。

2001年6月，旗电影公司由自收自支转为财政拨款，核定事业编制16人，解决电影公司多年工资不能自保等问题。

2002年，旗电影公司落实“2131”工程（21世纪每村每月保证看一场电影），争取上级业务部门下拨16毫米电影放映机1台，恢复农村牧区电影放映队，并积极联系拷贝供应，与乌拉特中后旗电影公司进行片源互补，组织一批优秀故事片和科教片，开展电影放映活动。全年组织下乡放映电影40场，农牧民观众达6万余人次。在电影公司礼堂拆建的情况下，利用广场艺术节等有利时机，在海流图镇休闲广场公演电影10多场，受到广大观众和社会各界的好评。

2012年，电影管理站已从文化体育局整体划转到广电中心管理，有数字电影放映机6台，主要任务是完成国家“2131”放映任务，乌中旗全年放映任务1020场，全年完成1064场的放映工作。

第九节　文　物

乌拉特中旗地处中原北疆，历史悠久，文化遗存较多，是巴彦淖尔市主要文物分布旗。乌拉特中旗已知最早的文物古迹是在距今1万年左右的新石器时代早期，这个时期阴山西部地带是北方各部落游猎、游牧之地，主要文物遗存有旗域西南的呼勒斯太境内的阿木加布斯林、查干高勒庙人类早期岩画和其呼勒石器场等。20世纪70年代，内蒙古自治区考古研究所的考古人员在这里发现过许多石核、刮削器等石器；1987年，第二次全国文物普查时，普查队员也在这里采集到石锤、石核等器物；2009年至2010年，乌拉特中旗文物管理所又在牧民的指导下发现2处早期岩画遗址，据考察和有关专家鉴定此类岩画应该是距今1万年左右的先民所遗留，岩画与石器遗址在同一地区。

春秋战国时期，赵武灵王北破林胡、楼烦，筑长城，修关塞。在今乌拉特中旗境内的阴山南的台地上发现的黑斯呼、乌不浪口等多座烽火台遗址，便是赵长城的附属设施遗迹。另外，据有关专家考证，狼山口南的城圪卜古城就是当年赵长城的附属设施高阙塞。

秦汉时期，漠北战事频繁，秦始皇“使将军蒙恬发兵三十万人北击胡，掠取河南地”，今遗留在乌拉特中旗境内阴山北麓的长约164千米的早期长城就是这个时期的文化遗存。是时，阴山南为秦属九原郡及北假之地，阴山北仍为匈奴牧地。到秦末这里复为匈奴牧地。在境内的呼勒斯太、温更发现的匈奴墓，同和太南德岭山水库发现的匈奴城围子遗址就是这个时期的文物遗迹。

汉武帝时代，西汉国力强盛，收河南地，置五原、朔方等郡，在境内东南新忽热发现的汉受降城遗存，北部草原地带的汉长城，阿日呼都格，东、西、中乌兰圐圙，阿日，温布尔等多处古城障和烽燧遗址就是这个时期的重要遗存，在这些遗址发现的许多汉代陶器、铁器、青铜器等，表明这里是汉朝重要经略之地。

今旗境内秦汉时期的文物遗址主要有位于阴山西段北坡的秦汉长城和附属设施，位于温更的红格尔敖包、呼仁敖包烽燧、川井的宝汉图敖包烽燧址、巴音乌兰的嘎登敖包烽燧等，还有位于石兰计城圪卜古城、新忽热的城圪台城障、川井阿日、温布尔古城障、巴音乌兰台郭勒古城、东乌兰圐圙西乌兰圐圙、阿日呼都格古城障塞等。

隋唐时期，漠北地区主要受柔然等民族所控制，现乌拉特中旗境内温更四队发现的俊海勒斯太岩画、希日楚鲁的呼仁敖包岩画，呼勒斯太的地里哈日岩画、汗乌拉岩画、甘其毛都镇西南的鬼谷岩画，等等；在杭盖戈壁发现的马鬃山石人墓、石板墓，巴音乌兰发现的红光石人墓均属这个时期的文化遗存。

公元11世纪至12世纪的宋朝时期，今乌拉特中旗这片土地为西夏辖地。这个时期，西夏人为加强边防拱卫，重新利用了新忽热古城，并加以修缮和扩建，以此对抗完颜部的金朝，现存的新忽热古城墙体经碳十四鉴定证实为西夏人遗留。不仅如此，西夏将汉长城加以修缮，作为西夏边界守卫，现遗留在旗境北端新忽热、巴音乌兰、川井苏木、甘其毛都镇的汉长城南线和北线长城（西夏长城），就是这个时期的文物遗存。不仅如此。西夏人还在长城沿线修筑诸多的附属城障，在这些城障地带均发现了大量西夏时期的器物，另外在旗内境阿其山和新忽热地区发现的诸多岩画群及西夏文字，是党项游牧民族遗留。

元明（蒙元）时期到清代，今乌拉特中旗为蒙古族所辖；乌拉特蒙古族在这个时期修筑了许多喇嘛庙，像呼勒斯太苏木的千里庙、奔巴台庙，新忽热的希热庙、哈太庙，温更镇的毕其尔庙、乌布勒格庙，巴音乌兰的巴特尔敖包等文物古迹是清代的文化遗存。此外，在乌拉特中旗狼山口还遗存的一座清代大将金运昌题写的石碑，石碑高1.6米，宽1.2米。至2012年底，经过保护修缮，已列入市级文物保护单位。

在乌拉特中旗境内遗存有大量的古代石板墓。至2012年底，已发现的10座以上的单体墓群就有20多处，像新忽热苏木巴音哈太的哈太墓群、乌不浪口石板墓、温更镇南20千米的乌兰敖包、脑干布尔多石板墓群，东五队石板墓群，川井东南212公路西石板墓群等都是比较大型的墓群。在这类墓葬年代跨度比较大，北方游牧民族多用此丧葬习俗，特别是隋唐时期这类墓葬遗留较多，在乌加河镇西柳树泉台地上发现汉墓多座，2006年这处墓葬被公布为自治区级文物保护单位。在旗境东南部的部北村南部有一处东公旗王爷陵园，陵园内有抗日女将巴云英及几代东公旗札萨克墓。

旗境内民国时期的文物遗存主要有石哈河镇部北窑子城围子、补子湾城围子，这2处城围子都是民国初期的遗存。抗日战争时期的文物遗存有乌不浪口烈士陵园、乌不浪口炮台遗址，乌镇烂营盘、石哈河镇麻各乃六分壕南10千米的西生金兔（森吉图）安荣昌将军新编第五旅司令部遗址和刘万春将军司令部遗址。

截至2012年底，全旗已普查到的不可移动文物有150余处，单体文物遗址达500余处，其中有古长城遗存3条，分别为秦汉长城、汉外长城和西夏长城，3条长城长度约516千米，有烽火台300座，障塞80座。旗境内还遗存有古城址4处，较为集中的岩画遗址12处，古代祭祀遗址1处，较大古墓葬群20余处，突厥石人墓3处，寺庙20余处，抗日英雄烈士陵园1处，东公旗王爷陵园1处，抗日军事设施旧址5处，古生物化石保护区2处。此外还有敖包、王爷府旧遗址、驿站等多处文化遗存。在这些众多的文物遗址中，有属全国重点文物保护单位的秦汉长城、阴山岩画、新忽热古城址3

项；有西山古代祭祀遗址、奔巴台庙、杭盖戈壁突厥石人墓、乌不浪口烈士陵园、奋斗古城、希热庙、千里庙、奔巴台庙等内蒙古自治区级文物保护单位14处，有温更乌兰敖包石板墓、郜北窑子城堡、德岭山黑石胡炮台等巴彦淖尔市级文物保护单位21处，有毕其尔庙、甘其毛都会晤站、川井文化站、德岭山大后店烂营盘驿站等乌拉特中旗级文物保护单位22处。

第十节　非物质文化遗产挖掘与整理

2006年，全国非物质文化遗产普查工作开始后，旗文体广电局文化馆组织人力收集整理42项非物质文化遗产项目，上报巴彦淖尔市、内蒙古自治区相关部门，在此基础上，整理出版《乌拉特中旗非物质文化遗产名录》、《乌拉特民歌》（第一辑、第二辑）。

2008年底，旗文化馆利用座谈、走访等形式，开展全旗非物质文化遗产普查摸底工作，并进行宣传。为加强全旗非物质文化遗产普查工作力度，使全旗非物质文化遗产摸底调查更全面、更彻底、更具遗产历史真实性，建立乌拉特中旗非物质文化三级普查网络。由旗委、旗人民政府牵头，成立全旗非物质文化遗产普查领导小组，下设办公室；旗文化馆具体负责非物质文化遗产普查领导小组办公室日常工作，并抽调专人组成普查工作队，协调开展全旗非物质文化遗产普查工作，各苏木、镇也相应成立由分管领导牵头的领导小组，设立专门工作机构，每个村、嘎查、居委会设定1名联络员进入苏木、镇非物质文化遗产领导小组，负责普查工作的基层联络，了解提供调查线索。全旗建立起的三级普查网络。使普查初期的摸底调查工作有了依附，通过一段时间的摸底调查之后，基层将信息反馈给旗文化部门，由文化部门进行梳理后，再进行专业调查记录。

2010年，旗文化馆举办乌拉特中旗非物质文化遗产实物暨乌拉特中旗50年历史进程老照片展，展出非物质文化遗产实物100余件、老照片作品70余幅。

2010年、2011年春节期间，旗文化馆举办农历十二月（腊月）二十三日乌拉特祭灶仪式和乌拉特民歌坐唱专场演出民俗展示活动；在第七届、第八届海流图消夏广场文化艺术节期间，举办“原生态民歌”、“千人大合唱”、“乌拉特民俗情景再现”展演、乌拉特蒙古族歌手大奖赛、山歌演唱比赛等非物质文化遗产项目的展示活动，并派出专业人员拍摄、记录、挖掘、整理有关非物质文化遗产内容的文字声像材料。为进一步做好这项工作，乌拉特中旗分管副旗长带领有关专业人员对全旗10个苏木、镇进行督查、调研工作。

旗文化馆共计整理上报非物质文化遗产项目40余项，其中有4项进入内蒙古自治区非物质文化遗产名录、8项进入巴彦淖尔市非物质文化遗产名录、22项进入乌拉特中旗非物质文化遗产名录，乌拉特民歌进入国家级非物质文化遗产名录。所申报的项目均为全旗影响较大、特色比较鲜明，且濒临失传亟需保护的非物质文化遗产项目，是经过旗文化部门和各有关部门及有关人员多年多次的挖掘和整理而成的。

第二章　文艺创作

第一节　创作队伍

1988—2012 年，乌拉特中旗文艺创作队伍主要来自旗文学艺术界联合会（包括作家协会、美术家协会、书法家协会、摄影家协会、戏剧家协会、音乐舞蹈家协会、民间民俗家协会、广播影视家协会、乌拉特文化影视家协会和 1 家企业文联）、旗乌兰牧骑。

2012 年，旗文学艺术界联合会共有会员 258 人，其中国家级会员 3 人，自治区级会员 13 人，市级会员 82 人；旗乌兰牧骑有创作人员 5 人。

第二节　文学创作

1988—2012 年，乌拉特中旗文学艺术界联合会、旗乌兰牧骑紧紧围绕“二为方向”（为人民服务、为社会主义服务）方向和“双百方针”（百花齐放、百家争鸣），以“三贴近”（贴近实际、贴近生活、贴近群众）原则为指导，坚持以人民为中心的创作导向，在巴彦淖尔市文学艺术界联合会精心指导和旗委宣传部的正确领导下，全旗共出版各类文学书籍 96 本。

一、小说

1988—2012 年乌拉特中旗出版小说获奖情况一览表

表 29－3

小说名称	类别	作 者	所获奖
《我的明天》（蒙古文）	微型小说集	纳苏力德	获乌拉特中旗“五个一工程”奖
《辽阔的杭盖》（蒙古文）	长篇小说	布仁特古斯	获内蒙古自治区文学创作“索隆噶”奖
《天地恩泽》（蒙古文）	长篇小说	布仁特古斯	《天地恩泽》荣获内蒙古自治区“五个一工程”奖
《粉笔》（蒙古文）	儿童文学小说	乌云达来	2012 年获儿童文学杂志《花蕾》创作大赛优秀奖

二、诗歌

苏力德于 1994 年创作的诗《力颂》获《巴彦淖尔报》征文三等奖，于 1997 年创作的诗《母亲》获《巴彦淖尔日报》征文三等奖；叶·孟克吉日嘎拉于 2012 年创作的诗《乌拉特》获《巴彦淖尔日报》征文一等奖。

三、散文

1991 年，宝迪创作的散文通讯《真爱》获内蒙古自治区广播电视通讯评选一等奖。1995 年，宝迪创作的散文《一寸土地、一寸金》获内蒙古自治区报告文学二等奖。

2011 年 6 月，毕力格巴特尔、呼布庆散文、新闻报道集《天上人间》由内蒙古人民出版社出版发行；11 月，兰建中散文集《春华秋实》由内蒙古人民出版社出版发行。

2012 年 6 月，韦颖显、杜锦枝、边允炜著《乌镇村史》由内蒙古大学出版社出版发行，；同月，旗政协、旗文学艺术界联合会编写的散文集《心中的旗帜》；10 月，呼日来著散文集《故乡 · 文化探索》由内蒙古人民出版社出版发行。

第三节　艺术创作

一、美术

2001 年，孟和巴托的作品《春闹草原》在全国第五届少数民族美术作品展览中展出。

2002 年，孟和巴托的作品《天下白》在纪念中日邦交正常化 30 周年之际在日本东京展出。同年，孟和巴托的作品国画《草原健儿》在全国美术展览中展出。

2006 年，狄英美术作品《牡丹》获内蒙古美术学院“沃土杯”书画大赛金奖，美术作品《鸿雁》获乌拉特中旗社会主义核心价值观书法美术摄影展一等奖。

2011 年，狄英美术作品《鸿雁》在巴彦淖尔市临河展出，获 2007 年乌拉特中旗社会主义核心价值观书法美术摄影展一等奖。

二、书法

2012 年，刘广星书法“在延安文艺座谈会上的讲话”获全国第三届诗书画印大赛一等奖、千年宋词第二届全国专题书法艺术二等奖、中央电视台书画频道新春书画展播优秀作品奖；其隶书作品入选 2012 年中日议员书法展。

三、雕塑

2012 年，旗文学艺术界联合会组织社会各界捐款，兴建“内蒙古蒙古文长篇小说之乡——乌拉特文化九星杰出成就”纪念碑，底座 4.5 平方米，高 10.9 米。纪念碑四周是书的浮雕，寓意着乌拉特中旗在历史上出现很多杰出文人，出版很多具有影响力的书籍（20 世纪 90 年代，乌拉特中旗被誉为“蒙古文长篇小说之乡”）；纪念碑顶端有两匹乌拉特蒙古马雕塑，一匹枣红马，一匹大青马（这两匹马曾于 1982 年在锡林浩特市召开的全区那达慕大会上，参加不同年龄组赛马比赛，分别以优异的成绩超越混血洋马，夺得冠军）。

四、音乐 舞蹈

2006 年，哈图吉拉图创作的舞蹈《贝勒格沁》获内蒙古自治区首届舞蹈大赛铜奖。

2007 年，旗乌兰牧骑哈图吉拉图创作《军魂》等大型舞蹈节目等作品 24 部（首）。重点完善长达 75 分钟的大型民族歌舞剧《蒙古婚礼》，使之成为乌兰牧骑的精品力作。

2012 年，旗乌兰牧骑编创大型民族音乐歌舞剧《鸿雁的故乡》、舞蹈《草原的春天》、声乐《我们的乌拉特》、器乐《京调》等作品共计 59 部（首）。同年，大型民族音乐歌舞剧《鸿雁的故乡》在内蒙古自治区第六届乌兰牧骑艺术节文艺会演中荣获银奖。同年，哈图吉拉图创作的舞蹈《萨满舞》荣获内蒙古自治区优秀创作奖。

五、戏剧 曲艺

1989 年，旗乌兰牧骑创作的蒙古语话剧小品《傍晚敲门声》在内蒙古自治区改革体裁文艺调演中荣获优秀创作奖、表演奖、导演奖。

2000年，布仁夫创作的好来宝《赞》获巴彦淖尔创作一等奖。同年，布仁夫创作的相声《初恋》获巴彦淖尔文学创作一等奖。

2006年，宝迪创作的广播剧《我那富饶的戈壁滩》被评为内蒙古自治区“五个一工程奖”。

六、摄影

进入21世纪，乌拉特中旗摄影界人才辈出，有赵达布希拉图、樊明成、黄建钧、刘广星、乌日更、刘斌、王风、王红枫、王志强、包长明、支茂盛。

七、剪纸

2006年，狄英的剪纸作品《连年有余》获得全国书画、剪纸大赛特等奖。

2012年，额尔登图雅创作的剪纸作品《京剧脸谱》获内蒙古自治区幼儿教育“梦想童年”美术作品创作大赛特等奖。

第四节　民间文艺

一、民间文学

乌拉特中旗素有“内蒙古鸿雁文化之乡”“蒙古文长篇小说之乡”“戈壁奇石之乡”“中国蒙古民歌之乡”的美誉。

1998年，乌拉特中旗组织专家学者、民间艺人收集、整理800多首蒙古族乌拉特民歌，并结集出版，《鸿雁》就是其中一首(《鸿雁》原创于1900年前后，是乌拉特中旗民间艺人创作的一首歌曲，后经多方改编，最后定型)。同年，乌拉特中旗开始依托甘其毛都口岸，组织文化专业团队——乌兰牧骑每年到蒙古国开展交流演出两次，将乌拉特民歌带到蒙古国。同时，乌兰牧骑深入西安、甘肃、河南等地进行有偿演出，为传承民歌起到巨大作用，扩大乌拉特民歌的对外影响力。此外，乌拉特中旗积极组织本地歌手参与全国、全区、全市的原生态民歌大赛，屡次获奖，为打造“民歌之乡”奠定了良好的社会基础。提升乌拉特民歌的魅力，提升乌拉特的知名度。

1999年，乌拉特中旗开始每年举办原生态民歌大赛，集中力量组织品牌宣传推介活动，通过举办鸿雁文化艺术节，展示乌拉特民歌的魅力。为使乌拉特民歌发挥应有的社会效益，精选50首民歌在中小学校传唱，精选30首在机关社区传唱。

2009年1月17日，蒙古族青年歌手呼斯楞在人民大会堂举办的对美国总统奥巴马进行国事访问的欢迎仪式上演唱这首民歌《鸿雁》，从此《鸿雁》名扬海内外。

2010年，经自治区有关部门和专家认定，确认《鸿雁》原创于乌拉特中旗呼勒斯太苏木，版权属于乌拉特中旗，并颁发证书。

二、民间艺术

二人台俗称玩艺儿、二人班。起源于山西河曲，成长于内蒙古中西部，是流行于内蒙古中西部农区、半农牧区及山西、陕西、河北、宁夏北部地区的汉族戏曲剧种。二人台的发展经历“打坐腔”“打玩艺儿”“风搅雪”“打软包”“业余剧团”和“专业剧团”6个阶段。2006年，二人台经国务院批准列入第一批国家级非物质文化遗产名录。

海流图镇民间二人台文艺爱好者自发组织，闲时即兴演奏，大家一起娱乐。文艺爱好者们围坐演唱，尽欢而散，此为“打坐腔”。由于歌手们演唱时情不自禁，手舞足蹈，加以表情、动作，所以打坐腔也称“打玩艺儿”。二人台主乐器有:枚(笛子)、四胡、扬琴,以及四块瓦(或梆子)。后来又增加了二胡、中胡、琵琶、笙、阮、大提琴等管弦乐器,音乐的表现力更加丰富多彩。除打坐腔外,遇有重要节庆,文艺爱好者们还自编自演二人台节目。

三、民间工艺美术

乌拉特人发挥能工巧匠的优势,制作金银铜器具,制作精美的妇女头饰等。乌拉特人做女人头饰的同时还制作男人饰品和其他银器。男人饰品有火镰盒、蒙古刀鞘和刀把、腰带扣、胸饰、银链、波勒等。银器有银碗、银质酒具。这些器具造型优雅,图案花纹精美,使用广泛。

四、民间祭火

蒙古族一直视火为苍天,认为火神或灶神是驱妖辟邪的圣洁物,一般在农历腊月(十二月)二十三日或二十四日晚祭火神,叫“过小年”。这一天对当地蒙古族来说是一个重要的节日,从供奉祭祀到送灶神,从全家团聚到饮食都有一套特色鲜明的礼俗。乌拉特地区祭火神最大的不同就是带着宗教信仰,其讲究和步骤完全按佛教说法来完成。

第三章　文化市场管理

第一节　政策宣传与业务培训

一、政策宣传

乌拉特中旗文化市场管理部门以全国“扫黄打非”和各类文化市场专项整治行动为契机，充分利用“3・15”“4・26”“6・26”“12・4”等重要宣传日，积极开展政策、法律法规的宣传活动。通过设立咨询台、摆放各类展板、发放宣传材料等形式进行宣传教育活动。每年开展政策宣传教育活动5次以上，摆放展板60余块，发放宣传材料1万余份。切实加强文化执法宣传，围绕文化执法热点焦点问题组织专家学者、社会各界和广大群众开展电视讨论活动；围绕宣传普及文化法律法规开展文化环保进社区、进农村、进学校、进企业、进园区活动；围绕展示工作成果举办文化综合执法和“扫黄打非”成果巡回展活动，使文化执法更加贴近群众、贴近社会、贴近基层。

二、业务培训

培训内容主要包括：重点组织执法人员认真学习国家关于文化建设的方针政策，系统学习文化、广播影视、新闻出版（版权）等有关法律、法规、规章和执法技能；重点是文化市场综合执法的相关业务技能，学习文化市场执法的典型案例及先进经验；其他与当前工作密切相关内容。

第二节　文化经营许可证制度

乌拉特中旗文化市场综合执法大队为加强文化市场管理，严格执行文化经营许可证制度。各种文化经营活动实行文化经营许可证制度的有关事项规定包括：凡通过举办各种文化活动取得收入或利用文化场所取得收入的经营活动，均为文化经营活动；凡开办文化娱乐、美术品、音像、演出、业余文化艺术培训等文化经营活动，在申请工商登记注册前，必须报经所在县旗以上（含县旗）政府文化行政管理部门审查批准，领取文化经营许可证（以下简称许可证）；许可证有效期为一年，有效期满后，持证单位或个人须向原发证部门申请核验换证；许可证的式样，由文化部统一规定印制，许可证分正本和副本，正本为悬挂式，副本为折叠式；按规定取得许可证的单位或个人，必须依法经营，并接受文化行政管理部门的指导、监督、检查；按规定取得许可证的单位或个人，在经营活动中要坚持为人民服务、为社会主义服务的方向，注重社会效益，向人们提供丰富多彩、健康有益的文化产品；许可证只限申报经营的单位或个人使用，不得转借、出租或出售；各级文化行政管理部门要加强对许可证的管理，严格按条件审批发放；以前的有关规定，凡与本规定有抵触的，按本规定执行；本规定由文化部负责解释；本规定自发布之日起施行。

第三节　图书出版管理

乌拉特中旗文化市场综合执法部门按照“扫黄打非”办的有关文件精神和出版管理条例等法律法规的规定，每年开展图书音像出版物市场专项整治行动2次以上，“扫黄打非”专项行动2次。对校园周边非法图书出版物和宣扬淫秽色情、反动暴力凶杀、低俗庸俗、封建迷信及伪科学内容的"口袋本"图书、卡通画册等违禁出版物加强打击力度。清理取缔"游商地摊"，重点对人群密集的车站、商场、学校附近的"游商地摊"进行清理整顿，遏制非法出版物的蔓延，为全旗出版物市场的有序运营奠定坚实基础。

第四节　影片放映管理

1988—2012 年，乌拉特中旗文化市场综合执法部门认真按照《电影放映管理条例》中有关规定，加大对辖区内的电影院、院线等进行执法检查，每年开展专项整治行动和安全生产大检查活动，确保全旗电影放映市场的有序稳定。

第五节　文物保护管理

一、文物发掘

2010 年，旗文物管理部门配合国铁修建，对东五队石板墓群进行局部发掘。

2011 年，旗文物管理部门配合省道 202 线修建，对乌不浪口石板墓群进行局部考古清理。

二、文物普查

（一）第二次全国文物普查

1987—1988 年，全国开展第二次文物普查，巴彦淖尔盟组织以盟文物站为主的调查队，各旗县配合参加，乌拉特中旗参加第二次全国文物普查，根据"二普" 资料和文管所资料记载，乌拉特中旗"二普"调查的不可移动文物 48 处，其中包括：长城 3 处（条），古城址 5 处，古墓葬 17 处，岩画 13 处，寺庙 8 处，古代祭祀遗址 1 处，烈士陵园 1 处。

（二）第三次全国文物普查

2008 年 5 月至 2010 年 3 月，全国开展第三次文物普查，乌拉特中旗组建由 5 人组成的文物普查组（队），在此基础上，协调选配各苏木镇文化站站长作为普查队的跟进队员，保证田野调查在当地顺利进行。乌拉特中旗"三普"调查不可移动文物各项数据之和为 136。2010 年 3 月，内蒙古自治区第三次全国文物普查领导小组办公室会同巴彦淖尔市第三次全国文物普查领导小组办公室，组织专家组，对巴彦淖尔市乌拉特中旗的第三次全国文物普查实地文物调查阶段工作成果进行验收，乌拉特中旗顺利通过验收。

（三）全国第一次国有可移动文物普查

2012 年 9 月至 2016 年 12 月，乌拉特中旗开展全国第一次国有可移动文物普查工作。2012 年 9 月至 12 月为普查第一阶段，主要任务是制定标准和规范，开发软件，开展培训试点工作。

三、文物场馆建设

2012 年 8 月底，乌拉特中旗博物馆新馆布展完成，布展面积 2000 平方米，布展展线 230 延长米，摆放展品 500 余件，新馆分为成就、历史、非遗 3 个主题展厅，以图片、文字、实物相结合的形式全面展示乌拉特中旗建设成就、历史文化、民族风情等史迹和社会风貌。2012 年底，新馆开馆后，实行全天免费开放参观活动，参观者络绎不绝，参观人员包括国家、内蒙古自治区、巴彦淖尔市、乌拉特中旗各级领导、各界人士和外宾等。

四、文物保护

(一)"四有工作"

1. 保护经费和保护机构

1992年,为加强全旗文物保护工作的责任管理的目标性和条理性,乌拉特中旗文物管理所成立,与旗文化馆为一套人马、两块牌子。任务是调查管理全旗文物古迹,做好文物档案的收集整理等工作。2003年,旗人民政府重新下文,再次明确旗文物管理所的性质与任务。2010年,旗文物管理所与旗文化馆正式单设,事业单位,隶属文体广电局;同年,旗财政将文物保护专项经费列入预算。每年由旗财政拨付文物保护经费5万元;至2012年底,乌拉特中旗文物管理所由7人组成,负责全旗文物保护工作的落实与运作。

2. 保护范围和保护标志

2010—2012年,全旗文物保护工作在建立机构的基础上,大力做好文物保护范围的划定和保护标志的竖立工作,对全旗所有的全国重点文物保护单位、内蒙古自治区级文物保护单位、巴彦淖尔市级文物保护单位、乌拉特中旗级文物保护单位,划定保护范围和建设控制地带。

3. 建档工作

2010—2012年,乌拉特中旗注重文物档案的整理和收集工作,在第三次全国文物普查和第一次全国可移动文物普查以及长城资源调查的基础上,旗文物管理所将普查资料整理分类归档,同时将各级文物保护单位资料和博物馆资料也整理归档。

(二)宣传工作

2006—2012年,乌拉特中旗每年于4月、5月、6月、9月、11月集中对《中华人民共和国文物保护法》进行宣传,并且印制《中华人民共和国文物保护法》及相关乌拉特中旗文物情况等内容的宣传材料散发给群众。7年中散发宣传单2万余份,宣传材料200册,此外,旗文物管理所还利用各种广告媒体、画册、展板等载体进行文物古迹宣传。

(三)执法工作

2008年,乌拉特中旗文物管理所开始每年组织文物执法人员和有关部门开始对旗境内开矿、挖掘等生产经营活动进行文物执法检查,对有可能危害到文物遗迹的行为及时制止,根据《中华人民共和国文物保护法》等有关规定进行处理。特别是2010—2012年,旗文物管理所加大执法力度,重点对长城沿线和岩画区等各类文物保护单位进行综合检查,按照法律程序及时处理乌不浪口采矿影响长城保护等违法现象。

附:文物保护单位

1. 全国重点文物保护单位

至2012年底,乌拉特中旗境内有全国重点文物保护单位2处:阴山岩画、秦汉长城遗址。

2. 内蒙古自治区级文物保护单位

至2012年底,乌拉特中旗境内有内蒙古自治区级文物保护单位14处:台郭勒障城遗址、千里庙、奋斗古城、西山古代祭祀遗址、乌不浪口石板墓群、柳树泉汉墓遗址、乌不浪口烈士陵园、马鬃山石板墓群、乌兰红光石人石堆墓、杭盖戈壁石人石堆墓、哈太庙、希热庙、奔巴台庙、巴音哈太石刻。

3. 巴彦淖尔市级文物保护单位

至2012年底,乌拉特中旗境内有巴彦淖尔市级文物保护单位20处:朝忽拉尔陶勒盖石器遗址、希热庙旧址、温更沟口石板墓群、东五队石板墓群、温更乌兰敖包石板墓、哈太石板墓葬群、巴音哈太一队古生物化石区、巴特尔敖包、西山石板墓、乌不浪口抗日驻军遗址、温更西王爷府遗址、西山哈日楚鲁人居址、西山哈日楚鲁匈奴墓葬、恐龙足迹遗址、新忽热芒很敖包、西五队包汗图石板墓群、川井包汗图敖包、海流图巴仁忽都格水库遗址、巴音杭盖千年古榆、狼山石刻。

4. 乌拉特中旗级文物保护单位

至2012年底，乌拉特中旗境内有旗级文物保护单位18处：鬼谷岩画、海川路石板墓群、补子湾土城址、乌兰脑包烂营盘、乌不浪口西炮台、西格日楚鲁拴马柱、窑子土城址、红格尔城障、马鬃山石板墓群、东公旗王爷坟陵园、宝格达王爷府遗址、甘其毛都口岸会晤站旧址、甘其毛都口岸瞭望塔旧址、海流图镇文化楼旧址、毕其尔庙遗址、查干高勒庙遗址、大后店烂营盘古道驿站、川井文化站旧址。

第六节　文化市场稽查

1988—1995年，乌拉特中旗文化局文化市场稽查队主要负责海流图地区的文化市场稽查工作。旗文化市场稽查队共出动检查人员900人次、车辆200辆次，查缴、销毁各类盗版光碟1000张、盗版图书800册，查扣各类违规游戏机60台、游戏机主板20余片，开展“文化市场整顿治理工作”等各类专项检查治理行动17次，检查各类文化市场经营场所6000家（次），取缔无证照经营场所3家。

1996—2005年，旗文化市场稽查队共出动检查人员9000人次、车辆3000辆次，查缴、销毁各类盗版光碟1.2万余张、盗版图书1万余册，查扣各类违规游戏机80余台、游戏机主板60余片，开展“网吧治理零点行动”“文化市场整顿治理工作”等各类专项检查治理行动50余次，检查各类文化市场经营场所5000家次，取缔无证照“黑网吧”20余家、电子游戏厅20余家、歌舞厅2家、地摊10个；检查经营场所4000家次。

2006年1月10日至3月10日，全旗开展学生寒假期间网吧、电子游戏厅专项整治行动，主要以查处违规接纳未成年人进入、超时营业为主。旗文化市场稽查队出动执法人员150人、车辆35台次，暂扣电脑主机20台、显示器10台、电子游戏机电路板16块，有力地打击违法违规经营行为，净化文化市场环境。7月15日至10月25日，按照旗人民政府《2006年“扫黄打非”行动方案》要求，全旗开展“反盗版百日行动”，以清理销售盗版制品的游商、地摊，打击非法制作、复制、仓储窝点，以及盗版计算机软件等违法违规现象为主，旗文化市场稽查队出动执法人员300人次、执法车辆60台次，收缴非法出版物260余册、盗版音像制品3000余张，取缔无证照违法游商2家。

2007年8月1日至11月30日，全旗开展电子游戏厅专项整治行动，重点清理无证经营的违规经营现象，重新审核登记换发新证，旗文化市场综合执法稽查大队出动执法人员120人次、车辆40台次，责令全旗电子游戏厅全部停业整顿。行动中，取缔无证经营电子游戏厅2家，暂扣电路板10块。

2008年4月2日至5月10日，全旗开展“扫黄打非”集中行动，重点整治出版物市场，全面清查图书、音像制品、计算机软件市场，严厉打击盗版光盘经销活动。旗文化市场综合执法稽查大队出动执法人员120人次、车辆25台次，收缴盗版音像制品4000余张、非法图书1600余册，严厉打击侵权盗版违规行为，规范文化市场秩序。7—9月，全旗开展北京奥运会保障行动及娱乐场所阳光行动，全面强化网吧、电子游戏厅、音像 、书刊、印刷、歌舞娱乐和演出市场监管力度，严厉打击非法经营活动。旗文化市场综合执法稽查大队共出动执法人员400余人次、车辆150台次,查处违规场所15家,取缔无证经营户6家,暂扣电子游戏电路板11块、电脑机箱20台、非法音像制品1200余张、盗版图书300余册。

2009年4月1日至5月15日,全旗开展"扫黄打非"行动,重点整治出版物市场,全面清查图书、音像制品、计算机软件市场,严厉打击盗版光盘和非法书刊经销活动。旗文化市场综合执法稽查大队出动执法人员200人次、车辆40台次,查处违规场所12家,收缴盗版音像制品3000余张、图书280册,有力地净化了市场环境。8月10日至10月底,全旗开展净化社会文化环境集中整治执法行动,围绕中华人民共和国成立60周年大庆,全面强化网吧、电子游戏、音像、书刊、印刷、歌舞娱乐、演出市场的监管,严厉打击非法经营活动。此次执法行动出动执法人员300人次、车辆60台次,查处违法违规经营户23家,暂扣电脑机箱10台、电子游戏电路板12块,取缔无证经营摊点3家。

2010年1—3月,全旗开展网吧、电子游戏专项治理,主要以查处学生寒假期间、春节期间网吧、电子游戏厅违规接纳未成年人和超时经营现象。此次执法行动出动执法人员360人次、车辆90台次,查处违法违规经营户32家,暂扣电脑机箱21台、显示器15台、电子游戏电路板23块,为未成年人健康成长提供良好的文化环境。4月10日至5月10日,全旗开展"扫黄打非"行动,重点整治流通环节出版物市场,严厉打击盗版侵权活动。旗文化市场综合执法稽查大队出动执法人员150人次、车辆30台次,取缔游商地摊2家,收缴非法出版物200余册、盗版音像制品1000余册,全面净化出版物市场秩序。6月5日至7月5日,全旗开展体育市场和艺术类培训市场专项整治,重点整治无证经营、无资质经营现象,强化审批监管。旗文化市场综合执法稽查大队出动执法人员80人次、车辆18台次,查处取缔违法违规经营户6家,促进了全旗体育、培训市场的有序发展。9月2日至12月底,全旗开展"净化文化环境,冬季严打执法季行动",强化网吧、电子游戏、音像、图书、歌舞娱乐、演出等市场,全面开展娱乐场所阳光工程建设,进一步推进歌舞娱乐场所卡拉OK版权收费工作。此项工作开展中,共出动执法人员700人次、车辆120台次,查处违法违规经营户67家,收缴盗版音像制品3000余盘、图书2950册,取缔无证经营"黑网吧"、"黑游戏厅"11家。

2011年,全旗开展"扫黄打非"集中行动、网吧专项治理、校园周边文化市场专项整治行动,重点清理城乡接合部的"黑网吧""黑游戏厅",加大对甘其毛都口岸文化市场的监管力度。全年共出动执法人员1000人次,车辆280台次,查处违法违规经营户97家,收缴盗版音像制品2000余盘、图书1300余册,取缔无证经营"黑网吧"、"黑游戏厅"9家。

2012年,全旗开展"扫黄打非"集中行动、开展网吧、电子游戏专项治理,主要以查处学生寒假期间、春节期间网吧、电子游戏厅违规接纳未成年人和超时经营现象,为未成年人健康成长提供良好的文化环境。重点整治流通环节出版物市场,全面清查图书、音像制品、计算机软件市场,严厉打击侵权盗版活动。全年共出动执法人员1200人次,车辆310台次,查处违法违规经营户80余家,收缴盗版音像制品1000余盘、图书800余册,取缔无证经营"黑网吧"、"黑游戏厅"3家。

2009年,旗文化市场综合执法稽查大队被评为巴彦淖尔市文化系统先进集体。2010年,旗文化市场综合执法稽查大队被评为内蒙古自治区文化市场综合执法改革先进集体、全区"扫黄打非"先进集体,被评为巴彦淖尔市文化市场行政执法信息报送先进集体、文化市场行政执法先进单位,被评为全旗综治维稳先进集体。

第三十篇　广电　报刊　档案

◎ 广播电视

◎ 报　　刊

◎ 档案管理

第一章 广播电视

第一节 机 构

一、管理机构

1988年,乌拉特中旗设有广播电视局,为旗人民政府工作部门,专职管理全旗广播电视工作。当年,旗广播电视局内设机构4个:办公室、财务室、人事股、事业股;实有干部职工16人,其中科级领导职数3人,一正二副。下设二级单位4个:广播电台、电视台、微波总站、西山广播电视无线发射台。

1993年,旗广播电视局被撤销,与旗文化局、体育运动委员会合并,新成立旗文化体育广播电影电视局(以下简称“文体广电局”),内设机构5个:综合办公室(内设办公室和法制室)、文化股、体育股、社会文化管理委员会、广电股,实有干部职工20人,其中科级领导职数3人,一正二副。下设二级单位9个:文化馆、图书馆、乌兰牧骑、青少年体育活动中心、广播电台、电视台、有线电视台、微波站、电影公司。其中广电股专职管理全旗广播电视工作,有人员3人,设股长1人。旗文体广电局下设二级单位9个,其中广播电视二级单位4个:广播电台、电视台、有线电视台(当年成立)、西山广播电视无线发射台,共有在职职工64人。

1995年,旗文体广电局内设机构5个:综合办公室(内设办公室和法制室)、文化股、体育股、广电股、文化市场稽查队;实有干部职工10人,核定科级领导职数3人,一正二副;其中广电股专职管理全旗广播电视工作,有人员3人,设股长1人。当年,旗文体广电局下设广播电视二级单位有:广播电台、电视台、有线电视台合并,新成立乌拉特中旗广播电视中心(以下简称“广电中心”),总计有职工68人,仍隶属旗文体广电局管理。

2005年4月,旗广播电视中心升格为正科级事业单位,改称为旗广电服务中心,仍隶属旗文体广电局管理。

2007年6月19日,旗文体广电局内设机构文化市场稽查队独立设置,更名为乌拉特中旗文化市场稽查大队,股级建制,隶属旗文体广电局管理,为旗文体广电局二级执法事业单位。至此,旗文体广电局内设机构稽查3个:综合办公室(内设办公室和财务室)、文化股、体育股、广电股、文化市场稽查大队;核定行政编制10名,实有干部职工17人,其中科级领导职数4人,一正三副。下设二级单位7个:文化馆、图书馆、乌兰牧骑、文物管理所、青少年体育活动中心、广电服务中心、文化市场稽查大队。

2010年12月,旗文体广电局更名为文化体育广播电影电视局,内设机构4个:办公室、文化艺术股、文化遗产保护股、广播电影电视监督管理股;核定行政编制10名,实有干部17人,其中科级领导职数4人,一正三副;下设二级单位4个:广电服务中心、青少年体育活动中心、乌兰牧骑、文化市场稽查大队。

2012年,旗文体广电局内设机构6个:综合办公室(内设办公室和财务室)、文化股、体育股、广电股、非遗办公室、财会室;核定行政编制10名,实有干部职工17人,核定科级领导职数4人,一正三副;其中广播电视事业股专职管理全旗广播电视工作,有人员1人,设股长1人。旗文体广电局下设二级单位7个，其中广电服务中心有在职职工87人。

二、事业单位

（一）广播电台

1988年，乌拉特中旗设有广播电台，股级建置，事业单位，隶属旗广播电视局管理，内设机构3个：机务室、蒙编部、汉编部，核定事业编制24名，实有干部职工25人，设有台长1人。

1993年，旗广播电视局被撤销，与旗文化局、体育运动委员会合并，新成立旗文体广电局，旗广播电台隶属旗文体广电局管理，内设机构3个：机务室、蒙编部、汉编部，核定事业编制18名，实有干部职工18人，设有台长1人、副台长1人。

1995年，旗广播电台与旗电视台、有线电视台合并，新成立乌拉特中旗广电服务中心。

（二）电视台

1988年，乌拉特中旗设有电视台，股级建置，事业单位，隶属旗广播电视局管理，内设机构6个：财务室、发射组、放象组、播音组、技术维护组、发射台，核定事业编制8名，实有干部职工21人，设有台长1人、副台长1人。

1993年，旗广播电视局被撤销，与旗文化局、体育运动委员会合并，新成立旗文体广电局，旗电视台隶属旗文体广电局管理，内设机构6个：财务室、发射组、放象组、播音组、技术维护组、发射台，核定事业编制18名，实有干部职工32人，设有台长1人、副台长1人。

1995年，旗电视台与旗广播电台、有线电视台合并，新成立乌拉特中旗广电服务中心。

（三）有线电视台

1993年，乌拉特中旗有线电视台建立，股级建置，事业单位，隶属旗广播电视局管理。同年，旗广播电视局被撤销，与旗文化局、体育运动委员会合并，新成立旗文体广电局，旗有线电视台隶属旗文体广电局管理，内设机构6个：收费室、播出部、财务部、工程技术部、办公室、安装部，核定事业编制13名，实有干部职工18人，设有台长1人、副台长1人。

1995年，旗有线电视台与旗广播电台、电视台合并，新成立乌拉特中旗广电服务中心。

（四）微波总站

1988年，乌拉特中旗设有微波总站，事业单位，隶属旗广播电视局管理，核定事业编制7名，实有干部职工5人，设有站长1人。

1990年，旗微波总站并入乌拉特中旗西山广播电视无线发射台。

（五）西山广播电视无线发射台

1988年，乌拉特中旗设有西山广播电视无线发射台，属旗广播电视局管理，实有干部职工15人，设有台长1人。

1990年，旗微波总站并入乌拉特中旗西山广播电视无线发射台。至此，西山广播电视无线发射台内设机构3个：放像室、发射站、微波站，实有干部职工22人，设有台长1人。

1993年，旗广播电视局被撤销，与旗文化局、体育运动委员会合并，新成立旗文体广电局，旗西山广播电视无线发射台隶属旗文体广电局管理。

1995年，旗电视台与旗广播电台、有线电视台合并，新成立乌拉特中旗广电服务中心。旗西山广播电视无线发射台隶属旗广电服务中心管理。

（六）广电服务中心

1995年，旗广播电台与旗电视台、有线电视台合并，新成立乌拉特中旗广播电视中心，副科级建制，事业单位，具体负责全旗广播电视工作。旗广播电视中心内设机构 9 个：办公室、广播电台、西山发射台、蒙汉语新闻部、有线电视台、广告部、技术维护部、财会室、播出部；核定事业编制 64 名，实有干部职工 68 人，其中副科级领导职数 3 人，一正二副。

1999 年，旗广播电视中心内设机构 11 个：办公室、广播电台、西山发射台、蒙汉语新闻部、有线电视台、广告部、技术维护部、财会室、播出部、专题栏目部、总编室；核定事业编制 64 名，实有干部职工 71 人，其中副科级领导职数 4 人，一正三副。

2003 年，旗广播电视中心内设机构 12 个：办公室、广播电台、西山发射台、蒙汉语新闻部、有线电视台、广告部、技术维护部、财会室、播出部、专题栏目部、总编室、制作室；核定事业编制 64 名，实有干部职工 78 人，其中副科级领导职数 5 人，一正四副。

2005 年 4 月，旗广电中心升格为正科级事业单位，改称为旗广电服务中心，仍隶属旗文体广电局管理。旗广播电视服务中心内设机构 11 个：蒙古语广播电台、汉语广播电台、播出部、蒙汉语电视新闻部、专题栏目部、节目制作部、播音部、社管股、工程技术股、总编室、西山无线发射台，核定事业编制 64 名，实有干部职工 64 人，其中科级领导职数 4 人，一正三副。

2012 年，旗广电服务中心监测室在西山台设立，有监测人员（机务员）6 人，设主任 1 人。至年底，旗广电服务中心内设机构 14 个：蒙古语广播电台、汉语广播电台、播出部、蒙汉语电视新闻部、专题栏目部、节目制作部、播音部、社管股、工程技术股、总编室、监测室、西山无线发射台、财会室、广告部；核定事业编制 64 名，实有人员 84 人，其中科级领导职数 5 人，一正四副。

三、企业单位

2004 年 11 月，旗广播电视中心所属有线电视台分出，新成立内蒙古广电网络公司乌拉特中旗分公司，内设机构 3 个：运维部、收费部、综合部；实有在职职工 14 人，设经理 1 人、副经理 1 人。

2012 年底，内蒙古广电网络公司乌拉特中旗分公司内设机构 3 个：运维部、收费部、综合部；实有在职职工 15 人，设经理 1 人、副经理 1 人。

第二节　管理体制改革

1993 年 4 月，旗广播电视局、文化局、体育运动委员会被撤销。合并成立旗文体广电局，管理职能发生变化，主要负责全旗文化艺术、体育工作、图书管理、新闻广电出版、文物保护与非物质文化遗产保护、文化市场管理等工作。

1995 年，旗文体广电局进行内部结构改革，将旗广播电台、旗电视台、旗有线电视台合并，新成立乌拉特中旗广电中心，副科级建制，事业单位，具体负责全旗广播电视的制作、播出等业务工作。

2004 年，旗广播电视中心所属有线电视台分出，新成立内蒙古广电网络公司乌拉特中旗分公司。

2005 年 4 月，旗广电中心升格为正科级事业单位，改称为旗广电服务中心，仍隶属旗文体广电局管理。

第三节　广　播

一、有线广播

（一）节目设置

1988—1994 年，乌拉特中旗广播电台蒙汉语广播节目一周内交替播出。蒙古语广播每天播出时间 6 个小时，播出主要内容以转播内蒙古人民广播电台蒙古语节目为主。自办节目有《中旗新闻》《牧民之友》，每天播出时间60分钟；汉语广播每天播出时间6个小时，播出主要内容以转播中央人民广播电台第一套节目、内蒙古人民广播电台第一套节目以及巴彦淖尔广播电台第一套节目为主，自办节目有《中旗新闻》《生活百科》，每天播出时间60分钟。

1995—2004年，乌拉特中旗广播电台蒙汉语广播节目以有线广播方式播出。蒙古语广播每天播出时间6个小时，播出主要内容以转播内蒙古人民广播电台蒙古语节目为主。自办节目有《中旗新闻》《牧民之友》，每天播出时间60分钟；汉语广播每天播出时间6个小时，播出主要内容以转播中央人民广播电台第一套节目、内蒙古人民广播电台第一套节目以及巴彦淖尔广播电台第一套节目为主，自办节目有《中旗新闻》《生活百科》《农民之友》，每天播出时间60分钟。

2005年，乌拉特中旗广播电台分设为蒙古语广播电台和汉语广播电台，广播节目以有线+无线方式播出。蒙古语广播电台每天播出时间6个小时，播出主要内容以转播内蒙古人民广播电台蒙古语节目为主。自办节目有《中旗新闻》《牧民之友》每天播出时间60分钟；汉语广播电台每天播出时间6个小时。播出主要内容以转播中央人民广播电台第一套节目、内蒙古人民广播电台第一套节目以及巴彦淖尔广播电台第一套节目为主，自办节目有《中旗新闻》《生活百科》《农民之友》每天播出时间60分钟。

2012年，蒙古语广播电台播出《乌拉特中旗新闻》《牧民之友》，转播内蒙古蒙语电台节目，每天播出时间2个小时；汉语广播电台播出主要内容《乌拉特中旗新闻》《农牧民之声》《健康之友》，以及文艺节目，每天播出时间4个小时。

（二）设施设备

1988年，乌拉特中旗广播电台拥有发射机房、收讯机房、播音室、录音控制室等广播业务用房，面积120平方米。主要设备有盘式录音机1台、放音机各1台、100瓦调频发射机1部（频率为88.7千赫）、调音台1部。

1995年，旗广播电台拥有发射机房、收讯机房、播音室、录音控制室等广播业务用房，面积300平方米。主要设备有盘式录音机1台、放音机各1台、100瓦调频发射机1部（频率为88.7千赫）、调音台1部。

2005年，乌拉特中旗广播电台分设为蒙古语广播电台和汉语广播电台。蒙古语广播电台有发射机房、收讯机房、播音室、录音控制室等广播业务用房，面积45平方米，主要设备有盘式录音机1台、放音机各1台、100瓦调频发射机1部（频率为88.7千赫）、调音台1部；汉语广播电台有发射机房、收讯机房、播音室、录音控制室等广播业务用房，面积45平方米，主要设备有盘式录音机1台、放音机各1台、100瓦调频发射机1部（频率为88.7千赫）、调音台1部。

2012年底，蒙古语广播电台有广播业务用房45平方米，主要设备有数字调频发射机、数字广播音频工作站。汉语广播电台有广播业务用房45平方米，主要设备有数字调频发射机、数字广播音频工作站。

二、无线广播

（一）节目设置

2009年，乌拉特中旗开通无线调频广播，蒙汉语广播节目一周内交替播出。蒙古语无线调频广播节目除转播内蒙古人民广播电台无线调频节目外，自办节目有《蒙语新闻》《天气预报》《信息平台》《牧民之友》，每天播出时间2小时；汉语广播除转播中央人民广播电台、内蒙古人民广播电台及巴彦淖尔广播电台无线调频目节目外，自办节目有《汉语新闻》《天气预报》《信息平台》《生活百科》,每天播出时间4小时。

2012年,乌拉特中旗蒙古语无线调频广播节目除转播内蒙古人民广播电台无线调频节目外,自办节目有《蒙语新闻》《天气预报》《信息平台》《牧民之友》《文艺节目专题》,每天播出时间2小时;汉语广播除转播中央人民广播电台、内蒙古人民广播电台及巴彦淖尔广播电台无线调频目节目外,自办节目有《汉语新闻》《天气预报》《信息平台》《生活百科》,每天播出时间4小时。

(二)设施设备

2009年,乌拉特中旗无线调频广播有广播业务用房45平方米,主要设备有音频工作站1套;1千瓦调频广播发射机1部。

2012年,乌拉特中旗无线调频广播有广播业务用房45平方米,主要设备有音频工作站1套;1千瓦数字调频广播发射机2部,3千瓦数字调频广播发射机1部。

第四节　电　视

一、节目设置

1988—1994年,乌拉特中旗电视台蒙古语电视节目主要转播内蒙古电视台蒙古语节目,同时自办《一周要闻综述》《蒙古语专题》节目;汉语电视节目主要转播外地节目,同时自办《乌拉特中旗新闻》《今日视点》《天气预报》等节目。每周一晚7:30—12:00为蒙古语电视节目播出时间,周三晚插播10分钟蒙古语新闻,其他时间播出汉语电视节目。

1995—2004年,乌拉特中旗电视台蒙古语电视节目主要转播内蒙古电视台蒙古语节目,同时自办《一周要闻综述》《蒙古语专题》节目;汉语电视节目主要转播外地节目,同时自办《乌拉特中旗新闻》《今日视点》《天气预报》等节目。播出方式为:蒙古语、汉语交替播出。

2005—2012年,乌拉特中旗电视台蒙古语电视节目主要转播内蒙古电视台蒙古语节目,同时自办《一周要闻综述》《蒙古语专题》节目;汉语电视节目主要转播外地节目,同时自办《乌拉特中旗新闻》《今日视点》《天气预报》《平安在线》节目。播出方式为:蒙古语、汉语交替播出。

二、设施设备

1988年,乌拉特中旗电视台拥有业务用房80平方米,主要设备有1千瓦电视发射机2部、3330型放像机4台、3660型放像机4台、松下M9000摄像机1台、贝特康姆小1/2摄像机1台。

1995年,乌拉特中旗电视台拥有业务用房80平方米,主要设备有1千瓦电视发射机2部、3330型放像机4台、3660型放像机4台、5630放像机2台、5850放像机2台、背包摄像机1台、松下M9000摄像机1台、贝特康姆小1/2摄像机1台。

2005年,乌拉特中旗电视台拥有业务用房80平方米,主要设备有1千瓦电视发射机2部、3330型放像机4台、3660型放像机4台、5630放像机2台、5850放像机2台、背包摄像机1台、松下M9000摄像机1台、贝特康姆小1/2摄像机1台、西班牙产1千瓦广播调频发射机1部。

2012年,乌拉特中旗电视台拥有业务用房180平方米,主要设备有1千瓦电视发射机4部、松下摄像机6部、硬盘播出系统1套、虚拟演播室1间、非线性编辑系统4套、发射塔1座,卫星地面接收设施3套。

三、广告

1995年,乌拉特中旗广电中心成立,内设广告部,广告经营以对外承包的方式运作。当年,旗广电中心承揽广告50次,收取广告费15万元。

1996—2006 年,乌拉特中旗广电中心平均每年承揽广告 48 次,收取广告费年均 17 万元。

2007—2012 年,乌拉特中旗广电服务中心承揽广告年均 47 次,收取广告费年均 15 万元。

四、管理与服务

乌拉特中旗广电中心(广电服务中心)主管全旗广播电视宣传和建设工作。主要是贯彻党和国家有关广播影视工作方针、政策和法律,制定全旗广播电视事业发展规划,指导实施全旗广播电视公共服务。

(一)政策宣传

1995—2012 年,旗广电服务中心肩负着全旗政治、经济、思想、文化的宣传重任,始终把宣传党的方针政策,宣传全旗各项事业所取得的辉煌成就作为工作重点,以树立乌拉特中旗良好形象,提高全旗对外知名度为突破口。2010 年后,乌拉特中旗电视新闻在中央、内蒙古、巴彦淖尔台播出量列巴彦淖尔市各旗县(区)前列,为全旗招商引资、人才引进提供舆论环境,促进全旗的经济繁荣、社会稳定。

(二)业务培训

1995—2012 年,旗广电服务中心注重加强干部职工的业务培训,1988 年后,先后 13 次邀请内蒙古自治区、友邻省份、巴彦淖尔盟市广播电视局资深编辑、记者、专业技术骨干到中心进行知识讲座;16 次选派人员赴北京、上海、浙江、四川、陕西、青海等地参加采编播及电子技术专业培训;多次举办苏木(镇)广播电视技术维护人员培训班,以提高技术人员维修水平。

(三)公共服务

2000 年冬,旗广电服务中心开始实施中央广播电视“西新”工程(在发射台安装调试完成 1 千瓦电视单通道彩色发射机 1 部、天馈系统 1 套;在乌兰电视转播台、桑根达来电视转播台、红旗电视转播台、宏丰电视转播台、石哈河电视转播台安装调试完成 100 瓦彩色电视发射机各 1 部,天馈系统各 1 套)、无线覆盖工程、“村村通”工程。2008 年,成立解决全旗农村牧区看电视难的农网技术维护部,并完成模拟信号向数字化信号转变的战略工程。2012 年 12 月,开始实施国家广播电视直播卫星“户户通”工程,共安装完成“户户通”设备 34500 套,建成卫星地面数字电视发射站 6 座,在全旗行政村完成“村村响”工程 90 个点,完成村组补点任务 300 个音柱,极大地提高全旗广播电视覆盖率。全旗广播电视综合覆盖率达 97%。

五、“村村通”工程

2000 年,乌拉特中旗“村村通”工程开始启动。至 2003 年,全旗完成“村村通”工程第一阶段(已通电行政村广播电视)建设任务,增加广播电视覆盖人口 1050 人。

2004—2005 年,全旗完成“村村通”工程第二阶段(新通电行政村和 50 户以上自然村广播电视)建设任务,增加广播电视覆盖人口 1500 余人。

“十一五”规划期间(2006—2010 年),全旗完成“村村通”工程第三阶段(20 ~ 49 户已通电自然村广播电视)建设任务,增加广播电视覆盖人口 4709 人。

“十二五”规划前两年(2011—2012 年),全旗完成“村村通”工程第四阶段(20 户以下已通电自然村广播电视)建设任务,增加广播电视覆盖人口 5300 余人。

第五节　有线电视

一、节目设置

1993年，乌拉特中旗有线电视台建立，开始播出汉语电视节目。同年，有线电视节目主要有中央、省市及地方台共11套节目，每天播出时间24小时。1994—2004年，乌拉特中旗有线电视台汉语节目主要有中央、省市及地方台共21套节目，每天播出时间24小时。旗有线电视台于1997年开始播出蒙古语节目，至2006年，蒙古语节目主要有内蒙古蒙语卫视节目，每天播出时间24小时。2005—2012年，内蒙古广电网络公司乌拉特中旗分公司有线电视播出的汉语节目主要有中央、省市及地方台共126套节目，每天播出时间24小时；播出的蒙古语节目主要有3套，每天播出时间24小时。

二、设施设备

1993年，乌拉特中旗有线电视台成立初期，拥有制作播出机房110平方米，主要设备有编辑设备，配有摄像机、编录设备及传输设备、接收机、调制台、卫星天线等。2005年，内蒙古广电网络公司乌拉特中旗分公司拥有业务用房112平方米，主要设备有光接收设备及调制、解调、编码等相关设备。2012年，内蒙古广电网络公司乌拉特中旗分公司拥有业务用房112平方米，主要设备有光接收设备及调制、解调、编码、数据交换等相关设备。

三、广告

内蒙古广电网络公司乌拉特中旗分公司成立前设有广告部，包括图像、文字等广告业务。内蒙古广电网络公司乌拉特中旗分公司成立后，不再经营广告业务，只做传输业务。

四、管理与服务

执行国家和自治区有关有线数字电视资费政策。全区统一客户服务热线电话“96066”，全天24小时受理用户咨询、故障报修、服务投诉等业务。接到用户报修电话后，一般故障24小时内修复，重大故障全力抢修，并以适当方式及时告知用户。重大故障是指因雷电及外电串入有线电视线路，外部施工、人为破坏、挖断广电光缆等不可抗力，造成有线电视停传的故障。对因网络重大故障造成用户无法收看有线电视，经维护人员确认，一个月内累计停播120小时，减半收取当月基本收视维护费。上门维护人员必须佩戴胸卡（印有照片、姓名、编号、监督电话等）服务，未征得用户同意不得擅入，工作完毕后自觉清理现场，确保用户满意。用户新建有线电视网络，办理相关手续后，工作人员要在15个工作日内为用户开通信号。用户办理暂停、开通、过户、更名等业务手续后，工作人员要在24内完成业务受理。用户收视费到期前15天，通过电视邮件通知用户及时续费。数字电视机顶盒试行三个月内免费保换（人为破坏除外），一年内免费保修，终身维修。机顶盒维修期间要为用户提供代机顶盒，确保用户正常收看。对达不到服务要求或违反服务承诺的行为，进行严肃处理，并将处理结果向用户反馈。

第二章　报　刊

第一节　机　构

1999 年 5 月 31 日，经旗委第三次常委会（1999 年 1 月 12 日）研究同意，《乌拉特中旗周刊》正式创刊，隶属旗委宣传部管理；《乌拉特中旗周刊》设主编 1 人，责任编辑 3 人。

至 2012 年底，《乌拉特中旗周刊》机构性质与人员结构未发生变化。

第二节　宣传报道

《乌拉特中旗周刊》是全旗范围内唯一一家党政机关报，由巴彦淖尔日报社与旗委宣传部联合办刊，巴彦淖尔日报社印刷厂负责印刷，每期发行 1500 份，每星期出刊一期，发行量覆盖全旗党政机关和事业单位、各苏木镇场、各村组及部分企业。

1999 年 5 月 31 日，《乌拉特中旗周刊》正式创刊，4 开 4 版，第一版以政治新闻为主，第二版以经济新闻为主，第三版以科学文化知识为主，第四版以转载或广告为主，当年累计出刊 31 期，在全旗各苏木乡镇、旗直各单位、各条管单位、驻旗部队以及个体工商户中发行，全年共发行近 5 万份。

2003 年，为充实新闻记者队伍，保证高水平办报，旗委宣传部实行“一推双考”（单位推荐、笔试、面试和组织考核）的用人办法，面向全盟公开招聘 3 名新闻工作者。同时，进一步扩大通讯员队伍，全旗各行各业共有通讯员 100 余人。新开辟专栏有：“防非典抓经济记者行”“节水抗旱保增收”“全力推进养殖富民战略”等。当年累计出刊 48 期，共发行近 5 万份。

2006 年，《乌拉特中旗周刊》改为 4 开 8 版，主要以“旗内要闻”“综合新闻”“乡镇动态”“理论与实践”“旗域风采”“文艺天地”“新闻关注”栏目及广告为主，增版的《乌拉特中旗周报》扩大了信息量。当年累计出刊 50 期，共发行近 5 万份。

2007 年，《乌拉特中旗周刊》围绕旗委、旗人民政府重大决策部署，集中进行新农村新牧区建设、生态建设、工业化、城镇化、产业化推进方面的报道工作。全年累计出刊 46 期（30 多万字），共发行近 5 万份。

2010 年，《乌拉特中旗周刊》更名为《乌拉特中旗周报》，同时改为对开 4 版，使报纸更大气、更吸引眼球。为配合旗委、旗人民政府的中心工作，《乌拉特中旗周报》策划了“乌拉特中旗建旗 60 周年”系列报道。围绕科学发展观和创先争优活动目的意义和内容，及时报道全旗学习实践活动和创先争优活动的开展情况取得的成效。当年累计印刷 48 期，共发行近 5 万份。

2012 年，《乌拉特中旗周报》集中重点报道全旗“两会”（人代会、政协会）和旗委扩大会的开幕闭幕盛况，开辟专题、专栏，刊发“十年成就”系列报道 7 篇、“记者走基层”系列报道 9 篇、“两个文明”建设系列报道 8 篇、全旗“各项事业成就展”系列报道 7 篇；开辟的栏目有“走基层、办实事、转作风”“弘扬总干精神、迎会办会促发展”“关注换届”“多部门认真学习贯彻中共十八大精神”“防汛减灾看行动”等，全面及时对全旗在经济、政治、文化、精神文明等方面取得的成就进行报道。全年累计印刷 48 期，共发行近 5 万份。

第三章　档案管理

第一节　机　构

1988 年,乌拉特中旗设有档案局,为旗人民政府工作部门、准科级建制,同时设有旗档案馆,归口旗档案局管理,局馆合署办公,一套人马、两个机构,挂两块牌子。全局(馆)内设机构 3 个(一室二股):办公室、业务股、馆务股;核定事业编制 11 名,其中工勤编制 1 名,核定副级领导职数1 人(局长)。

1993 年 3 月 26 日,乌拉特中旗档案局更名为乌拉特中旗档案馆,归口政府办公室管理,旗档案馆内设机构 3 个(一室二股):办公室、业务股、馆务股;核定事业编制 12 名、工勤编制 1 名,设有馆长 1 人、副馆长 3 人。

1995 年 4 月,旗档案馆划归旗委办公室领导,内设机构与人员编制未发生变化;同年 6 月 9 日,乌拉特中旗档案馆对外挂乌拉特中旗档案行政管理局牌子,仍由旗委办公室管理,内设机构 3 个(一室二股):办公室、业务股、馆务股;核定事业编制 12 名、工勤编制 1 名,设有馆长 1 人、副馆长 2 人。

2011 年,旗档案馆(档案行政管理局)内设机构 3 个(一室二股):办公室、馆务股、业务股;核定事业编制 13 名,在职干部职工 17 人(其中高级职称 1 人、中级职称 5 人、初级职称 7 人),核定领导职数 3 人,一正二副。

2012 年底,旗档案馆(档案行政管理局)内设机构与人员编制未发生变化。

第二节　档案管理

一、设施设备

1988 年,乌拉特中旗档案馆有办公室 3 间、有库房 1 间(面积 100 平方米),档案资料存放于铁柜、木柜之中。因库房面积空间狭小,保管条件较差,库容量饱和,影响档案存放与接收。

2012 年,旗档案馆有办公室 5 间(面积 160 平方米)、有库房 2 间(面积 300 平方米),配置 10 列、5 组密集架,馆库容量增加。档案全部上架保管,资料存放于资料架和铁柜中。先后购置电脑、复印机、摄像机、数码照相机、刻录机、扫描仪等设备 10 套(台),库房配置加湿器、吸尘器,安装防盗门、铁护栏、防紫外线窗帘,完善馆库基础设施。办公条件得到改善。

二、馆藏档案

1988 年,旗档案馆有馆藏档案 12218 卷,资料 8043 本(册),其中馆藏民国档案 740 卷(件)、中华人民共和国成立后档案 44 个全宗。

2000 年,旗档案馆有馆藏档案 26627 卷,资料 12344 本(册),其中馆藏清代档案 48 卷(件)、民国档案 482 卷(件)、日伪统治时期形成的档案 31 卷(件)、中华人民共和国成立后档案 56 个全宗,另有年代无法鉴定的蒙文、藏文档案47册。

2012年底，旗档案馆有馆藏档案46323卷，资料19018本（册）。其中馆藏清代档案48卷（件），主要有清代道光、咸丰、同治、光绪年间清王朝理藩院下发的文件，清光绪二十九年（1903年）十二月至民国21年（1932年）绘制的伊克昭盟盟居地图、咸化寺名称（据初步考证是道光皇帝御笔亲书，用蒙、汉、满、藏四种文字书写）等珍贵原件。馆藏民国档案482卷（件），主要有国民党中央党务公报、蒙藏月报、国民党三青团员名单、民国时期乌拉特中公旗地图及寺庙账簿等。馆藏日伪统治时期形成的档案31卷（件），主要有纪念建立“蒙古青年社”一周年专刊（蒙文、红色油印）、乌拉特东公旗全图、绥远八旗牧场地图及残缺的敌为报纸6张等。馆藏档案中还有年代无法鉴定的蒙文、藏文经典（宗教历史、传说故事）、《蔡哈坛文书》《阿日吉保日吉皇之古事》《今古奇观》中的片段，《安心之书》等47册。中华人民共和国成立后馆藏档案有73个全宗。主要记述乌拉特中旗党政军机关、团体、企事业单位、苏木、乡、镇在党务、政务、军事及生产建设方面的各项活动，真实地反映全旗53年中各项政治活动、经济建设、科教文卫等各行各业的发展变化过程，另有名人档案1个全宗汇集。

三、档案保管

档案保管工作主要以防火、防盗、防虫、防尘、防鼠、防潮、防水、防强光的“八防”为主，落实各项规章制度。

1988年，档案保管工作主要以防火、防盗、防虫、防尘、防鼠、防潮、防水、防强光的“八防”为主，落实各项规章制度。

1989—2011年，档案保管工作主要以防火、防盗、防虫、防尘、防鼠、防潮、防水、防强光的“八防”为主，落实各项规章制度。

2012年，档案保管工作主要以防火、防盗、防虫、防尘、防鼠、防潮、防水、防强光的“八防”为主，落实各项规章制度。增加人防、技防措施。

四、档案开发利用

（一）档案编研开发

1988—1990年，旗档案馆为进一步提高查阅利用效率，编写全宗卷、案卷目录、案卷文件目录、重要文件全引目录、人名索引目录。

1991—1995年，旗档案馆编写档案馆全宗单、档案馆全宗变化情况报道表、全宗卷案卷目录、档案馆资料总目录、档案馆资料分类目录。

1996—2000年，旗档案馆编写档案馆抢救与保护档案登记册、档案馆档案销毁清册、开放档案案卷目录、开放档案文件目录、人员卡片等36种检索工具。

2001—2005年，旗档案馆利用馆藏档案资料编写《乌拉特中旗档案馆指南》，为有关部门编辑出版《中国共产党乌拉特中旗组织史资料》《乌拉特中旗年鉴》《乌拉特中旗志》提供档案资料。

2006—2012年，为有关部门编辑出版《中国共产党乌拉特中旗组织史资料》《乌拉特中旗年鉴》《乌拉特中旗志》《巴音宝日志》《甄氏中医祖传实录》《温更镇范围内的庙宇及历史遗迹》《中共乌拉特中旗委员会领导名录》《乌拉特中旗档案馆指南》等提供档案资料。并为村史、家族史提供较为翔实的档案资料。

（二）档案利用

1988—1990 年，全旗总计查阅利用档案人员 1953 人次、查阅档案 5836 卷（册）。

1991—1995 年，全旗总计查阅利用档案人员 1433 人次、查阅档案 3612 卷（册）。

1996—2000 年，全旗总计查阅利用档案人员 1143 人次、查阅档案 5126 卷（册）。

2001—2005 年，全旗总计查阅利用档案人员 1126 人次、查阅档案 4156 卷（册）。

2006—2010 年，全旗总计查阅利用档案人员 1560 人次、查阅档案 5236 卷（册）。

2011—2012 年，全旗总计查阅利用档案人员 1046 人次、查阅档案 4260 卷（册）。

第三节　业务指导与培训

一、业务指导

1988—1995 年，旗档案馆依据《中华人民共和国档案法》《〈中华人民共和国档案法〉实施细则》《内蒙古自治区档案条例》规定，按照《内蒙古自治区盟市、旗县档案工作目标管理考评办法与考评标准》，深入达标升级单位开展档案指导工作。8 年中，共指导升级达标单位 64 个，其中晋升机关档案目标管理内蒙古自治区一级的 25 个，晋升内蒙古自治区二级的 22 个。

1996—2000 年，旗档案馆共指导升级达标单位 39 个，其中晋升机关档案目标管理内蒙古自治区一级的 31 个，晋升内蒙古自治区二级的 3 个，晋升内蒙古自治区三级的 5 个。

2001—2005 年，旗档案馆共指导升级达标单位 5 个，其中晋升机关档案目标管理内蒙古自治区一级的 5 个。

2006—2010 年，旗档案馆共指导升级达标单位 31 个。

2011—2012 年，旗档案馆共指导升级达标单位 10 个。

二、档案培训

1988—2012 年，旗档案馆根据内蒙古自治区档案局确定的机关档案工作总方针，逐步转入指导机关、团体、企事业单位档案管理升级上来，并在每年年初举办各类档案业务培训班，以提高各机关、企事业单位档案人员的专业水平。

1988—1995 年，旗档案馆举办各类档案业务培训班 4 期，培训各类档案业务人员 218 人。

1996—2000 年，旗档案馆举办各类档案业务培训班 5 期，培训各类档案业务人员 562 人。

2001—2005 年，旗档案馆举办各类档案业务培训班 1 期，培训各类档案业务人员 46 人。

2006—2010 年，未举办各类档案业务培训班。

2011—2012 年，旗档案馆举办各类档案业务培训班 2 期，培训各类档案业务人员 86 人。

第四节　信息化建设

2005 年，旗档案馆配备计算机 1 台、数码照相机 1 台。开始逐步将部分档案目录输入计算机。

2006—2007 年，旗档案馆按照《内蒙古自治区档案管理信息化方案》和《内蒙古自治区各级综合档案馆功能建设等级标准试行方案》的有关要求，馆内配备 3 名档案信息化专业技术人员，负责为旗委、旗人民政府网络建设提供档案管理工作电子信息，宣传报道档案工作的成就与档案信息。馆内共抄录案卷级目录 500 条、文件级目录 5100 条。

2008—2011 年，旗档案馆按照规范化要求，馆内配备 3 名档案信息化专业技术人员，负责馆内共抄录文件级目录14900条。

2012年，旗档案馆按照《内蒙古自治区档案信息化实施方案》和旗委、旗人民政府关于旗直部门信息化建设考核目标的有关要求，配备1名能胜任档案信息化建设的专业技术人员专门从事档案录入工作，完成抄录、补录文件级目录4500条。

第五节　宣传与执法

一、法制宣传

1988—2012年，旗档案馆（档案局）为不断加强档案法制建设和宣传工作，依法管理档案事业，在业务指导和培训过程中开展《中华人民共和国档案法》《内蒙古自治区档案条例》等法律法规的宣传工作；同时利用网络与媒体对档案法律法规、档案业务规范等进行经常性的宣传，起到了很好的宣传和教育作用；尤其是在“12·4”法制宣传日期间积极进行法律法规宣传活动，发放有关《中华人民共和国档案法》《内蒙古自治区档案条例》及与群众生活相关的家庭档案等宣传材料，提高社会依法建档的意识。

二、执法检查

1988—2012年，全旗档案检查工作主要依靠档案馆（档案局）指导人员对各单位进行不定期的检查；同时，会同旗人大常委会、司法局、监察局、政府法制办对全旗各单位进行不定期抽查。检查内容主要是贯彻落实《中华人民共和国档案法》《〈中华人民共和国档案法〉实施细则》《内蒙古自治区档案条例》等法律法规情况；档案工作各项管理制度是否健全；历年档案材料是否及时归档，门类是否齐全；是否及时准确填写各类登记表、统计台账；各类编研材料是否续写完整。对档案工作成绩突出单位的给予表彰；对发现的不规范行为当场给予反馈，责令限期整改。25年中，旗档案部门和有关部门共计进行档案工作执法检查20次，表彰档案工作先进单位31个、先进个人35人。

第三十一篇　体　育

◎ 机　　构
◎ 体制改革
◎ 学校体育
◎ 群众体育
◎ 民族体育
◎ 竞技体育
◎ 设施 经费 彩票
◎ 综合管理

第一章　机　构

第一节　行政管理部门

1988年，乌拉特中旗设有体育运动委员会，为旗人民政府工作部门，专职管理全旗体育工作。当年，旗体育运动委员会内设机构6个：办公室、财务室、工会、竞训股、群体股、老年体协；核定编制16名，其中行政编制8名、事业编制8名，实有干部职工20人，其中科级领导职数3人，一正二副。

1993年，机构改革，旗体育运动委员会被撤销，与旗文化局、广播电视局合并，新成立旗文化体育广播电影电视局（以下简称“文体广电局”），内设机构5个：综合办公室（内设办公室和法制室）、文化股、体育股、广电股、社会文化管理委员会；核定行政编制20名，实有干部职工20人，旗文体广电局核定科级领导职数3人，一正二副；其中体育股专职管理全旗体育工作，有人员2人，设股长1人。旗文体广电局下设二级单位9个，其中体育二级单位1个：青少年体育活动中心，有事业编制7人。

1997年5月，乌拉特中旗青少年体育活动中心被批准为准科级建制。同年，旗文体广电局内设机构5个：综合办公室（内设办公室和法制室）、文化股、体育股、广电股、社会文化管理委员会；核定行政编制20名，实有干部职工20人，旗文体广电局核定科级领导职数3人，一正二副；其中体育股专职管理全旗体育工作，有人员2人，设股长1人。旗文体广电局下设二级单位9个，其中体育二级单位1个：青少年体育活动中心，核定事业编制10名。

2012年，旗文体广电局内设机构5个：综合办公室（内设办公室和法制室）、文化股、体育股、广电股、非遗办公室、财务室；核定行政编制10名，实有干部职工17人，旗文体广电局核定科级领导职数4人，一正三副；其中体育股专职管理全旗体育工作，有人员1人，设股长1人。当年，旗文体广电局下设二级单位7个，其中体育二级单位1个：青少年体育活动中心，有事业编制10名。

第二节　事业单位

1993年，乌拉特中旗体育运动委员会被撤销，与旗文化局、广播电视局合并，新成立旗文体广电局；同年，乌拉特中旗青少年体育活动中心成立，股级建制，全额拨款事业单位，隶属旗文体广电局管理。当年，旗青少年体育活动中心内设机构3个：办公室、竞训股、群体股；核定事业编制7名，实有干部职工11人，设有主任1人、副主任1人。

1997年，旗青少年体育活动中心升格为准科级建制全额拨款事业单位，仍隶属旗文体广电局管理；内设机构3个：办公室、竞训股、群体股；核定事业编制10名，实有干部职工10人，设有主任1人、副主任2人。

2012年，旗青少年体育活动中心隶属关系未变，内设机构3个：办公室、竞训股、群体股；核定事业编制10名，实有干部职工10人，设有主任1人、副主任2人。

第二章　体制改革

第一节　管理体制改革

1993 年 4 月，旗体育运动委员会被撤销，与旗文化局、广播电视局合并，新成立旗文体广电局。旗体育管理部门根据新时期体育管理体制改革总的形势和要求，进一步深化行政管理体制改革，着力转变职能、理顺关系、优化结构、提高效能，形成权责一致、分工合理、决策科学、执行顺畅、监督有力。在工作思路、工作路径选择等方面进行系统、深入地探讨，理清思路，统一认识，稳步推进机构改革工作。

机构改革后，旗体育管理部门工作职责及任务是组织实施《中华人民共和国体育法》《奥运争光计划纲要》《全民健身计划纲要》《国家体育锻炼标准实施办法》《国家体育健康标准实施办法》《国家成年人体质监测》《学校体育工作条例》《国家等级社会体育指导员》《发行国家体育彩票》《农牧民健康工程》《内蒙古体育场地设施管理条例》《内蒙古自治区盟市体育工作目标管理责任书》《巴彦淖尔市体育工作目标管理责任书》和上级各部门下达的体育工作任务。组织开展乌拉特中旗群众性业余竞赛、业余训练、等级裁判员建设，学校训练队建设，社区体育，农村牧区体育，体育场地设施普查、登记、管理，体育市场管理，体育产业，体育统计，体育群团组织，俱乐部，老年人体育工作等。

第二节　事业单位改革

1993 年，根据《中华人民共和国体育法》和国家、内蒙古自治区体育管理部门指制定的方针政策，乌拉特中旗青少年体育活动中心成立。

2008 年，根据旗委组织部、旗人事劳动和社会保障局联合下发的《关于印发〈乌拉特中旗事业单位岗位设置管理实施意见〉的通知》（乌人劳社发〔2008〕207 号）精神，建立健全事业单位岗位设置管理制度，实现事业单位人事管理的科学化、规范化、制度化，旗青少年体育活动中心结合实际，制定《岗位设置方案》。旗青少年体育活动中心拟定设置岗位 10 个，其中管理岗位 1 个、专业技术岗 7 个、工勤技术岗 2 个；其 10 人中，本科毕业 5 人、大专毕业 3 人、中专毕业 2 人，均为专业技术人员。

至 2012 年底，已聘任中级职称教练员 5 人、初级职称（助理）教练员 2 人，体育场地中级工 3 人。

第三章 学校体育

第一节 体育教学

1988—2000 年,各学校贯彻执行中共中央、国务院《关于深化教育改革全面推进素质教育的决定》和《学校体育工作条例》《国家中小学生健康标准》,进一步提高学校体育工作责任制,加强青少年体育工作的管理与指导,各项工作实行面均达到 100%。各学校开展“三跑两操一娱乐”(晨跑、课间跑、课外跑;课间操、眼保健操;文体娱乐活动)活动,全年进行 2 次远足野营,进行 1 次身体检查,小学生体育达标率 87%(优秀率 13%),中学生体育达标率 85%(优秀率 12%)。2000 年后,旗教育局按照巴彦淖尔市文体局业余训练工作目标要求,在旗第一中学、蒙古族学校、第一完全小学,第二完全小学、乌加河学校分别建立业余训练点 6 个,旗青少年体育活动中心选派教练员 6 人,分别到各训练点配合学校体育教师开展训练工作并建立健全学生训练档案。

2001—2002 年,乌拉特中旗学校体育教学继续贯彻执行中共中央、国务院《关于深化教育改革全面推进素质教育的决定》和《学校体育工作条例》《国家中小学生健康标准》,并全面实施内蒙古自治区教育厅制定的“33211 工程”(三操、三课、两活动、一会、一节)。在全旗中小学普及全国广播体操与眼保健操,全面推行《学生体质健康标准》,实施面达 100%。

2004—2012 年,乌拉特中旗学校体育教学贯彻《学校体育工作条例》《国家中小学生健康标准》及“33211 工程”,学生体质明显提高。

第二节 体育锻炼

1988 年,全旗共有中小学(包括职业学校)84 所,在校学生 22842 人,课外体育活动开展率为 100%。

2005 年,全旗共有中小学(包括职业学校)23 所,在校学生 12653 人,课外体育活动开展率为 100%。

2012 年,全旗共有中小学(包括职业学校)22 所,在校学生 7107 人,课学生日均体育锻炼时间 35%,外体育活动开展率为 100%。

第三节 体育比赛

1988—2012 年,乌拉特中旗教育局每年组织举办一届全旗中小学生田径运动会。共计举办全旗中小学生田径运动会 25 届。同时,全旗各中小学校每年举办一次校级田径运动会。

1988—2012 年,巴彦淖尔盟(市)体育部门每 2 年组织召开一届全盟(市)中小学生田径运动会。举办盟(市)中小学生田径运动会 14 届,乌拉特中旗体育部门派代表队每届均参加。

第四章　群众体育

第一节　职工体育

1988—2012 年，随着全国经济社会不断发展，人民群众生活水平日益提高，乌拉特中旗广大职工体育健身意识得到明显增强，为进一步推动职工体育发展，不断提高广大职工的健康素质。通过建立职工体育组织网络体，加快体育场馆设施建设速度，各级各类职工体育赛事不断增多，职工群众性体育健身活动日益活跃。

第二节　农村牧区体育

1988—2012 年，旗体育部门为更好地发展新时期农村牧区体育工作，在以新农村建设背景下，把发展新农村牧区体育工作作为建设社会主义新农村牧区的重要举措，建立农村牧区体育发展的长效机制，大力推动实施“农民体育健身工程”，使全旗农村牧区体育工作取得优异成绩。

第三节　老年体育

1988—2012 年，乌拉特中旗老年体育由旗老年体育协会（以下简称“老年体协”）负责，并通过这些协会普及推广各类适合中老年人的体育活动项目和健身项目，保证老年体育活动正常开展。旗老年体协先后组织举办市级老年体育活动、春节活动、全民健身月活动、老年体育运动会、九九重阳、冬季系列体育活动及基层老年体协分会文体活动等，安排适合中老年群体的形式多样、内容丰富文体活动。

旗老年体协先后组织老年乒乓球、门球、中国象棋、篮球、台球、太极拳、武术、健身舞（操）等健身活动。

第四节　残疾人体育

1988—2012 年，旗残疾人联合会认真开展以“全民健身活动我参与、我锻炼、我健康、我快乐”为主题的宣传教育活动。内容上，结合残疾人体育文化内涵，努力做到 4 个到位：把全民健身工作重要意义宣传到位；把全民健身工作指导思想宣传到位；把全民健身工作的目标、任务、措施、保障等内容宣传到位；把残疾人通过体育活动所展示的自强不息、超越自我、挑战极限、勇敢尝试的精神和超越障碍、参与社会、融入社会的愿望宣传到位。

第五节　全民健身

一、加强领导

1997 年，乌拉特中旗全民健身领导小组成立，并围绕“魅力乌拉特、文明乌拉特、运动乌拉特、活力乌拉特”这一全民健身活动主题，认真开展一系列活动，并确保活动时间、活动内容、活动经费的落实，真正做到认识到位、工作到位、责任到位，营造“新体育、新生活、我运动、我健康”和“生活奔小康、身体要健康”的良好氛围。

二、开展活动

1997—1999 年，旗全民健身领导小组为检阅全民健身成果，在庆祝内蒙古自治区成立 50 周年和香港回归、中华人民共和国成立 50 周年和澳门回归期间，大力推进《全民健身计划纲要》实施，旗体育部门先后举办并组织 6 次较为盛大的体育竞赛活动，参加健身人数达 3 万人次。

2000—2012 年，旗体育部门提出以“每天锻炼一小时、健康工作四十年、幸福生活一辈子”为目标，营造“全民健身、全民受益”“天天健身、天天快乐”“好体魄、好生活”“全民健身、你我同行”的良好全民健身氛围，确定每年开展全民健身活动不少于 5 次，并利用元旦、春节、“五四”青年节、“十一”国庆节、职工运动会、老年运动会、全民健身月等时机，积极开展足球、篮球、排球、乒乓球、羽毛球、网球、传统“男儿三艺”（搏克、赛马、射箭）、自行车、台球、门球、空竹、沙嘎、拔河、跳绳接力赛、运球接力赛、踢毽子、爬山等内容丰富、趣味性强的体育比赛。13 年中，旗体育部门先后举办并组织全民健身活动 13 次，参加健身活动人数达 13 万人次。

第五章 民族体育

民族体育项目搏克、赛马、射箭在乌拉特中旗牧区有着广泛的群众基础，被称为传统“男儿三艺”。那达慕大会、牧区物资交流会、敖包祭祀会、传统庙会、民族运动会期间，举办单位都会设置形式多样，内容丰富的各类体育活动，广大牧民都穿着民族服饰（蒙古袍）自发来到现场，参加各项比赛项目，而搏克、赛马、射箭则是必不可少的传统体育项目。

第一节 搏 克

搏克是蒙古民族最喜好的传统体育娱乐活动之一，是“男儿三艺”（搏克、赛马、射箭）之首，牧民群众赞扬搏克手是草原上的英雄好汉。搏克在内蒙古自治区各盟市都有流行。

搏克（蒙古语：结实、团结、持久之意）不同于中国式摔跤，又不同于日本的相扑，它在规则、方法、服装、场地等方面都有自己的特点：搏克是轮着摔，一上来就互相抓握，膝盖以上任何部位着地即为失败；搏克人数是八、十六、三十二、六十四等双数，总数不能出现奇数；搏克摔跤的报名不分民族、地区、年龄，不限体重；安排对手由德高望重的裁判员负责，不争取摔跤者的意见；比赛实行单淘汰制，即每轮淘汰半数，一跤定胜负；最后确定冠、亚军名次，并予以奖励。

1988—2012 年，乌拉特中旗的搏克运动在内蒙古自治区西部地区中属水平较强的旗县之一。先后获得团体赛、个人赛冠军及优异成绩的选手达 50 余人次。多年来，巴彦淖尔盟（市）代表队成为参加内蒙古自治区各项搏克比赛的主力军。

第二节 赛 马

赛马是蒙古民族最喜好的传统体育娱乐活动之一，是蒙古族传统的体育项目“男儿三艺”之一，也是“男儿三艺”不可缺少的主项。蒙古族爱马，赛马也是男女老幼最喜爱的活动之一。赛马在内蒙古自治区各盟市均盛行。

乌拉特中旗马匹品种是以蒙古马为主，有着悠久的马文化历史和优异的赛马运动成绩。1988—2012 年，乌拉特中旗赛马运动在内蒙古自治区西部地区中属水平较强旗县之一。25 年中，先后获得冠军及优异成绩的选手达 30 余人次。

第三节 射 箭

射箭是蒙古民族最喜好的传统体育娱乐活动之一，也是古老久远的竞技运动项目，是蒙古族传统的体育项目“男儿三艺”之一，也是“男儿三艺”不可缺少的主项。射箭在内蒙古自治区各盟市牧区都有流行。射箭分为骑射和静射 2 种，弓箭的式样、重量、长度、拉力均不受限制，箭靶在早期为草靶和牛羊皮靶，近代出现毡靶或棉布袋靶。比赛用弓在民间有传统的榆木弓和柳木弓，高档次的为牛角弓和钢弓、塑弓。蒙古族对获得冠军的射箭手同样要颁以重奖，颁奖时献上圣洁的哈达，予以鼓励。

至 2012 年，全旗射箭运动参与训练和比赛运动员人数达百人，参与若干次国际国内射箭活动和赛事，在各项国际国内赛事中获得过骄人战绩。

第六章　竞技体育

第一节　运动会

一、旗级运动会

（一）全旗教职工运动会

2007 年 5 月 9 日，乌拉特中旗教职工运动会在海流图镇北山举行，为全民健身月启动活动，由旗文体局主办。旗直属机关、企事业单位、驻地部队 1000 多人参加，设计登山路程 3 千米。

（二）全旗职工运动会

2007 年 5 月 20—24 日，乌拉特中旗首届卫生系统“健康杯”职工运动会在旗卫生局院内启动，由旗卫生局牵头，旗文体局承办。设有 3 人篮球、羽毛球、拔河、趣味体育 5 项比赛。参赛人数 200 多人占卫生系统总人数的 20%。观众人数 4000 多人次。

二、那达慕大会体育赛事

1988 年 8 月，举办乌拉特中旗那达慕大会。1995 年 8 月，举办乌拉特中旗那达慕大会。2000 年 8 月，举办乌拉特中旗那达慕大会。2003 年 8 月，举办乌拉特中旗第一届中蒙国际那达慕大会。

第二节　承办重大赛事

一、承办内蒙古西部搏克比赛区级赛事

1989 年 8 月，内蒙古西部邻近旗第二届搏克协作赛在乌拉特中旗举办，5 支旗级代表队参加比赛，参赛运动员 40 人。

1997 年 8 月，内蒙古西部邻近旗第九届搏克协作赛在乌拉特中旗举办，6 支旗级代表队参加比赛，参赛运动员 50 人。

2007 年 8 月，内蒙古西部邻近旗第十届搏克协作赛在乌拉特中旗举办，共计 11 支旗级男女代表队参加比赛，参赛运动员 110 人。

二、承办国际赛事

2003 年 8 月，乌拉特中旗第一届中蒙国际那达慕大会举办，参赛运动员 600 人。

第三节　人才培养

2011 年，旗体育部门为全面贯彻实施《奥运争光计划纲要（2011—2020）》和实施“竞技体育后备人才培养工程”。结合全旗实际情况，提出重点以民族传统竞技体育、田径、足球为主，设立业余训练点、开展业余训练工作，制定竞技体育后备人才中长期培养规划和业余训练奖励制度，组织招聘专职教练员，派出裁判员、教练员参加业务学习培训，为夯实后备人才培养和队伍梯队建设打下坚实的基础。

2012 年，旗境内国家挂牌训练基地及训练中心有 4 处：青少年体育俱乐部、青少年体育足球俱

乐部、青少年校外活动中心、市体校训练点。业余训练项目有8项：中国式摔跤、国际跤、跆拳道、田径（一中、二中、蒙校）、足球、乒乓球、搏克、中长跑。全旗在训运动员有：中国式摔跤20人、国际跤20人、跆拳道30人、田径（一中30人、二中30人、蒙校50人）、足球300人、乒乓球50人、搏克20人、中长跑20人。当年，全旗有国家级社会体育指导员1人、一级社会体育指导员25人、二级社会体育指导员75人、三级社会体育指导员358人；有一级教练员5人、助理教练员5人、中级体育场地技术员3人；招聘足球专职教练员10人。

第七章　设施　经费　彩票

第一节　设施设备

1988—2004 年,乌拉特中旗没有体育场馆。

2005 年,全旗拥有体育场 1 处,总面积为 30000 平方米;拥有文化体育休闲广场 1 个,占地面积为 1.2 万平方米。

2012 年,全旗拥有各级各类体育场地 100 多处(其中小型农牧民健身广场 10 处),体育场 1 处,面积为 30000 平方米;体育馆 1 处,面积为 4500 平方米;休闲广场 1 处,面积为 12000 平方米。全旗绝大部分体育场馆设施规划和建设结构不合理,功能和经营模式单一,管理人员不足,运营人才匮乏,影响场馆的综合利用。场馆性质及产权归属分为国有、集体、个体、其他 4 类,呈多元化状态;其中国有场馆比重超过三分之二,分为公益型、事业型、营利型 3 类;各体育场馆虽已逐步向社会公众开放,但因管理运行机制不健全,少数场馆采用封闭式管理,造成资源闲置;又因管理人才缺乏,限制场馆发展,所以暂不具备举办非体育类活动的功能条件;设备老化、设施水平低、功能单一,缺乏开展经营性活动条件。

第二节　体育经费

1988—2002 年,乌拉特中旗财政预算体育事业费一直处于低水平状态,年均投入到体育事业的经费为 1 万元。为补充体育经费不足现象,旗体育行政主管部门和各体育协会通过多渠道多形式筹措资金,以促进全旗体育运动继续向前快速发展。

2003 年,全旗体育事业经费被列入政府基本建设投资计划和财政预算,体育事业经费开始逐年增加。至 2010 年,全旗体育事业经费年均达到 1 万元以上。

2011 年,全旗体育事业经费为 9 万元。农村牧区体育工作经费 5 万元,全民健身经费 3 万元,体育场馆维护运行费 1 万元。

2012 年,全旗体育事业经费为 9 万元。农村牧区体育工作经费 5 万元,全民健身经费 3 万元,体育场馆维护运行费 1 万元。

第三节　体育彩票

1996 年,乌拉特中旗本着积极主动、全面提高原则充分利用报刊、宣传车、条幅等有效途径,加大宣传,广造声势,使体彩声誉逐步提高。加大管理力度,提高销售网络的运行质量,突出指导服务,做到服务规范,建立站点规章制度和运行激励机制,确保体育彩票销售工作安全进行。

1997—2012 年,乌拉特中旗体育部门在全旗设立体育彩票发行站点 7 处,体育彩票年度销售额约 300 万元。

第八章　综合管理

第一节　行政管理

乌拉特中旗文体广电局体育股是全旗体育工作的行政管理部门，负责管理和指导基层体育组织、各体育社团组织行政事务。

第二节　设施管理

2003 年 8 月 1 日，国务院颁布的《公共文化体育设施条例》开始实施，以促进公共文化体育设施的建设，加强对公共文化体育设施的管理和保护，充分发挥公共文化体育设施的功能，繁荣文化体育事业，满足人民群众开展文化体育活动的基本需求。旗体育管理部门认真学习贯彻《公共文化体育设施条例》，结合全旗实际，开展文明、健康的文化体育活动，将公共文化体育设施的建设、维修、管理资金列入本级人民政府基本建设投资计划和财政预算。鼓励企业、事业单位、社会团体和个人等社会力量兴建公共文化体育设施。鼓励通过自愿捐赠等方式建立公共文化体育设施社会基金，并鼓励依法向人民政府、社会公益性机构或者公共文化体育设施管理单位捐赠财产。捐赠人可以按照税法的有关规定享受优惠。鼓励机关、学校等单位内部的文化体育设施向公众开放。责成旗文化体育行政主管部门依据职责负责公共文化体育设施的监督与管理。同时对在公共文化体育设施的建设、管理和保护工作中做出突出贡献的单位和个人给予奖励。

第三节　产业管理

20 世纪 90 年代，乌拉特中旗体育产业开始兴起。至 2012 年，全旗体育产业主要以政府主导兴办、资助的带有公益性体育服务，按照福利事业框架和模式运作，满足人们健身健美、娱乐休闲和精神需要，增强人民体质、振奋民族精神、陶冶情操、锻炼意志、促进相互交往、满足休闲娱乐的需要，实现了个人的全面发展和社会文明进步。除服从一般的经济规律之外，还遵循体育的规律，如体育场馆建设、经营体育服装器材、体育比赛、体育表演、运动训练、体育康复保健、体育咨询、社会体育指导中心和承办重大国际国内体育比赛等。

第四节　取得成绩

1988 年，乌拉特中旗体育运动委员会在巴彦淖尔盟体育目标责任验收中，获全盟第一名。

1998 年，乌拉特中旗乌加河镇被国家体育总局评为全国群众体育工作先进单位。同年，被国家体育总局评为“全国优秀社会体育指导员”1 人，被内蒙古自治区体育局评为“全区先进体育工作者”1 人。

1999 年，乌拉特中旗休闲广场晨晚体育指导站被巴彦淖尔盟文化体育局评为全盟先进社会体育指导站。

2002 年，旗文体广电局被内蒙古自治区体育局评为“全区群众体育工作先进单位”，被巴彦淖尔盟文体局评为“全盟群众体育工作先进单位”。

2003 年，旗文体广电局被国家体育总局评为“全国全民健身工作先进集体”，乌拉特中旗巴音苏木被内蒙古自治区体育局评为“全区群众体育工作先进单位”；同年，被内蒙古自治区体育局评为“全区先进体育工作者”1 人。

2004 年，乌拉特中旗蒙古族中学被国家体育总局评为“全国全民健身工作先进集体”，乌拉特中旗德岭山镇被内蒙古自治区体育局评为全区群众体育工作先进单位；同年，被内蒙古自治区体育局评为“全区体育场地普查先进个人”1 人。

2005 年，旗文体广电局、农电局、海流图镇、乌兰苏木、蒙古族中学、第一中学被巴彦淖尔盟文体局评为“全市全民健身工作先进单位”。

2006 年，旗文体广电局被内蒙古自治区体育局评为“全区全民健身工作先进集体”，乌拉特中旗海流图镇、石哈河镇被巴彦淖尔市文体局评为“全市全民健身工作先进集体”；同年，被内蒙古自治区体育局评为“全区先进体育工作者”2 人。

2007 年，旗文体广电局在巴彦淖尔市体育目标责任验收中，获全市第一名。同年，乌拉特中旗海流图镇、川井苏木被巴彦淖尔市文体局评为全盟全民健身工作先进集体。

2010 年，旗文体广电局在巴彦淖尔市体育目标责任验收中，获全市第一名。同年，被国家体育总局评为“全国优秀社会体育指导员”1 人。

2011 年，旗文体广电局在巴彦淖尔市体育目标责任验收中，获全市第一名。

1988—2012 年，乌拉特中旗蒙古族中学、第一完全小学、蒙古族完全小学先后被巴彦淖尔市文体局评为“传统体育项目学校”；先后被内蒙古自治区体育局评为“优秀社会体育指导员”1 人、“优秀裁判员”2 人；被巴彦淖尔盟文体局评为“优秀社会体育指导员”5 人、“优秀裁判员”3 人、“优秀体育教练员”11 人。

第三十二篇　医疗卫生

◎ 机　　构
◎ 体制改革
◎ 医疗卫生队伍
◎ 医疗与护理
◎ 疾病防控
◎ 卫生保健
◎ 公共卫生
◎ 综合管理

第一章　机　构

第一节　行政管理机构

一、卫生局

1988年，乌拉特中旗设有卫生局，是旗政府主管全旗医疗卫生工作的职能部门，内设机构4个：办公室、业务股、爱国卫生运动委员会办公室、红十字会；核定行政编制13名，实有干部职工26人，其中科级领导职数4人，一正三副。

1990年6月，旗卫生局内设机构增设公费医疗办公室。

1996年8月，旗红十字会由旗卫生局分出，单独设立，为正科级建制，与旗卫生局合署办公，一套人员，两块牌子。

1997年9月，旗爱国卫生运动委员会办公室由旗卫生局分出，单独设立，与旗卫生局合署办公，一套人员，两块牌子。同年10月，旗红十字会与旗卫生局实行人、财、物独立，分开办公。至年底，旗卫生局内设机构3个：办公室、业务股、公费医疗办公室；核定行政编制28名，实有干部职工30人，其中科级领导职数4人，一正三副。

2000年5月，旗卫生局内设机构公费医疗办公室分出，划归旗社会保障局管理。

2006年11月，乌拉特中旗新型农村牧区合作医疗管理委员会成立，下设办公室，设在旗卫生局。至年底，旗卫生局内设机构3个：办公室、业务股、新型农村牧区合作医疗管委会办公室；实有干部职工19人，其中科级领导职数5人，一正四副。

2010年，旗卫生局内设机构新增设医政药政医疗卫生服务监督与中蒙医股、食品安全综合协调与疾病预防控制股、旗卫生局应急办公室。

2011年9月，旗卫生局内设机构增设基层医疗卫生机构财务集中核算中心。

2012年底，旗卫生局内设机构6个：办公室、医政药政医疗卫生服务监督与中蒙医股、食品安全综合协调与疾病预防控制股（旗爱国卫生运动委员会办公室）、旗卫生局应急办公室、基层医疗卫生机构财务集中核算中心、新型农村牧区合作医疗管委会办公室；核定行政编制5名，实有干部职工5人，其中科级领导职数4人，一正三副。

二、爱国卫生运动委员会办公室

1988年，乌拉特中旗设有爱国卫生运动委员会办公室，属旗卫生局内设机构，设主任1人。

1997年9月，旗爱国卫生运动委员会办公室由旗卫生局分出，单独设立，与旗卫生局合署办公，一套人员，两块牌子；核定行政编制1名，实有人员3人，设主任1人、副主任1人。

至2012年底，旗爱国卫生运动委员会办公室机构性质、隶属关系，内设机构、人员编制均未发生变化。

三、新型农村牧区合作医疗办公室

2006年11月，乌拉特中旗新型农村牧区合作医疗管理委员会、新型农村牧区合作医疗监督委员会成立；同月，乌拉特中旗新型农村牧区合作医疗办公室设立，设在旗卫生局，为合作医疗经办机构，正股级建制，全额拨款事业单位；新型农村牧区合作医疗办公室无内设机构，核定行政编制 5 名（从卫生系统抽调解决，不另外增加编制），实有干部职工 4 人，设主任 1 人、副主任 3 人。

至 2012 年底，旗新型农村牧区合作医疗办公室核定行政编制 5 名，实有干部职工 5 人，设主任 1 人、副主任 3 人。

四、卫生城市创建办公室

2011 年，乌拉特中旗卫生城市创建办公室成立，设在旗爱国卫生运动委员会办公室内，实有人员 2 人，设主任 1 人。

至 2012 年底，旗卫生城市创建办公室编制与人员未发生变化。

第二节　卫生监督机构

2005 年 5 月，乌拉特中旗卫生监督所设立，为旗卫生局二级事业单位，股级建制，全额拨款单位，内设机构 3 个：办公室、食品卫生监督科、医疗卫生监督科；核定事业编制 15 名（从卫生系统抽调解决，不另外增加编制），实有干部职工 3 人，设主任 1 人。

2006 年 9 月，旗卫生监督所升格为准科级建制，仍属旗卫生局领导，全额拨款事业单位；内设机构 4 个：办公室、食品卫生监督科、医疗卫生监督科、公共场所卫生监督科；核定事业编制 13 名，实有干部职工 8 人，核定副科级领导职数 1 人。

2007 年 5 月，旗卫生监督所内设机构 4 个：办公室、食品卫生监督科、医疗卫生监督科、公共场所卫生监督科；核定事业编制 13 名，实有干部职工 25 人，核定副科级领导职数 1 人。

2009 年 4 月，旗卫生监督所被列入参照公务员管理单位，不再实行事业单位的专业技术职务管理制度。至年底，旗卫生监督所内设机构 4 个：办公室、食品卫生监督科、基层卫生监督科、综合卫生监督科；核定事业编制 13 名，实有干部职工 26 人，核定副科级领导职数 1 人。

2010 年 3 月，旗卫生监督所内设机构调整为 5 个：办公室、稽查科、监督一科、监督二科、综合医疗科；核定事业编制 13 名，实有干部职工 26 人，核定副科级领导职数 1 人。

2012 年底，旗卫生监督所内设机构 5 个：办公室、稽查科、监督一科、监督二科、综合医疗科；核定事业编制 13 名，实有在职干部职工 28 人，核定副科级领导职数 1 人。

第三节　医疗机构

一、旗级医疗机构

（一）乌拉特中旗人民医院

1988 年，乌拉特中旗设有人民医院，内设科室 21 个：内科、外科、妇产科、儿科、化验室、B 超室、院办室、内护办室、外护办室、妇儿护办室、理疗科、放射科、皮肤科、五官科、中医科、蒙医科、保健科、手术室、传染科、药剂科、后勤科，全院有在职干部职工 164 人，其中专业技术人员 127 人（本科以上学历 9 人、大专学历 39 人）；设有院长 1 人、副院长 3 人。

1989 年，全院设有科室 21 个，全院有在职干部职工 172 人，其中专业技术人员 138 人（本科以上学历 12 人、大专学历 45 人）；设有院长 1 人、副院长 3 人。

1999 年 5 月 24 日，旗人民医院配备救护车、开通“120”急救中心；同年 11 月 20 日，旗人民医院成立乌拉特中旗红十字医疗救护队。

2004 年 10 月，旗人民医院成立医院输血管理委员会，设置血库，配置 3 名检验师，承担全旗临床紧急用血工作任务。同年,医院成立感染疾病科。

2005 年,全院设有科室 24 个,全院有在职干部职工 145 人,其中专业技术人员 127 人(本科以上学历 28 人、大专学历 59 人);设有院长 1 人、副院长 4 人。

2006 年,全院设有科室 24 个,全院有在职干部职工 145 人,其中专业技术人员 127 人(本科以上学历 30 人、大专学历 60 人);设有院长 1 人、副院长 3 人。

2007 年,全院设有临床科室 17 个:内科、外科、中医科、蒙医科、皮肤科、妇产科、儿科、内护办室、外护办室、手术室、急诊科、五官科、口腔科、感染科、保健科、肛肠科、胃镜室,医技科室 5 个:化验室、B 超室、放射科、药剂科、心电图室,职能科室 7 个:院办室、护理部、医务科、物价科、财务科、后勤科、收费科;有在职干部职工 147 人,其中卫生技术人员 132 人(本科以上学历 35 人、大专学历 60 人),管理人员、工勤人员等 15 人;设有院长 1 人、副院长 3 人。

2008 年,全院设有临床科室 17 个、医技科室 5 个、职能科室 7 个;有在职干部职工 147 人,其中专业技术人员 132 人(本科以上学历 38 人、大专学历 62 人);设有院长 1 人、副院长 3 人。

2009 年 3 月 1 日,旗人民医院设立血液透析室。至年底,全院设有临床科室 17 个、医技科室 8 个、职能科室 11 个;有在职干部职工 200 人,其中专业技术人员 132 人(本科以上学历 47 人、大专学历 64 人);设有院长 1 人、副院长 3 人。

2010 年 11 月 20 日,医院正式启动内科重症监护室。至年底,全院设有临床科室 17 个、医技科室 8 个、职能科室 11 个;有在职干部职工 159 人,其中专业技术人员 147 人(高级职称 22 人、中级职称 45 人);设有院长 1 人、副院长 3 人。

2011 年,全院设有临床科室 17 个、医技科室 8 个、职能科室 11 个;有在职干部职工 155 人,其中专业技术人员 138 人(高级职称 24 人、中级职称 48 人);设有院长 1 人、副院长 3 人。。

2012 年底,全院设有临床科室 19 个:重症医学科、内科、外科、中医科、蒙医科、皮肤科、妇产科、手术室、急诊科、眼科、口腔科、耳鼻喉科、感染科、肛肠科、中医科、蒙医科、胃镜室、血透科、康复科,医技科室 8 个:放射科、功能科、检验科、药剂科、血库、麻醉科、病理科、供应科,职能科室 11 个:护理部、控感科、物价科、医务科、信息科、图书室、财务科、后勤科、收费科、保卫科、统计室;核定编制人数 125 名,实有在职干部职工 208 人,其中临床执业医师 50 人、护士 109 人、工勤及行政人员 40 人;全院有卫生专业技术人员 132 人(高级职称 26 人、中级职称 38 人,本科以上学历 73 人、大专学历 176 人),卫生专业技术人员占全院总人数的 84%;设有院长 1 人、副院长 3 人。

(二)乌拉特中旗中蒙医院

1988 年,乌拉特中旗设有海流图镇卫生院,内设科室 9 个:中医科、内科、妇科、儿科、放射科、B 超室、化验室、药房、护士办公室,全院有在职干部职工 18 人,其中专业技术人员 16 人(大专学历 2 人);设有院长 1 人、副院长 2 人。

2002 年,海流图镇卫生院内设科室 14 个:中医科、内科、妇科、儿科、放射科、防保科、口腔科、皮肤科、外科、眼科、B 超室、化验室、药房、护士办公室,全院有在职干部职工 23 人,其中专业技术人员 20 人(本科以上学历 3 人、大专学历 4 人);设有院长 1 人、副院长 2 人。

2003 年 4 月,海流图镇卫生院升格为旗级医疗机构,改称乌拉特中旗中蒙医院并正式挂牌成立。至年底,全院内设科室 21 个:蒙医科、中医科、内科、外科、妇科、儿科、中西医结合治疗科、皮肤科、康复科、眼科、理疗科、肛肠科、骨伤科、预防保健科、中药制剂科、放射科、B 超室、心电图、化验室、药房、护士办公室;全院有在职干部职工 59 人,其中专业技术人员 57 人(本科以上学历 4 人、大专学历6人）；设有院长1人、副院长3人。

2004年，全院设有临床科室15个、医技科室5个、职能科室6个，有在职干部职工51人，其中卫生专业技术人员45人（本科以上学历4人、大专学历6人）；设有院长1人、副院长3人。

2005年，全院设有临床科室15个、医技科室5个、职能科室6个，有在职员工50人，其中卫生专业技术人员45人（本科以上学历4人、大专学历9人）；设有院长1人、副院长3人。

2006年，全院设有临床科室15个、医技科室5个、职能科室6个，有在职干部职工60人，其中专业技术人员57人（本科以上学历5人、大专学历10人）；设有院长1人、副院长2人。

2008年，全院设有诊疗医技科室15个、职能科室6个，有在职干部职工55人，其中卫生专业技术人员52人（本科以上学历10人、大专学历12人）；设有院长1人、副院长2人。

2009年，全院设有诊疗医技科室15个、职能科室6个，有在职干部职工55人，其中卫生专业技术人员53人（本科以上学历10人、大专学历12人）；设有院长1人、副院长2人。

2010年，全院设有诊疗医技科室15个、职能科室6个，有在职干部职工61人，其中卫生专业技术人员60人（本科以上学历11人、大专学历13人）；设有院长1人、副院长2人。

2011年，全院设有诊疗医技科室4个、职能科室5个，有在职干部职工51人，其中卫生专业技术人员51人（本科以上学历15人、大专学历14人）；设有院长1人、副院长2人。

2012年，全院设有诊疗医技科室5个：检验科室、放射室、功能科室、药械科、胃肠镜室，职能科室7个：办公室、医务科室、护理部科、财务科、控感科、总务科、防保科，有在职干部职工51人，其中卫生专业技术人员49人（本科以上学历22人、大专学历15人）；设有院长1人、副院长2人。

（三）乌拉特中旗“120”急救中心

1999年5月24日，旗人民医院开通“120”急救中心，由医院急诊科承担抢救任务。至年底，旗“120”急救中心有在职干部职工2人；配备救护车1辆。

2005年，旗“120”急救中心有在职干部职工3人；配备救护车3辆。

2012年，旗“120”急救中心有在职干部职工3人；配备救护车3辆。

二、镇、苏木、乡卫生院

1988年，全旗共有镇、苏木、乡卫生院20所：海流图镇卫生院、温更镇卫生院、乌加河镇卫生院、桑根达来苏木卫生院、巴音苏木卫生院、乌兰苏木卫生院、川井苏木卫生院、巴音杭盖苏木卫生院、杭盖戈壁苏木卫生院、新忽热苏木卫生院、巴音哈太苏木卫生院、呼勒斯太苏木卫生院、石哈河乡卫生院、双盛美乡卫生院、郜北乡卫生院、楚鲁图乡卫生院、德岭山乡卫生院、乌梁素太乡卫生院、宏丰乡卫生院、石兰计乡卫生院；各卫生院设有院长1人、副院长1～2人。

2001年4月，全旗进行撤乡并镇改革。至年底，全旗共有卫生院16所，其中镇卫生院4所、苏木卫生院9所、乡卫生院3所；各卫生院设有院长1人、副院长1～2人。

2012年底，全旗共有苏木镇卫生院16所，其中中心卫生院4所：乌加河中心卫生院、德岭山中心卫生院、石哈河中心卫生院、川井中心卫生院，一般卫生院12所：宏丰卫生院、石兰计卫生院、乌梁素太卫生院、楚鲁图卫生院、桑根达来卫生院、巴音卫生院、巴音乌兰卫生院、巴音杭盖卫生院、新忽热卫生院、呼勒斯太卫生院、温更卫生院、巴音哈太卫生院；各卫生院设有院长1人、副院长1～2人。

三、社区卫生服务（中心）站

2007年，乌拉特中旗海流图镇社区卫生服务机构成立，设有社区卫生服务（中心）站3个，由旗级3家公立医院延伸办理，分别为海流图镇社区卫生服务中心、海流图镇乌兰大街社区卫生服务站、海流图镇巴音路社区卫生服务站；3个社区卫生服务（中心）站共有在职干部职工20人，其中卫生专业技术人员20人（大专学历12人）。

2011年，海流图镇社区卫生服务机构改革，结合全镇行政社区划分，设置社区卫生服务中心1个：海流图镇社区卫生服务中心（花园路社区卫生服务站，政府主办），社区卫生服务站5个：巴音路社区卫生服务站（政府主办）、乌兰大街社区卫生服务站（政府主办）、教育路社区卫生服务站（民营主办）、西郊社区卫生服务站（民营主办）、哈萨尔社区卫生服务站（民营主办）。各卫生服务站由社区卫生服务中心负责业务指导，实行一体化管理；社区卫生服务中心及社区卫生服务站共有在职干部职工20人，其中卫生专业技术人员20人（大专学历12人）；社区卫生服务中心设有主任1人。

至2012年底，海流图镇社区卫生服务中心及社区卫生服务站机构与人员未发生变化。

四、嘎查村卫生室

2007年，全旗有嘎查、村卫生室45所。2010年，全旗有嘎查、村卫生室54所。2012年，全旗有嘎查、村卫生室48所。

五、个体诊所

1988年，全旗共有营业登记的个体诊所15所。2000年，全旗共有营业登记的个体诊所20所。2007年，全旗共有营业登记的个体诊所25所。2009年，全旗共有营业登记的个体诊所27所。2012年，全旗共有营业登记的个体诊所32所。

第四节 卫生机构

一、疾病预防控制中心

1988年，乌拉特中旗设有卫生防疫站，内设科室10个：办公室、计划免疫科、检验科、学校卫生科、食品卫生科、地方病防治科、放射科、防痨科、鼠防科、防疫科，核定事业编制45名，实有在职干部职工56人，设站长1人、副站长3人。

1992年，旗卫生防疫站防痨科与计划免疫科合并为防治科。

1994年，旗卫生防疫站内设机构增设监督一科、监督二科。

1998年4月，旗卫生防疫站增挂结核病防治所牌子，启动肺结核归口管理，实行一套人员，两个牌子；同年9月，旗卫生防疫站"突发疫情专业机动队"成立。至此，旗卫生防疫站（结核病防治所）内设科室11个：办公室、防治科、检验科、学校卫生科、食品卫生科、地方病防治科、放射科、鼠防科、防疫科、监督一科、监督二科；核定事业编制45名，实有在职干部职工56人，设站长1人、副站长3人。

1999年12月，乌拉特中旗消除碘缺乏病评估领导小组成立，办公室设在旗卫生防疫站。

2003年4月，旗卫生防疫站抗击"非典"领导小组和各业务工作组成立。

2004年，旗卫生防疫站内设科室进行调整。调整后，内设科室8个：办公室、监督一科、监督二科、防治科、结核病防治科、卫生科、地病科、检验科；核定事业编制45名，实有在职干部职工58人，其中卫生专业技术人员46人；设站长1人、副站长3人。

2005年5月，旗卫生防疫站承担的食品卫生监督和公共卫生监督职能划归旗卫生监督所，旗卫生防疫站内设科室监督一科、监督二科被撤销。至年底，旗卫生防疫站内设科室6个：办公室、防治科、卫生科、结核病防治科、地方病防治科、检验科；核定事业编制45名，实有在职干部职工54人，其中卫生专业技术人员47人；设站长1人、副站长3人。

2006年，乌拉特中旗卫生防疫站更名为乌拉特中旗疾病预防控制中心，相当于科级建制，事业编制，隶属旗卫生局管理，经费来源实行全额补助；至年底，旗卫生防疫站内设科室7个：办公室、财务科、防治科、结核病防治科、地方病防治科、学校卫生科、检验科；核定事业编制37名，实有在职干部职工54人，其中卫生专业技术人员45人；设主任1人、副主任3人。

2008年，旗疾病预防控制中心内设科室未发生变化，核定事业编制37名，实有在职干部职工52人，其中卫生专业技术人员44人；设主任1人、副主任3人。

2011年，旗疾病预防控制中心内设科室未发生变化，核定事业编制37名，实有在职干部职工52人，其中卫生专业技术人员48人；设主任1人、副主任3人。

2012年，旗疾病预防控制中心内设科室未发生变化，核定事业编制37名，实有在职干部职工50人，其中卫生专业技术人员43人；设主任1人、副主任3人。

二、妇幼保健院

1988年，乌拉特中旗设有妇幼保健所，内设科室9个：妇科、儿科、妇幼保健科、儿童保健科、手术室、产房、化验室、B超室、外科；核定事业编制36名，实有在职干部职工41人，其中卫生专业技术人员38人；设所长1人、副所长1人。

1990年，乌拉特中旗妇幼保健所改称乌拉特中旗妇幼保健院，内设科室7个，其中行政科室2个：办公室、财务科，临床科室4个：手术室、儿科、妇科、外科，保健科室1个：妇幼保健室；核定事业编制36名，实有在职干部职工41人，其中卫技人员38人；设院长1人、副院长1人。

2002年，旗妇幼保健院内设科室11个，其中行政科室2个：办公室、财务室，临床科室5个：急诊室、妇产科、儿科、内科、外科，保健科室2个：妇幼保健科、基层保健培训科；医技科室2个：手术室、检验科；核定事业编制36名，实有在职干部职工44人，其中卫生专业技术42人（高级职称1人，中级职称12人，初级职称29人）；设院长1人、副院长1人。

2004年，旗妇幼保健院内设科室未发生变化，核定事业编制36名，实有干部职工44人，均为卫生专业技术人员（高级职称1人，中级职称12人，初级职称29人）；设院长1人、副院长1人。

2005年，旗妇幼保健院内设科室未发生变化，核定事业编制36名，实有干部职工43人，其中卫生专业技术人员36人（高级职称1人，中级职称12人，初级职称30人）；设院长1人、副院长1人。

2006年，旗妇幼保健院内设科室新增中医科、医务科、新农村牧区合作医疗办公室、病检室、健康教育等科室。至年底，内设科室13个，其中行政科室4个：办公室、医务科、新农村牧区合作医疗办公室、财务科，临床科室6个：急诊室、病检室、妇产科、儿科、内科、外科，保健科室3个：妇幼保健科、健康教育科、基层保健培训科；核定事业编制36名，实有在职干部职工41人，其中卫技人员38人（高级职称1人，中级职称12人，初级职称30人）；设院长1人、副院长2人。

2007年，旗妇幼保健院内设科室18个，其中行政科室4个：办公室、医务科、新农村牧区合作医疗办公室、财务科，临床科室8个：急诊室、病检室、妇产科、儿科、内科、外科、手术室、产房，保健科室6个：新婚咨询科、妇幼保健科、辅助检查科、健康教育科、基层保健培训科、新生儿洗浴抚触中心；核定事业编制36名，实有在职干部职工43人，其中卫生专业技术人员37人（副主任医师2人，主治医师21人）；设院长1人、副院长2人。

2008年，旗妇幼保健院内设科室未发生变化，核定事业编制36名，实有在职干部职工44人，其中专业技术人员38人（副主任医师2人，主治医师21人）；设院长1人、副院长2人。

2010 年,旗妇幼保健院内设科室进行调整。调整后,内设科室 17 个,其中行政科室 4 个:办公室、财务室、新农合办公室、医务科,临床科室 9 个:急诊室、病检室、妇产科、儿科、内科、外科、中医科、手术室、产房,保健科室 4 个:婚检科、妇幼保健科、功能科、新生儿洗浴抚触中心;核定事业编制 36 名,实有在职干部职工 53 人,其中卫生专业技术人员 50 人(副主任医师 10 人、主治医师 24 人);设院长 1 人、副院长 2 人。

2011 年 3 月,旗妇幼保健院内设科室增设 VCT 室。至年底,核定事业编制 36 名,实有在职干部职工 48 人,其中卫生专业技术人员 48 人(副主任医师 10 人、主治医师 24 人);设院长 1 人、副院长 2 人。

2012 年,旗妇幼保健院内设科室 13 个,其中行政科室 4 个:办公室、财务科、医务科、新农合办公室,临床科室 5 个:手术室、妇科、儿科、内科、中医科,保健科室 4 个:婚检科、妇幼保健科、功能科、新生儿洗浴抚触中心室;核定事业编制 42 名,实有在职干部职工 46 人,其中卫生专业技术人员 42 人(副主任医师 11 人、主治医师 25 人);设院长 1 人、副院长 1 人。

三、结核病防治所

1998 年 4 月,乌拉特中旗结核病防治所成立,与旗卫生防疫站合署办公,实行一套人员,两个牌子。在旗卫生防疫站增挂结核病防治所牌子。旗卫生防疫站(结核病防治所)内设结核病防治科。

1999 年,全旗结核病的治疗开始按照一般传染病到医院就诊。

2012 年底,结核病防治所与旗卫生防疫站合署办公关系未发生变化。

第二章 体制改革

第一节 机构改革

一、妇幼保健所升格

1990 年，乌拉特中旗妇幼保健所升格为乌拉特中旗妇幼保健院，为旗卫生局所属的相当正科级事业单位。旗妇幼保健院是全旗唯一一所以妇女、儿童为主，集临床医疗、预防保健、基层妇幼卫生指导等功能为一体的妇幼保健专科医院，承担全旗妇女儿童医疗保健任务。

1998 年，旗妇幼保健院成功创建国家级爱婴医院。

二、中蒙医院设立

2002 年 11 月，巴彦淖尔盟卫生局下发《关于上报 2002 年基层卫生工作总结和 2003 年基层卫生重点工作项目的通知》（巴卫字〔2002〕222 号）、旗人民政府办公室下发《关于向医疗卫生部门收费，罚款及检查须经我局批准的通知》（乌中卫字〔2002〕36 号），批准同意成立乌拉特中旗中蒙医院，内部科室设置依据二级中蒙医院科室设置标准，承担辖区内的预防保健工作任务。

2003 年 4 月，海流图镇卫生院改称乌拉特中旗中蒙医院并正式挂牌成立，为乌拉特中旗卫生局所属的相当副科级事业单位。其主要职责是：完成上级交办的医疗工作任务；承担全旗中国蒙医药医疗及乡村蒙医师培训任务；承担全旗常见病、多发病的诊治等基本医疗工作；承担院前急救、新农合、对口支援、预防接种、巡回医疗、恢复期病人康复治疗与护理；对下级医院进行业务技术指导；承担中国蒙医药诊疗技术的挖掘整理和技术推广；加强和促进中国蒙医药事业全面协调发展，继承、发展和弘扬中国蒙医药文化；协助旗卫生局制定全旗蒙医药事业发展规划。

三、结核病防治所设立

1998 年 4 月，乌拉特中旗结核病防治所成立，与旗卫生防疫站合署办公，实行一套人员，两个牌子。在旗卫生防疫站增挂结核病防治所牌子。旗卫生防疫站（结核病防治所）内设结核病防治科，负责全旗结核病的治疗与防治。1999 年，全旗结核病的治疗按照一般传染病到医院就诊。

四、卫生监督所设立

2005 年 5 月，乌拉特中旗人民政府下发《关于成立乌拉特中旗卫生局卫生监督所的批复》（乌中政办字〔2005〕26 号），乌拉特中旗编制委员会下发《关于成立乌拉特中旗卫生监督所的批复》（乌机编发〔2005〕17 号），乌拉特中旗卫生局开始组建旗卫生监督所。旗卫生监督所为旗卫生局二级事业单位，股级建制，全额拨款，编制 15 名，所需编制和人员从卫生系统抽调解决，不另外增加编制。同时，旗卫生防疫站所承担的食品卫生监督和公共卫生监督职能划归到旗卫生局卫生监督所。

2006 年 9 月，根据《关于旗卫生局卫生监督所升格和旗疾病预防控制中心设置的通知》（乌机编发〔2006〕19 号），旗卫生局卫生监督所由股级建制升格为准科级建制，为旗卫生局内设卫生监督机构，全额拨款事业单位，核定事业编制 13 名，核定副科级领导职数 1 人。

五、新型农村牧区合作医疗办公室设立

2006 年 11 月，乌拉特中旗新型农村牧区合作医疗管理委员会、乌拉特中旗新型农村牧区合作医疗监督委员会成立。旗新型农村牧区合作医疗管理委员会下设办公室，为合作医疗经办机构，正股级建制，全额拨款事业单位，所需编制和人员从卫生系统抽调解决。新型农村牧区合作医疗办公室（以下简称“新农合办公室”）设在旗卫生局，负责全旗新农合工作，承担新农合业务管理和日常工作；负责办理农牧民参合登记、新农合基金征缴和收支全过程的监督管理，参合费代收代缴、落实本级财政补助资金、监管本辖区内定点医疗机构、办理参合农牧民就医费用补偿审核等工作；负责办理转诊（院）、参合信息录入、核对农牧民参合信息、解释新型农村牧区合作医疗相关政策、法规、管理办法和实施细则。同年 12 月，旗人民政府印发《乌拉特中旗新型农村牧区合作医疗实施方案》《乌拉特中旗新型农村牧区合作医疗管理暂行办法》《乌拉特中旗新型农村牧区合作医疗医药费用报销办法》《乌拉特中旗新型农村牧区合作医疗基金管理暂行办法》《乌拉特中旗新型农村牧区合作医疗旗级定点医疗机构管理制度》《乌拉特中旗新型农村牧区合作医疗公示、定期汇报和例会制度》等 17 个管理办法和制度。

2007 年 1 月 1 日，乌拉特中旗正式实施新型农村牧区合作医疗制度。

六、卫生防疫站升格

2006 年，乌拉特中旗卫生防疫站由股级建制升格为相当科级建制，同时更名为乌拉特中旗疾病预防控制中心，隶属旗卫生局管理，事业性质，经费来源实行全额补助。其主要职责是：完成上级下达的疾病预防控制任务；承担全旗的疾病预防和控制、计划免疫、预防接种、卫生检验、健康教育与健康促进、疫情和公共卫生健康危害因素监测、疫情信息管理和相关业务技术指导与咨询等；负责疾病预防控制具体工作的管理和落实；负责疫苗使用管理、技术指导及效果分析评价；协助旗卫生局制定全旗突发公共卫生事件应急预案，负责传染病和各类中毒等突发公共卫生事件的调查、报告和应急处理，指导和承担救灾防病有关技术工作及负责消杀药品的发放；负责疫区调查处理；开展卫生宣传教育与健康促进活动，普及卫生防病知识；承担对全旗从事疾病预防控制相关工作人员的培训，受旗卫生局委托对全旗各级医疗机构开展的疾病预防控制工作进行检查、考核与评价等。

第二节　人事制度改革

2001 年，全旗医院恢复分级管理评审工作。

2005 年 5 月，旗人民医院转制后，领导班子上任，积极完善医院人事制度和各项管理制度，建立各项激励机制，扭转医院管理混乱、业务停滞不前的局面。

2009 年 4 月，根据巴彦淖尔市人事劳动和社会保障局下发《关于批准乌拉特中旗安全生产监督管理局等九个事业单位为参照公务员法管理单位的通知》（巴市人发〔2009〕34 号），乌拉特中旗卫生局卫生监督所被列入参照公务员法管理单位，严格按照公务员法及其配套政策法规的规定进行管理，不再实行事业单位的专业技术职务、工资、资金等人事管理制度。

2011 年，旗卫生局根据卫生体制改革相关要求，重新核定全旗苏木镇卫生院编制，巴彦淖尔市编委核定乌拉特中旗 13 所苏木镇卫生院编制 163 名，在核定编制范围内，按照人事部门核准的设岗方案，分为管理岗位、专业技术岗位、工勤技能岗位，其中专业技术岗位编制不低于编制数 85%，所有人员实行竞聘上岗、全员聘用。同年，海流图镇社区卫生机构进行改革，海流图镇社区卫生服务中心、巴音路社区卫生服务站、乌兰大街社区卫生服务站 3 家公立社区服务机构人员从旗级公立医院整体剥离，其中社区卫生服务中心10人，2个社区卫生服务站每个5人，人员工资由差额转变为全额工资。同年，全旗嘎查村卫生室实行乡村一体化管理，在行政、人员、业务、药械、财务等方面实现“五统一”。一是统一行政管理。村卫生室在苏木镇卫生院指导下开展日常业务，苏木镇卫生院对嘎查村卫生室的设置规划，工作程序，规章制度，考评奖惩等实行统一管理。二是统一人员管理。苏木乡镇卫生院负责聘用嘎查村卫生室工作人员（必须具备置执业，助理医师或乡村执业医师），并与乡村医生签订聘用合同。三是统一业务管理。苏木乡镇卫生院负责嘎查村卫生室档案和乡村医生技术档案的建设和管理，嘎查村统一处方笺，门诊登记、出诊登记、消毒记录、传染病登记，做到规范服务，记录完整，确保医疗安全。四是统一财务管理。嘎查村卫生室按照国家法律法规及相关财务会计制度，独立经营、独立核算、债权债务独立承担，健全各类账、册、卡、簿，做到核算准确、手续齐全、票据统一、收费标准统一，并定期接受苏木镇卫生院的财务监督检查。五是统一药品管理。嘎查村卫生室所有药品、耗材由苏木乡镇卫生院统一采购配送，实行零差率销售，并进行公示，严禁从非法渠道购进药品，苏木镇卫生院要通过业务讲座、例会等加强对待嘎查村医生业务指导，苏木镇卫生院与乡村医生签订聘用合同。当年，苏木镇卫生院储备卫生专业技术人员11人，旗级公立医院储备卫生技术人员9人。

2012年8月，旗人民政府印发第三次常务会议纪要，同意为旗人民医院面向社会公开招录紧缺急需专业技术人才。是年10月，旗人民政府印发第四次常务会议纪要，决定为旗人民医院面向社会公开招录紧缺急需专业技术人才15～20人；同月，北京医疗专家团第一次到旗人民医院坐诊。

第三节　分配制度改革

2009年，全旗医疗卫生事业单位开始实行岗位设置管理，不断健全医疗卫生机构绩效考核分配机制，按照“总量控制、精简效能、岗位管理、多劳多得、优绩优酬”的原则，对医疗卫生事业单位专业技术人员进行岗位设置，实行岗位管理，每3年核定一次。

2011年1月，全旗13所苏木镇卫生院人员工资全部由旗财政全额预算，并实行绩效工资，半年兑现一次。各卫生院制定绩效考核办法，将卫生院业务纯收入50%用于医务人员的绩效奖励，并注重向临床一线、高风险岗位、技术骨干倾斜。同时，设立院长绩效奖励，将卫生院院长绩效工资与业务能力的提高和医疗质量的管理挂钩。按照国家基本公共卫生补助办法，及时兑现职工公共卫生服务补助。

第四节　经费管理改革

2011年9月，根据内蒙古自治区《关于政府办基层医疗卫生机构基本药物货款集中支付的通知》（内医改办字〔2011〕18号）要求，乌拉特中旗基层医疗卫生机构财务集中核算中心成立，负责辖区内公办基层医疗卫生机构基本药物货款集中收付和苏木镇卫生院的财务管理工作。

2011年1月，全旗13所苏木镇卫生院人员工资全部由旗财政全额预算，并实行绩效工资，绩效工资每半年兑现一次。同时为每个卫生院每年核定5万元运转补助经费，保证各卫生院正常运转。同年，完成海流图镇社区卫生服务机构改革，将3个公办社区卫生服务机构20人的工资全部由旗财政全额预算，实行绩效工资。并为6个社区卫生服务机构每年核定3万元运转补助经费，保证正常运转。补偿基层医疗机构实行药品零差率后的差额补助。乌拉特中旗率先在巴彦淖尔市开展苏木镇卫生院基本药物零差率工作。2012年，延伸到实行一体化管理的54家定点嘎查村卫生室、6

个社区服务中心(站)。旗财政安排专项资金用于基层医疗机构实行药品零差率后的补助。每服务1个门诊人次给予4元专项补助,每季度结算一次。

第五节　医疗保健制度改革

2007年1月1日,乌拉特中旗正式实施新型农村牧区合作医疗制度,由政府组织、引导、支持,农牧民自愿参加,个人、集体和政府多方筹资,以大病统筹为主的医疗互助共济制度。

2009年,全旗启动城乡居民健康档案管理,包括健康教育、0~36个月儿童健康管理、孕产妇健康管理、老年人健康管理、预防接种、传染病报告和处理、高血压患者健康管理、2型糖尿病患者健康管理、重性精神疾病患者管理等9项国家基本公共卫生服务项目。同年,建立城乡居民健康档案29580份。

2012年,全旗城乡居民健康档案管理中,国家基本公共卫生服务项目增加2类:肺结核患者健康管理、老年人和0~3周岁儿童中医药健康管理,由9大类增加到11大类(41个小项)。

第三章　医疗卫生队伍

第一节　人员构成

一、旗直医疗卫生单位

1988 年，乌拉特中旗直属卫生系统共有医疗卫生干部职工 272 人，其中有医疗卫生技术人员 223 人。医师 67 人、医士 47 人、护士 34 人。

1995 年，乌拉特中旗直属卫生系统共有医疗卫生干部职工 248 人，其中有医疗卫生技术人员 188 人。医师 74 人、医士 23 人、护士 25 人。

2005 年，乌拉特中旗直属卫生系统共有医疗卫生干部职工 292 人，其中有医疗卫生技术人员 255 人。取得执业医师 115 人、执业助理医师 20 人、注册护士 57 人。

2012 年，乌拉特中旗直属卫生系统共有医疗卫生干部职工 295 人，其中有医疗卫生技术人员 266 人。

二、基层卫生院

1988 年，全旗基层卫生院共有医疗卫生干部职工 223 人，其中医疗卫生技术人员 194 人。医师 37 人、医士 58 人、护士 9 人。

1995 年，全旗基层卫生院共有医疗卫生干部职工 300 人，其中医疗卫生技术人员 239 人。医师 36 人、医士 85 人、护士 14 人。

2005 年，全旗基层卫生院共有医疗卫生干部职工 203 人，其中医疗卫生技术人员 168 人。取得执业医师 58 人、执业助理医师 18 人、执业护士 24 人。

2012 年，全旗基层卫生院共有医疗卫生干部职工 96 人，其中医疗卫生技术人员 88 人。

第二节　队伍分布

一、旗直医疗卫生单位

1988 年，乌拉特中旗直属医疗卫生系统共有员工 272 人，其中专业技术人员 223 人，主要分布在旗直 3 个医疗卫生单位中，旗人民医院 134 人、妇幼保健所 22 人、卫生防疫站 49 人。1995 年，乌拉特中旗直属医疗卫生系统共有干部职工 248 人，其中专业技术人员 188 人，主要分布在旗直 3 个医疗卫生单位中，其中旗人民医院 114 人、妇幼保健所 31 人、卫生防疫站 39 人。2005 年，乌拉特中旗直属医疗卫生系统共有干部职工 292 人，其中专业技术人员 255 人，主要分布在旗直 4 个医疗卫生单位中，其中旗人民医院 127 人、中蒙医院 45 人、妇幼保健院 36 人、卫生防疫站（结核病防治所）47 人。2012 年，乌拉特中旗直属医疗卫生系统共有干部职工 295 人，其中专业技术人员 266 人，主要分布在旗直 4 个医疗卫生单位中，其中旗人民医院 132 人、中蒙医院 49 人、妇幼保健院 42 人、疾病预防控制中心（结核病防治所）43 人。

二、基层卫生院

1988 年，全旗基层卫生院共有干部职工 223 人，其中专业技术人员 194 人，主要分布在全旗 20 个镇、苏木、乡卫生院中。2005 年，全旗进行撤乡并镇改革后，全旗基层卫生院共有干部职工 203 人，其中专业技术人员 168 人，主要分布在 15 个医疗机构中。2012 年底，全旗进行撤乡并镇改革后，全旗基层卫生院共有干部职工 96 人，其中专业技术人员 95 人，主要分布在全旗 13 个镇、苏木卫生院中，其中乌加河中心卫生院 10 人、德岭山中心卫生院 16 人、石哈河中心卫生院 15 人、川井中心卫生院 10 人，宏丰卫生院 2 人、石兰计卫生院 2 人、乌梁素太卫生院 5 人、楚鲁图卫生院 2 人、桑根达来卫生院 2 人、巴音乌兰卫生院 10 人、新忽热卫生院 6 人、呼勒斯太卫生院 9 人、温更卫生院 6 人。

第三节　医护人员培训

1988—2012 年，乌拉特中旗医疗卫生部门每年开展 1 个月医护人员“三基三严”（基本知识、基础理论、基本技能；严格要求、严密组织、严谨态度）集中培训。同期，旗卫生局组织所有卫生技术人员每年开展一次继续医学教育。2007—2012 年，旗卫生局组织开展对口支援工作，建立旗直医疗机构对口支援苏木镇卫生院协作机制，每年对口支援苏木镇卫生院 2 所。每年开展对社区卫生服务机构、苏木镇卫生院、村卫生室医护人员集中培训 2 次，每次培训医护人员 450 余人。2012 年，全旗实施乡村中专学历教育，有 39 名符合条件乡村医生参加中专学历教育；同年，全旗旗级医院实行“送出去、请进来”的人才培养政策，旗人民医院开始从北京协和医院、天坛医院、北大人民医院、海军总医院、阜外医院等几家知名医院聘请专家到乌拉特中旗定期坐诊，院内聘请 2 名省级知名专家长期坐诊。2010—2012 年，全旗开展农村订单定向免费医学科学生培养项目。分年度与 10 名定向免费医学本科生签订就业协议。

第四章　医疗与护理

第一节　医疗设施设备

一、基础设施

（一）旗人民医院

1988年，旗人民医院位于海流图镇哈太路，建筑面积5550平方米，全院设有床位77张。

1989年，医院建成新病房楼，建筑面积为4458平方米；全院设有病床100张。

2001年，医院投资140万元，开工建设门诊楼。2003年，门诊楼一、二层完工并启用，建筑面积1425平方米。至此，医院占地18886平方米，建筑面积5883平方米；设有床位100张。

2004年，医院争取传染病病房建设项目资金42万元，建成传染病房，建筑面积460平方米。

2007年，医院争取到中央预算内资金（国债项目）200万元和地方配套资金40万元的病房楼改扩建项目资金，开始进行医院病房楼改扩建项目。同年，旗人民医院延伸创办海流图镇东街办事处社区卫生服务站，院长为负责人，从医院内部抽调5名医务人员支援社区卫生服务站。

2008年5月，医院病房楼改扩建项目竣工，共改扩建面积3488平方米，其中改建面积2100平方米，扩建影像楼面积1388平方米。同年6月，医院改建病房楼和扩建影像楼投入使用；全院设有床位100张。

2012年7月28日，医院整体搬迁新址。新院位于海流图镇新区纬一路南，占地29000平方米，建筑面积19687平方米，其中门诊楼3300平方米、医技楼3900平方米、病房楼8400平方米、传染病房楼1687平方米、附属楼2400平方米；有设施完善的层流手术间，独立重症医学科、血液透析科、新生儿病房、标准化供应室、胃肠镜科、传染性疾病科；开放床位180张。

（二）中蒙医院

2003年4月，乌拉特中旗中蒙医院正式挂牌成立，位于海流图镇海流图大街，医院占地面积2555平方米，建筑面积1366平方米，全院开放床位47张。同年，建成中蒙药煎药室，建筑面积32平方米。

2004年，旗中蒙医医院新建住院楼，建筑面积430平方米。

2006年，医院占地面积2555平方米，建筑面积1796平方米。当年，医院投入4.8万元，改造门诊大厅，投入2.8万元，装修康复科。

2007年，旗中蒙医医院延伸创办海流图镇社区卫生服务中心，院长为负责人，从医院内部抽调10名医务人员支援社区卫生服务站。

2012年9月，旗中蒙医医院整体搬迁至原旗人民医院旧址，医院占地面积16864平方米，建筑面积7200平方米；全院设有床位100张。

（三）基层卫生院

1988年，全旗有基层卫生院20所，设有总床位153张。2005年，全旗有基层卫生院16所，设有总床位131张。2012年，全旗有基层卫生院13所，设有总床位112张。

二、设备与器械

（一）旗人民医院

1988年，旗人民医院有X光机、脑电图机、脑血流图机、A型超声诊断仪、电光分析天平仪、7－21分光光度计、可控同步呼吸机、电动呼吸器、纤维光束膀胱镜、B超、纤维胃镜、心电图机、外伤处置车、手术床、血液细胞分析仪、尿液分析仪等。

1999年5月24日，医院开通“120”急救中心，配备救护车1辆。

2002年，医院有奥林巴斯纤维胃镜、脑血流图仪、火焰光度计、高频电刀、心电监护仪、二氧化碳激光治疗仪、血液辐射治疗仪、血球计数仪、径颅多普勒脑彩超、美国惠普全身彩超、血液流变仪、放免仪、电动吸引器、外伤处置车、手术床、手术灯、监护仪、麻醉机、呼吸机、血液细胞分析仪、尿液分析仪等。

2003年7月，医院引进CT与腹腔仪器等医疗设备。

2004年，医院争取上级价值181万元医疗器械。自筹资金配置CT、远程会诊系统、电脑显示屏等大型医疗设备。

2007年，旗财政匹配与自筹资金116.5万元，购置了血流变仪、动态血压计、母婴监护仪、生物安全柜、高压注射器、CR影像增强系统等先进医疗设备和国家医药发展基金会捐赠价值150万元健康中国流动医院车1辆。

2012年，新增设备有16排螺旋CT、日本原装四维彩超、德国原装腹腔镜、日本全自动大生化、全自动五分类血液分析仪、德国罗氏全自动电化学发光免疫分析仪、DR、乳腺钼靶、数字胃肠机、体外碎石机、心电工作站，动态心电图机、骨密度检测仪、肺功能仪、日本潘太克斯电子肠镜、妇科腹腔镜设备、进口麻醉机、C型臂数字X光机、有创呼吸机、血液透析机及各类康复等先进设备。当年，开通“120”急救中心配备救护车3辆。

（二）中蒙医院

2003年，旗中蒙医院成立，有心电图、B超、200毫安X光机、显微镜等设备。

2004年，医院有B超、心电图、200毫安X光机、半自动生化分析仪、尿液分析仪、煎药机等。

2006年，医院有200毫安X光机、半自动化分析仪、心电工作站、彩超、脑彩超、B超、血球计数仪、尿十一项分析仪、血流变、麻醉机、心电监护仪、软组织治疗仪、煎药机、电子胃镜等。经旗政府批准成立乌中旗牧区流动医院。当年，医院投资30万元，购置牧区流动医疗车及车载设备。

2007年，医院投入55万元，购置日本东芝彩超1台，争取香港慈善基金5万港元，购置半自动生化分析仪和血凝仪各1台。

2008年，医院争取香港慈善基金会捐赠7万港元、5万元，购置糖化血红蛋仪、环保节能锅炉各1台。同年，旗财政投资购买彩超1台、500毫安X光机1台。

2009年，旗财政投资10万元购置电解质分析仪、制氧机、煎药机、粉碎机、输液泵、电麻仪、神灯、离心机等医疗设备。争取“中蒙药房建设”项目资金50万元，更换药房药架、货柜。当年，医院成立海流图镇社区康复活动中心，投资30余万元，购置康复运动器械。

2010年5月，旗财政投资37万元，购置全自动生化分析仪。

2011年，医院争取专科专病建设项目，配备熏蒸仓、电动牵引床等康复理疗设备。

2012 年，蒙中医医院迁往乌拉特中旗人民医院旧址，重新装修，进一步改善就医环境，其中主要大型设备有：DR、CT、彩超、全自动生化仪、成套的康复理疗设备、中心供氧系统等，医院的诊疗水平进一步提升。

（三）基层卫生院

2007 年，旗卫生局为增强基层医疗机构服务水平，为苏木镇卫生院配置洗胃机、三道心电图、500 毫安 X 光机等 19 类、131 台件，共计金额 130.69 万元。2008 年，旗卫生局为苏木镇卫生院配置呼吸机、麻醉机、口腔综合治疗台等 21 类、45 台件，共计金额 46.2 万元。2009 年，旗卫生局为村卫生室配置信息化建设 48 台计算机和打印机。

第二节 医疗技术

一、现代医疗（西医）

（一）旗人民医院

1988 年，旗人民医院开展了骨科、胸外科手术和“髓内针固定术”新项目，外科床位数增加到 30 张。

1989 年，旗人民医院新增医疗服务项目有按摩、针灸、推拿。全年门诊 54610 人次，住院 1551 人次，手术 306 例；业务收入 48 万元。

1994 年 4 月，旗人民医院晋升为“二级乙等综合医院”。

1995 年，旗人民医院成功创建国家级“爱婴医院”。

1997 年，旗人民医院与内蒙古医学院附属医院、巴彦淖尔盟人民医院建立技术协作关系，采取专家坐诊、院内外会诊等方式，开展各类疑难杂症的治疗。

2000 年，医院实行药品集中招标采购制度。

2002 年 5 月，医院实行“无假日门诊”“承诺服务制”“医疗费用一日清单制”“手术最高限价制”“患者选择医生制”“药品价格公示制”等制度。当年，医院能够开展食管癌、直肠癌根治手术，脾肾、肺叶切除术及骨科、妇科类高难度手术。全年门诊 17603 人次，住院 888 人次，开展各类手术 313 例，业务收入 270 万元。同年，成功抢救乌拉特中旗到呼和浩特市班车发生特大交通事故而受伤的 43 名伤员。

2004 年 2 月，医院被定为公费医疗报销“定点医院”。同年 5 月，在上级专家的指导下开展第一例髋膝关节置换术。全年门诊 25805 人次，急诊 859 人次；手术 327 人，抢救 23 人，手术成功率、抢救成功率分别为 98% 和 100%；病床周转次数 9.33 次，病床使用率 25.99%；业务总收入 677.8 万元。

2006 年 7 月，医院开展第一例腹腔镜手术。

2007 年，医院被确定为新型农村牧区合作医疗定点医院，启动新型农村牧区合作医疗报销工作。全年诊疗 44303 人次，门诊 40079 人次，急诊 4224 人次；业务总收入 852 万元。

2008 年农历正月初二，一户牧民家晚上亲人聚餐，用柴油机发电，结果造成 8 人尾气中毒身亡，旗人民医院在当日凌晨接到报警后，迅速派出救护车赶往出事地点，及时启动院内重大突发事件预案，由于处理事件及时、救治方案合理而受到社会好评。

2009 年 4 月 24 日，医院全年业务收入 1636 万元。

2010 年 7 月，内蒙古自治区卫生厅副厅长乌兰到旗人民医院调研。

2011 年，医院可开展大手术有髋、膝关节置换术，腹腔镜手术、子宫次全切术、开颅术、脑出血、脑梗、心肌梗死等。新技术有血透科股静脉双腔导管置入术、妇产科腹腔镜卵巢囊肿切除术、宫外孕腹腔镜术、腹腔镜子宫肌瘤剥除术。同年 10 月，圆满完成旗第二中学 209 名学生集体中毒抢救任务，无一人死亡。当年，医院圆满完成农贸市场严重电击伤事件救治任务，成功救治 2 人。全年门诊人数 86316 人次，住院人数 3719 人次，手术 1343 例，业务总收入 2563 万元。

2012 年 7 月，医院成功承办巴彦淖尔市临床路径现场会。当年，医院可开展的大型手术有：甲状腺肿瘤、乳腺肿瘤、消化道肿瘤切除术；髋、膝关节置换术；腹腔镜手术（包括胆囊切除术、阑尾切除术、疝气修补术、卵巢囊肿切除术、宫外孕、子宫肌瘤剥除术）；子宫次全切术；开颅术；脑出血微创引流术。同年 10 月，北京医疗专家团第一次到旗人民医院坐诊。医院全年业务收入 3143 万元。

（二）中蒙医院

2003 年 5 月，旗中蒙医医院成立后，立即开展抗击“非典”工作。医院全年业务收入 200 万元。

2004 年 7 月，医院圆满完成全旗“上消化道”普查工作任务。

2006 年 5 月，经旗政府批准，旗中蒙医医院成立乌拉特中旗牧区流动医院，并投资 30 万元购置牧区流动医疗车及车载设备；同年 11 月，医院正式启动牧区汽车流动医院，以牧区撤并苏木为重点，每月开展医疗服务 2 次。

2007 年，医院被确定为新型农村牧区合作医疗定点医院，启动新型农村牧区合作医疗报销工作。当年，医院诊疗患者 2.95 万人次，其中住院 204 人次，病床使用率 20.2%。全年业务收入 296 万元。

2008 年，医院启动基本公共卫生服务工作。为 233 人次合作医疗住院患者核销医疗费用 18.4 万元。全年诊疗患者 3.1 万人次，其中住院 377 人次，全年业务收入 378.4 万元。

2009 年，医院牧区巡回医疗车共派出医务人员 300 余人次，诊查患者 400 余人次。开展基本公共卫生服务工作，全年业务总收入 490 万元。

2012 年 9 月，医院全年业务收入 960 万元。

（三）社区卫生服务（中心）站

2007 年，海流图镇社区卫生服务机构成立，由旗级三家公立医院延伸办理，分别为海流图镇社区卫生服务中心、海流图镇乌兰大街社区卫生服务站、海流图镇巴音路社区卫生服务站。至 2012 年，社区服务中心（站）以居民健康为中心，以社区家庭需求为导向，以服务于妇女、儿童、老年人和慢性病人，残疾人为重点，建立居民健康档案，建立双向转诊机制和住院绿色通道，在社区范围内开展预防、保健、康复、健康教育、计划生育技术服务和一般常见病与多发病诊疗“六位一体”服务，为社区居民提供连续、有效、方便的基本医疗和公共卫生综合服务。

（四）嘎查村卫生室

嘎查村卫生室是农村牧区三级医疗预防保健网络的网底，承担所辖村的公共卫生服务、传染病疫情报告、妇幼保健、健康教育、常见病、多发病的诊治、转诊服务、一般康复等工作。

（五）个体诊所

个体诊所主要为城乡居民提供执业范围内的诊疗服务，不开展计划生育、助产技术服务、预防接种等服务，不允许救治法定传染病患者。

二、传统医疗

（一）蒙医

2003—2012年，乌拉特中旗中蒙医医院成立后，认真贯彻落实《国务院关于扶持和促进中医药事业发展的若干意见》和《内蒙古自治区关于扶持和促进蒙医药中医药事业发展的决定》，开展的蒙医传统疗法主要有放血疗法、灸疗、针刺疗法、推拿疗法、拔罐、药浴疗法、熏蒸、排毒疗法、穴位贴敷。旗中蒙医医院加强蒙医专科专病建设，成立蒙医五疗科、蒙医萨病科、治未病科、蒙医治甲状腺科、过敏性疾病科、康复理疗科，推广蒙医温针治疗膝关节骨性关节炎等六种蒙中医适宜技术。并在医保中鼓励优先使用蒙药，新型农村牧区合作医疗补偿方案将蒙医药报销比例在原有基础上提高15%，住院患者起付线下调20%。至2012年底，全旗在乡镇、苏木卫生院设置中医科或蒙医科，设置率达到84.6%。6家牧区卫生院配置蒙药50种以上，48所村卫生室提供中医药服务，为1876名65周岁以上老年人、670名0～3周岁儿童开展中医药体质辨识及健康指导服务。

（二）中医

1988—2012年，乌拉特中旗各医院、苏木镇卫生院、嘎查村卫生室开展的中医疗法主要有针灸、按摩、推拿、刮痧、拔罐、药浴疗法、熏蒸、牵引、康复治疗、坐浴、中药灌肠等。在医保中鼓励优先使用中药，新型农村牧区合作医疗补偿方案将中医药报销比例在原有基础上提高10%，住院患者起付线下调20%。同时，在苏木镇卫生院设置中医科或蒙医科，设置率达到84.6%。6家牧区卫生院配制中药，48所村卫生室提供中医药服务。

三、新型农村牧区合作医疗

2007年1月1日，乌拉特中旗正式实施新型农村牧区合作医疗制度。新型农村牧区合作医疗制度是由政府组织、引导、支持，农牧民自愿参加，个人、集体和政府多方筹资，以大病统筹为主的医疗互助共济制度。新农合基金来源包括：农牧民个人缴费、财政补助资金、利息收入。乌拉特中旗严格按照《内蒙古自治区新型农村牧区合作医疗试点工作方案（修订）》和内蒙古自治区财政厅、卫生厅颁发的《内蒙古自治区新型农村牧区合作医疗基金会计核算暂行办法》《内蒙古自治区新型农村牧区合作医疗基金财务管理暂行办法》的要求，新农合基金实行财政专户管理、收支分离、管用分开、封闭运行。旗财政局负责新农合专户管理，各苏木镇（场）人民政府（场部）负责农牧民参合费用的收缴，旗合管办负责参合农牧民医药费用的报销审核，旗中蒙医医院和各苏木镇卫生院负责参合农牧民新农合补偿费用发放。旗内各定点医疗机构均设置新农合政策宣传栏、新农合补偿公示栏和举报投诉电话，每月将参合病人补偿信息进行公示，接受群众监督。新农合制度实施当年，实行基本住院统筹+家庭门诊账户+其他（风险金）补偿模式，住院封顶线2万元。当年，全旗农牧民参合78986人，参合率90.7%；筹资总额452.98万元，人均筹资标准为57.7元，其中各级财政补助47.7元/人，个人缴费10元。为保证困难群体都能参加合作医疗，旗财政按每人10元标准，为全旗3948名低保、“五保”人员缴纳个人参合资金。全年共为40984人（次）发放新农合补偿款319.35万元。其中门诊补偿20598人次，补偿金额19.53万元；住院补偿3107人次，补偿金额251.9万元；政策范围内住院费用补偿比为28%，享受万元以上补偿的有15人，其中达到补偿封顶线2万元的有3人；慢性病补偿360人，补偿金额28.9万元；定额分娩补偿175人，补偿金额2.28万元；体检补偿16744人，补助金额16.74万元。新农合基金结余93.6万元，结余率22.5%。

2008年，全旗继续执行家庭门诊账户+住院统筹+慢性病门诊+其他（风险金）的补偿模式，住院封顶线提高到3万元。全旗农牧民参合80645人，参合率95.30%；筹资总额741.2万元，人均筹资标准为92.4元，其中各级财政补助82.4元/人，个人缴费10元。旗财政按每人10元标准，为全旗9209名低保、“五保”人员和退牧转移人员缴纳个人参合资金。全年共为22919人（次）发放新农合补偿款694.66万元，其中门诊补偿16168人次，补偿金额25.46万元；住院补偿5002人次，补偿金额616.1万元。政策范围内住院费用补偿比为37%，享受万元以上补偿的有77人，达到补偿封顶线3万元的有7人；慢性病补偿1749人，补偿金额53.1万元。

2009年，全旗实行基本住院统筹+特殊慢性病补偿+大病补充医疗保险+其他（风险金）的补偿模式。启动大病补充医疗保险工作，制定出台《乌中旗新型农村牧区合作医疗大病补充医疗保险方案》，旗人民政府单列100万元，用于基本住院补偿后个人承担部分在1万元以上患大病、重病患者。增补完善《乌拉特中旗新型农村牧区合作医疗慢性病管理办法》《乌拉特中旗新型农村牧区合作医疗督查制度》等7项制度，并印发《关于成立乌拉特中旗新型农村牧区合作医疗慢性病专家鉴定委员会的通知》《关于确定乌拉特中旗新型农村牧区合作医疗慢性病定点村卫生室的通知》及《关于乌拉特中旗新型农村牧区合作医疗信息系统录入病历要求的通知》。住院最高封顶线8万元（基本住院补偿3万元，大病补偿5万元）。全旗农牧民参合87469人，参合率99.98%。筹资总额987.2万元，人均筹资标准为112.9元，其中各级财政补助92.9元/人，个人缴费20元；旗财政按每人20元的标准，为13138名低保、“五保”、禁牧及优抚对象缴纳个人参合资金。全年共为42073人次发放新农合补偿款1180.1万元，其中门诊补偿30337人次，补偿金额31万元（为2007年、2008年农牧民家庭账户门诊剩余资金）；住院补偿8116人次，补偿金额1028.3万元。政策范围内住院费用补偿比为41%；享受万元以上补偿的有95人，其中达到基本补偿封顶线3万元的有9人，达到新农合基本补偿与大病补充医疗保险两项合计封顶线8万元的有1人；慢性病补偿3444人，补偿金额56.8万元；大病补助176人次，补助金额64万元。

2010年，全旗执行住院统筹+门诊统筹+大病补充医疗保险+慢性病补偿+其他（风险金）补偿模式，住院最高封顶线8万元（基本住院补偿4万元，大病补偿4万元）。全旗农牧民参合87039人，参合率99.5%。筹资总额1449.11万元，人均筹资标准为161元，其中各级财政补助131元/人，个人缴费30元。针对全旗地广人稀、筹资成本高于农牧民缴费金额的实际情况，旗财政将牧区的5个苏木镇（海流图镇、川井镇、呼勒斯太苏木、新忽热苏木、巴音乌兰苏木）的21937名农牧民个人参合费用共计65.8万元列入旗财政承担。农区乌加河镇、德岭山镇、石哈河镇行政区域内的“五保”户、低保户及重点优抚对象共计5612人的16.8万元个人参合费用也由旗财政承担。全年共为20726人次发放新农合补偿款1478.45万元，其中门诊补偿11216人次，补偿金额11.02万元；住院补偿8109人次，补偿金额1342.93万元。政策范围内住院费用补偿比为63%。达到基本住院补偿封顶线4万元的有6人，达到新农合基本补偿与大病补充医疗保险两项合计封顶线为8万元的有1人；慢性病补偿1222人，补偿金额54.2万元；大病补助179人次，补助金额70.3万元。

2011年，全旗执行住院统筹+门诊统筹（慢性病门诊）+大病补充医疗保险+其他（风险金）补偿模式，住院最高封顶线提高到10万元（基本住院补偿6万元，大病补偿4万元）。在继续实行大病补充医疗保险的基础上，旗财政投入73.3万元用于交通事故意外伤害及新生儿的住院费用报销。全旗农牧民参合87853人，参合率99.8%。筹资总额2208.47万元，人均筹资标准为240元，其中各级财政补助200元/人，个人缴费40元。旗财政将5个苏木镇19217名农牧民的个人参合费用共计76.9万元列入旗财政承担。将农区乌加河镇、德岭山镇、石哈河镇行政区域内“五保”、低保、优抚对象10031人的个人参合费用共计40.1万元列入旗财政承担。全年共为58759人次发放新农合补偿款1591.85万元，其中门诊补偿51120人次，补偿金额81.44万元；住院补偿6948人次，补偿金额1422.91万元。政策范围内住院费用补偿比达到71.8%；慢性病补偿576人，补偿金额32.61万元；大病补助115人次，补助金额54.89万元。

2012年，乌拉特中旗按照巴彦淖尔市卫生局统一要求，新农合执行市级统筹。于4月初完成新农合基金上划和新农合市级统筹平台切换工作。全市执行统一的门诊统筹（慢性病门诊）+住院统筹（含重大疾病）+其他（风险金）的补偿模式，新农合最高封顶线10万元。全旗农牧民参合87037人，参合率97.26%。筹资总额2611.11万元，人均筹资300元，其中各级财政补助240元/人，个人缴费60元。为了保持应保尽保目标，乌拉特中旗继续将五保、低保、优抚对象及牧区牧民29922人的个人参合费用共计179.53万元由旗财政承担。从4月1日开始，新农合报销执行全市统一方案。全年共为2564.65人（次）发放新农合补偿款216888万元，其中门诊补偿209194人次，补偿金额421.98万元；住院补偿7471人次，补偿金额2072.1万元。政策范围内住院补偿比为71.3%；慢性病补偿529人，补偿金额30.76万元；大病补助223人次，补助金额122.51万元。

第三节　护　理

20世纪80至90年代，乌拉特中旗医疗护理方面仅能开展常规临床护理工作，且护理人员专业毕业人员少，多数为非专业毕业人员经过学徒产生，业务能力较低，临床服务不够专业。

进入21世纪，旗人民医院拥有在职在编护士53人、临聘护理人员49人，均为大专以上学历，拥有副高职称4人、中级职称19人，专业技术能力强，服务周到，护理能力取得长足发展；同时开展优质护理服务工程，制定病房巡视卡制度，实行病房责任护师制，推广“人性化、个性化、亲情化”服务。

第五章　疾病防控

第一节　设施设备

一、基础设施

1996年1月，旗卫生防疫站旧址平房全部拍卖。同年10月，旗卫生防疫站搬迁新址，入住新建大楼，建筑面积约1000平方米。

2003年，旗卫生防疫站争取到国家投资100万元、地方投资20万元的疾病预防控制大楼建设项目，建成新办公楼，建筑面积1400平方米。

2012年，旗疾病预防控制中心业务用房建筑面积1413平方米。

二、设备与器械

1992年，旗卫生防疫站为12个苏木镇配备冰箱。

2004年，增添200毫安X光机1台，酶标仪1台、双目显微镜1台、电脑1台、打印机1台。

2007年，旗疾病预防控制中心争取资金5.8万元，配置生物安全柜。

2012年，旗疾病预防控制中心主要设备有：200毫安X光机1台、酶标仪1台、双目显微镜1台、心电图机1台、B超机1台。

第二节　计划免疫

1988年，旗卫生防疫站开始陆续开展狂犬疫苗、气管炎疫苗等接种工作。

1989年6月，旗人民医院、海流图镇卫生院在海流图镇开设常年接种门诊。

1992年，旗卫生防疫站启动“脊髓灰质炎强化免疫”工作，将儿童乙肝作为重点传染病纳入计划免疫范围。

1996年，旗卫生防疫站接受卫生部计划免疫第三个85%的工作。

1997年10月，旗卫生防疫站全面推行社会服务承诺制和政务公开制。

1998年2月，旗卫生防疫站创建安全文明领导小组。同年，开展计划外疫苗——甲肝疫苗有偿接种服务。

1999年，旗卫生防疫站在全旗开展脊髓灰质炎强化免疫活动。

2006年4月6日至6月10日，旗疾病预防控制中心根据卫生部、教育部《关于做好入托入学儿童预防接种证查验工作的通知》要求，完成全旗查漏补种工作。

2007年6月，旗疾病预防控制中心通过自治区质量技术监督局资质认定，取得计量认证书，具有向社会出具具有法律证明作用的数据和结果的资质，主要开展健康体检，水质检测，消毒效果检测，公共场所卫生监测，碘盐、性病、艾滋病、食品微生物等检测。同年，旗疾病预防控制中心实验室承担卫生检验工作。

2008 年，旗疾病预防控制中心按照卫生部关于《扩大国家免疫规划实施方案》通知要求，在原有的 6 种国家免疫规划疫苗基础上新增至 12 种疫苗。

2010 年 10 月，启动全国初级卫生保健基金会开展的全国乙肝免费筛查活动项目，同时开展 15 周岁以下儿童补种乙肝疫苗工作。

1988—2000 年，全旗疫苗的“四苗”（糖丸、卡介苗、百白破、麻疹）接种率达到 85% 以上；2001—2012 年，全旗疫苗“五苗”（糖丸、卡介苗、百白破、麻疹、乙肝）接种率达到 95% 以上。同期，旗卫生防疫站（旗疾病预防控制中心）完成一年 2 次的冷链运转工作。

1993—2000 年，旗卫生防疫站连续 7 年每年进行糖丸强化免疫，完成无脊髓灰质炎证实工作，经世界卫生组织确认达到无脊髓灰质炎区目标。

1998—2012 年，全旗未发生重大传染病事件。

第三节　传染病防控

1988 年，旗卫生防疫站着重进行肝炎和狂犬病的防治。

1989 年，《中华人民共和国传染病防治法》颁布实施，旗卫生防疫站认真贯彻落实，为控制全旗传染病的发病率，实行接种疫苗，切断传播途径，保护易感人群。

1990—1997 年，乌拉特中旗发病的病种有麻疹（1992 年首发病例）、尖锐湿疣（1993 年首发病例）、淋病（1993 年首发病例）、水痘（1996 年首发病例）、流行性腮腺炎（1997 年首发病例）、肺结核（1997年首发病例）、风疹（1997 年首发病例），无痢疾、猩红热、百日咳、乙脑、流脑、肝炎、流感病例。无重大疫情及突发公共卫生事件发生。

1996 年，旗卫生防疫站重点开展肝炎防治工作，以多种形式加强对肝炎防治的宣传，加强医疗机构的消毒措施，提高广大人民群众预防此病的意识。

2002 年，乌拉特中旗被内蒙古自治区卫生厅确定为“澳援”“消除新生儿破伤风及安全注射”项目实施旗，同时旗卫生防疫站启动此项工作。

2003 年，旗卫生防疫站经历“非典”、鼠间鼠疫卫生防疫工作，并被内蒙古自治区党委、自治区人民政府授予“抗击非典先进单位”荣誉称号。

2004 年，全旗实行传染病网络直报系统。由于检验项目的增加，检验室不符合标准。

2008 年，旗疾病预防控制中心将手足口病纳入丙类传染病。

2009 年，旗疾病预防控制中心针对甲型 H1N1 流感的暴发，成立领导小组，制定了甲型 H1N1 流感应急预案，防控方案，储备应急物资。

2011 年，乌拉特中旗报告了首例 HIV 病例。

2012 年，旗疾病预防控制中心落实《巴彦淖尔市“十二五”布鲁氏菌病防控实施方案》，同时，布鲁氏菌病防控工作纳入中央补助地方公共卫生项目，旗疾病预防控制中心在全旗开展人间布鲁氏菌病普查工作，当年普查 1. 4 万人，阳性感染率 2. 6% 。

第四节　地方病防治

1988 年，旗卫生防疫站继续开展氟中毒调查和防氟改水工作，确定旗境内存在氟中毒病区（重病区 6 个、中病区 5 个、轻病区 3 个）。对氟病区继续开展除氟罐降氟和水源改水工作。

1990 年 10—11 月，乌拉特中旗巴音、桑根达来鼠疫疫源地发生鼠间鼠疫流行，全年检出疫鼠 21 只、疫蚤 3 组，旗卫生防疫站开展灭鼠灭蚤的综合防治措施，疫情得到控制。

1991 年 4—6 月，乌拉特中旗巴音、桑根达来鼠疫疫源地发生鼠间鼠疫流行，检出疫鼠 36 只、疫蚤 2 组。旗委、旗人民政府成立鼠疫防治工作指挥部，对鼠疫疫源地开展灭鼠灭蚤综合防治措施，疫情得到控制。

1994 年 4—7 月，乌拉特中旗温更、川井鼠疫疫源地发生鼠间鼠疫，检出疫鼠 5 只、疫蚤 2 组，旗卫生防疫站开展灭鼠灭蚤的综合防治，疫情得到控制。

1995 年 4 月、10 月，乌拉特中旗巴音、川井鼠疫疫源地先后发生鼠间鼠疫，检出疫鼠 21 只、疫蚤 1 组，旗卫生防疫站开展灭鼠灭蚤的综合防治措施，疫情得到控制。年底，经内蒙古自治区地方病办公室的考核验收，乌拉特中旗为防治布鲁氏菌病稳控旗县。

1996 年 4 月、10 月，乌拉特中旗乌兰、川井鼠疫疫源地先后发生鼠间鼠疫，检出疫鼠 3 只，旗卫生防疫站开展灭鼠综合防治措施，疫情得到控制。

1997 年 5 月，乌拉特中旗巴音鼠疫疫源地发生鼠间鼠疫，检出疫鼠 1 只，旗卫生防疫站开展灭鼠综合防治，疫情得到控制。同年，旗卫生防疫站继续开展地方性砷中毒调查，确定旗境内山前黄灌区存在饮用水砷超标问题，并存在地方性砷中毒病区。

1999 年 12 月，乌拉特中旗消除碘缺乏病评估领导小组成立，办公室设在旗卫生防疫站。同年，乌拉特中旗通过内蒙古自治区和巴彦淖尔盟考核评估领导小组评估验收，乌拉特中旗达到消除碘缺乏病工作评估验收标准。

2001 年 1 月 30 日，乌拉特中旗宏丰乡红光村发生流行性出血热病例 1 例，是全旗 50 余年首发病例。旗卫生防疫站通过灭鼠、杀虫、接种疫苗等综合防治措施，疫情得到控制。

2002 年 3 月、4 月，乌拉特中旗巴音、乌兰鼠疫疫源地先后发生鼠间鼠疫流行，检出疫鼠 14 只、疫蚤 1 组。旗卫生防疫站对鼠疫疫源地开展灭鼠灭蚤综合防治措施，疫情得到控制。

2003 年 5—7 月，乌拉特中旗巴音、乌兰、温更疫源地发生鼠间鼠疫，共检出疫鼠 16 只，疫蚤 2 组；旗人民政府成立鼠疫防治领导小组，旗领导深入巴音鼠疫疫源地，亲临一线指挥防控工作，旗卫生防疫站对鼠疫疫源地开展灭鼠灭蚤综合防治措施，疫情得到控制。同年 11 月，旗卫生防疫站在灌区 6 个乡、镇、苏木开展拉网式居民饮用水调查，进一步确定旗境内德岭山镇、乌加河镇、石兰计乡、宏丰乡、乌梁素太乡、呼勒斯太苏木部分自然村饮用水砷含量超标。其中 145 个自然村、72 个自然村存在居民饮用高砷水。

2005 年，根据 2004 年度中央补助地方专项资金项目，乌拉特中旗砷中毒病区开展砷中毒居民饮用水水质和病情调查，共调查 5 个自然村，高砷井水占比（163/201）81.1%。查出轻中度砷中毒病人 39 人，检出患者占比（39/843）4.6%。

2006 年 3 月，乌拉特中旗石兰计乡发现布鲁氏菌病患者 1 例；6 月，经调查又检出 2 例。全年发现布鲁氏菌病患者 3 例，此为全旗布病已达稳控标准 20 余年后，再次出现病患者。5 月 25 日，乌拉特中旗举行巴彦淖尔市人间鼠疫处理培训及模拟演练，旗疾病预防控制中心在职人员全部参加培训演练。当年，根据 2005 年度中央补助地方专项资金项目，乌拉特中旗旗砷中毒病区开展砷中毒居民饮用水水质和病情调查，共调查 5 个自然村，高砷井水占比（180/256）71.7%。查出轻中度砷中毒病人 13 人，检出患者占比（13/1046）1.2%。

2007 年，根据中央补助地方专项资金项目，乌拉特中旗氟中毒病区开展成人氟骨症病情调查，共调查 605 人，检出氟骨症患者 4 人，阳性检出率 0.66%。

2009 年 11 月、12 月，乌拉特中旗巴音乌兰苏木，伊和宝力格嘎查鼠疫疫源地发生鼠间鼠疫，1 只自毙长爪沙鼠检出鼠疫菌，共检出 4 只疫鼠。旗疾病预防控制中心对鼠疫疫源地开展灭鼠灭蚤的综合防治措施，疫情得到控制。

2010 年 10 月，根据《内蒙古自治区人间布鲁氏菌病防治项目实施方案》要求，乌拉特中旗人间布鲁氏菌病防治领导小组及技术指导小组成立，旗卫生局和疾病控制中心防治领导小组和普查技术指导小组相继成立，旗疾病预防控制中心启动人间布鲁氏菌病防治工作，在全旗开展人间布鲁氏菌病基线调查，阳性感染率 5.34%，患病率 12.2/10 万。

2011 年，旗疾病预防控制中心贯彻落实《内蒙古自治区人间布鲁氏菌病诊断治疗方案》《内蒙古自治区人间布鲁氏菌病宣传教育与行为干预方案》，在全旗开展人间布病重点职业人群普查、诊治、宣传教育与行为干预工作。

2012 年，旗疾病预防控制中心落实《巴彦淖尔市“十二五”布鲁氏菌病防控实施方案》，同时，布鲁氏菌病防控工作纳入中央补助地方公共卫生项目，旗疾病预防控制中心在全旗开展人间布鲁氏菌病普查工作，当年普查 1.4 万人。

第五节　结核病防治

1988 年，旗卫生防疫站设防痨科，承担全旗结核病防控工作。发现并规范管理治疗结核病 105 例，其中涂阳病人 88 例。

1989 年，旗卫生防疫站发现并规范管理治疗结核病 144 例，其中涂阳病人 28 例。

1990 年，旗卫生防疫站发现并规范管理治疗结核病 146 例，其中涂阳病人 31 例。

1991 年，旗卫生防疫站发现并规范管理治疗结核病 138 例，其中涂阳病人 33 例。

1998 年 4 月，旗卫生防疫站增挂“结核病防治所”牌子，启动肺结核归口管理，实行一套人员，两个牌子。

1999—2003 年，乌拉特中旗结核病的治疗按照一般传染病到医院就诊。

2004 年，旗卫生防疫站正式启动实施世行贷款、英国赠款结核病项目，对疑似结核病人就诊实行登记管理，开展痰检工作，免费提供药品，按疗程对结核病人实行集中免费治疗。开展痰检工作。发现并规范管理治疗结核病 108 例，其中涂阳病人 58 例。发现并规范管理治疗结核病 108 例，其中涂阳病人 58 例。同年 6 月，旗卫生防疫站引进世行贷款 52 万元人民币，用于免费诊治结核病工作。

2005 年，旗卫生防疫站发现并规范管理治疗结核病 132 例，其中涂阳病人 74 例。

2006 年，旗疾病预防控制中心发现并规范管理治疗结核病 128 例，其中涂阳病人 66 例。

2007 年，旗疾病预防控制中心发现并规范管理治疗结核病 118 例，其中涂阳病人 60 例。

2008 年，旗疾病预防控制中心发现并规范管理治疗结核病 192 例，其中涂阳病人 79 例。

2009 年，旗疾病预防控制中心发现并规范管理治疗结核病 199 例，其中涂阳病人 70 例。

2010 年，旗疾病预防控制中心发现并规范管理治疗结核病 159 例，其中涂阳病人 64 例。

2011 年，旗疾病预防控制中心发现并规范管理治疗结核病 88 例，其中涂阳病人 41 例。

2012年,旗疾病预防控制中心发现并规范管理治疗结核病109例,其中涂阳病人70例。同年,乌拉特中旗涂阳肺结核病人治愈率达到90%以上。

第六节 突发性疾病防治

一、非典型性肺炎

2003年,乌拉特中旗为防止非典型性肺炎(以下简称"非典")疫情扩散,制定防治"非典"工作方案和应急预案,成立领导小组及流动调查、排查、清查等防控工作小组,坚持疫情日报告和零报告制度,对疑似"非典"病例进行个案调查、隔离观察及消毒,并对接触者进行追踪和管理。通过强化组织领导、加强疫情研判、开展全员培训、组织应急演练、完善物资储备、强化应急值守、科学接种疫苗、加强部门协作、广泛宣传动员等措施,实现了乌拉特中旗无非典型肺炎病例的目标。旗人民医院被确定为非典救治医院。为各地回乌拉特中旗的学生与打工人员5000余人进行体检。储备购进23万元的预防治疗"非典"药品。旗人民医院韩军娜医生第一个主动请缨上"战场",递交火线入党申请书。经全旗各部门通力合作,防治"非典"工作取得最终胜利。旗疾病预防控制中心被评为巴彦淖尔盟抗"非典"先进单位。

二、禽流感

2009年,甲型H1N1禽流感疫情在全球暴发,鉴于乌拉特中旗濒临蒙古国的特殊地理位置,为防止输入性病例从口岸流入境内,旗卫生局及各医疗卫生部门均成立甲型H1N1流感防控领导小组和相关工作组,组建专家组和若干卫生应急队,制定下发相关工作预案,多次召开专题工作会议,对甲型H1N1流感防控工作进行安排部署;旗卫生局将卫生部、内蒙古自治区卫生厅印发的相关甲型H1N1流感防控工作方案汇编成册(共印500册),全部下发到各级各类卫生技术人员手中,全旗共举办甲流防治知识培训班8期、培训人员3000余人次。同时还组织旗直医疗、疾控、卫生监督等部门于2008年4月28—29日开展一次较成功的甲型H1N1流感联合应急演练;全旗各医疗机构、疾控机构均根据疫情发展形势,较为实际地储备一定数量的甲型H1N1流感防控器械、药品及其他相关物资;旗卫生局到各医疗卫生机构均制定严格的应急值守制度,并安排工作人员实行24小时值班,确保做到第一时间报告疫情;安排疾控人员分片包干学校,指导学校开展晨检、因病缺课追踪报告、消毒、居家观察等制度措施落实情况。与海关、边检等部门联合对口岸过往人、车、物开展体温测试、消毒、隔离等监控工作;在各医疗卫生机构根据自身特点开展甲型H1N1防控知识宣传的同时,旗卫生局根据疫情流行形势分两次组织编印了《甲型H1N1流感防控知识宣传手册》4000册,通过各医疗机构发放到患者及城乡居民手中,使广大群众充分认识到甲型H1N1流感是可防、可控、可治的。

第七节 职业体检

1988—2012年,旗卫生防疫站(疾病预防控制中心)对接害企业进行有害因素监测,监测项目包括尘肺必检项目:胸片、心电图、肺功能、血压四项,辅助检查B超、肝功等。25年中,共对34家接害企业的6004名工人进行体检,未检出疑似职业病人。

第六章　卫生保健

第一节　设施设备

一、基础设施

1988 年，旗妇幼保健所占地面积 1300 平方米，建筑面积 1008 平方米，其中业务用房 720 平方米，办公用房 288 平方米；全所设有病床 6 张。

1990 年，乌拉特中旗妇幼保健所改称乌拉特中旗妇幼保健院；当年，旗妇幼保健院设有床位 20 张。

2006 年 6 月，旗妇幼保健院新建门诊住院综合楼，占地面积 3600 平方米，建筑面积 2750 平方米。其中综合楼主体工程 2600 平方米，附属工程 150 平方米。总投资 350 万元；全院设有床位 60 张。

2012 年，旗妇幼保健院占地面积 3600 平方米，建筑面积 2750 平方米，其中业务用房 2600 平方米，办公用房 150 平方米；全院设有床位 60 张。

二、设备与器械

1988 年，旗妇幼保健所有黑白 B 超 1 台。

2002 年，旗妇幼保健院有 50 毫安 X 光机、乳腺诊断仪、医用电脑高频电刀、生化分析仪、手术床、血液细胞分析仪、尿液分析仪、麻醉机等。

2007 年，旗妇幼保健院有全自动尿液分析仪、婴儿喉镜、呼吸气囊、美国泰圣三维彩超、300 毫安 X 光机、全自动生化分析仪、母亲胎儿监护仪、微量元素分析仪、婴儿辐射保暖台、婴儿培养箱等，有救护车 1 辆。

2011 年，旗妇幼保健院新购进了四维彩超、乳腺 X 光诊断仪、阴道镜等先进设备。

2012 年，旗妇幼保健院新购置了 500 毫安高频遥控 X 光机、以色列阳光骨密度测试仪、全自动液基薄层细胞制片机、新生儿听力筛查仪、儿童视力筛查仪、儿童智力测查仪等先进设备。

第二节　妇女保健

1988—1990 年，旗妇幼保健所主要开展计划生育的宣传工作。

1991—1995 年，旗妇幼保健院在开展计划生育工作的同时，积极开展母婴保健科学知识宣传普及活动。

1996—1998 年，旗妇幼保健院认真贯彻落实《中华人民共和国母婴保健法》精神，坚持“以保健为中心，保健与临床相结合”的妇幼卫生工作方针，不断加强妇幼保健业务管理和技术指导，认真落实妇幼保健技术服务，为全旗妇女提供全方位、多层次、最优良的服务。同期，依法对从事终止妊娠、助产技术等母婴保健专项技术服务医疗保健机构和人员实施行政许可，并做到 3 年定期审验，做到机构依法执业、人员持证上岗，规范母婴保健专项技术服务行为。加强医学出生证明的管理，进一步规范旗、乡、村三级妇幼保健网络建设，推广科学的母乳喂养技术，开展妇幼卫生绩效考核工作，使妇幼保健工作水平不断得到巩固和提高。

1999 年，在全旗城镇适龄青年中开展婚前医学检查，给予治疗或提出医学指导意见。当年，婚前检查率 60%，保健保偿入保率 51.7%，孕产妇系统管理率 87%。

2003 年 7 月，旗妇幼保健院启动实施投资 75 万元的 HU（英国无国界卫生组织）中国中西部妇幼卫生合作项目，主要开展急救中心建设和旗、乡、村三级卫生保健人员培训等。当年，组织举办旗、乡、村三级卫生保健人员培训。

2007 年，启动"母亲健康快车"执行项目。

2009 年，旗妇幼保健院启动实施国家"五项重大公共卫生"（"两癌"检查、农村牧区育龄妇女增补服叶酸、农牧民孕产妇住院分娩补助、"降消"和妇幼卫生绩效考核工作）和九大类 22 项基本公共卫生服务项目及婚前医学检查项目，启动实施婚前医学检查项目，使全旗广大妇女普遍受益。全年共为 2138 户居民建立健康档案，为 2000 多名适龄妇女进行两癌检查，孕产妇系统管理率达到 99%，住院分娩率达到 100%，孕产妇死亡为 0。同年，开展"妇科病" 普查普治工作，加强对高危孕产妇的规范管理工作，实行高危孕产妇上报制度，高危孕产妇管理率达到 100%。婚检率为 83.8%。当年，旗妇幼保健院各类手术 358 例，住院分娩 330 人，病床使用率 17%，人工流产、药物流产、清宫术及其他小手术 221 例。

2010 年，全旗农牧民孕产妇住院分娩补助 140 人。

2012 年，旗妇幼保健院对全旗 17961 名妇女开展"妇科病"普查普治工作。对 419 名农牧区住院分娩孕产妇，按每人 400 元进行补助。叶酸服用率 94.6%。依从率 84.3%，知晓率 92%。孕产妇系统管理率 97.2%。宫颈癌、乳腺癌检查率完成 101%。查出 1 例早期宫颈癌患者和 1 例乳腺癌患者，转入上级医院治疗。

第三节　儿童保健

1988—2012 年，旗妇幼保健所（院）主要开展儿童智力筛查、新生儿听力筛查工作，对辖区内幼儿园、学前班儿童进行健康体检。

1998 年，旗妇幼保健院成功创建"国家级爱婴医院"。

1999 年，全旗儿童系统管理率 83%，新法接生率 100%；住院分娩率城镇为 100%，农牧区为 90%，全年共发放医学出生证明 639 人份。

2002 年，旗妇幼保健院积极推广科学的母乳喂养技术，提供婴儿保健咨询服务。

2003 年，旗妇幼保健院主要开展产儿科建设，母婴保健新知识、新技术执行等工作。

2007 年，旗妇幼保健院启动"母亲健康快车"执行项目，孕产妇系统管理率 96.5%，死亡率为 0。儿童系统管理率 81.4%，5 周岁以下儿童死亡率 12.2‰。

至 2012 年底，全旗 3 周岁以下儿童系统管理率达到 97%，0 ~ 6 周岁儿童规范管理率达到 99.39%，7 周岁以下儿童保健覆盖率达到 96.6%，新生儿破伤风发病率为 0，婴儿死亡率控制在 8.1‰以下，5 周岁以下儿童死亡率控制在 10.8‰以下。

第四节　其他保健

一、老年保健

2009年，全旗启动实施基本公共卫生服务项目老年人健康管理工作，根据国家基本公共卫生服务规范，免费为辖区内65周岁及以上老年人每年提供1次健康管理服务，包括生活方式和健康状况评估、体格检查、辅助检查和健康指导。至2012年底，旗妇幼保健院规范管理老年人8651人，规范化管理率95.8%，健康体检8580人，体检率为95%。

二、干部职工保健

1988—2012年，全旗每年组织系统干部按时参加旗社保部门组织的健康体检（旗财政承担体检费用260元，个人自付体检费用100元），组织系统50周岁以下妇女参加旗计划生育服务站承担的一年两次免费查环、查孕和旗妇幼保健院承担的“两癌”（乳腺癌、宫颈癌）免费检查。

三、学生健康体检

1988年，旗妇幼保健所为15所中学和43所小学的学生进行健康体检和发驱虫药。体检项目主要包括身高、体重、胸围、坐高、肺活量、血压、脉搏数、沙眼、龋齿、咽部、脊柱四肢、心肺听诊等。

2003年，旗妇幼保健院为11所中学和43所小学的学生进行健康体检和发驱虫药。

2012年，旗妇幼保健院为4所中学和9所小学的学生进行健康体检和发驱虫药。

四、生育技术指导

2000—2012年，旗妇幼保健院对准备婚育的育龄妇女，发放叶酸及相关资料，宣传相关知识，并免费为新婚男女提供婚前医学检查、卫生咨询与指导以及健康宣教等服务和开展婚前指导、孕前孕期保健、优生优育指导等服务。至2012年底，育龄妇女叶酸服用率96%。

第五节　经济效益

1988年，旗妇幼保健所能够开展妇科、产科检查和新生儿急救、剖宫产手术。门诊医疗8200人次，住院320人次，各类手术210例，其中，妇产科50例，外科40例，住院分娩120例；全年业务收入46万元。

1995年，旗妇幼保健所能够开展妇科、产科检查和新生儿急救、剖宫产手术。门诊医疗8500人次，住院360人次，各类手术220例，其中，妇产科60例，外科30例，住院分娩130例；全年业务收入63万元。

2000年，旗妇幼保健所能够开展妇科、新生儿急救、剖宫产手术。门诊医疗9000人次，住院450人次，各类手术300例，其中，妇产科100例，外科60例，住院分娩140例；全年业务收入75万元。

2002年，旗妇幼保健院能够开展新生儿急症危急救治，能够进行妇科、产科、妇外科无痛分娩、剖宫手术、子宫全切手术和妇科疑难杂症诊治，门诊医疗11099人次，住院515人次，各类手术260例，其中，妇产科116例，外科145例，住院分娩288例；业务收入79万元。

2003年5月，旗妇幼保健院参加全旗抗击“非典”工作。同年7月，启动实施投资75万元的HU（英国无国界卫生组织）中国中西部妇幼卫生合作项目。

2007年初，旗妇幼保健院圆满完成HU（英国无国界卫生组织）中国中西部妇幼卫生合作项目工作任务。共培训旗、乡妇幼保健人员、村医生315人次，培训率98%以上；内蒙古自治区卫生厅在乌拉特中旗组织召开项目成果推广会。同年，旗妇幼保健院启动新型农村牧区合作医疗报销工作，被确定为新型农村牧区合作医疗定点医院。全年门诊医疗39900余人次，其中，急诊抢救54人、住院治疗866人，手术484人，病床使用率22%；业务收入300万元。

2008年，旗妇幼保健院启动实施国家西部六省区出生缺陷防治项目、“降消”项目，旗卫生局制定了《乌拉特中旗出生缺陷防治项目实施方案》。同年5月，旗妇幼保健院参加巴彦淖尔市卫生局举办的出生缺陷防治项目会议及培训班，组织人员在全旗范围内进行出生缺陷基线调查及医护人员及社区群众对叶酸知识知晓率调查；同时印发叶酸相关知识宣传资料2万份。全年门诊医疗32200余人次，其中，急诊抢救68人、住院治疗926人，手术520人，病床使用率30%；业务收入350万元。

2009年，旗妇幼保健院门诊医疗23452人次，其中住院691人次，各类手术358例（人工流产、药物流产、清宫术及其他小手术221例），住院分娩330人，病床使用率17%；业务收入370万元。

2010年11月，代表巴彦淖尔市在北京“两癌”检查项目实施成果会上作典型经验交流。全年门诊医疗38650余人次，其中，急诊抢救32人、住院治疗596人，手术398人，病床使用率15%；业务收入480万元。

2011年11月25日，卫生部妇社司司长张伶俐一行7人组成的妇幼重大公共卫生服务项目督查组对乌拉特中旗实施的“降消”项目、农牧区住院分娩补助项目、增补叶酸预防神经管缺陷项目、“两癌”普查项目及妇幼卫生绩效考核等工作开展情况进行督导检查，对旗妇幼重大公共卫生工作取得的成绩给予充分肯定和高度评价。当年，门诊医疗41200余人次，其中，急诊抢救16人、住院治疗389人，手术212人，病床使用率18%；业务收入495万元。

2012年，旗妇幼保健院可开展的手术有：剖宫产、宫外孕、卵巢囊肿、子宫肌瘤、阑尾炎、胆结石等手术。当年，门诊医疗36000余人次，其中，急诊抢救23人、住院治疗356人，手术198人，病床使用率13%；业务收入650万元。

第七章　公共卫生

第一节　基本公共卫生服务

2009 年，乌拉特中旗卫生管理部门启动城乡居民健康档案管理、健康教育、0～36 个月儿童健康管理、孕产妇健康管理、老年人健康管理、预防接种、传染病报告和处理、高血压患者健康管理、2 型糖尿病患者健康管理、重性精神疾病患者管理 9 项国家基本公共卫生服务项目，人均基本公共卫生服务经费 15 元。共免费为 6078 户、16310 人建立辖区居民健康档案，管理慢性病人 911 人，为 482 名 60 周岁以上老人进行健康体检，康复指导 117 人，开展健康知识讲座 4 次，发放健康宣传单 2.5 万份，健康教育手册 2 万册。

2012 年，乌拉特中旗卫生管理部门免费为城乡居民提供十一大类 41 项基本公共卫生服务。人均基本公共卫生服务经费由 2009 年的 15 元提高到 25 元。全旗城乡居民规范化电子健康档案建档率达到 60.3%。孕产妇和 0～6 周岁儿童系统管理率分别达到 97.2% 和 92.2%。宫颈癌、乳腺癌检查率完成 101%。孕产妇住院分娩率 100%，死亡为 0。婚检率上升到 81.8%，对 419 名农牧区住院分娩孕产妇，按每人 400 元进行补助。叶酸服用率 94.6%。依从率 84.3%，知晓率 92%。实现消除新生儿破伤风目标。全面加强鼠疫、艾滋病、布鲁氏菌病、结核病等重点传染病监测和防控工作，全旗传染病疫情平稳。传染病报告率、及时率、准确率均达到 100%。完成布鲁氏菌病筛查、鼠疫监测、麻疹强化免疫和查漏补种、结核病防治及改厕工作任务。0～6 周岁儿童疫苗全程接种率以苏木镇为单位 97.35%，儿童常规免疫接种率达到 98% 以上，涂阳肺结核病人治愈率达到 90% 以上。全旗开展艾滋病防治知识宣传和高危场所干预工作。全面开展卫生监督协管工作，在 13 所苏木镇卫生院成立卫生监督协管分所。强化餐饮服务食品安全管理，全年无重大食品安全事故发生。加强生活饮用水、公共场所、职业卫生、放射卫生日常监管，严厉打击了非法行医和非法采供血行为。

第二节　环境卫生

2000 年后，全旗公共场所从业单位必须承办公共场所卫生条件的卫生行政许可，旗卫生管理部门对公共场所的卫生条件及其从业人员的健康管理进行卫生监督检查，查处违法行为。

至 2012 年底，全旗有公共场所从业单位 363 户，旗卫生管理部门全年监督检查 900 余次，对监督检查中发现的违法违规行为进行处罚，行政处罚 34 户次，罚款 20200 元。

第三节　食品卫生

1988—2012 年，全旗食品从业单位必须承办餐饮业及集体食堂卫生条件的卫生行政许可。旗食品卫生管理部门对餐饮业及集体食堂的卫生条件、卫生防护措施、生产经营活动及直接从事食品生产经营活动人员的健康管理进行卫生监督检查，查处违法行为。

至 2012 年底，全旗有食品从业单位 632 户，旗食品卫生管理部门全年监督检查 2000 余次，对监督检查中发现的违法违规行为进行处罚，行政处罚 57 户次，其中申请法院强制执行 3 户。共计罚款 69100 元。

第四节　学校卫生

1988 年，乌拉特中旗开展了由全国牙防组织部署的全旗牧区学校牙病健康调查，共调查学生 7000 余人。同年，旗卫生局为 15 所中学和 43 所小学的学生进行健康体检，体检项目主要包括身高、体重、胸围、坐高、肺活量、血压、脉搏数、沙眼、龋齿、咽部、脊柱四肢、心肺听诊等。

2012 年，旗卫生监督所对全旗 12 所中小学及幼儿园监督检查 40 余次，对监督检查中发现的违法违规行为进行处罚。

第五节　爱国卫生运动

爱国卫生运动是群众性卫生运动，乌拉特中旗在深入推进新农村新牧区建设的同时，由各包村社干部，对农牧民宣传开展卫生常识和除害防病知识，积极落实自治区下达乌拉特中旗改厕工作的开展，为农村创造优美环境、使农牧民养成了良好卫生习惯。

1988—2012 年，旗爱国卫生运动办公室在开展爱国卫生月活动期间，积极组织、协调各有关部门、单位重点加强了环境卫生的综合整治，集中治理居民生活区、城乡结合区、旧屋区等地区的卫生死角。以主街道绿化和公共绿化、广场绿化带为重点，以社区绿化和庭院、居民小区绿化为依托，狠抓绿地建设和保护，广泛发动全社会力量，开展以“绿色家园、绿色单位、绿色社区、绿色家庭”等活动，全面推进绿化工程。加强对医源性废弃物的管理，专人负责与生活垃圾分离焚烧处理，处理率达到 100%；同时加强对医疗废水、病人分泌物、排泄物的消毒处理。对各类公共场所进行公共卫生安全检查，做到从业人员持证上岗，室内外环境整洁，公共用具严格消毒，无菌化处理的标准。加强对食品生产、流通、餐饮服务等环节食品卫生安全的监管，对个人卫生、环境卫生、生熟用具分开、用具容器清洁、防尘、防蝇、防鼠等卫生安全隐患进行强力监管。加强对食品生产、流通、餐饮服务等环节食品卫生安全的监管，对个人卫生、环境卫生、生熟用具分开、售货工具、用具容器清洁、防尘、防蝇、防鼠等卫生安全隐患进行强力监管。

一、改厕建厕

2007 年，全旗改厕建厕项目开始实施。至 2008 年，由旗农业推广中心建设“三联沼气式”卫生厕所 2000 座。2009—2012 年，旗爱国卫生运动办公室建设“双坑交替式”无害化卫生厕所 3586 座。

2007—2012 年底，全旗完成厕所建设与改建项目，到位资金共计 660.9 万元，其中国家、内蒙古自治区改厕资金 499.95 万元，巴彦淖尔市、乌拉特中旗改厕资金 160.95 万元，农牧户自筹部分改厕资金由苏木镇人民政府统一收取汇款到改厕项目专项账户中，农牧户自筹改厕资金由 200 元/座调整到 300 元/座。6 年中，共计发放改厕宣传资料 1 万份，全旗无害化卫生厕所普及率由 1% 提高到 30%，农牧区环境卫生状况大有改观，农牧民科学卫生的生活习惯逐渐形成。

二、卫生安全检查

1988—2012 年，在爱国卫生活动月、元旦、春节、重大活动期间，由旗人民政府办公室牵头，联合旗爱卫办、卫生局、环保局、工商局、城建局、防疫站、海流图镇、团委、妇联、工会、宣传部、文明办、水利局、教育局、电视台等部门联合开展卫生安全大检查，重点检查宾馆、饭店、理发店、澡堂、食品生产厂、商店、学校、医院、单位、城乡接合部的环境卫生、清洗消毒、防尘防鼠防蝇、持证上岗等方面情况，每季度组织爱国卫生成员单位在城郊周围捡拾垃圾，冬季组织干部职工清理积雪和卫生死角。

三、卫生城市创建

2011 年，乌拉特中旗启动创建国家卫生旗县和内蒙古自治区卫生旗县工作，成立卫生城市创建办公室，设在爱国卫生运动办公室内。2012 年，顺利通过内蒙古自治区爱国卫生运动委员会检查验收，乌拉特中旗成功创建为内蒙古自治区卫生旗。

第八章　综合管理

第一节　医政管理

乌拉特中旗卫生局医政管理部门主要职责是:组织贯彻实施医疗机构、医疗技术应用、医疗质量、医疗服务、医疗安全等有关政策、规范和标准;负责全旗医疗机构设置、医疗广告相关方面的审批、审核及医师、执业护士注册,负责全旗一级及一级以下医疗机构的设置审批;负责全旗乡村医生的培训和管理工作,协调组织城市医疗支援农村牧区工作,协助突发公共卫生事件的医疗救助和重大人员伤亡事件的紧急医疗救援工作,负责医患纠纷调处和无偿献血、征兵、招生体检的组织协调,负责全旗重要会议于重大活动的医疗安全保障和突发公共事件医疗救护活动。

1988 年,旗医政管理逐步规范化,旗卫生局医政管理部门加强对医疗机构设置审批,执业登记的规范化管理,强化医务人员执业登记、注册管理,实行医师定期考核。

2007 年,旗卫生局医政管理部门按照卫生部要求开展"以病人为中心医院管理年活动""医疗质量万里行""抗菌药物专项整治""优质护理示范工程"活动,持续改善全旗医疗机构医疗服务质量,并成立医疗纠纷调解委员会。同时为提升基层医疗机构服务能力,实施旗级医疗机构对口支援苏木镇卫生院。

2012 年,全旗实行乡村一体化管理。

第二节　药政管理

乌拉特中旗卫生局药政管理部门主要职责是:建立基本药物协调机制,组织实施国家和内蒙古自治区药物政策和基本药物制度,组织实施全旗基本药物的采购、配送、使用的管理措施。开展基本药物监测评估并提出政策建议,开展基本药物临床使用综合评价。

2009 年,随着医药卫生体制改革的不断推进,为满足业务需求,旗卫生局成立医政药政股,并成立基层医疗机构核算中心,负责基本药物集中核算和集中支付。

2011 年,旗卫生局药政管理部门将国家基本药物制度延伸到全旗 13 所苏木镇卫生院,各苏木镇卫生院配备国家基本药品目录,并实行零差率销售。

2012 年,旗卫生局药政管理部门将国家基本药物制度延伸到 48 所嘎查村卫生室和 6 个社区卫生服务中心(站)。

第三节　血液管理

2004 年 10 月,旗人民医院输血管理委员会成立,设置血库,配置检验师 3 名,承担全旗临床紧急用血工作任务。乌拉特中旗卫生局认真按照《医疗机构临床用血管理办法》《临床输血技术规范》《医疗机构输血科(血库)基本标准》等临床用血管理法律、法规、技术规范和标准,规范血库建设，制定《乌拉特中旗人民医院临床输血评估及输血效果评价制度》，加强临床用血管理，切实保障临床输血安全。

2004 年 10 月至 2012 年 12 月，旗卫生局按照《中华人民共和国献血法》和上级有关文件精神，积极配合乌拉特中旗人民政府和巴彦淖尔市中心血站开展无偿献血工作，所采集的血液全部用于临床；至 2012 年，全旗累计有 3000 余人次参加无偿献血，采集血液 79 万毫升。被巴彦淖尔市人民政府授予“2009—2011 年度无偿献血先进集体”荣誉标号。

第四节　医疗事故鉴定处理

1988—2011 年，全旗医疗事故鉴定处理工作由旗卫生局医政股负责受理、调解和委托鉴定。具体鉴定工作由巴彦淖尔盟（市）卫生局医疗事故鉴定委员会负责组织。

2012 年，乌拉特中旗建立健全医疗纠纷第三方调解机制，率先在全巴彦淖尔市成立医疗纠纷人民调解委员会，委员会下设办公室，设在旗司法局，聘请调解专家 5 人，负责日常工作。乌拉特中旗医疗纠纷人民调解委员会主要职责是：负责调解乌拉特中旗各医疗机构患方索赔额在 1 万元以上、10 万元以下未走诉讼程序的医疗纠纷；1 万元以下的医疗纠纷医院可自行解决处理，超过 10 万元的医疗纠纷如需旗医疗纠纷人民调解委员会调解解决需提供技术鉴定。当年，共受理医患纠纷 2 起，成功调解 2 起。

第五节　经费管理

1988—2012 年，旗卫生局对事业经费和各项资金严格按预决算执行，积极规范项目资金的使用和管理；认真落实一把手和分管领导、主要领导双签字制度，凡大额支出都必须经班子集体讨论方可开支，严禁私设“小金库”；对于基本公共卫生服务项目等各项医改专项资金，实行专账管理，完善考核方案，根据考核结果发放项目资金，确保专款专用；旗卫生局内部成立审计小组，确定专人加强系统财务内审工作，规范系统财务管理；为乡镇、苏木卫生院和社区卫生服务中心（站）统一购置财务软件，对基层医疗卫生机构财务人员进行财务集中培训。

2007 年 1 月 1 日，乌拉特中旗正式实施新型农村牧区合作医疗制度。旗卫生局严格按照《内蒙古自治区新型农村牧区合作医疗试点工作方案（修订）》和内蒙古自治区财政厅、卫生厅颁发的《内蒙古自治区新型农村牧区合作医疗基金会计核算暂行办法》《内蒙古自治区新型农村牧区合作医疗基金财务管理暂行办法》的要求，新农合基金实行财政专户管理、收支分离、管用分开、封闭运行。旗财政局负责新农合专户管理，各苏木镇人民政府、农牧场场部负责农牧民参合费用的收缴，旗新型农村牧区合作医疗办公室负责参合农牧民医药费用的报销审核，旗中蒙医医院和各苏木镇卫生院负责参合农牧民新农合补偿费用发放。

2012 年，旗卫生局成立核算中心，负责辖区公办基层医疗卫生机构基本药物货款的集中收付和乡镇、苏木卫生院和 6 个公立社区卫生服务中心（站）的财务管理工作。

第六节　卫生监督与执法检查

2005 年，乌拉特中旗卫生监督所成立，开始严格按照行业法规加强食品卫生、职业卫生、公共场所卫生、学校卫生、环境卫生、消毒卫生等行业的监督管理；健全卫生监督协管网络，全面开展卫生监督协管服务，集中开展了饮用水卫生、餐饮具集中消毒、学校卫生及打击非法行医和非法采供血等专项监督检查。全旗先后涉及职业病危害因素的企业主要有：皮毛厂、绒毛厂、地毯厂、塑料厂、印刷厂、石油公司、民族用品厂、温更煤矿、砖瓦厂、水泥厂、牧羊海铅粉厂、永兴矿业铬铁厂、图古日格金矿、乌兰此老铁矿、太平矿业、甲胜盘矿业等20家左右，接触有害因素作业人员约有4000人，存在的职业病危害因素有粉尘、噪声、高温、高湿、电离辐射、氰化物、硫化物、塑化物、农药、布鲁氏杆菌等物理性、化学性和生物性因素等10余种。

2012年，旗卫生监督所重点开展食品卫生日常监管，全面推行餐饮业、食品生产经营企业量化分级管理制度，完善食品原料索证、索票和台账记录制度；开展整顿医疗秩序、打击非法行医和非法采供血活动、饮用水卫生、餐饮具集中消毒、学校卫生等专项行动。强化对生活饮用水卫生、公共场所卫生、医疗卫生、传染病防治等重点领域的日常监督。当年，全旗有食品从业单位632家，公共场所从业单位363家，医疗卫生服务机构129家，从业人员健康体检人员2391人。旗卫生监督所对54家公共场所进行量化分级管理，对86户集中式供水单位进行监督，对海流图镇5家消毒服务机构、25家经营消毒产品服务机构进行监督检查，对全旗128户各级各类医疗机构医疗废物处置、传染病疫情报告等进行监督，查处非法行医8起，监督覆盖率100%。

第三十三篇　精神文明建设

◎ 机构与管理考核

◎ 公民道德建设

◎ 文明创建活动

◎ 助学工程与文明服务

第一章　机构与管理考核

第一节　管理机构

1988 年初，乌拉特中旗设有“五讲四美三热爱”委员会办公室。同年，更名为乌拉特中旗精神文明建设委员会办公室（以下简称“文明办”），与中共乌拉特中旗委员会（以下简称“旗委”）宣传部合署办公，挂文明办牌子。旗文明办未设内设机构，核定行政编制 5 名，实有干部职工 5 人，其中科级领导职数 2 人，一正一副。

1993 年 3 月 20 日，旗委、旗人民政府下发《批转旗综合配套改革领导小组、旗机构编制委员会关于〈乌拉特中旗党政群机构改革实施方案〉的通知》（党发〔1993〕13 号），决定对全旗党政群系统进行机构改革。旗文明办、新闻报道中心、讲师团与宣传部合并，组成新的旗委宣传部。

1997 年 8 月，旗精神文明建设委员会与旗委宣传部分设，机构单独设立，正科级建制，事业性质，未设内设机构，实有干部职工 5 人，其中科级领导职数 2 人，一正一副。

1999 年，旗文明办实有干部职工工作人员有 7 人：主任 1 人，副主任 2 人，办事员 3 人（7 月调离 1 人），工勤人员 1 人。

2002 年 3 月，全旗进行机构改革，旗文明办并入旗委宣传部，对外挂精神文明建设委员会牌子，旗文明办未设内设机构，实有干部职工 6 人，其中科级领导职数 3 人，一正二副。

2005 年，旗委宣传部主管意识形态和思想政治工作的职能部门，同时挂精神文明建设委员会办公室牌子，文明办隶属旗委宣传部。文明办未设内设机构，核定行政编制 5 名，实有干部职工 8 人，其中科级领导职数 3 人，一正二副。

2011 年，旗文明办未设内设机构，核定行政编制 5 名，实有干部职工 6 人，其中科级领导职数 3 人，一正二副。

至 2012 年底，旗文明办内设机构与人员编制未发生变化。

第二节　目标管理考核

1995 年，旗委决定将精神文明工作纳入全旗目标管理考核，制定考核评分细则，每年末对旗直属各单位、各苏木乡镇进行考核。至 2012 年，共计对旗直属各单位、各苏木乡镇进行考核 18 次。

第二章　公民道德建设

第一节　爱国主义教育

1988 年，旗文明办与旗委宣传部围绕迎接中华人民共和国成立 40 周年大庆，在全旗开展以创建文明单位为主要内容的精神文明建设活动。活动发放宣传单 1000 余份，悬挂宣传横幅 30 条，旗直各单位、社会各界干部群众 1500 余人参加活动。

1991—1994 年，旗文明办结合贯彻落实《爱国主义教育实施纲要》，全面开展“热爱中旗，献身中旗、振兴中旗”为主要内容的爱国主义教育活动。四年中，共发放《爱国主义教育实施纲要》宣传册 4000 余册、宣传单 8000 余份，受教育干部群众 2 万人次。

1995—1999 年，旗文明办开展以建设有中国特色的社会主义理论的学习教育，加强爱国主义、集体主义、社会主义教育和民族团结教育。学习内容主要包括《邓小平文选》《建设有中国特色社会主义若干理论问题学习纲要》《中国共产党章程》。五年中，全旗受教育干部群众五万人次。

2000—2004 年，旗文明办开展以“热爱中旗、建设中旗、振兴中旗”为主题的多种形式的爱国主义教育，利用重大节日，广泛开展文艺会演、演讲等各种活动，缅怀革命英烈丰功伟绩，颂扬中国共产党伟大业绩，牢记中华民族优良传统，弘扬社会正气，激发爱国热情。五年中，全旗受教育干部群众 5 万人次。

2005—2008 年，旗文明办提出打造文化大旗的构想，各种文化活动蓬勃发展，成为推进爱国主义教育的主要方式。4 年中，全旗受教育干部群众 5 万人次。

2009 年，旗文明办组织全旗各级干部参加巴彦淖尔市“爱国主义歌曲大家唱”歌咏比赛，获得优秀组织奖。

2011 年，旗文明办以庆祝中国共产党成立 90 周年为契机，在全旗开展“爱国歌曲大家唱”活动，继续举办“广场文化艺术节”“校园文化艺术节”等大型群众性文体娱乐活动，参加活动群众达 2000 人次。同年，旗文明办组织干部职工 200 人参加巴彦淖尔市广场文化会演，充分展示广大干部群众热爱祖国、热爱家乡、团结奋进的精神风貌。

2012 年，旗文明办组织例行性、常规性的爱国教育活动，主要是充分利用爱国主义教育基地在广大人民群众、青少年中开展教育活动。

第二节　社会公德教育

2002 年 6 月 11 日，旗委宣传部、旗文明办举办学习宣传贯彻《公民道德建设实施纲要》万人签名活动。旗直窗口单位、执法部门和服务行业近 600 人进行实践《公民道德建设实施纲要》集体承诺宣誓。各单位、各部门及社会各界干部群众 4000 余人参加集体签名，小学生代表宣读实践《公民道德建设实施纲要》倡议书，书画爱好者在签名活动现场进行书法绘画表演，同时发放《公民道德建设实施纲要》宣传单 2000 份、宣传册 2500 册，悬挂宣传横幅 10 条。同年，旗文明办在全旗启动文化、体育、法律、卫生“四进社区”活动，后又变为道德、治安（警务）、科教、文体、法律、卫生“六进社区”活动。

2003 年，为防止非典型肺炎疫情蔓延，旗文明办制定下发《关于在抗击非典斗争中积极开展“三讲一改一树”活动的通知》，大力开展“讲社会公德、改十大陋习、树文明新风”的活动。

2006 年，旗文明办把培养和树立正确的社会主义荣辱观作为思想道德建设的基础性工程，采取新闻宣传、文艺活动、举办报告会等多种形式，进行宣传教育，引导人们形成正确的荣辱观念，全旗受教育干部群众达 4000 人次。

2008 年，旗文明办组织全旗开展内蒙古自治区首届道德模范评选活动和“我推荐、我评议身边好人”活动，全旗入围“全区道德模范”候选人 1 人。

2009 年，旗文明办组织举办全旗首届“国税杯”公民道德建设知识竞赛，组织参与中央、内蒙古自治区、巴彦淖尔市文明委举办的各种道德模范评选活动，有 2 名农牧民荣获全市“十大致富状元”和“十大道德模范”荣誉称号。同年，全旗开展“文明市民”“爱岗敬业模范”“农牧民好榜样”“十星级文明户”等系列评比表彰活动，评选出“爱岗敬业模范”2 人、“十星级文明户”2 户。

2010 年，旗文明办组织全旗开展“身边好人讲身边好事”“我评价、我推荐身边好人”活动。同年，组织全旗干部职工参加巴彦淖尔市“2010 年祝福短信贺岁春联大赛”，参与内蒙古自治区“迎世博讲文明树新风”知识竞赛，举办“关心下一代”知识竞赛、“低碳生活”科普知识竞赛、“十大杰出青年”评选、“十大寿星”评选、“十大孝星”评选表彰、“文化艺术节”等群众文化活动。旗文明办和公安、交通等部门配合实施“文明交通行动计划”，举办“创先争优先进事迹报告会”。积极组织参与内蒙古自治区、巴彦淖尔市“两个文明”（物质文明、精神文明）经验交流现场会，全旗有 3 名农牧民荣获“百佳农牧民”“百佳文明户”荣誉称号，巴音乌兰苏木有 1 人荣获“全区助人为乐模范”提名奖。有 3 人荣获“全市精神文明建设”先进工作者表彰奖励。

2011 年，旗文明办组织全旗开展“我们的节日”系列活动，包括“元旦、春节”期间的“送温暖、献爱心”和“乌拉特民俗祭灶”“迎春书画奇石精品展”、农牧民秧歌大拜年、文艺展演、蒙古摔跤、图书展销、元宵花灯展，廉政之春元宵焰火晚会等系列群众文化娱乐活动。清明节期间，在海流图广场和海流图镇公墓、乌不浪口开展“缅怀先烈、文明祭祀”主题活动；在“五一”、端午、中秋、国庆期间，组织开展“爱国卫生”“中华经典诵读”“做有道德的人”“全民健身”“九九重阳”老年文化节等丰富多彩的群众性节日民俗活动和文化娱乐活动。同年，将文明礼仪知识教育纳入全旗干部职工学习培训计划内容，在全旗范围内开展文明礼仪讲学活动。成功举办第三届全旗公民道德建设知识竞赛活动。同年，有 3 名农牧民荣获内蒙古自治区“百佳十星文明户”和“百佳文明农牧民”奖励，有 1 人荣获“感动内蒙古十佳人物”奖励。

2012 年，旗文明办推选巴彦淖尔市级道德模范 4 人。同年，旗文明办联合旗妇联评选“精巴媳妇”3 户。

第三节　青少年思想道德教育

2002 年，旗文明办重新制定和完善《小学生守则》。同年，旗文明办组织中小学生在乌不浪口抗日烈士纪念碑举行扫墓祭奠活动，参加活动的中小学生 200 余人。

2004 年 7 月，旗文明办制定《关于进一步加强和改进青少年思想道德建设的实施意见》，成立青少年思想道德建设领导小组，将教育活动列入各级各部门目标考核范围。同年，开展“告别网吧”

为主题的万人签名活动，签名群众500余人，受教育群众1.2万人次。

2008年，旗文明办组织全旗各校中小学生参加全国“我承诺做一个有道德的人”大型网上签名活动、全国“英雄少年”网上评选活动。向全旗各中小学校免费发放《少年心路》《英雄少年》教育光碟500盘、赠送图书1000多册（套）。

2009年，旗文明办制定完善《全旗净化社会文化环境的实施方案》，配合有关部门开展“扫黄打非”斗争，开展网络淫秽色情等违法有害信息专项整治；大力净化网吧、网络和校园周边环境，开展未成年人思想道德建设测评工作。当年，旗文明办主任荣获“内蒙古自治区未成年人思想道德工作先进工作者”荣誉称号。

2010年，全旗各中小学校全部完成《爱国主义教育规划》教学内容，各学校利用主题队会、班会、升国旗等各种形式广泛开展学习英模活动，利用清明节之际开展网上祭英烈活动，在国庆节期间开展“向国庆敬礼、做有道德的人”网上签名寄语活动，举办“童心向党”为主题的各种演出。同年，开展网吧、电子游戏厅的专项治理整顿工作和校园周边文化市场专项治理活动，清查盗版图书、杂志、教辅教材1600余册，盗版音像制品2000余盘。

2012年，全旗以“乡村学校少年宫”建设为契机，加快改造、建设青少年科技、文化、体育活动阵地。继续推进“做一个有道德的人”主题实践活动，开展以“心向党、爱祖国、爱家乡”为主题的读百科诵经典、网上祭英烈、向国旗敬礼、优秀童谣征集传唱、美德少年评选表彰等活动。

第三章　文明创建活动

第一节　文明城市与村镇创建

1995年起，旗委、旗人民政府积极响应内蒙古自治区精神文明建设委员会办公室组织举办星级文明城镇竞赛活动，提出要把海流图镇建成文明城镇的目标，成立以乌拉特中旗旗长为总指挥的文明城镇创建指挥部，下设办公室、思想道德建设、文明单位、文明小区、优美环境、优良秩序、优质服务、监督执行7个工作组，全面推进文明创建工作。至2007年，海流图镇连续6次参加内蒙古自治区星级文明城镇创建活动，荣获内蒙古自治区七星级文明城镇，乌加河镇被评为内蒙古自治区创建十星级文明镇（苏木乡）工作先进单位，德岭山镇被评为内蒙古自治区五星级文明镇，乌加河联丰奋斗村被评为内蒙古自治区创建十星级文明村（嘎查）工作先进单位，巴仁宝勒格村、德岭山乌镇村被评为内蒙古自治区二星级文明村。

2002年，全旗开展小康文明示范户创评活动，创建45周岁以下农牧民党员家庭小康文明示范户480户、星级小康文明示范户8215户、小康文明苏木乡镇5个、小康文明嘎查25个。各乡镇苏木都建立文化站，部分乡镇苏木成立文艺队、秧歌队，基本满足群众生活需要。同年，旗文明办制定《2003—2005年乌拉特中旗文明长廊三年工作规划》，确定重点创建的3条线：乌加河镇到德岭山镇为示范区的灌区一条线、以海流图镇为中心的城镇一条线、以海流图镇到甘其毛都口岸一条线。

2009年，旗文明办制定《2009年乌拉特中旗文明城镇村竞赛活动实施方案》，全旗8个苏木镇及所有嘎查村开展创建活动。海流图镇荣获“内蒙古自治区文明旗县城先进工作旗县城”荣誉称号。

2010年，旗文明办以巴彦淖尔市精神文明建设委员会提出的“迎庆创城”工作为抓手，组织协调“一线三区”各有关部门开展“迎庆创城我行动”主题系列活动。

2011年5月底，乌拉特中旗通过巴彦淖尔市精神文明建设委员会组织的文明旗县城测评工作；7月底，接受内蒙古自治区精神文明建设委员会的测评。同年，旗文明办组织乌加河镇、乌加河镇联丰奋斗村参加全国文明村镇评比竞赛活动。乌加河镇继续获评“全国文明村镇创建工作先进村镇”荣誉称号；当年，乌加河镇联丰奋斗村荣获“全国文明村”荣誉称号。

2012年，旗委制定《乌拉特中旗关于迎接全市第四次“两个文明”建设现场经验交流会工作方案》，成立由旗委书记任总指挥的乌拉特中旗“迎会办会”专项工作指挥部，下设11个专项工作推进组。1—9月，迎会办会工作期间，旗文明办每月至少开展1次以“科学发展、推进文明、共享成果”为主题的群众性精神文明创建活动。1月，全旗开展“送温暖、献爱心”和迎新春系列文体娱乐活动；2月，举办“迎两会、做文明有礼的中旗人”广场签名活动；4月，举办“平安清明，文明祭祀”活动和“星级文明户”“干净人家、精巴媳妇”评选表彰活动；5月，召开创建“文明村镇”现场会；6月，组织开展“城乡清洁，爱国卫生活动”和全旗“迎两会”公民道德知识竞赛活动；7月，举办“校园文化艺术节”；8月，举办首届“鸿嘎鲁”民间民俗文化艺术节暨中蒙文化交流周活动和消夏广场文化节；9月17—18日，巴彦淖尔市第四次“两个文明”建设现场经验交流会在乌拉特中旗和临河区成功圆满召开，同月，旗文明办举办社区文化艺术节；10 月 12 日，旗委、旗人民政府隆重召开总结表彰大会，总结全旗迎会办会工作成功经验，表彰先进单位和先进工作者。同年 8 月，乌拉特中旗荣获“内蒙古自治区卫生城市”荣誉称号。

第二节 文明单位创建

1991 年，全旗开始在商场、宾馆等行业开展优质服务和优秀服务员的评选。

1996 年，全旗开始在城镇 14 个服务行业推行“为人民服务，树行业新风，推行社会服务承诺制”活动，大力创建文明行业。

1997 年，全旗围绕文明言行、环境卫生、交通秩序、服务质量 4 个方面存在的突出问题，开展向不文明言行告别战役、整治环境卫生战役、改善和提高服务质量的战役、交通秩序综合整治战役的“四大战役”。

1998 年，乌拉特中旗开始在窗口行业开展“加强职业道德建设，树立行业新风”活动，在党政机关开展“机关干部良好形象工程”。

2000 年，旗文明办在党政机关开展“三优一满意”（创优质服务、优良作风、优美环境的文明机关，做人民满意的人民公仆）活动。

2002 年，旗文明办对全旗 1985—2001 年期间评定的内蒙古自治区、巴彦淖尔盟、乌拉特中旗三级文明单位进行调查摸底，取消届满文明单位 86 个，重新申报命名旗级文明单位 73 个，对全旗文明单位进行行风评议。

2008 年，全旗窗口单位纷纷开展以“迎大庆、迎奥运、讲文明、树新风”为主要内容的“创文明、树形象”和“热爱家乡、共建文明”等主题活动，推动全旗文明单位创建活动深入开展。

2010 年，旗文明办完善《乌拉特中旗文明单位建设和管理办法》，转发《关于在全市窗口行业（系统）开展争创“文明杯”规范化服务竞赛活动的通知》，全旗在公安、税务、工商、建设、电力、交通、邮政、电信、金融、保险、卫生、旅游、商务 13 个行业和部门大力开展以“服务人民、奉献社会”为主题，强化职业道德为基础的精神文明创建活动。

2012 年，旗文明办以建设社会主义核心价值观体系为根本，以“讲文明、促和谐”为主题，广泛开展群众性精神文明创建活动。旗委、政府命名了 4 个旗级文明单位标兵，17 个旗级文明单位，24 个旗级文明嘎查村，5 个文明示范窗口。

第三节 乡风文明大行动

1988 年，旗文明办开始在全旗大力推广红白喜事理事会管理制度，在农村牧区倡导文明、健康、科学的生活方式，推行婚丧嫁娶从简，刹住歪风邪气，发扬社会主义新风。同时大力禁止赌博歪风。

1991 年，旗文明办开始在全旗农村牧区开展“十星级文明户”系列活动，以开展“六抓、六治、六变”（抓生产发展、治穷变富，抓思想教育、治旧变新，抓文化科学、治愚变智，抓社会秩序、治乱变安，抓服务质量、治差变优，抓环境建设、治脏变美）活动；为十星级小康文明户的评选确定 10 项标准：爱国爱党、尊师重教、勤劳致富、遵纪守法、移风易俗、计划生育、家庭和睦、民族团结、助人为乐、保护环境。

1992—1999 年，全旗各苏木镇每年都集中开展乡风文明活动，大力倡导文明、健康、科学的生活方式，发扬社会主义新风尚。

2003 年，为防止非典型性肺炎疫情传播，开展大规模环境卫生清扫工作。

2005 年，国家在西部地区和老少边穷地区实施“电视（电脑）进万家”工程，乌拉特中旗共向全旗农村牧区贫困家庭发放彩色电视机 200 台，发放电脑 160 台。

2007 年，全旗坚持把“农区养殖长廊”和“草原风情线”作为创建工作的品牌工程来建设。各地区、各部门按照中共十六届五中全会提出的建设社会主义新农村、新牧区的要求，围绕“生产发展、生活宽裕、乡风文明、村容整洁，管理民主”的总体目标，全面推进农村牧区精神文明建设。

2008 年，全旗开始开展“干净人家，精巴媳妇”评选活动。

2009 年，全旗各地区以“新农村、新生活、新家园”为主题，组织开展“文明户”“致富状元”“精巴媳妇”“好婆婆”等评选表彰活动。

附：2010—2012 年乌拉特中旗各级文明单位

1. 全国文明村镇、全区文明旗县城市

2011 年，乌加河镇被评为全国创建文明村镇“工作先进村镇”；乌加河镇联丰奋斗村被评为“全国文明村镇”。海流图镇被评为内蒙古自治区创建文明旗县城“工作先进旗县城”。

2. 自治区级文明单位

2011 年，旗电管局、边防养护队、房管局、自来水厂、旗国税局、乌兰边防派出所、财政局、旗发展银行、旗审计局、国土局等自治区文明单位；新增法院、气象局被评为自治区级文明单位。

3. 巴彦淖尔市级文明单位

2010 年，旗人民检察院、联通分公司、民政局、川井边防派出所、巴音忽热边防派出所、国家安全局、总工会、妇幼保健院、乌加河粮油贸易公司、计划生育局、质量技术监督局、公安边防大队、广电服务中心、工商行政管理局、人事劳动局、电力有限公司满都拉小区、海五线收费所被评为巴彦淖尔市级文明单位，其中公安边防大队、广电服务中心、工商行政管理局、人事劳动局、民政局、妇幼保健院、联通分公司被评为巴彦淖尔市级文明单位标兵。

2011 年，旗烟草专卖局、巴音杭盖边防派出所、运输管理所、公安消防大队、农业银行、发展和改革局、七三三台、海流图机动队（原川井边防工作站）、甘其毛都口岸、职业中学、德岭山地税所、巴音乌兰边防派出所（原桑根达来边防派出所）、移动分公司、国检局、乌不浪口烈士陵园被评为巴彦淖尔市级文明单位，其中烟草专卖局、巴音杭盖边防派出所、运输管理所被评为巴彦淖尔市级文明单位标兵。

2012 年，旗交通局、水利局、地税局、林业局、卫生局、信用联社、河套酒业集团乌拉特有限责任公司（酒厂）、乌加河国税所被评为巴彦淖尔市级文明单位，其中水务局、地税局、林业局被评为巴彦淖尔市级文明单位标兵。

4. 旗级文明单位

2010 年，旗口岸服务中心、乌加河地税所 、德岭山工商所、邮政局、旅游服务中心、中旗第二中学、川井草原监理站、索伦肉类食品有限公司、甲盛盘铅锌硫铁矿开发有限责任公司、蓝天广告公司、八珍骨里香熟食城 、乌加河镇石兰计村、德岭山镇红旗村、石哈河镇白音厂汗村、呼勒斯太苏木哈拉图嘎查、新忽热苏木毛尔其格嘎查、地税局征管三所 、石哈河地税所、川井工商所、汇丰宾馆、边养队女子道班、龙源（巴彦淖尔）风力发电有限责任公司、利民眼科医院中旗六分院、呼勒斯太苏木希博图嘎查、海流图收费站、甘其毛都口岸收费站、甘其毛都边防派出所被评为旗级文明单位，其中口岸服务中心、乌加河地税所、德岭山工商所、邮政局被评为旗级文明单位标兵。

2011年，旗经济局、药监局、乌加河地震台、公路段、就业局、中蒙医院、统计局、旗委办、政府办、人武部、政法委、老干局、社保局、商务局、科协、旗医院、森林公安分局、农业开发办、乌加河乌北林场、巴市总排干第三管理所、巴市总排干第四管理所、乌加河中心小学、乌加河法庭、桑根达来边养工区、苗圃、川井边养工区、民族幼儿园、乌加河希望幼儿园、奥星幼儿园、山西漳泽电力乌拉特中旗风力发电厂、邮政局乌加河支局、甘其毛都口岸汽车运输管理站、巴音乌兰苏木努和日乐嘎查、巴音乌兰苏木乌兰温都尔嘎查、石哈河镇双盛美村、石哈河镇二十四份村、石哈河镇格尔楚鲁村、石哈河镇柏木井村、新忽热苏木巴音温都尔嘎查、川井镇德力素嘎查、乌加河镇兴永胜村、呼勒斯太苏木哈拉葫芦嘎查、德岭山供电所、乌加河供电所、石兰计供电所、宏丰供电所、西羊场变电所、石哈河供电所、甲胜盘供电所、国税局收费厅、地税局收费厅、川井税务所、海流图工商所、汇源工商所、乌加河信用社、德岭山信用社、呼勒斯太信用社 、乌拉特海关、科技局、德岭山镇全泉村、海流图镇西郊社区、海流图镇哈萨尔社区、海流图镇花园东路社区被评为旗级文明单位，其中经济局、药监局、乌加河地震台、公路段、就业局、中蒙医院、统计局被评为旗级文明单位标兵。

2012年，旗盐业公司中旗支公司、计生服务站、草原监督管理局、环保局、宣传部、组织部、监察局、党校、司法局、妇联、团委、海流图镇西街派出所、海流图镇派出所、海流图林场、森林病虫防治检疫站、乌加河卫生院、德岭山派出所、人防办、海流图镇阿拉腾呼少嘎查、巴仁宝力格村、哈日朝鲁嘎查；呼勒斯太苏木呼勒斯太嘎查、韩乌拉嘎查；巴音乌兰苏木新尼乌素嘎查、乌兰额日戈嘎查、阿日胡都格嘎查；新忽热苏木白兴图嘎查、莫仁嘎查、乌兰朝鲁嘎查；川井镇图古日格嘎查、沙如塔拉嘎查、阿木斯尔嘎查；乌加河镇联丰奋斗村、红光胜利村、宏伟村；石哈河镇格日楚鲁村；德岭山镇乌镇村、苏独仑嘎查、大圣村、乌加河工商所、宏丰信用社、社保局服务大厅、石哈河信用社、国华巴彦淖尔风电有限公司川井风电场 、巴音乌兰卫生院、巴音乌兰信用社、巴音乌兰苏木桑根达来嘎查、乌力吉图嘎查、朱斯木拉嘎查被评为旗级文明单位，其中盐业公司中旗支公司、计生服务站、草原监督管理局、环保局被评为旗级文明单位标兵。

第四章　助学工程与文明服务

第一节　助学工程建设

2002 年,乌拉特中旗实施“西部助学工程”。有 1 名大学生得到助学资金 2 万元、1 名高中生得到资助进入“宏志班”学习深造。同年,巴彦淖尔盟文明办下拨救助贫困失学儿童专项资金 10 万元,旗人民政府匹配资金 5 万元,用于救助旗内 600 余名失学或即将失学儿童。

2006 年,乌拉特中旗实施“西部助学工程”,有 1 名大学生和 6 名高中生得到救助。

2007 年,全旗实施“西部助学工程”,有 5 名学生得到救助。

2008 年,全旗有品学兼优、家庭贫困的 1 名大学生和 2 名高中生享受到助学政策。

2011 年,乌拉特中旗有 1 名大学生得到助学资金 2 万元。

2012 年,乌拉特中旗有 1 名大学生得到助学资金 2 万元。

第二节　讲文明　树新风

1988 年,全旗开展“向不文明言行告别”“讲文明、献爱心、送温暖”“倡导文明新风,共建美好家园”等主题活动,积极推动社会新风建设。

1995 年,旗文明办制定文明礼貌“十字”(您好、请、对不起、谢谢、再见)用语、日常礼貌用语“二十例”、文明市民守则、窗口行业文明用语“八十句”、窗口行业服务忌语“五十句”,为全旗文明建设制定规范标准。

1997 年,旗委把开展“三讲一改一树”(讲学习、讲政治、讲正气、改陋习、树新风)活动。实施领导干部带群众、党政机关带社会、城市带农牧区的“三带”(开展树立“机关良好形象工程”活动和选树廉政为民好公仆先进典型活动)工程,开展“文明市民”教育活动,并制定《文明市民公约》。

1998 年,旗文明办以“讲文明、树新风”活动为重点,认真实施“机关良好形象工程”。

1999 年,旗文明办让“讲文明、树新风”活动向农村牧区延伸,开展“十佳奔小康带头人”和“十星级文明户”评比活动。

2000—2001 年,旗文明办在全旗继续开展“讲文明、树新风”活动,并继续实施“机关良好形象”工程。

2002 年,全旗建设“百城万店无假货”示范街,确定富海商城为“百城万店无假货一条街”进行重点创建,旗文明办进行多次多项抽查,基本符合标准要求,群众反映良好。

2003 年,旗委宣传部编写发放《防治非典型性肺炎手册》1 万册,开展“讲文明、讲卫生、讲科学、树新风”和“讲社会公德、改十大陋习、树文明新风”活动。继续开展“文明出行”“文明言行”“文明生活”“文明礼仪伴我行” 等道德实践活动,通过评选表彰“先进科室”“先进工作者”“五好家庭”(爱国守法、热心公益好,学习进步、爱岗敬业好,男女平等、尊老爱幼好,移风易俗、少生优生好,夫妻和睦、邻里团结),深化“四德”(社会公德、职业道德、家庭美德、个人品德)教育。

2005 年，旗文明办在各苏木镇开展“三讲一树”（讲文明、讲卫生、讲科学、树新风）和“改陋习、树新风”活动。

2006 年，全旗窗口单位开展以“讲文明、讲礼貌、树新风”为主要内容的“创文明、树形象”和“热爱家乡、共建文明”等主题活动，推动全旗文明单位创建活动的深入开展。

2007 年，全旗响应自治区“迎大庆、迎奥运、讲文明、树新风”活动，旗文明办在全旗范围内开展以“讲文明、树新风、促和谐”为主题的“六大教育”实践活动：“移风易俗、乡风文明”活动、科普宣传活动、“文明行为、从我做起”活动、“文明海流图、安康海流图、和谐海流图”创建活动、“青少年思想道德建设年”活动、“平安出行、文明交通”活动。同年，旗文明办组织开展“创文明、树形象”和“热爱家乡、共建文明”等主题活动，推动全旗文明单位创建活动的深入开展。

2004—2011 年，旗文明办在工商、行政、执法、银行、通信等 16 个窗口单位中，开展“文明杯”规范化服务竞赛活动。

2012 年，旗文明办在工商、行政、执法、银行、通信等 16 个窗口单位中继续开展“文明杯”规范化服务竞赛活动。

第三节　学雷锋志愿服务

1988 年，全旗以“学雷锋、见行动”为主题，开展各行各业创先争优、比武练兵活动。

1989 年，全旗开展“学雷锋”主题班日、主题队日、主题团日等活动，以“学雷锋”主题演讲、报告座谈、读书征文、诗歌朗诵、展览展示、文艺演出等活动。

1992 年，旗文明办将每年 3 月 5 日的“学雷锋”主题日活动常态化。在 3 月学雷锋活动月期间，志愿者们为空巢老人提供生活照料、医疗保健、心理抚慰、文体健身、亲情关爱等各种服务；为残疾人提供家政服务、康复医疗、疾病预防等扶残助残服务；重点关爱留守儿童、空巢孤寡老人等。

1994—1999 年，旗文明办在全旗各行各业中普遍开展“岗位学雷锋，行业树新风”活动。

2000—2006 年，旗文明办精心组织开展学雷锋、学先进、“青年文明号”、“青年志愿者行动”等经常性的亲民益民活动，形成团结、互助和谐氛围。

2008—2012 年，乌拉特中旗建立“学雷锋”志愿服务队，组织成立青年、巾帼、文化、体育、环保、自然、助残 7 支志愿者服务队，参加全旗的尊老爱幼、扶贫济困、植树造林、帮残助学、文明礼仪、文化体育、社区服务、环境保护、抢险救灾等活动。

2012 年 3 月，旗文明办主持召开全旗动员大会，举办“弘扬雷锋精神，开展志愿服务”活动；同年，旗文明办在全旗范围内初步募招 1000 名“迎会办会”志愿服务者，开展“弘扬雷锋精神，开展志愿服务”和“三下乡”（文化、科技、卫生）、“六进社区”（美进社区、德进社区、学进社区、洁进社区、评进社区、乐进社区）主题实践活动，动员人们参与绿化美化、环境卫生、社会秩序等志愿服务。

第四节　“三下乡”活动

1997—2012 年，乌拉特中旗每年都要在春耕、冬闲季节，组织启动文化、科技、卫生“三下乡”活动，组织农牧专家、学者、科技人员为农牧民服务；全旗“三下乡”活动始终不间断，成为“常下乡”，活动内容不断丰富，除送文化、送科技、送卫生，还增加送法律、送信息、送政策；等等，“三下乡”已成为帮助群众致富丰富群众生活的重要工程。

人　　物

◎人物传略
◎人物简介
◎人物名录
◎人物名单

一、人物传略

包巴图
（1972—1996 年）

包巴图，男、蒙古族，内蒙古自治区巴彦淖尔市乌拉特中旗人，1972 年 8 月出生。1991 年 6 月加入中国共产党，1988 年 9 月参加工作。

1988 年 9 月，考入中国人民解放军信息工程学院，同时入伍。毕业后，先后在中国人民解放军 57371 部队担任助理翻译、助理工程师等职（技术十三级）。1995 年 7 月，授专业技术中尉军衔。

包巴图热爱党的事业，安心部队工作，有较强的革命事业心和责任感，入伍以来，他刻苦学习，努力钻研，积极工作，认真学习专业技术理论，业务水平提高较快，在院校学习期间，因各方面表现突出，成绩显著。1988 年、1990 年、1993 年，三次受到部队的书面嘉奖。他积极要求进步，服从组织，尊重领导，团结同志，遵守纪律，以部队的工作需要作为自己的行为准则，顾全大局，服从分配，先后两次调动工作，生活条件艰苦，但他从未有过怨言。在工作中，踏实肯干，谦虚谨慎，好学上进。他为人诚实正直，关心集体，助人为乐，敢于开展批评与自我批评。

1996 年 6 月 28 日，包巴图公出途中因心脏病医治无效，在内蒙古自治区巴彦淖尔盟临河市去世，享年 24 岁。

包巴图逝世后，被中国人民解放军总政治部认定为“因公牺牲革命军人”。

梁来有
（1914—1997 年）

梁来有，男、汉族，内蒙古自治区巴彦淖尔市乌拉特前旗东乡（今明安乡）五千营子村人（原籍山西省定襄县），1914 年 7 月 28 日出生。曾当选为乌拉特中旗人大代表、旗政协委员、内蒙古自治区劳动模范。

梁来有自幼家境贫寒，14 岁时逃荒到五原后大套，靠打短工、扛长工谋生。1949 年 10 月，他先后任乌拉特中后联合旗乌加河区（1954 年由五原县划入）乌镇乡互助组组长、灯塔高级农业合作社副社长、乌加河农业科学研究所所长、德岭山公社灯塔良种场场长等职。梁来有一生务农，在农业战线上辛勤劳动，积极探索科学种田培育良种，进行科学实验和大力推广普及良种，为农业的高质优产做出了显著成绩和卓越的贡献，多次受到乡、旗、盟、自治区的表彰奖励。他在种植小麦中，注重观察和选育品种，采取“自繁、自选、自留、自用”方法，经过长期精选异种，将色白粒圆、皮色一致、穗大颗饱、芒长齐整的小麦选出 2 斗，于 1952 年种植 4 亩，每亩单产 20 斗，比当地红皮小麦每亩增产 9 斗。1953 年，在乌加河区种植 120

亩;1954年,在乌加河区种植1600亩;1955年,在全旗种植12015亩;1956年,在全旗种植13591亩;1957年,在全旗种植24572亩;此后,逐年扩大种植面积,在全巴彦淖尔盟进行推广,被农民称为“梁来有小白麦”。1963年,梁来有在灯塔良种场(乌不浪口)一面试验良种培育,一面试种植树木,在1963—1977年的15年内,他引种外地树种,种植起大量沙枣、杏树、杜梨、杨柳树,并建起果园。

1977年下半年,他调到德岭山水库管理所村,又种起杨树园200亩。

1953年11月30日,获绥远省人民政府爱国丰产奖。1960年3月20日,参加全国北方14省区市农民育种家座谈会,被农业部授予“农民育种家”称号。1961年,获内蒙古农牧业先进生产者奖章。1962年2月18日,获巴彦淖尔盟行政公署农牧业先进个人奖状;同年2月21日,出席内蒙古自治区首次农牧业生产先进生产者代表会议并获奖章;2月25日,被内蒙古农业科学研究所聘为“特约研究员”;3月1日,获内蒙古自治区人民委员会良种选育先进生产者奖。1963年2月20日,获内蒙古自治区人民委员会“良种培育先进生产者”奖状。1977年12月,获巴彦淖尔盟盟委政府颁发的奖。1979年2月,被巴彦淖尔盟气象局聘为“气象台天气顾问”。1980年3月,获内蒙古自治区人民政府“全区农牧业战线劳动模范”荣誉证书和奖章。1985年,获巴彦淖尔盟行政公署颁发的“林业先进工作者”奖状。

1997年9月24日,梁来有在德岭山镇德岭山水库管理所逝世,享年83岁。

乌力吉浩特格
(1917—1997年)

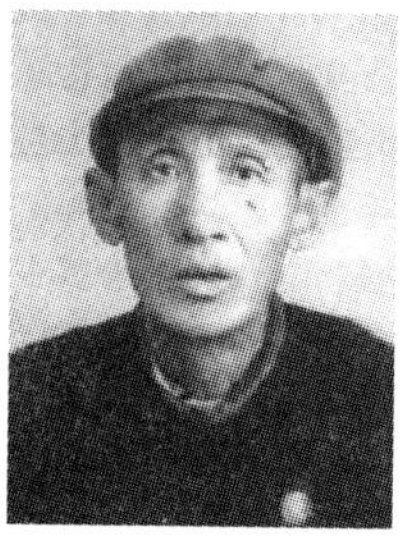

乌力吉浩特格,汉名焦文亮,男、蒙古族,内蒙古自治区巴彦淖尔市乌拉特前旗人,1917年3月5日出生。

乌力吉浩特格少年时在乌拉特前旗梅力更庙当喇嘛,学习经文和文化,后还俗,以打猎为生。1950年,因其住房被山洪冲毁,遂投奔千里庙附近(今乌拉特中旗宏丰乡)其兄家,种地务农。1949年初,参加西公旗(今乌拉特前旗)保安队;同年9月19日,绥远和平解放,他所在的旗保安队随同起义,被编入乌拉特前旗公安队。

1952年,他转业到乌拉特前旗商业局,后调入乌兰察布盟木器厂(后改为包头木器厂)当工人。1955年,调入乌拉特中后联合旗机械厂,从事民族用品加工制作。他善做蒙古包及其各部件与马鞍、民族乐器等,由于工艺精细博得牧民信赖和欢迎。1958年,他在技术革新活动中,创造、改革、发明了多头喂奶器、教奶器、电刨、电锯及新式铁结构蒙古包等产品,实用性强,尤其是喂奶器、教奶器在蒙古、澳大利亚等国得到大力推广。他所做铁结构蒙古包被列为国家农业展览馆展品。1980年,在乌拉特中旗二轻局退休。

乌力吉浩特格先后获乌拉特中后联合旗、巴彦淖尔盟、内蒙古自治区、国家级劳动模范,被授予“革新能手”称号,出席了各级劳模会议,受到党和国家领导人的接见并合影。

1997年10月11日,乌力吉浩特格因病医治无效去世,享年80岁。

李思伟
(1936—1998年)

李思伟,男、汉族,陕西省子洲县人,民国25年(1936年)4月出生。1953年5月参加工作。1979年加入中国共产党。

1962年12月至1982年8月,李思伟在乌拉特中旗巴音杭盖卫生院工作。1980年12月,晋升为主治医师。1982年9月,调入乌拉特中旗人民医院,任外科主任、党支部委员。1988年5月,晋升为副主任医师。1995年2月退休。

1962年,李思伟从包头医学院毕业后,放弃留在大城市的优越条件,服从组织分配,来到乌拉特中旗巴音杭盖苏木卫生院工作。当时,基层乡苏木自然条件差,地广人稀、居住分散、交通极不方便。苏木居住的多数是蒙古族,而李思伟是汉族,不懂蒙古语,因语言不通,他在学习专业知识的同时虚心向当地牧民学习蒙语。在牧区工作期间,他深深体会到这里缺医少药,病人就医非常困难。1962年,巴音杭盖苏木卫生院只有2间小工房,一间作药房,一间作门诊兼宿舍,医院仅有4名职工每天到牧区各个蒙古包出诊。他每年8个月以上时间巡回在4380平方千米的草原上,和广大牧民朝夕相处,对每位患者的病情了如指掌,耐心治疗。

在牧区医院工作期间,由于医生少,他虽然学的是外科,不会看妇科病,但他凭着对事业的追求刻苦学习,凭借多年的实践经验学会接生和妇科疾病的治疗。对内科病也刻苦钻研学习,最终成为全科医生,在极其艰苦的环境下一干就是20年。

1982年,因工作需要,他调入旗人民医院,任外科主任。到旗医院之后,许多牧区牧民仍到旗人民医院找他看病就医。他对工作更加认真严谨负责,严格要求自己,对待病人满腔热忱,技术精益求精,带领外科医生刻苦钻研业务,经常给年轻医生传授手术与治疗经验,开展许多高难度手术。

李思伟从医40余年,有较深的理论功底,经过不断地学习积累了丰富的临床实践经验,对外科、妇科疑难杂症、手术情有独钟。凭着高尚的医德医风和精湛的技术救治了许多生命垂危的患者。由于他工作成绩突出,曾多次被旗委、政府评为优秀党员、先进工作者。1983年8月,被内蒙古民委、人事局、科协评为自治区先进科技工作者。1983年9月,被国家民委、劳动人事部、中国科协授予少数民族地区先进科技工作者。1988年8月,获得中华人民共和国国务院颁发的全国民族团结进步先进人物奖章。

1998年5月,李思伟因病去世,享年62岁。

阿拉德日图
(1983—1999年)

阿拉德日图,男、蒙古族,1983年5月3日出生,内蒙古自治区巴彦淖尔市乌拉特中旗温更镇巴音满都呼嘎查人,革命烈士。

1994年,阿拉德日图进入乌拉特中旗蒙古族中学学习,同年,加入中国共青团,担任班长。1995年,他在初中二年级时,被内蒙古军区“八一”体工队选拔为体工队队员。

1999年8月10日晚11时许,2名犯罪嫌疑人在实施盗窃时,被海流图镇一青年发现，该青年即到海流图广场告知放假回乡的阿拉德日图等5名青年，5人得知后即刻赶往被盗之处，尾追2名犯罪嫌疑人至一巷道内，阿拉德日图勇敢地冲上前去追问，被犯罪嫌疑人刺伤。阿拉德日图被同伴送往医院救治，终因失血过多，抢救无效，献出宝贵的生命，年仅16岁。事件后，旗委、旗人民政府作出决定，对阿拉德日图见义勇为、维护人民财产、不顾个人安危同违法犯罪分子英勇斗争而献身的精神予以表彰奖励。

2004年4月8日，乌拉特中旗人民政府举行追认阿拉德日图为革命烈士发证仪式，并号召全旗广大干部群众向他学习。

查干其其格
（1922—2001年）

查干其其格，女、蒙古族，民国11年（1922年）1月28日出生，中共党员，乌拉特中旗巴音哈太苏木白兴图嘎查牧民。

查干其其格生于一户牧民家庭，中华人民共和国成立后，从1958年开始为集体放牧羊群，像爱护自己的眼珠子一样精心饲养管理，当时因无接羔棚她就在自己的蒙古包内接羔，还把自己的棉袍剪制成羊羔保暖腰带，用自己吃的炒米、红糖、酥油喂集体的羊羔。她敢于向传统挑战，带头进行牲畜配种改良，影响和推动了畜群改良工作，促进所在生产队成为公社、旗、盟三级培育良种细毛羊的典型。

1963年，她被评为巴彦淖尔盟农牧业先进工作者。1964年，以牧业劳模代表身份出席北京“五一”劳动节观礼活动，受到毛泽东、刘少奇等党和国家领导人的接见并合影。1978年，当选为全国第五届人大代表。1979年，被评为内蒙古自治区劳动模范、全国劳动模范。20世纪80年代，被评为内蒙古自治区“三八”红旗手。她在晚年仍劳作不息，围建草库伦，种植饲草料，为草原建设贡献余力。

2001年5月14日，查干其其格因病医治无效去世，享年80岁。

二、人物简介

齐荣祥

齐荣祥，男、蒙古族，内蒙古自治区赤峰市宁城县人。民国32年(1943年)10月29日出生。1962年8月19日加入中国共产党。1996年参加工作。乌拉特中旗人民医院内科主任。

1962年，齐荣祥由内蒙古医学院医士班毕业后，被分配到乌拉特中旗从事医疗卫生工作。1971年，在内蒙古医院进修内科；1985—1986年，参加西安医学院英语函授班函授学习；1987年，晋升内科主治医师。1989—1990年，在内蒙古医学院第一附属医院进修内科；1990—1991年，在天津第二医学院函授内科学习；1995—1996年，参加武汉同济医科大学函授学习；1998年5月，参加中华医学会北京分会举办的“全国内科学新进展典学习班”。

齐荣祥从医近40年，学无止境，注重提高为人民服务的本领。他的先进事迹曾在1991年7月11日《巴彦淖尔盟报》(蒙文版)予以专版报道。1997年，他在《重庆医学》杂志上发表论文《支气管哮喘治疗进展》。1998年，在《包头医学》发表论文《高血压脑出血的危险因素及预防》。1998年，在《广东微量元素科学》杂志上与他人合作发表论文《糖尿病患者血清中铬钴镍钙镁含量的探讨》。2000年，在《中国医师杂志》上发表论文《2型糖尿病患者血清中8种必需微量元素水平研究》。

1983年，齐荣祥获国家民委、人事部、科委颁发的“在少数民族地区工作20年”荣誉证书。1986年，被旗委、旗人民政府表彰为先进工作者。1999年，被巴彦淖尔盟精神文明办评为“全盟十佳白衣战士”。2001年，被旗委直属机关工作委员会及旗卫生局评为优秀共产党员。

孙　靖

孙靖，男、汉族，河南省南阳市人。民国36年(1947年)10月20日出生。中共党员，1967年参加工作。高级畜牧师。

1967年，孙靖由内蒙古自治区呼伦贝尔盟扎兰屯农牧学校毕业后，被分配到乌后联合旗畜牧局所属的巴音戈壁站工作。1984年，调入乌拉特中旗家畜改良站，先后任副站长、站长。1994年10月，晋升为高级畜牧师。2007年，退休。

孙靖参加工作后，参与了乌拉特中后联合旗农牧业区划工作；主笔编写《乌拉特中旗畜牧区划》，获巴彦淖尔盟农牧业区划委员会成果二等奖。1985年，主持编写《乌拉特中旗畜质退化报告》，获巴彦淖尔盟科技一等奖。1988年，在内蒙古白绒山羊新品种选育工作中，成绩显著，获内蒙古自治区科技进步奖。1989年，承担“白绒山羊增产技术应用推广项目”，荣获农业部丰收一等奖。1990年，在双峰驼新品种增育工作中成绩突出；获内蒙古自治区群技进步二等奖；同年，被评为内蒙古自治区畜牧系统先进工作者。1992年，在乌拉特中旗草原示范项目建设中成绩显著，获旗委、旗人民政府的表彰和奖励。1994年，参加巴彦淖尔盟“内蒙古巴盟河套农业开发近期、中期、远期工程规划”，主笔畜牧业部分和农业综合开发三期规划报告。

1999年，孙靖被内蒙古自治区畜牧厅、巴彦淖尔盟畜牧局评为家畜改良先进工作者。2000年，被评为巴彦淖尔盟畜牧系统家畜改良先进工作者。业绩被收入新华出版社出版的《中华人物大典》第一集第二卷。

兰建忠

兰建忠，又名伊兰泰达斡尔族，内蒙古自治区巴彦淖尔市乌拉特中旗人。1949年5月出生。1976年5月加入中国共产党。1964年12月参加工作。全国党史系统先进工作者。

1964年12月，兰建忠在乌拉特中旗商业供销部门参加工作，从事商务物价统计文秘等工作。

1985年7月，调入乌拉特中旗党史地方志办公室，历任编辑、副主任、主任兼党支部书记。1988年被评为编辑（中级职称）。内蒙古大学地方史志自考专业毕业。2002年4月离岗。2009年退休。

兰建忠在旗党史地方志办公室工作期间，主编首部《乌拉特中旗志》（1994年版）、《乌拉特中旗年鉴》（2000卷），主编《乌拉特中旗史料》（1～5辑）、《中共乌拉特中旗组织史资料》（第一、第二卷），主编《草原星辰》。

2002年4月，离岗后，编著地方史料《草原史话》，主编《草原星辰》（续集）、《乌拉特宾馆报》。被聘为旗政协文史资料主编，主编旗政协成立50年纪念册《边陲神韵》及续集、《乌拉特中旗文史》（辑）、《乌拉特中旗人大志（1950—2009）》、乌拉特中旗教育史《春华秋实》小学卷、中学卷。在内蒙古自治区地方志办公室和党史部门参与编辑业务，协助编纂《内蒙古自治区志・土地志》《内蒙古自治区志・民俗志》，编纂《神奇的乌拉特》。近30年中，编撰史志资料1000余万字。主编的《乌拉特中旗志》（1994年版）获"第一届内蒙古地方志奖"二等奖。

兰建忠曾多次被评为乌拉特中旗、巴彦淖尔盟、内蒙古自治区史志工作先进个人。2001年7月，被评为全国党史系统先进工作者。曾当选为内蒙古自治区地方志学会理事、中国长城学会会员。

阿拉腾其其格

阿拉腾其其格（又名金花），女、蒙古族，内蒙古自治区乌拉特中旗人。

1953年10月出生，中共党员，初中文化，乌拉特中旗乌兰公社友谊队（今巴音乌兰苏木努和日乐嘎查）党支部书记。

1968年12月，阿拉腾其其格由乌拉特中后联合旗第一中学毕业，回到家乡乌兰公社友谊队（今巴音乌兰苏木努和日乐嘎查）当牧民。1984年1月，加入中国共产党。1988年3月，任努和日乐嘎查党支部书记，充分发挥党支部一班人的凝聚力，率领嘎查牧民大搞草原建设，走共同富裕道路，创建蒙汉族牧户16联户建设高标准草原建设示范基地，引起各级部门的重视和推广。1991年，嘎查牧民人均收入突破1900元，于1995年率先跨入巴彦淖尔盟100个小康村（嘎查）行列。

1987年，阿拉腾其其格荣获内蒙古自治区"三八"红旗手和"女状元"、自治区"双拥"模范称号。1989年，被评为全国"三八"红旗手优秀女干部。1991年，评为全国民族团结先进个人。1992年，当选内蒙古自治区党代会代表。1993年、1998年，先后当选为内蒙古自治区第八届、第九届人大代表。1994 年,被评为全区优秀村(嘎查)党支部书记,被评为内蒙古自治区劳动模范。1999 年 6 月,被内蒙古自治区党委表彰为全区优秀共产党员。

巴德玛

巴德玛,女、蒙古族,内蒙古自治区乌拉特中旗人。1954 年出生,中共党员,初中文化,国家二级演员,蒙古族青年歌唱家,巴彦淖尔盟歌舞团声乐队队长。

1970 年,巴德玛参加工作,在乌拉特中旗乌兰牧骑工作。1980 年,加入中国共产党。曾进修于上海音乐学院,受到老一辈艺术家的培养和指导,在 30 多年的艺术道路上,她曾多次代表巴彦淖尔盟参加全国、全区的演出和比赛,取得较好成绩,并代表内蒙古自治区、巴彦淖尔盟去日本演出。为巴盟的文化艺术事业做出突出贡献。

巴德玛曾当选为中国青联委员、内蒙古音舞协委委员。1979 年 4 月,巴德玛随同中国青年代表团赴日访问。她所演唱的蒙古族民歌《辽阔的草原》《森吉德玛》《绿郁郁的原野》和日本歌曲《樱花》《四季歌》《青年之歌》等,为该团历时 24 天的赴日访问增添了光辉,受到日本朋友的欢迎。

1983 年 5 月,巴德玛参加了蒙古语电视剧《乔达尔和诺尔金》的拍摄,扮演了剧中公主诺尔金。这部电视剧曾多次荣获国家和自治区的奖励。

1988 年 8 月,巴彦淖尔盟电视台为她录制了电视音乐风光片《乌拉特,我的摇篮》,并由内蒙古电视台和中央电视台播放,收到了良好的艺术效果。1989 年 2 月,被调入巴彦淖尔盟歌舞团。

她在乌兰牧骑工作期间,曾任自治区第五届人大代表、共青团十大代表,全国第四届文代会代表,内蒙古文联委员、巴盟文联委员、巴盟政协委员、巴盟文联理事等。

哈斯其木格

哈斯其木格,女、蒙古族,内蒙古自治区通辽市科尔沁左翼后旗人。1956 年 3 月 26 日出生。中共党员。中学高级教师。

1987 年,毕业于乌拉特中旗进修学校,1996 年 12 月被评为中学高级教师。

1978 年 8 月,哈斯其木格在乌拉特中旗新忽热小学任教。1983 年 9 月,在乌拉特中旗蒙古族小学任教。1987 年,于乌拉特中旗进修学校毕业。1989 年后,先后被评为乌拉特中旗、巴彦淖尔盟、内蒙古自治区优秀教学能手,荣获内蒙古自治区优秀教学能手称号。1992 年,被评为巴彦淖尔盟优秀青年教师。1995 年,被评为巴彦淖尔盟民族教育先进工作者;同年,被评为全国优秀教师。1996 年 12 月,被评为中学高级教师。1992—1995 年,曾连续 4 年在《内蒙古教育》等杂志发表小学教学方面论文并获奖。

三、人物名录

（一）中共内蒙古自治区代表大会乌拉特中旗代表名录

中共内蒙古自治区第五次代表大会乌拉特中旗代表名录

（1989 年 12 月至 1994 年 12 月）

表 34－1

序号	姓名	性别	民族	文化程度	所在单位
1	云曙芬	女	蒙古族	初中	内蒙古政协副主席、党组成员
2	波日来	男	蒙古族	中专	中共乌拉特中旗委员会书记
3	魏明仁	男	汉族	高小	乌拉特中旗邮电局报务科科长

中共内蒙古自治区第六次代表大会乌拉特中旗代表名录

（1994 年 12 月至 2001 年 11 月）

表 34－2

序号	姓名	性别	民族	文化程度	所在单位
1	阿拉腾其其格	女	蒙古族	初中	巴音乌兰苏木努和日乐嘎查党支部书记

中共内蒙古自治区第七次代表大会乌拉特中旗代表名录

（2001 年 11 月至 2006 年 11 月）

表 34－3

序号	姓名	性别	民族	文化程度	所在单位
1	蔡德胜	男	蒙古族	中专	中共巴彦淖尔盟纪律检查委员会书记
2	黄志江	男	蒙古族	大专	中共乌拉特中旗委员会书记
3	张国华	男	汉族	大专	乌拉特中旗财政局局长、旗长助理
4	辛耀雄	男	汉族	中专	中共乌拉特中旗乌加河镇委员会书记
5	郝文阁	男	汉族	大专	乌拉特中旗第一中学党支部书记兼副校长

（二）内蒙古自治区人民代表大会乌拉特中旗代表名录

内蒙古自治区第七届人民代表大会乌拉特中旗代表名录

（1988 年 5 月至 1993 年 4 月）

表 34－4

序号	姓名	性别	民族	政治面貌	文化程度	所在单位
1	扎拉丰嘎	男	蒙古族	—	小学	乌拉特中旗川井苏木巴音胡都格嘎查牧民
2	艾力布	男	蒙古族	中共党员	初中	乌拉特中旗人大常委会主任
3	刘毓东	男	汉族	中共党员	大学	内蒙古自治区工商联副主任

内蒙古自治区第八届人民代表大会乌拉特中旗代表名录

（1993年4月至1997年11月）

表34－5

序号	姓名	性别	民　族	政治面貌	文化程度	所在单位
1	白恩培	男	汉　族	中共党员	大学	内蒙古自治区党委副书记
2	马祖融	男	汉　族	中共党员	大学	巴彦淖尔盟科委主任
3	赵文元	男	蒙古族	中共党员	大学	巴彦淖尔盟盟委秘书长
4	阿拉腾其其格	女	蒙古族	中共党员	初中	乌拉特中旗巴音乌兰苏木努和日乐嘎查党支部书记

内蒙古自治区第九届人民代表大会乌拉特中旗代表名录

（1997年11月至2002年12月）

表34－6

序号	姓名	性别	民族	政治面貌	文化程度	所在单位
1	阿拉腾其其格	女	蒙古族	中共党员	初中	巴音乌兰苏木努和日乐嘎查党支部书记
2	杨介中	男	蒙古族	中共党员	大学	乌拉特中旗人民政府旗长

内蒙古自治区第十届人民代表大会乌拉特中旗代表名录

（2002年12月至2007年12月）

表34－7

序号	姓名	性别	民族	政治面貌	文化程度	所在单位
1	胡毅峰	男	蒙古族	中共党员	大学	巴彦淖尔盟盟长
2	格日乐图	男	蒙古族	中共党员	大学	乌拉特中旗蒙古族中学校长
3	乌兰其其格	女	蒙古族	群众	初中	乌拉特中旗巴音苏木伊和宝力格嘎查牧民

内蒙古自治区第十一届人民代表大会乌拉特中旗代表名录

（2007年12月至2012年12月）

表34－8

序号	姓名	性别	民族	政治面貌	文化程度	所在单位
1	郭介中	男	汉族	中共党员	大学	乌拉特中旗人民政府旗长
2	花日	女	蒙古族	群众	大专	乌拉特中旗呼勒斯太苏木文更嘎查牧民

（三）政协内蒙古自治区委员会乌拉特中旗委员名录

政协内蒙古自治区第八届委员会乌拉特中旗委员名录

（1998年1月至2003年1月）

表34－9

序号	姓名	性别	民族	政治面貌	文化程度	所在单位
1	吴达来	男	蒙古族	群众	高中	乌拉特中旗乌兰苏木牧民

政协内蒙古自治区第九届委员会乌拉特中旗委员名录

（2003 年 1 月至 2008 年 1 月）

表 34－10

序号	姓名	性别	民族	政治面貌	文化程度	所在单位
1	岱庆格日乐	女	蒙古族	无党派	本科	乌拉特中旗人民政府副旗长

（四）先进模范人物

1988—2012 年（部分）乌拉特中旗全国民族团结进步及其他模范人物名录

表 34－11

序号	姓　名	性别	民族	政治面貌	工作单位及职务	授予时间与称号
1	阿拉腾其其格（金花）	女	蒙古族	中共党员	乌拉特中旗巴音乌兰苏木努和日乐嘎查党支部书记	1991 年被授予全国民族团结进步模范个人
2	兰建忠	男	达斡尔族	中共党员	旗史志办主任	2001 年 7 月被评为全国党史系统先进工作者
3	照日格巴特尔	男	蒙古族	中共党员	乌拉特中旗统计局局长	2001 年被评为第五次全国人口普查先进个人
4	刘　胜	男	蒙古族	中共党员	乌拉特中旗巴音哈太苏木副苏木达	2001 年被评为第五次全国人口普查先进个人

1988—2012 年（部分）乌拉特中旗内蒙古自治区劳动模范与先进人物名录

表 34－12

序号	姓　名	性别	民族	政治面貌	工作单位及职务	授予时间与称号
1	张　宝	男	蒙古族	—	乌拉特中旗温更镇农民	1989 年被授予内蒙古自治区劳动模范
2	阿拉腾其其格（金花）	女	蒙古族	中共党员	乌拉特中旗巴音乌兰苏木努和日乐嘎查党支部书记	1995 年被授予内蒙古自治区劳动模范
3	王九莲	女	汉族	中共党员	乌拉特中旗人大常委会副主任	1995 年被授予内蒙古自治区劳动模范
4	额尔登达来	男	蒙古族	中共党员	乌拉特中旗巴音乌兰苏木努和日勒嘎查牧民	2000 年被授予内蒙古自治区劳动模范
5	任振光	男	汉族	中共党员	乌拉特中旗司法局副局长	2001 年 6 月被评为 1996—2000 年度全区法制教育和依法治理工作先进个人

续表 34－12

序号	姓　名	性别	民族	政治面貌	工作单位及职务	授予时间与称号
6	王云生	男	汉族	中共党员	乌拉特中旗综治办主任	2001 年 10 月评为内蒙古自治区社会治安综合治理 1997—2000 年度先进个人，并记一等功
7	清格乐巴雅尔	男	蒙古族	中共党员	乌拉特中旗总工会干部	2005 年被授予内蒙古自治区劳动模范
8	武振华	男	汉族	中共党员	内蒙古温明矿业集团有限责任公司副总经理	2005 年被授予内蒙古自治区劳动模范
9	孟和巴图	男	蒙古族	中共党员	乌拉特中旗新忽热苏木莫仁嘎查党支部书记	2005 年被授予内蒙古自治区劳动模范
10	付宝贵	男	汉族	—	乌拉特中旗乌加河农民	2005 年被授予内蒙古自治区劳动模范
11	龙　梅	女	蒙古族	—	乌拉特中旗新忽热苏木农民	2010 年被授予内蒙古自治区劳动模范
12	花　日（金花）	女	蒙古族	—	乌拉特中旗呼勒斯太苏木农民	2010 年被授予内蒙古自治区劳动模范
13	乔文胜	男	汉族	—	乌拉特中旗大公热力公司董事长	2010 年被授予内蒙古自治区劳动模范
14	图木乐	男	蒙古族	中共党员	乌拉特中旗民政局局长	2012 年被评为内蒙古自治区民族团结进步模范个人
15	吉日嘎拉	男	蒙古族	中共党员	乌拉特中旗巴音乌兰苏木东达乌素嘎查党支部书记	2012 年被授予自治区民族团结进步模范个人
16	兰建忠	男	达斡尔族	中共党员	旗史志办主任	1991 年 12 月被评为内蒙古自治区党史系统先进工作者
17	兰建忠	男	达斡尔族	中共党员	旗史志办主任	1997 年 8 月获内蒙古自治区修志工作嘉奖荣誉
18	张进前	男	汉族	中共党员	旗史志办主任	2003 年 12 月获内蒙古自治区修志工作荣记二等功荣誉
19	任建勇	男	汉族	中共党员	旗史志办副主任	2009 年 6 月被评为内蒙古自治区党史系统先进个人

（注：因单位或部门提供资料不全，难免有遗漏现象，敬请谅解。）

（五）高级知识分子

1988—2012 年（部分）乌拉特中旗高级知识分子名录

表 34－13

姓　名	性别	工作单位	专业技术名称	评选时间
巴依尔	男	乌拉特中旗进修学校	高级讲师	1988 年 5 月
赵广琢	男	乌拉特中旗第二中学	中学高级教师	1988 年 5 月
李思伟	男	乌拉特中旗人民医院	副主任医师	1988 年 5 月
刘仲甲	男	乌拉特中旗人民医院	副主任医师	1988 年 5 月
道力格尔	女	乌拉特中旗人民医院	副主任医师	1988 年 5 月
包桂荣	女	乌拉特中旗人民医院	副主任医师	1988 年 5 月
乌日图吉日格乐	男	乌拉特中旗蒙古族中学	中学高级教师	1988 年 7 月
邢国华	男	中共乌拉特中旗党校	中学高级教师	1988 年 8 月
梁晏启	男	乌拉特中旗畜牧局	高级兽医师	1988 年 11 月
杨德喜	男	乌拉特中旗农林局	高级农艺师	1988 年 12 月
胡友胜	男	乌拉特中旗农业推广站	高级农艺师	1995 年 12 月
赵经云	男	乌拉特中旗计生局	副主任医师	1995 年 12 月
宝力朝鲁	男	乌拉特中旗人大常委会	副主任医师	1996 年 5 月
魏兴云	男	乌拉特中旗农林局	高级工程师	1996 年 7 月
刘墨榆	男	乌拉特中旗地矿局	高级工程师	1996 年 12 月
李　进	男	乌拉特中旗畜牧局	高级畜牧师	1997 年 5 月
马　民	男	乌拉特中旗畜牧局	高级畜牧师	1997 年 5 月
莫德勒图	男	乌拉特中旗畜牧局	高级兽医师	1997 年 5 月
刘志中	男	乌拉特中旗水利局	高级工程师	1997 年 7 月
陈光荣	男	乌拉特中旗第一中学	中学高级教师	1997 年 9 月
贺希格达赖	男	乌拉特中旗人民医院	副主任医师	1997 年 12 月
万文章	男	乌拉特中旗水利局	高级工程师	1998 年 7 月
李笃信	男	乌拉特中旗计划生育局	副主任医师	1998 年 7 月
汤俊峰	男	海六图镇人民医院	副主任医师	1998 年 7 月
巴音毕力格	男	乌拉特中旗人民医院	副主任医师	1998 年 7 月
赫希格达赖	男	乌拉特中旗畜牧局	高级畜牧师	1999 年 8 月
刘　茂	男	乌拉特中旗第一中学	中学高级教师	1998 年 9 月
郄雨田	男	乌拉特中旗第一中学	中学高级教师	1998 年 9 月
李世枝	男	乌拉特中旗教育局	中学高级教师	1998 年 9 月
郑　荣	男	乌拉特中旗第二中学	中学高级教师	1999 年 9 月
高桂珍	男	乌拉特中旗第二中学	中学高级教师	1998 年 9 月
哈斯其木格	女	乌拉特中旗教育局	中学高级教师	1998 年 9 月
焦淑梅	女	乌拉特中旗第一中学	中学高级教师	1999 年 9 月
彭海兰	女	乌拉特中旗第一中学	中学高级教师	1999 年 9 月

续表 34－13

姓　名	性别	工作单位	专业技术名称	评选时间
李治光	男	乌拉特中旗第一中学	中学高级教师	1999 年 9 月
张普海	男	乌拉特中旗第一中学	中学高级教师	1999 年 9 月
张普文	男	乌拉特中旗第一中学	中学高级教师	1999 年 9 月
吕　渊	男	乌拉特中旗教育局	中学高级教师	1999 年 9 月
娜日娜	女	乌拉特中旗蒙古族完小	小学高级教师	1999 年 9 月
德力格尔其	男	乌拉特中旗蒙古族中学	中学高级教师	1999 年 9 月
孙　靖	男	乌拉特中旗畜牧局	高级畜牧师	1999 年 12 月
李　华	男	乌拉特中旗第三小学	小学高级教师	2004 年
杨立勤	女	拉特中旗第一中学	中学高级教师	2004 年
王德胜	男	乌拉特中旗乌梁素太乡中心小学	中学高级教师	2004 年
孙向山	男	乌拉特中旗楚鲁图中学	中学高级教师	2004 年
梁淑琴	女	乌拉特中旗楚鲁图中学	中学高级教师	2004 年
韩爱玲	女	乌拉特中旗第二中学	中学高级教师	2004 年
张　杰	男	乌拉特中旗第二中学	中学高级教师	2004 年
魏金泉	男	乌拉特中旗第二中学	中学高级教师	2004 年
周玉萍	女	乌拉特中旗第一中学	中学高级教师	2004 年
郝文阁	男	乌拉特中旗第一中学	中学高级教师	2004 年
刘牡丹	女	乌拉特中旗第一中学	中学高级教师	2004 年
张彩霞	女	乌拉特中旗第一中学	中学高级教师	2004 年
王玉成	男	乌拉特中旗第一中学	中学高级教师	2004 年
胡美荣	女	乌拉特中旗第一中学	中学高级教师	2004 年
刘春福	男	乌拉特中旗第一中学	中学高级教师	2004 年
胡　杰	男	乌拉特中旗第一中学	中学高级教师	2004 年
菊　花	女	乌拉特中旗教师进修学校	高级讲师	2004 年
宝音陶格图	男	乌拉特中旗蒙古族中学	中学高级教师	2004 年
李卫华	女	乌拉特中旗蒙古族中学	中学高级教师	2004 年
吕平发	男	乌拉特中旗石哈河镇中学	中学高级教师	2004 年
王勇梅	女	乌拉特中旗第二中学	中学高级教师	2004 年
吕秀廷	女	乌拉特中旗第一中学	中学高级教师	2004 年
秦　泽	男	乌拉特中旗第一中学	中学高级教师	2004 年
罗海鹰	男	乌拉特中旗第一中学	中学高级教师	2004 年
赵　峰	男	乌拉特中旗第一中学	中学高级教师	2004 年
李洪霞	女	乌拉特中旗第一中学	中学高级教师	2004 年
白　俊	女	乌拉特中旗第一中学	中学高级教师	2004 年
张　卿	男	乌拉特中旗第一中学	中学高级教师	2004 年
阿拉腾陶格斯	女	乌拉特中旗蒙古族中学	中学高级教师	2004 年
呼热来	男	乌拉特中旗蒙古族中学	中学高级教师	2004 年

续表 34－13

姓　名	性别	工作单位	专业技术名称	评选时间
糜玉林	男	乌拉特中旗乌梁素太中心小学	中学高级教师	2004 年
王春海	男	乌拉特中旗第一中学	中学高级教师	2004 年
刘金泉	男	乌拉特中旗第一中学	中学高级教师	2004 年
郭凤英	女	乌拉特中旗地震观测站	高级工程师	2004 年
王丽凤	女	乌拉特中旗方圆建筑设计事务所	高级工程师	2004 年
郝贵晓	男	乌拉特中旗城乡规划设计院	高级工程师	2004 年
张江和	男	乌拉特中旗海流图林场	高级工程师	2004 年
贾志文	男	乌拉特中旗林业工作站	高级工程师	2004 年
刘凤菊	女	乌拉特中旗林业勘测设计院	高级工程师	2004 年
胡格吉勒图	男	乌拉特中旗林业局森防站	高级工程师	2004 年
汤俊恒	男	乌拉特中旗水务局	高级工程师	2004 年
张玉英	女	乌拉特中旗农业局	高级农艺师	2004 年
崔忠义	男	乌拉特中旗人民医院	副主任医师	2004 年
军　娜	女	乌拉特中旗人民医院	主任医师	2004 年
高　鹏	男	乌拉特中旗第二中学	中学高级教师	2005 年 7 月
郭新业	女	乌拉特中旗第一中学	中学高级教师	2005 年 7 月
裴德海	男	乌拉特中旗第一中学	中学高级教师	2005 年 7 月
马雨虹	女	乌拉特中旗第一中学	中学高级教师	2005 年 7 月
郭俊珍	女	乌拉特中旗第一中学	中学高级教师	2005 年 7 月
德力格尔	男	乌拉特中旗教育局教研室	中学高级教师	2005 年 7 月
苏雅拉其其格	女	乌拉特中旗蒙古族中学	中学高级教师	2005 年 7 月
乌力吉巴雅尔	男	乌拉特中旗蒙古族中学	中学高级教师	2005 年 7 月
朝鲁孟	男	乌拉特中旗蒙古族中学	中学高级教师	2005 年 7 月
郑俊莲	女	乌拉特中旗第一中学	中学高级教师	2005 年 7 月
乌兰其其格	女	乌拉特中旗蒙古族中学	中学高级教师	2005 年 7 月
娜布其	女	乌拉特中旗蒙古族中学	中学高级教师	2005 年 7 月
敖特根巴拉	男	乌拉特中旗蒙古族中学	中学高级教师	2005 年 7 月
窦永生	男	乌拉特中旗石哈河学校	中学高级教师	2005 年 7 月
马　玲	女	乌拉特中旗乌加河中学	中学高级教师	2005 年 7 月
其木德	男	乌拉特中旗蒙古族中学	中学高级教师	2005 年 7 月
李爱君	男	乌拉特中旗林业勘测设计	高级工程师	2005 年 7 月
陈　瑶	女	乌拉特中旗林业勘测设计	高级工程师	2005 年 7 月
屈明亮	男	乌拉特中旗林业种苗管理	高级工程师	2005 年 7 月
刘玉金	男	乌拉特中旗德岭山镇	高级农艺师	2005 年 7 月
乔丽琴	女	乌拉特中旗人民医院	副主任护师	2005 年 8 月
张果花	女	乌拉特中旗第三小学	中学高级教师	2005 年 7 月

续表 34－13

姓　名	性别	工作单位	专业技术名称	评选时间
全忠孝	男	乌拉特中旗第三小学	中学高级教师	2005 年
郑　灵	女	乌拉特中旗第三小学	中学高级教师	2005 年 7 月
朝乐孟格日乐	女	乌拉特中旗蒙古族小学	中学高级教师	2005 年 7 月
李　鹏	男	乌拉特中旗卫生防疫站	副主任医师	2005 年 8 月
黎　明	男	乌拉特中旗中蒙医院	副主任医师	2005 年 8 月
刘　健	男	乌拉特中旗中蒙医院	副主任医师	2005 年 8 月
王玉芹	女	乌拉特中旗教师进修学校	高级讲师	2005 年 7 月
陈远祥	男	乌拉特中旗第一中学	中学高级教师	2006 年 7 月
齐爱君	女	乌拉特中旗第一中学	中学高级教师	2006 年 7 月
宝音图	男	乌拉特中旗蒙古族中学	中学高级教师	2006 年 7 月
李秀兰	女	乌拉特中旗蒙古族中学	中学高级教师	2006 年 7 月
张海明	男	乌拉特中旗第一中学	中学高级教师	2006 年 7 月
杨雪梅	女	乌拉特中旗第一中学	中学高级教师	2006 年 7 月
呼翠荣	女	乌拉特中旗第一中学	中学高级教师	2006 年 7 月
全建华	女	乌拉特中旗第一中学	中学高级教师	2006 年 7 月
张美凤	女	乌拉特中旗第一中学	中学高级教师	2006 年 7 月
郝玉清	男	乌拉特中旗乌加河中学	中学高级教师	2006 年 7 月
陈雪梅	女	乌拉特中旗第一中学	中学高级教师	2006 年 7 月
刘永胜	男	乌拉特中旗乌加河中学	中学高级教师	2006 年 7 月
王金海	男	乌拉特中旗蒙古族中学	中学高级教师	2006 年 7 月
李美茹	女	乌拉特中旗乌加河中学	中学高级教师	2006 年 7 月
乔玉仙	女	乌拉特中旗教研室	中学高级教师	2006 年 7 月
宝雪梅	女	乌拉特中旗人民医院	副主任医师	2006 年 7 月
刘广兰	女	乌拉特中旗人民医院	副主任医师	2006 年 7 月
赵　祯	女	乌拉特中旗人民医院	副主任医师	2006 年 7 月
贺　青	女	乌拉特中旗人民医院	副主任医师	2006 年 7 月
马春梅	女	乌拉特中旗人民医院	副主任医师	2006 年 7 月
徐长青	男	乌拉特中旗人民医院	副主任医师	2006 年 7 月
张海燕	女	乌拉特中旗人民医院	副主任医师	2006 年 7 月
刘慧忠	男	乌拉特中旗农业推广站	高级农艺师	2006 年 6 月
张　罡	男	乌拉特中旗进修学校	高级讲师	2006 年 7 月
郭新润	女	乌拉特中旗第一小学	中学高级教师	2008 年 8 月
梁　瑛	女	乌拉特中旗第一小学	中学高级教师	2008 年 8 月
张小平	女	乌拉特中旗第一小学	中学高级教师	2008 年 8 月
成丽萍	女	乌拉特中旗幼儿园	中学高级教师	2008 年 8 月
岳丽霞	女	乌拉特中旗第一小学	中学高级教师	2008 年 8 月

续表 34 - 13

姓　名	性别	工作单位	专业技术名称	评选时间
燕文洁	女	乌拉特中旗第一小学	中学高级教师	2008 年 8 月
鲁海霞	女	乌拉特中旗第一小学	中学高级教师	2008 年 8 月
肖俊梅	女	乌拉特中旗第一小学	中学高级教师	2008 年 8 月
周莹璐	女	乌拉特中旗第一小学	中学高级教师	2008 年 8 月
张　洁	女	乌拉特中旗第一小学	中学高级教师	2008 年 8 月
白龙燕	女	乌拉特中旗第三小学	中学高级教师	2008 年 8 月
刘改玲	女	乌拉特中旗第三小学	中学高级教师	2008 年 8 月
张文燕	女	乌拉特中旗第三小学	中学高级教师	2008 年 8 月
李秀梅	女	乌拉特中旗第三小学	中学高级教师	2008 年 8 月
王凤莲	女	乌拉特中旗第三小学	中学高级教师	2008 年 8 月
张玉芳	女	乌拉特中旗第四小学	中学高级教师	2008 年 8 月
张　莉	女	乌拉特中旗第四小学	中学高级教师	2008 年 8 月
图　雅	女	乌拉特中旗第四小学	中学高级教师	2008 年 8 月
刘晓岚	女	乌拉特中旗第四小学	中学高级教师	2008 年 8 月
张力行	男	乌拉特中旗第四小学	中学高级教师	2008 年 8 月
张世平	男	乌拉特中旗石哈河小学	中学高级教师	2008 年 8 月
高　婧	女	乌拉特中旗石哈河小学	中学高级教师	2008 年 8 月
潘　旭	女	乌拉特中旗石哈河小学	中学高级教师	2008 年 8 月
张翠莲	女	乌拉特中旗德岭山小学	中学高级教师	2008 年 8 月
韩文生	男	乌拉特中旗德岭山小学	中学高级教师	2008 年 8 月
李建梅	女	乌拉特中旗乌加河小学	中学高级教师	2008 年 8 月
王建光	男	乌拉特中旗乌加河小学	中学高级教师	2008 年 8 月
郭新开	女	乌拉特中旗乌加河小学	中学高级教师	2008 年 8 月
赵美英	女	乌拉特中旗第四小学	中学高级教师	2008 年 8 月
王红梅	女	乌拉特中旗第四小学	中学高级教师	2008 年 8 月
张　娄	女	乌拉特中旗教研室	中学高级教师	2008 年 8 月
赵广焰	男	乌拉特中旗第一小学	中学高级教师	2008 年 8 月
王　砾	女	乌拉特中旗第一小学	中学高级教师	2008 年 8 月
王丽萍	女	乌拉特中旗第一小学	中学高级教师	2008 年 8 月
闫巧林	女	乌拉特中旗第一小学	中学高级教师	2008 年 8 月
齐怀香	女	乌拉特中旗第三小学	中学高级教师	2008 年 8 月
李瑞华	女	乌拉特中旗第三小学	中学高级教师	2008 年 8 月
辛忠润	女	乌拉特中旗第三小学	中学高级教师	2008 年 8 月
刘　涛	女	乌拉特中旗第三小学	中学高级教师	2008 年 8 月
刘　静	女	乌拉特中旗第三小学	中学高级教师	2008 年 8 月
张玉英	女	乌拉特中旗第四小学	中学高级教师	2008 年 8 月

续表 34－13

姓　名	性别	工作单位	专业技术名称	评选时间
敖登格日乐	女	乌拉特中旗第四小学	中学高级教师	2008 年 8 月
刘存恩	男	乌拉特中旗第四小学	中学高级教师	2008 年 8 月
杨建军	男	乌拉特中旗乌哈河小学	中学高级教师	2008 年 8 月
杨振国	男	乌拉特中旗乌哈河小学	中学高级教师	2008 年 8 月
贺宝金	男	乌拉特中旗石哈河小学	中学高级教师	2008 年 8 月
张　军	男	乌拉特中旗石哈河小学	中学高级教师	2008 年 8 月
郑建雄	男	乌拉特中旗德岭山小学	中学高级教师	2008 年 8 月
皱福河	男	乌拉特中旗德岭山小学	中学高级教师	2008 年 8 月
李翠云	女	乌拉特中旗德岭山小学	中学高级教师	2008 年 8 月
张文慧	女	乌拉特中旗乌梁素太学校	中学高级教师	2008 年 8 月
杜秉义	男	乌拉特中旗石哈河小学	中学高级教师	2008 年 8 月
呼格吉乐	男	乌拉特中旗川井小学	中学高级教师	2008 年 8 月
梅　花	女	乌拉特中旗蒙古族小学	中学高级教师	2008 年 8 月
乌日娜	女	乌拉特中旗蒙古族小学	中学高级教师	2008 年 8 月
李桂花	女	乌拉特中旗蒙古族小学	中学高级教师	2008 年 8 月
乌兰图雅	女	乌拉特中旗蒙古族小学	中学高级教师	2008 年 8 月
萨仁其木格	女	乌拉特中旗蒙古族小学	中学高级教师	2008 年 8 月
乌兴花	女	乌拉特中旗蒙古族小学	中学高级教师	2008 年 8 月
格根图亚	女	乌拉特中旗蒙古族小学	中学高级教师	2008 年 8 月
乌仁苏亚拉	女	乌拉特中旗蒙古族幼儿园	中学高级教师	2008 年 8 月
吉木斯	女	乌拉特中旗蒙古族幼儿园	中学高级教师	2008 年 8 月
徐　倩	女	乌拉特中旗第一小学	中学高级教师	2008 年 8 月
斯庆格日勒	女	乌拉特中旗第一小学	中学高级教师	2008 年 8 月
张　燕	女	乌拉特中旗第四小学	中学高级教师	2008 年 8 月
赵秀萍	女	乌拉特中旗第四小学	中学高级教师	2008 年 8 月
王涛涛	男	中旗桑根达来学校	中学高级教师	2008 年 8 月
乌尼日其其格	女	乌拉特中旗蒙古族中学	中学高级教师	2008 年 8 月
赵晓燕	女	乌拉特中旗第一中学	中学高级教师	2008 年 8 月
王数枝	女	乌拉特中旗第二中学	中学高级教师	2008 年 8 月
张富凤	女	乌拉特中旗第二中学	中学高级教师	2008 年 8 月
张海霞	女	乌拉特中旗第二中学	中学高级教师	2008 年 8 月
郇巧玲	女	乌拉特中旗第二中学	中学高级教师	2008 年 8 月
逯凤梅	女	乌拉特中旗乌加河中学	中学高级教师	2008 年 8 月
佟永胜	男	乌拉特中旗石哈河中学	中学高级教师	2008 年 8 月
梁　玉	男	乌拉特中旗石哈河中学	中学高级教师	2008 年 8 月
巴格日乐	女	乌拉特中旗蒙古族中学	中学高级教师	2008 年 8 月

续表 34－13

姓　名	性别	工作单位	专业技术名称	评选时间
娜仁高娃	女	乌拉特中旗蒙古族小学	中学高级教师	2008 年 8 月
金　花	女	乌拉特中旗蒙古族小学	中学高级教师	2008 年 8 月
阿拉腾花	女	乌拉特中旗蒙古族小学	中学高级教师	2008 年 8 月
齐秀琴	女	乌拉特中旗蒙古族小学	中学高级教师	2008 年 8 月
满都拉格日乐	女	乌拉特中旗蒙古族小学	中学高级教师	2008 年 8 月
高　娃	女	乌拉特中旗蒙古族小学	中学高级教师	2008 年 8 月
赛音巴雅尔	男	乌拉特中旗蒙古族小学	中学高级教师	2008 年 8 月
巴特尔(英雄)	男	乌拉特中旗蒙古族小学	中学高级教师	2008 年 8 月
乌云斯琴	女	乌拉特中旗蒙古族小学	中学高级教师	2008 年 8 月
巴音毕力格	男	乌拉特中旗桑根达来学校	中学高级教师	2008 年 8 月
贺西格满达	男	乌拉特中旗教研室	中学高级教师	2008 年 8 月
胡　庆	男	乌拉特中旗乌兰苏木学校	中学高级教师	2008 年 8 月
何立新	女	乌拉特中旗第一中学	中学高级教师	2008 年 8 月
李金山	男	乌拉特中旗第一中学	中学高级教师	2008 年 8 月
王胜利	男	乌拉特中旗第一中学	中学高级教师	2008 年 8 月
魏春梅	女	乌拉特中旗第二中学	中学高级教师	2008 年 8 月
阿拉腾宝力格	男	乌拉特中旗蒙古族中学	中学高级教师	2008 年 8 月
菅仙梅	女	乌拉特中旗乌加河中学	中学高级教师	2008 年 8 月
刘瑞梅	女	乌拉特中旗乌加河中学	中学高级教师	2008 年 8 月
郝海平	男	乌拉特中旗乌加河中学	中学高级教师	2008 年 8 月
刘立志	男	乌拉特中旗德岭山镇中学	中学高级教师	2008 年 8 月
卢　霞	女	乌拉特中旗石哈河中学	中学高级教师	2008 年 8 月
王志华	女	乌拉特中旗第一中学	中学高级教师	2008 年 8 月
刘海英	女	乌拉特中旗第三小学	中学高级教师	2008 年 8 月
侯富利	男	乌拉特中旗第二中学	中学高级教师	2008 年 8 月
武丽君	女	乌拉特中旗第二中学	中学高级教师	2008 年 8 月
王树林	男	乌拉特中旗德岭山镇中学	中学高级教师	2008 年 8 月
董春丽	女	乌拉特中旗第二中学	中学高级教师	2008 年 8 月
金玉明	男	乌拉特中旗第二中学	中学高级教师	2008 年 8 月
关曜荣	男	乌拉特中旗第一中学	中学高级教师	2008 年 8 月
刘广成	男	乌拉特中旗乌加河中学	中学高级教师	2008 年 8 月
赵占兵	男	乌拉特中旗石哈河中学	中学高级教师	2008 年 8 月
吴志萍	女	乌拉特中旗第二中学	中学高级教师	2008 年 8 月
王海燕	女	乌拉特中旗第二中学	中学高级教师	2008 年 8 月
谢淑君	女	乌拉特中旗第一中学	中学高级教师	2008 年 8 月
郝文君	女	乌拉特中旗第二中学	中学高级教师	2008 年 8 月

续表 34 - 13

姓　名	性别	工作单位	专业技术名称	评选时间
哈斯格日乐	女	乌拉特中旗蒙古族中学	中学高级教师	2008 年 8 月
李永明	男	乌拉特中旗乌加河中学	中学高级教师	2008 年 8 月
赵永强	男	乌拉特中旗乌加河中学	中学高级教师	2008 年 8 月
张桂枝	女	乌拉特中旗乌加河中学	中学高级教师	2008 年 8 月
曹美英	女	乌拉特中旗蒙古族小学	中学高级教师	2008 年 8 月
斯庆巴图	男	乌拉特中旗蒙古族小学	中学高级教师	2008 年 8 月
朝格扎木苏	男	乌拉特中旗蒙古族小学	中学高级教师	2008 年 8 月
图　雅	女	乌拉特中旗蒙古族小学	中学高级教师	2008 年 8 月
贺海泉	男	乌拉特中旗第二中学	中学高级教师	2008 年 8 月
董　超	男	乌拉特中旗党校	高级讲师	2008 年 11 月
王玉林	男	乌拉特中旗党校	高级讲师	2008 年 11 月
刘晓春	男	乌拉特中旗电视台	高级工程师	2008 年 8 月
冯广慧	男	乌拉特中旗农经站	高级农艺师	2008 年 8 月
赵炳国	男	乌拉特中旗海镇	高级兽医师	2008 年 9 月
付英俊	女	乌拉特中旗水利局	高级工程师	2008 年 8 月
刘红东	女	乌拉特中旗水利局	高级工程师	2008 年 8 月
李青明	男	乌拉特中旗水利管理站	高级工程师	2008 年 8 月
刘建东	男	乌拉特中旗人民医院	副主任医师	2008 年 9 月
郭　静	女	乌拉特中旗妇幼保健院	副主任医师	2008 年 9 月
史　伟	男	乌拉特中旗中蒙医院	副主任医师	2008 年 9 月
池　潇	女	乌拉特中旗人民医院	副主任医师	2008 年 9 月
姬兰香	女	乌拉特中旗人民医院	副主任医师	2008 年 9 月
包巴图	男	乌拉特中旗中蒙医院	副主任医师	2008 年 9 月
高　鸿	男	乌拉特中旗人民医院	副主任医师	2008 年 9 月
杨玉山	男	乌拉特中旗人民医院	副主任医师	2008 年 9 月
乌　云	女	乌拉特中旗人民医院	副主任医师	2008 年 9 月
梁　金	男	乌拉特中旗人民医院	副主任医师	2008 年 9 月
乌兰图雅	女	乌拉特中旗人民医院	副主任医师	2008 年 9 月
张杰亮	男	乌拉特中旗人民医院	副主任医师	2008 年 8 月
樊　玲	女	乌拉特中旗乌加河小学	中学高级教师	2012 年 12 月
杨银娣	女	乌拉特中旗石哈河学校	中学高级教师	2012 年 12 月
段　勇	男	乌拉特中旗德岭山学校	中学高级教师	2012 年 12 月
陈文俊	女	乌拉特中旗第一小学	中学高级教师	2012 年 12 月
刑春艳	女	乌拉特中旗第二中学	中学高级教师	2012 年 12 月
马翠兰	女	乌拉特中旗公路段	高级工程师	2012 年 12 月
刘俊枝	女	乌拉特中旗公路段	高级工程师	2012 年 12 月

续表 34－13

姓　名	性别	工作单位	专业技术名称	评选时间
武秀梅	女	乌拉特中旗经济作物指导站	高级农艺师	2012 年 12 月
阿拉腾其其格	女	乌拉特中旗动物疫病中学	高级兽医师	2012 年 12 月
冯志远	女	乌拉特中旗家畜改良站	高级畜牧师	2012 年 12 月
梁　莉	女	乌拉特中旗动物疫病中学	高级兽医师	2012 年 12 月
龙腾花	女	乌拉特中旗动物卫生监督所	高级兽医师	2012 年 12 月
阿拉腾达来	男	乌拉特中旗呼勒斯太兽医站	高级兽医师	2012 年 12 月
刘永	男	乌拉特中旗家畜改良站	高级畜牧师	2012 年 12 月
哈斯高娃	女	乌拉特中旗动物卫生监督所	高级兽医师	2012 年 12 月
陈耿祥	男	乌拉特中旗川井兽医站	高级兽医师	2012 年 12 月
郭映光	男	乌拉特中旗石哈河查石太临场	副高级工程师	2012 年 12 月
张爱军	男	乌拉特中旗狼山森林经营所	副高级工程师	2012 年 12 月
格日乐其其格	女	乌拉特中旗川井中心卫生院	副主任药师	2012 年 12 月
王翠霞	女	乌拉特中旗妇幼保健院	副主任医师	2012 年 12 月
王丽纹	女	乌拉特中旗妇幼保健院	副主任医师	2012 年 12 月
段瑞敏	男	乌拉特中旗妇幼保健院	主任医师	2012 年 12 月
赵　真	女	乌拉特中旗人民医院	主任医师	2012 年 12 月
薛　昆	男	乌拉特中旗国土资源局	高级工程师	2012 年 12 月

注：因单位或部门提供资料不全，难免有遗漏现象，敬请谅解。

四、人物名单

(一)巴彦淖尔市人民代表大会乌拉特中旗代表名单

巴彦淖尔市第一届人代会乌拉特中旗代表名单
(2004年6月至2007年12月)

王素毅(蒙古族)　杜隽世(蒙古族)　程树样　冀学斌(蒙古族)　邢　秀　唐永平(蒙古族)
郝桂荣　乌　兰(女,蒙古族)　苏　和(蒙古族)　斯　庆(蒙古族)　达木丁苏荣(蒙古族)
白云龙(蒙古族)　花　日(女,蒙古族)　李小鹏　赵来云　段连君　皇甫玉梅(女)　智安宁
段瑞敏(蒙古族)　侯宗民　秦格乐(蒙古族)　巴雅尔(蒙古族)　陶格斯毕力格(女,蒙古族)
徐　霞(女)　崔石良

其间,因工作变动,苏和调离乌拉特中旗,陶格陶调入乌拉特中旗工作。

巴彦淖尔市第二届人代会乌拉特中旗代表名单
(2007年12月至2012年12月)

王素毅(蒙古族)　王迎希　斯　庆(蒙古族)　程树祥　康旭明(蒙古族)　周正祥
包俊英(蒙古族)　马向荣　陶格陶(蒙古族)　武志杰　张　然　郭介中　刘　杰
边保权(蒙古族)　唐胜利(蒙古族)　刘晓平(女)　娜仁其其格(女,蒙古族)　陈　利
高　军(蒙古族)　王宝金　姜月枝(女,蒙古族)　智安宁　菅茂华　革　命(蒙古族)
李守业　敖特根花日(女,蒙古族)

其间:第一次会议后,郭介中代表调离乌拉特中旗,邱进宝代表调入乌拉特中旗工作;二次会议后,补选张伟1名代表;三次会议后,王素毅、王迎希2名代表调离巴彦淖尔市,代表资格终止,补选那顺孟和(蒙古族)、段志强(蒙古族)、马麟3名代表;四次会议后,邱进宝代表调离乌拉特中旗,补选闫永春(蒙古族)1名代表。

巴彦淖尔市第三届人代会乌拉特中旗代表名单
(2012年12月、届期未满)

马　麟　蔺富民　于文学　边保权(蒙古族)　佟格日乐(女,蒙古族)　徐茂龙　袁跃峰
陆东红(女)　张宏伟　赵　峰(蒙古族)　段瑞敏(蒙古族)　耿松儒　庞玉英(女)
陈　瑶(女)　黄瑞冠(女)　其木格(女,蒙古族)　菅茂华　乌汗格日乐(女,蒙古族)
吉日嘎拉(蒙古族)　张秀仁　李来喜　乔文胜　尹宝堂　贾江丽(女)　武秀梅(女)
何治坤　智安宁

（二）政协巴彦淖尔市委员会乌拉特中旗委员名单

政协巴彦淖尔市第一届委员会乌拉特中旗委员名单
（2004年7月至2008年1月）

皇甫义　佟格日乐（女，蒙古族）　贡布古日（蒙古族）　宝力朝鲁（蒙古族）　陈　瑶
玉　宝（蒙古族）　邬　鑫　包长明（蒙古族）　庞玉英（女）　宝力道（蒙古族）　张　罡
赵娜仁（女，蒙古族）　邢永强　刘映峰

政协巴彦淖尔市第二届委员会乌拉特中旗委员名单
（2008年1月至2012年12月）

保　安（蒙古族）　斯日古楞（蒙古族）　贡布古日（蒙古族）　赵达布希拉图（蒙古族）
刘广星　崔忠义　陈　瑶　刘永奇　王文苑　乌力吉德力格尔（蒙古族）　李富存　张海明

附　　录

◎重要文件辑录

◎前志补遗

一、重要文件辑录

乌拉特中旗党政群机构改革方案

根据《内蒙古党委、政府关于内蒙古自治区盟市、旗县(市、区)党政机构改革实施意见》(内党发〔2001〕6号)、《内蒙古党委、政府关于巴彦淖尔盟党政机构改革方案的通知》(内党发〔2001〕34号)、自治区机构编制委员会《关于盟市、旗县(市、区)党政机构设置的指导意见》(内机编发〔2001〕76号)、巴室发〔2002〕5号文件和盟、旗县市、苏木乡镇党政机构改革动员大会的精神,结合实际,制定本方案。

一、改革的指导思想和原则

改革的指导思想:适应社会主义市场经济发展要求,进一步改善和加强党的领导,巩固党的执政地位,提高党的执政水平,进一步转变政府职能,实现政企分开,理顺各方面关系;加强基层政权建设,精干公务员队伍,完善运行机制,降低行政成本,提高工作效率。通过改革,建立廉洁高效、运转协调、行为规范的适应本旗特点的行政管理体制。

改革的原则:

坚持以党领导为主的原则。加强宏观管理职能,简化一般性具体管理事项,精简行政审批事项,把工作重点放在党的大政方针和重要工作的督促落实上,注重做好涉及多方面重要工作的协调和指导。

坚持按章程序办事的原则。按《中国共产党章程》和中央有关规定,调整各种部门职责权限,使各部门职能配置更趋合理,充分发挥整体功能。

坚持政企、政事、政社分开的原则。把企业生产经营和投资决策权真正交给企业,将事务性工作交给事业单位,把社会可以自我调节和管理的职能交给社会中介组织。

坚持政企、政事、政社分开的原则。加强行政管理的制度化、规模化和法制化建设,逐步由行政管理为主转向依法管理为主。合理划分事权。理顺条块及行政层级之间的关系。

坚持精简、统一、效能的原则。

坚持积极稳妥、从实际出发的原则。

二、转变职能、理顺关系

转变职能是机构改革的重点,通过职能的调整,旗委要着眼于党的路线、方针、政策在本地的贯彻落实,着眼于党的执法地位的进一步巩固,着眼于地方党委发挥总揽地方工作全局、协调各方面的领导核心作用。旗政府要切实把职能转向服务协调,加强农村牧区基层政权建设,积极发展小城镇,促进农牧业的专业化、市场化、现代化。政府要进一步改善投资环境,加强基础建设,搞好社区服务。在转变职能、理顺关系方面,主要采取以下措施:

(一)实行政企、政事分开

政府部门不再直接管理企业,政府机关不再办经济实体,撤销和改组工业、商业专业经济管理部门和各种行政性公司,要进一步简政放权,合理划分政事范围,除法律授权和中央有关规定外,事业单位不再承担行政职能。行政机关不得再自行委托事业承担行政职能。行政机关不得再自行委托事业单位承担行政职能，切实改变行政职能“体外循环”的状况，将各级政府包揽的应由社会自我管理和调节的社会性事务交由社会中介组织和社区服务组织承担。通过职能调整，政府要集中抓好社会发展规划、政策指导、执法监督、组织协调以及为企业和公众提供服务等方面。要理顺党委和政府部门之间、部门内设机构之间的关系。

（二）改革行政审批制度

认真清理现有行政审批事项，取消不属于政府职能或不应由政府直接管理的事项。对确需保留的审批事项，要改进审批方式和方法，简化和规范审批程序。同时，要建立严格的审批责任制和有效的监督制机制。

（三）清理整顿行政执法队伍

根据实际，综合设置精干、统一的执法队伍，建立相对集中的行政执法机制。规范执法范围和程序，强化执法监督机制，严格执行“收支两条线”的规定。

三、机构设置及人员编制

（一）机构设置

1. 旗委

保留纪律检查委员会机制（监察局与其合署办公）。

保留办公室（机要局为内设机构）、组织部（与直属机关工作委员会合署办公）、宣传部（挂精神文明建设委员会办公室牌子）、统一战线工作部、政法委员会（与社会治安综合治理委员会办公室合署办公）。机构编制委员会办公室列为党委序列，既是旗委工作机构，又是旗政府工作机构，是机构编制委员会的常设办事机构。领导干部目标责任考核领导小组办公室并入组织部。老干部局由组织部管理。

经过以上调整，旗委设工作部门 7 个，部门管理机构 1 个。

2. 旗政府

计划经贸局分设为发展计划局、经济贸易局（挂粮食局、个体私营经济管理局牌子）。城乡建设环境保护局分设为建设局、环境保护局。农牧林局分设为农业局（内设乡镇企业局）、畜牧业局、林业局。教育科学技术局分设为教育局、科学技术局。人事劳动局更名为人事劳动和社会保障局，原社保局行政职能划转后，更名为社会保障服务中心。民族宗教事务局更民为民族事务局（挂宗教局牌子）。水利局更名为水务局，原隶属于城建局管理的自来水厂划归水务局管理。预算外资金管理局、国有资产管理局、农业开发办公室并入财政局。保留办公室（挂对外经济开发局牌子）、公安局、监察局（不占限额）、民政局、司法局、统计局、交通局、文化体育广播电视局、卫生局（爱卫办为内设机构）、计划生育局、审计局。信访办公室为信访工作领导小组的常设办事机构。

经过上述调整，旗政府设工作部门 23 个，设议事协调机构的常设办事机构 2 个。旗委、政府工作部门为正科级，部门管理的机构为副科级，老干部局仍保留正科级。议事协调机构的常设办事机构为正科级。

现有各类非常设机构要进行清理。撤销体改办、黄金管理局、煤炭管理局。原口岸办、旅游局、协作办行政职能划归政府办，分别更名为：口岸服务中心、旅游服务中心、招商引资服务中心，为事业性质。少数需保留的一般不设置实体办事机构，具体工作由有关部门承担。

3. 人大、政协机关

人大可设1个科级办事机构和3个工作委员会；政协可设置1个综合性办事机构和2个专门委员会。

4. 法院、检察院机关

法院、检察院按内蒙古党委办公厅关于印发《盟市、旗县（市、区）人民法院机构改革指导意见》和《盟市、旗县（市、区）人民检察院机构改革指导意见》的通知（内党办发〔2001〕41号），与党政机构改革同步进行。

5. 群众团体机关

工会、团委、妇联等机关的机构改革，分别参照盟工会、团委、妇联等机关的改革进行。

（二）人员编制和领导职数

1. 人员编制

核定乌拉特中旗党政群机关行政编制326名，调剂使用苏木乡镇行政编26名，调剂使用工勤事业编72名。重新核定乌拉特中旗政法专项编制232名，其中，公安系统107名、司法系统13民，法院系统69名、检查院系统43名。编制分配比例仍按上次机构改革规定的原则，即：党委和政府及人大、政协、群团等机关按18∶72∶10掌握。

2. 领导职教

核定乌拉特中旗党政群各部门科级领导职教161名（51正110副）。科级领导职教的使用范围包括：党委办公室、人大常委会办公室、政府办公室正副主任、人大内设机构领导、党政工作部门、议事协调的常设办事机构、部门管理机构政府领导、政协办事机构、各专门委员会专职副主任，法院、检察院正副领导及使用行政编制和事业编制的群团机关正副领导。

四、组织实施

乌拉特中旗党政机构改革，在旗委、政府统一领导下，在旗机构编制委员会及其办公室的具体指导下进行。党委、人大、政府、政协、群团机关的机构改革同时展开。党委、政府和各工作部门，要高度重视，切实加强领导，把机构改革工作列入重要议事日程，确保在机构改革中，做到思想不散、秩序不乱，国有资产不流失，工作正常运转。机构编制部门要认真履行职责，严格执行机构编制纪律，积极稳妥地做好机构改革工作。改革方案下达后，各部门、各单位立即开展“定职能、定内设机构、定人员编制”工作，在“三定”中要重新界定职能，该划转的划转，该取消的取消，并将“三定”方案于3月底前报旗编委办公室于4月10日前完成人员选配工作，4月20日前做好机构改革自查总结工作。从4月20日开始，各部门各单位要认真填写“人员列缩注册名册”，注明编内人员和编外人员。

“三定”后，要按照“公开、平等、竞争、择优”的原则，建立健全竞争激励机制，深化干部人事制度改革，完善公务员制度，优化人员结构，提高干部队伍素质和办事效率，认真履行职责，切实转变工作作风，加强机关制度化、规范化和法制化建设，规范职权，防止失职渎职行为。要进一步强化机构编制管理，严肃编制纪律，坚持“一支笔”审批制度，实现机构、职能、编制、工作程序法制化。建立健全机构编制管理约束机制，以巩固改革成果。

二、前志补遗

（一）人物传记

于永泉
（1955—1987 年）

于永泉，男，汉族，内蒙古自治区巴彦淖尔市乌拉特中旗双盛美乡柏木井村人。1955 年出生，中共党员，1975 年 1 月参加工作。

1975 年 1 月，于永泉应征入伍，先后任战士、军马卫生员和排职、副连职、正连职干部。在部队服役期间，他工作积极主动，刻苦钻研技术，遵纪守法，任劳任怨，兢兢业业，成绩显著，多次被团、营嘉奖。1986 年 5 月，他被交流到巴彦淖尔盟军分区，分配到乌拉特中旗人民武装部工作，先后任政工科干事、办公室助理。1987 年，乌拉特中旗遭受到了历史上罕见的雪灾，于永泉积极参加到抗灾保畜工作中，在巴音哈太苏木参加抗灾保畜工作期间，在从五原给该苏木乌兰朝鲁嘎查牧民吉日嘎拉家调运抗灾保畜饲草料的途中，因拉草汽车发生意外车祸，于 1987 年 1 月 9 日不幸因公殉职，献出年仅 32 岁的宝贵生命。

（二）人物名录

乌拉特中旗首部志书《乌拉特中旗志》（1994 年版）“第二十一编 人物”之“第三章第二节 领导干部”中，“乌拉特中旗籍县团级以上领导干部”表格内，遗漏领导干部 1 人，补录如下：

乌拉特中旗籍县团级以上领导干部名录

附录表 1

姓名	性别	民族	出生年月	文化程度	政治面貌	职务	任职时间
李秉权	男	汉族	1933. 10	初中	中共党员	内蒙古军区陆军第 30 师直属通信营政委	1970 年 10 月

编　　后

编纂始末

《乌拉特中旗志(1988—2012)》编纂工作始于2015年4月,编纂工作大体经历了6个阶段。

一、启动阶段(2015年4—5月)

2015年4月27日《乌拉特中旗志(1988—2012)》修志启动大会在乌拉特中旗党政综合大楼一楼报告厅召开。旗委常委、旗人民政府副旗长阿拉腾朝鲁,旗人大常委会副主任敖特根花,旗政协副主席苗凯明,巴彦淖尔市地方志办公室主任刘景平、副主任秦志荣、市地方志办公室主任王嘉良、科长秦东,特邀内蒙古自治区地方志办公室原副编审曾石、乌拉特中旗地方志办公室原主任兰建忠参加会议。参加会议的还有全旗各单位、各部门、委、办、局、公司、各苏木镇(场)负责人、撰稿人和旗地方志办全体人员。会上,旗委常委、旗人民政府常委副旗长阿拉腾朝鲁代表旗四大班子做动员讲话。会上印发乌拉特中旗人民政府办公室《关于〈乌拉特中旗志(1988—2012)〉续修编纂工作方案的通知》、印发旗委办公室《关于成立〈乌拉特中旗志(1988—2012)〉编纂委员会的通知》,并进行相关部署。旗地方志办公室印发《〈乌拉特中旗志(1988—2012)〉篇目大纲》和《乌拉特中旗修志指导手册》。巴彦淖尔市地方志办公室主任刘景平做总结讲话。旗地方志办宝音木仁主任做具体工作安排。内蒙古自治区地方志办公室原副编审曾石、乌拉特中旗地方志办公室原主任兰建忠分别对撰稿人员进行业务培训。

二、收集资料阶段(2015年5月至2017年3月)

2015年5月,启动会议结束之后,旗地方志办公室立即行动,根据地方志办公室人员实际情况,将全旗各入编修志单位划分到每个人。

总负责人宝音木仁负责收集图片、拟定编纂委员会人员名单、编辑人员名单、评审委会人员名单、目录;撰写概述、大事记、特载、附录、编修始末、编后记等内容。

王俊红负责收集残联、红十字会、科协、发改局、科技局、经济局、民宗局、公安局、民政局等。

敖登高娃负责收集质监局、工商局、党校、档案局、党史办、机要局、信访办、人防办、金融办等。

乌仁高娃负责收集统计局、食药监局、旅游局、乌兰牧骑、边检站、国检局、园区管委会等。

贾政(西部计划志愿者)负责收集信息产业(包括中国信息网络服务、移动、联通、电信)。

樊明成(聘请,旗财政局副局长,旗摄影家协会会长)负责彩图收集工作。

收集资料有明确的具体要求:各负责收集人务必各负其责。相互密切配合、协调,收集好各联系单位、部门、苏木镇(场)初稿资料并妥善保管,以免丢失。各单位、各部门、各苏木镇(场)要确定一名分管领导、撰稿人,报送资料必须有纸质版和电子版两种,纸质版后面须注明撰稿人姓名、联系电话,提供图片后面也要注明作者姓名、联系电话、图片简介(时间、地点、内容等),报送资料必须由提供单位、部门、苏木镇(场)主要领导或分管领导签字同意并盖单位公章。各单位、各部门、各苏木镇(场)按照篇目大纲中涉及的相关内容要求进行编写,本着真实、准确、全面的原则将入志初稿资料相关图片报送给地方志办。

催稿、收集资料是最关键、最艰难的一步。虽然地方志办公室每星期打电话催稿对接联系,但是效果甚微。因该志书跨年度较长，档案资料缺失或丢失现象普遍。各单位、各部门的撰稿人大多是新手，编写志稿时困难重重，报送进度相当缓慢。对此地方志办负责人将各单位、各部门初稿报送进展特别缓慢的情况向旗政府分管旗长、分管主任汇报，旗政府领导听完汇报之后非常重视和支持续志修编工作。2015 年 11 月政府办公室下发《关于乌拉特中旗第二轮志催稿通知》（乌中政办发〔2015〕150 号），促进工作进度。

2016 年 2 月，旗政府办公室下发《关于乌拉特中旗供稿工作进行督查的通知》（乌中政府办〔2016〕17 号）。由旗委、旗人民政府督查室牵头，旗地方志办公室原主任兰建忠带队，地方志办公室乌仁高娃、贾政组成的督查指导组对全旗供稿缓慢的单位部门进行督查指导。通过督导加大催稿力度，各单位、各部门报送稿件进度明显加快，质量进一步提高。

三、整理、修改、签订责任状阶段（2017 年 3 月至 2018 年 7 月）

2017 年 3 月，经过旗地方志办公室全体人员的不懈努力和全旗各单位、各部门的积极配合，《乌拉特中旗志（1988—2012）》（初稿）基本收集完成，地方志办公室按照篇目大纲顺序要求将初稿进行分类整理（此项工作由西部志愿者贾政负责）。在整理分类过程中发现有的单位、部门、苏木镇（场）材料不全、不准、不实，有的干脆把工作总结报送。对这些不合格的材料退回单位按要求重新撰写，写好再报。同月，旗委办公室以便文形式下发关于收集《乌拉特中旗志人物、荣誉、图照的通知》，在旗委、旗人民政府的大力支持下，有效地促进收集人物、荣誉、图照资料的进度，补充了缺口资料。同年 5 月，巴彦淖尔市地方志办公室主任刘景平一行 3 人到乌拉特中旗督导调研“三全目标”工作。对于乌拉特中旗二轮志书整理修改工作提出更高的要求，为如期完成工作目标任务，刘景平代表市地方志办公室与乌拉特中旗人民政府签订“三全目标”责任状（乌拉特中旗旗委常委、常务副旗长张利平代表政府签订责任状）。

2017 年 8 月至 2018 年 8 月，旗地方志办公室主任宝音木仁废寝忘食，利用一年多时间将全部初稿修改一次，初稿约 280 万字。通过修改过程中也发现不少问题，如初稿中缺乏人物、荣誉、图照等相关内容，把这些缺乏的内容及时向旗分管领导汇报，寻找如何收集补充完善解决问题的途径和办法。

四、编纂阶段（2018 年 8 月至 2019 年 10 月）

2018 年 8 月 30 日，内蒙古自治区地方志办公室“三全目标”（汉文版地方志书、蒙古文版地方志书、年鉴）工作第五调研督导专项组组长韩泽、副组长郝文强、成员董丽娜、巴彦淖尔市地方志办公室主任刘景平一行到乌拉特中旗地方志办公室进行调研督导。调研督导组首先听取乌拉特中旗地方志办的“三全目标”工作开展情况、存在问题、需要解决的困难等等。调研督导组查阅《乌拉特中旗志（1988—2012）》（初稿）之后，认同乌拉特中旗地方志办全体人员默默无闻、无私奉献的敬业精神，同时提出存在的问题及努力方向：一是乌拉特中旗二轮志书初稿内容要进一步完善补充提炼；二是要尽快聘请专家统稿编纂加快工作进度；三是关于人员紧缺和经费问题，向旗委、旗人民政府汇报解决。巴彦淖尔市地方志办公室主任刘景平做总结发言，指出乌拉特中旗二轮志书编纂时间紧、任务重，要采取多措并举，确定“三全目标”的“时间表”和“路线格”，确保如期完成任务。按照内蒙古自治区、巴彦淖尔市督导调研组指示精神和要求，旗地方志办公室立即行动起来、及时向旗委、旗人民政府分管领导汇报情况。同年 9 月，旗地方志办公室与内蒙古自治区地方志办公室原副编审曾石取得联系，聘请曾石为《乌拉特中旗志（1988—2012）》进行统稿编纂工作，解决旗地方志办公室燃眉之急。

2018年5月初，旗地方志办公室将整理分类的初稿，先后用一个月时间全部发送至编纂人员手中。编纂人员按照“赶进度、求质量”总要求，发扬钉钉子精神，以较短时间将全部初稿统编一次。新增内容20余万字，修改8900余处，编纂人员为不耽误增补内容收集时间，以流水形式将通稿分期分批反馈至旗地方志办公室。

2019年3月底，内蒙古自治区地方志办公室原副编审曾石按时完成《乌拉特中旗志（1988—2012）》第一稿统稿工作。地方志办公室按单位、部门收到的时间顺序立即向相关部门电话通知并将增补内容发送到各相关部门。各相关部门将内容增补完毕之后又反馈给旗地方志办公室。

2019年6月，为提速各单位各部门上报进度，旗委办公室、旗人民政府办公室联合下发《〈乌拉特中旗志（1988—2012）〉增补内容的通知》。经过共同努力，增补内容基本得以补充，但仍存在一定难度：一是各相关单位和部门反映志书跨年度比较长，有诸多内容很难补齐；二是因20世纪80年代末90年代初有的单位和部门、苏木、镇（场）还未成立，单位和部门领导及档案管理人员更换比较频繁（退休、改行、调离等），内容很难补齐；三是因单位搬迁，机构改革、电脑未普及、档案资料管理不规范等等，导致档案资料缺失丢失现象普遍存在。为此，旗地方志办积极出主意、想办法，帮助有关单位、部门解决实际问题；并始终严格要求各单位、各部门、各苏木镇（场）应补尽补，特别是相关数据，不许漏报虚报。

五、增补完善内容阶段（2019年10月至2020年5月）

2019年11月15日，旗地方志办根据“不忘初心、牢记使命”主题教育调研情况，就进一步加快推进《乌拉特中旗志（1988—2012）》修志工作，确保全旗二轮修志工作按时完成，经请示旗人民政府分管领导、旗委办公室同意，在农牧业局6楼会议室召开《乌拉特中旗志（1988—2012）》二轮修志工作推进会。旗委常委、政府副旗长孙志春、内蒙古自治区地方志办公室原副编审曾石、巴彦淖尔市地方志办主任刘景平、办公室主任王嘉良、各苏木镇（场）、旗直驻旗相关单位分管负责人、旗地方志办全体人员参加会议；会议由政府办公室副主任郝建刚主持，旗地方志办公室主任宝音木仁汇报乌拉特中旗二轮修志工作情况，并提出具体要求。市地方志办主任刘景平讲话并通报内蒙古自治区及巴彦淖尔市修志工作情况，乌拉特中旗政府副旗长孙志春做重要讲话。最后由内蒙古自治区地方志办公室原副编审曾石进行专题辅导，逐一解答二轮修志工作中的难题和疑惑，加快推进志书缺漏资料的增补进度。会上，旗地方志办公室将补充内容刻在光盘上并发放，以便统一收回。

二轮修志工作推进会召开之后，续志工作进展较为迅速，但仍有部门、单位的增补材料不能按时完成。2019年12月，旗地方志办公室针对具体情况，专门派2名同志到旗相关部门蹲点指导，帮助有关单位进行志书内容补充工作，有效推进工作进度。

2020年1月底，因旗地方志办公室有2名同志参与全旗新冠疫情防控工作，修志工作进度受到一些影响。3月23日，旗地方志办公室主任向分管旗长汇报当前全旗二轮修志工作，提出当前存在的问题是有部分单位、部门志书补充资料进度缓慢，严重影响志书编纂进度；地方志办公室人员少，且党史和地方志业务工作量特别大、任务非常重。建议政府及时召开相关部门单位负责人参加的协调会，推动续志编纂工作进度。3月24日，旗人民政府办公室紧急召开编纂志书协调会，要求各相关部门和单位要以高度负责任的态度，务必按时完成补充内容任务。旗地方志办主任宝音木仁同志认真研究分析当前全旗续志编纂工作中存在的具体问题，就如何尽快补充相关内容等方面进行详细讲解。副主任敖登高娃在协调会上发放具体补充内容的纸质版和电子版材料，并认真对接上报时间、地址及相关要求。参加协调会的单位和部门（发改委、工信局、市场监督管理局、房产中心、住建局）负责人与旗地方志办公室的全体人员参加会议，旗统计局、编办负责人应邀参加会议。

2020 年 4 月底，在上级业务指导部门的精心指导下，经过编写人员的共同努力，《乌拉特中旗志（1988—2012）》（送审稿）基本完成，报巴彦淖尔市地方志办公室、内蒙古自治区地方志办公室审阅。

六、评审校对出版阶段（2020 年 5—12 月）

2020 年 5 月 28—29 日，《乌拉特中旗志（1988—2012）》（稿）评审会在乌拉特中旗海流图镇召开，会议由刘景平主持，内蒙古自治区地方志办公室副主任查干浪涛、巴彦淖尔市地方志办公室主任刘景平、乌拉特中旗领导孙志春、石磊、郝建刚，旗委办、人大办、政府办、政协办、统计局、机要局、档案局负责人、旗地方志办公室全体人员及特邀人员曾石、兰建忠、刘胜参加会议。会上，组成了由内蒙古自治区地方志办公室主任贺彪为主任，巴彦淖尔市地方志办公室主任刘景平、旗领导孙志春等为副主任，共计 11 人组成的评审委员会。与会人员本着实事求是的精神对《乌拉特中旗志（1988—2012）》（稿）进行了认真的评审，提出了具体的修改意见和建议，形成《评审意见》，为下一步修改完善和正式出版奠定了基础。

2020 年 7 月，《乌拉特中旗志（1988—2012）》（稿）按照《评审意见》的要求，修改、补充完毕，上报巴彦淖尔市地方志办公室、内蒙古自治区地方志办公室进行终审、验收。《乌拉特中旗志（1988—2012）》（稿）通过内蒙古自治区地方志办公室最终验收，10 月移交出版社审定，做印刷出版准备工作。

编　者

2020 年 8 月 30 日

后　记

乌拉特中旗地方志办公室全体编辑人员伏案疾笔，辛勤耕耘，近200万字的《乌拉特中旗志(1988—2012)》于今问世。这是继第一部《乌拉特中旗志》(1994年)后，又一部记载全旗人文、地理、政治、经济、文化、军事、科技、教育、卫生诸多方面的“百科全书”。

2015年4月27日，《乌拉特中旗志(1988—2012)》修志启动，旗委办公室印发《关于成立〈乌拉特中旗志(1988—2012)〉编纂委员会的通知》、旗人民政府办公室印发《关于印发〈乌拉特中旗志(1988—2012)〉续修编纂工作方案的通知》，方案明确规定组织编纂委员会成员、编辑人员，指定了主编、副主编。旗地方志办公室印发《乌拉特中旗志(1988—2012)篇目大纲》和《乌拉特中旗修志指导手册》。

《乌拉特中旗志(1988—2012)》经过启动—收集资料—整理修改—编纂—增补完善资料—评审出版6个阶段。

《乌拉特中旗志(1988—2012)》的编辑出版，始终是在旗委、旗人民政府领导关怀下进行的。同时，我们得到了内蒙古自治区地方志办、巴彦淖尔市地方志办的鼎力支持和指导，得到了全旗各入编单位、苏木镇(场)的积极协调和配合。在征集资料过程中，得到乌拉特中旗地方志办原主任兰建忠、刘胜、旗贸促会主任刘晓平、旗发改委副主任白哈日巴拉的热情帮助，在此一并致谢！

志书出版之际，十分感谢从内蒙古自治区地方志办公室退休离岗后仍为志书倾注心血、统稿编纂的曾石同志。每当我们手捧志书、纵览乌拉特中旗改革开放25年历史的时候，我们就会一同回味过去的岁月，共享成功的喜悦。

由于我们修志人员少、专业水平有限，且该志书跨年度较长，加之各入编单位和部门所提供的初稿质量参差不齐，在短时间内完成这样一部内容丰富的志书实属不易。所以，《乌拉特中旗志(1988—2012)》在体例、内容、文字等方面难免存在遗漏和不足，恳请读者赐教，不胜感谢！

乌拉特中旗地方志办公室

2020年8月30日